W. Seit
7/91

Burghardt   Projektmanagement

Mitautoren:

Siegfried Eder
Guido Frank
Dieter Höft
Clemens Krauthausen

Projektmanagement

Leitfaden für die Planung,
Überwachung und Steuerung
von Entwicklungsprojekten

Von Manfred Burghardt

Siemens Aktiengesellschaft

CIP-Titelaufnahme der Deutschen Bibliothek

Burghardt, Manfred:
Projektmanagement : Leitf. für d. Planung, Überwachung u.
Steuerung von Entwicklungsprojekten / von Manfred Burghardt.
Mitautoren: Siegfried Eder ... – Berlin ; München :
Siemens-Aktienges., [Abt. Verl.], 1988
   ISBN 3-8009-1527-8

ISBN 3-8009-1527-8

Herausgeber und Verlag: Siemens Aktiengesellschaft, Berlin und München
© 1988 by Siemens Aktiengesellschaft, Berlin und München
Das Werk einschließlich aller seiner Teile ist urheberrechtlich geschützt. Jede Verwendung
außerhalb der engen Grenzen des Urheberrechtsgesetzes ist ohne Zustimmung des Verlags
unzulässig und strafbar. Das gilt insbesondere für Vervielfältigungen, Übersetzungen,
Mikroverfilmungen, Bearbeitungen sonstiger Art sowie für die Einspeicherung und Verarbeitung
in elektronischen Systemen. Dies gilt auch für die Entnahme von einzelnen Abbildungen und bei
auszugsweiser Verwertung von Texten.
Printed in the Federal Republic of Germany.

Vorwort

Projektmanagement ist heute längst nicht mehr Wunschvorstellung oder ein theoretischer Begriff, sondern im Rahmen der Planung und Steuerung von Entwicklungsvorhaben bereits wichtige Realität. Steigende Produktivität und kürzere Durchlaufzeit sind künftig die Prämissen. Projektmanagement kann daher nicht allein der ausführenden Ebene vorbehalten sein, sondern es wird zur Führungsaufgabe im gesamten Unternehmen.

Trotzdem wird Projektmanagement oft nicht genügend intensiv praktiziert; sei es, daß die Entwicklungsvorhaben nicht alle als »Projekte« geführt werden, sei es, daß das Projektmanagement in seinen Methoden und Verfahren zu schwach ausgeprägt ist. Auch mangelt es häufig an der geeigneten PM-Ausbildung der projektführenden Mitarbeiter, obwohl sich hier vielversprechende Ansätze durch das Anbieten von PM-Tagungen und -Seminaren sowie durch das gezielte Ausbilden von Projektleitern zeigen.

Insgesamt muß Projektmanagement ernsthafter, konsequenter und sorgfältiger wahrgenommen werden, um die erfolgsbestimmenden Projektparameter Leistung, Kosten und Zeit in ihrem Optimum zu erreichen. Beachtliche Termin- und Kostenüberschreitungen bei Projekten liefern immer wieder den Beweis für mangelhaftes Projektmanagement.

Projektmanagement stellt allerdings derzeit keine abgeschlossene »Lehre« dar, die – angelesen – nur noch angewendet zu werden braucht. Dazu ist der methodische Unterbau heute noch zu lückenhaft und sein Definitionsrahmen noch zu kontrovers. In einigen Teilbereichen, wie z. B. bei der Termin- und Einsatzmittelplanung, bieten sich in Form der Netzplantechnik hervorragende und erprobte Werkzeuge an; in anderen Bereichen, wie z. B. auf dem Gebiet der Erfahrungssicherung, mangelt es an wirkungsvollen Hilfsmitteln. Hinsichtlich Einsatztiefe und Einsatzbreite des Projektmanagements bestehen zudem divergierende Meinungen; so wird teilweise die zentrale, teilweise die dezentrale Projektführung betont, oder aber das Projektmanagement bleibt allein Großprojekten vorbehalten. Auch muß zwangsläufig Projektmanagement bei einer Geräteentwicklung anders aussehen als das bei einer Betriebssystementwicklung, weil reine HW-Projekte andere PM-Hilfsmittel erfordern als reine SW-Projekte. Schließlich bestimmt die PM-Durchdringung ganz entscheidend die Wahl der einzusetzenden Methoden und Verfahren.

Dieses Buch wendet sich einerseits an alle, die unmittelbar als Projektleiter und Projektplaner oder mittelbar als Projektmitarbeiter mit dem Projektmanagement in Berührung kommen. Ihnen sollen – in einfach verständlicher Form und mit Beispielen untermauert – die Methoden und Vorgehensweisen im Projektmanagement nahegebracht werden, wobei auch rechnergestützte Verfahren berücksichtigt sind. Andererseits soll das Buch auch denen als Nachschlagewerk dienen, die bereits seit längerem mit PM-Aufgaben betraut sind.

In Anbetracht der Verschiedenartigkeit der Entwicklungen und der Vielfalt der Führungsformen muß das Buch sich auf das Grundsätzliche und auf die generellen Abläufe beschränken. Es kann also nicht Kochrezept für jede Art von Entwicklungsvorhaben sein. Daraus folgt, daß in praxi die erläuterten Methoden und Vorgehensweisen projektadäquat angepaßt werden müssen. So sind z. B. auch die im Beiheft aufgeführten PM-Merkblätter als Anregung für das Erstellen projektspezifischer Checklisten gedacht.

Die Kapitelfolge des Buches ist entsprechend einem »Idealdurchlauf« eines Projekts gewählt.

Hauptkapitel 1 enthält einige einführende Betrachtungen zum Thema Projektmanagement.

Am Anfang eines Projekts steht die Projektdefinition (Hauptkapitel 2). In diesem ersten Abschnitt werden das Projekt gegründet, das Projektziel definiert sowie die Aufbau- und Ablauforganisation für das Projekt geschaffen. Mit einer Wirtschaftlichkeitsbetrachtung wird dabei der zu erwartende wirtschaftliche Erfolg aufgezeigt.

Der zweite Projektabschnitt umfaßt die Projektplanung (Hauptkapitel 3); in ihm werden die technische, aufgabenmäßige und kaufmännische Struktur des

Projekts festgelegt, die Aufwände und Kosten geschätzt, die Termine und Einsatzmittel geplant sowie Projektpläne erstellt. Die Projektplanung bildet damit die Grundlage für die gesamte weitere Projektdurchführung.

Die Projektkontrolle (Hauptkapitel 4) stellt den dritten und wichtigsten Projektabschnitt dar; in ihm werden die Istwerte aller relevanten Projektparameter den Planwerten aus der Projektplanung gegenübergestellt. Neben der Kontrolle der Termine, der Aufwände und der Kosten ist hier die Kontrolle des Sachfortschritts von großer Bedeutung. Auch ist die Qualitätssicherung als Bestandteil des Projektmanagements zu sehen, zu deren Hauptaufgabe die Prüfung der einzelnen Entwicklungsergebnisse gehört. Frühzeitiges Erkennen von Abweichungen im geplanten Projektablauf ist Voraussetzung für eine effektive Projektsteuerung. Je feiner die Kontrolle vorgenommen wird, desto geringer sind die notwendigen Korrekturmaßnahmen. Beurteilungsbasis für die Projektsteuerung bilden die Projektdokumentation und die Projektberichterstattung.

Im letzten Abschnitt führt der Projektabschluß (Hauptkapitel 5) das Projekt zu seinem definierten Ende. Sobald das Projektergebnis abgenommen wurde, empfiehlt sich dringend eine Abschlußanalyse; nachfolgende Projekte sollten schließlich auf gesicherten Erfahrungen aufbauen können. Schließlich muß das Projekt geordnet aufgelöst werden.

Im abschließenden Hauptkapitel 6 werden spezielle rechnergestützte Verfahren zur Projektunterstützung näher betrachtet. Neben einem Konfigurationsmanagement bieten sich Verfahren für die Projektführung auf Großrechnern sowie PM-Hilfsmittel auf Personal Computer an; hierbei wird auf die erforderlichen Maßnahmen bei entsprechenden Verfahrenseinführungen eingegangen.

Der Anhang enthält neben einen in der Praxis bewährten Fragenkatalog für eine PM-Untersuchung eine Zusammenstellung der verwendeten Formelzeichen und Abkürzungen, eine Übersicht der allgemeingültigen Formulare, Diagramme und Tabellen sowie ein Verzeichnis empfehlenswerter weiterführender PM-Literatur.

Das Beiheft umfaßt mehrere PM-Merkblätter, die als Checklisten für das Projektmanagement dienen sollen.

München, im Januar 1989

Siemens Aktiengesellschaft

Inhalt

1	Einführung	9
1.1	Projektmanagement als Aufgabe	9
1.2	Projektablauf und PM-Regelkreis	12
1.3	Produkt-Projekt-Prozeß	16
1.4	Kosten des Projektmanagements	21
2	Projektdefinition	24
2.1	Gründung eines Projekts	24
2.1.1	Innovationsplanung	24
2.1.2	Grundparameter eines Projekts	30
2.1.3	Problemfeldanalyse	33
2.1.4	Projektantrag	37
2.2	Definition des Projektziels	42
2.2.1	Anforderungskatalog	42
2.2.2	Modellbildung	44
2.2.3	Produktevolution	48
2.2.4	Änderungsverfahren	49
2.3	Wirtschaftlichkeitsbetrachtung	53
2.3.1	Methodenüberblick	53
2.3.2	FuE-Projektdeckungsrechnung	55
2.3.3	Wirtschaftliche Produktplanung	56
2.3.4	Marginalrenditerechnung	59
2.3.5	Nutzwertanalyse	71
2.4	Projektorganisation	75
2.4.1	Organisationsstrukturen	75
2.4.2	Projektgremien	82
2.4.3	Projektleiter	87
2.4.4	Projektbüro	90
2.5	Prozeßorganisation	93
2.5.1	Gliederung des Entwicklungsprozesses	93
2.5.2	Entkoppelte Prozeßorganisation	99
2.5.3	Koordinierte Prozeßorganisation	104
2.5.4	Integrierte Prozeßorganisation	107
2.5.5	Tätigkeitsarten	110
3	Projektplanung	113
3.1	Strukturplanung	114
3.1.1	Produktstruktur	115
3.1.2	Projektstruktur	118
3.1.3	Kontenstruktur	122
3.2	Aufwandsschätzung	128
3.2.1	Methodenüberblick	128
3.2.2	Methode COCOMO	138
3.2.3	Verfahren PRICE	146
3.2.3.1	HW-Schätzmodell PRICE H	147
3.2.3.2	SW-Schätzmodell PRICE S	154
3.2.4	Funktionswertmethode	162
3.2.5	Verfahren ZKP	168
3.2.6	EDB-Verfahren	175
3.2.7	Prozentsatzmethoden	178
3.2.8	Expertenbefragungen	183
3.3	Netzplantechnik	187
3.3.1	Methodenüberblick	188
3.3.2	Vorgangspfeil-Netzplan (CPM)	190
3.3.3	Ereignisknoten-Netzplan (PERT)	192
3.3.4	Vorgangsknoten-Netzplan (MPM)	193
3.3.5	Termindurchrechnung	196
3.3.6	Einsatzmittelberechnung	200
3.4	Terminplanung	203
3.4.1	Aufgabenplanung	203
3.4.2	Balkenplanung	206
3.4.3	Einsatz eines Netzplanverfahrens	209
3.4.4	Netzplanaufbau	211
3.4.5	Netzplanstrukturierung	221
3.5	Einsatzmittelplanung	226
3.5.1	Einsatzplanung des Personals	226
3.5.2	Einsatzplanung der Betriebsmittel	235
3.5.3	Einsatzplanung bei Multiprojekten	237
3.6	Kostenplanung	239
3.6.1	Projektkalkulation	239
3.6.2	FuE-Bugdetierung	242
3.6.3	FuE-Planung	249
3.7	Projektpläne	254
3.7.1	Projektpläne für Organisation und Strukturierung	254
3.7.2	Projektpläne für Durchführung	261
3.7.3	Projektpläne für Termin, Aufwände und Kosten	268

4	**Projektkontrolle**	272
4.1	Terminkontrolle	273
4.1.1	Rückmeldewesen	273
4.1.2	Aktualisierung des Netzplans	275
4.1.3	Terminlicher Plan/Ist-Vergleich	277
4.1.4	Termintrendanalysen	280
4.2	Aufwands- und Kostenkontrolle	284
4.2.1	Aufwandserfassung	284
4.2.2	Kostenerfassung	288
4.2.3	Weiterverrechnung von Kosten	292
4.2.4	Plan/Ist-Vergleich für Aufwand/Kosten	295
4.2.5	Trendanalysen für Aufwand/Kosten	301
4.3	Sachfortschrittskontrolle	304
4.3.1	Produktfortschritt	304
4.3.2	Projektfortschritt	305
4.3.3	Arbeitswertbetrachtung	308
4.3.4	Restschätzungen	311
4.3.5	Kontrollindizes	314
4.4	Qualitätssicherung	317
4.4.1	Qualitätsplanung und -lenkung	319
4.4.2	Prüfung der Entwurfsdokumente	321
4.4.3	Prüfung der Realisierungsergebnisse	325
4.4.4	Zuverlässigkeitsbetrachtung	333
4.4.5	Überprüfung der Qualitätssicherung	339
4.4.6	Qualitätskosten	342
4.5	Projektdokumentation	345
4.5.1	Dokumentationsordnungen	345
4.5.2	Projekttagebuch	348
4.5.3	Projektakte mit hierarch. Ordnung	349
4.5.4	Projektakte mit Auswahlordnung	352
4.6	Projektberichterstattung	354
4.6.1	PM-Berichtswesen	355
4.6.2	Projektberichte	357
4.6.3	Grafische Informationsdarstellung	360
4.6.4	Projektbesprechungen	366
4.6.5	Projektdatenbasis	370
5	**Projektabschluß**	373
5.1	Produktabnahme	373
5.1.1	Abnahmetest	374
5.1.2	Produktabnahmebericht	377
5.1.3	Technische Betreuung	378
5.2	Projektabschlußanalyse	381
5.2.1	Nachkalkulation	381
5.2.2	Abweichungsanalyse	382
5.2.3	Wirtschaftlichkeitsanalyse	384
5.3	Erfahrungssicherung	387
5.3.1	Erfahrungsdaten	388
5.3.2	Kennzahlensysteme	396
5.3.3	Erfahrungsdatenbank	400
5.3.4	Kalibrierung	406
5.4	Projektauflösung	409
6	**Projektunterstützung**	411
6.1	Konfigurationsmanagement (KM)	411
6.1.1	Grundfunktionen	412
6.1.2	KM für Projektplanung	416
6.1.3	KM für Projektsteuerung	418
6.1.4	KM für Projektdokumentation	420
6.1.5	Organisatorische Voraussetzungen	422
6.2	Verfahren für die Projektführung	424
6.2.1	Überblick	424
6.2.2	Verfahren SINET	428
6.2.3	Verfahren REPROPLIK	435
6.2.4	Verfahren EPS-G	440
6.2.5	Verfahren PAUS	443
6.3	PM-Hilfen auf Personal Computer	447
6.3.1	Tabellenkalkulationsprogramme	447
6.3.2	Netzplanverfahren	452
6.3.3	Aufwandsschätzverfahren	458
6.3.4	Grafikprogramme	463
6.4	Verfahrenseinführung	468
6.4.1	Einführungsmaßnahmen	468
6.4.2	Arbeitsrechtliches Umfeld	471
6.4.3	PM-Schulung	474
6.4.4	PM-Untersuchung	476

Anhang

A 1	Fragenkatalog für PM-Untersuchung	480
A 2	Verwendete Formelzeichen	488
A 3	Abkürzungen	490
A 4	Verzeichnis der Formulare, Diagramme und Tabellen	494

Literaturverzeichnis 496
Stichwortverzeichnis 499

1 Einführung

1.1 Projektmanagement als Aufgabe

Die Entwicklung in fast allen elektrotechnischen Bereichen unterliegt einem tiefgreifenden Wandel; er ist sowohl technisch als auch marktwirtschaftlich bedingt. Einerseits werden die Produkte immer komplexer, d. h., ihre Leistungsvielfalt nimmt zu, die erforderliche Regelungs- und Steuerungslogik wird komplizierter und insgesamt wird die eingesetzte Physik mehr ausgereizt. Andererseits müssen die Produkte qualitativ besser sein sowie schneller und preisgünstiger auf den Markt kommen. Diese Anforderungen an die Produktentwicklung stellt die Verantwortlichen vor Probleme, die neue Methoden in der Projektführung erfordern.

Technologiewandel

Elektrotechnische Geräte, Systeme und Anlagen haben sich aufgrund neuer Technologien in Erscheinungsbild und Funktionsprofil stark verändert. Besonders durchgreifend ist der Wandel von der Hardware zur Software: Viele Funktionen, die bisher auf mechanischem Weg realisiert wurden, werden heute weitgehend als Software implementiert. Der mechanische und der elektronische Fernschreiber geben wohl eines der bekanntesten Beispiele hierfür ab; aber auch bei hochkomplexen Systemen ist der gleiche Trend zu beobachten.

Ganz entscheidend wird dieser Trend zur Substitution der individuellen Hardware gefördert durch die anhaltende Miniaturisierung bei den elektronischen Bauelementen, die allerdings erst durch die kostengünstige Herstellung hochkonzentrierter Informationsträger (Speicherchips) und -verarbeiter (Prozessorchips) in Form integrierter Schaltkreise möglich geworden ist.

Aus dem Substitutionsprozeß von der Hardware zur Software resultiert u. a. auch die Verlagerung der Kosten von der Fertigung zur Entwicklung. Bild 1.1 zeigt diesen Wandel in schematischer Form. Die »Fertigung« der Software entspricht bekanntlich einem einfachen Kopieren von Informationsträgern und damit einem nicht allzu kosten- und zeitaufwendigen Vorgang. Produkte und Systeme mit einem hohen SW-Anteil erfordern daher meist auch einen verringerten Anteil der reinen Herstellkosten. Beispielsweise im Bereich der öffentlichen Vermittlungstechnik hat sich gegenüber den früheren elektromechanischen Systemen der Entwicklungsaufwand etwa verzehnfacht, während in der gleichen Zeit der Fertigungsaufwand (gemessen in F1-Stunden) auf etwa ein Fünftel zurückgegangen ist. Der Zuwachs des Entwicklungsaufwands hat sich hier im wesentlichen im SW-Bereich ergeben.

Veränderte Technologien und neue Entwicklungstechniken führen natürlich auch zu einem Wandel der Fertigungsprozesse; dies wiederum bedingt in umgekehrter Richtung veränderte Anforderungen an die eingesetzten Entwicklungsmethoden und -verfahren.

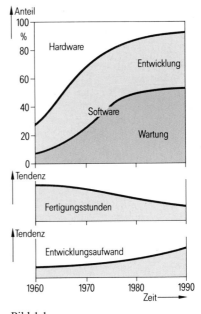

Bild 1.1
Hardware- und Software-Anteil von elektrotechnischen Systemen, Anlagen und Geräten

Der Zwang zur Schaffung eines durchgängigen CIM-Konzepts mit dem Ziel einer engeren Anbindung der Entwicklung an die Fertigung steht hier im Vordergrund.

Begründet durch den Technologiewandel kann man also insgesamt eine Verlagerung der Wertschöpfung von der Fertigung zur Entwicklung beobachten.

Innovationsanstieg

Neben einem anhaltenden Kostendruck aufgrund verstärkten Wettbewerbs auf vielen Geschäftsfeldern kommt in einem großen Ausmaß die Beschleunigung der Innovationszyklen in vielen Produktbereichen hinzu. Dies hat vor allem eine deutliche Verkürzung der Produktlebensdauer zur Folge. Die Produkte müssen daher nicht nur qualitativ gut und preiswert auf den Markt gebracht werden – sie müssen auch zu einem frühen Zeitpunkt verfügbar sein; anderenfalls kommen sie gar nicht mehr »zum Zuge«, da dann bereits Produkte der nächsten Innovationsstufe mit noch besserem Preis-Leistungs-Verhältnis angekündigt werden. Die z. T. sehr hohe Innovationsrate verdeutlicht eine Untersuchung im Hause zum »Alter« elektrotechnischer Produkte (Bild 1.2).

Die Problematik dieses Trends verdeutlicht sehr gut der etwas vereinfachende Umkehrschluß: In fünf Jahren muß derselbe Umsatz mit Produkten gemacht werden, von denen mehr als 50% noch nicht entwickelt, z. T. noch nicht bekannt sind.

Der deutlich erkennbaren Herausforderung muß sowohl mit einem verbesserten Entwicklungsinstrumentarium, d. h. dem Einsatz von CAD-Verfahren in der Mechanik-, Elektronik- und Softwareentwicklung, als auch mit einem verbesserten Planungs- und Steuerungsinstrumentarium begegnet werden. Neben dem Einführen einer adäquaten Entwicklungsmethodik muß zur Steigerung der Effizienz und zur Verkürzung der Durchlaufzeiten im Entwicklungsbereich auch ein entsprechendes Führungskonzept, nämlich Projektmanagement, genutzt werden.

Projektmanagement als Führungskonzept

Im Rahmen des Projektmanagements werden die vielfältigen Aufgaben in einem Entwicklungsbereich nicht mehr gemäß ihrem funktionalen Inhalt den einzelnen Entwicklungsstellen zugeordnet und dort in einer zeitlichen Reihenfolge abgearbeitet, sondern ganzheitlich in einem Projekt eingebettet und unter Berücksichtigung entsprechender Kosten-, Termin- und Qualitätsparameter zielorientiert beplant und durchgeführt. Wegen der steigenden Anforderungen an die Entwicklungsergebnisse und der wachsenden technischen und organisatorischen Komplexität von Entwicklungsprojekten gewinnt der Projektgedanke in der Entwicklung daher zunehmend an Bedeutung. Von herkömmlichen Führungskonzepten unterscheidet sich das moderne Projektmanagement erheblich. Hervorzuheben sind die folgenden fünf Merkmale:

▷ Projektadäquate Organisation
▷ Exakte Entwicklungsvorgaben
▷ Projektbezogene Planung
▷ Laufender Soll/Ist-Vergleich
▷ Definiertes Entwicklungsende.

Voraussetzung für ein Projektmanagement ist die selbständige Projektorganisation, die neben oder in der bestehenden Linienorganisation für die Dauer des jeweiligen Projekts eingerichtet wird und alle am Projekt Beteiligten – unabhängig von fortbestehenden disziplinarischen Abhängigkeiten – temporär organisatorisch zusammenfaßt. So kann man in relativ kurzer Zeit ohne besondere Versetzungen ein effizientes Projektteam interdisziplinär zusammenstellen und trotzdem einen optimalen Personaleinsatz erreichen. Mit einer projektadäquaten Organisation wird neben der verbesserten Identifikation mit der zu erfüllenden Aufgabe auch eine »Personifizierung« der Verantwortlichkeiten erreicht.

Weiterhin verlangt ein PM-geführtes Entwicklungsvorhaben exakte Entwicklungsvorgaben sowohl hinsichtlich der geforderten Leistungsmerkmale (einschließlich der gewünschten Qualität), des einzusetzenden Personals, der benötigten Sach- und Geldmittel sowie der zur Verfügung stehenden Zeit.

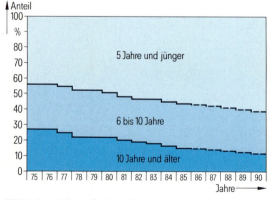

Bild 1.2   »Alter« der Produkte

Diese Vorgaben bilden die Basis für eine projektbezogene Planung, die einerseits aufgabenorientiert (Projektstruktur) und andererseits ablauforientiert (Prozeßstruktur) mit Definition entsprechender Meilensteine vorgenommen wird.

Tragendes Element des Projektmanagements ist während der Projektdurchführung die Projektkontrolle, bei der durch einen laufenden Soll/Ist-Vergleich möglichst frühzeitig Abweichungen von Planvorgaben erkannt werden sollen. Je früher dabei der Zeitpunkt des Erkennens ist, desto geringfügiger kann meist der notwendige Korrekturaufwand sein. Gegenüber herkömmlichen Führungsprinzipien wird diese Kontrolle nicht allein personenbezogen, sondern vor allem sachbezogen vorgenommen, wobei das primäre Ziel das Aufzeigen möglicher Hilfeleistungen im Entwicklungsablauf ist. Schließlich sichert das Projektmanagement auch das definierte Ende eines Entwicklungsvorhabens, was ein unkontrolliertes Weiterentwickeln verhindert.

Dem Projektmanagement unterliegt darüber hinaus auch ein »integrierender« Gesichtspunkt, indem es einerseits den gesamten Entwicklungsprozeß in all seinen Funktionen horizontal durchzieht und andererseits vertikal alle am Projekt beteiligten Bereiche (Auftraggeber, Entwickler, Kaufmann) miteinander verbindet. Diese beiden Verknüpfungsrichtungen des Projektmanagements fördern ganz erheblich ein ganzheitliches und allein auf das Projektziel ausgerichtetes Denken.

In der personellen Abdeckung PM-geführter Projekte existiert allerdings auch ein Grundkonflikt zwischen Linienorganisation und Projektorganisation, da die wirklichen Know-how-Träger rar sind und z.T. gleichzeitig in mehreren Projekten mitwirken sollen sowie durch deren zu enge Einbindung in Projektarbeiten die Arbeit an Grundsatzthemen vielfach liegen bleibt.

Die Einführung des Projektmanagements wird im besonderen Maße von der obersten Führungsebene eines Unternehmens bestimmt; ohne sie ist ein effektives Durchhalten dieses Führungskonzepts nicht möglich – Projektmanagement wird damit zu einer bedeutenden Führungsaufgabe der Linie.

Umfeld des Projektmanagements

Zum Projektmanagement gehören alle Aktivitäten für Definition, Planung, Kontrolle und Abschluß eines Projekts; es ist damit ganz auf das zielorientierte Abwickeln der einzelnen Projektarbeiten ausgerichtet; trotzdem steht Projektmanagement nicht für sich allein da, sondern muß auch in seiner Einbettung im gesamten Entwicklungsbereich gesehen werden (Bild 1.3).

Über dem Projektmanagement (eines Projekts) ist nämlich das *Entwicklungsmanagement* des Gesamtbereichs angeordnet, welches hierfür die Entwicklungsplanung und -steuerung nach (projekt-)übergeordneten Gesichtspunkten vornimmt. Das einzelne

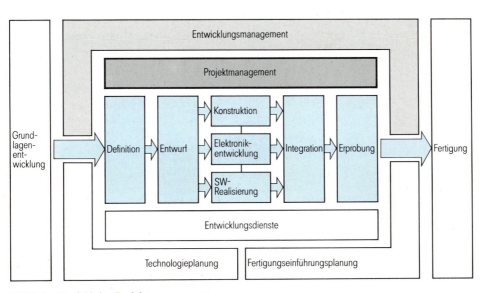

Bild 1.3   Umfeld des Projektmanagements

Projektmanagement erhält aus diesem entwicklungsbereichsbezogenen Management die bereichsentscheidenden Eckparameter, so wie umgekehrt das Entwicklungsmanagement aus dem Projektmanagement seine Basisdaten bezieht. Das Projektmanagement hat damit auch eine Mittlerfunktion zwischen den Entwicklungsgruppen und der Bereichsleitung inne.

Beiden Managementebenen stehen Entwicklungsdienste zur Seite, wie Qualitätssicherung, Bauunterlagenerstellung, Konfigurations- und Dokumentationsverwaltung, die i. allg. projektübergreifend arbeiten. Flankiert wird das Entwicklungs- und Projektmanagement zu Beginn von der Technologieplanung und am Ende von der Fertigungseinführungsplanung. Die Technologieplanung gewinnt innerhalb der strategischen Planung zum Untersuchen von Technologiepositionen und Definieren von FuE-Programmen verstärkt an Bedeutung. Die Fertigungseinführungsplanung soll schließlich den reibungslosen Übergang von der Entwicklung zur Fertigung sicherstellen.

Projekt- und Entwicklungsmanagement dürfen also nicht isoliert voneinander gesehen werden, da sie sich im besonderen Maße bei dem gemeinsamen Ziel der Effizienzsteigerung und der Durchlaufzeitverkürzung im Entwicklungsbereich ergänzen.

1.2 Projektablauf und PM-Regelkreis

Projektmanagement als Methode einer effizienten Projektführung umfaßt alle Aktivitäten, die für eine

▷ sachgerechte,
▷ termingerechte und
▷ kostengerechte

Abwicklung von Projekten erforderlich sind. Um dies zu erreichen, muß das Projektmanagement in vielfältiger Weise auf den Projektablauf »regelnd« einwirken. Einerseits werden für die Entwicklung Planvorgaben gemacht, auf deren Basis steuernde Maßnahmen auf den Ablauf einwirken; andererseits müssen an definierten Stellen des Entwicklungsprozesses projektbewertende Meßgrößen zur Projektbeurteilung ermittelt und ausgewertet werden. Wie später noch näher erläutert, wirkt das Projektmanagement in Form eines *Regelkreises* auf den Projektablauf ein und durchdringt daher zwangsläufig alle Phasen eines Projekts.

Die vier Hauptabschnitte eines Projektablaufs sind:

▷ Projektdefinition   ▷ Projektkontrolle
▷ Projektplanung   ▷ Projektabschluß.

Diesen Projektabschnitten zugeordnet zeigt Bild 1.4 die einzelnen während des Projektablaufs durchzuführenden PM-Aufgaben.

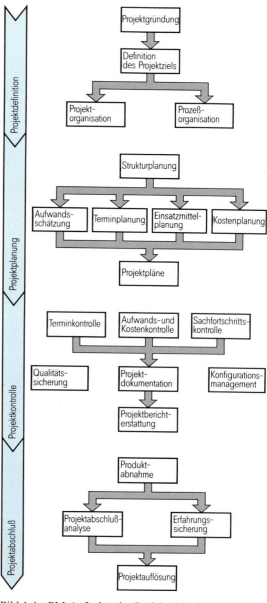

Bild 1.4 PM-Aufgaben im Projektablauf

Projektdefinition

Die Projektdefinition bildet die Projektgrundlage; hier werden die Vorgaben für die nachfolgende Projektplanung gemacht. Zur Projektdefinition gehören:
▷ Gründung des Projekts
▷ Definition des Projektziels
▷ Organisation des Projekts
▷ Organisation des Prozesses.

Am Anfang eines Projekts steht der Projektantrag, der alle relevanten Angaben, wie Aufgabenbeschreibung, Kosten- und Terminziele sowie Verantwortlichkeiten aufnimmt. Mit seiner Verabschiedung wandelt sich der Antrag zum offiziellen Projektauftrag. Das Projekt ist damit gegründet.

Die erste Aufgabe im Rahmen eines Projekts ist das eindeutige und vollständige Definieren des Projektziels. Hierzu muß zusammen mit dem Auftraggeber ein Anforderungskatalog bzw. Pflichtenheft für das zu erstellende Produkt erarbeitet werden, wobei auch die künftige Produktevolution zu berücksichtigen und das spätere Änderungsverfahren vorzusehen sind.

Zur fachlichen, organisatorischen und wirtschaftlichen Absicherung des Projektantrags empfiehlt sich eine Problemfeldanalyse und eine Wirtschaftlichkeitsbetrachtung. Ohne genaue Kenntnis des Problemumfeldes des Projekts sowie ohne Ermittlung der zu erwartenden Wirtschaftlichkeit des zu entwickelnden Produkts sollte kein Projekt begonnen werden. Hierbei kann man in die Wirtschaftlichkeitsbeurteilung – je nach Bewertungsmöglichkeiten – rein monetäre Gesichtspunkte sowie Aspekte des allgemeinen Nutzwerts einbeziehen.

Außerdem sind die organisatorischen Voraussetzungen für das Projekt zu schaffen. Der Projektleiter und die Projektgremien müssen ernannt sowie eine passende Projektorganisation muß gewählt werden. Auch sollte man möglichst ein (projektadäquates) Projektbüro für die notwendige PM-Unterstützung einrichten.

Schließlich ist die gesamte Ablauforganisation des Entwicklungsprozesses zu bestimmen. Hierzu gehören das Festlegen von Entwicklungsphasen, Zäsurpunkten (Pflichtmeilensteinen), Entwicklungslinien (Baselines) und Tätigkeitsarten; vorhandene Entwicklungshandbücher und -richtlinien bilden hierfür die notwendige Grundlage.

Projektplanung

Der unterschriebene Projektantrag mit den das Projekt definierenden Eckdaten eröffnet den nächsten Projektabschnitt, die Projektplanung; er enthält die Aufgabenbereiche:
▷ Strukturplanung
▷ Aufwandsschätzung
▷ Terminplanung
▷ Einsatzmittelplanung
▷ Kostenplanung
▷ Erstellung der Projektpläne.

Die Projektplanung beginnt mit der *Strukturplanung*. Aufbauend auf dem Anforderungskatalog wird das Entwicklungsvorhaben technisch, aufgabenmäßig und kaufmännisch strukturiert. Die sich hierbei ergebenden Strukturen (Produktstruktur, Projektstruktur und Kontenstruktur) stellen die Grundpfeiler einer zielorientierten Entwicklung dar; auf ihnen setzen alle weiteren Planungsschritte auf.

Aus dem Projektstrukturplan werden die Aufgabenpakete abgeleitet, für die dann eine *Aufwandsschätzung* durchzuführen ist. Außer dem eigenen Erfahrungspotential sollten die Erfahrungen außenstehender Experten sowie die Möglichkeiten von Aufwandsschätzverfahren genutzt werden. Aufwandsschätzverfahren und Expertenbefragungen bedeuten hierbei nicht sich ausschließende, sondern sich gegenseitig befruchtende Vorgehensweisen. Da aber nicht für jedes Entwicklungsgebiet passende Aufwandsschätzmethoden bzw. -verfahren verfügbar sind, muß häufig auf einen punktuellen Einsatz ausgewichen werden. Diese Lücken kann man nur durch eine langfristig angelegte Erfahrungsdatensammlung zum Anpassen geeigneter Aufwandsschätzverfahren schließen.

Mit den Ergebnissen der Aufwandsschätzung wird nun für die einzelnen Arbeitspakete bzw. Teilaufgaben eine *Termin(ein)planung* vorgenommen. Hierzu sollte man möglichst einen Netzplan heranziehen, entweder rechnerunterstützt oder manuell. Die Netzplantechnik ist – trotz aller Kritik – eines der leistungsfähigsten PM-Hilfsmittel, natürlich nur, wenn sie richtig eingesetzt wird. Gerade bei Einsatz eines Netzplanverfahrens hat sich das Einrichten eines separaten Projektbüros gut bewährt, weil dadurch verfahrensbedingte Routinearbeiten vom Entwickler ferngehalten werden können. Balkenplanung in der bekannten Diagrammdarstellung ist eine weitere gute Hilfe beim terminlichen Einplanen von Arbeitspaketen. PC-Grafikprogramme ermöglichen außerdem eine transparente und leicht zu modifizierende Darstellung dieser Form von Terminplänen.

Die *Einsatzmittelplanung* soll einen optimalen Einsatz des vorhandenen Personals und der verfügbaren Betriebs- und Sachmittel gewährleisten. Engpässe und Leerläufe, z. B. an Testanlagen und Prüfsystemen kann man dadurch vermeiden. Auch der Abgleich der Einsatzmittel bezüglich anderer, benachbarter Projekte muß in Form einer Multiprojektplanung in diese Überlegungen einbezogen werden. Optimale Auslastung der eingeplanten Einsatzmittel führt zwangsläufig zur Senkung der Entwicklungskosten sowie zur Verkürzung der Entwicklungszeiten.

Eine »ganzheitliche« *Kostenplanung* ist Voraussetzung für jedes wirtschaftliche Entwickeln. Ohne sie ist auch eine richtige Preisbildung nicht möglich. Klares Aufgliedern der Kostenarten und -elemente ist für eine erfolgreiche Kostenkontrolle unerläßlich. Die Forderung nach einer durchgängigen Projektkalkulation steht hier im Vordergrund, d. h. bei Projektbeginn sollte für alle Entwicklungsaufgaben eine detaillierte Vorkalkulation nach einem einheitlichen Kalkulationsschema vorgenommen und später mit der Mitkalkulation nach demselben Schema fortgeführt werden. Eine entsprechende Nachkalkulation muß dann bei Projektende diese projektbegleitende Kalkulation abschließen. Hauptaufgabe innerhalb der Kostenplanung ist allerdings der Abgleich zwischen der FuE-Budgetierung, die eine Top-down-Kostenplanung für den gesamten Entwicklungsbereich ist, sowie der FuE-Planung, die – ausgehend von der Arbeitsplanung – eine Bottom-up-Kostenplanung darstellt.

Alle Ergebnisse der Projektplanung münden in entsprechende *Projektpläne*. Hierzu gehören sowohl die Pläne für die Organisation, Strukturierung und Durchführung des Projekts als auch die Projektpläne über die Termine, die geplanten Aufwände und Kosten.

Projektkontrolle

Nach Erstellen aller Planungsunterlagen beginnt die eigentliche Projektdurchführung, die von der Projektkontrolle begleitet wird. Hier steht an erster Stelle der Plan/Ist-Vergleich der vorgegebenen Projektparameter. Durch den laufenden Plan/Ist-Vergleich im Rahmen der Projektkontrolle erreicht man, daß Abweichungen von Planvorgaben frühzeitig erkannt werden. Planabweichungen führen entweder zu einer Änderung der Planvorgaben oder es werden innerhalb der Projektsteuerung entsprechend »geeignete« Maßnahmen – bei Einhalten der Planvorgaben – ergriffen.

Eine »elementare« und »zeitschnelle« Projektkontrolle ist Voraussetzung für eine effiziente Projektsteuerung; sie umfaßt folgende Aufgabenbereiche:

▷ Terminkontrolle
▷ Aufwands- und Kostenkontrolle
▷ Sachfortschrittskontrolle
▷ Qualitätssicherung
▷ Konfigurationsmanagement
▷ Projektdokumentation
▷ Projektberichterstellung.

Die *Terminkontrolle* ist bei größeren Projekten nur mit der Netzplantechnik sinnvoll durchführbar. Nur sie erlaubt einen Gesamtblick über die zahlreichen Einzelaufgaben mit ihren vielen Abhängigkeiten im Projekt. Das Durchrechnen der Termine zum Bestimmen des kritischen Pfads ist am einfachsten mit einem DV-gestützten Netzplanverfahren möglich. Neben terminlichen Plan/Ist-Vergleichen sollte auch der Plan/Plan-Vergleich zum Ableiten von Termintrendanalysen genutzt werden, denn häufig ist nicht die einzelne Terminverschiebung eines Arbeitspakets ausschlaggebend, sondern der Trend von Terminaktualisierungen z. B. eines ausgewählten Meilensteins.

Stundenkontierung, Rechnungsschreibung und Bestellwertfortschreibung sind die wichtigsten Elemente einer zielorientierten *Aufwands- und Kostenkontrolle*. Wie bei der Terminkontrolle sollte man dabei Möglichkeiten von Trendanalysen einbeziehen.

Bei bereichsinternen Entwicklungsvorhaben, die mehreren Abteilungen zugute kommen, oder bei großen, bereichsüberschreitenden Entwicklungsprojekten (eventuell unter Einbindung von Fremdfirmen) kommt innerhalb der Kostenkontrolle der Weiterverrechnung von Kosten selbstverständlich eine besondere Bedeutung zu. Ihr Ziel ist die korrekte Zuordnung der Kosten zu den jeweiligen Kostenverursachern. Bei kleineren Unternehmen ist die innerbetriebliche Weiterverrechnung naturgemäß kein Thema.

Die *Sachfortschrittskontrolle* stellt für den Entwickler und Projektleiter wohl die wichtigste Kontrollaufgabe dar; sie ist aber auch die schwierigste. Da es normalerweise keine unmittelbaren Meßgrößen für den Sachfortschritt gibt, muß auf Ersatzgrößen zurückgegriffen werden, die nur einen indirekten Bezug haben und deshalb nur eingeschränkt eine Aussage auf den Sachfortschritt zulassen. Allerdings ist – genaugenommen – noch zwischen Produktfortschritt und Projektfortschritt zu unterscheiden. Der Einsatz der Netzplantechnik ist auch hier von Vorteil, da er unter gewissen Voraussetzungen sehr gute Fortschrittsaussagen ermöglicht. Falls nämlich die einzelnen Vorgänge des Netzplans etwa gleich große Arbeitsumfänge aufweisen, kann mit Hilfe einer statistischen

Mengenauswertung ein relativ objektiver Fertigstellungsgrad abgeleitet werden. Grundsätzlich ist es empfehlenswert, während der Projektdurchführung in bestimmten Abständen Restaufwands- und Restzeitschätzungen vorzunehmen. Hierdurch bewahrt sich die Projektleitung einen sehr guten Überblick über die aktuelle Kosten- und Terminsituation.

Projektbegleitend und entwicklungsunterstützend wirkt die *Qualitätssicherung* – sie gliedert sich in Qualitätsplanung, Qualitätslenkung und Qualitätsprüfung. Ziel der Qualitätssicherung ist das Hervorbringen qualitativ hochwertiger Produkte bei minimalen Entwicklungskosten, dazu ist eine sorgfältige Fehlerverhütung durch rechtzeitige Prüfung aller Entwurfsdokumente in den Planungsabschnitten des Projekts sowie eine gezielte Fehlerbehebung in den Realisierungsabschnitten erforderlich. Hierbei sind Zuverlässigkeitsbetrachtungen tragendes Element der Qualitätsprüfung. Im Rahmen eines allgemeinen Qualitätsmanagements sollte eine Überprüfung der Qualitätssicherung (Audit) vorgesehen sein.

Auch das *Konfigurationsmanagement* stellt eine projektbegleitende Unterstützung innerhalb des Projektmanagements dar; es übernimmt bekanntlich die Verwaltung der einzelnen Entwicklungsergebnisse in ihren jeweiligen Reifezuständen. Hierzu gehören das Bestimmen von Konfigurationen, das Überwachen und Steuern von Änderungen sowie die gesamte Buchführung der einzelnen Konfigurationsobjekte. Mit einem Konfigurationsmanagement werden Transparenz und Konsistenz in der Vielfalt der einzelnen Teile eines zu entwickelnden Systems gewährleistet.

Wie bei der Produktdokumentation – sie enthält die gesamte Information über das zu entwickelnde Produkt bzw. System und beschreibt dieses damit vollständig – fließen in die *Projektdokumentation* alle Informationen über das Projektgeschehen ein. Hierzu gehören sowohl die reinen Projektpläne, die nur Plan-Informationen enthalten, als auch die Projektberichte, in denen zusätzlich die Ist-Informationen eingehen und den Plan-Informationen gegenübergestellt werden. Voraussetzung für eine transparente Projektdokumentation ist allerdings ein für den betreffenden Entwicklungsbereich verbindliche Dokumentationsordnung. Neben dem Einrichten einer nach dieser Ordnung aufgebauten Projektakte bietet sich vielfach auch das Führen eines Projekttagebuchs an, dessen Inhalt an keine Ordnungssystematik gebunden ist.

Die *Projektberichterstattung* schließlich beliefert alle an dem Projekt unmittelbar oder mittelbar beteiligten Stellen mit der jeweils notwendigen Projektinformation. Sowohl in der Informationsdichte und -darstellung als auch in der Verteilhäufigkeit muß hierbei die Projektberichterstattung auf den jeweiligen Adressatenkreis abgestimmt sein. Das Ausarbeiten von Projektberichten, das Aufbauen einer Projektdatenbasis sowie das Durchführen von Projektbesprechungen sind Elemente der Projektberichterstattung. Zur besseren Informationsdarstellung sollte man auch hier die Möglichkeiten der Grafik zunehmend nutzen.

Projektabschluß

Der letzte Projektabschnitt, der Projektabschluß, umfaßt die Schritte:
▷ Produktabnahme
▷ Projektabschlußanalyse
▷ Erfahrungssicherung
▷ Projektauflösung.

Die *Produktabnahme* leitet den Projektabschluß ein. Hierbei muß als erstes das Entwicklungsergebnis einen (vorgeplanten) Abnahmetest durchlaufen – und zwar am besten bei einer entwicklungsunabhängigen Stelle. Übergabe an den Auftraggeber und Übernahme durch denselben sind in einem Produktabnahmebericht festzuhalten. Auch sollte man bereits bei der Produktübergabe eine eventuell künftige technische Betreuung der erstellten Entwicklungsleistung regeln.

In der *Projektabschlußanalyse* wird die (abschließende) Nachkalkulation – möglichst in derselben Struktur wie bei den vorausgegangenen Vor- und Mitkalkulationen – durchgeführt. Abweichungen bzgl. der Termine und Kosten sowie der Leistungs- und Qualitätsmerkmale sind hinsichtlich ihrer Ursachen und möglichen Abhilfen im Rahmen einer Abweichungsanalyse zu untersuchen. Auch eine ehemals gemachte Wirtschaftlichkeitsrechnung sollte in einer Nachanalyse auf ihre Einhaltung durchleuchtet werden.

Außerdem empfiehlt es sich, kein Projekt ohne eine systematische Sicherung der im Projekt gemachten Erfahrungen abzuschließen. Das Sammeln entsprechender Daten ist die Basis für das Bilden von Kennzahlen sowie den Aufbau eines Kennzahlensystems. Das Einrichten von Erfahrungsdatenbanken ist dabei besonders geeignet zur *Erfahrungssicherung,* weil hiermit die Erkenntnisse aus unterschiedlichen Entwicklungsbereichen über einen längeren Zeitraum in eine gemeinsame Datenbasis zusammengeführt werden. Das Sammeln von Erfahrungsdaten stellt außerdem eine wichtige Voraussetzung für das Kalibrieren von Aufwandsschätzverfahren dar.

Letzter Schritt in der Projektabschlußphase und damit im gesamten Projektablauf ist die *Projektauflösung*. Jedes Projekt muß neben einem definierten Anfang auch ein eindeutiges Ende haben. Mit der Projektauflösung, die partiell schon an vorangegangenen Meilensteinen eingeleitet werden kann, wird das Projektpersonal auf neue Aufgaben übergeleitet und die im Projekt gebundenen Ressourcen werden neuen Projekten zugeführt.

PM-Regelkreis

Die vorgenannten Aufgabenbereiche des Projektmanagements lassen sich in ihrem Zusammenwirken zur Projektsteuerung und Projektdurchführung als Regelkreis darstellen (Bild 1.5).

Wie das Bild zeigt, gibt die Projektplanung auf Basis der Projektdefinition die Planwerte als SOLL (Führungsgröße) für die Projektdurchführung vor. Durch die Projektkontrolle wird – möglichst häufig – das IST (Meßgröße) abgefragt und mit dem SOLL verglichen. Bei Abweichungen sind im Rahmen der Projektsteuerung entweder geeignete Maßnahmen vorzunehmen (wie z. B. das Beseitigen projektbehindernder Gegebenheiten) oder Planvorgaben zu ändern (wie z. B. durch Bewilligen zusätzlichen Personals).

Hauptziel in diesem PM-Regelkreis ist, daß möglichst früh Planabweichungen erkannt werden, um rechtzeitig korrigierende Maßnahmen einleiten zu können, ohne daß tatsächlich Plankorrekturen vorgesehen werden müssen. Entsprechend den Gesetzmäßigkeiten der Regelungstechnik gilt auch hier, daß der Regelabweichung um so früher entgegengewirkt werden kann, je genauer (feiner gestuft) die Regelgrößen zu messen sind.

Die Projektdurchführung stellt i. allg. keinen streng linearen Prozeß dar; vielmehr müssen wegen der nicht zu vermeidenden Änderungseinflüsse während des Entwicklungsablaufs häufig einzelne Prozeßschritte iterierend durchlaufen werden. Auch erfordert der wachsende Zwang zur Durchlaufzeitverkürzung die »Parallelisierung« von Arbeitsvorgängen und damit ein überlapptes Vorgehen im Prozeßablauf. Entsprechend muß die Projektplanung noch häufig während der Projektdurchführung überarbeitet werden, so daß allein hieraus Veränderungen der ursprünglichen Vorgaben entstehen können.

1.3 Produkt-Projekt-Prozeß

Innerhalb des Projektmanagements stehen die drei Begriffe:

▷ Produkt
▷ Projekt
▷ Prozeß

wie eine »Trinität« zueinander, deren konsequentes Auseinanderhalten von größter Wichtigkeit für eine erfolgreiche Projektführung ist. Sowohl Planung als auch Überwachung müssen sich in ihrer Strukturierung und Organisation nach diesen grundlegenden Aspekten ausrichten.

Die inhaltliche Abgrenzung dieser Begriffe läßt sich anschaulich mit Bild 1.6 erklären. Zu Beginn eines Projekts steht die Idee mit der Formulierung des Projektziels, welches in der Erstellung eines auftragsgerechten Produkts besteht. Hierfür ist in einem (geordneten) Projektablauf, dem Prozeß, eine Fülle von Projektaufgaben zu bewältigen.

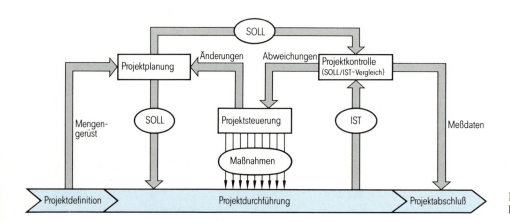

Bild 1.5
PM-Regelkreis

1.3 Produkt-Projekt-Prozeß

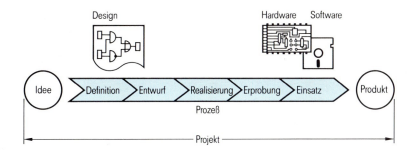

Bild 1.6
Trinität Produkt-Projekt-Prozeß

Produkt

Das Produkt wird im allgemeinen Sprachgebrauch verstanden als *Erzeugnis* oder *Ertrag eines Tätigkeitsvorhabens;* es ist das Resultat der Entwicklungs- und Projektierungsanstrengungen und damit der »Output« der Entwicklung bzw. einer Projektierung. Ein Produkt muß kein körperlicher Gegenstand, d.h. nicht Hardware ausschließlich sein. Produkt kann auch ein Schriftstück (z.B. Studie), ein Rechnerprogramm (z.B. Anwender-Software) oder eine beliebige Dienstleistung (z.B. Revision) sein. Ein HW/SW-System oder eine elektrotechnische Großanlage muß ebenfalls als ein Produkt angesehen werden; auch wenn es sich dabei um ein »einmaliges« Erzeugnis und nicht um ein Serienprodukt handelt.

Wichtig für ein erfolgreiches Produkt ist, daß es eine Beschaffenheit hat, die für den Anwender, d.h. den Kunden, nützlich ist – so nützlich nämlich, daß er bereit ist, es zu erwerben. Eine der wichtigsten Eigenschaften eines Produkts ist also seine *Vermarktbarkeit*.

Projekt

Ein Projekt ist demgegenüber das zielorientierte *Vorhaben* zur Herstellung dieses Produkts im vorgenannten Sinne. Ein Projekt ist notwendigerweise immer in seinem zeitlichen Ablauf klar umgrenzt, d.h. es hat einen Anfangs- und Endtermin. In der DIN 69 901 »Projektmanagement-Begriffe« ist ein Projekt wie folgt definiert:

> Vorhaben, das im wesentlichen durch Einmaligkeit der Bedingungen in seiner Gesamtheit gekennzeichnet ist, wie z.B.
>
> Zielvorgabe,
> zeitliche, finanzielle, personelle oder andere Begrenzungen,
> Abgrenzung gegenüber anderen Vorhaben,
> projektspezifische Organisation.

Die *Einmaligkeit* in den Rahmenbedingungen eines Vorhabens ist wohl das entscheidende Merkmal eines Projekts. Eine Archivverwaltung oder eine Kantinenbewirtschaftung kann zwangsläufig nicht als Projekt angesehen werden. Es gibt aber Grenzbereiche, wie z.B. die Wartung von Anlagen oder die Pflege von DV-Verfahren, die häufig auch als »Projekt« durchgeführt werden. Hier fehlt wohl die Einmaligkeit und die fest umrissene Zielvorgabe, aber da die sonstigen Begrenzungen gegeben sind, ist eine Projektformulierung auch hier angebracht.

Die Hauptkriterien eines Projekts sind also:

▷ Eindeutigkeit der Aufgabenstellung
▷ definierte Dauer mit festem Endtermin,
▷ abgestimmtes Kostenvolumen und
▷ klare Verantwortungen.

Ein Projekt umfaßt dabei alle Aktivitäten, die für das Erreichen des gesetzten Projektziels, d.h. das Erbringen eines Produkts erforderlich sind.

Prozeß

Der Prozeß kennzeichnet das eigentliche *Vorgehen* im Projekt zur Herstellung des Produkts; er beschreibt also den Planungs- und Realisierungsablauf. Im Prozeß werden die für die Zielerreichung notwendigen Aktivitäten – gemeinhin als Arbeitspakete bezeichnet – in definierte Abläufe eingeordnet, wobei die jeweils notwendigen Vorgaben sowie die zu erreichenden Ergebnisse bindend festgelegt sind. Weiterhin sind innerhalb dieser Prozeßstruktur die Entscheidungspunkte an den Phasenenden bzw. Meilensteinen allgemeingültig definiert. An diesen Zäsurpunkten wird der Entwicklungsprozeß beeinflußt, d.h. anhand einer Soll/Ist-Abfrage gesteuert.

Der gesamte Prozeß ist üblicherweise in Abschnitte und Phasen unterteilt, die klar umgrenzte Arbeitsinhalte haben. Je größer das Projekt ist, um so detaillierter sollte der Prozeß unterteilt sein.

Die Trinität der genannten drei Begriffe spiegelt sich fast durchgehend für alle mit diesen formulierbaren Wortzusammensetzungen wider:

Produkt	Projekt	Prozeß
Produktplanung	Projektplanung	Prozeßplanung
Produkt-organisation	Projekt-organisation	Prozeß-organisation
Produkt-dokumentation	Projekt-dokumentation	Prozeß-dokumentation
Produktstruktur	Projektstruktur	Prozeßstruktur
Produkt-management	Projekt-management	Prozeß-management

Das Vermischen dieser drei Begriffsgruppen ist in jedem Fall zu vermeiden. Viele Mißverständnisse im Laufe der Projektdurchführung können dadurch verhindert werden.

So allgemein man den Begriff Projekt auch definieren kann, so unterschiedlich können die einzelnen Projekte sein. Hierbei müssen Projekte unterschieden werden nach:

▷ Projektdauer,
▷ Projektgröße,
▷ Projekttyp und
▷ Projektart.

Projektdauer

Die Dauer von Entwicklungsprojekten bewegt sich in Zeiträumen von wenigen Monaten bis hin zu mehreren Jahren. Zu den »Kurzläufern« zählen z. B. Studien und Organisationsuntersuchungen sowie die Entwicklung kleinerer SW-Programme. Typische »Langläufer« waren z. B. das Olympia-Projekt in München, die HICOM-Entwicklung oder die EWSD-Entwicklung.

Die Projektdefinition eines Entwicklungsvorhabens hängt also nicht von der absoluten Länge des Vorhabens ab, sondern nur von dessen klarer zeitlichen Eingrenzung. Allerdings sollte ein Projekt nicht kürzer als zwei Monate und nicht länger als fünf Jahre dauern.

Projektgröße

Entsprechend der unterschiedlichen Projektdauer variieren die einzelnen Projektgrößen, die entweder in den benötigten Entwicklungskosten oder in der eingebundenen Entwicklungsmannschaft ausgedrückt werden. Sehr kleine Projekte haben nur ein paar Mitarbeiter, sehr große Projekte dagegen können mehrere hundert Mitarbeiter umfassen. Tabelle 1.1 enthält einen Vorschlag für das Einteilen der Projekte nach ihrer Projektgröße.

Tabelle 1.1   Projektgröße

Projektgröße	Anzahl MA	MJ	Mio. DM
Sehr kleine	< 3	< 0,4	< 0,1
Kleine	3–10	0,4–5	0,1–1
Mittlere	10–50	5–50	1–10
Große	50–150	50–500	10–100
Sehr große	> 150	> 500	> 100

Projektgröße und Projektdauer hängen voneinander ab; eine strenge Korrelation gibt es natürlich nicht. Manche Projekte werden wegen eines kritischen Umstands als »Crash-Projekte« mit großem Personalaufwand bei minimaler Laufzeit durchgezogen. Auch das Umgekehrte kann der Fall sein, wenn bei geringem Termindruck aus Mangel an Mitarbeitern ein Entwicklungsvorhaben in die Länge gezogen wird. Wie allerdings später noch gezeigt wird (Kap. 2.1.3), gibt es bezogen auf die Entwicklungszeit bzw. den Entwicklungsaufwand eine optimale Personalstärke.

Projekttyp

Tabelle 1.2 enthält eine Typisierung von Entwicklungsprojekten, die einige wesentliche Projekttypen auf dem elektrotechnischen Entwicklungsgebiet darlegt:

▷ Grundlagenentwicklung
▷ Entwicklung von Mustern
▷ Entwicklung von Produkten
▷ Entwicklung von Systemen
▷ Betreuung von Verfahren
▷ Modifikationsentwicklung.

Diese Typenbildung berücksichtigt nicht den technischen Inhalt des Entwicklungsvorhabens, also, ob es sich z. B. um eine HW- oder eine SW-Entwicklung handelt. Hierfür bietet sich die Definition einer HW- bzw. SW-Kategorie an, wie sie z. B. innerhalb der FuE-Projektkalkulation angedacht wurde.

HW-Kategorie	SW-Kategorie
Vermittlungstechnik, Kommunikationsgeräte, Funk- und Radartechnik, Rechnertechnik, Prozessortechnik, Sicherungstechnik, etc.	Anwender-Software, Betriebssystemnahe Software, Betriebssysteme, Produkt-Software, Vermittlungs-Software, Support-Software, etc.

Projektart

Unter der Projektart soll hier verstanden werden, in welcher Unternehmensfunktion das Projekt abläuft. Es lassen sich hierbei unterscheiden:

▷ Forschungsprojekte
▷ Entwicklungsprojekte
▷ Rationalisierungsprojekte
▷ Projektierungsprojekte
▷ Vertriebsprojekte
▷ Betreuungsprojekte.

Forschungsprojekte

Forschungsprojekte werden in den zentralen Forschungsabteilungen eines Unternehmens zu bestimmten abgegrenzten Forschungsaufgaben (z. B. künstliche Intelligenz oder sensitive Robotersysteme) durchgeführt und umfassen sowohl exploratorische Grundlagenarbeiten als auch anwendungsorientierte Technologieforschungen. Da das Forschungsziel meist noch sehr unklar ist und die notwendige Kreativität der Mitarbeiter und deren Ideenfindung sich nicht streng vorausplanen läßt, enthalten die Rahmengrößen bei einem Forschungsprojekt natürlich mehr Unsicherheiten als bei einem »gewöhnlichen« Entwicklungsprojekt. Forschungsprojekte sind besonders gekennzeichnet durch die Neuheit der Aktivitäten, durch die geringe Präzisierungsmöglichkeiten der Zielvorgaben und durch den hohen Änderungsgrad der Projektparameter; sie sind damit einer systematischen Planung und Überwachung nur schwer zugänglich zu machen. Es ist aber falsch, zu meinen, daß die Prinzipien und Methoden des Projektmanagements nicht auch auf den Forschungsbereich anwendbar sind.

Entwicklungsprojekte

Entwicklungsprojekte haben im Gegensatz zu Forschungsprojekten immer ein klar definiertes Entwicklungsziel, welches entweder ein ausgetestetes SW-Programm oder ein für die Fertigung freizugebender HW-Prototyp oder ein ganzes HW/SW-System ist. Wegen der festumrissenen Planungsbasis sind die Unsicherheiten im Erreichen des Projektziels erheblich geringer. Entwicklungsprojekte gibt es auf allen Gebieten sowohl des Liefer- und Technologiegeschäfts als auch des System- und Anlagengeschäfts.

Bei Entwicklungsprojekten ist auf das Projektmanagement besonderes Gewicht zu legen, da gerade im Entwicklungsbereich – wegen des marktbestimmenden Einflusses eines frühen Markteintritts – die Durchlaufzeiten verkürzt werden müssen. Produkt- und Systementwicklungen sollte man daher nur noch als klar definierte Entwicklungsprojekte durchführen.

Rationalisierungsprojekte

Rationalisierungsprojekte werden von den zuständigen OD- bzw. OA-Stellen eines Unternehmens durchgeführt. Ihre Aufgabe ist es, bestehende und geplante Abläufe und Prozeßketten möglichst optimal abzuwickeln. Dieses kann entweder durch Verbessern der Ablauforganisation erreicht werden oder durch Entwicklung und Einsatz DV-gestützter Verfahren.

Der Erfolg eines Rationalisierungsprojekts drückt sich nicht direkt in einem Gewinn am Markt aus, sondern in der kostengünstigeren Abwicklung unternehmensinterner Vorgänge. Dieser Gewinn wird mit der Ermittlung einer Marginalrendite ausgedrückt. Rationalisierungsprojekte gibt es in allen Bereichen eines Unternehmens: In der Entwicklung, in der Fertigung, im Vertrieb, im Rechnungs- und Personalwesen. Teilweise sind die zuständigen OA- und OD-Stellen auch gemäß diesen Aufgabenbereichen organisiert.

Zu den Rationalisierungsprojekten gehören auch »Büroprojekte«, die das Ziel haben, Techniken und Arbeitsweisen der Bürokommunikation leistungs- und bedarfsgerecht in den Büros einzuführen.

Projektierungsprojekte

Projektierungsprojekte werden innerhalb des System- und Anlagengeschäfts durchgeführt und auch als System-, Anlagen- oder Kundenprojekte bezeichnet. Im Gegensatz zu Entwicklungsprojekten sind die Bestandteile des an den Kunden auszuliefernden Systems bzw. der Anlage nicht alle neu zu entwickeln. Statt dessen wird das System bzw. die Anlage aus bestehenden Produkten zusammengefügt, wobei fehlende Teile eigens entwickelt und andere eventuell angepaßt werden müssen. Diese Projektierung kann auch eine hohe Anzahl Fremdteile einbeziehen. Projektierungsprojekte haben daher weniger Probleme mit dem eigentlichen Entwickeln von Produkten, müssen aber erheblich mehr die Probleme mit internen und externen Schnittstellen sowohl technischer als auch organisatorischer Natur bewältigen.

Vor allem das Anlagengeschäft wird dabei durch bestimmte Merkmale gekennzeichnet, wie kundenspezifische Anpassungsentwicklungen und Auftragsfertigungen, steigender SW-Anteil im Gesamtauftrag, lange Projektdauern, hohe Auftragsgrößen sowie kooperative Auftragsnehmerstrukturen, d. h. Einbindung von Partnerunternehmen.

Gezielt für Projektierungsprojekte werden häufig Entwicklungen als Vorleistungen durchgeführt. Die entwickelten Produkte sind so konzipiert, daß sie sich später in künftige, kundenspezifische Projektierungsprojekte (Kundenprojekte) leicht integrieren lassen. Derartige Projekte werden auch als Basisprojekte bezeichnet.

Vertriebsprojekte

Vertriebsprojekte sind den Projektierungsprojekten sehr ähnlich. Auch bei ihnen wird gezielt ein (Groß-) Kunde mit einem System beliefert. Ist der Auftraggeber eine staatliche oder quasi-staatliche Institution eines Landes, so spricht man auch von Länderprojekten. Die Teile werden bei diesen Projekten allerdings weitgehend aus bestehenden Fertigungen genommen, wobei der Fremdanteil aufgrund von Auflagen seitens des Auftraggebers sehr hoch sein kann. Die eigenen Entwicklungsleistungen können hierbei verschwindend gering sein.

Betreuungsprojekte

Betreuungsprojekte – auch als Pflege- und Wartungsprojekte bezeichnet – berühren schon die Definitionsgrenze des Projektbegriffs, weil diese Projektform Dauercharakter erhalten kann. Das klare Ende ist hier meist nur durch die Laufzeit des Vertrags gegeben; ein absolutes Ende des Projektgegenstands ist kaum vorgesehen. Im Rahmen von Betreuungsprojekten wird die Pflege (Wartung) und Anwenderunterstützung von DV-Verfahren, HW- und SW-Systemen und technischen Anlagen sichergestellt.

Sonderformen

Darüber hinaus gibt es noch Sonderformen von Projekten:

▷ Organisationsprojekte
▷ Unternehmensprojekte
▷ Planungsprojekte
▷ Vorleistungsprojekte
▷ Pionierprojekte.

Organisationsprojekte sollen die Ablauforganisation oder die Aufbauorganisation in einem Unternehmensbereich neu gestalten; sie haben meist das Ziel, durch organisatorische Maßnahmen einen Rationalisierungseffekt in der Abwicklung interner Prozesse zu erreichen.

Unternehmensprojekte werden gegründet, wenn zu bestimmten, im Unternehmen aufgetretenen Problemkomplexen bzw. Mängelzuständen Lösungskonzepte zur Situationsverbesserung erarbeitet werden sollen. Diese Projekte müssen meist in einer überbereichlichen Besetzung durchgeführt werden.

Planungsprojekte dienen der Klärung neuer und unbekannter Aktivitätsfelder. Solche Projekte können z. B. das Planungsvorfeld für ein eventuell nachfolgendes Entwicklungs- oder Rationalisierungsprojekt abdecken.

Bei einem *Vorleistungsprojekt* wird die Entwicklung eines Produkts oder eines Produktteils vorgenommen, für welches kein konkreter Kundenauftrag vorliegt; allerdings besteht die Absicht, die Vorleistungsergebnisse in spätere Kundenprojekte einzubringen.

Pionierprojekte sind eigentlich Forschungsabschnitte innerhalb eines Entwicklungsprojekts und haben die Aufgabe, im Rahmen des Entwicklungsvorhabens Modelle zu entwerfen und Funktionsmuster zu realisieren.

Tabelle 1.2   PM-Methodeneinsatz

Projekttyp	Projektklasse	1 sehr klein (<3 MA)	2 klein (3 bis 10 MA)	3 mittel (10 bis 50 MA)	4 groß (50 bis 150 MA)	5 sehr groß (>150 MA)
A	Grundlagenentwicklung	◴	◐	◕	◕	
B	Entwicklung von Mustern	◐	◕	◕		
C	Entwicklung von Produkten	◐	◐	◐	◯	
D	Entwicklung von Systemen	◐	◐	◐	◯	◯
E	Betreuung von Verfahren	◐	◐	◐		
F	Modifikationsentwicklung	◐	◐	◐	◯	◯

◯ PM-Methoden kaum anwendbar
◴ Elementare PM-Methoden anwendbar
◐ Gängige PM-Methoden anwendbar
◕ Fast vollständige Anwendung von PM-Methoden
● Vollständige Anwendung von PM-Methoden

PM-Methodeneinsatz

In Tabelle 1.2 ist aufgezeigt, bei welcher Projektklasse der Einsatz von PM-Methoden sinnvoll ist. Als Projektklasse ist in diesem Zusammenhang die Zuordnung von Projektgröße zu Projekttyp zu verstehen (z. B. Projektklasse D4 entspricht einem Großprojekt zur Entwicklung eines Systems):

Wie aus der Matrix zu ersehen ist, sollte man ein Projektmanagement nicht grundsätzlich in allen Fällen und auch nicht in seiner ganzen Fülle und Vollständigkeit einsetzen. Projektmanagement ist eben kein Selbstzweck, sondern sollte nur so weit genutzt werden, wie Größe und Typ des Projekts es erfordern bzw. erlauben. Ganz allgemein gilt aber, daß man das Projektmanagement um so intensiver betreiben sollte, je größer ein Projekt ist.

1.4 Kosten des Projektmanagements

Daß in einzelnen Entwicklungsbereichen Projektmanagement nicht in ausreichender Form eingeführt ist, wird häufig mit den zu hohen Kosten für das erforderliche PM-Personal und die notwendigen PM-Verfahren begründet. Man vergleicht dann – verfälschend – moderne Methoden für das Projektmanagement, wie die Netzplantechnik, mit sehr einfachen Methoden wie Balkenplanung (auf Papier), ohne daß dabei deren unterschiedliche Einsatzschwerpunkte und Leistungsmerkmale herausgestellt werden. So ermöglicht die Netzplantechnik unter Berücksichtigung aller personellen und technologischen Abhängigkeiten einen vollständigen terminlichen Aufriß der Arbeitspakete sowie eine durchgängige Einsatzplanung aller beanspruchten Einsatzmittel. In einer Balkenplanung fehlen dagegen die Möglichkeiten der Arbeitspaketvernetzung und der integrierten Einsatzmittelplanung.

Für die Ablehnung moderner Projektplanungs- und -steuerungsverfahren wird oft der zusätzliche personelle Aufwand für die Abwicklung derartiger Verfahren herangezogen, wobei man vergißt, daß dieser – nur verteilt auf die einzelnen Entwicklungsgruppen – trotzdem getragen werden muß, und zwar – in Summe – in einem vermehrten Maß. Übernimmt das Projektmanagement eine separate Dienststelle, z. B. ein Projektbüro, so kann der Kostenanfall vollständig belegt werden. Bei einem »verteilten« Projektmanagement werden dagegen die Kosten meist nicht getrennt von den eigentlichen Entwicklungskosten ausgewiesen, so daß der Eindruck entsteht, als würden gar keine oder nur sehr geringe PM-Kosten anfallen.

Widerstände gegen moderne PM-Methoden sind also kaum durch sachliche und materielle Argumente begründbar; sie basieren statt dessen meist auf emotioneller Abneigung gegen Planungs- und Kontrollmethoden.

Das Management eines Unternehmens sollte sich also nicht die Frage stellen:

»Kann ich mir ein Projektmanagement leisten?«,

zu fragen ist hier vielmehr:

»Kann ich mir es leisten, *kein* Projektmanagement zu haben?«

Kostenbestandteile

Eine allgemeingültige Gliederung der Kostenbestandteile eines Projektmanagements gibt es nicht, da dessen Aufgabeninhalt in den einzelnen Entwicklungsbereichen sehr unterschiedlich sein kann. Art und Umfang der durchzuführenden PM-Aufgaben hängen nämlich von mehreren, durch die Entwicklungsumgebung beeinflußten Kriterien ab. Es sind dies:

— Art der Entwicklungsaufgabe,
— Größe des Entwicklungsvorhabens,
— Form der Projektorganisation,
— Anzahl der Entwicklungspartner,
— Entwicklungsdauer,
— Verhältnis Personal-/Materialkosten,
— Durchdringung mit PM-Methoden und -Verfahren usw.

Auch gibt es Meinungsverschiedenheiten bei der Definition, was insgesamt zu den Aufgaben des Projektmanagements gehört. Daher ist nur eine ungefähre Unterteilung der einzelnen Kostenbestandteile möglich (Bild 1.7), wobei zwischen PM-Kosten für die Planung, für die Überwachung und für den Verfahrenseinsatz unterschieden wird.

Zu den *Planungskosten* zählen alle Kostenkomponenten, die in den Abschnitten der Projektdefinition und der Projektplanung bzw. in zusätzlichen Planungsabschnitten während der Projektdurchführung anfallen.

Die *Überwachungskosten* umfassen alle Komponenten, die während der eigentlichen Projektdurchführung für die gesamte Projektkontrolle entstehen.

Die *Verfahrenskosten* schließlich setzen sich im wesentlichen aus den Abwicklungskosten für die installierten Entwicklungsplanungs- und -steuerungsverfahren sowie aus dem anfallenden Aufwand für die Verfahrenspflege zusammen.

1.4 Kosten des Projektmanagements

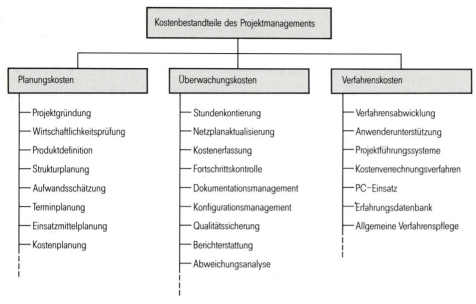

Bild 1.7 Kostenbestandteile des Projektmanagements

Bei Kostenbetrachtungen über das Projektmanagement werden üblicherweise die Kostenanteile für das Konfigurationsmanagement, für das Dokumentationsmanagement und für die Qualitätssicherung getrennt gesehen. Deshalb sind in den nachfolgend dargelegten Kostenverläufen diese Anteile auch nicht enthalten.

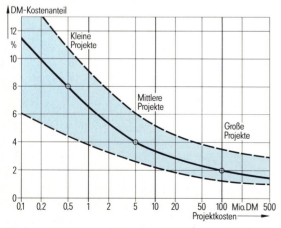

Bild 1.8 Prozentualer PM-Kostenanteil (Stand 1988)

Prozentualer PM-Kostenanteil

Der prozentuale Anteil der Kosten für das Projektmanagement bezogen auf die gesamten Projektkosten wurde an unterschiedlichen Stellen untersucht. In verschiedenen Firmen hat man bei Projekten unterschiedlicher Größenordnung die Kosten für die Projektplanung, -kontrolle und -steuerung ermittelt und ins Verhältnis zu den jeweiligen Gesamtprojektkosten gesetzt. Hierbei haben sich z. T. ganz erhebliche Abweichungen in den einzelnen Werten ergeben. Der in Bild 1.8 gezeigte Verlauf ist aus einer Mittelung abgeleitet.

Die »Bandbreite« der gezeigten Kurven ergibt sich durch den »Aufgabeninhalt« des Projektmanagements; sie wird aber auch sehr stark beeinflußt durch die »Qualität« des eingeführten Projektmanagements. Wird dieses durch erfahrene Projektleiter und Projektmitarbeiter getragen, so sind natürlich auch die anfallenden PM-Kosten geringer, als wenn es noch an der notwendigen Routine fehlt.

Wie der Kurvenverlauf zeigt, sinkt der prozentuale PM-Kostenanteil mit der Größe der Projektkosten und liegt z. B. im Bereich eines Projektkostenvolumens von 200 Mio. DM bei weniger als 2%. Bei kleineren Projekten ist dagegen ein steiler Anstieg zu verzeichnen, da von einer gewissen Grundlast ausgegangen werden muß. Hier kann der prozentuale PM-Kostenanteil einen Wert von 10% bei Projektgrößen von 200 TDM annehmen.

Als grobe Regel für den prozentualen PM-Kostenanteil gilt:
  8% für kleine Projekte (um 500 TDM)
  4% für mittlere Projekte (um 5 Mio. DM)
  2% für große Projekte (um 100 Mio. DM)

Absolute PM-Kosten

Bild 1.9 zeigt den Zusammenhang von Projektkosten und Kosten für das Projektmanagement. Die PM-Kosten steigen allerdings nur degressiv mit den Gesamt-Projektkosten.

Dies liegt darin begründet, daß einerseits die Produktivkosten für die eingesetzten Verfahren nicht linear mit der Projektgröße steigen und andererseits auch die personelle Überwachung bei größeren Projektvolumina rationeller durchgeführt werden kann. Auch hier zeigt sich – hervorgehoben durch den linearen Maßstab an den Koordinatenachsen – die große Bandbreite der möglichen PM-Kosten.

In diesem Zusammenhang muß noch einmal betont werden, daß die vorgenannten Kostenwerte für ein Projektmanagement nicht als Zusatz- bzw. Mehraufwand anzusehen sind. Auch bei einer »konventionellen« Projektführung ohne ein klar umrissenes Projektmanagement sind Tätigkeiten für das Planen und Abwickeln von Entwicklungsaufgaben sowie eine gewisse Überwachung des Entwicklungsfortschritts notwendig; diese spezifischen Aufwände können allerdings nie exakt herausgestellt werden, da sie normalerweise im Gesamtaufwand untergehen.

Kostenanteile

Eine vollständige aufgabenbezogene Unterteilung der PM-Kosten läßt sich generell kaum erreichen, obwohl für einige Aufgabenkomplexe im Rahmen des Projektmanagements Erfahrungswerte vorliegen. So konnte z. B. bei dem Projektplanungs- und -steuerungsverfahren REPROPLIK, das die Funktionsbereiche der Netzplanung und der Aufwandserfassung abdeckt, die in Bild 1.10 dargestellte Aufteilung der monatlichen Produktivkosten für die Verfahrensabwicklung abhängig von der Anzahl Netzplanvorgänge ermittelt werden. Hier war also feststellbar, daß die Rechen- und Speicherkosten degressiv entsprechend einer Wachstumskurve ansteigen, die Kosten für das Netzplan-Plotten und das Vervielfältigen der Projektdatenauswertungen aber linear mit der Anzahl Netzplanvorgänge wachsen.

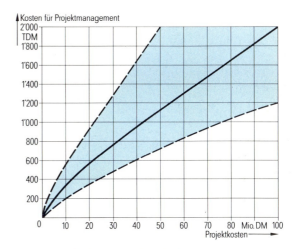

Bild 1.9   PM-Kosten und Projektkosten (Stand 1988)

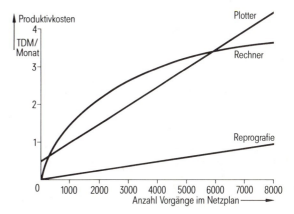

Bild 1.10
Monatliche Produktivkosten beim Verfahren REPROPLIK

2 Projektdefinition

In dem ersten Abschnitt eines Projekts, der Projektdefinition, entsteht die Grundlage für das gesamte künftige Projekt. Daher muß dieser Projektabschnitt einer besonderen Sorgfalt unterzogen werden. Es werden nämlich fachlicher Inhalt und die betriebswirtschaftlichen Parameter des Projekts festgelegt, aber auch Aufbau- und Ablauforganisation für die spätere Projektdurchführung bestimmt.

Ausgangspunkt für ein Projekt ist die (offizielle) *Projektgründung*, wobei nach Definition des Projektziels und einer Wirtschaftlichkeitsbetrachtung alle Projektdaten in einem vertragsähnlichen Dokument niederzulegen sind; dieser Projektauftrag ist dann bindend, und zwar für den Auftraggeber und für den Auftragnehmer.

Das *Definieren des Projektziels* erfordert meist eine intensive Analyse der vom Auftraggeber aufgestellten Anforderungen; hierzu kann das Bilden eines Modells des künftigen Produkts sehr vorteilhaft sein. Die Ergebnisse fließen in den Anforderungskatalog ein, der auch eine (eventuelle) Produktevolution und ein (späteres) Änderungswesen berücksichtigen sollte.

Für die *Wirtschaftlichkeitsbetrachtung* bieten sich mehrere Möglichkeiten an; es handelt sich um rein quantifizierende Methoden als auch um solche, die nur eine qualifizierende Aussage machen können. Wichtig ist, daß das geplante Projektergebnis überhaupt einer Wirtschaftlichkeitsbetrachtung unterzogen wird.

Für das Gelingen eines Projekts ist die Wahl der optimalen Aufbauorganisation, d. h. der *Projektorganisation,* von größter Bedeutung. Möglichst wenig Personalumbesetzungen bei möglichst großer Kompetenzzuordnung der Verantwortlichen sind hier die Leitlinien. Auch muß aus rationellen Gründen eine sinnvolle Aufteilung der PM-Aufgaben auf zentrale und dezentrale Stellen angestrebt werden.

Schließlich muß von Anbeginn Klarheit über die Modalitäten der Ablauforganisation, d. h. der *Prozeßorganisation,* bestehen. Meist liegen Richtlinien für die zu wählende Prozeßorganisation in den Entwicklungshandbüchern vor; vielfach sind diese allgemeinen Vorgaben noch projektadäquat zu übertragen und zu ergänzen.

Erst, wenn das Projekt in seiner Umwelteinbettung klar definiert ist, kann mit der Projektplanung begonnen werden.

2.1 Gründung eines Projekts

Am Anfang eines Projekts steht seine Gründung, die durch das Erstellen und Genehmigen eines offiziellen Projektantrags vollzogen wird. Der Projektantrag bildet die Vertragsgrundlage zwischen Auftraggeber und Auftragnehmer und legt – verbindlich für beide Seiten – das Leistungsvolumen sowie den Kosten- und Terminrahmen des Projekts fest.

Voraussetzung für das Formulieren des Projektantrags ist eine klare Aufgabenstellung; hierfür müssen einerseits die Projektparameter bestimmt und andererseits mögliche Projektrisiken festgestellt werden. Zum Abstecken der Chancen und Gefahren eines Projekts dient die *Problemfeldanalyse,* bei der man das gesamte Projektumfeld systematisch untersucht mit dem Ziel, optimale Planungsgrundlagen für die nachfolgenden Projektabschnitte zu schaffen.

Die *Innovationsplanung* ist dem Projekt im allgemeinen vorgeschaltet und stellt die »Weichen« für den Markterfolg einer Entwicklung; sie gehört noch nicht zum eigentlichen Verantwortungsbereich des Projektmanagements.

2.1.1 Innovationsplanung

Die Zukunftssicherung von Unternehmen, die in hoch innovativen Bereichen wie der Elektrotechnik tätig sind, wird in steigendem Maß von Entwicklungen völlig neuer Produkte bestimmt und hängt immer weniger von der Weiterentwicklung vorhandener Produkte ab.

Die Marktsituation hat sich gewandelt: früher existierte ein Käufermarkt mit einem großem Bedarf an bestimmten Produkten – die Industrie brauchte nur die fehlenden Exemplare zu produzieren; heute muß ein Unternehmen nach immer neuen Produktfeldern ausschauen und für diese einen Bedarf wecken. Hinzu kommt, daß der strategische Vorteil nicht mehr allein durch geringe Entwicklungs- und Fertigungskosten sondern vor allem über technologische Innovationen erreicht wird.

Mangelhafte Gestaltung marktgerechter Produkte wird vielfach verursacht durch folgende Umstände:

▷ Man folgt zu sehr den heutigen Kundenwünschen und übersieht dabei die künftigen Erfordernisse des betreffenden Geschäftsfeldes.
▷ Die Entwicklung berücksichtigt zu wenig die Kundenanforderungen.
▷ Eine systematische Markterkundung wird vielfach nicht betrieben.
▷ Der »Blick über'n Zaun« unterbleibt; wichtige Entwicklungen bei der Konkurrenz werden nicht zur Kenntnis genommen.
▷ Es wird in den wenigsten Fällen in Produktlebenszyklen gedacht.
▷ Das Beharren auf *alten* Technologien verhindert bzw. verzögert häufig die Einführung von neuen Technologien.
▷ Die Bedeutung neuer Technologien für das eigene Produktfeld wird zu spät erkannt.

Aus den genannten Gründen erhält die gezielte Produktförderung im Rahmen einer Innovationsplanung einen immer größeren Stellenwert für die strategische Planung eines Unternehmens.

Innovationsplanung umfaßt Bereiche, wie Marktanalyse, Geschäftsfeldplanung und Produktplanung, und ist, da die »Produktfindung« der Projektdefinition voransteht, eigentlich noch nicht Aufgabe des Projektmanagements. Ein Projekt beginnt eben erst dort, wo das Produkt, zumindest in seinen Zielen, bereits voll definiert ist. Innovationsplanung gehört daher nicht zum Verantwortungsbereich eines Projektmanagements. Der Projektleiter muß zwangsläufig davon ausgehen, daß die gestellte Aufgabe, d. h. die Entwicklung eines bestimmten Geräts oder Systems, auch die *richtige* Aufgabe ist. Da die Innovationsplanung aber die unmittelbar voranstehende Schnittstelle zur ersten Projektphase, der Projektdefinition darstellt, soll in diesem Kapitel auf einige Aspekte dieses Themengebiets kurz eingegangen werden.

Innovationsplanung ist – vereinfacht – das gezielte Suchen und Finden von für das Unternehmen lukrativen Geschäftsfeldern und damit neuen Produkten.

Der Ablauf umfaßt die drei Schritte:

▷ Produktpositionierung
▷ Produktbewertung
▷ Produktauswahl.

Für das Durchführen dieser Planungsschritte haben sich einige Methoden als sehr hilfreich erwiesen, hierzu zählen u. a.:

▷ Portfolio-Analysen,
▷ ABC-Analysen und
▷ Lebenszyklus-Analysen.

Die beiden ersten methodischen Ansätze dienen mehr für die statische Betrachtung; bei Lebenszyklus-Analysen dagegen wird die Größe Zeit verstärkt miteinbezogen.

Portfolio-Methode

Bei dieser Methode werden in einer zweidimensional aufgebauten Matrix bestimmte Betrachtungsobjekte (z. B. Geschäftsfelder, Produktgebiete, Technologien) in Abhängigkeit von zwei Beurteilungskriterien mit einer möglichst einfachen Skalierung angeordnet. Hierbei unterzieht man häufig eigene und konkurrierende Objekte einem Vergleich, um dadurch eine *Standortbestimmung* herbeizuführen. Es gibt inzwischen zahlreiche Portfolio-Darstellungen für die unterschiedlichsten Problemkomplexe. Der Begriff selbst ist von dem Wertpapier-Portfeuille abgeleitet.

Das Grundprinzip ist allerdings bei allen Darstellungsformen ähnlich. Die waagerechte Skalierung kennzeichnet meist ein Kriterium für die Positionsbestimmung der zu betrachtenden Objektwelt; solche sind

— relativer Marktanteil,
— Geschäftsfeldstärke,
— technisches Weiterentwicklungspotential,
— relative Technologieposition.

Auf der senkrechten Achse eines Portfolios wird ein Kriterium für die »Attraktivität« der zu betrachtenden Objekte angegeben, z. B.

— Marktwachstum,
— Branchenattraktivität,
— Produktattraktivität am Markt,
— wirtschaftliche Bedeutung.

Besonders im Rahmen der Geschäftsfeldplanung, der Technologieplanung sowie der Produktplanung werden Portfolio-Darstellungen zur Standortbestimmung und Strategiefindung vermehrt eingesetzt.

2.1 Gründung eines Projekts

Im folgenden soll anhand eines Geschäftsfeld-Portfolios und eines Technologie-Portfolios diese Methode kurz erläutert werden.

Geschäftsfeld-Portfolio

Mit einem Geschäftsfeld-Portfolio wird die eigene Marktposition auf bestimmten Geschäftsfeldern betrachtet, um daraus geeignete Strategien für die eigene Geschäftsfeldplanung abzuleiten.

Für die Darstellung eines Geschäftsfeld-Portfolios können unterschiedliche Matrixausprägungen herangezogen werden. Bei der McK-Matrix (McKinsey) gibt es jeweils zwei Unterteilungen je Achse, so daß neun Matrixfelder entstehen; auf der waagerechten Achse ist die Geschäftsfeldstärke und auf der senkrechten Achse ist die Branchenattraktivität aufgetragen. Bei der BCG-Matrix (Boston Consulting Group) dagegen, auf die hier näher eingegangen wird (Bild 2.1), werden mit einer Unterteilung nur vier Matrixfelder definiert; wobei auf der waagerechten Achse – von rechts nach links – der eigene relative Marktanteil (RMA) für bestimmte Geschäftsfelder und auf der senkrechten Achse das zugehörige Marktwachstum (MW) aufgetragen sind.

Mit dem relativen Marktanteil wird das Verhältnis zwischen dem eigenen Marktanteil zu dem des größten Mitbewerbers angegeben. Der größte Mitbewerber ist entweder der Marktführer oder – falls man es selbst ist – der erste nachfolgende Mitbewerber. Unter dem Marktwachstum ist das jährliche Wachstum des jeweiligen Geschäftsfeldes zu verstehen.

In dieses so definierte Koordinatensystem werden nun die einzelnen Geschäftsfelder des eigenen Unternehmens und solche der Konkurrenz als Kreise positioniert, wobei die Kreisgröße der jeweiligen Umsatzstärke entspricht. Die Matrixfelder lassen sich üblicherweise wie folgt beschreiben:

Feld I   hoher relativer Marktanteil – niedriges Marktwachstum (Goldesel, Cash-cows)
Feld II hoher relativer Marktanteil – hohes Marktwachstum (Stars, stars)
Feld III niedriger relativer Marktanteil – hohes Marktwachstum (Fragezeichen, question marks)
Feld IV niedriger relativer Marktanteil – niedriges Marktwachstum (Sorgenkinder, dogs).

Diese Standortbestimmung ermöglicht die Aussage, ob man sich in einer führenden oder nacheilenden Marktposition bzw. in einem wachsenden oder reifen Markt befindet. Es können aber keine Standardstrategien aus der Position in einer Geschäftsfeldmatrix abgeleitet werden. Die Matrix stellt nur ein Beurteilungsinstrument dar, wobei zwei Grundaussagen möglich sind:

▷ Geschäfte in der linken Hälfte (links von RMA = 1) sind zu »verteidigen« und
▷ Geschäfte in der rechten Hälfte (rechts von RMA = 1) sind zu »selektieren« (entweder Abbau oder Förderung).

Weiterhin kann man einen Mindestwert von z. B. 0,5 für den relativen Marktanteil des eigenen Unternehmens vorgeben (nur in Feld IV). Dieser RMA-Wert sagt aus, daß man mindestens die Hälfte vom Marktanteil des größten Mitbewerbers erreichen möchte. Nicht ertragsträchtige Ergänzungsprodukte und fragwürdige Zukunftsprodukte müssen schnellstens überprüft werden. Für vielversprechende Zukunftsprodukte kann ein Ausbau der Marktposition lohnend sein. Mit einer derartigen Portfolio-Betrachtung soll also erreicht werden, daß man auf das »richtige Pferd« setzt und sich aus aussichtslosen Geschäftsfeldern rechtzeitig zurückzieht.

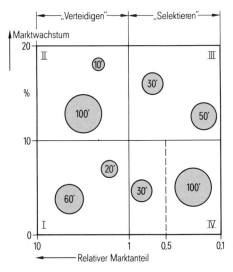

Bild 2.1   Geschäftsfeldmatrix (nach BCG)

Technologie-Portfolio

Neben einer Betrachtung der Attraktivität von Geschäftsfeldern gehört auch die Betrachtung der eigenen Technologiebefähigung. So attraktiv die Herstellung von hochintegrierten Speicherchips sein mag, so unsinnig ist es sicherlich z. B. für eine Waschmittelfirma, sich auf eine derartige Technologie einzulassen. Deshalb kann man in einer weiteren Portfolio-Darstellung die eigene Technologieposition untersuchen.

Zweck eines Technologie-Portfolios ist daher die vergleichende Darstellung von Technologien auch über Grenzen von Geschäftsbereichen, Geschäftsfeldern und Produkten hinweg. Aus dieser Darstellung lassen sich zwar auch keine Standardstrategien ableiten, jedoch können alternative FuE-Strategien diskutiert und damit Prioritäten festgelegt werden.

Zur Darstellung eines Technologie-Portfolios werden am besten die in Bild 2.2 aufgeführten zwei Teilbilder herangezogen. Das erste Teilbild zeigt das technische Weiterentwicklungspotential der betrachteten Technologien und ihre künftige wirtschaftliche Bedeutung. Das technische Weiterentwicklungspotential leitet sich aus dem Technologie-Lebenszyklus ab (siehe Bild 2.6). Ein hohes Weiterentwicklungspotential liegt am Anfang der dort aufgezeigten »S-Kurve« vor, ein niedriges am Ende der Kurve. Technisches Weiterentwicklungspotential und wirtschaftliche Bedeutung aggregieren sich zur (Gesamt-)Bedeutung der Technologie, die in dem zweiten Teilbild auf die eigene (relativ zum in dieser Technologie besten bzw. nächstbesten Wettbewerber gemessenen) Technologieposition bezogen wird.

Je nach Lage einer Technologie in den beiden Teilbildern des Technologie-Portfolios sind unterschiedliche FuE-Strategien naheliegend:

▷ Mit höchster Priorität sollten diejenigen Technologien gefördert werden, die sowohl wirtschaftlich bedeutend sind als auch hohes Weiterentwicklungspotential haben (linkes Teilbild). Abhängig von der eigenen Technologieposition bedeutet dies entweder einen Rückstand aufzuholen, z. B. durch eigene FuE-Anstrengungen oder Kooperationen, oder einen eventuellen Vorsprung konsequent zu nutzen besonders durch Leistungssteigerung der Produkte (rechtes Teilbild).

▷ Trifft hingegen geringes Weiterentwicklungspotential auf geringe wirtschaftliche Bedeutung, so muß dementsprechend die FuE-Priorität für diese Technologie gering sein. Weitere eigene FuE-Aktivitäten sind in diesem Fall nicht sinnvoll; unter Umständen bietet es sich sogar an, das eigene Know-how zu verkaufen.

▷ Trifft hohes Weiterentwicklungspotential auf niedrige wirtschaftliche Bedeutung oder umgekehrt, so ist selektiv vorzugehen. Vor allem sollte geprüft werden, ob sich eine niedrige wirtschaftliche Bedeutung jenseits des Zieljahres erhöhen könnte – dann wäre Vorfeld-FuE naheliegend – oder ob eine wirtschaftlich wichtige reife Technologie auf dem Markt verfügbar ist und sich eigene FuE-Aktivitäten damit erübrigen.

ABC-Analyse

Auch mit einer einfachen ABC-Analyse kann man eine gezielte Vorauswahl von Produkten, Technologien etc. treffen. Bekanntlich kann man diese Methode generell immer dann anwenden, wenn aus einer größeren Menge von Objekten Unwichtiges von Wichtigem zu trennen ist. Sind z. B. aus einer vorgegebenen Menge von Produktalternativen diejenigen herauszufiltern, die umsatzmäßig besonders bedeutsam sind, so werden die einzelnen Produkte in der Reihenfolge ihres möglichen Umsatzanteils äquidistant auf

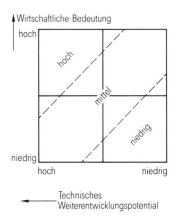
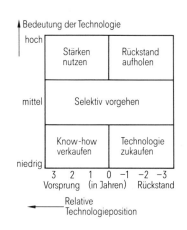

Bild 2.2   Technologie-Portfolio

der Abszisse eines Koordinatensystems angeordnet. Die Verbindung der kumulierten Umsatzanteile ergibt einen monoton ansteigenden Kurvenzug. Die so angeordneten Produkte teilt man nun durch die beiden waagerechten Linien bei z. B. 75% und 90% in drei Klassen ein, die mit A, B und C bezeichnet werden. In dem in Bild 2.3 gezeigten Beispiel haben diese drei Klassen folgende Aussage:

Klasse A   enthält die umsatzträchtigsten Produkte, die zusammen bereits 75% des Umsatzes ausmachen.

Klasse B   enthält die Produkte, die zusammen mit den Produkten der Klasse A 90% des Umsatzes ausmachen.

Klasse C   enthält die umsatzschwächsten Produkte, die nur 10% des Umsatzes ausmachen.

Produkte der Klasse A kommen somit in die engere Wahl, Produkte der Klasse C scheiden bei der weiteren Marktanalyse normalerweise aus und Produkte der Klasse B müssen noch einmal einer genaueren Beurteilung unterzogen werden. Also auch hier die drei Strategien bei der Produktplanung: Fördern, Selektieren, Abbauen.

Die beiden die Klassen A, B und C einteilenden Prozentwerte müssen nicht genau bei 75% und 90% liegen, sondern können auch davon abweichen.

Mit einer ABC-Analyse kann man also aufgrund eines bestimmten Kriteriums sehr schnell eine Vorauswahl aus einer größeren Menge treffen. Im gezeigten Beispiel reduziert sich die anfängliche Produktmenge 14 aufgrund des Auswahlkriteriums »Umsatzanteil« auf 6.

Für eine grobe Vorauswahl von Technologien könnte die ABC-Analyse in analoger Form genutzt werden. Hierbei würde man z. B. auf der Ordinate den Grad für die technisch-wirtschaftliche Bedeutung der Technologien für das Unternehmen auftragen und auf der Abszisse die einzelnen Technologien.

Lebenszyklus-Analysen

Wie bereits erwähnt, wird bei einer Lebenszyklus-Analyse die Zeit in die Strategiefindung einbezogen. Lebenszyklus-Betrachtungen sind sowohl für Produkte als auch für Technologien möglich.

Produkt-Lebenszyklus

Den gesamten Produktlebenszyklus kann man – vom Entwicklungsbeginn bis hin zur Produktstreichung – in mehrere Abschnitte unterteilen.

Entstehungszyklus:
▷ Definition
▷ Entwurf
▷ Realisierung
▷ Erprobung

Marktzyklus:
▷ Markteinführung
▷ Wachstum
▷ Reife
▷ Sättigung
▷ Degeneration.

Der Zeitraum von Fertigungsbeginn bis zur Produktstreichung wird als »Standzeit« bezeichnet und entspricht dem Marktzyklus. Bild 2.4 zeigt schematisiert den Verlauf der Produktkosten und -erträge über diesen Produktlebenszyklus. (Für das einfachere Verständnis sind die Kurven überschneidungsfrei angeordnet.)

Aufgrund der hohen Innovationsraten der eingesetzten Technologien haben viele elektronische Geräte und SW-Produkte sehr kurze Standzeiten. In der Kommunikationstechnik z. B. geht man derzeit von folgenden Innovationszyklen (in Jahren) aus:

Personal Computer	2 bis 3,
Großrechner	3 bis 5,
Textendgeräte	4 bis 5,
Anwender-Software	etwa 6,
Vermittlungssysteme	etwa 10,
Betriebssystem-Software	etwa 15,
zum Vergleich:	
Kraftwerkstechnik	20 bis 40.

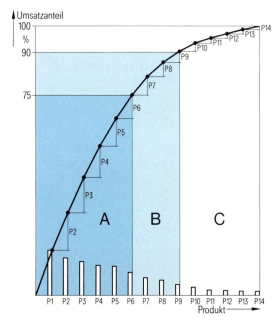

Bild 2.3   ABC-Analyse

2.1.1 Innovationsplanung

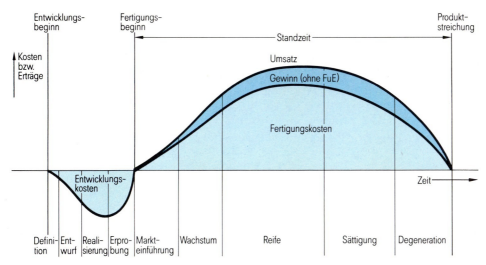

Bild 2.4 Produkt-Lebenszyklus

Kurze Innovationszyklen haben zur Folge, daß ein Produkt mit einem bestimmten Technologiestand nach Ablauf der Standzeit am Markt nicht mehr einsetzbar ist, da bereits Produkte mit einer Technologie des nächsten Innovationsschritts (mit natürlich besserem Preis-Leistungs-Verhältnis) angeboten werden. Die Problematik eines verspäteten Markteintritts soll das Bild 2.5 verdeutlichen. Anhand der dargestellten Produktlebenszyklen ist zu erkennen, daß bei einem verspäteten Markteintritt ein beachtliches Verkaufsvolumen unwiderruflich verloren geht und später nicht mehr wieder hereingeholt werden kann, da dann bereits ein (besseres) Nachfolgeprodukt verfügbar ist.

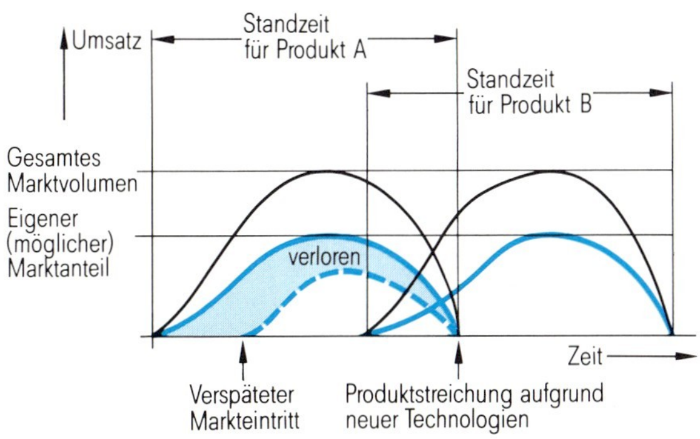

Bild 2.5 Standzeit eines Produkts

Im Bereich der PC-Entwicklung gibt es Erfahrungswerte, wonach ein um 1 Monat verspäteter Markteintritt bereits 3 bis 5% Umsatzeinbuße bedeutet. Auf anderen Gebieten der Kommunikationstechnik verhält es sich ähnlich.

Der rechtzeitige Zeitpunkt des Markteintritts eines neuen Produkts ist auch deshalb sehr wichtig, da bei stark innovativen Produkten die »günstigsten« Preise (d.h. hohe Marktpreise) in der frühen Phase der Markteinführung zu erzielen sind. So rechnet man z.B. auf einem Gebiet der Kommunikationstechnik mit einem jährlichen Preisverfall von 15%.

Technologie-Lebenszyklus

Auch Technologien haben ihren Lebenszyklus, während dem sie sich in ihrer technischen Leistungsfähigkeit für die Produktentwicklung sowie in dem notwendigen Aufwand für ihre Weiterentwicklung unterscheiden. Dieser Sachverhalt läßt sich sehr anschaulich anhand der sogenannten »S-Kurven« (Bild 2.6) darstellen, die mit Erfolg als Bewertungsmodell zur Abschätzung des Weiterentwicklungspotentials von Technologien wie auch zur Feststellung des Standes im Vergleich zum Wettbewerb eingesetzt werden.

Auf der Ordinate sind die technische Leistungsfähigkeit der betrachteten Technologien und auf der Abszisse die Zeit aufgetragen. Für die technische Leistungsfähigkeit muß ein charakteristisches Leistungsmerkmal gewählt werden, das sowohl für die bestehende Technologie als auch für mögliche Ablösetechnologien eindeutig bestimmbar ist. Mit Fortschreiten der Zeit ist ein kumulierender laufender FuE-Aufwand für die betreffende Technologieentwicklung verbunden, dessen »Wirksamkeit« von der jeweiligen Standortposition auf der S-Kurve abhängt.

Der Lebenszyklus einer Technologie kann nun in drei Phasen unterteilt werden:

▷ Suchphase
▷ Durchbruchphase
▷ Reifephase.

In der Suchphase, d. h. der Anfangsphase, ist die Technologie noch wenig leistungsfähig. Erst nach entsprechendem Entwicklungsausbau, nämlich in der Durchbruchphase, steigert sich ihre Leistungsfähigkeit ganz beträchtlich, so daß ein großer Nutzen für das Investment erreicht wird. Während der Reifephase sind dagegen trotz weiterer Aufwendungen, z. B. für Rationalisierungsmaßnahmen in der Fertigung, die Verbesserungsmöglichkeiten insgesamt ausgereizt. Die Technologie stößt an ihre wirtschaftlichen und technischen Grenzen. Um schließlich nicht in einer technologischen Sackgasse zu landen, muß rechtzeitig der Umstieg auf eine neue Technologie vorbereitet worden sein, mit der dann ein weiterer Anstieg der technischen Leistungsfähigkeit der Produkte anzustreben ist. Dieser Ablöseprozeß darf hierbei aber nicht dem Zufall überlassen bleiben, sondern muß genau und frühzeitig geplant werden. Die Wahl einer falschen oder einer zu späten Technologie kann sehr negative Auswirkungen für das entsprechende Produktfeld des Unternehmens haben.

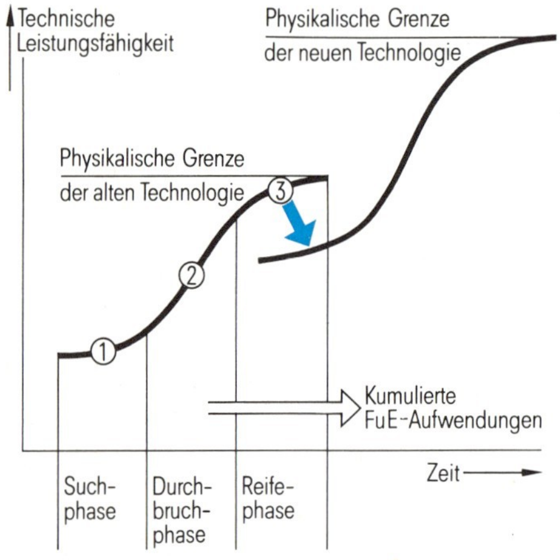

Die vorgestellte S-Kurve stellt natürlich kein exaktes Prognoseinstrument dar, sondern kann nur als Darstellungsmittel bei der Betrachtung eines Technologie-Lebenszyklus dienen. Es ist anzumerken, daß das Auftragen der S-Kurven Schwierigkeiten mit sich bringt, insbesondere in der Bewertung der technischen Leistungsfähigkeit. Diese ist im physikalischen Bereich noch relativ einfach, da es hier häufig einen guten Maßstab für die technische Leistungsfähigkeit gibt, wie z. B. die Speicherkapazität eines Chips in Mbit oder die Dämpfung eines Lichtwellenleitermaterials in dB/km.

In SW- und systemtechnischen Bereichen ist die S-Kurven-Betrachtung aber problematisch, weil es auf diesen Entwicklungsfeldern an objektivierbaren Meßgrößen für die Leistungsfähigkeit eingesetzter Technologien fehlt.

2.1.2 Grundparameter eines Projekts

Ein Entwicklungsvorhaben wird als Projekt in seiner Durchführung von drei Grundparametern eingerahmt. Diese sind

▷ geforderte Leistung,
▷ beanspruchte Einsatzmittel und
▷ benötigte Zeit.

Diese Grundparameter stehen als Zielgrößen in einer gegenseitigen Wechselwirkung, so daß man auch beim Projektmanagement von einem »magischen Dreieck« sprechen kann (Bild 2.7).

① Vorleistung
② Höchster wirtschaftlicher Nutzen
③ Überinvestition

Bild 2.6 Technologie-Lebenszyklus (»S-Kurve«)

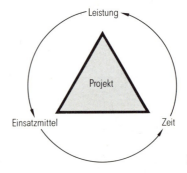

Bild 2.7 PM-Dreieck

Das durch dieses PM-Dreieck dargestellte Zielsystem verdeutlicht eine grundsätzliche Abfolge in einem Projektgeschehen: Durch Einsatz bestimmter Einsatzmittel (Geld, Personal, Maschinen etc.) und mit Verbrauch an Zeit soll eine bestimmte Leistung erbracht werden. Das Projektmanagement hat dabei die zentrale Aufgabe, das Projektziel, d. h. das Erbringen der geforderten Leistung, möglichst in einem optimalen Verhältnis zu den beiden anderen Grundparametern zu erreichen.

Die Zielrichtung dieser »Optimierung« kann allerdings sehr unterschiedlich sein. In dem einen Fall wird ein Höchstmaß an Leistung angestrebt – gleichgültig, in welcher Höhe Kosten anfallen und wie lange es dauert. In einem anderen Fall ist ein kürzest möglicher Termin anzustreben, ohne daß eine enge Begrenzung des Budgets vorgegeben ist. Oder aber die Kosten sollen möglichst niedrig sein, auch wenn Abstriche in dem Leistungsumfang (und in der Qualität) gemacht werden müssen.

Leistungs- und Lastgrößen

Die drei genannten Grundparameter stellen eigentlich Oberbegriffe dar für weitere Projektparameter, die in Leistungsgrößen und Lastgrößen eingeteilt werden können (Bild 2.8).

Zu den Lastgrößen gehören das eingesetzte Personal und alle Betriebsmittel sowie die benötigte Zeit. Lastgrößen stellen den Mitteleinsatz, den »Input« für das Projekt dar und sind daher so weit wie möglich zu minimieren.

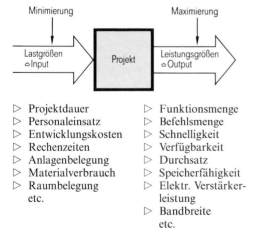

Bild 2.8   Beispiele von Leistungs- und Lastgrößen

Als Leistungsgrößen wirken alle meßbaren Ergebnisgrößen; sie kennzeichnen den »Output« einer Projektdurchführung. Normalerweise ist für die Leistungsgrößen insgesamt eine Maximierung anzustreben. Auch das »Verringern« von Produktgrößen, wie z. B. der Verlustleistung eines elektrischen Geräts ist in diesem Sinne als eine Maximierung, nämlich der Wirkleistung, anzusetzen.

Parameterausrichtung

Die vorgenannten Grundparameter stehen – wie bereits erwähnt – in einer gegenseitigen Wechselwirkung, so daß sie jeweils nicht unabhängig voneinander bestimmt werden können. Drei grundsätzlich unterschiedliche Vorgehensweisen zum Bestimmen dieser Projektparameter sind möglich:

▷ Kostenfixierte Parameterausrichtung
▷ Terminfixierte Parameterausrichtung
▷ Leistungsfixierte Parameterausrichtung.

Bei der *kostenfixierten Vorgehensweise* wird von einem geforderten Leistungsvolumen ausgegangen und für ein vorgegebenes Budget der mögliche Fertigstellungstermin ermittelt. Ergibt sich dabei ein nicht akzeptierbarer später Termin, so kann dieser nur aufgrund einer Zurücknahme des Leistungsvolumens oder der zugehörigen Qualitätsanforderungen verkürzt werden, da ein Ausweiten des Budgets nicht möglich ist. Solche Kostenfixierungen liegen meist vor, wenn für ein zu entwickelndes Produkt ein vorgegebener Marktpreis aus Wettbewerbsgründen auf keinen Fall überschritten werden darf; dies ist z. B. gegeben bei Entwicklungsprodukten aus der Installations- und Beleuchtungstechnik, also bei Produkten mit hohen Stückzahlen in einem Markt mit vielen Mitbewerbern.

Bei einer *terminfixierten Vorgehensweise* geht man ebenfalls von einem geforderten Leistungsvolumen aus; hierfür werden allerdings auf der Basis eines fixen Fertigstellungstermins die notwendigen Kosten ermittelt. Sind diese zu hoch, so können diese ebenso nur durch Reduzieren einzelner Leistungsmerkmale gesenkt werden, da hier ja eine Terminüberschreitung nicht erlaubt ist. Eine solche Terminfixierung liegt entweder dann vor, wenn der Einsatztermin durch äußere Gegebenheiten prinzipiell nicht verschiebbar ist (z. B. Messetermin, Termin mit Konventialstrafe), oder wenn aufgrund der Marktsituation eine Terminverschiebung zu äußerst schwerwiegenden Markteinbußen führen würde, wie es z. B. auf dem Gebiet der Entwicklung von PC und Textendgeräten der Fall sein kann. Bei Produktentwicklungen mit relativ kurzen

Standzeiten hat man es also immer mit einer terminfixierten Vorgehensweise zu tun.

Ein *leistungsfixiertes Vorgehen* wird dann beschritten, wenn keine Kompromisse, d. h. Abstriche bzgl. des aufgestellten Anforderungskatalogs erlaubt sind. Termin und Kosten ergeben sich daher aus einem fest vorgegebenen Leistungsvolumen mit definierten Qualitätsanforderungen; höchstens eine geringe Verschiebung zwischen den ersten beiden Projektparametern selbst ist noch denkbar. Beispiele für solche Leistungsfixierungen finden sich besonders in sicherungstechnisch-sensiblen Bereichen, wie z. B. im Kernkraftwerksbau oder in der Raumfahrttechnik.

Bereits bei der Projektgründung müssen sich alle Beteiligten im klaren sein, um welche der drei Arten von Parameterausrichtung es sich bei dem vorliegenden Projekt handelt. Anderenfalls kann das Optimieren der Leistungs- und Lastgrößen in eine falsche Richtung gehen – so daß z. B. ein überzogen funktionsstarkes Gerät zu teuer oder ein funktionsschwaches Produkt unnötig früh auf den Markt kommt.

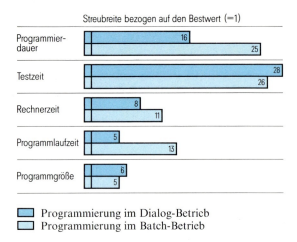

Bild 2.9 Streubreite der Programmierleistung

Produktivität

Bei dem Einsatzmittel Personal kommt noch ein weiterer Gesichtspunkt hinzu. Der Parameter Personal steht mit dem Parameter Zeit in einer Art »Kräfteparallelogramm«, dessen Diagonale der erbrachten Leistung entspricht. Entsprechend diesem Modell können analoge Größenabhängigkeiten formuliert werden: Mehr zur Verfügung stehende Zeit bei unveränderter Personalstärke führt zu höherer Leistungserbringung, wie umgekehrt in derselben Zeit mit mehr Personal auch eine höhere Leistung erbracht werden kann. Allerdings können sich bekanntlich bei einem Parallelogramm mit festen Seitenlängen abhängig vom Schrägenwinkel unterschiedlich lange Diagonalen ergeben. Dieser Winkel entspricht einer weiteren wichtigen Projektgröße, der *Produktivität*.

Im Gegensatz zum Einsatzmittel Geld bzw. zu anderen Sachmitteln stellt das Einsatzmittel Personal keine singuläre Größe dar, da dieses unter zwei getrennten Aspekten zu sehen ist, und zwar

▷ der Kopfzahl (≙ Personalstärke) sowie
▷ der Qualifikation.

Diesem allgemein bekannten Umstand wird allerdings oft zu wenig Rechnung getragen, da beim Einplanen des Einsatzmittels Personal allein von der bloßen Kopfzahl ausgegangen wird und die Qualifikation nur am Rande in die Festlegung dieses Projektparameters

einfließt. Dabei kann die jeweilige Produktivität des eingesetzten Personals von viel ausschlaggebenderer Bedeutung sein als die Anzahl Personen. Diesen Sachverhalt verdeutlicht Bild 2.9. Hier wurde eine größere Anzahl Programmierer im Rahmen einer vergleichenden Produktivitätsuntersuchung mit denselben Programmieraufgaben betraut; nach deren Abschluß wurden einige ausgewählte Projekt- und Produktgrößen gemessen und in Relation zu dem jeweiligen Bestwert gebracht. Dabei ergaben sich teilweise ganz erhebliche Streubreiten für die einzelnen Zielgrößen.

Diese bemerkenswerte Schwankung in der Produktivität ist sicher nicht nur auf das SW-Programmierungsgebiet beschränkt, sondern kann auf alle anderen Entwicklungsgebiete der Hardware und Software übertragen werden. Begründet ist sie in dem starken kreativen Anteil bei Entwicklungsarbeiten, der naturgemäß einer homogenen Qualifikation der Mitarbeiter immer entgegenstehen wird. Um so mehr muß daher dieser Tatbestand der erheblichen Produktivitätsunterschiede in die Überlegungen beim Festlegen des Einsatzmittels Personal, d. h. beim Einplanen von Mitarbeitern, berücksichtigt werden.

Qualität

So, wie das wichtigste Einsatzmittel Personal aufgrund unterschiedlicher Produktivität keine absolute Größe darstellt, ist der Grundparameter Leistung auch nicht eindeutig angebbar. (Nur der dritte Grundparameter Zeit darf als Größe mit eindeutig fixem Maßstab betrachtet werden.)

Eine Leistung kann bekanntlich »gut« oder »schlecht«, also in unterschiedlicher Qualitätsausprägung erbracht werden. Die Qualität bildet damit einen weiteren, sehr wichtigen Projektparameter, der als integraler Bestandteil der zu erbringenden Leistung anzusehen ist. Leistung umfaßt neben einer bestimmten Anzahl Leistungsmerkmale auch die zugehörigen Qualitätsanforderungen.

Bei DIN wird der Begriff Qualität definiert als:

> Beschaffenheit einer Einheit bezüglich ihrer Eignung, festgelegte und vorausgesetzte Erfordernisse zu erfüllen.

Alle Produkteigenschaften und -merkmale, die die Eignung des Produkts betreffen, stellen im engeren Sinne Qualitätsmerkmale dar. Zu diesen gehören je nach HW- und SW-Ausprägung, z. B.:

— Funktionserfüllung,
— Zuverlässigkeit,
— Benutzungsfreundlichkeit,
— Wartungsfreundlichkeit,
— Instandhaltbarkeit,
— Übertragbarkeit,
— Zeitverhalten,
— Verbrauchsverhalten,
— Fertigungsfreundlichkeit.

Qualität heißt, vereinfacht ausgedrückt – das »richtige« Erfüllen der Anforderungen des Kunden – nicht mehr und nicht weniger; das bedeutet auch, daß eine zu gute Qualität vom Markt nicht honoriert wird (Überperfektionierung), wohingegen zu niedrige Qualitätsvorgaben i. allg. zu erheblichen Mehrkosten führen.

Der Aufwand für eine bestimmte zu erreichende Qualität bei einem Entwicklungsprodukt ist allerdings nicht als feste Größe zu betrachten; er hängt vielmehr von der Effektivität der zuständigen Qualitätssicherung ab. Je früher Qualitätsmängel im Entwicklungsablauf erkannt werden, desto geringer sind die Fehlerbehebungskosten; wird ein Fehler etwa erst beim Einsatz aufgedeckt, so kann dessen Beseitigung ein Vielfaches der Kosten betragen, die anzusetzen sind, wenn der Fehler bereits in der Entwurfsphase beseitigt worden wäre (siehe auch Bild 4.44). Effiziente Qualitätssicherung wird damit zu einem entscheidenden Kosten- und Ergebnisfaktor.

2.1.3 Problemfeldanalyse

In der Phase der Projektgründung werden die Eckdaten des bevorstehenden Entwicklungsvorhabens verankert, obwohl die technische Beurteilungsbasis häufig noch sehr unsicher ist. Einerseits müßte man eigentlich erst in die Projektplanung einsteigen, aber andererseits kann diese erst begonnen werden, wenn ein (unterschriebener) Projektauftrag vorliegt; dieser verlangt aber schon gewisse, grob geschätzte Angaben zu den wesentlichen Projektparametern, wie Termin, Aufwand und Kosten.

Um hierfür eine gesicherte Beurteilungsbasis zu schaffen, empfiehlt es sich, vor Erstellen des Projektantrags eine sorgfältige Analyse der Problemfelder durchzuführen, die die relevanten Projekt- und Produktkriterien auf ihre Inhalte untersucht. Hauptthema einer solchen Problemanalyse ist die Frage nach der »Richtigkeit« des zu entwickelnden Produkts. Bild 2.10 veranschaulicht, wie diese Frage in sieben Kernfragen zerlegt werden kann.

Richtige Aufgabenstellung?

Das Bestimmen der richtigen Entwicklungsaufgabe ist von zentraler Bedeutung für den wirtschaftlichen Erfolg des zu entwickelnden Produkts. Ein Produkt kann noch so genial entwickelt und qualitativ hochwertig gefertigt worden sein, deckt es keine Marktbedürfnisse, so bleibt es trotz großer Werbungs- und Vertriebsaktivitäten ein »Flop«. Es darf also nur ein Produkt entwickelt werden, das auch mit großer

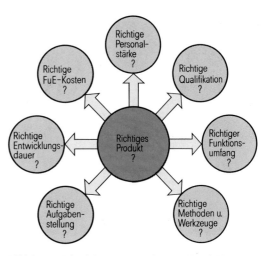

Bild 2.10   Die sieben Fragen der Problemfeldanalyse

Wahrscheinlichkeit am Markt ankommt. Hierzu bieten sich als Hilfsmittel bewährte Instrumentarien aus der Marktanalyse an, wie die im vorausgegangenen Kapitel beschriebenen Portfolio-Darstellungen und S-Kurven-Betrachtungen.

Beim Beurteilen der Richtigkeit des gesetzten Entwicklungsziels muß allerdings auch berücksichtigt werden, ob das zu realisierende Produkt nicht eventuell andere eigene Produkte unnötig *verdrängt*. Der erzielbare Gewinn wäre dann unter einem anderen Blickwinkel zu sehen. Der Gewinn des einen Produkts kann nämlich zum Verlust des anderen führen. Richtige Aufgabenstellung heißt also nicht nur richtiges Produkt, sondern auch richtige »Einbettung« in die bestehende (eigene) Produktwelt. Entsprechendes gilt für die Entwicklung von intern einzusetzenden DV-Verfahren; auch hier sollte kein unnötiger Verdrängungskampf entstehen, der schließlich nur das eigene Geld kostet.

Richtige Entwicklungsdauer?

Zu lange Entwicklungszeiten haben ebenfalls gravierende Auswirkungen auf den wirtschaftlichen Erfolg des Produkts. Rechtzeitig auf dem Markt zu sein, kann einen großen Gewinn bedeuten, ein zu später Markteintritt dagegen einen erheblichen Umsatzverlust. Dieser kann so groß werden, daß die Entwicklungskosten nicht wieder hereinkommen. Eine von McKinsey zu diesem Fragenkomplex gemachte »Sensitivitätsanalyse« führte zu dem Fazit:

 Das Einhalten und Verkürzen von Entwicklungszeiten ist wichtiger als das Einhalten und Reduzieren von Entwicklungskosten!

Zur Verdeutlichung dieses Sachverhalts sind in Tabelle 2.1 – in einer stark vereinfachten Form – drei Varianten einer Wirtschaftlichkeitsbetrachtung dargestellt:

1. Kosten und Dauer eines »typischen« Projektbeispiels
2. Halbierung der Kosten bei gleicher Dauer
3. Halbierung der Dauer bei gleichen Kosten.

Die Gegenüberstellung ergibt, daß Halbieren der Entwicklungskosten zu einer rund dreimal so großen Marginalrendite, Halbieren der Entwicklungszeit dagegen sogar zu einer mehr als achtmal so großen Marginalrendite führt (im dritten Fall wurde wegen des früheren Markteintritts eine Umsatzsteigerung von 20% p.a. angenommen).

Auch die Betrachtung der Standzeit eines geplanten Produkts (siehe Kap. 2.1.1) kann von großem Wert

Tabelle 2.1 Varianten einer Wirtschaftlichkeitsbetrachtung

Jahr	1	2	3	4	5	6	Summe	Marginal-rendite
1. »Typisches« Projekt								
Umsatz	–	–	–	1 000.	3 000.	1 000.	5 000.	
Entwicklungskosten	100.	300.	100.	–	–	–	500.	
Sonst. Ausgaben	–	–	–	850.	2 550.	850.	4 250.	
Ergebnis	−100.	−300.	−100.	+150.	+450.	+150.	+250.	14,5%
2. Bei Halbierung der Entwicklungskosten								
Umsatz	–	–	–	1 000.	3 000.	1 000.	5 000.	
Entwicklungskosten	50.	150.	50.	–	–	–	250.	
Sonst. Ausgaben	–	–	–	850.	2 550.	850.	4 250.	
Ergebnis	−50.	−150.	−50.	+150.	+450.	+150.	+500.	44,2%
3. Bei Halbierung der Entwicklungszeit								
Umsatz	–	1 200.	3 600.	1 200.	–	–	6 000.	
Entwicklungskosten	333.	167.	–	–	–	–	500.	
Sonst. Ausgaben	–	850.	2 550.	850.	–	–	4 250.	
Ergebnis	−333.	+183.	+1 050.	+350.			+1 250.	120%

beim Bestimmen der richtigen Entwicklungsdauer sein. Denn auch hier gilt eben *nicht* mehr der Satz: Startet als zweiter und geht als erster durchs Ziel!

Richtige FuE-Kosten?

Primäres Ziel einer jeden Entwicklung ist das Realisieren von Produkten bzw. Systemen, die einen so hohen Umsatz erbringen, daß nach Abzug aller Entwicklungs- und Fertigungskosten noch ein akzeptabler Gewinn übrigbleibt. Ein Entwicklungsprojekt darf also nicht soviel FuE-Kosten verschlingen, wie nie wieder an Erträgen hereinholbar ist. Um die Produktwirtschaftlichkeit vorab beurteilen zu können, bieten sich mehrere Instrumentarien an:

FuE-Projektdeckungsrechnung
Wirtschaftliche Produktplanung
Marginalrenditerechnung.

Auf diese Hilfsmittel der Wirtschaftlichkeitsbetrachtung wird in dem Hauptkapitel 2.3 ausführlich eingegangen.

Bezogen auf die Projektdauer gibt es einen (theoretischen) Minimalwert der Projektkosten, da die Entwicklungskosten einerseits bei einer starken Terminverkürzung – z. B. durch Überstundenzuschläge, Consultant-Aufträge und Mehraufwendungen bei der Projektsteuerung – ansteigen und andererseits bei einer Terminverlängerung – z. B. durch spätere Gehalts- und Lohnerhöhungen, geringere Maschinenauslastungen und steigende Materialpreise – größer werden. Dieser Sachverhalt ist schematisch in Bild 2.11 dargestellt. Sowohl der Termindruck aufgrund eines Marktzwangs als auch eine überlange Entwicklungsdauer z. B. wegen Personalmangels führt i. allg. zu einer Kostenanhebung. Kommt ein Netzplanverfahren zum Einsatz, so lassen sich die Kurvenendpunkte (im Bild 1, 2 und 3) sehr leicht durch entsprechende Simulationsläufe ermitteln.

Richtige Personalstärke?

Die Personalbeschaffung ist sicherlich das größte Problem zu Beginn eines Projekts. Meist steht das Personal nicht in dem gewünschten Umfang und dann auch nicht zum gewünschten Zeitpunkt zur Verfügung. Zu wenig Personal bedeutet nicht nur eine Verlängerung der Entwicklungszeiten, sondern häufig auch eine dadurch bedingte Anhebung der Entwicklungskosten. Allerdings ist eine zu große Entwicklungsmannschaft auch nicht das gewünschte Ziel.

In Bild 2.12 sind schematisch die beiden gegenläufigen Einflüsse der Arbeitsteilung und des Kommunikationsaufwands auf die Entwicklungszeit aufgezeigt.

Wie aus dem Diagramm zu ersehen ist, würden die Entwicklungszeiten mit Ansteigen der Personalstärke beliebig sinken (»Chinesenheer-Syndrom«), wenn nicht der expotentiell ansteigende Aufwand für die notwendige Kommunikation bei großen Entwicklungsmannschaften dieses bremsen würde. Umgekehrt muß bei sehr kleinen Personalstärken wegen des Produktivitätsrückgangs aufgrund der geringeren Arbeitsteilung mit höheren Entwicklungszeiten gerechnet werden. Es gibt daher eine optimale Personal-

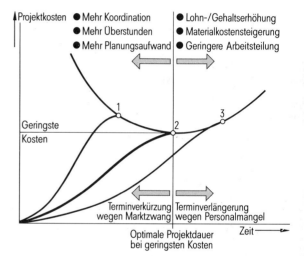

Bild 2.11   Minimale Projektkosten

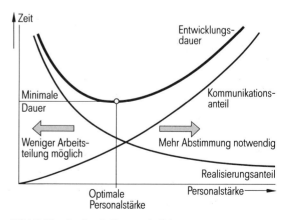

Bild 2.12   Optimale Personalstärke

stärke, bei der die Entwicklungsdauer ein Minimum einnimmt. Diesem (theoretischen) Punkt sollte man sich beim Festlegen der Personalstärke so weit wie möglich nähern.

Ein ähnlicher Zusammenhang gilt zwischen der Personalstärke und dem erforderlichen Entwicklungsaufwand (dieser läßt sich aus dem Kurvenverlauf des Bildes 2.12 unmittelbar ableiten). Auch hier gibt es eine optimale Personalstärke, die sich allerdings von der oben erwähnten unterscheidet. Mit einer einfachen Ableitung läßt sich zeigen, daß die optimale Personalstärke, bezogen auf den Aufwand, immer kleiner ist als die optimale Personalstärke, bezogen auf die Zeit. Mit dem hier aufgezeigten Sachverhalt hängt auch das Phänomen zusammen, welches sich in dem von Brooke formulierten Satz ausdrückt:

Adding manpower to a late project makes it late!

Man kann also ein in Terminverzug geratenes Projekt durch zusätzliches – zu spät eingesetztes – Personal nicht »termintreuer« machen. Ganz im Gegenteil – es kann durch dieses noch mehr in Verzug kommen, da zuerst einmal mehr Aufwand für die Einarbeitung, für die weitere Aufgabenteilung und für die erneute Abstimmung anfällt.

Die »optimale« Personalstärke sollte also rechtzeitig zur Verfügung stehen, da ein verspäteter Personalaufbau meist immer zu Verzögerungen im Entwicklungsfortschritt führt.

Richtige Qualifikation?

Die Produktivität der einzelnen Entwickler kann bekanntlich erheblich variieren (siehe Bild 2.9). Faktoren von mehr als dem Zehnfachen sind nicht selten. Bei der Personalplanung wird oft zu sehr von den reinen Kopfzahlen ausgegangen, ohne daß die dahinterstehende Qualifikation genügend berücksichtigt wird.

Daher sollte neben einem Personalplan ein Qualifikationsplan erstellt werden; er hält fest, welche Qualifikationen in welchem Ausmaß nötig sind. Bei Abgleich mit dem zur Verfügung stehenden Personal ist dann ein gezielter Personaleinsatz möglich.

Bei der Qualifikationsbetrachtung stellt sich häufig auch die Frage: Selbermachen oder Consultant-Kräfte einbeziehen (»make or buy«)? Entwicklungsanteile, für die keine ausreichende Qualifikation intern vorhanden ist, sollten an externe Stellen vergeben werden, die über das nötige Know-how verfügen.

Richtiger Funktionsumfang?

Viele gut geführte Projekte mit qualitativ hochwertigen Produkten bringen nicht den gewünschten Erfolg. Der Grund liegt häufig darin, daß wohl das Produkt als solches vom Markt gefordert wurde – aber nicht in dem realisierten Funktionsumfang: Benötigte Funktionen waren nicht implementiert, und die implementierten wurden nicht benötigt.

Hier ist also bei Projektbeginn eine Analyse des wirklich geforderten Funktionsbedarfs durchzuführen, bei der man auch eine klare Unterscheidung zwischen wichtigen und weniger wichtigen Funktionen trifft. Als Hilfsmittel hierfür bieten sich z. B. das Erstellen einer Prioritätenliste oder eine ABC-Analyse (siehe Kap. 2.1.1) an. Mit diesen Hilfsmitteln kann gezielt eine Rangfolge der zu realisierenden Funktionen ermittelt werden. Nach dieser Rangfolge ist es möglich, eine Versionsplanung bzw. ein Stufenkonzept für die Produktrealisierung zu erarbeiten.

Auch das Durchführen einer Wertanalyse (WA) kann ganz entscheidend zum Definieren des *richtigen* Funktionsumfangs beitragen.

Richtige Methoden und Werkzeuge?

Da heute Entwicklungen nicht mehr per Hand gemacht werden, sondern auf allen Gebieten mit rechnerunterstützten Hilfsmitteln, kommt dem Aspekt der richtigen Wahl von Methoden und Werkzeugen eine immer größere Bedeutung zu.

So gehören z. B. zu den Entwicklungshilfsmitteln auf dem *SW-Gebiet:*

— Logische Entwurfssysteme,
— grafische Designsysteme,
— Programmeditoren,
— Programmgeneratoren,
— Testsysteme und
— Dokumentationssysteme,

bzw. auf dem *HW-Gebiet:*

— Logische Entwurfssysteme,
— Systeme zur Logik- und Fehlersimulation,
— Layout-Systeme,
— Generierungsprogramme für Prüfdaten und
— CAD-Systeme für die Konstruktion.

Ohne SW-Arbeitsplätze (SWAP) und CASE-Systeme in der SW-Entwicklung und ohne CAD-Systeme in der HW-Entwicklung ist eine effiziente Entwicklung heute nicht mehr denkbar. Natürlich kann ein Zuviel an Hilfsmitteln, wie auch ihr falscher Einsatz, äußerst negative Auswirkungen haben. Daher muß vor einer Entwicklung möglichst frühzeitig der »richtige« Methoden- und Werkzeugeinsatz geklärt sein.

Ein aktuelles Entwicklungshandbuch mit entsprechenden Hinweisen auf die Einsatzmöglichkeiten der einzelnen Methoden und Werkzeuge sollte für jeden Entwicklungsbereich vorhanden sein.

2.1.4 Projektantrag

Bei Gründung eines Projekts sollte der Entwicklungsauftrag stets schriftlich fixiert werden. Erst durch ein »Dokument«, das die wichtigsten Eckdaten der geplanten Entwicklung als Zielvereinbarung zum Gegenstand hat, wird ein Entwicklungsvorhaben zu einem Projekt. Dieses Dokument hat Vertragscharakter für Auftraggeber und Auftragnehmer; es enthält eine klare Definition der durchzuführenden Entwicklungsaufgabe, die geplanten Entwicklungskosten sowie die voraussichtliche Entwicklungsdauer.

Inhalt eines Projektantrags

Ein Projektantrag kann zwar sehr unterschiedlich gestaltet sein, sollte aber folgende Angaben umfassen:

— Name des Projekts
— Kurzbeschreibung des Vorhabens
— Identifikationsbegriff (Projektnummer, Auftragskennzeichen o. ä.)
— Projektleiter, Teilprojektleiter
— Mit-/Unterauftragnehmer (Partnerstelle, Consultants etc.)
— geplanter Personalaufwand (eventuell in zeitlicher Phaseneinteilung)
— Einsatzmittelkosten (Rechenzeit, Musterbau etc.)
— Meilensteine, Zäsurtermine
— Fertigstellungstermin(e)
— Risikobetrachtung
— Unterschrift(en) Auftraggeber
— Unterschrift(en) Auftragnehmer.

Sollten sich im Lauf der Projektdurchführung Abweichungen von den Angaben im Projektantrag ergeben, z. B. Änderungen im Aufgabenumfang, im Kostenvolumen oder in den Terminzielen, so müssen diese ebenfalls schriftlich festgehalten und dem Projektantrag beigefügt werden. Nur das eindeutige und vollständige Festlegen aller Projektgrößen eines Entwicklungsvorhabens kann verhindern, daß später bei Nichterreichen einzelner Projektziele ein unnötiger Dissens zwischen Auftraggeber und -nehmer entsteht.

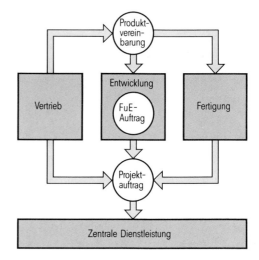

Bild 2.13   Arten von Projektanträgen

Arten von Projektanträgen

Projektanträge, die durch genehmigende Unterschriften zu Aufträgen werden, haben in den einzelnen Bereichen eines Unternehmens meist sehr unterschiedliche Ausprägungen. Ziel muß allerdings in allen Fällen sein, zwischen Auftraggeber und Auftragnehmer (gleichgültig, ob bereichsintern oder -extern) eine schriftliche Vereinbarung über das Entwicklungsprojekt herzustellen.

In Bild 2.13 sind drei typische Fälle gezeigt, die im folgenden anhand von Beispielen näher erläutert werden. Es handelt sich dabei um

▷ den Projektauftrag,
▷ den FuE-Auftrag und
▷ die Produktvereinbarung.

Die Produktvereinbarung wird vornehmlich als Zielvereinbarung zwischen den einzelnen *Ertragszentren* eines Unternehmens für eine Produktherstellung abgeschlossen, mit dem FuE-Antrag wird die FuE-Planung innerhalb eines *Entwicklungsbereichs* geregelt und der Projektauftrag dient zur internen Auftragsvergabe an *zentrale Dienstleistungsstellen* im Unternehmen. Natürlich gibt es weitere Formen von Projektanträgen; wichtig ist nur, daß der Antrag zu einem Projekt schriftlich und offiziell formuliert wird.

Projektauftrag

Bild 2.14 zeigt den Vordruck eines Projektauftrags, wie er für die Auftragserteilung an interne Dienstlei-

2.1 Gründung eines Projekts

Projektauftrag			Projektnummer:	4 5 C 4 7 1 2	
Verteiler:			Einzelprojekt ⊗		Rahmenprojekt ○
			Neuentwicklung ⊗		Weiterentwicklung ○
			Pflege ○		Anwenderunterstützung ○
			Entwicklungsweg	bis DM 250.	○
				über DM 250.	⊗

Benennung des Auftrages:	Projektkurzbezeichnung:
Planungs- und Optimierungssystem zur Frequenzbandverteilung in Hochspannungsnetzen	POFIN

Erläuterung des Auftrages: Erstellung eines fachlichen Grobkonzeptes sowie Entwurf und Realisierung eines Planungs- und Optimierungsverfahrens, welches die Aufteilung von Frequenzbändern auf Hochspannungsleitungen in Netzen vornimmt. Eingabe und Steuerung des Verfahrens geschieht dialoggeführt, die Ausgabe erfolgt in Listenform (spätere Version mit Grafikausgabe). Unter Berücksichtigung eines Stufenkonzepts soll eine Marginalrenditerechnung vorgenommen werden.

Auftrag gilt für OA-PP-Phase (ankreuzen)	Projektvorschlag		Planung 1 (Grobplanung) ⊠		Planung 2 (Feinplanung) ⊠		Realisierung 1 ⊠		Realisierung 2 (Einführung) ⊠	
Beginn			3/85							
Ende									1/87	
Abteilung	MM	TDM	MM	TDM	MM	TDM	MM	TDM	MM	TDM
M OA 13			1	15	3	45	5	75	1	15
M OA 34			–		2	30	3	45	–	
Testkosten						8		16		4
Sonstiger Aufwand										
Gesamtaufwand je Phase			1	15	5	83	8	136	1	19

Gesamtaufwand TDM __253__ davon Personalaufwand MM __15__, TDM __225__ Test TDM __28__

Kostenverteilung	60 % F	%
	40 % S	%
	%	%

	Abteilung	Name	Unterschrift	Datum
	F EA	Hr. Meyer		
	F KAE	Hr. Schulze		
	S EB	Hr. Weber		
	S KAE	Hr. Herrmann		
Entscheidungsinstanz	M OA 1	Hr. Müller		

Projektleiter	M OA 13	Hr. Schreier		
Org. Realisierung	F EA 21	Hr. Bergmann		
DV-techn. Realisierung	M OA 13	Hr. Brosig		

Bild 2.14 Formular für Projektauftrag (Beispiel OAPP)

stungsbereiche (z. B. OA- bzw. OD-Stellen) im Rahmen von Verfahrensentwicklungen verwendet wird.

Der Projektauftrag enthält neben einer Projektidentifikation und einer Projektklassifikation (Neuentwicklung, Weiterentwicklung etc.) eine kurze Erläuterung der Entwicklungsaufgabe. Weiterhin sind die geschätzten Entwicklungskosten phasenorientiert angegeben, wobei eine Zuordnung zu den beteiligten Entwicklungsstellen und weiteren Unterauftragnehmern möglich ist.

Die mit einem solchen Projektauftrag definierten Verfahrensentwicklungen dienen i. allg. zur unternehmensinternen Rationalisierung. Ihre Entwicklungskosten müssen daher häufig von mehreren Stellen, z. T. in sehr voneinander entfernten Bereichen, getragen werden. Entsprechend dem Nutzungsanteil legt man einen *Kostenverteilungsschlüssel* fest. Dieser Schlüssel kann hierbei von sehr unterschiedlichen Parametern abhängig gemacht werden:

— Nutzungsanteil der Datenbank (logisch oder physikalisch),
— anteiliger Dialog (z. B. Transaktionsschritte),
— Anzahl der Anwender bzw. Benutzer,
— Anzahl der Einsätze,
— Anzahl der Ausgaben oder
— Wertschöpfungsverhältnis der Anwender.

Der Nutzungsschlüssel kann sich aber auch aus mehreren der vorgenannten Parameter als Mischschlüssel zusammensetzen (siehe Bild 4.18).

Ist es nicht möglich, einen Gesamtverantwortlichen für die Auftraggeberseite zu benennen, dann muß gemäß der vereinbarten Kostenverteilung eine Entscheidungsinstanz besetzt werden, die dann in ihrer Gesamtheit als Auftraggeber für das Projekt fungiert. Dieser Entscheidungsinstanz sind alle Projektergebnisse vorzulegen; außerdem muß der Projektleiter sie mindestens bei Abweichungen vom geplanten Projektablauf (Aufgabenumfang, Kosten, Termin) zu entsprechenden Sitzungen einberufen. Die Entscheidungsinstanz ist damit das oberste Gremium für das Projekt.

Abschließend werden in diesem Projektauftragsformular noch die Gesamtverantwortung (Projektleiter) und die Zuständigkeit für die organisatorische sowie die DV-technische Realisierung durch Unterschrift festgehalten.

Da bei dieser Form eines Projektantrags die Entwicklungskosten den einzelnen Entwicklungsphasen zugeordnet werden können, bietet es sich häufig – aus Gründen der Unsicherheit bei der anfänglichen Aufwandsschätzung – an, den Projektantrag nicht gleich für das gesamte Entwicklungsvorhaben, sondern nur für die erste(n) Phase(n) zu stellen. Mit Entwicklungsfortschritt sind konkretere Angaben zu Terminen und Aufwänden möglich, so daß für die nachfolgenden Phasen entsprechende Folge-Projektaufträge zu einem späteren Zeitpunkt erstellt werden können.

FuE-Auftrag

FuE-Aufträge sind die Basis, auf der das zwischen Auftraggeber und Auftragnehmer vereinbarte Entwicklungsprojekt innerhalb eines Entwicklungsbereiches geplant, genehmigt und durchgeführt wird.

Der FuE-Auftrag legt folgende Ziele fest:

— Das technische Entwicklungsziel,
— das (überprüfbare) Qualitätsziel,
— die Terminziele,
— die Kostenziele und deren Verteilung auf Planungsperioden und Geschäftsjahre.

Weiterhin enthält der FuE-Auftrag:

— Vereinbarungen zur Kostenübernahme und -verteilung,
— Verwaltungsdaten, wie z. B. Abrechnungskonten sowie
— Folgelasten (z. B. Investitionen).

Zur Auftragsformulierung werden dabei Formulare verwendet; ein Beispiel gibt Bild 2.15 wieder. In diesem wird zur Identifikation ein Auftragskennzeichen (AKZ) vergeben, das in sich verschlüsselt und damit klassifizierend ist (siehe Bild 3.15). Der fachliche Teil dieses FuE-Auftrags enthält eine Kurzbeschreibung und eine Auftragseinordnung nach mehreren Gesichtspunkten. Weiterhin ist der geplante Personaleinsatz in den einzelnen beteiligten Entwicklungsstellen aufgeführt. Die Entwicklungskosten – sie werden in ihrer zeitlichen Zuordnung zu den einzelnen Geschäftsjahren angegeben – sind in die allgemeinen Kostenelemente Personal, Rechnernutzung, Material/ Lohn und sonstige Kosten unterteilt. Im letzten Teil ist Platz für die Unterschriften der einzelnen Verantwortlichkeiten.

In ihrer Gesamtheit bilden diese FuE-Aufträge die Grundlage für die gesamte FuE-Budgetplanung innerhalb eines Entwicklungsbereichs, da die Summe der FuE-Aufträge ein Maß für die gebundenen Ressourcen ist.

UB K ÖV

Forschung und Entwicklung Rahmen-/Einzel-Auftrag

Auftragskennziffer	Aufgabe	Auftrag	ÖV Register-Nr.	Proj.-Nr.
3 5 9 4 6 2 —	4 7	1 2 — 8 x x x	0 4 9 4 2	4 B

1. Auftraggeber/Veranlassende Stelle

Dienststelle	Bearbeiter	Telefon	Datum	Unterschrift	Datum
ÖV EA	Hr. Schley	47960	1.10.87		

2. Auftragsbezeichnung

EWSD KALF
Anpassung LTGB/DLU HW/SW

3. Anlaß für Auftrag

W — F = Forschung; N = Neuentwicklung; W = Weiterentwicklung; B = Betreuung abgeschlossener Aufträge

L — K = Kundenspezifisch; S = Systemspezifisch; L = Länderspezifisch; A = Allgemein

4 — 1 = Entw. f. Produkte ohne SW; 2 = Entw. f. Systeme ohne SW; 3 = Entw. f. Systeme mit SW; 4 = Entw. f. Systeme mit HW/SW; 5 = Entw. f. Verfahren

4. Begründung und Beschreibung des Auftrages

Diese länderspezifische Anpassung umfaßt folgende Aufgaben:

- Einbringen der T1n-Programme in die LTGB
- Anpassung von Münzern
- Erstellen der FW für Hörtöne im Notverkehr der DIC in der BG DIU:DIC
- Durchführen der on-line- und off-line-Testes

5. Auftragnehmer

Auftragnehmer	Abt./ D'st./ Kzf.	Entwick. Anfang MMJJ	Personaleinsatz in KP-Jahren/-Monaten: Ist J	Ist M	Plan 10 / 87 bis 09 / 93: 87/88 J	87/88 M	88/89 J	88/89 M	89/90 J	89/90 M	91/92 J	91/92 M	92/93 J	92/93 M	Restlaufzeit J	Restlaufzeit M	Entwick. Ende MMJJ	Unterschriften (Abteilungsleiter)
ÖV EA P1		0486	-	6	1	6	-	8	-	6	-	4	-	-			0992	
ÖV EA P3					-	2	-	2	-	2	-	1	-	-				
ÖV EA P4			-	3	-	4	-	3	-	1	-	2	-	-				
ÖV MK 1					-	3	-	-	-	-	-	-	-	-				
Summe	—	—	-	9	2	3	1	1	-	9	-	7	-	-			—	

6. Entw.-Kosten

			TDM	TDM	TDM	TDM	TDM	TDM	TDM	
6.1 Personaleinsatz	—	—	104	324	163	104	95	-		—
(davon Fremd)	—	—	( )	( )	( )	( )	( )	( )	( )	—
6.2 Rechenkosten			-	12	6	5	4	-		
6.3 Mat./Lohn (Musterbau)										
6.4 sonstige Leistungen										
6.5 Überrechnung										
Zw-Summe 6.3-6.5										
Gesamt-Summe 6.1-6.5	—	—	104	336	169	109	99	-		—

Gesamt
TDM 817

davon ___
bereits gen.:

7. Entwicklungsverantwortlicher

8. Kostenträger

9. ÖV E/KAE

10. Genehmigung

ÖV L — ÖV KL

Bild 2.15 Formular für FuE-Auftrag

Produktvereinbarung

Mit dem Ziel, marktgerechtere Produkte herzustellen, werden in einigen Unternehmensbereichen Produktvereinbarungen (PV) mit ausgeprägtem Vertragscharakter zwischen den an der Produkterstellung beteiligten Bereichen (Vertrieb, Entwicklung, Fertigung) abgeschlossen. In diesen PV, die auch als Entwicklungsvermerke (EV) bezeichnet werden, sind die Aufgaben, Zuständigkeiten und Kompetenzen von Auftraggeber- und Auftragnehmerseite klar umrissen und geregelt; sie dienen damit als *Zielvereinbarungen* zwischen den Ertragszentren (Vertrieb, Entwicklung, Fertigung) eines Unternehmens.

Entsprechend den Hauptabschnitten im Herstellungsprozeß eines Produkts gibt es drei Stufen einer Produktvereinbarung:

▷ Produktvereinbarung-Anregung (PV-A)
▷ Produktvereinbarung-Durchführung (PV-D)
▷ Produktvereinbarung-Fertigung (PV-F).

Zum Zeitpunkt einer Produktidee kann man eine PV-A abschließen, mit der ein Studienabschnitt zur Definition der Produktanforderungen eröffnet wird. In diesem werden die Leistungs- und Qualitätsmerkmale des geplanten bzw. eines zu verändernden Produkts festgelegt. Die PV-A dient also der Produktdefinition.

Die eigentliche Produktentwicklung beginnt erst mit Abschluß einer PV-D; sie enthält die relevanten Auftragsdaten wie:

— Auftragskennzeichen,
— Produktgruppenzuordnung,
— Terminangaben,
— Liefermengen,
— Entwicklungskosten,
— Fertigungskosten,
— Marktanalysedaten,
— Risikobetrachtung,
— Wirtschaftlichkeitsaussage,
— Vereinbarungspartner und
— Genehmigungsunterschriften.

Ist das Ende der Entwicklung erkennbar, so wird durch Abschluß einer PV-F die Fertigungseinführung eingeleitet. Die PV-F enthält die aktualisierten Daten aus der PV-D mit zusätzlichen Angaben über den Fertigungsanlaufplan und den für die Qualitätssicherung erforderlichen Maßnahmen. Mit der PV-F werden die bisher als Richtwerte angegebenen Stückzahlen und Fertigungspreise (F-Preise) des zu fertigenden Produkts verbindlich.

Der Abschluß einer Produktvereinbarung ist natürlich nicht allein auf HW-Entwicklungen mit einer entsprechenden Fertigung beschränkt. Auch auf reine SW-Produktentwicklungen ist sie anwendbar, nur daß hier dann i. allg. eine PV-F entfallen kann.

Eine »Produktvereinbarungs-Richtlinie« (PVR) regelt darüber hinaus die organisatorischen Belange; hierzu gehört das Festlegen von:

— Vertrieblicher Produktverantwortung,
— technischer Produktverantwortung,
— Arbeitskreisen,
— Produkt- und Systemplanung,
— Systemintegration,
— Zuständigkeit für Wirtschaftlichkeitsaussagen und
— finanzielle Verantwortung.

Leitgedanke der PVR ist, die persönliche Verantwortung aller an der Produktentstehung Beteiligten zu stärken, die Zeitdauer von der Produktidee bis zur Produktbereitstellung zu verkürzen und den Verwaltungsaufwand zu senken.

Vor allem durch das Benennen eines »Vertrieblichen Produktverantwortlichen« (VP) und eines »Technischen Produktverantwortlichen« (TP) wird hier eine echte *personifizierte* Verantwortung in der Produktplanung, -entwicklung und -fertigung erreicht. Dabei ist der VP zuständig und inhaltlich verantwortlich für den vertrieblichen Anforderungskatalog (Pflichtenheft). Der TP ist zuständig und verantwortlich für die sach-, termin- und kostengerechte Durchführung der Entwicklungsaufgabe sowie für die Fertigungseinführung und die nachfolgende Betreuung des Produkts.

Unterauftragsvergabe

Ist im Rahmen eines Projektantrags eine Vergabe bestimmter Arbeitspakete an fremde Stellen erforderlich, so übernimmt der Auftraggeber für diese Unterauftragnehmer die Rolle des Auftraggebers; er muß also mit diesen ebenfalls eine schriftliche Zielvereinbarung treffen. Gegenüber Fremdfirmen, also Stellen außerhalb des Unternehmens, ist dies eine Selbstverständlichkeit; aber auch mit anderen unternehmensinternen Entwicklungsstellen sollte die Auftragsvergabe möglichst in der Schriftform geschehen. Hierfür können Teilauftragsformulare ähnlich dem in Bild 2.14 angegebenen Projektauftrag verwendet werden. Ein solches Teilauftragsformblatt enthält die wesentlichen Daten des zu vergebenden Unterauftrags, wie:

— Detaillierte Beschreibung des Unterauftrags,
— fachliche und zeitliche Schnittstellen,

— verantwortliche Organisationseinheit,
— Aufwands- und Kostenplanwerte,
— Kontrollzwischentermine,
— Übergabetermine,
— Qualitätsangaben,
— Kontierungsdaten und
— Genehmigungsunterschriften.

2.2 Definition des Projektziels

Ergebnisorientiertes Vorgehen verlangt, das Projektziel anhand der geforderten Entwicklungsergebnisse eindeutig und vollständig zu definieren (Produktdefinition). Im Anfangsstadium des Projekts wird das geforderte Produkt bzw. Projektergebnis durch seine Eigenschaften mit Hilfe des Anforderungskatalogs beschrieben. Die hierfür erforderliche Genauigkeit ist nur durch methodisches Vorgehen zu erreichen.

Bei aller Sorgfalt darf man aber nicht übersehen, daß – soll das Projekt nicht zum Selbstzweck werden – ein *Festschreiben* des Anforderungskatalogs während der Projektdauer nicht gelingt. Zu sehr wirken Veränderungen des Projektumfelds, aber auch Lernprozesse auf das Projekt ein. Durch Vereinbaren von Änderungsverfahren wird – als eine Voraussetzung für den Projekterfolg – ein geordneter Projektverlauf ermöglicht, auch wenn mit den Projektzielen stets unvermeidbare Unsicherheiten verbunden sind.

2.2.1 Anforderungskatalog

Ausgelöst wird jedes Projekt durch eine bestehende oder erwartete »Mangelsituation« in der Anwendungswelt. Daher ist das Ziel jedes Projekts, ein Ergebnis zu erzeugen, mit dessen Hilfe eine definierte Mangelsituation behoben wird.

Mängel zeigen sich u. a. in:

— fehlenden Fähigkeiten, bestimmte Aufgaben zu lösen,
— unnötig erbrachten Aufwendungen bzw. nicht erbrachten Leistungen, die zu entgangenem Nutzen führen,
— übergroßer Ressourcenbindung, die zu hohen Kosten führt,
— brachliegenden Ressourcen, die die Rentabilität schmälern.

Der Wille zum Beseitigen einer Mangelsituation führt i. allg. zu einem Projektantrag. Hierin sind das Projektziel in knapper Form, aber auch der Projektrah-

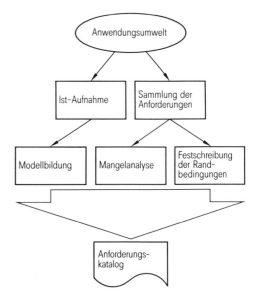

Bild 2.16   Inhalt des Anforderungskatalogs

men, der die allgemeinen Bedingungen für die Projektdurchführung festlegt, dokumentiert (siehe auch Kap. 2.1.4). Das Projektziel wird in der ersten Projektphase durch den Anforderungskatalog präzisiert, der die Basis für das Pflichtenheft ist. Der Projektrahmen ist nicht Gegenstand des Anforderungskatalogs.

Der Anforderungskatalog stellt die Aufgabenstellung des Auftraggebers eines Projekts dar, die später in der Leistungsbeschreibung verbindlich festgeschrieben wird. Diese ist das Ergebnis der im Projektablauf anschließenden Entwurfsphase; hierin werden das fachliche Konzept beschrieben, die Machbarkeit begründet und die Alternativen priorisiert.

Inhalt des Anforderungskatalogs – er soll das Projektziel so genau wie möglich festlegen – sind (Bild 2.16)
▷ die Ist-Aufnahme der Anwendungssituation,
▷ die Sammlung der Anforderungen an das zu entwickelnde Produkt bzw. System.

Ist-Aufnahme

Das Modellieren des bestehenden Systems in seiner Umwelt ist Voraussetzung, um Mängel formulieren und erklären zu können. Daher muß die Beschreibung eines Modells des bestehenden Systems stets der erste Schritt der Ist-Aufnahme sein. Die dabei zu überwindende Schwierigkeit besteht im Beschaffen der für die

Modellbeschreibung benötigten Informationen aus der Anwendungsumwelt. Ein einheitliches Vorgehen läßt sich hierfür kaum angeben. Hier sind besonders Teamarbeit, Fachverstand und Einfühlungsvermögen gefragt. Sehr wichtig ist das Einbeziehen des künftigen Anwenders in die Untersuchungsarbeit. Dies fördert neben der Qualität der Informationen vor allem die Akzeptanz des zu entwickelnden Produkts bzw. Systems.

Die Ist-Aufnahme der Anwendungssituation soll ein gemeinsames Verständnis für Anwender und Entwickler über die zu lösende Aufgabe schaffen. Daher ist eine verständliche Darstellung besonders wichtig; das Verwenden von Grafik, die eine hohe Informationsdichte ermöglicht, sollte selbstverständlich sein. Die Erfahrung zeigt auch, daß die mit grafischen Darstellungen verbundene Information die Entscheider i. allg. besser erreicht als textliche Sachdarstellungen.

Im zweiten Schritt der Ist-Aufnahme ist das Modell, das die Anwendungsumwelt zunächst nur sehr global beschreibt, um Detailinformationen zu ergänzen. Das Modell muß jedoch weiterhin den Bezugspunkt für alle Details bilden, um Ordnung in dieser stetig wachsenden Informationsflut zu halten. Die Ankerpunkte hierfür bilden die weiter unten eingeführten Objekte, aus denen die Modelle aufgebaut werden.

Sammlung der Anforderungen

Die Anforderungen an ein zu entwickelndes Produkt bzw. System definieren üblicherweise Lösungsansätze für die offensichtlichen Mängel. Dieses Vorgehen birgt jedoch die Gefahr, daß

▷ man denkbare Lösungsalternativen
   nicht betrachtet,
▷ Entwurfsaufgaben unzulässig vorweggenommen
   werden und
▷ die festgeschriebenen Lösungsansätze
   nicht die wirklichen Probleme abdecken.

Die Folge sind unvermeidbare Änderungen der Anforderungen während der gesamten Projektdurchführung.

Die Sammlung der Anforderungen muß daher

▷ eine genaue Darstellung der Mängel aufgrund einer *Mangelanalyse* enthalten und
▷ die *Randbedingungen* festschreiben, die beim Einführen des zu entwickelnden Produkts bzw. Systems in die bestehende Umwelt einzuhalten sind.

Besonderes Augenmerk ist darauf zu richten, daß die Mangelanalyse auf der Basis des Modells die Mangelursachen aufzeigt, sich also weder auf die Symptome noch auf die möglichen Lösungen konzentriert. Weiterhin ist den Randbedingungen Beachtung zu schenken; sie werden häufig verdrängt, da ihre Analyse i. allg. einen erheblichen Aufwand erfordert und ihre Berücksichtigung die Entwicklung erschwert.

Die festzuschreibenden Randbedingungen schränken den Freiraum für die möglichen Lösungen ein und sind aus der Anwendungsumwelt heraus kritisch zu begründen. Sie leiten sich ab aus

▷ gesetzlichen Regelungen,
▷ Normen,
▷ geschäftspolitischen und vertrieblichen Vorgaben,
▷ organisatorischen Gegebenheiten,
▷ technischen Einschränkungen,
▷ erwartetem Anwendungsverhalten und aus
▷ den Qualitätsvorgaben.

Die Qualität wird durch die Eignung eines Produkts bzw. Systems für die vorgesehene Anwendung bestimmt. Sie führt u. a. zu Anforderungen an die Datensicherheit, die Robustheit, die Fehlertoleranz und die Restfehlerzahl eines Produkts bzw. Systems. Qualität muß also auch aus der Anwendungsumwelt begründet werden.

Die so spezifizierten Anforderungen schreiben die aus Sicht der Anwendung unverzichtbaren Randbedingungen fest; sie lassen aber der Entwicklung die notwendigen Freiheitsgrade für Lösungsalternativen.

Daher sind grundsätzlich alle Anforderungen unter dem Gesichtspunkt ihrer Notwendigkeit für die Lösung der Mangelsituation zu bewerten, um Entscheidungskriterien bei widersprüchlichen Anforderungen, bei Lösungsalternativen und für Stufenlösungen zu gewinnen. Üblich ist die Bewertung in *Muß-* (unverzichtbar), *Soll-* (möglichst) und *Kann-*Ziele (gewünscht).

Häufig wird die Widerspruchsfreiheit der Anforderungen im Anforderungskatalog empfohlen. Sie ist jedoch nicht in allen Fällen möglich und auch nicht sinnvoll, da sie Freiräume nimmt, die erst mit der Lösung ausgefüllt werden sollten. Widersprüche, die zwischen Muß-Zielen bestehen, lassen sich jedoch nicht auflösen. Es liegt daher auch im Interesse des Auftraggebers, die Muß-Ziele durch besonders strenge Maßstäbe zu begrenzen.

Für den Anforderungskatalog sollte eine formale, rechnergestützte Dokumentation angestrebt werden.

Es hat sich bei großen Systementwicklungen als zweckmäßig erwiesen, alle Einzelanforderungen als eigenständige Dokumente zu führen. Eine solche Einzelanforderung kann etwa folgende Gliederung haben:

Verwaltungsinformationen
▷ Name/Identifikation der Anforderung,
▷ Ausgabe/Version der Anforderung,
▷ Datum der Ausgabe/Version,
▷ Verfasser mit Dienststellenangabe.

Beschreibende Eigenschaften
▷ Kurzbeschreibung der Anforderung,
▷ Zustandsangabe zur Kennzeichnung der Gültigkeit (z. B. in Arbeit, freigegeben, zurückgestellt, abgelehnt),
▷ Schlüsselworte zur Kennzeichnung und Gruppenbildung,
▷ Referenzen auf andere Anforderungen.

Darstellung der Anforderung
▷ Darstellung mit Bezug auf das Modell der Anwendungsumwelt,
▷ Lösungsalternativen, Stufenansätze,
▷ Bewertung in Muß-, Soll- und Kann-Ziele.

Randbedingungen
▷ Verlangte Normen,
▷ einzuhaltende Firmenrichtlinien,
▷ gesetzliche Vorschriften,
▷ technische Einschränkungen usw.

Bei kleineren Entwicklungsprojekten bietet sich das Führen einer *Anforderungsliste* (als Prioritätenliste, Aktivitätenliste, Offene-Punkte-Liste o. ä.) an, die die Einzelanforderungen gemäß ihrer Rangfolge enthält.

Jede Einzelanforderung ist zu identifizieren; dies ist am einfachsten durch ein Nummernschema möglich, das jedoch nicht dazu dient, die Anforderungen in eine Struktur einzuordnen. Die Inhalte der Einzelanforderungen sind für das Projekt genau festzulegen.

Zum Einordnen der Anforderungen in eine Struktur wird wiederum das Modell der Ist-Aufnahme mit seinen Objekten, die als Ankerpunkte dienen, herangezogen. Es kann jedoch auch notwendig sein, verschiedene, evtl. konkurrierende Sichten auf Basis der gleichen Anforderungen darzustellen. Dann muß jedoch jede Sicht durch eine eigene Struktur abgebildet werden.

Einen Anforderungskatalog, der auf diese Weise aufgebaut wurde, kann man sehr freizügig verfahrensgestützt auswerten und in geeigneten Listenformaten aufbereiten.

2.2.2 Modellbildung

Modellbildung ist für viele Projektaufgaben unerläßlich, da die Ist-Aufnahme der Anwendungssituation i. allg. ohne eine solche nicht sinnvoll durchgeführt werden kann. Ein Modell vereinfacht die reale problembehaftete Welt, da es Unwesentliches übergeht und Wesentliches herausstellt. Damit werden die Vorgänge und ihre Wirkungen in der realen Welt leichter erklärbar und begreifbar.

Durch das Modell entsteht eine gemeinsame Begriffsbasis, die die Voraussetzung für ein gemeinsames Systemverständnis bildet. Dies ist zugleich der unverzichtbare Maßstab für alle Planungs- und Entscheidungsvorgänge, die auf das Projektziel ausgerichtet sind. Die Mangelanalyse auf Basis eines Modells der Ist-Aufnahme wird für alle Projektbeteiligten, die i. allg. in unterschiedlichen Erfahrungswelten leben, dadurch nachvollziehbar. Dies gilt auch für die Anwender. Das Modell ist daher auch ein für die Projektplanung faßbarer Bezugspunkt zur Kosten- und Terminplanung.

Modellbegriff

Folgt man dem *objektorientierten* Ansatz, wie er zur Modellierung informationsverarbeitender Systeme eingeführt wurde, dann stellt das Modell die Informationen über Gegenstände und Prozesse der realen Welt in einer formalen Form durch abstrakte *Objekte* dar. Betrachtet werden dabei besonders die Eigenschaften der Objekte und die Änderung dieser Eigenschaften durch Wechselwirkungen zwischen den Objekten auf Basis ihrer Relationen.

Damit sind die Elemente eines Modells:
▷ Objekte,
▷ Eigenschaften (der Objekte) und
▷ Relationen (zwischen den Objekten).

Ein solches Modell liefert eine statische Systembeschreibung, die auch zur Erklärung des dynamischen Systemverhaltens verwendet werden kann.

Objektdefinition

Der erste Schritt einer Modellierung umfaßt stets das Herausarbeiten der für den betrachteten Realitätsausschnitt wesentlichen Objekte mit ihren charakteristischen Eigenschaften. Hierbei ist zu beachten, daß auch alle diejenigen Objekte erfaßt werden, die für die Einbettung des bestehenden Systems in seine Umwelt bedeutsam sind.

Im nächsten Schritt sind die Wechselwirkungen aufzuzeigen, die zwischen den Objekten bestehen und Veränderungen der Objekteigenschaften verursachen können. Da die Wechselwirkungen als Kommunikationsbeziehungen zwischen Objekten aufgefaßt werden, liefern die genannten Modellierungsschritte ein »Kommunikationsmodell«.

Objekteigenschaften

Objekte besitzen Arbeits- und Zustandsdaten, die durch »Methoden«, die den bekannten Funktionen bzw. Prozeduren entsprechen, geändert werden können. Dabei ist zu beachten, daß die Daten nur über die objekteigenen Methoden zugänglich und die Methoden nur auf die objekteigenen Daten anwendbar sind. Beispielsweise kann ein Objekt »Rechteck« durch die Methode »Zeichne« dargestellt oder durch die Methode »Ändere Fläche« vergrößert bzw. verkleinert werden.

Die Implementierung der »Methoden« bleibt außerhalb eines Objekts verborgen. Dies gibt auch die Möglichkeit, gleichartige Methoden in unterschiedlichen Objekten mit demselben Namen zu belegen, auch wenn sie später unterschiedlich implementiert werden müssen. Man kann z. B. von der Methode »Drucken« sprechen, ohne die verschiedenartige Implementierung der Druckfunktionen für verschiedene Objektarten, wie Texte, Grafik usw. zu berücksichtigen. Dies wirkt einer störenden Begriffsvielfalt entgegen und fördert auf natürliche Weise die Abstraktion. Daraus folgt auch die besondere Eignung des Kommunikationsmodells für die Modellierung der Ist-Aufnahme einer Anwendungssituation, da Implementierungsdetails in den Planungsphasen eines Projekts von untergeordneter Bedeutung sind.

Detaillierung

In einer Top-down-Vorgehensweise können Objekte weiter in untergeordnete Objekte zerlegt werden. Dabei ist jedoch festzulegen, auf welches der untergeordneten Objekte der nach außen gerichtete Informationsaustausch wirken soll.

Die Top-down-Zerlegung führt zu einer Anordnung von Objekten in Hierarchieebenen. Die Objekte einer übergeordneten Ebene werden durch die Objekte der jeweils untergeordneten Ebene realisiert.

Klassenbildung

Die Objekte einer Ebene, die in charakteristischen Datenstrukturen und »Methoden« übereinstimmen, kann man zu *Klassen* zusammenfassen. Innerhalb einer Klasse bilden die Einzelobjekte sogenannte *Instanzen*. Es genügt also, die Merkmale eines zu modellierenden Systems klassenweise zu beschreiben und die in einer Klasse enthaltenen Objekte bzw. Instanzen lediglich mit einem kurzen Titel aufzulisten.

Folgt man beim Bilden der Klassen der Top-down-Vorgehensweise, so erhält man eine Klassenhierarchie. Die untergeordneten Klassen ergeben sich durch Spezialisierung ihrer übergeordneten Klasse. Damit wird ein System – ausgehend von der obersten Hierarchieebene und bezogen auf den vorgesehenen Detaillierungsgrad – auf jeder Ebene vollständig beschrieben. Daher ist es lediglich eine Frage der notwendigen Detaillierung, wieviele Ebenen angelegt werden sollen.

Im Falle des »objektorientierten Ansatzes« werden – durch das Prinzip der »Vererbung zwischen Klassen« – alle Eigenschaften einer übergeordneten Klasse auf alle ihr untergeordneten Klassen übertragen, soweit sie dort nicht explizit durch Spezialisieren verändert oder ergänzt werden. Die Vererbung ist ein ökonomisches Prinzip, das nur das Beschreiben der jeweiligen Spezialisierung verlangt.

Die Klassenbildung erweist sich als wirksamer Weg, komplexe Systeme in übersichtlicher, abstrakter und redundanzfreier Form darzustellen. Diese Vorgehensweise fördert darüber hinaus die Wiederverwendbarkeit von Methoden und Datenstrukturen, da diese für alle Instanzen einer Klasse nur einmal zu beschreiben sind. Instanzen-individuelle Abweichungen sind zu dokumentieren und werden dadurch sichtbar. Dies ermöglicht, frühzeitig in einem Projekt zufällige, nicht notwendige Abweichungen auszuschließen.

Wechselbeziehungen im Kommunikationsmodell

Die Dynamik eines Systems erklärt sich aus den tatsächlich eintretenden Veränderungen von Objekt-

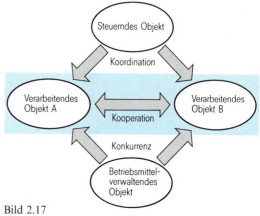

Bild 2.17
Wechselwirkungen im Kommunikationsmodell

eigenschaften. Die verursachenden Wechselbeziehungen lassen sich gemäß Bild 2.17 klassifizieren in:

▷ Kooperation,
▷ Konkurrenz und
▷ Koordination.

Kooperation

Die dem Anwendungszweck dienenden Systemfunktionen entstehen durch kooperatives Zusammenwirken von Objekten mit speziellen, anwendungsbezogenen elementaren Eigenschaften und Fähigkeiten. Erst Kooperation ermöglicht es, Objekte mit komplexen Funktionen aus Objekten mit elementaren Funktionen aufzubauen und so die Wirkung des Systems begreifbar zu machen.

Konkurrenz

In jedem System stehen nur begrenzte Betriebsmittel zur Verfügung. Dadurch entsteht ein ungewolltes Konkurrenzverhalten von zusammenwirkenden Objekten, wenn sie gemeinsam Betriebsmittel benötigen und deren Zuteilung zu Engpässen führt. Solche Betriebsmittel sind z. B. Daten, Maschinen und Materialien. Konkurrenz beeinträchtigt die Kooperation und stört damit die Anwendungsfunktionen. Um die Störeinflüsse zu begrenzen, müssen nicht nur die Betriebsmittel eindeutig definiert, sondern auch die Partner festgelegt werden, die diese Betriebsmittel binden dürfen. Geplante Betriebsmittelbindung verhindert unkontrollierbare Betriebsmittelnutzung.

Koordination

Konkurrenzsituationen, wie sie durch gemeinsame Nutzung von Betriebsmitteln entstehen können, sowie nicht ausreichende Regelungsfähigkeiten der Kooperation erfordern eine Koordination, d.h. einen steuernden Eingriff. Nicht ausreichende Regelungsfähigkeiten ergeben sich u.a. aus fehlender Synchronisation von parallelen Vorgängen und aus Rückkopplungsproblemen bei zyklischen Vorgängen. Koordination erfordert nicht nur Steuerungsfunktionen, sondern auch die zur Steuerung notwendige Information.

Aufgrund ihrer Wechselbeziehungen treten die Objekte im Kommunikationsmodell also in unterschiedlichen Rollen auf, nämlich

▷ als verarbeitendes Objekt,
▷ als Betriebsmittel-verwaltendes Objekt und
▷ als steuerndes Objekt.

Die Rolleneinteilung führt zur Anordnung der Objekte in entsprechenden Ebenen, in denen die Objekte mit gleichartigen Rollen wiederum kooperieren können. Kooperation wirkt innerhalb der Ebenen, Koordination und Konkurrenz wirken ebenenübergreifend.

Nachrichtenaustausch

Objekte wirken zusammen durch Austausch von Nachrichten, in denen als Auftrag die auszuführenden »Methoden« mit den erforderlichen Parametern genannt und als Quittung das gewonnene Ergebnis zurückgemeldet werden.

Abhängig von den Rollen kann man den Nachrichtenaustausch zwischen den Objekten unterteilen in (Bild 2.18):

▷ Anweisung/Quittung von Aufträgen,
▷ Eingabe/Ausgabe von Daten und
▷ Anforderung/Bereitstellung von Betriebsmitteln.

Im Rahmen der Modellbildung ist die technische Form des Nachrichtenaustausches nicht wesentlich. Ihre technische Realisierung kann daher abhängig von technischen Gegebenheiten auf unterschiedliche Weise erfolgen.

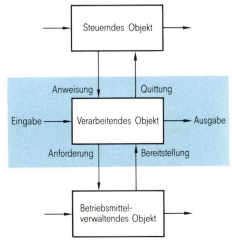

Bild 2.18
Nachrichtenaustausch im Kommunikationsmodell

2.2.2 Modellbildung

Beispiel eines Kommunikationsmodells

Ein Beispiel der vielfältigen Anwendungsmöglichkeiten des Kommunikationsmodells zeigt Bild 2.19. Das »Bitel« (Bildschirmtext-Telefon) ist ein Beispiel für ein technisches Gerät, das hier in seiner funktionalen Grobstruktur dargestellt ist. Das gesamte System wird durch das Betriebssystem COSMOS gesteuert. Die verarbeitenden Funktionen teilen sich in Dienst- und Hilfsprozesse. Unter »Diensten« versteht man in der Vermittlungstechnik diejenigen Leistungen, die dem Benutzer einer vermittlungstechnischen Einrichtung zur Verfügung stehen. Die Hilfsprozesse stellen Grundfunktionen zur Ausführung der Dienste bereit. Die Betriebsmittel des Systems werden schließlich durch die zentrale Datenhaltung verwaltet.

Werkzeuge für die Modellierung

Neben dem kurz vorgestellten objektorientierten Ansatz gibt es weitere Methoden und Verfahren zur Modellierung. So sind u. a. modellierende Systeme auf Basis formaler Sprache mit algebraischen Spezifikationen verfügbar, z. B. die Vienna Development Method (VDM). Jedoch wird der Nutzen solcher Methoden in Frage gestellt, da diese kaum eine Verständigung mit den Anwendern ermöglichen.

Einige erwähnenswerte Methoden und Verfahren für die Modellierung und den Entwurf von Systemen, vor allem SW-Systemen, sind in Tabelle 2.2 aufgeführt. Das Kommunikationsmodell kann für diese als Ausgangsbasis dienen.

Tabelle 2.2   Modellierungsmethoden und -verfahren.

Methode	unterstützt
SADT	(Structured Analysis and Design Technique) Systemanalyse und Systemdesign mit Aktigrammen und Datagrammen
SA/SD	(Structured Analysis/Structured Design) Systemanalyse und Systemdesign mit Datenflußdiagrammen, Datenkatalog und Minispezifikationen
SDL (CCITT)	(Specification and Description Language) Systemspezifikation mit Block-Interaktionsdiagrammen, Prozeßdiagrammen und Sequence Charts
Verfahren	unterstützt
EPOS	(Entwicklungs- und Projektmanagementorientiertes Spezifikationssystem) Entwicklungsumgebung für Systementwickler und Projektmanager mit Entscheidungstabellen, Datenflußdiagrammen, Baumdiagrammen, Petri-Netzen und Struktogrammen
GRAPES	(Graphisches Entwurfsystem) Entwicklungsumgebung für Systementwickler und Organisationsingenieure mit Kommunikationsdiagrammen, Prozeßdiagrammen, Datendiagrammen, Hierarchiediagrammen, Interface-Diagrammen und Modularisierungsdiagrammen
ProMod	(Projekt Modell) Entwicklungsumgebung für SW-Systementwickler mit Datenflußdiagrammen, Datenkatalog, Modulhierarchien und Struktogrammen
SIGRAPH-SET	(SIGRAPH-Software-Entwicklungstools) Entwicklungsumgebung für Systementwickler und Projektmanager mit Blockdiagrammen, Prozeßdiagrammen, Sequence Charts, Baumdiagrammen und Struktogrammen

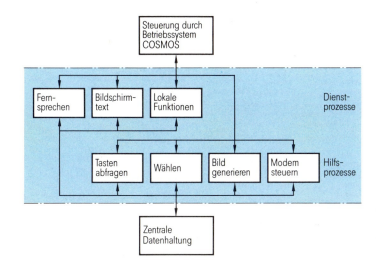

Bild 2.19
Bitel als Kommunikationsmodell

2.2.3 Produktevolution

Mit Erreichen des Projektziels, d. h. mit dem erfolgreichem Projektabschluß, ist die vorgegebene Mangelsituation behoben. Damit stellen sich jedoch neue Ziele ein, die zu einer *Evolution* des Produkts führen. Die Anstöße hierzu kommen sowohl aus dem Nutzungs- als auch aus dem Entwicklungsbereich und sollten wiederum im Anforderungskatalog dokumentiert bzw. fortgeschrieben werden (Bild 2.20).

Mit der Nutzung ist ein »Lernprozeß« verbunden, der neue Mangelsituationen erkennen läßt, die zu neuen Wünschen führen. Dies ist nicht zu vermeiden, da

▷ Vollständigkeit im Beheben von Mangelsituationen i. allg. nicht erreichbar ist,
▷ der mit der Nutzung verbundene Lernprozeß nicht vorhersehbar ist,
▷ Auswirkungen auf den Nutzungsbereich durch Simulation während des Projektablaufs nicht ausreichend abgeschätzt werden können und
▷ Rückwirkungen aus den Änderungen des Nutzungsbereichs kaum vorauszusagen sind.

Im Entwicklungsbereich gibt es ebenfalls Lernprozesse, die die Machbarkeit höhergesteckter technischer Ziele erweitern. Sie führen zu neuen Entwicklungsmethoden und zur Anwendung neuer Technologien.

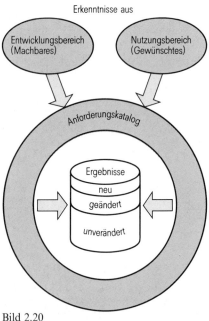

Bild 2.20
Anforderungskatalog zur Steuerung der Produktevolution

Evolutionsgerechte Entwicklung

Produktevolution bedeutet das langfristige Anpassen eines Produkts an die sich ändernden Nutzungserfordernisse. Produktevolution ist nicht planbar, da sie eng an die erwähnten Lernprozesse gekoppelt ist. Weiterentwicklung, die die Lerninhalte nicht berücksichtigt, führt zu keiner Produktevolution.

Wichtig ist es, beim Entwurf von Systemen Freiheitsgrade offenzuhalten, die eine Korrektur und eine Weiterentwicklung von Entwicklungsergebnissen zulassen und nicht jeweils eine Neuentwicklung verlangen, wenn sich aus der Evolution veränderte Ziele ergeben.

Produktevolution setzt daher eine Entwicklung voraus, die folgenden Grundsätzen gerecht wird (Bild 2.20):

▷ Bewährte Produkteigenschaften bleiben erhalten. Bewährtes hilft Fehler vermeiden; d. h., die Entwicklung muß vorhandene Ergebnisse bewahren und auch weiterhin verwenden können.
▷ Verbesserungsbedürftige Produkteigenschaften werden gezielt geändert. Evolution soll verbessern; dies bedarf einer präzisen Steuerung der Entwicklung auf der Grundlage definierter Anforderungen.
▷ Fehlende Produkteigenschaften werden ergänzt. Evolution schafft Neues; in diesem Zusammenhang zeigt sich, ob die gewonnenen Freiheitsgrade tragfähig sind.

Evolution verlangt, die in vorangegangenen Projekten gewonnene Erfahrung in einer laufenden Entwicklung zu nutzen. Dies kann nur gelingen, wenn die Erfahrung ausreichend und nachvollziehbar dokumentiert ist. Eine ergebnisorientierte Arbeitsweise bietet hierfür die beste Voraussetzung, da die Ergebnisobjekte selbst die Erfahrungsbasis bilden und keine mit Unsicherheiten behaftete Nachdokumentation benötigt wird. Das Beherrschen dieser Problematik im Entwicklungsprozeß läßt sich vor allem durch ein umfassendes Konfigurationsmanagement erreichen (siehe Kap. 6.1).

Freiheitsgrade für Produktevolution

Es gibt mehrere methodische Ansätze, um die notwendigen Freiheitsgrade für die Produktevolution zu gewinnen:

▷ Die Mangelsituation ist so abstrakt wie möglich zu erfassen, da abstrakte Größen beständiger sind und aus einer abstrakten Darstellung umfassendere Entscheidungen abgeleitet werden können.

▷ Der Lösungsansatz für die Mangelsituation sollte ausreichende Zukunftsperspektiven berücksichtigen und die Umwelteinflüsse in größerem Zusammenhang einbeziehen.

▷ Die vorgesehenen Lösungen sind von Randbedingungen freizuhalten, die in keinen ursächlichen Zusammenhang zur Mangelsituation stehen.

▷ Durch sorgfältige Wertkostenanalyse kann die geplante Funktionalität der Lösung auf die wirklich benötigten Funktionen beschränkt werden.

▷ Es dürfen keine Lösungen, auch nicht in Teilbereichen, implementiert werden, für die die Problemanalyse noch nicht abgeschlossen ist bzw. nicht abgeschlossen werden kann.

▷ Die künftigen Nutzer müssen so früh wie möglich mit den Lösungen vertraut gemacht werden, um deren Lernprozeß frühestmöglich einzuleiten. Dies kann durch Maßnahmen des »Prototypings« unterstützt werden.

▷ Kleine Schritte verhindern große Fehler. Die Überschaubarkeit von Entwicklungsschritten in Stufenlösungen beugt einerseits schwer korrigierbaren Fehlentwicklungen vor und stellt andererseits einen frühzeitigen Rückfluß der Erfahrungen aus dem Produkteinsatz sicher.

▷ Die frühzeitige und umfassende Schulung der künftigen Nutzer hilft, aus Mißverständnissen heraus gestellte Anforderungen, die im Prinzip nicht durch die auslösende Mangelsituation bedingt sind, zu vermeiden.

▷ Die durchgängige Anwendung moderner Entwicklungsmethoden, z. B. des im Zusammenhang mit der Modellbildung erwähnten objektorientierten Ansatzes, verhindert, daß die durch die vorgenannten Maßnahmen gewonnenen Freiheitsgrade im Entwicklungsprozeß wieder verlorengehen. Sie können zusätzliche Freiheitsgrade, z. B. durch Modularität und Konfigurierbarkeit der Lösungen, schaffen.

Während des Projektablaufs fließen bereits Erkenntnisse aus der Entwicklung selbst wieder in die Entwicklung zurück. Diese kann man mit Hilfe der im nächsten Kapitel dargestellten Änderungsverfahren unter gewissen Bedingungen noch in die laufende Entwicklung einbringen. Erkenntnisse, die man nicht mehr in der Entwicklung berücksichtigen kann, sind in den Anforderungskatalog aufzunehmen und müssen in künftigen Ausbaustufen berücksichtigt werden. Damit stellt der Anforderungskatalog auch ein wichtiges Instrument dar zur Dokumentation langfristiger Ziele und steuert auf diese Weise die Produktevolution.

2.2.4 Änderungsverfahren

Produktevolution wirkt über aufeinander aufbauende Entwicklungsvorhaben hinweg. Dabei erfahren die gesetzten Globalziele unvermeidlich Änderungen. Innerhalb eines Entwicklungsprojekts wird jedoch Konstanz der Globalziele vorausgesetzt, da sie die Projektgrundlage bilden. Änderung von Globalzielen innerhalb eines Projekts bedeutet aber Neudefinition des Projekts und erfordert zumindest eine Überarbeitung der Projektplanung.

Die Praxis lehrt, daß selbst bei unveränderter Aufgabenstellung die durch einen verabschiedeten Anforderungskatalog definierten Projektziele ständig Änderungsanforderungen unterliegen. Änderungsanforderungen wirken jedoch nicht nur auf den Anforderungskatalog, sondern können alle bereits verabschiedeten Entwicklungsergebnisse betreffen.

Projekte sollen – wie im Kap. 2.2.1 ausgeführt – Mangelsituationen lösen, d.h. mit jedem Projekt wird immer ein gewisses Neuland betreten. Dies beginnt bereits mit dem Erfassen der Mangelsituation (Ist-Aufnahme). Daher sind hierbei wie auch beim anschließenden Festschreiben der Lösung Fehler und Unvollständigkeiten unvermeidbar. Unsicherheit der Projektziele bez. geforderter Leistungen, veranschlagter Kosten und gesetzter Termine sind die Folge. Darüber hinaus bewirken Einflußgrößen außerhalb des Projekts, wie Umweltänderungen durch Gesetzgeber, Markteinflüsse und Kundenwünsche, auch Zieländerungen. Diese werden in der Literatur als »Moving

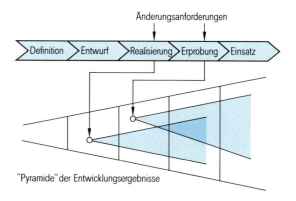

Bild 2.21   Wirkung von Änderungsanforderungen

Targets« bezeichnet. Schließlich entstehen in der Entwicklung selbst Qualitätsmängel, die zu beheben sind.

Änderungsanforderungen stellen zwangsläufig bereits erarbeitete Zwischenergebnisse in Frage. Da Zwischenergebnisse aufeinander aufbauen, ist mit deren Änderung die Konsistenz der gesamten Ergebnisfolge gefährdet und zwar um so mehr, je grundlegender das geänderte Ergebnis ist. Entsprechend haben Änderungen von Ergebnissen aus frühen Projektphasen i. allg. weitreichende Auswirkungen (Bild 2.21). Zu diesen besonders kritischen Entwicklungsergebnissen gehört der Anforderungskatalog. Änderungsanforderungen dürfen also in einem Projekt nur nach streng geregelten *Änderungsverfahren* behandelt werden.

Bedeutung der Änderungsverfahren

Änderungsverfahren müssen in einem Projekt Hemmnisse errichten, die einen zuverlässigen Schutz vor unüberlegten und in ihren Auswirkungen nicht übersehbaren Änderungen ermöglichen. Diese Hemmnisse werden von den Projektbeteiligten häufig für unnötig formal gehalten. Dennoch sind sie für einen geordneten, zielgerichteten Projektablauf unverzichtbar.

Änderungsanforderungen fließen naturgemäß zeitlich und inhaltlich unkoordiniert in das Projekt ein. Also müssen Änderungsverfahren sicherstellen, daß Anforderungen

▷ zu identifizierbaren Objekten innerhalb des Projekts werden,

▷ alle zur Bearbeitung notwendigen Informationen enthalten,

▷ einer eindeutigen Entscheidung über ihre weitere Behandlung unterliegen und

▷ in kontrollierter Weise bearbeitet werden.

Das Änderungsverfahren beginnt mit dem Formalisieren der Änderungsanforderungen in Form von Dokumenten. Sofern Änderungsanforderungen von außen in das Projekt einfließen, ist meist eine Eingangsbearbeitung erforderlich, um die notwendige Vollständigkeit zu gewährleisten.

In einer fachlichen Analyse der formalisierten Änderungsanforderungen werden Lösungsalternativen mit ihren Konsequenzen aufgezeigt und entscheidungsreife, formalisierte Vorschläge entwickelt.

Die Analyse erlaubt es auch, die Änderungsanforderungen unterschiedlich zu klassifizieren, um anschließende Entscheidungs- und Bearbeitungsprozesse den Anforderungen angemessen steuern zu können. Eine bewährte Klassifizierung ordnet die Änderungsanforderungen folgenden Bearbeitungsvorgängen zu:

▷ Fehlerkorrektur,

▷ Funktionsänderung bzw. -erweiterung oder

▷ Änderung der Projektziele.

Mit dieser Klasseneinteilung wird auch eine Zuordnung der Änderungskosten zu ihren Verursachern erreicht. Kosten der Fehlerkorrekturen hat die Entwicklung zu tragen, die sonstigen Änderungskosten gehen i. allg. zu Lasten des Auftraggebers.

In einem eigenen Entscheidungsprozeß wird über die Durchführung einer Änderung entschieden. Maßstab für jede Entscheidung müssen die Projektziele, wie Funktionen, Termine, Kosten und Qualität sein. Die Entscheider sind aufgrund ihrer Verantwortung für diese Projektziele auszuwählen und am Entscheidungsprozeß zu beteiligen. Da Änderungen stets die miteinander konkurrierenden Projektziele unterschiedlich beeinflussen, ist bei den Entscheidern ein entsprechender Konsens anzustreben. Die letztendliche Entscheidung sollte der Projektleiter immer mittragen.

Soweit Entscheidungs- und Steuerungsgremien eingerichtet werden, kann man sie aufgrund der unterschiedlichen Klassen von Änderungsanforderungen sowie abhängig vom Entwicklungsfortschritt unterschiedlich besetzen. Es empfiehlt sich, den Auftraggeber bzw. den Anwender angemessen am Entscheidungsprozeß zu beteiligen. Dies hat den erwünschten Nebeneffekt, daß Änderungsanforderungen von dieser Seite verantwortungsbewußter gestellt werden.

Alle genehmigten Änderungsanforderungen bewirken Störungen des geplanten Projektablaufs. Damit diese Störungen steuerbar bleiben, regeln Änderungsverfahren auch das Durchführen der Änderungen und schließen die notwendigen Kontrollen ein. Jede Änderung wirkt auf vorliegende Entwicklungsergebnisse, auf die sich meist weitere Ergebnisse abstützen. Also ist eine Änderung erst dann abgeschlossen, wenn alle betroffenen Ergebnisse wieder in einen gültigen, konsistenten Stand gebracht sind. Hiermit endet das Änderungsverfahren, bezogen auf eine Änderungsanforderung.

Der Ablauf einer Änderung soll an einem Beispiel vertieft werden. Angenommen, es ist die Erweiterung eines SW-Moduls erforderlich, das zu einem umfangreichen Programm gehört. Dann ist das Änderungsverfahren nicht bereits mit der Änderung des SW-Moduls selbst abgeschlossen. Es ist die gesamte Dokumentation entsprechend zu korrigieren, die Testabläufe sind anzupassen und schließlich muß das ganze Programm neu integriert und getestet werden. Erst nach erfolgreichem Test ist das Änderungsverfahren beendet. Die Änderungskette kann also sehr umfangreich werden.

Formen von Änderungsprozessen

Wegen der grundsätzlichen Bedeutung des Änderungsverfahrens für ein Projekt muß es stets zu Projektbeginn mit allen Beteiligten verabredet werden. Es sind viele Ansätze für Änderungsverfahren denkbar. Nachfolgend werden drei für wichtig erachtete Verfahren vorgestellt, die auf unterschiedlichen Vorgehensweisen im Änderungsprozeß beruhen (Bild 2.22):

▷ Kontinuierlicher Änderungsprozeß
▷ Eingeschobener Änderungsprozeß
▷ Begleitender Änderungsprozeß

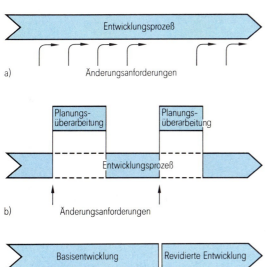

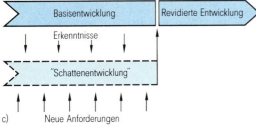

Bild 2.22
Vorgehensweisen bei Änderungsprozessen
a) Kontinuierlicher Änderungsprozeß
b) Eingeschobener Änderungsprozeß
c) Begleitender Änderungsprozeß

Kontinuierlicher Änderungsprozeß

In einem kontinuierlichen Änderungsprozeß fließen die Änderungsanforderungen laufend in den Entwicklungsprozeß ein. Die Änderungen werden in die betroffenen Entwicklungsergebnisse schritthaltend mit dem Projektablauf eingearbeitet. Hiermit ist zwangsläufig eine Verlangsamung des Projektablaufs verbunden, die bereits frühzeitig einzuplanen ist. Man darf auch nicht übersehen, daß dieses Verfahren eine ständige Unsicherheit bezüglich der Aktualität von Entwicklungsergebnissen nach sich zieht.

Der kontinuierliche Änderungsprozeß ist nur anwendbar, solange die Korrekturen begrenzt bleiben und für alle Projektbeteiligten überschaubar sind. Er bildet das typische Änderungsverfahren, das für Fehlerkorrekturen im laufenden Entwicklungsprozeß, – besonders in den Phasen Systemintegration und Systemtest –, angewendet wird. Auch in frühen Planungsphasen eines Projektes ist es nutzbar. Als allgemeines Verfahren für den gesamten Projektablauf sollte es nicht eingesetzt werden, da die Vollständigkeit aller Änderungsnotwendigkeiten mit wachsender Menge der Entwicklungsergebnisse und der Änderungsanforderungen kaum mehr zu beherrschen ist.

Eingeschobener Änderungsprozeß

Das Änderungsverfahren, das auf eingeschobenen Änderungsprozessen beruht, führt zu temporären Unterbrechungen des geplanten Entwicklungsablaufs. Während der Unterbrechungen werden die ausgewählten Änderungsanforderungen vollständig in die bereits vorliegenden Entwicklungsergebnisse eingearbeitet. Erst, wenn wieder ein konsistenter Entwicklungsstand erreicht ist, wird das Projekt nach aktualisiertem Plan fortgesetzt.

Durch die Entwicklungsunterbrechung vermeidet man die Unsicherheit bezüglich der Aktualität von Entwicklungsergebnissen. Erfahrungsgemäß konzentrieren sich die kritischen Arbeiten in einem Projekt auf wenige Entwicklungsschwerpunkte, d.h. bei einigen Entwicklungsaufgaben entsteht Überlastung, bei anderen Leerlauf. Daher wird die Unterbrechungsdauer jeweils durch den Umfang bestimmt, in dem solche kritischen Arbeiten von Änderungen betroffen sind. Als Nachteil kann sich somit bei weniger kritischen Arbeiten der Leerlauf sogar vergrößern.

Das Verfahren mit eingeschobenen Änderungsprozessen ist ein übliches Standardverfahren. Es sichert vor allem die Ordnung in einem komplexen Entwick-

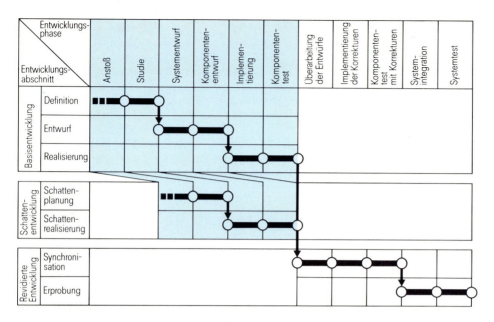

Bild 2.23   Prozeßplan für den begleitenden Änderungsprozeß

lungsvorhaben. Dieses Verfahren läßt die Auswirkungen für die Entscheider besonders deutlich werden und fördert dadurch das kritische Beurteilen von Änderungsanforderungen. Es darf jedoch nicht übersehen werden, daß durch nahezu unvermeidbaren teilweisen Entwicklungsstillstand die Projektdauer u. U. erheblich verlängert wird.

Begleitender Änderungsprozeß

Der begleitende Änderungsprozeß kennzeichnet eine außergewöhnliche Variante der Änderungsverfahren, die für hochinnovative und äußerst zeitkritische Projekte Anwendung finden, z. B. in der Luft- und Raumfahrttechnik. Der Grundgedanke dieses Änderungsverfahrens ist, die geplante Entwicklung von Störungen, die durch Änderungsaktivitäten ausgelöst werden, freizuhalten und die entstehenden Änderungsanforderungen in einer parallelen »Schattenentwicklung« aufzunehmen. In getrennt geplanten Entwicklungsphasen werden die parallel gewonnenen Entwicklungsergebnisse in einer gemeinsamen Entwicklung zusammengeführt (Bild 2.23). Dabei ist unter Berücksichtigung der Projektziele zu entscheiden, welche Ergebnisse aus den Entwicklungslinien übernommen und welche verworfen werden.

Der große Vorteil dieses Änderungsverfahrens liegt darin, daß die Basisentwicklung durch das Fernhalten von Störungen zielstrebig vorangetrieben werden kann; sie liefert somit frühzeitig weitreichende Erkenntnisse, die im weiteren Projektverlauf unbedingt benötigt werden. Die Schattenentwicklung bleibt weitgehend frei von Projektzwängen, die durch die Änderungsanforderungen im Normalfall entstehen würden; sie kann sich dadurch für technische Lösungen entscheiden, die das technisch beste Produkt erwarten lassen.

Das Verfahren mit begleitendem Änderungsprozeß erfordert einen von vornherein erkennbaren Mehraufwand. Die strenge Ausrichtung auf ein Ziel führt jedoch offensichtlich auch bei hoher technischer Unsicherheit zu kürzeren Entwicklungszeiten mit hoher Termintreue. Hierfür sind drei Gründe ausschlaggebend:

▷ Der frühe Erfahrungsgewinn beseitigt auch frühzeitig technische Unsicherheit.

▷ Das Änderungsverfahren wird innerhalb eines Projekts prinzipiell nur ein einziges Mal durchlaufen, wodurch erhebliche Änderungsaufwendungen entfallen.

▷ Die Schattenentwicklung kann weitgehend entkoppelt von der Basisentwicklung durchgeführt werden; sie behindert die Basisentwicklung dadurch kaum, kann aber selbst eine hohe Kreativität entfalten, die zu einer beschleunigten Reife der Gesamtentwicklung wesentlich beiträgt.

Das Konfigurationsmanagement – dargestellt im Hauptkapitel 6.1 – bietet Methoden, Werkzeuge und darauf aufbauende Verfahren, die das kontrollierte Behandeln von Änderungsanforderungen zum Ziel haben. Ein Konfigurationsmanagement ist daher für die hier vorgestellten Änderungsverfahren unverzichtbar.

2.3 Wirtschaftlichkeitsbetrachtung

2.3.1 Methodenüberblick

Mit jedem Entwicklungsvorhaben will man erreichen, daß mit dem zu realisierenden Gerät, System oder Verfahren ein meßbarer Gewinn erzielt wird, sei es durch einen Verkaufserlös oder durch einen entsprechenden Ratio-Erfolg im internen Einsatz. Ein Entwicklungsvorhaben ist damit immer auch ein Investitionsvorhaben, welches unter dem Gesichtspunkt der Wirtschaftlichkeit zu sehen ist. Wie die Praxis zeigt, erfüllt aber so manches Entwicklungsvorhaben diese Prämisse nicht. Erkannt wird dies aber nicht selten erst nach Abschluß der Entwicklung, also dann, wenn alle Ausgaben bereits getätigt sind und die finanziellen Rückflüsse bzw. Einsparungen nicht in dem erwarteten Maß eintreten.

Es ist daher wichtig, daß bereits in der Definitionsphase eines Entwicklungsprojekts eine umfassende Wirtschaftlichkeitsbetrachtung vorgenommen wird.

Entsprechend den unterschiedlichen Zielrichtungen von Vorhaben (Grundlagenentwicklung, Produktentwicklung, Rationalisierungsvorhaben etc.) bieten sich hier mehrere Instrumentarien an, die gemäß ihrer Bewertungsart und Beurteilungsbasis nach Bild 2.24 unterteilt werden können.

Umsatzorientierte Methoden

Als Beispiele für monetär bewertende Wirtschaftlichkeitsbetrachtungen, die umsatzorientiert sind, werden in den beiden folgenden Kapiteln die FuE-Projektdeckungsrechnung und die Wirtschaftliche Produktplanung näher erläutert. Sie finden im wesentlichen bei Geräte- und Systementwicklungen Anwendung.

Die *FuE-Projektdeckungsrechnung* ist eine auf die wesentlichen Komponenten einer Entwicklung reduzierte »Wirtschaftliche Produktplanung«, die im zeitlichen Ablauf von Projekten durch zusätzliche Informationen und durch gewonnene Erfahrungen immer sicherer werdende Aussagen über die für eine Erfolgsbeurteilung wichtigen Daten gewinnt. Sie ist damit eine Form der Wirtschaftlichkeitsbetrachtung, die von vornherein darauf ausgelegt ist, nicht nur zu Beginn eines Projekts eine Wirtschaftlichkeitsaussage zu machen, sondern diese während des gesamten Entwicklungsablaufs laufend einer Prüfung zu unterziehen.

Im Rahmen der *Wirtschaftlichen Produktplanung* (WPP) soll der voraussichtliche wirtschaftliche Produkterfolg durch eine Errechnung des Produkt-Ergebnisses aufgezeigt werden. Wie weiter unten noch ausgeführt wird, unterscheidet man hier zwei Formen der wirtschaftlichen Produktplanung.

▷ Produkt-Ergebnisrechnung (WPP I) und
▷ Produkt-Renditerechnung (WPP II),

wobei die Produkt-Renditerechnung nicht mehr umsatzorientiert, sondern kostenorientiert ist.

Kostenorientierte Methoden

Monetär bewertende Wirtschaftlichkeitsbetrachtungen, die an den Kosten des einzelnen Entwicklungsvorhabens orientiert sind, werden vor allem bei Verfahrensentwicklungen für Rationalisierungsmaßnahmen bzw. bei allgemeinen Rationalisierungsinvestitionen eingesetzt.

Man unterscheidet hier zwischen *statischen* und *dynamischen* Rechenmethoden. Während die dynamischen Methoden (Geldflußrechnungen) die zeitlichen Un-

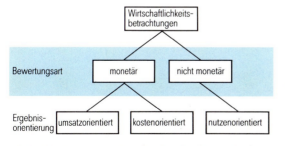

Bild 2.24   Arten von Wirtschaftlichkeitsbetrachtungen

terschiede im Anfall der Ausgaben und Einnahmen berücksichtigen und eine Geldwertumrechnung auf den Gegenwartswert (Barwert) mit Hilfe der Zinseszinsrechnung vornehmen, geschieht dies bei den statischen nicht.

Zu den statischen Rechenmethoden gehören:
▷ Kostenvergleichsrechnung
▷ Amortisationsrechnung
▷ Rentabilitätsrechnung.

Bei der *Kostenvergleichsrechnung* werden die Kosten verschiedener Vorhaben miteinander verglichen. Es wird die Alternative gewählt, deren jährliche Kosten am niedrigsten sind. Die Kostenvergleichsrechnung hat zur Voraussetzung, daß die Erträge der verglichenen Vorhaben gleich hoch sind; nur in diesem Fall ist Kostenminimierung gleichbedeutend mit Gewinnmaximierung.

Die *Amortisationsrechnung*, auch als Kapitalrückflußrechnung bezeichnet, ermittelt den Zeitraum, in welchem der Kapitaleinsatz über die Erlöse wieder zurückgeflossen ist. Ein Vorhaben ist nach dieser Methode wirtschaftlich, wenn die errechnete Amortisationszeit kleiner als die geforderte ist.

Die statische *Rentabilitätsrechnung* (Return-on-Investment-Methode) ermittelt die Rentabilität des investierten Kapitals aus dem Quotienten von durchschnittlichem Gewinn zu durchschnittlich gebundenem Kapital. Nach dieser Methode ist ein Vorhaben rentabel, wenn eine vorgegebene Mindestrentabilität erfüllt ist.

Zu den dynamischen Rechenmethoden zählen:
▷ Kapitalwertmethode
▷ Annuitätenmethode
▷ Interne Zinsfußmethode.

Bei der *Kapitalwertmethode* gilt als Beurteilungsmaßstab für die Wirtschaftlichkeit der Kapitalwert einer Investition, der sich als Differenz aller auf den Bezugszeitpunkt abgezinsten Ausgaben und Einnahmen ergibt. Eine Investition ist nach dieser Methode wirtschaftlich, wenn der Kapitalwert größer als Null ist.

Bei der *Annuitätenmethode* wird die Annuität als Wirtschaftlichkeitsmaßstab bestimmt; sie entspricht dem durchschnittlichen, auf den Bezugszeitpunkt abgezinsten Jahreseinnahmeüberschuß. Das Vorhaben ist dann wirtschaftlich, wenn der durchschnittliche Rückfluß pro Jahr größer als die Annuität des Kapitaleinsatzes ist.

Mit der *internen Zinsfußmethode* wird die tatsächliche Verzinsung des eingesetzten Kapitals errechnet. Der interne Zinsfuß einer Investition entspricht demjenigen Zinssatz (Marginalrendite), bei dem der Barwert der Ausgaben gleich dem Barwert der Einnahmen ist. Ein Vorhaben ist dann wirtschaftlich, wenn die Marginalrendite größer als die Mindestverzinsung ist. Kap. 2.3.4 geht auf diese Methode ausführlicher ein.

Nutzenorientierte Methoden

Während die Methoden mit monetärer Bewertung sowohl für Einzel- als auch Vergleichsbetrachtungen geeignet sind, ist die Methode der Nutzwertanalyse nur sinnvoll einsetzbar, wenn mindestens eine Vorhabensalternative existiert. Sie wird herangezogen, wenn keine quantifizierbaren Merkmale vorliegen, die als Voraussetzung für eine monetäre Bewertung notwendig wären; stattdessen betrachtet man Bewertungskriterien, die eine rein qualitative Aussage enthalten. Auf Basis einer Gewichtung dieser Kriterien wird mit Hilfe der Multifaktorenrechnung eine Rangfolge der betrachteten Alternativen ermittelt.

Die Nutzwertanalyse bietet den großen Vorteil, neben wirtschaftlichen auch fachliche, ergonomische und soziale Aspekte einbeziehen zu können. Verfechter einer Wirtschaftlichkeitsbetrachtung ausschließlich nach monetären Gesichtspunkten verwerfen allerdings solche nur nutzenorientierte Methoden, weil sie keine in Geld ausdrückbare Wirtschaftlichkeit aufzeigen können. Dies ist im strengen Sinne richtig, da (in unserem Wirtschaftssystem) jeder Nutzen immer in Geld bewertet werden kann.

Die (nicht monetäre) Nutzwertanalyse läßt sich sehr gut additiv zu einer (monetären) Marginalrenditerechnung einsetzen. Man unterscheidet dann zwischen einer »direkten« ($\hat{=}$ quantifizierbaren) und einer »indirekten« ($\hat{=}$ nicht quantifizierbaren) Wirtschaftlichkeit beim betrachteten Vorhaben.

In Kap. 2.3.5 wird auf die Nutzwertanalyse näher eingegangen.

Einsatzbeispiele

In Tabelle 2.3 sind für die weiter unten näher beschriebenen Methoden zur Wirtschaftlichkeitsbetrachtung typische Einsatzbeispiele aufgeführt. Eine Mehrfachnennung ist möglich, da die einzelnen Methoden sich nicht gegenseitig ausschließen.

Tabelle 2.3 Einsatzbeispiele

Methoden-ansatz	Methode	Einsatzbeispiele
Umsatz-orientiert	FuE-Projekt-deckungs-rechnung	— Allgemeine FuE-Projekte — Produktentwicklungen — Entwicklungsgebiete
	Produkt-Ergebnis-rechnung (WPP I)	— Vielprodukt-entwicklungen — SSW-Produkte — Systementwicklungen
Kosten-orientiert	Produkt-Rendite-rechnung (WPP II)	— Einzelprodukt-entwicklungen — ASW-Produkte — Geräteentwicklungen
	Marginal-rendite-rechnung	— Rationalisierungs-vorhaben — Investitions-beurteilungen — DV-Verfahren für internen Einsatz — Vergleichs-beurteilungen
Nutzen-orientiert	Nutzwert-analyse	— Grundlagen-entwicklungen — Vorfeldentwicklungen — Bürokommunikations-projekte

Die Grundgrößen der FuE-Projektdeckungsrechnung sind

▷ die FuE-Kosten,
▷ die kalkulatorischen FuE-Rückflüsse und
▷ die Entwicklungszeit (bzw. Lieferbeginn).

Zu den FuE-Kosten können neben den unmittelbar dem Projekt zuzurechnenden Entwicklungskosten auch durch Umlagen entstehende Kostenanteile gerechnet werden.

Die kalkulatorischen FuE-Rückflüsse sind vom zu erwartenden Umsatz und vom Fertigungs- und Vertriebsergebnis bestimmt. Dieser Wert ist mit Hilfe der FuE-Kaufmannschaft zu ermitteln. Für den zu betrachtenden Umsatz sollte hierbei ein Zeitraum von nicht mehr als zehn Jahren angesetzt werden – jedoch nicht länger als der gesamte Produktlebenszyklus.

In Bild 2.25 ist der Verlauf der Grundgrößen der FuE-Projektdeckungsrechnung anhand eines Beispiels gezeigt.

Es verdeutlicht die Auswirkungen einer Entwicklungszeitverschiebung und einer dadurch bedingten Erhöhung der Entwicklungskosten auf den Deckungszeitpunkt; dieser kennzeichnet den Zeitpunkt, zu dem die eingetretenen (kalkulatorischen) FuE-Rückflüsse die aufgewendeten FuE-Kosten aufwiegen – wenn also das FuE-Projekt seine eigenen Entwicklungskosten wieder eingespielt hat. Eine durch Entwicklungszeitüberschreitung verursachte Verschiebung des Produkteinsatzes und damit des Rückfluß-

2.3.2 FuE-Projektdeckungsrechnung

Die FuE-Projektdeckungsrechnung stellt eine Methode der Wirtschaftlichkeitsbetrachtung dar, bei der projektbegleitend und über das Projektende hinaus die investierten FuE-Kosten für eine Produktentwicklung den (anteiligen) FuE-Rückflüssen gegenübergestellt werden. Man gelangt so zu einer Aussage bzgl. der *Projektkostendeckung* und damit zu einer Wirtschaftlichkeitsaussage des gesamten Entwicklungsvorhabens.

Die FuE-Projektdeckungsrechnung ist eine auf die wesentlichen Komponenten einer Entwicklung reduzierten »Wirtschaftlichen Produktplanung« und sollte besonders bei Projekten mit hohem Entwicklungsanteil eingesetzt werden.

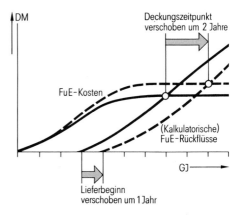

Bild 2.25 FuE-Projektdeckungsrechnung (Beispiel)

einsatzes um ein Jahr führt im Beispiel zu einer Verschiebung des Deckungszeitpunkts um zwei Jahre. Auch hier zeigt sich wieder die große Bedeutung des Einhaltens der Termine, das wesentlich mehr an Ergebnis bringt als das Einhalten der Kosten.

Zur grafischen Darstellung bietet sich der Einsatz des Personal Computers mit entsprechender Grafik-Software an; mit einer entsprechenden Datenbank lassen sich dann auch leicht Simulationen durchführen.

FuE-Kostendeckungssatz

Als ein Maß für die Effektivität eines FuE-Vorhabens wird der FuE-Kostendeckungssatz definiert, bei dem neben den in den Umsatzerlös eingerechneten (kalkulierten bzw. geplanten) FuE-Kosten auch die Ergebniswirkung berücksichtigt wird.

Der FuE-Kostendeckungssatz (in % vom geplanten Umsatz) wird ermittelt, indem der FuE-Kostensatz (in % vom geplanten Umsatz) bei überdurchschnittlichen Ergebnisbeiträgen durch einen »Bonus« nach oben und bei unterdurchschnittlichen Ergebnisbeiträgen durch einen »Malus« nach unten korrigiert wird. Liegen z.B. die Ergebnisse eines FuE-Projekts über dem geplanten Durchschnitt der ganzen Produktgruppe, so führt dies zu einer entsprechenden Heraufsetzung des FuE-Kostendeckungssatzes und damit zu einer größeren Deckung und zu einem früheren Deckungszeitpunkt. Umgekehrt bewirken Ergebnisse, die unter dem Durchschnitt liegen, eine Herabsetzung des FuE-Kostendeckungssatzes und damit eine geringere Deckung und einen späteren Deckungszeitpunkt.

Zur rechnerischen Bestimmung des FuE-Kostendeckungssatzes wird eine *Bonus-Malus-Tabelle* verwendet, in der durchschnittliche FuE-Rückflußfaktoren (Verhältnis FuE-Kosten zu Gesamtrückfluß, jeweils in % vom geplanten Umsatz) eingearbeitet sind. Diese Rückflußfaktoren sind bereichsspezifisch festzulegen.

Einsatzbreite

Der große Vorteil der FuE-Projektdeckungsrechnung liegt sicher in der einfachen und klaren Darstellung der Projektwirtschaftlichkeit sowie deren laufenden Kontrolle während der gesamten Projektdurchführung und der gesamten Produktlebensdauer, sie stellt damit eine Art Ertragsrechnung für das FuE-Vorhaben dar.

Die FuE-Projektdeckungsrechnung ist keine exakte Wirtschaftlichkeitsrechnung gleich einer Renditerechnung mit Zins und Zinseszins. Deshalb darf sie dazu auch nicht mißbraucht werden, z.B. anläßlich einer Entscheidung, eine Entwicklung zu starten oder zu beenden. Sie will den besonderen Verhältnissen von Entwicklungsprojekten Rechnung tragen, die häufig in ihren Zielgrößen FuE-Kosten, Entwicklungszeit und Lieferbeginn sowie Umsatz und Ergebnis nicht genau voraussehbar und planbar sind. Die FuE-Projektdeckungsrechnung kann im besonderen die Ergebniswirkung von zeitlichen Verzögerungen und Verteuerungen deutlich machen und so zu einem wertvollen Hilfsmittel des Managements werden.

Deshalb kann die FuE-Projektdeckungsrechnung als Steuerungsinstrument auf den Leitungsebenen eines Unternehmens dazu beitragen, die wirtschaftliche Zielsetzung bei FuE-Projekten und das Maß der Zielerreichung sichtbar zu machen, damit die Bereichsleitung frühzeitig bei sich abzeichnenden Zielabweichungen handeln kann. Es sollte bei jedem größeren FuE-Projekt einmal jährlich eine Fortschreibung der FuE-Projektdeckungsrechnung vorgenommen werden, um festzustellen, ob sich ein Erfolg abzeichnet oder das Projekt wegen geringer Erfolgsaussichten abzubrechen ist.

2.3.3 Wirtschaftliche Produktplanung

Wie bei der FuE-Projektdeckungsrechnung soll bei der Wirtschaftlichen Produktplanung (WPP) der voraussichtliche wirtschaftliche Produkterfolg in einer transparenten Form dargestellt werden. Bei der Wirtschaftlichen Produktplanung werden allerdings erheblich mehr Einzelgrößen des geplanten Produkts in die Betrachtung einbezogen als bei der FuE-Projektdeckungsrechnung.

Wegen der engen Verflochtenheit der Entwicklungs- und Fertigungsprozesse, die für ein »Vielproduktunternehmen« charakteristisch ist, läßt sich der mit einem bestimmten einzelnen Produkt verbundene Finanzmitteleinsatz oft nur mit unvertretbar hohem Aufwand und Ansatz grober Schätzungen ermitteln. Als bewährter Hilfsmaßstab kann in diesen Fällen die Umsatzrendite, bezogen auf das gesamte Produktleben, gelten. Nachteilig ist, daß die zeitliche Verteilung von Einnahmen und Ausgaben nicht ausreichend berücksichtigt wird. Das führt besonders dann zu Problemen, wenn Produkte miteinander verglichen werden sollen, deren Lebenskurven unterschiedlich geformt sind.

2.3.3 Wirtschaftliche Produktplanung

Entsprechend den unterschiedlichen Möglichkeiten des Bestimmens wirtschaftlichkeitsrelevanter Meßgrößen haben sich zwei Betrachtungsweisen einer Wirtschaftlichen Produktplanung bewährt:

▷ Produkt-Ergebnisrechnung
  (Wirtschaftlicher Produktplan I)
▷ Produkt-Renditerechnung
  (Wirtschaftlicher Produktplan II).

In beiden Fällen sollte sichergestellt sein, daß der Wirtschaftliche Produktplan in die jeweils aktuelle Wirtschaftsplanung übergeleitet werden kann.

Produkt-Ergebnisrechnung

Die entscheidende Wirtschaftlichkeitsaussage wird bei der Produkt-Ergebnisrechnung durch das Bestimmen der *Umsatzrendite*, die sich auf das gesamte Produktleben bezieht, gemacht. In Bild 2.26 ist in einer Prinzipdarstellung dieser *Wirtschaftliche Produktplan* wiedergegeben; er wird bevorzugt dann verwendet, wenn man den mit einem einzelnen Produkt verbundenen Finanzmittelbedarf nicht tätigkeitsspezifisch genug ermitteln kann.

Mit der Produkt-Ergebnisrechnung werden die mit dem Produkt zu erzielenden Leistungen und Gesamtkosten – nach Jahresscheiben unterteilt – für die Produktlebensdauer festgestellt. Hierbei ergibt sich der Umsatz aus der Multiplikation der geplanten Stückzahl des Produkts mit dem Kundenpreis (Listenpreis minus Rabatt). Die erwarteten Kosten setzen sich aus

— Entwicklungskosten,
— Herstellkosten,
— Vertriebskosten,
— Wagniskosten,
— allgemeine Verwaltungskosten und
— Sondereinzelkosten

zusammen und entsprechen damit den Selbstkosten der gesamten Produktmenge. Die den wirtschaftlichen Erfolg des Produkts kennzeichnende Umsatzrendite bildet sich aus den Quotienten Ergebnis zu Umsatz, wobei das Ergebnis sich aus dem Umsatz

Produkt				Nr.					

Nr.	Geschäftsjahr		aufgelaufen bis 83/84	Vorjahr 83/84	84/85	85/86	86/87	87/88	88/89
1	Absatz-Stückzahl	In-/Ausland							
2		Gesamt							
3	Rabatt [%]	In-/Ausland							
4		Gesamt							
5	Listenpreis								
6	Preisindex								
7	Umsatz [2 × (5 − 4)]								
8	Lizenzeinnahmen und sonst. Erlöse								
9	Herstellkosten								
10	Entwicklungskosten								
11	Wagniskosten								
12	Allgemeine Verwaltungskosten								
13	Vertriebskosten								
14	Sondereinzelkosten								
15	Selbstkosten [Σ 9 bis 14]								
16	Ergebnis [7 + 8 − 15]								
17	Ergebnis aufgelaufen								
18	Produktspez. gebundenes Kapital								

Kennzahlen

19	Umsatzrendite [16:7]								
20	Teilkapitalrendite [16:18]								

Bild 2.26 Produkt-Ergebnisrechnung (Prinzipdarstellung)

plus etwaiger Lizenzeinnahmen vermindert um die Selbstkosten errechnet.

Zusätzlich ist als Kennzahl auch die Teilkapitalrendite interessant, die sich aus Produktergebnis und produktspezifisch gebundenem Kapital errechnen läßt.

Produkt-Renditerechnung

Können die zu erbringenden Finanzmittel dem Produkt direkt zugeordnet werden, so bietet sich die zweite Form der Wirtschaftlichen Produktplanung, die Produkt-Renditerechnung an; für das Errechnen der *Rendite des Produkts* wird sie ähnlich wie die Marginalrenditerechnung durchgeführt.

Zu den notwendigen Finanzmitteln gehören einerseits die produktspezifischen und die (anteilig) allgemeinen Investitionen einschließlich der Folgeinvestitionen im Rahmen der Entwicklung, der Fertigung und des Vertriebs und andererseits die ausgabewirksamen Entwicklungskosten mit den Anlaufkosten in Fertigung und Vertrieb. Hinzu kommen enventuell noch durch das Produkt bewirkte Veränderungen im Umlaufvermögen.

Nach Aufrechnung aller dem Produkt zuordenbaren Finanzmittel werden diesen die erwarteten Einnahmeüberschüsse gegenübergestellt. Die durch das Produkt zu erzielenden Einnahmen sind allerdings durch Einnahmeeinbußen bzw. -überschüsse bei »benachbarten« Produkten zu korrigieren.

Gemeint sind hier solche Produkte, die durch das betrachtete Produkt

— abgelöst (also Vorläuferprodukte),
— im Absatz beeinträchtigt (z. B. Teilsubstitution) oder
— im Absatz gefördert (z. B. Komplementärwirkung) werden.

Produkt			Nr.			
Nr.	Geschäftsjahr		87/88		88/89	
			Plan	Ist	Plan	Ist
1	Investitionen* (produktspezifisch	Entwicklung				
2	+ anteilig allgemein)	Fertigung				
3	einschl. Folgeinvestitionen in	Vertrieb				
4	Entwicklungskosten (ausgabewirksam)					
5	Vor-/Anlaufkosten	Fertigung				
6	(ausgabewirksam)	Vertrieb				
7	Veränderungen im Umlaufvermögen					
8	Finanzmitteleinsatz [Σ 1 bis 7]					
9	Umsatz					
10	Ausgabewirksame Kosten**					
11	Einnahmeüberschüsse [9–10]					
12	Entfallende Einnahme-	abgelösten Produkten				
13	überschüsse bei	absatzgeschädigten Produkten				
14	Zusätzliche Einnahmeüberschüsse bei absatzgeförderten Produkten					
15	Wirkung auf Einnahmeüberschüsse anderer Produkte [14–(12+13)]					
16	Zahlungsreihe [11+15–8]					
17	Zahlungsreihe aufgelaufen					

*) inkl. Gemeinkosten **) gefertigte Stückzahl

Kennzahlen

Rendite-Kennzahl	Amortisationszeit	Jahre	a
	Produkt-(rest-)lebensdauer	Jahre	b
%	Risikoquotient	Jahre	a/b

Bild 2.27 Produkt-Renditerechnung (Prinzipdarstellung)

Die auf die einzelnen Jahre des Produktlebenszyklus verteilten Differenzwerte (Einnahmenüberschüsse minus Finanzmitteleinsatz) werden entsprechend der internen Zinsfußmethode (siehe hierzu Kap. 2.3.4) abgezinst. Diese Rendite-Kennzahl ist nicht nur von Bedeutung in der Projektvorschlagsphase; man kann sie auch nach entsprechendem Aktualisieren des Wirtschaftlichen Produktplans während des gesamten Produktlebens zum Beurteilen der Wirtschaftlichkeit des Produkts heranziehen.

2.3.4 Marginalrenditerechnung

Planung und Realisierung von DV-Verfahren für den internen Einsatz in einem Unternehmen sowohl in vertrieblichen und administrativen Bereichen als auch in entwicklungs- und fertigungstechnischen Bereichen stellen vornehmlich Organisations- und Automatisierungsvorhaben dar. Für derartige Vorhaben wird die Wirtschaftlichkeitsprüfung üblicherweise mit der Berechnung der Marginalrendite vorgenommen.

Bei dieser Methode stellt man die gesamten Kosten für die Entwicklung sowie für den späteren Einsatz eines »geplanten Verfahrens« den gesamten Kosten eines »Vergleichsverfahrens« gegenüber. Hierbei kann das Vergleichsverfahren das bestehende Altverfahren oder ein alternativ zu entwickelndes Verfahren sein. Als Verfahren sind in diesem Zusammenhang nicht nur reine DV-Verfahren, sondern auch organisatorische Lösungen (bzw. beide kombiniert) zu verstehen.

Mit der Berechnung der Marginalrendite wird festgestellt, zu welchem Zinssatz sich das für das geplante Verfahren (bzw. Rationalisierungsvorhaben) investierte Geld durch den entstehenden Ratioeffekt amortisiert. Man stellt also den Finanzmittelbedarf, d.h. das eingesetzte Investment, den Finanzmittelrückflüssen gegenüber; hierbei müssen die Rückflüsse,

die ja erst in der Zukunft anfallen werden, mit einem bestimmten Zinssatz, eben der Marginalrendite, auf die Gegenwart abgezinst werden.

Ein neues Verfahren ist also dann wirtschaftlich, wenn erstens die laufenden Kosten für das neue Verfahren auf Zeit geringer als die des bestehenden sind, und wenn zweitens die Einsparung eine ausreichende Verzinsung der Investition verspricht.

Abzinsung und Aufzinsung

Zum Verständnis der Begriffe Abzinsung und Aufzinsung sind nachstehend einige Grundgrößen und -formeln aus der Zinseszinsrechnung aufgeführt.

z — Zinssatz in %

$f = \dfrac{z}{100}$ — Zinsfuß

$q = (1+f)^n$ — Aufzinsungsfaktor bei n Jahren

$p = \left(\dfrac{1}{1+f}\right)^m$ — Abzinsungsfaktor bei m Jahren

K_0 — Gegenwartswert (Jahr 0)

$K_n = K_0 (1+f)^n$ — Aufgezinster Wert *nach* n Jahren

$K_n = K_0 \cdot q$ — (siehe Aufzinsungstabelle 2.4)

$K_m = \dfrac{K_0}{(1+f)^m}$ — Abgezinster Wert *vor* m Jahren

$K_m = K_0 \cdot p$ — (siehe Abzinsungstabelle II 2.6)

Aufzinsung bedeutet, daß ein bestimmter Geldwert (z.B. Gegenwartswert) mit Hilfe eines Zinssatzes auf eine spätere Zeit vorgerechnet wird, d.h. er nimmt bei einem positiven Zinssatz einen höheren Wert als den derzeitigen Wert an. Bei der Abzinsung wird ein bestimmter Geldwert gemäß einem Zinssatz auf eine frühere Zeit zurückgerechnet; bei einem positiven Zinssatz entsteht dann ein kleinerer Wert als der Aus-

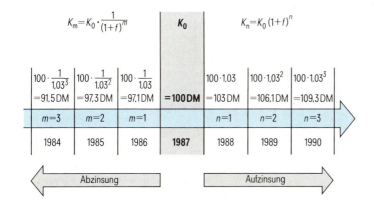

Bild 2.28
Aufzinsung und Abzinsung
(Beispiel mit Zinssatz 3%)

gangswert. Das im Bild 2.28 angegebene Beispiel einer Auf- und Abzinsung soll dies verdeutlichen.

Analog hierzu kann auch ein Zukunftswert auf einen heutigen Gegenwartswert abgezinst bzw. ein Vergangenheitswert aufgezinst werden; in diesem Fall spricht man vom *Barwert*.

Zum leichteren Berechnen der Aufzinsung bzw. der Abzinsung eines Geldwertes dienen Aufzinsungs- und Abzinsungstabellen; hierin liegen die Auf- und Abzinsungsfaktoren gemäß den vorstehenden Formeln bereits für die einzelnen Jahre ausgerechnet vor (siehe Tabellen 2.4 bis 2.6).

Finanzmittelbedarf und Finanzmittelrückfluß

Bei einer Marginalrendite-Berechnung werden alle »bisherigen Kosten«, welche im wesentlichen dem für ein geplantes Vorhaben investierten Finanzmittelbedarf entsprechen, den »zukünftigen Rückflüssen« zu einem bestimmten Betrachtungszeitpunkt (Jahr 0, lfd. GJ) gegenübergestellt. Die künftigen Rückflüsse umfassen den zu erwartenden Finanzmittelrückfluß, der sich wiederum aus den Mehr- und Minderkosten gegenüber einem Vergleichszustand (bisheriges Verfahren oder Alternativlösung) zusammensetzt, sowie einen eventuell entstehenden Finanzmittelbedarf, der für Weiterentwicklung des Vorhabens noch erforderlich sein wird.

Zu den *bisherigen* Kosten gehören Kosten für:

— Planungsaktivitäten,
— Realisierungsarbeiten,
— Ausbildungsmaßnahmen,
— Einführungsmaßnahmen,
— Test-Rechenzeiten,
— Sachanlageninvestitionen, etc.

Zu den *künftigen* Rückflüssen gehören die durch das geplante Verfahren zu erwartenden *Minderkosten* z. B. durch

— Personaleinsparungen
 (aufgrund Produktivitätssteigerung),
— Materialeinsparungen
 (wie Papiereinsparung durch Grafikeinsatz),
— RZ-Einsparungen (wegen PC-Einsatz),
— sonstige Kosteneinsparungen
 (aufgrund kürzerer Durchlaufzeiten);

diese vermindern sich durch einen zusätzlichen Finanzmittelbedarf oder durch verfahrensbedingte *Mehrkosten* wie

— weitere Entwicklungskosten,
— zusätzliche Sachanlageninvestitionen,
— Produktiv-Rechenzeiten,
— Schulungsmaßnahmen,
— Verfahrenspflege.

Außerdem sind noch eventuell (positive oder negative) Veränderungen des Umlaufvermögens sowie allgemeine Einnahmeverbesserungen durch die Einführung des geplanten Verfahrens zu berücksichtigen.

Als reine Geldflußrechnung berücksichtigt die Marginalrenditerechnung nur unmittelbare Ausgaben und Einnahmen für das geplante Vorhaben; alle *kalkulatorischen* Kosten wie Abschreibung, kalkulatorische Zinsen werden dabei außer acht gelassen.

Betrachtungszeitpunkt einer Marginalrendite

Die Berechnung einer Marginalrendite kann zu unterschiedlichen Zeitpunkten eines Vorhabens angebracht sein:

▷ Vor Beginn eines Vorhabens,
▷ während eines Vorhabens und
▷ nach Abschluß eines Vorhabens.

Der entscheidende Unterschied dieser drei Betrachtungszeitpunkte liegt darin, daß im ersten Fall die zu investierenden und die rückfließenden Finanzmittel noch voll in der Zukunft liegen – also in ihren Angaben noch erhebliche Unsicherheiten in sich bergen –, im zweiten Fall ein Teil des Finanzmittelbedarfs schon festliegt, da er bereits ausgegeben wurde, und im dritten Fall alle Wertangaben, auch die Finanzmittelrückflüsse als gesicherte Istwerte vorliegen.

Entsprechend diesen drei Fällen unterscheiden sich auch die Vorgehensweisen bei der zinslichen Bewertung der einzelnen Finanzmittelpositionen.

Wird die Marginalrendite-Berechnung zu Beginn eines Vorhabens vorgenommen, so werden alle künftigen Geldwerte mit der (zu ermittelnden) Marginalrendite auf den gegenwärtigen Zeitpunkt (Jahr 0) abgezinst.

Befindet sich dagegen das Vorhaben schon in der Entwicklungsphase – es ist also bereits ein gewisser Finanzmittelbedarf verbraucht worden – dann entsteht die Frage, wie diese bereits verbrauchten Finanzmittel zu bewerten sind. Einerseits können sie in der Marginalrenditerechnung unberücksichtigt bleiben, wenn allein eine Entscheidung über die Fortführung des Vorhabens auf der Basis rein wirtschaftlicher Aspekte ansteht; es werden dann keine zurückliegenden Jahre betrachtet. Andererseits können die »eingetretenen« Finanzmittel auch – aufgezinst mit einem sinnvollen Zinssatz – in die Marginalrenditerechnung eingehen, wie dieses in dem nachfolgenden Beispiel 2 gemacht wurde; hier werden also die Geldwerte der zurückliegenden Jahre mitberücksichtigt.

Eine Marginalrenditerechnung nach Abschluß eines Vorhabens ist allein für die nachträgliche Wirtschaftlichkeitsanalyse (siehe Kap. 5.2.3) interessant. In diesem Fall sollte man es so sehen, als würde man am Anfang des Vorhabens stehen, d. h. das Jahr 0 wird in die Vergangenheit an den Vorhabensanfang gelegt. Alle eingetretenen Finanzmittel werden mit der zu errechnenden Marginalrendite auf dieses Jahr abgezinst.

Bildung der Marginalrendite

Damit nun bisherige und künftige Geldbeträge miteinander verglichen werden können, muß man sie, wie bereits erwähnt, durch eine entsprechende Aufzinsung bzw. Abzinsung auf denselben Betrachtungszeitpunkt (Jahr 0) umrechnen. Hierbei werden bisherige Kosten, die zeitlich weiter zurückliegen und in die Marginalrenditerechnung eingehen sollen, meist mit einem banküblichen Zinssatz aufgezinst. Die zukünftigen Rückflüsse sind demgegenüber mit einem noch unbekannten Zinssatz abzuzinsen. Der Zinssatz wird dabei so gewählt, daß die abgezinsten zukünftigen Rückflüsse den bisherigen Kosten entsprechen; dieser Zinssatz wird als *Marginalrendite* bezeichnet (Bild 2.29).

Allgemein kann damit die Marginalrendite wie folgt definiert werden:

> Die Marginalrendite ist der Zinssatz, mit dem die Abzinsung des zukünftigen Finanzmittelrückflusses (eventuell vermindert durch einen noch aufzuwendenden Finanzmittelbedarf) einen Wert gleich dem bisherigen Finanzmittelbedarf ergibt.

Die Marginalrendite sollte hierbei erheblich höher sein als ein banküblicher Zinssatz, damit sich ein geplantes Vorhaben auch wirklich »lohnt«. Ein banküblicher Zinssatz ist nämlich ein sehr sicherer Wert; der durch die Marginalrenditerechnung bestimmte Zinssatz enthält dagegen, wie weiter unten noch näher erläutert wird, erhebliche Unsicherheiten und Risiken in den Annahmen für das geplante Vorhaben. Eine geringe Verschätzung nach oben kann z. B. eine kleine Marginalrendite leicht unter den Wert eines banküblichen Zinssatzes drücken – das neue Vorhaben würde sich dann als reines »Verlustgeschäft« erweisen, welches nicht wieder rückgängig gemacht werden kann.

Die Marginalrendite sollte daher möglichst einen Mindestwert von 30% annehmen, um einen ausreichenden Sicherheitsabstand zu gewährleisten. Nur in besonderen Fällen, in denen das Vorhaben von grundsätzlicher Bedeutung für das Unternehmen ist, oder aufgrund einer Nutzwertanalyse (siehe Kap. 2.3.5) ein entscheidender, nicht quantifizierbarer Nutzen nachgewiesen wurde, kann dieser Wert unterschritten werden.

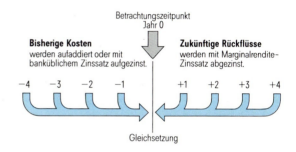

Bild 2.29 Bildung der Marginalrendite

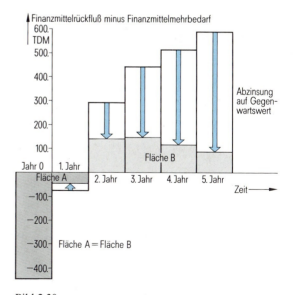

Bild 2.30
Abzinsung des Finanzmittelrückflusses
(Werte des Beispiels 2)

In Bild 2.30 ist der wertverändernde Effekt der Abzinsung (mit Werten des folgenden Beispiels 2) grafisch dargestellt. So entspricht z. B. der im fünften Jahr anfallende Wert von 589 TDM bei einer Marginalrendite von 46% etwa einem abgezinsten Barwert von etwa 90 TDM.

Varianten der Marginalrenditerechnung

Entsprechend der Art und Weise, wie die Rückflüsse anfallen, unterscheidet man:

▷ Verkürzte Marginalrenditerechnung,
▷ Ausführliche Marginalrenditerechnung.

Fallen die Rückflüsse regelmäßig in gleichen Beträgen (jeweils am Jahresende) an, so kann eine verkürzte Marginalrenditerechnung angesetzt werden; anderenfalls, wenn die Rückflüsse in unterschiedlicher Höhe in den einzelnen Jahren anfallen, ist die ausführliche Marginalrenditerechnung zu verwenden.

Der Betrachtungszeitraum für eine Marginalrendite-Berechnung erstreckt sich bei Rationalisierungsvorhaben im allgemeinen auf fünf Jahre, was der durchschnittlichen Lebensdauer eines DV-Verfahrens entspricht. Bei sehr innovativen Vorhaben kann eine kürzere Dauer, z. B. drei Jahre, angenommen werden; bei sehr langfristig angesetzten Rationalisierungsvorhaben andererseits kann eine längere Dauer – von bis zu zehn Jahren – sinnvoll sein.

Verkürzte Marginalrenditerechnung

Bei der verkürzten Marginalrenditerechnung wird nur der Gesamtbetrag der aufgelaufenen Beträge abgezinst. Für die Abzinsung dieses Gesamtbetrags K_{ges} der einzelnen Rückflüsse gilt der Zusammenhang:

$$K_0 = K_{ges} \cdot \frac{1}{m} \cdot \frac{(1+f)^m - 1}{f(1+f)^m};$$

$$K_0 = K_{ges} \cdot p_{ges}.$$

Die so berechneten Abzinsungsfaktoren p_{ges} sind in der Tabelle 2.5 enthalten und werden für das folgende Beispiel einer verkürzten Marginalrenditerechnung herangezogen.

Ausgangssituation des Beispiels 1

Für die Realisierung eines Verfahrens wird ein Finanzmittelbedarf von 1'000 TDM angesetzt. Die wirtschaftliche Lebensdauer soll sechs Jahre sein. An Einsparungen, als Differenz zwischen Mehr- und Minderkosten, wird je Jahr ein Betrag von 450 TDM geschätzt.

Es sollen die Marginalrendite ermittelt und die Amortisationszeit errechnet werden, die den Zeitraum umfaßt, in dem die eingesetzten Finanzmittel wieder zurückgewonnen werden.

Rechengang

1. Ermitteln des Gesamtbetrags aller Finanzmittelrückflüsse:

   6 · 450 TDM = 2'700 TDM.

2. Bilden des Quotienten aus Finanzmittelbedarf und dem Gesamtbetrag aller Finanzmittelrückflüsse:

$$\frac{1'000 \,\text{TDM}}{2'700 \,\text{TDM}} = 0{,}37.$$

3. Ermitteln der Marginalrendite mit Hilfe der Abzinsungstabelle I (Tabelle 2.5) bei sechs Jahren:

	1	2	3	4	5	6	7
1%	.	.	.	.	.	.	.
2%	.	.	.	.	.	.	.
.	.	.	.	.	.	.	.
.	.	.	.	.	.	.	.
35%	◄					0,397	.
40%	◄					0,361	.

Es ergibt sich damit eine Marginalrendite von etwa 39%.

4. Die Amortisationszeit T_A errechnet sich bei der verkürzten Marginalrenditerechnung gemäß der Beziehung:

$$T_A = \frac{\text{Finanzmittelbedarf}}{\text{Finanzmittelrückfluß/Jahr}};$$

$$T_A = \frac{1'000 \,\text{TDM}}{450 \,\text{TDM/Jahr}} = 2{,}2 \,\text{Jahre}.$$

Die Amortisationszeit beträgt also 2,2 Jahre.

Die verkürzte Marginalrenditerechnung ist auch für grobe Überschlagsrechnungen einsetzbar, wenn in etwa der Rückflußverlauf gleichmäßig ist; anderenfalls muß die ausführliche Marginalrenditerechnung verwendet werden, wie sie mit dem Beispiel 2 näher erläutert wird.

Ausführliche Marginalrenditerechnung

Nachstehend wird schrittweise ein Beispiel für eine ausführliche Marginalrenditerechnung aufgebaut, bei der ein bereits angefallener Finanzmittelbedarf durch entsprechende Aufzinsung berücksichtigt werden soll. Dieses Beispiel ist zusammenfassend in dem hierfür zur Verfügung stehenden Standardformular aufgeführt (Bild 2.31).

Ausgangssituation des Beispiels 2

Es soll eine Marginalrenditerechnung für ein neues Planungs- und Optimierungsverfahren erstellt werden, welches das Konfigurieren von Vermittlungssystemen in Hochspannungsnetzen unterstützen soll.

Bisher wurden die notwendigen Planungs- und Optimierungsarbeiten für dieses Aufgabenfeld in der Projektierung und im Vertrieb manuell durchgeführt. Geplant ist eine Rechnerunterstützung für den Netzentwurf sowie für die Grafikdarstellung der Ergebnisse. Aus vertriebstechnischen Gründen ist die Entwicklung bereits vor Jahren begonnen worden, so daß erst jetzt (GJ 86/87) eine Wirtschaftlichkeitsprüfung vorgenommen wird.

▷ Arbeitsschritt 1
Bestimmen der Einmalkosten für die Verfahrensentwicklung (Pos. 4 im Bild 2.31)

a) Aufschreibung der GJ-bezogenen Entwicklungskosten

	Ist GJ 83/84 in TDM	Ist GJ 84/85 in TDM	Ist GJ 85/86 in TDM	V'Ist GJ 86/87 in TDM	Plan GJ 87/88 in TDM
Planung	30.	10.	–	–	–
Realisierung	–	60.	90.	30.	10.
Einführung	–	–	–	30.	20.
RZ-Kosten	–	8.	18.	7.	10.

b) Aufzinsung auf den Betrachtungszeitpunkt (GJ 86/87) mit einem banküblichen Zinssatz von 7% unter Zuhilfenahme der in Tabelle 2.4 angegebenen Aufzinsungstabelle (es wäre auch ein höherer Zinssatz z. B. in der Größenordnung einer Mindest-Marginalrendite angebracht).

Betrachtungs-zeitpunkt	−3 GJ 83/84 in TDM	−2 GJ 84/85 in TDM	−1 GJ 85/86 in TDM	Jahr 0 GJ 86/87 in TDM	aufgezinst in TDM
Planung	30. ×1,225	10. ×1,145	–	–	48.2
Realisierung	–	60. ×1,145	90. ×1,07	30.	195.0
Einführung	–	–	–	30.	30.0
RZ-Kosten	–	8. ×1,145	18. ×1,07	7.	35.4

▷ Arbeitsschritt 2
Bestimmen des weiteren Finanzmittelbedarfs für das Vorhaben (Pos. 5 und 6)

a) Als Sachanlageinvestitionen wird die Anschaffung von drei Personal Computern mit entsprechendem Zubehör (Drucker, Zusatz-Software) geplant.

Hierzu werden zwei Geräte im laufenden GJ 86/87 für 50 TDM und ein weiteres im folgenden GJ 87/88 für 20 TDM angeschafft.

b) Veränderungen des Umlaufvermögens werden nicht angenommen.

▷ Arbeitsschritt 3
Ausfüllen des gesamten 1. Formularteils für die Berechnung des Finanzmittelbedarfs (Pos. 7 und 8)

▷ Arbeitsschritt 4
Schätzen der erwarteten Personaleinsparung (Pos. 9/1)

Als Verrechnungssatz der Personalkosten für das lfd. GJ wird 150 TDM/MJ angesetzt, wobei 5% jährliche Steigerung mit Hilfe der Aufzinsungstabelle (Tab. 2.4) eingerechnet werden soll.

	GJ 87/88	GJ 88/89	GJ 89/90	GJ 90/91	GJ 91/92
Freigesetztes Personal	1,0	1,0	0,5	–	–
Kumulierte Personaleinsparung	1,0	2,0	2,5	2,5	2,5
Personalkosten/MJ bei 5% jährl. Steigerung TDM	157.5	165.4	173.6	182.3	191.4
Minderkosten TDM	157.5	330.8	434.0	455.8	478.5

2.3 Wirtschaftlichkeitsbetrachtung

Wirtschaftlichkeitsprüfung von Rationalisierungsinvestitionen/ Organisations- und Automatisierungsvorhaben

Marginal-Rendite

Formular Nr. 43 0A
UB/ZAbt:
GB/HAbt: M HB 45
Antrags-Nr.:
Bearbeiter: G
Datum: 4. 9. 1987

gegenüber bestehendem Zustand [X]   gegenüber Vergleichs-Vorhaben [ ]
Zielvorstellung [X]   Planungsrechnung [ ]   Kontrollrechnung [ ]

1	Kurzangaben zum Vorhaben (I) *Entwicklung und Einsatz eines neuen Planungs- und Optimierungsverfahrens*	
2	Kurzangaben zum bestehenden Zustand bzw. Vergleichsvorhaben (II) *derzeit manuelle Durchführung*	
3	Preis-, Kostenniveau	

	Finanzmittelbedarf für das Vorhaben I und ggf. Vergleichs-Vorhaben II	Gesamt I	II
4	Einmalkosten für Planung	48.	
	Realisierung	205.	
	Einführung	50.	
	RZ-Kosten für Entwicklung	45.	
5	Sachanlageinvestitionen *3 PC mit Zubehör*	70.	
6	Veränderungen des Umlaufvermögens		
7	Finanzmittelbedarf gesamt (Se. Pos. 4 bis 6)	418.	
8	Finanzmittelmehrbedarf für das Vorhaben I (Pos. 7, I — II)	418.	

	Finanzmittelrückfluß für das Vorhaben I	Mehrkosten	Minderkosten
9	Ausgabewirksame Kostenveränderungen		
9/1	*Personaleinsparung*		1'858.
9/2	*Materialeinsparung*		220.
9/3	*Schulungsmaßnahmen*	235.	
9/4	*RZ-Kosten für Produktivbetrieb*	107.	
9/5	*Verfahrenspflege*	140.	
10	Summen Mehrkosten/Minderkosten	482.	2'078.
11	Ausgabewirksame Kosteneinsparungen (Pos. 10, Minderkosten — Mehrkosten)		1'596.
12	Einnahmeverbesserungen *Vermarktung des Verfahrens*		150.
13	Finanzmittelrückfluß (Pos. 11 + 12)		1'746.
14	Finanzmittelrückfluß — Finanzmittelmehrbedarf (Pos. 13 — 8)		

15	Marginal-Rendite	**46 %**

16	Wirtschaftliche Lebensdauer 5 Jahre Amortisationszeit 2,5 Jahre
17	Angaben zum Risiko / kritische Werte

Bild 2.31   Marginalrenditerechnung

2.3.4 Marginalrenditerechnung

Spezifische Angaben zur maschinellen Ausstattung

18 | gegenwärtig

19 | geplant

Jahr 19.86/87		Jahr 19.87/88		Jahr 19.88/89		Jahr 19.89/90		Jahr 19.90/91		Jahr 19.91/92	
I	II	I	II	I	II	I	II	I	II	I	II
48.	—										
195.	10.										
30.	20.										
35.	10.										
50.	20.										
358.	—	60.	—								
+358		+60.									
Mehrko.	Minderko.	Mehrko.	Minderko.	Mehrko.	Minderko.	Mehrko.	Minderko.	Mehrko.	Minderko.	Mehrko.	Minderko.
			158.		331.		434.		456.		479.
			30.		37.		49.		51.		53.
85.		125.		25.							
			20.		21.		21.		22.		23.
			50.		30.		20.		20.		20.
85.	—	195.	188.	76.	368.	41.	483.	42.	507.	43.	532.
−85.		−7.		+292.		+442.		+465.		+489.	
								50.		100.	
−85.		−7.		+292.		+442.		+515.		+589.	
−443.		−67.		+292.		+442.		+515.		+589.	

20 | Angaben zu Nutzen/Nachteilen

65

2.3 Wirtschaftlichkeitsbetrachtung

▷ Arbeitsschritt 5
Schätzen der erwarteten Materialeinsparung
(Pos. 9/2)

Als Kosteneinsparung an Material wird für das 1. Jahr (GJ 87/88) 30 TDM angenommen; in den beiden folgenden Jahren soll die Einsparung noch um 20% bzw. 30% steigen. Unter Berücksichtigung einer jährlichen Materialpreissteigerung von 4% ergeben sich mit Hilfe der Aufzinsungstabelle (Tab. 2.4) folgende Minderkosten:

	GJ 87/88	GJ 88/89	GJ 89/90	GJ 90/91	GJ 91/92
Reduktion	100%	+20%	+30%		
Reduktionsfaktoren	1	1,2	1,5	1,5	1,5
Materialkosten bei 4% jährl. Preissteigerung TDM	30.	31.2	32.4	33.7	35.1
Minderkosten TDM	30.	37.4	48.6	50.6	52.7

▷ Arbeitsschritt 6
Schätzen weiterer ausgabewirksamer Kostenveränderungen (Pos. 9/3, 9/4 und 9/5)

a) Schulungsmaßnahmen für die Verfahrenseinführung werden grob für das lfd. Jahr auf 85 TDM, für die folgenden beiden Jahre auf 125 TDM bzw. 25 TDM geschätzt.

b) Die RZ-Kosten für den Produktivbetrieb werden mit 20 TDM für das erste Jahr mit einer jährlichen Steigerungsrate von 3% angenommen.

c) Für die Verfahrenspflege werden Jahreswerte mit sinkender Tendenz (50, 30, 20, 20, 20 TDM) angenommen.

▷ Arbeitsschritt 7
Schätzen eventueller Verbesserungen der Einnahmen (Pos. 12)

Es wird geplant, das Verfahren nach dem dritten Jahr seines (internen) Einsatzes teilweise zu vermarkten, so daß für die letzten beiden Jahre des Betrachtungszeitraums Rückflüsse von 50 bzw. 100 TDM zu erwarten sind.

▷ Arbeitsschritt 8
Ausfüllen des gesamten zweiten Formularteils für die Berechnung des Finanzmittelrückflusses (Pos. 9, 10, 11, 13 und 14)

▷ Arbeitsschritt 9
Berechnen der Marginalrendite (Pos. 15)

Steht kein PC-Programm für die Berechnung der Marginalrendite, wie z. B. das Verfahren MARGI zur Verfügung, so ist diese nach folgendem Schema (Bild 2.32) unter Zuhilfenahme der Abzinsungstabelle II (Tabelle 2.6) manuell durchführbar. Hierbei wird mit einem »Probierzinssatz« für die Abzinsung begonnen, indem die einzelnen Werte der Pos. 14 (Finanzmittel-

	Bisherige Kosten	Zukünftige Kosten bzw. Einsparungen				
	Lfd. Jahr GJ 86/87 in TDM	1. Jahr GJ 87/88 in TDM	2. Jahr GJ 88/89 in TDM	3. Jahr GJ 89/90 in TDM	4. Jahr GJ 90/91 in TDM	5. Jahr GJ 91/92 in TDM
	−443.	−67.	+292.	+442.	+515.	+589.

Abzinsung auf Betrachtungszeitpunkt

30%	661.2	0,769	0,592	0,455	0,350	0,269
		−51.5	+172.9	+201.1	+180.3	+158.4
40%	505.5	0,714	0,510	0,364	0,260	0,186
		−47.8	+148.9	+160.9	+133.9	+109.6
50%	395.4	0,667	0,444	0,296	0,198	0,132
		−44.7	+129.6	+130.8	+102.0	+77.7
45%	446.1	0,690	0,476	0,328	0,226	0,156
		−46.2	+139.0	+145.0	+116.4	+91.9
Marginalrendite	Abgezinster Gesamtbetrag	Abzinsungsfaktoren				
		Abgezinste Einzelwerte				

Bild 2.32
Rechenschema für das Berechnen der Marginalrendite

rückfluß minus Finanzmittelmehrbedarf) mit den zum gewählten Zinssatz gehörenden Abzinsungsfaktoren multipliziert werden. Ist die Summe der Barwerte kleiner (größer) als Null, so ist der gewählte Probierzinssatz zu groß (zu klein). Der gesuchte Zinssatz ist dann gefunden, wenn die Summe aller Barwerte gleich Null ist.

Bei dem hier gezeigten Beispiel wird mit einem Probierzinssatz von 30% begonnen; dieser ergibt einen abgezinsten Gesamtbetrag größer als den aufgelaufenen Kostenbetrag von 443 TDM. Daher muß mit einem höheren Zinssatz von 40% fortgesetzt werden. Wie der Rechnungsgang zeigt, erreicht man etwa bei 46% Wertegleichheit, d.h. die Summe der Barwerte ist gleich Null.

Als Marginalrendite ergibt sich für dieses Beispiel damit ein Wert von 46%; dieser Wert entspricht einer sehr guten Marginalrendite. Er würde sogar noch größer ausfallen, wenn die bereits aufgelaufenen Entwicklungskosten nicht mit einem (banküblichen) Zinssatz aufgezinst worden wären (siehe Arbeitsschritt 1 b).

Einen ersten groben Anhaltspunkt, mit welchem Probierzinssatz begonnen werden sollte, kann die Vereinfachung nach der verkürzten Marginalrechnung mit Hilfe der Abzinsungstabelle geben. Man unterstellt hierfür einen einmaligen Finanzmittelbedarf zum Entwicklungsanfang sowie gleichmäßige Rückflüsse jeweils am Jahresende. Zu diesem Zweck werden entsprechend der Pos. »Finanzmittelrückfluß – Finanzmittelmehrbedarf« die Summe aller Finanzmittelbindungen und die Summe aller Rückflüsse errechnet und daraus der Quotient (Summe Finanzmittelbindungen/Summe Rückflüsse) gebildet. In der Abzinsungstabelle I kann dann – wie bei dem ersten Beispiel gezeigt – der entsprechende Zinssatz aufgesucht werden. Je nachdem, ob der Schwerpunkt der Rückflüsse bereits am Anfang oder erst am Ende des Planungszeitraums liegt, wird der so ermittelte Zinssatz erhöht bzw. verringert.

Auch sei darauf hingewiesen, daß negative Finanzmittelrückflüsse (wie im 1. Jahr des Beispiels) – streng genommen – nicht mit der Marginalrendite sondern höchstens mit einem Inflationswert abgezinst werden dürfte; dies würde aber den Rechnungsgang wesentlich erschweren.

▷ Arbeitsschritt 10
Bestimmen der Amortisationszeit (Pos. 16)

Die Amortisationszeit, auch Wiedergewinnungszeit genannt, kennzeichnet den Zeitpunkt (»Break-Even-Point«), zu dem die Finanzmittelrückflüsse den Finanzmittelbedarf ohne Berücksichtigung der Abzinsung aufheben. Zum Bestimmen der Amortisationszeit bei der ausführlichen Marginalrenditerechnung werden die Werte Finanzmittelrückfluß minus Finanzmittel(mehr)bedarf kumulierend in ein Zeitdiagramm (Bild 2.33) eingetragen. Der Schnittpunkt dieses Kurvenverlaufs des nicht abgezinsten Finanzmittelrückflusses mit der Zeitachse legt die Amortisationszeit fest; in diesem Fall liegt sie bei etwa 2,5 Jahren.

Der exakte Wert für die Stellen hinterm Komma (x) errechnet sich durch das mathematische Bestimmen des Kurvenschnittpunkts. Da die gesamte Kurve unstetig ist, kann diese Nullstelle nur schrittweise bestimmt werden. Hierzu ist der letzte noch negative Kurvenknickpunkt y zu ermitteln.

$$y = \left| \max \sum_{a_0}^{a_n} a_i < 0 \right|.$$

y entspricht dem absoluten Wert der maximalen Aufsummierung der im Arbeitsschritt 9 gefundenen Zahlenreihe $a_0 + a_1 + a_2 \ldots + a_n$, die gerade noch kleiner als Null ist. Mit diesem gefundenen Wert lassen sich die Stellen hinterm Komma nach folgender Formel errechnen:

$$x = \frac{y}{a_{n+1}}$$

so daß für die Amortisationszeit T_A folgt:

$$T_A = n + x.$$

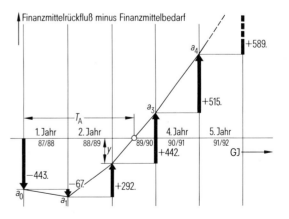

Bild 2.33 Amortisationszeit T_A

In diesem Beispiel ergibt sich für den Wert y:

$y = |-443 - 67 + 292|$
$y = |-218|$
$y = 218$

und damit für den Wert x:

$$x = \frac{218}{442} \approx 0{,}49;$$

also ist die Amortisationszeit T_A:

$T_A = 2 + 0{,}49;$
$T_A = 2{,}49$ Jahre.

Sollte der Kurvenverlauf die Zeitachse mehrmals durchlaufen (was bei einer später vorzunehmenden Zusatzentwicklung der Fall sein kann), so ist für das Bestimmen der Amortisationszeit der letzte Schnittpunkt heranzuziehen.

Näherungsformel zur Marginalrenditerechnung

Liegen keine geeigneten Abzinsungstabellen vor und gelten gewisse vereinfachende Annahmen für den Anfall des Finanzmittelbedarfs und des -rückflusses sowie der Größe der Marginalrendite, dann kann die Marginalrendite M nach folgender Näherungsformel überschlägig berechnet werden:

$$M = \left(1{,}2 \frac{K_{\text{rück}}}{K_{\text{bedarf}}} - \frac{1}{T_s}\right) \cdot 100$$

K_{bedarf} Finanzmittelbedarf gesamt
$K_{\text{rück}}$ Finanzmittelrückfluß je Jahr
T_s Wirtschaftliche Lebensdauer

Mit den Werten des Beispiels 1 ergibt sich danach:

$$M = \left(1{,}2 \frac{450\,\text{TDM}}{1000\,\text{TDM}} - 0{,}16\right) \cdot 100$$
$M = 37{,}3\%$

Bei dieser Formel wird allerdings davon ausgegangen, daß

▷ der gesamte Finanzmittelbedarf *einmalig* anfällt,
▷ der Finanzmittelrückfluß in jährlich *gleichen* Raten anfällt und
▷ die Marginalrendite – abhängig von der wirtschaftlichen Lebensdauer – gewisse *Grenzwerte* nicht unter- bzw. überschreitet.

Dieser Grenzbereich, der in der Praxis i. allg. eingehalten wird, ist

$M > 25\%$ bei drei Jahren,
$10\% < M < 100\%$ bei fünf Jahren,
$M < 70\%$ bei zehn Jahren.

Wenn die angegebenen Einschränkungen erfüllt sind, so weicht die ermittelte Marginalrendite höchstens um 3% von der tatsächlichen ab. Als Überschlagsrechnung (im Kopf) ist diese Genauigkeit sicherlich ausreichend.

In Fällen gleichmäßig fallender Rückflüsse wird die Marginalrendite oberhalb der durch die Näherungsformel ermittelten Werte liegen, da die in den ersten Jahren erwarteten Rückflüsse wirksamer sind; bei jährlich ansteigenden Rückflüssen ist dementsprechend eine geringere Marginalrendite zu erwarten. Bei jährlich ungleichmäßigen Finanzmittelrückflüssen kann die Marginalrendite auf diese Weise nicht abgeschätzt werden; man bleibt auf die ausführliche Vorgehensweise angewiesen.

Betrachtung von Risikofaktoren

Die Wirtschaftlichkeitsprüfung auf Basis der Marginalrenditerechnung wird normalerweise in der Projektvorschlagsphase vorgenommen. Sie kann sich dann nur auf Planwerte, d. h. auf relativ unsichere Schätzwerte abstützen; hierbei handelt es sich im wesentlichen um:

▷ Geschätzter Aufwand (Finanzmittelbedarf),
▷ erwarteter Nutzen (Finanzmittelrückfluß),
▷ geplante Entwicklungsdauer und
▷ Lebensdauer.

Wie in einer internen Untersuchung gezeigt wird, können (gewollte oder ungewollte) Verschätzungen in diesen Grundgrößen erhebliche Verschiebungen der Marginalrendite zur Folge haben. Dabei können Verschlechterungen von mehr als 30% auftreten; durch geeignete Maßnahmen sind aber auch Verbesserungen von bis zu 25% möglich.

Im einzelnen ergaben sich bei dieser Untersuchung folgende Sachaussagen:

▷ Bei Verschätzen des Entwicklungsaufwands um 10% ergibt sich eine Veränderung der Marginalrendite um 5%.
▷ Ein um 10% zu hoch geschätzter Finanzmittelrückfluß führt ebenfalls zu einer Verringerung der Marginalrendite um 5%.
▷ Setzt bei der verkürzten Marginalrenditerechnung (bei der eine Mittelwertbildung der Rückflüsse angesetzt wird) der Finanzmittelrückfluß nicht gleichmäßig sondern verspätet ein, so reduzieren sich die Werte der Marginalrendite ganz erheblich.

2.3.4 Marginalrenditerechnung

▷ Würde dagegen der Rückfluß früher eintreten als geplant, so ergäbe sich natürlich auch eine höhere Marginalrendite.

▷ Verzögerungen in der Entwicklungsdauer, z. B. verursacht durch technische Schwierigkeiten oder Personalengpässe, sowie Verschiebungen des Ein-

Tabelle 2.4 Aufzinsungstabelle $q = (1+f)^n$ mit $f = \dfrac{z}{100}$

10	9	8	7	6	5	4	3	2	1	n / z
1,105	1,094	1,083	1,072	1,062	1,051	1,041	1,030	1,020	1,010	1%
1,219	1,195	1,172	1,149	1,126	1,104	1,082	1,061	1,040	1,020	2%
1,344	1,305	1,267	1,230	1,194	1,159	1,126	1,093	1,061	1,030	3%
1,480	1,423	1,369	1,316	1,265	1,217	1,170	1,125	1,082	1,040	4%
1,629	1,551	1,477	1,407	1,340	1,276	1,216	1,158	1,103	1,050	5%
1,791	1,689	1,594	1,504	1,419	1,338	1,262	1,191	1,124	1,060	6%
1,967	1,838	1,718	1,606	1,501	1,403	1,311	1,225	1,145	1,070	7%
2,159	1,999	1,851	1,714	1,587	1,469	1,360	1,260	1,166	1,080	8%
2,367	2,172	1,993	1,828	1,677	1,539	1,412	1,295	1,188	1,090	9%
2,594	2,358	2,144	1,949	1,772	1,611	1,464	1,331	1,210	1,100	10%
2,839	2,558	2,305	2,076	1,870	1,685	1,518	1,368	1,232	1,110	11%
3,106	2,773	2,476	2,211	1,974	1,762	1,574	1,405	1,254	1,120	12%
3,707	3,252	2,853	2,502	2,195	1,925	1,689	1,482	1,300	1,140	14%
4,411	3,803	3,278	2,826	2,436	2,100	1,811	1,561	1,346	1,160	16%
5,234	4,435	3,759	3,185	2,700	2,288	1,939	1,643	1,392	1,180	18%
6,192	5,160	4,300	3,583	2,986	2,488	2,074	1,728	1,440	1,200	20%

Tabelle 2.5 Abzinsungstabelle I $p = \dfrac{(1+f)^m - 1}{m \cdot f \cdot (1+f)^m}$ mit $f = \dfrac{z}{100}$
(Gesamt-Abzinsungsfaktoren für verkürzte Marginalrenditerechnung)

z \ m	1	2	3	4	5	6	7	8	9	10
1%	0,990	0,985	0,980	0,975	0,971	0,966	0,961	0,956	0,951	0,947
2%	0,980	0,971	0,960	0,951	0,942	0,933	0,924	0,915	0,906	0,898
4%	0,962	0,943	0,925	0,907	0,890	0,873	0,857	0,841	0,826	0,811
6%	0,943	0,916	0,890	0,866	0,842	0,819	0,797	0,776	0,755	0,736
8%	0,926	0,891	0,858	0,828	0,798	0,770	0,743	0,718	0,693	0,671
10%	0,909	0,867	0,828	0,792	0,758	0,725	0,695	0,666	0,639	0,614
12%	0,893	0,845	0,800	0,759	0,720	0,685	0,652	0,620	0,591	0,565
14%	0,877	0,823	0,773	0,728	0,686	0,647	0,612	0,579	0,549	0,521
16%	0,862	0,803	0,748	0,699	0,654	0,613	0,577	0,542	0,511	0,483
18%	0,847	0,783	0,723	0,672	0,625	0,582	0,544	0,509	0,478	0,449
20%	0,833	0,764	0,702	0,647	0,598	0,554	0,515	0,480	0,448	0,419
22%	0,820	0,746	0,680	0,623	0,572	0,527	0,488	0,452	0,420	0,392
25%	0,800	0,720	0,650	0,590	0,537	0,491	0,451	0,416	0,384	0,357
28%	0,781	0,696	0,622	0,560	0,506	0,459	0,419	0,384	0,353	0,326
30%	0,769	0,680	0,605	0,541	0,487	0,440	0,400	0,365	0,335	0,309
35%	0,741	0,645	0,565	0,499	0,443	0,397	0,358	0,324	0,296	0,271
40%	0,714	0,612	0,530	0,462	0,407	0,361	0,323	0,291	0,264	0,241
50%	0,667	0,556	0,469	0,401	0,347	0,304	0,269	0,240	0,216	0,197
60%	0,625	0,508	0,420	0,353	0,302	0,261	0,229	0,203	0,182	0,165
70%	0,588	0,467	0,379	0,314	0,265	0,228	0,199	0,176	0,157	0,142
80%	0,556	0,432	0,345	0,283	0,236	0,202	0,176	0,154	0,138	0,124
100%	0,499	0,374	0,290	0,233	0,193	0,163	0,141	0,124	0,110	0,099

führungszeitpunkts führen ebenfalls zu beachtlichen Reduzierungen der Marginalrendite.

▷ Auch die richtige Wahl der Lebensdauer des zu realisierenden Verfahrens beeinflußt die Höhe der Marginalrendite im entscheidenden Maße.

Wie bereits erwähnt, kann die Marginalrendite von Verfahrensentwicklungen durch geeignete Maßnahmen gezielt angehoben werden, hierzu zählen:

Realisierung nur der (z. B. durch ABC-Analyse ermittelten) vielgenutzten Funktionen → Geringerer Entwicklungsaufwand

Stufenweise Entwicklung und Einführung des Verfahrens → Frühzeitigerer Einsatz des Finanzmittelrückflusses

Konzentrierung der Entwicklungskapazitäten → Verkürzte Entwicklungsdauer

Verwendung von Standard-Software → Geringerer Entwicklungsaufwand

Die negativen Auswirkungen auf die Marginalrendite durch Schätzungenauigkeiten bei den Größen Aufwand, Nutzen, Entwicklungsdauer und Lebensdauer haben diese Form der Wirtschaftlichkeitsprüfung mitunter in Mißkredit gebracht, da bei entsprechender Manipulation der Planwerte im Prinzip jede gewünschte Marginalrendite errechnet werden kann. Es

Tabelle 2.6 Abzinsungstabelle II $p = \left(\dfrac{1}{1+f}\right)^m$ mit $f = \dfrac{z}{100}$
(Abzinsungsfaktoren für die ausführliche Marginalrenditerechnung)

z \ m	1	2	3	4	5	6	7	8	9	10
1%	0,990	0,980	0,971	0,961	0,951	0,942	0,933	0,923	0,914	0,905
2%	0,980	0,961	0,942	0,924	0,906	0,888	0,871	0,853	0,837	0,820
4%	0,962	0,925	0,889	0,855	0,822	0,790	0,760	0,731	0,703	0,676
6%	0,943	0,890	0,840	0,792	0,747	0,705	0,665	0,627	0,592	0,558
8%	0,926	0,857	0,794	0,735	0,681	0,630	0,583	0,540	0,500	0,463
10%	0,909	0,826	0,751	0,683	0,621	0,564	0,513	0,467	0,424	0,386
12%	0,893	0,797	0,712	0,636	0,567	0,507	0,452	0,404	0,361	0,322
14%	0,877	0,769	0,675	0,592	0,519	0,456	0,400	0,351	0,308	0,270
16%	0,862	0,743	0,641	0,552	0,476	0,410	0,354	0,305	0,263	0,227
18%	0,847	0,718	0,609	0,516	0,437	0,370	0,314	0,266	0,225	0,191
20%	0,833	0,694	0,579	0,482	0,402	0,335	0,279	0,233	0,194	0,162
22%	0,820	0,672	0,551	0,451	0,370	0,303	0,249	0,204	0,167	0,137
24%	0,806	0,650	0,524	0,423	0,341	0,275	0,222	0,179	0,144	0,116
26%	0,794	0,630	0,450	0,397	0,315	0,250	0,198	0,157	0,125	0,099
28%	0,781	0,610	0,477	0,373	0,291	0,227	0,178	0,139	0,108	0,085
30%	0,769	0,592	0,455	0,350	0,269	0,207	0,159	0,123	0,094	0,073
32%	0,758	0,574	0,435	0,330	0,250	0,189	0,143	0,108	0,082	0,062
34%	0,746	0,557	0,416	0,310	0,231	0,173	0,129	0,096	0,072	0,054
36%	0,735	0,541	0,398	0,292	0,215	0,158	0,116	0,085	0,063	0,046
38%	0,725	0,525	0,380	0,276	0,200	0,145	0,105	0,076	0,055	0,040
40%	0,714	0,510	0,364	0,260	0,186	0,133	0,095	0,068	0,048	0,035
45%	0,690	0,476	0,328	0,226	0,156	0,108	0,074	0,051	0,035	0,024
50%	0,667	0,444	0,296	0,198	0,132	0,088	0,059	0,039	0,026	0,017
55%	0,645	0,416	0,269	0,173	0,112	0,072	0,047	0,030	0,019	0,012
60%	0,625	0,391	0,244	0,153	0,095	0,060	0,037	0,023	0,015	0,009
65%	0,606	0,367	0,223	0,135	0,082	0,050	0,030	0,018	0,011	0,007
70%	0,588	0,346	0,204	0,120	0,070	0,041	0,024	0,014	0,008	0,005
75%	0,571	0,327	0,187	0,107	0,061	0,035	0,020	0,011	0,007	0,004
80%	0,556	0,309	0,171	0,095	0,053	0,029	0,016	0,009	0,005	0,003
85%	0,541	0,292	0,158	0,085	0,046	0,025	0,014	0,007	0,004	0,002
90%	0,526	0,277	0,146	0,077	0,040	0,021	0,011	0,006	0,003	0,002
100%	0,500	0,250	0,125	0,063	0,031	0,016	0,008	0,004	0,002	0,001

ist aber in diesem Zusammenhang zu betonen, daß die Marginalrenditerechnung – obwohl sie mißbräuchlich eingesetzt werden kann – für die »gewollt ehrliche« Wirtschaftlichkeitsbetrachtung bei einer geplanten Verfahrensentwicklung ein sehr aussagekräftiges Hilfsmittel ist.

2.3.5 Nutzwertanalyse

Die Nutzwertanalyse – auch als Punktwertverfahren bezeichnet – stellt ebenfalls eine Methode zur Wirtschaftlichkeitsbetrachtung von Entwicklungs- und Investitionsvorhaben dar, aber mehr unter dem Aspekt der funktionalen Nützlichkeit als allein unter monetären Gesichtspunkten. Man setzt sie besonders dann ein, wenn in Geldeinheiten meßbare Kriterien für die Wirtschaftlichkeitsbeurteilung fehlen oder nur sehr schwer formulierbar sind. Bei Grundlagen- und Vorfeldentwicklungen z. B. kann der wirtschaftliche Nutzen mit Hilfe einer Marginalrenditerechnung oder einer Projektdeckungsrechnung kaum bestimmt werden. Hier muß man nicht quantifizierbare Faktoren für die Beurteilung des Nutzwerts heranziehen. Solche Bewertungskriterien für eine qualitative Projektbewertung sind z. B.:

— Ergonomie der Benutzeroberfläche,
— Pflege- und Wartungsfreundlichkeit,
— Zukunftssicherheit, Marktaussichten,
— Beschleunigung des Informationsflusses,
— ablauforganisatorische Transparenz,
— Flexibilität in der Funktionsanpassung,
— Beschleunigung von Durchlaufzeiten,
— Umweltfreundlichkeit.

Es werden also nicht nur rein wirtschaftliche Kriterien, sondern auch technische, ergonomische, kommunikative und organisatorische Merkmale in die Projektbewertung einbezogen.

Im Rahmen einer Nutzwertanalyse stellt man meist mehrere Vorhabenalternativen gegenüber; hierbei kann eine auch den bestehenden Zustand darstellen. Nach Aufstellen der in die Betrachtung einzubeziehenden Bewertungskriterien werden diesen entsprechende Gewichtungsfaktoren zugeordnet, mit denen man für die einzelnen Alternativen »Zielerreichungsfaktoren« ermitteln kann (Multifaktorenmethode). In einem abschließenden Analysevorgang wird dann eine Rangfolge der Alternativen aufgestellt. Eine Nutzwertanalyse läuft damit in folgenden Schritten ab:

▷ Vorhabenalternativen festlegen,
▷ Bewertungskriterien definieren,
▷ Gewichtungsfaktoren bestimmen,
▷ Zielerreichungsfaktoren ermitteln,
▷ Nutzwerte der einzelnen Bewertungskriterien (Teilnutzwerte) festlegen,
▷ Gesamtnutzwerte der Alternativen errechnen,
▷ Rangfolge der Alternativen aufstellen.

Der REFA-Verband hat für diese einzelnen Vorgehensschritte drei Formulare vorgeschlagen [64], die hier kurz erläutert werden.

Gewichtungsfaktoren

Das Formular (Bild 2.34) dient zum Ermitteln der Gewichtungsfaktoren, nachdem die relevanten Bewertungskriterien bestimmt und definiert worden sind. In der Matrix stellt man spiegelbildlich die einzelnen ausgewählten Kriterien einander gegenüber und legt fest, welches jeweils wichtiger oder gleich wichtig ist. Als wertmäßige Kennzeichnung bietet sich an:

2: Kriterium A (Zeile) ist wichtiger als Kriterium B (Spalte)
1: beide Kriterien sind gleichwertig
0: Kriterium A ist weniger wichtig als Kriterium B

In zwei Summenspalten werden die so gefundenen Gewichtungsfaktoren summiert und auf 1 »normiert«. Das Ergebnis ist eine Aufstellung von (gegenseitig) gewichteten Bewertungskriterien.

Das in Bild 2.34 enthaltene Zahlenbeispiel besagt also, daß z. B. das Bewertungskriterium »Sicherheit« als höchstes und das Kriterium »Umstellrisiko« als niedrigstes zu bewerten ist.

Das Herleiten der Gewichtungsfaktoren ist auch aufgrund einer isolierten, d. h. voneinander unabhängigen Vergabe von Punkten für die jeweilige Wichtigkeit möglich. Hierbei kann eine Auswahltabelle für definierte Ausprägungen der einzelnen Bewertungskriterien mit zugehörigem (Gewichts-) Punktwerten hilfreich sein.

Zielerreichungsfaktoren

Mit dem Formular (Bild 2.35) werden für die ausgewählten Vorhabenalternativen die individuellen Zielerreichungsfaktoren für die einzelnen Bewertungskriterien ermittelt. Man stellt also fest, inwieweit die jeweilige Alternative das betreffende Bewertungskriterium erfüllt bzw. nicht erfüllt. Hierbei kann entweder eine isolierte Zahlenbewertung oder eine zahlenmäßige Rangfolge gewählt werden, z. B.:

2.3 Wirtschaftlichkeitsbetrachtung

Nutzwertanalysebogen 1

Bereich	Ablage-Nr.
M HB 45	
	Datum: 4. 9. 87

Projekt: Abwicklungsverfahren — Bearbeiter: G.

Zeile	Bewertungskriterien	Schnelligkeit	Aktualität	Sicherheit	Umstellrisiko	Wartungsfreundlichkeit							Summe der Bewertungspunkte je Bewertungskriterium	Gewichtungsfaktor
a	b	c	d	e	f	g	h	i	k	l	m	n	o	p	r	s	t
1	Schnelligkeit		2	0	2	1										5	0,25
2	Aktualität	0		0	1	1										2	0,10
3	Sicherheit	2	2		2	2										8	0,40
4	Umstellrisiko	0	1	0		0										1	0,05
5	Wartungsfreundlichkeit	1	1	0	2											4	0,20
15												Summe				20	1,00

Bild 2.34
Ermitteln der Gewichtungsfaktoren

Nutzwertanalysebogen 2

Bereich	Ablage-Nr.
M HB 45	
	Datum: 4. 9. 87

Projekt: Abwicklungsverfahren — Bearbeiter: G.

Zeile	Bewertungskriterium	Alternative 1	Alternative 2	Alternative 3
a	b	c	d	e
1	Schnelligkeit	2	1	3
2	Aktualität	3	1	2
3	Sicherheit	2	3	1
4	Umstellrisiko	3	1	2
5	Wartungsfreundlichkeit	3	1	2

Bild 2.35
Ermitteln der Zielerreichungsfaktoren

$G = n$ Bewertungskriterium wird von entsprechender Alternative am besten erfüllt.

$G = n^{-1}$ Bewertungskriterium wird von entsprechender Alternative am zweitbesten erfüllt.

⋮

$G = 1$ Bewertungskriterium wird von entsprechender Alternative am schlechtesten erfüllt.

Dem Bild 2.35 kann also entnommen werden, daß z. B. die Alternative 1 die Kriterien Aktualität, Umstellrisiko und Wartungsfreundlichkeit, die Alternative 2 das Kriterium Sicherheit und die Alternative 3 das Kriterium Schnelligkeit am besten erfüllen.

Die Zielerreichungsfaktoren sollten möglichst von mehreren Personen unabhängig voneinander bestimmt werden, um so zu einem möglichst objektiven Durchschnittswert zu gelangen. Die Höhe der Zielerreichung entscheidet schließlich über den Nutzwert der Vorhabenalternativen.

Nutzwerte

Mit dem Formular (Bild 2.36) werden schließlich die einzelnen Teilnutzwerte errechnet, wobei man die einzelnen Gewichtungsfaktoren mit den Zielerreichungsfaktoren multipliziert. Die Summe aller Teilnutzwerte einer Alternative ergibt deren Gesamtnutzwert. Die Größe der einzelnen Gesamtnutzwerte bestimmt dann die Rangfolge der Vorhabenalternativen.

In dem Zahlenbeispiel erfüllt also die Alternative 1 die aufgestellten Kriterien am besten.

Der hier beschriebene Ablauf einer Nutzwertanalyse ermöglicht damit

▷ die freie Wahl von Bewertungskriterien,
▷ das individuelle Gewichten dieser Bewertungskriterien und
▷ das Gegenüberstellen beliebig vieler Vorhabenalternativen.

Wirtschaftlichkeitskoeffizient

Grundsätzlich kann man die Multifaktorenmethode zum Bestimmen des Nutzwerts auch als »qualitative« Ergänzung zu einer Marginalrenditerechnung oder Projektdeckungsrechnung sehen, die ja häufig der Vorwurf der einseitigen Ausrichtung auf rein ökonomische Beurteilungskriterien trifft. Daher wurde z. B. das Formular (Bild 2.37) als Zusatz zu einer normalen Marginalrenditerechnung verwendet; hier sind die nichtquantifizierbaren Bewertungskriterien für die Wirtschaftlichkeitsbetrachtung von DV-Verfahren bereits explizit aufgeführt. Durch Bewerten und Ge-

Nutzwertanalysebogen 3		Bereich MHB 45		Ablage-Nr.				
				Datum 4.9.87				
Projekt Abwicklungsverfahren				Bearbeiter G.				

			Alternative 1		Alternative 2		Alternative 3	
Zeile	Bewertungskriterien	Gewichtungsfaktoren	Zielerreichungsfaktoren	Teilnutzwerte	Zielerreichungsfaktoren	Teilnutzwerte	Zielerreichungsfaktoren	Teilnutzwerte
a	b	c	d	e	f	g	h	i
1	Schnelligkeit	0,25	2	0,50	1	0,25	3	0,75
2	Aktualität	0,10	3	0,30	1	0,10	2	0,20
3	Sicherheit	0,40	2	0,80	3	1,20	1	0,40
4	Umstellrisiko	0,05	3	0,15	1	0,05	2	0,10
5	Wartungsfreundlichkeit	0,20	3	0,60	1	0,20	2	0,40
15	Gesamtnutzwerte			2,35		1,80		1,85
16	Rangfolge			1		3		2

Bild 2.36
Ermitteln der Nutzwerte

2.3 Wirtschaftlichkeitsbetrachtung

wichten dieser Kriterien wird ein »Wirtschaftlichkeitskoeffizient« für das Vorhaben errechnet.

Für die in Bild 2.37 vorgegebenen, nichtquantifizierbaren Merkmale werden Gewichtungsfaktoren (Spalte B) in einer Punktbreite von 1 bis 3 für geringfügige bis große Bedeutung sowie Zielerreichungsfaktoren (Spalte A) in einer Punktbreite von -3 bis $+3$ für erhebliche Verschlechterung bis erhebliche Verbesserung vergeben. Der Quotient des Gesamtnutzwerts (Zeile 21, Spalte C) zur Summe der Gewichtungsfak-

---

Nicht-quantifizierbare Kriterien

Wirtschaftlichkeitsprüfung des DV-Verfahrens
BEDI (Bedarfermittlung und Disposition)

Formular-Nr. 11/3
UB/ZAbt:
GB/HAbt:
Antrags-Nr.:
Datum: _13.4.88_

	Beschreibung	A Punkte	B Gewichtungs-faktoren	C Punkte × Gewichtungsfaktoren
0	Bewertung des geplanten Verfahrens im Vergleich zum derzeitigen Verfahren/Vergleichsverfahren im Hinblick auf die Erfüllung der genannten Kriterien anhand folgender Punkteskala: ± 3 = erhebliche / ± 2 = deutliche } Veränderung (Verbesserung, Verschlechterung) / ± 1 = geringfügige / 0 = keine Veränderung			

Nicht-quantifizierbare Kriterien

		A	B	C
1	Schnelligkeit der Informationsauslieferung (rasches Zurverfügungstellen)	3	3	9
2	Aktualität der gewonnenen Informationen	3	3	9
3	Rechtzeitiges Zurverfügungstellen der Informationen	2	2	4
4	Zusätzliche Informationen (z. B. durch statistische Auswertungsmöglichkeiten, Erweiterung des Berichtswesens)	2	3	6
5	Genauigkeit der Informationen (z. B. Rechengenauigkeit)	1	1	1
6	Relevanz (Qualität) der Informationen (Aussagekraft und Übersichtlichkeit der Informationen, Auswahl und Aufbereitung der Informationen)	0	1	0
7	Sicherheit (Ablaufsicherheit, Fehlerwahrscheinlichkeit, Datenfehleranfälligkeit)	3	2	6
8	Möglichkeit von Terminverkürzungen im Anwenderbereich	2	2	4
9	Anwenderfreundlichkeit (z. B. Vereinfachung durch Datenabbau)	1	1	1
10	Bedienungs- und Pflegefreundlichkeit	2	1	2
11	Flexibilität (z. B. Änderungsfreundlichkeit gegenüber Veränderung von Organisation, Datenvolumen, Datenstruktur; Sonderfälle)	1	2	2
12	Kontroll-, Abstimm- und Überwachungsmöglichkeiten	2	3	6
13	Korrekturmöglichkeiten und -aufwand	0	2	0
14	Transparenz des Verfahrensablaufs (Übersichtlichkeit)	2	1	2
15	Transparenz und Strafheit der Organisation	0	1	0
16	Kapazitätsreserven (Auffangbereitschaft bei Arbeitsspitzen oder Beschäftigungszunahme)	2	3	6
17	Abhängigkeit von Fachpersonal	-1	2	-2
18	Umstellungsrisiko (langfristige Bindung an das Verfahren, Starrheit der Organisation)	-1	1	-1
19				
20				
21	Summen		34	55

Koeffizient für nicht-quantifizierbare Faktoren (Wirtschaftlichkeitskoeffizient)

22	Koeffizient der nicht-quantifizierbaren Vor- und Nachteile des geplanten DV-Verfahrens (Pos. 21, Summe C : Summe B)		_1,6_
23	Verbale Bedeutung des Koeffizienten gemäß Punkteskala (Pos. 0; ggf. Interpolation) _geringfügige bis deutliche Verbesserung gegenüber dem derzeitigen Verfahren_		

Best.-Nr. ZBO 32/11/3/71

Bild 2.37
Nutzwertanalyse
bei DV-Verfahren
(mit Zahlenbeispiel)

toren (Zeile 21, Spalte B) ergibt dann den Wirtschaftlichkeitskoeffizienten; er nimmt denselben Wertebereich wie die Zielerreichungsfaktoren ein:

+ 3   Erhebliche Verbesserung,
+ 2   deutliche Verbesserung,
+ 1   geringfügige Verbesserung,
  0   keine Veränderung,
− 1   geringfügige Verschlechterung,
− 2   deutliche Verschlechterung,
− 3   erhebliche Verschlechterung.

Auch hier sollten mehrere Personen die Bewertung und Gewichtung durchführen, wobei besonders bei der Bewertung möglichst »unparteiische«, d. h. projektneutrale Personen mitwirken sollten.

Mit den Methoden der Marginalrenditerechnung und der Nutzwertanalyse ist es möglich, bei Projektentscheidungen klar zwischen rein monetären einerseits und qualitativen Bewertungskriterien andererseits für die Wirtschaftlichkeitsbetrachtung von Entwicklungsvorhaben zu unterscheiden.

2.4 Projektorganisation

Damit Projektmanagement erfolgreich sein kann, muß es optimal in die vorhandene Organisation eingebettet werden. Wegen der Kriterien eines Projekts – zeitliche Begrenzung, einmaliger Inhalt, interdisziplinäre Durchführung, schnelle Ressourcen-Bildung, etc. – sind neue Formen der Organisation notwendig. Erreicht wird dies durch das Bilden von *Projektorganisationen*.

Unter Projektorganisation versteht man (nach DIN 69 901):

> Gesamtheit der Organisationseinheiten und der aufbau- und ablauforganisatorischen Regelungen zur Abwicklung eines bestimmten Projekts.

Alle Projektbeteiligten und damit alle involvierten Stellen müssen in einem (temporären) Organisationsplan eingebunden sein. Hierbei sollte die Struktur der Projektorganisation auf die Besonderheiten des jeweiligen Projekts abgestimmt sein; meist müssen auch gewisse Gegebenheiten aus der bestehenden Linienorganisation berücksichtigt werden, um das Konfliktpotential zwischen Linie und Projekt so niedrig wie möglich zu halten.

Darüber hinaus müssen zum Festlegen der Entscheidungs- und Kommunikationswege Projektgremien installiert werden; hier gibt es ebenfalls eine große Anzahl unterschiedlicher Möglichkeiten – vom reinen Informationsgremium bis hin zum unmittelbar auf das Projekt einwirkenden Steuerungs- oder Entscheidungsgremium.

Außerdem muß die Stellung des Projektleiters (und eventueller Teilprojektleiter) klar und unmißverständlich definiert sein, so daß Kompetenz und Weisungsbefugnis eindeutig geregelt sind. Ziel muß insgesamt sein, eine »Personifizierung« der Verantwortungen auf allen Ebenen des Projekts zu erreichen.

Schließlich sollte im Rahmen einer Projektorganisation ein spezielles Projektbüro eingerichtet werden, um eine Konzentration aller PM-unterstützenden Aktivitäten zu erreichen.

2.4.1 Organisationsstrukturen

Bereits das Zusammenarbeiten in einem Zwei-Mann-Unternehmen erfordert eine Aufbauorganisation, damit die Zuständigkeiten klar definiert und die Kompetenzen eindeutig abgesteckt werden können. Nur eine projektadäquate Aufbauorganisation führt zu einer geregelten Aufgabenteilung in einer »Mehrpersonen-Tätigkeitsgemeinschaft«.

Natürlich kann eine gute Aufbauorganisation allein den Erfolg eines Entwicklungsvorhabens noch nicht gewährleisten; eine falsche Organisation verhindert aber in jedem Fall den Erfolg.

Linienorganisationen

Die statische Aufbauorganisation eines Industrieunternehmens wird herkömmlicherweise als Linienorganisation (LO) bezeichnet; sie ist gemeinhin entweder divisional oder funktional ausgerichtet. Hierbei ist die Einbindung der Entwicklungsbereiche, die für sich wiederum produkt- oder aufgabenorientiert organisiert sind, auf zwei Arten möglich:

▷ Betriebe-Organisation
▷ Werke-Organisation.

Wird der Entwicklungsbereich mit dem Vertrieb zu einem eigenen Geschäftsbereich zusammengefaßt und steht er damit der Fertigung als getrennter Partner gegenüber, so spricht man von einer *Betriebe-Organisation* (Bild 2.38). Hier ist das Unternehmen divisional in Geschäftsbereiche unterteilt mit gemeinsamen oder seperaten Fertigungsstätten. Die kaufmännischen Leitungen sind – disziplinarisch unabhängig – den Geschäftsbereichen zugeordnet. Werden dagegen die

2.4 Projektorganisation

produktnahen Entwicklungen den Fertigungen unmittelbar zugeordnet und bleibt gemeinsam nur noch eine zentrale systemtechnische Entwicklung, so spricht man von einer *Werke-Organisation* (Bild 2.39).

Bei der Betriebe-Organisation stellt der Vertrieb zusammen mit der Entwicklung ein *Ertragszentrum* dar (welches damit auch rote Zahlen machen kann) und der Betrieb, der nur die reine Fertigung enthält, fungiert als *Kostenzentrum* (welches weder schwarze noch rote Zahlen machen kann). Im Rahmen der Werke-Organisation existiert dagegen das Wechselspiel zwischen zwei Ertragszentren, auf der einen Seite der Vertrieb und auf der anderen Seite das Werk. Hier kann jeder Unternehmensteil für sich einen Gewinn oder einen Verlust erwirtschaften.

Bei einer Betriebe-Organisation ist die Entwicklung über den Vertrieb näher am Markt und damit auch den hier auftretenden Kundenwünschen und -anforderungen. Sie ist aber von der Fertigung viel weiter entfernt als bei einer Werke-Organisation; dies führt häufig zu Problemen beim Serienreifmachen der entwickelten Prototypen. Demgegenüber ist bei einer Werke-Organisation eine fertigungsgerechtere Entwicklung möglich. Auch kann das sich ergebende Konkurrenzverhalten der beiden Ertragszentren Vertrieb und Werk förderlich für das wirtschaftliche Gesamtergebnis sein. Die Gewichtung der Vor- und Nachteile dieser beiden Formen einer Linienorganisation hängt vor allem von den jeweiligen Produktfeldern des Unternehmens ab.

Zum optimalen Arbeiten in einer Linienorganisation gehört eine flache Struktur, d. h. nicht zu viele Hierarchieebenen, aber auch nicht zu viele Mitarbeiter je Vorgesetzten. Bild 2.40 zeigt ein Diagramm für das Ermitteln der Anzahl Hierarchiestufen abhängig vom Verhältnis Anzahl Vorgesetzte zu Anzahl Mitarbeiter. Die Größe einer organisatorischen Einheit muß so gewählt werden, daß einerseits der Führungsaufwand gerechtfertigt ist (also nicht zu klein) und andererseits die Kontrollspanne ausreichend wahrgenommen werden kann (also nicht zu groß).

Möglichkeiten einer Projektorganisation

Sollen im Rahmen eines zeitlich begrenzten Projekts Fachkräfte aus mehreren Dienststellen und Abteilungen vorübergehend zusammengefaßt werden (weil das entsprechende Entwicklungsvorhaben nicht innerhalb einer Organisationseinheit abgewickelt werden

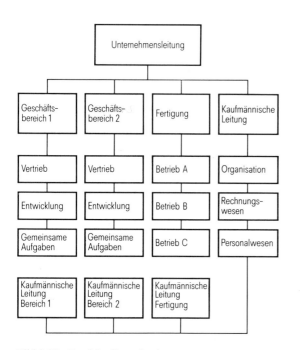

Bild 2.38   Betriebe-Organisation

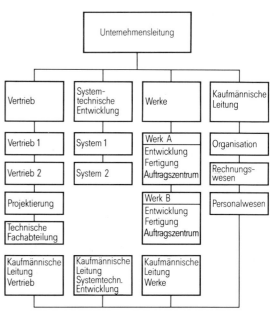

Bild 2.39   Werke-Organisation

2.4.1 Organisationsstrukturen

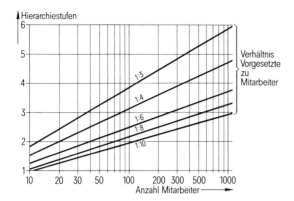

Bild 2.40
Optimale Anzahl Hierarchiestufen in einer Organisation

Entsprechend dem Grad der Bereichsüberschreitung der einzubindenden Projektmitarbeiter sowie der Bedeutung des Projekts und der Projektgröße können fünf Formen von Projektorganisationen unterschieden werden:

▷ Reine Projektorganisation (R-PO)
▷ Einfluß-Projektorganisation (E-PO)
▷ Matrix-Projektorganisation (M-PO)
▷ Auftrags-Projektorganisation (A-PO)
▷ Projektmanagement in der Linie (L-PO)

Reine Projektorganisation

In dieser Organisationsform (Bild 2.41) sind alle an der Durchführung des Projekts beteiligten Mitarbeiter unter einem Projektleiter, der Linienautorität hat, zusammengefaßt. Sie wird an einigen Stellen auch als »Task-Force-Gruppe« oder als *autonome* Projektorganisation bezeichnet.

Der Projektleiter hat in einer reinen Projektorganisation die gesamte Weisungs- und Entscheidungsbefugnis und trägt damit die alleinige Verantwortung für das Projekt. Nur beim Beschaffen des Personals und bei dessen Rückgliedern am Projektende ist er auf die Führung der Linienorganisation angewiesen.

Die reine Projektorganisation ist nur sinnvoll bei langfristigen Entwicklungsgroßprojekten, die so wichtig sind, daß der erhebliche Aufwand für das Schaffen einer völlig neuen, eigenen »Organisationssäule« gerechtfertigt ist. Das EDV-Großprojekt zur Entwicklung und Durchführung des Wettkampf- und Informationssystems für die Olympischen Spiele 1972 in München ist ein Beispiel für eine solche reine Projektorganisation. So leistungsfähig diese Form der Pro-

kann), so haben sich herkömmliche Linienorganisationen häufig als zu starr und unbeweglich gezeigt. Daher sind für das Management von Entwicklungen, die als »Projekt« durchgeführt werden sollen, eigene Formen von Projektorganisationen (PO) entstanden, deren Lebensdauer derjenigen des jeweils durchzuführenden Projekts entspricht. Als Projektorganisation bezeichnet man die projektspezifische, hierarchische Anordnung von Mitarbeitern, die für die Dauer des Projekts der Weisungsbefugnis des Projektleiters unterstellt sind. Durch die *zeitliche* Begrenzung wird verhindert, daß die eingesetzten Projektgruppen zu einem bleibenden Teil der Linienorganisation werden und es damit evtl. zu einer Verkrustung oder Aufblähung der Unternehmensstruktur kommt. Projektorganisationen sollen aber die bestehenden Linienorganisationen nicht ersetzen, sondern nur ergänzen.

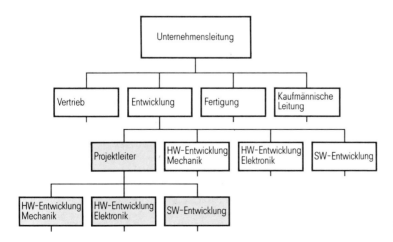

Bild 2.41   Reine Projektorganisation

jektorganisation auch ist, so problematisch ist ihre Auflösung nach Projektende. Was sich in mehrjähriger Arbeit konstituiert hat, muß wieder aufgebrochen werden; dies kann zu einem sehr nachteiligen Know-how-Verlust führen.

Einfluß-Projektorganisation

Im Gegensatz zur reinen Projektorganisation gibt es bei einer Einfluß-Projektorganisation (Bild 2.42) keinen echten Projektleiter, sondern einen *Projektkoordinator,* der kaum Kompetenzen hat und nur koordinierend und lenkend wirken kann; er ist ausschließlich Verfolger des Projektgeschehens und Informant für die Linieninstanzen. Die Entscheidungen werden allein in der Linie getroffen, so daß dieser Projektkoordinator für den Erfolg oder Mißerfolg des Projekts nicht verantwortlich gemacht werden kann; er kann allerdings großen Einfluß ausüben, wenn seine Autorität von der obersten Führung der Linienorganisation entsprechend getragen wird.

Die Einrichtung einer Einfluß-Projektorganisation durch Berufung eines Projektkoordinators hat den großen Vorteil, daß keine Personalversetzungen vor Projektbeginn und auch nach Projektende notwendig sind. Der Nachteil liegt aber meist in den mangelnden Durchsetzungsmöglichkeiten des Projektkoordinators.

Die Einfluß-Projektorganisation bietet sich vor allem dann an, wenn die Aufgabenteilung bei den auszuführenden Stellen von der Sache her vorbestimmt ist, so daß das »Konfliktpotential« beim Bewältigen der Projektaufgaben niedrig ist.

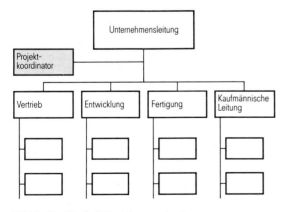

Bild 2.42 Einfluß-Projektorganisation

Matrix-Projektorganisation

In dieser Organisationsform (Bild 2.43) trägt der Projektleiter wohl die gesamte Verantwortung für das Projekt, hat aber nicht die volle Weisungsbefugnis für die am Projekt beteiligten Mitarbeiter. Die Matrix-Projektorganisation hat eine zweidimensionale Weisungsstruktur und nimmt bezüglich der Kompetenzabgrenzung zwischen Projekt und Linie eine Mittelstellung ein. Die Projektmitarbeiter stammen aus unterschiedlichen Organisationseinheiten und sind temporär zu einer Projektgruppe zusammengefaßt; sie unterliegen aber nur der fachlichen Weisungsbefugnis des Projektleiters, die disziplinarische bleibt weiterhin beim Vorgesetzten in der Linienorganisation. Der Mitarbeiter dient quasi zwei Vorgesetzten: der eine sagt, wo es *lang geht,* und der andere *bestimmt das Gehalt.* Und dies ist bereits der entscheidende Nachteil einer Matrix-Projektorganisation.

Der Projektleiter ist zuständig und verantwortlich für Planung, Überwachung und Koordination aber nicht für die fachtechnische Durchführung. Dies führt zwangsläufig zu Konfliktsituationen der Projektbeteiligten, besonders wenn in der Linien-Abteilung Aufgaben anstehen, denen vom Linien-Vorgesetzten eine höhere Priorität als die entsprechenden Projektaufgaben zugeordnet wird oder wenn über Plankosten und Qualität eines Produktteils zwischen Projektleiter und Linien-Abteilungsleiter divergierende Ansichten herrschen. Auch tritt häufig ein Gerangel um die knappen Personal-Ressourcen auf. Derartige Konflikte sind meist nur noch zu lösen durch das Eingreifen einer Entscheidungsinstanz (EI) als Schiedskommission.

Neben der verbesserten Nutzung von Synergien hat eine Matrix-Projektorganisation wohl den großen Vorteil, daß schnell Personal mit der richtigen Qualifikation zusammengestellt werden kann und daß hierfür keine disziplinarischen Personalumbesetzungen erforderlich sind, aber das »Dienen zweier Herren« führt nicht selten zu schwer überwindbaren Konflikten. Die Konfliktträchtigkeit der Matrix-Projektorganisation erfordert daher von vornherein »Spielregeln« für das Austragen von Konflikten, damit eine Atmosphäre der Kooperation und Gemeinsamkeit zwischen Projekt und Linie entstehen kann. In der Praxis hat es sich sehr vorteilhaft gezeigt, wenn die Auftraggeberseite durch einen einzigen Bevollmächtigten (z. B. Vertrieblicher Produktverantwortlicher, VP) und die Auftragnehmerseite entsprechend (z. B. Technischer Produktverantwortlicher, TP) vertreten wird. Beide bilden dann das »Fachzentrum« innerhalb einer Matrix-Organisation.

2.4.1 Organisationsstrukturen

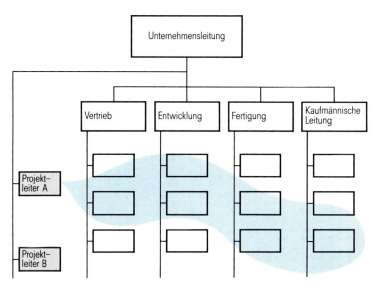

Bild 2.43 Matrix-Projektorganisation

Auftrags-Projektorganisation

Auch diese Organisationsform (Bild 2.44) ist matrixorientiert; es gibt aber bei ihr keine Doppelunterstellung der Projektmitarbeiter. Projektleiter und Projektstammannschaft sind hier nicht in der Linienorganisation eingebettet, sondern bilden eine eigene Organisationseinheit *Projektmanagement*.

Der Projektleiter ist nicht nur zuständig und verantwortlich für die Projektplanung, -kontrolle und -steuerung, sondern auch für die fachtechnische Durchführung des Projekts, d.h., die ihm unterstellte Projektgruppe erarbeitet entsprechend den z. B. vom Vertrieb definierten Vorgaben die Spezifikation der Einzelprodukte bzw. der Systemkomponenten in eigener Sachkompetenz und vergibt diese als Unteraufträge an die entsprechenden Entwicklungsstellen der Linienorganisation oder auch an unternehmensexterne Stellen. Häufig übernimmt die Projektgruppe in den Abschlußphasen wie Systemintegration und -test auch eigene systemtechnische Aufgaben.

Das Projektmanagement hat hier also die organisatorische *und* fachliche Gesamtverantwortung für das Projekt; es ist sowohl Auftraggeber für Entwicklung

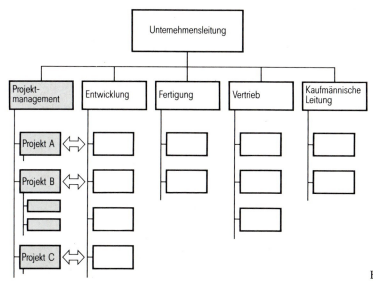

Bild 2.44 Auftrags-Projektorganisation

und Fertigung als auch Auftragnehmer des Vertriebs. Zwischen dem Projektmanagement und den durchführenden Stellen in der Linienorganisation bestehen damit klare Zuständigkeiten im Rahmen eines Auftraggeber-Auftragnehmer-Verhältnisses; deshalb auch die Bezeichnung Auftrags-Projektorganisation.

Auch hinsichtlich der Personalführung ist diese Form der Projektorganisation optimal. So gibt es nämlich Mitarbeiter, die sich für temporär zusammengestellte Projektgruppen gut eignen und den häufigen Wandel der organisatorischen Zuordnung als förderlich und angenehm empfinden; diese Mitarbeiter sind in einer solchen »Projektmanagement-Säule« sehr gut eingesetzt. Es gibt aber auch viele Mitarbeiter, die wohl sehr produktiv und kreativ sind, aber gerne ihr langfristiges Zuhause in einer festen Organisationseinheit wünschen; diese Mitarbeiter finden sich in der beständigeren Linienorganisation am besten zurecht.

Projektmanagement in der Linie

Das Durchführen einer Entwicklungsaufgabe in Form eines Projekts erfordert nicht grundsätzlich das Einrichten einer (neuen) eigenen Projektorganisation. Die üblichen Aufgaben in den Entwicklungsstellen einer Linienorganisation können natürlich auch als Projekt mit expliziter Nennung eines Projektleiters sowie Fixierung eines Termins und eines Kostenvolumens durchgeführt werden. Der Projektleiter ist dann meist der zuständige Gruppenführer, Laborleiter, Dienststellenleiter oder Abteilungsleiter. Es sind dabei sicherlich auch gruppenintern temporäre Umordnungen der Mitarbeiter notwendig, die aber nicht den Charakter einer Versetzung oder einer Änderung der generellen Weisungsbindung an den Linienvorgesetzten zur Folge haben.

Projektmanagement in der Linie bietet sich vornehmlich bei kleineren Entwicklungsaufgaben, z. B. in einer Stelle für OA-Verfahrensentwicklungen oder Anwender-SW-Entwicklungen an, wo alle für das Projekt notwendigen Mitarbeiter bereits in der bestehenden Organisationseinheit vorhanden sind.

Unternehmensüberschreitende Projektorganisationen

Bei sehr großen Projekten, hinter denen z. B. öffentliche Auftraggeber stehen, sind häufig mehrere voneinander unabhängige Unternehmen beteiligt. Beispiele hierfür findet man bei militärischen, bei luft- und raumfahrttechnischen Projekten sowie im Kraftwerksbau und im vermittlungstechnischen Bereich. Bei solchen *inter-industriellen* Projekten ist eine gute Zusammenarbeit der beteiligten Firmen unerläßlich.

Diese kann aber nicht mehr allein durch die Benennung eines einzigen Projektleiters gewährleistet werden. Hier sind im Rahmen einer unternehmensüberschreitenden Projektorganisation klare Vertragsbeziehungen zwischen den einzelnen, rechtlich und wirtschaftlich unabhängigen Projektpartnern notwendig.

Für derartige unternehmensüberschreitende Projektorganisationen haben sich folgende Formen bewährt:

▷ Einzelauftragsorganisation
▷ Konsortialorganisation
▷ Generalunternehmerorganisation.

Bei einer *Einzelauftragsorganisation* behält der Auftraggeber die Verantwortung für das Gesamtvorhaben und vergibt für klar umgrenzte Teilvorhaben entsprechende Aufträge an die einzelnen Unternehmen. Die Gesamtverantwortung für das Projekt verbleibt damit beim Auftraggeber. Diese Organisationsform ist nur möglich, wenn der Auftraggeber einerseits über das notwendige Fachwissen verfügt und andererseits die Integration der einzelnen Komponenten keine besonderen Probleme aufwirft.

Bei einer *Konsortialorganisation* bilden die beteiligten Unternehmen ein Konsortium, welchem die Gesamtverantwortung für das Vorhaben übertragen wird. Projektverantwortung, Arbeitsteilung und Haftung wird in einem Konsortialvertrag festgelegt. Die einzelnen Unternehmen sind häufig mit abgeordneten Personen in diesem temporären »Projektunternehmen« vertreten, wobei im allgemeinen ein Mitglied den Konsortialführer stellt. Für den Auftraggeber fungiert das Konsortium als selbständiger Auftragnehmer, mit dem alle entsprechenden Entwicklungsverträge geschlossen werden.

Die *Generalunternehmerorganisation* ist mit der Auftrags-Projektorganisation auf unternehmensüberschreitender Ebene vergleichbar. Ein einzelnes Unternehmen übernimmt als Generalunternehmer die volle wirtschaftliche und fachliche Verantwortung. Die anderen Firmen sind nur über Unteraufträge für in sich abgeschlossene Aufgabenteile an dem Gesamtvorhaben beteiligt.

Wechsel der Projektorganisation

Bei sehr großen Entwicklungsvorhaben kann es angebracht sein, während des Entwicklungsablaufs die Form der Projektorganisation zu wechseln, um – bezogen auf die einzelnen Entwicklungsphasen – die Stärken der unterschiedlichen Projektorganisationsformen voll nutzen zu können.

Definitions-phase	**Einfluß-Projektorganisation** Auswahlgrund: Es ist noch unsicher, ob es zu einer Auftragsvergabe und damit zu einem Projekt kommt.
Entwurfsphase	**Matrix-Projektorganisation** Auswahlgrund: Alle relevanten Stellen sollen erst einmal ohne Personalversetzungen zusammengefaßt werden.
Realisierungs- und Erprobungsphase	**Reine Projektorganisation** Auswahlgrund: Das Projekt ist so bedeutend geworden, daß eine eigene Projektorganisation angebracht erscheint.
Einsatzphase	**Projektmanagement in der Linie** Auswahlgrund: Wartung und Einsatzunterstützung soll von den »zuständigen« Stellen übernommen werden.

Bild 2.45
Beispiel für Wechsel der Projektorganisation innerhalb eines Projektablaufs

Bild 2.45 soll dieses an einem Beispiel verdeutlichen.

Genauso kann es im Rahmen eines Großprojekts sinnvoll sein, daß die einzelnen Teilprojekte mit unterschiedlichen Projektorganisationen durchgeführt werden. So bietet es sich bei einem inter-industriellen Kooperationsprojekt mit anderen Firmen z. B. an, die eigenen Entwicklungsanteile innerhalb einer reinen Projektorganisation abzuwickeln und die Schnittstellen-Anteile in Form einer Einfluß-Projektorganisation zu koordinieren.

Vor- und Nachteile

In Tabelle 2.7 sind die wesentlichen Vor- und Nachteile der einzelnen Formen einer Projektorganisation zusammengefaßt.

Wahl der Projektorganisationsform

Die Wahl der »richtigen« Projektorganisation hängt von sehr unterschiedlichen Faktoren ab. Außer der

Tabelle 2.7 Vor- und Nachteile der einzelnen Projektorganisationen

Art der Projektorganisation	Vorteile	Nachteile
Reine-Projektorganisation	▷ PL hat volle Kompetenz ▷ Kürzeste Kommunikationswege und geringster »Overhead« ▷ Optimale Ausrichtung auf das Projektziel	▷ Gefahr der Etablierung der Projektgruppe nach Projektende ▷ Versetzungsprobleme nach Projektende ▷ Gefahr von Parallelentwicklungen in Projekt und benachbarter Linie
Einfluß-Projektorganisation	▷ Getrennt aufgehängte Entwicklungsbereiche können zu einer gesteuerten Kooperation veranlaßt werden ▷ Geringste Veränderungen in der bestehenden Organisation	▷ PL hat kaum Weisungsbefugnis ▷ Keine personifizierte Verantwortung ▷ Hoher Koordinierungsaufwand
Matrix-Projektorganisation	▷ Schnelle Zusammenfassung von interdisziplinären Gruppen ▷ Keine Versetzungsprobleme bei Projektbeginn und -ende ▷ Förderung des Synergieeffekts	▷ Projektmitarbeiter dienen »zwei Herren« ▷ Hohe Konfliktträchtigkeit zwischen Projekt und Linie
Auftrags-Projektorganisation	▷ Klare Kompetenzabgrenzung zwischen Projekt und Linie ▷ Leichte Einbindung beliebiger Unterauftragnehmer (auch außerhalb des eigenen Unternehmens) ▷ Große Flexibilität bei Multiprojekten	▷ Notwendigkeit einer eigenen Organisationssäule ▷ Konkurrenzdenken der Organisationssäulen ▷ Gefahr einer »Bürokratisierung« des Projektmanagements
Projektmanagement in der Linie	▷ Alle Vorteile der reinen Projektorganisation ▷ Keine Notwendigkeit von Personalversetzung	▷ Nur kleinere Entwicklungsaufgaben möglich ▷ Nicht immer das fachlich und qualitativ richtige Personal verfügbar

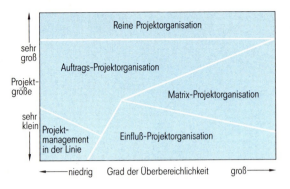

Bild 2.46 Wahl der »richtigen« Projektorganisation

Bereitschaft zur Gründung einer eigenen Projektorganisation neben der bestehenden Linienorganisation sowie eventueller Forderungen seitens der Auftragnehmer und Projektpartner bzgl. der Projektorganisation sind zum einen der »Grad der Überbereichlichkeit« und zum anderen die »Projektgröße« bestimmende Kriterien für das Festlegen der geeigneten Form einer Projektorganisation. Bild 2.46 gibt hierfür einen pauschalen Ansatz. Generell kann die Aussage gemacht werden, daß die reine Projektorganisation und die Auftrags-Projektorganisation für große Projekte, dagegen die Einfluß-Projektorganisation und das Projektmanagement in der Linie für kleinere Projekte geeignet sind. Die Matrix-Projektorganisation findet besonders bei überbereichlichen und mittelgroßen Projekten Anwendung.

2.4.2 Projektgremien

Zum strategischen Planen und Steuern eines Projekts sowie zum Sicherstellen eines umfassenden Informationsflusses und einer vollständigen Kommunikation bedarf es organisationsübergreifender und projektbegleitender Gremien; diese sind sehr vielgestaltig und hängen in ihrer Zusammensetzung und ihren Aufgaben stark von der Form der gewählten Projektorganisation und der Projektgröße ab.

Handelt es sich z. B. bei der Projektorganisation um eine sehr lockere Form, wie es bei einer Einfluß- oder einer Matrix-Projektorganisation der Fall ist, so sind Gremien notwendig, die als Klammer dienen und einem »Nebeneinander-Arbeiten« (oder sogar einem Gegeneinander) der Projektbeteiligten entgegenwirken. Bei sehr großen Projekten, die nicht in einer eigenen (reinen) Projektorganisation durchgeführt werden, ist es darüber hinaus erforderlich, in der Definitions- und Entwurfsphase ein bereichsübergreifendes und interdisziplinäres Planungsgremium zu schaffen. Auch kann aufgrund der Projektgröße und einer vielschichtigen Projekteinbindung der Projektleiter überfordert sein, so daß ein über ihm stehendes Entscheidungsgremium sinnvoll ist.

Die nachstehenden Beispiele von Projektgremien können in fünf Gruppen eingeteilt werden:

Planungsgremien

▷ Planungsteam,
  Planungsgruppe
▷ Planungsausschuß,   (PA)
  Planungskollegium
▷ Produktarbeitskreis   (PAK)

Beratungsgremien

▷ Beratungsausschuß   (BA)
▷ Anwenderkreis,
  Nutzerkreis
▷ Fachpartnergremium,
  Fachausschuß   (FA)

Steuerungsgremien

▷ Produktentwicklungsgruppe,   (PEG)
  Produktentwicklungsausschuß   (PEA)
▷ Systementwicklungsgruppe   (SEG)

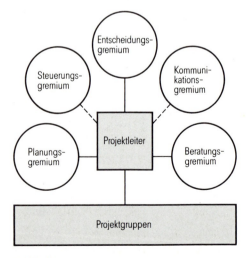

Bild 2.47
Zuordnung von Projektgremien zum Projektleiter

▷ Produkt-Arbeitsgruppe   (PAG)
▷ Anwendergremium,
   Nutzergremium
▷ Change Control Board   (CCB)

Entscheidungsgremien

▷ Entscheidungsinstanz,   (EI)
   Entscheidungsausschuß,   (EA)
   Entscheidungskreis,   (EK)
   Lenkungsausschuß   (LA)
▷ Produktinstanz,   (PI)
   Produktkommission   (PK)
▷ Systeminstanz   (SI)

Kommunikationsgremien

▷ Fachkollegium,
   Fachbeirat
▷ Fachkreis   (FK)
▷ Fachteam
▷ »User-Club«
▷ »SW-Board«

Die Zuordnung von Projektgremien zum Projektleiter veranschaulicht Bild 2.47.

Innerhalb der aufgeführten Einteilung unterscheiden sich die aufgeführten Gremien in ihrer Funktion sowie in ihrer Tagungsdichte.

Planungsgremien

Planungsteams und *Planungsgruppen* sind Arbeitsgruppen, die mit Fachleuten aus unterschiedlichen Bereichen (Entwicklung, Fertigung, Vertrieb, Kaufmannschaft etc.) besetzt werden und über eine längere Zeit gemeinsam die Erstplanung eines Projekts (fachliches Konzept und technisches Konzept) vorantreiben. Hierbei tagen sie häufig nach der (4 + 1)-Tagungsregel, d. h. vier Tage der Woche im Team und einen Tag in der Heimat-Dienststelle. Demgegenüber sind die Mitglieder eines *Planungsausschusses* oder eines *Planungskollegiums* nur in unregelmäßiger und auch geringerer Folge beisammen. Als *Produktarbeitskreise* bezeichnet man produktbezogene Teams, die temporär zur Lösung eines speziellen Problems gebildet und nach Erbringen des Ergebnisses wieder aufgelöst werden.

Eine erfolgsorientierte Arbeitsweise in solchen Planungsgremien ist wegen des Nichtvorhandenseins einer hierarchischen Ordnung nur dann zu erwarten, wenn die Teammitglieder ein stark ausgeprägtes kooperatives Verhalten zeigen. Häufig sind ja in Planungsgremien Mitarbeiter vertreten, die einen sehr unterschiedlichen Rang im Unternehmen innehaben und über eine sehr unterschiedliche Ausbildung verfügen. Wichtig ist daher das Miteinander-Arbeiten, das Zuhören-Können, das Akzeptieren der Ideen und Vorschläge des anderen, das Zurücknehmen von »Grundfestungen« in der eigenen Meinung und das Vermeiden von politisch begründetem Taktieren. Sind in einem Planungsgremium – welches möglichst nicht mehr als acht Mitglieder umfassen sollte – nur einige wenige »schwarze Schafe«, so ist es meist unmöglich, zu einem fundierten, abgerundeten Planungsergebnis zu gelangen. Verdecktes Blockieren oder reine Unfähigkeit verhindern das Bilden einer abgestimmten Gruppenmeinung. Vorzeitiges Auflösen des Teams ist dann die einzig richtige Lösung.

Stets sollte offiziell ein Teamsprecher ernannt werden, der als Moderator kraft seiner Persönlichkeit und Fachkompetenz eine Führung des Teams erreichen muß. Bei allem kooperativen Verhalten der Teammitglieder bleiben auch in der Planungsphase Meinungsverschiedenheiten nicht aus, die nur mit einer klaren Entscheidung überwunden werden können. Weiterhin ist für die vollständige Dokumentation der Planungsergebnisse und zur gezielten Informationsverteilung die Einsetzung eines Schriftführers sehr vorteilhaft.

Beratungsgremien

Ist das Wissensumfeld eines Projekts sehr groß, so kann es angebracht sein, ein Beratungsgremium zu gründen, das den Informationsfluß in beide Richtungen – aus den Nachbarbereichen in das Projekt und vom Projekt wieder zurück – gewährleisten und unterstützen soll. Dieser gesteuerte Informationsfluß ist notwendig, um z. B. eventuelle Parallelentwicklungen in voneinander entfernten Entwicklungsstellen möglichst von vornherein zu vermeiden oder wenigstens in sich gegenseitig befruchtende Bahnen zu lenken.

Hierzu dienen die »klassischen« *Beratungsausschüsse*. Ein beratender Ausschuß wird bei einem Projekt eingerichtet, wenn es überbereichlich durchgeführt und das Projektergebnis (Gerät, System, Verfahren) breit eingesetzt werden soll. Dieses Gremium soll sicherstellen, daß alle fachlichen Anforderungen bzgl. des geplanten Leistungsumfangs und der Qualität an das Entwicklungsvorhaben aus allen zuständigen

Bereichen berücksichtigt werden; es umfaßt vor allem Fachleute, Anwender und sonstige Wissensträger.

Die anderen genannten Beratungsgremien haben ähnliche Aufgaben, d.h., auch sie sollen ein Bündeln der Wünsche und Anforderungen seitens der künftigen Anwender und Benutzer für das Projekt ermöglichen. In solchen Gremien, zu denen *Anwenderkreise, Nutzerkreise, Fachpartnergremien* und *Fachausschüsse* gehören, werden die Anforderungen zusammengestellt, beraten und anhand einer Prioritätenvergabe bewertet. Für diesen Abstimmprozeß gelten weitgehend demokratische Spielregeln, so daß die Mehrheitsmeinung des Gremiums für den Projektleiter maßgebend ist. Auch hier kann die Ergiebigkeit der Arbeit vom Verhalten einzelner – die sich nicht an die Spielregeln halten – stark beeinträchtigt werden.

Die zeitliche Beanspruchung in diesen Beratungsgremien ist normalerweise nicht sehr groß, da sie meist in größeren Zeitabständen tagen. Die Personenzahl darf etwas größer als bei einem Planungsgremium sein, sollte aber 15 nicht überschreiten; denn die Gefahr des Entstehens eines »Debattierklubs« ist doch sehr groß. Auch bei einem Beratungsgremium ist es sinnvoll, einen Sprecher zu ernennen, der die Gruppenmeinung gegenüber Projektleitung und Umwelt artikuliert und vertritt.

Steuerungsgremien

Sind in die Erzeugnisentwicklung innerhalb eines ganzen Produkt- und Systemgeschäfts unterschiedliche Linienbereiche, wie Geräteentwicklung, Systemtechnik, Fertigung und Vertrieb eingebunden, so werden im Rahmen bestimmter Prozeßorganisationen produkt- bzw. systemorientierte Steuerungsgremien installiert, die über die reine Beratung hinaus eine direkte fachliche Steuerung der Entwicklungsabläufe zu übernehmen haben.

Produktentwicklungsgruppen, auch als *Produktentwicklungsausschüsse* bekannt, sollen ein bestimmtes Entwicklungsvorhaben zur Realisierung eines Produkts oder einer Systemkomponente gezielt unterstützen; sie haben aber keine Entscheidungskompetenz. Neben den Aufgaben eines Fachpartnergremiums zum Ermitteln und Koordinieren der an das Erzeugnis gestellten technischen und preislichen Anforderungen ist die Produktentwicklungsgruppe auch zuständig für grundsätzliche PM-Aufgaben, wie Ermitteln und Verfolgen der Wirtschaftlichkeit, Ergreifen von Maßnahmen zur Terminplanung, Schulung und Dokumentation, Klären der Kundendienstbelange und Nachbaufragen sowie – falls vorhanden – ein laufendes Abstimmen zur Systementwicklungsgruppe. Die Produktentwicklungsgruppe wird i. allg. aus Mitarbeitern der Entwicklung, Selbstkostenbüro, Fertigungsvorbereitung, Abwicklungszentrum und Produktvertrieb gebildet.

Systementwicklungsgruppen werden eingesetzt, wenn darüber hinaus besondere systemtechnische Aspekte bei mehreren Entwicklungsvorhaben eine Rolle spielen. Neben Vertretern der Entwicklung und der Fertigung sind in einer Systementwicklungsgruppe auch Vertreter des Produktvertriebs und ggf. des zuständigen Anlagenvertreters sowie der systemtechnischen Entwicklung. Der Systementwicklungsgruppe obliegt das allgemeine Koordinieren und Überwachen der Systemanforderungen, das Erstellen des Systemlastenhefts, das Planen und Überwachen der Realisierungsschritte sowie das Koordinieren aller systemtechnischen Belange für die einzelnen Komponenten. Als Teil des Projektmanagements unterstützt die Systementwicklungsgruppe dabei den Projektleiter.

Produkt-Arbeitsgruppen sind vornehmlich im Rahmen von SW-Entwicklungsprozessen eingerichtet worden; sie haben im Gegensatz zu den Produktentwicklungsgruppen ein ganzes Produktfeld (z. B. Datenbanksysteme, SW-Tools) als Tätigkeitsfeld und stehen damit in etwa zwischen den Produktentwicklungsgruppen und den Systementwicklungsgruppen. Auch müssen sie die Vollständigkeit der an die SW-Produkte gestellten Anforderungen gewährleisten – sollen aber besonders darauf achten, daß zwischen den einzelnen SW-Produkten eine klare Abgrenzung ihres jeweiligen Leistungsumfanges zustandekommt. Ein späteres Konkurrieren der Produkte am Markt soll dadurch vermieden werden. Die Produkt-Arbeitsgruppe hat damit die strategische Aufgabe, für ein harmonisch abgedecktes Produktfeld, d. h., möglichst keine Überlappungen der Produkte aber auch keine Lücken in deren Funktionsumfang, zu sorgen. In einer Produkt-Arbeitsgruppe sind meist alle Betroffenen eines bestimmten Produktfelds vertreten. Zu diesem Kreis gehören Vertreter der SW-Entwicklung, des Vertriebes, des Marketings und des Kundendienstes sowie interne Anwendervertreter.

Die vorgenannten Steuerungsgremien treten meist zu fest vorgegebenen Zeitpunkten in »Phasenentscheidungssitzungen« oder »Projektstatus-Entscheidungssitzungen« zur Projektberatung zusammen. Dort wird nach Durchsprache der aktuellen Projektpläne und -berichte auch über das weitere Vorgehen im Projektablauf entschieden.

Anwender- und Nutzergremien installiert man als Steuerungsgremium bei Neu- und Weiterentwicklungen von Verfahren, die in mehreren Bereichen eines Unternehmens gleichermaßen eingesetzt werden. Hauptaufgabe ist die Bündelung aller Anwenderwünsche sowie eine Prioritätenvergabe bei Weiterentwicklungsmaßnahmen mit dem Ziel, eine gemeinsame Entwicklungsstrategie für das mehrfach eingesetzte Verfahren zu erreichen. Neben der fachlichen Steuerung der Entwicklungsaktivitäten erarbeitet ein solches Gremium die Entscheidungsgrundlage für das übergeordnete Entscheidungsgremium; hierzu wird neben dem Vorschlag nutzungsbezogener Kostenverteilungsschlüssel der zugehörige Projektantrag in seinen Projektdaten formuliert. Natürlich soll ein Anwender- bzw. Nutzergremium, dessen Leiter i. allg. der Projektleiter selbst ist, auch »Informationsdrehscheibe« für die einzelnen Verfahrensnutzer sein.

Das *Change Control Board* ist ein Steuerungsgremium, das im Rahmen des Konfigurationsmanagements eingerichtet wird. Seine Hauptaufgabe ist die Änderungssteuerung; d. h., es entscheidet über die Durchführung notwendig gewordener Änderungsprozesse. In diesem Gremium sollten Mitarbeiter aus allen Entwicklungsfunktionen (Systemplanung, Systemrealisierung, Systemabnahme) sowie möglichst auch die Auftraggeberseite vertreten sein. Die Leitung obliegt i. allg. dem Projektleiter.

Entscheidungsgremien

Wenn ein großes Projekt besonders wichtig für ein Unternehmen ist oder wenn ein Projekt von unterschiedlichen Bereichen finanziert wird, so ist es häufig notwendig, dem Projektleiter ein Entscheidungsgremium beizuordnen. Dies darf allerdings nicht zu einer »Sozialisierung« der Verantwortung führen, so daß bei einem Entscheidungsbeschluß sich jeder der Mitglieder des Entscheidungsgremiums auf seinen nächsten bezieht und – wenn sich die Entscheidung als Fehler erweist – es niemand (allein) gewesen sein will. Auch darf das Entscheidungsgremium den Projektleiter nicht aus seiner personifizierten Verantwortung entlassen, dafür muß es aber diesem die nötige Rückendeckung beim Beschaffen von Ressourcen und im politischen Umfeld geben. Häufig besteht die Gefahr, daß das Bestreben zur Einstimmigkeit den Entscheidungsprozeß stark verlangsamt und Entscheidungen hinausgeschoben werden. Nur, wenn die Mitglieder eines Entscheidungsgremiums – welches ja meist keinen Vorsitzenden hat – über einen ausreichenden Konsens verfügen, kann das Gremium seine Entscheidungsaufgabe erfüllen.

Gängige Bezeichnungen für Entscheidungsgremien sind *Entscheidungsinstanz, Entscheidungsausschuß, Entscheidungskreis* und *Lenkungsausschuß*. Ihre Funktionen sind sehr ähnlich; eine definitorische Unterscheidung läßt sich kaum vornehmen. Dagegen haben die *Produktinstanz* bzw. *Produktkommission* sowie die *Systeminstanz* festumrissene Entscheidungsfunktion. Die Produktinstanz bzw. -kommission ist für einen bestimmten Produktbereich eingesetzt und nimmt alle Entscheidungen an den Zäsurpunkten des Produktlebenszyklus wahr. Hierzu gehören Aufgaben wie Prioritätenfestlegung, Entwicklungsstart, Fertigungsfreigabe, Vertriebsfreigabe, Lieferfreigabe, Produktveränderung und -streichung. Die Systeminstanz ist den einzelnen Produktinstanzen übergeordnet und soll die Systemgesamtheit über die einzelnen Produktbereiche wahren; deshalb ist jede Produktinstanz verpflichtet, unverzüglich die Systeminstanz anzurufen, sobald der Systemaspekt durch Produktentscheidungen wesentlich berührt wird.

Entscheidungsgremien können entweder in unregelmäßiger Folge zu relevanten Phasenabschnitten des Entwicklungsprozesses zusammentreten (z. B. Projektbeginn, Definitionsabschluß, Realisierungsbeginn, Projektabschluß) oder auch in einem festen Zeitrhythmus tagen (z. B. Beginn und Mitte des Geschäftsjahres). Handelt es sich um kleinere Projekte, die aber von unterschiedlichen Bereichen finanziert werden, kann das Entscheidungsgremium auch nur auf *postalischem* Wege wirken, indem der Projektleiter das Gremium durch Protokolle und Projektstatusberichte informiert und die Mitglieder des Entscheidungsgremiums ihre (genehmigenden) Unterschriften in den Projektantrag im Umlaufverfahren setzen.

Die meisten Entscheidungsgremien haben keinen Vorsitzenden oder Sprecher. Dies hat sich in der Praxis schon häufig als sehr nachteilig erwiesen, da im Laufe eines Projekts der Zusammenhalt und die gemeinsame Verantwortung um das Projekt erschlaffen können. Die Ernennung eines »Primus-inter-pares« ist hier empfehlenswert, da von ihm Impulse ausgehen können, die ein kraftvolles Wirken des Entscheidungsgremiums während der gesamten Projektzeit gewährleisten.

2.4 Projektorganisation

Kommunikationsgremien

Kommunikationsgremien stehen i. allg. außerhalb eines bestimmten Projekts; sind also im strengen Sinne keine Projektgremien; sie dienen im wesentlichen als Informationsdrehscheiben zwischen den Entwicklungsstellen der einzelnen Linienbereiche. Ähnlich den projekt- bzw. produktorientierten Beratungsgremien sollen sie den allgemeinen Informationsfluß steigern, um einerseits Parallelentwicklungen aufgrund eines Wissensmangels zu verhindern und andererseits Synergien zu fördern. Gerade im synergetischen Bereich sind bei einem großen Unternehmen sehr große Reserven und »Wissensschätze« vorhanden. Diese zu heben, muß intensiviert werden. Dem großen Vorteil der Flexibilität bei einer »Garagenfirma« steht nämlich der gewaltige Vorteil in der gegenseitigen Wissensbereicherung bei einem Großunternehmen gegenüber.

Kommunikationsgremien haben immer ein spezielles Wissensgebiet als Thema, wie z. B. Entwicklungsplanung- und -steuerung, SW-Technologie, CAD-Methoden und -Verfahren, Produktionssteuerungsverfahren, und sie sind oft überbereichlich besetzt. Die Bezeichnungen variieren auch hier sehr stark, teilweise bedient man sich auch aus sprachlichen Schwächen englischer Begriffe wie »SW-Board«, »Control-Board« und »User-Club«. Die Ernennung eines Leiters für ein Kommunikationsgremium sollte selbstverständlich sein. Nur durch diesen kann ein langes und ergiebiges Arbeiten des Gremiums erreicht werden; er muß die Triebfeder des Ganzen sein. Fällt diese weg, so löst sich ein Kommunikationsgremium mit der Zeit aufgrund schwindenden Interesses meist von selbst auf.

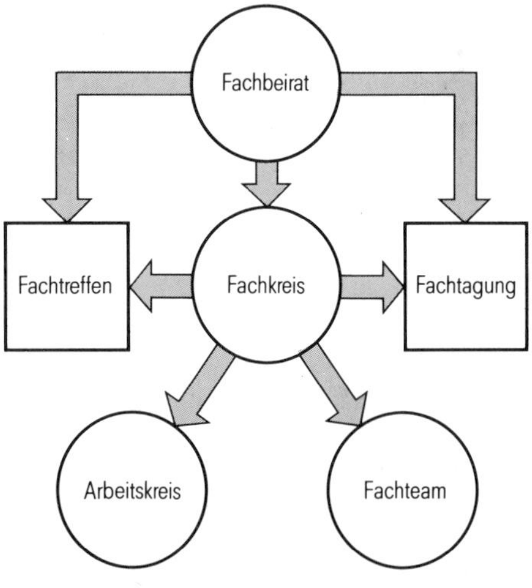

Im Rahmen des allgemeinen Erfahrungsaustausches kann eine Gesamtkonzeption für einen umfassenden und gesteuerten Informationsfluß (Bild 2.48) nützlich sein: Zu mehreren Grundsatzthemen aus den Entwicklungs- und Fertigungsbereichen werden Fachbereiche gebildet; diesen stehen *Fachkollegien* bzw. *Fachbeiräte* vor und setzen sich aus anerkannten Fachleuten aus allen Bereichen des Gesamtunternehmens zusammen. Sie fördern, organisieren und lenken in dem betreffenden Fachbereich den Erfahrungsaustausch der einzelnen Bereiche untereinander. Hiermit soll ein systematisches Nutzen des meist örtlich entstehenden Erfahrungsschatzes über die ganze Breite und in der ganzen Tiefe des Unternehmens erreicht werden.

Innerhalb der Fachbereiche sind *Fachkreise* zu speziellen Themen eingerichtet. Im Rahmen ihrer Fachaufgabe sollen diese durch eigene Ausarbeitungen, Untersuchungen, Diskussionen und Vorträge zum allgemeinen Erfahrungsaustausch beitragen.

In weiteren, temporär eingesetzten *Fachteams* und Arbeitskreisen können einzelne Aufgaben, die von besonderem Interesse sind, vertieft werden. Nach Erarbeiten bzw. Lösen ihrer Sonderaufgabe löst man diese Fachteams wieder auf.

Zusätzliche Fachtreffen und Fachtagungen dienen dem Informations- und Erfahrungsaustausch über den Kreis des einzelnen Fachkreises hinaus. Ein Fachtreffen dient dem internen Erfahrungsaustausch z. B. einer ganzen Fachsparte; mit einer Fachtagung dagegen wird überbereichlich ein allgemeiner Interessentenkreis zu einem Grundsatzthema angesprochen.

Einsatz von Projektgremien

So förderlich die aufgezählten, überbereichlichen Projektgremien für die Planung und Steuerung von Projekten auch sind, so haben sie doch auch ihre Schwächen. In Planungsgremien kann man Projekte bereits in ihrer Geburtsstunde zerreden; Beratungsgremien können zu einem taktischen Instrument entarten, mit dem ein Projekt mehr gebremst als gefördert wird; Entscheidungsgremien können Verantwortungen und Kompetenzen verwässern und Kommunikationsgremien können zu »Selbstdarstellungsklubs« ausufern. Deshalb sollten solche Gremien nur eingerichtet werden, wenn sie unerläßlich sind und ihr erfolgreiches Wirken auch weitgehend gesichert ist.

Bild 2.48   Verbund von Kommunikationsgremien

Tabelle 2.8 Einsatz von Projektgremien

Projektgremium	Projektorganisation				
	R-PO	E-PO	M-PO	A-PO	L-PO
Planungsgremium		×	×		
Beratungsgremium		×	×		(×)
Steuerungsgremium			×		(×)
Entscheidungsgremium	(×)	×	×		(×)
Kommunikationsgremium	×	×	×	×	×

R-PO   Reine Projektorganisation
E-PO   Einfluß-Projektorganisation
M-PO   Matrix-Projektorganisation
A-PO   Auftrags-Projektorganisation
L-PO   Projektmanagement in der Linie
(×)   Nur bei überbereichlicher Finanzierung

In Tabelle 2.8 ist – bezogen auf die unterschiedlichen Formen einer Projektorganisation – der sinnvolle Einsatz dieser Gremien aufgezeigt.

Die Aufgaben eines Projektgremiums – egal welcher Ausprägung – sollten schriftlich festgehalten werden. Dies kann ähnlich wie die Stellenbeschreibung für den Projektleiter geschehen (siehe Bild 2.50). Die Beschreibung sollte hierbei folgende Punkte enthalten:

— Projektname,
— Bezeichnung des Gremiums,
— Leiter des Gremiums und Stellvertreter,
— Aufgabenbeschreibung,
— Lebensdauer,
— Mitglieder,
— Tagungs- bzw. Sitzungsfolge,
— Abstimmregeln,
— Form der Dokumentation und Information,
— Unterschriften der »Gründer«.

Mit einer solchen Aufgabenbeschreibung werden für alle Projektbeteiligten die Ziele und Aufgaben des betreffenden Gremiums gleichermaßen dokumentiert.

2.4.3 Projektleiter

Der Erfolg eines Projekts hängt entscheidend von der Qualität der Projektleiter-Besetzung ab. Einerseits muß der Projektleiter über das entsprechende fachliche Know-how sowie über ausgeprägte Fähigkeiten hinsichtlich Menschenführung und Kooperation verfügen. Unerläßlich für den Projektleiter ist aber auch eine klar umrissene Weisungs- und Entscheidungsbefugnis. Wenn in der Bewertung dieser beiden Punkte in der Phase der Projektgründung Fehler gemacht werden, ist das Projekt häufig bereits von Anfang an zum Scheitern verurteilt.

Mit dem Einsetzen eines Projektleiters soll vor allem erreicht werden, daß für das Projekt durch *Personifizierung der Verantwortung* klare und eindeutige Informations- und Entscheidungswege geschaffen werden. Die Erfahrung zeigt, daß man aber gerade hierin immer wieder zu große Kompromisse eingeht.

Bei dem einen Projekt werden die Projektmitarbeiter dem Projektleiter nicht klar zugeordnet – der Projektleiter muß dann oft die Mitarbeit anderer erbetteln. Bei einem anderen Projekt werden aus politischen Gründen, d. h., meist aus Mangel an Entscheidungskraft gleich zwei Projektleiter benannt – obwohl dies dem Prinzip des Projektmanagements widerspricht. Es kommt auch vor, daß ein einzelner gleichzeitig Projektleiter von mehreren Projekten sein soll; das »Tanzen auf mehreren Hochzeiten« ist aber in jedem Fall für eine effiziente Projektführung sehr schädlich. Personifizierte Verantwortung muß *unteilbar* bleiben.

Es gibt auch Projekte, die bereits in die Durchführungsphase eingetreten sind, und man immer noch keinen Projektleiter benannt hat, sei es, daß man keinen Kandidaten findet oder, daß man sich scheut, einem potentiellen Kandidaten die notwendigen Kompetenzen zu übertragen.

Aufgaben

Die Aufgabe des Projektleiters ist das Erreichen des definierten Projektziels unter Einhaltung des Kosten- und Terminrahmens bei voller Erfüllung des geforderten Leistungsumfangs und der geforderten Qualität. Der Projektleiter bestimmt hierbei vornehmlich den spezifizierenden und planenden Projektanteil, wogegen die Fachverantwortlichen den realisierenden Anteil übernehmen.

Zum Aufgabenspektrum eines Projektleiters zählen:

▷ Organisieren der Projektgruppe,
▷ Definieren und Strukturieren der technischen Aufgabenstellung,
▷ Planen und Kontrollieren der Projektaufgabe,
▷ Führen der Projektmitarbeiter,
▷ Koordinieren der Partnerstellen,
▷ Informieren der zuständigen Projektgremien,
▷ Durchführen des Projektabschlusses sowie
▷ Moderieren von Beratungs- und Steuerungsgremien.

Zur Unterstützung der kaufmännischen Belange sollte bei größeren Projekten dem Projektleiter ein »Projektkaufmann« zur Seite stehen, dem die gesamte Kostenplanung und Kostenverfolgung obliegt.

In den PM-Merkblättern 1, 12, 21 und 31 des Anhangs sind die Aufgaben angegeben, die der Projektleiter, bezogen auf eine bestehende Projektorganisation, in den einzelnen Projektabschnitten zu erfüllen hat. Umfang und Intensität dieser Aufgaben hängen allerdings stark von der Art des Entwicklungsvorhabens und von der Projektgröße ab.

Weisungs- und Entscheidungskompetenz

Der Projektleiter hat neben der Leitung und Verantwortung auch die Repräsentanz und Personalführung des Projekts; er muß das Projekt gegenüber dem Leitungskreis, den Auftraggebern sowie den Unterauftragnehmern vertreten, hinzu kommt die personelle und fachliche Betreuung der Mitarbeiter. Vom Projektleiter wird auf sehr unterschiedlichen Gebieten viel verlangt, daher müssen ihm auch – wie bereits erwähnt – ausreichende Weisungs- und Entscheidungsbefugnisse übertragen werden. Zu diesen sollten gehören:

▷ Arbeitsverteilung in den Projektgruppen,
▷ Auftragsvergabe an fremde Stellen,
▷ Kontrolle und Steuerung aller Projektarbeiten,
▷ Einberufung der installierten Projektgremien sowie

▷ Mitspracherecht bei Personalentscheidungen (Versetzung, Einstellung, Gehaltslesung, Beurteilung etc.).

Natürlich hängt der Kompetenzumfang des Projektleiters von der Art der Projektorganisation und damit der Ein- bzw. Anbindung an die Linienorganisation ab.

Im Bild 2.49 ist schematisch der Umfang der Weisungs- und Entscheidungskompetenzen des Projektleiters in der jeweiligen Form einer Projektorganisation dargestellt. Sowohl in der reinen Projektorganisation, bei der ein informeller Einfluß durch die Nachbarbereiche besteht, als auch beim Projektmanagement in der Linie ist eine wirkliche Kompetenz-Eindeutigkeit vorhanden. Bei der Einfluß-Projektorganisation hat der Projektleiter nur einen koordinierenden Einfluß auf die in der Linie etablierten Entwicklungsstellen. Bei der Auftrags-Projektorganisation gibt es durch das klare Auftraggeber/Auftragnehmer-Verhältnis zwischen Linie und Projekt ein »Machtgleichgewicht«. Nur bei der starken sowie bei der schwachen Matrix-Projektorganisation gibt es einen breiten Konfliktbereich entweder mit Schwerpunkt bei der Linie oder beim Projekt.

Qualifikation

Bereichsleitung und Projektmitarbeiter haben bzgl. der Qualifikation eines Projektleiters z.T. divergie-

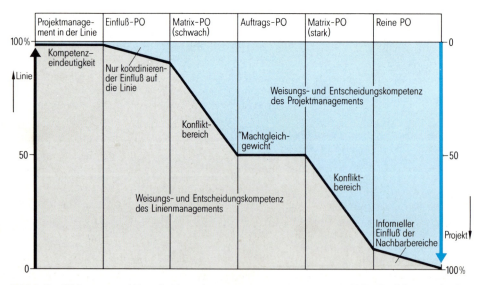

Bild 2.49   Weisungs- und Entscheidungskompetenz   PO   Projektorganisation

rende Erwartungen; so wünscht sich die obere Leitung eine dynamische und initiative Führungspersönlichkeit als Projektleiter; die Projektmitarbeiter dagegen möchten in dem Projektleiter vor allem einen fachwissenden und motivierenden Vorgesetzten haben.

Zu den besonderen Eigenschaften eines Projektleiters zählen u. a.

auf der persönlichen Seite:

— Eigeninitiative,
— Entscheidungsfreudigkeit,
— Motivationsfähigkeit,
— Kooperationsbereitschaft,
— Durchsetzungskraft,
— Delegationsbereitschaft,
— Einfühlungsvermögen und
— Konsequenz,

sowie zu den Fähigkeiten auf der fachlichen Seite:

— technisches Fachwissen,
— kaufmännische Kenntnisse,
— Kenntnisse der Unternehmensstruktur,
— Projektmanagement-Erfahrung,
— Wirtschaftlichkeitsdenken,
— Organisationstalent und
— Verhandlungsgeschick.

Natürlich kann der normale Projektleiter nicht auf allen Gebieten vorbildlich sein; durch die gezielte und fortsetzende Schulung potentieller Projektleiter sollte aber versucht werden, sich den genannten Qualifikationszielen immer mehr zu nähern.

Stellenbeschreibung

Es bietet sich an, die Aufgaben und Kompetenzen des Projektleiters in einer eigenen Stellenbeschreibung festzulegen; sie sollte enthalten:

▷ Projektbezeichnung
▷ Projektkurzbeschreibung
▷ Projektleiter
▷ Stellvertretung
▷ Projektgremien
▷ Projektorganisation
▷ Aufgaben des Projektleiters
▷ Verantwortung
▷ Befugnisse
▷ Unterschriften.

Bild 2.50 gibt ein Beispiel für eine solche PL-Stellenbeschreibung; es kann als Anregung für ein bereichs- bzw. projektspezifisches formelles Festlegen der Funktion des Projektleiters dienen. Personifizierung der Verantwortung muß also auch zur Folge haben,

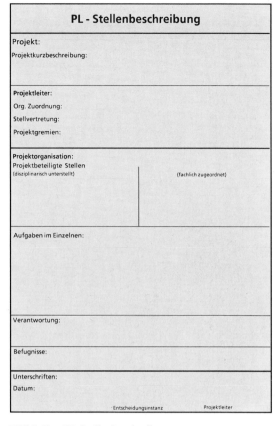

Bild 2.50   PL-Stellenbeschreibung

daß die Pflichten und Rechte des Projektleiters definiert und für die Projektumwelt eindeutig beschrieben sind. Mißverständnisse bzgl. der Zuständigkeiten im Laufe der Projektdurchführung kann man damit häufig von vornherein vermeiden.

Projektleiter-Hierarchie

Innerhalb sehr großer Entwicklungsprojekte oder bei unternehmensüberschreitenden (inter-industriellen) Projekten ist es meist erforderlich, für getrennte Teilprojekte, die in sich bereits ein großes Projekt darstellen, eigene (Unter-)Projektleiter zu ernennen. So können dann *Projektleiter-Hierarchien* entstehen ähnlich den Vorgesetzten-Hierarchien in einer Linienorganisation. Allerdings verfügt jeder Teil-Projektleiter unabhängig von der PL-Hierarchieebene über eine ihm direkt zugeordnete Projektgruppe.

Außerdem sind die Teil-Projektleiter dem Gesamt-Projektleiter nicht in einem üblichen Vorgesetzten-

Untergebenen-Verhältnis zugeordnet, sondern es besteht zwischen ihnen – bezogen auf die auszuführenden Aufgaben – ein klar definiertes Auftraggeber/Auftragnehmer-Verhältnis, welches damit auch die Verantwortungen und Befugnisse klar abgrenzt. Insofern steht der Teil-Projektleiter auf ähnlicher Stufe wie der Gesamt-Projektleiter.

Auch für die Teil-Projektleiter sollte eine PL-Stellenbeschreibung vorliegen, um deren Aufgaben und Kompetenzen festzuschreiben und gegenüber den anderen Teil-Projektleitern klar abzugrenzen. Eine etwaige Verantwortungskonkurrenz ist in jedem Fall zu vermeiden.

2.4.4 Projektbüro

Planung, Überwachung und Steuerung von Entwicklungsprojekten erfordern im Rahmen eines durchgängigen Projektmanagements stets auch entwicklungsneutrale Tätigkeiten, die nicht unmittelbar der fachlichen Realisierung dienen, für den optimalen und reibungslosen Ablauf der Entwicklungsarbeiten jedoch außerordentlich wichtig sind. Hierbei ist es allerdings wesentlich rationeller, all diese entwicklungsneutralen Aktivitäten von einem separaten Projektbüro durchführen zu lassen als sie auf die vielen einzelnen Entwickler zu verteilen.

Das *Projektbüro* übernimmt alle entwicklungsflankierenden und -betreuenden Aufgaben. Dabei sollten die Mitarbeiter des Projektbüros möglichst von allen PM-fremden Aufgaben freigehalten werden, damit sie über einen gewissen Freiraum verfügen, der notwendig ist, um den Gesamtblick für das Projekt zu bewahren. Wird das Projektbüro nämlich mit zu vielen administrativen Aufgaben belastet, so wird dies zu einem Qualitätsverlust des gesamten Projektmanagements führen. Ein Projektbüro darf nicht zu einem bloßen »Papiersammler und -verteiler« degradiert werden.

In vielen Entwicklungsbereichen gibt es bereits Projektbüro-ähnliche Dienststellen, die z.T. sehr unterschiedliche Bezeichnungen haben, z.B.:

— Projektleitungsbüro,
— Projektplanungsbüro,
— Netzplanbüro,
— Projektunterstützung (PU),
— Projektmanagement-Office (PMO),
— Projektmanagement-Büro (PM-Büro),
— Auftragsbüro.

Die jeweiligen Aufgabenspektren können sehr voneinander abweichen. Manche dieser Projektbüros greifen stark in das Entwicklungsgeschehen ein; soweit, daß sie sogar über eigene Entwicklungsfachleute verfügen. Andere haben nur Sorge für eine vollständige und aktuelle Projektberichterstattung zu tragen, also mehr eine *PM-Administration* darzustellen.

Aufgaben

Die vom Projektbüro durchzuführenden Aufgaben lassen sich in drei Bereiche einordnen. Es handelt sich hierbei um Planungs-, Erfassungs- und Informationsaufgaben.

Planungsaufgaben
▷ Mitarbeiten beim Strukturieren des Entwicklungsvorhabens (Produktstruktur, Projektstruktur, Kontenstruktur),
▷ Erstellen von Aufwands- und Terminplänen (z. B. Netzpläne),
▷ Simulieren von Netzplanvarianten,
▷ Aktualisieren von Aufwands- und Terminplänen mittels eines Rückmeldewesen,
▷ Aufzeigen kritischer Projektteile,
▷ Mitwirken bei Aufwandsschätzungen (z. B. Schätzklausuren),
▷ Teilnehmen bei Projektdurchsprachen,
▷ Unterstützen bei der FuE-Planung.

Erfassungsaufgaben
▷ Erfassen der Projektstammdaten
▷ Erzeugen der Stundenkontierungsbelege,
▷ Verteilen und Einsammeln der Stundenkontierungsbelege,
▷ Plausibilisieren der erfaßten Daten gegen den Netzplan, Kontenplan etc.,
▷ Weiterleiten der Istdaten an die Kostenverrechnungsverfahren,
▷ Erfassen der Terminrückmeldedaten.

Informationsaufgaben
▷ Generieren von Projektdaten-Auswertungen,
▷ Erstellen von Projektplänen und Projektberichten,
▷ Plotten von Netzplänen,
▷ Verteilen von Teilnetzplänen,
▷ Vorbereiten von Entscheidungsunterlagen für die Projektleitung,
▷ Erstellen von Projektberichten für die Bereichsleitung,
▷ Aufbauen und Aktualisieren der Projektdatenbasis,
▷ Aufbereiten der Informationen für die Erfahrungsdatenbank.

Neben diesen »klassischen« Aufgaben kann ein Projektbüro noch weitergehende Aufgaben übernehmen, die intensiver in die Entwicklung eingreifen. Hierzu gehören z. B.:

— Inspektionen (Review-Tätigkeiten),
— Aufgaben im Rahmen der Qualitätssicherung,
— Verfahrensabwicklung des Konfigurationsmanagement-Systems (KMS),
— Abnahmeprozedur der Meilenstein- bzw. Phasenabschlußergebnisse sowie
— vertriebsorientierte Tätigkeiten (z. B. Vertragswesen).

Das Projektbüro stellt insgesamt die Schnittstelle zwischen den einzelnen Entwicklungsgruppen, der FuE-Kaufmannschaft und der Bereichsleitung dar.

Organisatorische Einbettung

Ein Projektbüro kann für ein einziges Projekt installiert werden, wenn dieses über eine entsprechende Größe verfügt; man kann es aber auch für mehrere kleine Projekte einrichten, um so eine Zusammenfassung gleichartiger PM-Tätigkeiten zu erreichen.

Allgemein kann man bei der organisatorischen Einbettung drei Formen unterscheiden:

▷ Zentrale PM-Dienstleistung,
▷ Dezentralisierte PM-Dienstleistung,
▷ Aufgeteilte PM-Dienstleistung.

Zentrale PM-Dienstleistung

Eine zentrale PM-Dienstleistung bietet sich vor allem bei großen bis sehr großen Entwicklungsprojekten an, bei denen die *Gesamtheit* der Projektplanung und -kontrolle einen hohen Stellenwert hat.

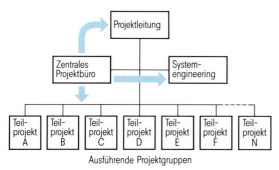

Bild 2.51 Zentrale PM-Dienstleistung

Das Projektbüro stellt hier quasi die »rechte Hand« der Projektleitung dar. Es darf aber nicht zum reinen »Befehlsvollstrecker« der Projektleitung werden, weil sonst leicht eine Polarität zwischen Entwicklung und Projektbüro entsteht. Bewährt hat es sich daher, für die organisatorische Aufhängung eines zentralen Projektbüros eine ähnliche Konstruktion zu wählen wie für die Funktion des Systemengineering, das bekanntlich die systemtechnische Kontrolle eines Entwicklungsprojekts übernimmt (Bild 2.51).

Das Projektbüro ist weder der Projektleitung noch der Entwicklung unmittelbar zugeordnet, sondern hat die Stellung eines unabhängigen Referats. Diese Einordnung zwischen der Projektleitung und den Projektgruppen hat den großen Vorteil, daß das Projektbüro die Funktion eines *Mittlers* einnehmen kann. Nur wenn gewährleistet ist, daß von »unten« kommende negative Projektinformationen nicht sofort »oben« zum Nachteil einzelner ausgewertet werden, ist ein ehrliches Rückmeldewesen sowohl bzgl. der Termine als auch der Aufwände möglich; dies ist aber Grundvoraussetzung für eine zielgerichtete Projektplanung und -steuerung.

Die vorstehend gezeigte Einbettung des Projektbüros ist im Prinzip unabhängig von der vorhandenen Projektorganisation. So ist z. B. sowohl bei einer reinen Projektorganisation als auch bei einer Matrixorganisation die Einrichtung eines zentralen Projektbüros angebracht.

Dezentralisierte PM-Dienstleistung

Handelt es sich nicht um das Projektmanagement eines einzigen großen Entwicklungsprojekts, sondern um das mehrerer kleinerer Projekte, so ist i. allg. – aus Kostengründen – das Einrichten vieler einzelner (projekteigener) Projektbüros nicht angängig. Hier bietet es sich an, einen *Pool* gut ausgebildeter Projektassistenten aufzubauen, aus dem je nach Projektgröße »Projektassistenz« abrufbar ist. Die disziplinarisch zum zentralen Projektbüro gehörenden Projektassistenten werden temporär den einzelnen Projekten zugeordnet und führen dort für die Dauer des betreffenden Projekts Aufgaben im Rahmen des »örtlichen« Projektmanagements aus; häufig kann hierbei der einzelne Projektassistent sogar mehrere Projekte parallel betreuen.

Zu den wesentlichen Aufgaben solcher auszuleihenden Projektassistenten gehören:

— Umformen der jeweiligen Plankonzepte in projektspezifische Einzelpläne,

— DV-mäßiges Erfassen der Plan- und Istdaten,
— Aufbau und Aktualisieren von Netzplänen,
— Erstellen und Verteilen von Projektplänen und Projektberichten sowie
— allgemeine PM-Unterstützung der einzelnen Projektleiter bei Projektbesprechungen.

Der Vorteil einer *dezentralisierten* PM-Dienstleistung liegt einerseits in der optimalen Auslastung des PM-Personals, aber auch in der gleichartigen und gleichwertigen PM-Durchdringung; d. h., trotz dezentraler Durchführung der PM-Aufgaben werden bei allen Projekten dieselben PM-Methoden und -Werkzeuge verwendet. Deshalb kann das zentrale Projektbüro auch – falls gewünscht – die verschiedenen Projektdaten sehr leicht auf einer höheren Komprimierungsebene im Rahmen seiner projektüberschreitenden Aufgaben zusammenführen.

Die Einrichtung eines zentralen Projektbüros mit dezentralisierter PM-Dienstleistung bietet sich besonders bei Kleinprojekten – z. B. bei einer Multiprojektplanung – an, die innerhalb einer Linienorganisation abgewickelt werden sollen.

Aufgeteilte PM-Dienstleistung

Bei größeren Entwicklungsbereichen mit mehreren Entwicklungsabteilungen kann es sinnvoll sein, die gesamte Projektplanung und -steuerung zweistufig vorzunehmen. Auf der *Detaillierungsebene* (low level) werden die einzelnen Projekte innerhalb der jeweiligen Entwicklungsabteilung z.B. mit der Netzplantechnik durchgeplant (und dann auch kontrolliert). Nur die Projekt-Eckdaten werden anschließend auf einer höheren *Komprimierungsebene* (high level) über alle Entwicklungsabteilungen zusammengefahren und ermöglichen dort einen Gesamtüberblick über den gesamten Entwicklungsbereich.

Für die PM-Dienstleistung ist hierbei eine Aufteilung erforderlich: jede Entwicklungsabteilung erhält ihre eigene Dienststelle zur Projektunterstützung (PU-Stelle), die methodenfachlich aber einem gemeinsamen Projektbüro zugeordnet ist (Bild 2.52). Die örtliche PU-Stelle übernimmt alle abteilungsinternen PM-Dienstleistungen, und das (zentrale) Projektbüro sorgt für das Aggregieren der Projektdaten auf höherer Ebene.

Die Vorteile einer solchen PM-Dienstleistung liegen sowohl in der Wahrung einer gewissen Intimität der abteilungsinternen Planung auf der Detaillierungsebene als auch in der größeren Flexibilität des gesamten Planungsgeschehens. Da nur die Eckdaten eines Projekts nach oben zu geben sind, kann man nämlich auf der Detaillierungsebene die vielen kleinen Plankorrekturen leichter und schneller verarbeiten.

Die erforderliche Personalstärke für eine aufgeteilte PM-Dienstleistung ist naturgemäß etwas größer als bei einer zentralen oder dezentralisierten.

Personalstärke

Wegen der unterschiedlichen Tätigkeitsfelder eines Projektbüros muß es – hinsichtlich Anzahl und Qualifikation der Mitarbeiter – adäquat ausgestattet sein. So sollte ein Projektbüro für ein großes Entwicklungsprojekt, bei dem die Netzplantechnik angewendet wird, mindestens verfügen über je einen

▷ Projektorganisator,
▷ Netzplantechniker sowie
▷ Sachbearbeiter für die Stundenkontierung.

Die absolute Anzahl Mitarbeiter hängt sowohl von der PM-Durchdringung im betreffenden Entwicklungsbereich als auch von der Größe des Projekts bzw. der zu betreuenden Projekte ab. Auch können in einem kleinen Projektbüro die vorgenannten Aktivitäten auf weniger Personen konzentriert werden, wenn die einzelnen Aufgaben, wie z. B. das Bearbeiten der Stundenkontierung, nicht einen Full-time-Job darstellen. Das Qualifikationsprofil der ausgewählten Mitarbeiter muß allerdings das Zusammenlegen unterschiedlicher Aufgaben auf eine Person zulassen.

Ausgehend von den in Kap. 1.4 erwähnten Untersuchungen über die Projektmanagement-Kosten kann

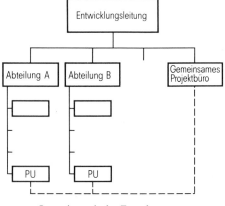

—— Organisatorische Zuordnung
--- Methodenfachliche Zuordnung

Bild 2.52   Aufgeteilte PM-Dienstleistung

für die optimale Anzahl Mitarbeiter eines Projektbüros, abhängig vom zu betreuenden Projektvolumen, ein Kurvenverlauf nach Bild 2.53 abgeleitet werden.

Da einerseits die Stundensätze für die einzelnen Mitarbeiter stark variieren können und die Kostenaufteilung zwischen Personal und Material bei den Projekten unterschiedlich ist und andererseits auch das Aufgabenspektrum sehr unterschiedlich sein kann, ist eine generelle Angabe für das Zahlenverhältnis zwischen Anzahl Mitarbeiter im Projektbüro zur gesamten Entwicklungsmannschaft nicht möglich. Als Leitgrößen für mittlere und sehr große Projektvolumina können aber folgende Verhältniszahlen (PM-Betreuungsanteil) gelten:

Mittleres Projektvolumen (etwa 10′ DM/Jahr)

$$\frac{\text{Kosten des Projektbüros}}{\text{Gesamtprojektkosten}} = 3\%$$

$$\frac{\text{Mitarbeiter des Projektbüros}}{\text{Entwicklungsmannschaft}} = 4\%$$

Sehr großes Projektvolumen (etwa 100′ DM/Jahr)

$$\frac{\text{Kosten des Projektbüros}}{\text{Gesamtprojektkoten}} = 1\%$$

$$\frac{\text{Mitarbeiter des Projektbüros}}{\text{Entwicklungsmannschaft}} = 1{,}5\%$$

Als Durchschnittswert können für das Kostenverhältnis 2% und für das Mitarbeiterverhältnis 3% dienen. In diesen Aufwands- und Kostenzahlen sind natürlich nicht die gesamten Aufwendungen für das Projektmanagement enthalten, da ja noch an anderen Stellen, wie z. B. bei den Projekt- und Gruppenleitern, PM-Aufgaben wahrgenommen werden.

Die in dem Bild 2.53 angegebenen Werte mögen im einzelnen höher (oder auch niedriger) liegen und vielleicht zu der kritischen Frage führen, ob denn ein so hoher Aufwand allein für ein Projektbüro gerechtfertigt ist. Entscheider lassen sich nicht selten dazu verleiten, auf ein Projektbüro zu verzichten, nach dem Motto: Das machen die Entwickler schon selbst, die können es sowieso besser und billiger ist es auch. Diese Argumentation ist nicht stichhaltig, da das *diversifizierte* Durchführen von PM-Aufgaben durch die einzelnen Entwickler unterm Strich erheblich aufwendiger und damit teurer als die zentrale Durchführung in einem Projektbüro ist. Zudem ist eine mehr individualisierte Projektführung mit viel mehr Risikofaktoren behaftet als eine gesamtheitliche.

Das Zusammenfassen aller generellen PM-Aufgaben in einem separaten Projektbüro hat im wesentlichen folgende Vorteile:

▷ Ganzheitliches Projektcontrolling,
▷ Vollständigkeit der Projektparameter (Termin, Aufwand und Kosten),
▷ hohe Aktualität der Projektdaten,
▷ rationelle Sammlung und Erfassung der Projektdaten,
▷ rationelle Erstellung der erforderlichen Projektpläne und Projektberichte,
▷ selektive und gezielte Projektberichterstattung,
▷ große Treffsicherheit von Projektsteuerungsmaßnahmen,
▷ intensive Kommunikation zwischen den einzelnen Projektgruppen.

Wie ersichtlich, ist das Einrichten eines Projektbüros vor allem auch aus wirtschaftlichen Gründen sinnvoll.

2.5 Prozeßorganisation

2.5.1 Gliederung des Entwicklungsprozesses

Signifikantes Merkmal eines Projekts ist bekanntlich der definierte Anfang und das definierte Ende. Zu einer zielgerichteten Abwicklung des Entwicklungsvorhabens ist es erforderlich, zwischen diesen beiden Eckterminen weitere, klar vorgegebene Zeitabschnitte einzufügen. Erst hierdurch wird eine über einen längeren Zeitraum laufende Entwicklung für das Projektmanagement überschaubar und damit kontrollierbar.

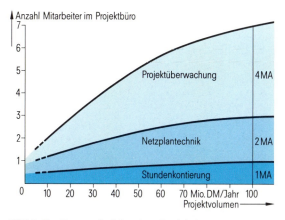

Bild 2.53   Personalstärke eines Projektbüros

In den Entwicklungsbereichen der meisten Unternehmen hat es sich daher durchgesetzt, die jeweiligen Entwicklungsabläufe in fest vorgegebene Entwicklungsphasen zu gliedern.

Definitionsrahmen von Prozeßplänen

Der Entwicklungsprozeß wird durch den »Prozeßorganisationsplan«, kurz Prozeßplan, beschrieben; er ist durch spezielle Richtlinien oder durch das Entwicklungshandbuch definiert und bestimmt
▷ Phasenziele,
▷ produkt- und projektbezogene Phasenergebnisse,
▷ Phasenabschlüsse und
▷ Kontrollinstanzen.

Phasenziele

Das Festlegen des jeweiligen Phasenziels umfaßt die fachliche Beschreibung der Teilaufgaben, die in der betreffenden Entwicklungsphase durchgeführt bzw. realisiert werden müssen. Phasenziele sind z. B. das Festlegen der HW/FW/SW-Funktionsteilung, das Erstellen eines HW-Funktionsmusters oder das Austesten eines SW-Moduls.

Produkt- und projektbezogene Phasenergebnisse

Produktbezogene Phasenergebnisse sind »anfaßbare« Zwischenprodukte, wie Leistungsbeschreibungen, Source-Programme, Prinzipmuster, Test- und Prüfberichte; sie liegen entweder als Hardware, als Software oder als Dokumentation vor.

Zu den *projektbezogenen* Phasenergebnissen gehören vor allem die Projektpläne und Projektberichte, also Pläne wie Projektstrukturplan, Einsatzmittelplan und Kostenplan sowie Berichte, wie Reviewprotokoll, QS-Bericht und Phasenabschlußbericht.

Gemeinsam ist diesen Phasenergebnissen, daß sie innerhalb der vorliegenden Prozeßorganisation inhaltlich eindeutig beschrieben sind, so daß keine Unklarheit darüber besteht, *was* und mit *welchem Inhalt* bei Abschluß einer bestimmten Entwicklungsphase vorliegen muß.

Phasenabschlüsse

Phasenabschlüsse haben einen offiziellen Charakter im Projektablauf; sie regeln die Abnahmeprozedur für Entwicklungszwischenergebnisse und stellen damit die Entscheidungszäsuren für den gesamten Projektverlauf dar. Phasenabschlüsse werden bei kleineren Projekten durch den Projektleiter selbst, bei größeren Projekten durch besondere Kontrollinstanzen wahrgenommen. In Phasenentscheidungssitzungen (PES) werden die einzelnen Phasenergebnisse der abzuschließenden Entwicklungsphase eingehend geprüft und begutachtet. Ist dies positiv verlaufen, wird die Entscheidung zum weiteren Fortführen der Entwicklung und damit zur Eröffnung der nächsten Phase getroffen. Fällt die Beurteilung der Phasenergebnisse dagegen negativ aus, so kann die Phasenentscheidungsinstanz die Wiederholung einzelner Phasenabschnitte fordern oder auch den Abbruch des gesamten Projekts veranlassen.

Kontrollinstanzen

Neben einer Phasenentscheidungsinstanz können in einer Prozeßorganisation noch weitere Kontrollinstanzen festgelegt und deren Arbeitsweise geregelt werden. Zu solchen Kontrollinstanzen zählen z. B. Qualitätssicherungsstellen, Review-Gruppen, Prüfstellen; aber auch das Projektbüro stellt eine Kontrollinstanz dar. Kontrollinstanzen sollten organisatorisch möglichst unabhängig von den Entwicklungsstellen sein, um jegliche Beeinflussung zu vermeiden.

Bei größeren, vor allem bei überbereichlichen Projekten empfiehlt es sich, einen *Phasenverantwortlichen* zu ernennen, der in besonderem Maß für die erarbeiteten Ergebnisse einer bestimmten Phase zuständig ist und die qualitative, wirtschaftliche und termingerechte Ausführung der technischen Planungsvorgaben sowie die Richtigkeit des angegebenen Mengengerüsts für die Projektpläne und -berichte zu verantworten hat.

Arten von Prozeßorganisationen

Die einzelnen Entwicklungsphasen sind in einem Prozeßorganisationsplan generell festgelegt; er bestimmt damit die Organisation des gesamten Entwicklungsprozesses. Da die einzelnen Entwicklungsbereiche in der Elektrotechnik sehr verschiedenartig sind – die Entwicklungen reichen von der Grundlagenforschung bis hin zum Großanlagenbau –, liegen zwangsläufig spezifische Entwicklungsprozesse vor; damit sind für diese unterschiedlichen Entwicklungen auch spezifische Prozeßorganisationen erforderlich. Es gibt immer wieder Verfechter der Theorie, daß man für alle

Entwicklungen einen *einheitlichen* Prozeßablauf definieren könne. Die Praxis zeigt aber, daß dieses Anliegen unsinnig ist. Jeder arteigenen Entwicklung muß eine eigene, ablauf- und aufgabenoptimierte Prozeßorganisation zugestanden werden, wobei die Entwicklungsabläufe allerdings nicht einer so großen Prozeßinnovation unterliegen wie z. B. die Abläufe in einer Fertigung.

Ganz besonders unterscheiden sich die HW- und SW-Entwicklungsprozesse voneinander, da es sich hier um so völlig andersartige Entwicklungsobjekte handelt – auf der einen Seite die Herstellung materieller Ware und auf der anderen Seite die Herstellung immaterieller Ware (z. B. in Form eines Rechnerprogramms). Allerdings ist im Zug des Wandels von der Elektromechanik zur Elektronik häufig eine HW- oder SW-isolierte Entwicklung nicht mehr angängig. Vielmehr muß der HW-Prozeß in vielen Fällen in enger Abstimmung mit dem SW-Prozeß durchgeführt werden. Auch muß die Anbindung der HW-Entwicklung an den nachfolgenden Fertigungsprozeß klar definiert sein; anderenfalls treten erhebliche Schwierigkeiten beim Anlauf der Serienfertigung auf.

Man kann von drei Formen einer Prozeßorganisation sprechen, die sich im Ausmaß der Prozeßkoordination zwischen Hardware und Software unterscheiden:

▷ Entkoppelte Prozeßorganisation
▷ Koordinierte Prozeßorganisation
▷ Integrierte Prozeßorganisation.

Entkoppelte Prozeßorganisation

Bei einer entkoppelten Prozeßorganisation läuft die SW-Entwicklung völlig unabhängig von der HW-Entwicklung ab. In solchen Prozeßorganisationen wird z. B. die Entwicklung von Anwendersoftware oder die Entwicklung von OD-/OA-Verfahren durchgeführt (siehe Kap. 2.5.2). Ein Abstimmen zwischen HW- und SW-Entwicklung ist nicht notwendig, da exakte Schnittstellenkonventionen, z. B. in Form einer SVC-Sprache (supervisor call) als Aufrufsprache an das Betriebssystem, eine besondere Abstimmung überflüssig machen. Werden die vorgegebenen Schnittstellenkonventionen eingehalten, so paßt die zu entwickelnde Software zwangsläufig auf die Hardware.

Produktentwicklungen, die überhaupt keine Software umfassen, wie z. B. Haushaltsgeräte oder klassische Produkte des Elektromaschinenbaus, werden ebenfalls in entkoppelten Prozeßorganisationen durchgeführt.

Koordinierte Prozeßorganisation

Von einer koordinierten Prozeßorganisation spricht man, wenn die SW-Entwicklung weitestgehend selbständig betrieben und nur an bestimmten Meilensteinen eine Koordination zur HW-Entwicklung erforderlich wird. Dies ist z. B. bei einer Betriebssystementwicklung der Fall. Hier sind die systemtechnischen Schnittstellen zwischen HW-Prozessor und System-Software so eindeutig, daß nur bei bestimmten Prozeßabschnitten, besonders während der Systemintegration, ein terminliches und fachliches Zusammenwirken beider Entwicklungsabläufe notwendig ist.

Darüber hinaus können bei koordinierten Prozeßorganisationen bestimmte Prozeßabschnitte für Hardware und Software sogar gemeinsam verlaufen, wie z. B. die Systemplanung am Prozeßanfang und der Systemtest am Prozeßende. Hier wird nur die eigentliche Realisierung der Hardware und der Software in getrennten Prozeßabläufen durchgeführt (siehe auch Kap. 2.5.3).

Integrierte Prozeßorganisation

Eine integrierte Prozeßorganisation ist angebracht, wenn die HW-Entwicklung während des gesamten Entwicklungsprozesses so eng mit der SW-Entwicklung zusammenwirken muß, daß eine ununterbrochene Abstimmung zwischen diesen beiden Entwicklungszweigen für den Realisierungserfolg unabdingbar ist.

Dies ist besonders der Fall bei der Entwicklung intelligenter Endgeräte, wie Personal Computern, multifunktionalen Terminals und TELETEX-Geräten. Hier muß nicht nur eine Software für das Endprodukt selbst entwickelt werden; eine solche ist vielmehr auch für die einzelnen Entwicklungsstufen der Hardware zu erstellen, also z. B. jeweils eine Software für das Prinzipmuster, für das Funktionsmuster und für den Prototyp. Die jeweilige SW-Entwicklung wird dabei sehr stark von dem aktuellen Entwicklungsstand der Hardware beeinflußt. Kap. 2.5.4 beschreibt eine solche integrierte Prozeßorganisation aus dem Bereich der Kommunikationsendgeräte-Entwicklung.

Unterteilung des Entwicklungsprozesses

Wie bereits dargelegt, kann ein Entwicklungsablauf aufgrund prozeßbedingter Abhängigkeiten unterschiedlich gestaltet und gegliedert werden. Bild 2.54 zeigt schematisch mögliche Prozeßunterteilungen.

2.5 Prozeßorganisation

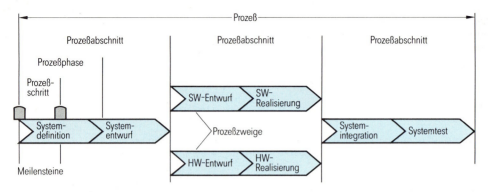

Bild 2.54   Unterteilung des Entwicklungsprozesses

Ein Prozeßorganisationsplan kann hierarchisch aufgebaut sein; d. h. es gibt mehrere Ebenen der Beschreibung von Entwicklungsabschnitten, wie

1. Ebene: Prozeßabschnitte,   z. B. Planung
2. Ebene: Prozeßphasen,   z. B. Systementwurf
3. Ebene: Prozeßschritte,   z. B. Prüfmittel-Leistungsbeschreibung ($\triangleq$ Meilenstein).

Gemäß diesen Prozeßebenen sind dann natürlich auch die Zäsurpunkte festgelegt. Entwicklungsabschlüsse der 1. Ebene sind von besonderer Relevanz für die Bereichsleitung, die der 2. Ebene für die Projektleitung und die der 3. Ebene für den einzelnen Entwickler.

Darüber hinaus können ganz bestimmte Entwicklungsabschlüsse, die für die Projektaußenwelt, also für den Auftraggeber, für den Kunden bzw. für den Vertrieb, von ausschlaggebender Bedeutung sind, als besondere Entwicklungseckpfeiler definiert werden. Diese Entwicklungszwischenstände bezeichnet man auch als *Entwicklungs-Schlußstriche* oder *Baselines*; sie charakterisieren einen Entwicklungsstand, der im Entwicklungsauftrag vertraglich festgehalten ist. Leistungsumfang, Kosten und Termin sind zu diesen Fixpunkten eindeutig festgelegt worden. Die in Kap. 2.1.4 beschriebenen Produktvereinbarungen (PV) werden vielfach solchen Entwicklungszwischenständen zugeordnet, z. B. die Produktvereinbarung-Durchführung (PV-D) zum Zeitpunkt des Anforderungs-Schlußstrichs und die Produktvereinbarung-Fertigung (PV-F) zum Zeitpunkt des Entwicklungs-Schlußstrichs.

Ein Prozeßorganisationsplan sollte nur soviel Phasen umfassen, wie dies für die Größe und Art des Entwicklungsvorhabens adäquat ist. Jede zusätzliche Prozeßunterteilung führt zwangsläufig zu einem größeren Planungs- und Überwachungsaufwand. Eine »Flexibilisierung« der Phasenanzahl in Entwicklungsbereichen mit einheitlicher Prozeßorganisation wird dadurch erreicht, daß man bei kleineren Projekten mehrere Phasen zu einem einzigen Entwicklungsabschnitt zusammenfaßt, wogegen bei größeren Projekten alle Phasen explizit durchlaufen werden. Tabelle 2.9 enthält eine Empfehlung für die optimale Phasenanzahl abhängig von der Projektgröße.

Prozeßgliederung mit Meilensteinen

Der in einzelne Prozeßschritte gegliederte Entwicklungsprozeß besteht häufig nicht aus einer sequentiellen Folge dieser Einzelschritte, sondern wird bestimmt durch eine z. T. große Überlappung der einzelnen Entwicklungsabschnitte. Es handelt sich – wie in Bild 2.55 anhand eines Beispiels aus der SW-Entwicklung gezeigt – nicht mehr um eine reine (serielle) *Prozeßkette*, sondern um ein *Prozeßnetz*. Der Grund liegt darin, daß viele Entwicklungsaufgaben in ihrer

Tabelle 2.9
Optimale Phasenanzahl abhängig von der Projektgröße

Projektgröße	Entwicklungsaufwand	Anzahl der Prozeßphasen
Sehr kleine Projekte	< 4 MM	1
Kleine Projekte	4 MM bis 5 MJ	3
Mittlere Projekte	5 MJ bis 50 MJ	5
Große Projekte	50 MJ bis 500 MJ	6
Sehr große Projekte	> 500 MJ	≥ 7

Durchführung über lange Strecken unabhängig voneinander sind und diese deshalb zeitlich parallel vorangetrieben werden können. Ein zwanghaftes Synchronisieren zu einem gemeinsamen Phasenabschluß wäre abwegig. Aus rein formellen Gründen müßten dann eventuell bestimmte Entwicklungsaufgaben auf andere warten, obwohl sie – ohne negative Auswirkungen auf das Gesamtprojekt – bereits fortgesetzt werden könnten. Die Möglichkeit eines früheren Fertigstellungstermins würde man hierdurch vergeben.

Der Entwicklungsprozeß muß als ganzes betrachtet werden; es ist deshalb sinnvoller, mehr Augenmerk auf die Meilensteine eines Entwicklungsablaufs zu legen. Die Entscheidungszäsur liegt dann nicht mehr bei dem (zwanghaft) gemeinsamen Ende einer Phase für alle Arbeitspakete, sondern an einzelnen Fertigstellungspunkten besonders wichtiger Tätigkeitsabschnitte, den *Meilensteinen*. Die einzelnen Entwicklungsaufgaben durchlaufen dann nur noch jeweils für sich die vorgegebenen Phasen des Prozeßorganisationsplans.

Ein Prozeßorganisationsplan kann daher mehr phasenorientiert oder mehr meilensteinorientiert aufgebaut sein. Handelt es sich um einen *phasenorientierten* Prozeßorganisationsplan, so kann eine Folgephase erst begonnen werden, wenn *alle* Arbeitspakete der laufenden Phase abgeschlossen sind – egal, ob sie voneinander abhängen oder nicht. Bei einem *meilensteinorientierten* Prozeßorganisationsplan ist der Zäsurpunkt auf den Meilenstein verlagert, d.h. das Abarbeiten der Arbeitspakete wird primär von deren fachlichen und personellen Abhängigkeiten bestimmt. In dem letzten Fall ist allerdings zur transparenten und effektiven Projektüberwachung der Einsatz eines

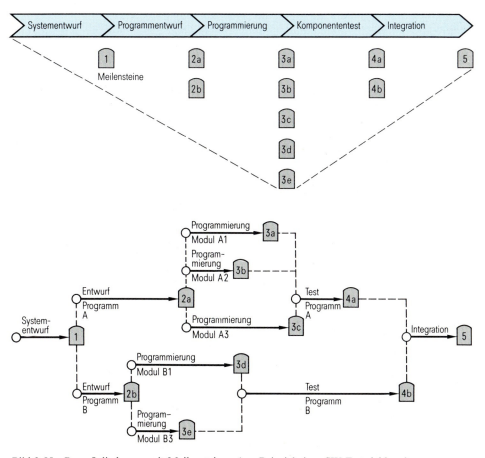

Bild 2.55 Prozeßgliederung mit Meilensteinen (am Beispiel einer SW-Entwicklung)

Netzplanverfahrens sehr empfehlenswert. Eine vollständige Ergebnisabfrage wäre anderenfalls nicht mehr gesichert.

Meilensteinkennzeichnung

Wie erwähnt, wird ein Prozeßschritt i. allg. von zwei Meilensteinen eingerahmt. Der »Start-Meilenstein« legt die fachliche Ausgangsbasis für den zu durchlaufenden Prozeßschritt fest (z. B. Vorliegen des Pflichtenhefts) und der »Ziel-Meilenstein« bestimmt das zu erreichende Ergebnis (z. B. die Leistungsbeschreibung).

Zum eindeutigen Identifizieren der einzelnen Meilensteine hat es sich bewährt, alle Meilensteine einer Prozeßorganisation nach folgendem Muster zu kennzeichnen:

Bild 2.56   Meilensteinkennzeichnung

Als Prozeßabschnitte werden hier die drei grundsätzlichen Abschnitte im Produktlebenszyklus gesehen:

▷ Prozeßabschnitt Aufgabendefinition
▷ Prozeßabschnitt Technische Realisierung
▷ Prozeßabschnitt Betreuung/Einsatz

Für den ersten Prozeßabschnitt Aufgabendefinition sollte grundsätzlich der Kennbuchstabe A für den letzten Prozeßabschnitt Betreuung/Einsatz der Kennbuchstabe B verwendet werden.

Der mittlere Abschnitt umfaßt die eigentliche Produktentwicklung und kann in seiner Meilensteinunterteilung sehr unterschiedlich sein; so bietet es sich an, für die einzelnen Prozeßzweige eigene Kennbuchstaben zu definieren – entweder an der Stelle des Buchstabens für den Prozeßabschnitt oder als Buchstabenanhang an die jeweilige Meilensteinnummer. Wenn möglich, sollte aber für den Prozeßabschnitt Technische Realisierung der einheitliche Kennbuchstabe T gewählt werden.

Die Zweistelligkeit in der Meilensteinzählung sollte grundsätzlich eingehalten werden; dabei gilt die Regel, daß die »dekadischen Nummern« (d. h. 2. Ziffer gleich Null) immer den im folgenden vorgeschlagenen *Standard-Meilensteinen* vorbehalten bleiben; die dazwischenliegenden Nummern können für prozeßspezifische Meilensteine genutzt werden.

Aufgabendefinition

A 00   Projektidee
A 10   Anforderungskatalog
A 20   Pflichtenheft
A 30   Leistungsbeschreibung.

Technische Realisierung

T 10   Entwicklungsbeginn ($\cong$ A 30)
T 20   Spezifikation
T 30   Integriertes Produkt
T 40   Systemgetestetes Produkt
T 50   Endgeprüftes Produkt
T 60   Entwicklungsende ($\cong$ B 30).

Betreuung/Einsatz

B 30   Abgenommenes (Vorserien-)Produkt
B 40   (frei)
B 50   Feldgetestetes (Vorserien-)Produkt
B 60   (frei)
B 70   Lieferfreigabe (Serien-)Produkt
B 80   Fertigungsende
B 90   Betreuungsende.

Meilensteinergebnisse

Für jeden Meilenstein sind die notwendigen Voraussetzungen zum Beginn und die abzunehmenden Ergebnisse zum Abschluß des zugehörigen Prozeßschrittes definiert. Hierbei kann man die Meilensteinergebnisse wie folgt gliedern:

▷ Produktergebnisse,
▷ Testsystemergebnisse,
▷ Dokumentationsergebnisse und
▷ projektbezogene Ergebnisse.

Für bestimmte Pflichtmeilensteine, die »Meilensteine zur Ergebniskontrolle« (MEK), sind Entscheidungssitzungen abzuhalten, bei denen über die Abnahme der vorgelegten Ergebnisse beraten und über die Freigabe des weiteren Projektablaufs entschieden wird; sie übernehmen damit die Funktion der oben erwähnten Phasenentscheidungssitzungen.

Es empfiehlt sich, im gesamten Produktlebenszyklus für folgende Entscheidungszäsuren solche MEK einzurichten:

▷ Planungsfreigabe,
▷ Projektierungsfreigabe,
▷ Entwurfsfreigabe,
▷ Realisierungsfreigabe,
▷ Erprobungsfreigabe,
▷ Entwicklungsabnahme
▷ Fertigungsfreigabe,
▷ Lieferfreigabe,
▷ Fertigungsende,
▷ Betreuungsende.

Beispiele von Prozeßorganisationsplänen

Begrifflich sollte der Prozeßorganisationsplan nicht mit dem *Phasenplan* eines Projekts vermischt werden. Der Prozeßorganisationsplan enthält alle ablauforganisatorischen Angaben über den grundsätzlichen Entwicklungsablauf und damit die Definition der einzelnen Entwicklungsphasen; der Phasenplan enthält demgegenüber die komplette Planungsinformation einer *einzelnen* Phase für ein bestimmtes Projekt. Auch wird der Begriff *Prozeßplan* häufig synonym zum Projektorganisationsplan verwendet, obwohl dieser vielfach auch den Plan bezeichnet, der die einzelnen Abläufe eines bestimmten Projekts in ihren zeitlichen und logischen Abhängigkeiten beschreibt.

In Tabelle 2.10 sind für einige typische Entwicklungsbereiche Beispiele (linearer) Prozeßorganisationspläne gegenübergestellt, wobei die Phasenabgrenzung nur angedeutet sein kann. Exaktes Zuordnen ist wegen der unterschiedlichen Entwicklungsinhalte der einzelnen Phasen nicht möglich. Die Übersicht unterstreicht damit auch, daß es einen »Einheits-Prozeßplan« für alle elektrotechnischen Entwicklungsbereiche nicht geben kann.

2.5.2 Entkoppelte Prozeßorganisation

Wie in Kap. 2.5.1 angedeutet, finden entkoppelte Prozeßorganisationen Anwendung, wenn SW- und HW-

Tabelle 2.10 Beispiele von Prozeßorganisationsplänen in unterschiedlichen Entwicklungen

Entwicklungs-abschnitt \ Entwicklungsbereich	FuE-Projektkalkulation	SW-Verfahrensentwicklung	HW/SW-Systementwicklung		Geräteentwicklung	Grundlagenentwicklung
Definiton	Anstoß	Idee	Analyse		Produktstudie	Anstoß
		Voruntersuchung				
	Studie	Istaufnahme				Studie
		Fachliches Grobkonzept				
Entwurf	Systementwurf	Fachliches Feinkonzept	Systementwurf		Spezifikation	Projektierung
	Komponentenentwurf	DV-Grobkonzept	Programmentwurf	Schaltungsentwurf	Prinzipmuster	Design
Realisierung	Implementierung	DV-Feinkonzept			Funktionsmuster	Implementierung
	Komponententest	Programmierung	SW-Implementierung	HW-Implementierung		
Erprobung	Systemintegration	Test	Verbundtest		Prototyp	Systemintegration/-test
Entwicklungsende	Systemtest	Pilot	Systemtest		Vorserie	
Einsatz	Abnahme	Übergabe	Systembetreuung		Serienfertigung	Abnahme
Produktende	Betreuung	Einsatz			Produktbetreuung	Betreuung

2.5 Prozeßorganisation

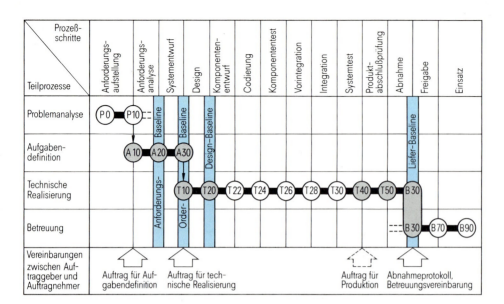

Bild 2.57
Beispiel einer entkoppelten Prozeßorganisation

Entwicklungen völlig unabhängig voneinander ablaufen. Da es hier keine expliziten HW/SW-Entwicklungsschnittstellen gibt, laufen die jeweiligen Entwicklungsprozesse getrennt voneinander. Die Entwicklung z. B. von DV-Verfahren ist – solange sie die Konventionen des verwendeten Betriebssystems einhält – von der HW-Entwicklung der einzusetzenden Rechner gänzlich unabhängig. Die Rechnerentwicklung muß nur auf die Aufwärtskompatibilität ihrer Produkte achten. Ähnlich verhält es sich auf vielen Gebieten des Gerätebaus, bei denen noch keine Software (bzw. Firmware) nötig ist. Auch hier wird die Entwicklung nach einem einzigen HW-Prozeßplan abgewickelt.

Als Beispiel für eine entkoppelte Prozeßorganisation sei hier eine Prozeßstruktur kurz erläutert, wie sie in der Entwicklung für Anwender-Software angewendet wird. Die Prozeßorganisation nach Bild 2.57 enthält folgende wesentliche Elemente:

▷ Prozeßschritte – die durch Meilensteine und Meilensteinergebnisse definiert werden,
▷ Prozeßabschnitte (Teilprozesse) – die durch die Durchführungsverantwortung bestimmt werden,
▷ Phasenentscheidungen – die Managemententscheidungen in angemessenen Zeitabständen ermöglichen,
▷ Baselines – die in sich konsistente Reifezustände des zu entwickelnden Produkts darstellen, sowie
▷ Vereinbarungen, in Form interner Verträge.

Eine solche Prozeßorganisation definiert alle prozeßbezogenen Begriffe, mit denen ein Projektleiter das Projekt gegenüber dem Auftraggeber und den Projektbeteiligten erläutern kann; sie legt aber nicht den konkreten Projektablauf im Sinne eines Netzplans o. ä. fest.

Wie das Beispiel auch verdeutlicht, existieren bei dieser Prozeßorganisation keine Verbindungen bzw. Schnittstellen zu anderen Prozeßplänen, an denen eine irgendwie gestaltete Koordination zu anderen Entwicklungsabläufen nötig wäre.

Meilensteine

Bei der dargestellten Prozeßorganisation ist der gesamte SW-Produktlebenszyklus, vor allem der Entwicklungsablauf selbst, in einzelne Prozeßschritte unterteilt, die jeweils von zwei Meilensteinen begrenzt werden. Der erste Meilenstein stellt die Ausgangsbasis des entsprechenden Prozeßschritts dar, der zweite gibt das Ziel an. Alle Meilensteine sind mit Hilfe eines dreistelligen alphanumerischen Kennzeichens (MKZ) eindeutig identifiziert, wobei eine Gruppierung der Meilensteine entsprechend der Prozeßabschnitte vorgenommen wurde:

MKZ	Prozeßabschnitt
Pxx	Problemanalyse
Axx	Aufgabendefinition
Txx	Technische Realisierung
Bxx	Betreuung/Einsatz

Bei dieser Gruppierung werden mehrere Prozeßschritte zu Prozeßabschnitten – auch als Teilprozesse bezeichnet – zusammengefaßt. Gleiche Prozeßschritte unterschiedlicher Entwicklungsteile können – falls keine unmittelbaren Abhängigkeiten dem entgegenstehen – zeitlich überlappend ablaufen.

Im Teilprozeß *Problemanalyse* ist eine systembezogene Analyse der allgemeinen Kundenanforderungen bezüglich Machbarkeit und Notwendigkeit vorzunehmen. Auf der Basis eines Planungsauftrags wird ein Anforderungskatalog für das zu entwickelnde Produkt erstellt (Meilenstein P 10).

Im Teilprozeß *Aufgabendefinition* werden dann auf Basis eines verabschiedeten Anforderungskatalogs (Meilenstein A 10) die verbindliche Aufgabenstellung des Auftraggebers (Produktdefinition) festgelegt und der technische Systementwurf erarbeitet. Ergebnisse sind hierbei das Pflichtenheft (Meilenstein A 20) und die Leistungsbeschreibung (Meilenstein A 30).

Im Teilprozeß *Technische Realisierung* folgt die schrittweise Produktherstellung. Im Rahmen einer klaren phasenbezogenen Vorgehensweise werden der Programmentwurf, die Programmierung, der Einzel- und der Systemtest durchgeführt. Die einzelnen Entwicklungsergebnisse terminiert man zu klar definierten Meilensteinen (T 20 bis T 50). Abgeschlossen wird dieser Teilprozeß mit der Abnahme durch den Auftraggeber (Meilenstein B 30).

Im letzten Teilprozeß *Betreuung/Einsatz* werden die Markteinführung vorbereitet, das fertige Produkt piloterprobt und anschließend zur Lieferung an die Kunden freigegeben (Meilenstein B 70). Die Wartung des Produkts (Fehlerbehebung und Umweltanpassung) ist Hauptinhalt dieses Prozeßabschnitts, der erst mit Streichung des Produkts endet (Meilenstein B 90).

Mit dieser Unterteilung in Teilprozesse wird auch die jeweilige Durchführungsverantwortung (Auftraggeber oder Auftragnehmer) festgelegt. Für die »T-Meilensteine« ist die auftragnehmende Entwicklung allein verantwortlich, bei den anderen liegt die Durchführungsverantwortung beim Auftraggeber. Die Aufgabendefinition (Anforderungsanalyse und Systementwurf) muß dabei von vornherein in Zusammenarbeit zwischen Auftraggeber und Auftragnehmer erstellt werden.

Baseline

Ausgewählte Meilensteine bestimmen besonders hervorhebenswerte Entwicklungszwischenstände, die hier als *Baselines* bezeichnet werden. Entsprechend einigen Hauptentwicklungsabschnitten im Gesamtprozeß kennzeichnen sie planerisch definierte »Reifezustände« des Entwicklungsprodukts und dienen als Planungs- und Realisierungsstufen für die laufende Entwicklung der aktuellen Produktversion sowie als Basis für die Weiterentwicklung der Folgeversionen. Auch alle künftigen Änderungen und Anpassungsentwicklungen setzen auf diese Baselines auf.

Bei dem hier vorgestellten Beispiel werden folgende, inhaltlich aufeinander abgestimmte Baselines unterschieden:

Anforderungs-Baseline	beim Meilenstein A 20
Order-Baseline	beim Meilenstein A 30 (T 10)
Design-Baseline	beim Meilenstein T 20
Liefer-Baseline	beim Meilenstein B 30

Der jeweilige Entwicklungszustand des Produkts wird an einer Baseline durch die entsprechenden produkt- und projektrelevanten Ergebnisse festgelegt. So ist die *Anforderungs*-Baseline der Schlußstrich der Anforderungsanalyse, d. h. nach »Einfrieren« dieser Baseline können zusätzliche Anforderungen nur noch in Form gesonderter Änderungsanträge in die weitere Entwicklung einfließen. Zur *Order*-Baseline wird der Auftrag für die technische Realisierung auf der Basis der dann vorliegenden Leistungsbeschreibung erteilt. Nachträglich gewünschte Änderungen der Leistungsbeschreibung sind hinsichtlich der Konsequenzen auf Termine und Kosten gesondert zu vereinbaren. Mit der *Design*-Baseline werden die Designspezifikation abgeschlossen und »eingefroren«. *Die Liefer*-Baseline stellt schließlich den definierten Entwicklungsabschluß des lieferreifen Produkts dar.

Alle in einem Projekt bewirkten Planungs- und Steuerungsanstöße, wie Anforderungsänderungen, Fehlermeldungen, Planungskorrekturen beziehen sich auf diese Baselines; deshalb geht auch ein installiertes Konfigurationsmanagement von diesen Entwicklungszwischenständen aus. Hierdurch wird erreicht, daß Änderungen nur noch kontrolliert aufgrund offizieller Entscheidungen und mit unmittelbarer Information an alle Betroffenen in die laufende Produktentwicklung einfließen können (siehe auch Kap. 2.2.4).

Phasenentscheidung

Sowohl an den Baselines als auch an einigen weiteren »Pflichtmeilensteinen« (A 10, T 40 und T 50) sind Phasenentscheidungen bzgl. der Ergebnisabnahme und damit des weiteren Vorgehens notwendig. So wird

2.5 Prozeßorganisation

Tabelle 2.11 Meilensteinergebnisse (z. T. verkürzt)

Prozeßschritt	Meilenstein-ergebnisse	Programm	Testsystem
			Abzunehmende Teilergebnisse
Anforderungs-analyse	Pflichtenheft	(Voraussetzung: Priorisierter Anforderungskatalog) ▷ Verbindliche Anforderungen an Funktionen und Qualität ▷ Funktionsmodell ▷ Realisierbarkeitsuntersuchung, mindestens zu Leistungsverhalten und Systembasis	▷ Verbindliche Test-/Prüfanforderungen (Ziele, Tiefe, Volumen)
		Anforderungs-Baseline	
Systementwurf	Leistungs-beschreibung	▷ Festlegung der Liefereinheiten und der Systembasis ▷ Feinentwurf der logischen Funktionen, Daten und Schnittstellen ▷ DV-Grobentwurf mit Analyse der Lösungsalternativen ▷ Festlegung der Qualitätseigenschaften ▷ Festlegung von Dialogführung und Masken ▷ Festlegung von Liefer-, Wartungs- und Pflegekonzept	▷ Test-/Prüfkonzept ▷ Festlegung der Abnahme-bedingungen (B30) mit Definition der Testkonfiguration
		Order-Baseline	
Design	Design-Spezifikation	▷ Festlegung der Systemstruktur mit Be-schreibung der Anforderungen und Schnitt-stellen auf den verschiedenen Systemebenen ▷ Offenlegung der Inkompatibilitäten zu früheren Versionen an externen Schnittstellen	▷ Testpläne für Systemtest und Integrationstest ▷ Spezifikation des Testsystems für den System- und Integrationstest
		Design-Baseline	
Komponenten-entwurf	Komponenten-Spezifikationen	▷ Festlegung der Komponentenstruktur, der Ablauflogik, der internen Datenstruktur	▷ Testplan für den Komponententest
Codierung	Codierte Komponenten		
Komponenten-test	Getestete Komponenten	▷ Quellen der Primärkomponenten in Projektbibliothek	▷ Testberichte zum Komponententest ▷ Testsystem für System- und Integrationstest
Vorintegration	Montage-einheiten	▷ Übersetzungs- und Bindeprozeduren in Projektbibliothek	▷ Testberichte zum Vorintegrationstest
Integration	Integrierte Liefereinheiten	▷ Lademodule, Übersetzungs- und Bindeprozeduren in Projektbibliothek	▷ Testberichte zum Integrationstest
Systemtest	Systemgetestete Liefereinheiten	▷ Wartungsdokumentation ▷ Produktbänder mit Komponentenliste	▷ Testbericht zum Systemtest mit Leistungs- und Grenzwertaussagen ▷ ggf. Testbericht zur Vorpilotierung ▷ Liste offener Mängel ▷ Testfälle für Regressionstest (Testpool)
Produkt-schlußprüfung	Schlußgeprüfte Liefereinheiten	▷ Modellanwendung	▷ Prüfbericht mit Qualitätsaussagen ▷ Liste offener Mängel
Abbnahme	Abgenommene Liefereinheiten	▷ Korrigierte Quell-, Objektcodes und Prozeduren ▷ Aktualisierte Wartungsdokumentation	▷ Abnahmeprotokoll ▷ Liste offener Mängel
		Liefer-Baseline	

...nuale	Projekt
Manualgrobplan (Manualkonfiguration, Umfang, Bearbeiter, Termine)	▷ Realisierbarkeitsuntersuchung (Personal, Kosten, Termine) ▷ Dokumentenverwaltung und Konfigurationsmanagement eingerichtet ▷ Phasenbericht, nächster Phasenplan
Manualfeinplan je Manual (Struktur, Layout, Qualitätseigenschaften, Herstellungsverfahren, Aufwand, Termine)	▷ Vorläufiger Projekt- und QS-Plan ▷ Vorkalkulation ▷ Phasenbericht, nächster Phasenplan
	▷ Endgültiger Projekt- und QS-Plan ▷ Phasenbericht, nächster Phasenplan
	▷ Phasenbericht, nächster Phasenplan
	▷ Codeverwaltung eingerichtet ▷ Phasenbericht, nächster Phasenplan
Manualmanuskripte für Korrekturlauf	▷ Fehlermeldungs-/Korrekturverfahren eingerichtet ▷ Phasenbericht, nächster Phasenplan
	▷ Phasenbericht, nächster Phasenplan
Satzfertige Manualmanuskripte	▷ Phasenbericht, nächster Phasenplan
	▷ Vorläufiger Projektbericht ▷ Phasenbericht, nächster Phasenplan
Druckfertige Manualmanuskripte	▷ Phasenbericht, nächster Phasenplan
	▷ Phasenbericht ▷ Projektbericht ▷ Nachkalkulation ▷ Betreuungsplan ▷ Feldeinführungsplan

z. B. bei dem Meilenstein A 10 der Auftrag für die Aufgabendefinition, beim Meilenstein T 10 der Auftrag für die Technische Realisierung erteilt. Beim Meilenstein B 30, zu dem die Liefer-Baseline eingefroren wird, wird schließlich die Abnahme des SW-Produkts vorgenommen und eventuell eine fortsetzende Betreuung des ausgelieferten Produkts vereinbart.

Auch die in Kap. 2.1.4 erwähnten Produktvereinbarungen setzen auf diese Pflichtmeilensteine auf; so werden jeweils eine Produktvereinbarung PV-D zu den Meilensteinen A 10 und T 10 sowie zum Meilenstein T 40 eventuell eine Produktvereinbarung PV-F mit Übergabeterminen und Einsatzzahlprognosen abgeschlossen.

Eine Phasenentscheidung besteht aus den Teilen Abnahme des vorangegangenen Entwicklungsabschnitts und Freigabe des künftigen Abschnitts; hierbei werden Entscheidungen getroffen zu:

▷ Abnahme des erreichten Ergebnisstandes,

▷ ggf. Festlegung notwendiger Nacharbeiten,

▷ Entlastung der Verantwortlichen für den vorangegangenen Entwicklungsabschnitt und

▷ Verabschiedung der Planung für den nachfolgenden Entwicklungsabschnitt.

Meilensteinergebnisse

Im Rahmen dieser Prozeßtechnologie sind, wie in Tabelle 2.11 dargestellt, zu den Meilensteinen der einzelnen Prozeßschritte die abzunehmenden Teilergebnisse exakt definiert und beschrieben. Die zu erreichenden Ergebnisse werden hierbei nach

▷ Produktaufgaben (Programm),

▷ Test- und Prüfaufgaben (Testsystem),

▷ Dokumentationsaufgaben (Manuale) sowie

▷ Projektaufgaben (Projekt)

getrennt aufgelistet.

Für alle Projektbeteiligten liegt damit eindeutig fest, welche Meilensteinergebnisse zu den einzelnen Zäsurpunkten vorliegen müssen. Das Erreichen eines Meilensteins stellt der Projektleiter fest. Erst mit positiver Abnahme dieser Ergebnisse in einer besonderen Phasenentscheidungssitzung (PES) ist der jeweilige Meilenstein erfüllt, so daß dann der zurückliegende Prozeßschritt als abgeschlossen angesehen werden kann.

Projektadäquate Prozeßanpassung

Das vorgestellte Beispiel einer entkoppelten Prozeßorganisation braucht nicht bei jeder Entwicklung eines Anwender-SW-Produkts in der angegebenen Detaillierung durchlaufen zu werden.

Bei kleineren Entwicklungsvorhaben kann man nämlich auch bestimmte Prozeßschritte zu einem übergeordneten Abschnitt zusammenfassen. So bietet es sich ggf. an, den Meilenstein T 28 (Vorintegration) in den Meilenstein T 30 (Integration) zu übernehmen oder die Prozeßschritte Komponentenentwurf, Codierung, Komponententest zu einem Prozeßschritt SW-Realisierung zusammenzufassen. Die oben erwähnten Pflichtmeilensteine müssen dabei allerdings weiter gelten.

Bei größeren Produktentwicklungen kann dagegen auch eine weitere Detaillierung durch eine zusätzliche Unterteilung der Standard-Prozeßschritte vorteilhaft sein.

In jedem Fall sollte der Unterteilungsgrad des Gesamtprozesses projektadäquat sein, d.h., nicht zu grob und nicht zu fein. Ziel muß sein, daß die Prozeßstrukturierung die Projektplanung und -durchführung fördert und unterstützt, sie aber nicht hemmt.

2.5.3 Koordinierte Prozeßorganisation

Das Koordinieren von Prozeßorganisationen ist auf unterschiedliche Weise möglich: Entweder findet bei den (meist zwei) zu koordinierenden Entwicklungsprozessen über den gesamten Verlauf an mehreren definierten Zäsurpunkten eine offizielle Abstimmung statt oder es verlaufen bestimmte Prozeßabschnitte gemeinsam und andere – wie bei einer entkoppelten Prozeßorganisation – voneinander getrennt. Eine Vermischung beider Vorgehensweisen kann ebenfalls auftreten. Diese Formen von koordinierten Prozeßorganisationen bieten sich vor allem an, wenn HW- und SW-Entwicklungen nur teilweise bzw. zeitweise unabhängig voneinander durchgeführt werden können.

Zur näheren Erläuterung eines koordinierten Entwicklungsprozeßplans wird von einem Prozeßplan ausgegangen, der in einem Entwicklungsbereich der Vermittlungstechnik im Einsatz ist und dem eine solche koordinierte Prozeßorganisation unterliegt; in dieser verlaufen nur die Anfangs- und Endphasen der HW- und SW-Entwicklung gemeinsam, im mittleren Teil des Entwicklungsablaufs besteht an einigen Meilensteinen eine Prozeßkoordination zwischen der HW-Entwicklung und der dazu parallel verlaufenden SW-Entwicklung. Klar definierbare Schnittstellen zwischen Hardware und Software ermöglichen diese lockere Anbindung der beiden sonst getrennten Entwicklungsprozesse.

Prozeßabschnitte

Die in Bild 2.58 dargestellte koordinierte Prozeßorganisation gliedert sich in drei Prozeßabschnitte, die z. T. mehrere einzelne Entwicklungsphasen umfassen. Es handelt sich um die Prozeßabschnitte

▷ Definition
▷ Entwurf/Realisierung
▷ Erprobung.

Diesen Prozeßabschnitten folgt nach Fertigstellung des HW/SW-Produkts bzw. -Systems die Einsatzphase mit der Betreuung.

Definition

Wie aus Bild 2.58 zu ersehen ist, werden die drei Anfangsphasen Anstoß, Studie und Systementwurf des ersten Prozeßabschnitts für das zu entwickelnde HW/SW-System *gemeinsam* durchlaufen. Ihre Phasenziele sind daher unter einem gemeinsamen Blickwinkel zu sehen – also keine Trennung in Hardware und Software. Entsprechendes gilt für die jeweiligen Phasenabschlüsse:

Phase	Phasenziel	Phasenabschluß
Anstoß	Festlegen der Produkt- und Projektziele	Auftragserteilung
Studie	Festlegen der Systemanforderungen und Leistungsmerkmale	Studien-Abnahme
Systementwurf	Festlegen der HW/FW/SW-Funktionsteilung, Festlegen der Architektur des SW-Systems	Design-Abnahme

Das HW/SW-System wird also ganzheitlich definiert, d.h., die Beschreibung der technischen Funktions- und Leistungsanforderungen an das System geschieht unabhängig von der späteren HW- und SW-Realisierung. Erst während des Systementwurfs beginnt die

2.5.3 Koordinierte Prozeßorganisation

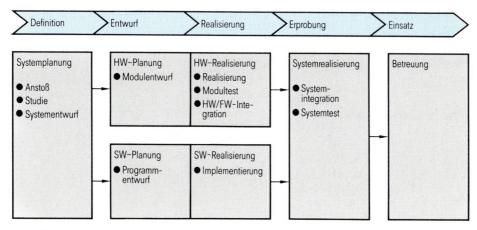

Bild 2.58   Koordinierte Prozeßorganisation

Aufteilung in HW-, FW- und SW-Komponenten, wobei von vornherein die gegenseitigen Schnittstellen gemeinsam festgelegt werden. Das Einhalten dieser Schnittstellendefinitionen bietet die Gewähr dafür, daß nach der (getrennt verlaufenden) Realisierung die einzelnen Komponenten ohne größere Komplikationen integriert werden können.

Als Projektanträge werden bei dieser Prozeßorganisation die in Kap. 2.1.4 vorgestellten Produktvereinbarungen verwendet. Zu Beginn der Phase Anstoß muß die Produktvereinbarung-Anregung (PV-A) vorliegen, und vor Beginn der Phase Systementwurf muß die Produktvereinbarung zur Entwicklungsdurchführung (PV-D) zwischen Auftragnehmer und Auftraggeber abgeschlossen sein; anderenfalls darf die jeweilige Folgephase nicht begonnen werden.

Entwurf/Realisierung

Nach der Phase Systementwurf teilt sich der Prozeßablauf in einen HW-spezifischen und in einen SW-spezifischen Prozeßzweig auf, in denen die jeweilige Planung und Realisierung weitestgehend *getrennt* voneinander ablaufen. Im Prozeßabschnitt Entwurf/Realisierung verlaufen damit die weitere HW- und SW-Entwicklung gemäß einer entkoppelten Prozeßorganisation. Auf der Basis der im Systementwurf festgelegten Schnittstellen zwischen HW-, FW- und SW-Komponenten werden die Modulentwürfe für die HW- und FW-Bestandteile und die Programmentwürfe für die SW-Bestandteile erstellt. Die Realisierung der einzelnen Komponenten geschieht ebenfalls getrennt nach Hardware und Software mit jeweils eigener Qualitätssicherung und eigener Konfigurationsverwaltung.

Für die HW-spezifischen Phasen des Prozeßabschnitts Entwurf/Realisierung sind folgende Ziele und Ergebnisse vorgegeben:

HW-Phase	Phasenziel	Phasenabschluß
Modulentwurf	Festlegen der Funktionen der HW-Module bzw. Teilkomplexe, Definieren der Funktionen und Schnittstellen	Spezifikationsabnahme
Realisierung	Funktionsfähige HW-Module bzw. Teilkomplexe	Stromlaufplanabnahme
Modultest	Funktionsgetestete HW-Module bzw. Teilkomplexe auf Basis des Funktionsmusters	HW-Komponentenabnahme
HW/FW-Integration	Integrieren des HW/FW-Gesamtsystems auf Basis des Funktionsmusters	HW/FW-Komponentenabnahme

Beim Modulentwurf wird neben dem Spezifizieren einzelner HW-Module und Entwerfen von Sonderkonstruktionen auch die spätere Teststrategie festgelegt, d. h. Bestellen spezieller Meßgeräte oder Entwickeln von gesonderter Testsoftware für HW-Tests. Während der HW-Realisierung sind neben dem Aufbau eines Funktionsmuster im wesentlichen die technischen Unterlagen, wie Stromlaufpläne, Stücklisten, Bauvorschriften, Prüfunterlagen und sonstige Fertigungsunterlagen zu erstellen. Beim Modultest arbeitet man die sich durch den Test ergebenen Korrekturen in die vorgenannten Unterlagen ein. In der HW-und FW-Integration werden schließlich alle HW- und FW-Module zusammengefaßt und in einer Vorintegration getestet. Die sich bei diesem Test ergebenen Fehler führen ebenfalls zu entsprechenden Korrekturen.

Am Ende der HW-Phase HW/FW-Integration steht die Funktionsfreigabe.

Für die SW-Planung und -Realisierung werden zwei Prozeßphasen durchlaufen:

SW-Phase	Phasenziel	Phasenabschluß
Programmentwurf	Festlegen der Teilkomplexe und Komponenten des SW-Systems, ihres Zusammenwirkens, ihrer Schnittstellen und ihrer Realisierung	Spezifikationsabnahme
Implementierung	Ablaufsichere SW-Komponenten	Komponentenabnahme

Während des Programmentwurfs sind die Spezifikationen für die einzelnen SW-Komplexe (z. B. Subsysteme) und deren Schnittstellen zu erarbeiten. Da es sich hier um vermittlungstechnische Software handelt, werden für die zustandsgesteuerten Komponenten spezielle Prozedur- und Zustandsdiagramme entworfen, ansonsten erstellt man in Form von Pseudo-Code Struktogramme. Insgesamt wird der SW-Systemteil bis auf die einzelnen Programmodule und oberen Prozedurebenen heruntergebrochen. Im Rahmen der Implementierung sind die entworfenen Prozeduren und Module zu codieren bzw. zu generieren sowie eine Inline-Dokumentation zu erstellen. Weiterhin werden diese SW-Teile jeweils in einem eigenen Testrahmen einem Einzeltest unterzogen, an den sich bei erfolgreichem Abschluß der Verbundtest anschließt. Am Ende der SW-Phase Implementierung liegt der ausgetestete – möglichst fehlerfreie – Code vor.

Erprobung

Die beiden letzten HW- und SW-spezifischen Realisierungsphasen HW/FW-Integration und (SW-)Implementierung gehen schließlich wieder in einen einzigen Entwicklungsablauf der zu integrierenden HW-, FW- und SW-Komponenten über, und zwar in den Prozeßabschnitt Erprobung. Für Hardware und Software gibt es damit wieder gemeinsame Phasenziele und gemeinsame Phasenabschlüsse:

Phase	Phasenziel	Phasenabschluß
Systemintegration	Integration des HW/FW/SW-Gesamtsystems	Systemübergabe
Systemtest	Ausgetestetes Gesamtsystem ▷ HW/FW aus Vorserie ▷ SW aus Systemintegration	Systemabnahme

Die Systemintegration führt die einzelnen HW-, FW- und SW-Komponenten zum Gesamtsystem stufenweise zusammen. Die sich bei dem Systemintegrationstest ergebenen Fehler bewirken Korrekturen in den betreffenden Systemteilen. Auch die technischen Unterlagen müssen entsprechend aktualisiert werden. Nach Testabschluß wird das System für die Vorserienfreigabe übergeben. Der anschließende Systemtest entspricht der Vorserienherstellung; in ihm ist das gefertigte System – als Vorserienmodell – einem ersten Gesamtbelastungstest zu unterwerfen. Hierbei sollte die Systemabnahme eine eigene Stelle übernehmen. An den erfolgreichen Abschluß des Systemtests schließt die Serienfreigabe für das Gesamtsystem an.

PM-Aufgaben im Entwicklungsprozeß

Im Rahmen der vorgenannten Prozeßphasen sind von den zuständigen Stellen des Vertriebs, der Entwicklungsplanung, der Entwicklungsdurchführung, der Qualitätssicherung und des Projektmanagements die unterschiedlichsten Tätigkeiten durchzuführen. Definition und Beschreibung all dieser Aufgaben sind Bestandteil eines Entwicklungshandbuchs. Auszugsweise sollen an dieser Stelle in stark geraffter Form einige grundsätzliche Aufgaben innerhalb der hier beschriebenen Prozeßorganisation aufgeführt werden (Tabelle 2.12):

Tabelle 2.12 PM-Aufgaben in den einzelnen Phasen

Phase	PM-Aufgabe
Anstoß	▷ Erste grobe Aufwands-, Kosten- und Zeitschätzung durchführen
Studie	▷ Verfeinerte phasenorientierte Aufwands-, Kosten- und Zeitschätzung durchführen ▷ Erforderliche Projektpläne (z. B. PV-D) ausarbeiten ▷ PM-Methoden und -Verfahren festlegen
Systementwurf	▷ Projektstrukturplan aufbauen ▷ Netzpläne erstellen ▷ Personaleinsatz planen ▷ Qualitätssicherungsplan ausarbeiten ▷ PM-Berichtswesen installieren
HW-Planung SW-Planung	▷ Projektpläne aktualisieren und detaillieren ▷ Einsatzmittel (Rechner, HW-Prototypen) planen ▷ Geräte für spätere Produktion bestellen ▷ Musterbauaufträge ausarbeiten ▷ Testplanung vorbereiten
HW-Realisierung SW-Realisierung	▷ Fertigungseinführung vorbereiten ▷ Projektpläne aktualisieren ▷ Aufwand, Kosten und Termine überwachen
Systemintegration	▷ Ressourcen für Systemtest (z. B. Testanlage, Testwerkzeuge) organisieren ▷ Projektpläne aktualisieren ▷ Aufwand, Kosten und Termine überwachen
Systemtest	▷ Projektpläne aktualisieren ▷ Projektabschlußanalyse einleiten ▷ Vorbereitungen treffen für die zukünftige Systembetreuung ▷ Fehlermeldungswesen für Einsatzphase installieren

2.5.4 Integrierte Prozeßorganisation

Integrierte Prozeßorganisationen sind immer dann erforderlich, wenn der HW-Entwicklungsprozeß nicht mehr eigenständig neben dem SW-Entwicklungsprozeß verläuft, wenn also die Software ganz erheblich in die HW-Entwicklung eingreift und umgekehrt. Dies ist besonders der Fall bei der Entwicklung von Kommunikationsendgeräten, da hier der technologische Wandel zu einer hochgradigen »Elektronisierung« geführt hat – viele Funktionsteile, die früher elektromechanisch ausgeführt waren, werden heute als Software in »Chips gegossen«. Daher ist für die in diesen und ähnlichen Entwicklungsbereichen typischen Entwicklungsobjekte, wie

▷ Prinzipmuster,
▷ Funktionsmuster,
▷ Prototypen und
▷ Vorseriengeräte

jeweils eine veränderte bzw. adaptierte Software zu entwickeln, deren Anforderungsprofile sich wiederum vom Fortschrittsstand der HW-spezifischen Entwicklung ableiten.

Auch muß bei diesen HW- und SW-gemeinsamen Entwicklungen die Fertigungsplanung und Qualitätssicherung verstärkt einbezogen werden.

Zur Optimierung dieser Abläufe in der HW- und SW-Entwicklung wurden die einzelnen HW- und SW-Prozesse in eine integrierte Prozeßorganisation zusammengefaßt; hierin ist der Gesamtprozeß nicht mehr in die üblichen – groben – Entwicklungsphasen, sondern durch Meilensteine in feiner unterteilte Abschnitte gegliedert. Weiterhin stellt – wegen der engen Verflechtung der beiden Entwicklungsgebiete Hardware und Software – der zugehörige Prozeßplan nicht mehr eine eindimensionale Prozeßkette, sondern ein zweidimensionales »Prozeßnetz« dar.

Bild 2.59 zeigt – leicht vereinfacht – die Struktur eines solchen Prozeßplans in Form eines Vorgangspfeil-Netzplans, bei dem die Kreise die Ereignisse (Meilensteine) und die Pfeile die Vorgänge (Prozeßschritte) kennzeichnen. Es handelt sich hier also um einen *meilensteinorientierten* Prozeßplan.

Prozeßzweige

Wie aus der Darstellung zu ersehen ist, spaltet sich die Entwicklung nach Vorliegen der Leistungsbeschreibung in drei Prozeßzweige. Einerseits wird, jeweils getrennt, das Design der Hardware und das Design der Software für den Prototypen (PT) durchgeführt und andererseits wird nach der Erprobung eines Prinzipmusters (PM) das Design des Funktionsmusters (FM) vorgenommen, auf welches natürlich das Prototypendesign entsprechenden Einfluß hat. Dieses ist im Bild 2.59 durch die (gestrichelten) Scheinvorgangspfeile angedeutet.

Ab diesem Zeitpunkt verläuft die weitere Entwicklung zeitweise sogar in vier Prozeßzweigen; die Spezifikationen für die Hardware und Software werden jeweils

2.5 Prozeßorganisation

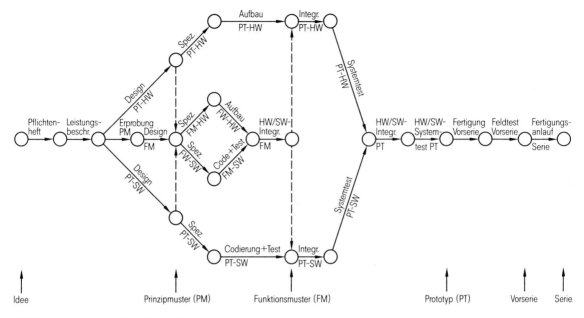

Bild 2.59 Integrierte Prozeßorganisation

für das Funktionsmuster und für den künftigen Prototypen gleichermaßen vorangetrieben sowie deren HW-Aufbau und deren SW-Implementierung. Bei Vorliegen des fertig integrierten Funktionsmusters geschieht eine Synchronisation der noch getrennten HW- und SW-Integration im Rahmen der Prototypenrealisierung.

Anschließend werden der Systemtest für die gesamte Prototypen-Hardware sowie parallel dazu der Systemtest für die gesamte Prototypen-Software durchlaufen. Bei erfolgreichem Abschluß münden die bisher getrennten Prozeßzweige endgültig wieder in eine gemeinsame Prozeßkette. Nach HW/SW-Integration und HW/SW-Systemtest des Prototypen kann die Fertigung der Vorserie mit dem nachfolgenden Feldtest begonnen werden. Der gesamte Entwicklungsablauf endet dann in dem Anlauf der Serienfertigung des entwickelten Produkts.

Prozeßabschnitte

Ähnlich den Beispielen in den vorangegangenen Kapiteln gliedert sich der Gesamtprozeß in die drei bekannten Prozeßabschnitte:

▷ Aufgabendefinition
▷ Technische Realisierung
▷ Betreuung/Einsatz,

die sich wiederum in Prozeßschritte unterteilen. Jeder Prozeßschritt beginnt und endet mit einem Meilenstein, wobei einige allerdings mehr als einen Prozeßschritt vor sich bzw. nach sich haben können.

Die *Aufgabendefinition* reicht von der Analyse, Definition und Beschreibung der verbindlichen Aufgabenstellung eines Auftraggebers bis zur technischen Systemdefinition des herzustellenden Produkts. Dieser Prozeßabschnitt baut einerseits auf einem (nicht priorisierten) Anforderungskatalog, der in einem vorgeschalteten Prozeßschritt der Problemanalyse erstellt worden ist, auf, andererseits auf einem entsprechenden offiziellen Entwicklungsauftrag. Ergebnis der Aufgabendefinition ist die Leistungsbeschreibung des zu entwickelnden Produkts. Die Durchführungsverantwortung liegt hier noch beim Auftraggeber.

Im Rahmen des Prozeßabschnitts *Technische Realisierung* wird gemäß einer meilensteinorientierten Vorgehensweise auf der Basis der vertraglich festgelegten Randbedingungen, wie Aufgabenstellung, Termine, Qualität, Kosten und Abnahmebedingungen schrittweise das Produkt hergestellt. Dieser Prozeßabschnitt setzt eine abgenommene Leistungsbeschreibung und eine Realisierungsvereinbarung (z. B. PV-D) mit dem Auftraggeber bzw. dessen Beauftragten voraus. Ergebnis des gesamten Prozeßabschnitts ist das voll ausgetestete und abgenommene Vorserienprodukt. Mit

2.5.4 Integrierte Prozeßorganisation

Tabelle 2.13   Meilensteine einer integrierten Prozeßorganisation (am Beispiel der IPO)

Prozeßzweig	MKZ	Meilenstein	Kalkulations-relevanter Meilenstein	MEK
Aufgaben-definition	A 10	Priorisierter Anforderungskatalog	×	
	A 20	Pflichtenheft	×	
	A 30	Leistungsbeschreibung	×	×
SW-Realisierung (Prototyp)	T 10 S	(Produktvereinbarung – Durchführung)		
	T 20 S	Designspezifikation/ Funktionsentwürfe		×
	T 22 S	Komponenten-spezifikation		
	T 24 S	Codierte Komponenten		
	T 26 S	Getestete Komponenten		
	T 28 S	Angepaßte FM-Software		
	T 30 S	Integrierte PT-Software		×
	T 32 S	Auf ext. Schnittstellen getestete PT-Software		
SW-Realisierung (Funktionsmuster)	T 20 SF	(bezieht sich auf T 20 G und T 20 S)		
	T 22 SF	Komponenten-spezifikation		
	T 26 SF	Getestete FM-Software		
HW-Realisierung (Prototyp)	T 10 H	(Produktvereinbarung – Durchführung)		
	T 20 H	PT-Grobspezifikation		
	T 22 H	PT-Feinspezifikation		
	T 30 H	Integrierter PT		×
	T 32 H	Auf ext. Schnittstellen getesteter PT		
HW-Realisierung (Funktionsmuster)	T 20 HF	(bezieht sich auf T 20 G und T 20 H)		
	T 22 HF	FM-Feinspezifikation		
	T 26 HF	Getestetes FM		
Realisierung (Gerät)	T 10 G	(Produktvereinbarung – Durchführung)		
	T 18 G	PM	×	
	T 20 G	FM-Design		
	T 34 G	Integrationsgetestetes FM	×	
	T 36 G	Integrationsgetesteter PT	×	
	T 40 G	Systemgetesteter PT		×
	T 50 G	Vorserie	×	×
	T 60 G	Getestete und abge-nommene Vorserie		
Betreuung/ Einsatz	B 30 G	(Produktvereinbarung – Fertigung)	×	×
	B 50 G	Feldgetestete Vorserie		
	B 70 G	Lieferfreigabe Serie	×	×
	B 90	Auslauf Serie		×

PM   Prinzipmuster
FM   Funktionsmuster
PT   Prototyp
MKZ Meilensteinkennzeichen
MEK Meilenstein zur Ergebniskontrolle

2.5 Prozeßorganisation

Abnahme der Vorserie durch den Auftraggeber und der Freigabe des Feldtests der Vorserie geht die Durchführungsverantwortung des Projekts vom Auftragnehmer wieder auf den Auftraggeber über.

Der Prozeßabschnitt *Betreuung/Einsatz* schließlich umfaßt den Feldtest der Vorserie bei ausgewählten Kunden, den Einsatz der Liefereinheiten beim Kunden und der Pflege bis zum Serienauslauf; er dient damit der Vorbereitung und Durchführung des Einsatzes bis hin zum Ende des Lebenszyklus des Produkts.

Meilensteine am Beispiel IPO

Tabelle 2.13 enthält eine Aufstellung aller möglichen Meilensteine der integrierten Prozeßorganisation IPO. Unter Berücksichtigung des jeweiligen Entwicklungsvolumens kann man für das einzelne Projekt den Prozeßplan durch Weglassen bzw. Zusammenfassen untergeordneter Meilensteine vereinfachen. So ist z. B. das Erstellen eines Prinzipmusters und eines Funktionsmusters nicht zwingend vorgeschrieben. Vielmehr wird während des Systementwurfs je nach Bedarf festgelegt, ob diese Musteraufbauten zu erstellen sind oder ob diese vor bzw. überlappend mit der Prototypenentwicklung erfolgen sollen.

Für eine transparente Projektkalkulation bietet es sich an, besonders markante Hauptmeilensteine hervorzuheben. Diese *kalkulationsrelevanten* Meilensteine liegen i. allg. auf dem »Stammzweig« des Entwicklungsablaufs, im vorliegenden Beispiel also auf dem Geräte-Prozeßzweig. Vor-, Mit- und Nachkalkulation beziehen sich in ihrem prozeßorientierten Kostenaufriß ausschließlich auf diese Meilensteine (siehe auch Kap. 3.6.1).

2.5.5 Tätigkeitsarten

Wie erläutert, gliedern die Phasen den Entwicklungsprozeß in einzelne, zeitlich voneinander getrennte Entwicklungsabschnitte. Mit einem je Phase vergebenen Entwicklungskennzeichen (EKZ) können die je Phase erbrachten Leistungen sowie die angefallenen Kosten und Aufwände gekennzeichnet werden. Für den transparenten Aufriß der im Entwicklungsprozeß durchgeführten Tätigkeiten ist diese phasenbezogene Kennzeichnung häufig nicht ausreichend, da viele Tätigkeitsarten mehr flankierend zum gesamten Entwicklungsprozeß und damit phasenüberschreitend auftreten.

Aus der Matrix nach Bild 2.60 geht hervor, in welcher Form einige typische Tätigkeitsarten aus dem SW-Entwicklungsbereich phasenüberschreitend im Entwicklungsprozeß auftreten. Zum Unterscheiden der Tätigkeitsarten wird in der Praxis ein Tätigkeitskennzeichen (TKZ) vergeben.

So, wie die Phaseneinteilung von der Art der jeweiligen Entwicklung abhängt, so ist das Festlegen der Tätigkeitsarten ebenfalls entwicklungsspezifisch vorzunehmen. Alle Versuche, einen allgemein akzeptierten, für alle Arten von Entwicklungsprozessen gleichermaßen gültigen Katalog von Tätigkeitsarten festzulegen, sind vergeblich. Bei der Definition von

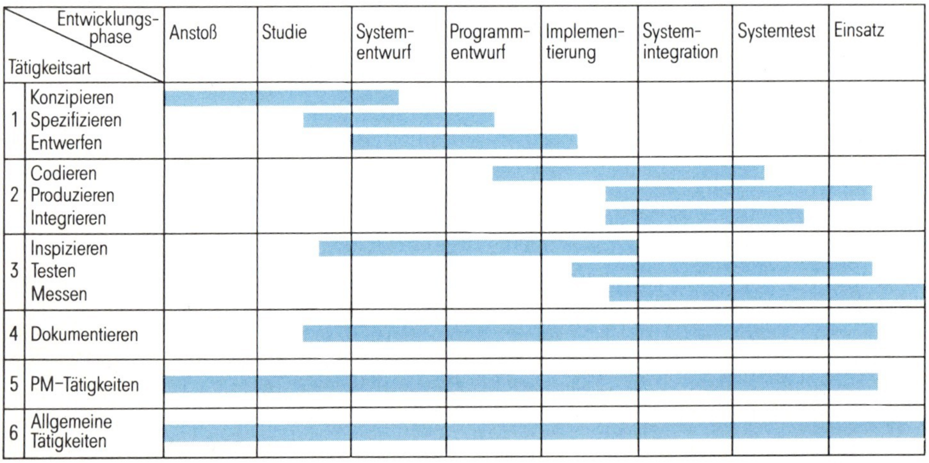

Bild 2.60 EKZ/TKZ-Zuordnungsmatrix (SW-Entwicklung)

2.5.5 Tätigkeitsarten

Tätigkeitsarten sollte darauf geachtet werden, daß diese phasenüberschreitend und nicht auf einzelne Phasen beschränkt sind. Im letzteren Fall würden die vergebenen TKZ ähnliche Bedeutung wie die EKZ erhalten und damit redundant sein; d. h., ihre Aussagekraft würde verloren gehen.

Tabelle 2.14 Beispiele von Tätigkeitsarten

Tätigkeits-gruppen	SW-Tätigkeitsarten				HW-Tätigkeitsarten	
	Proj.Kalk.	SEP	SEPP	COCOMO	HEP	HEPP
Gruppe 1: Entwerfen	▷ Konzipieren ▷ Spezifizieren	▷ Spezifizieren	▷ Festlegen ▷ Entwerfen	▷ Requirement analysis ▷ Product design ▷ Test planning	▷ Spezifizieren	▷ Festlegen ▷ Entwerfen
Gruppe 2: Realisieren	▷ Codieren ▷ Integrieren	▷ Codierung ▷ Entwicklungsdienste	▷ Codieren ▷ Produzieren	▷ Programming	▷ Stromlauferstellung ▷ Entwicklungsdienste ▷ HW-Dienste	▷ Bauunterlagen erstellen ▷ Produzieren
Gruppe 3: Qualität sichern	▷ Review ▷ Code-Review ▷ Testen, Diagnostizieren	▷ Review ▷ Testplanung ▷ Einzeltest ▷ Testdurchführung	▷ Inspizieren ▷ Testen	▷ Test planning ▷ Verification and Validation ▷ Quality assurance	▷ Review ▷ Testplanung ▷ Einzeltest ▷ Testdurchführung	▷ Inspizieren ▷ Prüfunterlagen erstellen ▷ Testen
Gruppe 4: Dokumentieren	▷ Technische Dokumentation ▷ Manualentwurf ▷ Manualherstellung	▷ Dokumentation	▷ Dokumentieren	▷ Manuals	▷ Dokumentation	▷ Dokumentieren
Gruppe 5: Projektmanagement	▷ Projektleitung ▷ Koordination, Steuerung	▷ Projektplanung und -kontrolle ▷ Konfigurationsmanagement	▷ Koordinieren	▷ Project-office functions ▷ Configuration management	▷ Projektplanung und -kontrolle ▷ Konfigurationsmanagement	▷ Koordinieren
Gruppe 6: Allgemeine Tätigkeiten	▷ Produktfreigabe ▷ Beratung ▷ Einsatzunterstützung ▷ DV-Assistenz ▷ Schulen	▷ Allgemeines	▷ Wartung			▷ Wartung

Proj.Kalk.   Projektkalkulation in der Datentechnik
SEP   SW-Entwicklungsprozeß im Bereich Private Kommunikationsnetze
SEPP   SW-Entwicklungsprozeßplan im Bereich Öffentliche Vermittlungssysteme
COCOMO   SW-Prozeß beim Boehm-Modell
HEP   HW-Entwicklungsprozeß im Bereich Private Kommunikationsnetze
HEPP   HW–Entwicklungsprozeßplan im Bereich Öffentliche Vermittlungssysteme

2.5 Prozeßorganisation

Gruppen von Tätigkeitsarten

Als allgemeines Raster für die Tätigkeitsarten sowohl für den HW- und SW-Entwicklungsprozeß können folgende Gruppen dienen:

▷ Entwerfern   (Gruppe 1)
▷ Realisieren   (Gruppe 2)
▷ Qualität sichern   (Gruppe 3)
▷ Dokumentieren   (Gruppe 4)
▷ Projektmanagement   (Gruppe 5)

Häufig definiert man neben den eigentlichen Tätigkeitsarten auch noch eine »Reste«-Tätigkeitsart, wie Allgemeines oder Sonstiges (Gruppe 6). Dies sollte allerdings möglichst vermieden werden, da anderenfalls oft aus Bequemlichkeit der klaren Entscheidung zu einer bestimmten Tätigkeitsart ausgewichen wird.

Tabelle 2.14 zeigt einige Beispiele für konkrete Belegungen der Tätigkeitsarten ausgewählter Prozeßpläne aus der HW- und SW-Entwicklung. Zusätzlich sind hier die bei der Aufwandsschätzmethode COCOMO (siehe Kap. 3.2.2) verwendeten Tätigkeitsarten aufgeführt.

Tätigkeitsartorientierte Aufwandserfassung

Für das Ausweisen des je Tätigkeitsart angefallenen Personalaufwands ist eine Stundenkontierung (siehe Kap. 4.2.1) notwendig, bei der vom Entwickler die Stundenaufwände für die bearbeiteten Arbeitspakete bzw. betroffenen Konten zusätzlich noch gemäß der einzelnen Tätigkeitsarten aufgeteilt werden müssen. Diese meist monatliche Aufgabe stellt schon einen gewissen Mehraufwand dar, den man aber in Grenzen halten kann, wenn nicht zu viele, unterschiedliche Tätigkeitsarten definiert worden sind.

Wird ein Netzplanverfahren eingesetzt, so kann unter bestimmten Voraussetzungen eine automatische Aufwandszuordnung zu den Tätigkeitsarten erreicht werden; dann nämlich, wenn die »Portionierung« der Arbeitspakete so vorgenommen wurde, daß je Vorgang nur eine einzige Tätigkeitsart auftritt. In diesem Fall entspricht die Tätigkeitsart einer »Vorgangsart«, die als solche bei den meisten Netzplanverfahren im Vorgang mit abgespeichert werden kann. Anhand dieser vorgangseigenen Tätigkeitsart ist eine vorgangsorientierte Aufwandserfassung auch zwangsläufig tätigkeitsartorientiert.

Auswertungsmöglichkeiten

Der besondere Vorteil der Definition von Tätigkeitsarten in einer Prozeßorganisation liegt darin, daß später während der Projektdurchführung und besonders bei Projektabschluß ein vollständiger *Tätigkeitsaufriß* der aufgewendeten Personalleistungen vorliegt und umfangreiche phasen- und tätigkeitsorientierte Auswertungen vorgenommen werden können. So kann man mit diesen z. B. sehr überzeugend die erbrachten Qualitätsaufwendungen, gegliedert nach

▷ Review-Tätigkeiten,
▷ Test- und Prüftätigkeiten sowie
▷ Fehlerbehebungen nach Ablieferung,

aufzeigen. Entsprechend können die anderen Tätigkeitsgruppen unterteilt werden.

Teilweise wird eine *Beplanung* der Tätigkeitsarten gefordert, d. h., daß zu Projektbeginn Planwerte für die einzelnen Tätigkeitsarten angegeben werden müssen. Argument ist hier: was erfaßbar ist, kann man auch planen. Dieses Unterfangen, einen Planaufwand auch für Tätigkeitsarten festzulegen, hat sich allerdings bisher nicht bewährt.

3 Projektplanung

Nach Abschluß der Projektdefinition tritt das Projekt in seine erste entscheidende Phase ein, die *Projektplanung*. In diesem Projektabschnitt werden die Voraussetzungen für den Erfolg des künftigen Produkts geschaffen. Sowohl Termin- und Kosteneinhaltung als auch Leistungserfüllung hängen in entscheidendem Maß von der Qualität der Projektplanung ab.

Bild 3.1 zeigt deutlich, wie sehr hierbei das Kostenvolumen eines Entwicklungsprojekts von den in den Frühphasen getroffenen Entscheidungen bestimmt wird. Die unterschiedlichen Verläufe des bereits festgeschriebenen und des realen Kostenabflusses kann man als »Hysteresis« der Entwicklungskosten bezeichnen.

Wie später noch dargelegt werden wird, hängt auch die Höhe der – eigentlich unnötigen – Fehlerbehebungskosten von der Genauigkeit und Vollständigkeit der Projektplanung ab. Fehler, die erst in späten Phasen der Realisierung und Erprobung aufgedeckt werden, führen stets zu erheblich höheren Behebungskosten, als wenn man diese bereits in den frühen Phasen der Definition und Planung erkannt hätte. Es ist viel kostensparender, ein Entwurfsdokument neu zu formulieren, als eine bereits fertige Baugruppe oder ein fertig erstelltes SW-Programm zu verwerfen.

Je exakter die Projektdurchführung also geplant wird, desto geringer sind die Probleme in den späteren Abschnitten des Projekts. Allerdings ist die Projektplanung nicht als einmaliger Vorgang anzusehen, der nach Ausarbeiten aller Planvorgaben als abgeschlossen zu betrachten wäre. Vielmehr wird der Detaillierungsgrad der Planung – besonders bei langfristigen und großen Entwicklungsvorhaben – nur für die ersten Entwicklungsabschnitte ausreichend genau sein können; bei Projektfortschritt wird für die anschließenden Entwicklungsabschnitte meist eine vertiefende Planung notwendig sein. Auch bei nicht vorhergesehenen Änderungen aufgrund nachträglich gestellter Anforderungen kann ein Anpassen der Planvorgaben oder sogar ein erneutes Durchplanen erforderlich werden.

Da Intensität und Sorgfalt der Planung zu Projektbeginn maßgeblichen Einfluß auf den gesamten Projekterfolg haben, muß es das Ziel sein, einen ausreichend hohen Planungsaufwand zu betreiben. Bild 3.2 zeigt, welchen Effekt das Erhöhen des Planungsaufwands i. allg. hat: Einerseits kann man den Realisierungs- und Erprobungsaufwand sowie den nachfolgenden Wartungsaufwand erheblich senken; andererseits kann oft auch der Einsatzzeitpunkt des Produkts vorverlegt und dessen Lebenszyklus insgesamt verlängert werden.

Am Beginn der Projektplanung steht die *Strukturplanung;* dabei werden die Produktstruktur, die Projektstruktur und die Kontenstruktur festgelegt. Die sich hierbei ergebenen drei Strukturpläne bilden die Grundlage für die gesamte künftige Projektdurchführung und sind damit Voraussetzung für eine sach-, termin- und kostengerechte Abwicklung des Projekts.

Die aus dem Projektstrukturplan abgeleiteten Arbeitspakete werden im Rahmen der *Aufwandsschätzung* bewertet – wobei man unterschiedliche Methoden und Vorgehensweisen nutzen kann.

Die Ergebnisse der Aufwandsschätzung fließen dann in die *Termin-* und *Einsatzmittelplanung* sowie in die *Kostenplanung* ein. Bei größeren Projekten sollte man hier möglichst eine Netzplanunterstützung vorsehen.

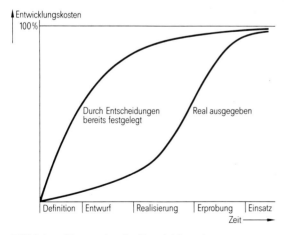

Bild 3.1   »Hysteresis« der Entwicklungskosten

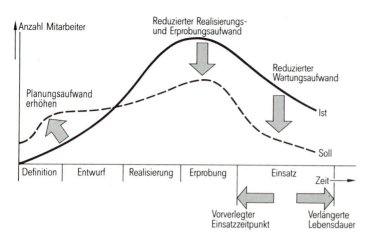

Bild 3.2
Wirkung der Erhöhung des Planungsaufwands

Alle Planinformationen, die innerhalb der Projektplanung anfallen, müssen in speziellen Projektplänen dokumentiert werden. Nur so ist ein lückenloser und eindeutiger Informationsfluß zwischen allen Projektbeteiligten zu gewährleisten.

3.1 Strukturplanung

Zentrale Aufgabe einer zielgerichteten Projektplanung und -steuerung ist die

▷ sachgerechte,
▷ termin- und aufwandsgerechte sowie
▷ kostengerechte

Abwicklung eines Projekts. Voraussetzung hierfür ist allerdings, daß das Projekt in für das Projektmanagement überschaubare und damit hantierbare »Portionen« zerlegt wird. Diese Portionierung ist wegen der Vielschichtigkeit der o. a. Zielsetzung nach mehreren Aspekten vorzunehmen.

Für das sachgerechte Abwickeln des Projekts ist eine technische Strukturierung des geplanten Produkts bzw. Systems notwendig; diese wird als *Produktstruktur* bezeichnet und enthält alle zu entwickelnden Produktteile; sie stellt damit den Architekturplan des Entwicklungsvorhabens dar.

Zur termin- und aufwandsgerechten Projektabwicklung ist als Basis eine vollständige aufgabenmäßige Strukturierung des Projekts erforderlich. Diese Aufgabengliederung wird als *Projektstruktur* des Projekts bezeichnet und umfaßt alle für das Realisieren des Entwicklungsvorhabens durchzuführenden Arbeitspakete; sie stellt damit den Aufgabenbaum des Projekts dar.

Für die kostengerechte Projektabwicklung ist schließlich eine detaillierte kaufmännische *Kontenstrukturierung* notwendig. Dieser »Kontenrahmen« sollte neben der üblichen Konteneinteilung auf einer einzigen Ebene auch die Möglichkeit der Kontenkomprimierung nach oben sowie die Möglichkeit der Unterkontenbildung nach unten enthalten; er stellt damit die Einteilung des »Haushaltsbuches« für das Projekt dar.

Produktstruktur – Projektstruktur – Kontenstruktur bilden damit das zentrale Dreigespann eines Entwicklungsprojekts (Bild 3.3). Es bildet die Grundlage für die gesamte Projektplanung und spätere Projektkontrolle. Alle Plandaten und Istdaten des Projekts müssen auf diese drei Strukturkomponenten beziehbar und ableitbar sein. Erst in der konsistenten Verknüpfung dieser Strukturierungsformen gelangt man

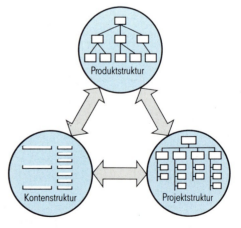

Bild 3.3   Strukturierungs-Dreigespann

zu einem *integrierten* Projektmanagement, welches das Projekt ganzheitlich plant und steuert.

3.1.1 Produktstruktur

Als Produktstruktur bezeichnet man die *technische* Gliederung des zu entwickelnden Produkts (bzw. Systems) in seine Produktteile; sie ist die »Realisierungsstruktur« des Produkts. Die listenmäßige oder grafische Darstellung dieser Produktstruktur nennt man Produktstrukturplan (PdSP); er ist streng vom Projektstrukturplan (Kap. 3.1.2) zu trennen.

Der Produktstrukturplan enthält die Teileinheiten des Produkts in einer hierarchischen Anordnung, wobei diese Teileinheiten auf der untersten Ebene z. B. einzelne SW-Module oder HW-Baugruppen sind. Teileinheiten auf einer höheren Ebene wären z. B. ganze SW-Programmkomplexe oder HW-Baugruppenrahmen. Sind Produktteile identisch aufgebaut, so kann man zum Herausstellen dieses Sachverhalts statt einer monohierarchischen auch die polyhierarchische Darstellung wählen; bei dieser würden die betreffenden Teile nur einmal erscheinen, dafür mehrere Bezüge zur übergeordneten Ebene haben.

Bild 3.4 zeigt die vereinfachte Produktstruktur eines Vermittlungssystems für Nebenstellenanlagen.

Neben der grafischen Darstellung bietet sich – besonders bei umfangreichen Strukturen – auch die tabellarische an; der verringerten Übersichtlichkeit steht hier die bessere Änderbarkeit des Strukturplans gegenüber.

Standardstrukturen

Insgesamt hängt die Ausbildung der Produktstruktur entscheidend von den technischen Besonderheiten des jeweiligen Produkts bzw. Systems ab. Das Bilden von Standard-Produktstrukturplänen als Ausgangsbasis für das Erstellen eines produktspezifischen Strukturplans hat sich in der Praxis bewährt. Vor allem in Entwicklungsbereichen, in denen immer wieder ähnliche Produkte nach gleichem Grundmuster entwickelt werden, bietet es sich an, solche Standard-Produktstrukturpläne aufzustellen. Durch Streichen und Hinzufügen von Strukturelementen gelangt man zu einer an die speziellen Erfordernisse angepaßten Produktstruktur. Auf diese Weise kann der Aufwand für das Erstellen eines Produktstrukturplans, der vollständig und konsistent ist, erheblich reduziert werden. Das Bilden der optimalen und auch transparenten Produktstruktur ist und bleibt natürlich eine kreative Hauptaufgabe des Entwicklers.

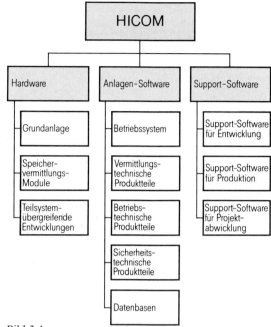

Bild 3.4
Produktstruktur eines Vermittlungssystems für Nebenstellenanlagen

Als allgemeine Einteilung eines HW/SW-Systems bietet sich z. B. auf oberster Ebene folgende Gliederung an:

▷ Hardware
▷ Software
▷ Support für Hardware
▷ Support für Software
▷ Antiprodukt für Hardware (z. B. Prüfdaten)
▷ Antiprodukt für Software (z. B. Testrahmen).

Die mittleren Hierarchieebenen nehmen die jeweiligen Systemteile auf. Auf der untersten Ebene kann dann noch eine Einteilung nach Versionen und Varianten hinzukommen.

Sonderformen

Wegen der sehr unterschiedlichen Entwicklungsobjekte findet man in einigen Entwicklungsbereichen unterschiedliche Begriffe für den Produktstrukturplan; z. T. haben diese Sonderformen auch etwas andere Inhalte:

▷ Systemstrukturplan   (SSP)
▷ Anlagenstrukturplan   (ASP)
▷ Objektstrukturplan   (OSP)
▷ Funktionsstrukturplan   (FSP).

Von einem *Systemstrukturplan* spricht man bei der technischen Beschreibung und Strukturierung von Systementwicklungen, vor allem bei HW/SW-Systemen. Der Begriff *Anlagenstrukturplan* wird – wie die Bezeichnung es schon sagt – im (elektrotechnischen) Anlagenbau verwendet. Beide Strukturpläne zeigen die technischen Komponenten innerhalb einer System- bzw. Anlagenentwicklung auf, wobei die jeweiligen technischen Komponenten den einzelnen technologischen Abschnitten des Systems bzw. der Anlage zugeordnet werden. Daher bietet sich für die Darstellung z. B. eines Anlagenstrukturplans mehr die Matrix als das Strukturogramm an.

Der *Objektstrukturplan* ist ein erweiterter Produktstrukturplan, der neben den Einzelteilen des künftigen Produkts auch noch die während der Projektdurchführung zusätzlich entwickelten und für die Entwicklung benötigten Teile umfaßt. Zu diesen Teilen, die später nicht mehr Bestandteil des Produkts sind, gehören z. B. Prinzip- und Funktionsmuster, Prüfaufbauten aber auch Testprogramme und andere Entwicklungshilfsmittel (Support). Die klare Trennung zwischen Produktstruktur und Objektstruktur hat den Vorteil, daß klar unterschieden wird, was (letztendlicher) Bestandteil des Produkts ist und was nur temporär für die Entwicklung des Produkts notwendig ist.

Die *Funktionsstruktur* bildet eine planerische Vorstufe der eigentlichen Produktstruktur; sie enthält die Funktionen des geplanten Produkts, ohne bereits Rücksicht auf die spätere technische Realisierung und der funktionalen Zuordnung der einzelnen Produktteile machen zu müssen. Als solches ist das Erstellen eines Funktionsstrukturplans im Rahmen des logischen Entwurfs eines Produkts bzw. Systems von großem Vorteil, da er einen Produktstrukturplan auf funktioneller Ebene darstellt.

Hierarchisches Nummernsystem

Zur Identifizierung der einzelnen Teileinheiten des Produkts, die den Knoten in dem hierarchisch ausgebildeten Produktstrukturplan entsprechen, ist die Vergabe eines eindeutigen Identifizierungsbegriffs notwendig; dieser kann rein numerisch sein oder auch alphanumerisch aufgrund eines speziellen Bildungsgesetzes vergeben werden. Als Beispiel für ein rein numerisches Bildungsgesetz ist in Bild 3.5 eine vereinfachte Produktstruktur gezeigt. Hier wurde eine Nummernvergabe aufgrund eines streng hierarchischen Prinzips

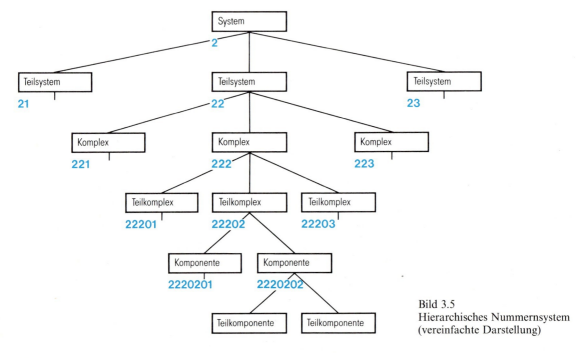

Bild 3.5
Hierarchisches Nummernsystem
(vereinfachte Darstellung)

vorgenommen, welches nur implizit klassifizierende Merkmale enthält. Folgende Begriffe werden für die Stufenbezeichnung verwendet:

0. System
1. Teilsystem
2. Komplex
3. Teilkomplex
4. Komponente
5. Teilkomponente.

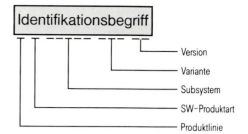

Bild 3.6 Klassifizierendes Nummernsystem (Beispiel)

Dieses Nummernsystem hat den großen Vorteil, daß später produktteilbezogene Projektdaten beliebig nach oben komprimiert werden können, um zu umfassenderen Projektaussagen zu gelangen.

Die Produktstruktur kann zu Projektbeginn meist nicht vollständig und endgültig definiert werden. Auch lebt die Produktstruktur in einem gewissen Maße und unterliegt während der Projektdurchführung partiellen Erweiterungen und Änderungen, die von dem verwendeten Nummernsystem verkraftet werden müssen. Das Nummernsystem muß für diese Fälle gewisse »Reserven« enthalten.

Daher ist beim Festlegen der Stellenzahl je Produktstrukturebene dem eventuell maximalen Ausbau der Struktur besondere Beachtung zu schenken. Ein späterer Engpaß in der Nummernvergabe kann große Probleme hervorrufen; entweder müssen »unschöne« Strukturerweiterungen von zusätzlichen Produktteilen (»Balkone«) hingenommen werden oder eine später erforderliche Umnumerierung hat zwangsläufig erhebliche Umbuchungen bereits eingetretener, produktteilbezogener Istdaten in der Projektdatenbank zur Folge.

Klassifizierendes Nummernsystem

Soll der Identifizierungsbegriff für das einzelne Produktteil eine selbstsprechende Aussagekraft besitzen, so muß ein (explizit) klassifizierendes Bildungsgesetz für die Identifikation verwendet werden. Solche Nummern enthalten dann Informationen, aus denen die Bedeutung oder Aufgabe der betreffenden Produktteile abgelesen werden kann. Als Beispiel ist hier ein Bildungsgesetz auszugsweise aufgeführt, wie es für die Entwicklung eines großen öffentlichen Vermittlungssystems verwendet wird. Hier dient die Produktstrukturierung als Basis für die Unterkontenbildung (Bild 3.6). Die dort vorhandenen Systemteile auf oberster Ebene werden jeweils nach einem eigenen Gliederungsschema unterteilt. In Bild 3.6 ist ein Gliederungsausschnitt für SW-Subsysteme schematisch dargestellt.

Auch bietet es sich bei klassifizierenden Nummernsystemen an, für die Benummerung der einzelnen Strukturteile vorhandene Sachnummernsysteme zu nutzen, falls diese produktspezifizierende Elemente enthalten. Das spätere Zuordnen zu Stücklistenstrukturen wird dadurch erheblich vereinfacht.

Kern einer Verfahrensintegration

Der Produktstruktur kommt insgesamt eine große Bedeutung während des gesamten Projektablaufs zu und zwar von der Projektdefinition bis hin zum Projektabschluß. Alle Plan- und Istdaten der projektspezifischen (Termin, Aufwand, Kosten) und der produktspezifischen Grundgrößen (Funktions- und Befehlsanzahl, Dokumentationsseiten etc.) haben ihren unmittelbaren Bezug zur Produktstruktur. Damit haben auch alle DV-Verfahren, die diese Grundgrößen verwalten, einen Bezug zur Produktstruktur.

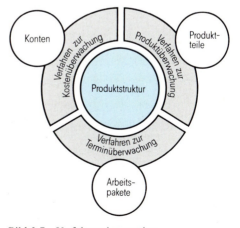

Bild 3.7 Verfahrensintegration

3.1 Strukturplanung

Allgemein gilt, daß die Produktstruktur die Brücke zwischen der kaufmännischen Kostenstrukturierung (Kontenstruktur) und der fachlichen Aufgabenstrukturierung (Projektstruktur) bildet und gleichzeitig das Bindeglied zu den Entwicklungsergebnissen herstellt; sie ermöglicht außerdem das Synchronisieren der Termin- und Kostenüberwachung und gewährleistet damit eine gemeinsame Projektplanung der Entwicklung und der FuE-Kaufmannschaft. Die Produktstruktur stellt also das zentrale Strukturelement für die Integration aller das Projekt unterstützenden Verfahren dar (Bild 3.7).

3.1.2 Projektstruktur

Die aufgabenmäßige Gliederung des Projekts wird im Projektstrukturplan (PjSP) festgelegt; er enthält alle Projektaktivitäten, die in den einzelnen Entwicklungsphasen durchzuführen sind. Nach DIN 69901 gilt als Definition für die Projektstruktur:

 Gesamtheit der wesentlichen Beziehungen zwischen den Elementen eines Projekts.

Der Projektstrukturplan bildet das Fundament für die gesamte Projekt- und Produktplanung, sowohl für die Planung der Termine, Kosten und Einsatzmittel als auch für die Festlegung der Leistungsmerkmale. Von ihm gehen alle wesentlichen Projektpläne aus; er bildet damit auch die Basis für die Auftragserteilung und die spätere Projektkontrolle.

Strukturierungsablauf

Im Sinn eines Top-down-Vorgehens analysiert man – ausgehend von der vorbestimmten Prozeßstruktur – das Projekt auf seine Aufgabenstruktur (Strukturanalyse), wobei die einzelnen Aktivitäten in selbständig durchführbare und kontrollierbare Teilaufgaben zerlegt werden. Der Grad der Detaillierung hängt natürlich von der Größe und Komplexität des Projekts ab. Die auf der untersten Ebene nicht weiter aufgeteilten Aufgaben, also die Endpunkte der Struktur, stellen die *Arbeitspakete* dar. Wird allerdings für die Terminplanung ein Netzplan eingesetzt, so kann man diese Arbeitspakete noch in kleinere »Netzplan-Vorgänge« unterteilen (siehe Kap. 3.4.4).

Die Aufgabenunterteilung des Projekts sollte so weit getrieben werden, bis man die Arbeitspakete eindeutig einer Entwicklungsgruppe zuordnen kann. Nur in Ausnahmefällen, in denen die Leistungsverrechnung es erfordert (wie z. B. bei einem Software-Haus), sollte bis auf die Ebene des einzelnen Mitarbeiters gegangen werden. Auch sollten die Arbeitspakete fachlich voneinander klar abgegrenzt sein, damit später keine ungewollten Parallelaktivitäten oder sogar Kompetenzstreitigkeiten auftreten. Jedem Arbeitspaket sollte eine genaue Aufgabenbeschreibung mit exakter Zielvorgabe beigegeben werden.

In Bild 3.8 ist der Strukturierungsablauf prinzipiell aufgezeigt. Wie ersichtlich, stehen sich Projektstruktur und Produktstruktur wie zwei Antipoden gegenüber, deren Definition ein *iterativer* Prozeß ist. Man kann nicht sagen, zuerst sei die Produktstruktur und dann die Projektstruktur zu entwerfen oder umgekehrt. Vielmehr benötigt man vor dem Bestimmen der tieferen Ebenen des Produktstrukturplans bereits definierte Arbeitspakete im Projektstrukturplan, dessen vollständiges Bestimmen wiederum von der Produktstruktur abhängt. In der Praxis werden die beiden Strukturpläne daher nebeneinander schrittweise verfeinert.

Auch ist der Projektstrukturplan nicht ein starres Gebilde, welches einmal zu Beginn der Projektplanung

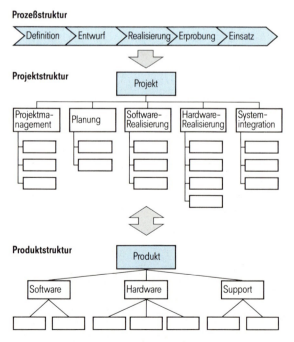

Bild 3.8 Strukturierungsablauf

3.1.2 Projektstruktur

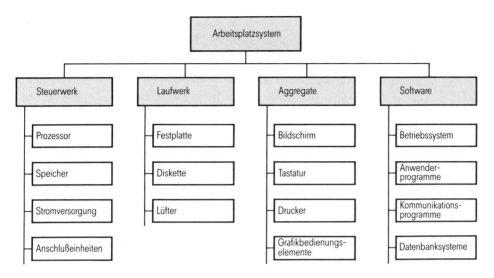

Bild 3.9 Objektorientierter Projektstrukturplan

festgelegt wird, sondern der Projektstrukturplan lebt während des gesamten Projektgeschehens. Deshalb kommt der laufenden Aktualisierung des Projektstrukturplans eine besondere Bedeutung zu.

Typen von Projektstrukturplänen

Der Projektstrukturplan kann nach mehreren Gesichtspunkten aufgebaut sein. Man kann drei Arten von Projektstrukturplänen unterscheiden:

▷ Objektorientierter Projektstrukturplan
▷ Funktionsorientierter Projektstrukturplan
▷ Ablauforientierter Projektstrukturplan.

Objektorientierter Projektstrukturplan

Bei einem objektorientierten Projektstrukturplan – häufig auch als erzeugnis- oder produktorientierter Plan bezeichnet – richtet sich die Definition der Aufgabenpakete nach der technischen Struktur des zu entwickelnden Objekts.

Bild 3.9 zeigt ein einfaches Beispiel für einen objektorientierten Projektstrukturplan.

In dem gezeigten Beispiel wird das betreffende Produkt systematisch in seine zu entwickelnden Einzelteile zerlegt (genaugenommen müßte hinter jedem Begriff die Tätigkeit »entwickeln« stehen).

Ein objektorientierter Projektstrukturplan hat große Ähnlichkeit mit einem Produktstrukturplan, so daß Projektplaner, die keine strenge Trennung zwischen den Begriffen Projekt und Produkt machen, diese beiden Strukturpläne leicht miteinander vermischen. Daher ist es empfehlenswert, keinen rein objektorientierten Projektstrukturplan zu verwenden.

Funktionsorientierter Projektstrukturplan

In einem funktionsorientierten Projektstrukturplan werden die durchzuführenden Arbeitspakete nach den Entwicklungsfunktionen, wie z.B. Konstruktion,

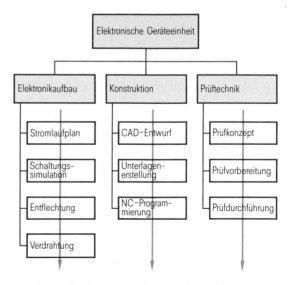

Bild 3.10 Funktionsorientierter Projektstrukturplan

Elektronikentwurf, Musterbau, Bauunterlagen-Erstellung etc. gegliedert; er orientiert sich also nicht nach den Einzelteilen des Produkts, sondern nach den Funktionsbereichen der Entwicklung. Bild 3.10 zeigt ein Beispiel hierfür.

Diese Aufbauform einer Projektstruktur kann bei jedem Entwicklungsprojekt angewendet werden; sie ist daher wohl auch die verbreitetste Projektstrukturform.

Ablauforientierter Projektstrukturplan

Die dritte Form eines Projektstrukturplans ist ablauforientiert (Bild 3.11). Die Arbeitspakete werden gemäß dem Entwicklungsprozeß bestimmt und strukturiert. Die oberste Ebene eines derartigen Projektstrukturplans spiegelt damit die Prozeßabschnitte der vorliegenden Prozeßorganisation wider, die unteren Ebenen die einzelnen Prozeßschritte.

Dieser Projektstrukturplan ist allerdings nur dort praktikabel, wo Entwicklungen nach einem streng sequentiellen Prozeßablauf durchgeführt werden.

Mischformen

Wie die vergleichende Betrachtung der drei Formen eines Projektstrukturplans zeigt, steht der funktionsorientierte Plan etwa zwischen dem objektorientierten und dem ablauforientierten Projektstrukturplan. Die objektorientierte Form birgt – wie bereits erwähnt – die Gefahr der Verwischung mit dem Produktstrukturplan in sich, und die ablauforientierte Form ist stark an den Prozeßplan angelehnt und kann einen gewissen Mangel an Flexibilität bei der Arbeitspaketdefinition zur Folge haben.

In der Praxis treten daher häufig Mischformen aus den vorgenannten Grundtypen von Projektstrukturen auf. In Bild 3.12 ist ein Beispiel für einen solchen gemischt orientierten Projektstrukturplan gezeigt. Hier entspricht die obere Ebene einer funktionsorientierten Strukturierung, dagegen ist die untere Ebene teilweise ablauforientiert. Diese Mischform eines Projektstrukturplans bietet sich z. B. an, wenn ein Entwicklungsobjekt auf einer bestehenden Linienorganisation mit den gezeigten Funktionen abhebt und in dem betreffenden Bereich konsequent nach einen Prozeßplan vorgegangen wird.

Standard-Projektstrukturpläne

In einem »Vielprodukt«-Unternehmen oder dann, wenn häufig ähnliche Entwicklungen immer wieder durchgeführt werden, bietet es sich an, Standardstrukturen für gleichartige Entwicklungsprojekte zu entwerfen. Man benutzt sie ähnlich den Standardnetzplänen wie eine »Checklisten-Struktur«, aus der die zutreffenden Strukturzweige mit den zugehörigen Arbeitspaketen übernommen und nicht zutreffende Teile übergangen werden. Der eigentliche individuelle Projektstrukturplan entsteht aus dieser Standardstruktur als »erweiterte Untermenge«, d. h., einerseits fehlen dem angepaßten Projektstrukturplan einige Arbeitspakete, andererseits sind ihm einige neue hinzugefügt worden.

Als Stufen für einen solchen Standard-Projektstrukturplan bietet sich z. B. die folgende – gemischt orientierte – Gliederung an:

0. Stufe   Projekt
1. Stufe   Produktteile
2. Stufe   Funktionen
3. Stufe   Arbeitskomplexe
4. Stufe   Arbeitspakete.

Wenn Entwicklungsähnlichkeiten und Entwicklungswiederholungen es ermöglichen, sind solche Standardstrukturpläne eine große Arbeitserleichterung, besonders im ersten Planungsabschnitt der Projektstrukturierung; sie stellen zusammen mit Standardnetzplänen eine erhebliche Rationalisierung dar.

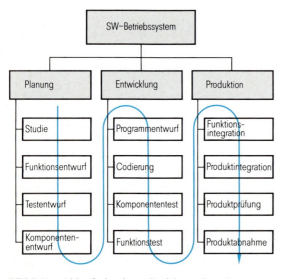

Bild 3.11   Ablauforientierter Projektstrukturplan

3.1.2 Projektstruktur

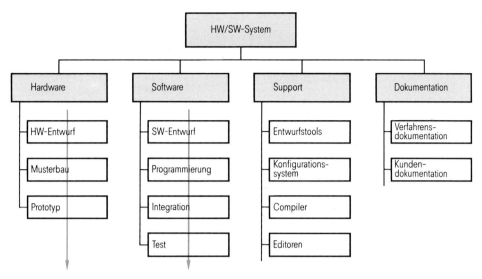

Bild 3.12 Gemischt orientierter Projektstrukturplan

Gliederungsgesichtspunkte

Das Erstellen eines Projektstrukturplans hat das primäre Ziel, zu einer projektadäquaten Arbeitspaketeinteilung zu gelangen. Diese Einteilung sollte – unabhängig von der gewählten Aufbauform des Projektstrukturplans – so aussehen, daß möglichst wenige Überschneidungen und Abhängigkeiten zwischen den einzelnen Arbeitspaketen auftreten. Zur Definition der Arbeitspakete sind daher mehrere Gliederungsgesichtspunkte heranzuziehen:

▷ Organisatorische Zuständigkeit,
▷ zeitlicher Ablauf,
▷ kalkulatorische Vorgaben und
▷ technische Aspekte.

Soweit wie möglich, sollten Arbeitspakete eindeutig einer einzigen organisatorischen Einheit zuordenbar sein, damit eine klare Verantwortung für die Durchführung des jeweiligen Arbeitspakets existiert; andernfalls besteht die Gefahr mangelnden Engagements oder unnötiger Kompetenzstreitigkeiten.

Auch muß bei der Arbeitspaketeinteilung der zeitliche Projektablauf beachtet werden. So ist es z. B. unsinnig, ein Arbeitspaket über die Grenze einer Entwicklungsphase hinweg zu bestimmen, da die Phasenentscheidung dann mitten in dem Arbeitspaket läge.

Weiterhin können kalkulatorische Vorgaben eine Ober- und Untergrenze für das Kostenvolumen von Arbeitspaketen abgeben. Wird nämlich das Kostenvolumen zu groß, so ist eine gezielte Kostenkontrolle nicht mehr möglich; ist es dagegen zu klein, so ist zwar eine gute Kostenkontrolle gewährleistet, aber der notwendige Überwachungsaufwand wird unzumutbar groß.

Schließlich sind, wie bereits erwähnt, die technischen Gliederungsaspekte der Produktstruktur zu berücksichtigen. Die Definition eines Arbeitspakets sollte sich – bis auf die wirklich notwendigen Fälle, wie z. B. bei projektbegleitenden Aktivitäten – nicht auf verschiedene Produktteile beziehen.

Anbindung an den Netzplan

Für die DV-unterstützte Behandlung eines Projektstrukturplans müssen alle Aufgaben im Strukturplan mit einer eindeutigen Identifikationsnummer versehen werden. Es sind die unterschiedlichsten Nummernsysteme anwendbar, als verbreitetste hat sich allerdings die rein hierarchische Nummerung nach der Dezimalklassifikation durchgesetzt. Werden diese Nummern darüber hinaus – bei Verwendung eines Netzplans – den zugeordneten Vorgängen beigefügt, so ist es möglich, aus dem Netzplan *automatisch* einen Projektstrukturplan zu generieren. Eine gesonderte Aktualisierung des Projektstrukturplans entfällt damit, da diese bereits implizit mit der Netzplanaktualisierung erreicht wird. So, wie der Detaillierungsgrad des Netzplans mit dem Projektfortschritt voranschreitet, ändert sich auch die Detaillierung des Projektstrukturplans.

Darstellungsmöglichkeiten

Beim Visualisieren des Projektstrukturplans scheiden sich oft die Geister. Eine Seite will in jedem Fall ein Struktogramm, die andere Seite begnügt sich mit einer listenförmigen Darstellung, wie dies in Bild 3.13 an einem Listenbeispiel des Verfahrens REPROPLIK gezeigt ist.

Ein »Kästchenbild« hat natürlich den großen Vorteil des visuellen (Planungs-) Eindrucks; es darf aber nicht übersehen werden, daß bei großen Projekten der Strukturplan leicht Dimensionen annehmen kann, der ganze Wände füllt und bei der Vervielfältigung erhebliche Probleme aufwirft. Das listenmäßige Darstellen des Projektstrukturplans schließt dagegen die Möglichkeiten ein, reichhaltige Zusatzinformationen mit auszuweisen. Außerdem kann er beliebig groß – weil lang – werden und macht keine Schwierigkeiten beim Kopieren. Deshalb ist bei größeren Entwicklungsvorhaben die Listenstruktur die praktikablere Ausgabeform für den Projektstrukturplan.

Als Ausgangspunkt für alle weiteren Planungsabschnitte wie Terminplanung, Personaleinsatzplanung und Kostenplanung kommt dem Projektstrukturplan eine besondere Bedeutung zu. Obwohl immer wieder behauptet wird »kein Projekt kann ohne Projektstrukturplan erfolgreich durchgeführt werden«, wird in diesem Punkt immer noch sehr gesündigt. Häufig wird wohl – manchmal mehr aus Gründen der »Modernität« – ein solcher erstellt und der Bereichsleitung vorgelegt. Anschließend schiebt man ihn nicht selten wieder zur Seite und führt die Projektplanung auf undefiniertem Untergrund fort. In der projektbegleitenden Aktualisierung des Projektstrukturplans werden die meisten Unterlassungen begangen. Da aber der Projektstrukturplan die vollständige und strukturierte Aufstellung aller Aufgaben enthält, die zum Erreichen des Projektziels notwendig sind, sollte es zu den wichtigsten Pflichten des Projektleiters gehören, für die stete Aktualität des Projektstrukturplans zu sorgen.

3.1.3 Kontenstruktur

Um Projekte und Teilprojekte für das Projektmanagement kostentransparent werden zu lassen, werden sie weiter nach Konten und Unterkonten aufgeteilt. Die

```
*** R E P R O P L I K   T A P L A N   V 3.0 ***                           SEITE    0001
          *****************************************
          *                                         *           AUSGEGEBEN AM: 06.08.87
          *      P R O J E K T S T R U K T U R P L A N  *           UM: 09:41 UHR
          *                                         *
          *****************************************

PROJEKT :  FUE - PROJEKTKALKULATION

                                                                    AUF-   |ANFANGS-|DAU|
   STRUKTUR-NR.     | ARBEITSPAKET                    |VORG.-NR| DST |WAND |  TERMIN |ER |EKZ|UNTERKONTO
   ---------------------------------------------------------------------------------------------
   01               |AUFWANDSSCHAETZVERFAHREN         |00330010|K0A13| 2.0 |01.03.87|250|00 |1000000
   01.01            |VERFAHREN       COCOMO    EINBINDEN |00330011|K0A13| 0.5 |01.03.87| 30|03 |1010000
   01.02            |VERFAHREN       PRICE     EINBINDEN |00330012|K0A16| 0.5 |01.07.87| 25|03 |1020000
   01.03            |DATENAUSGABE    FUER EDB  VORBEREITEN|00330013|K0A13| 1.0 |03.08.87| 40|04 |1030000

   02               |STRUKTURIERTE   KALKULATION      |00330015|K0A13| 8.1 |01.10.86|250|00 |2000000
   02.01            |ANFORDERUNGS-   KATALOG   ERSTELLEN |00330016|K0A13| 0.6 |01.10.86| 25|01 |2010000
   02.02            |SPEZIFIKATION                    |00330020|K0A13| 3.0 |06.11.86| 90|00 |2020000
   02.02.01         |DV-GROBKONZEPT  UEBERARBEITEN    |00330030|K0A13| 0.8 |06.11.86| 30|02 |2020100
   02.02.02         |DV-FEINKONZEPT  ERSTELLEN        |00330099|K0A13| 1.5 |05.01.87| 50|02 |2020200
   02.02.03         |DATENSICHERUNGSKONZEPT ENTWERFEN |00330210|K0A16| 0.7 |05.02.87| 40|02 |2020300
   02.03            |DBASE-          DATENBANK AUFBAUEN|00330215|K0A16| 0.5 |06.04.87| 35|04 |2030000
   02.04            |DATENUEBERNAHMEPROGRAMME         |00330220|K0A13| 4.0 |04.05.87| 80|00 |2040000
   02.04.01         |SELEKTIONS-     PROGRAMME REALISIEREN|00330300|K0A13| 2.6 |06.05.87| 30|05 |2040100
   02.04.02         |KOPPLUNGS-      PROGRAMME ANSCHLIESSEN|00330099|K0A13| 1.0 |05.05.87| 50|05 |2040200
   02.04.03         |STEUERPROZEDUR ERSTELLEN         |00330210|K0A16| 0.4 |05.08.87| 40|05 |2040300
```

Bild 3.13 Projektstrukturplan als Liste (Beispiel REPROPLIK)

Gliederung dieser Konten nimmt man nach unterschiedlichen Gesichtspunkten vor; sie richtet sich nach dem Bedarf an bestimmten Auswertungen und Informationen, die für das wirtschaftliche Management benötigt werden. Konten stellen Strukturelemente dar, für die in der Praxis sehr unterschiedliche Begriffe verwendet werden, z. B.:

— Auftragskennzeichen (AKZ),
— Auftragsnummer,
— FuE-Konto,
— Aufgabe,
— Auftrag,
— Unterkonto,
— Teileinheit usw.

Trotz dieser unterschiedlichen Bezeichnungen gelten für die Strukturierung – unabhängig von der Art der Projekte – ähnliche Gliederungsgesichtspunkte.

Gliederungsaspekte

Vor allem in großen Entwicklungsbereichen werden in den Kontennummern viele Daten verschlüsselt, die man als Ordnungs- und Sortierkriterien in der kaufmännischen Abwicklung verwendet. Allerdings hat jedes klassifizierende Nummernsystem seine Nachteile, besonders dann, wenn aufgrund nachträglich notwendig gewordener Erweiterungen das Klassifizierungssystem »gesprengt« wird. Deshalb bietet sich gerade im Hinblick auf moderne DV-Verfahren ein rein *identifizierendes* Nummernsystem für die Kontengliederung an.

Für die Gliederung von Konten sind im wesentlichen folgende Ziele zu beachten:

▷ Kostenverursacher erkennbar machen (Kostenherkunft),
▷ Kostenkomponenten darstellen (Kostenschwerpunkte),
▷ Konten auf den Terminplan ausrichten (zeitliche Synchronisierung),
▷ Konnex zur Projekt- und Produktstruktur herstellen (technische Synchronisierung),
▷ Kostenkalkulation und -kontrolle unterstützen (Kostenmanagement).

Wegen der leichteren Überschaubarkeit können Höchstgrenzen für die Größe der einzelnen Konten festgelegt werden. Auch die Anzahl der Konten und die weitere Unterteilung sind wichtige Kriterien für eine optimale Kontengliederung, da davon der Planungs- bzw. Kalkulationsaufwand abhängt. So wichtig eine detaillierte Kostenplanung ist, so darf doch der Verwaltungsaufwand dafür nicht zu groß werden. Auch darf man formale Gliederungsaspekte nicht überbewerten. Die sachliche Gliederung muß stets die höhere Priorität haben, weil sie die inhaltlichen Aussagen zum Projekt bestimmt.

Kleine Projekte sind in ihrer Kontenstruktur nahezu problemlos. Sie sind im allgemeinen auch dann gut überschaubar, wenn kaum strukturelle Überlegungen angestellt worden sind.

Grundsätzlich ist zu klären, ob die Kontenstrukturierung nach

▷ Kundenaufträgen (vertriebsorientiert) oder
▷ Arbeitsobjekten (entwicklungsorientiert)

ausgerichtet werden soll.

Bei Kundenprojekten ist klar, daß beispielsweise Projekte für Walzwerke oder Kraftwerke, deren Bearbeitung und Projektierung erst nach Auftragseingang beginnt, nach der Struktur des Kundenauftrags ausgerichtet sein müssen. Solche Projekte erhalten daher eine *vertriebsorientierte* Kontenstruktur.

Bei Vorleistungsprojekten sowie bei allen Projekten, die vor dem Eingang von Kundenaufträgen konzipiert und entwickelt werden, hat sich dagegen in der Praxis bewährt, daß eine Kontenstruktur gewählt wird, die der technischen Struktur entspricht, also *entwicklungsorientiert* ist. Dies gilt auch dann, wenn die durch Entwicklungsvorleistungen geschaffenen Produkte später über Kundenprojekte vermarktet werden, die oft zum Entwicklungszeitpunkt noch nicht bekannt sind.

Für die Strukturierung nach Arbeitsobjekten spricht noch ein weiteres Argument, da die gewählte Struktur auch für das Erfassen der aufgelaufenen Projektkosten (Istkosten) verwendet werden kann.

Betrachtet man z. B. das Erfassen der Istkosten für das Eigenpersonal: Diese Kosten werden heute üblicherweise mit Hilfe der Stundenschreibung erfaßt. Es liegt nahe, daß der monatliche Stundenbericht am einfachsten zu erstellen ist, wenn der Bearbeiter sich nur darauf konzentrieren muß, an welchen Projektaufgaben er im abgelaufenen Monat gearbeitet hat. Dies ist für denjenigen, der den Stundennachweis erstellen muß, viel einfacher, als wenn er darüber nachdenken müßte, welchen vertriebsorientierten Konten die Arbeitsstunden des abgelaufenen Monats zuzuordnen wären.

Die Kontenstrukturierung ist also so zu wählen, daß die geleisteten Stunden aus Sicht des Bearbeiters problemlos zugeordnet werden können; sonst entstehen zwangsläufig Fehler bei der Stundenkontierung und damit der Erfassung der Istkosten der Projekte.

Strukturierungseinflüsse

Bei größeren Projekten besteht die Gefahr, daß einzelne Projektplaner unterschiedliche Strukturen wählen und damit spezifische Informationen zum Projekt verloren gehen. Um unnötige Diskussionen über die Struktur zu vermeiden, sollte man deshalb bei größeren Projekten die Regeln der Kontenstrukturierung in einer Rahmenrichtlinie festlegen. Die Kompetenz für das Festlegen der Struktur sollte allein beim Projektleiter und dem zuständigen FuE-Kaufmann liegen.

Eine straffe auftragsbezogene Strukturierung wird gelegentlich vom Entwickler als Einengung und Beschneidung der persönlichen Freiheit gewertet; dies trifft besonders dann zu, wenn Aufträge aus Kosten- und Wettbewerbsgründen sehr knapp kalkuliert werden.

Bei einer nicht streng auftragsbezogenen Strukturierung kann es zu einer Destrukturierung der Konten führen; sie äußert sich z. B. in folgenden Tendenzen:

▷ Nicht zusammengehörige Projektteile werden in einem einzigen Konto zusammengeworfen,
▷ zusammengehörende Teile werden auf viele Konten verteilt bzw.
▷ die Aufträge (die Arbeitsinhalte der Konten) werden verschwommen formuliert (sogenannte »U-Boot«-Entwicklungen sind dann möglich),
▷ Projektanfang und -ende sind nicht klar definiert oder
▷ das Entwicklungsergebnis ist nicht angegeben.

Zusammenfassend ist festzuhalten: Die Struktur eines Projekts sollte abgestimmt und ausgewogen sein und als »Kontenplan« bzw. »Kontenkatalog« für das Projekt verbindlich festgelegt werden. Eine ständige aber sehr restriktive Fortschreibung eines solchen Kontenkatalogs ist erforderlich.

Hierarchische Kontenstruktur

Mit zunehmender Größe der Projekte steigt die Notwendigkeit überlegter Kontenstrukturierungen. Bei großen Entwicklungsvorhaben sollte man die Kontenstruktur zusätzlich auch in die hierarchische Projektgliederung einbinden. Dies ist nötig, damit für die unterschiedlichen hierarchischen Ebenen der Projektorganisation sowie die Bereichsleitung maßgeschneiderte Informationen erstellt werden können.

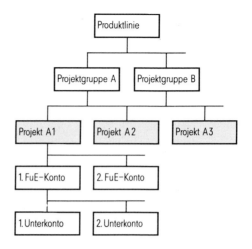

Bild 3.14
Anbindung der Konten an die Projektgliederung

Bild 3.14 gibt als Beispiel die hierarchische Gliederung der Projekte mit ihrer Kontenanbindung für die Entwicklung einer großen Produktlinie (Geschäftsfeld) wieder.

Zu einer bestimmten Produktlinie gehören mehrere »Projektgruppen«, die sich in die einzelne Projekte gliedern. Den Projekten selbst sind mehrere Auftragskennzeichen als »FuE-Konten« zugeordnet, die sich wiederum in mehrere Unterkonten auf mehreren hierarchischen Ebenen unterteilen können.

Auftragskennzeichen

Wie der Name schon sagt, wird mit dem Auftragskennzeichen (AKZ) ein FuE-Auftrag innerhalb eines Projekts gekennzeichnet. Diese Kodierung kann zählende (laufende Nummer) und beschreibende (sprechende) Elemente enthalten. Das AKZ ist keine Schöpfung des Projektmanagements, sondern ein gängiges Hilfsmittel, mit dem unternehmensinterne Abwicklungs- und Leistungsprozesse nach den Regeln des Rechnungswesens gegliedert werden.

Bild 3.15 zeigt als Beispiel den Aufbau eines Auftragskennzeichens, wie es in einem größeren Unternehmensbereich der Nachrichtentechnik verwendet wird.

An den ersten beiden Stellen des AKZ ist der Geschäftsbereich ablesbar. Die Stellen 3 bis 5 enthalten den Kostenträger; in dem gezeigten Beispiel ist dies die Entwicklung. In der sechsten Stelle des AKZ ist die Auftragsart verschlüsselt; in der Entwicklung ver-

3.1.3 Kontenstruktur

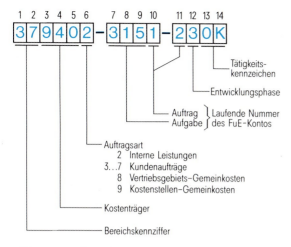

Bild 3.15 Aufbau eines Auftragskennzeichens (Beispiel)

wendet man die Auftragsarten »2« interne Leistungen und »9« Kostenstellen-Gemeinkosten. Die Stellen 7 bis 11 enthalten die laufende Nummer des AKZ, wobei der »Aufgabenbereich« hierarchisch dem »Auftrag« übergeordnet ist. In der zwölften Stelle ist die Entwicklungsphase verschlüsselt. Die Stellen 13 und 14 enthalten das Tätigkeitskennzeichen. Diese Kennzeichen werden u. a. zum Erfassen des Qualitätssicherungsaufwands verwendet (siehe Kap. 2.5.5). Entwicklungsphasen und Tätigkeitskennzeichen sind im allg. in den Entwicklungsprozeßplänen festgelegt.

Neben den AKZ-Aufbau 6-4-4 (»Münchner AKZ«) gibt es im Hause noch den Aufbau 5-1-4-6 (»Erlanger AKZ«).

Die Auftragskennzeichen der Projekte, also die FuE-Konten, werden in den bereits erwähnten Kontenplan bzw. Kontenkatalog aufgenommen, der ständig auf aktuellen Stand gehalten werden muß. In Bild 3.16 ist als Beispiel ein Ausschnitt aus einem solchen Kontenkatalog gezeigt, wie er in der Vermittlungstechnik verwendet wird. Die Pflege des Kontenkatalogs eines Projekts ist Aufgabe des zuständigen Projektbüros oder einer dafür eingerichteten Stabsstelle (FuE-Büro).

Unterkonten nach einem Bildungsschema

Bei einer *vorgeleisteten* Entwicklung elektronischer Produktteile (Basisprojekte), die später bausteinartig in großen Anlagen (Kundenprojekte) eingesetzt werden, wird häufig die Produktstruktur der Kontenstrukturierung zugrunde gelegt. Da das Produkt das Ergebnis einer Entwicklung darstellt, nennt man das eine »outputorientierte« Strukturierung. Lediglich für allgemeine Arbeiten und Dienstleistungen, denen oft konkretisierbare Entwicklungsergebnisse nicht zugeordnet werden können, sind dann noch unabhängig von der Produktstruktur Konten festzulegen.

In der praktischen Durchführung stößt dieser methodische Ansatz zur Kostenstrukturierung jedoch an Grenzen, die nachfolgend erläutert werden: Stellt man

```
Projekt 217        DIKO Digitaler Konzentrator

379402-3123-8xxx  (217)    DIKO/SLM: Systemengineering
379402-3123-0xxx  (217)    DIKO/SLM: Teilnehmersch. VS. 3.6

379402-3131-1xxx  (217)    DIKO/SLM: Support Entw. SLM

379402-3164-9xxx  (217)    DIKO/SLM: Projektmanagement
379402-3165-0xxx  (217)    DIKO/SLM: Hardware VS. 3.6
379402-3165-1xxx  (217)    DIKO/SLM: Zentr.Firmware VS. 3.6
379402-3165-6xxx  (217)    DIKO/SLM: LT:GP-Software, VS. 3.6
379402-3165-8xxx  (217)    DIKO/SLM: Integr., Testanl.-Nutzung VS. 3.6.
379402-3166-6xxx  (217)    DIKO/SLM: Teilnehmersch. VS. 4.0
379402-3168-5xxx  (217)    DIKO/SLM: LT:GP-Software, VS. 4.0
379402-3168-6xxx  (217)    DIKO/SLM: Integr., Testanl.-Nutzung VS. 4.0

379402-3171-0xxx  (217)    DIKO/SLM: Hardware VS. 4.0
379402-3171-1xxx  (217)    DIKO/SLM: Zentr. Firmware VS. 4.0

379402-3195-5xxx  (217)    DIKO/SLM: Handbücher
```

Bild 3.16
FuE-Kontenplan eines Projekts (Ausschnitt)

3.1 Strukturplanung

an eine Strukturierung immer mehr und auch noch divergierende Anforderungen, so müßte – wollte man alle Gesichtspunkte berücksichtigen – die Kontenstruktur immer detaillierter werden. Damit müßte auch der Planungsaufwand stark ansteigen, da die Konten und damit die Auftragspapiere immer zahlreicher würden.

Um diesen Nachteil zu vermeiden, kann man folgenden Weg beschreiten:

▷ Geplant wird weiterhin nur auf (übergeordneter) Kontenebene, den FuE-Konten,
▷ der Iststundenaufwand wird aber auf einer Unterkontenebene erfaßt und
▷ die Unterkonten werden aus den vorhandenen Sachnummern von den »Stundenschreibern« selbst gebildet.

Zur Stundenschreibung entnehmen die kontierenden Projektmitarbeiter nach den Regeln eines Bildungsschemas Teile der Sachnummern (der Produktteile) und bilden mit Hilfe dieser Fragmente die Unterkonten, auf die dann die aufgewendeten Arbeitsstunden im Kontierungsbeleg – der arbeitstäglich bis monatlich zu erstellen ist – kontiert bzw. belastet werden.

Das Prinzip dieser »Selbstbildung« von Unterkonten wird in Bild 3.17 an einem Beispiel für den Quellcode einer Anlagen-Software gezeigt.

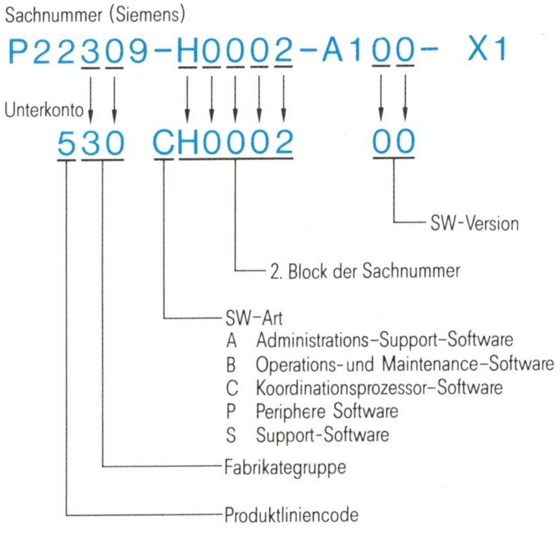

Der Begriff Unterkonto wurde deshalb gewählt, weil diese Konten den Auftragskennzeichen, d. h. den FuE-Konten, hierarchisch untergeordnet sind, so daß jedes Unterkonto einem bestimmten Auftragskennzeichen fest zugeordnet ist. Diese Zuordnung zwischen Unterkonto und FuE-Konto wird nach der erstmaligen Benutzung in einem Kontierungsbeleg vom Plausibilitierungsprogramm ausgefiltert und von den Bearbeitern im Projektbüro auf richtige Zuordnung überprüft. Die Zuordnung wird dann in einer Datei gespeichert und dient von da an als automatische Plausibilitierungshilfe für die Stundenkontierungsbelege.

Auf diese Weise helfen die Unterkonten, daß bei der Stundenberichterstattung irrtümlich verwendete Auftragskennzeichen und Erfassungsfehler mit maschineller Unterstützung leichter entdeckt werden können.

Das gezeigte Unterkonten-Bildungsschema bietet folgende Vorteile:

▷ Bei der Stundenkontierung muß der Bearbeiter nicht mehr über die Wahl des richtigen FuE-Kontos nachdenken, da das Unterkonto nach erstmaliger Definition durch den Projektmitarbeiter in dem Projektkostenverfahren fest dem zugehörigen FuE-Konto zugeordnet wird,
▷ Abgrenzungsprobleme zwischen verschiedenen FuE-Konten werden weitgehend beseitigt und
▷ das Projektbüro muß sich keine Gedanken zur Strukturierung der Unterkonten machen, da die Struktur bereits in den Sachnummern verankert ist. Das Projektbüro muß diese Unterkonten nicht mehr durchnumerieren, aufzeichnen und an die Mitarbeiter weitergeben, wie dies z. B. bei Auftragskennzeichen nötig ist.

Ein Unterkontenschema eignet sich vor allem für das Gewinnen von Erfahrungs-, Qualitätssicherungs- und Produktivitätsdaten, weil die Unterkonten die technische Struktur zum Inhalt haben. Das Auftragskennzeichen verkörpert dagegen einen Entwicklungsauftrag meist in einer technischen Mischstruktur.

Unterkonten nach einem technischen Strukturkatalog

Unterkonten können allerdings auch auf der Basis eines vorgegebenen Strukturkatalogs fest definiert sein. In einem technischen Bereich wurde dazu ein »Ordnungssystem« festgelegt; es stellt ein vorbereitetes Verzeichnis der vorkommenden Anlagenteile und der zugehörigen Dienstleistungen dar (Bild 3.18).

```
Sachnummer (Siemens)
P22309-H0002-A100- X1
Unterkonto
     530 CH0002    00
                   └── SW-Version
              └── 2. Block der Sachnummer
           └── SW-Art
               A  Administrations-Support-Software
               B  Operations- und Maintenance-Software
               C  Koordinationsprozessor-Software
               P  Periphere Software
               S  Support-Software
         └── Fabrikategruppe
      └── Produktliniencode
```

Bild 3.17
Unterkonten-Bildungsschema
(Beispiel aus der Vermittlungstechnik)

Bild 3.18
Ordnungssystem für Unterkonten
(Beispiel aus der Kraftwerktechnik)

OSNR	Sachbegriff
3100	Dampfturbine
3101	Auslegung
3103	Anschluß-Stutzen, Kräfte, -Momente
3110	Dampfturbine-Hauptteile
3112	Kreislaufrechnungen, Wärmegrundschaltpläne
3118	Montage Dampfturbinen-Hauptteile
3119	Inbetriebsetzung Dampfturbinen-Hauptteile
3120	Dampfturbinen-Zubehör
3122	Wärmeschutzisolierung, Verschalung (auch für Lärmschutz)
3123	Schmierölversorgung, Steuerflüssigkeitssystem
3124	Entwässerungssystem
3125	Wellendichtungsdampfsystem
3126	Armaturen, Dampfsiebe, Ausblaseeinsätze
3127	Wellendrehvorrichtung
3128	Montage Dampfturbinen-Zubehör
3129	Inbetriebsetzung Dampfturbinen-Zubehör
3130	Kondensation
3131	Kondensatoren
3133	Umleiteinrichtung
3134	Zusatzwasser-Kondensateinleitung
3135	Evakuierung
3136	Kondensatförderung
3138	Montage Kondensation
3139	Inbetriebsetzung Kondensation
3140	Zusatzlieferungen zur Dampfturbine
3141	Ölablaß- und Reinigungsanlage
3142	SBF-Ablaß- und Reinigungsanlage
3144	Wasserabscheider-Zwischenüberhitzer
3146	Dampfentnahme für externe Verbraucher

Es handelt sich dabei um eine für Anlagen dieser Technologie vorbereitete Strukturierung, in die dann konkrete Kundenprojekte eingefügt werden können. Ein derartiges vorgefertigtes Verzeichnis bringt viele Vorteile in Kalkulation und Kostenverfolgung sowie beim Kostenvergleich unterschiedlicher Projekte; es wird in Zusammenarbeit mit den Fachabteilungen an zentraler Stelle im Unternehmen erstellt und ständig den technologischen Neuerungen der Anlagentechnik angepaßt.

Kostenarten

Unter Kostenarten versteht man im betrieblichen Rechnungswesen die Unterteilung der Kosten nach der Art des Verbrauchs von Ressourcen und Leistungen, z. B. Personal-, Sach- und Kapitaleinsatzkosten. Die Kostenarten-Verzeichnisse (Kontenrahmen) sind für bestimmte Industriezweige bereits vor Jahrzehnten standardisiert worden. Diese standardisierten Kontenrahmen werden von den Unternehmen meist als Grobstruktur verwendet. Sie entwerfen darauf aufbauend ihre eigenen Kontenrahmen, die auf die Erfordernisse der Unternehmen abgestimmt sind. Kostenarten werden beispielsweise zur Untergliederung von Kostenstellen (Kap. 4.2.2) verwendet.

Wesentliche Kostenarten sind:

Personalkosten

▷ Gemeinkosten-Gehälter
▷ Gemeinkosten-Löhne
▷ Sozialkosten
▷ Erfolgsbeteiligung.

Personalabhängige Sachkosten

▷ Büromaterial
▷ Vervielfältigung und Lichtpausen
▷ Nachrichtenkosten
▷ Reisekosten Inland[1])
▷ Reisekosten Ausland[1]).

Übrige Sachkosten

▷ Instandhaltung
▷ Energiekosten
▷ Bewirtung/Betreuung
▷ Dienstleistung von Fremdpersonal[1])
▷ Übersetzungsarbeiten[1])
▷ EDV-Kosten (Rechnernutzung)[1])
▷ Kostenstellenumlagen.

Kapitaleinsatzkosten

▷ Zinsen/Abschreibung/geringwertige Wirtschaftsgüter
▷ Mieten für Gebäude
▷ Mieten für Inventar
▷ Steuern und Versicherung.

Die mit [1]) markierten Kostenarten können – je nach ihrem Gewicht – in Kostenstellen oder als Kostenelemente in Projekten geführt werden. Diese Gliederung der Kostenarten enthält alle Kosten, die eng mit dem Arbeitsplatz des Entwicklers in Verbindung stehen; sie ist nicht projektspezifisch.

Die Kostenarten berücksichtigen vielfach die Anforderungen an die Gliederung und die Transparenz der Projekte nicht genügend. Daher wird auf die im betrieblichen Rechnungswesen übliche Gliederung nach Kostenarten bei der Kostenplanung von Projekten oft verzichtet. Die durch viele unterschiedliche Projekte sich ergebende Vielfalt unterschiedlicher Kostenarten drückt man deshalb außerhalb der Kostenstellen durch *Kostenelemente* aus.

Kostenelemente

Unter Kostenelementen versteht man die Gliederung der Kosten von Projekten, die sich an technischen, arbeitsteiligen und/oder kalkulatorischen Gegebenheiten orientiert; sie ist sehr stark von der Art und dem Inhalt der Projekte geprägt.

Ein Kostenelement kann beispielsweise auch die Herkunft der Kosten (siehe Kap. 4.2.2) umschreiben, d. h. man kann damit erkennen, woher die ausgewiesenen Kosten kommen. Diese Art der Kostengliederung ist für eine wirksame Kostenkontrolle unerläßlich.

Bei Projekten der Kommunikationstechnik wird beispielsweise im Entwicklungsbereich folgende Grobgliederung der Kostenelemente verwendet:

▷ Eigen- und Fremdpersonal,
▷ Nutzung von Rechen- und Testanlagen,
▷ Labormuster und Versuchsaufbauten,
▷ externe Dienstleistungen, Tools und Know-how,
▷ Schutzrechte (z. B. Patente),
▷ Anforderungsänderungen,
▷ Dokumentation und Marketing,
▷ Produktionshilfsmittel und -technologien,
▷ Forschung und Grundlagenentwicklung.

Eine solche Gliederung der Kostenelemente ist nicht immer frei gewählt; sie wird sich vielmehr den Kostenschwerpunkten der Projekte und der Aufbauorganisation des Unternehmens anpassen müssen.

Die Gliederung drückt oft auch die Arbeitsteilung zwischen unterschiedlichen technischen Gebieten aus. Als Beispiel dafür werden nachfolgend die Kostenelemente für das Errichten eines Kohlekraftwerks genannt:

— Bauten,
— Kessel und Feuerungstechnik,
— Maschinenbau und Rohrleitungen,
— Abgasreinigungsanlagen,
— Turbosatz,
— Generator,
— Starkstromanlagen,
— Leit-, Steuerungs- und Sicherheitstechnik,
— Montage und Inbetriebsetzung.

Zusammenfassend ist festzuhalten, daß die Berichterstattung über die Kosten eines Projekts von der Güte und Tiefe seiner Strukturierung abhängt. Dabei ist die Strukturierung der FuE-Konten die Basis jeder Information über Kosten eines Projekts.

3.2 Aufwandsschätzung

3.2.1 Methodenüberblick

Die unterschiedlichen Ausgangsgrößen und Vorgehensweisen bei der Aufwandsschätzung für HW- und SW-Entwicklungsvorhaben haben in der Praxis zu mehreren Methoden geführt; sie unterscheiden sich sowohl in der Art der Quelldaten für die Aufwandsschätzung als auch in der Form der Ermittlung der Zieldaten. Als Zieldaten ergeben sich meist Schätzgrößen, wie Personalaufwand, Kosten oder Zeitdauer. Auch sind der Einsatzpunkt bezogen auf den Entwicklungsablauf sowie die jeweilige Einsatzbreite bei den einzelnen Methoden und Verfahren sehr unterschiedlich. Teilweise sind die vorgeschlagenen Methoden

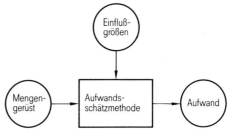

Aufwand = f (Mengengerüst, Einflußgrößen)

Bild 3.19 Prinzip einer Aufwandsschätzmethode

3.2.1 Methodenüberblick

und die darauf aufbauenden Verfahren unternehmensspezifisch ausgerichtet und verfügen über keine wissenschaftliche Untermauerung.

Im allgemeinen stellt eine Aufwandsschätzmethode einen funktionalen Zusammenhang zwischen bestimmten Produktgrößen (Mengengerüst) und den zu schätzenden Aufwänden bzw. Kosten – unter Berücksichtigung von Einflußgrößen – her (Bild 3.19); hierbei ist »funktional« nicht im streng mathematischen Sinn zu verstehen. Vielmehr kann jede meßbare Entwicklungsgröße, die in irgendeiner Weise mit dem Entwicklungsaufwand korreliert, zu einer Quellgröße einer Aufwandsschätzmethode gemacht werden.

In der Literatur werden die bestehenden Methoden teilweise sehr unterschiedlich klassifiziert. Trotzdem kann man sie drei grundlegenden Klassen entsprechend ihrer »inneren Funktionsweise« zuordnen:

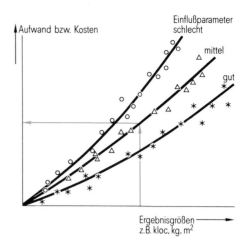

Bild 3.20
Algorithmische Methoden (Prinzipdarstellung)

I *Algorithmische Methoden*
  ▷ Parametrische Methoden
  ▷ Faktoren- bzw. Gewichtungsmethoden.

II *Vergleichsmethoden*
  ▷ Analogiemethoden
  ▷ Relationsmethoden.

III *Kennzahlenmethoden*
  ▷ Multiplikatormethoden
  ▷ Produktivitätsmethoden
  ▷ Prozentsatzmethoden.

I Algorithmische Methoden

Algorithmische Methoden bedienen sich zur Ergebnisermittlung immer einer Formel bzw. eines Formelgebildes, dessen Struktur und Konstanten empirisch und teilweise mit mathematischen Methoden, wie z. B. der Regressionsanalyse, bestimmt worden sind.

Wie in Bild 3.20 angedeutet, wird aufgrund einer empirisch gefundenen Korrelation die Abhängigkeit des Aufwands (bzw. der Kosten) von einer bestimmten Ergebnisgröße als Kurvenverlauf dargestellt, aus dem dann für ein künftiges Entwicklungsvorhaben – unter Berücksichtigung bestimmter Einflußparameter – der zu erwartende Aufwand (bzw. die Kosten) abgeleitet werden kann.

Zu den algorithmischen Methoden gehören die beiden Gruppen der *parametrischen Schätzmethoden* und der *Faktoren- bzw. Gewichtungsmethoden;* wobei die letzteren auch Elemente der Kennzahlenmethoden enthalten.

Parametrische Methoden

Bei parametrischen Methoden stellt man einen *formelmäßigen* Zusammenhang zwischen einer meßbaren Produktgröße – wie z. B. Gewicht (in kg) bei Hardware oder Befehlsanzahl (in kloc) bei Software – und dem dafür erforderlichen Aufwand an Personal und Zeit her. Dieser Zusammenhang kann aufgrund der Untersuchung einer möglichst großen Anzahl abgeschlossener Entwicklungsprojekte – die repräsentativen Charakter haben – und unter Anwendung entsprechender Regressionsanalysen gefunden werden. Zur Unterscheidung der Verschiedenartigkeiten sind spezielle Parameter als Einflußgrößen zu definieren, die einen verringernden oder einen vergrößernden Effekt auf die Ergebnisgrößen des Algorithmus haben. Auch hier können zum wertemäßigen Bestimmen der Einflußgrößen Korrelationsanalysen mit vorliegenden Erfahrungsdaten durchgeführt werden.

Als die schon klassischen parametrischen Schätzmethoden sind hier die SW-Aufwandsschätzmethode COCOMO (Constructive Cost Model) sowie die HW- und SW-Aufwandsschätzmodelle von PRICE (Programmed Review of Information for Costing and Evaluation) zu nennen; auf sie wird in den folgenden Kapiteln ausführlich eingegangen.

3.2 Aufwandsschätzung

COCOMO-Methode

Die COCOMO-Methode [6] basiert auf der Untersuchung von rund 60 SW-Projekten, für die mit Hilfe der Regressionsanalyse unter Berücksichtigung von 15 Einflußgrößen ein formelmäßiger Zusammenhang zwischen der Programmgröße in kloc und den Personalaufwand in MM hergestellt wurde. Hierbei kann man einerseits die geplante Produktstruktur und andererseits den bestehenden Projekttyp in die Aufwandsschätzung einbeziehen. Die Einflußgrößen gliedern sich in die Klassen:

▷ Produkt-Attribute,
▷ Computer-Attribute,
▷ Personal-Attribute und
▷ Projekt-Attribute.

Der ermittelte Aufwand bzw. die Kosten werden auf vorgegebene Entwicklungsphasen aufgeteilt. Weiterhin kann man eine »optimale« Entwicklungszeitdauer ermitteln.

PRICE-Schätzmodelle

PRICE umfaßt eine ganze Familie von Kostenschätzmodellen für unterschiedliche Entwicklungsgebiete (HW-, SW-, Chip-Entwicklung).

Mit PRICE H z. B. kann man für den HW-Bereich eine Schätzung der voraussichtlichen Entwicklungs- und der Produktionskosten auf der Basis quantitativer (z. B. Gewicht, Menge, Volumen) und qualitativer Ausgangsgrößen (z. B. Komplexität der Elektronik und Mechanik) vornehmen. Auch hier ist der algorithmische Zusammenhang mit Hilfe von Regressionsanalysen gefunden worden.

Das für den SW-Bereich vorgesehene PRICE S [66] hat Ähnlichkeit mit der COCOMO-Methode. Abhängig von mehreren Einflußgrößen können hier die erforderlichen Entwicklungskosten phasenbezogen sowie die optimale Entwicklungsdauer aus der Programmgröße (gemessen in kloc) bestimmt werden.

SLIM-Methode

Bei der Methode SLIM (Software-Lifecycle-Management) von Putnam [28] wird der Lebenszyklus einer Entwicklung als Ganzes betrachtet, ohne daß auf die einzelnen Komponenten des zu entwickelnden Produkts näher einzugehen ist; sie wird deshalb auch als *Makroschätzmethode* bezeichnet. Da die SLIM-Methode keine genauen Kenntnisse der produktinternen Strukturen voraussetzt, sondern nur von einigen Variablen ausgeht, ist es schon in sehr frühen Projektphasen für eine erste pauschale Aufwands- und Kostenbetrachtung einsetzbar.

Die SLIM-Methode geht von empirisch gefundenen Verteilungskurven für den Personaleinsatz bei Forschungs- und Entwicklungsprojekten aus. Putnam hat diese empirische Analyse bei rund 200 SW-Entwicklungsprojekten aus dem militärischen Bereich fortgeführt und hat für den Personaleinsatzverlauf eine Funktion abgeleitet:

$$A = 0{,}4 \times U^3 \times T_e^{\frac{4}{3}} \times C^{\frac{4}{3}}.$$

A Personalaufwand in MJ
U Befehlsanzahl in loc
T_e Entwicklungszeitdauer in Jahren
C Technologiekonstante.

Diese Gleichung zeigt einen Zusammenhang zwischen dem Personalaufwand einerseits und der Befehlsmenge, der Entwicklungszeitdauer sowie einem Faktor für den Technologiestand andererseits. Die Technologiekonstante C drückt aus, wie intensiv moderne Programmiertechniken und höhere Programmiersprachen genutzt werden, wie umfangreich die Programmierung im Dialog vorgenommen wird und wie gut das verwendete Rechnersystem für die Entwicklung verfügbar ist.

Die SLIM-Methode hat den Vorteil, daß sie in der Frühphase eines Projekts eingesetzt werden kann. Die Unsicherheit im Bestimmen der Systemgröße zu diesem Zeitpunkt und im Festlegen des Technologiestands ermöglicht aber keine überzeugenden Aufwandsschätzungen. Zudem werden personenspezifische und qualitätsorientierte Einflußfaktoren nicht berücksichtigt. Auch zur Aufwandsschätzung kommerzieller Software eignet sich diese Methode nicht, da dort sehr unterschiedlich geformte Lebenszykluskurven anzusetzen wären.

Jensen-Methode

Das SW-Schätzmodell von Randell W. Jensen baut auf dem Putnam-Modell auf, aber unter Einbeziehung von Einflußgrößen, ähnlich wie sie bei Boehm definiert worden sind. Im Gegensatz zur COCOMO-Methode unterscheidet sie nicht zwischen den einzelnen Entwicklungsphasen und berücksichtigt keine Produktstrukturierung (Makroebene). Abgeleitet aus dem SW-Produktlebenszyklus gemäß einer Rayleigh-Kurve wird ein formelmäßiger Zusammenhang zwischen dem Personalaufwand und der Befehlsmenge des geplanten SW-Produkts in Abhängigkeit einer

Projekt/Problem-Komplexität und zweier Technologiekonstanten hergestellt:

$$A = 0{,}4 \cdot C_D^{0,4} \cdot \left(\frac{U}{C_{te}}\right)^{1,2}$$

mit $C_{te} = \dfrac{C_{tb}}{\prod_{1}^{13} E_i}$.

A Personalaufwand in MJ
U Befehlsanzahl in loc
C_D Projekt/Problem-Komplexität
E_i Einflußfaktoren
C_{te} eff. Entwickler-Technologiekonstante
C_{tb} Basis-Technologiekonstante.

Die Technologiekonstanten werden wiederum aus dem Faktorenprodukt mehrerer Einflußgrößen gebildet. Im Gegensatz zu den Boehmschen Faktoren variieren diese nicht um den Normalwert von Eins, sondern sind alle größer als Eins. Jensen geht also von einem Mindestaufwand für den Entwicklungsaufwand aus, macht aber für die Quantifizierung der Faktoren keine näheren Angaben. Eine Bewährung des Jensen-Modells in der Praxis steht daher noch aus.

Das Jensen-Modell ermöglicht auch das Schätzen der voraussichtlichen Entwicklungszeit, die i. allg. höhere Werte als das COCOMO-Modell ergibt und damit realistischer sind.

Faktoren- bzw. Gewichtungsmethoden

Basis aller Faktorenmethoden – häufig auch als Gewichtungsmethoden bezeichnet – ist ein Wertesystem von Faktoren und Gewichtungszahlen, die quantitativ den Einfluß bestimmter Kriterien auf den Aufwand bzw. die Kosten einer Entwicklungsaufgabe ausdrücken. Für das Bewerten dieser Einflußfaktoren werden sowohl subjektive (z. B. Komplexitätsgrad der Aufgabe) als auch objektive (z. B. Auswahl bestimmter Bedingungen) Kriterien herangezogen.

Faktoren- und Gewichtungsmethoden sind vornehmlich für SW-Entwicklungen formuliert worden, obwohl sie gleichermaßen auch für HW-Entwicklungen geeignet sind.

Hinsichtlich ihrer Klasseneinordnung stehen sie zwischen den algorithmischen Schätzmethoden und den Kennzahlenmethoden, denn sie arbeiten sowohl mit formelmäßigen Zusammenhängen als auch mit zu Kennzahlen verdichteten Erfahrungswerten.

IBM-Faktorenmethode

In einer schon älteren Faktorenmethode [9] werden folgende entwicklungsbestimmenden Gewichtungsfaktoren definiert:

Gewichtungsfaktor G_1: Anzahl Formate bei Eingabe, Ausgabe und Änderung einer Programmkomponente
Gewichtungsfaktor G_2: Art der Programmverarbeitung (sprachabhängig)
Gewichtungsfaktor G_3: Problemkenntnisse der Programmierer
Gewichtungsfaktor G_4: Programmierfähigkeit der Programmierer
Gewichtungsfaktor G_5: Einfluß der projektintern und -extern verursachten Störungen auf den Arbeitsablauf.

Jeder dieser fünf Gewichtungsfaktoren wird in einer zweidimensionalen Auswahlmatrix für die jewilige Programmkomponente bestimmt. Der Programmieraufwand in MT, der nicht dem Aufwand für den fachlichen Entwurf umfaßt, wird ermittelt aus der Schätzgleichung

$$A = (G_1 + G_2) \times (G_3 + G_4).$$

Für die voraussichtliche Programmierzeit T (in Tagen) ergibt sich

$$T = \frac{1}{n} \times A \times (1 + G_5).$$

n Anzahl Mitarbeiter

Besondere prozentuale Zuschläge zu diesem Wert sollen die Programmierzeit an die speziellen Projektgegebenheiten anpassen.

Surböck-Methode

Die Surböck-Methode stellt eine Erweiterung der vorgenannten Faktorenmethode für die dort nicht behandelten Frühphasen eines SW-Projekts dar; sie verwendet hierfür projektorientierte Faktorentabellen für das Bestimmen des Entwurfs- und Planungsaufwands.

Mit Hilfe dieser Tabellen werden Aufwandsfaktoren für die Studie (Orientierung) und die Systemplanung sowie Faktoren für die Parameter Komplexität und Vertrautheit mit dem Arbeitsplatz bestimmt. Durch diese Größen läßt sich dann der Aufwand für die Studie, die Systemplanung und die fachliche Realisierung ableiten. Der Aufwand für die DV-technische Realisierung wird dann nach der IBM-Faktorenmethode ermittelt.

ZKP-Methode

In Kap. 3.2.5 ist die der Surböck-Methode ähnliche Faktoren- und Gewichtungsmethode ZKP (Zeit-Kosten-Planung) näher beschrieben, welche auch von zwei Aufwandsfaktoren für die verschiedenen Dateien und die Verarbeitungsfunktionen ausgeht. Der benötigte Aufwand kann durch Problemkenntnis- und Problemerfahrungsfaktoren verringert oder vergrößert werden. Weitere Zuschlagsfaktoren für organisationsbedingte Mehraufwände, für allgemeine Verlustzeiten und eventuell für Programmänderungen vergrößern den Entwicklungsaufwand. Für den engen Bereich der kommerziellen SW-Entwicklung ist die ZKP-Methode eine leistungsfähige SW-Aufwandsschätzmethode, welche nicht von der Befehlsanzahl, sondern von aufgaben- und funktionsorientierten Kriterien ausgeht.

Hauptnachteil aller Faktoren- und Gewichtungsmethoden ist, daß sie nicht in der Frühphase eines Projekts, sondern erst nach vollständiger Definition der Produktstruktur einsetzbar sind. Auch sind die gefundenen Schätzwerte nur als Leitgrößen zu betrachten, da wegen der mangelnden Objektivität beim Bestimmen der Gewichtungsfaktoren eine große Unsicherheit der Schätzergebnisse besteht.

II Vergleichsmethoden

Vergleichsmethoden basieren nicht auf einem formel- bzw. zahlenmäßigen Zusammenhang zwischen geplanter Produktgröße und dafür notwendigem Entwicklungsaufwand; diese Methoden versuchen vielmehr, einen Bezug zwischen vergangenen Entwicklungen und der geplanten Entwicklung herzustellen. Hierzu bedienen sich die Vergleichsmethoden Erfahrungsdaten abgeschlossener Entwicklungsobjekte unter Verwendung entsprechender Vergleichskriterien. Daher benötigen alle Vergleichsmethoden eine irgendwie geartete Erfahrungsdatenbank, d. h. sie setzen das systematische Sammeln und Speichern von aussagekräftigen Erfahrungsdaten abgeschlossener Projekte voraus. Vergleichsmethoden sind sowohl für SW- als auch für HW-Entwicklungen einsetzbar und haben den großen Vorteil, daß sie bereits in der Frühphase eines Entwicklungsprojekts genutzt werden können.

Bild 3.21 zeigt die Prinzipdarstellung einer derartigen, für die Aufwandsschätzung eingerichteten Erfahrungsdatenbank, die darüber hinaus auch zu weiteren statistischen Auswertungen (Kennzahlen) dienen kann. Durch Vergleich der Daten des geplanten Projekts mit denen abgeschlossener Projekte erhält man – meist in einer Rangfolge – die Daten der ähnlichen Projekte aus der Datenbank.

Zu den Vergleichsmethoden zählen die *Analogie-* und die *Relationsmethoden.*

Analogiemethoden

Für den Vergleich mit abgeschlossenen Entwicklungsprojekten zieht man bei den Analogiemethoden Vergleichskriterien heran, mit denen eine entsprechende Aussage über die »Ähnlichkeit« von Entwicklungsobjekten möglich ist. Es soll ja aus einer Menge z. T. sehr unterschiedlicher Projekte dasjenige gefunden werden, dessen Leistungsprofil mit dem des geplanten Projekts am besten übereinstimmt. Anhand des so ausgewählten Projekts sind dann Analogieschlüsse auf das künftige Projektvorhaben hinsichtlich Aufwand, Kosten und Zeit anzustellen.

EDB-Methode

Für die Beschreibung eines solchen Leistungsprofils gibt es vielfältige Ansätze. Eine sehr gängige Methode ist der Aufbau einer Erfahrungsdatenbank (EDB), wobei die entscheidenden Merkmale abgeschlossener Projekte als Deskriptoren in einer Retrieval-Datenbank abgespeichert werden. Zusätzlich bietet sich eine formalisierte Beschreibung des Leistungsprofils anhand einer Merkmalsleiste an. In Kap. 3.2.6 wird auf ein EDB-Verfahren näher eingegangen.

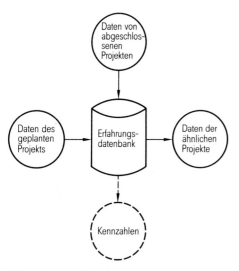

Bild 3.21 Vergleichsmethode (Prinzipdarstellung)

Die Deskribierung kann sich sowohl auf das ganze Projekt als auch auf Teile eines Projekts beziehen. Im letzteren Fall steigt natürlich die »Trefferquote« ganz erheblich, da man ja mehr ähnliche Teilprodukte als ähnliche Gesamtprodukte hat. Die Wiedergewinnung wird über einen natürlich-sprachlichen Suchdialog mit einer Booleschen Verknüpfung von Deskriptoren erreicht, mit der die zu einem geplanten Entwicklungsvorhaben »ähnlichsten« Projekte ausfindig gemacht werden. Der Projektleiter kann mit diesen einen Vergleichsschluß auf die voraussichtlichen Kosten und das erforderliche Personal machen.

Funktionswertmethode

In einem gewissen Maße muß auch die (bei IBM entwickelte) Funktionswertmethode (Function-Point-Method) zu den Analogiemethoden gezählt werden, da hier auf funktionaler Ebene eine Systematisierung im Beschreiben eines Anwendersoftware-Systems versucht wird, um so eine Vergleichbarkeit abgeschlossener SW-Projekte zu erreichen. Wie in Kap. 3.2.4 näher beschrieben, wird bei dieser Methode das zu realisierende System in seine Funktionsstruktur zerlegt und ein Funktionswert (»function-points«) durch eine detaillierte Zählung der Ein- und Ausgabedaten, der Abfragen, der Datenbestände sowie der Referenzdaten (nur lesend) ermittelt. Die einzelnen Funktionsmengen werden entsprechend ihrem Schwierigkeitsgrad klassifiziert, gewichtet und summiert. Mit diesem Wert und unter Berücksichtigung bestimmter Einflußgrößen kann man dann in einer Funktionswertkurve den voraussichtlichen Entwicklungsaufwand ablesen. Die Funktionswertkurve muß auf der Basis von Erfahrungswerten aus vergangenen Projekten abgeleitet und aufgezeichnet werden. Von entscheidender Bedeutung bei dieser Methode ist natürlich die richtige Definition und Zählung der »Funktionen«.

Hauptmangel aller Schätzverfahren, die auf der Analogiemethode basieren, ist die meist zu geringe Anzahl von Vergleichsobjekten in der Erfahrungsdatenbasis; außerdem sind diese häufig nicht aktuell genug.

Relationsmethoden

Relationsmethoden sind den Analogiemethoden sehr ähnlich; wie bei diesen werden abgeschlossene Entwicklungsvorhaben mit dem neuen verglichen. Der Unterschied liegt in der Vorgehensweise beim Projektevergleich; dieser bleibt dem Aufwandsschätzer nicht mehr allein überlassen, sondern wird aufgrund relativierender Formalismen unterstützt.

Das im Kap. 3.2.6 beschriebene EDB-Verfahren bietet derartige Unterstützungen beim algorithmischen Vergleich von Indikatorenleisten, die Ähnlichkeitskriterien der gespeicherten Entwicklungsprojekte enthält. Hierbei wird jedem Projekt eine längere Indikatorenleiste zugeordnet, in der mögliche Merkmalsausprägungen belegt oder nicht belegt sind. Diese Indikatoren werden mit Zusatzinformationen ebenfalls in der Datenbank gespeichert. Mit Hilfe von Mustererkennungsroutinen können dann bei Bedarf die »ähnlichsten« Projekte automatisch wieder herausgefiltert werden. Die Relevanz der so gefundenen Projekte zum Ableiten von Erkenntnissen für das neue Projekt kann auch hier letztendlich nur der Aufwandsschätzer beurteilen.

III Kennzahlenmethoden

Wie die Vergleichsmethoden erfordern die Kennzahlenmethoden das systematische Sammeln projekt- und produktspezifischer Meßdaten abgeschlossener Entwicklungsvorhaben. Diese Meßdaten werden allerdings nicht zum Vergleich von Projekten herangezogen, sondern aus ihnen leitet man aussagekräftige Kennzahlen ab, die zum Bewerten von Schätzgrößen geplanter Entwicklungsprojekte verwendet werden können.

Drei Methodengruppen sind hier von besonderer Bedeutung:

▷ Multiplikatormethoden
▷ Produktivitätsmethoden
▷ Prozentsatzmethoden.

Multiplikatormethoden

Ähnlich den parametrischen Methoden gehen die Multiplikatormethoden von einer Produktgröße (z. B. loc) aus. Im Gegensatz zu jenen wird aber bei den Multiplikatormethoden eine einfache lineare Abhängigkeit zwischen den Schätzgrößen (z. B. Aufwand, Kosten) und der Produktgröße angenommen, so daß sich z. B. der Aufwand bzw. die Kosten eines Entwicklungsvorhabens durch die simple Multiplikation der Ergebnisgröße mit einer einzigen Kennzahl ergibt. Solche Kennzahlen sind:

▷ Gesamtkosten je Anweisungszeile,
▷ Testzeit je Anweisungszeile,
▷ RZ-Kosten je Mann-Monat,
▷ Entwicklungskosten je Gewichtseinheit,
▷ Aufwand je Logikfunktion.

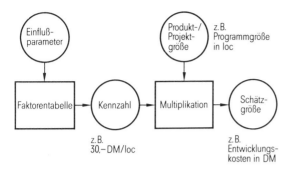

Bild 3.22   Multiplikatormethode (Prinzipdarstellung)

Abhängig von bestimmten Einflußparametern können die Werte dieser Kennzahlen variieren (Bild 3.22); sie sind in einer speziellen Faktorentabelle zusammengefaßt.

Bereits die einfache Multiplikation des voraussichtlichen Personalaufwands mit dem empirisch gefundenen Quotienten RZ-Kosten je Mann-Monat stellt eine Kennzahlenmethode zur Schätzung der Rechenzeitkosten dar.

Wolverton-Methode

Die von Wolverton vorgeschlagene Multiplikatormethode für SW-Entwicklungen [43] berücksichtigt den Neuigkeits- und Schwierigkeitsgrad der SW-Entwicklung sowie den Typ der zu entwickelnden Software.

Einerseits wird unterschieden zwischen Modifikations- und Neuentwicklungen jeweils mit den drei Schwierigkeitseinstufungen leicht, mittel und schwierig. Andererseits kann man eine Einordnung in folgende SW-Kategorien vornehmen:

▷ Steuerprogramme,
▷ Eingabe-/Ausgabeprogramme,
▷ Programme zur Datenaufbereitung,
▷ Rechenprogramme (Algorithmen),
▷ Programme zur Datenverwaltung bzw.
▷ zeitkritische Programme.

Gemäß allen Kombinationen dieser beiden Einteilungen hat Wolverton empirisch die zugehörigen Kennzahlen »Kosten je Anweisung« ermittelt und in einer Matrix zusammengestellt. Sind nun die Kosten eines geplanten SW-Systems zu schätzen, so muß es in seine Bestandteile zerlegt und gemäß der Matrixeinteilung eingeordnet werden. Die jeweils für die einzelnen Programme bzw. Module zu schätzende Anweisungszahl multipliziert man mit dem zugehörigen Faktor. Die Summe ergibt dann die voraussichtlichen Personalkosten. Abhängig von der Anweisungszahl sind dann noch prozentual (bis zu 11%) die Zusatzkosten für Projektmanagement zu addieren.

Die durch die Analyse von Projektdaten abgeschlossener Entwicklungsvorhaben gefundenen Kennzahlen »Kosten je Ergebniseinheit« müssen allerdings bei der Multiplikatormethode laufend aktualisiert werden, da sie sonst ihre Aussagekraft schnell verlieren.

Für eine erste grobe Schätzung kann die Multiplikatormethode sicherlich einen guten Anhaltswert geben; für fundiertere Aufwandsschätzungen ist sie dagegen nicht geeignet.

Produktivitätsmethoden

Produktivitätsmethoden zur Aufwandsschätzung sind den Multiplikatormethoden sehr ähnlich. Bei ihnen geht man allerdings nicht von den Kosten je Ergebniseinheit, sondern von der Produktivität aus. Diese »Produktivitätsfaktoren« ergeben sich aus dem erbrachten Ergebnis dividiert durch den hierfür nötigen Aufwand (z. B. kloc/MM) und müssen ebenfalls aus den Projektdaten abgeschlossener Entwicklungsvorhaben als Durchschnittswerte abgeleitet werden. Laufende Anpassung an neue Gegenwartswerte ist meist nicht notwendig, da man normalerweise von einer unveränderten Produktivität ausgehen kann. Dies ist sicherlich immer dann der Fall, wenn die gleiche Entwicklerqualifikation und die gleiche Entwicklungsmethodik vorliegt. Erst bei Einsatz z. B. völlig neuer Entwicklungsmethoden und -werkzeuge wird sich die Produktivität ändern und eine Angleichung der Produktivitätsfaktoren erforderlich machen.

Auch bei den Produktivitätsmethoden gibt es einfache und komplexere Ausprägungen. Bei den einfachen Methoden wird durch Division der gemessenen Ergebnisgröße (z. B. Anweisungszahl, Dokumentationsseiten) mit einem entsprechenden Produktivitätsfaktor der erforderliche Entwicklungsaufwand ermittelt. Bei komplexeren Methoden stehen ganze Tabellen von Produktivitätsfaktoren zur Verfügung, aus denen unter besonderer Berücksichtigung der speziell vorliegenden Entwicklungsmerkmale der zutreffende Produktivitätsfaktor gewählt werden muß. Durch entsprechende Division der Ergebnisgröße ergibt sich auch hier der Entwicklungsaufwand, aus dem durch Umrechnen mit den aktuellen Stundensätzen die Personalkosten bestimmt werden können.

Walston-Felix-Methode

Als eine bekannte Produktivitätsmethode für die SW-Aufwandsschätzung ist die von Walston und Felix [41] zu nennen. Hier ist versucht worden, den unterschiedlichen Einfluß auf die Produktivität aufgrund spezieller Projektbedingungen und Produktanforderungen zu berücksichtigen. Anhand der Untersuchung von Vergangenheitsdaten und entsprechenden Regressionsanalysen wird der Verlauf eines Produktivitätsindex angegeben, der das Schätzen der voraussichtlichen Produktivität ermöglichen soll. Im einzelnen werden anhand von 29 Einflußgrößen mit Hilfe einer Produktivitätstabelle jeweils Produktivitätsvariable ($\hat{=}$ Differenz zwischen minimaler und maximaler Produktivität) bestimmt, die dann über eine Formel einen »Produktivitätsindex« festlegen; mit diesem kann in einem Produktivitätsdiagramm die anzunehmende Produktivität abgelesen werden. Teilt man nun die angenommene Anweisungszahl durch diese Produktivität, so erhält man den wahrscheinlichen Personalaufwand.

Boeing-Methode

Bei der Boeing-Methode, welche ebenfalls eine Aufwandsschätzmethode für Software ist, wird von unterschiedlichen Produktivitätsfaktoren ausgegangen, die den einzelnen Programmieraktivitäten beim Erstellen eines SW-Programms zugeordnet sind. Je SW-Kategorie wird die Anweisungszahl geschätzt und mit der spezifischen Produktivität multipliziert. Den hieraus ermittelten Aufwand teilt man dann entsprechend einer Prozentsatzmethode auf die einzelnen Entwicklungsphasen auf. Mit Hilfe besonderer Korrekturfaktoren können schließlich diese Aufwandswerte an die im Einzelfall vorliegenden Projektspezifika angepaßt werden.

Aron-Methode

Auch der Methodenvorschlag von Aron geht beim Bestimmen des Programmieraufwands von einer Produktivitätskennzahl aus. Die Größe dieser Produktivität hängt bei dieser Methode von der Programmierschwierigkeit und der Projektdauer ab. Besteht das zu entwickelnde SW-System aus Teilen unterschiedlichen Schwierigkeitsgrads, so werden die Teilmengen mit entsprechend unterschiedlichen Produktivitätsfaktoren multipliziert.

Die Qualität von Produktivitätsmethoden steht und fällt mit der Qualität der Produktivitätsdefinition und ihrer Meßbarkeit. Da eine wirklich allgemein anerkannte Definition der Produktivität im FuE-Bereich noch nicht gefunden ist, bleiben die existierenden Produktivitätsmethoden für die Aufwandsschätzung umstritten.

Prozentsatzmethoden

Prozentsatzmethoden sind keine eigenständigen Aufwandsschätzmethoden, sondern übertragen im Rahmen einer *partiell* vorgenommenen Aufwandsschätzung gefundene Teilergebnisse auf noch nicht geschätzte Bereiche des Entwicklungsprozesses (Bild 3.23).

Hierbei sind folgende Varianten möglich:

▷ Aufwände und Kosten, die durch eine Istdatenerfassung für die erste Phase des Entwicklungsprozesses ermittelt worden sind, werden auf die übrigen (künftigen) Entwicklungsphasen extrapoliert.

▷ Aufwände und Kosten, die in Summe durch ein anderes Schätzverfahren ermittelt wurden, werden auf die einzelnen Entwicklungsphasen verteilt.

▷ Übertragung von Kostenrelationen auf andere Kostenelemente aufgrund des Gesamtaufwands, der durch eine andere Schätzmethode ermittelt worden ist.

Die verwendeten Prozentsatzreihen müssen sich allerdings auf ähnliche Entwicklungsbereiche beziehen, weil sonst unsinnige Verteilungen abgeleitet werden würden.

Im Kap. 3.2.7 sind einige aus der Praxis empirisch abgeleitete Prozentsatzreihen für die SW-Entwicklung angegeben. Obwohl Prozentsatzmethoden so-

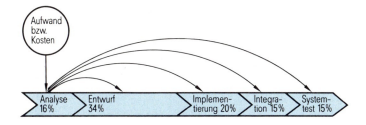

Bild 3.23
Prozentsatzmethode
(Werte aus einer nachrichtentechnischen Entwicklung)

wohl für den SW- als auch für den HW-Entwicklungsprozeß in gleicher Weise anwendbar sind, mangelt es bei der HW-Entwicklung häufig noch an einer systematischen Sammlung von Erfahrungsdaten, so daß hier keine abgesicherten Prozentsatzreihen vorliegen.

Schließlich sei noch erwähnt, daß Prozentsatzmethoden sich auch gut für die phasenbezogene Aufteilung der Entwicklungsdauer eignen.

Einordnung der Aufwandsschätzmethoden

Basierend auf den vorgenannten Methoden sind für die verschiedenen Einsatzgebiete in der HW- und SW-Entwicklung zahlreiche Aufwandsschätzverfahren teilweise mit Rechnerunterstützung (Großrechner oder Personal Computer) realisiert worden. Häufig sind sie allerdings nicht nur einer einzigen Methode zuzuordnen, sondern nutzen mehrere Methodenansätze. Entsprechend der Art der Ausgangsgrößen lassen sich die genannten Methoden wie folgt einteilen:

Ausgangsbasis	Methodenklasse
Funktionen	→ funktionsorientiert
Entwicklungsphasen	→ prozeßorientiert
Produktergebnisgrößen	→ produktorientiert
Projektmerkmale	→ projektorientiert.

In Tabelle 3.1 sind einige bekannte und mit Erfolg eingesetzte Aufwandsschätzmethoden entsprechend ihrer Methodenklasse eingeordnet (eine exakte Einordnung ist z. T. nur bedingt möglich).

Einsatzzeitpunkt

Wegen der unterschiedlichen Arten der Ausgangs- und Einflußgrößen haben die einzelnen Aufwandsschätzmethoden (bzw. -verfahren) auch sehr verschiedene Einsatzzeitpunkte innerhalb des Entwicklungsprozesses. Schätzmethoden, die genauere Angaben über das geplante Entwicklungsvorhaben benötigen, wie z. B. eine detaillierte Aufgliederung in die späteren Systemkomponenten, können verständlicherweise erst in einer vorangeschrittenen Planungsphase genutzt werden. Die Schätzergebnisse sind dann natürlich auch viel genauer als die von Methoden, die schon in einer Frühphase, d. h. auf der Basis eines noch sehr unsicheren Mengengerüsts, eingesetzt werden können. Abhängig vom Zeitpunkt der vorzunehmenden Aufwands-(bzw. Kosten-)Schätzung muß die Wahl der geeignetsten Methode getroffen werden.

In Bild 3.24 ist – bezogen auf den allgemeinen Entwicklungsablauf – der früheste Einsatzzeitpunkt der hier vorgestellten Aufwandsschätzmethoden bzw. zugehörigen Verfahren aufgezeigt. Wie aus dieser Darstellung zu ersehen ist, kann nur eine Erfahrungsdatenbank-orientierte Methode bereits in der Phase des Projektanstoßes sinnvoll als Aufwandsschätzmethode eingesetzt werden. Alle anderen Methoden benötigen ein gewisses Maß planerischer Vorarbeiten, um die notwendigen Vorgaben für die Aufwandsschätzung machen zu können. Viele Methoden setzen sogar erst nach dem Systementwurf auf, zu einem Zeitpunkt also, zu dem bereits die gesamte Systemstruktur und

Tabelle 3.1 Einordnung der Aufwandsschätzmethoden

Methodenklasse	Funktionsorientiert	Prozeßorientiert	Produktorientiert	Projektorientiert
Algorithmische Methoden	▷ ZKP ▷ IBM-Faktorenmethode	▷ SLIM	▷ COCOMO ▷ PRICE S ▷ PRICE H ▷ Jensen-Methode	▷ Surböck-Methode
Vergleichsmethoden	▷ Funktionswertmethode			▷ EDB
Kennzahlenmethoden		▷ Prozentsatzmethoden ▷ Boeing-Methode	▷ Wolverton-Methode ▷ Walston-Felix-Methode ▷ Aron-Methode	

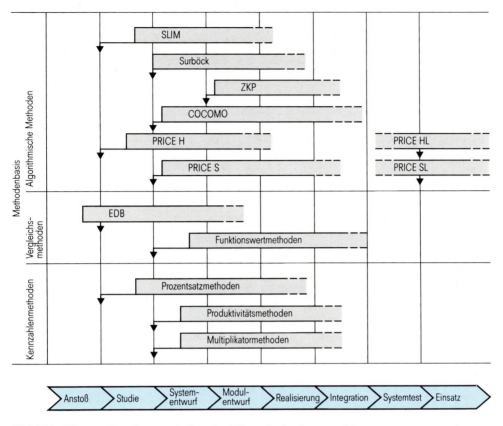

Bild 3.24 Einsatzzeitpunkte von Aufwandsschätzmethoden bzw. -verfahren

deren Aufgliederung in die einzelnen HW- und SW-Teile festliegen.

Weitere Methoden

Neben den weiter oben beschriebenen Methoden gibt es noch Methoden, die mehr die Vorgehensweisen bei der Aufwands- und Kostenschätzung als eine generelle Methode kennzeichnen:

▷ Bottom-up-Methode,
▷ Top-down-Methode,
▷ Expertenbefragung.

Bottom-up-Methode

Bei einer Bottom-up-Methode betrachtet man aus der gesamten Aufgabenmenge eines Entwicklungsvorhabens einen kleinen repräsentativen Ausschnitt, für den in einer ausführlichen Untersuchung eventuell mit Unterstützung einer speziellen Aufwandsschätzmethode der voraussichtliche Aufwand bestimmt wird. Durch Übertragen auf das gesamte Vorhaben wird der Gesamtaufwand extrapoliert. Die Methode von Aron ist hierfür ein sehr bekanntes Beispiel.

Top-down-Methode

Entsprechend umgekehrt ist die Vorgehensweise bei einer Top-down-Methode, bei der man von einer Gesamtschätzung sukzessiv auf Einzelschätzungen übergeht. Ausgehend vom laufenden Verfeinern einer Produktstruktur wird die Kosten- und Aufwandsschätzung auf immer detailliertere Ebene vorangetrieben. Zuerst erstellt man für das Gesamtvorhaben eine grobe Pauschalschätzung, z.B. mit der Produktivitäts- oder Multiplikatormethode. Später, bei Vorliegen ausführlicher Strukturkenntnisse können dann genauere Schätzungen mit anderen Aufwandsschätzmethoden durchgeführt werden.

Expertenbefragung

Bei der Expertenbefragung führen Einzelschätzungen von Experten entweder durch eine »arithmetische Durchschnittsbildung« oder durch eine »diskutierte Abstimmung« zu offiziellen Planwerten. Die Einzelschätzung des jeweiligen Experten sollte hierbei natürlich auch durch spezielle Aufwandsschätzmethoden unterstützt und nicht allein durch das Gefühl bestimmt werden. In Kapitel 3.2.8 wird auf diese Form der Aufwandsschätzung, zu der auch die »Schätzklausur« und die »Delphi-Methode« gehören, näher eingegangen.

3.2.2 Methode COCOMO

Die Methode COCOMO ist eine parametrische Aufwandsschätzmethode für SW-Entwicklungsvorhaben [6]; sie hat weltweit große Beachtung gefunden und wird wegen ihrer leichten Erlernbarkeit und Anwendbarkeit in vielen Firmen der EDV-Branche und bei Softwarehäusern eingesetzt.

Zentrale Ausgangsgröße bei der COCOMO-Methode ist die geschätzte Anzahl der »*Delivered Source Instructions*« (DSI), d.h. der »lines of code« (loc) eines SW-Produkts. Da der aufwandsbeeinflussende Effekt der verwendeten Programmiersprache implizit durch Einflußparameter berücksichtigt wird, bezieht sich die Zählung der DSI bzw. loc auf jede Art von Programmiersprachen; allerdings zählen zu diesen Quellcodezeilen nicht die Kommentar- und Dokumentationszeilen in einem Programm.

Aus dieser vorzugebenden Produktgröße werden – unter Berücksichtigung von 15 Einflußparametern, den »Kostentreibern« – folgende Grundgrößen ermittelt:

▷ Entwicklungsaufwand in Mann-Monaten
▷ Entwicklungskosten in Währungseinheit
▷ Entwicklungszeit in Monaten.

Modellvarianten

Abhängig von der Detaillierung einer Aufwandsschätzung gibt es drei Modellansätze:

▷ Grundmodell (Basic Model)
▷ Zwischenmodell (Intermediate Model)
▷ Detailmodell (Detail Model).

Beim *Grundmodell* wird die zu entwickelnde Software als Block ohne irgendeine strukturelle und zeitliche Unterteilung betrachtet. Den Entwicklungsaufwand errechnet man über eine Grundgleichung, ohne daß irgendwelche Einflußparameter in die Aufwandsbestimmung miteinbezogen werden. Hier wird also davon ausgegangen, daß jeder Quellbefehl gleich schwer bzw. leicht zu generieren ist.

Das *Zwischenmodell* berücksichtigt dagegen bereits die 15 von Boehm vorgeschlagenen Einflußparameter, allerdings ohne Differenzierung nach Entwicklungsphasen. Dieses Schätzmodell ist daher nicht mehr rein parametrisch, weil in die Bestimmung der Einflußgrößen rechnerisch nicht belegbare Expertenerfahrungen einfließen. In diesem Modellansatz ist eine Untergliederung der Software gemäß einem Produktstrukturplan nicht vorgesehen.

Beim *Detailmodell* ist demgegenüber eine dreistufige Produktstrukturierung der geplanten Software möglich, so daß die Einflußparameter auf die einzelnen Komponenten des Produkts einen unterschiedlichen Einfluß haben können. Zusätzlich sind die einzelnen Werte der Einflußparameter phasenorientiert, d.h. ihre Zahlenwerte variieren in den einzelnen Entwicklungsphasen.

Rechenformeln

Der benötigte Entwicklungsaufwand A_{grund} in MM wird errechnet nach der Grundgleichung:

$$A_{\text{grund}} = C_1 \times U^{C_2}.$$

U Befehlsmenge in kloc
C_1, C_2 Konstanten

Die errechneten Werte werden beim Zwischen- und Detailmodell durch den Benutzer von COCOMO weiter verfeinert mit der optionalen Angabe von Einflußparametern, den »Kostentreibern«, so daß sich als »realer« Aufwand ergibt:

$$A_{\text{real}} = A_{\text{grund}} \times \prod_{1}^{15} E_i.$$

E_i Kostentreiber

Die benötigte Entwicklungszeit in Monaten errechnet sich nach:

$$T = C_3 \times A^{C_4}.$$

Die Faktoren C_1 und C_3 sowie die Exponenten C_2 und C_4 sind bei COCOMO abhängig von der Modellvariante und dem Entwicklungsmodus vorgegeben (Tabelle 3.2).

3.2.2 Methode COCOMO

Tabelle 3.2   COCOMO-Konstanten

Entwicklungs- modus	C_1'	C_1''	C_2	C_3	C_4
Einfache SW-Entwicklung (organic mode)	2,40	3,20	1,05	2,50	0,38
Mittelschwere SW-Entwicklung (semidetached mode)	3,00	3,00	1,12	2,50	0,35
Komplexe SW-Entwicklung (embedded mode)	3,60	2,80	1,20	2,50	0,32

C_1' für Grundmodell
C_1'' für Zwischen- und Detailmodell

Entwicklungsmodus

Die drei Entwicklungsmodi bestimmen den SW-Projekttyp und sagen aus, inwieweit die Produkt- und die Produktionsumgebung bekannt, teilweise bekannt bzw. unbekannt sind; sie können wie folgt charakterisiert werden:

Einfache SW-Entwicklung

▷ Es ist eine stabile Entwicklungsumgebung vorhanden.
▷ Die Innovation in Architektur und Funktionen des SW-Produkts sind minimal.
▷ Das SW-Produkt ist klein.
▷ Die Schnittstellen zu anderen Systembestandteilen und anderen Systemen sind gering und stabil.
▷ Auf den Fertigstellungstermin wird wenig Druck ausgeübt.

Mittelschwere SW-Entwicklung

▷ Diese liegt zwischen der einfachen und komplexen SW-Entwicklung.

Komplexe SW-Entwicklung

▷ Ständige Innovation ist zu erwarten.
▷ Das SW-Produkt ist integraler Bestandteil eines größeren HW/SW-Systems mit inflexiblen Schnittstellen.
▷ Die Anforderungen an die Verfügbarkeit des SW-Produkts sind hoch.
▷ Die Entwicklung erfolgt innerhalb eines engen Termin- und Kostenrahmens.

Entwicklungsphasen

Das COCOMO-Modell kennt fünf Phasen im SW-Entwicklungsprozeß:

▷ Studie   PR (Plans and requirements)
▷ Systementwurf   PD (Produkt design)
▷ Programmentwurf   DD (Detailed design)
▷ Codierung   CUT (Code and unit test)
  und Einzeltest
▷ Integration   IT (Integration and test)
  und Systemtest

Da zur Aufwandsschätzung nach der COCOMO-Methode die Studienphase bereits abgeschlossen sein muß, liegt diese Phase außerhalb des Modells, d. h. der für diese Phase notwendige Aufwand addiert sich zu den nach COCOMO ermittelten Aufwänden der anderen vier Phasen. Weiterhin werden bei der Zeitschätzung nach COCOMO die beiden Phasen für Programmentwurf sowie Codierung und Einzeltest zu einer gemeinsamen Phase zusammengefaßt:

▷ Programmierung   PG (Programming).

Die von Boehm vorgenommene prozentuale Aufwandsverteilung auf die 5 Phasen PR, PD, DD, CUT und IT ist in Tabelle 3.25 angegeben, die prozentuale Zeitaufteilung auf die 4 Phasen PR, PD, PG und IT in Tabelle 3.26. Wie dort zu ersehen ist, hängen die Aufwands- und Zeitverteilungen einerseits vom Entwicklungsmodus und andererseits von der jeweiligen Programmgröße ab. Hierbei sind fünf Größenbereiche definiert:

▷ Kleine Programme (small)   2 000 loc
▷ Kleine bis mittlere Programme   8 000 loc
  (intermediate)
▷ Mittelgroße Programme (medium)   32 000 loc
▷ Große Programme (large)   128 000 loc
▷ Sehr große Programme (very large)   512 000 loc
                                       und größer.

Kostentreiber

Als Einflußparameter definiert Boehm 15 Kostentreiber, die den Grundaufwand entsprechend ihrer Ausprägung entweder verringern oder vergrößern; sie werden in vier Attributklassen eingeordnet:

Produkt-Attribute

RELY   Benötigte SW-Zuverlässigkeit
DATA   Umfang der Datenbasis
CPLX   Komplexität des Produkts

3.2 Aufwandsschätzung

Computer-Attribute

TIME Nutzung der verfügbaren Ausführungszeit
STOR Nutzung des verfügbaren Speicherplatzes
VIRT Änderungshäufigkeit der Systembasis
TURN Bearbeitungszyklus

Personal-Attribute

ACAP Analysefähigkeit der Mitarbeiter
AEXP Erfahrung der Mitarbeiter in dem Aufgabengebiet
PCAP Programmierfähigkeit der Mitarbeiter
VEXP Erfahrung der Mitarbeiter in der Systemumgebung
LEXP Erfahrung der Mitarbeiter in der Programmiersprache

Tabelle 3.3 Werbebelegung der COCOMO-Kostentreiber

Produkt-Attribute		PD	DD	CUT	IT
RELY	very high	1,30	1,30	1,30	1,70
	high	1,10	1,10	1,10	1,30
	nominal	1,00	1,00	1,00	1,00
	low	0,90	0,90	0,90	0,80
	very low	0,80	0,80	0,80	0,60
DATA	very high	1,20	1,10	1,10	1,30
	high	1,10	1,05	1,05	1,15
	nominal	1,00	1,00	1,00	1,00
	low	0,95	0,95	0,95	0,90
CPLX	extra high	1,65	1,65	1,65	1,65
	very high	1,30	1,30	1,30	1,30
	high	1,15	1,15	1,15	1,15
	nominal	1,00	1,00	1,00	1,00
	low	0,85	0,85	0,85	0,85
	very low	0,70	0,70	0,70	0,70

Computer-Attribute		PD	DD	CUT	IT
TIME	extra high	1,65	1,55	1,55	1,95
	very high	1,30	1,25	1,25	1,40
	high	1,10	1,10	1,10	1,15
	nominal	1,00	1,00	1,00	1,00
STOR	extra high	1,55	1,45	1,45	1,85
	very high	1,20	1,15	1,15	1,35
	high	1,05	1,05	1,05	1,10
	nominal	1,00	1,00	1,00	1,00
VIRT	very high	1,20	1,25	1,30	1,40
	high	1,10	1,12	1,15	1,20
	nominal	1,00	1,00	1,00	1,00
	low	0,95	0,90	0,85	0,80
TURN	very high	1,02	1,05	1,20	1,30
	high	1,00	1,00	1,10	1,15
	nominal	1,00	1,00	1,00	1,00
	low	0,98	0,95	0,70	0,90

Personal-Attribute		PD	DD	CUT	IT
ACAP	very high	0,55	0,75	0,75	0,70
	high	0,75	0,90	0,90	0,85
	nominal	1,00	1,00	1,00	1,00
	low	1,35	1,15	1,15	1,20
	very low	1,80	1,35	1,35	1,50
AEXP	very high	0,75	0,80	0,85	0,85
	high	0,87	0,90	0,92	0,92
	nominal	1,00	1,00	1,00	1,00
	low	1,20	1,15	1,10	1,10
	very low	1,40	1,30	1,25	1,25
PCAP	very high	1,00	0,65	0,65	0,65
	high	1,00	0,83	0,83	0,83
	nominal	1,00	1,00	1,00	1,00
	low	1,00	1,20	1,20	1,20
	very low	1,00	1,50	1,50	1,50
VEXP	high	0,90	0,90	0,90	0,90
	nominal	1,00	1,00	1,00	1,00
	low	1,05	1,05	1,15	1,15
	very low	1,10	1,10	1,30	1,30
LEXP	high	1,00	0,98	0,92	0,92
	nominal	1,00	1,00	1,00	1,00
	low	1,00	1,05	1,10	1,10
	very low	1,02	1,10	1,20	1,20

Projekt-Attribute		PD	DD	CUT	IT
MODP	very high	1,00	0,90	0,80	0,65
	high	1,00	0,95	0,90	0,83
	nominal	1,00	1,00	1,00	1,00
	low	1,00	1,05	1,10	1,20
	very low	1,05	1,10	1,25	1,50
TOOL	very high	0,95	0,90	0,80	0,70
	high	0,98	0,95	0,90	0,85
	nominal	1,00	1,00	1,00	1,00
	low	1,00	1,02	1,15	1,20
	very low	1,02	1,05	1,35	1,45
SCED	very high	1,15	1,15	1,05	1,05
	high	1,10	1,10	1,00	1,00
	nominal	1,00	1,00	1,00	1,00
	low	1,00	1,15	1,15	1,10
	very low	1,10	1,25	1,25	1,25

Projekt-Attribute

MODP Verwendung moderner Entwicklungs-
methoden
TOOL Verwendung von SW-Tools
SCED Anforderung an die Entwicklungszeit

Die Ausprägung dieser Attribute wird mit der Einstufung in eine der folgenden sechs logischen Kategorien bestimmt:

▷ extrem hoch   (extra high)
▷ sehr hoch   (very high)
▷ hoch   (high)
▷ normal   (nominal)
▷ niedrig   (low)
▷ sehr niedrig   (very low)

Jedes Prädikat nimmt attribut- und phasenbezogen einen Wert kleiner/größer Eins an. Das Prädikat »normal« entspricht immer dem Wert 1. Das rechnerische Produkt dieser 15 ausgewählten Werte geht dann in die o. a. Grundgleichung ein. In Tabelle 3.3 ist die von Boehm vorgeschlagene Wertebelegung dieser Kostentreiber aufgeführt. Die Quantifizierung ist aufgrund einer Expertenbefragung nach der Delphi-Methode ermittelt worden.

Diese COCOMO-spezifische Wertebelegung kann auf der Basis eigener Erfahrungsdaten und eines entsprechenden Kalibrierungsprogramms – wie z. B. das in Kap. 5.3.4 angeführte PC-Programm SIKAL – auf die eigene Entwicklungsumwelt angepaßt werden. So könnte man z. B. die Personal-Attribute etwas höher und die Computer-Attribute etwas niedriger bewerten.

Tabelle 3.4 enthält die einzelnen von Boehm verwendeten Kostentreiber mit den einzelnen Prädikaten und einer kurzen Erläuterung. Zudem sind einige Beispiele aus den verschiedenen SW-Bereichen zum besseren Verständnis angegeben.

Tabelle 3.4 COCOMO-Kostentreiber

Kostentreiber	Bedeutung	Beispiele
Produkt-Attribute		
RELY – Benötigte SW-Zuverlässigkeit		
very high	als Folge von SW-Fehlern: Risiko für Menschenleben	Kernreaktor-Steuerung, bemannte Raumfahrt, militärische Kontroll- und Kommando-Systeme
high	Großer finanzieller Verlust	NC-Software (große Stückzahlen), System für Stimmkartenzählung bei Aktionärsversammlung
nominal	Mäßiger, wiederbringbarer Verlust	Betriebl. Grunddatenhaltung, Auftragsabwicklungsverfahren, Compiler für Systementwicklung (z. B. CHILL), Vermittlungssoftware (z. B. EWSD)
low	Geringer, leicht wiederbringbarer Verlust	Technische Grunddatenverfahren, Compiler für Anwendersoftware (z. B. COBOL),
very low	Leichte Unbequemlichkeit	Texteditoren (z. B. EDT), Aufwandsschätzverfahren (z. B. SICOMO),
DATA – Umfang der Datenbasis (Datenmenge, die das Programm verarbeitet und gleichzeitig im Zugriff hat)		
	Datenbasis D in Bytes, Programmgröße P in loc	
very high	$1000 \geq D/P$	Datenbanksysteme (z. B. UDS), technische Grunddatenverfahren, CHILL-Compiler
high	$100 \leq D/P < 1000$	PC-Datenbanksysteme (z. B. dBase)
nominal	$10 \leq D/P < 100$	Dateiaufbereiter (z. B. EDT)
low	$D/P < 10$	PASCAL-Compiler, Rechenprogramme

3.2 Aufwandsschätzung

Tabelle 3.4 COCOMO-Kostentreiber (Fortsetzung)

Kostentreiber	Bedeutung	Beispiele
CPLX – Komplexität des Produkts (Steuerstruktur)		
extra high	Dynam. Prioritätensteuerung, Mikrocode	Memory-Management, Task-Management (z. B: im BS2000)
very high	Reentrant rekursiver Code, Interrupt Handler	Transaktionsmonitore (z. B. UTM)
high	tief geschachtelte Prozeduren, Module, Daten	Compiler, Programmgeneratoren
nominal	Leichte Schachtelung, wenige Module, Entscheidungstabellen	Übliche Anwendersoftware
low	Geringe Schachtelungstiefe, einfache Datenstrukturen	Aufwandsschätzverfahren (z. B. SICOMO)
very low	Geradeaus-Programmierung	EDT-Prozeduren, SINET-Prozeduren

Computer-Attribute

Kostentreiber	Bedeutung		Beispiele
TIME – Nutzung der verfügbaren Ausführungszeit (in % der vorhandenen Verarbeitungsgeschwindigkeit)			
extra high	95%		Memory-Management, Task-Management (z. B. im BS2000)
very high	85%		Vermittlungssoftware (z. B. EWSD)
high	70%		Technische Grunddatenverfahren
nominal	50% und weniger		Anwenderprogramm im BS2000, PC-Programme

Kostentreiber	Bedeutung	Beispiele	
STOR – Nutzung des verfügbaren Speicherplatzes (in % des verfügbaren Hauptspeichers)			
extra high	95%	Speicherplatzprobleme! SW auf 64k-Mikrocomputer, SW auf EWSD-Rechner	
very high	85%	SW für SME	
high	70%	Betriebssysteme auf PC (z. B. MS-DOS)	
nominal	50% oder weniger	Alle SW im BS2000, übliche SW auf PC	
VIRT – Änderungshäufigkeit der Systembasis			
	größere/kleinere Änderungen:		
very high	alle 2 Wochen / alle 2 Tage	›Systembasis‹ ist die HW/SW-Basis, die dem zu entwickelnden SW-System zugrunde liegt, z.B.	
high	alle 2 Monate / wöchentlich		
nominal	alle 6 Monate / alle 2 Wochen		
low	alle 12 Monate / monatlich	zu entw. SW:	Systembasis
	Betriebssystem		HW des Computers
	Datenbanksystem		HW des Computers + Betriebssystem
	DB-Anwendung		HW + BS + DMS
TURN – Bearbeitungszyklus			
	durchschnittliche Antwortzeit nach einer Fehlerkorrektur:		
very high	mehr als 12 Stunden	SW für PROM's (Firmware)	
high	zwischen 4 und 12 Stunden	BS1000-Rechner	
nominal	weniger als 4 Stunden	BS2000-Rechner	
low	Dialogbetrieb	Personal Computer	

3.2.2 Methode COCOMO

Kostentreiber	Bedeutung	Beispiele
Personal-Attribute		
ACAP – Analysefähigkeit der Mitarbeiter		
very high	90%	Fast »Genie«
high	75%	
nominal	55%	Durchschnittlich
low	35%	
very low	15%	»Trauriger Fall«
AEXP – Erfahrung der Mitarbeiter in dem Aufgabengebiet		
very high	Durchschn. 12 Jahre oder mehr	»Alter Hase«
high	Durchschn. 6 Jahre	
nominal	Durchschn. 3 Jahre	
low	Durchschn. 1 Jahr	
very low	Durchschn. 4 Monate und weniger	Anfänger
PCAP – Programmierfähigkeit der Mitarbeiter		
very high	90%	Fast »Genie«
high	75%	
nominal	55%	Durchschnittlich
low	35%	
very low	15%	»Trauriger Fall«
VEXP – Erfahrung der Mitarbeiter in der Systemumgebung		
high	Durchschn. 3 Jahre oder mehr	»Alter Hase«
nominal	Durchschn. 1 Jahr	
low	Durchschn. 4 Monate	
very low	Durchschn. 1 Monat und weniger	Anfänger
LEXP – Erfahrung der Mitarbeiter in der Programmiersprache		
high	Durchschn. 3 Jahre oder mehr	»Alter Hase«
nominal	Durchschn. 1 Jahr	
low	Durchschn. 4 Monate	
very low	Durchschn. 1 Monat und weniger	Anfänger

Kostentreiber	Bedeutung	Beispiele
Projekt-Attribute		
MODP – Verwendung moderner Entwicklungsmethoden		
very high	Allgemeine Routine	Konsequente Verwendung modernster Methoden (SW-Fabrik)
high	Meist gute, übliche Methodik	
nominal	Teilweise gute Methodik	Normales SW-Haus
low	Beginnend und probierend	
very low	Keine Methodik	»SW-Friseur«
TOOL – Verwendung von SW-Tools		
very high	Großzügige Großrechner-Unterstützung	Noch fernes Ziel!
high	Gute Großrechner-Unterstützung	BS2000-Umwelt
nominal	Gute Klein-, bzw. geringe Großrechner-Unterstützung	PC-Umwelt, BS1000-Umwelt
low	Geringe Kleinrechner-Unterstützung	SME
very low	Geringe Mikroprozessor-Unterstützung	Mikroprozessor
SCED-Anforderung an die Entwicklungszeit (in % der normalen Entwicklungszeit)		
very high	160%	Großzügige Terminstellung
high	130%	Leichte Verlängerung
nominal	100%	Normale Terminstellung
low	85%	Kurze Terminstellung
very low	75%	Äußerst enger Termin

3.2 Aufwandsschätzung

Nicht einbezogene Einflußparameter

Folgende Einflußparameter sind in das COCOMO-Modell nicht aufgenommen worden:

— SW-Anwendungsbereich,
— »Höhe« der Programmiersprache (Sprachniveau),
— Änderungshäufigkeit der Anforderungen,
— Personalfluktuation,
— Qualität des Projektmanagements,
— Qualität der Kundenkontakte,
— Umfang der Dokumentation,
— Hardware-Konfiguration,
— Restriktionen durch Datenschutz und Datensicherheit,
— Anzahl Funktionen.

Bei einigen dieser Einflußparameter hatte es sich ergeben, daß Überlappungen mit anderen Kostentreibern existieren; bei anderen, daß nur ein kleiner, zu vernachlässigender Kostentreiber-Effekt vorhanden ist. Einige sind dagegen von großer Bedeutung, wie z. B. die Management-Qualität, mußten aber wegen mangelnder Bewertungsmaßstäbe außerhalb der Modellbetrachtung bleiben.

Der COCOMO-Ansatz betrachtet nur die Personalaufwände; er berücksichtigt nicht zusätzliche Kosten wie RZ-Kosten, Reisekosten oder Materialkosten.

Modifikationsentwicklung

Das COCOMO-Modell bietet auch die Möglichkeit, die Aufwandsbeeinflussung von *Modifikationsentwicklungen* zu berücksichtigen.

Bei einer Neuentwicklung werden bekanntlich der gesamte Entwurf und der gesamte Code neu erstellt sowie das gesamte System integriert; dagegen werden bei einer Modifikationsentwicklung meist nur bestimmte Prozentanteile von diesen Arbeiten ausgeführt. Durch Angabe eines adäquaten Prozentwerts kann die Anzahl der loc eines zu modifizierenden SW-Teils entsprechend korrigiert werden. Folgende drei Prozentsätze sind definiert:

▷ Prozentsatz für notwendige Änderung am Design (%DMOD)
▷ Prozentsatz für notwendige Änderung am Code (%CMOD)
▷ Prozentsatz des zusätzlichen Aufwands für Integration (%IMOD).

%DMOD gibt den Prozentsatz der Modifikation an, der am Design der betreffenden SW-Komponente vorgenommen werden muß, um die neuen Leistungsmerkmale zu erfüllen bzw. die veränderte Umgebung zu beherrschen. %CMOD definiert äquivalent dazu den Prozentsatz der Modifikationen am Code. %IMOD bestimmt den notwendigen Aufwand für die Integration der modifizierten Software in das Gesamtprodukt im Vergleich zum normalerweise anfallenden Aufwand.

Hierbei kann der jeweilige Prozentwert nicht nur Werte unter 100, sondern auch Werte über 100 annehmen, wenn z. B. ein bestehendes Subsystem in wesentlichen Teilen erweitert werden muß. Auch kann der Integrationsaufwand höher als beim ursprünglichen Produkt sein, wenn z. B. ein SW-Produkt auf eine neue, wesentlich komfortärmere Hardware übertragen werden soll.

Wie in Bild 3.25 dargestellt, werden aus der Gesamtbefehlsmenge DSI mit den vorgenannten Prozentsätzen die wirklich notwendige Befehlsanzahl, die *evaluierten* EDSI (Evaluated Delivered Source Instructions) errechnet.

Der Zusatzaufwand zur »Planung der Modifikation« wird in einem weiteren Parameter CPI (Conversion Planning Increment) berücksichtigt, der folgende Werte annehmen kann:

CPI 0 Keine Modifikation ($\triangleq$ Neuentwicklung).
   1 Einfacher Termin- und Abnahmeplan.
   2 Detaillierter Terminplan erforderlich, Test- und Abnahmepläne sind zu erstellen.
   3 Zusätzlich zu 2 ist eine einfache Analyse des vorhandenen Designs, des Codes und der Daten erforderlich.
   4 Zusätzlich zu 3 ist die Dokumentation zu ändern.
   5 Zusätzlich zu 4 ist eine umfangreiche Dokumentation zu ändern.

Datenbasis von Boehm

Die einzelnen Parameter und Einflußgrößen sind auf der Basis von 63 SW-Projekten aus unterschiedlichen SW-Bereichen abgeleitet. Die untersuchten Projekte waren in amerikanische Entwicklungsumgebungen eingebettet und sind heute z. T. veraltet.

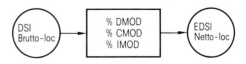

Bild 3.25   Modifizierte loc

3.2.2 Methode COCOMO

Tabelle 3.5 COCOMO-Projektdaten

Nr.	Aufwandsmultiplikatoren	Mode	AKDSI	MM_{act}	T_{dev}
1	2 5 1 3 4 4 4 2 2 2 2 3 1 2 4	3	113,000	2040,00	48,00
2	2 5 2 3 4 3 4 3 4 3 4 4 2 3 3	3	249,000	1500,00	36,00
3	3 5 2 3 3 2 3 4 5 4 4 4 4 4 3	2	132,000	243,00	15,00
4	1 5 1 3 3 2 3 2 4 1 3 4 1 3 4	1	46,000	240,00	36,00
5	2 2 3 3 3 2 3 3 3 4 4 4 1 3 3	1	16,000	33,00	9,00
6	1 3 2 3 5 3 3 1 3 1 4 4 1 2 3	1	4,000	43,00	12,00
7	1 3 3 3 3 2 2 3 3 4 4 4 4 4 3	1	6,900	8,00	4,00
8	4 2 5 6 6 5 3 5 4 3 1 1 2 2 2	3	22,000	1075,00	30,00
9	4 2 5 5 4 4 3 4 3 4 2 2 4 3 3	3	30,000	423,00	18,00
10	5 2 5 4 6 3 4 4 5 4 4 3 3 3 3	3	18,000	321,00	30,00
11	5 2 5 4 6 3 4 4 5 4 4 3 3 3 3	3	20,000	218,00	24,00
12	4 2 5 4 3 3 4 5 4 3 4 4 3 2	3	37,000	201,00	12,00
13	4 2 5 4 4 4 3 5 3 5 2 3 5 3 3	3	24,000	79,00	10,00
14	4 2 6 5 6 4 3 4 3 5 2 2 2 1 1	2	3,000	73,00	12,00
15	5 2 5 5 4 4 2 4 2 4 1 1 4 3 1	3	3,900	61,00	15,00
16	5 3 5 5 6 3 2 4 3 4 3 3 3 3 3	3	3,700	40,00	10,00
17	5 3 5 5 6 2 4 5 4 3 3 3 3 3 3	3	1,900	9,00	6,00
18	4 5 4 5 5 3 4 4 3 3 3 3 1 2 2	3	320,000	11400,00	72,00
19	4 4 3 4 5 2 3 5 4 3 3 3 4 4 3	3	966,000	6600,00	40,00
20	5 4 5 4 4 5 5 3 2 2 1 3 2	2	287,000	6400,00	51,00
21	3 5 4 4 5 2 2 4 3 3 3 3 4 4 3	3	252,000	2455,00	60,00
22	4 3 3 5 4 3 4 5 4 4 3 4 3 1	3	109,000	724,00	16,00
23	4 3 3 4 4 3 3 4 5 4 4 3 3 3 1	3	75,000	539,00	16,00
24	2 3 2 4 4 3 2 3 1 3 2 4 5 5 3	2	90,000	453,00	28,00
25	4 5 5 4 4 3 2 4 3 4 2 3 5 4 2	3	38,000	523,00	39,00
26	3 3 2 4 4 4 4 4 3 4 2 3 4 2 2	3	48,000	387,00	19,00
27	4 2 4 5 5 3 2 3 3 3 3 3 5 2 2	3	9,400	88,00	12,00
28	4 4 5 4 4 4 4 2 2 2 2 3	1	13,000	98,00	20,00
29	2 3 3 3 3 3 3 1 4 3 3 4 4 1	3	2,140	7,30	2,00
30	2 3 3 3 3 3 3 1 4 3 3 4 4 1	2	1,980	5,90	2,00
31	5 4 3 5 6 4 4 4 5 4 2 2 3 3 3	3	50,000	1063,00	24,00
32	2 4 2 3 3 3 3 5 5 3 3 3 2 2 3	2	261,000	702,00	24,00
33	4 4 3 6 4 3 4 5 4 4 3 3 4	3	40,000	605,00	24,00
34	4 4 3 4 3 2 3 3 3 3 3 4 2 1	3	22,000	230,00	12,00
35	1 2 5 4 5 4 3 3 4 3 2 3 1 1 3	3	13,000	82,00	10,00
36	2 4 2 3 3 2 2 2 3 2 4 4 3 4 4	2	12,000	55,00	12,00
37	2 2 1 3 4 3 3 4 5 4 3 3 3 3 3	1	34,000	47,00	24,00
38	3 3 4 3 3 2 2 5 4 3 4 4 5 4 3	1	15,000	12,00	5,00
39	3 3 4 3 3 2 3 5 5 5 3 4 4 2 3	1	6,200	8,00	9,00
40	3 2 5 3 3 3 2 4 5 2 3 3 2 3 3	1	2,500	8,00	9,00
41	2 2 3 3 2 2 3 5 5 4 4 4 4 3	1	5,300	6,00	5,00
42	2 3 3 3 4 2 4 4 3 3 4 4 5 4 4	1	19,500	45,00	8,10
43	3 3 3 3 5 2 4 4 3 3 4 4 3 3 4	1	28,000	83,00	14,10
44	2 3 3 4 5 2 4 3 3 3 4 4 2 3 4	1	30,000	87,00	13,90
45	2 3 3 3 3 4 3 3 4 4 3 4 4	1	32,000	106,00	12,30
46	2 3 3 3 4 2 4 3 3 4 4 4 3 3 4	1	57,000	126,00	16,10
47	1 2 5 3 3 2 2 5 5 5 2 2 2 3 4	1	23,000	36,00	22,20
48	2 2 2 3 3 2 3 2 4 2 4 4 2 3 4	2	311,000	1272,00	44,00
49	3 3 2 3 3 2 5 3 2 5 3 3 4 3	1	91,000	156,00	18,00
50	4 3 3 5 5 3 2 4 3 4 2 3 3 3 3	3	24,000	176,00	12,00
51	2 3 3 3 3 5 2 3 1 3 4 1 2 4	1	10,000	122,00	34,00
52	2 2 2 3 4 4 3 3 3 3 2 2 1 2 3	1	8,200	41,00	14,00
53	2 2 4 4 5 5 3 5 3 5 2 2 3 2 2	2	5,300	14,00	6,00
54	3 2 3 3 4 2 3 5 3 3 4 4 2 3	1	4,400	20,00	7,00
55	2 2 1 3 3 2 2 5 2 4 4 2 3 3	1	6,300	18,00	12,00
56	4 2 5 5 5 3 3 4 4 3 2 2 2 2 2	3	27,000	958,00	24,00
57	3 2 4 4 5 5 3 3 3 3 2 2 2 2 1	3	15,000	237,00	24,00
58	5 2 5 6 5 3 3 5 5 5 4 4 4 3 3	3	25,000	130,00	12,00
59	3 2 4 4 4 3 2 3 3 3 3 3 4 3 3	1	21,000	70,00	16,00
60	4 2 5 4 4 3 3 4 2 2 2 2 2 2	1	6,700	57,00	12,00
61	3 2 4 3 3 2 2 4 4 4 3 5 3 3	1	28,000	50,00	10,00
62	2 2 5 4 4 4 3 4 5 5 1 1 4 1 3	2	9,100	38,00	14,00
63	3 2 4 3 3 3 2 5 5 4 3 3 5 3 3	3	10,000	15,00	4,00

Tabelle 3.5 zeigt die verwendete Projektdatenbasis mit Angabe

▷ der Aufwandsmultiplikatoren der Kostentreiber (extra high ≙ 6 bis very low ≙ 1, Reihenfolge wie in Tabelle 3.3),

▷ des Entwicklungsmodus (Mode) (komplex ≙ 3 bis einfach ≙ 1),

▷ der Programmgröße (AKDSI) in Anzahl kloc,

▷ des geschätzten Entwicklungsaufwands (MM_{act}) in MM und

▷ der geschätzten Entwicklungsdauer (T_{dev}) in Monaten.

Die Statistik nach Tabelle 3.6 gibt darüber hinaus einige relevante Merkmale der für das COCOMO-

Tabelle 3.6 Merkmale der COCOMO-Projekte

	Projekt-anzahl	Produktivität in loc/MM
Gesamt	63	20 bis 1250
Entwicklungsmodus		
einfach	23	82 bis 1250
mittel	12	41 bis 583
komplex	28	20 bis 667
Anwendungsbereich		
Kommerzielle SW	7	55 bis 862
Steuerungs-SW	10	20 bis 304
Mensch-Maschine-SW	13	28 bis 336
Wissenschaftliche SW	17	47 bis 1250
Support-SW	8	82 bis 583
System-SW	8	28 bis 667
Entwicklungsjahr		
1964–69	3	113 bis 775
1970–74	14	20 bis 485
1975–79	46	41 bis 1250
HW-Konfiguration		
Großrechner	31	28 bis 1250
Mittlere Datentechnik	7	114 bis 583
Kleinrechner	21	20 bis 723
Mikroprozessoren	4	41 bis 379
Programmiersprache		
FORTRAN	24	28 bis 883
COBOL	5	55 bis 862
Jovial	5	45 bis 583
PL/1	4	93 bis 1250
PASCAL	2	336 bis 560
Andere höhere Programmiersprachen	3	124 bis 300
Assembler	20	20 bis 667

Modell verwendeten SW-Projekte wieder, und zwar hinsichtlich

▷ Entwicklungsmodus,
▷ Anwendungsbereich,
▷ Entwicklungsjahr,
▷ HW-Konfiguration und
▷ Programmiersprache.

Die Tabelle enthält außer den Projektanzahlen noch eine Angabe zur Produktivität, gemessen in loc/MM. Wie aus den Werten zu ersehen ist, sind die jeweiligen Bandbreiten recht groß.

Verfahrensrealisierungen

Basierend auf der COCOMO-Methode sind mehrere Aufwandsschätzverfahren entwickelt worden, so auch das auf einem Personal Computer ablauffähige Verfahren SICOMO (Siemens Software Cost Model Tool) (siehe Kap. 6.3.3); es enthält nicht nur alle drei Modellvarianten vom Grundmodell bis hin zum Detailmodell, sondern läßt eine beliebig tiefe Gliederung der Produktstruktur zu, für deren einzelne Produktteile eine spezifische Aufwands- und Kostenschätzung vorgenommen werden kann. Mit Hilfe eines benutzungsfreundlichen Eingabedialogs ist es möglich, die Komponentenstruktur eines geplanten SW-Systems zu definieren. Hierbei kann während des Strukturaufbaus beliebig zwischen den einzelnen Komponenten hin und her positioniert werden, um Produkt- und Einflußgrößen einzugeben.

Weiterhin gibt es auch Verfahrensrealisierungen auf Großrechnern; z. B. wird in der Anwendersoftware-Entwicklung ein BS2000-Tool für die Aufwandsschätzung nach der COCOMO-Methode eingesetzt. Dieses Verfahren ermöglicht allerdings nicht die Produktstrukturierung nach dem Detailmodell.

3.2.3 Verfahren PRICE

Das Verfahren PRICE (*P*rogrammed *R*eview of *I*nformation for *C*osting and *E*valuation) ist nicht ein einzelnes Verfahren, sondern umfaßt eine ganze Familie rechnergestützter Aufwandsschätzverfahren, die von RCA seit 1962 nacheinander aufgrund umfassender Erfahrungsdatensammlungen für verschiedene Entwicklungsgebiete entwickelt worden sind. In Tabelle 3.7 sind die bisher erstellten Aufwandsschätzverfahren mit dem Jahr ihrer Fertigstellung aufgeführt.

Das Verfahren PRICE H gilt als erstes für die Kostenschätzung von HW-Entwicklungen und deren Ferti-

Tabelle 3.7 Verfahrensfamilie PRICE

Bezeichnung	Aufwandsschätz-verfahren für	Fertig-stellungsjahr
PRICE H	Entwicklung und Produktion von Hardware	1975
PRICE HL	Instandhaltung von Hardware (HW-Lebenszykluskosten)	1976
PRICE S	Entwicklung von Software	1978
PRICE SL	Wartung von Software (SW-Lebenszykluskosten)	1980
PRICE M	Entwicklung und Produktion von Mikrochips	1982

gungen. Vornehmlich in Bereichen der Luft- und Raumfahrttechnik wie auch in militärischen Bereichen der Funk- und Radartechnik wurde dieses Verfahren auf der Basis entsprechender Erfahrungsdaten aufgebaut. Darauf folgte die Ausweitung des Verfahrens mit PRICE HL für den gesamten Lebenszyklus eines HW-Produkts. In gleicher Weise kamen später die beiden Verfahren PRICE S und PRICE SL für den SW-Entwicklungsbereich hinzu. Als derzeit letztes Verfahren wurde PRICE M für die Mikrochip-Entwicklung und -Produktion entwickelt.

Darüber hinaus stehen einige Hilfsprogramme zur Verfügung, wie z. B. PRICE A zum tabellarischen und grafischen Aufbereiten von Kostenverteilungen, PRICE D zum Durchführen von Regressionsanalysen und PRICE SZ zum Bestimmen der Anweisungszahl bei SW-Programmen anhand von funktionalen Angaben.

Diese Aufwands- und Kostenschätzmodelle werden inzwischen bei einer großen Anzahl Firmen und Behörden in den USA produktiv eingesetzt. Vor allem im militärischen Bereich ist dort das Ausweisen der Kosten durch ein PRICE-Schätzmodell für viele Angebotsersteller bereits Pflicht. Der Auftraggeber kann nämlich die für ein geplantes Entwicklungsprojekt eingeholten Angebote erheblich besser miteinander vergleichen, wenn die jeweiligen Aufwandsschätzungen nach gleichem Schema (Mengengerüst, Einflußparameter) vorgenommen werden. Auch in der Bundesrepublik Deutschland finden die PRICE-Verfahren eine immer größere Verbreitung. So hat auch unser Haus eine eigene Datenleitung gemietet, mit Hilfe derer sie unmittelbar mit den in London installierten Verfahren im Dialog Aufwands- und Kostenschätzungen durchführen kann.

Das Grundprinzip der PRICE-Schätzmodelle ähnelt dem aller parametrischen Aufwandsschätzmodelle: Anhand ausgewerteter Vergangenheitsprojekte sowie aussagekräftiger Einflußparameter wird mit Hilfe entsprechender Regressionsanalysen ein mathematischer Zusammenhang zwischen relevanten Produktergebnisgrößen und dem benötigten Aufwand (bzw. den Kosten) hergestellt. Durch laufende Kalibrierung bringt man diese empirisch gefundenen Schätzgleichungen immer wieder auf einen aktuellen Stand.

Für die eigenständige Nutzung der PRICE-Verfahren zur HW- und SW-Aufwandsschätzung und die notwendige Kalibrierung auf die bereichseigene Entwicklungsumwelt werden mehrere Ausbildungskurse angeboten. Der Besuch entsprechender, teilweise mehrwöchiger Kurse sowie eine längere Einarbeitungs- und Erprobungszeit ist für ein produktives Arbeiten mit den Verfahren Voraussetzung. Auch benötigt man für die Verfahrenskalibrierung eine längere Zeit, bis eine akzeptable Anpassung der Einflußparameter an die bereichsspezifischen Erfordernisse erreicht wird.

3.2.3.1 HW-Schätzmodell PRICE H

Das Schätzmodell PRICE H [66] dient zur Schätzung der Entwicklungs- und/oder Produktionskosten von HW-Geräten bzw. -Systemen; es eignet sich im wesentlichen für:

▷ Funk und Radar,
▷ Luft- und Raumfahrt,
▷ Universalrechner,
▷ Prozeßrechner,
▷ Vermittlungsanlagen.

Für die Mikroelektronik ist das Modell ungeeignet; hierfür steht PRICE M [67] zur Verfügung.

Vor einer erstmaligen Kostenschätzung muß das PRICE H-Modell normalerweise an die bereichsspezifische Entwicklungsumwelt angepaßt werden. Hierzu müssen zu einer ausreichend großen Anzahl abgeschlossener Entwicklungs- und Produktionsvorhaben die entsprechenden PRICE-Parameter mit den zugehörigen Kosten vorliegen.

Der Kalibrierungslauf wird mit einem besonderen PRICE-Modul ECIRP (PRICE rückwärts gelesen) vorgenommen, wo – in umgekehrter Reihenfolge – die Kosten und die Produktgrößen als Eingabedaten dienen. Als Ausgabe erhält man dann die entsprechenden Komplexitätsdaten, die die Basis für die Kostenschätzung neuer Produkte liefern.

Eingabeparameter

Zum Durchführen einer Schätzung benötigt das Modell mehrere Eingabeparameter, von denen allerdings viele durch Standardwerte vorbelegt sind. Der Anwender hat die Möglichkeit, diese bei Bedarf entsprechend seiner eigenen Vorstellungen zu verändern. Die wesentlichen Eingabeparameter sind nachstehend mit ihrer PRICE-spezifischen Kennzeichnung aufgeführt:

Physikalische Parameter

▷ Gesamtgewicht WT
▷ Gewicht der Mechanik/Struktur WS
▷ Gesamtvolumen VOL
▷ Dichte der Elektronik WECF
▷ Einsatzumgebung PLTFM

Quantitative Parameter

▷ Herzustellende Stückzahl QTY
▷ Zu entwickelnde Prototypenanzahl PROTOS
▷ Losrate pro Monat RATOOL
▷ Stückzahlfaktor PIF

Zeitliche Parameter

▷ Entwicklungsbeginn DSTART
▷ Prototyp-Fertigstellung DFPRO
▷ Entwicklungsende DLPRO
▷ Produktionsbeginn PSTART
▷ Erste Produktauslieferung PFAD
▷ Produktionsende PEND
▷ Bezugsjahr für Kostensätze YRECON
▷ Bezugsjahr für Technologie YRTECH

Qualitative Parameter

▷ Entwurfskomplexität ECMPLX
▷ Fertigungskomplexität Elektronik MCPLXE
▷ Fertigungskomplexität Mechanik MCPLXS
▷ Mechanische Zuverlässigkeit MREL
▷ Elektronische Zuverlässigkeit EREL

Entwicklungsparameter

▷ Entwurfswiederholung Mechanik DESRPS
▷ Entwurfswiederholung Elektronik DESRPE
▷ Neuentwicklungsanteil Mechanik NEWST
▷ Neuentwicklungsanteil Elektronik NEWEL
▷ Mehraufwand für Prototypenentwicklung PROSUP

Integrationsparameter

▷ Wiederholungsfaktor QTYNHA
▷ Integrationsfaktor Mechanik INTEGS
▷ Integrationsfaktor Elektronik INTEGE
▷ HW/SW-Integrationsfaktor HSINT

Zusätzliche Parameter

▷ Tool- und Testunterstützung DTLGTS
  für die Entwicklung
▷ Tool- und Testunterstützung PTLGTS
  für die Produktion

Physikalische Parameter

Die Parameter WT (Weight) und WS (Weight of mechanical/structural) geben einerseits das Gesamtgewicht und andererseits das Gewicht für die mechanischen Anteile in lbs oder in kg an. Das Gewicht für den Anteil der Elektronik entspricht der Differenz dieser beiden Parameter.

Zum Elektronikanteil gehört im Sinn von PRICE H nur die reine Elektronik, also Baugruppen, Steuergeräte, Bildschirm etc. Versorgende Teile der Elektronik wie Netzgeräte, Transformatoren, Elektromotoren oder Steckerleisten werden in ihrer Gesamtheit dem Mechanikteil zugerechnet, für den daher der Begriff »mechanical/structural« gewählt worden ist.

Für die Gewichtsangabe von Gehäusen bietet PRICE H empirisch gefundene Auswahltabellen, deren Werte auf die eigenen Erfordernisse angepaßt werden können.

Die Parameter VOL (Volume) für das Gesamtvolumen und WECF (Weight of Electronics/cubic foot) für die Elektronikdichte gehen nicht in die Kostenrechnung ein, sondern dienen nur als Prüfwerte. Für die Angabe der Elektronikdichte wird eine Auswahltabelle angeboten. Statt dieses Parameters kann auch ein äquivalenter für den elektronischen Volumennutzanteil (USEVOL) angegeben werden.

Der Parameter PLTFM (Platform) kennzeichnet das Einsatzgebiet, wie z. B. stationärer oder mobiler Einsatz bzw. Einsatz in der Luft- oder Raumfahrt. Mit diesem Parameter wird also u. a. eine Aussage hinsichtlich der zu planenden Zuverlässigkeit des zu entwickelnden Geräts gemacht. Zur Wertebestimmung steht ebenfalls eine Auswahltabelle zur Verfügung, die auch entsprechend modifiziert werden kann.

Quantitative Parameter

Mit dem Parameter QTY (Production Quantity) wird die zu produzierende Gesamtstückzahl und mit dem Parameter PROTOS (Prototypes) die zu entwickelnde Prototypenanzahl angegeben. Im Gegensatz zur Stückzahl darf der Wert für die Prototypenanzahl ein Dezimalwert sein, wenn z. B. nur einige Teile als Prototyp entwickelt werden.

Mit dem fakultativen Parameter RATOOL (Rate/Month Tooling) kann die monatliche Losgröße für eine »Folge-Produktion« angegeben werden; er beeinflußt im wesentlichen die Kosten für die Fertigungsverfahren.

Der Parameter PIF (PRICE Improvement Factor) bestimmt die Steigung einer Kurve, in welcher die Abhängigkeit zwischen Stückzahl und Einsatzstückkosten festgelegt ist. Der Parameter PIF wird mathematisch wie ein Lernfaktor behandelt, hat aber einen anderen Ausgangspunkt als die industrielle Lernkurve; er kann hier als Stückzahlfaktor bezeichnet werden. Der von der Gesamtstückzahl QTY abhängende PIF-Wert kann einer PRICE-Tabelle entnommen werden.

Zeitliche Parameter

Die Parameter DSTART (Development Start) und PSTART (Production Start) müssen als Beginnzeitpunkte für die Entwicklung und für die Produktion immer angegeben werden. Die Parameter DFPRO (First Prototype Complete) und DLPRO (Development Complete) als Termine für ersten Prototyp und für Entwicklungsende sind ebenso fakultativ wie die Parameter PFAD (First Article Delivery) und PEND (Production Complete) als Termin für erste Produktauslieferung und für Produktionsende. Werden sie nicht angegeben, so wird ein PRICE H-interner Zeitverlauf für Entwicklung und Produktion angenommen.

Mit den Parametern YRECON (Year of Economics) und YRTECH (Year of Technology) können Bezugsjahre einerseits für die Kostensätze und andererseits für den Technologiestand der Entwicklungs- und Produktionsverfahren zur Berücksichtigung eines speziellen Rationalisierungsverlaufs angegeben werden. Wird z. B. eine Entwicklung und Produktion mit Verfahren durchgeführt, deren Technologiestand noch nicht »State of the art« ist, dann führt dieser Umstand zu einer Kostenanhebung; entsprechend umgekehrt verhält es sich bei einer voll beherrschten Technologie. Zur Bestimmung des Technologiestandes sind verfahrensintern Technologiekurven vorhanden, deren Verlauf von den Parametern PLTFM und MCPLX abhängen. Für die Inflationsraten sowie den Umrechnungsfaktor von US-$ in DM ist eine spezielle Tabelle erforderlich.

Qualitative Parameter

Die drei Komplexitätsparameter ECMPLX (Engineering Complexity), MCPLXE (Manufacturing Complexity Electronics) und MCPLXS (Manufacturing Complexity Mechanical/Structural) sind neben der Angabe des voraussichtlichen Gerätegewichts die wichtigsten und für die Kostenrechnung ausschlaggebensten Parameter beim PRICE H-Verfahren.

Für die Bestimmung der qualitativen Einflußparameter, der Entwurfskomplexität ECMPLX und der Fertigungskomplexitäten MCPLXE und MCPLXS, stellt der PRICE H-Anbieter Auswahltabellen mit empirisch gefundenen Werten zur Verfügung. In einer dieser Auswahltabellen wird die Entwurfskomplexität abhängig vom Schwierigkeitsgrad der Entwurfsaufgabe sowie vom Erfahrungsstand des eingesetzten Personals bestimmt. Für das Bestimmen der Fertigungskomplexitäten werden zwei weitere Auswahltabellen[1]) genutzt – eine für elektronische und eine für mechanische Produktteile. Auch hier wird der Komplexitätswert mit Hilfe einer Matrixzuordnung bestimmt, wobei die Abhängigkeiten einerseits die generellen Systemklassen (wie z. B. Grundtechnik, Luftfahrt, Raumfahrt) und andererseits die einzelnen Geräteklassen (wie z. B. Antennen, Optik und Motoren auf der mechanischen Seite sowie Empfänger, Sender und Verstärker auf der elektronischen Seite) sind. Der Parameter ECMPLX beeinflußt nur die Entwicklungskosten; dagegen gehen die beiden Parameter MCPLXE und MCPLXS sowohl in die Entwicklungs- als auch Produktionskosten ein.

Die Parameter MREL (Mechanical Reliability) und EREL (Electronic Reliability) stellen lineare Multiplikatoren für den durch das Verfahren berechneten Zuverlässigkeitswert MTBF (Mean Time between Failures) dar.

Entwicklungsparameter

Mit den Entwicklungsparametern DESRPS (Design Repeat Mechanical/Structural) und DESRPE (Design Repeat Electronics) können Wiederholungsfaktoren für den Mechanik- und Elektronikentwurf für den Fall angegeben werden, daß redundante Hardware wie z. B. Zwillingssteuerungen oder mehrere identische Flachbaugruppen vorhanden sind. Demgegenüber geben die Parameter NEWST (New Structure) und NEWEL (New Electronics) an, inwieweit ein gänzlich neuer Entwurf in Hinblick früherer Entwicklungen gemacht werden muß.

Mit dem Parameter PROSUP (Prototype Activity) kann ein Multiplikator für die Prototypenkosten angegeben werden, wenn besondere kostenintensive Maßnahmen für die Prototypenentwicklung notwendig sind.

Integrationsparameter

Mit den Integrationsparametern QTYNHA (Quantity/Next Higher Assembly), INTEGS (Integration Factor Structural) und INTEGE (Integration Factor Electronic) können aufwandsbeeinflussende Faktoren angegeben werden, die durch die Integration mehrerer Systemteile (z. B. Gerätekoffer) bedingt sind. Der Parameter HSINT (HW/SW-Integration) ermöglicht darüber hinaus einen Integrationsfaktor für das Einbinden von Software.

Zusätzliche Parameter

Mit den Parametern DTLGTS (Development Tooling & Test Equipment) und PTLGTS (Production Tooling & Test Equipment) können kostentreibende Faktoren für die Tool- und Testausrüstung innerhalb der Entwicklung bzw. der Fertigung angegeben werden.

Eingabeformular

Bild 3.26 ist das Eingabeformular von PRICE H für die Übernahme der vorstehend angeführten Eingabedaten; es kann für die nachfolgend erläuterten Nutzungsmodi 1, 2, 6 und 7 genutzt werden. Für die anderen Modi stehen andere Eingabeformulare zur Verfügung. Für die Eingabe spezieller »globaler Variablen« – sie sind zu Beginn der Verfahrensanwendung zu bestimmen – dient ebenfalls ein eigenes Eingabeformular. Zu den globalen Variablen gehören z. B. Angaben zur Überlappung der Prototypenherstellung und Angaben zur optimalen Verteilung des Personaleinsatzes.

---

[1]) Die erwähnten Tabellen enthalten Richtwerte für amerikanische Verhältnisse. Der deutsche Anwender muß diese Werte nach seinen Bedingungen mit Hilfe des Kalibrierungsprogramms ECIRP ermitteln.

3.2 Aufwandsschätzung

PRICE Input Data Worksheet — **Basic Modes**

File name: _____
Sheet _____ of _____

Title: **Date:**

General A	Production Quantity — QTY	Prototypes — PROTOS	Weight — WT	Volume — VOL	Mode. HW/SW Integration — MODE • HSINT	
General B	Quantity/Next Higher Assembly — QTYNHA	NHA Integration Electronic — INTEGE	Factors Structural — INTEGS	Specification Level — PLTFM	Economic Base — YRECON	Year of Technology — YRTECH
Mechanical/ Structural	Structure Weight — WS	Manufacturing Complexity — MCPLXS	New Structure — NEWST	Design Repeat — DESRPS	Mechanical Reliability — MREL	
Electronics	WE Per Ft³ / Volume Fraction — WECF / USEVOL	Manufacturing Complexity — MCPLXE	New Electronics — NEWEL	Design Repeat — DESRPE	Electronic Reliability — EREL	
Development	Development Start — DSTART	1st Prototype Complete — DFPRO	Development Complete — DLPRO	Engineering Complexity — ECMPLX	Tooling & Test Equip. — DTLGTS	Prototype Activity — PROSUP
Production	Production Start — PSTART	First Article Delivery — PFAD	Production complete — PEND	PRICE-Improvement Factor — PIF	Tooling & Test Equip. — PTLGTS	Rate/Month Tooling — RATOOL
Actual Cost Data (Mode 7 only)	Average Unit — AUCOST	Production Total — PTCOST	Prototypes — PRCOST	Development Total — DTCOST		

Notes:

MODE DESCRIPTION
1 ELECTRONIC ITEM
2 MECHANICAL ITEM
6 MODIFIED ITEM
7 ECIRP

© 1985 RCA Limited   **RCA**

Bild 3.26   PRICE H-Eingabeformular

Nutzungsmodi

Für das Verfahren PRICE H gibt es mehrere unterschiedliche Nutzungsmodi; sie unterscheiden sich in ihrem Einsatzfall sowie im Spektrum ihrer Eingabe- und Ausgabedaten.

Modus	Einsatzfall
1	Kostenschätzung für elektromechanische Produkte
2	Kostenschätzung für rein mechanische Produkte (z. B. Antennen, Fahrzeuge, Schalter)
3	Integrationskostenschätzung bei gekauften Komponenten
4	Integrationskostenschätzung bei beigestellten Komponenten
5	Integrationskostenschätzung für Gesamtsystem
6	Modifikationskostenschätzung für gekaufte und beigestellte Komponenten
7	Kalibrierungsprogramm ECIRP
8	Einbindung von Zusatzkosten (z. B. Einsatzunterstützung, Einsatzerprobung, Software)
9	Folgelosberechnung.

Gemäß den unterschiedlichen Eingabedaten gibt es für diese Nutzungsmodi entsprechende Eingabeformulare bzw. unterschiedliche Eingabefelder. Bei dem Modus 7 wird z. B. für die Kalibrierung eine zusätzliche Zeile in dem vorstehend gezeigten Eingabeformular (Bild 3.26) mit den festgestellten Kostenangaben ausgefüllt. Dafür entfällt in diesem Modus die sonst obligatorische Angabe der Fertigungskomplexitäten MCPLXE und MCPLXS, die stattdessen im Kalibrierungslauf als Ergebnis anfallen.

PRICE H ermöglicht – über die eigentliche Aufgabe der Aufwandsschätzung hinaus – weitergehende Auswertungen und Simulationen mit den Hauptausgabegrößen, so z. B. für die Frage: Was muß getan werden, damit ein kürzestmöglicher Termin erreicht wird? PRICE H bietet somit auch Hilfen für eine allgemeine Termin-Kosten-Optimierung.

Berechnungsmethode

Für das Berechnen der erforderlichen Entwicklungs- und Produktionskosten bedient sich PRICE H zahlreicher (interner) Formeln, deren Darlegung den Rahmen dieses Kapitels sprengen würde.

Weiter unten ist in Bild 3.29 die wichtigste Ausgabeliste von PRICE H gezeigt. Wie dort zu ersehen ist, sind die Grundgrößen für die Ausgabe die tätigkeitsorientierte Aufstellung der Entwicklungs- und Produktionskosten, welche sich jeweils aus Ingenieurleistungen (Engineering) und Fertigungsleistungen Manufacturing) zusammensetzen. Diese unterteilen sich wiederum in einzelne Tätigkeitsbereiche.

Ingenieurleistungen

Kosten für

▷ Zeichnungstätigkeiten   (DRAFTING)
▷ Entwurfstätigkeiten   (DESIGN)
▷ Systemtechnik   (SYSTEMS)
▷ Projektmanagement   (PROJECT MGMT)
▷ Dokumentation   (DATA)

Fertigungsleistungen

Kosten für

▷ Produktion   (PRODUCTION)
▷ Prototypenerstellung   (PROTOTYPE)
▷ Werkzeuge und Prüfgeräte   (TOOL-TEST EQ)

Berechnung der Entwicklungskosten

Bild 3.27 veranschaulicht, welche einzelnen Einflußfaktoren in die Berechnung der jeweiligen Kostenkomponenten für das Bestimmen der Entwicklungskosten einbezogen werden. Weiterhin ist die gegenseitige Abhängigkeit der einzelnen Kostenkomponenten angedeutet.

Wie ersichtlich, ist das Bestimmen des Zeichenaufwands eine äußerst wichtige Aktivität beim Berechnen der Entwicklungskosten. Der Umfang der Zeichnungstätigkeiten beeinflußt nämlich mehr oder weniger alle anderen Kostenkomponenten der Ingenieurleistungen. Da das Berechnen des Zeichenaufwands entscheidend vom Gewicht und von der Komplexität des geplanten Geräts bzw. Systems abhängt, sind letztendlich diese beiden zu schätzenden Größen die kritischen Ausgangsgrößen bei der Aufwands- und Kostenschätzung mit dem Modell PRICE H. Die Genauigkeit der Gewichts- und Komplexitätsangaben bestimmt daher entscheidend die Qualität des Schätzergebnisses.

Als die wesentlichen Einflußfaktoren für die Berechnung der Entwicklungskosten sind zu nennen:

▷ Gewicht des Geräts (bzw. Systems),
▷ Entwurfskomplexität,
▷ Fertigungskomplexität,
▷ Prototypenanzahl,
▷ Technologiestand,
▷ Terminsituation.

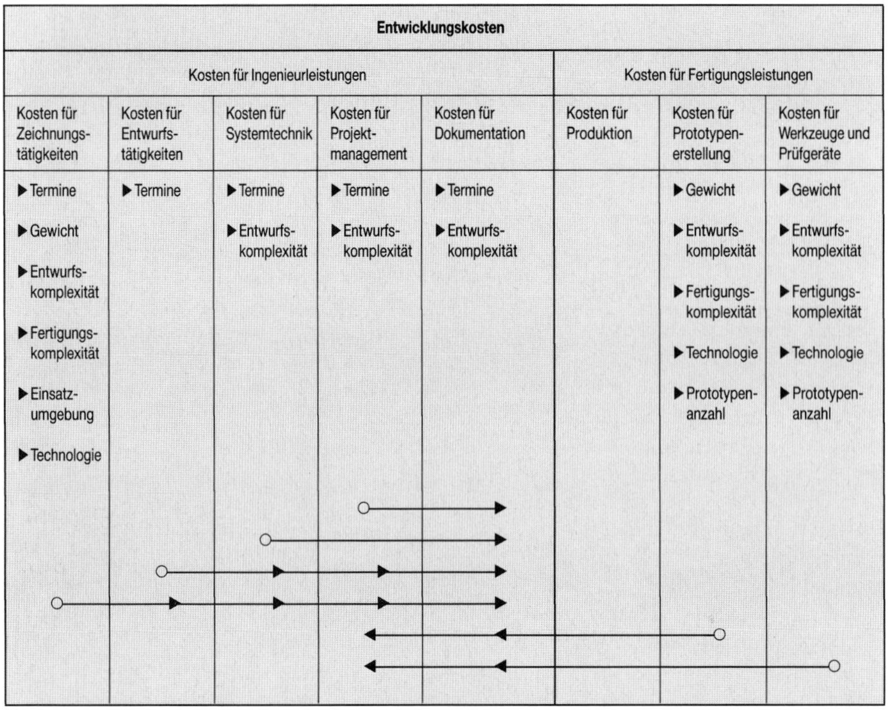

3.2 Aufwandsschätzung

Entwicklungskosten							
Kosten für Ingenieurleistungen					Kosten für Fertigungsleistungen		
Kosten für Zeichnungs-tätigkeiten	Kosten für Entwurfs-tätigkeiten	Kosten für Systemtechnik	Kosten für Projekt-management	Kosten für Dokumentation	Kosten für Produktion	Kosten für Prototypen-erstellung	Kosten für Werkzeuge und Prüfgeräte
▶ Termine	▶ Termine	▶ Termine	▶ Termine	▶ Termine		▶ Gewicht	▶ Gewicht
▶ Gewicht		▶ Entwurfs-komplexität	▶ Entwurfs-komplexität	▶ Entwurfs-komplexität		▶ Entwurfs-komplexität	▶ Entwurfs-komplexität
▶ Entwurfs-komplexität						▶ Fertigungs-komplexität	▶ Fertigungs-komplexität
▶ Fertigungs-komplexität						▶ Technologie	▶ Technologie
▶ Einsatz-umgebung						▶ Prototypen-anzahl	▶ Prototypen-anzahl
▶ Technologie							

Bild 3.27 Einflußfaktoren bei der Entwicklungskosten-berechnung

○────▶ Sekundäreinfluß

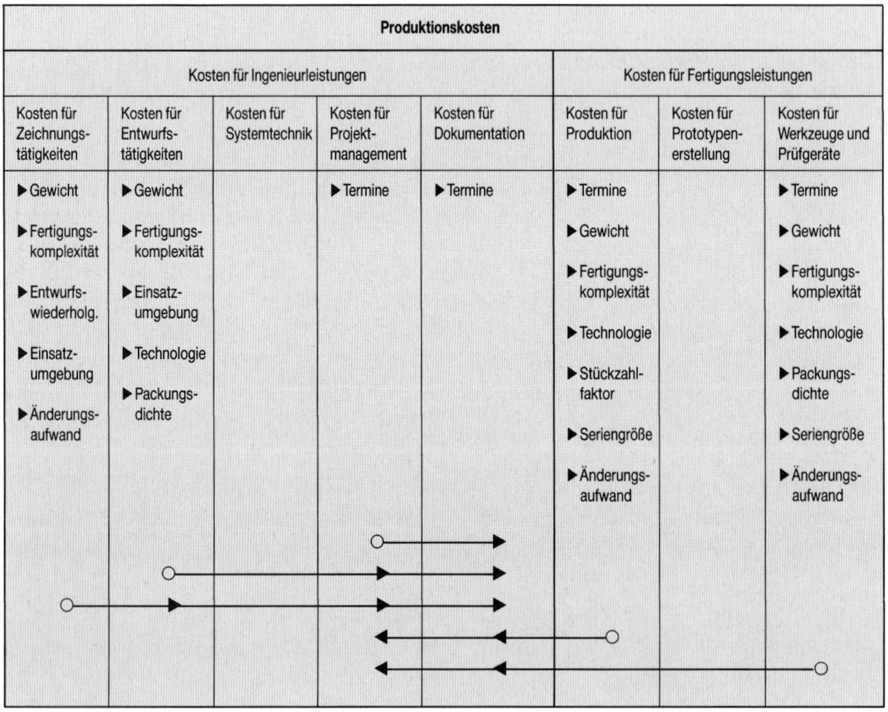

Produktionskosten							
Kosten für Ingenieurleistungen					Kosten für Fertigungsleistungen		
Kosten für Zeichnungs-tätigkeiten	Kosten für Entwurfs-tätigkeiten	Kosten für Systemtechnik	Kosten für Projekt-management	Kosten für Dokumentation	Kosten für Produktion	Kosten für Prototypen-erstellung	Kosten für Werkzeuge und Prüfgeräte
▶ Gewicht	▶ Gewicht		▶ Termine	▶ Termine	▶ Termine		▶ Termine
▶ Fertigungs-komplexität	▶ Fertigungs-komplexität				▶ Gewicht		▶ Gewicht
▶ Entwurfs-wiederholg.	▶ Einsatz-umgebung				▶ Fertigungs-komplexität		▶ Fertigungs-komplexität
▶ Einsatz-umgebung	▶ Technologie				▶ Technologie		▶ Technologie
▶ Änderungs-aufwand	▶ Packungs-dichte				▶ Stückzahl-faktor		▶ Packungs-dichte
					▶ Seriengröße		▶ Seriengröße
					▶ Änderungs-aufwand		▶ Änderungs-aufwand

Bild 3.28 Einflußfaktoren bei der Produktionskosten-berechnung

3.2.3.1 HW-Schätzmodell PRICE H

Berechnung der Produktionskosten

Bild 3.28 zeigt den Berechnungsgang für das Bestimmen der Produktionskosten. Auch hier sind noch Kosten für die Zeichnungserstellung, für den Entwurf und für die Systemtechnik anzusetzen, die alle aufgrund nicht zu vermeidender nachträglicher Änderungswünsche an die Entwicklung anfallen.

Als die entscheidenden Einflußfaktoren für die Produktionskosten sind hier zu nennen:

▷ Gewicht des Geräts (bzw. Systems),
▷ Fertigungskomplexität,
▷ Stückzahl,
▷ Stückzahlfaktor,
▷ Technologiestand,
▷ Terminsituation.

Ausgabedatenblatt

Bild 3.29 veranschaulicht schließlich ein Ausgabedatenblatt mit den wichtigsten Berechnungsdaten des PRICE H-Verfahrens; es enthält neben der Wiederauflistung einiger relevanter Eingabeparameter eine matrixstrukturierte Aufteilung der Entwicklungskosten (Development) und Produktionskosten (Production) auf die einzelnen Tätigkeitsarten mit der grundsätzlichen Unterteilung nach Ingenieurleistungen

```
- - - PRICE HARDWARE MODEL METRIC - - -
              ELECTRONIC ITEM

INPUT FILENAME:         07-MAY-85 14:11      GLOBAL FILENAME:
                        (185071)             ESCALATION FILENAME:  .RT84/2
TEST LIS

  PRODUCTION QUANTITY   10000      UNIT WEIGHT    12.00     MODE                1
  PROTOTYPE QUANTITY     5.000     UNIT VOLUME    25.00     QUANTITY/NHA        0

UNIT PROD COST     6.92                                  MONTHLY PROD RATE 586.50

PROGRAM COST(DM1000)    DEVELOPMENT       PRODUCTION       TOTAL COST
  ENGINEERING
    DRAFTING               311.               0.             311.
    DESIGN                1264.               0.            1264.
    SYSTEMS                437.               -              437.
    PROJECT MGMT           405.            3560.            3966.
    DATA                   186.             982.            1168.
      SUBTOTAL (ENG)      2604.            4542.            7146.

  MANUFACTURING
    PRODUCTION               -            69177.           69177.
    PROTOTYPE              368.               -              368.
    TOOL-TEST EQ            60.            3059.            3119.
      SUBTOTAL (MFG)       427.           72236.           72664.

    TOTAL COST            3031.           76779.           79810.

DESIGN FACTORS    ELECTRONIC MECHANICAL    PRODUCT DESCRIPTORS
  WEIGHT             2.400+     9.600        ENGINEERING COMPLEXITY   2.000
  DENSITY            0.960+     0.384+       PROTOTYPE SUPPORT        1.0
  MFG. COMPLEXITY    7.400      5.720        PROTO SCHEDULE FACTOR    0.250+
  NEW DESIGN         1.000      1.000        ELECT VOL FRACTION       0.100
  DESIGN REPEAT      0.000      0.000        PLATFORM                 1.200
  ENGINEERING CHANGES 0.000     0.000        YEAR OF TECHNOLOGY       1985+
  HW/SW INTEG. LEVEL 0.0                     RELIABILITY FACTOR       1.0
  INTEGRATION LEVEL  0.0        0.0          MTBF (FIELD)             4053+

SCHEDULE          START              FIRST ITEM           FINISH
  DEVELOPMENT     FEB 85  ( 19)      AUG 86+ ( 7)         MAR 87+ ( 26)
  PRODUCTION      JUL 87  (  9)      MAR 88+ ( 17)        AUG 89+ ( 26)

SUPPLEMENTAL INFORMATION
  ECONOMIC BASE          185                TOOLING & PROCESS FACTORS
  ESCALATION             0.00                 DEVELOPMENT TOOLING    1.00+
  T-1 COST              23.14+                PRODUCTION TOOLING     1.00+
  AMORTIZED UNIT COST    7.68+                RATE TOOLING              0
  DEV COST MULTIPLIER    1.00+                PRICE IMPROVEMENT FACTOR 0.880
  PROD COST MULTIPLIER   1.00+                UNIT LEARNING CURVE    0.902+

COST RANGES            DEVELOPMENT       PRODUCTION       TOTAL COST
  FROM                    2675.            65751.           68426.
  CENTER                  3031.            76779.           79810.
  TO                      3584.            93457.           97041.
```

Bild 3.29 PRICE H-Ausgabedatenblatt

(Engineering) und Fertigungsleistungen (Manufacturing).

Zusätzlich enthält dieses Blatt noch einige vom Verfahren errechnete Angaben, wie z. B. die mechanische Dichte und den Wert für die Zuverlässigkeit *MTBF*; errechnete Werte sind mit * gekennzeichnet. Als letztes wird eine Kostenvarianz angegeben, d. h. Minimal- und Maximalwerte der Entwicklungs- und Produktionskosten, die nach der Modellrechnung eintreten können.

Einsatzfeld

Das Verfahren PRICE H kann sehr gut in der Frühphase einer Produktentwicklung eingesetzt werden, da man bereits mit wenigen Produkt- und Einflußgrößen in relativ kurzer Zeit eine brauchbare Kosten- und Aufwandsschätzung vornehmen kann. Es darf aber nicht die einzige Quelle für das Bestimmen der Planwerte darstellen, jedoch als erster Meßstab kann PRICE H ein sehr nützliches Instrument sein. Zum heutigen Zeitpunkt ist PRICE H allerdings noch nicht an alle Anwendungsbereiche der Elektrotechnik ausreichend angepaßt. Auch mangelt es an einer ausreichenden Berücksichtigung qualitätssichernder Maßnahmen in Entwicklung und Produktion; dies kann aber mit einer entsprechenden Kalibrierung verbessert werden.

Häufig wird beklagt, daß sich das Verfahren PRICE H für den Einzelnen wie eine »black box« darstellt, da nur die Dienstleistung seitens der Firma RCA zur Verfügung steht und die »Verfahrensinterna« dem Benutzer unbekannt bleiben. Dies kann aber auch von Vorteil sein; das *Nichtwissen* um die internen Algorithmen verhindert nämlich eine gewollte oder auch ungewollte Manipulation bei der Angabe der Einflußgrößen; die Schätzung wird dadurch insgesamt erheblich objektiver.

3.2.3.2 SW-Schätzmodell PRICE S

Das Schätzmodell PRICE S [68] dient zum Schätzen der Entwicklungskosten von SW-Produkten bzw. SW-Systemen; es wird weltweit von vielen Unternehmen für die Aufwands- und Kostenschätzung eingesetzt, und zwar auf folgenden Gebieten der SW-Entwicklung:

▷ Betriebssysteme,
▷ Informationssysteme,
▷ Bürokommunikationssoftware,
▷ kommerzielle DV-Verfahren,
▷ Sicherungssoftware,
▷ Simulationsprogramme,
▷ Software für die Raumfahrt.

PRICE S eignet sich sowohl für Programmsysteme, wie Compiler und Generatoren, als auch für hochkomplexe Realzeitsysteme, wie Prozeß- und Radarsteuerungen. Auch kann es für alle Programmiersprachen, von den maschinen- bis hin zu den problemorientierten, verwendet werden.

Das PRICE S-Verfahren gliedert den Entwicklungsprozeß in drei Phasen, nämlich:

▷ Entwurf,
▷ Implementierung,
▷ Integration und Test.

In das Schätzmodell nicht einbezogen werden die Frühphasen für das Festlegen der System- und der Programmanforderungen. Für die Einsatz- und Betreuungsphase des SW-Produkts bzw. -Systems steht das Schätzmodell PRICE SL (SW-Lifecycle) zur Verfügung.

PRICE S kann in einem besonderen Ablaufmodus auch ausschließlich für die Entwicklungsphase »Integration und Test« eingesetzt werden; dies bietet sich dann an, wenn mehrere SW-Komponenten – jeweils in getrennten Projekten entwickelt – zu einem System zu integrieren sind und hierfür eine gesonderte Aufwandsschätzung vorgenommen werden soll.

Eingabeparameter

Wie bei PRICE H werden für die einzelnen Berechnungsgänge in PRICE S mehrere Eingabeparameter benötigt, deren Angabe z. T. obligatorisch ist, aber auch fakultativ sein kann, wenn die vorgegebenen Standardwerte akzeptiert werden. Die wichtigsten Eingabeparameter für PRICE S sind mit ihren verfahrensspezifischen Abkürzungen nachstehend aufgeführt:

Quantitative Parameter

▷ Anzahl der Maschinenbefehle   INST

Qualitative Parameter

▷ Verteilung der datentechnischen
   Aufgaben   Mix
       (MDAT, ...)
▷ Anwendungscharakteristik   APPL
▷ Entwicklungsleistungsfähigkeit   RESO
▷ HW-Restriktionen   UTIL

3.2.3.2 SW-Schätzmodell PRICE S

▷ Einsatzumgebung   PLTFM
▷ Projektkomplexität   CPLX

Zeitliche Parameter

▷ Beginn der Entwurfsphase   DSTART
▷ Ende der Entwurfsphase   DEND
▷ Beginn der Implementierungsphase   ISTART
▷ Ende der Implementierungsphase   IEND
▷ Beginn der Test- und Integrationsphase   TSTART
▷ Ende der Test- und Integrationsphase   TEND

Einsatzmittelparameter

▷ Personalkostensatz für Entwurfsphase   DCOST
▷ Personalkostensatz für Implementierungsphase   ICOST
▷ Personalkostensatz für Test- und Integrationsphase   TCOST
▷ Personalvorrat für Entwurfsphase   DMAX
▷ Personalvorrat für Implementierungsphase   IMAX
▷ Personalvorrat für Test- und Integrationsphase   TMAX

Entwicklungsparameter

▷ Nutzung vorhandenen Entwurfs   NEWD
▷ Modifikationsverteilung   New Design (DDAT, ...)
▷ Nutzung vorhandenen Codes   NEWC
▷ Modifikationsverteilung   New Code (CDAT, ...)

Schnittstellenparameter

▷ Arten Geräteschnittstellen   Interface Types (TDAT, ...)
▷ Anzahl Geräteschnittstellen   Interface Quantities (QDAT, ...)

Zusätzliche Parameter

▷ Alternative Größenangaben   Sizing Data (FUNCT, ...)
▷ Verfahrenstechnische Angaben   Supplemental Information (YEAR, ...)

Quantitative Parameter

Der Parameter INST (Instructions) entspricht der Anzahl abzuliefernder ausführbarer Befehle auf Maschinenebene. Werden Programmiersprachen auf einer höheren Sprachebene verwendet, so muß man die Anzahl Quellcodezeilen – im Gegensatz zum COCOMO-Schätzmodell – entsprechend expandieren:

$$INST = EXPAN \times LOC$$

Für den Expansionsfaktor EXPAN liefert PRICE abhängig von den verwendeten Programmiersprachen Erfahrungswerte (Tabelle 3.8).

Qualitative Parameter

Der Parameter APPL (Application) beschreibt – bezogen auf die datentechnische Verarbeitung – die Charakteristik des zu entwickelnden SW-Produkts bzw. -Systems. Für das Bestimmen seines Wertes wird eine prozentuale Aufteilung auf folgende sieben datentechnische Aufgabenbereiche (Mix-Elemente) vorgenommen:

▷ Data Storage and Retrieval   MDAT
▷ On-Line Communications   MONL
▷ Real Time Command and Control   MREA
▷ Interactive Operations   MINT
▷ Mathematical Operations   MMAT
▷ String Manipulation   MSTR
▷ Operating Systems   MOPR.

(Einen weiteren Aufgabenbereich (MAPP8) kann der Anwender frei wählen.) PRICE gibt für diese Aufgabenbereiche jeweils einen Gewichtungsfaktor vor,

Tabelle 3.8   Expansionsfaktor EXPAN

Programmiersprache	Durchschnittlicher Expansionsfaktor EXPAN
Assembler	1
COBOL	3
UNIX-C	3
CHILL	3,1
PASCAL	4
FORTRAN	5,5
BASIC	6
ALGOL	10
PL/1	10
APL	15

welcher – multipliziert mit der spezifischen Prozentverteilung – dann ein Gesamtgewicht für die Anwendungscharakteristik ergibt. Falls keine prozentuale Aufteilung der datentechnischen Aufgaben möglich ist, kann dieser Wert für den Parameter APPL auch unmittelbar als Gesamtgewicht angegeben werden, da PRICE S nur mit diesem Mischwert weiterarbeitet.

Mit dem Parameter RESO (Resource) wird die »Leistungsfähigkeit« der Entwicklungsumwelt in die Aufwandsschätzung einbezogen; er stellt eine Art »Projekt-Produktivität« dar und hängt von den zur Verfügung stehenden Ressourcen ab:

▷ Qualifikation der Mitarbeiter,
▷ Erfahrung der Mitarbeiter,
▷ Produktivitätsausbringung,
▷ Rechnerkapazität und -ausstattung,
▷ Laborkapazität und -ausstattung,
▷ Methoden, Werkzeuge und Hilfsmittel,
▷ »Overhead« der Projektbeteiligten, etc.

Dieser Parameter muß vor der erstmaligen Nutzung von PRICE S für den jeweiligen Entwicklungsbereich speziell bestimmt werden. Hierzu steht das bereits o. a. PRICE-Kalibrierungsprogramm ECIRP zur Verfügung.

Der Parameter UTIL (Utilization) bewertet die HW-Restriktionen, die entweder durch die Rechnerzykluszeit oder durch die Speicherkapazität bestehen können; er gibt die prozentuale Auslastung dieser beiden Kriterien an. Überschreitet er in einer der beiden Größen den Wert von 50% wesentlich, so sind beim Programmentwurf entsprechend aufwendigere Maßnahmen erforderlich. In der nachrichtentechnischen Entwicklung sind z. B. Werte im Bereich 0,6 bis 0,8 üblich.

Mit dem Parameter PLTFM (Platform) werden Anwendungsgebiet und Einsatzumgebung des geplanten SW-Produkts bzw. -Systems in die Schätzung einbezogen; er umfaßt Einflußgrößen wie

▷ Betriebssicherheit,
▷ Zuverlässigkeit,
▷ Testumfeld,
▷ Portabilität,
▷ Strukturierung und
▷ Dokumentation.

Auch hier liefert PRICE S eine eigene Auswahltabelle für die Wertbestimmung dieses Parameters. Die Skala reicht von rein kommerziellen Einsatzfällen bis hin zu solchen mit hoher Verflechtung, wie Kommunikationssysteme, militärische Führungssysteme und Systeme für die Weltraumfahrt.

Der Parameter CPLX (Complexity) charakterisiert die spezifischen Gegebenheiten der Projektumwelt und setzt sich aus einem Grundparameter und drei Zusatzparametern zusammen. Die Zusatzparameter unterteilen sich noch in mehrere Einzelparameter.

▷ Grundwert für spezifische
  Projektumwelt   Grund-CPLX
▷ Personalqualifikation   P1-CPLX
▷ Vertrautheit mit der Aufgabe P2-CPLX
▷ Komplikationsfaktor   P3-CPLX.

Grundwert sowie Gesamtwert werden durch einen entsprechenden Kalibrierungslauf ermittelt. Die Differenz ist durch den Anwender auf die Einzelparameter entsprechend aufzuteilen. Für diese stehen entsprechende Auswahltabellen zur Verfügung. Der sich ergebene Gesamtparameter wirkt nicht nur auf den Aufwand bzw. die Kosten ein; er ist vielmehr vor allem auch ein Maß für die zeitbeeinflussenden Eigenschaften der Projektumwelt.

Zeitliche Parameter

Die Eingabe des Parameters DSTART (Design Start) als Angabe des Beginntermins der Entwurfsphase ist obligatorisch; alle weiteren Termin-Parameter sind fakultativ und können teilweise oder vollständig angegeben werden. Wird nur der Beginntermin angegeben, so rechnet PRICE mit einer internen Entwicklungszeitkurve, deren Verlauf der Anwender mit der Tabelle CTABLE auf seine eigenen Erfordernisse anpassen kann. Die zusätzliche Angabe von weiteren Terminen für Beginn und Ende der einzelnen (PRICE-)Entwicklungsphasen führt grundsätzlich zu einer Kostenerhöhung, da sowohl kürzere als auch spätere Termine immer zu einer Erhöhung des Entwicklungsaufwands führen.

Einsatzmittelparameter

Mit den Parametern DCOST (Design Cost), ICOST (Implementation Cost) und TCOST (Test and Integration Cost) werden die Kostensätze für das Personal in den einzelnen Phasen festgelegt. Sollen diese sich in den Phasen nicht unterscheiden, so genügt nur die Angabe bei DCOST. Ist demgegenüber eine Differenzierung der Kostensätze nach den PRICE-Tätigkeitsarten gewünscht, so ist dies durch die explizite Definition einer hierfür eingerichteten Tabelle ATABLE möglich; hierin können also die Kostensätze phasen- *und* tätigkeitsartorientiert eingegeben werden.

Mit den Parametern DMAX (Design Max.), IMAX (Implementation Max.) und TMAX (Test and Integration Max.) kennzeichnen Restriktionen im Personaleinsatz; mit diesen kann der je Phase zur Verfügung stehende Personalvorrat angegeben werden. Eine derartige Restriktion führt immer zu einer Kosten- bzw. Zeitdauererhöhung.

Entwicklungsparameter

Mit den Parametern NEWD (New Design) und NEWC (New Code) wird bei Modifikationsentwicklungen der Wiederverwendungsgrad der vorliegenden Designunterlagen bzw. des vorliegenden Codes berücksichtigt. Der Wert 1 kennzeichnet dabei eine Neuentwicklung; Wert 0 würde eine vollständige Übernahme ohne Arbeitsaufwand bedeuten. Statt dieser pauschalen Angabe eines Wertes zwischen 0 und 1 kann, ähnlich wie beim Bestimmen des Parameters APPL, auch eine spezifische Prozentverteilung auf die einzelnen datentechnischen Aufgabenbereiche der »Mix-Elemente« vorgenommen werden. Hierzu dienen die New Design- und New-Code-Parameter:

Datentechnischer Aufgabenbereich	Nutzungsverteilung Design	Nutzungsverteilung Code
Data Storage and Retrieval	DDAT	CDAT
On-Line Communications	DONL	CONL
Real Time Command and Control	DREA	CREA
Interactive Operations	DINT	CINT
Mathematical Operations	DMAT	CMAT
String Manipulation	DSTR	CSTR
Operating Systems	DOPR	COPR
(frei definierbar)	DAPP8	CAPP8

Schnittstellenparameter

Die fakultativen Schnittstellen-Parameter (Interface Types und Interface Quantities) charakterisieren Menge und Vielfalt der auftretenden Schnittstellen in der geplanten Software; sie beziehen sich auf die schon oben erwähnten technischen Aufgabenbereiche, allerdings nur auf die ersten vier:

Datentechnischer Aufgabenbereich	Anzahl Schnittstellenarten	Anzahl Schnittstellen
Data Storage and Retrieval	TDAT	QDAT
On-Line Communications	TONL	QONL
Real Time Command and Control	TREA	QREA
Interactive Operations	TINT	QINT

Bei den drei weiteren Aufgabenbereichen ist die Schnittstellenbetrachtung nicht von Bedeutung.

Zusätzliche Parameter

Mit den Sizing Data-Parametern können alternative Produktgrößenangaben zur Anzahl Maschinenbefehle (INST) vorgenommen werden. Insgesamt vier Möglichkeiten gibt es bei PRICE S zur Angabe der Produktgröße:

1. Anzahl Maschinenbefehle   INST
2. Anzahl Quellcodezeilen   SOURCE und EXPAN
3. Anzahl Funktionen   FUNCT
4. Angabe der »Strukturdichte« STRU und LEVEL.

Die erste Möglichkeit ist die gängigste Form der Produktgrößenangabe, d. h. die Angabe der Anzahl Maschinenbefehle, die normalerweise nicht der Anzahl Quellcodezeilen entspricht. Für die Angabe der Quellcodezeilen steht die zweite Möglichkeit zur Verfügung, bei der mit dem EXPAN-Faktor die »Höhe« der verwendeten Programmiersprache berücksichtigt wird (siehe Tabelle 3.8). Bei der dritten Möglichkeit wird die Programmgröße nicht anhand der Befehlsmenge, sondern der Anzahl »Funktionen« des geplanten Systems angegeben. Als Funktion zählt hier jeder Strukturblock in einer SW-Produktstruktur, also auch der, der sich auf höherer Ebene befindet. Bei der vierten Möglichkeit wird die Produktgröße durch eine »Strukturdichte« angegeben; diese ist im Vergleich zu einer entsprechenden Anzahl abgeschlossener SW-Entwicklungen abzuleiten.

Der Parameter CAP (Capacity) wird nur bei der »Design-to-Cost«-Rechnung benötigt; er kennzeichnet den verfügbaren Speicherplatz, gemessen in Anzahl Maschinenbefehle. Der Quotient aus den Parametern INST und CAP ergibt den Parameter UTIL (HW-Restriktionen).

Werden bei der »Design-to-Cost«-Rechnung für die Parameter UTIL und CAP gleichzeitig Werte angegeben, so wird vom Verfahren der »restriktivere« Wert genommen.

Die verfahrenstechnischen Parameter (Supplemental Information) haben folgende Bedeutung:

Mit dem Parameter YEAR wird das Bezugsjahr für das Berücksichtigen der Inflationsrate und einer Währungskurve angegeben.

Parameter MULT (Multiplier) dient dem generellen prozentualen Aufschlag auf alle Kosten- und Aufwandsangaben, so daß ein fester Gewinn eingeplant werden kann.

Der Parameter ESC (Escalation) gibt die jährliche, inflationsbedingte Preissteigerung an, falls nicht bereits in der Tabelle RTABLE die jahresbezogenen Inflationsraten festgelegt sind.

Der Parameter TARCST (Target Cost) wird nur bei Kalibrierungsläufen verwendet; mit ihm werden die aufgelaufenen Kosten abgeschlossener SW-Projekte eingegeben.

Der Parameter INTEG (Integration) gibt den Integrationsgrad bei mehrteiligen SW-Systemen an; seine Angabe ist für den separaten Schätzlauf zum Bestimmen des erforderlichen Integrationsaufwands notwendig.

Interne Tabellen

Neben diesen Parametern kann durch den Benutzer die Wertebelegung interner Tabellen, die PRICE für den Berechnungsgang benötigt, festgelegt werden. Folgende Tabellen sind hier zu nennen:

ATABLE	Kostensätze	(Cost Multiplier Globals)
CTABLE	Entwicklungszeitkurve	(Curve Control Globals)
DTABLE	Deskriptoren	(Descriptor Globals)
GTABLE	Programmkonstanten	(Programm Constants)
RTABLE	Inflationsraten	(Inflation Rate Factors).

Eingabeformular

Die sechs wichtigsten Fragestellungen für die Parametereingabe in das PRICE S-Schätzmodell sind:

Wie groß?	Parameter INST
Welche Art?	Parameter APPL, Mix
Wer macht es?	Parameter RESO
Welche HW-Einschränkungen?	Parameter UTIL
Wo genutzt?	Parameter PLTFM
Wie schwierig?	Parameter CPLX

Für die Eingabe der Parameter in PRICE S wird das Formular (Bild 3.30) verwendet.

Nutzungsmodi

PRICE S kann, wie bereits angedeutet, in drei Modi genutzt werden:

▷ Aufwands- und Kostenschätzung
▷ »Design-to-Cost«-Rechnung
▷ Kalibrierung.

Aufwands- und Kostenschätzung

Im Rahmen der normalen Aufwands- und Kostenschätzung wird von der voraussichtlichen Produktgröße (z. B. Anzahl Maschinenbefehle) unter Berücksichtigung der produkt- und projektbezogenen Einflußparameter algorithmisch auf die erforderlichen Kosten bzw. den Personalaufwand geschlossen. In dieser Nutzungsform gleicht PRICE S einem anderen parametrischen Aufwandsschätzverfahren für Software, nämlich COCOMO (siehe Kap. 3.2.2).

Die Aufwands- und Kostenschätzung ist sowohl in einer vereinfachten, als auch in einer detaillierten Form durchführbar. Bei der vereinfachten Form werden nur die Parameter

INST	APPL	RESO	PLTFM	CPLX
NEWD	NEWC	DSTART	TEND	

bewertet, wobei je Parameter auch nur Gesamtwerte anzugeben sind. Bei der detaillierten Form werden darüber hinaus die Parameter APPL, NEWD und NEWC entsprechend den datentechnischen Aufgabenbereichen ausführlicher bestimmt und zusätzlich die Beginn- und Endtermine der einzelnen Entwicklungsphasen sowie die Parameter für die Einsatzmittel und die Schnittstellen berücksichtigt.

»Design-to-Cost«-Rechnung

Bei der »Design-to-Cost«-Rechnung wird quasi der umgekehrte Schluß einer Aufwands- und Kostenschätzung vorgenommen. Ausgangspunkt der Betrachtung ist hier der für eine Entwicklung zur Verfügung stehende Kostenbetrag, von dem man – ebenfalls unter Berücksichtigung derselben Einflußparameter – auf eine für diesen Kostenbetrag *produzierbare* Produktgröße, d. h. Anweisungszahl schließt. Hier ist also die Frage zu stellen, wie viel kloc für einen vorgegebenen DM-Betrag produziert werden kann. Die »Design-to-Cost«-Betrachtung eignet sich sehr gut für überschlägige Kalkulationen in Fällen, in denen der Entwicklungsetat einer starren Begrenzung unterliegt, und man feststellen will, wieviel »Software« dafür entwickelt werden kann.

Kalibrierung

Mit dem dritten Nutzungsmodus ist ein Kalibrieren des Verfahrens auf die bereichseigenen Erfordernisse möglich. Eingabegrößen sind hier sowohl die Kosten (Target Cost) als auch die Maschinenbefehle (INST), die beide anhand abgeschlossener SW-Entwicklungen ermittelt werden müssen. Weiterhin sind die Parame-

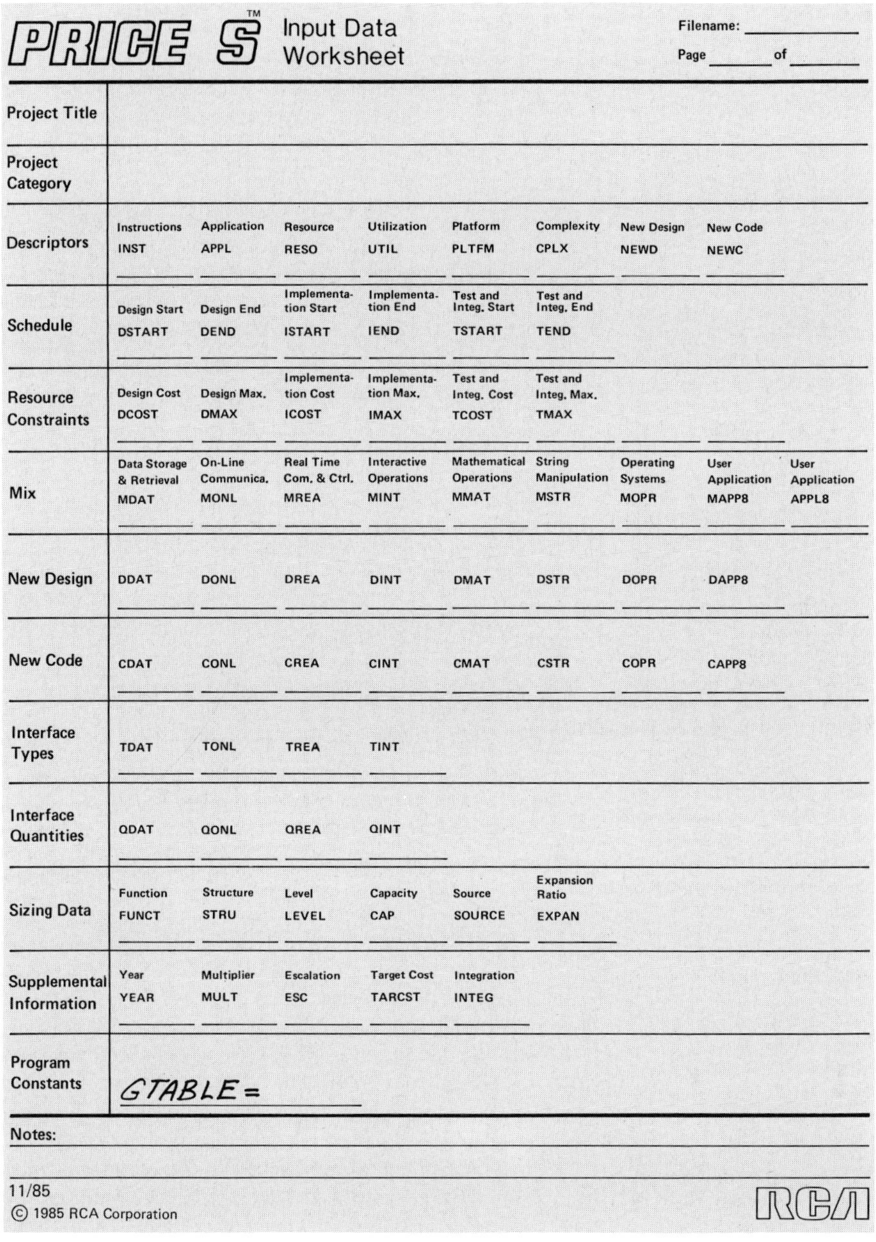

PRICE S™ Input Data Worksheet

Filename: ____________

Page ______ of ______

Project Title									
Project Category									
Descriptors	Instructions INST	Application APPL	Resource RESO	Utilization UTIL	Platform PLTFM	Complexity CPLX	New Design NEWD	New Code NEWC	
Schedule	Design Start DSTART	Design End DEND	Implementation Start ISTART	Implementation End IEND	Test and Integ. Start TSTART	Test and Integ. End TEND			
Resource Constraints	Design Cost DCOST	Design Max. DMAX	Implementation Cost ICOST	Implementation Max. IMAX	Test and Integ. Cost TCOST	Test and Integ. Max. TMAX			
Mix	Data Storage & Retrieval MDAT	On-Line Communica. MONL	Real Time Com. & Ctrl. MREA	Interactive Operations MINT	Mathematical Operations MMAT	String Manipulation MSTR	Operating Systems MOPR	User Application MAPP8	User Application APPL8
New Design	DDAT	DONL	DREA	DINT	DMAT	DSTR	DOPR	DAPP8	
New Code	CDAT	CONL	CREA	CINT	CMAT	CSTR	COPR	CAPP8	
Interface Types	TDAT	TONL	TREA	TINT					
Interface Quantities	QDAT	QONL	QREA	QINT					
Sizing Data	Function FUNCT	Structure STRU	Level LEVEL	Capacity CAP	Source SOURCE	Expansion Ratio EXPAN			
Supplemental Information	Year YEAR	Multiplier MULT	Escalation ESC	Target Cost TARCST	Integration INTEG				
Program Constants	GTABLE =								

Notes:

11/85

© 1985 RCA Corporation

RCA

Bild 3.30 PRICE S-Eingabeformular

	Produkt-bezogene Parameter	Projekt-bezogene Parameter	Produkt-größe	Projekt-kosten
Aufwands- und Kostenschätzung	E	E	E	A
»Design-to-Cost«-Rechnung	E	E	A	E
Kalibrierung	E	A	E	E

Bild 3.31
Nutzungsmodi von PRICE S

E Eingabe
A Ausgabe

ter APPL, UTIL und PLTM einzugeben. Ergebnis dieser Kalibrierung sind dann die projektbezogenen Paramterwerte für RESO und CPLX.

Bild 3.31 zeigt die Nutzungsmodi von PRICE S mit den erforderlichen Eingaben (E) und den errechenbaren Ausgaben (A).

Ausgabedatenblatt

Für die Ergebnisdarstellung liefert PRICE S mehrere umfassende Ausgaben. Bild 3.32 gibt ein PRICE S-Ausgabedatenblatt für eine gängige Aufwandsschätzung wieder. Dieses Datenblatt gliedert sich in sechs Abschnitte.

Im ersten Abschnitt (DESCRIPTORS) sind die Haupteingabedaten des Eingabeformulars wiederaufgeführt, d. h. soweit sie eingegeben worden sind. Wo sie fakultativ sind, können sie auch durch das Verfahren selbst berechnet worden sein; dies ist dann mit einem * gekennzeichnet.

Der zweite Abschnitt (COSTS) enthält die wesentlichen Ausgabedaten des Verfahrens. Die Kosten sind entsprechend den drei PRICE S-Entwicklungsphasen tätigkeitsorientiert aufgelistet. Als Tätigkeitsarten verwendet PRICE S folgende Gruppierung:

▷ Systemengineering,
▷ Programmierung,
▷ Konfigurationskontrolle/Qualitätssicherung,
▷ Dokumentation und
▷ Programmanagement.

Die zeitlichen Daten und die Einsatzmitteldaten sind im dritten Abschnitt (SCHEDULE AND CONSTRAINTS) aufgeführt. Auch hier sind Werte, die nicht explizit eingegeben wurden, durch das Verfahren berechnet und durch ein * hervorgehoben.

Im vierten Abschnitt (APPLICATION CATEGORIES) ist die funktionale Aufteilung der zu entwickelnden Software gemäß den datentechnischen Aufgabenbereichen aufgeführt. Entsprechend dieser Gliederung sind auch die o. a. Entwicklungsparameter für den Wiederverwendungsgrad bereits vorliegender Entwurfsunterlagen und Codeteile (New Development) sowie die Schnittstellenangaben (Hardware Interfaces) angegeben.

Der fünfte Abschnitt enthält die alternativen Größenangaben (SIZING DATA) und die verfahrenstechnischen Angaben (SUPPLEMENTAL INFORMATION) des Eingabeformulars, die teilweise auch hier durch PRICE S ermittelt worden sind.

Im letzten Abschnitt (SCHEDULE GRAPH) ist schematisch ein Balkendiagramm aufgeführt, das die zeitliche Lage der Entwicklungsphasen wiedergibt.

Weitere Ausgaben

Als weitere Ausgaben und Auswertungen, die sich in der praktischen Anwendung sehr bewährt haben, sind zu nennen:

▷ Sensitivitätsanalyse für »Anwendungscharakteristik – Anzahl Maschinenbefehle«,
▷ Sensitivitätsanalyse für »Entwicklungsleistungsfähigkeit – Projektkomplexität«,
▷ Zeitanalyse (Schedule Effect Summary),
▷ Fortschrittsanalyse (Monthly Progress),
▷ phasenbezogene Auslastungsberechnung (Resource Allocation Profiles).

Bild 3.33 zeigt das Beispiel einer Sensitivitätsanalyse für die beiden Parameter RESO (Entwicklungsleistungsfähigkeit) und CPLX (Projektkomplexität).

Mit einer Standardabweichung der vorgegebenen Werte nach oben und unten für diese beiden Parameter ergibt sich eine 3×3-Matrix, deren Einzelfelder jeweils die zugehörigen Wertepaare »Projektkosten und Aufwand« enthalten. Man erkennt in dieser transparenten Darstellung sehr eindrucksvoll die Auswirkungen von Veränderungen eines Parameters in der einen oder anderen Richtung. Die Standardabweichung kann der Anwender in der Tabelle DTABLE individuell verändern.

```
--- PRICE SOFTWARE MODEL ---

         DATE 19-MAR-86        TIME 16:14         FILENAME:H30
                                (186055)
H30                                                                    ST

DESCRIPTORS
  INSTRUCTIONS    193200     APPLICATION   7.00     RESOURCE    2.80
  UTILIZATION       0.80     PLATFORM      1.00     COMPLEXITY  1.35
  NEW DESIGN        1.00                            NEW CODE    1.00

COSTS IN MAN-MONTHS           DESIGN       IMPL        T & I      TOTAL
  SYSTEMS ENGINEERING          243.          23.        147.       414.
  PROGRAMMING                   42.         105.         74.       221.
  CONFIG CONTROL, Q/A           42.          33.         91.       166.
  DOCUMENTATION                 31.           9.         31.        71.
  PROGRAM MANAGEMENT            33.          10.         19.        62.
  TOTAL                        392.         180.        360.       933.

SCHEDULE AND CONSTRAINTS              DESIGN       IMPL       T & I
  START WORK                          NOV 84      APR 85*    SEP 85*
  END WORK                            JAN 86*     JUL 86*    JUL 87*
  COST PER MAN-MONTH( 182 DM  )      10300.00    10300.00   10300.00
  MAXIMUM MAN-MONTHS PER MONTH           0.0         0.0        0.0

APPLICATION CATEGORIES       NEW DEVELOPMENT       HARDWARE INTERFACES
                  MIX        DESIGN      CODE      TYPES      QUANTITY
  DATA S/R        0.00        0.00       0.00        0            0
  ONLINE COMM     0.00        0.00       0.00        0            0
  REALTIME C&C    0.00        0.00       0.00        0            0
  INTERACTIVE     0.00        0.00       0.00        0            0
  MATHEMATICAL    0.00        0.00       0.00       ***          ***
  STRING MANIP    0.00        0.00       0.00       ***          ***
  OPR SYSTEMS     0.00        0.00       0.00       ***          ***

SIZING DATA
  FUNCTIONS          21470*     STRUCTURE    DATEX-P: PARITAETSFEHLER
  0.00      LEVEL        0.00
  CAPACITY           0          SOURCE         0       EXPANSION    0.00

SUPPLEMENTAL INFORMATION
  ECONOMIC BASE    182*      MULTIPLIER   1.000     ESCALATION   0.000
  TARGET COST        0.      INTEGRATION  0.00      ESC EFFECT   1.00*

                           SCHEDULE GRAPH
NOV 84                                                             JUL 87
************* DESIGN *************
             ************* IMPLEMENT *************
                         ***************** TEST & INTEGRATE *****************
```

Bild 3.32
PRICE S-Ausgabedatenblatt

```
                       SENSITIVITY DATA
                     (RESOURCE - COMPLEXITY)

                              COMPLEXITY
                 1.500           1.600           1.700

           : COST     215. : COST     226. : COST     236. :
     2.400 :                :                :                :
           : MONTHS    11.5 : MONTHS    12.3 : MONTHS    13.2 :
        R  :................:................:................:
        E  :                :                :                :
        S  : COST     228. :: COST     239. :: COST     250. :
        O  2.500           ::                ::                :
        U  : MONTHS    11.5 :: MONTHS    12.4 :: MONTHS    13.3 :
        R  :................:................:................:
        C  :                :                :                :
        E  : COST     241. : COST     253. : COST     265. :
     2.600 :                :                :                :
           : MONTHS    11.6 : MONTHS    12.5 : MONTHS    13.4 :
           :................:................:................:
```

Bild 3.33
Sensitivitätsanalyse

3.2.4 Funktionswertmethode

Funktionsorientierte Vergleichsverfahren für die Aufwandsschätzung basieren häufig auf der Funktionswertmethode, auch als *Function-Point-Method* bekannt; sie werden derzeit vornehmlich im Rahmen von SW-Entwicklungen eingesetzt. Die Methode selbst wurde ursprünglich von Allan J. Albrecht ausgearbeitet und ist in Deutschland von IBM für Anwendersoftware-Entwicklungen weiterentwickelt worden. Bei Vorliegen entsprechender Vergleichsdaten aus abgeschlossenen Entwicklungsprojekten kann sie aber leicht auf andere Einsatzbereiche adaptiert werden.

Eine Funktionswertmethode ist bei einem Projekt erst dann anwendbar, wenn alle Produktanforderungen vollständig vorliegen, wenn also die Funktionen des geplanten SW-Anwendersystems klar und vollständig umrissen werden können. In diese funktionale Betrachtung ist das System als Ganzes einzubeziehen; das Beurteilen auf Modul- oder Programmebene würde falsche Ergebnisse bringen. Da die Betrachtung ausschließlich aus der Benutzersicht erfolgen sollte, empfiehlt es sich, die Aufwandsschätzung vom Entwickler und vom Benutzer gemeinsam vorzunehmen.

Prinzip

Basis der Aufwandsschätzung mit der Funktionswertmethode sind nicht produktspezifische Ergebnisdaten eines SW-Programms, wie die Anweisungszahl (kloc) oder die Dokumentationsmenge (DIN-A4-Seiten), sondern die *funktionsbezogene* Bewertung von fünf ausgewählten Funktionsbereichen des geplanten Gesamtsystems unter Berücksichtigung mehrerer Einflußparameter. Der zu schätzende Aufwand hängt damit von dem funktionalen Umfang des SW-Anwendersystems ab und von dessen Schwierigkeitsgrad. Die zu betrachtenden *Funktionsbereiche* sind in Bild 3.34 dargestellt.

Die sich aus den Anforderungen an das geplante SW-Anwendersystem ergebenen Funktionen – auch als »Geschäftsvorfälle« bezeichnet – werden also den folgenden fünf Datengruppen zugeordnet:

▷ Eingabedaten
▷ Ausgabedaten
▷ Abfragedaten
▷ Datenbestände
▷ Referenzdaten.

Ziel der nachstehend beschriebenen Bewertung der einzelnen Funktionsbereiche ist quasi die »Zählung« aller Funktionen, die für das zu realisierende Anwendersystem erforderlich sind. Das zu planende System wird entsprechend den vorgenannten Funktionsbereichen funktional gegliedert und in seine Elementarfunktionen unterteilt. Hierbei tritt die spätere DV-Realisierung völlig in den Hintergrund, so daß allein die Anforderungen aus Benutzersicht von Bedeutung sind. Den jeweiligen Komplexitätsgrad der Funktionen (einfach, mittel, komplex) bewertet man mit einer entsprechenden Gewichtung: Je Funktionsbereich werden die einzelnen Funktionen nach ihrer Schwierigkeit geordnet; diese sich dabei ergebenden Funktionsmengen sind dann mit einem Gewichtungsfaktor zu multiplizieren, der für jeden Komplexitätsgrad und für jeden Funktionsbereich unterschiedlich ist (siehe die weiter unten angegebenen Tabellen). Die Addition der so gebildeten Produkte über alle Funktionsbereiche ergibt dann die *Funktionszahl FZ* des Systems.

$$FZ = \sum_{j=1}^{5} \sum_{i=1}^{3} (FM \times G)_{ji}$$

drei Komplexitätsgrade
fünf Funktionsbereiche

FZ Funktionszahl
FM Funktionsmenge
G Gewicht

Diese Funktionszahl – variiert durch einen *Einflußgrad EG* (degree of influence) – bestimmt schließlich den *Funktionswert F* des Systems, d. h. dessen bewertete »Function Points«. Der Einflußgrad wird aus den Bewertungen mehrerer Einflußparameter, die auf die

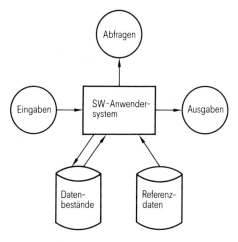

Bild 3.34   Funktionsbereiche

Entwicklung einen wesentlichen Einfluß besitzen, gebildet:

$$EG = C_1 + C_2 \times \sum_{i=1}^{n} E_i.$$

EG Einflußgrad
E_i Einflußfaktor

Hierbei sind C_1 und C_2 Normierungskonstanten. Es ergibt sich damit für den Funktionswert:

$$F = FZ \times EG.$$

F Funktionswert

Der so ermittelte Funktionswert des geplanten Systems wird mit Funktionswerten bereits realisierter Systeme verglichen, für die die Aufwandszahlen vorliegen. Aus diesem Vergleich läßt sich so auf den zu erwartenden Aufwand für das neue System schließen.

Üblicherweise wird auf der Grundlage solcher Vergleichsdaten und mit Hilfe entsprechender statistischer Verfahren eine Kurve abgeleitet, die den Zusammenhang zwischen Funktionswert und Aufwand wiedergibt (Bilder 3.36 und 3.37).

Bewertung der Eingaben

Für das Bewerten des Funktionsbereichs Eingaben werden die einzelnen Dateneingaben gezählt, die in das geplante Anwendersystem gehen. Zu den Dateneingaben gehören z. B.:

— Bildschirmeingaben,
— Eingaben mit Belegleser,
— Lochkarteneingaben,
— Eingaben mit Magnetbändern oder Disketten,
— Eingaben über Magnetplatte,
— Dateneingaben über Schnittstellen.

Zu zählen ist jede Eingabe, die entweder eine eigene Verarbeitung zur Folge hat oder ein eigenes Format besitzt. Transaktionen, wie z. B. Hinzufügen, Modifizieren und Löschen werden daher mehrfach gezählt, auch wenn die Bildschirmmasken gleich aufgebaut sind. Unterschiedliche Benutzer-Menüs sind dagegen als einzelne Eingaben zu zählen. Masken, die sowohl für die Eingabe als auch für die Ausgabe genutzt werden, zählen nur einmal – und zwar als Ausgabe. Allgemein ist festzuhalten, daß alle Eingabefunktionen, die auf dieselbe Verarbeitungslogik zugreifen, nur einmal gezählt werden dürfen.

Die einzelnen Dateneingaben müssen gemäß ihrer Komplexität, d. h. Schwierigkeit, nach Kriterien der Tabelle 3.9 klassifiziert werden.

Tabelle 3.9 Gewichtung der Eingaben

Komplexitätsgrad	Einfach	Mittel	Komplex
Anzahl unterschiedlicher Datenelemente	1 bis 5	6 bis 10	mehr als 10
Eingabeprüfung	formal	formal, logisch	formal, logisch, DB-Zugriff
Anforderungen an die Bedienerführung	gering	normal	hoch
Cursor-Handhabung	einfach	mittel	schwierig
Gewicht	3	4	6

Bewertung der Ausgaben

Alle von dem Anwendersystem erstellten Ausgaben werden als Datenausgaben gezählt. Hierzu gehören z. B.:

— Bildschirmausgaben,
— Listenausgaben,
— Formulardruck,
— Grafiken (z. B. mit Plotter),
— Ausgaben auf Mikrofiche und COM,
— dezentrale Druckerausgaben,
— Ausgaben auf Magnetband oder Diskette,
— Datenausgaben über Schnittstelle.

Tabelle 3.10 Gewichtung der Ausgaben

Komplexitätsgrad	Einfach	Mittel	Komplex
Medium	Liste	Liste	Liste, Formular
Anzahl Spalten	1 bis 6	7 bis 15	mehr als 15
Gruppenwechsel	1	2 bis 3	mehr als 3
Unterschiedliche Datenelemente (bei Schnittstellenausgaben)	1 bis 5	6 bis 10	mehr als 10
Dateizugriffe	wenige	mehrere	viele
Datenelemente druckaufbereiten	keine	einige	viele
Performance-Anforderungen	gering	mittel	hoch
Gewicht	4	5	7

Als jeweils einzelne Datenausgaben zählen alle Dialog- oder Batchausgaben, sobald sich ihre Formate in irgendeiner Form unterscheiden oder aus einer unterschiedlichen Verarbeitung stammen. Auch Fehlerprotokolle werden zu den Ausgabedaten gerechnet und müssen je unterschiedlichen Formats einzeln gezählt werden.

Bei den Ausgabedaten nimmt man die Klassifizierung nach Kriterien gemäß Tabelle 3.10 vor.

Bewertung der Abfragen

Gezählt wird jede Abfrage, die wohl ein Suchen, aber keine Änderung in einem Datenbestand erfordert und deren Ergebnis dem Benutzer am Terminal zur Verfügung steht. Jede unterschiedliche Suchmaske wird daher gezählt; einzelne Abfragen in einer Endbenutzersprache gelten aber nicht als zu zählende Abfrage.

Auch Abfragen, die viele Verarbeitungsschritte zur Folge haben, wie z. B. Zugreifen auf mehrere Daten, Zwischenspeichern, Sortieren etc., fallen nicht in diesen Funktionsbereich, sondern gelten – entsprechend unterteilt – als Dateneingaben bzw. Datenausgaben.

Insbesondere zählen zu den Abfragen:

— Auswahlmasken,
— Abfragemasken,
— Suchmasken.

Zur Klassifizierung werden die in Tabelle 3.11 aufgeführten Kriterien herangezogen.

Bewertung der Datenbestände

Als Datenbestand zählt jeder Bestand, der im Rahmen des Anwendersystems zu pflegen (Update) oder zu sichern (Datensicherung) ist. Es müssen also nicht nur die dem Nutzer direkt zugänglichen, sondern auch die für den gesicherten Ablauf des Systems notwendigen Dateien einzeln gezählt werden; hierbei ist jede logische Datengruppe, die im System verwendet wird, zu zählen.

Beispiele für derartige Datenbestände sind:

— Stammdateien,
— logische Datengruppe in einer Datenbank,
— Sicherungsdateien,
— Ergebnisdateien,
— Abrechnungsdateien,
— Schnittstellendaten.

Temporäre Dateien, wie Zwischenspeicherungsdateien, Sortierdateien und sonstige Hilfsdateien werden nicht gezählt. Bereits existierende Datenbestände sind dabei generell mit dem Komplexitätsgrad »einfach« zu bewerten.

Zur Klassifizierung dienen die in Tabelle 3.12 angegebenen Kriterien.

Tabelle 3.11   Gewichtung der Abfragen

Komplexitätsgrad	Einfach	Mittel	Komplex
Anzahl unterschiedliche Suchbegriffe	1	2	mehr als 2
Logische Eingabeprüfung	leicht	mittel	schwer
Anforderungen an die Bedienerführung	gering	normal	hoch
Cursor-Handhabung	einfach	mittel	schwierig
Gewicht	3	4	6

Tabelle 3.12   Gewichtung der Datenbestände

Komplexitätsgrad	Einfach	Mittel	Komplex
Anzahl unterschiedliche Datenelemente	1 bis 20	21 bis 40	mehr als 40
Anzahl Schlüsselbegriffe/Satzarten	1	2	mehr als 2
Datenbestand vorhanden (keine Neuarchitektur)	ja	–	nein
Implementierte Datenbestandsstruktur wird verändert	nein	ja	–
Gewicht	7	10	15

Tabelle 3.13   Gewichtung der Referenzdaten

Komplexitätsgrad		Einfach	Mittel	Komplex
Anzahl unterschiedliche Datenelemente	R T	1 bis 20 1 bis 5	21 bis 40 6 bis 10	mehr als 40 mehr als 10
Anzahl Schlüsselbegriffe/Satzarten	R	1	2	mehr als 2
Dimension	T	1	2	mehr als 2
Gewicht		5	7	10

3.2.4 Funktionswertmethode

Bewertung der Referenzdaten

Zu den Referenzdaten zählen alle Dateien, die das geplante Anwendersystem als Informationsträger benötigt. Dies sind Dateien, die nicht komplett verarbeitet, sondern nur zum Bereitstellen von Informationen genutzt werden. Referenzdaten sind also Datenbestände, die für andere Anwendungen erstellt wurden und daher einen niedrigeren Integrationsgrad haben. Als solche Referenzdaten sind zu nennen:

— Abfragetabellen (z. B. Fehlerkatalog),
— Dateien nur zum Lesen,
— Steuertabellen,
— Formulardateien.

Gezählt werden nicht die Dateien, die das System selbst für den eigenen Ablauf (z. B. Warteschlangentabellen, Sprungleisten) erstellt.

Die Klassifizierung erfolgt unterschiedlich, je nachdem, ob es sich bei der Referenzdatei um eine »Read-Only«-Datei (R) oder um eine ein- bzw. mehrdimensionale Tabelle (T) handelt (Tabelle 3.13).

Einflußfaktoren

Nach Zählung der Funktionen und der Klassifizierung gemäß den Komplexitätsgraden »einfach«, »mittel« und »komplex« wird das gesamte Aufwandsumfeld des zu entwickelnden Anwendersystems durch entsprechende Einflußfaktoren bestimmt. Diese bewertet man nach folgender Skala:

0   Kein Einfluß
1   Gelegentlicher Einfluß
2   Mäßiger Einfluß
3   Mittlerer Einfluß
4   Bedeutsamer Einfluß
5   Starker Einfluß.

Was als Einflußparameter von Bedeutung ist, hängt letztendlich von der spezifischen Entwicklungsumgebung ab. Deshalb muß neben dem Sammeln einer genügend großen Anzahl abgeschlossener Entwicklungsprojekte, die für den betreffenden Entwicklungsbereich repräsentativ sind, auch ein spezifischer Katalog der relevanten Einflußparameter erstellt werden.

Nachstehend ist – als Beispiel – ein solcher Katalog (Tabelle 3.14) aufgeführt, dessen Parameter im Rahmen von Anwendersoftware-Entwicklungen Einfluß auf die Höhe des Entwicklungsaufwands haben.

Wie der Katalog zeigt, können die Werte der einzelnen Einflußfaktoren auch in einer größeren Spanne als von 0 bis 5 schwanken; dieses ist dann angebracht,

Tabelle 3.14   Einflußparameter-Katalog

	Einflußparameter	Spanne des Einflußfaktors
1	Es besteht eine Verflechtung mit anderen Verfahren.	0 bis 5
2	Verwaltung bzw. Verarbeitung der Daten wird dezentral durchgeführt.	0 bis 5
3	Entwurf und Implementierung werden durch eine hohe Transaktionsrate beeinflußt.	0 bis 5
4	Schwierige und komplexe Rechenoperationen (z. B. Simulationen) werden notwendig sein (doppelte Bewertungsspanne!).	0 bis 10
5	Umfangreiche Kontrollroutinen zum Sicherstellen einer ordnungsgemäßen Verarbeitung der Daten sind notwendig.	0 bis 5
6	Zahlreiche Ausnahmeregelungen in der Anwendung, die technisch und organisatorisch bedingt sind, werden erforderlich sein (doppelte Bewertungsspanne!).	0 bis 10
7	Schwierige, komplexe Logik (z. B. gleichzeitige Verknüpfung von unterschiedlichen logischen Datengruppen) liegt vor.	0 bis 5
8	Prozentualer Anteil der Wiederverwendbarkeit der zu entwickelnden Programme.	bis 10% = 0 10 bis 20% = 1 20 bis 30% = 2 30 bis 40% = 3 40 bis 50% = 4 über 50% = 5
9	Für Datenbestandskonvertierungen sind bei Entwurf und Implementierung besondere Maßnahmen zu ergreifen.	0 bis 5
10	Für den späteren Benutzer sind besondere Erleichterungen für die Bedienung und den Änderungsdienst (z. B. variable Abfragemöglichkeiten, parametergesteuerte Benutzertabellen) vorzusehen.	0 bis 5

wenn der betreffende Einflußparameter von besonderer Bedeutung ist.

Die Summe der hier beschriebenen Einflußbewertungen schwankt zwischen dem Minimalwert 0 und dem Maximalwert 60. Dieser Summenwert wird gemäß der Beziehung

$$\text{Einflußgrad} = 0{,}7 + \left(0{,}01 \times \sum_{1}^{10}(\text{Einflußfaktoren})\right)$$

normiert, so daß sich eine maximale Schwankung von ± 30% ergibt. Mit diesem Einflußgrad wird die oben ermittelte Funktionszahl multipliziert. Das Ergebnis ist dann der Funktionswert (bewertete »Function-Points«):

Funktionswert = Funktionszahl × Einflußgrad.

Bild 3.35 stellt ein Rechenblatt für die manuelle Auswertung dar, welches hier beispielhaft ausgefüllt wurde. Zur vereinfachten Bedienung werden auch PC-unterstützte Hilfsmittel eingesetzt, wie z. B. das Verfahren FPM (siehe Kap. 6.3.3).

Funktionswertkurve

Mit dem Funktionswert kann nun in einer *Funktionswertkurve* der voraussichtliche Aufwandswert für das Realisieren des betrachteten SW-Anwendersystems entnommen werden. Bild 3.36 veranschaulicht eine für den Bereich Anwendersoftware ermittelte Funktionswertkurve, die auf 25 ausgewerteten Projekten basiert. Die Entwicklungsumgebung war hierbei charakterisiert durch

▷ DV-Verfahren für internen Einsatz,
▷ zentrale Projektorganisation,
▷ Programmiersprache PL/1,
▷ sehr gute SW-Technologie (Methoden, Tools) und
▷ durchschnittliche Personalqualifikation.

Eingaben	16	einfach	× 3	= 48
	22	mittel	× 4	= 88
	7	komplex	× 6	= 42
Ausgaben	3	einfach	× 4	= 12
	20	mittel	× 5	=100
	12	komplex	× 7	= 84
Abfragen	2	einfach	× 3	= 6
	5	mittel	× 4	= 20
	1	komplex	× 6	= 6
Datenbestände	–	einfach	× 7	= –
	2	mittel	× 10	= 20
	9	komplex	× 15	=135
Referenzzahlen	–	einfach	× 5	= –
	5	mittel	× 7	= 35
	–	komplex	× 10	= –
Summe (≙ Funktionszahl)			=	596
Einflußfaktoren	1. Verflechtung mit anderen Verfahren		=	1
	2. Dezentrale Datenverwaltung		=	0
	3. Transaktionsrate		=	2
	4. Schwierige Rechenoperationen		=	6
	5. Umfangreiche Kontrollverfahren		=	2
	6. Zahlreiche Ausnahmeregelungen		=	3
	7. Komplexe Logik		=	5
	8. Wiederverwendung in anderen Verfahren		=	0
	9. Datenbestandskonvertierungen		=	0
	10. Benutzerbedienung		=	2
Summe Einflußfaktoren			=	21
Einflußgrad = 0,7 + 0,01 · Σ Einflußfaktoren				=0,91
Funktionswert = Funktionszahl · Einflußgrad				=542

Bild 3.35   Rechenblatt Funktionswertmethode

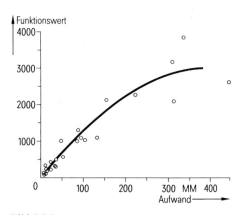

Bild 3.36
Funktionswertkurve für Anwendersoftware-System (Quelle: IBM)

3.2.4 Funktionswertmethode

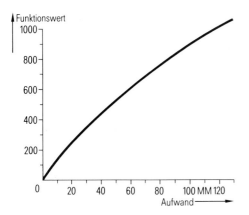

Bild 3.37
Funktionswertkurve für Rationalisierungsverfahren

▷ Funktionsbereiche,
▷ Spanne der Einflußfaktoren,
▷ Einflußparameter sowie
▷ Einflußgrad-Normierung.

In der Praxis hat es sich gezeigt, daß zu einer sinnvollen Methodenanpassung nur geringfügige Änderungen notwendig sind; schon eine entwicklungsspezifische Definition der Einflußparameter reicht häufig völlig aus.

Funktionswertmethode für HW-Entwicklungen

Das Übertragen des Methodenprinzips in funktionsorientierte Vergleichsverfahren zur Aufwandsschätzung bei HW-Entwicklungen ist denkbar. Man muß allerdings eine funktionsumfassende Definition von *Funktionsbereichen* in der spezifischen HW-Entwicklung erreichen. Solche Funktionsbereiche könnten z.B. für eine elektrotechnische Geräteentwicklung sein:

— Steuerwerk,
— Speichereinheit,
— Benutzungsoberfläche,
— Stromversorgung, etc.

HW-Funktionsbereiche sind aber so zu definieren, daß innerhalb dieser Bereiche einzelne Funktionen auch gezählt werden können. Die Klassifizierung nach den drei vorgenannten Komplexitätsgraden könnte man übernehmen, wobei die Kriterien entwicklungsspezifisch formuliert werden müßten. Die zugehörigen Gewichte wären empirisch abzuleiten.

Das Definieren sinnvoller Einflußparameter und das Bestimmen einer HW-Funktionswertkurve wäre dann nur noch eine Sache der Auswertung durchgeführter HW-Entwicklungen.

Bild 3.37 gibt eine Funktionswertkurve wieder, wie sie im Rahmen der Entwicklung von Rationalisierungsverfahren Anwendung findet, allerdings auf Basis anderer Einflußparameter.

Methodenanpassung

Voraussetzung für das Ermitteln solcher Funktionswertkurven ist immer die Analyse abgeschlossener Entwicklungsvorhaben, die für den jeweiligen Bereich repräsentativ sind. Dabei wird einerseits der benötigte Entwicklungsaufwand und andererseits der zugehörige Funktionswert bestimmt. Bei ausreichender Anzahl von Wertepaaren »Aufwand/Funktionswert« ist dann mit einer entsprechenden Mittelung ein aussagefähiger Kurvenverlauf abzuleiten.

Die Gültigkeit derartiger Funktionswertkurven sollte durch Abgleich mit neuen abgeschlossenen Entwicklungsprojekten geprüft und der Kurvenverlauf ggf. auf veränderte Entwicklungsumwelten angepaßt werden. Der laufende Kalibrierungseffekt durch sofortige Aufnahme von Funktionswerten neu abgeschlossener Projekte ist als besonderer Vorteil der Funktionswertmethode hervorzuheben.

Neben dem Kalibrieren einer Funktionswertkurve bietet es sich an, die Methode auch in anderen Teilen an entwicklungsspezifische Gegebenheiten anzupassen. Hierzu zählen die Veränderung der

▷ Gewichtungsfaktoren,
▷ Komplexitätsgrade,
▷ Funktionsklassifikationen,

3.2.5 Verfahren ZKP

Als funktionsorientiertes Kennzahlenverfahren für die SW-Aufwandsschätzung dient seit Jahren das Verfahren ZKP (Zeit-Kosten-Planung), das auf der Faktorenmethode aufbaut.

ZKP benötigt zunächst keine eigenen Erfahrungsdaten, da es Kennzahlen enthält, die bereits von einer repräsentativen Projektmenge abgeleitet worden sind; es ist gut einsetzbar für kleine und mittlere SW-Entwicklungsvorhaben, besonders in der Anwendersoftware-Entwicklung. In bestimmten Fällen kann es auch in der betriebssystemnahen SW-Entwicklung für die Aufwandsschätzung herangezogen werden. Bei SW-Großprojekten entstehen Probleme wegen des nicht leicht berücksichtigbaren Aufwands für den dort gesteigerten Anteil für Projektmanagement, Produktverwaltung und Qualitätssicherung. Im nicht-kommerziellen Bereich der SW-Entwicklung, z. B. für Mikroprogrammierung, sind die vorhandenen Einflußgrößen und die zugehörigen Kennzahlen nicht adäquat.

Voraussetzung für die Anwendung des ZKP-Verfahrens ist das Vorliegen eines genügend detaillierten Feinkonzepts sowie eine vollständige Bausteingliederung des geplanten SW-Programms bzw. -Systems. Die Aufwandsschätzung mit diesem Verfahren umfaßt also nur den Entwicklungsaufwand mit Beginn des DV-Grobkonzepts; die Anfangsphasen für Studie und Systementwurf müssen abgeschlossen sein.

Kennzahlen und Rechenformel

Die zur Verfügung stehenden Kennzahlen des ZKP-Verfahrens sind den folgenden Parametern zugeordnet:

▷ Aufwand für Dateien A_D
▷ Aufwand für Verarbeitung A_V
▷ Einflußfaktor für Problemkenntnisse E_K
▷ Einflußfaktor für Programmiererfahrung E_E
▷ Zuschlagsfaktor für Organisation Z_O
▷ Zuschlagsfaktor für Verlustzeiten Z_{V1}, Z_{V2}
▷ Zuschlagsfaktor für Programmänderung Z_{P1}, Z_{Ps}

Mit Hilfe gewichteter Kennzahlen wird der Programmieraufwand für die Ein-/Ausgabedateien sowie für die Verarbeitungsfunktionen je Programmbaustein (SW-Modul von 1000 bis 1500 Befehlen) ermittelt.

Dieser Grundaufwand kann durch die beiden *Kenntnis-* und *Erfahrungsfaktoren* verringert oder vergrößert werden. Die restlichen drei *Zuschlagsfaktoren* bewirken schließlich eine multiplikative Erhöhung dieses Aufwands.

Als Formel für das Ermitteln des geschätzten Aufwands, gemessen in Mann-Tagen (MT), gilt:

$$A_{ges} = \underbrace{(A_D + A_V)}_{①} \times \underbrace{(E_K + E_E)}_{②} \times \\ \times \underbrace{(1 + Z_O) \times (1 + Z_{V1})}_{③}.$$

① Grundaufwand
② Einflußfaktoren
③ Zuschlagsfaktoren

Für den Fall von *Programmänderungen,* die bei Weiterentwicklungen, größeren Pflegeaufgaben oder Anpassungsarbeiten bei übernommener Software entstehen, ist ein Zusatzaufwand hinzuzurechnen:

$$A_{ges} = (A_D + A_V) \times (E_K + E_E) \times \\ \times ((1 + Z_O) \times (1 + Z_{V1}) + Z_P).$$

Zuschlag für Programmänderungen.

Für die Terminrechnung kann man diesen (Netto-)Aufwand nicht heranziehen, da für die gesamte Entwicklungszeit noch zusätzlich Fehlzeiten, wie Schulung, Urlaub, Krankheit, Fluktuation etc., berücksichtigt werden müssen. Deshalb geht man für die Terminrechnung von folgendem Brutto-Aufwand aus:

$$A_{brutto} = (A_D + A_V) \times (E_K + E_E) \times \\ \times ((1 + Z_O) \times (1 + Z_{V1} + Z_{V2}) + Z_P).$$

Zuschlag bei Terminrechnung
Zuschlag nur bei Programmänderung

Nach Division dieses Bruttoaufwands durch die verfügbare Personalkapazität (in Anzahl Mitarbeiter) erhält man die voraussichtliche Entwicklungszeit (in Tagen).

In Tabelle 3.15 sind die Grenzwerte der einzelnen Faktoren, die den Grundaufwand $(A_D + A_V)$ verringern oder vergrößern, aufgeführt.

Tabelle 3.15 Grenzwerte der ZKP-Einflußfaktoren

Einflußfaktor	minimal	maximal
E_K	0,10	2,00
E_E	0,75	4,00
$1 + Z_O$	1,10	2,50
$1 + Z_{V1}$	1,05	1,30
$1 + Z_{V1} + Z_{V2}$	1,25	1,65
Z_{Pl}	0,50	1,00
Z_{Ps}	0,10	0,30

Parameterbestimmung

Das Bestimmen der einzelnen Parameter wird nachstehend anhand von ZKP-Originaltabellen kurz erläutert; die Schrittangabe bezieht sich auf das Bild 3.38.

Aufwand für Dateien (Schritt 1)

Bezogen auf die in Tabelle 3.16 angegebenen Dateiarten werden die geplanten Ein- und Ausgaben gezählt und mit ihren jeweiligen Gewichten multipliziert. Das Gewicht kennzeichnet den Schwierigkeitsgrad der Dateiart und hängt von der Anzahl der Formate und Datenfelder sowie deren Aufbau (einfach, kompliziert, variabel) ab. Die Summe der so gewichteten Dateianzahlen ergibt dann den Dateiaufwandswert A_D.

Die Positionen »Kriterienbank« und »Terminal-erste Maske« werden natürlich nur einmal gezählt. Bei der Position »Datenbank« ist zu bedenken, daß diese aus mehreren Dateien bestehen kann.

Dieser Zählungsvorgang mit Gewichtung ähnelt der bei der in Kap. 3.2.4 beschriebenen Funktionswertmethode.

Aufwand für Verarbeitung (Schritt 2)

Gemäß der in Tabelle 3.17 angegebenen Aufstellung werden die einzelnen auftretenden Verarbeitungsfunktionen mit einem Größenkriterium für den Aufwand (»Aufwandsstufe«) bewertet. Für die einzelnen Aufwandsarten der Funktionsbereiche

▷ Datenbewegung,
▷ Prüfungen,
▷ Tabellenverarbeitung,
▷ arithmetische Operationen und
▷ Programmsteuerung

ergeben sich Summenwerte, mit denen in einer speziellen Kennzahlentabelle (Tabelle 3.17) fünf Gewichte ermittelt werden. Die Summe dieser Gewichte entspricht dann dem Verarbeitungsaufwandswert A_V. Die in der Tabelle aufgefundenen Gewichte sollten durch getrenntes Einschätzen der o. a. Funktionsbereiche in die Gewichtskategorien gering, mittel und schwer kontrolliert werden.

Tabelle 3.16 Dateiaufwandswert A_D

Datei	Schwierigkeitsgrad	
	ein Format/einfacher Aufbau/wenig Datenfelder	mehrere Formate/komplizierter oder variabler Aufbau/viele Datenfelder
Lochkarte	0,2 bis 0,4	0,5 bis 1,0
Magnetband	0,5 bis 0,9	1,0 bis 1,5
Magnetplatte, sequentiell	0,5 bis 0,9	1,0 bis 1,5
Magnetplatte, indexsequentiell	1,0 bis 1,4	1,5 bis 1,9
Kriterienbank	1,0 bis 1,4	1,5 bis 1,9
Datenbank	1,2 bis 1,9	2,0 bis 2,5
Terminal (Masken mit Maskengenerator)		
– erste Maske	1,0 bis 1,5	–
– Folgemasken	0,1 bis 0,3	–
Listen	0,2 bis 0,9	1,0 bis 1,5

3.2 Aufwandsschätzung

Aufwandsstufe	
Kein Aufwand	0
Aufwand gering	1
Aufwand mittel	2
Aufwand groß	3
Aufwand ungewöhnlich groß	4

Tabelle 3.17   Verarbeitungsaufwandswert A_V

Aufwandsart	Aufwandsstufe	Summe je Aufwandsart
Zwischenbereiche aufbauen		
Löschroutinen von Datenfeldern, Tabellen		
Verdichten von Daten		
Selektieren/ Umformatieren		
Sortierbereiche aufbauen		
Ausgabebereiche aufbauen		
Datenbewegung		
Plausibilitätsprüfungen		
Grenzwertprüfungen		
Formatprüfungen		
Prüfungen		
Tabellen füllen		
Tabellen lesen		
Technik des direkten Zugriffs und damit verbundenes Subskribieren		
Tabellenverarbeitung		
Addition/Subtraktion		
Multiplikation/Division		
weitere Rechenarten		
Arithmetische Operationen		
Aufteilung der Funktionen in Steuer-, Teil- und Unterprogramme		
Gruppenwechsel		
Wiederanlaufroutinen		
Programmverbindungen		
Programmsteuerung		

Summe	Datenbeweg.	Prüfung	Tabellen	Arithm. Operat.	Progr. steuer.	Gewichtskategorie
0	0,10	0,10	0,10	0,10	0,10	gering
1	0,20	0,53	0,70	0,37	0,37	gering
2	0,30	0,96	1,30	0,64	0,64	gering
3	0,40	1,40	1,90	0,90	0,90	gering
4	0,50	1,50	2,00	1,00	1,00	mittel
5	0,64	2,10	2,80	1,47	1,32	mittel
6	0,78	2,70	3,60	1,94	1,64	mittel
7	0,92	3,30	4,40	2,40	1,96	mittel
8	1,06	3,90	4,50	2,50	2,28	mittel
9	1,20	4,00	5,25	3,00	2,60	mittel
10	1,34	4,83	6,00	3,50	2,90	mittel
11	1,48	5,66	6,75	4,00	3,00	schwer
12	1,62	6,50	7,50	4,50	3,38	schwer
13	1,78	–	–	–	3,76	schwer
14	1,90	–	–	–	4,14	schwer
15	2,00	–	–	–	4,52	schwer
16	2,15	–	–	–	4,90	schwer
17	2,30					
18	2,45					
19	2,60					
20	2,75					
21	2,90					
22	3,05					
23	3,20					
24	3,50					

Datenbewegung	
Prüfungen	
Tabellenverarbeitung	
Arithmetische Operationen	
Programmsteuerung	
$A_V =$	

Faktor für Problemkenntnisse (Schritt 3)

Das Verhältnis der bei den Mitarbeitern vorhandenen Problemkenntnisse zu den für die Programmrealisierung erforderlichen Kenntnissen wird mit dem Faktor E_K ausgedrückt; er kann Werte in der Spanne von 0,1 bis 2,0 annehmen. Dies bedeutet – abhängig vom fachlichen Know-how – eine Aufwandsreduzierung um 90% bzw. eine Aufwandsvergrößerung um das Doppelte (Tabelle 3.18).

Faktor für Programmiererfahrung (Schritt 4)

Hier gibt es zwei Varianten für das Bestimmen der speziellen Programmiererfahrung der beteiligten Mitarbeiter. Bei der ersten Variante wird eine Kennzahl abhängig von der durchschnittlichen Anzahl *Praxisjahre* angegeben (Tabelle 3.19).

Bei der zweiten Variante werden die für bestimmte Programmiertätigkeiten erreichten *Fertigkeiten* bewertet. Auch hier betrachtet man bei einer Entwicklungsgruppe den Durchschnittswert der Mitarbeiter.

Tabelle 3.18   Problemkenntnisfaktor E_K

Erforderliche Problemkenntnisse	Vorhandene Problemkenntnisse		
	keine/geringe	einige	viele
geringe	0,75	0,25	0,10
einige	1,25	0,75	0,25
viele	2,00	1,25	0,75

Tabelle 3.19   Programmiererfahrungsfaktor E_E

VARIANTE 1 (PRAXISJAHRE)

Programmierpraxis, auch in Bausteintechnik, Strukturierter Programmierung, Benutzung von Programmierkonventionen	Gewicht
Programmierer (über 2 Jahre Praxis)	0,75 bis 1,50
Programmierer (bis zu 2 Jahren Praxis)	2,00 bis 3,00
Programmier-Anfänger (bis zu 1 Jahr Praxis)	3,50 bis 4,00

VARIANTE 2 (ERREICHTE FERTIGKEIT)

Tätigkeit	Erreichte Fertigkeit				Gewicht	Produkt = Fertigkeit × Gewicht
	hoch = 3	normal = 2	gering = 1	fehlt = 0		
▷ Programmierlogik ausarbeiten					4	
▷ dto. beschreiben					4	
▷ Codieren					3	
▷ Komponenten testen					3	
▷ System testen					4	
▷ Dokumentieren					3	
▷ Hantierungsvorschrift (für RZ) erstellen					1	
					Summe	

Summe in oberer Zeile dieser Tabellen aufsuchen

Summe	0 bis 5	6 bis 11	12 bis 16	17 bis 21	22 bis 25	26 bis 29	30 bis 33
E_E	4,00	3,75	3,50	3,25	3,00	2,75	2,50

Summe	34 bis 36	37 bis 40	41 bis 44	45 bis 49	50 bis 54	55 bis 60	61 bis 66
E_E	2,25	2,00	1,75	1,50	1,25	1,00	0,75

Der bei beiden Varianten ermittelte Faktor E_E kann Werte in der Spanne von 0,75 bis 4,0 annehmen, also zu einer 25% Aufwandsreduzierung bis zu einer vierfachen Aufwandsvergrößerung führen.

Zuschlag für Organisation (Schritt 5)

Aufwandsarten, die durch besondere Aktivitäten im Rahmen der Prozeßorganisation bzw. durch spezielle Vorleistungen auftreten, sind mit einem Organisationszuschlagsfaktor Z_O zu berücksichtigen. Gemäß Tabelle 3.20 wird der entsprechende Prozentsatz ermittelt, der additiv auf den Gesamtaufwand wirkt.

In der Gesamtrechnung nimmt dieser Organisationszuschlag eine Wertespanne von 1,1 bis 2,5 ein; er bewirkt also stets eine Steigerung und zwar von mind. 10% bis zum 2½fachen des Aufwands für den jeweiligen Programmbaustein.

Zuschlag für Verlustzeiten (Schritt 6 und 7)

Mit diesem Zuschlagsfaktor werden die *Störeinflüsse* innerhalb des Projektablaufs in die Aufwandsschätzung einbezogen. Hierbei unterscheidet man zwischen solchen Verlustzeiten, die projektbezogen entstehen und sich auf Aufwand und Zeitdauer auswirken, und solchen, die vom Projekt unabhängig erscheinen und sich nur auf die Projektdauer auswirken. Zu den projektbezogenen Verlustzeiten gehören z. B. Ausfallzeiten des Rechners, Überbelegung der zur Verfügung stehenden Terminals, Präsentationsvorbereitungen sowie (flankierende) Besprechungen und Vorträge, die unmittelbar mit dem Projekt zusammenhängen. Projektunabhängige Verlustzeiten sind dagegen Aus- und Weiterbildungszeiten, Krankheit und Urlaub, Mitarbeit an anderen Projekten, allgemeine Beratungstätigkeiten, Personalwechsel u. ä. Tabelle 3.21 gibt für die Bestimmung der Prozentsätze Werte an.

Diese Zuschlagsfaktoren Z_{V1} und Z_{V2} wirken in der Gesamtrechnung immer aufwands- bzw. zeiterhöhend, d.h. ihre normierten Werte liegen im Bereich 1,05 bis 1,30 bzw. 1,20 bis 1,35 – also 5% bis 30% mehr Aufwand und Zeit wegen projektbezogener Verlustzeiten bzw. 20% bis 35% längere Projektdauern aufgrund projektunabhängiger Verlustzeiten.

Tabelle 3.20
Organisationszuschlagsfaktor Z_O

Aufwandsart	Aufwandsstufe
Phasenorganisation	
Konventionen festlegen	
Einarbeitung in fachl. Grob-/Feinkonzept	
DV-technische Systemanalyse	
Einarbeitung in bestehende SW	
Unvorhergesehene fachliche Änderungen	
Testdaten erstellen	
Unterstützung der Datenübernahme	
Summe	

Summe	0	1 bis 3	4	5 bis 7	8	9 bis 11	12	13 bis 15
Z_O in %	10	11 bis 19	20	21 bis 29	30	31 bis 39	40	41 bis 49

Summe	16	17 bis 19	20	21 bis 23	24	25 bis 27	28	29 bis 32
Z_O in %	50	51 bis 74	75	76 bis 99	100	101 bis 124	125	126 bis 150

Zuschlag für Programmänderungen (Schritt 8)

Mit diesem Zuschlagsfaktor werden besonders SW-technologische Aspekte in die Rechnung einbezogen, wenn man vorhandene Software ändern will – es sich also um eine Modifikationsentwicklung handelt. Entsprechend den beiden Fällen für lineare und strukturierte Programmierung ergeben sich gemäß der Auswahltabelle 3.22 die Prozentwerte für diesen Zuschlagsfaktor Z_P, der in einer Spanne von 50% bis 100% bei linearer Programmierung (Z_{Pl}) und von 10% bis 30% bei strukturierter Programmierung (Z_{Ps}) liegt. Selbstverständlich ist dieser Zuschlagsfaktor bei gut strukturierten Programmen erheblich kleiner; d. h., der Aufwand für eine Modifikation ist geringer.

Zeitaufwand für Verlustzeiten innerhalb des Auftrags

Aufwandsart	Aufwandsstufe
Fehlende Maschinenzeit/Systemausfall	
Keine freien Terminals	
Wartezeit auf Gesprächspartner	
Verwaltung für das Projekt	
Sonstiges für das Projekt (Vorträge, Besprechungen)	
Summe	

Tabelle 3.21
Verlustzeitzuschlagsfaktoren Z_{V1} und Z_{V2}

Summe	0	1 bis 2	3 bis 4	5 bis 6	7 bis 8	9 bis 10	11	12	13	14
Z_{V1} in %	5	6	7	8	9	10	12	14	16	18

Summe	15	16	17	18	19	20
Z_{V1} in %	20	22	24	26	28	30

Zeitaufwand für Verlustzeiten außerhalb des Auftrags
(nur für Terminrechnung)

Aufwandsart	Aufwandsstufe
Schulung (aktiv, passiv)	
Urlaub	
Mitarbeit an anderen Projekten	
Krankheit/Kur	
Personalwechsel	
Summe	

Summe	1 bis 10	11	12	13	14	15	16	17	18	19	20
Z_{V2} in %	20	21,5	23	24,5	26	27,5	29	30,5	32	33,5	35

Tabelle 3.22   Programmänderungszuschlagsfaktoren Z_{Pl} und Z_{Ps}

Aufwandsart	Kriterien	Gewicht	Wert
Dokumentation	gut – mittel – schlecht	2 – 4 – 6	
Auskünfte vom Ersteller/ bisherigen Pfleger	nicht nötig | teilweise erhältlich | nicht erhätlich	0 – 2 – 3	
Tooleinsatz	möglich – teilweise – nicht	1 – 2 – 4	
Aufbau unüblich	nein – teilweise – gänzlich	0 – 1 – 2	
Sprache unüblich	nein – teilweise – gänzlich	0 – 1 – 2	
BS-System/-Version unüblich	nein – teilweise – gänzlich	0 – 2 – 4	
Hardware unüblich	nein – teilweise – gänzlich	0 – 1 – 2	
Redesign erfolgt	nein – teilweise – erheblich	0 – 2 – 4	
Testdaten	vorhanden – teilweise – nicht	0 – 2 – 4	
Fachliches/DV-techn. Problem	leicht – mittel – schwer	2 – 4 – 6	
		Summe	

Alternative	Summe	5	9	13	17	21	25	29	33	37
Fall »linear«	Z_{Pl} in %	50	56	62,5	69	75	81	87,5	94	100
Fall »strukturiert«	Z_{Ps} in %	10	12,5	15	17,5	20	22,5	25	27,5	30

Ergebnisblatt

Das Rechenblatt für die Zeit-Kosten-Planung zeigt Bild 3.38. Zeile 13 gibt das Ergebnis der Terminrechnung wieder und Zeile 14 das Ergebnis der Aufwandsrechnung. Nach Angabe der entsprechenden Stundensätze können schließlich die voraussichtlichen Kosten berechnet werden. Das Ergebnisblatt ist für jeden einzelnen Programmbaustein des geplanten SW-Systems einzeln auszufüllen. Die Summierung aller Einzelergebnisse ergibt dann den gesamten Personalaufwand bzw. die Gesamtkosten des Projekts.

Im unteren Abschnitt des ZKP-Ergebnisblatts können die notwendigen Testkosten durch einen MM-bezogenen Faktor aufgeführt werden, die dann ebenfalls in die Gesamtprojektkosten eingehen. Diese DVA-Aufwandsfaktoren müssen einmal jährlich durch Auswertungen des angefallenen Rechenzeitbedarfs bei den vergangenen SW-Entwicklungen ermittelt bzw. aktualisiert werden.

Vollständige Ausfüllanweisungen für die einzelnen Formulare des ZKP-Verfahrens finden sich in [24]. Hier ist auch eine Kontrollrechnung für den Fall angegeben, daß dem Projektplaner hinsichtlich Organisation und Verlustzeiten genauere Informationen vorliegen.

Einsatzfeld

ZKP zeichnet sich durch leichte Erlernbarkeit aus, weil es ausführliche Auswahltabellen und ein einfach auszufüllendes Ergebnisblatt anwendet. Der Anwender muß allerdings DV-Kenntnisse haben, die fachliche Aufgabe voll durchdrungen haben und über genügend Kenntnisse der organisatorischen Einbettung des Projekts verfügen.

Die Kennzahlen in den o. a. Auswahltabellen sind außerdem an einer ganz bestimmten Entwicklungsumwelt orientiert; sie ist gekennzeichnet durch:

▷ Entwicklung innerhalb eines SW-Prozeßplans,
▷ Programmierung in COBOL,
▷ Ablauf auf Siemens-EDV,
▷ Testbetrieb im Betriebssystem BS 1000 (Closed Shop) oder im Betriebssystem BS 2000 (Dialog).

In einer anderen Entwicklungsumwelt müßten die Kennzahlen durch Auswertung entsprechend vorliegender Erfahrungsdaten auf diese übertragen werden.

Zur Rechnerunterstützung ist für das ZKP-Verfahren das interaktive Tool SCHATZ entwickelt worden (siehe Kap. 6.3.3). Mit diesem Werkzeug können alle notwendigen Angaben entsprechend den vorgenannten Arbeitsschritten maskenorientiert eingegeben werden; die Auswertung und Durchrechnung geschieht dann automatisch. Außerdem wird die gesamte Aufwandsschätzung in einer übersichtlichen Form dokumentiert.

3.2.6 EDB-Verfahren

Wie bereits erwähnt, kann eine Erfahrungsdatenbank (EDB) auch als Vergleichsverfahren zur Aufwandsschätzung genutzt werden. Neben der allgemeinen Erfahrungssicherung (siehe Kap. 5.3.3) kann ein EDB-

Aufwandsschätzung/Ergebnisblatt — Je Baustein

Berechnung des Zeitbedarfs und der Kosten für DV-Grobkonzept, Programmierung und Test
Verrechnungssätze und DV-Faktoren aus Vorbereitungsblatt 1, Ergebnisse aus Schritt 1 – 9 eintragen

I. Personal: Termin-Rechnung, Aufwandsrechnung, Kosten

Baustein:

Zeile	Berechnungsschritte	von Schritt	Faktor		
	Programmierung			Projektname:	
1	Dateien	1		Projekt-Nr.:	
2	Verarbeitung	2		Vermerke:	
3	Problemkenntnisse	3			
4	Programmiererfahrung	4			
5	Zeile 1 und 2 addieren			MT	DM
6	Zeile 3 und 4 addieren				
7	Zeile 5 und 6 multiplizieren		Prozent		
	Organisation				
8	Zeile 7 mal Prozentsatz	5			
	Verlustzeiten		Prozent		
9	Zeile 7 und 8 addieren				
10	Zeile 9 mal Prozentsatz	6			
11	Nur für Termin-Rechnung: Zeile 9 mal Prozentsatz	7			
	Programmänderung				
12	Nur bei Programm-Änderung: Zeile 7 mal Prozentsatz	8			
	Ergebnis der Terminrechnung		Verrechn.-Satz DM		
13	Zeile 9 – 12 addieren				
	Ergebnis der Aufwandsrechnung				
14	Zeile 9, 10 und 12 addieren und mit Verrechnungssatz multiplizieren				
15	Phasenabgrenzung: Zeile 13–14 ./. 9 % = Phase Realisierung 1 (bei Bedarf)		Termin:		
			Aufwand:		

II. DV-Anlage: RZ-Kosten

MT (Zeile 14) dividieren durch 20, ganzzahlig in Spalte MM in Zeile A und/oder B – D eintragen.
Multiplikation von MM mit Faktor und mit Verrechnungssatz (= Spalte DM).

Zeile	Berechnungsschritte	MM	Faktor	MM mal Faktor	Verrechn.-Sätze DM	DM
	Testkosten					
A	BS1000			h		
B	BS2000-LOGON			h		
C	BS2000-CPU			sec		
D	BS2000-PAM-Seiten			S.		
E	Zeile A – D addieren					

III. Gesamtkosten = Zeile 14 (DM) und Zeile E addieren

Erstellt am: durch:

Bild 3.38
Ergebnisblatt ZKP-Verfahren

3.2 Aufwandsschätzung

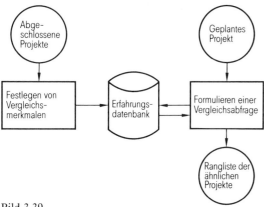

Bild 3.39
Vergleichsabfrage mit einem EDB-Verfahren

Verfahren den Projektplaner beim Bestimmen des voraussichtlichen Aufwands für ein geplantes Projekt anhand vergleichbarer Projekte unterstützen. In einigen Entwicklungsbereichen der Anwender- und Systemprogrammierung sind derartige EDB-Verfahren in unterschiedlichen Ausprägungen bereits realisiert und werden dort teilweise sehr erfolgreich eingesetzt.

Voraussetzung für einen ergiebigen Projektevergleich ist das Vorhandensein einer entsprechend großen und umfassenden Vergleichsbasis, d. h., die Erfahrungsdatenbank muß über genügend viele Daten aus abgeschlossenen Projekten verfügen. Hierzu müssen die verschiedenen Produkt- und Projektdaten ausgewählter Projekte, die eine bestimmte Größe haben und von besonderem Interesse sind, systematisch gesammelt und für den rechnergestützten Vergleich in einem Datenbanksystem entsprechend aufbereitet werden.

Wie Bild 3.39 verdeutlicht, kann in einer Vergleichsabfrage durch einen Koinzidenzvergleich zwischen den Vergleichsmerkmalen der abgeschlossenen Projekte und denen des geplanten Projekts eine Rangliste der »ähnlichsten« Projekte erstellt werden. Ausführliche Projektinformationen über die gefundenen Projekte dienen dann dem Projektplaner als Grundlage beim Bestimmen des Mengengerüsts sowie des voraussichtlichen Aufwands für das geplante Entwicklungsvorhaben.

Vergleichsmerkmale

Ausgangsbasis für die Dateneingabe sind bei einem EDB-Verfahren i. allg. die Projektberichte, die allerdings in ihrer Gesamtheit nicht mit abgespeichert werden. Aus diesen und weiteren Projektunterlagen werden alle projektbeschreibenden Merkmale herausgezogen. Folgende Merkmalsgruppen kann man dabei unterscheiden:

▷ Projekteinordnung,
▷ Aufgaben,
▷ Projektmeßdaten,
▷ Produktmeßdaten,
▷ Einflußgrößen.

Die Merkmale zu den ersten vier Gruppen werden als *verbale* oder *formale* Deskriptoren in das verwendete Datenbanksystem eingegeben. So gehören z. B. zu dem Merkmal Projekteinordnung Begriffe wie Neuentwicklung, Weiterentwicklung, Modifikationsentwicklung, Redesign und Wartung. Zu dem Merkmal Aufgaben zählen bei SW-Projekten Begriffe wie technisch-wissenschaftliches Programm, Stücklistenverfahren, Compiler, Editor etc. Die Projekt- und Produktmeßdaten umfassen u. a. Angaben zum Projektaufwand, zu den Entwicklungskosten, zur Projektdauer, zur Anzahl eingesetzter Mitarbeiter, zu den erbrachten Ergebnisgrößen sowie Angaben zur Produktivität.

Die Merkmale der letzten Gruppe können natürlich auch durch verbale Deskriptoren niedergelegt werden; es bietet sich hier allerdings eine spezielle Methode der Merkmalsverschlüsselung zum Aufbau einer »Indikatorenleiste« an.

Indikatorenleiste

Indikatorenleisten, auch als *Faktorenleisten* bezeichnet, dienen bei einem EDB-Verfahren zur formalen Ähnlichkeitsbestimmung und zur Risikoanalyse; sie enthalten im weitesten Sinne die relevanten Einflußgrößen von Projekten in verschlüsselter Form, d. h., die Ausprägungen der jeweiligen Einflußparameter sind als Ja/Nein-Aussagen bzw. als Auswahlantworten auf entsprechende »Einflußfragen« verfahrensintern in einer Zahlenreihe gespeichert. Mit diesen Indikatorenleisten wird dann eine Ähnlichkeitsbestimmung nach dem Prinzip der größten Übereinstimmung durchgeführt, d. h. die aktuelle Indikatorenbelegung (des geplanten Projekts) wird mit den in der Erfahrungsdatenbank gespeicherten Indikatorenbelegungen verglichen und deren jeweiliger »Abstand« berechnet; dieser ist schließlich Maßstab für die Ähnlichkeit verschiedener Projekte.

Die Indikatorenleiste wird auf der Basis eines für jedes Projekt gesondert zu beantwortenden Fragenkatalogs erstellt, der nach den Ausprägungen der relevanten Einflußparameter fragt. Ein solcher Fragenkatalog kann dabei folgende Fragenkomplexe umfassen:

Qualität der Produktdefinition, z. B.:

▷ Anforderungen nach Richtlinie erstellt?
▷ Anwenderanforderungen unterschrieben?
▷ Anwenderanforderungen geändert?

Umfang und Komplexität der Aufgabe, z. B.:

▷ Anzahl der verschiedenen Datenelemente groß?
▷ Mehrere Fachgebiete umfassend?
▷ Neuartige Lösung notwendig?

Erfahrungsstand der Mitarbeiter, z.B.:

▷ Erfahrung im Fachgebiet?
▷ Erfahrung in der Programmiersprache?
▷ Kenntnisse im Tooleinsatz?

Entwicklungsumgebung, z. B.:

▷ Neue Methoden und Werkzeuge?
▷ »Harmonische« Projektmannschaft?
▷ Unterauftragnehmer vorhanden?

Qualität des Produkts, z. B.:

▷ Besondere Wartungsfreundlichkeit notwendig?
▷ Besondere Benutzerfreundlichkeit gefordert?
▷ Besonderes Zeitverhalten gegeben?

Jede Antwort auf eine Einflußfrage wird mit einem Gewicht versehen, welches – in einer maximalen Spanne von 0 bis 3 – die jeweilige Bedeutung des Merkmals kennzeichnet. Die Gewichte sind so zu vergeben, daß bei höherem Gewicht eine höhere »Problematik« in dem betreffenden Merkmal vorliegt.

Je Fragenkomplex wird das Verhältnis von der Summe der den ausgewählten Ausprägungen (≙ Fra-

Erfahrungsstand der Projektmitarbeiter

▶ Hat das Projekt für jedes Fachgebiet mindestens 1 Mitarbeiter, der das Fachgebiet beherrscht und dessen Probleme aus einem anderen Projekt kennt?
- ja ○ (0)
- nein ○ (3)

▶ Hat das Projekt mindestens 1 Mitarbeiter, der die vorgesehene DV-Architektur beherrscht und deren Probleme aus einem anderen Projekt kennt?
- ja ○ (0)
- nein ○ (3)

▶ Für wieviel einzusetzende Werkzeuge hat das Projekt nicht mindestens 1 Mitarbeiter, der aus anderen Projekten Erfahrungen damit besitzt?
- keines ○ (0)
- 1 ○ (1)
- 2 ○ (2)
- mehr als 2 ○ (3)

▶ Haben mehr als die Hälfte aller Programmierer mindestens 2 Jahre Erfahrung mit der Hauptprogrammiersprache?
- ja ○ (0)
- nein ○ (1)

▶ Hat das Projekt mindestens 1 Mitarbeiter, der die einzusetzende HW aus einem anderen Projekt kennt?
- ja ○ (0)
- falls nein:
  - Die erforderliche Lernzeit dafür liegt unter 3 Wochen ○ (1)
  - Die erforderliche Lernzeit dafür liegt über 3 Wochen ○ (2)

▶ Hat das Projekt mindestens 1 Mitarbeiter, der die einzusetzende SW (z. B. Standard-SW) aus einem anderen Projekt kennt?
- ja ○ (0)
- falls nein:
  - Die erforderliche Lernzeit dafür liegt unter 3 Wochen ○ (1)
  - Die erforderliche Lernzeit dafür liegt über 3 Wochen ○ (2)

▶ Hat das Projekt mindestens 1 Mitarbeiter, der aus einem anderen Projekt Erfahrungen bzgl. der vorgesehenen HW/SW-Konfiguration hat?
- ja ○ (0)
- falls nein:
  - Die erforderliche Lernzeit dafür liegt unter 3 Wochen ○ (1)
  - Die erforderliche Lernzeit dafür liegt über 3 Wochen ○ (2)

Punktsumme: ______

Prozentanteil von 16 Punkten: ______

Bild 3.40
Fragenkatalog für eine Indikatorenleiste (Ausschnitt)

genbeantwortung) zugeordneten Gewichte zur größtmöglichen gesamten Gewichtssumme des Fragenkomplexes gebildet. Dieser als Prozentzahl ausgedrückte Wert wird als *Risikoklasse* bezeichnet und bringt zum Ausdruck, wie risikobehaftet das Projekt war bzw. sein wird – und ermöglicht so auch eine *Risikoanalyse* von Projekten.

$$\text{Risikoklasse in \%} = \frac{\text{Vorhandene Gewichtssumme}}{\text{Größtmögliche Gewichtssumme}} \times 100.$$

Können alle Fragen im positiven bzw. im für das Projekt optimalen Sinn beantwortet werden, so ergibt sich für das »Risiko« der minimale Wert von 0%; im umgekehrten Fall – also bei generell negativer Beantwortung – ergibt sich der maximale Wert von 100% (welcher damit das höchste Risiko für das geplante Projekt ausdrückt).

In Bild 3.40 ist ein Ausschnitt aus einem Fragenkatalog mit dem Fragenkomplex »Erfahrungsstand der Projektmitarbeiter« wiedergegeben, wie er in einem EDB-Verfahren für den Anwendersoftware-Bereich genutzt wurde.

Wie ersichtlich, wird es z. B. als wesentlich kritischer angesehen, wenn kein einziger der Projektmitarbeiter die DV-Architektur beherrscht (Gewicht = 3), als wenn kein einziger die einzusetzende Hardware kennt (Gewicht = 2).

Vergleichsabfrage

Ein erster grober Ähnlichkeitsnachweis wird durch die Angabe beschreibender Merkmale als Deskriptoren in einer Suchfrage erreicht. Hierbei kann man normalerweise alle Retrievalfunktionen des verwendeten Datenbanksystems nutzen – also z. B. das Boolesche Verknüpfen von Suchbegriffen sowie das dialogunterstützte »Browsing«, d. h. das »Herumschnüffeln« in den gespeicherten Informationen zum Finden ähnlicher Entwicklungsprojekte.

Weiterhin kann für das geplante Entwicklungsvorhaben die zugehörige Wertebelegung der Indikatorenleiste festgelegt werden, indem man die einzelnen Einflußfragen beantwortet und die Indikatorenwerte (Gewichte) ermittelt. Mit Hilfe entsprechender algorithmischer Vergleichsroutinen des EDB-Verfahrens werden die gespeicherten Projektobjekte in der Reihenfolge der geringsten Abstände ihrer Indikatorenleisten zu der vorgegebenen Leiste ausgegeben. Der EDB-Benutzer kann nun anhand der ähnlichsten Projekte Analogieschlüsse für das geplante Projekt vornehmen und Aussagen hinsichtlich der unterschiedlichen Projekt- und Produktparameter machen.

Eine Erfahrungsdatenbank, die neben dem deskriptiven Vergleich auch die Möglichkeit des algorithmischen Vergleichs mit Hilfe besonderer Indikatorenleisten enthält, eignet sich also hervorragend zum gezielten *Projektevergleich,* durch den dann Vergleichszahlen für eine Aufwandsschätzung zur Verfügung stehen. Die Effizienz eines solchen Vergleichsverfahrens steigt dabei ganz erheblich mit Anzahl und Aktualität der gespeicherten Projekte; dies erfordert allerdings einen kontinuierlichen Aufbau- und Pflegeaufwand für die Erfahrungsdatenbank.

3.2.7 Prozentsatzmethoden

Aufwandsschätzverfahren, die die Prozentsatzmethode anwenden, zählen eigentlich nicht zu den eigenständigen Verfahren, da sie – ausgehend von vorliegenden Werten, die entweder durch ein anderes Aufwandsschätzverfahren ermittelt wurden oder als Istdaten angefallen sind – nur eine prozentuale *Übertragung* von Aufwandswerten vornehmen.

Es gibt zwei Vorgehensweisen. Bei der ersten Vorgehensweise wird versucht, auf der Basis einer anderen Aufwandsschätzmethode den Aufwand für eine bestimmte Entwicklungsphase – die nicht eine Anfangsphase im Entwicklungsprozeß sein muß – zu schätzen. Der Schätzwert wird dann entsprechend einer vorliegenden Prozentverteilung auf die anderen Phasen übertragen, so daß sich dann durch Aufsummieren der Gesamtaufwand ergibt.

Bei der zweiten Vorgehensweise wird mit der Entwicklung erst einmal begonnen und nach Abschluß der ersten Phase der angefallene Aufwand als Istwert festgestellt; dieser ist dann entsprechend der Prozentverteilung auf die nachfolgenden Phasen zu extrapolieren.

Prozentsatzmethoden unterstützen auf diese Weise auch die Überwachung des Entwicklungsprozesses, da bei Abschluß jeder einzelnen Phase eine zusätzliche Kontrolle der Aufwands- und Zeitdaten möglich ist. Mit dieser Methode läßt sich sehr gut feststellen, ob man im Trend oder außerhalb vom Trend liegt und evtl. besondere Steuerungsmaßnahmen getroffen werden müssen.

Bei Prozeßabläufen, die in häufigen Schleifen und nicht in mehr oder weniger sequentiellen Folgen durchlaufen werden, sind Prozentsatzmethoden zur Aufwandsschätzung allerdings kaum einsetzbar.

Die Prozentsatzmethode erfordert das Vorliegen eines klar definierten Entwicklungsprozeßplans, für dessen einzelne Phasen entsprechende Erfahrungsdaten ermittelt worden sind. Hierfür eignen sich am besten die bekannten Grundgrößen eines Projekts:

▷ Personalaufwand,
▷ Kosten und
▷ Zeitdauer.

Es können also neben phasenorientierten Aufwands- und Kostenverteilungen auch phasenorientierte Aufteilungen des Zeitbedarfs abgeleitet werden.

Phasenorientierte Aufwandsverteilungen

Prozentsatzmethoden sind vornehmlich für die phasenorientierte Aufteilung des Entwicklungsaufwands abgeleitet worden, und hier i. allg. nur für SW-Entwicklungsprozesse, obwohl die Methode auch für die HW-Entwicklung anwendbar ist.

Der Grund für das Fehlen von Prozentwerten für Aufwandsverteilungen in der HW-Entwicklung liegt vor allem darin, daß dort selten – trotz eingeführter HW-Prozeßorganisationen – die Stundenaufschreibungen *phasenbezogen* vorgenommen werden; dieses ist aber Voraussetzung zum Ableiten von Erfahrungswerten für phasenorientierte Aufwandsverteilungen.

Tabelle 3.23 zeigt einige Prozentverteilungen für spezielle SW-Entwicklungen. Wie ersichtlich, hängen die einzelnen Phasenanteile, auch wenn sie in ihrem Inhalt vergleichbar sind, sehr stark vom Typ der SW-Entwicklung ab. So sind für den Test während der Implementierung bei einer kommerziell orientierten Verfahrensentwicklung etwa 25% des Gesamtaufwands anzusetzen; hingegen muß bei einer SW-Entwicklung von privaten Kommunikationsnetzen für die »gleiche« Tätigkeitsart fast 40% des Aufwands veranschlagt werden.

In Tabelle 3.24 sind entsprechende SW-Aufwandsverteilungen aus anderen Firmen aufgeführt. Auch hier sind teilweise beachtliche Unterschiede – bedingt durch die unterschiedlichen Entwicklungsarten – fest-

Tabelle 3.23 SW-Aufwandsverteilungen (interne Beispiele)

Software-Entwicklung für							
Verfahrensentwicklung			Private Kommunikationsnetze		Öffentliche Vermittlungssysteme		Anwendersoftware	
Phase			Phase		Phase		Phase	
ProjVorschlag	Vorstudie	5%	Systementwurf	10%	Analyse	15%	Entwurf	50%
Planungsphase I	Fachliches Grobkonzept	10%						
Planungsphase II	Fachliches Feinkonzept	20%	Programmentwurf und Codierung	37%	Entwurf	28%		
Realisierungsphase I	DV-Grobkonzept	5%			Implementierung	27%	Programmierung	18%
	DV-Feinkonzept	15%						
	Programmierung	10%	Test während Implementierung	38%				
	Test	25%			Verbundtest	15%	Test	32%
Realisierungsphase II	Probebetrieb	10%	Systemintegration und Systemtest	15%	Systemtest	15%		

3.2 Aufwandsschätzung

Tabelle 3.24 SW-Aufwandsverteilungen (externe Beispiele)

Unternehmen 1			Unternehmen 2		Unternehmen 3		Unternehmen 4	
Phase			Phase		Phase		Phase	
Anforderungsdefinition		7,9%	Anforderungsdef.	5%	Pflichtenheft	8%	Voranalyse	5%
Systemdesign	extern	6,3%	Design und Spezifikation	25%	Leistungsbeschreibung	18%	Methoden und Verfahren	18%
	intern	5,8%						
Programmentwicklung	Detailentwurf	11,9%			Schnittst.- u. Datenbeschr.	4%		
			Codierung	10%	Detailspezifikation	16%	Systemspezifikation	27%
	Codierung	13,1%						
	Komponententest	24,3%	Modultest	25%	Codierung und Formaltest	20%	Programmierung	30%
	Integrationstest	13,1%	Integration und Test	25%	Logik- und Integrationstest	21%		
Systemtest und Demonstration		11,6%			Abnahmetest und Produktübergabe	13%	Benutzerorganisation	12%
Benutzerdokumentation		6,0%	Systemtest	10%			Einführung	8%

zustellen. So wird bei den ersten beiden Firmen für alle Testaktivitäten zusammen 50% bis 60% des Gesamtentwicklungsaufwands eingeplant, dagegen bei den beiden übrigen ein erheblich geringerer Anteil.

Wie die Aufwandsverteilungen in den Tabellen verdeutlichen, hängt die phasenorientierte Aufteilung des Entwicklungsaufwands entscheidend

▷ vom Entwicklungsgebiet,
▷ vom Projekttyp und
▷ von der Größe des Entwicklungsvorhabens ab.

Daher hat Boehm im Rahmen des COCOMO-Modells [6] seine Untersuchungen zur Aufwandsverteilung bei SW-Projekten auch abhängig von einem Entwicklungsmodus (einfach, mittelschwer, komplex) und von der Programmgröße vorgenommen. Tabelle 3.25 enthält die hierbei gefundenen Prozentwerte, wobei für die Programmgröße fünf Klassen gebildet worden sind.

Das Festlegen von Aufwandsverteilungen mit Bezug auf entwicklungs-charakterisierende Merkmale hat sich an vielen Stellen bewährt; so werden z. B. auch bei dem in Kap. 6.3.1 erwähnten Verfahren EPOS mehrere solche »Projektmodelle« mit unterschiedlichen Aufwandsverteilungen definiert (siehe Bild 6.32). Bei diesen Projektmodellen, die für kommunikationstechnische Entwicklungen abgeleitet sind, wird zuerst unterschieden, ob es sich um Neu-, Anpassungs- oder Wiederholungsentwicklungen handelt; außerdem wird die Durchdringung mit elektronischen oder mechanischen Entwicklungsanteilen berücksichtigt.

Phasenorientierte Aufteilung des Zeitbedarfs

Die Aufteilung der Zeitdauer für die jeweiligen Phasen ist normalerweise nicht deckungsgleich mit der Aufteilung des Personalaufwands oder auch der Projektkosten, da für die Planung und den Entwurf relativ mehr

Zeit benötigt wird und erst in den Schlußphasen der Implementierung ein relativ höherer Aufwand anfällt, so daß in den Realisierungsphasen meist mehr Personal je Zeiteinheit involviert ist als in den Planungsphasen.

Diese Verschiebung der aufwandsbezogenen und der zeitbezogenen Prozentanteile ist im Bild 3.41 verdeutlicht. Als Beispiel ist hier wieder die SW-Erstellung innerhalb der Entwicklung von Öffentlichen Vermittlungssystemen zugrundegelegt. Allerdings ist die Anteilsverschiebung zwischen Aufwand und Zeit in den Anfangsphasen bei vielen Projekten häufig viel größer als hier gezeigt, da die Projektplanung oft mit zu geringen Ressourcen begonnen wird und erst beim Projektfortschritt – wenn sich bereits terminliche Engpässe abzeichnen – ausreichende Personalkapazität zur Verfügung gestellt wird.

Analog zu den phasenorientierten Aufwands- und Kostenverteilungen innerhalb der COCOMO-Methode wurde für diese auch eine prozentuale Verteilung der Entwicklungszeit auf die Phasen abgeleitet, wiederum unter Berücksichtigung des Entwicklungsmodus und der Programmgröße. Wie aus der Aufstellung in Tabelle 3.26 erkennbar, wurden die Phasen Programmentwurf, Codierung und Einzeltest zu einer Phase – Programmierung – zusammengefaßt.

Tabelle 3.25 Aufwandsverteilung (nach Boehm)

Entwicklungsmodus	Entwicklungsphase	Programmgröße				
		sehr klein	klein	mittel	groß	sehr groß
Einfache SW-Entwicklung	Studie	6	6	6	6	6
	Systementwurf	15	15	15	15	15
	Programmentwurf	25	23	23	22	22
	Codierung/Einzeltest	39	38	35	34	34
	Systeminte-gration/-test	15	18	21	23	23
Mittelschwere SW-Entwicklung	Studie	7	7	7	7	7
	Systementwurf	16	16	16	16	16
	Programmentwurf	25	24	23	22	21
	Codierung/Einzeltest	34	32	31	29	27
	Systeminte-gration/-test	18	21	23	26	29
Komplexe SW-Entwicklung	Studie	7	7	7	7	7
	Systementwurf	17	17	17	17	17
	Programmentwurf	26	25	24	23	22
	Codierung/Einzeltest	30	28	26	24	22
	Systeminte-gration/-test	20	23	26	29	32

Tabelle 3.26 Zeitverteilung (nach Boehm)

Entwicklungsmodus	Entwicklungsphase	Programmgröße				
		sehr klein	klein	mittel	groß	sehr groß
Einfache SW-Entwicklung	Studie	9	10	11	11	
	Systementwurf	17	17	17	17	
	Codierung/Einzeltest	58	53	49	45	
	Systeminte-gration/-test	16	20	23	27	
Mittelschwere SW-Entwicklung	Studie	14	15	17	18	19
	Systementwurf	21	21	22	22	23
	Codierung/Einzeltest	48	44	39	36	32
	Systeminte-gration/-test	17	20	22	24	26
Komplexe SW-Entwicklung	Studie	19	22	24	26	29
	Systementwurf	24	25	26	27	27
	Codierung/Einzeltest	39	34	30	26	23
	Systeminte-gration/-test	18	19	20	21	21

Werte in %   sehr klein   2 kloc   groß   128 kloc
               klein   8 kloc   sehr groß 512 kloc
               mittel   32 kloc

3.2 Aufwandsschätzung

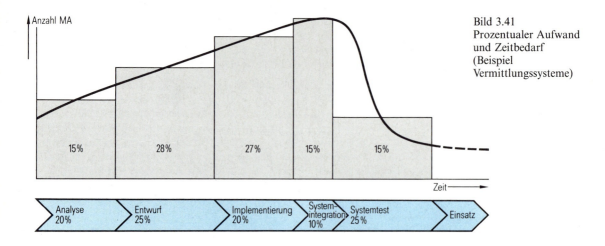

Bild 3.41
Prozentualer Aufwand und Zeitbedarf (Beispiel Vermittlungssysteme)

Sowohl aus den Aufwandsverteilungen (Tabelle 3.25) als auch den Zeitverteilungen (Tabelle 3.26) lassen sich folgende Aussagen ableiten:

▷ Je kleiner und einfacher das Entwicklungsvorhaben ist, desto höher ist der prozentuale Anteil an Zeit und Aufwand für Aktivitäten in den Realisierungsphasen (Programmierung, Integration und Test).
▷ Je größer und komplexer das Entwicklungsvorhaben ist, desto höher ist der prozentuale Anteil an Zeit und Aufwand für Aktivitäten in den Planungsphasen (Studie, Systementwurf).
▷ Die Schwankungsbreiten sind bei der Aufwandsverteilung geringer als bei der Zeitverteilung.

Gemittelte Aufwandsverteilungen

Als grobe Faustregel für die prozentuale Aufteilung des Personalaufwands auf die drei großen Entwicklungsabschnitte Entwurf, Programmierung und Test bei einer SW-Entwicklung ergibt sich in einer Mittelwertbildung über alle wichtigen Prozentsatzmethoden das Zahlentripel 40-20-40. Mit Hilfe einer verbesserten Qualitätsplanung sollte allerdings durch einen vermehrten Aufwand beim Entwerfen künftig ein verringerter Aufwand für das Testen erforderlich sein – Ziel ist hier das Zahlentripel 45-20-35.

Für SW-Entwicklungen ist sicherlich ein entscheidendes Kriterium für eine Mittelwertbildung von verschiedenen Aufwandsverteilungen, inwieweit die zu entwickelnde Software den Charakter einer *Verfahrenssoftware*, einer *Produktsoftware* oder einer *Systemsoftware* hat. Dieses Merkmal ist deshalb auch für die Klassenbildung in der Tabelle 3.27 herangezogen worden; die Tabelle enthält eine grobe Mittelung über die verschiedenen vorliegenden prozentualen Verteilungen mit der Unterscheidung, ob die zu betrachtende Software mehr System-, Produkt- oder Verfahrenscharakter hat. Im Einzelfall können größere Abweichungen von diesen Durchschnittswerten auftreten.

Großer Unsicherheitsfaktor bei dieser Aufwandsschätzmethode ist die in der Praxis ungenaue Abgren-

	derzeit %	angestrebt %
Entwurf	40	45
Programmierung	20	20
Test	40	35

Tabelle 3.27
Gemittelte Aufwandsverteilungen für SW-Entwicklungen

Phase	System-charakter	Produkt-charakter	Verfahrens-charakter
Studie	12	7	10
Systementwurf	18	14	16
Programmentwurf	14	21	20
Codierung	14	19	12
Einzeltest	13	21	19
Systemintegration	15	9	11
Systemtest	14	9	12

zung der einzelnen Entwicklungsphasen, besonders dann, wenn kein Netzplan vorliegt. Das Zuordnen von Arbeitsabschnitten bzw. Arbeitspaketen zu einer Phase ist in vielen Fällen nicht eindeutig möglich. Auch ist häufig die Berücksichtigung von allgemeinen Aktivitäten wie Projektmanagement, Qualitätssicherung und Verwaltungsaufgaben unklar.

Im Rahmen von Restschätzungen, also im fortgeschrittenen Stadium einer Projektrealisierung, kann das Heranziehen prozentualer Aufwands- und Kostenverteilungen, aber auch Zeitverteilungen eine große Unterstützung darstellen; dies allerdings nur, wenn die Entwicklung konsequent nach einem Prozeßplan durchgeführt wird.

Für das Ableiten von Kennzahlen für eine Prozentsatzmethode ist Voraussetzung, daß die Aufwandserfassung, also die Stundenkontierung durch den Entwickler *phasenorientiert* vorgenommen wird, indem man die Stundenangaben jeweils mit dem zutreffenden Phasenkennzeichen versieht. Kann die Phasenkennzeichnung hierbei aus einem Netzplan abgeleitet werden, so sind die ermittelten Prozentverteilungen natürlich wesentlich exakter, als wenn der Entwickler das zutreffende Phasenkennzeichen immer wieder frei auswählen muß.

3.2.8 Expertenbefragungen

Trotz der Bedeutung der analytischen Schätzmethoden und -verfahren ist und bleibt die Schätzung durch den Entwickler die ausschlaggebende Schätzaussage. Aufwands- und Kostenschätzverfahren sollen den Entwickler und den Projektleiter beim Festlegen der Planvorgaben für das Entwicklungsprojekt unterstützen. Es ist also unrichtig, analytische Schätzmethoden und Schätzungen durch Experten als konträr zu werten.

Analytische Schätzmethoden haben ein mehr produktbezogenes Vorgehen, da die Schätzobjekte primär aus der Produktstruktur abgeleitet werden. Expertenbefragungen sind dagegen mehr arbeitspaketbezogen, weil sie bei der Definition von Schätzobjekten hauptsächlich von der Projektstruktur ausgehen. Sind Produkt- und Projektstruktur einander zuordenbar, so ergänzen sich diese beiden Vorgehensweisen in besonderem Maße beim Abgleichen der Schätzergebnisse.

Zum Befragen von Experten gibt es mehrere Möglichkeiten; sie unterscheiden sich in Systematik und Umfang der Einbindung von Experten. Die Formen von Expertenbefragungen sind (Bild 3.42):

▷ Einzelschätzung
▷ Mehrfachbefragung
▷ Delphi-Methode
▷ Schätzklausur.

Bild 3.42 Formen der Expertenbefragungen

Expertenbefragungen stellen – bei Vorhandensein eines ausreichenden Erfahrungsschatzes – für alle Arten von Entwicklungsprojekten eine adäquate Schätzmethode dar; besonders bei »inhomogenen« Entwicklungen, wie bei stark HW- und SW-gemischten Projekten oder bei Vertriebs- und Projektierungsprojekten, sind Expertenbefragungen (in systematisierter Vorgehensweise) häufig der einzige gangbare Weg, um zu gesicherten Schätzwerten zu kommen.

Einzelschätzung

Die Einzelschätzung ist immer noch die häufigste Form einer Expertenbefragung. Bei ihr legt ein einziger Entwickler, Entwicklungsgruppenleiter oder Projektleiter für ein bestimmtes Arbeitsvolumen allein die Schätzwerte hinsichtlich Aufwand, Dauer und Kosten fest. Handelt es sich um einen erfahrenen Fachmann – der bereits mehrere ähnliche Entwicklungsaktivitäten durchgeführt hat – dann haben die vorgeschlagenen Schätzwerte i. allg. eine hohe Genauigkeit. Anderenfalls können die ermittelten Schätzwerte sehr neben dem künftigen Istwert liegen. Gründe hierfür sind:

▷ Mangelnde Fachkenntnisse,
▷ mangelnde Plandurchdringung,
▷ Übersehen von Aufgabenteilen,
▷ vergangenheitsbedingte »Vorurteile«,
▷ Überschätzen der eigenen Produktivität,
▷ Unterschätzen der Schwierigkeiten und
▷ »opportune« Schätzungen.

Die Einzelschätzung leidet naturgemäß an einer gewissen Einseitigkeit beim Bestimmen der einzubeziehenden Randparameter; sie unterliegt keiner Kontrolle auf Richtigkeit.

Mehrfachbefragung

Im Gegensatz zur Einzelschätzung werden bei einer Mehrfachbefragung – vor der endgültigen Abgabe eines abgestimmten Schätzwertes – eine mehr oder weniger große Gruppe von Experten zu Rate gezogen. Die Experten sollten möglichst aus unterschiedlichen organisatorischen Richtungen kommen, um so weitgehend unabhängige Schätzaussagen zum geplanten Vorhaben zu erhalten; sie sollten sich sowohl in ihrem Erfahrungsstand als auch in der ausführenden Tätigkeit voneinander unterscheiden.

Ziel einer Aufwandsschätzung durch eine Mehrfachbefragung ist also, möglichst viele Meinungen von verschiedenen Experten zu den zu schätzenden Entwicklungsobjekten zu erhalten. Mit Hilfe einer Durchschnittsbildung der einzelnen Schätzwerte gelangt man zu einer Art *Repräsentativschätzung,* die meist der (künftigen) »Wahrheit« näherkommt als eine isolierte Einzelschätzung. Mit einer Mehrfachbefragung wird daher fast immer eine Verringerung des Vorhersagefehlers erreicht.

Für die Durchschnittsbildung bieten sich als Möglichkeiten an:

▷ Arithmetischer Mittelwert,
▷ Mittelwert aus Minimal- und Maximalwert,
▷ Arithmetischer Mittelwert ohne Extremwerte.

Im ersten Fall werden alle abgegebenen Schätzwerte gleichwertig behandelt und aus diesen der arithmetische Mittelwert (Summe geteilt durch Anzahl) gebildet. Bei der zweiten Vorgehensweise betrachtet man nur den Minimal- und den Maximalwert und ermittelt aus diesen beiden das Mittel. Im letzten Fall geht man umgekehrt vor; die Extremwerte werden beiseite gelassen und von den übrigbleibenden Werten wird der arithmetische Mittelwert gebildet.

Es kann auch sinnvoll sein, einen »systematischen Fehler« zu berücksichtigen. Ein solcher Fehler kann auftreten, wenn aufgrund von empirischen Untersuchungen erkannt wurde, daß alle Schätzungen z. B. aufgrund eines Nichtbeachtens gewisser Grundleistungen, wie Verwaltung, Projektmanagement, Sonderaufgaben usw. immer wieder um einen bestimmten Wert zu niedrig oder zu hoch lagen; dieser Differenzwert kann dann auf den ermittelten Durchschnittswert pauschal aufgeschlagen werden.

Delphi-Methode

Die Aufwandsschätzung nach der Delphi-Methode basiert auch auf der Befragung mehrerer Experten; allerdings wird hier ein streng systematischer Weg eingeschlagen. Die Delphi-Methode ist eine (personelle) Aufwandsschätzmethode, die in ihrer ersten Form schon sehr früh in den 40er Jahren entwickelt wurde und seitdem in vielen Unternehmen Anwendung gefunden hat.

Es werden folgende Formen unterschieden:

▷ Standard-Delphi-Methode
▷ Breitband-Delphi-Methode.

Bei beiden Methoden führen die einbezogenen Experten ihre Schätzung anonym durch und geben diese anonym ab. Die Breitband-Delphi-Methode – als Erweiterung der Standard-Delphi-Methode – schließt allerdings ein, daß das zusammengefaßte Ergebnis untereinander diskutiert wird.

Standard-Delphi-Methode

Die Ablaufschritte bei der Standard-Delphi-Methode sind:

1. Der Koordinator erläutert jedem Experten einzeln die Entwicklungsaufgabe und händigt ihm ein Schätzformular aus.

2. Die einzelnen Experten füllen getrennt voneinander diese Schätzformulare aus. Hierbei dürfen sie mit dem Koordinator fachlich korrespondieren, aber eine Diskussion zwischen den Experten ist nicht gestattet.

3. Der Koordinator faßt die einzelnen Schätzungen mit Begründungen in einem Formular zusammen, welches den Experten erneut vorgelegt wird.

4. Jeder Experte überarbeitet daraufhin seine eigene Schätzung noch einmal, wieder anonym zu seinen Kollegen.

5. Dieser Prozeß wird solange wiederholt, bis eine ausreichende Annäherung zwischen den einzelnen Schätzungen erreicht worden ist.

6. Der Durchschnittswert der hinreichend angenäherten Schätzwerte stellt schließlich das Schätzergebnis dar.

Breitband-Delphi-Methode

Die Breitband-Delphi-Methode ist dadurch gekennzeichnet, daß zu Beginn und zwischen jeder Interaktion gemeinsame Sitzungen abgehalten werden, in denen die Schätzaufgaben und das Zwischenergebnis der vorausgegangenen Schätzrunde miteinander diskutiert wird.

Folgende Schritte werden bei der Breitband-Delphi-Methode durchlaufen:

1. Der Koordinator erläutert jedem Experten einzeln die Entwicklungsaufgabe und händigt ihm ein Schätzformular aus.

2. Vom Koordinator wird eine Sitzung einberufen, in der die Experten miteinander unter Moderation des Koordinators die zu erstellende Aufwandsschätzung diskutieren.

3. Anschließend füllt jeder Experte getrennt die Schätzformulare aus.

4. Der Koordinator faßt die einzelnen Schätzaussagen in einem Formular zusammen, begründet die Angaben und Unterschiede allerdings nicht. Das Formular wird wieder an alle Experten verteilt.

5. Der Koordinator arrangiert wieder eine Sitzung, in der vor allem die großen Abweichungen einzelner Schätzungen diskutiert werden.

6. Daraufhin überarbeitet jeder Experte seine eigene Schätzung wieder anonym zu seinen Kollegen.

7. Dieser Prozeß wird solange – iterativ – durchlaufen, bis sich eine ausreichende Annäherung der (anonymen) einzelnen Schätzungen ergeben hat.

8. Der aus diesen einzelnen Schätzungen abgeleitete Durchschnittswert stellt schließlich das Schätzergebnis dar.

Als Nachteil ist bei beiden Formen der Delphi-Methode der große Zeitbedarf für das Durchführen der Schätzung zu sehen. Hinzu kommt, daß bei der Standard-Methode die notwendige vollständige Anonymität des beteiligten Experten nicht immer gewahrt bleiben kann.

Schätzklausur

Die Schätzklausur verwendet wie die Delphi-Methode eine streng systematisierte Vorgehensweise. Im Gegensatz zu dieser enthält die Schätzklausur allerdings *gruppendynamische* Aspekte – die Experten schätzen also nicht anonym, sondern gemeinsam in einem *Kollektiv*.

Eine Schätzklausur wird in drei nacheinander ablaufende Abschnitte gegliedert:

▷ Vorbereitung
▷ Durchführung
▷ Nachbereitung.

Vorbereitung

In der Vorbereitung werden die Produkt- und Projektstrukturpläne in ausreichender Detaillierung gemeinsam ausgearbeitet. Hierbei ist besonders auf Vollständigkeit und Konsistenz dieser Strukturpläne zu achten, da diese die Grundlage für die gesamte weitere Schätzung darstellen. Zudem wird die Aufgabenstellung sowie das gemeinsame Vorgehen in den künftigen Klausursitzungen diskutiert.

Im einzelnen müssen im Vorbereitungsabschnitt festgelegt werden:

▷ Größen der zu schätzenden Projektparameter (Aufwandsgröße, Jahresstundenanzahl, Art der Durchschnittsbildung etc.),
▷ Definition der Projektumgebung (Programmiersystem, Testsystem, Werkzeuge etc.),
▷ Protokollwesen der Schätzklausur (Sofort-Protokoll, Dokumentation der Schätzergebnisse etc.),
▷ Entwurf eines Schätzformulars (vorhandenes oder neues).

Durchführung

Der Durchführungsabschnitt umfaßt die eigentliche Schätzung. Ausgangspunkt sind die im Projektstrukturplan definierten einzelnen Arbeitspakete. Um nicht jedes einzelne Arbeitspaket einer eigenen Schätzung unterziehen zu müssen, bietet es sich an, nur einen

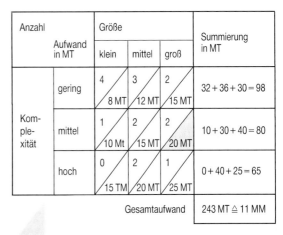

Bild 3.43 Referenzmatrix für Schätzklausur

Referenzkomplex einer detaillierten fachlichen Untersuchung und einer genauen Aufwandsschätzung zu unterziehen und dieses Einzelergebnis durch Analogieschluß auf die anderen Projektteile zu übertragen. Diese *Bottom-up-Vorgehensweise* läuft in folgenden Schritten ab:

1. Das System wird in Komplexe gegliedert und nach Größe und Komplexität zu Gruppen geordnet (siehe Bild 3.43).
2. Ein ausgewählter Referenzkomplex wird mit großer Genauigkeit geschätzt.
3. Die Aufwände der anderen (acht) Komplexgruppen werden unter Bezug auf den Referenzkomplex geschätzt (Mehr- bzw. Minderaufwand).
4. Die entsprechende Multiplikation der jeweiligen Komplexanzahl mit dem zugehörigen Aufwandswert und die anschließende Addition ergibt den Gesamtaufwand des Vorhabens.

Mit dem Durchführen der Schätzklausur sind neben dem Moderator und Protokollführer der Projektleiter sowie mehrere Experten als Schätzer betraut. Bei den Experten sollte möglichst die Hälfte projektneutral ausgewählt sein.

Liegen die Einzelschätzwerte sehr weit auseinander, so müssen zwischen den betreffenden Schätzern in Rede und Gegenrede die Gründe für die abgegebenen Schätzungen dargelegt werden. So läßt sich feststellen, an welchen Punkten eventuell von unterschiedlichen Annahmen ausgegangen worden ist. Abweichend von der Delphi-Methode läuft die anschließende Überarbeitung der individuellen Schätzungen nicht anonym, sondern offen ab. Aber auch hier wird versucht, in mehreren Interaktionen – die vielleicht mit einer zusätzlichen Detaillierung der Arbeitspakete einhergehen – eine hinreichende Annäherung der Einzelschätzwerte zu erreichen. Mit einer entsprechenden Durchschnittsbildung einigt man sich schließlich auf einen gemeinsamen Schätzwert.

Nachbereitung

In der Nachbereitung wird eine erste grobe Projektplanung zum Nachweis der Machbarkeit des Projekts erstellt. Das Ergebnis dieses Nachbereitungsabschnitts ist etwa einem Projektvorschlag gleichzustellen. Hierbei gibt es folgende Schritte:

1. Die arbeitspaketorientierten Aufwandsschätzwerte werden den Funktionsbereichen und Entwicklungsphasen zugeordnet.
2. Die vorliegende Aufwandsschätzung wird mit Hilfe anderer Verfahren, wie algorithmische Vergleichs- oder Kennzahlverfahren plausibilitiert.
3. Die Arbeitspakete werden in einen Balkenplan oder einen Grobnetzplan eingeordnet.
4. Die Einsatzmittel (Personen, Maschinen, Geldmittel) werden entsprechend eingeplant.
5. Eine Risikobewertung wird durchgeführt.

Nach einer Schätzklausur können die geschätzten Aufwandswerte mit den entsprechenden Verrechnungssätzen bewertet werden und in eine Projektkalkulation (Vorkalkulation) einfließen.

Eine konsequent durchgeführte Schätzklausur ist relativ aufwendig. Als Durchschnittswerte haben sich hierbei für Projekte in einer Größenordnung von 20 bis 50 MJ folgende Werte ergeben:

für Vorbereitung: 5 Tage à 2 MA = 10 MT
für Durchführung: 2 Tage à 5 MA = 10 MT
für Nachbereitung: 3 Tage à 2 MA = 6 MT.

Hieraus ergibt sich also ein Gesamtaufwand von etwa 26 MT.

Neben dem Finden eines »treffsicheren« Schätzergebnisses hat diese Form der Expertenbefragung aber noch einige weitere Vorteile, die mehr unter dem *gruppendynamischen* Aspekt gesehen werden müssen:

▷ Alle Produkt- und Projektprobleme werden gemeinsam herausgearbeitet, d.h. alle Eventualitäten werden offen durchgespielt.

▷ Es wird eine gemeinsame Definitionsbasis für Produkt und Projekt erarbeitet, hinter der später alle stehen.

▷ Planaufwand und voraussichtliche Projektdauer werden gemeinsam und nachvollziehbar ermittelt, so daß man diese Planangaben später auch gemeinsam trägt.

▷ Management und Projektteam erhalten die innere Sicherheit für die Machbarkeit des Projekts.

Eine Aufwandsschätzung nach dem Prinzip der Schätzklausur birgt aufgrund der »Face-to-Face«-Diskussion allerdings auch die Gefahr des Mitläufereffekts in sich. Ist nämlich der Moderator bzw. der Projektleiter in der Klausursitzung zu dominant, so kann durch ihn ein das Schätzergebnis verfälschender Einfluß nicht ausgeschlossen werden.

Gegenüberstellung der Formen von Expertenbefragungen

Tabelle 3.28 bringt eine Gegenüberstellung der Formen von Expertenbefragungen mit Vor- und Nachteilen sowie Einsatzschwerpunkten.

Tabelle 3.28
Gegenüberstellung der Formen von Expertenbefragungen

Form der Expertenbefragung Merkmal	Einzelschätzung	Mehrfachbefragung	Delphi-Methode	Schätzklausur
Genauigkeit des Schätzergebnisses	ungenau	genau	sehr genau	sehr genau
Aufwand für Schätzung	gering	mittel	groß	sehr groß
Zeitdauer für Schätzung	gering	mittel	groß	sehr groß
Anonymität der einzelnen Schätzung	–	ja	ja	nein
Kommunikation zwischen den Experten	–	nein	teils	ja
Mitläufereffekt	–	nein	kaum	ja
Identifikation mit Schätzergebnis	eventuell	gering	mittel	groß
Sinnvoller Einsatz	Kleine Projekte	Mittlere Projekte	Große Projekte	Große Projekte

3.3 Netzplantechnik

Die Netzplantechnik (NPT) als Hilfsmittel zum Analysieren, Beschreiben, Planen, Kontrollieren und Steuern von Projektabläufen stellt eine bewährte Methode für das Projektmanagement dar. Bereits in den frühen 50er Jahren sind die ersten DV-unterstützten Verfahren entstanden. Bei Projekten, bei denen zahlreiche Mitarbeiter mehrerer Abteilungen über eine lange Projektdauer mit der Ausrichtung auf ein einziges gemeinsames Projektziel koordiniert und gesteuert werden müssen, hat sich die Netzplantechnik als die einzige Möglichkeit gezeigt, Termine, Aufwände, Kosten und Einsatzmittel vernünftig zu planen und zu überwachen.

Heutige Entwicklungsprojekte im Bereich der Elektrotechnik zeichnen sich bekanntlich durch eine hohe Innovationsrate aus. Die Projekte nehmen an Komplexität zu und erreichen teilweise sehr große Dimensionen im Entwicklungsaufwand, wie es sich z. B. bei digitalen Vermittlungssystemen oder Megabit-Speicherchips zeigt. Die Vielfalt der hierbei zu beherrschenden HW- und SW-Technologien erfordert eine verstärkte Spezialisierung der Entwickler und damit eine weitere Arbeitsteilung im Entwicklungsbereich. Wegen der anhaltenden Innovation steigt aber auch der Termindruck für die Entwicklung; ein Jahr zu spät am Markt kann den Mißerfolg des Produkts bedeuten. In vielen Produktbereichen gilt da nicht mehr der alte Satz: als zweiter gestartet und als erster durch's Ziel gegangen. Wie Untersuchungen von Mc Kinsey auch zeigen, erhält rechtzeitige Fertigstellung einer Produktentwicklung einen viel größeren Stellenwert als bisher.

Untersucht man die Gründe für die immer wieder auftretenden, z. T. beachtlichen Termin- und Kostenüberschreitungen, so stellt man sehr häufig fest, daß die Netzplantechnik nicht oder nur mangelhaft angewendet wurde. Selbstverständlich gewährleistet das Anwenden der Netzplantechnik nicht automatisch den Projekterfolg; sie versteht sich nur als Werkzeug des Projektmanagements; denn ein guter Projektleiter kann durch keine Methode und durch kein DV-Verfahren ersetzt werden. Ein Netzplan, der unvollständig ist oder falsche Angaben enthält, der nicht lesbar ist und zu falschen Interpretationen führt, der nicht aktuell ist und damit nicht mehr das wirkliche Projektgeschehen widerspiegelt, verliert zwangsläufig seine Aussagekraft für die Projektleitung.

Die Netzplantechnik ist in all ihren Methodenausprägungen universell einsetzbar, unabhängig von der

Größe des Projekts, von der Dauer, von der Anzahl der Projektbeteiligten und auch unabhängig von dem Projektinhalt. Einsatzfälle findet man in allen Bereichen des Bauwesens, des Maschinen- und Anlagenbaus, der chemischen und elektrotechnischen Industrie. Zusammenfassend läßt sich festhalten:

▷ Die Netzplantechnik zwingt zur systematischen Aufgabengliederung des gesamten Projektvolumens.
▷ Die Netzplantechnik ermöglicht eine vollständige und konsistente Beschreibung des Projektgeschehens.
▷ Mit der Netzplantechnik wird eine transparente Darstellung des Projektablaufs erreicht.
▷ Mit Hilfe der Netzplantechnik können Engpässe hinsichtlich Termine, Kosten und Einsatzmittel rechtzeitig erkannt werden.
▷ Die Netzplantechnik fördert die Zusammenarbeit der beteiligten Enwicklungsstellen.

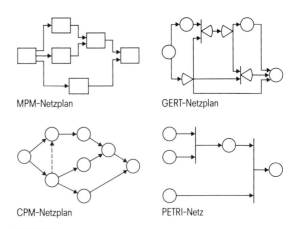

Bild 3.44
Formale Elemente eines Netzplans
links: deterministische Netzpläne
rechts: Entscheidungsnetzpläne

3.3.1 Methodenüberblick

Die Netzplanmethoden lassen sich nach unterschiedlichen Aspekten einteilen. Eine ablaufbezogene Unterscheidung ist die folgende:

▷ Methoden für deterministische Projektabläufe
▷ Methoden für stochastische Projektabläufe.

Bei Netzplanmethoden, die *deterministische* Projektabläufe beschreiben, sind die Abläufe vorherbestimmbar, d.h. alle im Netzplan dargestellten Wege werden zur Realisierung des Projekts durchlaufen. Zu dieser Methodengruppe gehören CPM, PERT und MPM.

Die zweite Methodengruppe umfaßt Netzplanmethoden für Projekte, die über *probabilistische* bzw. *stochastische* Ablaufstrukturen verfügen. In diesen Strukturen können bei den Ereignissen bzw. Vorgängen – abhängig von Wahrscheinlichkeitswerten – mehrere Möglichkeiten für den weiteren Projektablauf ausgewählt werden. Bei der Projektdurchführung sind daher nicht alle Wege – wie bei einem deterministischen Projektablauf – zu durchlaufen, sondern es können einige Zweige ausgelassen werden. Einen solchen Netzplan bezeichnet man als *Entscheidungsnetzplan* (EPT).

Beispiele für solche Entscheidungsnetzplantechniken (ENPT) sind die Methoden GERT (Graphical Evaluation and Review Technique) und GAN (Generalized Activity Networks) sowie die Evaluationsnetztechnik auf Basis der Petri-Netze.

Für technische und betriebliche Abläufe haben sich die determinierten Zeitmodelle durchgesetzt.

In Bild 3.44 sind die formalen Elemente einiger dieser Netzplanformen dargestellt.

Elemente eines Netzplans

Die Elemente eines Netzplans sind:

▷ Vorgänge
▷ Ereignisse und
▷ Anordnungsbeziehungen (AOB).

Ein Vorgang stellt ein »zeiterforderndes« *Geschehen* im Projektablauf dar, welches über einen definierten Anfang und über ein definiertes Ende verfügt. Ein Ereignis kennzeichnet demgegenüber einen definierten und damit beschreibbaren *Zustand* im Projektablauf. Anordnungsbeziehungen stellen darüber hinaus die personellen, fachlichen und terminlichen Abhängigkeiten zwischen den einzelnen Vorgängen her.

Gemäß den beiden möglichen funktionalen Elementen »Ereignis« und »Vorgang« kann man die unterschiedlichen Netzplanmethoden zusätzlich unterteilen in:

▷ Ereignisorientierte Netzplanmethoden und
▷ vorgangsorientierte Netzplanmethoden.

3.3.1 Methodenüberblick

Die formalen Darstellungssymbole in einem Netzplan sind – wie Bild 3.44 zeigt – Rechtecke, Kreise (auch Ovale) und Pfeile:

▷ Rechtecke und Kreise dienen als Verknüpfungselemente und werden als *Knoten* bezeichnet.
▷ Pfeile sind die Verbindungselemente zwischen den Knoten.

Die Vorgänge können nun sowohl den Knoten als auch den Pfeilen zugeordnet werden; Ereignisse sind dagegen nur als Knoten darstellbar.

Darstellungsformen deterministischer Netzpläne

Entsprechend diesen Möglichkeiten der Zuordnungen von Netzplanelementen zu Darstellungssymbolen unterscheidet man bei der Netzplandarstellung drei Formen:

▷ Ereignisknoten-Netzplan (EKN)
▷ Vorgangsknoten-Netzplan (VKN)
▷ Vorgangspfeil-Netzplan (VPN).

Bei einem Ereignisknoten-Netzplan werden vorwiegend *Ereignisse* beschrieben und als Knoten eines Netzes dargestellt. Die Verbindungspfeile dieser Knoten stellen die Tätigkeiten dar, die notwendig sind, um von dem einen Ereignis zu dem anderen zu gelangen. Die Pfeile kennzeichnen also die Zeitabstände zwischen jeweils zwei Ereignissen. Das bekannteste EKN-Verfahren ist PERT (Program Evaluation and Review Technique); es ist in Kap. 3.3.3 näher erläutert.

In einem Vorgangsknoten-Netzplan werden vorwiegend *Vorgänge* beschrieben und als *Knoten* dargestellt.

Eine wesentliche Erweiterung entsteht durch Einbeziehen der logischen Abhängigkeiten, indem die Verbindungspfeile der Knoten die Anordnungsbeziehungen für die Vorgänge bestimmen. MPM (Metra Potential Method) ist in Kap. 3.3.4 beschrieben. Da es das verbreiteste VKN-Verfahren im europäischen Bereich ist, wird die Methode MPM in allen folgenden Kapiteln bei netzplanbezogenen Beschreibungen herangezogen.

Beim Vorgangspfeil-Netzplan werden – wie beim VKN – vorwiegend *Vorgänge* beschrieben; diese sind aber *als Pfeile* in dem Netz dargestellt. Eine Anordnungsbeziehung zwischen Ende und Anfang von zwei aufeinanderfolgenden Vorgängen ist wegen der unmittelbaren Abhängigkeit nicht darstellbar. Die Knoten fungieren damit als Ereignisse. CPM (Critical Path Method) ist hierfür die bekannteste Methode, auf welche im Kap. 3.3.2 näher eingegangen wird.

Bild 3.45 stellt diese drei Netzplanarten in ihren Grundelementen gegenüber.

Neben den Netzplanmethoden PERT, MPM und CPM gibt es noch eine große Anzahl hiervon abgeleiteter Methoden.

Die Netzplanmethoden PDM (Precedence Diagramming Method) und PPS (Projekt-Planungs- und Steuerungssystem) sind vom MPM abgeleitet. PDM wird vor allem in IBM-Rechenprogrammen verwendet. PPS, das die VKN-, VPN- und EKN-Methoden umfaßt, wird besonders im raum- und luftfahrttechnischen Bereich eingesetzt. PROJACS (Project Analysis and Control System) ist ein modernes, von IBM entwickeltes PM-Verfahren, welches mit Vorgangsknoten- und Vorgangspfeil-Netzplänen arbeitet.

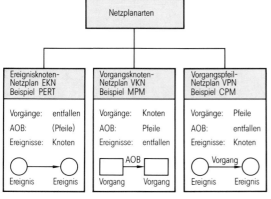

Bild 3.45   Netzplanarten

Entscheidungsnetzpläne

Entscheidungsnetzplantechniken wendet man an, wenn der Projektablauf nicht eindeutig festgelegt, sondern das Projektziel auf mehreren unterschiedlichen Wegen erreicht werden kann. Hängt nämlich das weitere Vorgehen bei einem erreichten Projektzustand von bestimmten äußeren Einflüssen ab, so ist ein deterministischer Ablauf nicht mehr gegeben. Dies ist. z. B. der Fall, wenn wechselnde Markteinflüsse (Ergebnisse von Meinungsumfragen, politische, wirtschaftliche oder technologische Veränderungen, etc.) in den Projektablauf so einbezogen werden müssen, daß z. B. aufgrund der aktuell vorliegenden Marktsituation alternative Wege zu beschreiben sind.

Entscheidungsnetzplantechniken haben gegenüber den anderen Netzplantechniken folgende zusätzliche Möglichkeiten:

▷ Logische Verknüpfung von Vorgängen,
▷ Entscheidungsweichen für alternative Abläufe,
▷ Schleifenbildung von Vorgängen,
▷ Berücksichtigung von Wahrscheinlichkeitswerten und Zufallsvariablen im Netzplanablauf.

Ein Entscheidungsnetzplan wird damit auf einem nicht vorher bestimmbaren Weg durchlaufen. Bei wiederholtem Durchlauf können sich also unterschiedliche Vorgangsabläufe ergeben.

Ähnlich wie bei den deterministischen Netzplantechniken ist bei den Entscheidungsnetzen auch eine Unterscheidung nach Entscheidungs*ereignissen* und Entscheidungs*vorgängen* möglich.

Das bekannteste Verfahren, welches mit Entscheidungsereignissen arbeitet, ist das bereits erwähnte Verfahren GERT, bei dem die Pfeile den Vorgängen und die Knoten den Ereignissen entsprechen. Sowohl für den Eingang als auch für den Ausgang eines Knotens kann eine Entscheidungsmöglichkeit bestimmt werden. Für den Ausgang ist hierbei eine deterministische oder eine probabilistische Auswahl möglich; für den Eingang sind disjunktive und konjunktive Auswahlen erlaubt. Bild 3.46 zeigt alle möglichen Ereignisvarianten eines GERT-Netzplans.

Stochastische Projektabläufe können aber auch mit Vorgangsknoten-Entscheidungsnetzen dargestellt werden. Diese Netze enthalten neben normalen (deterministischen) Vorgängen auch Entscheidungsvorgänge, die aufgrund ihres eigenen Ergebnisses den weiteren Ablauf steuern. Ein Entscheidungsvorgang bestimmt also selbst, welcher Nachfolger als nächster durchgeführt werden soll.

Vor allem bei Forschungs- und Marketingprojekten sind stochastische Ablaufstrukturen vorherrschend, so daß hier die Anwendung von Netzplantechniken wünschenswert wäre, die alternative Abfolgen zulassen. Die schwere Handhabbarkeit von Entscheidungsnetzen steht aber einer größeren Verbreitung dieser Form von Netzplantechnik noch entgegen.

Die Nutzung von Entscheidungsnetzen hat allerdings einen erneuten Anstoß aus der Informatik erhalten. Abgeleitet von den Petri-Netzen werden dort sogenannte *Evaluationsnetze* definiert; diese ermöglichen im Rahmen der Petri-Netztechnologie das einfache und elegante Beschreiben stochastischer Abläufe. Mit Hilfe der bekannten Petri-Entscheidungsprozeduren (Zustände, Transitionen) können komplexe, ablauflogische Zusammenhänge dargestellt werden, ohne daß komplizierte Darstellungssymbole, wie z. B. bei einem GERT-Netz, zu erfinden sind. Inwieweit allerdings solche Evaluationsnetze einer rechnerunterstützten Termindurchrechnung und Einsatzmittelberechnung zugänglich gemacht werden können, muß die künftige Entwicklung auf diesem Gebiet noch zeigen.

3.3.2 Vorgangspfeil-Netzplan (CPM)

Die Netzplanmethode CPM (Critical Path Method) hat wohl als erste, basierend auf einem Vorgangspfeil-Netzplan (VPN), breiteren Einsatz gefunden; sie wurde 1957 in den USA gemeinsam vom Chemiekonzern E.I. du Pont de Nemours & Co. und der Sperry Rand Corporation entwickelt. Anfänglich wurde sie hauptsächlich für die Planung von Investitionsvorhaben und Wartungsarbeiten eingesetzt. 1961 entstanden weitere CPM-Varianten, so die Verfahren CPS (Critical Path Scheduling) und CPPS (Critical Path Planning und Scheduling) bzw. für eine integrierte Kosten- und Zeitplanung das Verfahren LESS (Least Cost Estimating and Scheduling).

Die Netzplanmethode CPM ist im angelsächsischen Bereich, besonders in den USA, sehr verbreitet; so werden z. B. alle Netzpläne in der Luft- und Raumfahrttechnik dort mit CPM-Verfahren erstellt.

Netzplanelemente

Der CPM-Netzplan stellt einen vorgangsorientierten Netzplan dar. Die Tätigkeiten sind jeweils durch einen Pfeil symbolisiert. Die Abhängigkeiten zwischen diesen Vorgangspfeilen werden nicht gesondert ausgewiesen, da Ende und Anfang eines Pfeils unmittelbar

Eingang / Ausgang	UND	Incl. ODER	Excl. ODER
Deterministisch	)	○	◯	◇
Probabilistisch	⟩	○	◇	◇

Bild 3.46   Ereignisvarianten eines GERT-Netzplans

3.3.2 Vorgangspfeil-Netzplan (CPM)

aufeinanderfolgen. Bei CPM wird vorausgesetzt, daß die Vorgänge lückenlos aufeinanderfolgen, also keine zeitlichen Überlappungen möglich sind. Der Pfeil übernimmt damit auch die Information der Anordnungsbeziehungen, die immer Ende-Anfang-Beziehungen sind. Jeder Vorgangspfeil wird von zwei Knoten eingegrenzt, welche die Funktion von Ereignissen haben. Hierbei können folgende Knotenformen unterschieden werden:

▷ Anfangsknoten
▷ Endknoten
▷ Startknoten
▷ Zielknoten
▷ Sammelknoten
▷ Verzweigungsknoten

Anfangsknoten und Endknoten begrenzen einen normalen Vorgangspfeil. Bei einem Startknoten mündet kein Vorgangspfeil ein, und von einem Zielknoten geht kein Vorgangspfeil mehr weiter. In einen Sammelknoten münden mehrere Vorgangspfeile ein, und aus einem Verzweigungsknoten treten mehrere Vorgangspfeile aus. Die Knoten kennzeichnen die Anfangs- und Endergebnisse von Tätigkeitsabläufen und haben den Charakter von Meilensteinen. Daher wird die CPM-Netzplandarstellung gerne bei Meilensteinabläufen verwendet.

Netzplandarstellung

In Bild 3.47 ist ein Beispiel für ein Vorgangspfeilnetz gezeigt. Die Benennungen der Vorgänge werden üblicherweise oberhalb der Pfeile und die Vorgangsdauern unterhalb der Pfeile eingetragen. Die einzelnen als Kreise dargestellten Knoten werden durchnumeriert, so daß jeder Vorgang eindeutig durch das Nummernpaar der beiden begrenzenden Knoten identifizierbar ist. Eine gesonderte Vorgangsnummerierung erübrigt sich damit.

Weiterhin sind in den Knotenkreisen die Frühest- und Spättesttermine für die Vorgänge aufgenommen. Entsprechend einer *Vorwärts-* und *Rückwärtsrechnung* (siehe Kap. 3.3.5) ergeben sich die Pufferwerte. In der Vorwärtsrechnung werden alle Frühesttermine durch schrittweises Aufaddieren der Vorgangsdauern bestimmt. Ausgehend von dem dabei ermittelten Endtermin werden bei der Rückwärtsrechnung durch schrittweises Subtrahieren die Spättesttermine der einzelnen Vorgänge errechnet. Die Differenz aus Frühesttermin und Spättesttermin bildet jeweils den Zeitpuffer eines Vorgangs. Die von Projektanfang bis zum Projektende durchgehende Vorgangskette, die nur Vorgänge mit einem Puffer von Null enthält, kennzeichnet den »kritischen Pfad«. Terminverschiebungen von Vorgängen, die auf dem kritischen Pfad lie-

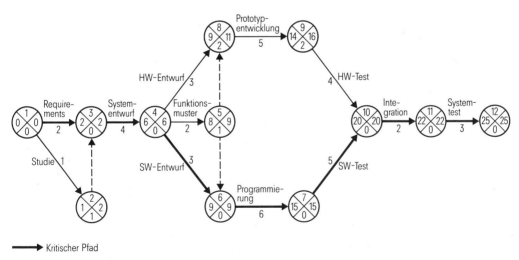

(Termine entsprechen Zeitpunkten)

Bild 3.47   CPM-Netzplan

gen, wirken sich voll auf den Endtermin des Gesamtprojekts aus.

Einen Sonderfall stellen in einem Vorgangspfeil-Netzplan die *Scheinvorgänge* dar. Scheinvorgangspfeile – häufig als gestrichelte Pfeile gezeichnet – sind Vorgänge mit einer Dauer Null und dienen – in Ermangelung einer expliziten Darstellungsmöglichkeit von Anordnungsbeziehungen – zur Zeitsynchronisation der Anfangs- bzw. Endknoten von Vorgangspfeilen. Durch das Einführen von Scheinvorgängen (siehe Beispiel Vorgang 2–3 im Bild 3.47) können parallellaufende Aktivitäten in ihrem Anfang oder in ihrem Ende gleichgeschaltet werden.

3.3.3 Ereignisknoten-Netzplan (PERT)

Die Netzplanmethode PERT (Program Evaluation and Review Technique) ist die bekannteste Form für eine Ereignisknoten-Netzplantechnik (EKN); sie wurde fast gleichzeitig mit CPM Ende der 50er Jahre in den USA bei dem damaligen Raketenprojekt POLARIS erstmalig in großem Umfang eingesetzt; dies bewirkte, daß das bereits technologisch zurückliegende Projekt durch eine straffere Koordination der militärischen Stellen mit den zivilen Auftragnehmern erheblich beschleunigt werden konnte. In der Folge entstanden mehrere PERT-ähnliche Verfahren, z. B. PEP (Program Evaluation Procedure), die sich aber gegen PERT nicht durchsetzen konnten. Zu dem ursprünglichen PERT, dem »Zeiten-PERT«, kam später das »Kosten-PERT« (PERT-COST) hinzu, das eine explizite Beziehung zwischen Kosten und Netzplan herstellt. Das »Zeiten-PERT« ist etwa mit dem Terminberechnungsteil und das »Kosten-PERT« mit dem Einsatzmittelplanungsteil von SINET zu vergleichen (Kap. 6.2.2).

Netzplanelemente

Der PERT-Netzplan stellt einen ereignisorientierten Netzplan dar, d. h. die Tätigkeiten ($\triangleq$ Vorgänge) werden durch ein Vor- und ein Nachereignis bestimmt. In Bild 3.48 ist beispielhaft ein solcher Netzplan dargestellt. Die Kreise kennzeichnen die Ereignisse, die Pfeile die Tätigkeiten.

Die Tätigkeit bzw. der Vorgang tritt bei einem PERT-Netzplan in seiner Bedeutung stark zurück. Ausschlaggebend sind die den Vorgang begrenzenden Er-

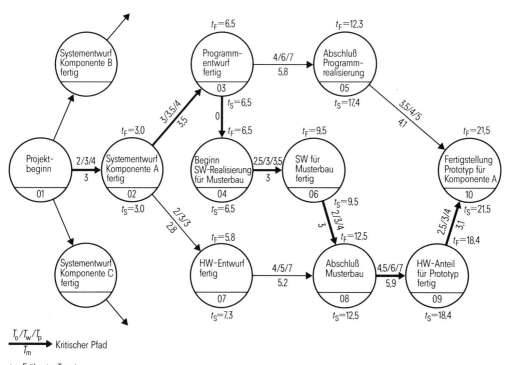

t_F Frühester Termin
t_S Spätester Termin

Bild 3.48 PERT-Netzplan

eignisse: das Vorgängerereignis und das Nachfolgerereignis, die den Charakter von Meilensteinen einnehmen. Dem Pfeil wird der Zeitabstand zwischen diesen beiden Ereignissen zugeordnet.

Drei-Zeiten-Schätzung

Das herausragende Merkmal von PERT ist die *Drei-Zeiten-Schätzung*. Im Gegensatz zu allen anderen Netzplantechniken ist hier die Schätzung der Tätigkeitsdauer nicht mit *einem* Wert belegt, sondern mit drei Zeitangaben:

▷ Optimistische Zeit T_o
▷ Wahrscheinliche Zeit T_w
▷ Pessimistische Zeit T_p.

Die optimistische Zeit T_o bezeichnet die Schätzung der kürzestmöglichen Zeitdauer für eine Tätigkeit, wenn alles »bestens« und mit »viel Glück« abläuft. Die Schätzung der normal üblichen Zeitdauer für eine Tätigkeit ergibt die wahrscheinliche Zeit T_w. Zum Bestimmen der pessimistischen Zeit T_p wird angenommen, daß beim Durchführen der betreffenden Tätigkeit alles »schief«läuft.

Aus diesen drei Zeitwerten wird nach einer Wahrscheinlichkeitsdichteverteilung (Beta-Verteilung) eine mittlere erwartete Zeit T_m berechnet:

$$T_m = \frac{T_o + 4 T_w + T_p}{6}.$$

Es werden also keine festen Zeitdauern für die einzelnen Tätigkeiten angenommen, sondern sie variieren in einem bestimmten Bereich. Dadurch wird man dem Umstand gerecht, daß besonders bei Forschungsprojekten die benötigten Zeitdauern meist nicht exakt vorhersagbar sind.

Netzplandarstellung

Die Termindurchrechnung geschieht ähnlich wie bei CPM und MPM durch Vor- und Rückwärtskumulierung der mittleren erwarteten Zeiten. In dem Netzplanbeispiel Bild 3.48 sind die auf diese Art ermittelten Werte für die frühestmöglichen Termine t_F und die spätestmöglichen Termine t_S für die einzelnen Ereignisse angegeben. Als kritischer Pfad ist hier der Pfad zu erkennen, der die längste (aufaddierte) Zeitdauer hat und dessen Ereignisse alle eine Pufferzeit ($t_S - t_F$) von Null haben.

Die Benennung der Ereignisse wird bei einem PERT-Netzplan möglichst in den Kreis oder besser in ein Oval mit einer eindeutig identifizierenden Ereignisnummer eingetragen. Oberhalb der Verbindungspfeile gibt man die drei Werte der Zeitschätzung und unterhalb der Pfeile den berechneten mittleren Zeitwert an.

Dadurch, daß kein Zwang zu einer verpflichtenden Einzel-Zeit-Schätzung besteht, erreicht man bei einem PERT-Netzplan eine ehrlichere und realistischere Terminbeurteilung. Allerdings liegt wohl der entscheidende Nachteil von PERT in dem beachtlichen Aufwand für das Aktualisieren der (dreimal so vielen) Zeitschätzwerte.

Folgende Grundregeln für den Aufbau eines PERT-Netzplans sind zu beachten:

▷ Jede Tätigkeit muß mindestens je ein Vor- und Nacherignis haben.
▷ Keine Tätigkeit kann begonnen werden, bevor das Vorereignis eingetreten ist.
▷ Parallele Tätigkeiten sind durch Einbinden von Scheintätigkeiten (mit Dauer Null) zu vermeiden.
▷ Unabhängige Tätigkeiten sollen unabhängig dargestellt werden.
▷ Schleifen sind unzulässig.

Mit Hilfe des Kosten-PERT werden thematisch zusammengehörende Tätigkeiten zu Kosten-Arbeitspaketen zusammengefaßt und jeweils mit einer Verrechnungsnummer versehen. Bezogen auf diese Nummer kann man dann mit DV-Unterstützung Plankosten und anfallende Istkosten gegenüberstellen. Nach verschiedenen Sortier- und Selektionskriterien können dann Kosten- und Terminübersichten gewonnen werden.

PERT unterstützt nicht die Multiprojektplanung, da mit PERT keine Kapazitäts- und Auslastungsplanung möglich ist.

3.3.4 Vorgangsknoten-Netzplan (MPM)

Die jüngste der drei Netzplanmethoden ist MPM (Metra-Potential-Methode); sie hat einen Vorgangsknoten-Netzplan (VKN) als Grundlage; entwickelt wurde sie von der französischen Beratungsfirma SEMA. Da diese Firma zu der Unternehmensgruppe METRA INTERNATIONAL gehörte und die entwickelte Netzplanmethode zur Wegbestimmung ein besonderes mathematisches Lösungsverfahren – den Potential-Algorithmus – verwendete, kam der Name Metra-Potential-Methode zustande.

MPM wurde zuerst in der Kraftwerkstechnik und in der Bauindustrie angewendet und stellt das Ausgangsverfahren für alle später entstandenen VKN-Verfahren dar. Inzwischen hat MPM in allen FuE-Bereichen, besonders bei größeren Entwicklungsprojekten Eingang gefunden und zumindest im europäischen Bereich die beiden anderen Netzplanmethoden CPM und PERT stark zurückgedrängt. Daher wird in diesem Buch bei Netzplananwendungen hauptsächlich von MPM ausgegangen.

Netzplanelemente

Bei MPM werden in einem Vorgangsknoten-Netz die Tätigkeiten bzw. Vorgänge als Kästen dargestellt, die Verbindungspfeile symbolisieren die Anordnungsbeziehungen (AOB) zwischen diesen Vorgängen. Explizite Ereignisse treten somit in einem Vorgangsknoten-Netzplan nicht auf. Meilenstein-Ereignisse müssen als eigene Vorgänge mit einer Null-Dauer deklariert werden.

Entsprechend der Ablauffolge der einzelnen Vorgänge in einem Vorgangsknoten-Netz gibt es die folgenden Arten von Vorgängen:

▷ Vorgänger (-Vorgang)
▷ Nachfolger (-Vorgang)
▷ Startvorgang
▷ Zielvorgang
▷ Alleinvorgang.

Ein Vorgänger (-Vorgang) ist im logischen Ablauf unmittelbar *vor* einem bestimmten Vorgang, ein Nachfolger (-Vorgang) ist im logischen Ablauf unmittelbar *nach* diesem Vorgang angeordnet. Ein Startvorgang kennzeichnet den ersten Vorgang im logischen Ablauf, der selbst keinen Vorgänger hat. Der Zielvorgang ist der letzte Vorgang im logischen Ablauf und besitzt daher keinen eigenen Nachfolger. Der Alleinvorgang stellt eine Aktivität dar, die nicht in den logischen Projektablauf eingebunden ist, und verfügt weder über einen Vorgänger noch über einen Nachfolger.

Anordnungsbeziehungen

Innerhalb der MPM-Netzplanmethode ist es möglich, vier Formen einer Anordnungsbeziehung zu definieren, die sich in Art und Zeitdauer der Überlappung der Vorgänge unterscheiden:

▷ Normalfolge   (NF)
▷ Anfangsfolge (AF)
▷ Endfolge   (EF)
▷ Sprungfolge   (SF)

Bild 3.49 stellt diesen Sachverhalt dar.

Die Normalfolge ist die übliche Folge zweier (serieller) Vorgänge, bei denen das Ende des ersten Vorgangs mit dem Anfang des zweiten Vorgangs verbunden ist, so daß sie sich – bei positivem Zeitabstand – nicht überlappen. Die Normalfolge ist eine Ende-Anfang-Beziehung. Bei einer Anfangsfolge sind die Anfänge der beiden Vorgänge, die damit überlappt (teilparallel) sein können, miteinander verbunden. Die Anfangsfolge ist also eine Anfang-Anfang-Beziehung. Bei einer Endfolge sind die Enden der beiden Vorgänge entsprechend verknüpft; es handelt sich um eine Ende-Ende-Beziehung. Die Sprungfolge kennzeichnet einen Spezialfall, bei den das Ende des Nachfolger-Vorgangs mit dem Anfang des Vorgänger-Vorgangs verbunden ist. Sie ist damit eine Anfang-Ende-Beziehung und wird hauptsächlich zum Definieren von Maximalabständen verwendet.

Zeitabstände von Anordnungsbeziehungen

Für alle vier Anordnungsbeziehungen können die Zeitabstände auf zwei Arten angegeben werden:

▷ Minimal- bzw. Mindestabstände
▷ Maximal- bzw. Höchstabstände.

Minimalabstände – auch als Mindestabstände bezeichnet – kennzeichnen z. B. bei einer Normalfolge einen Zeitwert, der mindestens vergehen muß, bevor der Nachfolger-Vorgang begonnen werden darf. Maximalabstände dagegen bestimmen zeitliche Abstände, die nicht überschritten werden dürfen. Bei einer Normalfolge bedeutet dies z. B., daß der Nach-

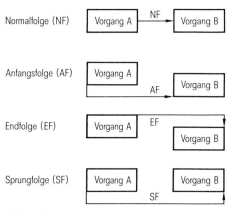

Bild 3.49   Anordnungsbeziehungen

folger-Vorgang niemals später als der angegebene Zeitwert begonnen werden darf. Maximalabstände bestimmen damit eine Begrenzung bei Überschreiten von Minimalabständen. In der Praxis begnügt man sich bei der Angabe von Zeitabständen meist mit Minimalwerten, da Maximalabstände mit Hilfe von Schleifenkonstruktionen (z. B. Normalfolge mit Sprungfolge) formuliert werden müssen.

Als Kennzahl für die Vernetzung eines Netzplans (Netzdichte) wird die Verflechtungszahl v angegeben:

$$v = \frac{\text{Anzahl Anordnungsbeziehungen}}{\text{Vorgangsanzahl} - 1}.$$

Bei $v = 1$ handelt es sich um einen sequentiellen Ablauf. Die Praxis hat gezeigt, daß die Verflechtungszahl den Wert 2 nicht überschreiten sollte.

Anhand zweier Vorgänge, die in dem einen Fall seriell und in dem anderen Fall teilparallel verlaufen, werden im Bild 3.50 die Möglichkeiten der Anordnungsbeziehungen mit ihren jeweiligen Zeitabständen in der Gegenüberstellung zu einem Balkendiagramm aufgezeigt. Die Zeitabstände werden in definierten Zeiteinheiten, wie z. B. Tage, Wochen oder auch Monate, angegeben. Wie ersichtlich, kann ein bestimmter Zeitabstand bei einer Überlappung oder einer Folge von zwei Vorgängen durch alle vier Anordnungsbeziehungen ausgedrückt werden, wobei die Zeitabstände von überlappenden Vorgängen bei Normalfolgen immer negative Werte annehmen.

So umfangreich sich bei der MPM-Netzplanmethode auch die Möglichkeiten zum Formulieren von Anordnungsbeziehungen mit ihren unterschiedlichen Zeitabständen darstellen, so vorsichtig muß doch mit ihnen beim Aufbau eines Netzplans umgegangen werden. Ein Rechnerprogramm ist wohl in der Lage, ein sehr komplexes Vorgangsknoten-Netz durchzurechnen und dabei alle möglichen Anordnungsbeziehungen mit zahlreichen unterschiedlichen Zeitabständen zu berücksichtigen; der Netzplan muß aber für den Projektplaner grafisches Planungsinstrument bleiben, und dieser verliert bei einer Überladung von »trickreichen« Anordnungsbeziehungen schnell seine Übersichtlichkeit. Eine sachrichtige Modifikation des Netzplans ist bei einer zu stark vernetzten Struktur dann nicht mehr möglich.

Netzplandarstellung

Bild 3.51 zeigt einen Netzplan in der MPM-Darstellung, hierbei wurde das Beispiel des Kap. 3.3.2 benutzt, welches dort in der CPM-Darstellung ausgeführt wurde. Aus jedem dort aufgeführten Vorgangspfeil wird in der MPM-Darstellung ein Vorgangskästchen, welches im wesentlichen die gleichen Daten enthält wie der Knotenkreis in dem CPM-Netzplan.

Die Frühest- und Spätesttermine sowie die Pufferzeiten sind in ähnlicher Form wie bei der CPM-Methode zu bestimmen, indem durch eine Vorwärtsrechnung die Frühesttermine und durch eine Rückwärtsrechnung die Spätesttermine ermittelt werden. Es sind allerdings die – bei der CPM-Methode nicht vorhandenen – Anordnungsbeziehungen in ihrer jeweiligen Art und ihren Zeitabständen zusätzlich zu beachten. So böte sich z. B. bei dem Vorgang 0405 »Funktionsmuster« in dem gezeigten Beispiel an, eine Ende-Ende-Beziehung zu den benachbarten Vorgängen 0404 und 0406 mit einem Zeitabstand von 1 aufzubauen, so daß also das »Funktionsmuster« mindestens die Zeiteinheit 1 eher fertig sein muß als der »HW-Entwurf« oder der »SW-Entwurf«. Entsprechend würden sich einige Termine bei der Durchführung verändern.

In den folgenden beiden Kapiteln wird auf die Darstellung und Durchrechnung von Vorgangsknoten-Netzplänen gemäß der MPM-Netzplanmethode näher eingegangen.

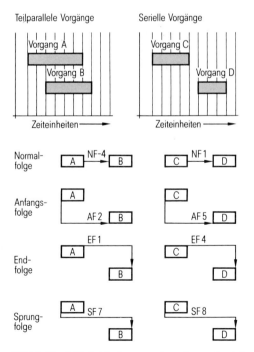

Bild 3.50   Möglichkeiten von Anordnungsbeziehungen

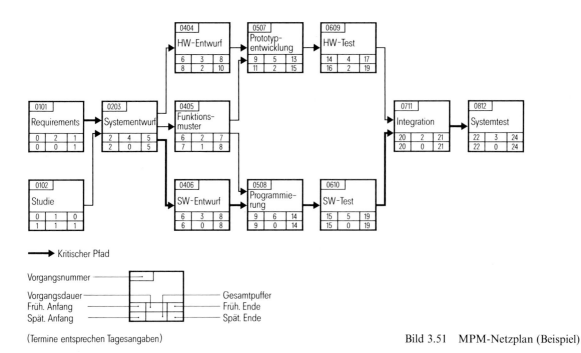

Bild 3.51 MPM-Netzplan (Beispiel)

3.3.5 Termindurchrechnung

Mit der Termindurchrechnung eines Netzplans werden die Netzplan-Vorgänge – unter Berücksichtigung der gegenseitigen Abhängigkeiten – zeitlich eingeordnet. Ausgangsbasis sind die jeweiligen Dauern der Vorgänge und eventuell gesetzte Fixtermine. Neben der Festlegung der gesamten Terminlage werden noch die einzelnen *Pufferzeiten* der Vorgänge sowie die *kritischen Pfade* ermittelt.

Die Termindurchrechnung läuft in zwei Rechnungsgängen ab, der *Vorwärts-* und der *Rückwärtsrechnung*. Ihr Ergebnis ist die Bestimmung der Anfangstermine und Endtermine aller Netzplan-Vorgänge. Bei den Anfangs- und Endterminen muß zwischen frühester und spätester Terminlage unterschieden werden, so daß ein für einen Vorgangsknoten-Netzplan signifikanter Termin-Quadrupel entsteht:

▷ Frühester Anfangszeitpunkt (FAZ)
▷ Spätester Anfangszeitpunkt (SAZ)
▷ Frühester Endzeitpunkt (FEZ)
▷ Spätester Endzeitpunkt (SEZ)

Der Unterschied zwischen frühestem und spätestem Zeitpunkt eines Vorgangs liegt in der Vernetzung und gegenseitigen Abhängigkeit der Vorgänge begründet. Hierdurch kann ein Vorgang mit definierter Dauer früher und später zur Ausführung kommen; der Vorgang verfügt dann über einen Zeitpuffer.

Zeitvorgaben

Voraussetzung für die Termindurchrechnung eines Vorgangsknoten-Netzplans sind allerdings bestimmte Zeitvorgaben für die einzelnen Vorgänge. Diese Zeitvorgaben können als Dauern, als Zeitpunkte oder auch als fixe Termine vorgegeben werden (Bild 3.52). Insgesamt sind fünf Varianten möglich:

1 Vorgangsdauer allein
2 Vorgangsdauer und fixer Anfangstermin
3 Vorgangsdauer und fixer Endtermin
4 Fixer Anfangs- und fixer Endtermin
5 (Nicht fixer) Anfangs- und Endzeitpunkt.

Die einzelnen Netzplanverfahren erlauben meist nicht alle diese Varianten. So sind bei dem PC-Verfahren SIPRO nur die ersten drei Varianten möglich, bei der Netzplankomponente des Projektplanungs- und -steuerungsverfahrens REPROPLIK dagegen können alle fünf Varianten genutzt werden.

3.3.5 Termindurchrechnung

Insgesamt kann man zwischen

▷ einer dauerorientierten und
▷ einer terminorientierten

Zeitvorgabe unterscheiden. Zur *dauer*orientierten Zeitvorgabe gehören die Varianten 1, 2 und 3; bei dieser ist immer die Angabe einer Vorgangsdauer – gezählt in realen Arbeitstagen des vorliegenden Kalenders – notwendig. Bei einer *termin*orientierten Zeitvorgabe, zu der die Varianten 4 und 5 gehören, erübrigt sich die explizite Angabe einer Zeitdauer, da diese wegen der Vorgabe von zwei Zeitpunkten bzw. Fixterminen vom Verfahren automatisch ermittelt wird. Bei der Variante 5 werden die vorgegebenen Zeitpunkte nur zum Berechnen der Dauern genutzt, bei der anschließenden Termindurchrechnung werden sie nicht mehr benötigt.

Vorwärtsrechnung

Zum Bestimmen der frühesten Zeitpunkte bzw. Termine dient der erste Rechnungsgang, die Vorwärtsrechnung, – auch *progressive Zeitrechnung* genannt. Bei der Vorwärtsrechnung wird von dem Anfangszeitpunkt des Startvorgangs ausgegangen. Durch Addition mit dessen Dauer erhält man den frühesten Endzeitpunkt für diesen Startvorgang, der gleichzeitig – unter Berücksichtigung entsprechender Zeitabstände – die frühesten Anfangszeitpunkte für die Nachfolger-Vorgänge des Startvorgangs bestimmt. Addiert zur jeweiligen Vorgangsdauer ergeben sich die zugehörigen frühesten Endzeitpunkte dieser Nachfolger-Vorgänge. Diese bestimmen wiederum die frühesten Anfangszeitpunkte von deren Nachfolger-Vorgänge usw., bis diese Durchrechnung, die aufgrund der vernetzten Struktur iterativ abläuft, zu einem frühesten Endzeitpunkt für den Zielvorgang führt. Bild 3.53 zeigt ein einfaches Beispiel für die Vorwärtsrechnung bei einem Sammelknoten, wobei mehrere Vorgänge einen gemeinsamen Nachfolger haben.

Das Ergebnis einer derartigen iterativen Vorwärtsrechnung ist die Bestimmung aller frühesten Zeitpunkte nach folgendem Formelpaar:

Vorwärtsrechnung $FAZ_x = \max(FEZ_v) + 1$
$FEZ_x = FAZ_x + T_x - 1$

v Vorgänger von x
T_x Dauer von x

Rückwärtsrechnung

In einem zweiten Rechnungsgang, der Rückwärtsrechnung – auch *retrograde Rechnung* genannt – werden die spätesten Zeitpunkte bzw. Termine bestimmt. Bei der Rückwärtsrechnung ist von dem spätesten Endzeitpunkt des Zielvorgangs auszugehen; dieser kann entweder als Fixtermin oder durch die Projektdauer vorgegeben sein. Ist beides nicht der Fall, so wird der durch die Vorwärtsrechnung ermittelte frühe-

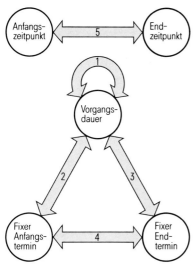

Bild 3.52 Varianten der Zeitvorgaben

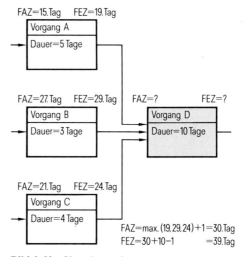

Bild 3.53 Vorwärtsrechnung

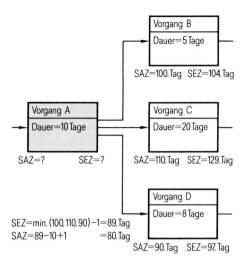

Bild 3.54   Rückwärtsrechnung

ste Endzeitpunkt gewählt und mit dem spätesten Endzeitpunkt gleichgesetzt. Durch Substraktion der Dauer des Zielvorgangs vom Endzeitpunkt ergibt sich der späteste Anfangszeitpunkt dieses Vorgangs, der gleichzeitig unter Berücksichtigung eventueller Zeitabstände der Anordnungsbeziehungen die spätesten Endzeitpunkte seiner Vorgänger bestimmt. Deren spätesten Anfangszeitpunkte ergeben sich wiederum durch Subtraktion der jeweiligen Vorgangsdauern von diesen Endzeitpunkten. Auch hier läuft der Rechnungsgang wegen der vernetzten Struktur iterativ ab und wird so lange fortgeführt, bis der Startvorgang erreicht, d. h. dessen spätester Anfangszeitpunkt bestimmt worden ist.

Bild 3.54 zeigt ein Beispiel für die Rückwärtsrechnung bei einem Verzweigungsknoten, bei dem mehrere Vorgänge von einem einzigen Vorgänger ausgehen.

Ergebnis der Rückwärtsrechnung ist die Bestimmung aller spätesten Zeitpunkte nach dem folgenden Formelpaar:

Rückwärtsrechnung $SEZ_x = \min(SAZ_n) - 1$
$SAZ_x = SEZ_x - T_x + 1$

n Nachfolger von x
T_x Dauer von x

Konsistenz eines Netzplans

Nach Abschluß der Vorwärts- und der Rückwärtsrechnung liegt für jeden Vorgang das bereits erwähnte Termin-Quadrupel vor.

Zeitpunkte:

FAZ, SAZ, FEZ, SEZ bzw.

Termine:

FAT, SAT, FET, SET.

Ist der Netzplan »zeitkonsistent«, treten also keine negativen Puffer auf, so muß die Terminrechnung folgende Zeitbeziehungen für alle Vorgänge ergeben haben:

Zeitkonsistenter Netzplan:

$SAZ \geq FAZ$
$SEZ \geq FEZ$.

Anderenfalls ist der Netzplan nicht zeitkonsistent, d. h. es gibt Vorgänge, deren Dauer nicht mehr in die Zeitspanne der errechneten Termine für Anfang und Ende passen. Der Netzplan muß in einem solchen Fall überarbeitet werden, sei es durch Verändern von Vorgangsdauern, durch Ändern von Anordnungsbeziehungen oder durch Ändern von Fixterminen. Negative Puffer entstehen allein durch die Vorgabe von Fixterminen. Sind solche Fixtermine nicht vorhanden, ergibt sich immer ein zeitkonsistenter Netzplan.

Gesamte und freie Pufferzeit

Als Puffer werden bei einem Netzplan die Zeitintervalle bezeichnet, in denen die Vorgänge unter bestimmten Voraussetzungen verschoben werden können.

Die »gesamte Pufferzeit« GP eines Vorgangs wird definiert als Differenz der spätesten und frühesten Zeitpunkte (entweder Anfangs- oder Endzeitpunkte), d. h.:

$GP_x = SAZ_x - FAZ_x = SEZ_x - FEZ_x$.

Diese Gesamtpufferzeit muß bei jedem Vorgang eines Netzplans stets größer oder gleich Null sein, sonst ist der Netzplan zeitinkonsistent. Ist die gesamte Pufferzeit eines Vorgangs gleich Null, so ist dieser *kritisch*, d. h., die tatsächlich eintretende Zeitdauer für diesen Vorgang darf auf keinen Fall die einmal geschätzte Dauer überschreiten, weil es sonst zu einem mehr oder weniger großen »Terminplatzen« im gesamten Entwicklungsablauf kommt. Eine positive gesamte Pufferzeit kennzeichnet eine Zeitreserve für die Tätigkeitsdauer eines Vorgangs, die allerdings nicht grundsätzlich voll ausschöpfbar ist, weil es bei einem vollständigen Verschieben des Vorgangs innerhalb seiner gesamten Pufferzeit zu einer Kettenreaktion von Verschiebungen seiner Vorgänger oder Nachfolger kommen kann.

Dieser Sachverhalt ist in dem Bild 3.55 beispielhaft veranschaulicht. Wird hier der Vorgang A, der rechnerisch über eine *GP* von sechs Tagen verfügt, voll auf seinen spätesten Endzeitpunkt gelegt, so kann der Vorgang C erst kurz vor seinem spätesten Anfangszeitpunkt begonnen werden; er ist damit fast zu einem kritischen Vorgang geworden. Der Vorgang A kann also unbedenklich, d. h. ohne Auswirkungen auf seine Nachfolger, nur bis zum Zeitpunkt des frühesten Anfangs einer seiner Nachfolger verschoben werden. Diese Zeitdifferenz, die als Zeitreserve für einen Vorgang frei zur Verfügung steht, wird als freie Pufferzeit *FP* bezeichnet und errechnet sich nach der Formel

$$FP_x = \min (FAZ_n) - FEZ_x - 1.$$

n Nachfolger von *x*

Da die freie Pufferzeit mit Hilfe der frühesten Zeitpunkte einer Vorwärtsrechnung bestimmt wird, findet man auch die Bezeichnung freie Vorwärtspufferzeit *FVP*.

Die freie Pufferzeit ist immer kleiner als die gesamte Pufferzeit. Das Ausnützen der freien Pufferzeit für einen Vorgang tangiert also nicht seine Nachfolger; dagegen zwingt das Ausnützen der gesamten Pufferzeit diese teilweise in deren Spätestlage und macht sie daher »kritisch«.

Kritischer Pfad

Werden keine Fixtermine gesetzt, so gibt es bei jedem Netzplan – beginnend bei einem Startvorgang und endend bei einem Zielvorgang – einen geschlossenen Weg von Vorgängen, die alle kritisch sind, bei denen also die gesamten und damit auch die freien Pufferzeiten gleich Null sind; diesen Weg bezeichnet man als kritischen Pfad.

Werden allerdings Fixtermine gesetzt, so können insgesamt drei Fälle auftreten:

▷ Nicht kritischer Pfad   → Positive Puffer
▷ Kritischer Pfad   → Puffer gleich Null
▷ Überkritischer Pfad   → Negative Puffer

Ein überkritischer Pfad kann nur als ein temporärer Planungszwischenstand angesehen werden, da er irreale Planvorgaben enthält.

Es können natürlich auch mehrere kritische Pfade auftreten, auch Teilketten von kritischen Vorgängen sind möglich; man spricht dann von kritischen Unternetzen. Besondere Aufgabe eines DV-gestützten Netzplanverfahrens ist das Ausweisen dieser kritischen Vorgänge und Pfade.

Weitere Pufferzeiten

Außer den beiden vorgenannten gängigen Pufferzeiten gibt es noch weitere Pufferzeiten, die zum differenzierten Beurteilen einer Netzplan-Konfiguration herangezogen werden können:

▷ Unabhängige Pufferzeit   (UP)
▷ Freie Rückwärtspufferzeit   (FRP)
▷ Bedingte Pufferzeit   (BP)
▷ Bedingte Rückwärtspufferzeit (BRP).

Die *unabhängige Pufferzeit* eines Vorgangs kennzeichnet den möglichen Verschiebungszeitraum, wenn alle Vorgänger ihre spätesten Zeitpunkte und alle Nachfolger ihre frühesten Zeitpunkte einnehmen. Sie berechnet sich nach der Formel

$$UP_x = \min (FAZ_n) - \max (SEZ_v) - (T_x + 1).$$

Die *freie Rückwärtspufferzeit* ist die Zeitspanne, in der ein Vorgang, bezogen auf seine späteste Lage in die späteste Lage seiner Vorgänger, verschoben werden kann; sie ist das Pendant zur freien (Vorwärts-)Puffer-

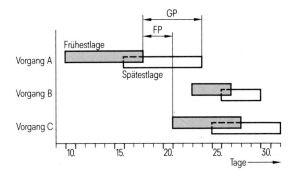

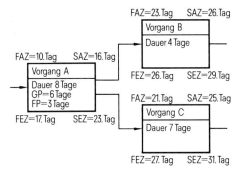

Bild 3.55 Gesamte und freie Pufferzeit

zeit, welche sich ja aus den frühesten Lagen ergeben hat. Die freie Rückwärtspufferzeit berechnet sich nach der Formel

$$FRP_x = SEZ_x - \max(SEZ_v) - (T_x - 1) =$$
$$= SAZ_x - \max(SEZ_v) - 1.$$

Die *bedingte (verfügbare) Pufferzeit* wird aus der Differenz der gesamten und der freien Pufferzeit gebildet und kennzeichnet den über den freien Puffer hinausgehenden Verschiebungszeitraum, wenn alle Nachfolger eines Vorgangs ihre späteste Lage einnehmen. Diese Größe gibt also die Zeitdifferenz zwischen dem theoretischen Maximalpuffer GP und dem »auf jeden Fall zur Verfügung stehenden« Puffer FP an, die damit dem Terminplaner eventuell noch zur Disposition steht. Die bedingte verfügbare Pufferzeit leitet sich ab wie folgt:

$$BP_x = GP_x - FP_x.$$

Als *bedingte Rückwärtspufferzeit* eines Vorgangs wird die Differenz zwischen gesamter Pufferzeit und der freien Rückwärtspufferzeit dieses Vorgangs bezeichnet. Wie die freie Rückwärtspufferzeit symmetrisch zur freien (Vorwärts-)Pufferzeit steht, so ist die bedingte Rückwärtspufferzeit symmetrisch zur bedingten (Vorwärts-)Pufferzeit zu sehen. Sie kennzeichnet den über den freien Rückwärtspuffer hinausgehenden Verschiebungszeitraum, wenn alle Vorgänger eines Vorgangs x ihre früheste Lage einnehmen. Die bedingte Rückwärtspufferzeit leitet sich ab wie folgt:

$$BRP_x = GP_x - FRP_x.$$

Bild 3.56 verdeutlicht die Lagen der unabhängigen Pufferzeiten sowie der Vorwärts- und Rückwärtspufferzeiten.

Alle hier aufgeführten Formelzusammenhänge zum Ableiten der unterschiedlichen Pufferzeiten beziehen sich auf Vorgänge, deren Abhängigkeiten in einem Netzplan *Normalfolgen* sind. Eine transparente Darstellung der einzelnen Puffer bei Vorgängen mit anderen Anordnungsbeziehungen ist auf die gezeigte Weise nicht mehr möglich.

3.3.6 Einsatzmittelberechnung

Die Netzplantechnik hat neben ihrer Aufgabe als grafisches Planungsinstrument vor allem das Ziel – unter Zuhilfenahme eines DV-gestützten Verfahrens – den Netzplan nach bestimmten Planungsgrößen »durchzurechnen«. Grundsätzlich sind bei entsprechenden Vorgaben Durchrechnungen nach den Größen

▷ Termine und
▷ Einsatzmittel

möglich.

Zu den Einsatzmitteln gehören:

▷ vorhandene Arbeitskräfte,
▷ budgetierte Finanzmittel und
▷ benötigte Betriebsmittel.

Das Durchrechnen eines Netzplans nach seinen Terminen mit dem Bestimmen des kritischen Pfads ist sicher die häufigste Nutzungsform von Ressourcen. Aber auch die Kapazitätsberechnung im Rahmen einer Einsatzplanung anhand eines Netzplans findet immer mehr Anhänger. Der Netzplan bildet damit die Brücke zwischen Terminplanung, Einsatzmittelplanung und Kostenplanung und führt so zu einer integrierten Projektplanung.

Als Einsatzmittel können in diesem Zusammenhang sehr unterschiedliche Komponenten definiert werden. Im einzelnen hängt dies von den Erfordernissen des jeweiligen Projekts ab. Beispiele für Einsatzmittel sind:

▷ Personal,
▷ Personalbudget,
▷ RZ-Budget,
▷ Rechenzeiten,
▷ Anlagenbelegungszeiten,

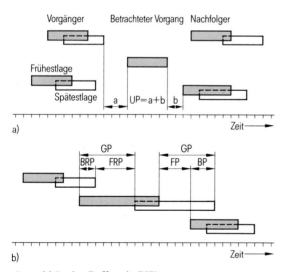

a) unabhängige Pufferzeit (UP)
b) Vorwärts- und Rückwärtspufferzeiten

Bild 3.56   Weitere Pufferzeiten

▷ Budget für Musterbau,
▷ Material,
▷ Räumlichkeiten.

Es können allerdings als Einsatzmittel auch solche definiert werden, welche sich wohl nicht in der Art aber in der Zugehörigkeit unterscheiden, z. B.:

▷ Personal der Dienststelle A,
▷ Personal der Dienststelle B,
▷ Personal der Dienststelle C.

So kann man eine organisationsbezogene Personalauslastungsberechnung durchführen, auch wenn die einzelnen Netzplanvorgänge nicht jeweils einer einzigen Dienststelle zuordenbar sind, aber ein (unnötiges) dienststellenorientiertes Aufsplitten der Vorgänge vermieden werden soll.

Bedarfsplanung

Vor Beginn einer Einsatzmittelberechnung werden den einzelnen Arbeitspaketen, den Netzplanvorgängen, die erforderlichen Bedarfsmengen der jeweiligen Einsatzmittel zugeordnet (Bild 3.57).

Eine Plausibilitierung zwischen einzelnen Einsatzmitteln wird vom Netzplanverfahren normalerweise nicht durchgeführt. Es liegt also z. B. außerhalb der Einsatzmittelberechnung, ob das jeweilige Verhältnis zwischen Personalaufwand und Personalkosten *stimmig* ist. Manche Verfahren bieten über die Angabe von Kostenfaktoren die Möglichkeit der impliziten Berechnung der Kosten aus den Leistungen.

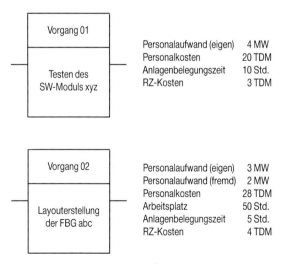

Bild 3.57 Einsatzmittel von Vorgängen (Beispiel)

Bedarfsaufsummierung

Wenn die Termindurchrechnungen zu einen konsistenten Netzplan geführt haben, addiert man die einzelnen Bedarfsmengen der Netzplanvorgänge im Rahmen einer Einsatzmittelberechnung zeitgerecht auf.

Hierbei kann das Einplanen der jeweiligen Einsatzmittel eines Netzplanvorgangs bezogen auf die Vorgangsdauer unterschiedlich vorgenommen werden. Die Menge des Einsatzmittels fällt entweder an

▷ zu Beginn des Vorgangs oder
▷ am Ende des Vorgangs oder
▷ verteilt über die Vorgangsdauer.

So müssen z. B. Materialien meist in ihrer gesamten Menge bereits zu Beginn eines Vorgangs vorliegen, Rechnungen von Unterauftragnehmern werden dagegen frühestens am Ende eines Vorgangs gestellt und das Personal steht i. allg. über die gesamte Vorgangsdauer gleichverteilt zur Verfügung.

Außerdem kann für den Zeitpunkt des Bedarfsanfalls noch zwischen frühestem und spätestem Beginn bzw. zwischen frühestem und spätestem Ende unterschieden werden. Damit ergeben sich sechs Einplanungsmöglichkeiten des Bedarfs eines Einsatzmittels. In Bild 3.58 ist mit einem einfachen Beispiel dargelegt, wie die Einzelbedarfsmengen zu einem Gesamtbedarf aufsummiert werden. Die Bilder 3.58 a) und b) zeigen die Aufsummierung bei Gleichverteilung über die Vorgangsdauern jeweils zu frühester und spätester Terminlage. Die Bildteile c) und d) veranschaulichen die entsprechenden Aufsummierungen, wenn der gesamte Bedarf jeweils zum frühesten Beginn bzw. zum frühesten Ende anfällt. Bei Bedarfsanfall zur spätesten Terminlage gilt eine analoge Darstellung.

Manche Netzplanverfahren, wie z. B. das PC-Verfahren PLUS.EINS, ermöglichen die »Überblendung« der beiden Auslastungsverläufe a) und b) in einer einzigen Darstellung.

Einplanungskalender

Zum Aufsummieren dient ein eigener Einsatzmittelkalender, d. h. für jedes einzelne Einsatzmittel wird – zumindest temporär – ein eigener Kalender eröffnet; dieser umfaßt alle realen Arbeitstage, an denen das zugehörige Einsatzmittel benötigt werden *könnte*. Bei der in Bild 3.58 gezeigten Bedarfsaufsummierung wird entsprechend der Bedarfseinplanung sukzessiv für jeden Tag der jeweilige Bedarf an dem betreffenden Einsatzmittel bestimmt. Weiterhin wird in diesem Einsatzmittelkalender je Arbeitstag der (nach Plan) vorhandene Vorrat des betreffenden Einsatzmittels notiert. Aus diesem »Datenkranz« lassen sich dann entweder Auslastungsdiagramme oder Gesamtübersichten des Einsatzmittel*bedarfs* zum Einsatzmittel*vorrat* generieren.

Bedarfsoptimierung

Unter Berücksichtigung der Abhängigkeiten der Netzplanvorgänge kann eine Bedarfsoptimierung nach zwei Gesichtspunkten vorgenommen werden:

▷ Termintreue Bedarfsoptimierung
▷ Kapazitätstreue Bedarfsoptimierung.

Mit der *termintreuen* Bedarfsoptimierung versucht man, die einzelnen Vorgänge innerhalb ihrer jeweiligen Zeitpuffer so zu verschieben, daß eine möglichst

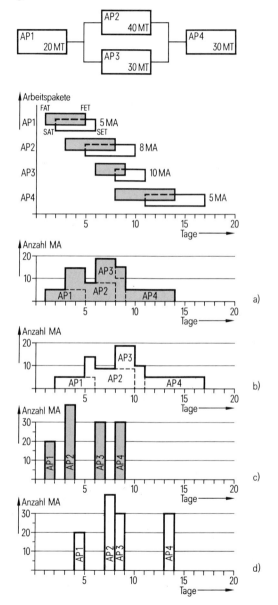

a) bei Gleichverteilung und frühesten Terminen
b) bei Gleichverteilung und spätesten Terminen
c) bei Gesamtanfall zum frühesten Beginn
d) bei Gesamtanfall zum frühesten Ende

Bild 3.58 Bedarfsaufsummierung

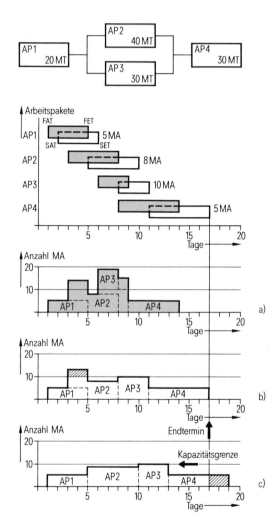

a) ohne Optimierung (früheste Termine)
b) termintreue Optimierung
c) kapazitätstreue Optimierung

Bild 3.59 Bedarfsoptimierung

gleichmäßige Auslastung erreicht wird. Bei dem oben aufgeführten Beispiel ergibt sich die in Bild 3.59 b) gezeigte Verteilung. Dadurch, daß die beiden ersten Arbeitspakete (AP1 und AP2) zu ihren frühesten Terminen beginnen und die beiden anderen (AP3 und AP4) in ihre späteste Terminlage verschoben werden, gelangt man zu einer egalisierten Auslastung, d. h. zu einer Glättung (Smoothing) des Bedarfsverlaufs.

Ein weiteres Nivellieren, z. B. auf die 10 MA-Grenze, ist dann nur noch mit der *kapazitätstreuen* Bedarfsoptimierung möglich, bei der allerdings meist die Termine so verändert werden, daß auch der Endtermin zu verschieben ist. Im Teil c) des Bildes 3.59 ist dies beispielhaft angedeutet. Bei dieser Form der Einsatzmittelberechnung legt man die Termine der Netzplanvorgänge unter Einhaltung aller Anordnungsbeziehungen so fest, daß zu keiner Zeit der Bedarf den Vorrat an Einsatzmitteln übersteigt; gleichzeitig wird eine möglichst kurze Projektdauer angestrebt.

3.4 Terminplanung

3.4.1 Aufgabenplanung

Voraussetzung für jede Terminplanung ist eine vollständige Aufgabenplanung, in der die durchzuführenden Aufgaben unter Berücksichtigung aller zeitlichen, personellen und fachlichen Randbedingungen festgelegt und spezifiziert werden.

Prozeßkette der Terminplanung

Ausgangsbasis für die Aufgabenplanung ist der *Projektstrukturplan*. Die Aufgabenplanung selbst bildet wiederum die Grundlage für die *Ablaufplanung*, welche das Ergebnis der Terminplanung erbringt.

Will man für die Terminplanung einen Netzplan einsetzen, so werden innerhalb der Aufgabenplanung aus den Arbeitspaketen des Projektstrukturplans die Netzplanvorgänge gebildet und in einer *Vorgangssammelliste* zusammengefaßt. Von diesen Vorgängen leitet man dann die einzelnen Aufgaben für die Entwicklungsmannschaft ab. Ohne Netzplantechnik entfällt dieser Teil, und die Aufgaben werden unmittelbar von den Arbeitspaketen des Projektstrukturplans abgeleitet.

Auch bei der Ablaufplanung gibt es dieses unterschiedliche Vorgehen – in dem einen Fall mit Hilfe eines Netzplans und in dem anderen Fall mit einem herkömmlichen Balkenplan. In beiden Fällen mündet das Ergebnis allerdings in eine Terminliste, die in einer Gesamtaufstellung alle Aufgaben terminlich fixiert.

Projektstrukturplanung, Aufgabenplanung und Ablaufplanung bilden damit eine geschlossene Prozeßkette innerhalb der Projektplanung (Bild 3.60).

Um die Schwerpunkte dieser drei Planungsabschnitte für eine Terminplanung zu verdeutlichen, sind deren Hauptinhalte an dieser Stelle noch einmal aufgeführt.

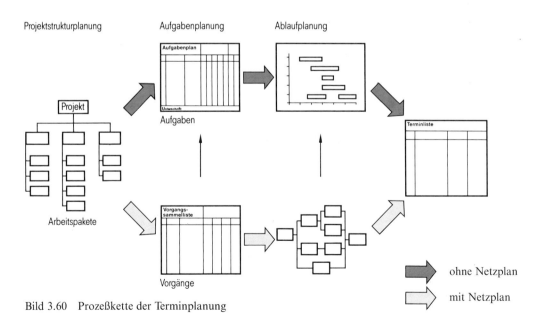

Bild 3.60   Prozeßkette der Terminplanung

3.4 Terminplanung

Projektstrukturplanung:
▷ Sammeln aller durchzuführenden Aktivitäten,
▷ Anordnen in einer hierarchischen Struktur,
▷ Definieren der Arbeitspakete.

Aufgabenplanung:
▷ Vollständiges Aufzählen aller Aufgaben (bzw. Vorgänge) auf Basis der Arbeitspakete,
▷ Ermitteln der relevanten Projektdaten dieser Aufgaben (Bearbeiter, Aufwand, Terminvorstellung)
▷ Aufzeigen der logischen Abhängigkeiten.

Ablaufplanung:
▷ Einplanen der Aufgaben (bzw. Vorgänge) in einen zeitlichen Ablauf,
▷ Bestimmen der Beginn- und Endtermine der Aufgaben (bzw. Vorgänge)
▷ Festlegen von Zäsurpunkten (z. B. Meilensteine).

Arbeitspaketdefinition

Mit dem Erarbeiten der Projektstruktur wird das Entwicklungsvolumen bekanntlich auf eine Detaillierungsebene gebracht, auf der Arbeitspakete von einer »sinnvollen« Größe definierbar sind. Was eine »sinnvolle« Arbeitspaketgröße hierbei ist, hängt natürlich von der Größe des Gesamtprojekts ab. Handelt es sich um Großprojekte von mehreren zigmillionen DM Entwicklungskosten, so sollten die Arbeitspakete in ihrem Personalaufwand nicht kleiner als 2 Mann-Monate sein; bei kleineren Entwicklungsprojekten kann die Größe der Arbeitspakete dagegen schon kleiner sein; aber auch hier sollte möglichst eine Mindestgröße von 1 Mann-Woche eingehalten werden.

Bild 3.61 zeigt den Verlauf der durchschnittlichen Arbeitspaketgröße in MM, abhängig von den Entwicklungskosten in Mio. DM. Die Werte können im Einzelfall abweichen, je nachdem, wie intensiv die Mitarbeiterbezogenheit bei der Festlegung der Arbeitspakete wirksam ist.

Beim Projektstrukturplan bleiben i. allg. terminliche, personelle und organisatorische Gesichtspunkte meist noch unberücksichtigt. Erst mit Aufstellen eines Aufgabenplans werden diese Kriterien in die Überlegungen der Terminplanung einbezogen.

Aufgabenanalyse

Im Rahmen einer *Aufgabenanalyse* werden die einzelnen Aufgaben entweder von den Arbeitspaketen des Projektstrukturplans unmittelbar oder von den hieraus gebildeten Vorgängen abgeleitet. Bei kleineren Projekten und bei Projekten, die ohne Netzplanverfahren laufen, sollte man möglichst wegen der Übersichtlichkeit eine 1 : 1-Zuordnung zwischen Arbeitspaketen und Aufgaben einhalten. Im übrigen ist sowohl eine Komprimierung als auch eine weitere Detaillierung gemäß Bild 3.69 denkbar.

Für die Aufgabenanalyse sind folgende Fragenkomplexe zu klären:

▷ Welche Aufgaben sind durchzuführen (Ableitung aus dem Projektstrukturplan)?
▷ Wer soll diese Aufgaben im einzelnen durchführen (Mitarbeitereinsatzplanung)?
▷ Welcher Aufwand ist für die jeweiligen Aufgaben notwendig (Ergebnis der Aufwandsschätzung)?
▷ Wann sollen die einzelnen Aufgaben begonnen werden und wann beendet sein (Angabe von Wunschterminen)?
▷ Welche fachlichen Voraussetzungen haben die einzelnen Aufgaben und für welche nachfolgenden Aufgaben sind sie selbst fachliche Voraussetzung (prozeßimmanente Abhängigkeiten)?

Das Ergebnis einer solchen Aufgabenanalyse fließt in einen *Aufgabenplan* ein; er kann die in Bild 3.62 dargestellte Form haben. Hierin sind in einer sachlich begründeten Folge die einzelnen Aufgaben aufgezählt mit Angabe Mitarbeiter, Zeitdauer, Terminvorstellung und logische Abhängigkeiten. Die endgültigen

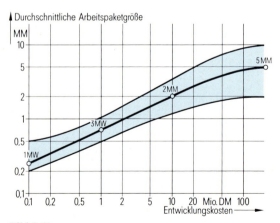

Bild 3.61
Durchschnittliche Arbeitspaketgröße abhängig von den Entwicklungskosten

Bild 3.62
Aufgabenplan (Muster)

| \multicolumn{9}{l}{**Aufgabenplan** — Projekt: MINKA, Projektleiter: Burgert, Org. Einheit: KOA, Stand: 3.4.86} |

Nr.	Aufgabe	Mitarbeiter	Dienst-stelle	Aufwand in MM	Dauer in Monaten	abhän-gig von	Voraus-setz. für	Termine Beginn	Termine Ende
1	Aufbau VORKA-Datei	Hr. Sicker	KOA 13	4	4			1.4.86	
2	EKZ/TKZ-Aufriß PRODAT	H. Rupp, Sicker	KOA 13	5	4	4	8	1.6.86	1.10.86
3	Kostenabzugsprogramm	Hr. Hoffmann	KOA 42	2	2		8	1.4.86	
4	Erweiterung Stundenkontierung	Hr. Bernsdorff	KOA 42	2	2		2	1.6.86	
5	Plandateneingabe	Hr. Sicker	KOA 13	1	1			1.8.86	
6	COCOMO-Transformation	N.N.		≈1,5					
7	Dialogerweiterung MINKA	Hr. Hoffmann	KOA 42	2,5	3		7		
8	Liste MINKA	Fr. Krumbholz	KOA 13	2	2	2,3			1.12.86
9	Liste Projektzusammenstellung	N.N.		2		8			31.12.86
10	Liste Meßdaten	N.N.		2		8			31.12.86

Unterschrift: (Projektleiter) *Burgert*

Termine werden erst in dem Ablaufplanungsschritt der Terminplanung festgeschrieben.

Regeln für die Aufgabenspezifizierung

Beim Spezifizieren der Aufgaben sind einige Regeln zu beachten. Im wesentlichen sind dies:

▷ Aufgaben sollten nicht phasenüberschreitend definiert werden.
▷ Bereichsüberschreitende Aufgaben sind zu vermeiden; besser ist eine zusätzliche Aufgabenteilung.
▷ Jede Aufgabe kann wohl mehrere Bearbeiter, sollte aber immer nur einen Verantwortlichen haben.
▷ Der Realisierungsaufwand einer Aufgabe sollte nicht kleiner als 1 MW und nicht größer als 5 MM sein.
▷ Eine Aufgabenplanung sollte vollständig sein; und sei es mit Hilfe von »Platzhaltern«.
▷ Jede Aufgabe muß in ihrem Arbeitsvolumen genau beschrieben werden.
▷ Allgemeine projektbegleitende Tätigkeiten, wie Projektverwaltung, Projektdokumentation, Hilfsdienste, sollte man als eigene Aufgabe definieren.

Terminbeschleunigung

Innerhalb einer Aufgabenplanung können bereits die ersten, gezielten Überlegungen für eine Terminbeschleunigung angestellt werden. Hierzu sind die einzelnen Aufgaben einem »Tuning«, d. h. einer Optimierung der Planungsparameter zu unterziehen. Sowohl fachliche und personelle als auch prozessurale Aspekte sollten in einer systematischen Untersuchung berücksichtigt werden. Gerade der prozessurale Aspekt, d. h. das Erkennen von möglichen *parallel* durchzuführenden Aufgaben, ist der große »Geheimtip« für jede Terminbeschleunigung.

Das Ausreizen von Parallelitäten in der Projektdurchführung wird leider noch viel zu wenig praktiziert. Zu sehr denkt man beim Abarbeiten von Entwicklungsaufgaben noch in sequentiellen Abläufen. Gerade hier kann ein sehr großer Beitrag zur Reduzierung von Entwicklungsdurchlaufzeiten erbracht werden.

Im einzelnen sind folgende Möglichkeiten für eine Terminbeschleunigung zu erwägen:

▷ Paralleles Durchführen von Aufgaben,
▷ veränderter Mitarbeitereinsatz,
▷ Aufstocken der vorgesehenen Personalkapazität,
▷ (zeitlich begrenztes) Ansetzen von Überstunden,
▷ Vergabe von Aufgaben an Unterauftragnehmern (intern oder extern),
▷ Kaufen von Entwicklungsteilen statt Eigenentwicklung (»make or buy«),
▷ Verbessern der Qualifikation des einzusetzenden Personals,
▷ sinnvolles Beschränken der Leistung des geplanten Produkts durch Wertanalyse (WA) usw.

3.4.2 Balkenplanung

Der Balkenplan bzw. das Balkendiagramm (auch als Ganttsches Balkendiagramm bezeichnet) ist das älteste und verbreiteste grafische Hilfsmittel für das Einplanen von Aufgaben in einen Zeitablauf. Wegen seiner einfachen Erstellbarkeit und Übersichtlichkeit wird der Balkenplan in allen Planungsabschnitten eines Projekts eingesetzt. Zu seinen Vorzügen zählen:

▷ Universelle Anwendbarkeit,
▷ simple technische Voraussetzungen
   (Papier, Bleistift),
▷ leichte Erlernbarkeit,
▷ große Übersichtlichkeit,
▷ beliebiger Planungshorizont und
▷ flexible Einsatzanpassung.

Diesen Vorteilen einer Balkenplanung stehen allerdings bei einer *manuellen* Erstellung auch mehrere Nachteile gegenüber; diese sind u. a.:

▷ Eignung nur für kleinere Projekte (bei größeren Projekten nur für Grobübersichten),
▷ umständliche Aktualisierungsmöglichkeiten,
▷ fehlende Erkennbarkeit von Zeitreserven,
▷ bedingt mögliche Anbindung einer Einsatzmittelplanung,
▷ geringe Möglichkeiten der Darstellung von Abhängigkeiten sowie
▷ begrenzte verfahrenstechnische Unterstützung.

Gegenüber einer Netzplandarstellung hat ein Balkenplan aber vor allem den enormen Vorteil, daß er die einzelnen Aktivitäten – bezogen auf die Zeitachse – in eine zeitgerechte Anordnung bringt; dies vermag eine Netzplandarstellung nur in einem sehr eingeschränkten Maße. Balkenplanung und Netzplanung können sich daher sinnvoll ergänzen.

Darstellungsformen

Balkenpläne bzw. -diagramme sind sowohl für allgemeine Planungszwecke als auch für eine gemeinsame Planung und Kontrolle von Terminen einsetzbar. Hierbei kann man zwei Grundprinzipien im Auftragen der Aufgaben und der ausführenden Personen bzw. Stellen unterscheiden. Es handelt sich um den personenbezogenen Balkenplan und den aufgabenbezogenen Balkenplan (Bild 3.63).

Beim *personenbezogenen Balkenplan* sind alle Mitarbeiter (ohne Doppelaufzählung) auf der Vertikalen aufgeführt, so daß man auf einen Blick erkennt, welche (alle) Aufgaben z. B. der Mitarbeiter Scholz durchzuführen hat. Man erkennt in dieser Darstellungsform allerdings nicht so leicht, wer z. B. alles am Aufgabenpaket AP1 noch mitarbeitet. Hierfür ist dann die inverse Darstellung, nämlich der *aufgabenbezogene Balkenplan* besser geeignet; bei diesem sind auf der Vertikalen die einzelnen Aufgabenpakete aufgetragen und auf dem zugehörigen Balken die ausführenden Personen bzw. Stellen. Hier ist allerdings schwer zu erkennen, an welchen Aufgaben der Mitarbeiter Scholz insgesamt sonst noch beteiligt ist.

Die Wahl der Darstellungsform hängt also davon ab, welches Kriterium das wichtigere ist: die Personenbezogenheit oder die Aufgabenbezogenheit.

In vielen Fällen bietet es sich an, den einzelnen Balken in dem Diagramm weitere Angaben zur Information beizufügen. Solche Zusatzinformationen können sein:

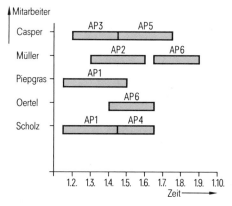

Personenbezogener Balkenplan

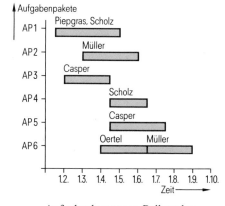

Aufgabenbezogener Balkenplan

Bild 3.63
Grundprinzip der Balkenplanung

3.4.2 Balkenplanung

▷ Aufwand (z. B. in MW, MM oder MJ),
▷ Kosten (z. B. in DM, TDM),
▷ benötigte Einsatzmittel,
▷ Kontenzuordnung,
▷ zugehörige Organisationseinheit,
▷ Teilprojekt-Nr.,
▷ Einsatzort usw.

Varianten von Balkenplänen

Ausgehend von den Möglichkeiten in der Balkendarstellung gibt es folgende Varianten von Balkenplänen:

▷ Einfacher Balkenplan
▷ Kombinierter Balkenplan
▷ Vernetzter Balkenplan.

Einfacher Balkenplan

Bei einem »einfachen« Balkenplan ist der Zeitbalken als einfacher Strichbalken mit eindeutigem Anfang und eindeutigem Ende geformt (Bild 3.63).

Kombinierter Balkenplan

Bei einem »kombinierten« Balkenplan enthalten die Balken mehrere kombinierte Aussagen und Informationen, die durch entsprechende Symbolgebung unterscheidbar gemacht werden (Bild 3.64).

In dem ersten Beispiel sind die Terminangaben der Balken in den Terminkategorien einer Netzplandurchrechnung vorgenommen worden:

FAT frühester Anfangstermin
SAT spätester Anfangstermin
FET frühester Endtermin
SET spätester Endtermin.

Durch entsprechende Strichelung kann ein Balken in mehrere Bereiche gegliedert werden, so daß gut zu erkennen ist, in welchem Zeitintervall die betreffende Aufgabe – unter gewissen Voraussetzungen – im Projektverlauf verschiebbar ist. Die Zeitdifferenz zwischen den beiden Anfangsterminen (FAT, SAT) bzw. den beiden Endterminen (FET, SET) drückt bekanntlich den gesamten Puffer des Arbeitspakets aus.

Das zweite Beispiel enthält die Angaben der Fertigstellungsgrade der einzelnen Arbeitspakete. Hierzu führt man die Balken bei Projektbeginn als leeres, schmales (langes) Rechteck auf, das dann entsprechend dem fortschreitenden Fertigstellungsgrad z. B. geschwärzt wird. Kennzeichnet man durch eine Linie den aktuellen Betrachtungszeitpunkt, so entsteht ein sehr guter Überblick über den momentanen Fertigstellungsgrad und damit über den Projektfortschritt.

Einige rechnergestützte Netzplanverfahren (wie z. B. SINET) können ihre Balkendiagramm-Ausgaben bereits mit derartigen Zusatzschraffuren für die Zeitpuffer bzw. den Fertigstellungsgrad versehen. Auch sind Kombinationen der beiden vorgenannten Darstellungsformen möglich.

Vernetzter Balkenplan

Bei einem »vernetzten« Balkenplan werden die Abhängigkeiten zwischen den einzelnen Aktivitäten mitaufgenommen, wobei man sich aus Gründen der Übersichtlichkeit meist auf die generellen Abhängigkeiten beschränken muß.

Es gibt mehrere Möglichkeiten, Aufgabenvernetzungen in einen Balkenplan einzubringen. So werden z. B.

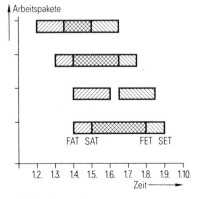
Mit Netzplanterminen

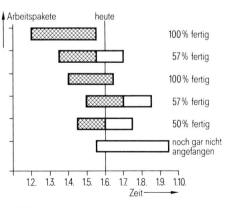
Mit Fertigstellungsgrad

Bild 3.64
»Kombinierte« Balkenpläne

bei der *PLANNET-Methode* die Balken ähnlich einem CPM-Netzplan angeordnet, allerdings unter strenger Einhaltung des Zeitrasters auf der horizontalen Achse (Bild 3.65). Solche Balkenpläne lassen sich manuell oder mit Hilfe von Netzplanverfahren automatisch erzeugen. Wie in dem aufgeführten Beispiel zu sehen, müssen die Balken jener Aufgaben, die in einem parallelen Ablauf zu anderen stehen und früher abgearbeitet werden, durch eine Pufferkennzeichnung (z. B. mit einer gestrichelten Linie) zeitsynchronisiert werden.

Aber auch ohne diese Zeitsynchronisierung kann man die logischen Abhängigkeiten der einzelnen Aufgabenpakete bei einem gewöhnlichen Balkenplan angeben, indem die betreffenden Balken mit Strukturlinien verbunden werden.

In Verbindung mit SINET (Kap. 6.2.2) kann man über den Programmbaustein BARCAD einen solchen vernetzten Balkenplan erstellen. Über die SINET-Anweisung BARNET wird eine Steuerdatei erzeugt, mit der das Programm BARCAD entweder über einen Plotter oder über einen grafischen Arbeitsplatz ein Balkendiagramm erstellen kann, das die Vorgänge als Balken enthält und deren Anordnungsbeziehungen durch entsprechende Verbindungslinien dargestellt werden. Bei der Verwendung eines grafischen Arbeitsplatzes ist es auch möglich, interaktiv im Dialog diesen Balkenplan zu modifizieren und die vorgenommenen Änderungen über das BARCAD-Programm zurück an die SINET-Vorgangsnetzdatei zu leiten. Folgende besondere Merkmale zeichnen dieses Verfahren aus:

▷ Einzelne Vorgänge können bei der Balkendiagramm-Ausgabe unterdrückt werden.
▷ Meilensteinvorgänge (Dauer gleich Null) werden als Pfeile dargestellt.
▷ Der Fertigstellungsgrad kann mit einer geeigneten Schraffur angegeben werden.
▷ Vielfältige Verkleinerungen und Vergrößerungen sind möglich.
▷ Mehrere Schriftgrößen stehen zur Verfügung.
▷ Es kann zwischen einer platzoptimalen und einer termingenauen Balkenanordnung gewählt werden.
▷ Beschriftungen sind an allen vier Bildrändern möglich.
▷ Der Balken kann mit eigenen Symbolen dargestellt werden.
▷ Unwichtige Anordnungsbeziehungen werden unterdrückt.

Bild 3.66 zeigt einen solchen mit BARCAD aufgebauten Balkenplan.

Ein vernetzter Balkenplan vereinigt damit die Vorteile des einfachen Balkenplans – die *zeitgerechte* Darstellung der Aufgabenpakete – mit denen eines Netzplans, der die *Verknüpfung* der Aktivitäten aufzeigt.

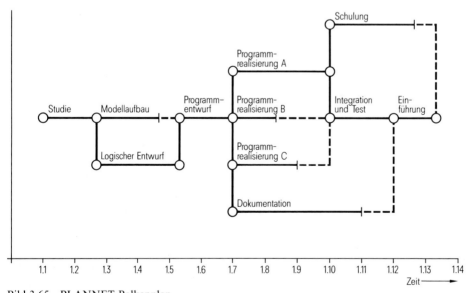

Bild 3.65 PLANNET-Balkenplan

3.4.3 Einsatz eines Netzplanverfahrens

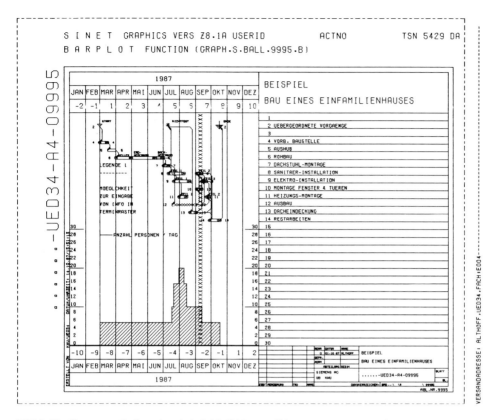

Bild 3.66   Vernetzter Balkenplan (mit BARCAD erstellt)

Erstellen von Balkenplänen

Wie bereits angedeutet, können Balkenpläne bei fast allen DV- und PC-gestützten Netzplanverfahren aus einem vorhandenen Vorgangsnetz abgeleitet werden. Hierbei kann man z. B. bei Netzplanverfahren, die auf der Basis von SINET realisiert wurden, alle drei Varianten eines Balkenplans erzeugen. Es ist also sowohl das automatische Erzeugen einfacher und kombinierter Balkenpläne als auch – mit entsprechender grafischer Zusatz-Software – das Generieren vernetzter Balkenpläne möglich.

Für das manuelle Erstellen von Balkenplänen bietet der Markt eine große Anzahl praktischer Planungshilfsmittel an:

▷ Schreibtafeln,
▷ Magnettafeln,
▷ Stecktafeln.

Bei diesen Hilfsmitteln ist als besonderer Vorteil die leichte Veränderbarkeit hervorzuheben. Nachteilig ist, daß man die Balkenpläne nicht vervielfältigen kann. Deshalb sind so erstellte Balkenpläne nur an Stellen sinnvoll einsetzbar, an denen *generelle* Planungsaktivitäten – wie z. B. in einem Projektbüro – durchgeführt werden.

3.4.3 Einsatz eines Netzplanverfahrens

Das zeitliche Einplanen einer größeren Anzahl Arbeitspakete ist ohne grafisches Instrumentarium nicht möglich. Balkenplan und Netzplan sind hierbei die aussagekräftigsten Darstellungsformen für die terminliche Arbeitspaketeinplanung.

Den Balkenplan bzw. den Netzplan kann man bekanntlich auch immer rein manuell erstellen, d. h. sowohl der Balken- als auch der Netzplan wird – ausgehend von einer »Leer-Unterlage« – sukzessiv mit aufgabenbezogenen Eintragungen belegt. Hierbei kann diese Leer-Unterlage ein Stück Papier oder ein vorbereitetes Leerformular in Form eines Balkenplan- bzw.

Netzplanvordrucks oder auch eine entsprechend ausgelegte Planungstafel sein. Allen Formen derartiger Erstellungen ist gemeinsam, daß allein der Projektplaner bestimmt, welche Aufgaben in den Plan aufgenommen, geändert oder gelöscht werden. Aktualisierungsgrad und Konsistenz dieses »Datenbestands« werden nur durch ihn bestimmt und verantwortet.

Die *manuelle* Terminplanung ist bei kleineren Entwicklungsprojekten von nicht mehr als 50 Aufgaben i. allg. ausreichend. Enthält das Projekt erheblich mehr Aufgabenpakete, so gibt es Probleme hinsichtlich einer rationellen Durchführung der Terminplanung:

▷ Ein Optimieren der Termine ist nicht möglich; ein unnötig später Endtermin ist die Folge.
▷ Der reibungslose Ablauf ist nicht gesichert, da die Abhängigkeiten nicht vollständig berücksichtigt werden können; nicht beabsichtigte Wartezeiten von Tätigkeiten resultieren daraus.
▷ Projektrelevante Tätigkeiten werden übersehen; spätere Um- und Neuplanungen sind dann erforderlich.
▷ Der Aufwand für das Aktualisieren der Projektpläne steigt so stark an, daß Unterlassungen auftreten können; die Qualität der Projektplanung geht dadurch zurück.
▷ Die Terminplanung veraltet leicht; die Projektführung arbeitet nicht mehr mit »realen« Projektdaten.
▷ Die (Plan-)Datenbasis für die nachfolgende Projektkontrolle ist unvollständig und nicht aktuell, so daß die späteren Kontrollmaßnahmen mangelhaft sein werden.

Verfahrensunterstützte Terminplanung

Den Mängeln einer manuellen Terminplanung kann nur mit einem DV- oder PC-gestützten Netzplanverfahren begegnet werden. Erst durch Einsatz eines Verfahrens wird die Netzplantechnik für das Projektmanagement zu einem projektbegleitenden Planungs- und Steuerungsinstrumentarium. Allerdings verlangt jedes DV- oder PC-gestützte Verfahren das Einhalten bestimmter Konventionen, die die Projektbeteiligten zur Disziplin beim Abgeben von Plandaten zwingt. Wegen dieser Zwänge wird von der Entwicklerseite häufig das Netzplanverfahren kritisiert.

Rechnerunterstützte Netzplanverfahren haben – trotz aller Kritik – viele Vorteile:

▷ Hohe Verarbeitungsgeschwindigkeit in der Termindurchrechnung und Einsatzmittelberechnung,
▷ hoher Vermaschungsgrad, d. h. zahlreiche Vorgangsabhängigkeiten sind möglich,
▷ optimale Nutzung von Pufferzeiten für frühest möglichen Endtermin,
▷ kaum eine Obergrenze in der Anzahl Netzplanvorgänge,
▷ mannigfaltige Netzplanauswertungen und -ausgaben,
▷ leichte Modifikation von Netzplänen,
▷ automatische Plausibilierung der Daten.

Art des Verfahrenseinsatzes

Betreibt man die Netzplantechnik nur sehr eingeschränkt, so ist der dezentrale Einsatz auf einem Personal Computer sicherlich die rationellste Art. Wird dagegen die Netzplantechnik bei einem Großprojekt im vollen Umfang genutzt, so bietet sich – bei Vorhandensein eines zentralen Projektbüros – der zentrale Einsatz auf einem Großrechner an. Häufig liegt aber die richtige Lösung in der Mitte, d. h. in der verteilten Datenverarbeitung – in der aufgabenteiligen »Symbiose« Personal Computer und Großrechner.

Bei einem solchen integrierten Verfahrensverbund kann man eine Aufgabenteilung zwischen *Zentrale* und *Dezentrale* praktizieren (Bild 3.67). Auf der dezentralen Seite werden in den einzelnen Entwicklungsgruppen jeweils gruppeneigene Netzpläne in mehreren Planungsdurchgängen erarbeitet, ohne daß die (doch umständliche) Zentrale benötigt wird. Für diesen allerersten Abschnitt einer Netzplanung bieten sich vornehmlich PC-gestützte Netzplanverfahren (siehe

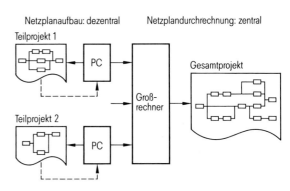

Bild 3.67   Integrierter Verfahrenseinsatz

Tabelle 3.29 Intensität des NP-Verfahrenseinsatzes

Projektgröße	Sehr kleine Projekte < 3 MA	Kleine Projekte 3–10 MA	Mittlere Projekte 10–50 MA	Große Projekte 50–150 MA	Sehr große Projekte > 150 MA
Art des Einsatzes	manuell	(manuell) PC-Verfahren	PC- oder DV-Verfahren	DV-Verfahren	DV-Verfahren
Anzahl der Netzplanvorgänge	< 50	< 200	< 1000	< 2000	> 2000
Termindurchrechnung	sinnvoll	erforderlich	erforderlich	erforderlich	erforderlich
Einsatzmittelberechnung	–	–	sinnvoll	erforderlich	erforderlich
Netzplanstrukturierung	–	sinnvoll	erforderlich	erforderlich	erforderlich
Aktualisierungsintervall – Gesamtnetzplan – Teilnetzpläne	2 Wochen –	3 Wochen –	1 Monat 2 Wochen	2 Monate 1 Monat	3 Monate 1 Monat

hierzu Kap. 6.3.2) als die einfacheren und flexibleren Instrumente an. Nach Abschluß dieser dezentralen, gruppenspezifischen Netzplanerstellung müssen die Daten dann in das Zentralverfahren überführt werden, weil nur dort ein terminlicher Gesamtüberblick zu ermitteln ist. Hierbei können sich notwendige Veränderungen in den übernommenen Einzelnetzplänen herausstellen. Die Abwicklung des zentralen Netzplanverfahrens wird – allein wegen der auftretenden Datenmenge – am besten auf einem Großrechner vorgenommen. Die vorstehend beschriebene »föderalistische« Vorgehensweise weist einige besondere Vorteile auf:

▷ Der »Vorplanungsprozeß« bleibt anonym in der Entwicklungsgruppe.

▷ Das »Durchspielen« von mehreren gruppenspezifischen Planungsvarianten läuft aufgrund der PC-Unterstützung besonders schnell und effektiv ab.

▷ Das Projektbüro wird vom Bereinigen der vielen anfänglichen »Dateninkonsistenzen« beim Netzplanaufbau entlastet.

▷ Der terminliche »Gesamtüberblick« über das Projekt ist durch das zentrale Verfahren weiterhin gesichert.

▷ Der Personal- und Betriebsmitteleinsatz wird im Rahmen einer »Multiprojektplanung« durch das zentrale Verfahren optimiert.

▷ Teure Programmläufe auf dem Großrechner werden durch den PC-Einsatz erheblich verringert.

Intensität des Verfahrenseinsatzes

Die Intensität, mit der ein Netzplanverfahren eingesetzt wird, muß sich natürlich nach den jeweiligen Projektgegebenheiten richten. Ausschlaggebend ist hierbei die Größe des Entwicklungsprojekts. In Tabelle 3.29 ist – abhängig von der Projektgröße – aufgezeigt, inwieweit ein Netzplanverfahren genutzt werden sollte. Die Angaben können nur als allgemeine Empfehlungen gelten, die im Einzelfall abweichen mögen, besonders dann, wenn vom Auftraggeber erhöhte Anforderungen an die Projektplanung und -kontrolle gestellt werden.

3.4.4 Netzplanaufbau

Der Aufbau eines Netzplans für eine umfassende Termin- und Einsatzmittelplanung stellt einen wichtigen und kreativen Planungsprozeß dar, der i. allg. rekursiv abläuft. Mitunter sieht man den hierfür erforderlichen, nicht geringen Aufwand allein in der Umständlichkeit und der mangelnden Ergonomie des verwendeten Rechnerverfahrens begründet; dabei wird aber häufig übersehen, daß das vollständige Durchdringen eines geplanten Entwicklungsvorhabens mit der Definition eindeutig beschriebener Arbeitspakete sowie deren richtiger zeitlichen Einordnung immer einen entsprechend hohen Arbeitsaufwand erfordert.

Bild 3.68 veranschaulicht das grundsätzliche Vorgehen beim Aufbau eines Netzplans. In der Praxis und

3.4 Terminplanung

bei Einsatz spezieller DV- oder PC-gestützter Netzplanverfahren sind natürlich manche Arbeitsschritte in abgewandelter bzw. erweiterter Form durchzuführen.

**Planungsabschnitt A
Definition der Vorgänge**

*Arbeitsschritt A1
Projektstrukturplan*

Ausgangsbasis für jede Projektplanung sollte bekanntlich der Projektstrukturplan (siehe Kap. 3.1.2) sein. Mit seiner Erstellung sind alle Arbeitspakete definiert, die für das Durchführen des Projekts und damit für die Realisierung der zu entwickelnden Produkte bzw. Systeme notwendig sind. Die Überleitung von den Arbeitspaketen in die Vorgänge ist – abhängig von der Mächtigkeit der Arbeitspakete sowie den beabsichtigten durchschnittlichen Vorgangsgrößen – nach drei Vorgehensweisen möglich. Es handelt sich hierbei um die Detaillierung, Gleichsetzung oder Komprimierung (Bild 3.69).

Bei der *Detaillierung* erreicht man, daß die Netzplanvorgänge feiner unterteilt werden als die Arbeitspakete im Projektstrukturplan. Dies kann erforderlich sein, wenn man ein bestimmtes Arbeitspaket z. B. auf unterschiedliche Organisationseinheiten aufteilen will, um sie netzplantechnisch getrennt behandeln zu können. Eine Arbeitspaket-Detaillierung kann auch angebracht sein, wenn im Rahmen einer Systementwicklung an mehreren Ausbaustufen oder Systemversionen parallel gearbeitet wird.

Mit der *Gleichsetzung* wird jedes Arbeitspaket des Projektstrukturplans zu einem Vorgang im Netzplan überführt. Diese Vorgehensweise ist die übersichtlichste, weil eine eindeutige Verankerung des Projektstrukturplans im Netzplan möglich ist, so daß dieser aus dem Netzplan automatisch abgeleitet werden kann.

Die *Komprimierung* mehrerer Arbeitspakete zu einem Netzplanvorgang wird vorgenommen, wenn man z. B. aus Kostengründen nur eine globale Netzplanüberwachung vornehmen will. Die Terminkontrolle der ein-

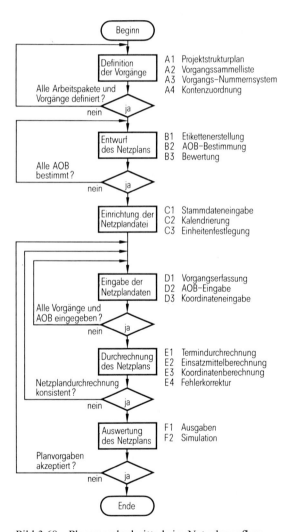

Bild 3.68   Planungsabschnitte beim Netzplanaufbau

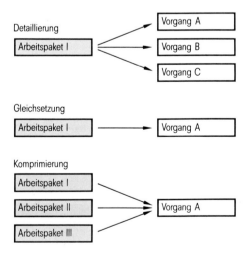

Bild 3.69   Überleitung Arbeitspaket → Vorgang

zelnen Arbeitspakete des Projektstrukturplans muß dann allerdings »manuell« geschehen.

Gemischte Vorgehensweisen sind nicht empfehlenswert, da sie die Übersichtlichkeit der Zuordnung Projektstrukturplan–Netzplan stark mindern. Vorgänge im Netzplan sind dann in der Projektstruktur nicht zu lokalisieren, und umgekehrt können die Arbeitspakete des Projektstrukturplans häufig nicht mehr vollständig den Netzplanvorgängen zugeordnet werden.

Arbeitsschritt A2
Vorgangssammelliste

Die aus dem Projektstrukturplan abgeleiteten Vorgänge werden in einer »Vorgangssammelliste« – auch als Vorgangsliste bezeichnet – aufgenommen und mit einer kurzen, informativen Vorgangsbenennung versehen. Diese Liste dient nur für den erstmaligen Aufbau eines Netzplans; sie nimmt auch die noch festzulegende Vorgangsnummer und die Kontenzuordnung der Vorgänge auf. Als erste Angaben enthält eine Vorgangssammelliste je Vorgang:

▷ Vorgangsbezeichnung,
▷ Vorgangsnummer und
▷ Projektstrukturzuordnung.

Weiterhin kann diese Liste noch folgende Angaben aufnehmen:

▷ Kontenzuordnung
▷ Produktstrukturzuordnung,
▷ organisatorische Zuordnung,
▷ Einsatzmitteldaten,
▷ Termine,
▷ Vorgangsdauer und
▷ prozessurale Merkmale.

Die Vorgangssammelliste stellt ein Arbeitspapier während der Aufgabenplanung dar und wird nach Vorliegen des konsistenten Netzplans nicht mehr benötigt. Der Einsatz eines Texteditors, z. B. auf einem PC, kann für den Aufbau und das Verwalten einer Vorgangssammelliste sehr rationell sein.

Arbeitsschritt A3
Vorgangs-Nummernsystem

Bei Anwendung eines rechnergestützten Netzplanverfahrens muß für das Identifizieren den Vorgängen eine eindeutige Nummer zugeordnet werden. Da DV-Verfahren i. allg. sehr leistungsfähige Selektions- und Sortierfunktionen enthalten, ist es empfehlenswert, ein projektspezifisches *klassifizierendes* Nummernsystem zu definieren, anstelle einer simplen Zählnummer. So ist man später in der Lage, nach den unterschiedlichsten Auswahlkriterien Auswertungen aus der Netzplan-Datenbasis vorzunehmen. Die Wahl des Nummernsystems hängt natürlich von der Projektart, der Prozeßorganisation sowie der gesamten Projektumwelt ab. Deshalb können hier nur Beispiele für die individuelle Definition eines Nummernsystems gegeben werden (Bild 3.70).

Beim Festlegen der Gesamtstellenanzahl müssen einerseits die verfahrensbedingten Grenzen und andererseits die wahrscheinliche Nummern-Inanspruchnahme des jeweiligen Kriteriums berücksichtigt werden. Außerdem geben manche Projektplanungs- und -steuerungsverfahren in ihrem Netzplanteil die Nummernstruktur für die Vorgänge vor (z. B. Abteilung, Projekt, Phase, lfd. Nr.).

Arbeitsschritt A4
Kontenzuordnung

Ist mit dem Netzplan auch eine integrierte Aufwands- und Kostenplanung vorgesehen, so müssen die Netzplanvorgänge den vorhandenen Konten zugeordnet werden. Hierdurch erreicht man, daß während der Projektdurchführung Entwicklung und FuE-Kaufmannschaft von »denselben Dingen« sprechen; Plan-

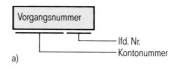

a)

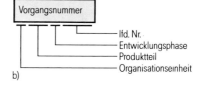

b)

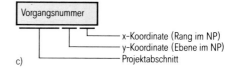

c)

Bild 3.70 Beispiele für Vorgangsnummerung

3.4 Terminplanung

daten und auch Istdaten sind damit auf dieselben Tätigkeitsobjekte beziehbar. Die Kontenzuordnung, die sogar mehrstufig sein kann (z. B. FuE-Konten und Unterkonten), kann entweder implizit in der Vorgangsnummer enthalten sein (wie bei dem vorstehenden Beispiel a) in Bild 3.70) oder explizit als Zusatzinformation beigegeben werden. Häufig korrespondieren zugeordnete Unterkonten mit den Produktteilen im Produktstrukturplan und die FuE-Konten mit Teilprojekten. Der Netzplan ist damit die ideale Datenbasis für die Verbindung zwischen Projektstruktur und Produktstruktur.

In Bild 3.71 ist der im ersten Planungsschritt vorgenommene Übergang vom Projektstrukturplan zum Netzplan schematisch dargestellt.

Planungsabschnitt B
Entwurf des Netzplans

Ein Netzplan besteht bekanntlich aus Vorgängen, die in ihrem zeitlichen Ablauf logisch voneinander abhängen. Für das Bestimmen dieser Anordnungsbeziehungen (AOB) hat es sich in der Praxis als sinnvoll erwiesen, den ersten Entwurf grafisch vorzunehmen. Meist steht aber kein grafischer Arbeitsplatz zur Verfügung, mit dem am Bildschirm die einzelnen Vorgänge aufgebaut und beliebig variiert werden können. Auch sind die heute verfügbaren Bildschirme viel zu klein, um einen Netzplan mit einer großen Anzahl Vorgänge aufnehmen zu können; allein eine »Fenster-« oder eine »Zoom-Technik« wäre hier auch nicht ausreichend. Als praktikables Hilfsmittel bietet sich deshalb – weiterhin – die großflächige Plantafel bzw. Planungswand an.

Arbeitsschritt B1
Etikettenerstellung

In diesem ersten Arbeitsschritt des zweiten Planungsabschnitts müssen die in der Vorgangssammelliste erfaßten Vorgänge auf *Etikettträger* übertragen werden; diese können entweder mit einer Magnetschicht bzw. einer wiederverwendbaren Klebschicht versehen oder als normale Papieretikette an eine entsprechende Wandunterlage angeheftet werden (Bild 3.72).

Vorgangsetiketten dürfen nicht zu groß sein, da sonst beim Entwurf des Vorgangsnetzes die Planungsfläche schnell überladen und unübersichtlich wird. Für das

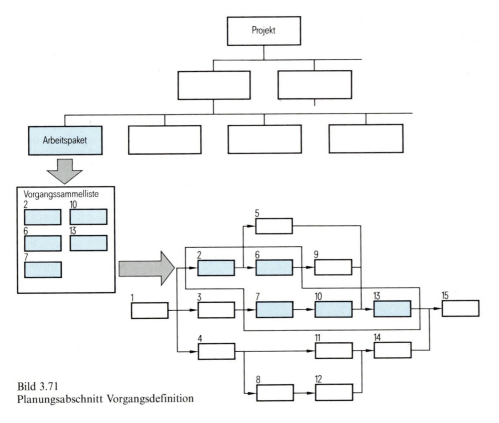

Bild 3.71
Planungsabschnitt Vorgangsdefinition

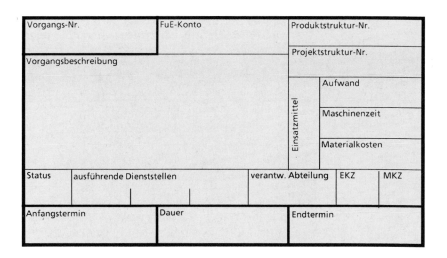

Bild 3.72
Vorgangsetikette (Beispiel)

Erstellen derartiger Vorgangsetiketten kann man auch das eingesetzte Netzplanverfahren heranziehen, wenn dieses in der Lage ist, leere »Vorgangskästchen« auszudrucken, die dann als Etiketten verwendet werden können.

Arbeitsschritt B2
AOB-Bestimmung

Liegen schließlich alle Vorgänge als beschriftete Etiketten vor, so werden sie in ihrer ungefähren zeitlichen Anordnung von links nach rechts auf der Planungswand befestigt. Anschließend rückt man sie unter der »gedanklichen« Berücksichtigung der logischen Abhängigkeiten so hin, daß bei Eintragen der Verbindungspfeile möglichst wenig Überschneidungen auftreten, trotzdem aber thematisch zusammengehörende Vorgänge beisammen bleiben. Auch muß hierbei möglichst der zeitliche Ablauf von links nach rechts erhalten bleiben. Dieser Strukturierungsprozeß ist in mehreren Durchgängen durchzuführen, da man i. allg. die optimale Anordnung der Vorgänge nicht auf Anhieb findet. Was in diesem Zusammenhang als optimal zu gelten hat, hängt entscheidend von den individuellen Ansprüchen der jeweiligen Netzplaner ab. Abhängigkeiten zwischen Vorgängen können dabei aus sehr unterschiedlichen Gründen erforderlich sein:

▷ Technische Gründe,
▷ personelle Zwänge,
▷ Kostengesichtspunkte,
▷ organisatorische Gegebenheiten oder
▷ Auflagen vom Auftragnehmer.

Nach dem grundsätzlichen Festlegen der Anordnungsbeziehungen müssen zu diesen die *Art* der Anordnungsbeziehungen sowie die *Zeitabstände* bestimmt werden. Für das manuelle Beschriften der AOB-Pfeile bieten sich folgende Abkürzungen an:

NF Normalfolge   oder EA Ende-Anfang-Beziehung

AF Anfangsfolge oder AA Anfang-Anfang-Beziehung

EF Endefolge   oder EE Ende-Ende-Beziehung

SF Sprungfolge   oder AE Anfang-Ende-Beziehung

Diesen Abkürzungszeichen werden die jeweiligen Zeitwerte für die Minimal- bzw. Maximalabstände angefügt.

In der Praxis tritt häufig der Konflikt auf, ob ein zeitbestimmendes Geschehen als Vorgang oder als Zeitabstand einer Anordnungsbeziehung deklariert werden soll. Die Darstellung als Vorgang ist dann zu wählen, wenn dem Geschehen Einsatzmittel (Personal, Maschinen, Material) zugeordnet werden sollen. Anderenfalls bietet sich die Verwendung einer Anordnungsbeziehung an, da hierdurch der Netzplan weniger umfangreich wird.

Ziel ist jedenfalls, zu einer Vorgangsanordnung zu kommen, bei der der Netzplan eine starke grafische Aussagekraft besitzt und so zu einem effizienten Planungsinstrument für das Projektmanagement wird. Je besser dieses Ziel erreicht wird, desto leichter hat man es mit der späteren Netzplanaktualisierung.

Arbeitsschritt B3
Bewertung

Die bis jetzt definierten und in einen Entwicklungsablauf eingeordneten Vorgänge müssen nun in diesem Arbeitsschritt *bewertet* werden; hierzu gehört das Bestimmen folgender Angaben:

▷ Entwicklungsaufwand,
▷ Entwicklungsdauer,
▷ Sach- und Betriebsmittel,
▷ Termine.

Die Schätzung des für den einzelnen Vorgang notwendigen Entwicklungsaufwand ist sicher sehr risikobehaftet; sie wird wesentlich verläßlicher, wenn man eine der in den Kapiteln 3.2 aufgeführten Aufwandsschätzmethoden anwendet.

Die Qualität der Schätzung der zugehörigen Entwicklungsdauer – für die von einigen Aufwandsschätzverfahren auch ein Leitwert errechnet wird – hängt entscheidend von dem verfügbaren Personal, von den zur Verfügung stehenden Testanlagen sowie von eventuell notwendigen Materiallieferungen ab. Die (zumindest gedankliche) Zuordnung der einzelnen Personen mit ihrer jeweiligen Qualifikation und Leistungsfähigkeit zu den Vorgängen bestimmt letztendlich die einzuplanende Entwicklungsdauer.

Die Kapazitätsangabe der unterschiedlichen Sach- und Betriebsmittel, wie Rechen- und Maschinenzeiten sowie Materialien, ist aufgrund von Erfahrungsdaten meist leichter vorzunehmen.

Falls der Projektablauf es erfordert, müssen noch für besondere Vorgänge Terminvorgaben gemacht werden, sei es als absolut fixe oder nur als Wunsch-Termine. Die letzteren dienen bei der späteren Termindurchrechnung als Leitwerte, die möglichst einzuhalten sind, aber auch – falls dies aus Konsistenz- oder Optimierungsgründen erforderlich ist – verändert werden können.

Planungsabschnitt C
Einrichtung der Netzplandatei

Arbeitsschritt C1
Stammdateneingabe

Bei Einrichten einer Netzplandatei sind grundsätzliche Angaben zum Projekt zu machen, damit den späteren Netzplanausgaben und -auswertungen informative Angaben beigegeben werden können. Hierzu gehören u. a.:

▷ Name der Netzplandatei,
▷ Projektname,
▷ Benennungen der Teilprojekte,
▷ Name des Planungsverantwortlichen,
▷ Benennung des Netzplans,
▷ Benennungen der Teilnetzpläne,
▷ Organisationszugehörigkeit.

Beschreibende Angaben in der Stammdatei sind meist fakultativ, können daher auch noch später eingegeben werden. Identifizierende Angaben müssen dagegen zu Beginn einer Netzplandurchrechnung vollständig vorliegen, weil anderenfalls Zuordnungsprobleme auftreten würden.

Arbeitsschritt C2
Kalendrierung

Ein Netzplanverfahren rechnet intern wohl mit Zeiteinheiten wie Stunden, Tagen, Wochen oder Monaten, allerdings in einer absoluten Zählung. Für den Projektplaner ist aber die Einordnung dieser Zeiteinheiten in den üblichen Kalender wichtig, da er seine Zeitplanung nur in diesem Zeitraster mit seinen Wochenenden, Feiertagen, Urlauben, Betriebsschließungen etc. vornehmen kann. Daher ist es erforderlich, den Rechner von diesen kalenderspezifischen Daten in Kenntnis zu setzen; diesen Arbeitsschritt beim Einrichten einer Netzplandatei nennt man *Kalendrierung*. Das Zuordnen zu einem Kalender kann es sogar erforderlich machen, mehrere unterschiedliche Arbeitskalender zu definieren, z. B. wenn ein Projekt sich auf Aktivitäten im Inland (gregorianischer Kalender) und im Ausland (islamischer Kalender) bezieht oder wenn bei einem inländischen Projekt die in den einzelnen Bundesländern sehr unterschiedlichen Feiertagsregelungen zu berücksichtigen sind. Im Rahmen einer Kalendrierung werden u. a. folgende Freizeiten festgehalten:

▷ Freie Wochentage   (z. B. Sonntag)
▷ Feste Feiertage   (z. B. 17. Juni)
▷ Variable Feiertage   (z. B. Ostern)
▷ Betriebsschließungstage   (z. B. Heiligabend)
▷ Betriebsurlaub   (z. B. »Fenstertage«).

Das Festlegen derartiger Freizeiten ist meist nicht in einem einmaligen Schritt zu Beginn des Projekts möglich, da z. B. Fenstertage als Betriebsschließungstage für Folgejahre meist noch nicht feststehen.

Arbeitsschritt C3
Einheitenfestlegung

Abhängig von der jeweiligen Projektgröße können bei den späteren Netzplanausgaben und -auswertungen unterschiedliche Einheiten für Zeit, Aufwand und Kosten erwünscht sein:

▷ z. B. Stunden, Tage, Monate für die Zeit
▷ z. B. Mann-Stunden, Mann-Wochen, Mann-Monate für den Aufwand
▷ z. B. DM, TDM für die Kosten.

Es sind stets sinnvolle Einheiten zu wählen, weil sonst falsche Genauigkeiten vorgespiegelt oder wesentliche Zusammenhänge verschleiert werden. So sollte man z. B. für die Wahl einer adäquaten Zeiteinheit 0,5 bis 2% der Projektgesamtdauer wählen. Im folgenden sind einige Empfehlungen für die Wahl der optimalen Zeiteinheit zusammengestellt:

Projektgesamtdauer	*Gewählte Zeiteinheit*
Mehrere Jahre	Monat
Ein Jahr	Woche
Ein Halbjahr	Tag
Einige Wochen	Stunde

Planungsabschnitt D
Eingabe der Netzplandaten

Arbeitsschritt D1
Vorgangserfassung

Die Vorgangserfassung für die Netzplandatei wird von fast allen rechnergestützten Verfahren im Dialog unterstützt, d. h. alle Netzplandaten, die den Vorgang beschreiben, sind in Bildschirmmasken eingebbar. Bei geringen Vorgangsmengen kann diese maskenorientierte Erfassung unmittelbar von Mitarbeitern der Planungsgruppe selbst vorgenommen werden; für sie sind die vollständig ausgefüllten Vorgangsetiketten eine geeignete Eingabeunterlage. Sind dagegen große Mengen von Vorgängen durch Hilfskräfte einzugeben und auch die Vorgangsetiketten nicht vollständig vorhanden bzw. unvollständig ausgefüllt, so ist es angebracht, die Vorgangsdaten nach dem Papierentwurf des Netzplans in spezielle *Erfassungsformulare* zu übertragen, von denen sie dann durch eingespieltes Datenerfassungspersonal in die Netzplandatei überführt werden: Das Bild 3.73 zeigt als Beispiel ein derartiges Vorgangserfassungsformular.

Welche Angaben für jeden Vorgang einzugeben sind, hängt außer von den Projektgegebenheiten vom Funktionsumfang des verwendeten Netzplanverfahrens ab. Die nachstehende Aufstellung kann daher nur Möglichkeiten wiedergeben:

Vorgangstexte	Vorgangsbenennung Zusatzinformationen
Zuordnungen	Vorgangsnummer FuE-Konto Unterkonto Produktstruktur Projektstruktur
Termine/Dauer	Möglichst einzuhaltender Anfangs- bzw. Endtermin Fixer Anfangs- bzw. Endtermin Vorgangsdauer
Einsatzmittel	Personalaufwand Maschinenbelegungszeiten Materialkosten
Statuskennzeichen	Startvorgang Zielvorgang Alleinvorgang
Organisationsangaben	Ausführende Dienststelle Verantwortliche Abteilung Auftraggeber
Entwicklungsmerkmale	Entwicklungsart Entwicklungsphase Tätigkeitsart Meilenstein-Kennzeichen Systemkennzeichen

Arbeitsschritt D2
AOB-Eingabe

Anschließend an die vorgangsspezifischen Angaben müssen die durch den Netzplanentwurf definierten Anordnungsbeziehungen mit ihren jeweilig geplanten Zeitabständen eingegeben werden. Im einzelnen ist hierbei festzulegen:

▷ Vorgänger,
▷ Nachfolger,
▷ Art der Anordnungsbeziehung sowie
▷ Minimal- bzw. Maximalabstände.

Vorgangserfassung

Projekt	Funktionsbezeichnung der nächsthöheren Ebene des PSP, der die unten beschriebene Tätigkeit zuzuordnen ist.	Aufnahme in NP-Nr.: Datum:	Name: Tel: Abt.: Datum:

Vorgangsbeschreibung Vorläufige Vorgangs-Nr.	Aufwand MM	Status Kz	Dauer A-Tage	Fest vorgegebene Termine Anfang T T M M J J	Ende T T M M J J	Meilenstein? ja □ nein □
	EKZ	Testzeit-Bedarf Std./Tag	Anlage	Ausführende Dienststelle	Verantwortliche Abteilung	
Systemkennzeichen SKZ	FuE-Konto-Nr. (AKZ) _ _ X X X		U-Konto	Endgültige Vorgangs-Nr.	Pack-Nummer	
Projektkennzeichen PKZ	NP-Nr.	Rang	Ebene	Shift		

Anordnungsbeziehungen zu F Nachfolger G Vorgänger Vorgangs-Nr.	Beziehung	EKZ-SW		EKZ-HW		Anlagen-Kennziffer
		Entwicklungsklasse	Entwicklungsphase	Entwicklungsklasse	Entwicklungsphase	
		Kennz. Bedeutung	Kennz. Bedeutung	Kennz. Bedeutung	Kennz. Bedeutung	00
		A Vorfeldentwicklung	A Anstoß	1 Vorfeldentwicklung	A Anstoß	01 Anl. 1
		B Neuentwicklung	B Studie	2 Neuentwicklung	B Studie	02 Anl. 2
		C Weiterentwicklung	C Systementwurf	3 Weiterentwicklung	C Systementwurf	03 Anl. 3
		D Adaptionsentwicklung	H Programmentwurf	4 Adaptionsentwicklung	D Modulentwurf	04 Anl. 4
		E Wartung	I Implementierung	5 Wartung	E Realisierung	05 Anl. 5
		F –	K Systemintegration	6 –	F Modultest	06 Anl. 6
		G Support	L Systemtest	7 Prüftechnik	G HW/FW-Integration	07 Anl. 7
			M Betreuung		K Systemintegration	08 Anl. 8
			Z Allgemeines		L Systemtest	09 Anl. 9
					M Betreuung	10 Anl. 10
					Z Allgemeines	11 Anl. 11 Blatt
						12 Anl. 12

Bild 3.73 Vorgangserfassungsformular (Beispiel)

Verfahrenstechnisch kann die Eingabe der Anordnungsbeziehungen auf zwei unterschiedliche Weisen geschehen:

▷ AOB-Eingabe in einem eigenen Modus,
▷ AOB-Eingabe bei der Vorgangsdefinition.

Im ersten Fall werden die Anordnungsbeziehungen jeweils als Paar eines Vorgängers und eines Nachfolgers definiert und in das Verfahren eingegeben. SINET-realisierte Verfahren sowie das PC-Verfahren PLUS.EINS sind Beispiele für diese Vorgehensweise.

Bei einigen Verfahren können dagegen entweder nur die Vorgänger oder nur die Nachfolger zu einem Vorgang explizit angegeben werden (z. B. MS-PROJECT); bei anderen sind sowohl Vorgänger als auch Nachfolger explizit angebbar (z. B. REPROPLIK).

Arbeitsschritt D3
Koordinateneingabe

Die geografische Anordnung der Vorgangskästchen in dem grafischen Netzplan kann bei den meisten

Verfahren automatisch unter Verwendung eines Optimierungsalgorithmus getroffen werden. Die Praxis zeigt aber, daß die *automatische Plazierung* meist nicht den erwünschten Effekt bringt, besonders wenn nach Netzplanaktualisierungen unveränderte Vorgänge unkontrolliert ihren Platz wechseln. Ein bestimmter Ent-

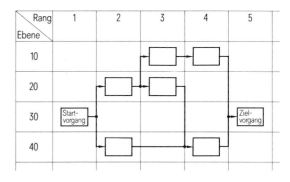

Bild 3.74 Rang und Ebene bei einem Netzplan

wickler muß dann immer wieder von neuem »seine« Vorgänge im Netzplan suchen. Deshalb wird meist – falls das DV-Verfahren es erlaubt – eine durch den Projektplaner fest definierte Plazierung der einzelnen Vorgangskästchen gewählt. Hierzu ist für jeden Vorgang die x- und y-Koordinate im künftigen Netzplan anzugeben. Seine x-Koordinate wird als *Rang* und seine y-Koordinate wird als *Ebene* bezeichnet, wie Bild 3.74 verdeutlicht.

Die Nummern für Rang und Ebene sollten bei der Ersteingabe in dekadischen Sprüngen eingegeben werden, damit man später zusätzliche Kästchen leichter einfügen kann.

Weiterhin muß – wenn eine Netzplangliederung beabsichtigt ist – jedem Vorgang eine Teilnetzplan-Nummer zugeordnet werden, die bestimmt, zu welchem Teilnetzplan der betreffende Vorgang bei späteren Netzplanausgaben gehört. Diese Nummer kann ebenfalls klassifizierende Merkmale enthalten, also z. B. den Netzplan in einen HW-, einen SW- und einen Orgware-Anteil gliedern.

Planungsabschnitt E
Durchrechnung des Netzplans

Nach Eingabe aller Vorgangsdaten und Anordnungsbeziehungen ist mit dem eingesetzten Verfahren eine erste Durchrechnung des Netzplans vorzunehmen, um diesen auf seine Konsistenz zu überprüfen. Drei Durchrechnungen sind hierbei zu durchlaufen:

▷ die Termindurchrechnung
▷ die Einsatzmittelberechnung
▷ die Koordinatenberechnung.

Arbeitsschritt E1
Termindurchrechnung

Dieser Arbeitsschritt umfaßt die terminliche Vorwärts- und Rückwärtsrechnung des Netzplans. Unter Berücksichtigung der gesetzten Termine, der festgelegten Dauern und der definierten Anordnungsbeziehungen werden die Anfangs- und Endtermine der einzelnen Vorgänge ermittelt (siehe Kap. 3.3.5).

Sind die Netzplandaten formal nicht korrekt, so bricht das Verfahren die Durchrechnung vorzeitig ab oder es gibt eine entsprechende Warnung aus. Dagegen kann die Prüfung der fachlichen Richtigkeit erst mit entsprechenden Netzplan-Ausgaben im nächsten Planungsabschnitt vorgenommen werden.

Arbeitsschritt E2
Einsatzmittelberechnung

Mit der Einsatzmittelberechnung wird der zeitliche Bedarfsverlauf der jeweiligen Einsatzmittel berechnet. Hierbei sind die den einzelnen Vorgängen zugeordneten Bedarfsmengen in dem zugehörigen Einsatzmittelkalender aufzunehmen und dort aufzusummieren. Als Ergebnis erhält man je Einsatzmittelkalender und damit je Einsatzmittel einen Summenverlauf des benötigten Bedarfs (siehe Kap. 3.3.6).

Arbeitsschritt E3
Koordinatenberechnung

Falls man die Plazierung der einzelnen Vorgangskästchen in dem grafischen Netzplan nicht manuell durch Angabe der x- und y-Koordinaten vornimmt, kann in diesem Arbeitsschritt eine automatische Koordinatenberechnung für die grafische Aufbereitung des Netzplans angestoßen werden. Abhängig von Randparametern wird in einem Rechnungslauf eine möglichst optimale Plazierung der einzelnen Vorgangskästchen unter Berücksichtigung aller Anordnungsbeziehungen angestrebt.

Die Optimierungsvorgaben sind hierbei:

▷ Möglichst »zeitnatürliche« Vorgangsfolge (d. h. von links nach rechts),

▷ möglichst wenig Kreuzungen von Anordnungsbeziehungspfeilen und

▷ möglichst wenig beanspruchte (Zeichen-)Fläche.

Durch die automatische Plazierung kann allerdings nicht erreicht werden, daß thematisch zusammengehörende Vorgänge im grafischen Netzplan auch örtlich beisammen bleiben, da es für die sachliche »Nähe« von Vorgängen keine Optimierungskriterien gibt. Wegen dieser Nachteile ist eine manuelle Plazierung häufig der automatischen vorzuziehen.

Arbeitsschritt E4
Fehlerkorrektur

Bei allen drei Durchrechnungen können Fehler aufgedeckt werden, und zwar fachliche und formale. Solche Fehler können – wie bereits erwähnt – zu einem Abbruch des Rechnungslaufs führen oder nur eine Warnung zur Folge haben. Hier sind zu erwähnen:

Bei der *Termindurchrechnung:*
▷ Fehlende Vorgangsdauer,
▷ fehlende Terminangabe,
▷ Vorgangsstatus entspricht nicht den Anordnungsbeziehungen (z. B. Zielvorgang hat einen Nachfolger),
▷ gesetzter Termin führt zu negativen Puffer,
▷ Arbeitszeitkalender umfaßt nicht den Projektzeitraum,
▷ gesetzter Termin ist nicht in dem Arbeitszeitkalender enthalten,
▷ Vorgangsnetz enthält Schleife.

Bei der *Einsatzmittelberechnung:*
▷ Einsatzmittelkalender enthält nicht alle Projekttage,
▷ Summenbedarf bzw. -vorrat übersteigt die zulässige Grenze.

Bei der *Koordinatenberechnung:*
▷ Mehrere Vorgänge liegen auf demselben Platz,
▷ vollständige Darstellung nicht möglich (z. B. nicht ausreichend Platz für mehrere AOB-Pfeile).

Leistungsfähige Netzplanverfahren machen in den Terminlisten und Vorgangsübersichten besondere Hinweise an den Stellen, die noch inkonsistente Sachverhalte enthalten; diese unterstützen den Projektplaner beim Aufdecken auch der sachlogischen Fehler.

Nach entsprechender Korrektur der Netzplan-Eingabedaten ist eine erneute Durchrechnung des Netzplans vorzunehmen. Die Arbeitsschritte E1 bis E4 müssen so lange wiederholt werden, wie noch Inkonsistenzen im Netzplan enthalten sind.

Planungsabschnitt F
Auswertung des Netzplans

Arbeitsschritt F1
Ausgaben

Weisen die einzelnen Netzplandurchrechnungen schließlich keine Inkonsistenz mehr auf, so können die Netzplanauswertungen, die das DV-Verfahren ermöglicht, gestartet und ausgegeben werden. Zu den Netzplanauswertungen gehören vor allem:

▷ Terminlisten,
▷ Vorgangsdatenübersichten,
▷ Balkendiagramme,
▷ Auslastungsdiagramme,
▷ Projektstrukturpläne,
▷ grafische Teil- und Gesamtnetzpläne sowie
▷ Projektstatuslisten.

Die Projektbeteiligten sollten nun mit den jeweils für sie relevanten Planinformationen aus dem Netzplan versorgt werden. Es ist also für eine gezielte, d. h. selektive Informationsverteilung im Rahmen eines PM-Berichtwesens durch das Projektbüro zu sorgen.

Arbeitsschritt F2
Simulation

Am Ende des Netzplanaufbaus liegt ein sowohl formal als auch sachlogisch richtiger Netzplan vor; trotzdem braucht dieser noch nicht die endgültige Planbasis für die künftige Projektdurchführung zu sein. Einerseits können andere Planvorgaben für das Projekt in verschiedener Hinsicht günstiger sein, andererseits sind andere noch günstigere Ablauffolgen möglich. Gerade an dieser Stelle treten die Vorteile eines rechnergestützten Netzplanverfahrens besonders stark hervor, da man verschiedene Simulationen möglicher künftiger Arbeitsabläufe ohne großen Aufwand durchführen kann.

Bei der ersten Form einer Simulation verändert man einzelne Planvorgaben so, daß gezielt auf ganz bestimmte Projektparameter eingewirkt wird. Beispielsweise ist durch

▷ Aufheben von Fixterminen,
▷ Verändern von Vorgangsdauern,
▷ Herausnehmen von Vorgängen oder
▷ Verschieben von Anordnungsbeziehungen

ein optimaler Ablauf erreichbar, der zu einer besseren Auslastung des eingesetzten Personals oder zu einem früheren Projekt-Endtermin führt. Auch ist auf diese Weise das »Durchspielen« mehrerer kritischer Wege möglich, so daß man zu einem insgesamt weniger kritischen Ablauf gelangt.

Die zweite Simulationsform nutzt die Optimierungsmöglichkeiten durch Verschieben der Vorgänge innerhalb ihrer Zeitpuffer. Das Ergebnis ist eine bessere Auslastung der Einsatzmittel, besonders des Personals. Diese Bedarfsoptimierung kann – wie bereits in Kap. 3.3.6 kurz erläutert – von zwei unterschiedlichen Vorgaben ausgehen:

Termintreue Bedarfsoptimierung,
kapazitätstreue Bedarfsoptimierung.

Bei der termintreuen Bedarfsoptimierung richtet sich der Simulationslauf nach einem fixen Endtermin aus; bei der kapazitätstreuen wird eine maximale Obergrenze (Vorrat) eingehalten.

Die Simulation mehrerer Netzplanvarianten ist auch ein ausgezeichnetes Mittel innerhalb der *Krisenplanung*, die ja das Ziel hat, durch Vorabbetrachtung möglicher Krisen Lösungswege im voraus aufzuzeigen.

3.4.5 Netzplanstrukturierung

Projekte, die mit Hilfe der Netzplantechnik geplant und überwacht werden sollen, haben meist eine so komplexe Struktur in ihrer fachlichen und organisatorischen Umwelt, daß der Gesamtnetzplan sehr schnell einen für das Projektmanagement nicht mehr überschaubaren Umfang annehmen kann. Solche Netzpläne arten dann bei der grafischen Wiedergabe leicht zu überdimensionalen »Tapetenflächen« aus, die an Aussagekraft stark verlieren. Außerdem erhält ein spezieller Nutzer nicht mehr die für ihn relevanten Ausschnitte, sondern muß sich mit dem gesamten Netzplanumfang abplagen. Ein einzelner Netzplan, der seine Übersichtlichkeit behalten soll, darf daher nicht viel mehr als hundert Vorgänge auf einem Blatt (bzw. Bogen) Papier ausweisen.

Eine ausführliche Untersuchung in den 70er Jahren hat bestätigt, daß die Anzahl Netzplanvorgänge normalerweise mit der Projektgröße ansteigt – trotz größer werdender Arbeitspakete. Ausgehend von dieser Erkenntnis ist in Bild 3.75 dargestellt, wie die Anzahl der Netzplanvorgänge, abhängig von den Projektkosten auf heutiger DM-Basis, für Entwicklungsvorhaben in der Elektrotechnik ansteigt.

Als Durchschnittswert kann hier der Wert von etwa 50 Vorgängen je 1 Mio. DM Projektkosten angesehen werden; es ergibt sich damit für einen Vorgang ein Durchschnittsaufwand von 2 MM. Wie das Diagramm zeigt, liegt bei kleineren Vorgangsmengen eine »Unterplanung« und bei größeren eine »Überplanung« vor. Der sehr breite Übergangsbereich sagt allerdings aus, daß die Wahl der optimalen Vorgangszahl sehr projektspezifisch ist.

Auch sollte man berücksichtigen, daß die Anzahl Vorgänge eines Netzplans während dessen Lebenszyklus schwankt. Wie weiter unten noch erläutert wird, können geplante Vorgänge aufgespalten oder wieder gelöscht sowie abgeschlossene Vorgänge zusammengefaßt werden.

Für das Erreichen einer optimalen Vorgangsanzahl je Einzelnetzplan ist es daher fast immer erforderlich, sich gleich zu Beginn des Netzplanaufbaus eine projektadäquate Netzplanstrukturierung zu überlegen. Hierfür bieten sich, abhängig von den jeweiligen Erfordernissen, mehrere Möglichkeiten an:

▷ Netzplanunterteilung
▷ Netzplanverdichtung
▷ Vorgangsreduktion
▷ Meilenstein-Netzpläne
▷ Standardnetzpläne.

Netzplanunterteilung

Werden die Entwicklungsaktivitäten in großen Entwicklungsbereichen mit einem Netzplan gesteuert, so können leicht einige tausend Vorgänge entstehen; eine grafische oder listenförmige Gesamtausweisung dieser Vorgänge ist meist aber nicht erforderlich. Statt dessen ist eine selektive Ausweisung von Netzplaninformationen nach Gliederungsprinzipien notwendig, die vom betreffenden Entwicklungsbereich vorgegeben sind. Die Gesamtheit der Vorgänge läßt sich nach mindestens einem der folgenden Gesichtspunkte unterteilen:

▷ Organisationsorientierte Unterteilung
▷ Projektorientierte Unterteilung
▷ Technikorientierte Unterteilung.

Bei einer *organisationsorientierten* Netzplanunterteilung muß der Auszug eines Teilnetzplans aus der gesamten Vorgangsmenge so möglich sein, daß eine bestimmte Organisationseinheit (z. B. eine Laborgruppe) nur die von ihr bearbeiteten Netzplanvorgänge ausgewiesen erhält. Auswahlkriterium wäre

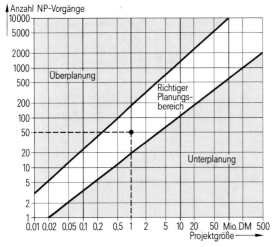

Bild 3.75
Anzahl Netzplanvorgänge abhängig von der Projektgröße

3.4 Terminplanung

hierbei die organisationsbezogene Nummer des Teilnetzplans (siehe hierzu das Bild 3.76).

Werden innerhalb eines Bereichs die Entwicklungsaktivitäten in mehreren Projekten durchgeführt, bietet sich eine *projektorientierte* Gliederung der Vorgangsgesamtmenge an. Unterscheidungsmerkmal ist dann das Projektkennzeichen (PKZ).

Schließlich kann die Vorgangsgesamtmenge auch *technikorientiert* unterteilt werden, weil die unterschiedlichen Entwicklungsarbeiten eindeutig bestimmten Systemen oder Systemteilen zuzuordnen sind. Hier erhält jeder Vorgang ein bestimmtes Systemkennzeichen (SKZ), wodurch eine systemtechnische Netzplangliederung möglich wird.

Sowohl die organisationsorientierte Unterteilung in Teilnetzen als auch die Verwendung eines Projektkennzeichens zum projektorientierten Unterteilung ist eine wichtige Voraussetzung für eine *Multiprojektplanung* mit Hilfe der Netzplantechnik. Alle den einzelnen Vorgängen zugeordneten Projektdaten, wie Termine, Aufwände und Kosten können dadurch auf einfache Weise organisations- und projektionsbezogen, aber auch gesamtbezogen ausgewertet werden.

Wünschenswert ist, daß alle drei Gliederungsgesichtspunkte bei ein und derselben Vorgangsgesamtmenge gleichzeitig anwendbar sind. Dieses wird z. B. bei dem Projektplanungs- und -steuerungsverfahren REPROPLIK (Kap. 6.2.3) erreicht.

Netzplanverdichtung

Für das Beurteilen des Projektgeschehens anhand von Netzplandaten gibt es bei einem Projekt Informationsnutzer auf allen hierarchischen Ebenen einer Organisation. Sowohl der einzelne Entwickler will wissen, welche Vorgänge er zu bearbeiten hat und zu welchen anderen (fremden) Vorgängen diese in besonderer Abhängigkeit stehen, als auch die Leitung will den Projektstand anhand des Netzplans erfahren und beurteilen können. Der entscheidende Unterschied liegt darin, daß der Entwickler über eine begrenzte Vorgangswahl sehr detaillierte Information erhalten will, dagegen ein Bereichsleiter über die Gesamtheit eine globale Übersicht benötigt.

Es muß daher möglich sein, das Projektgeschehen wohl auf einer ausführlichen und damit umfangreichen Detailebene darzustellen; zusätzlich aber muß eine *Verdichtung* der Netzplaninformationen nach »oben« erreichbar sein (Bild 3.77).

Auf der Detailebene ist die Gesamtheit der Netzplanvorgänge vorhanden, die in Teilnetzausgaben den Entwicklern zugeführt werden; einen Gesamtauszug erhält höchstens das Projektbüro. Auf den höheren

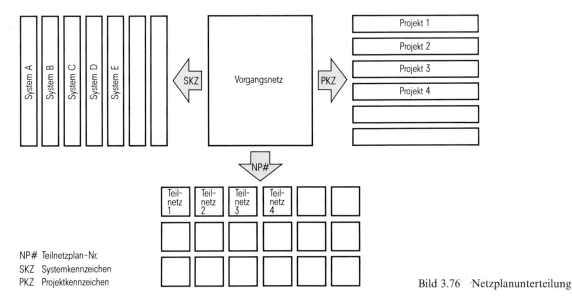

NP# Teilnetzplan-Nr.
SKZ Systemkennzeichen
PKZ Projektkennzeichen

Bild 3.76 Netzplanunterteilung

Netzplanebenen müssen diese Vorgänge nach bestimmten Kriterien verdichtet werden können, um sie in kompakteren Netzplandarstellungen den oberen Leitungskreisen zur Verfügung zu stellen. Teilweise werden diese auf höherer Ebene verdichteten Vorgänge auch als »Blockvorgänge« bezeichnet.

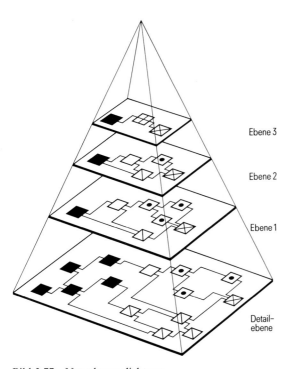

Bild 3.77   Netzplanverdichtung

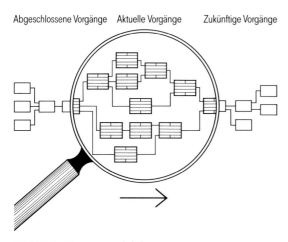

Bild 3.78   Vorgangsreduktion

Entscheidend bei einer solchen Netzplanhierarchie ist, daß beim Verdichten die logischen Abhängigkeiten, die Termine und die Einsatzmittelangaben für die akkumulierten Vorgänge automatisch ermittelt werden, damit auf jeder Ebene »durchrechenbare« Netzpläne entstehen. Mit vertretbarem Aufwand kann dieses natürlich nur ein DV-gestütztes Netzplanverfahren schaffen. Auch muß das Verfahren das Einhalten der Datenkonsistenz zwischen den einzelnen Netzplanebenen bei punktuellen Änderungen gewährleisten, da die Änderungen eventuell Folgeänderungen in anderen Ebenen verursachen.

Vorgangsreduktion

Netzpläne zu Beginn eines Projekts umfassen eine meist noch geringe Anzahl größerer Vorgänge; diese werden normalerweise erst im Laufe des Projektfortschritts aufgespalten. Hierbei kann dann – besonders bei mehrjährigen Großprojekten – das Problem auftreten, daß für die Gesamtmenge der Vorgänge die Speicherkapazität nicht mehr ausreicht, die durch den Adreßraum des eingesetzten DV-Verfahrens gegeben ist. Daher ist es wünschenswert, daß abgeschlossene Vorgänge entsprechend höherer Verdichtungsebenen zu Summenvorgängen zusammengefaßt werden. Diese Vorgehensweise bezeichnet man als *Vorgangsreduktion*.

Wie Bild 3.78 zeigt, hat man sowohl in der Projektvergangenheit als auch in der Projektzukunft »umfassendere« Vorgänge, d.h. vergangene Vorgänge sind bereits reduziert und künftige Vorgänge sind noch nicht detailliert worden. Die Summe der Vorgänge auf der Detailebene kann damit in ihrer Gesamtanzahl in etwa konstant gehalten werden; ein »Platzen« des Speichervolumens wird vermieden.

Die Reduktion von Vorgängen ist auch angebracht, wenn die Detailliertheit abgeschlossener Vorgänge nicht mehr von Bedeutung ist und einen unnötigen Datenballast darstellt. Eine Reduktion führt wohl zur Löschung von Einzelinformationen, bewahrt aber wegen der entsprechenden Kumulierung die Gesamtinformation.

Meilenstein-Netzpläne

Bei Entwicklungsvorhaben, die streng nach einem Entwicklungsprozeßplan abgewickelt werden, legt man häufig Meilensteine fest, an denen zu festen (Meilenstein-)Terminen klar definierte (Meilenstein-)Ergebnisse vorliegen müssen. Das Projektmanagement kann dann die Projektkontrolle ganz auf diese Meilen-

3.4 Terminplanung

steine ausrichten. Das Überwachen von einzelnen Vorgängen tritt hierbei in den Hintergrund; entscheidend ist nur noch die Ergebnisabfrage an den Meilensteinen.

Meilensteine stellen genaugenommen keine Vorgänge, sondern Ereignisse dar, die eigentlich in einem Vorgangsknoten-Netzplan nicht vorkommen. Durch Vergabe eines Meilensteinkennzeichens (MKZ) können aber ausgewählte Vorgänge zu »Meilensteinvorgängen« deklariert werden. Da Meilensteinvorgänge die Vorgangsdauer Null haben müßten, wählt man sinnvollerweise die kleinstmögliche Zeiteinheit für die »Meilensteindauer«.

Durch entsprechende Extraktion solcher Meilensteinvorgänge erhält man einen *Meilenstein-Netzplan,* der auch hierarchisch aufgebaut sein kann (Bild 3.79). Ein Meilenstein-Netzplan ist also kein komprimierter Netzplan auf einer höheren Verdichtungsstufe, sondern ein Netzplan mit sinnvollen Einschnürungen an geplanten Zäsurpunkten, eben den Meilensteinen.

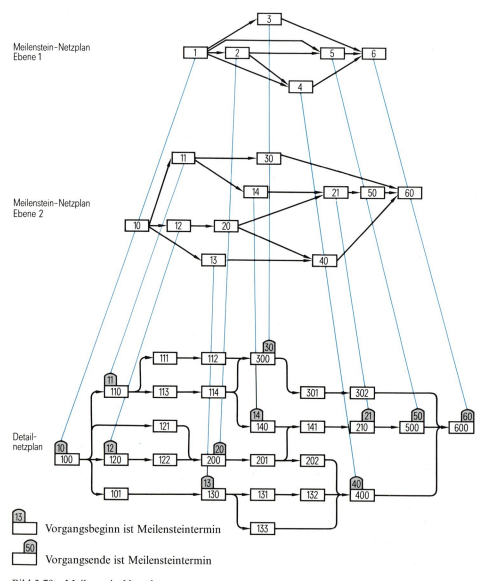

Bild 3.79 Meilenstein-Netzplan

224

Standardnetzpläne

Enthält ein großes Entwicklungsvorhaben mehrere ähnlich verlaufende Entwicklungsabschnitte oder treten in einem Entwicklungsbereich immer wieder ähnliche Entwicklungsabläufe auf, so wäre es nicht rationell, beim Erstellen der einzelnen Netzpläne immer wieder bei »Adam und Eva« anzufangen. Es bietet sich in solchen Fällen an, in einer einmaligen Vorarbeit für diese ähnlichen, öfter sich wiederholenden Entwicklungsabschnitte *Standardnetzpläne* zu entwerfen; diese müssen im aktuellen Fall auf das vorliegende Entwicklungsobjekt angepaßt und anschließend zu Gesamtnetzplänen zusammengefaßt werden. Bild 3.80 veranschaulicht ein solches Vorgehen.

In einem ersten Schritt trifft man eine Auswahl der für bestimmte Projektteile in Frage kommenden Standardnetzpläne. Im zweiten Schritt werden diese Standardnetzpläne auf die speziellen Projektgegebenheiten adaptiert; hierzu sind nicht zutreffende Vorgänge zu streichen, fehlende Vorgänge hinzuzufügen und die entsprechenden Abhängigkeiten richtigzustellen. In einem dritten Schritt werden für all die Projektteile, für die kein adäquater Standardnetzplan zur Verfügung steht, eigene spezifische Teilnetzpläne entworfen. Schließlich integriert man im letzten Arbeitsschritt die adaptierten Standardnetzpläne und die spezifischen Teilnetzpläne zu einem *Rahmennetzplan*.

Bekannte Beispiele für solche Vorgehensweisen bei der Netzplanerstellung aus Standardnetzplänen sind die Termin- und Einsatzmittelplanung bei Bauprojekten oder bei produktnahen Entwicklungen in Gerätewerken. In FuE-nahen Bereichen finden – wegen der dort sehr stark ausgeprägten Innovationen – Standardnetzpläne kaum eine breitere Anwendung.

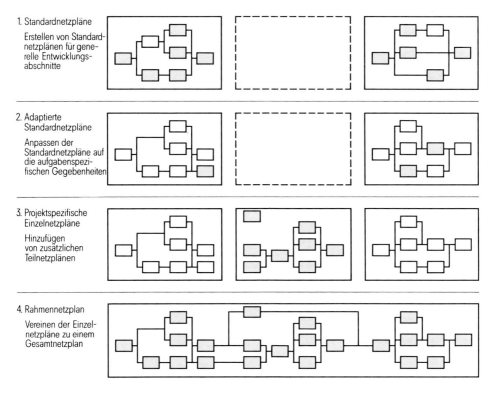

Bild 3.80   Standardnetzpläne

3.5 Einsatzmittelplanung

Die Aktivitäten in einem Projekt beanspruchen in jedem Fall Einsatzmittel. Aufgabe der Einsatzmittelplanung ist nun einerseits eine Bedarfsvorhersage zu geben und andererseits durch Aufzeigen von Engpässen und Leerläufen eine Einsatzoptimierung zu erreichen. Zu den Einsatzmitteln gehören im strengen Sinn:

▷ Geldmittel,
▷ Personal und
▷ Betriebsmittel (Maschinen, Materialien).

Das Einsatzmittel *Geld* wird im Rahmen der Kostenplanung (Kap. 3.6) und Kostenkontrolle (Kap. 4.2) behandelt. Das vorliegende Hauptkapitel geht deshalb nur auf die beiden anderen Einsatzmittel, Personal und Betriebsmittel näher ein.

Zum Einsatzmittel *Personal* gehören alle für das Projekt eingesetzten Personen, sowohl die eigenen Mitarbeiter als auch das Personal fremder Dienststellen bzw. externer Consultant-Häuser. Ihr Einsatz wird innerhalb der »Personaleinsatzplanung« hinsichtlich ihrer personellen Auslastung optimiert.

Das Einsatzmittel *Betriebsmittel* umfaßt alle nicht-monetären und nicht-personellen Einsatzmittel, also Rechenanlagen, Testanlagen, Prüfsysteme etc. sowie alle für die Produktrealisierung notwendigen Materialien. Ihr Einsatz wird innerhalb der »Betriebsmitteleinsatzplanung« optimiert.

Weiterhin kann man bei den Einsatzmitteln noch unterscheiden, ob sie

▷ »verzehrbar« oder
▷ »nicht verzehrbar«

sind. Verzehrbare Einsatzmittel sind vor allem Geld uud Materialien, die nur einmal genutzt werden können und dann nicht mehr zur Verfügung stehen. Die nicht verzehrbaren Einsatzmittel sind wohl zeitlich auch nur einmal verfügbar, können dagegen aber nach einer Nutzung wieder voll verwendet werden. Hier ist allein die zeitliche Beanspruchung die Verfügbarkeitsgrenze. Zu den nicht verzehrbaren Einsatzmitteln gehören neben den Arbeitskräften auch Maschinen und Räumlichkeiten mit ihren jeweiligen Benutzungszeiten.

Besondere Bedeutung im Rahmen einer Einsatzmittelplanung hat die *Multiprojektplanung,* bei der die Einsatzmittel, vor allem Personal und Maschinen, unter mehreren (meist kleineren) Projekten im Zeitablauf optimal aufgeteilt werden müssen. Gerade bei einer durchgängigen Multiprojektplanung kann man projektspezifische Über- und Unterdeckungen von Einsatzmitteln so ausgleichen, daß ein positiver Einfluß auf die gesamte Entwicklungskostenbilanz sowie Entwicklungszeit entsteht. Auch können anhand mehrerer Varianten der Einsatzmittelbelegung *Plansimulationen* durchgeführt werden, um so die günstigste Konstellation herauszufinden.

Selbst wenn Aufgaben- und Terminplanung in einem Projekt funktional und zeitlich in Ordnung sind und auch die Kostenplanung keine Probleme mehr aufwirft, kann dem Projekt trotzdem die Realisierungsbasis fehlen, wenn nämlich die für die Projektdurchführung notwendigen Einsatzmittel nicht zeitgerecht vorhanden sind. Arbeitspakete, die z.B. in einem Netzplan zeitlich nicht kritisch sind, können durch Fehlen eines bestimmten Einsatzmittels *kapazitätskritisch* werden. Es gibt also nicht nur einen zeitkritischen Pfad, sondern auch einen kapazitätskritischen Pfad in einem Ablaufplan. Eine Einsatzmittelplanung – manchmal auch als *Mittelverwendungsplanung* bezeichnet – soll diese kapazitätskritischen Abschnitte im Projektablauf aufzeigen.

Aufgabe jeder Einsatzmittelplanung ist daher, die erforderlichen Arbeitskräfte, Maschinen und Materialien möglichst auslastungsoptimal auf die einzelnen Projektaufgaben (bzw. Projekte) zu verteilen. Eine umfassende Einsatzmittelplanung ist deshalb auch ein Mittel zur Produktivitätssteigerung insgesamt sowie zur allgemeinen Durchlaufzeitverkürzung im Entwicklungsbereich.

3.5.1 Einsatzplanung des Personals

Innerhalb der Einsatzmittelplanung ist die Personaleinsatzplanung am wichtigsten, da das eingesetzte Personal das wertvollste Einsatzmittel sowohl hinsichtlich Kosten als auch Qualifikation darstellt.

Im Rahmen der Terminplanung eines Projekts werden die einzelnen Arbeitspakete wohl in einen logischen und zeitlich richtigen Ablauf gebracht, aber über die Durchführbarkeit unter Berücksichtigung des zur Verfügung stehenden Personals ist mit diesen Terminplänen keine Aussage möglich. Daher müssen in eine die Terminplanung begleitende Personalplanung folgende Aspekte einbezogen werden:

▷ Qualifikation des Personals,
▷ verfügbare Personalkapazität,

▷ zeitliche Verfügbarkeit,
▷ örtliche Verfügbarkeit und
▷ organisatorische Zuordnung.

In der Personaleinsatzplanung wird noch immer nur in Köpfen gedacht, ohne die jeweils vorhandenen Qualifikationen und Verfügbarkeiten ausreichend zu berücksichtigen. So kann ein sehr guter Prüftechniker nicht von heute auf morgen die Arbeiten eines Systemdesigners übernehmen. Oder ein einzelner Entwickler kann nicht zur selben Zeit zwei Arbeiten gleichzeitig ausführen. Auch ist ein Entwickler am Standort A nicht so ohne weiteres an einem weit entfernt liegenden Standort B einsetzbar. Zudem können organisatorische Abteilungsgrenzen ebenfalls gewisse Hemmnisse beim Personaleinsatz verursachen.

Die Personaleinsatzplanung hat insgesamt die Aufgabe, einen optimalen Personaleinsatz über die gesamte Projektlaufzeit herbeizuführen; es sollen möglichst keine Überlastungen und keine zu geringen Auslastungen einzelner Personengruppen auftreten. Natürlich müssen hierbei die vom Auftraggeber gewünschten Termine voll berücksichtigt werden. Die Terminanforderungen bilden fast immer die entscheidende Ausgangsbasis aller Überlegungen für das Optimieren des Personaleinsatzes. Man kann dabei zwei Situationen unterscheiden:

1. Der Termin ist von der Auftraggeberseite festgelegt. Die Frage heißt dann: Welche Personalkapazität in welcher zeitlichen Belegung ist erforderlich?
2. Das zur Verfügung stehende Personal liegt auf der Auftragnehmerseite fest. Die Frage heißt hier: Welches ist der früheste Fertigungstermin bei optimalem Personaleinsatz?

Im ersten Fall spricht man von einer termintreuen, im zweiten Fall von einer kapazitätstreuen Einsatzplanung.

Es gibt aber noch eine weitere – vereinfachte – Vorgehensweise, bei der die Terminbetrachtung nicht explizit einbezogen und das zur Verfügung stehende Personal nur auf die Projektaufgaben verteilt wird. Auf diese Vorgehensweise wird am Schluß des Kapitels noch kurz eingegangen.

Bei der Personaleinsatzplanung werden mehrere Schritte durchlaufen. Es sind dies:

▷ Ermitteln des Vorrats,
▷ Errechnen des Bedarfs,
▷ Gegenüberstellen Bedarf und Vorrat und
▷ Optimieren der Personalauslastung.

Ermitteln des Vorrats

Beim Bestimmen der (verfügbaren) Personalkapazität, des »Vorrats« befindet man sich häufig in einer Konfliktsituation, da diese Aktivität

▷ qualifikationsgerecht,
▷ zeitgerecht oder auch
▷ pauschaliert

durchgeführt werden kann.

Die *qualifikationsgerechte* Vorratsbetrachtung geht auf die jeweilige Eignung des zur Verfügung stehenden Personals ein, ohne die zeitliche Verfügbarkeit zu berücksichtigen. Dagegen geht man bei der *zeitgerechten* Vorratsbetrachtung von auf die Zeit bezogenen Personalkapazitäten aus, ohne wiederum die jeweiligen Qualifikationen besonders zu betrachten. Bei der *pauschalierten* Vorratsbetrachtung wird allein die vorhandene Gesamtkapazität zugrundegelegt – reduziert um statistische Mittelwerte für Fehl- und Ausfallzeiten.

Ziel muß die »ganzheitliche« Vorratsbetrachtung sein, bei der sowohl die Qualifikation des Personals als auch die zeitliche Verfügbarkeit ausreichend in die Einsatzplanung einbezogen wird.

Qualifikationsgerechte Vorratsbestimmung

Bei der qualifikationsgerechten Vorratsbetrachtung teilt man das zur Verfügung stehende Personal in Gruppen gleicher Qualifikation ein und ordnet es gemäß dieser Eignungsgruppierung unter Berücksichtigung der geografischen und organisatorischen Gegebenheiten den einzelnen Projektaufgaben zu. Bild 3.81 zeigt eine hierfür verwendbare Zuordnungsmatrix. Ziel ist letztendlich, festzustellen, von welchem Personalvorrat man für die einzelnen Projektaufgaben ausgehen kann.

Beim Bestimmen des für die einzelnen Projektaufgaben verfügbaren Personals darf man das Personal nicht als »sterile« Kopfzahl sehen, vielmehr muß die individuelle Einbettung in den Projektablauf berücksichtigt werden; auch ist die zeitliche Komponente in die Überlegungen einzubeziehen. Solange ein Mitarbeiter für eine bestimmte Projektaufgabe eingeteilt und dafür tätig ist, kann dieser eben nicht mit einer weiteren Projektaufgabe beschäftigt werden. Auch aus diesem Grund ist die Nutzung eines Netzplanverfahrens sehr hilfreich, weil der gesamte zeitliche Ablauf des Projektgeschehens dann transparenter dargestellt wird.

Projektaufgaben \ Qualifikation	Personalvorrat 8 System-designer	30 HW-Entwickler	40 SW-Entwickler	5 Organisator	10 Hilfskraft	Eingeplantes Personal
Systementwurf	7	2	2	4	10	25
Funktionsmuster	2	30	10	2	8	52
Prototyp	2	30	30	2	5	69
Prüfsystem	1	20	15	2	5	43
Vorserienmodell	–	10	10	4	10	34

Bild 3.81   Zuordnung gemäß Qualifikation (Beispiel)

Zeitgerechte Vorratsbestimmung

Damit gelangt man zu einer zeitgerechten Vorratsbetrachtung, innerhalb der zuerst festgestellt werden muß, welche Personalkapazität je Zeiteinheit (z. B. je Monat) überhaupt realisierbar ist. Hierbei muß selbstverständlich beachtet werden, daß die Mitarbeiter nicht die theoretische Zeit von 52 Wochen mit fünf Wochentagen je acht Arbeitsstunden im Jahr (reduziert um die gesetzlichen Feiertage) zur Verfügung stehen, sondern der gesamte Zeitvorrat reduziert werden muß wegen:

▷ Neueinstellungen,
▷ Kündigungen,
▷ Pensionierungen,
▷ Versetzungen,
▷ Teilzeitarbeit oder
▷ Arbeitszeitverkürzungen.

Als Ergebnis erhält man den *Brutto-Vorrat* je Zeiteinheit; hiervon müssen noch bestimmte Fehl- und Ausfallzeiten abgezogen werden; hierzu zählen:

▷ Krankheits- und unfallbedingte Ausfallzeiten,
▷ Mutterschutzzeiten,
▷ Tarif- bzw. Vertragsurlaube,
▷ tarifbedingte Verfügungstage,
▷ Sonder- und Jubiläumsurlaube,
▷ Bildungsurlaube,
▷ Firmenverschickungen sowie
▷ Wege- und Sozialzeiten.

Ausbildungszeiten gehören nicht in diese Gruppe der (nicht produktiven) Fehl- und Ausfallzeiten. Ausfallzeiten, die durch Krankheit oder Unfall entstehen,
können naturgemäß nicht zeitbezogen sein. Hier muß ein auf die gesamte Zeit verteilter Pauschalwert in die Rechnung eingehen. Bei Abzug all dieser Zeiten von dem Brutto-Vorrat erhält man schließlich den *Netto-Vorrat* je Zeiteinheit (Bild 3.82).

Weiterhin ist bei den o. a. Fehl- und Ausfallzeiten noch zwischen beeinflußbaren und nicht beeinflußbaren Zeiten zu unterscheiden. So sind Mutterschutzzeiten nicht verschiebbar, aber Urlaubszeiten können verlegt werden.

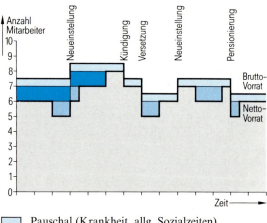

Bild 3.82   Ermittlung des Vorrats

Pauschalierte Vorratsbestimmung

Das Ermitteln des Netto-Vorrats ist bei einfachen Projektumwelten auch in einer pauschalierten Form möglich. Hier werden die Fehl- und Ausfallzeiten als pauschaler Wert von der theoretischen Gesamtarbeitszeit abgezogen. Bewährt hat sich bei dieser Abzugsrechnung entweder das Reduzieren der Arbeitsmonate je Jahr *(Brutto-Rechnung)* oder das Reduzieren der Arbeitsstunden je Monat *(Netto-Rechnung)*.

Werden z. B. folgende Zeitabzüge im Durchschnitt angesetzt

6 Wochen   Urlaub sowie
2 Wochen   Fehl- und Ausfallzeiten,

so daß im Durchschnitt 10 Monate Arbeitszeit im Jahr übrigbleiben, dann ergibt sich bei einer 37-Stundenwoche für die durchschnittliche »projekt-produktive« Jahresleistung eines Mitarbeiters:

Abzugsrechnung 1 (Brutto-Rechnung)

10 MM im Jahr
bei etwa 153 Arbeitsstunden im Monat
d. h. 153 MStd ≙ 1 (Brutto-)MM
   1 MJ ≙ 10 (Brutto-)MM;

Abzugsrechnung 2 (Netto-Rechnung)

12 MM im Jahr
bei etwa 127 Arbeitsstunden im Monat
d. h. 127 MStd ≙ 1 (Netto-)MM
   1 MJ ≙ 12 (Netto-)MM.

Bei der ersten Art der Abzugsrechnung ist vorteilhaft, daß durch eine Kommaverschiebung jede Aufwandszahl in die entsprechende Personalzahl umgewandelt werden kann. Dieser Vorteil geht allerdings verloren, wenn für Fehl- und Ausfallzeiten ein größerer Abzug in die Rechnung eingeht. Bei der zweiten Art bleibt der 12-Monat-Bezug auf ein Jahr erhalten. Größere Abzüge für Fehl- und Ausfallzeiten schlagen sich hier in ein Reduzieren der durchschnittlichen Arbeitsstunden je Monat nieder.

In der Praxis können auch Mischformen der beiden vorgenannten Abzugsrechnungen auftreten, wenn z. B. einerseits die Relation 10 MM im Jahr gewünscht ist (Brutto-Rechnung), andererseits aber ein weiterer Abzug für nicht direkte projektbezogene Tätigkeiten wie Aus- und Weiterbildung, Sonderaufgaben sowie allgemeine Verwaltungsaufgaben von der monatlichen Bruttostundenanzahl vorgenommen wird (Netto-Rechnung).

Allen Abzugsrechnungen zur pauschalierten Vorratsbestimmung ist gemeinsam das Ableiten der durchschnittlichen Stundenanzahl, die ein Mitarbeiter »wirklich« für das Projekt zur Verfügung steht. Es läßt sich daher ein Produktivanteil (in %) wie folgt definieren:

$$\text{Produktivanteil} = \frac{\text{Netto-Stundenanzahl je Zeiteinheit}}{\text{Brutto-Stundenanzahl je Zeiteinheit}} \times 100,$$

wobei sich die Netto-Stundenanzahl je Zeiteinheit aus der Brutto-Stundenanzahl je Zeiteinheit durch Abzug der für den jeweiligen Bereich gültigen Durchschnittswerte für Fehl- und Ausfallzeiten sowie sonstige nicht projektbezogene Zeiten ergibt.

Die Anzahl der produktiven Arbeitstage in einem Jahr C_{prod} errechnet sich zu:

$$C_{\text{prod}} = C_{\text{ges}} - C_{\text{fehl}} + C_{\text{über}}$$

mit

C_{ges} Gesamtanzahl Arbeitstage im Jahr
C_{fehl} Fehl- und Ausfallzeiten (statistischer Mittelwert in Tagen)
$C_{\text{über}}$ Überstunden (statistischer Mittelwert in Tagen)

Damit ergibt sich – abhängig von der wöchentlichen Arbeitszeit – für die Gesamtstunden in einem Jahr U_{ges}:

$$U_{\text{ges}} = C_{\text{ges}} \times U_T$$

mit

$$U_T = \frac{U_W}{5} \text{ (bei 5-Tage-Woche)}$$

U_T Stunden je Arbeitstag
U_W Stunden je Arbeitswoche,

sowie für die Anzahl der produktiven Arbeitsstunden in einem Jahr U_{prod}:

$$U_{\text{prod}} = C_{\text{prod}} \times U_T.$$

Tabelle 3.30 enthält – bei Annahme von 248 Arbeitstagen im Jahr und 42 Tagen für Fehl- und Ausfallzeiten – für unterschiedliche Wochenarbeitszeiten die gesamten und die produktiven Stunden in einem Jahr, die monatlichen Brutto- und Netto-Stundenanzahlen sowie die jeweils erbringbare Anzahl von Brutto-MM (einer 37-Stunden-Woche) im Jahr. Dieser Wert ist bei Einplanung von Mitarbeitern mit unterschiedlicher Wochenarbeitszeit zu berücksichtigen. Ist eine einheitliche Umrechnung von MStd in MM erforderlich

(z. B. innerhalb eines DV-Verfahrens), dann muß ein anteilsbezogener Mittelwert für die mtl. Brutto-Stundenanzahl abgeleitet werden (letzte Spalte der Tabelle 3.30).

Errechnen des Bedarfs

Im zweiten Schritt der Personaleinsatzplanung muß die benötigte Personalkapazität, d. h. der Bedarf, errechnet werden. Wie in Bild 3.83 vereinfacht gezeigt, steht die für ein bestimmtes Arbeitspaket benötigte Personalkapazität in einem unmittelbaren Verhältnis zu der Dauer, die für diese Projektaufgabe eingeplant wird. So ist z. B. – rein rechnerisch – ein Arbeitsvolumen von 80 MM mit 8 Mitarbeitern in 10 Monaten oder mit 10 Mitarbeitern in 8 Monaten zu bewältigen. Natürlich kann diese *Streckung* bzw. *Stauchung* nicht beliebig groß gemacht werden, da es vom Aufwand her immer eine (theoretisch) optimale Personalstärke für ein Projekt gibt (siehe hierzu Bild 2.12).

Der Personalbedarf jeder Projektaufgabe wird also auf der Basis des geschätzten Gesamtaufwands aus der geplanten Dauer abgeleitet:

$$\text{Bedarf} = \frac{\text{Aufwand}}{\text{Dauer}}.$$

z. B.:
Bedarf in Anzahl Mitarbeiter (MA)
Aufwand in Mann-Monaten (MM)
Dauer in Monaten (M)

Im Hinblick auf die o. a. Abzugsrechnungen ergibt sich folgende formelmäßige Erweiterung:

Bedarf in MA (nach Brutto-Rechnung) =

$$= \frac{\text{Aufwand in Brutto-MM}}{\text{Dauer in M}} \times \frac{1}{\text{Produktivanteil}};$$

Bedarf in MA (nach Netto-Rechnung) =

$$= \frac{\text{Aufwand in Netto-MM}}{\text{Dauer in M}}.$$

Tabelle 3.30
Brutto- und Netto-Stundenanzahl abhängig von der Wochenarbeitszeit
Annahme:
C_{ges} = 248 Tage/Jahr
C_{fehl} = 42 Tage/Jahr
$C_{\text{über}}$ = 0

Anzahl Wochenstunden U_W Std./Woche	Anzahl Tagesstunden U_T Std./Tag	Gesamt-Jahresstunden U_{ges} Std./Jahr	Produktiv-Jahresstunden U_{prod} Std./Jahr	mtl. Bruttostundenanzahl (Brutto-MM) Std./Monat	mtl. Netto-Stundenanzahl (Netto-MM) Std./Monat	Anzahl Brutto-MM/Jahr (bez. auf 37-Std.-Wo.)
40	8,0	1984	1648	165	137	10,8
39	7,8	1934	1607	161	134	10,5
38	7,6	1885	1566	157	130	10,2
37	**7,4**	**1835**	**1524**	**153**	**127**	**10,0**
36	7,2	1786	1483	149	124	9,7
35	7,0	1736	1442	145	120	9,4
34	6,8	1686	1401	141	117	9,2
33	6,6	1637	1360	136	113	8,9
32	6,4	1587	1318	132	110	8,6
31	6,2	1538	1277	128	106	8,4
30	6,0	1488	1236	124	103	8,1
29	5,8	1438	1195	120	100	7,8
28	5,6	1389	1154	116	96	7,5
27	5,4	1339	1112	112	93	7,3
26	5,2	1290	1071	107	89	7,0
25	5,0	1240	1030	103	86	6,7
24	4,8	1190	989	99	82	6,5
23	4,6	1141	948	95	79	6,2
22	4,4	1091	906	91	76	5,9
21	4,2	1042	865	87	72	5,7
20	4,0	992	824	83	69	5,4
19	3,8	942	783	79	65	5,1
18	3,6	893	742	74	62	4,8

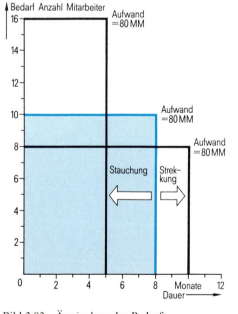

Bild 3.83 Äquivalenz des Bedarfs

Dieser Sachverhalt soll an einem einfachen Zahlenbeispiel erläutert werden. Ausgegangen wird von einem in 14 Zeitmonaten (M) zu erbringenden Gesamtaufwand von 20000-Mann-Stunden (MStd). Der Produktivanteil soll gemäß dem Zahlenbeispiel der vorgenannten Abzugsrechnungen bestimmt werden.

Brutto-Rechnung:

Aufwand in Brutto-MM =

$$= \frac{20\,000 \text{ MStd}}{153 \text{ Std/M}} = 130{,}7 \text{ Brutto-MM}$$

$$\text{Produktivanteil} = \frac{10 \text{ M/J}}{12 \text{ M/J}} \text{ bzw. } \frac{127 \text{ Std/M}}{153 \text{ Std/M}} = 0{,}83$$

$$\text{Bedarf in MA} = \frac{130{,}7 \text{ Brutto-MM}}{14 \text{ M}} \times \frac{1}{0{,}83} = 11{,}25 \text{ MA}$$

Netto-Rechnung:

Aufwand in Netto-MM =

$$= \frac{20\,000 \text{ MStd}}{127 \text{ Std/M}} = 157{,}5 \text{ Netto-MM}$$

$$\text{Bedarf in MA} = \frac{157{,}5 \text{ Netto-MM}}{14 \text{ MM}} = 11{,}25 \text{ MA}.$$

Wie das Beispiel zeigt, ergibt sich bei beiden Rechnungen eine Bedarfskopfzahl, die die Fehl- und Ausfallzeiten gleichermaßen berücksichtigt; bei der Brutto-Rechnung geschieht dies durch Einbeziehen der Kennzahl Produktivanteil und bei der Netto-Rechnung durch Verwenden der Netto-Mann-Monate. (Rundungsungenauigkeiten in der Berechnung des Produktivanteils können zu einer geringfügigen Abweichung der Werte beim Bedarf führen.)

Im Einzelfall kann es auch erforderlich sein, eine Netto-Bedarfskopfzahl zu bestimmen, die die genannten Fehl- und Ausfallzeiten nicht impliziert, weil z. B. diese in einem Ablaufplan explizit ausgewiesen werden.

Wegen dieser einfachen Zusammenhänge erlauben alle gängigen Netzplanverfahren – in denen normalerweise für jedes Arbeitspaket die jeweilige Dauer mit dem zugehörigen Aufwand vorliegt – entsprechende, vollständige Bedarfsberechnungen, die außer der gleichmäßigen Verteilung auch die zeitlich unterschiedliche Inanspruchnahme von Einsatzmitteln ermöglichen (siehe Kap. 3.3.6). Ohne eine derartige Verfahrensunterstützung muß für jede Projektaufgabe der geschätzte Entwicklungsaufwand (bei gleichmäßiger Verteilung) durch die geplane Entwicklungsdauer dividiert werden. Der sich ergebende Bedarf ist dann – bezogen auf die zugehörige Dauer – in ein dem Bild 3.82 analoges Zeitdiagramm einzutragen. Durch sukzessives Addieren der einzelnen »Bedarfsblöcke« gelangt man dann zu einer Hüllkurve, die dem über der Zeit aufgetragenen Gesamtbedarf entspricht.

Gegenüberstellen Bedarf und Vorrat

Im nächsten Schritt der Personaleinsatzplanung wird schließlich der ermittelte Bedarf dem Vorrat gegenübergestellt. Hierbei ist die Unterteilung der Kapazitätskurven nach unterschiedlichen Gesichtspunkten möglich, nämlich

▷ projektorientiert,
▷ organisationsorientiert oder
▷ themenorientiert.

In Bild 3.84 sind diese drei Formen der Bedarfsunterteilung in einer Kapazitätsauslastungsübersicht dargestellt.

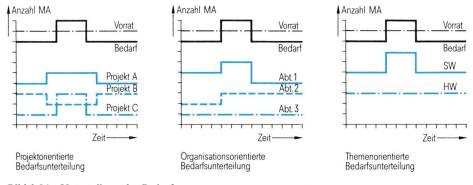

Bild 3.84   Unterteilung des Bedarfs

3.5 Einsatzmittelplanung

Eine Auslastungsbetrachtung, die sowohl qualifikations- als auch zeitgerecht ist, erfordert erheblich mehr Vorarbeiten, da die Bedarfsermittlung nicht nur zeitbezogen je Projektaufgabe, sondern auch noch gegliedert nach den einzelnen Tätigkeitsarten vorgenommen werden muß. Bild 3.85 zeigt vereinfacht eine solche *ganzheitliche* Betrachtung für die beiden Qualifikationsgruppen HW-Entwickler und SW-Entwickler. Wie ersichtlich, liegt – obwohl der Gesamtbedarf den Gesamtvorrat zu keiner Zeit überschreitet – doch zeitweise ein *Personalengpaß* aufgrund der unterschiedlichen Qualifikationen vor.

In den abgebildeten Einsatzkurven ist unten jeweils eine Grundlastlinie zu sehen. Eine dadurch symbolisierte Grundlast liegt vor, wenn der (nur produktive Arbeitszeiten umfassende) Netto-Vorrat dem Projekt nicht voll zur Verfügung steht. Als Grundlasten sind anzusehen:

▷ Aus- und Weiterbildungszeiten,
▷ Lehrtätigkeiten,
▷ Leitungsaktivitäten,
▷ allgemeine Verwaltungsarbeiten,
▷ »Ausleih«-Arbeiten und
▷ sonstige nicht projektbezogene Arbeiten.

Diese Grundlasten lassen sich teilweise zeitbezogen (z. B. Aus- und Weiterbildungszeiten) und teilweise nur pauschal (z. B. allgemeine Verwaltungsarbeiten) einplanen.

Optimieren der Personalauslastung

Im letzten Schritt der Personaleinsatzplanung bemüht man sich um das Optimieren der ermittelten Personalauslastung. Hierbei wird versucht, nichtkritische Arbeitspakete aus Überlastbereichen in Bereiche mit geringer Auslastung zu verlegen. Dies ist natürlich nur dann möglich, wenn es der Entwicklungsablauf technologisch und organisatorisch zuläßt. Ob das der Fall ist, kann allein aus dem Belastungsverlauf nicht ersehen werden, denn dazu gehört die genaue Kenntnis der einzelnen Arbeitspakete in ihren fachlichen und personellen Abhängigkeiten. Auch hier kann der Einsatz eines Netzplanverfahrens sehr hilfreich sein, da automatische Optimierungsläufe – mit Wahlmöglichkeit zwischen termin- und kapazitätstreuer Einsatzmittelbelegung – durchgeführt werden können (Bild 3.86).

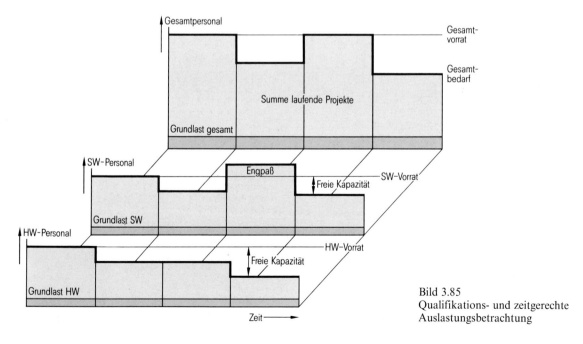

Bild 3.85
Qualifikations- und zeitgerechte Auslastungsbetrachtung

3.5.1 Einsatzplanung des Personals

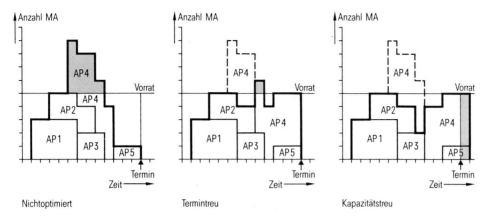

Bild 3.86 Termin- und kapazitätstreue Auslastungsoptimierung

Bei der *termintreuen* Auslastungsoptimierung werden unter Einhaltung der logischen Abhängigkeiten und der gesetzten Termine die Vorgänge so gelegt, daß ohne Überschreiten des Endtermins ein gleichmäßiger Verlauf der Auslastungskurve erreichbar ist. Bei der *kapazitätstreuen* (oder exakter »vorratstreuen«) Auslastungsoptimierung wird die Summenkurve sogar – falls irgendwie möglich – unter einen vorgegebenen Vorratswert gedrückt, wobei allerdings der Endtermin hinausgeschoben werden kann.

Balken-/Auslastungsdiagramm

Auslastungsdiagramme, wie die weiter oben gezeigten, eignen sich isoliert nur sehr bedingt für eine Aussage über einen optimalen Personaleinsatz, da in diesen keine Angaben über die dahinterstehenden Arbeitspakete und deren Termine enthalten sind. Nur in Verbindung mit weiteren Projektplänen und -berichten bringen diese Diagramme den gewünschten Effekt.

Als besonders nützlich hat sich daher das in Bild 3.87 wiedergegebene, mit einem Netzplanverfahren erstellte Balken-/Auslastungsdiagramm erwiesen. Hier wird neben der Auflistung von Arbeitspaketen – denen noch allgemeine Projektinformationen beigefügt sind – ein Balkendiagramm als Zeitplan angehängt und unter diesem wiederum ist zeitgerecht, d. h. mit derselben Zeitachse, ein Auslastungsdiagramm angeordnet. Die Projektleitung kann damit auf einem Blatt die gesamte Termin- und Auslastungssituation sofort überblicken. Bei jeder im Auslastungsdiagramm angezeigten Überlastung bzw. zu geringen Auslastung kann sie leicht in dem darüberstehenden Balkendiagramm die angesprochenen Arbeitspakete mit den betrauten Mitarbeitern herauslesen und daraus entsprechende Schlußfolgerungen ziehen.

Personaleinsatzmatrix

Liegt für die Personaleinsatzplanung kein Netzplan vor und sollen wegen der Vereinfachung die zeitlichen Abhängigkeiten nicht berücksichtigt werden, so läßt sich mit der in Bild 3.88 dargestellten Personaleinsatzmatrix auch eine richtige Verteilung des zur Verfügung stehenden Personals auf die einzelnen Projektaufgaben erreichen.

Auf der horizontalen Achse dieser Einsatzmatrix sind die am Projekt beteiligten Dienststellen mit ihrem jeweiligen Personalvorrat aufgetragen. Die Vertikale enthält die einzelnen Projektaufgaben mit ihrem jeweiligen Personalbedarf. Durch das systematische Aufteilen der Personalkapazitäten auf die Projektaufgaben wird durch iteratives Vorgehen eine möglichst vollständige Personalbelegung angestrebt. Das Ziel ist also, einerseits eine möglichst 100%-Auslastung der verfügbaren Personalkapazitäten, d. h. keine Überlastung bzw. keine zu geringe Auslastung, andererseits eine möglichst 100%-Deckung im Personalbedarf bei den einzelnen Projektaufgaben zu erreichen.

Da die hier erläuterte Personaleinsatzmatrix i. allg. nur in mehreren Durchläufen zum gewünschten Ergebnis führt, bietet sich an dieser Stelle eine PC-Unterstützung an. Die auf Personal Computer vorhandenen

3.5 Einsatzmittelplanung

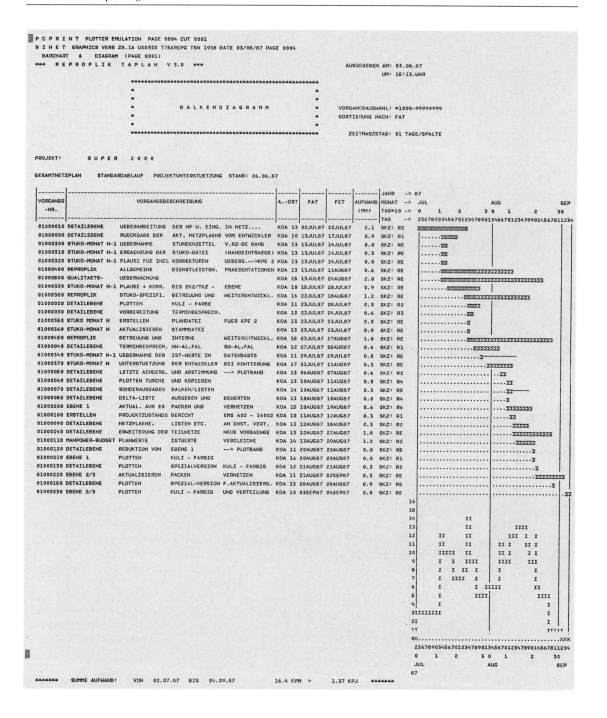

Bild 3.87 Balken-/Auslastungsdiagramm

Personaleinsatzmatrix			Vorrat in MM	30	50	70	45	30
Planungszeitraum: GJ 87/88			eingeplant MM	21	55	65	45	30
Bereich: KMB Datum: 4.9.87			Auslastung in %	70	110	93	100	100
Bedarf in MM	eingeplant MM	Deckung in %	Dienststellen Projektaufgaben	Dienststelle 1	Dienststelle 2	Dienststelle 3	Dienststelle 4	Dienststelle 5
55	57	104	Aufgabe A	16		15		26
90	80	89	Aufgabe B		45		35	
40	39	98	Aufgabe C			25	10	4
50	40	80	Aufgabe D	5	10	25		

Bild 3.88 Personaleinsatzmatrix

Tabellenkalkulationsprogramme ermöglichen den leichten Aufbau solcher Personaleinsatzmatrizen mit einer anschließenden, schnellen Datenmanipulation (siehe hierzu Kap. 6.3.1).

3.5.2 Einsatzplanung der Betriebsmittel

Die für ein Projekt einzuplanenden Betriebsmittel lassen sich – wie bereits erwähnt – gemäß ihrer »Beständigkeit« in zwei Gruppen unterteilen:

▷ »Nicht verzehrbare« Betriebsmittel, deren Nutzung zeitlich begrenzt ist; hierzu zählen z. B.
 Rechenzentren,
 Testanlagen,
 CAD-Arbeitsplätze,
 SW-Entwicklungsarbeitsplätze,
 NC- bzw. CNC-Maschinen,
 Prüfsysteme und -automaten, aber auch
 Transportmittel,
 Räumlichkeiten und
 Lagerflächen.

▷ »Verzehrbare« Betriebsmittel, die verbraucht werden, also nach der Nutzung nicht mehr zur Verfügung stehen; Beispiele hierfür sind
 Bauelemente,
 Labormaterial,
 Werkstattmaterial,
 Datenträger und
 Büromaterial.

Welche Betriebsmittel für ein Entwicklungsprojekt im einzelnen wichtig sind, hängt natürlich vom jeweiligen Entwicklungstyp ab. Beispielsweise sind innerhalb einer Betriebssystem-Entwicklung Betriebsmittel, wie Rechenzentren und SW-Arbeitsplätze sehr wesentlich und daher vornehmlich einzuplanen; dagegen tritt bei einer Entwicklung im Funk- und Radarbereich das Einplanen der Belegung von mehr HW-bezogenen Betriebsmitteln, wie NC-Maschinen und CAD-Arbeitsplätzen, in den Vordergrund.

Eine Betriebsmitteleinsatzplanung sollte nur dann vorgenommen werden, wenn die Gefahr von Engpässen einzelner, für das Projekt relevanter Betriebsmittel besteht. Anderenfalls sollte man auf sie verzichten, da sie für das Projektmanagement doch eine große, zusätzliche Arbeitsbelastung bedeutet.

Die Methoden und Werkzeuge für die Betriebsmitteleinsatzplanung sind denen für die Personaleinsatzplanung sehr ähnlich, teilweise sogar identisch. Daher wird bei den unterstützenden Rechenverfahren häufig kein Unterschied zwischen diesen beiden Bereichen der Einsatzmittelplanung gemacht.

Bei der Einsatzplanung für Betriebsmittel gibt es unterschiedliche Vorgehensweisen:

▷ Vorratseingeschränkte Einsatzplanung
▷ Bedarfsbezogene Einsatzplanung
▷ Freie Einsatzplanung.

Vorratseingeschränkte Einsatzplanung

Bei der *vorratseingeschränkten* Einsatzplanung liegt ein bestimmter, nicht vergrößerbarer Vorrat eines Betriebsmittels vor, der in einer zeitlichen Folge auf mehrere Nutzer möglichst »gerecht« aufzuteilen ist. Zu vorratseingeschränkten Betriebsmitteln gehören z. B. die vorhandenen Testanlagen, Prüfautomaten, Transportmittel oder Räumlichkeiten, wenn deren Inanspruchnahme von vornherein als stark eingeschränkt angesehen werden muß. Da es günstige und weniger angenehme Nutzungszeiten im Laufe eines Arbeitstags bzw. einer Arbeitswoche gibt, muß die Aufteilung über abwechselnde Nutzungsschichten vorgenommen werden. Hierzu eignet sich am besten ein *Schichtplan* (Bild 3.89).

In die Rasterfelder wird ein Symbol für die vorgesehene »Schicht« eingetragen. So kann jeder Projektbeteiligte auf einen Blick erkennen, wer zu welcher Zeit das betreffende Betriebsmittel nutzen wird. Durch die rollierende Zeitversetzung der einzelnen Belegungen wird außerdem eine gerechte Verteilung der günstigen und der weniger günstigen Zeiten erreicht.

3.5 Einsatzmittelplanung

Schichtplan				Testwoche:		26. bis 31.	
Testwoche Dienststelle	26	27	28	Schichtplanung:		Freuzer	
				29	30	31	
EK 11	2.	1.	6.	2.	5.	4.	
EK 12	3.	2.	1.	6.	2.	5.	
EK 13	4.	3.	2.	1.	6.	2.	
EK 21	5.	4.	3.	2.	1.	6.	
EK 22	2.	5.	4.	3.	2.	1.	
EK 23	6.	2.	5.	4.	3.	2.	
PU	1.	6.	2.	5.	4.	3.	

Nutzungszeiten

1.	6 bis 9 Uhr		4.	13 bis 15 Uhr
2.	9 bis 11 Uhr		5.	15 bis 18 Uhr
3.	11 bis 13 Uhr		6.	18 bis 20 Uhr

Bild 3.89 Schichtplan (Beispiel)

Bedarfsbezogene Einsatzplanung

Die *bedarfsbezogene* Einsatzplanung geht primär nicht von einem beschränkten Vorrat aus; bei ihr wird vielmehr zuerst festgestellt, welcher Bedarf an bestimmten Betriebsmitteln zu welchen Zeiten im einzelnen besteht. Am Anfang steht also die Bedarfsermittlung, die manuell oder DV-gestützt vorgenommen werden kann. Bei der manuellen Bedarfsermittlung ist für jedes Arbeitspaket oder Teilprojekt der entsprechende Bedarf, bezogen auf seinen Einsatzzeitraum aufzuschreiben, und in eine Gesamtdarstellung zu bringen. Hierfür ist eine Unterstützung durch ein Netzplanverfahren kaum zu umgehen. Innerhalb eines Netzplans können nämlich den einzelnen Arbeitsvorgängen die Bedarfsmengen der einzelnen Betriebsmittel beigefügt werden. Das Netzplanverfahren kann daraufhin eine Bedarfssummierung über alle Vorgänge, verteilt auf die Zeit, automatisch durchführen. Zudem können alle Varianten einer Selektion nach Organisationseinheiten, Auftragskennzeichen und ähnlichen Ordnungskriterien genutzt werden.

Bei dieser Form der Betriebsmitteleinsatzplanung gelten dieselben Möglichkeiten und Einschränkungen wie bei einer Personaleinsatzplanung mit Hilfe der Netzplantechnik, d. h. es kann auf Wunsch eine termintreue oder eine kapazitätstreue Durchrechnung der Bedarfsmengen mit Anpassung der terminlichen Einordnung der Netzplanvorgänge angestoßen werden.

Die termintreue Durchrechnung bedeutet das Einhalten der gesetzten Termine, vor allem der Endtermine; die Vorgänge werden aber innerhalb ihrer Pufferzeiten so verschoben, daß eine Optimierung des Betriebsmittelbedarfsverlaufs zustande kommt, also möglichst wenig ausgeprägte Bedarfsspitzen auftreten.

Die kapazitätstreue Durchrechnung hat – wie bereits in Kap. 3.3.6 näher erläutert – dagegen als Prämisse das strikte Einhalten einer obersten Vorratsmenge. Falls erforderlich, können sich hierbei sogar die Endtermine verschieben.

Manche Netzplanverfahren, wie z. B. solche, die mit SINET realisiert wurden, ermöglichen eine Einsatzplanung beliebig vieler Betriebsmittel. Bild 3.90 zeigt ein einfaches Beispiel mit drei unterschiedlichen Betriebsmitteln:

▷ CAD-Arbeitsplätze,
▷ Entwicklungsrechner und
▷ Testanlagen.

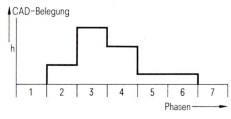

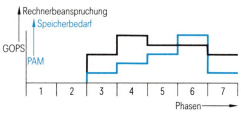

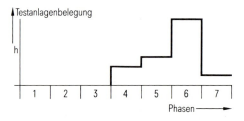

1 Studie
2 Systementwurf
3 Programm-/Schaltungsentwurf
4 Realisierung
5 Systemintegration
6 Systemtest
7 Einsatz

Bild 3.90 Bedarfsbezogene Einsatzplanung

Sehr deutlich zeigt sich hier die Phasenabhängigkeit der einzelnen Betriebsmittel. In den Anfangsphasen eines Projekts werden die entwurfsorientierten Betriebsmittel wesentlich stärker in Anspruch genommen, in den Endphasen die testorientierten Betriebsmittel.

Die beiden Größen für die erforderliche Rechnerkapazität, die Anzahl Rechenoperationen je Zeiteinheit (GOPS, Giga Operationen pro Sekunde) und der Umfang des Speicherbedarfs (PAM-Seiten) sind außerdem wichtige Planungsgrößen für die Investitionsplanung eines Rechenzentrums, bei der man sich anhand dieser Werte rechtzeitig mit entsprechenden Investitionen auf einen eventuell höheren Bedarf einstellen muß.

Freie Einsatzplanung

Wenn ein Betriebsmittel in einem jederzeit ausreichenden Maß zur Verfügung steht, so besteht keine Gefahr allgemeiner Engpässe, auch nicht einer punktuellen Überlastung. In diesen Fällen ist die Einsatzplanung gemäß einer *freien* Belegung möglich, d. h. jeder Aspirant trägt sich in einen Belegungsplan (Bild 3.91) ein, und zwar zum nächstmöglichen Zeitpunkt.

Dem Belegungsplan unterliegt das bekannte Warteschlangenprinzip FIFO (first in, first out). Anforderungen an ein Betriebsmittel werden in der Reihenfolge der Beantragungen erfüllt, d. h. wer zuerst kommt, wird auch zuerst bedient. Zusätzlich können noch einige Spielregeln für diese freie Belegung aufgestellt werden, um »Vordrängler« oder »Sicherheitsbeleger« einzuschränken:

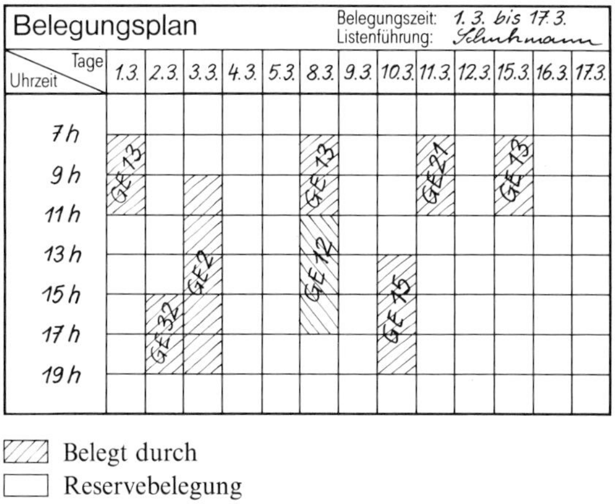

Bild 3.91 Belegungsplan (Beispiel)

▷ Jeder Berechtigte darf nur eine bestimmte Menge belegen.
▷ Jeder Berechtigte darf je Zeiteinheit (z. B. Woche) nur einmal belegen.
▷ Jeder Berechtigte darf beliebig häufig belegen, aber aktuell nur einmal im Belegungsplan eingetragen sein, d. h. erst nach Ablauf darf er wieder belegen.

Hierbei ist es sinnvoll, für besondere »Notfälle« eine gewisse (allgemeine) Reserve im Belegungsplan von vornherein einzuplanen.

3.5.3 Einsatzplanung bei Multiprojekten

Von Multiprojektplanung – auch Mehrprojektplanung genannt – ist dann die Rede, wenn sich mehrere Projekte ein bestimmtes Einsatzmittel (z. B. den Mitarbeiter Klugmann) oder einen beschränkten Vorrat eines bestimmten Einsatzmittels (z. B. 10 Entwicklungsarbeitsplätze) *teilen* müssen. In beiden Fällen sind die Einsatzplanungen der Projekte nicht mehr unabhängig voneinander möglich; eine Planabstimmung der vorhandenen Ressourcen mit Prioritätenvergabe ist erforderlich. Auch müssen im Rahmen der Multiprojektplanung bei Start eines neuen Projekts dessen (neue) Plandaten mit der bisherigen Projektplanung der laufenden Projekte abgeglichen werden und in diese einfließen.

Beim abgestimmten Einplanen können sehr unterschiedliche Gesichtspunkte bedeutsam sein, wie z. B.:

▷ Ganz bestimmte Personen sollen zeitparallel in mehreren Projekten mitarbeiten.
▷ Eine feste Kopfzahl ist als Summe für mehrere Projekte vorgegeben und soll nun auf diese sinnvoll aufgeteilt werden.
▷ Ein vorgegebenes Budget steht für eine bestimmte Anzahl Projekte zur Verfügung; dieses soll sachgerecht auf die einzelnen Projekte aufgeteilt werden.
▷ Eine beschränkte Menge eines bestimmten Betriebsmittels, z. B. Testanlagen, Arbeitsplätze oder Rechenzeiten ist vorhanden, die unter einer bestimmten Anzahl Projekte »gerecht« verteilt werden soll.

Mitarbeiterbezogene Einsatzplanung

Sind Mitarbeiter gleichzeitig für mehrere Projekte tätig, so wird bei der mitarbeiterbezogenen Einsatzplanung deren Arbeitskraft (100%) prozentual auf die einzelnen Projekte aufgeteilt (Bild 3.92).

Über zeitsynchrones Aufsummieren solcher Mitarbeiter-Kapazitätsaufteilungen erhält man – bezogen auf ein Zeitraster – die für die einzelnen Projekte verfügbaren Personalkapazitäten. Dieser projektspezifische Vorrat kann nun z. B. den aus Einzelnetzplänen der Projekte ableitbaren Bedarfswerten gegenübergestellt werden und dort zu Korrekturen führen.

Eine sehr einfache Methode für eine mitarbeiterbezogene Multiprojektplanung ist auch die in Bild 3.109 angegebene Mitarbeitereinsatzmatrix. Dort werden nämlich namensbezogen die Mitarbeiter auf die einzelnen Projekte aufgeteilt, wobei ebenfalls zu versuchen ist, einen optimalen Abgleich zwischen dem verfügbaren Personalvorrat und dem Personalbedarf der einzelnen Projekte zu erreichen.

Entscheidend ist bei dieser Form der Personaleinsatzplanung, daß primär von der personellen Zuordnung zu den einzelnen Projekten und nicht von deren allgemeinen Personalbedarfswerten (Kopfzahl) ausgegangen wird.

Einsatzmittelbezogene Einsatzplanung

Bei dieser Form der Einsatzplanung steht ein beschränkter Vorrat bestimmter Einsatzmittel für mehrere Projekte zur Verfügung, der möglichst gerecht auf die einzelnen Projekte aufgeteilt werden soll. Hierbei können die Routinen der Einsatzmittelberechnung eines rechnergestützten Netzplanverfahrens gute Dienste leisten.

Als erstes muß man hier eine *Engpaßanalyse* vornehmen, indem die Einzelprojekte einer getrennten Einsatzmittelberechnung (Bild 3.93) unterzogen werden. Die sich ergebenen Einzel-Histogramme des Einsatzmittelbedarfs werden anschließend in eine Summendarstellung überführt. Dem sich hierbei ermittelten Gesamtbedarf kann man nun dem verfügbaren Gesamtvorrat in der bekannten Weise einer Einsatzmittelplanung gegenüberstellen. Wichtig ist hierbei, eine »gerechte« Rückführung auf die Einzelprojekte sicherzustellen, falls eine Beschränkung im Vorrat das Reduzieren des Bedarfs erzwingt.

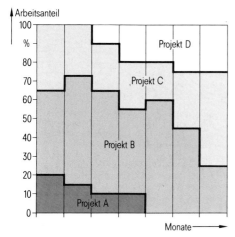

Bild 3.92
Mitarbeiterbezogene Einsatzplanung als Beispiel

Es stellt sich nun die Frage, welches Projekt in seinem Bedarf gekürzt werden soll. Es ist daher im Rahmen einer Prioritätenbetrachtung abzuwägen, welche Entwicklungsaufgabe den größten geschäftlichen Erfolg verspricht. Themenfremde Aufgaben erfordern längere Einarbeitungszeiten und ergeben möglicherweise Qualitätseinbußen, falls diese Aufgabe ein Erstlingswerk auf dem neuen Gebiet darstellt. Auch ist zu prüfen, ob ein späterer Termin akzeptiert oder eine andere Entwicklungsgruppe beauftragt werden kann, die zwar ausgelastet, aber doch geeigneter für die betreffende Entwicklungsaufgabe ist. Hierbei kann man häufig erst durch mehrmaliges Durchlaufen der obigen Planungsschritte eine optimale Einsatzmittelaufteilung erreichen.

Die in Bild 3.93 vorgestellte Vorgehensweise bei einer Multiprojektplanung läßt sich bei einem rechnergestützten Netzplanverfahren sehr gut mit den Möglichkeiten der *Teilnetzplantechnik* realisieren. Dabei werden die Projekte in getrennten Teilnetzplänen (Low Level Network) durchgeplant und auf einer höheren Netzplanebene (High Level Network) zusammengeführt.

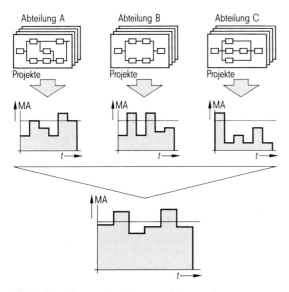

Bild 3.93   Einsatzmittelbezogene Einsatzplanung

3.6 Kostenplanung

Letzter wesentlicher Abschnitt der Projektplanung ist die Kostenplanung; sie ist ein sehr »kritischer« Abschnitt, weil sie sich einerseits auf Daten aus der technischen Planung und andererseits auf Daten aus der kaufmännischen Planung abstützt, die gemeinhin nicht deckungsgleich sind. Die technische Planung hat vornehmlich das technische Entwicklungsziel im Auge; die kaufmännische Planung betrachtet dagegen die Gesamtheit eines Entwicklungsbereichs. Hieraus sich ergebende Konflikte sind im gegenseitigen Anerkennen der jeweiligen Probleme gemeinschaftlich zu lösen.

Auch sollte man verstärkt eine ganzheitliche Kostenbetrachtung durch Einbeziehen aller Kosten des gesamten Produktlebenszyklus – von der Produktidee bis hin zur Produktstreichung – vornehmen. Diese *Lebenszykluskosten* (LCC, Lebenswegkosten) umfassen neben den reinen Anschaffungskosten (Entwicklungs-, Fertigungs- und Vertriebskosten) auch die Folgekosten beim späteren Betriebseinsatz (Betriebs-, Wartungs- und evtl. Stillegungskosten), wobei häufig die Nachfolgekosten den Hauptanteil darstellen (siehe Bild 5.5). Ziel des Konzepts der LCC ist die kostenwirksame Optimierung der Produktgesamtkosten.

Ausgangsbasis für eine transparente Kostenplanung ist in jedem Fall die vollständige Aufgabenplanung der einzelnen Arbeitspakete. Mit einer projektumfassenden *Vorkalkulation* sollten möglichst in einer Vollkostenrechnung alle direkten und indirekten Kosten für das Projekt erfaßt werden. Das Einrechnen der unterschiedlichen Formen von Gemeinkosten ist naturgemäß sehr problematisch. Ein Teil dieser Kosten ist bereits in die Stundenverrechnungssätze eingearbeitet; andere Kostenelemente müssen zusätzlich pauschal umgelegt werden. Auch künftige Kostensteigerungen durch Inflation und Gehaltserhöhungen sind zu berücksichtigen.

Die eigentliche Kostenplanung umfaßt zwei Aspekte: die *FuE-Budgetierung* und die *FuE-Planung*. Die FuE-Planung ergibt sich aus der Aufwandsplanung auf der fachlichen Ebene der Projekte; aus ihr entstehen die für das jeweilige Projekt erforderlichen Kosten, d. h. der geforderten Geldmittel. Inwieweit diesen entsprochen werden kann, ergibt sich erst aus der Abstimmung mit der FuE-Budgetierung, bei der – ausgehend von dem Wirtschaftsplan des betreffenden Entwicklungsbereichs – über eine Geschäftsfeldgliederung eine projektbezogene Zuteilung von Budgets abgeleitet wird. Reicht der zugeteilte Budgetrahmen für das Projekt nicht aus, so muß entweder der FuE-Plan zurückgenommen werden oder – falls dies sachlich oder betrieblich nicht möglich ist – sind innerhalb der FuE-Budgetierung die Prioritäten zu verschieben.

3.6.1 Projektkalkulation

Die zunehmende Durchdringung aller elektrotechnischer Produktbereiche mit Elektronik hat zu veränderten Entwicklungs- und Fertigungsstrukturen geführt. Einerseits hat dies bekanntlich eine Verschiebung der HW- und SW-Anteile in den Produkten gebracht, andererseits enthalten die Produktkosten durch laufende Rationalisierung bei der Fertigung neuer Produkte ständig steigende Anteile an Entwicklungskosten (siehe Bild 1.1). Hierdurch rückt die »quellengerechte« Kalkulation im Entwicklungsbereich stärker in den Vordergrund. Alle Anstrengungen auf diesem Gebiet münden in ein Konzept der gesamtheitlichen *FuE-Projektkalkulation* – gesamtheitlich deshalb, weil sie vom Entwicklungsbeginn bis hin zum Entwicklungsende den Entwicklungsprozeß »kalkulatorisch« begleiten soll.

Kalkulationsabschnitte

Die Projektkalkulation gliedert sich in drei aufeinanderfolgende Kalkulationsabschnitte:

▷ Vorkalkulation
▷ Mitkalkulation
▷ Nachkalkulation.

Diese Abschnitte, die in sich mehrfach durchlaufen werden können, bilden zusammen mit einer Aufwandsschätzung und einer Erfahrungsdatensammlung einen geschlossenen Kreislauf (Bild 3.94).

Vorkalkulation

In der Vorkalkulation (VORKA) wird das (Plan-)Mengengerüst hinsichtlich Personalaufwände, Entwicklungskosten und Produktergebnismengen festgelegt. Die voraussichtlichen Produktgrößen (z. B. Anzahl Befehle, Anzahl Logikfunktionen, Gerätegewicht) sind hierbei die Vorgaben für die Aufwandsschätzung, die die Planwerte Aufwand und Kosten für die Vorkalkulation liefert.

Mitkalkulation

Die Mitkalkulation (MITKA) stellt das kontrollierende Glied dieser meist prozeßorientierten Kostenplanung und -überwachung dar. Ihre Aufgabe ist das laufende Gegenüberstellen der eingetretenen Aufwands- und Kostenwerte mit den entsprechenden vorkalkulierten Planwerten. Die Mitkalkulation ent-

3.6 Kostenplanung

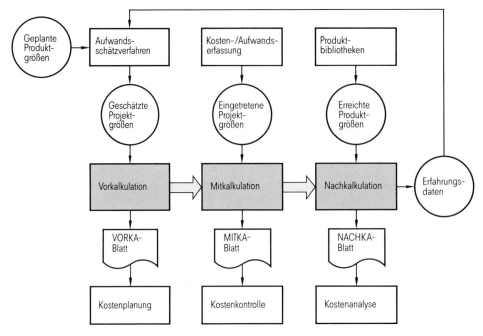

Bild 3.94   Kreislauf der Projektkalkulation

spricht damit dem bekannten Plan/Ist-Vergleich innerhalb der Projektkontrolle mit der Konsequenz, daß diese in derselben Struktur wie die Vorkalkulation vorgenommen wird.

Nachkalkulation

Die Nachkalkulation (NACHKA) ist quasi die letzte Mitkalkulation, die damit die endgültigen Istwerte der kalkulierten Projektgrößen umfaßt. Hierzu kommt jetzt allerdings die Gegenüberstellung mit den erreichten Produktgrößen, die mit Hilfe von Zählroutinen aus Produktbibliotheken o. ä. zu ermitteln sind. Innerhalb der Nachkalkulation werden also alle kalkulationsrelevanten Produkt- und Projektgrößen in einem einheitlichen Schema gegenübergestellt und einer *Projektkostenanalyse* unterzogen; gleichzeitig leiten sich aus der Nachkalkulation Erfahrungsdaten ab, die – falls vorhanden – in eine Erfahrungsdatenbank einfließen. Erfahrungsdaten selbst bilden wiederum die Basis für eine Kalibrierung der bei Projektbeginn verwendeten Aufwandsschätzverfahren, so daß diese bei künftigen Projekten exaktere Schätzergebnisse liefern. Hiermit schließt sich der Kreislauf der Projektkalkulation.

Werden die Vor-, Mit- und Nachkalkulation nach einem gemeinsamen Kalkulationsschema gemäß einer einheitlichen Kalkulationsstruktur durchgeführt, so spricht man von einer *strukturierten* Kalkulation (STRUKA) bzw. einer *integrierten* Kalkulation (INKA). Der große Vorteil einer solchen strukturierten Kalkulation ist, daß alle Projekte in einem Entwicklungsbereich zu Beginn (Vorkalkulation), während (Mitkalkulation) und am Ende (Nachkalkulation) kostenmäßig nach demselben Muster »durchleuchtet« werden. Auf diese Weise ist ein berechtigter Kostenvergleich sowohl zwischen einzelnen Projektteilen als auch zwischen einzelnen Projekten möglich.

Kalkulationsstruktur

Ziel der Vorkalkulation ist, schon in frühen Entwicklungsstadien eines Projekts fundierte Kostenaussagen als Grundlage für die Preisbildung und die Planung der Entwicklungskapazitäten und der Entwicklungskosten eines Bereichs zu erhalten; d. h., für die vertraglichen Vereinbarungen sollen die betriebswirtschaftlichen Rahmendaten (Angebotswert, Projektergebnis etc.) ermittelt werden.

Voraussetzung für eine solche, aussagekräftige Vorkalkulation ist allerdings das transparente produkt-

und prozeßorientierte Strukturieren des geplanten Entwicklungsvorhabens.

Einerseits müssen überschaubare *kalkulationsrelevante Teileinheiten* gebildet werden, die weder zu groß noch zu klein sind. Die optimale Größe hängt hierbei natürlich sehr entscheidend von der Entwicklungsstruktur ab. Handelt es sich um Entwicklungsgroßprojekte, wie z. B. in der Anlagen- und Systemtechnik, so gelten andere Kostengrenzen für eine vernünftige Teileinheitenbildung als in Entwicklungsbereichen mit vielen und kleinen Entwicklungsvorhaben, wie z. B. im Gerätebau. Als Leitgröße für kalkulationsrelevante Teileinheiten kann aber gelten:

200 TDM bei großen Projekten und
 50 TDM bei kleinen Projekten.

Andererseits muß eine Struktur gewählt werden, die einen rechenbaren Zusammenhang zwischen Kalkulationsstruktur und Mengengerüst herstellt. Nur so ist ein kostenmäßiges Bewerten von Produktergebnismengen in der späteren Nachkalkulation möglich.

Die Gliederung der kalkulationsrelevanten Teileinheiten sollte sich daher weitgehend nach der Produktstruktur richten, weil auch hier die Produktstruktur den gemeinsamen Zuordnungsrahmen für die angebundene Verfahrenswelt darstellt. In der späteren Projektdurchführung werden ja schließlich die Istwerte der Entwicklungskosten durch eingehende Rechnungen bzw. Weiterverrechnungen und durch eine Stundenkontierung ermittelt. Beide Erfassungsquellen beziehen sich dabei meist auf die jeweilige Produktstruktur. Soll also bei der nachfolgenden Mitkalkulation ein Plan/Ist-Vergleich möglich sein, so muß die Teileinheitenbildung der Vorkalkulation bereits auf die Strukturierung der Kosten- und Stundenerfassung nehmen.

Neben dem Strukturieren nach Teileinheiten sind häufig Strukturierungen nach weiteren Gesichtspunkten gewünscht; hierzu zählen:

▷ Kostenelemente,
▷ Kostenverursacher,
▷ Entwicklungsphasen,
▷ Tätigkeitsarten etc.

Bild 3.95 zeigt das Beispiel eines solchen »Kalkulationswürfels«, der eine weitere Untergliederung der Teileinheiten nach Kostenelementen und Entwicklungsphasen veranschaulicht. Hierbei sind die einzelnen Kostenelemente bereichsspezifisch festzulegen und die Phasenkennzeichen müssen entsprechend der eingeführten Entwicklungsprozeßpläne definiert werden.

Kalkulationsschema

Nach dem Festlegen der Teileinheiten sind diese entsprechend der Prozeßstruktur zu kalkulieren. Mit Unterstützung geeigneter Aufwandsschätzmethoden und -verfahren werden die für einzelne Teileinheiten notwendigen Personalaufwände – strukturiert nach Phase und (eventuell) nach Tätigkeitsart – geschätzt und in ein einheitliches *Kalkulationsschema* aufgenommen. Hierbei bewertet man die in MM oder MJ geschätzten Aufwände mit den entsprechenden Kostensätzen und rechnet sie in Kostenwerte (TDM) um. In dem Kalkulationsschema werden neben den phasen- und tätigkeitsartbezogenen Personalkosten noch weitere Kostenelemente aufgenommen. Hierzu gehören phasenbeziehbare Kostenanteile wie

— Musterbaukosten,
— SW-Käufe und
— Rechenzeitkosten.

Weiterhin gibt es Kostenanteile, die nicht auf eine einzelne Entwicklungsphase beziehbar sind:

— Allgemeine Projektverwaltungskosten,
— Reisekosten,
— Zusatzkosten für Consultants,
— Qualitätssicherungskosten und
— allgemeine auftragsspezifische Dienstleistungen.

Soll für die entsprechende kalkulationsrelevante Teileinheit eine *Vollkostenrechnung* vorgenommen wer-

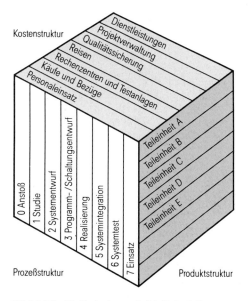

Bild 3.95 Kalkulationswürfel (Beispiel)

3.6 Kostenplanung

den, so sind neben den auftragsspezifischen Kostenanteilen auch noch Kostenanteile hinzuzurechnen, die nicht auftragsspezifisch anfallen. Hierzu gehören u. a.

— Kostenanteil für allgemeine Toolentwicklung,
— Kostenanteil für die Grundlagenentwicklung und
— allgemeine Gemeinkostenanteile.

Schließlich kann für das Ermitteln der gesamten *Entwicklungsselbstkosten* noch ein Risikozuschlag berücksichtigt werden. In Bild 3.96 ist beispielhaft ein Kalkulationsschema aufgeführt, wie es in seiner Grundstruktur Anwendung in Entwicklungsbereichen der Kommunikations- und Nachrichtentechnik gefunden hat.

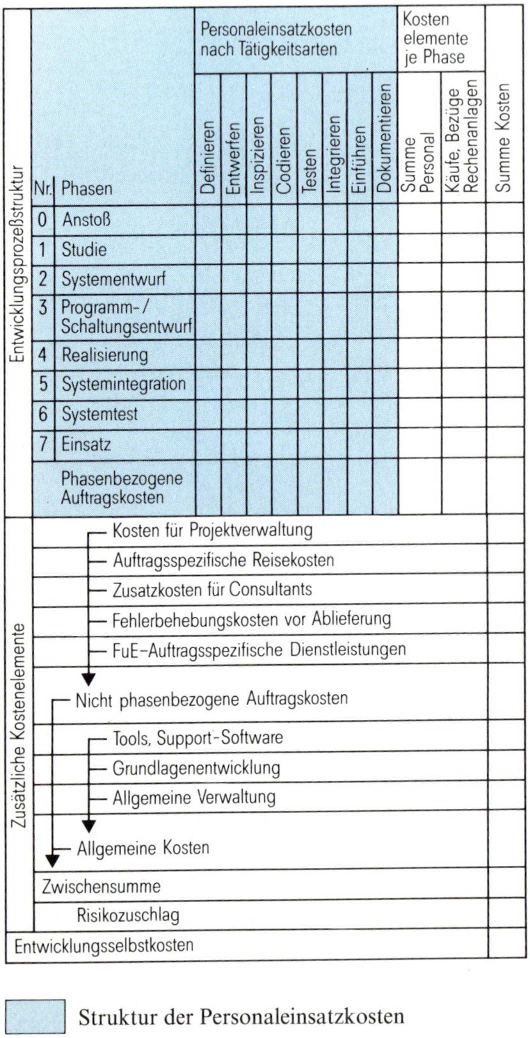

Bild 3.96 Kalkulationsschema

Verfahrensunterstützung

Da Vorkalkulationen in einer interaktiven Vorgehensweise erstellt werden, bietet sich für das Arbeiten mit dem Kalkulationsschema eine Verfahrensunterstützung auf einem Personal Computer an. Dabei wird im ersten Schritt eine Aufstellung aller zu einem Projekt gehörenden Teileinheiten vorgenommen. Anschließend bietet der Personal Computer für jede kalkulationsrelevante Teileinheit ein leeres Kalkulationsblatt an. Dieses kann entsprechend dem Planungsfortschritt nach und nach mit den einzelnen Daten der Vorkalkulation gefüllt, durchgerechnet und jeweils bei Bedarf wieder ausgedruckt werden (Bild 3.97). Neben der Möglichkeit, das Kalkulationsschema für jede einzelne Teileinheit auszudrucken, ist auch die Ausgabe von Projektzusammenstellungen möglich, bei der die Summendaten jedes Kalkulationsblatts erscheinen und damit einen Gesamtüberblick über alle Teileinheiten eines einzelnen Projekts erlauben.

Bei Entwicklungsbeginn werden die Vorkalkulationswerte aus dem PC-Verfahren in die vorhandenen Kostenüberwachungsverfahren, die gemeinhin auf Großrechner ablaufen, als Plandaten übernommen. Nimmt man nun die einsetzende Istdatenerfassung (Rechnungsschreibung, Stundenkontierung etc.) entsprechend der vorliegenden Kalkulationsstruktur vor, so ist es möglich, die anfallenden Istdaten den Vorkalkulationswerten in einem Plan/Ist-Vergleich direkt gegenüberzustellen. Hierzu erzeugt das DV-Verfahren ein Mitkalkulationsblatt (MITKA-Blatt), das einen ähnlichen Aufbau wie das in Bild 3.97 gezeigte Vorkalkulationsblatt (VORKA-Blatt) hat. Wie jeder andere Plan/Ist-Vergleich wird die Mitkalkulation in einem regelmäßigen – meist monatlichen – Rhythmus vorgenommen. Auch hier sind Einzeldarstellungen sowie Projektzusammenstellungen möglich.

Bei Projektabschluß wird schließlich das Nachkalkulationsblatt (NACHKA-Blatt) erzeugt, welches ähnlich dem MITKA-Blatt aufgebaut ist, zusätzlich aber noch positionsgerecht die Produktergebnismengen aufnehmen kann. Auch bietet es sich an, innerhalb der Nachkalkulation vom DV-Verfahren weitere Auswertungen wie z. B. Meßdatenblätter zu erstellen.

3.6.2 FuE-Budgetierung

Unter Budgetierung versteht man die zweckgebundene Zuweisung von Etats oder Ressourcen für einen definierten Zeitraum.

Ein auf technischem Gebiet arbeitendes Unternehmen wird je nach seiner Ertragskraft und seinen Geschäfts-

SW-KALKULATION – KALKULATION JE TEILEINHEIT (TE) – VORKALKULATION

FÜR ZL 12.01.87

ANF.TERMIN: 01.10.85	PROJEKTLEITER: Leiter X------X	PROJEKTART:	N	TE-Nr.:	03	BEZ. DER TEILEINHT: TEST-TE 0001-03-SW-X	
ENDTERMIN: 30.09.89	KALKULATOR: Kalkulator X--X	SW-KATEGORIE:	SM	PROJEKT-Nr.:	0001	PROJEKTKURZBEZCHNG: Testprojekt 0001---X	
ERST.-DATUM: 02.11.87	KALK.-STELLE: K-Stelle X----X	ZUSTANDS-NR:	4	ÜBERG. TE:	B1	ENTW.-VERANTWORTUNG:	
KOSTENTRÄGER: 589402	AUFTRAG: 51111000	VORKA-ENTSTEHG:	C	STUFEN-NR.:	2	MEHRFACHVERWENDG/ANZ:	1

MENGENGERÜST						KOSTENELEMENTE									
KZ	PHASEN	TÄTIGKEITS-ARTEN	M/E	MENGE ANZAHL	KPM/ME	PERSONALAUFWAND, -KOSTEN: EIGENE KPM	FREMDE KPM	EIGENE TDM	FREMDE TDM	KÄUFE, BEZÜGE RZ/TA TDM	GESAMT-KOSTEN TDM				
1	2	3	4	5	6	7	8	9	10	11	12	13	14	15	16
S01		ENTWERFEN	A			15.0	15.0	225.0	240.0	--	465.0				
S02		TESTEN/PLANEN	A			10.0	10.0	150.0	160.0	--	310.0				
S03	1	INSPIZIEREN	A			25.0	25.0	375.0	400.0	--	775.0				
S04	ANALYSE	ÜBERARBEITEN	-	--	--	5.0	1.0	75.0	16.0	--	91.0				
S11		KOORDINIEREN	-	--	--	5.0	5.0	75.0	80.0	--	155.0				
S12		RZ UND TA	-	--	--	--	--	--	--						
S13		O.ZUORD.KÄUFE	-	--	--										
S14	SUMME PHASE 1		-	--	--	60.0	56.0	900.0	896.0		1796.0				
S15		ENTWERFEN	E			10.0		150.0		--	150.0				
S16		CODIEREN	Z			10.0		150.0		--	150.0				
S17	2	TESTEN/PLANEN	E			10.0		150.0		--	150.0				
S18	ENTWURF	INSPIZIEREN	E			10.0		150.0		--	150.0				
S19		ÜBERARBEITEN	-	--	--	10.0		150.0		--	150.0				
S29		KOORDINIEREN	-	--	--	10.0		150.0		--	150.0				
S30		RZ UND TA	-	--	--	--	--	--	--						
S31		O.ZUORD.KÄUFE	-	--	--	10.0		150.0			150.0				
S32	SUMME PHASE 2		-	--	--	70.0		1050.0			1050.[illegible]				
[illegible]4		CODIEREN	L				5.0		80.0	--	[illegible]				
		TESTEN	P				5.0		80.0	--	[illegible]				
	3	INSPIZIEREN	L				5.0		80.0	[illegible]	[illegible]				
	[illegible]MEN	DOKUMENTIEREN	D				5.0		80.0	[illegible]	[illegible]				
		ÜBERARBEITEN	-	--	--		5.0		[illegible]	[illegible]	[illegible]				
		[illegible]ORDINIEREN	-	--	--		5.0		[illegible]	[illegible]	[illegible]				
		[illegible]ND TA	-	--	--	--	--	--	[illegible]	[illegible]	[illegible]				
	PHASENBEZOGENE [illegible]	[illegible]UFE	-	--	--		5.0	[illegible]	[illegible]						
100	[illegible]TRAGSKOSTEN = SUMME [illegible]					[illegible]	[illegible]	[illegible]00.0	2416.0	180.0	5896.0				

ZUSÄTZLICHE KOSTENKOMPONENTEN (ZEILEN 101 BIS 106, 111 BIS 113)

101	KOSTEN FÜR SYSTEMDEFINITION	v. SU 1	5.00%	>	294.8				
102	KOSTEN FÜR PROJEKTVERWALTUNG	v. SU 1	5.00%	>	294.8				
103	AUFTRAGSSPEZIFISCHE REISEKOSTEN	v. SU 1	12.00%	>	707.5				
104	CONSULTANTS-RECHNUNGSDIFFERENZ	v. SU 1	-20.00%	>	-1179.2				
106	FUE-AUFTRAGSSPEZIFISCHE DIENSTLEISTUNGEN	v. SU 1	12.00%	>	707.5				
108	NICHT PHASENBEZ. AUFTRAGSKOSTEN = SUMME2				825.4				
111	TOOLS, SUPPORT-SOFTWARE	v. SU 1	1.00%	>	59.0				
112	GRUNDLAGENENTWICKLUNG	v. SU 1	1.00%	>	59.0				
113	ALLGEMEINE VERWALTUNG, REF., KA, ETC.	v. SU 1	1.00%	>	59.0				
118	ALLGEMEINE KOSTEN = SUMME 3				177.0				
119	ZWISCHENSUMME = SUMME 1 BIS SUMME 3				6898.4				
121	RISIKOZUSCHLAG	VON ZWISCHENSUMME ZEILE 119	1.00%	>	69.0				
130	ENTWICKLUNGSSELBSTKOSTEN GESAMT				6967.4				

131	AUFTEILUNG NACH GESCHÄFTSJAHREN:	1984/85	1985/86	1986/87	1987/88	1988/89	1989/90	1990/91	1991/92	1992/93	1993/94
132	PLAN-KPM (VORKA, ZEILE 100)	371.0	0.0	0.0	0.0	0.0	0.0	0.0	0.0	0.0	0.0
133											
134	PLAN-ESK IN TDM (VORKA, ZEILE 130)	6967.4	0.0	0.0	0.0	0.0	0.0	0.0	0.0	0.0	0.0
135											

Bild 3.97
VORKA-Blatt auf einem Personal Computer (Beispiel SW-Kalkulation)

zielen zur Zukunftssicherung einen bestimmten Etat je Geschäftsjahr für Forschung und Entwicklung zur Verfügung stellen; d. h., ein Budget wird für FuE-Aufgaben vorgegeben.

Als Teil der Geschäftspolitik ist es Aufgabe der Unternehmensleitung, für FuE-Vorhaben die Höhe des verfügbaren Budgets als Vorgabe (top-down) festzulegen. Diese Budgets entstehen im Rahmen der regelmäßigen *Wirtschaftsplanung* (einmal oder zweimal im Jahr); sie sind das Resultat der Aufteilung der Mittel des Wirtschaftsplans auf die Teilbereiche des Unternehmens. Das Budget besteht i. allg. aus vorgegebenen Finanzmitteln oder Personaletatzahlen für das laufende oder das darauffolgende Geschäftsjahr. Eine Budgetvorgabe gilt für einen Zeitraum von höchstens zwei Jahren, ist also kurzfristig.

Die Entscheidung, wieviele Mittel für FuE-Vorhaben genehmigt werden, bedarf gründlicher planerischer Überlegungen. Ausgangspunkt ist dabei die wirtschaftliche Situation des Unternehmens. Die Markt- und Wettbewerbssituation des Unternehmens unter Einbeziehung der Prioritäten beim Vermarkten von Produkten sind bestimmende Faktoren.

Ein *FuE-Budget* ist ein verbindlicher Kostenplan für alle FuE-Aufgaben des Unternehmens. Da in jedem Wirtschaftsunternehmen darauf geachtet werden muß, daß sich die Kosten in dem geplanten Rahmen halten, benötigt man Hilfsmittel, um die verursachten Kosten bzw. Bestellungen und vertragliche Bindungen, die später zu Kosten werden, ständig mit den geplanten Kosten vergleichen zu können. Um den vorgegebenen Kostenrahmen (Budget) einhalten zu können, sind vor allem diejenigen Positionen eines Budgets, die ausgabenwirksame Kosten enthalten, ständig zu überwachen. Ein Budget wird dazu häufig in weitere Budgetpositionen bzw. Teilbudgets aufgeteilt; dies geschieht jeweils im Anschluß an die Planungsrunden der Wirtschaftsplanung. Solche Teilbudgets sind erforderlich, damit für die operativen Führungs- und Entscheidungsebenen der Entwicklung ein entsprechender Handlungsspielraum zur Verfügung steht.

Zuweisung von Budgets

Bei der Planung der Entwicklungsaktivitäten werden FuE-Aufgaben festgelegt. Je nachdem, ob diese Aufgaben primär einer Organisationseinheit oder organisationsübergreifend einem Projekt zugeordnet werden können, können Budgets

▷ organisationsbezogen (Kostenstellen) oder
▷ projektbezogen (Kostenträger)

vorgegeben werden.

Organisationsbezogene Budgets sind vor allem für allgemeine und projektübergreifende Aufgaben gebräuchlich, z. B.

— Verwaltungsaufgaben,
— Dienstleistungsaufgaben und
— Stabsfunktionen.

Projektbezogene Budgets kommen besonders dann zur Anwendung, wenn unterschiedliche Ressourcen und Aktivitäten koordiniert und terminlich abgestimmt in einem Projekt zusammengefaßt sind.

Das Verteilen von Budgets ist also entweder über die Hierarchie der Führungskräfte oder über Projekte möglich.

Bei der Verteilung über die Hierarchie müßten in großen Entwicklungsbereichen die Führungskräfte die Budgets über mehrere Führungsebenen verteilen. Während dieser Aufteilung sind über die einzelnen Budgetzuteilungsstufen ständig Aufzeichnungen in Form einer Budgetfortschreibung zu führen, um zu vermeiden, daß verteilte Budgets nicht unerkannt ungenutzt bleiben. Man kann sich leicht vorstellen, daß diese Rückmeldungen in einer mehrstufigen Hierarchie nicht immer funktionieren. Auch wird teilweise aus einem »Besitzstand-Denken« heraus die flexible Umschichtung von Budgets – entsprechend dem jeweiligen Bedarf und den terminlichen Prioritäten – erschwert.

Die Verwendung projektbezogener Budgets ist vor allem dann vorzuziehen, wenn an einem Projekt viele Abteilungen arbeitsteilig mitwirken, die terminlich eng miteinander verzahnt sind. Die einzelnen Projektteile müssen dann terminlich aufeinander abgestimmt sein auch hinsichtlich der Zuweisung von Ressourcen. Dies ist besonders dann erforderlich, wenn das Projektergebnis nur in seiner Gesamtheit verwert- bzw. vermarktbar ist.

Neben diesen mehr strukturellen Gesichtspunkten müssen beim Zuweisen von Budgets auch die Praktikabilität der Verteilung sowie eine stets aktuelle Information über die Inanspruchnahme der zugewiesenen Budgets berücksichtigt werden.

Prinzip einer guten Budgetsteuerung muß sein, daß zu jedem Zeitpunkt sofort ablesbar ist, wie weit die vorgegebenen Teilbudgets bereits ausgeschöpft bzw. noch Reserven enthalten sind. Um diesen Überblick und genügend Beweglichkeit innerhalb des Gesamtbudgets zu haben, benötigt man ein transparentes, flexibles und rechnergestütztes Budgetierungs- und Planungssystem. Transparent heißt hier, daß dieses System rasch in der Lage sein muß, den jeweiligen Stand der Budgetierung, Budgetausschöpfung und Planung in Form einer geschlossenen Darstellung zu zeigen. Unter flexibel versteht man, daß es auf einen veränderten Mittelbedarf rasch angepaßt werden kann. Diesen Anforderungen kann man in der Praxis nur gerecht werden, wenn die Aufteilung der Budgets über höchstens zwei Führungsebenen erfolgt.

Die zugeteilten Budgets bilden den Rahmen für die nachfolgende *FuE-Planung* (Kap. 3.6.3). Für die FuE-Planer müssen die Budgets so weit aufgeteilt werden, daß sie darin die Grenzen für ihre Planung erkennen können. »Projektbudgets« sind dafür besonders gut geeignet.

Fehlt das Budget zur Planung und Ausführung eines Entwicklungsvorhabens, so muß z. B. in Form eines Budgetantrags die Möglichkeit bestehen, ein Budget zu beantragen. Fehlen dabei Budgetmittel für ein dringendes Vorhaben, so müssen gegebenenfalls die bereits zugewiesenen Budgetmittel unter Änderung der Prioritäten umgeschichtet werden.

Kostenelemente, die bereits mit anderen organisatorischen Mitteln budgetiert werden, z. B. die eigenen Mitarbeiter mit Hilfe der Personaletats, kann man bei der Bildung von Projektbudgets ausklammern. Außerdem sollten zur Vereinfachung der Budgetierung nur kostenrelevante und ausgabenwirksame Kostenelemente in die Budgetierung einbezogen werden.

Zeitpunkt der Budgetzuweisung

In der Entwicklung werden Arbeiten an neuen Projekten häufig als Zielformulierungen beschlossen und vorgegeben. Solange die Entwicklungsaufgaben noch nicht analysiert sind, ist schwer abzuschätzen oder festzulegen, ob, wann und mit welchem Einsatz an Ressourcen ein gestecktes Ziel erreicht werden kann. Der Umstand, daß sich die Entwicklung häufig in unbekannten technischen Gebieten bewegt, erschwert die Planung dieser Kosten, vor allem auch hinsichtlich der konkreten Festlegung der Kostenelemente.

Sind dagegen die Entwicklungsarbeiten voll analysiert und konzeptionell definiert, dann kann der Entwicklungsaufwand bereits konkret, d. h. auf Kostenelemente bezogen, geplant werden. Dann ist auch die Zeit reif für die Budgetierung.

Umstellung von Budgets

In der Praxis wird einem Entwicklungsbereich ein festes Budget vorgegeben, ohne daß die (spätere) Verwendung der Mittel zum Zeitpunkt der Wirtschaftsplanung bereits vollständig festgeschrieben wird. Eine solche scheinbare Freizügigkeit ist jedoch unerläßlich, um eine flexible Anpassung der Kapazitäten im Laufe der Entwicklungsarbeiten zu ermöglichen.

FuE-Budgets müssen also während des Entwicklungsprozesses innerhalb eines festen Rahmens noch beweglich sein. Dieses Prinzip der Flexibilität in der Struktur der Teilbudgets ist sehr wichtig, weil ein laufendes Projekt nicht durch punktuell auftretende Kapazitätsengpässe in seinem Fortgang gefährdet werden darf. In vielen Fällen (vor allem bei Hochtechnologien) führt die Verzögerung eines FuE-Projekts zwangsläufig zu einer verzögerten Markteinführung. Der durch einen Terminverzug entstehende Schaden (z. B. Umsatzeinbußen wegen verzögerter Markteinführung) wird den Nutzen, der aus der Einhaltung des Teilbudgets resultiert, oft übersteigen.

Natürlich darf ein solches Argument andererseits auch nicht zum Freibrief für Budgetüberschreitungen strapaziert werden. Die Budgetierung im Bereich von Forschung und Entwicklung verlangt viel Verständnis im Umgang mit den knappen Mitteln sowie unternehmerisches Denken und Handeln.

Kontrolle von Budgets

Eine wichtige Voraussetzung der Wirksamkeit jeder Budgetierung ist die Möglichkeit, das Einhalten der Budgets jederzeit überprüfen zu können. Aus wirtschaftlichen Gründen ist ein ebenso wichtiges Instrument der Budgetierung die aktuelle Information, ob und wie weit ein Budget bereits ausgeschöpft ist. Ergänzend sollten die angefallenen Istkosten und die erwarteten Istkosten – hochgerechnet zum Ende des Budgetzeitraums – ständig überwacht werden.

Die Ausgabenkontrolle muß bereits bei der Auftragserteilung einsetzen, da nur zu diesem Zeitpunkt eine Einflußnahme sinnvoll und wirksam ist. Der (nachträgliche) Plan/Ist-Vergleich ist dafür nur bedingt geeignet; er versagt besonders bei diskontinuierlichem Kostenanfall, z. B. bei Musterbauaufträgen und in Fällen, bei denen zwischen Auftragserteilung und dem Kostenzugang ein längerer Zeitraum liegt.

Bei größerem zeitlichen Abstand zwischen Bestellung und Istkostenausweis ist ein Plan/Ist-Vergleich als

Hilfsmittel für die Budgetüberwachung nicht mehr ausreichend, weil

▷ der Überblick über die bereits getätigten Aufträge fehlt,
▷ Weiterverrechnungen in der Praxis manchmal in Verzug geraten und
▷ die ausgewiesenen Istkosten durch die Buchungsabschlüsse der beteiligten Bereichsbuchhaltungen meist einen Nachlauf von drei bis sieben Wochen haben.

Aus diesen Gründen stellt eine geschlossene Fortschreibung der *Bestellwerte* – gegliedert nach Kostenelementen – eine notwendige Unterstützung für eine wirksame Budgetkontrolle dar (siehe auch Kap. 4.2.4). Die Gliederung nach Kostenelementen ist hier auch deshalb geboten, weil diese gewöhnlich bei der Unterscheidung hilft, mit welchem zeitlichen Nachlauf erteilte Aufträge zu Kosten (Istkosten) werden. Eine Hochrechnung der »voraussichtlichen Istkosten« zum Ende des Geschäftsjahres, die auf der Basis der Kostenelemente gemacht wird, ist für die Budgetkontrolle in vielen Fällen ebenfalls hilfreich. Eine Bestellwertfortschreibung wird sich wegen des damit verbundenen Verwaltungsaufwands u. U. nur auf ausgewählte Kostenelemente konzentrieren, die wegen ihres großen Volumens und des späten Zugangs der Kosten besonders überwachungsbedürftig sind.

Eine Bestellwertfortschreibung mit Abgrenzung der Kosten zwischen unterschiedlichen Budgetjahren ist in Bild 3.98 dargestellt:

Bei Bestellungen mit langer Laufzeit kann es notwendig sein, nicht nur eine Hochrechnung der erwarteten Istkosten zum Geschäftsjahresende zu machen, sondern auch eine zeitliche Abgrenzung der Bestellvolumina zu betreiben. Unter »Abgrenzung« versteht man eine Zuordnung der Bestellungen zu dem Geschäftsjahr, in dem sie voraussichtlich als Kostenzugang wirksam werden.

Das verfügbare Budget errechnet sich aus der Summe der zugewiesenen Budgets im laufenden Geschäftsjahr und dem Kostenübertrag ins folgende Jahr abzüglich der Bestellungen im laufenden Geschäftsjahr und den Kosten aus Bestellungen im Vorjahr.

Auch bei einer gut ausgebauten Budgetkontrolle sind gelegentliche Budgetüberschreitungen nicht ganz auszuschließen. In einem Entwicklungsbereich gibt es natürlich viele Ursachen, die hierzu führen können. Nachstehend werden einige typische Ursachen für Budgetüberschreitungen im Entwicklungsbereich genannt:

— Qualitätsprobleme bei Zulieferteilen,
— Mißverständnisse bei Schnittstellendefinitionen,
— Terminverzug einer zuarbeitenden Stelle,
— unvorhergesehene technische Probleme,
— zusätzliche Kundenanforderungen,
— nicht ausreichende Test- und Prüfwerkzeuge.

Instrumente der Budgetierung

Nachstehend wird ein Beispiel gegeben für eine Budgetüberwachung in einem Bereich der Nachrichtentechnik. Mit diesem Berichtssystem wird das Gesamtbudget dieses FuE-Bereichs überwacht und auf die einzelnen Projekte aufgeteilt.

Berichtsmonat März 1988					Bestellwertfortschreibung
Kostenelemente in TDM	Budget im Geschäftsjahr	Kostenübertrag aus dem Vorjahr	Bestellung im Geschäftsjahr	Kostenübertrag ins Folgejahr	Verfügbares Budget
Entwicklungsleistungen	18000	—	17600	—	400
Musterbauaufträge	8000	2000	5000	1000	2000
Testanlagen	3000	500	3700	1200	—
Werkverträge	2000	700	1500	500	300
Summe	31000	3200	27800	2700	2700

Bild 3.98 Verfügbares Budget (Beispiel)

3.6.2 FuE-Budgetierung

Budget- und Kostenübersicht Projekt DIKO

Geschäftsjahr 1987
Projektanfang 01/86 – Projektende 10/88
Ausgabe 17.5.1987

Kostenelemente (KE)	Budget DM	Bestellung DM	Bestelldatum	Auftraggebende Abteilung	FuE-Plan vom 31.3.1987 DM	Aufgelaufene Istkosten April 1987 DM	Voraussichtl. Istkosten Dez. 1987 DM
Eigenpersonal	–	–	–	–	2900	1200	3200
Fremdpersonal A	900	880	10.01.1987	EA 1	900	250	850
Fremdpersonal B	700	600	15.01.1987	EA 3	600	150	750
Fremdpersonal C	200	–	–	EA 5	200	–	–
Musterbau A	50	–	17.12.1986	EA 4	150	45	60
Musterbau B	450	–	–	–	450	–	–
Leiterplattenfertigung	30	29	05.02.1987	EA 4	30	20	30
Testanlagennutzung	–	–	–	–	400	170	420
eigene Rechenkosten	–	–	–	–	200	150	270
Rechenkosten A	160	150	10.01.1987	EA 1	150	80	180
Reisekosten B	20	15	15.01.1987	EA 3	20	5	15
Erprobung	250	–	–	–	250	–	–
Dokumentation	400	400	05.01.1987	EA 1	400	100	380
Nicht beeinflußbare KE	–	–	–	–	100	30	120
Summe Projekt DIKO	3160	2074			6750	2200	6275

Bild 3.99 Budget- und Kostenübersicht (Beispiel)

Das Berichtssystem liefert folgende Auswertungen:
▷ Budget- und Kostenübersicht nach Projekten,
▷ Gesamtbudgetübersicht des FuE-Bereichs und
▷ Auslastungsliste nach Kostenelementen.

Budget- und Kostenübersicht nach Projekten

Nur die ausgabenwirksamen und »beeinflußbaren« Budgets (gegliedert nach Kostenelementen) werden in dieser Übersicht detailliert gezeigt. Dabei versteht man unter Beeinflußbarkeit, daß Kostenelemente durch dispositive Eingriffe kurzfristig verändert werden können. Solche Budgetpositionen sind beispielsweise Aufträge an Dritte.

Bild 3.99 zeigt – vereinfacht dargestellt – die Liste »Budget- und Kostenübersicht«.

In dieser Übersichtsliste fällt auf, daß folgende Kostenelemente in die Budgetierung nicht einbezogen werden:
▷ Kosten für das eigene Personal der Entwicklung,
▷ Rechenkosten durch Nutzung eigener Rechner sowie
▷ Kosten für die Nutzung eigener Testanlagen.

Die Kosten für das eigene Personal werden jeweils nur in einer Zeile ausgewiesen; sie sind bereits durch die Kopfzahletats und die Kostenstellenbudgets vorgegeben, so daß sich eine detaillierte projektbezogene Budgetierung erübrigt. Ebenso werden beispielsweise eigene Rechner und Testanlagen im Entwicklungsbereich bereits auf eigens dafür eingerichteten Kostenstellen budgetiert. Eine mehr oder minder starke Nutzung dieser Anlagen durch die Projekte verändert zwar Projektkosten, ist aber für das Gesamtbudget der Entwicklung nicht ausgabenwirksam.

3.6 Kostenplanung

Gesamtbudgetübersicht des FuE-Bereichs

Die Liste »Gesamtbudgetübersicht des FuE-Bereichs« enthält die Summenzeilen aller Projektlisten, wie sie im Bild 3.99 dargestellt sind. Mit dieser Liste werden Budgets und Kosten aller Projekte unter Wegfall der Gliederung nach Kostenelementen zeilenweise abgedruckt.

Auslastungsliste nach Kostenelementen

Die dritte Liste dieses Berichtssystems (Bild 3.100) ist gegenüber der erstgenannten invers gegliedert. D. h., primär nach Kostenelementen und sekundär nach Projekten; sie stellt ein sehr wichtiges Hilfsmittel für die Überwachung und Steuerung der Budgets dar.

Mit der Auslastungsliste werden bereits vor der Vorgabe der Projektbudgets die verfügbaren Kapazitäten der einzelnen Kostenelemente, evtl. durch Absprache mit den Auftragnehmern, grob festgelegt. Sind Aufträge zu erteilen, wird vorher durch einen Blick in diese Liste geprüft, ob die Kapazität des Auftragnehmers oder das Budget des betreffenden Kostenelements bereits ausgeschöpft sind.

Zudem kann der Ausschöpfungsgrad bzw. die Auslastung der Kapazitäten der einzelnen Kostenelemente überprüft werden. Der Überblick ist nötig, um einerseits mehrere kleine Reserven zusammengefaßt vollständig ausschöpfen zu können und andererseits die vielen kleineren Abweichungen in ihrer statistischen Auswirkung auf das gesamte Budget der Entwicklung erkennen zu können.

Die Verteilung der Ressourcen innerhalb eines Projekts erfolgt mit Hilfe der FuE-Planung, die im Kapitel 3.6.3 näher erläutert wird.

Auslastungsliste nach Kostenelementen								Geschäftsjahr 1987 Ausgabe 17.5.1987	
Fremdpersonal A									
Projekt	Budget DM	Bestellung DM	Bestelldatum	Auftragsende	Auftraggebende Abteilung	FuE-Plan vom 31.3.1987 DM	Aufgelaufene Istkosten April 1987 DM	Voraussichtl. aufg. Istkosten Dez. 1987 DM	
DIKO	900	880	10.01.1987	10.1988	EA 1	900	350	850	
V-Rechner	8000	7700	08.01.1987	12.1989	EA11	8200	3500	8200	
MFUNK	1300	1250	17.12.1986	12.1988	EA22	1300	400	1300	
Signalis.	4200	2050	10.01.1987	12.1988	EA25	2200	700	2100	
–	–	2000	11.02.1987	09.1988	EA32	2000	900	2100	
ISDN	3900	3700	08.01.1987	12.1988	EA 8	3800	1300	3800	
Budgetreserve	700	–	–	–	–	–	–	–	
Summe	19000	17580				18400	7150	18350	
Fremdpersonal B									
DIKO	700	600	15.01.1987	10.1988	EA 3	600	150	750	
V-Rechner	3300	2900	04.01.1987	12.1989	–	3300	1200	3000	
Summe	4000	3500				3900	1350	3750	

Bild 3.100   Auslastungsliste nach Kostenelementen (Beispiel)

3.6.3 FuE-Planung

Notwendigkeit der Budgetierung

Die Notwendigkeit der Budgetierung resultiert letztlich aus dem Grundprinzip des Wirtschaftens in einem Unternehmen, wonach – um Verluste zu vermeiden – die Kosten nicht größer werden dürfen als die Erlöse. Diese Maxime kommt auch beim Erstellen des Wirtschaftsplans, der die Quelle aller Budgets darstellt, zur Anwendung.

Nach Abschluß eines Wirtschaftsplans gibt es bis zur nächsten Planungsrunde wenig Möglichkeiten zu einer grundlegenden Änderung des FuE-Budgets. Hier ist letztlich Disziplin notwendig, um sich zu den getroffenen Entscheidungen der Leitung zu bekennen, auch wenn sie dem einzelnen Entwickler gelegentlich unverständlich erscheinen und unbequem sein mögen. Die Leitungsebene kann in solchen Situationen sehr zur Stabilisierung der Motivation beitragen, wenn sie ihre Entscheidungen den betroffenen Mitarbeitern rechtzeitig erläutert.

Aufgrund der Aufgabenteilung setzt sich die technische Leitung für das Einhalten des Budgets oftmals nicht in gleichem Maße ein, als der speziell dafür verantwortliche Controller. Organisatorisch kann man die Identifikation mit den Teilbudgets dadurch verbessern, daß die Budgetbereiche möglichst mit Wirkungs- und Verantwortungsbereich der Projektleiter deckungsgleich sind.

3.6.3 FuE-Planung

Unter der FuE-Planung versteht man die projektbezogene Planung von Aufwand und Kosten in der Forschung und Entwicklung. Während die Budgetierung eine »Top-down«-Planvorgabe darstellt, ist die FuE-Planung am jeweiligen Bedarf orientiert und damit »bottom-up« ausgerichtet (Bild 3.101).

Unternehmen bzw. einzelne Geschäftsbereiche größerer Unternehmen, die sich mit Entwicklung, Fertigung und Vertrieb von Produkten und Systemen befassen, stellen – wie im vorangegangenen Kapitel erläutert – entsprechend ihrer Geschäfts-, Markt- und Wettbewerbssituation durch unternehmerische Entscheidung im Rahmen der Wirtschaftsplanung jährlich ein Budget für Forschung und Entwicklung zur Verfügung. Dieses Budget wird dann vor Beginn des Geschäftsjahres mit Hilfe der FuE-Planung auf die einzelnen Entwicklungsprojekte aufgeteilt.

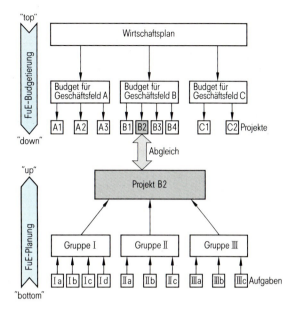

Bild 3.101
FuE-Budgetierung und FuE-Planung

Die FuE-Budgetierung (top-down) erfolgt in zwei Stufen. In der ersten Stufe werden die *Budgets der Geschäftsfelder* festgelegt, in der darauffolgenden zweiten die *Projektbudgets*. Anschließend gleicht man die nach Projekten gegliederte FuE-Planung – d.h. den »bottom-up« geplanten Bedarf – den verfügbaren Projektbudgets an. Im Idealfall ist die FuE-Bedarfsplanung eines Projekts kleiner oder gleich dem verfügbaren Budget. Dieser Abgleich kann aber auch zu einer Kürzung des »bottom up« geplanten Bedarfs führen. Sofern diese Kürzungen nicht durch Rationalisierungsmaßnahmen ausgleichbar sind, werden sie teilweise zur Rücknahme der gesetzten Entwicklungsziele und/oder zu Terminverschiebungen führen.

Die FuE-Planung umfaßt alle eingeplanten FuE-Projekte, deren Entwicklung gerade läuft oder im Planungszeitraum begonnen werden soll.

Planungsablauf

Im Bild 3.102 ist der zeitliche Ablauf der FuE-Planung veranschaulicht. Zu erkennen ist die Wechselwirkung zwischen der Wirtschaftsplanung und den daraus abgeleiteten FuE-Budgets einerseits sowie der Projektplanung und den ermittelten Bedarf ($\triangleq$ FuE-Plan) andererseits.

3.6 Kostenplanung

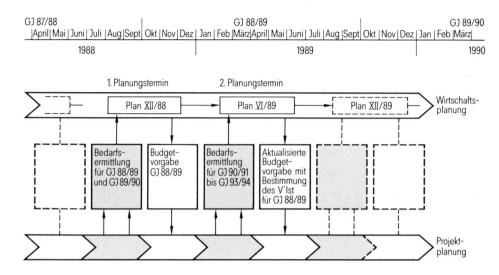

Bild 3.102   FuE-Jahresplanungsablauf

Der FuE-Jahresplanungsablauf orientiert sich an den Terminen der Wirtschaftsplanung. Rechtzeitig vor der Überarbeitung der Wirtschaftsplanung wird die abgestimmte Bedarfsermittlung der Entwicklung als FuE-Plan abgegeben. Der Wirtschaftsplan weist die für die Entwicklung verfügbaren Mittel in den einzelnen Planjahren aus. Damit ist die Vorgabe eines Entwicklungsbudgets für das laufende und das folgende Geschäftsjahr möglich. Budgets werden gewöhnlich nur kurzfristig, d.h. zwei Jahre im voraus, vorgegeben.

Die FuE-Planung ist an den Rahmen der vorgegebenen Budgets gebunden. Wenn Budgetmittel für beschlossene Entwicklungsvorhaben fehlen, sind Budgetanträge zu stellen, die im Rahmen der verfügbaren Ressourcen und unter Berücksichtigung der Prioritäten bedient werden.

FuE-Auftrag

Die beschlossenen Entwicklungsvorhaben werden in FuE-Aufträgen im einzelnen beschrieben. Ein FuE-Auftrag beschreibt alle Entwicklungsarbeiten, die notwendig sind, um das Entwicklungsziel zu erreichen. Neben dieser Aufgabenbeschreibung schätzt der FuE-Planer den für die Realisierung erforderlichen Personaleinsatz in Mann-Jahren und Mann-Monaten sowie die sonstigen Kosten. Diese Schätzung umfaßt den gesamten Aufwand des Entwicklungsvorhabens bis zum serienmäßigen Einsatz des Produkts bzw. Systems. Erst das Planungsverfahren »bewertet«, d.h. rechnet die angegebenen Mann-Jahre und Mann-Monate mit Hilfe von Verrechnungssätzen in Kosten um. Das Planungsverfahren bewertet mit den geplanten internen und externen Verrechnungssätzen des jeweiligen Planungsjahres. Interne Verrechnungssätze verwendet man für Eigenpersonal (siehe Kapitel 4.2.2); externe Verrechnungssätze gelten für Auftragnehmer außerhalb des eigenen Entwicklungsbereichs.

Nach der Anpassung der Kostenelemente der einzelnen FuE-Aufträge an das verfügbare Budget des Projekts, werden die FuE-Aufträge, die nun die Teilbudgets der beteiligten Abteilungen und Auftragnehmer enthalten, ausgedruckt, und an die Planer verteilt.

Die Kostenverantwortung für die gesamten Aufwendungen in einem Entwicklungsbereich trägt in erster Linie der zuständige Bereichsleiter; er delegiert diese Verantwortung an die operativen Entscheidungsträger, z.B. Abteilungsleiter. Daneben trägt der für die Ausführung der einzelnen Arbeiten zuständige Projektleiter die Verantwortung für die Projektkosten.

Jeder FuE-Auftrag erhält eine Auftragsnummer bzw. ein Auftragskennzeichen (AKZ); er ist damit einem bestimmten Projekt zugeordnet. Daneben sollten alle Plandaten eine Kennung erhalten, die angibt, welche Abteilung kostenverantwortlich ist; dadurch ist es möglich, Abteilungsbudgets sowie abteilungsbezogene Plan/Ist-Vergleiche zu erstellen.

In den FuE-Aufträgen müssen die Entwicklungsarbeiten eindeutig beschrieben werden; für alle Projektbeteiligten muß die jeweilige Aufgabenstellung (Auftragsinhalt) verständlich und eindeutig beschrieben sein. Bei elektronischen Systemen sollten z. B. folgende Entwicklungsinhalte genannt werden:

— Leistungsmerkmale
  bzw. Leistungsmerkmalpakete,
— Baugruppen, Baugruppenrahmen, Gestellrahmen und Konstruktionen,
— Subsysteme,
— Sachnummern von Software und Firmware,
— Zwischen- und Übergabetermine.

In Kapitel 2.1.4 ist das Formular eines FuE-Auftrags (Bild 2.15) wiedergegeben.

Ein FuE-Auftrag sollte wie ein verbindliches Angebot an den geschäftsführenden Vertrieb sein, die gemeinsam festgelegten Produkte zu den geplanten Kosten und unter Einhaltung der vereinbarten Termine zu entwickeln. Der Vertrieb verpflichtet sich, das Produkt zu vermarkten. An diese gemeinsame Absprache sind beide Partner (Entwicklung und Vertrieb) – auch wenn sie zum selben Ertragszentrum gehören – gebunden, d.h. ein FuE-Auftrag wird normalerweise nach der Genehmigungsunterschrift nur mehr in den Fällen geändert, in denen der Auftragsinhalt nachträglich vom Auftraggeber abgeändert wurde.

Bei Störungen im Entwicklungsablauf muß im Interesse einer korrekten Kapazitäts- und Terminplanung der FuE-Auftrag korrigiert werden. Dazu erstellt man eine *Kostenänderungsmeldung* (auch Delta-FuE-Auftrag genannt). Eine Kostenänderungsmeldung ist ein Nachtrag, mit dem ein bestehender FuE-Auftrag wieder auf aktuellen Stand gebracht wird. Für ihn gelten besondere Regelungen hinsichtlich Genehmigung und Unterschriften.

Entwicklungsvereinbarungen

Um die vorgenannten Absprachen noch stärker hervorzuheben, werden vor allem in Bereichen, in denen die Entwicklung organisatorisch einem Werk zugeordnet ist, zwischen Vertrieb und Werk schriftliche Entwicklungs- bzw. Produktvereinbarungen geschlossen, die in der Gestaltung und den auftretenden Folgen wie Verträge wirken. Sie werden immer dann abgeschlossen, wenn beide »Vertragspartner« eigenen Ertragszentren angehören und dienen der gegenseitigen Absicherung gegen geschäftliche Risiken. Solche Entwicklungsvereinbarungen sind z. B. die in Kapitel 2.1.4 erwähnten PV–A (Produktvereinbarung – Anregung) und PV–D (Produktvereinbarung – Durchführung).

Bei diesen Vereinbarungen verpflichtet sich die Entwicklung, die Leistungsanforderungen des Produktes sowie Termine und Kosten einzuhalten, während der Vertrieb sich verpflichtet, die geplanten Umsätze zu realisieren. Erfüllt einer der beiden Partner seine vertraglichen Pflichten nicht, so erleidet er wirtschaftliche Nachteile, die zu Verlusten in seinem Teilbereich führen.

Angebotskalkulation

Die Kosten von FuE-Aufträgen werden üblicherweise nach Kostenelementen (siehe Kapitel 3.1.3) gegliedert. Der größte Anteil sind fast immer die Kosten für Personal. Wichtig sind aber auch die Kosten für:

— Materialeinsatz,
— Musterbau und Montagelöhne,
— Rechnernutzung,
— Testanlagennutzung,
— Entwicklungswerkzeuge,
— Qualitätssicherung und Versuche sowie
— allgemeine Dienstleistungen.

Häufig werden in FuE-Aufträgen nur die direkten Kosten geplant und ausgewiesen, d. h. die Kosten, die dem Produkt direkt zurechenbar sind. Besser wäre es, wenn auch die indirekten Kosten, z. B. die Kosten der Vorfeld- und Komponentenentwicklung, anteilig gezeigt werden würden. Es ist deshalb sicherzustellen, daß zumindest in der Entscheidungsebene immer Entwicklungs*voll*kosten gezeigt werden.

Bei *Basis*- bzw. *Vorleistungsprojekten* ist es oft schwierig, den wirtschaftlichen Erfolg genau vorherzusagen. Gerade bei Systementwicklungen ist es fast unmöglich, den wirtschaftlichen Erfolg von einzelnen Bausteinen und Komponenten eines Systems nachzuweisen. Es wird zwar gelegentlich versucht, mit Hilfe einer Produktplanung diesen Nachweis zu führen; dies gelingt aber nur dort, wo Umsätze und Entwicklungskosten einander zugeordnet werden können. Dies wird immer dann der Fall sein, wenn das Produkt für sich allein verkäuflich ist. Bei Teilprojekten großer und technisch komplexer Systeme – z. B. in der Vermittlungstechnik – bringt diese Betrachtung jedoch keine Erkenntnis, weil nicht rechnerisch nachweisbar ist, welche Anteile der Umsätze von den einzelnen Basisprojekten letztlich verursacht werden.

Ganz anders ist die Situation bei *Kundenprojekten*. Der scharfe Wettbewerb auf den Märkten drückt häufig übermächtig auf das Preisniveau der Angebote. Auch der Erfolg (Ergebnis) eines Projekts ist gut meßbar. Deshalb legt man bereits bei der Angebotskalkulation von Kundenprojekten an die Schätzgenauigkeit oft sehr strenge Maßstäbe an. Ebenso großer Wert wird dann natürlich auch auf die Einhaltung der Angebotskalkulation während der Projektabwicklung gelegt.

Auftragserteilung und Genehmigung

Alle FuE-Arbeiten innerhalb eines Entwicklungsbereichs sollten durch FuE-Aufträge formuliert werden. Grundsatz sollte sein, mit den Arbeiten erst zu beginnen, wenn das Entwicklungsvorhaben von dem dafür zuständigen Entscheidungsgremium gutgeheißen wurde. Diesen Gremien gehören Repräsentanten des Vertriebs, Marketings, Entwicklung, Fertigung und Projektmanagements an. Größere FuE-Projekte sind zudem von der Leitung des Geschäftsbereichs zu genehmigen. Das Vorhaben ist dann unverzüglich durchzuplanen. In manchen Unternehmen werden Entwicklungsvorhaben sogar nur genehmigt, wenn eine detaillierte Vorkalkulation – wie in Kapitel 3.6.1 beschrieben – vorliegt. Dieses straffe Vorgehen ist vor allem dann am Platz, wenn das zu entwickelnde Produkt bereits sehr gut analysiert ist und wirkliche Alternativen hinsichtlich Produktgestaltung und -priorisierung bestehen.

Ein FuE-Auftrag ist erst dann einplanbar, wenn dafür Budgetmittel zugewiesen wurden. Gelegentlich kann man Entwicklungsvorhaben auch erst in Angriff nehmen, wenn wieder Entwicklungskapazität frei ist.

Neue Entwicklungsaufgaben sind so schnell in FuE-Aufträge umzusetzen, daß Entwicklungs- und Projektmanagement die FuE-Aufträge auch als Informationsmedium nutzen können. Sobald die neuen Aufgaben dann von zuständigen Entwicklungsstellen voll analysiert sind, müssen dazu unverzüglich Aufwand und Kosten eingeplant werden. Der sich anschließende Informations- und Genehmigungsablauf muß rasch und unbürokratisch sein.

Auslastung der FuE-Kapazitäten

Wird die FuE-Planung nur als eine operative Planung (ähnlich der Terminplanung) verstanden, so zeigt sie meist in ihrem Gesamtwert über einen mehrjährigen Zeitraum eine stark fallende Tendenz. Es entsteht dabei für einen Außenstehenden der Eindruck, daß in den Folgejahren erhebliche freie FuE-Kapazitäten verfügbar seien. Dies erweist sich aber in vielen Fällen als Trugschluß.

Im Bild 3.103 ist der typische Verlauf einer solchen operativen FuE-Planung dargestellt:

Wie das Beispiel zeigt, füllt im ersten Jahr der Betrachtung die FuE-Planung das genehmigte Budget voll aus, dagegen erreicht in den Folgejahren die FuE-Planung die vorgesehene Budgetgrenze immer weniger.

Eine solche Darstellung der Kapazitätsauslastung ist für strategische Überlegungen natürlich untauglich. Sie kommt dadurch zustande, daß latent anstehende Entwicklungsvorhaben erst dann eingeplant werden, wenn die Produkte konkretisiert sind und der Beginn der Entwicklungsarbeiten unmittelbar bevorsteht. In einem zu frühen Vorstadium der Projekte kann noch nicht voll geplant werden, weil vor Beginn der Entwicklungsarbeiten für das zu entwickelnde Produkt die Überlegungen, wie das Produkt konzipiert werden soll, nicht abgeschlossen sind. Die Entwickler wollen

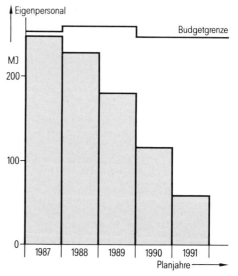

Bild 3.103
Kapazitätsauslastung bei operativer FuE-Planung

natürlich erst dann Schätzwerte abgeben, wenn das Entwicklungsziel inhaltlich vollständig definiert ist.

Um die Kapazitätauslastung unter strategischen Gesichtspunkten besser auszuweisen, kann man eine FuE-Planung mit unterschiedlichem Konkretisierungsgrad einführen. Die Planung von FuE-Vorhaben läuft dabei in zwei Ebenen ab:

Ebene 1 (Operative Planung)

In der Ebene 1 werden nur die Aufwendungen für beschlossene und voll durchgeplante Entwicklungsvorhaben erfaßt. Die Planung in Ebene 1 ist, ähnlich wie die Terminplanung, eine *operative* Planung.

Ebene 2 (strategische Planung)

Die Ebene 2 der FuE-Planung enthält die *strategische* Planung. Hierunter fallen einerseits Aufgaben, deren Titel bekannt sind, der Entwicklungsbeschluß zur Durchführung des Projekts aber noch aussteht und andererseits fiktive Kundenprojekte, die mit einer gewissen Wahrscheinlichkeit zu Projekten führen.

Im Bild 3.104 ist diese Planungsmethodik skizziert.

Während die Planung der Ebene 1 wegen neuer Entwicklungsbeschlüsse ständig ergänzt werden muß, genügen für die Ebene 2 größere Zeitabstände für das Aktualisieren der Planung, z. B. jährlich. Die Planung der Ebene 2 wird zweckmäßigerweise von den Stellen durchgeführt, die über den nötigen Überblick verfügen, z. B. Geschäftsfeldplanung oder Experten des Produktmarketings.

In der Ebene 2 kann die Frage auftauchen, warum denn Entwicklungsbeschlüsse nicht fallen, obwohl die Titel schon bekannt sind. Wer bei der Produktinnovation nicht einsamer Spitzenreiter ist, muß sich im Wettbewerb nach den Konkurrenten ausrichten. Auf die Strategie der Konkurrenten muß man möglichst kurzfristig reagieren können (siehe hierzu Kapitel 2.1.1 Innovationsplanung). Man darf sich die Handlungsfähigkeit im Wettbewerb durch langfristige Bindung der Kapazitäten nicht unnötig verbauen.

Dezentralisierung der FuE-Planung

Um allen o. g. Anforderungen gerecht zu werden, ist es sinnvoll, in Bereichen mit sehr großen Entwicklungsmannschaften die DV-Verfahren für die FuE-Planung zu *dezentralisieren;* d. h. die FuE-Planer müssen die Möglichkeit haben, im Dialog mit dem Rechner

▷ sich über den aktuellen Auftragsstand zu informieren und

▷ mit einer einfachen Bedienungsoberfläche jederzeit planen zu können.

Die eingegebenen (individuellen) Plandaten werden dann – ebenfalls im Dialog – vom FuE-Büro gesichtet und geprüft. Ist die Planung in Ordnung und paßt sie in den Budgetrahmen, so wird sie als gültige und verbindliche FuE-Planung übernommen und verabschiedet.

Mit der Dezentralisierung der FuE-Planung erhalten die Planer bessere rechnergestützte Hilfsmittel und direkte Kommunikation mit der Datenbank, in der alle FuE-Aufträge und Plandaten gespeichert sind; vorteilhaft ist hier zudem, daß auf diese Weise die FuE-Planung stets auf sehr aktuellem Auftragsstand zu halten ist. Dies setzt natürlich voraus, daß man unmittelbar nach den Entwicklungsbeschlüssen die neuen Aufträge zunächst in Form von Texten in die FuE-Aufträge einträgt, so daß die aktuelle Auftragslage sehr schnell die Bearbeiter erreicht. Ganz nebenbei wird damit auch für den Planer die Notwendigkeit zur Ergänzung seiner Planung erkennbar. Die FuE-Aufträge werden auf diese Weise zu einem schnellen Informationsmittel, denn gerade in großen Unternehmen kommen Entwicklungsbeschlüsse oft verstümmelt oder verspätet beim zuständigen Bearbeiter an.

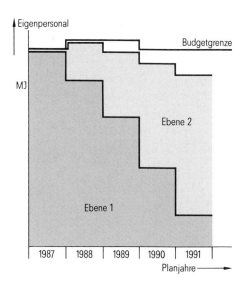

Bild 3.104 FuE-Planung in zwei Planungsebenen

Wenn es zutrifft, daß erfolgreiches Management bei der Entwicklung von Hochtechnologien schnelle Kommunikations- und Entscheidungsprozesse benötigt, so ist die Dezentralisierung der FuE-Planung sicherlich der Weg in die richtige Richtung.

3.7 Projektpläne

Die gesamte Planung eines Projekts schlägt sich in Projektplänen nieder; sie stellen damit die dokumentierte Projektplanung dar. Da Projektpläne stets den aktuellen und gültigen Planungsstand des Projekts widerspiegeln müssen, unterliegen sie einem unterschiedlich starken Änderungsgeschehen. Dies bedeutet natürlich nicht, daß die Pläne bei jeder geringfügigen Abweichung vom Ist-Stand zu ändern sind; eine Anpassung ist nur angebracht, wenn der betreffende Plan in dem vorliegenden Umfang nicht mehr den Realitäten entspricht.

Es gibt zahlreiche Projektpläne, die sich in Informationszusammenstellung und -komprimierung sehr unterscheiden. Der Versuch, allgemeingültige Standard-Projektpläne zu schaffen, ist bisher gescheitert. Die Anforderungen aus den unterschiedlichen Entwicklungen an Struktur und Inhalt der Projektpläne variieren zu stark. Formell können die verwendeten Projektpläne aber folgenden drei Teilbereichen der Projektplanung zugeordnet werden:

▷ Projektpläne für Organisation und Strukturierung
▷ Projektpläne für Durchführung
▷ Projektpläne für Termine, Aufwände und Kosten.

In Tabelle 3.31 sind die wichtigsten Projektpläne mit Angabe der jeweils betrachteten Plangrößen und den möglichen Darstellungsformen alphabetisch aufgeführt. (Reine *Produkt*pläne, wie Anforderungskatalog, Spezifikation, etc. sind nicht mit aufgenommen worden.) Die Aufstellung enthält neben einigen Synonymen auch Pläne, die mehr einem Überbegriff für eine (nicht festlegbare) Anzahl von einzelnen Projektplänen entsprechen; diese sind dann nicht näher erläutert.

Als Varianten der Darstellungsform werden hier gesehen:

▷ Liste (auch Tabelle)
▷ Diagramm (auch Kurvenverlauf)
▷ Balkendarstellung (bzw. Balkendiagramm)
▷ Baum(-struktur)
▷ Netz(-struktur)
▷ Matrixdarstellung
▷ Relationengitter
▷ Graph (freie grafische Darstellung)
▷ Text (verbale Beschreibung).

Tabelle 3.31 Projektpläne

Bezeichnung	Plangrößen	Darstellung	Beschreibung	Erläuterung in
Ablaufplan			Überbegriff für Projektablaufpläne wie Balkenplan, Balkendiagramm, Netzplan etc.	
Aktionsplan			(siehe Projektdurchführungsplan)	
Anlagenstrukturplan	– Anlagenteile – Anzahlen	– Liste – Matrix – Baum	Zeigt auf, welche technischen Komponenten innerhalb eines Systems bzw. einer Anlage bezogen auf die technologischen Abschnitte wie oft vorkommen; entspricht etwa der Produktstruktur.	
Arbeitsplan	– Mitarbeiter – Aufgaben	– Liste – Baum	Umfaßt alle Mitarbeiter in ihrer linienorganisatorischen Einordnung mit ihren Aufgabenverantwortlichkeiten; ähnlich einem Organisationsplan.	Kap. 3.7.1

Tabelle 3.31 (Fortsetzung)

Bezeichnung	Plangrößen	Darstellung	Beschreibung	Erläuterung in
Aufgabenplan	– Aufgaben – Mitarbeiter – Aufwände – Termine – Abhängigkeiten	– Liste	Zählt alle Aufgaben mit den zugehörigen Projektdaten auf, wobei einige Angaben noch nicht endgültig sind (z. B. Wunschtermine).	Kap. 3.4.1; Bild 3.62
Aufwandsplan	– Aufwände – Arbeitspakete – Organisationseinheiten	– Liste – Diagramm	Enthält arbeitspaket- oder organisationsbezogen die einzelnen Planaufwände.	Kap. 3.7.3; Bild 3.110
Ausbildungsplan	– Mitarbeiter – Kurse – Termine – Orte	– Liste – Balken	Enthält die für die einzelnen Mitarbeiter vorgesehenen Ausbildungsmaßnahmen (z. B. Kurse) mit Zeitangaben.	Kap. 3.7.2; Bild 3.107
Balkenplan/ -diagramm	– Mitarbeiter – Arbeitspakete – Zeitangaben	– Diagramm	Enthält über die Zeit aufgetragen die einzelnen Mitarbeiter oder Arbeitspakete.	Kap. 3.4.2; Bild 3.63
Bedarfsplan			(siehe Einsatzmittelplan)	
Berichtsplan	– Projektberichte – Verteiler – Termine	– Liste	Legt die Informationswege der Projektberichterstattung fest.	Kap. 3.7.2; Bild 4.68
Dokumentationsplan	– Dokumente – Termine – Verfasser	– Liste	Legt die geplanten Projekt- und Produktdokumente mit Terminangaben fest.	Kap. 3.7.2
Einsatzmittelplan	– Mitarbeiter – Maschinen – Kosten – Zeit	– Liste – Diagramm	Enthält über die Zeit aufgetragen alle für das Projekt notwendigen Einsatzmittel (z. B. Personal, Maschinen, Kosten).	Kap. 3.5.1; Bild 3.90
Erfahrungssicherungsplan	– Erfahrungen – Erfahrungsträger – Adressaten	– Liste – Text	Zeigt die zu dokumentierenden Erfahrungen mit den Erfahrungsträgern und den künftigen Adressaten auf.	Kap. 5.3
Inbetriebnahmeplan	– Maßnahmen – Kümmerer – Termine	– Liste – Text	Umfaßt die Betriebsplanung und listet alle erforderlichen Maßnahmen für die Inbetriebnahme auf (Anlagenkonfiguration, Anwenderschulung, Einführungsplanung etc.).	
Inspektionsplan	– Inspektionsobjekte – Termine – Teilnehmer	– Liste – Balken	Enthält mit Angabe der Termine und der Teilnehmer alle zu inspizierenden Objekte.	Kap. 3.7.2
Kapazitätsplan			(siehe Einsatzmittelplan)	
Katastrophenplan	– Katastrophen – Maßnahmen – Kümmerer	– Liste – Text	Ein dem Krisenplan benachbarter Projektplan, mit dem die bei Katastrophen durchzuführenden Maßnahmen untersucht werden.	Kap. 3.7.2
Know-how- Sicherungsplan			(siehe Erfahrungssicherungsplan)	

3.7 Projektpläne

Tabelle 3.31 (Fortsetzung)

Bezeichnung	Plangrößen	Darstellung	Beschreibung	Erläuterung in
Kommunikationsplan	– Projektbeteiligte – Kommunikationsarten – Intensitäten	– Liste – Relationsgitter – Graph	Zeigt die Kommunikationsbeziehungen der am Projekt Beteiligten auf.	Kap. 3.7.2; Bild 3.108
Konfigurationsmanagementplan	– KM-Methoden – KM-Verfahren – Maßnahmen	– Matrix – Text	Zeigt alle Methoden, Verfahren und Maßnahmen auf, die für das Konfigurationsmanagement geplant sind.	Kap. 6.1
Kontaktplan			(siehe Kommunikationsplan)	
Kontenplan	– Konten – Unterkonten – Verantwortliche	– Liste – Baum	Enthält in geordneter Form alle Konten und Unterkonten eines Projekts oder mehrerer Projekte.	Kap. 3.1.3; Bild 3.16
Kostenplan	– Kostenelemente – Kosten – Zeit	– Liste – Diagramm	Zeigt über die Zeit aufgetragen die geplanten Kosten für bestimmte Kostenelemente geordnet nach Arbeitspaketen, Verursachern, Organisationseinheiten etc.	Kap. 3.6.2; Bild 3.110
Krisenplan	– Krisen – Maßnahmen – Kümmerer	– Liste – Text	Weist die bei angedachten Krisen die durchzuführenden Maßnahmen aus.	Kap. 3.7.2
Meilensteinplan	– Meilensteine – Termine – Verantwortliche	– Liste – Balken – Netz	Enthält die Projektmeilensteine mit deren Terminen.	Kap. 3.4.5; Bild 3.79
Mitarbeitereinsatzplan	– Mitarbeiter – Arbeitspakete	– Liste – Matrix	Zeigt den Einsatz der einzelnen Mitarbeiter bezogen auf die Arbeitspakete auf.	Kap. 3.7.2; Bild 3.109
Netzplan	– Vorgänge – Abhängigkeiten – Termine	– Liste – Netz	Enthält alle Vorgänge und deren Abhängigkeiten im zeitlichen Ablauf.	Kap. 3.3.1 Bild 3.47, 3.48, 3.51
Personaleinsatzplan	– Personal – Teilprojekte – Zeit	– Liste – Diagramm – Balken – Matrix	Zeigt – bezogen auf die Teilprojekte – den Personaleinsatz über die Projektzeit auf und ist damit ein Einsatzmittelplan.	Kap. 3.5.1; Bilder 3.87, 3.88
Personalplan			(siehe Personaleinsatzplan)	
Phasenplan			Überbegriff für alle Planungsinformationen, die für eine bestimmte Phase vorliegen.	
Produktstrukturplan	– Produktteile	– Liste – Baum	Enthält alle Teile des geplanten Produkts bzw. Systems in einer hierarchischen Anordnung.	Kap. 3.1.1; Bild 3.4
Projektdurchführungsplan			Überbegriff für alle der Projektdurchführung dienenden Planungsinformationen.	
Projektorganigramm			(siehe Projektorganisationsplan)	

Tabelle 3.31 (Fortsetzung)

Bezeichnung	Plangrößen	Darstellung	Beschreibung	Erläuterung in
Projekt-organisationsplan	– Organisations-einheiten – Projektbeteiligte – Gremien	– Liste – Baum – Matrix	Enthält alle Projektbeteiligten bzw. am Projekt beteiligten Organisationsstellen in einer (meist) hierarchischen Anordnung.	Kap. 2.4.1; Bilder 2.41 bis 2.44
Projektplan			Überbegriff für alle Planungsinformationen, die über das gesamte Projekt bzw. Teile des Projekts vorliegen.	
Projektstrukturplan	– Arbeitspakete	– Liste – Baum	Enthält alle Arbeitspakete eines Projekts in einer hierarchischen Anordnung.	Kap. 3.1.2; Bilder 3.9 bis 3.13
Prozeß-organisationsplan	– Phasen – Meilensteine – Tätigkeitsarten – Baselines – Zäsuren	– Liste – Graph	Gliedert den Entwicklungsablauf in einzelne Phasen und Prozeßschritte mit Definition von Tätigkeitsarten und Standard-Meilensteinen.	Kap. 2.5.1; Bilder 2.57 bis 2.59
Prozeßplan			(siehe Prozeßorganisationsplan, wird teilweise auch synonym zum Ablaufplan verwendet)	
Qualifikationsplan	– Personal – Qualifikationen	– Liste – Balken – Matrix	Stellt eine Erweiterung zum Personaleinsatzplan dar, der zu dem benötigten Personal noch die jeweils benötigten Qualifikationen aufzeigt.	Kap. 3.5.1; Bild 3.81
Qualitäts-sicherungsplan			Überbegriff für alle Planungsinformationen im Rahmen der Qualitätssicherung.	Kap. 3.7.2; Tab. 3.32
Qualitätsprüfplan			(siehe Inspektionsplan und Testplan)	
Reviewplan			(siehe Inspektionsplan)	
Schulungsplan	– Anwender – Kurse – Termine – Orte	– Liste – Balken – Matrix	Enthält die für die Anwender vorgesehenen Schulungsmaßnahmen (z. B. Kurse) mit Zeitangaben.	Kap. 3.7.2; Bild 3.107
Terminplan	– Arbeitspakete – Termine – Verantwortliche	– Liste – Balken	Enthält die durchzuführenden Arbeitspakete mit Angaben von Termin, Zeitdauer und Zuständigkeit.	Kap. 3.7.3; Bild 3.111
Testplan	– Testfall – Termine	– Liste – Balken	Enthält mit Angabe der Termine alle geplanten Testfälle.	Kap. 3.7.2
Zeitplan			(siehe Terminplan)	
Zulieferungsplan	– Leistungen – Zulieferer – Zeit	– Liste – Balken – Matrix	Zeigt über die Zeit aufgetragen alle geplanten Projektzulieferungen (z. B. Consultant-Leistungen, Dienstleistungen von anderen Dienststellen).	Kap. 3.7.2
Zuordnungsplan	– Objekte	– Matrix – Relationengitter	Mit ihm können beliebige Objekte in ihrer gegenseitigen Zuordnung dargestellt werden.	Kap. 3.7.1; Bild 3.106
Zuständigkeitsplan			(siehe Aufgabenplan)	

Wie ersichtlich, können fast alle Projektpläne u. a. als Liste dargestellt werden. Die grafische Darstellung dient meist nur dem besseren, visuellen Eindruck und einer dadurch erreichbaren, vergrößerten Übersichtlichkeit des Planungsfeldes; dagegen umfaßt die Liste i. allg. ein größeres Zahlenvolumen je Flächeneinheit. Liste und Grafik sollten also nicht als konkurrierende Alternativen, sondern als sich ergänzende Darstellungsformen angesehen werden. In Fällen, in denen eine transparente Darstellung der Plansituation erforderlich ist, sollte die grafische Form gewählt werden; kommt es dagegen auf die exakte Werteinformation an, sollte die Listenform zur Verfügung stehen.

3.7.1 Projektpläne für Organisation und Strukturierung

Als erste grundlegende Aktivität innerhalb der Projektplanung gilt das Organisieren und Strukturieren der verschiedenen Planinhalte und Planobjekte. Die Ergebnisse dokumentieren sich wiederum in entsprechenden Projektplänen.

Folgende Projektpläne finden innerhalb dieses Teilbereichs der Projektplanung Anwendung:

▷ Arbeitsplan
▷ Kontenplan
▷ Produktstrukturplan
▷ Projektorganisationsplan
▷ Projektstrukturplan
▷ Prozeßorganisationsplan
▷ Zuordnungsplan.

Die Projektpläne dieser Gruppe legen die Projekt- und Prozeßorganisation sowie die technische, aufgabenmäßige und kaufmännische Strukturierung fest.

Arbeitsplan

Der Arbeitsplan ist eigentlich ein Linienorganisationsplan; er zeigt alle Mitarbeiter in ihrer linienorganisatorischen Einordnung. Zusätzlich zu einem normalen Organisationsplan enthält aber ein Arbeitsplan noch in detaillierter Aufzählung die einzelnen Aufgabengebiete und Zuständigkeiten der Mitarbeiter sowie Angaben für die Kommunikation mit diesen (z. B. Ortsangaben, Telefon, Telefax, etc.).

Wegen der häufigen Änderungen der Aufgabenzuordnungen und der Kommunikationswege unterliegen Arbeitspläne einem kürzeren Aktualisierungsturnus als die offiziellen Organisationspläne.

Kontenplan

Unter einem Kontenplan – teilweise auch *Kontenkatalog* genannt – versteht man die Aufstellung aller FuE-Konten für ein oder mehrere Entwicklungsvorhaben. Hierbei ist eine lineare Kontenaufteilung aber auch eine hierarchisch gegliederte Kontenstruktur mit Ober- und Unterkonten möglich.

Jedes im Kontenplan definierte FuE-Konto präsentiert ein fest umrissenes Auftragsvolumen und besitzt eine eindeutige Identifikationsnummer, häufig als Auftragskennzeichen (AKZ) bezeichnet. Alle Personalaufwände, die bei dem eigenen Personal durch die bekannten Stundenkontierungsbelege erfaßt werden, sowie alle anfallenden Kosten, die durch Rechnungsschreibung oder interner Verrechnung ausgewiesen werden, sind diesen FuE-Konten zuzuordnen. Sie stellen damit gewissermaßen die Konten einer »internen Buchhaltung« für das FuE-Vorhaben dar. Kap. 3.1.3 geht auf die Kontenstrukturierung näher ein.

Produktstrukturplan

Der Produktstrukturplan (PdSP) enthält – hierarchisch angeordnet – alle Teile, aus denen das zu entwickelnde Produkt bestehen wird. Hierzu gehören sowohl die neu zu entwickelnden als auch solche Teile, die aus früheren Entwicklungen stammen oder zugekauft werden müssen. Hierbei muß eindeutig geklärt sein, wer für die Beistellung der jeweiligen Produktteile verantwortlich ist – sei es durch Entwicklung, Übernahme oder Kauf. Der Produktstrukturplan fungiert als eine Art »Architekturplan« für die gesamte Produktentwicklung.

Für die Aufbereitung von Produktstrukturplänen gibt es die grafische Darstellung und die Listenform. Die grafische Darstellung wird meist unmittelbar aus ersten Übersichtsbildern des zu entwickelnden Produkts bzw. Systems übernommen, wobei die einzelnen Produktteile i. allg. als Kästchen in eine Baumstruktur angeordnet sind. Schon bei kleineren Systemen kann jedoch die benötigte Fläche über das übliche Kopiermaß hinausreichen und dann schwerfällig in der Vervielfältigung und Verbreitung werden. Die Listenform ist wesentlich hantierungs- und auch änderungsfreundlicher; außerdem bietet sie die Möglichkeit, Zu-

3.7.1 Projektpläne für Organisation und Strukturierung

satzinformationen für unterschiedliche Anwendungszwecke mitaufzunehmen.

In Kap. 3.1.1 wurde das Thema Produktstruktur näher behandelt, wo auch in Bild 3.4 ein grafisches Beispiel für einen Produktstrukturplan aus dem Entwicklungsbereich für Nebenstellen-Vermittlungssysteme aufgeführt ist.

Projektorganisationsplan

Der Projektorganisationsplan – auch als *Projektorganigramm* bezeichnet – stellt den Organisationsplan für das Projekt dar; er enthält alle internen und externen Projektbeteiligten in ihrer jeweiligen Zuordnung. Da ein Projekt in seiner Laufzeit begrenzt ist, hat der Projektorganisationsplan ebenfalls einen temporären Charakter.

In diesem Plan sind neben den fachlichen auch die weisungsbedingten Zuordnungen enthalten; nicht berücksichtigt werden i. allg. die disziplinarischen Abhängigkeiten. Daher kann er in der hierarchischen Rangfolge von dem (statischen) Organisationsplan des Unternehmensbereichs erheblich abweichen, sowohl bezüglich der Ebenenzuordnung als auch bezüglich der Bereichszuordnung der einzelnen Mitarbeiter. Der Projektorganisationsplan enthält damit auch Mitarbeiter, die – außerhalb des Projekts – zu völlig unterschiedlichen Organisationseinheiten gehören oder rangmäßig auf völlig anderer Stufe stehen.

Der Projektorganisationsplan zeigt unmißverständlich auf, wer im Rahmen eines Projekts wofür zuständig und verantwortlich ist, und verdeutlicht damit die unterschiedlichen Kommunikations- und Entscheidungspfade innerhalb eines Projekts.

In Kap. 2.4.1 werden die einzelnen Formen einer Projektorganisation anhand einiger Bilder (2.41 bis 2.44) vorgestellt.

Projektstrukturplan

Der Projektstrukturplan (PjSP) stellt in grafischer oder in listenmäßiger Form die Projektstruktur dar; er enthält – meist in hierarchischer Anordnung – alle Arbeitspakete eines Projekts, deren Abarbeiten für die Projektrealisierung und zur Erfüllung des Projektziels notwendig ist. Der Projektstrukturplan ist der zentrale Projektplan für den gesamten Projektablauf. Alle anderen Projektpläne und späteren Projektberichte müssen auf die Strukturelemente dieses Plans mehr oder weniger beziehbar sein.

In Kap. 3.1.2 ist eingehend die Projektstrukturierung behandelt. Dort sind mit den Bildern 3.9 bis 3.12 die verschiedenen Typen von Projektstrukturplänen aufgezeigt; Bild 3.13 gibt darüber hinaus einen Projektstrukturplan in Listenform wieder.

Zum leichteren visuellen Unterscheiden eines Projektstrukturplans von einem Produktstrukturplan bietet es sich an, die in Bild 3.105 angedeutete Zeichenkonvention für die grafische Darstellung der genannten Strukturpläne einzuhalten. Bei dieser Darstellungsregel wird die Produktstruktur immer mit schrägen Verbindungslinien und die Projektstruktur immer mit

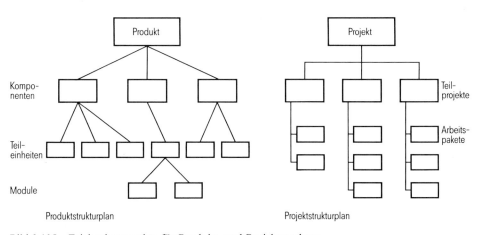

Bild 3.105 Zeichenkonvention für Produkt- und Projektstruktur

waagerechten bzw. senkrechten Verbindungslinien gezeichnet. Der Vorteil besteht darin, daß man allein von der äußeren Form her sofort erkennen kann, ob es sich um einen Produktstrukturplan oder um einen Projektstrukturplan handelt.

Prozeßorganisationsplan

Der Prozeßorganisationsplan auch als *Prozeßplan* bezeichnet – verdeutlicht, wie der für das Projekt zu durchlaufende Entwicklungsprozeß organisiert werden soll. Der Prozeßorganisationsplan enthält neben der Beschreibung der einzelnen Entwicklungsphasen und der Definition von Tätigkeitsarten auch die Festlegung von Zäsurpunkten, wie z. B. Phasenabschnittszäsuren, Meilensteine und Entwicklungslinien. Weiterhin legt er die an den einzelnen Zäsurpunkten vorzulegenden Entwicklungsergebnisse fest und bestimmt die Entscheidungsinstanzen für den Entwicklungsablauf. Die gesamte Planung und Durchführung des Projekts ist nach diesem Prozeßorganisationsplan auszurichten.

Mitunter wird der Prozeßorganisationsplan fälschlicherweise auch als Phasenplan oder Meilensteinplan bezeichnet; letztere haben aber andere Planinhalte. So ist der *Phasenplan* eigentlich als Überbegriff zu sehen für alle in einer bestimmten Phase vorhandenen Planungsinformationen; dabei kann er z. B. Termin- und Kostenpläne, Qualitätssicherungspläne, Aufgabenpläne etc. umfassen. Der *Meilensteinplan* enthält dagegen i. allg. den Terminplan für die einzelnen Meilensteine eines Projekts.

Auf die Formen einer Prozeßorganisation wird in den Kap. 2.5.1 bis 2.5.4 ausführlich eingegangen. Dort sind auch einige Beispiele für die grafische Darstellung von Prozeßorganisationsplänen mit den zugehörigen Definitionen wiedergegeben.

Zuordnungsplan

In jedem Abschnitt einer Projektplanung ist es immer wieder notwendig, unterschiedliche Projekt- und Produktparameter in ihrer gegenseitigen Zuordnung darzustellen. Hierzu dienen Zuordnungspläne, in denen diese Zuordnungen definiert werden, wie z. B.:

▷ Welche Produktteile werden in welchen Teilprojekten von welcher Organisationseinheit realisiert?

▷ Welche Unterauftragnehmer sind in welcher Entwicklungskategorie für welche Teilprojekte tätig?

▷ Wie arbeiten die einzelnen Abteilungen in welchen Teilprojekten den verschiedenen Produktvarianten zu?

▷ Welche Auftragskennzeichen werden von welchen Abteilungen für welche Aufgabengebiete in Anspruch genommen?

Die herkömmliche Darstellungsform solcher Zuordnungspläne ist die Tabellen- bzw. Matrixform; mit ihr lassen sich sehr gut zwei bis drei Zuordnungsparameter darstellen. Sind mehr als drei Parameter zuzuordnen – was in der Personaleinsatzplanung und in der Multiprojektplanung häufig vorkommt –, so ist dies nicht mehr in einer gewöhnlichen zweidimensionalen Matrix möglich. Für diese Fälle kann eine Darstellungsform aus der SW-Technologie genutzt werden: das *Relationengitter* (Bild 3.106). In einer geeigneten Anordnung werden die einzelnen Parameterobjekte durch ein Liniennetz verbunden. Bei zutreffender Zuordnung wird der Linienkreuzungspunkt markiert; dabei kann diese Markierung noch Zusatzinformationen aufnehmen, wie in dem gezeigten Beispiel die Angabe der Projektverantwortung.

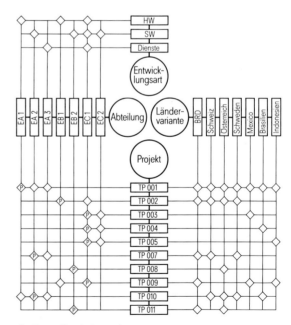

◇ Zutreffende Zuordnung
⊕ Projektverantwortung

Bild 3.106 Relationengitter (Beispiel)

Ein Relationengitter bringt also mehrere Objektmengen in eine relationale grafische Darstellung. Der Zeichenaufwand für ein Relationengitter ist allerdings nicht unerheblich, deshalb eignet es sich auch nur in freier Skizzenform oder bei Zuordnungsdarstellungen, die von zentraler Bedeutung sind und nicht laufend geändert werden müssen.

3.7.2 Projektpläne für Durchführung

Die Projektdurchführungsplanung befaßt sich mit den einzuplanenden Maßnahmen, die für das optimale Durchführen des Projekts erforderlich sind; sie baut auf den Projektplänen für Organisation und Strukturierung auf und legt die personellen, informationellen und qualitätssichernden Voraussetzungen für die Zielerreichung der Termine, Aufwände und Kosten fest.

Für die Projektdurchführung können folgende Projektpläne erstellt werden:

▷ Ausbildungsplan
▷ Berichtsplan
▷ Dokumentationsplan
▷ Einsatzmittelplan
▷ Inspektionsplan
▷ Kommunikationsplan
▷ Krisenplan
▷ Mitarbeitereinsatzplan
▷ Qualitätssicherungsplan
▷ Schulungsplan
▷ Testplan
▷ Zulieferungsplan.

Ausbildungsplan

In einen Ausbildungsplan werden alle Ausbildungsmaßnahmen aufgenommen, die bei dem Projekt für die einzelnen Mitarbeiter vorgesehen sind. Neben den Namen enthält er die Ausbildungsmaßnahmen wie Kurse, Seminare, Messebesuche etc., die jeweiligen Termine, die Zeitdauern sowie weitere administrative Angaben.

Bild 3.107 zeigt als Beispiel einen solchen, auf einem PC erstellten Ausbildungsplan.

Die Gestaltung solcher Ausbildungspläne kann sich natürlich voll auf die projektspezifischen Erfordernisse ausrichten. Ein Ausbildungsplan muß aber stets aktuell sein. Hierzu muß er in größeren Zeitabständen – in einer offiziellen Planungsrunde – neu überdacht und ggf. überarbeitet werden; denn neue Erkenntnisse im Laufe des Projekts führen evtl. auch zu neuen Wissensanforderungen an die Mitarbeiter, die z.T. durch zusätzliche Ausbildungsmaßnahmen erfüllt werden können. Mangelnde Wissensbasis kann leicht zu einer (unnötigen) Terminverzögerung führen.

Berichtsplan

Der Berichtsplan legt die im Rahmen des Projekts vorgesehene Form der Berichterstattung fest; er bestimmt einerseits die Auswahl der künftigen Projektberichte und – falls von den eingesetzten DV-Verfahren nicht vorgegeben – deren Inhalt und äußere Form; andererseits enthält er den jeweiligen Verteilerkreis der einzelnen Projektberichte mit Angabe der Verteilhäufigkeit. Hierbei kann die Länge der Berichtszeiträume stark variieren und hängt wesentlich von der Art der Projektberichte ab; manche müssen monatlich mindestens einmal (z.B. Terminlisten), andere dagegen – die auf einer höheren Ebene komprimierte Informationen enthalten – nur alle halbe Jahre verteilt werden.

Mit dem Erstellen eines Berichtsplans will man erreichen, daß möglichst keine Informationslücken bei der späteren Projektberichterstattung auftreten. Es soll sichergestellt werden, daß die Projektberichte nur derjenige bekommt, der sie im Rahmen einer erfolgreichen Projektdurchführung wirklich benötigt, dabei ist zu vermeiden, daß Personen mit unnötigen, d.h. zu vielen Informationen belastet werden.

Eine standardisierte äußere Form eines Berichtsplans gibt es nicht; als Anregung kann aber das in Bild 4.68 gezeigte Beispiel eines Berichtsplans dienen.

Dokumentationsplan

Der Dokumentationsplan ist der Gesamtplan für die zu erstellende technische Dokumentation; er enthält Angaben über:

▷ die Dokumentationsordnung (wie),
▷ die Dokumentationsobjekte (was),
▷ die Dokumentationsersteller (wer),
▷ die Dokumentationsgeräte (worauf) und
▷ die Termine (wann).

Die Dokumentationsordnung legt bekanntlich fest, in welcher äußeren Form und in welcher Struktur Dokumente zu erstellen sind. Normalerweise sind solche Dokumentationsordnungen in den zuständigen Entwicklungshandbüchern vorgegeben und ausführlich beschrieben. Liegt ein solches Entwicklungshand-

Bild 3.107   Ausbildungsplan

K OA 13 Kursplanung GJ86/87
(Stand: April 87)

Mitarbeiter	Kurs	Termin	Tage	Status
Feldtmann	View Point	16.07.-17.07.86	2	g
	GEM Seminar	29.07.86	1	g
Joswig	STA95C	21.06.-23.06.87	3	b
Kuhlmann	Entw. Planung	2.-12.12.86	1,5	g
Maczey	GEM Seminar	29.07.86	1	g
Niebuhr	SESAM EIN	19.06.-20.06.86	2	g
	SESAM DR	23.06.-26.06.86	4	e
	SESAM AW	30.06.-04.07.86	5	g
	UTM-Anwend.	12.01.-16.01.87	5	g
	SINET-AW	26.10.-30.10.87	5	a
Scholz	SESAM EIN	19.06.-20.06.86	2	g
	SESAM DR	23.06.-26.06.86	4	g
	PASCAL	13.11.-03.12.86	13	g
	UTM-Anwend.	09.02.-13.02.87	5	e
	PERS-T	22.06.-25.06.87	4	b
	CADIS-2D	13.07.-24.07.87	10	b
	CADIS-NP	27.07.-31.07.87	5	b
	SICAD-PID	26.10.-30.10.87	5	a
Sicker	SICAD-GR	27.01.-31.01.86	5	g
Thieme	Entw. Planung	11.12.-12.12.86	1,5	g
	UTM	06.04.-10.04.87	5	g
Widmer	SESAM EIN	19.06.-20.06.86	2	g
	STA95C	21.06.-23.06.87	3	b

Legende:
a   angemeldet
b   bestätigt
e   entfallen
g   genommen

buch nicht vor, dann muß die Festlegung der Dokumentationsordnung innerhalb des Dokumentationsplans nachgeholt werden.

Das Festlegen der Dokumentationsobjekte führt zur Aufstellung der für die einzelnen Produktteile auszuarbeitenden Dokumentationen, wie Leistungsbeschreibung, Spezifikationen, Hantierungsvorschrift usw.

Als Dokumentationsersteller müssen in dem Dokumentationsplan neben den Autoren, die späteren »Reviewer« sowie ein evtl. einzuschaltender Übersetzerdienst festgehalten werden.

Der Dokumentationsplan sollte möglichst auch die zu verwendenden »Dokumentationsgeräte« vorgeben, damit später ein Wildwuchs der eingesetzten Bürogeräte und die damit verbundenen Medienbrüche im Informationsaustausch vermieden werden. Nur bei koppelbaren Bürokommunikationsgeräten ist eine Dokumentationsübernahme ohne erneute Datenerfassung möglich.

Existiert für die Dokumentation kein eigener Terminplan, so kann der Dokumentationsplan die eingeplanten Fertigstellungstermine der einzelnen Dokumentationsobjekte mitaufnehmen.

Einsatzmittelplan

Aus dem Einsatzmittelplan – manchmal auch als *Bedarfsplan* bezeichnet – ist der geplante Einsatz der Einsatzmittel ersichtlich. Hierbei werden unter Einsatzmittel bekanntlich das einzusetzende Personal, die für die Entwicklung notwendigen Betriebsmittel sowie die verfügbaren Finanzmittel verstanden. Der Einsatzmittelplan berücksichtigt allerdings meist nur die ersten beiden Einsatzmittel (siehe hierzu die Kap. 3.5.1 und 3.5.2), da die Finanzmittel in einem eigenen Budget- oder Kostenplan abgehandelt werden; er enthält also das geplante Personal bzw. die benötigten Betriebsmittel (-zeiten) bezogen auf ein definiertes Arbeitsvolumen (z. B. Teilprojekt, Arbeitspaket) in einer zeitlichen Zuordnung.

Der Einsatzmittelplan kann in seiner äußeren Ausprägung sehr unterschiedlich gestaltet sein. Als Liste enthält er im wesentlichen eine Aufstellung der geplanten Einsatzmittel mit Zeitpunkt und Dauer. Als Treppenkurve gestaltet, kann darüber hinaus die jeweilige Auslastung mit Bezug auf einen Vorratswert ausgewiesen werden (siehe Bild 3.84).

Der Personaleinsatzplan wird häufig mit dem *Mitarbeitereinsatzplan* vermischt. An dieser Stelle soll kurz eine Unterscheidung dieser beiden Projektpläne gegeben werden. Der Mitarbeitereinsatzplan enthält, wie später noch näher erläutert wird, die namentliche Zuordnung der Mitarbeiter zu den einzelnen Projektaufgaben; der Personaleinsatzplan ist dagegen ein Einsatzmittelplan und zeigt allein die zeitliche Zuordnung des Personals insgesamt zu den Projektaufgaben sowie die personelle Auslastung in ihrem zeitlichen Gesamtverlauf. Mit einem Mitarbeitereinsatzplan wird in Hinblick auf die anstehenden Aufgaben vornehmlich eine mitarbeiterbezogene Zuordnung vorgenommen; der Personaleinsatzplan strebt – ebenfalls in Hinblick auf die durchzuführenden Aufgaben – dagegen zeitbezogen eine Personalauslastungsoptimierung an.

Ein Personaleinsatzplan sollte auch die Qualifikation des Personals berücksichtigen. Hierfür kann ein *Qualifikationsplan* nützlich sein, in dem die zur Verfügung stehenden Qualifikationen den geforderten gegenübergestellt werden (siehe auch Bild 3.81).

Inspektionsplan

Der Inspektionsplan enthält alle Inspektionen, die im Lauf der Durchführung des Projekts für die Sachfortschrittskontrolle und die Qualitätssicherung vorgenommen werden sollen. Zu jeder geplanten Inspektion – und hierzu gehören auch die bekannten »Reviews« – sind folgende Angaben zu machen:

▷ Untersuchungsobjekte,
▷ Inspektionsteilnehmer,
▷ Termine,
▷ Berichtsadressaten.

Kap. 4.4.2 befaßt sich ausführlich mit dem Durchführen von Inspektionen, d. h. mit dem Prüfen der Entwurfsdokumente.

Eine standardisierte äußere Form des Inspektionsplans gibt es nicht; meistens verwendet man die tabellarische Aufstellung der durchzuführenden Inspektionen.

Kommunikationsplan

Bei großen, bereichsüberschreitenden Entwicklungsprojekten kann der Kreis der Kontaktpartner so umfangreich werden, daß für eine optimale Kommunikation eine eigene Planung notwendig ist. Die Kommunikation darf hier nicht dem Zufall überlassen bleiben, statt dessen muß mit Erstellen eines Kommunikationsplans – auch als *Kontaktplan* bezeichnet – bereits in der Projektplanung die Basis für einen lückenlosen Informationsaustausch innerhalb und außerhalb des Projekts geschaffen werden.

Der Kommunikationsplan umfaßt die (offiziellen) Kommunikationswege zwischen den einzelnen internen und externen Projektbeteiligten. Im Gegensatz zum Berichtsplan enthält er auch all die Informationskanäle, auf denen (ohne spezielle Projektberichte) nur benachrichtigt und informiert werden muß. Ansonsten kann er ähnlich diesem aufgebaut sein.

Wie beim Berichtsplan soll mit Erstellen eines Kommunikationsplans ein gezielter und organisierter Informationsfluß erreicht werden, um so das häufig verhängnisvolle »Ich hab nicht gewußt« zu vermeiden.

Eine standardisierte Darstellungsform für einen Kommunikationsplan gibt es nicht; es bietet sich das einfache listenmäßige Aufschreiben der Kommunikationspartner mit der jeweiligen Informationsart an. Sollen nur die Zusammenhänge der einzelnen Kommunikationspartner aufgezeigt werden, kann man auch eine Graphendarstellung verwenden. In Bild 3.108 ist ein derartiger *Kommunikationsgraph* wiedergegeben, der auch als *Kommunigramm* bezeichnet wird.

3.7 Projektpläne

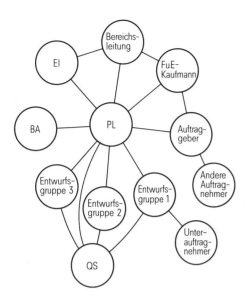

PL Projektleitung BA Beratungsausschuß
EI Entscheidungsinstanz QS Qualitätssicherung

Bild 3.108   Kommunikationsgraph

Krisenplan

Der Krisenplan – auch als *Krisenmanagementplan* bekannt – enthält alle vorstellbaren Krisen, die während der Projektdurchführung auftreten könnten, sowie die für die jeweiligen Krisen vorgesehenen Maßnahmen zur Krisenbewältigung.

Bei manchen Projekten wird hierbei noch zwischen Krisenplan und *Katastrophenplan* unterschieden, wobei Krise als »vorhersehbares« und damit einkalkulierbares Negativereignis und Katastrophe als »nicht vorhersehbares« Ereignis aufgrund höherer Gewalt definiert ist. Im Gegensatz zu einer Krise kennzeichnet eine Katastrophe eine Wende zum Schlechten, nach der es nicht mehr so ist, wie es vorher war. Katastrophenpläne haben für das Projektmanagement normaler Entwicklungsprojekte in der Industrie nur geringe praktische Bedeutung, können aber z. B. bei der Sicherung der Produktdokumentation sehr wichtig sein.

Zu jeder im Krisenplan aufgeführten Krisensituation sollte neben den dann vorzusehenden Maßnahmen die möglichen Ursachen sowie eine Wahrscheinlichkeitsaussage für das Auftreten der betreffenden Krise angegeben werden. Vor allem muß die Krisenplanung die Stellvertretungsfrage beantworten, damit von vornherein geklärt ist, wer im Notfall (»Ziegelstein«-Frage) für wen einspringt.

Insgesamt leistet die Krisenplanung einen Beitrag zur Planabsicherung und zur Risikobewertung, weil durch das Erstellen eines Krisenplans systematisch untersucht wird, an welchen Stellen in einem Projektablauf etwas schiefgehen kann und wie dem dann beizukommen ist. Wer auf eine Krise vorbereitet ist, meistert sie sicher wesentlich leichter, als derjenige, der von einer solchen überrascht wird. Jedes größere Projekt sollte daher in seiner Projektplanung als Vorbeugungsmaßnahme auch eine Krisenplanung enthalten.

Mitarbeitereinsatzplan

Der Mitarbeitereinsatzplan enthält die namentliche Zuordnung der Mitarbeiter zu den Teilaufgaben eines Projekts. Als darstellerisches Hilfsmittel kann hierfür die *Mitarbeitereinsatzmatrix* (kurz MA-Einsatzmatrix) genutzt werden; diese stellt das eingeplante Personal namentlich den einzelnen Projektteilen mit den zugehörigen Planaufwänden gegenüber.

Die zur Verfügung stehende Kapazität wird individuell je Mitarbeiter ermittelt: Mitarbeiterbezogen wird die vertraglich vereinbarte Gesamtarbeitszeit durch die nicht produktiven Zeiten, wie »Sozialzeiten« (Kuren, durchschnittliche Krankheitszeiten) und Weiterbildungszeiten (Schulungskurse, Bildungsurlaub)

Mitarbeitereinsatzmatrix			Personal-Netto-Vorrat	10	5	10	8	10
Planungszeitraum: GJ 87/88 Dienststelle: FGE 13 Datum: 22. 2. 87 (Aufwandszahlen in MM)			eingeplant	7	5	9	8	10
			Auslastung	–3	–1			
Plan	genehmigt	eingeplant	Deckung	Mitarbeiter / Projekte	Hr. Adam	Fr. Eva	Hr. Huber	Hr. Maier	Hr. Theobald
15	15	15		Projekt A	4		5		6
20	18	12	–6	Projekt B		5		7	
10	10	10		Projekt C	3		2	1	4
5	5	2	–3	Projekt D		2			

Bild 3.109   Mitarbeitereinsatzmatrix

vermindert. Auf diese Weise können in einer sehr übersichtlichen Form die wirklich verfügbaren Kapazitäten auf die geplanten Tätigkeiten unter besonderer Berücksichtigung der persönlichen Arbeitszeiten der einzelnen Mitarbeiter (halbtags, 30-Stunden-Woche etc.) zugeteilt werden.

In Bild 3.109 ist eine Mitarbeitereinsatzmatrix dargestellt. Eine mit einem PC-Tabellenkalkulationsprogramm (SuperCalc) erstellte Mitarbeitereinsatzmatrix ist im Bild 6.30 wiedergegeben.

Besonders bei kleineren Projekten mit einer begrenzten Anzahl Mitarbeiter hat sich die Verwendung einer solchen Mitarbeitereinsatzmatrix für die Mitarbeitereinsatzplanung als sehr vorteilhaft gezeigt.

Der Mitarbeitereinsatzplan kann auch als Liste wiedergegeben werden; es fehlt dann aber die leichte Kontrollmöglichkeit der vollen Abdeckung sowohl der durch die Mitarbeiter zur Verfügung stehenden als auch der durch die Projektaufgaben erforderlichen Kapazitäten.

Qualitätssicherungsplan

Der Qualitätssicherungsplan, kurz QS-Plan genannt, umfaßt i. allg. mehrere Projektpläne für die drei Bestandteile der Qualitätssicherung (Qualitätsplanung, Qualitätslenkung und Qualitätsprüfung); er enthält in entsprechender Detaillierung zu den einzelnen QS-Aspekten die durchzuführenden QS-Maßnahmen mit Zuständigkeiten und Terminen.

Zur Gesamtdarstellung aller QS-Maßnahmen eignet sich sehr gut die in Tabelle 3.32 gezeigte Matrixform eines Produkt-QS-Plans, wie er in einem Entwicklungsbereich für Kommunikationsendgeräte Anwendung gefunden hat. Wie der Name bereits andeutet, sind die zu den einzelnen Qualitätsmerkmalen durchzuführenden QS-Maßnahmen auf den zeitlichen Ablauf des Produktprozesses bezogen. Dabei wird unter mehreren Nachweisstufen und Nachweisarten unterschieden. In einem zusätzlichen Matrixteil ist die Zuständigkeit – mit Unterscheidung in Durchführungsverantwortung und Mitarbeit – festgehalten.

Wird in den Produktprozeßplan der gesamte Lebenszyklus des Produkts eingebunden, dann kann zur entwicklungsbezogenen Darstellung von Fertigungs- und Vertriebsplanungsaktivitäten in ähnlicher Form vorgegangen werden – mit dem Unterschied, daß man auf der Senkrechten der Matrix alle relevanten Fertigungs- bzw. Vertriebsaspekte aufträgt.

Schulungsplan

Der Schulungsplan ist ähnlich dem Ausbildungsplan aufgebaut, betrachtet aber nicht die Ausbildungsmaßnahmen für die einzelnen Projektmitarbeiter, sondern umfaßt die Schulungsmaßnahmen, die für den Produkt- bzw. Systemeinsatz beim Kunden notwendig sind. Zu diesen Schulungsmaßnahmen gehören neben Wartungs- und Installationskursen vor allem anwenderorientierte Einweisungen und Schulungen.

Der Schulungsplan soll sicherstellen, daß alle erforderlichen Schulungsmaßnahmen auf der Seite des künftigen Anwenders *rechtzeitig* eingeleitet werden, damit bei Produktauslieferung bzw. Systeminstallation keine Einsatzverzögerungen aufgrund mangelnder Bedienungs- und Nutzungskenntnisse auftreten. Leider wird häufig viel zu spät an die Schulung der späteren Anwender gedacht, so daß z. B. eine Anlage, die endlich fertiggestellt ist, evtl. eine Zeitlang nutzlos herumsteht, weil sie niemand bedienen kann.

Eine standardisierte Form eines Schulungsplans gibt es nicht; er kann aber ähnlich dem in Bild 3.107 angegebenen Ausbildungsplan gestaltet werden.

Testplan

Analog zu dem Inspektionsplan, der alle »Papiertest«-Aktivitäten enthält, umfaßt ein Testplan alle vorgesehenen »Maschinentest«-Aktivitäten. Zu den Testobjekten (z. B. SW-Programmodule, HW-Protoypen) werden die geplanten Testumgebung (Testrahmen, Antiprodukt) mit ihren Testdaten sowie die Testdurchführenden und -verantwortlichen mit Angabe der Zeitpunkte im Entwicklungsprozeß angegeben.

Funktional kann bei einer technischen Entwicklung immer nur ein begrenzter Teil getestet werden, da ein vollständiges Durchtesten i. allg. zu einem enormen Aufwand führen würde. Eine gute Testplanung soll daher gewährleisten, daß einerseits die richtigen Dinge getestet werden und andererseits der notwendige Testaufwand in einem tragbaren Rahmen bleibt.

Für den Testplan gibt es keine standardisierte Form. Kap. 4.4.3 befaßt sich mit der Fehlerbehebung durch entsprechende Testaktivitäten.

Zulieferungsplan

Der Zulieferungsplan enthält alle personellen und materiellen Zulieferungen für ein Entwicklungsvorhaben, die von Stellen außerhalb des zuständigen Ent-

Tabelle 3.32 Produkt-QS-Plan

Produkteigenschaften und ihre Ausprägung	Spezifikation	Systementwurf	Prinzipmuster	HW/SW-Entwurf	Funktionsmuster	Komponententest	HW-/SW-Implementierung	Integration Prototyp	Systemtest Prototyp	Vorserienfertigung	Systemtest Vorserie	Feldtest	Serienfertigung	Review/Gutachten	Analyse/Berechnung	Test/Messung	Statistische Auswertung
1 Grundsätzliche Systemmerkmale																	
1.1 Produktstruktur (Version, Varianten)	A	P				N1		N2			N3			N1		N2,3	
1.2 Design	A	P	N1					N2						N1,2			
1.3 Ergonomie	A		P			N1		N2		N3	N4			N1–3		N2–4	
1.4 Leistungsmerkmale	A	P				N1		N2		N3	N4					N1–4	
1.5 Funktionsabläufe	A	P				N1		N2		N3	N4			N1		N2–4	
1.6 Technologie	A	P						N						N			
2 Funktionsfähigkeit																	
2.1 Toleranzen mechanisch			A	P		N1		N2			N3			N1,2	N2,3	N3	
2.2 Toleranzen elektrisch			A	P		N1		N2			N3			N1,2	N3	N3	
2.3 Schaltungsregeln			A			N1		N2						N1,2	N2		
2.4 Belastung der Bauelemente			A					N2			N3			N1–3	N1–3	N3	
2.5 Beständigkeit von Einstellungen			A	P		N1		N2			N3			N1–3	N1–3	N3	
2.6 Qualifizierte Bauelemente		A	P	N1			N2		N3								
2.7 Lebensdauer der Bauelemente		A	P			N1		N2			N3			N1	N2,3	N2,3	
2.8 Qualifiziertes Verbrauchsmaterial		A	P	N1			N2		N3								
2.9 Kompatibilität		A	P			N1		N2			N3			N1–3			
2.10 Fehlerfortpflanzung		A				N1		N2						N1,2	N1,2		
2.11 Wärmehaushalt		A	P			N1		N2			N3			N1–3	N1–3		
2.12 Umwelteinflüsse	A	P				N1		N2		N3	N4			N1–4			
2.13 Elektromagnetische Verträglichkeit	A	P				N1		N2		N3	N4			N1–4			
2.14 SW-Korrektheit	A					N1	N2	N3	N4		N5	N6		N1–4		N3–6	N1–6
2.15 SW-Effizienz		A	P				N1	N2	N3					N1–3		N1–3	
2.16 Programm- und Arbeitsspeicherreserve	A	P					N							N			
2.17 Datensicherung	A	P				N1		N2			N3			N1–3			
2.18 Störungsverhalten (HW + SW)	A	P				N1			N2		N3			N1		N1–3	
3 Erfüllung gesetzlicher/normativer Auflagen																	
3.1 Produktsicherheit	A	P				N1		N2		N3	N4			N1		N2–4	
3.2 Emissionswerte	A	P				N1		N2		N3	N4					N1–4	
3.3 Anwendungs-Arbeitsplatzgerechtheit	A	P				N1		N2			N3			N1		N2–3	
4 Serienfertigungsreife																	
4.1 Wirtschaftliche Fertigbarkeit		A				N1		N2		N3			N4	N1	N2–4	N2–4	N2–4
4.2 Automatisierungsgerechtheit		A				N1		N2		N3				N1	N2–3		
4.3 Prüfbarkeit		A	P			N1			N2		N3			N1	N1,2	N3	N3
5 Transport und Lagerfähigkeit																	
5.1 Klimatische Bedingungen	A	P1				P2		N1			N2		N3	N1–3			
5.2 Mechanische Beanspruchung	A	P1				P2		N1			N2		N3	N1–3			
5.3 Lager- und Transportzeit	A					P		N1			N2		N3	N1–3			
6 Zuverlässigkeit																	
6.1 Beanspruchungsprofile	A	P				N								N			
6.2 Brauchbarkeitsdauer	A	P				N1		N2		N3				N1–3			
6.3 Ausfallraten (HW)	A	P				N1		N2		N3			N4 N5 N6	N1–3	N4–6		N4–6
6.4 Störungsraten (HW + SW)	A	P											N				N
7 Auspackqualität																	
7.1 Prüfschlupf	A	P											N			N	N
7.2 Ausfälle beim Transport	A	P1				P2		N1			N2		N3	N1–3	N1–3		
7.3 Alterungsbedingte Ausfälle	A	P				N1		N2		N3	N4		N5	N1–3	N4,5		N4,5
8 Servicefreundlichkeit																	
8.1 Kunden-Service-Dokumentation	A	P				N1		N2			N3			N1,2		N3	
8.2 Service-Konzept	A	P				N1		N2						N1	N1	N2	

3.7.2 Projektpläne für Durchführung

Q-Nachweisstufen

A   Anforderung
P ... Planung (Detaillierung der Anforderung)
N ... Nachweis der Realisierung von Anforderungen

Aufgabenzuweisung

D   Durchführung bei Nachweisstufen
M   Mitarbeit bei Nachweisstufen

Zuständigkeit											
Vertrieb			Entwicklung			Fertigung			Kundendienst		
Anforderung	Planung	Nachweis	Anforderung	Planung	Nachweis	Anforderung	Planung	Nachweis	Anforderung	Planung	Nachweis
D	M		M	D	D1,2	M				M	D3
M	M	M1,2	D	M	D1,2						
D	M	M1–4	M	D	D1–3						D4
D	M		M	D	D1–3						D4
D	M		M	D	D1–3						D4
M			D	D	D		M				
			D	D	D1,2	M	M	D3			
			D	D	D1,2	M	M	D3			
			D		D1,2						
			D		D1–3						
			D	D	D1,2		D3				
			D	D	D1,M	M	M	D2,3			
			D	D	D1–3						
			D	D	D1,M	M	M	D2,3			
			D	D	D1,2		D3				
			D		D1,2						
			D	D	D1–3						
D			M	D	D						
D			M	D	D						
			D		D1–5						D6
			D	D	D1–3						
			D	D	D						
M			D	D	D1–3						
			D	D	D1–3				M		
D			M	D	D1,M					M	D2–4
D			M	D	M1–4					M	D1–4
M			D	D	D1,2			D3			
			M		D1,M	D	D2–4				
			M		D1,M	D	D2,3				
			M	D	D1,M	D	M	D2,3			
D			M	D1	D1,M	D2	D2,3				
D			M	D1	D1,M	D2	D2,3				
D			M	M	M1–3	D	D1–D3				
D			M	D	D						
D			M	D	D1–3						
D			M	D	D1–3	D4,6				D5	
D			M	D	M					D	
D			M	D	D	M	D				
D			M	D1	D1,2	D2	D3				
D			M	D1	D1–3	D4,5					
D			M	D	M1–3				M	M	D1–3
D			M	D	D1,M				M	M	D2

wicklungsbereichs bezogen werden. Als wesentliche *personelle* Zulieferungen sind die Consultant-Leistungen und als wesentliche *materielle* Zulieferungen sind der Kauf von Software sowie die Musterbau-Aufträge zu nennen. Gerade aufgrund von Wirtschaftlichkeitsüberlegungen (make or buy) nehmen bei vielen Entwicklungsprojekten die Zulieferungen häufig einen hohen Anteil ein.

Ein Zulieferungsplan enthält im wesentlichen Angaben zu:

▷ Zulieferungsobjekt,
▷ Zulieferer,
▷ Lieferdatum und
▷ Zustände.

Eine standardisierte Darstellungsform gibt es nicht; die Listenform ist hier allerdings angebracht.

3.7.3 Projektpläne für Termine, Aufwände und Kosten

Die Projektpläne für diesen Teilbereich der Projektplanung legen das Mengengerüst für die Hauptprojektgrößen Termin, Aufwand und Kosten fest; sie enthalten die zeitlichen, personellen und finanziellen Zielgrößen für die gesamte Projektdurchführung und sind damit die Bezugsbasis für die Projektkontrolle, d. h. sie fließen in alle späteren Plan/Ist-Vergleiche und Plan/Plan-Vergleiche ein.

Folgende Projektpläne sind in diesem Zusammenhang von Bedeutung:

▷ Aufgabenplan
▷ Aufwandsplan
▷ Balkenplan
▷ Kostenplan
▷ Meilensteinplan
▷ Netzplan
▷ Terminplan.

Aufgabenplan

Der Aufgabenplan stellt das Bindeglied zwischen der Projektstrukturplanung und der Terminplanung dar. Aus dem Projektstrukturplan werden die einzelnen Arbeitspakete als Aufgaben in den Aufgabenplan aufgenommen. Hierbei ist eine direkte Übernahme, eine Komprimierung oder eine Aufgliederung der Arbeitspakete des Projektstrukturplans möglich. Die so definierten Aufgaben werden im Aufgabenplan einerseits personell und organisatorisch zugeordnet und andererseits mit Aufwand und Zeitdauer bewertet; weiterhin enthält er die gegenseitigen Abhängigkeiten. Der Aufgabenplan bildet damit die Grundlage für die anschließende Aufwands- und Terminplanung, bei der die im Aufgabenplan aufgeführten Aufgaben in ihrem zeitlichen Ablauf festgelegt werden.

Kap. 3.4.1 befaßt sich näher mit der Aufgabenplanung. Dort ist auch mit Bild 3.62 ein Beispiel für einen Aufgabenplan wiedergegeben.

Aufwandsplan

Unter einem Aufwandsplan versteht man die Aufstellung aller Aufgabenpakete mit der jeweiligen Angabe des geplanten Personalaufwands in MStd, MW, MM oder MJ. Der Aufwandsplan gibt damit eine Gesamtübersicht über die einzelnen »Aufwandspositionen« eines Projekts. Die Aufgabenpakete können hierbei nach unterschiedlichen Ordnungskriterien angeordnet werden, d. h. nach ausführenden Dienststellen, nach Teilprojekten, nach Auftragnehmern usw. Häufig erstellt man den Aufwandsplan auch in Verbindung mit dem Terminplan, so daß zu den einzelnen Aufgabengruppen gleich die Beginn- und Endtermine angegeben sind. Weiterhin können je Aufgabenpaket zusätzliche Informationen, wie organisatorische Zuständigkeit und kontenmäßige Zuordnung, in den Aufwandsplan aufgenommen werden. Bei entsprechender Anordnung der Tabellenspalten kann Platz reserviert bleiben für das spätere Eintragen der Istaufwände, so daß der Aufwandsplan dann als Projektbericht für den Plan/Ist-Vergleich der Personalaufwände genutzt werden kann.

Als Darstellungsform für einen Aufwandsplan wird i. allg. die Listenform gewählt. Bild 3.110 zeigt einen Aufwandsplan, der zu den Personalaufwänden noch die zusätzlichen Kostenpositionen für Rechenzeiten und Materialkäufe enthält. Dieser kombinierte Aufwands- und Kostenplan ist dem Projektkostenverfahren EPISTEL entnommen.

Balkenplan

Die grafische Darstellung des Termin- und Aufwandsplans wird am besten mit einem Balkenplan – häufig als *Balkendiagramm* bezeichnet – vorgenommen. Mit der Länge der einzelnen Balken sind die Zeiten für das Abarbeiten der Aufgaben, also deren Beginn- und Endtermine, festgelegt. Mit einer entsprechenden Zusatzinformation auf den Balken kann der geplante Mitarbeiter- oder Personaleinsatz angegeben werden,

3.7.3 Projektpläne für Termine, Aufwände und Kosten

```
UB MB KA                              E P I S T E L                              UB MB
L098/AF0323                     PLANDATEN NACH EMPFAENGERN                  SEITE:      56
                          NACH AKZ, PROJEKTEN UND PROJ.GRUPPEN              DATUM: 04.08.87

                    F = BEI FEHLENDEM VERRECHNUNGSSATZ MIT STANDARDWERT GERECHNET.

AUFGABENSTELLUNG        AUFTRAGNEHMER     PERSONALEINSATZ IN KP-JAHREN/MONATEN UND KOSTEN IN TDM
                                          GESAMT    86/87     87/88     88/89     89/90     90/91     91/92
117413-510-12
ABS Steuerwerk          AG SOF
                        MB E1              3/        2/        1/
                        MB E2              4/ 8,0    1/        1/ 2,0    1/        / 6,0     / 6,0
                        MB E3             10/ 2,0    4/ 2,0    2/ 8,0    2/ 2,0    / 8,0     / 6,0
                        * SUMME KP        17/10,0    7/ 8,0    4/10,0    3/ 2,0    1/ 2,0    1/

                        DM PERSEINSATZ   2802.2    1168.3     765.8     501.0     193.5     173.6
                        DM RECHENKOST.     95.0      65.0      30.0
                        DM MAT/LO/LSTG     10.0                10.0
                        ** DM AUFTRAG    2907.2    1243.3     795.8     501.0     193.5     173.6


117413-511-26
Peripherie              MB E4             13/11,0    3/ 9,0    3/ 5,0    3/        2/        1/ 9,0
                        * SUMME KP        13/11,0    3/ 9,0    3/ 5,0    3/        2/        1/ 9,0

                        DM PERSEINSATZ   2160.1     535.7     514.3     474.6     331.8     303.7
                        DM RECHENKOST.    225.0      55.0      60.0      50.0      30.0      30.0
                        DM MAT/LO/LSTG
                        ** DM AUFTRAG    2385.1     590.7     574.3     524.6     361.8     333.7


117413-511-28
Support fuer ABS        AG SOF             2/        2/
                        MB H1              2/ 5,0    1/ 9,0    / 5,0     / 1,0     / 1,0     / 1,0
                        MB H2             11/        4/        3/        2/        1/        1/
                        MB H3              2/10,0    2/        / 6,0     / 3,0     / 1,0
                        MB H4              3/ 7,0    1/10,0    1/        / 6,0     / 3,0
                        * SUMME KP        21/10,0   11/ 7,0    4/11,0    2/10,0    1/ 5,0    1/ 1,0

                        DM PERSEINSATZ   3407.2    1795.7     740.1     448.3     235.0     188.1
                        DM RECHENKOST.     40.0      25.0       5.0       5.0       5.0
                        DM MAT/LO/LSTG     96.0      66.0      10.0      10.0      10.0
                        ** DM AUFTRAG    3543.2    1886.7     755.1     463.3     250.0     188.1
```

Bild 3.110 Aufwands- und Kostenplan (Beispiel EPISTEL)

entweder durch die explizite Namensangabe von Mitarbeitern oder durch Angabe des notwendigen Aufwands.

Der Balkenplan ist wohl das meistverbreitete und genutzte grafische Planungsmittel im Rahmen der Projektplanung. Obwohl die gegenseitigen Abhängigkeiten im Balkendiagramm nur schwer darstellbar sind, zieht man den Balkenplan wegen seiner Übersichtlichkeit und strengen zeitlichen Einordnung häufig einem Netzplan vor. Netzplanverfahren erlauben daher auch fast immer das Generieren eines (informationsgleichen) Balkenplans. Wird ein solches Netzplanverfahren aber nicht eingesetzt und sollen Daten aus vorgelagerten Verfahren trotzdem in einem Balkendiagramm dargestellt werden, so bieten sich vielfältige Grafikhilfsmittel auf Personal Computer an (siehe Kap. 6.3.4).

Kap. 3.4.2 beschäftigt sich näher mit der Balkenplanung; dort sind auch einige grafische Beispiele für Balkenpläne bzw. -diagramme aufgezeigt.

Kostenplan

In der äußeren Struktur dem Aufwandsplan recht ähnlich, werden in einem Kostenplan den einzelnen Arbeitspaketen – allerdings meist aggregiert zu entsprechenden Kontenpositionen – die geplanten Kosten zugeordnet. Die Konten können alphanumerisch, nach Organisationseinheiten oder nach Aufgabengebieten bzw. Teilprojekten gegliedert sein. Die Kosten werden hierbei meist nach den vorliegenden Kostenelementen (wie z. B. eigene und fremde Personalkosten, Material- und RZ-Kosten etc.) unterteilt.

Auf die Kostenplanung und die unterschiedlichen Kostenelemente wird in dem Kap. 3.6.2 näher eingegangen.

Meilensteinplan

In einem Meilensteinplan sind alle relevanten Planinformationen zu den Meilensteinen eines Projekts aufgeführt; hierzu gehören vor allem:

▷ Meilensteinbezeichnung,
▷ Meilensteintermin,
▷ Phasenzuordnung,
▷ organisatorische Zuständigkeit und
▷ (evtl.) Zuordnung zu Netzplanvorgängen.

Der Meilensteinplan ist genaugenommen der Terminplan für die aus der Arbeitspaketmenge besonders ausgewählten Meilensteine; daher bietet sich auch hier als Darstellungsform die Liste oder das Balkendiagramm an. Die Anordnung der Reihenfolge der einzelnen Meilensteine kann sehr unterschiedlich vorgenommen werden, nämlich entweder nach einem alphanumerischen Sortierkriterium oder nach der Phasenzugehörigkeit oder aber nach der zeitlichen Reihenfolge der Meilensteintermine. Im letzteren Fall erhält man eine Art »Fahrplan« für die spätere Terminkontrolle.

Will man auch die projektbedingten Abhängigkeiten in den Meilensteinplan miteinbeziehen, so ist die Netzplantechnik einzusetzen. Der Meilensteinplan wird dann ähnlich einem Netzplan aufgebaut, wobei bei einem Vorgangsknotennetz die Meilensteine als (zeitverbrauchende) Vorgänge und bei einem Vorgangspfeilnetz diese als Ereignisse definiert werden. Mit Bild 3.79 ist ein derartiger *Meilenstein-Netzplan* wiedergegeben.

Wird das Projekt vornehmlich nach Meilensteinen gesteuert, stellt der Meilensteinplan den Generalplan für das Projektmanagement dar.

Netzplan

Der Netzplan umfaßt bekanntlich alle Aufgaben ($\triangleq$ Vorgänge) bzw. Meilensteine ($\triangleq$ Ereignisse) in einer grafischen Darstellung, wobei die einzelnen Aufgaben bzw. Meilensteine entsprechend ihren fachlichen und personellen Abhängigkeiten bzw. Zuordnungen miteinander vernetzt sind. Hierbei ist in horizontaler Richtung etwa die Zeitachse zu sehen, d.h. ganz links steht der Startvorgang bzw. das Starterereignis und ganz rechts der Zielvorgang bzw. das Zielereignis.

In den Symbolen der Ablaufelemente eines Netzplans werden alle für dieses Element vorhandenen Plandaten angegeben, also z. B. für den einzelnen Vorgang

▷ die Plantermine (Beginn und Ende),
▷ der Planaufwand,
▷ die organisatorische Zuordnung sowie
▷ die fachliche Zuordnung zur Produkt- und Projektstruktur.

Der Netzplan umfaßt die gesamten Planinformationen eines Projekts; er ist Termin-, Aufwands- und Balkenplan in einem, enthält zusätzlich aber noch die logischen Abhängigkeiten zwischen den einzelnen Aufgaben.

In den Hauptkapiteln 3.3 und 3.4 wurde die Netzplanung ausführlich behandelt. Dort sind auch grafische Beispiele für Netzpläne aufgeführt.

Terminplan

Der Terminplan enthält alle Aufgaben (und/oder Meilensteine) mit ihren Planterminen; er gibt detailliert darüber Auskunft, welche Aufgaben aktuell zu welchem Termin von wem erledigt werden müssen. Im einzelnen sollte ein Terminplan enthalten:

▷ Aufgabenbezeichnung,
▷ Meilensteinkennzeichnung,
▷ Termin (evtl. ursprünglich und aktuell),
▷ organisatorische Zuständigkeit und
▷ kontenmäßige Zuordnung.

Als Terminplan versteht man im engeren Sinne die listenförmige Aufstellung obiger Plandaten; natürlich hat ein Balkenplan bzw. -diagramm und ein Meilensteinplan auch den Charakter eines Terminplans.

Wird die Terminplanung mit der Netzplantechnik durchgeführt, so kann die Listenform eines Terminplans sehr einfach aus dem Netzplan unmittelbar generiert werden, wobei numerisches Sortieren nach der Vorgangsidentifikation oder Ordnen nach organisatorischen und kontenmäßigen Kriterien leicht möglich ist. Auch bietet sich eine Anordnung entsprechend der »Terminnähe« an, d. h. die unmittelbar bevorstehenden Termine stehen zuerst und die späteren sind am Ende der Liste angeordnet. Im Rahmen der Terminkontrolle können dann beim Gegenüberstellen zum aktuellen Zeitpunkt die kritischen Termine leichter herausgesehen werden.

In Bild 3.111 ist eine aus einem Netzplanverfahren generierte Terminliste wiedergegeben.

3.7.3 Projektpläne für Termine, Aufwände und Kosten

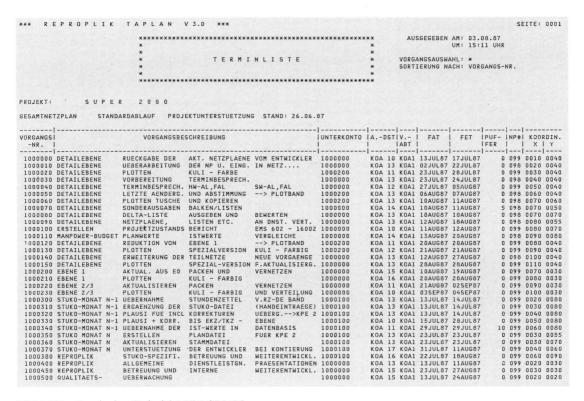

Bild 3.111   Terminplan (Beispiel REPROPLIK)

4 Projektkontrolle

Ohne planungskonforme Kontrolle ist ein zielorientiertes Vorgehen nicht möglich. Erst das laufende Überwachen des Projektstands führt zu Erkenntnissen, aufgrund derer man projektsteuernde Maßnahmen zum Optimieren des Entwicklungsablaufs ergreifen kann.

Im Rahmen der Projektkontrolle werden daher die einzelnen Projektparameter in ihren angefallenen Istwerten den durch die Projektplanung festgelegten Planwerten – in einem regelmäßigen Beobachtungsturnus – gegenübergestellt und unter Berücksichtigung der abgelaufenen Projektzeit beurteilt. In die Kontrolle sind alle quantifizierbaren Projektgrößen wie Zeit, Aufwand und Kosten (z. T. auch die Leistung) einzubeziehen. Je kleiner dabei die zu betrachtenden Arbeitseinheiten sind, desto größer wird wohl der Kontrollaufwand, aber desto gezielter – und damit frühzeitiger – kann eine Abweichung von bestehenden Planvorgaben erkannt werden. *Frühzeitiges* Erkennen von Planabweichungen und Aufzeigen von Abweichungstendenzen ist die Voraussetzung für eine wirkungsvolle Projektsteuerung.

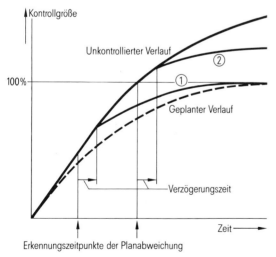

Bild 4.1
Rechtzeitiges Erkennen einer Planabweichung
① rechtzeitig, ② zu spät

Bild 4.1 veranschaulicht die Bedeutung des rechtzeitigen Erkennens einer sich abzeichnenden Planabweichung der jeweiligen Kontrollgröße; es zeigt: Je früher man Planabweichungen erkennt und steuernde Maßnahmen einleitet, desto größer sind die Chancen, daß diese Maßnahmen noch rechtzeitig, d. h. ohne Plankorrekturen, wirksam werden.

Mit der Projektplanung wurde die Plandatenbasis für alle Abschnitte der Projektkontrolle geschaffen; adäquat hierzu muß nun die Istdatenbasis gestaltet werden. So ist für die Terminkontrolle ein umfassendes *Rückmeldewesen* und für die Aufwands- und Kostenkontrolle eine detaillierte *Stundenkontierung* und *Kostenerfassung* notwendig. Innerhalb der *Sachfortschrittskontrolle* steht das Ermitteln des Fertigstellungsgrads im Vordergrund; mit ihm kann ein »Arbeitswert« berechnet werden, der ein Maß für die erbrachte Arbeitsleistung darstellt und eine Schätzung der Restaufwände und -kosten sowie der Restzeiten ermöglicht. Das anforderungsgerechte Einhalten des technischen Inhalts einer Entwicklung erreicht man durch eine projektbegleitende *Qualitätssicherung,* die bei der Prüfung der ersten Entwurfsdokumente einsetzt und sich bis hin zur Prüfung der endgültigen Realisierungsergebnisse erstreckt.

Eine allgemeine Absicherung der Projektkontrolle wird durch Systematik und Durchgängigkeit der *Projektdokumentation* erreicht; hierbei ist eine (offiziell eingeführte) Dokumentationsordnung sehr hilfreich. Die Ergebnisse der Projektkontrolle fließen schließlich in Projektberichte ein, die zielgenau und aktuell mit Hilfe eines nutzerorientierten *PM-Berichtswesens* zu verteilen sind. Die Analyse der durch die Projektkontrolle aufgedeckten Abweichungen bzw. erkannten Abweichungstendenzen führt zum Ausarbeiten geeigneter Maßnahmen für die Projektsteuerung; diese können sehr unterschiedlich sein. Die einfachste – für das Erreichen des Projektziels aber immer ungünstigste – Maßnahme ist das simple Anpassen der Planvorgaben an die neue Projektsituation, also z. B. Verschieben der Termine, Heraufsetzen des Budgets, Ausweiten des Mitarbeiterstandes oder Reduzieren des Aufgaben- bzw. Leistungsvolumens. Es muß aber innerhalb der Projektsteuerung dem allgemeinen Gesetz von Parkinson »Work expands to fill the available volume« entgegengewirkt werden. Anzustreben sind daher immer Steuerungsmaßnahmen, die die Planerreichung ohne Änderung der Planeckdaten sichern. Dies ist z. B. durch verbesserte Motivation der Mitarbeiter, durch Anheben der Qualifikation oder durch Ändern der Prozeßablauffolgen möglich; letzteres führt allerdings leicht zu einer Risikoerhöhung, da ja i. allg. vom optimalen Arbeitsablauf abgewichen werden muß.

Projektkontrolle bedeutet letztendlich immer das Vergleichen einer vorliegenden Projektsituation – dokumentiert durch Istwerte der einzelnen Projektparameter – mit einem früher geplanten Zustand – dokumentiert durch entsprechende Planwerte. Abweichungen können begründet sein einerseits durch Mängel im Projektablauf (Planwerte sind richtig) oder durch falsche Prämissen bei der Planvorgabe (Istwerte sind richtig). Ist also ein Aktualisieren der Durchführungsplanung im Rahmen der bestehenden Zielvereinbarung nicht möglich, so muß man diese den Erfordernissen anpassen; hierbei muß aber die Projektsteuerung die Auswirkung der getroffenen Maßnahmen auf andere Projekte berücksichtigen.

4.1 Terminkontrolle

Innerhalb der Projektplanung zeigt der Terminplan den gesamten Terminaufriß des Projekts; dort hat er die Aufgabe, alle Einzelaktivitäten eines Entwicklungsvorhabens im terminlichen Zusammenwirken transparent und konsistent darzustellen.

Der Terminplan hat aber auch in dem darauffolgenden Projektabschnitt, in der Projektdurchführung, eine weitere entscheidende Aufgabe und zwar für die Terminkontrolle. Durch laufendes Beobachten der Terminsituation und Vergleichen der Planwerte mit den Istwerten wird die Entscheidungsgrundlage für eine wirksame terminliche Projektsteuerung geschaffen. Voraussetzung für eine wirkungsvolle Terminkontrolle ist aber die konsequente Aktualisierung der Plantermine. Ohne regelmäßiges und rechtzeitiges Rückmelden der aktuellen Terminsituation durch den Entwickler an das Projektmanagement ist keine effiziente Terminkontrolle in Form von terminlichen Plan/Ist-Vergleichen und Termintrendanalysen möglich.

4.1.1 Rückmeldewesen

Im Rahmen eines (Termin-)Rückmeldewesens sollen die Entwickler dem Projektmanagement den unmittelbaren, aktuellen Terminstand der laufenden Entwicklungsaktivitäten berichten. Für jedes noch nicht abgeschlossene Arbeitspaket muß in einem festen Turnus angegeben werden, ob

▷ der Termin gehalten wird,
▷ der Termin nicht gehalten werden kann,
▷ der Termin vorverlegt werden kann.

Solche Aussagen dürfen natürlich noch nicht automatisch zu einer Terminkorrektur führen, sondern das Projektmanagement kann erst aufgrund der Gesamtsicht der Einzelterminaussagen aller Arbeitspakete des Projekts zu einer Terminentscheidung gelangen. Meist können Terminverzögerungen *einzelner* Arbeitspakete leicht aufgefangen werden, ohne daß der Termin des gesamten Projekts gefährdet wird. Auch kann man Terminengpässe häufig noch durch zusätzliches Personal mildern, so daß die Plantermine nicht verändert werden müssen. Nur wenn alle Möglichkeiten einer *termininvarianten* Projektsteuerung ausgeschöpft sind, muß – als letztes Mittel – zu einer Terminanpassung, d. h. meist zu einer Terminverschiebung für das Gesamtprojekt, gegriffen werden.

Rückmeldeablauf

Das Erfassen der Terminsituation darf allerdings nicht ein Zufallsprozeß sein, sondern die Rückmeldung des aktuellen Terminstandes muß in geregelten Bahnen ablaufen. Daher ist das Installieren eines offiziellen Rückmeldewesens so notwendig; es muß sicherstellen, daß *alle* Tätigkeitsbereiche eines Projekts erfaßt werden und keine Lücken in der Terminberichterstattung entstehen. Als wesentliche Punkte müssen in einem Rückmeldewesen definiert sein:

▷ Wer meldet wem?
▷ In welchem Zeitrhythmus muß gemeldet werden?
▷ Welche Daten zu welchen Arbeitspaketen müssen gemeldet werden?
▷ Wie werden die gemeldeten Daten aufbereitet?

Bild 4.2 veranschaulicht das Schema für den Rückmeldeablauf bei einer Terminkontrolle mit Netzplan.

Wie hier zu ersehen ist, wird ein Änderungswunsch bez. eines Plantermins (z. B. eine Terminverschiebung) nicht gleich in den Netzplan übernommen, sondern bei einer Projektdurchsprache in die Gesamtterminbe-

4.1 Terminkontrolle

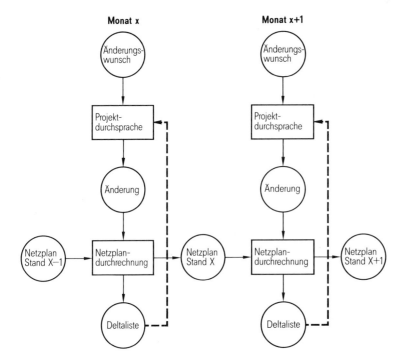

Bild 4.2 Aktualisierungsrhythmus

trachtung des Projekts einbezogen. Erst das abgestimmte Ergebnis dieser Terminbesprechung findet Eingang in den Netzplan. Auch kann das Ergebnis der Netzplandurchrechnung eine erneute Projektdurchsprache erforderlich machen.

Häufig wird es von Nutzen sein, Terminengpässe oder – bei Netzplänen – sogar *negative* Zeitpuffer für eine gewisse Zeit bestehen zu lassen, um nicht durch zu frühes Aufheben des Termindrucks einem *Aktivitätsnachlaß* der Entwickler Vorschub zu leisten. Das Projektmanagement muß allerdings in solchen Fällen die bestehenden kritischen (z.T. sogar irrealen) Termine ganz besonders aufmerksam im Auge behalten. Eine Terminaktualisierung wird erst im allerletzten Augenblick vorgenommen, wenn eine Termineinhaltung durch keine irgendwie gestaltete Maßnahme mehr erreichbar erscheint.

Rückmeldeliste

Es liegt nahe, das Berichtswesen – z. B. durch Formulare – zu »institutionalisieren«, so daß auf persönliche und telefonische Abfragen, die selten vollständig sind, verzichtet werden kann. Eine solche *Rückmeldeliste* sollte folgende Angaben enthalten:

▷ Projekt- bzw. Teilprojektbezeichnung,
▷ Arbeitspakete (Benennung; Identifikation),
▷ Dienststelle und Verantwortlicher,
▷ Berichtsdatum,
▷ Terminänderungen,
▷ Grund der Terminänderungen,
▷ evtl. Restaufwandsschätzungen.

Es bietet sich an, in die Liste die notwendigen Fertigmeldungen von Arbeitspaketen aufzunehmen. Ein gesondertes Formular für die Meldung von Fertigstellungsterminen erübrigt sich dann.

Die Rückmeldelisten können auch Angaben für die angefallenen Aufwände der Arbeitspakete aufnehmen. Diese erweiterte Nutzung ist dann angebracht, wenn im betreffenden Entwicklungsbereich keine separate Aufwandserfassung über ein eigenes Stundenkontierungsverfahren im Einsatz ist.

Wird die Terminplanung von einem DV- bzw. PC-Verfahren unterstützt, so können Rückmeldelisten vom Rechner erzeugt und bereits vorab ausgefüllt werden. Auf diese Weise erhält jede Entwicklungsgruppe eine nur sie betreffende Arbeitspaketliste mit entsprechenden Zusatzinformationen, in die der Entwickler nur noch seine Terminvorstellungen und evtl.

4.1.2 Aktualisierung des Netzplans

```
WERK:                                               E P S - G                         BLATT:  117
EMPFAENGER: TMG                                  RUECKMELDELISTE                      SEITE:    2
ERSTELLT:   17.08.87  09:27:52

PROJEKTNR: 0130    PROJEKTBEZ: ABGAS-TURBOL.-ZUSATZANTR.  EV-NR: 03445  PROJEKTLEITER: DR.FUERSICH    DST: TMG.....  TEL: 2388

TAETIG K BEZEICHNUNG/        D A U E R     PLAN-TERMINE      RUECKMELDEDATEN FUER BETEILIGTE DIENSTSTELLEN                MKZ
KEIT   Z ANSPRECHPARTNER     SOLL          FAT      FET
         GERAET/BGR/U-BGR    AUFG  REST
         FUE-ANTRAG          (WO,TG)                          AUFW IN TG,STD
=====================================================================================================================
 3008   HAUPTABMESS.-TA      2,0           29.12.86 13.01.87 DIENSTSTELLE  TMG.....
        DR.FUERSICH                ..,.                        SOLLAUFW      1,0
        01 / 00 / 00                                           ISTAUFW
        334                                                    RESTAUFW      ..,.    ..,.    ..,.    ..,.    ..,.    ..,.

 3010   ZEICHN. GUSSTEI      2,0           14.01.87 27.01.87 DIENSTSTELLE  TMG.....
        DR.FUERSICH                ..,.                        SOLLAUFW      1,0
        01 / 00 / 00                                           ISTAUFW
        334                                                    RESTAUFW

 3020   ZEICHN. EINKAUF      2,0           14.01.87 27.01.87 DIENSTSTELLE  TMG.....
        DR.FUERSICH                ..,.                        SOLLAUFW      1,0
        01 / 00 / 00                                           ISTAUFW
        334                                                    RESTAUFW

 3026   LIEFERVORSCHR.T      4,0           28.01.87 24.02.87 DIENSTSTELLE  TMG.....
        DR.FUERSICH                ..,.                        SOLLAUFW      1,0
        01 / 00 / 00                                           ISTAUFW
        334                                                    RESTAUFW

 3028   ZEICHN. STANZT.      2,0           14.01.87 27.01.87 DIENSTSTELLE  TMG.....
        DR.FUERSICH                ..,.                        SOLLAUFW      1,0
        01 / 00 / 00                                           ISTAUFW
        334                                                    RESTAUFW

 3040   ZEICHNUNGEN LAG      2,0           14.01.87 27.01.87 DIENSTSTELLE  TMG.....
        DR.FUERSICH                ..,.                        SOLLAUFW      1,0
        01 / 00 / 00                                           ISTAUFW
        334                                                    RESTAUFW

 3042   ZEICHN. EIGENFE      4,0           14.01.87 10.02.87 DIENSTSTELLE  TMG.....
        DR.FUERSICH                ..,.                        SOLLAUFW      1,0
        01 / 00 / 00                                           ISTAUFW
        334                                                    RESTAUFW

 3046   ZEICHN. FORMTEI      2,0           14.01.87 27.01.87 DIENSTSTELLE  TMG.....
        DR.FUERSICH                ..,.                        SOLLAUFW      1,0
        01 / 00 / 00                                           ISTAUFW
        334                                                    RESTAUFW

 3060 M GRUPPENZEICHNUN      4,0           11.02.87 10.03.87 DIENSTSTELLE  TMG.....
        DR.FUERSICH                ..,.                        SOLLAUFW      1,0
        01 / 00 / 00                                           ISTAUFW
        334                                                    RESTAUFW
```

Bild 4.3 Rückmeldeliste (Beispiel EPS)

Aufwandszahlen einzutragen hat. Durch ein solches Rückmeldewesen erreicht man einen hohen Grad an Vollständigkeit, da alle Mitarbeiter in einem festen Rhythmus bez. aller Arbeitspakete regelmäßig abgefragt werden. Bild 4.3 zeigt das Beispiel einer rechnererstellten Berichtsliste.

Eines der ersten Projektplanungs- und steuerungsverfahren, das die Terminkontrolle mit der Netzplantechnik in einen festen Monatsrhythmus eingebettet hat, ist REPROPLIK (siehe Kap. 6.2.3). Die Netzplanaktualisierung wird hier nicht in beliebigen (meist viel zu großen) Zeitabständen, sondern in vom Projektmanagement fest vorgegebenen Zeitabständen, vorgenommen.

4.1.2 Aktualisierung des Netzplans

Wenn in einem Projekt die Netzplantechnik eingesetzt wird, dann darf das Projekt nicht *neben* dem Netzplan, sondern muß *mit* ihm geführt werden. Grundvoraussetzung ist hierfür, daß der Netzplan für das gesamte Projekt immer aktuell gehalten wird; d. h., möglichst in einem festen Rhythmus (z. B. monatlich) sollte man die Daten des Netzplans auf den neuesten Stand bringen. So wie es in allen Entwicklungsbereichen bereits selbstverständlich geworden ist, monatlich eine Stundenaufschreibung durchzuführen, so sollte es auch selbstverständlich sein, die Terminerfassung in einen festen Turnus einzubinden. Nicht aktuelle Netzpläne sind Makulatur und haben keinen Wert als Führungsinstrumentarium.

Terminbesprechungen

Liegen alle Änderungswünsche der Entwickler zum Netzplanstand vor, so sind diese in einen Gesamtzusammenhang zu bringen und in Projektstatusbesprechungen zu diskutieren. Nicht jedem Wunsch – besonders dem nach Terminverschiebung nach hinten – darf automatisch entsprochen werden, da sonst der Endtermin des gesamten Projekts schnell umgestoßen ist.

Schlüsselfrage bei Terminbesprechungen ist immer die Überlegung bzw. Entscheidung, ob ein Einzeltermin in jedem Fall gehalten werden *muß* oder aber verschoben werden *kann*.

Ein gefährdeter Termin kann gehalten werden z. B. durch

▷ Einsatz von zusätzlichem Personal,
▷ temporäres Erhöhen der Arbeitszeit (Mehr- oder Überstunden, Urlaubsverschiebung),
▷ verbesserten Tool- und Methodeneinsatz,
▷ Optimieren der Arbeitsabläufe oder
▷ Abstriche im Leistungsumfang.

Das Verschieben eines Termins wird entweder durch Verlängern von Vorgangsdauern oder durch unmittelbares Verlegen von gesetzten Terminen erreicht und kann notwendig sein, wenn

▷ Personalmangel (Krankheit, Fluktuation) entstanden ist,
▷ sich qualitative Schwächen des Entwicklungspersonals zeigen,
▷ unvorhergesehene Schwierigkeiten bei der Lösung der Entwicklungsaufgabe aufgetreten sind,
▷ sich die Aufwandsschätzung als unrealistisch herausgestellt hat,
▷ neue, nicht bedachte Abhängigkeiten zu berücksichtigen sind oder
▷ zusätzliche Funktions- und Leistungsanforderungen zu erfüllen sind.

Ergebnis solcher regelmäßig abzuhaltender Terminbesprechungen ist schließlich das Herausstellen derjenigen Arbeitspakete, deren Planvorgaben in irgendeiner Weise zu ändern sind. Zu derartigen Planänderungen, die eine terminliche Auswirkung haben können, zählen bei einem Netzplanvorgang die Änderung

▷ des Beginn- und Endtermins,
▷ der Vorgangsdauer,
▷ des Personalaufwands,
▷ der Personalzuordnung,
▷ der Zuordnung von Betriebsmittel,
▷ der Abhängigkeiten und
▷ der Zuständigkeit und Verantwortung.

Terminaktualisierung

Für das Übernehmen der aktuellen Terminsituation gibt es zwei Möglichkeiten; dies ist in Bild 4.4 anhand eines einfachen Balkendiagramms veranschaulicht. Bei der ersten Möglichkeit werden zum Aktualisierungsstichtag die alten Plantermine der einzelnen Vorgänge (erst einmal) bestehen gelassen; durch entsprechende Kennzeichnung trägt man den jeweiligen Fertigstellungsstand ein. Der Vorteil liegt darin, daß man einerseits auf einen Blick erkennt, welche Vorgänge in Plan oder außer Plan sind, und andererseits die Plantermine für einen längeren Zeitraum einen statischen Charakter erhalten. Bei der zweiten Möglichkeit werden demgegenüber zu jedem Aktualisierungsstichtag alle Vorgänge entsprechend ihrem Fertigstand »vor- oder zurückgerückt«, d. h. alle Plantermine werden umgehend an die aktuelle Terminsituation angepaßt. Hier liegt der Vorteil in der immer aktuellen Gesamtterminrechnung; dies schwächt aber das Beharren und Einhalten von Einzelterminen. In der Praxis hat es sich für ein Projektbüro häufig als vorteilhaft erwiesen, beide Möglichkeiten der Terminaktualisierung parallel zu nutzen.

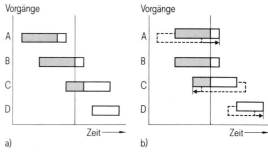

Vorgänge A, D Terminverzug
Vorgang B Termin in Plan
Vorgang C Terminvorverlegung

a) Ohne Änderung der Plantermine
b) Mit Änderung der Plantermine

Bild 4.4   Arten der Terminaktualisierung

Als sehr wichtig hat es sich für das Verkürzen von Entwicklungsdurchlaufzeiten gezeigt, besonders diejenigen Vorgänge aufmerksam zu beobachten, deren Abarbeitung unmittelbar den Beginn nachfolgender Vorgänge bestimmt. Diese *kritischen* Vorgänge sollten in jedem Fall durch entsprechende Kennzeichnung hervorgehoben werden.

Reorganisation des Netzplans

Neben der Änderung von Plandaten eines Netzplans ist es häufig auch erforderlich, den Netzplan in seiner Ausdehnung an den Projektfortschritt anzupassen. Einerseits werden laufend Arbeitspakete abgeschlossen und andererseits entstehen immer neue Netzplanvorgänge. Die fortschreitende Detaillierung in der

Projektstruktur führt dazu, daß später vorgesehene (große) Arbeitspakete im Laufe der Zeit in kleinere definiertere Arbeitspakete »aufgesplittet« werden. Bei langlaufenden Projekten kann es dann – von der Vorgangszahl her – zu einer Überladung des Netzplans und damit zur Unübersichtlichkeit des Projektgeschehens kommen. Deshalb ist es sinnvoll, im gleichen Maße, wie immer neue Vorgänge »geboren« werden, abgeschlossene Vorgänge wieder zu umfassenderen Vorgängen zu *vereinen,* ohne daß die inzwischen angefallenen Projektdaten verlorengehen.

Durch dieses parallele Splitten und Reduzieren von Vorgängen wird erreicht, daß die Gesamtmenge der Vorgänge in einem Netzplan etwa konstant bleibt (siehe Bild 3.78). Dies ist für Großprojekte sehr bedeutsam, da hier auf der untersten Netzplanebene Vorgangsmengen auftreten, die an die Grenze der Speicherrestriktionen des verwendeten Netzplanverfahrens kommen können.

Das Reduzieren von Netzplanvorgängen erreicht man durch »Packen« von Vorgängen. Hierbei werden Vorgänge, die in einem bestimmten Zusammenhang stehen, zu gemeinsamen Vorgängen zusammengefaßt. Als Kriterien für eine Zusammenfassung können z. B. dienen:

▷ Gemeinsamer Aufgabenkomplex,
▷ gemeinsames Teilprojekt,
▷ gemeinsame Organisationseinheit,
▷ gemeinsamer Meilenstein oder
▷ gemeinsame Entwicklungsphase.

In Bild 4.5 sind zwei Möglichkeiten sinnvollen Pakkens von Vorgängen dargestellt. In den dem Netzplan zugehörigen Vorgangsnetzdateien müssen entsprechend diesen Vorgangszusammenfassungen auch die Plan- und Istdaten, besonders der Termine und Einsatzmittel zusammengefaßt werden; hierbei gehen natürlich Detailinformationen verloren, welche allerdings bei Verwenden einer separaten Projektbibliothek erhalten bleiben würden.

Darstellung von Terminverschiebungen

Sind alle verabschiedeten Planänderungen und Vorgangsreorganisationen (Splitten, Reduzieren) in den Netzplan eingebracht, so ergibt sich aufgrund einer Netzplandurchrechnung die neue Terminsituation des Projekts. Für die weitere Terminkontrolle ist es nun sehr vorteilhaft, wenn das Netzplanverfahren einen automatischen Vergleich des alten mit dem neuen Netzplanstand ermöglicht und in einer transparenten Darstellung die relevanten Plandifferenzen ausweist. So kann man mit SINET-Netzplanverfahren Delta-Balkendiagramme (Bild 4.6) für die Gegenüberstellung von unterschiedlichen Netzplanständen erzeugen.

Wie aus Bild 4.6 zu ersehen ist, werden die Termine der Vorgänge zweier verschiedener Planstände – jeweils mit eigenen Balken – gegenübergestellt, wobei der aktuellere Planbalken gemäß der Terminverschiebungsart »gepfeilt« ist. Zudem wird in einer eigenen Spalte durch Pfeile angedeutet, ob es sich um eine Terminverschiebung nach vorn oder nach hinten handelt. Auch ist der neue errechnete Zeitpuffer angegeben. Hier hat es sich – wie bereits erwähnt – für das Projektmanagement als opportun gezeigt, auch mit *negativen* Puffern zu arbeiten. Durch das Bestehenlassen von derartigen (irrealen) Negativpuffern bleibt für die betroffenen Entwicklungsgruppen ein erhöhter *Termindruck* bestehen, der die Wahrscheinlichkeit erhöht, daß ein gefährdeter Termin doch noch – zumindest teilweise – gehalten wird. Würde dieser punktuelle Termindruck von vornherein vom Entwickler ferngehalten werden, so wird kaum noch eine Termineinhaltung erreichbar sein. Erst, wenn nicht mehr die geringste Chance besteht, muß eine Terminangleichung vorgenommen werden.

4.1.3 Terminlicher Plan/Ist-Vergleich

Grundlage jeder effizienten Terminkontrolle ist der laufende Plan/Ist-Vergleich der Termine, d. h. die Gegenüberstellung der Plantermine mit den eingetretenen bzw. mit den voraussichtlichen Fertigstellungsterminen (Fertigtermine). Im Gegensatz zu den Plan/Ist-Vergleichen anderer Projektgrößen, wie beim Perso-

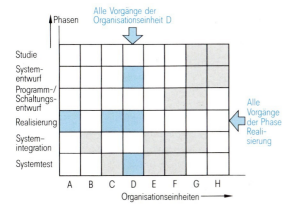

Bild 4.5   Packen von Netzplanvorgängen

4.1 Terminkontrolle

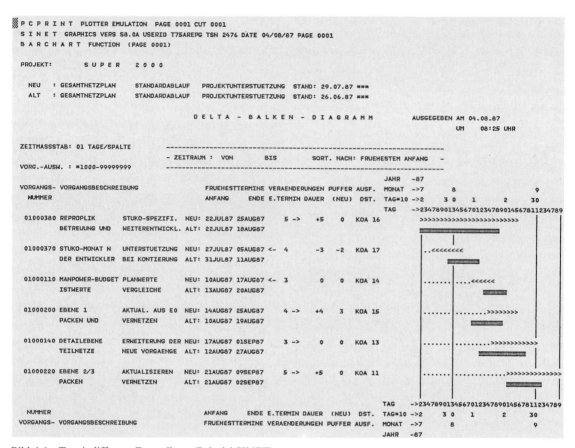

Bild 4.6 Termindifferenz-Darstellung (Beispiel SINET)

Terminzustand	Abfragezeitpunkt	
	nach Plantermin	vor Plantermin
Termin-unterschreitung	▶ Fertigmeldung vor Plantermin erfolgt.	▶ Fertigmeldung erfolgt. ▶ Fertigmeldung noch nicht erfolgt, aber voraussichtlich wird Fertigstellung vor Plantermin liegen.
Termin-einhaltung	▶ Fertigmeldung zum Plantermin erfolgt.	▶ Fertigmeldung noch nicht erfolgt, aber voraussichtlich wird Fertigtermin zum Plantermin vorliegen.
Terminüber-schreitung	▶ Fertigmeldung noch nicht erfolgt. ▶ Fertigmeldung erfolgt, aber Fertigtermin liegt nach Plantermin.	▶ Fertigmeldung noch nicht erfolgt, aber voraussichtlich wird Fertigtermin nach Plantermin vorliegen.

Plantermin ≙ gepl. Fertigtermin

Bild 4.7 Terminvergleich

nalaufwand oder bei den Entwicklungskosten, handelt es sich innerhalb des terminlichen Plan/Ist-Vergleichs bei den Istwerten eigentlich um *voraussichtliche* Istwerte. Dies ist auch der Grund dafür, daß das Feststellen der Terminsituation im Rahmen einer Terminkontrolle so viele Unsicherheitsfaktoren in sich birgt. Im allgemeinen werden die (voraussichtlichen) Isttermine in bestimmten Zeitabständen abgefragt; dabei gibt es die in Bild 4.7 aufgeführten Fälle.

Terminübersichten

Da eine detaillierte Projektstruktur zwangsläufig dazu führt, daß in einem Projekt sehr viele Einzeltermine (der einzelnen Arbeitspakete) zu überwachen sind, müssen für eine praktikable Terminkontrolle klare Terminübersichten mit den für die Projektleitung relevanten Terminen zur Verfügung stehen. Neben allgemeinen Terminübersichtslisten, die die Termine aller Arbeitspakete enthalten, sind daher *Rückstandsübersichten* bzw. *Negativlisten* sehr vorteilhaft, die nur Arbeitspakete mit kritischen Terminen enthalten. Zu diesen zählen:

▷ Termine, die bereits überschritten sind und
▷ Termine, die wahrscheinlich nicht eingehalten werden können.

Neben der Übersicht aller überschrittenen Einzeltermine ist also auch das explizite Kennzeichnen gefährdeter Termine in Form einer »Frühwarnung« notwendig.

Sehr nützlich für das Erstellen solcher Rückstandsübersichten im Rahmen des Plan/Ist-Vergleichs von Projektterminen ist auch hier ein netzplangestütztes Projektführungssystem. Hier liegen alle Einzeltermine und Fertigmeldungen in einer zentralen Datenbasis vor, so daß durch einfaches Auswerten alle aktuellen Terminabweichungen aufgezeigt werden können. So enthält z. B. die Projektstatusliste des Projektplanungs- und -steuerungsverfahrens REPROPLIK solche Kennzeichnungen bereits überschrittener Termine sowie Frühwarnvermerke bei gefährdeten Terminen (Bild 4.8).

Bei einer »manuellen« Terminüberwachung ist es kaum zu vermeiden, daß man kritische Terminsituationen zu spät als solche erkennt und dann nicht mehr rechtzeitig in das Projektgeschehen steuernd eingreifen kann. Ein Verzug des Gesamttermins oder eine besondere »Crash-Aktion« ist dann häufig die Folge.

Liegt kein Netzplan zur Terminkontrolle vor, so müssen zumindest in einem regelmäßigen Berichtsturnus die voraussichtlichen Fertigstellungstermine aller Arbeitspakete systematisch notiert und aufmerksam beobachtet werden. Nur auf diese Weise besteht eine Chance, sich anbahnende Terminverzüge noch so rechtzeitig zu erkennen, daß diese durch geeignete Steuerungsmaßnahmen (Personalaufstockung, Überstunden, Funktionsabstriche etc.) wirkungsvoll eingeschränkt werden können.

Plantreue

Bekanntlich wird im Rahmen einer Entwicklungsplanung- und -steuerung für die »Leistungsgrößen«, d. h. für Ergebnisgrößen wie Funktionsumfang, Verfügbarkeit, Qualität etc. eine *Maximierung* angestrebt, wogegen man für die »Lastgrößen«, wie Termin, Kosten und Aufwand eine *Minimierung* erreichen möchte. Für die aktuelle Planerfüllung dieser Größen während des Projektablaufs bieten sich zwei unterschiedliche Kennzahlen beim Gegenüberstellen der Ist- bzw. voraussichtlichen Istwerte zu den Planwerten an.

```
***    R E P R O P L I K         ***                                              SEITE    0001
                            ***********************************
                            *                                 *   ABTEILUNG: K OA 13
REPROPLIK                   *   P R O J E K T - S T A T U S - L I S T E   *   PROJEKTL.: GEISBERGER
                            *                                 *   STICHTAG : 04.08.87
                            ***********************************
```

VORG-NR	VORGANGSBESCHREIBUNG	TERMINVORGABE FAT FET	PUF- FER	AKTUEL. FET	STATUS	PLAN- AUFW.	DELTA AUFW.	IST- AUFW.	VORAUS- IST	MONATS- IST
1	2	3	4	5	6	7	8	9	10	11
00310033	UEBERNAHME-PLAN	02FEB87 17JUL87	0	07AUG87	VERZUG !!!	60	0	0	60	
00310031	LISTENPROGR.	02FEB87 24JUL87			FERTIG 20JUL87	40	0	100	100	60
00310410	MEKA-SCHNITTST.	12JAN87 30JUL87	0	21AUG87	VERZUG !!!	100	0	0	100	
00310030	PRODAT	01DEZ86 14AUG87				50	40	0	90	
00310032	UEBERNAHME-IST	02FEB87 21AUG87				200	-100	150	150	40
00310034	UEBERN-STAMM	09MRZ87 31AUG87	0			90	0	0	90	
00310011	VERSIONENPLAN.	12JAN87 11SEP87	0			10	0	40	40	10
00310013	AUFWANDSCHAETZ.	04MAI87 21SEP87			02OKT87	10	200	300	300	70
00310021	BUGRAF-SCHN.	27APR87 09OKT87	0			80	0	0	80	
00310020	PSP-PLAN	03AUG87 06NOV87				70	50	0	120	
	SUMME PROJEKT:	01DEZ86 06NOV87				710	190	550	1130	180

Bild 4.8 Projektstatusliste (Beispiel REPROPLIK)

	Voraussichtlicher Istwert kleiner als Planwert	Voraussichtlicher Istwert größer als Planwert
Plantreue bei Leistungsgrößen	unter 100%	über 100%
Plantreue bei Lastgrößen	über 100%	unter 100%

Bild 4.9 Wertebereich der Plantreue

Bei *Leistungsgrößen* (Maximierung):

$$\text{Plantreue in \%} = \frac{\text{Voraussichtlicher Istwert}}{\text{Planwert}} \times 100;$$

Bei *Lastgrößen* (Minimierung):

$$\text{Plantreue in \%} = \left(2 - \frac{\text{Voraussichtlicher Istwert}}{\text{Planwert}}\right) \times 100.$$

Erreicht wird durch diese unterschiedliche Quotientenbildung, daß angestrebte Planüberschreitungen bei zu maximierenden Leistungsgrößen und angestrebte Planunterschreitungen bei zu minimierenden Lastgrößen in beiden Fällen zu »Plantreue«-Werten von über 100% führen; entsprechend umgekehrte Plannichterfüllungen führen zu Werten unter 100% (Bild 4.9).

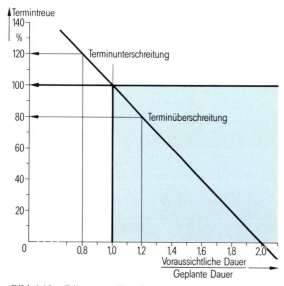

Bild 4.10 Diagramm Termintreue

Termintreue

Als hilfreicher Kontrollindex zum Beurteilen der Terminsituation eines Projekts eignet sich daher der arithmetische Durchschnittswert der terminlichen Plantreue-Quotienten aller Aufgabenkomplexe bzw. Teilprojekte. Dieser Index wird als *Termintreue* des Gesamtprojekts wie folgt definiert:

$$\text{Termintreue [Teilprojekt] in \%} =$$
$$= \frac{\text{Geplante Dauer} - \text{Terminverzug}}{\text{Geplante Dauer}} \times 100;$$

$$\text{Termintreue [Projekt] in \%} =$$
$$= \frac{\text{Termintreue [Teilprojekt]}}{\text{Anzahl Teilprojekte}}.$$

Hierbei gilt für den Terminverzug:

$$\text{Terminverzug} =$$
$$= \text{Voraussichtliche Dauer} - \text{Geplante Dauer}$$

In Bild 4.10 ist der Verlauf der Termintreue bezogen auf das Verhältnis der voraussichtlichen Dauer zur geplanten Dauer aufgetragen. Die Termintreue nimmt hiernach einen Wert > 100% an, wenn die voraussichtlichen Dauern (durchschnittlich) kleiner als die geplanten Dauern sind, wenn also eine Terminunterschreitung vorliegt. Bei einer (durchschnittlichen) Terminüberschreitung nimmt die Termintreue Werte < 100% an. Ziel der Projektführung muß damit sein, den Wert 100% zu erreichen, wenn möglich, zu überschreiten.

4.1.4 Termintrendanalysen

Der Plan/Ist-Vergleich von Projektterminen darf besonders bei mehrjährigen Entwicklungsvorhaben nicht das alleinige Hilfsmittel zur Terminkontrolle bleiben. Das statisch betrachtete Ereignis einer einmaligen Terminverzögerung eines bestimmten Arbeitspakets ist häufig nicht sehr aussagekräftig, da bei mehrjährigen Vorhaben eine singuläre Terminverschiebung i. allg. den Gesamttermin nicht gefährden sollte. Anderenfalls ist von Anbeginn terminlich zu eng geplant und zu kleine Zeitpuffer in den Terminplan eingebaut worden.

Handelt es sich dagegen um ein Arbeitspaket, das bereits häufiger in seinem Plantermin verschoben werden mußte, so ist mit Recht zu befürchten, daß weitere Terminverzögerungen folgen werden, die in ihrer Kumulierung tatsächlich zu einem Gesamtterminverzug führen können. Es ist also sehr wichtig, einen *Plan/Plan-Vergleich* einzelner Arbeitspakettermine vorzunehmen, um so zu einer allgemeinen Termintrendaussage zu gelangen.

Meilenstein-Trendanalyse

Trendanalysen lassen sich im Grunde für jedes mit einem Termin belegte Arbeitspaket durchführen; am besten eignen sich hierfür hervorhebenswerte und projektentscheidende Arbeitsvorgänge bzw. -ereignisse, wie z. B. die Meilensteine in einem Entwicklungsablauf. Solche »Meilenstein-Trendanalysen« (MTA) setzt man bereits in vielen Entwicklungsbereichen sehr erfolgreich ein; allerdings werden sie auch heute noch vielfach nur manuell erstellt und nicht von den bestehenden Projektführungssystemen erzeugt. Als sehr übersichtliche grafische Form hat sich die in Bild 4.11 gezeigte Darstellungsart durchgesetzt.

Auf der waagerechten Achse des Dreiecksrasters wird der Berichtszeitraum von links nach rechts aufgetragen, der mindestens die Zeitspanne von Aufgabenbeginn bis einiges über den spätesten Endtermin der zu betrachtenden Arbeitspakete umfassen muß (es gibt auch MTA-Diagramme, bei denen der Berichtszeitraum auf der Diagonale aufgetragen wird). Die senkrechte Achse enthält dieselbe Zeiteinteilung von unten nach oben als Planungszeitraum. Wie aus dem Bild zu erkennen ist, werden nun die Termine für bestimmte Meilensteine, die durch Symbole unterschieden sind, laufend und möglichst in periodischer Folge aktualisiert. Jede Aktualisierung führt zu einer neuen Eintragung, so daß für jeden betrachteten Meilenstein ein Polygonzug entsteht, der so zu bewerten ist:

Waagerechter Verlauf: Termin wird eingehalten.
Ansteigender Verlauf: Termin wird überschritten.
Fallender Verlauf: Termin wird unterschritten.

Jede Abweichung vom waagerechten Verlauf stellt eine Terminabweichung dar, die in einem Beiblatt näher zu erläutern und zu begründen ist.

Aus dem Beispiel nach Bild 4.11 kann also abgelesen werden, daß

▷ das Arbeitspaket Anforderungsspezifikation (□) voraussichtlich eine Terminverschiebung erfahren wird,
▷ das Arbeitspaket Stromlaufplanentwurf (○) wahrscheinlich früher fertig wird und
▷ das Arbeitspaket Layout-Entwurf (△) fast im Plan ist.

Hat der Kurvenzug die 45°-Begrenzungslinie erreicht, so ist das Arbeitspaket abgeschlossen und der entsprechende Meilenstein damit erreicht.

Beispiele von MTA-Kurvenverläufen

Im praktischen Einsatz der MTA-Diagramme können typische Kurvenverläufe beobachtet werden, die gewisse Grundaussagen zur Terminsituation eines Projekts zulassen. In Bild 4.12 sind einige solche markante MTA-Kurvenverläufe dargestellt.

Die gezeigten MTA-Kurvenverläufe lassen folgende Interpretationen zu:

a) *Normaler Verlauf*

Dies ist ein typischer Kurvenverlauf bei »normaler« Projektdurchführung. Geringen Terminverschiebungen nach oben stehen auch solche nach unten gegenüber. Mit großer Wahrscheinlichkeit wird der Gesamttermin gehalten werden können.

b) *Extrem ansteigender Verlauf*

Hier wurden laufend viel zu optimistische Terminaussagen gemacht – sei es bewußt oder aufgrund einer generellen Unterschätzung des Aufgabenvolumens. Der Endtermin des Projekts wird sich ganz erheblich verzögern.

c) *Trendwende-Verlauf*

Bis kurz vor den jeweils geplanten Fertigstellungsterminen wurde bei allen Aufgaben eine Terminerfüllung prognostiziert. Erst gegen Ende werden fast schlagar-

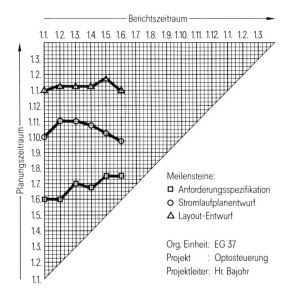

Bild 4.11   Meilenstein-Trendanalyse als Dreiecksraster

tig erhebliche Terminverschiebungen angekündigt. Es mangelt hier an einer frühzeitigen realistischen Terminaussage; ein rechtzeitiger Steuerungseingriff wurde damit unmöglich gemacht.

d) *Divergierender Verlauf*

Verlaufen unterschiedliche, aber fachlich voneinander abhängige Arbeitspakete in ihren Terminaussagen stark divergierend, so liegt der Verdacht nahe, daß eine der Tendenzen nicht realistisch ist. Die Trendanalyse muß daher insgesamt überarbeitet werden.

e) *Gleichmäßig fallender Verlauf*

Weisen alle Arbeitspakete laufend eine Terminvorverlegung auf, so muß angenommen werden, daß von Anbeginn mit zu großen Sicherheitspuffern geplant wurde. Die zuständigen Terminplaner müssen angehalten werden, künftig realistischere Aussagen zu machen.

f) *Zick-Zack-Verlauf*

Verlaufen alle Kurvenzüge in einem sich wiederholenden Zick-Zack, so zeugt dies von einer erheblichen Unsicherheit in den jeweiligen Terminaussagen. Damit ist auch die Aussage zum Gesamttermin als äußerst unsicher anzusehen.

Aus dem Verlauf der MTA-Kurvenzüge kann also ein *Trend* für die weitere Terminentwicklung abgelesen werden, der im Rahmen der Terminkontrolle ein rechtzeitiges Eingreifen des Projektmanagements ermöglicht.

Als besondere Vorteile einer grafisch unterlegten Termin-Trendanalyse haben sich herausgestellt:

▷ Manuell durchführbare Methode einer terminlichen Trendanalyse,

▷ übersichtliche Darstellung der Terminentwicklung von Arbeitspaketen und Meilensteinen,

▷ rechtzeitiges Erkennen von Terminengpässen bei periodisch durchgeführter Aktualisierung,

▷ geringer Aufwand für Erlernen und Anwenden der Methode,

▷ Erhöhung des Terminbewußtseins, da die MTA unmittelbar von den Entwicklern selbst ausgefüllt wird, sowie

▷ gutes Kommunikationsmittel zwischen allen Projektbeteiligten.

Neben dieser grafischen Dreieck-Matrixform der MTA ist natürlich auch eine listenförmige Darstellung möglich, wie sie z. B. bei der automatisch erzeugten MTA aus dem Verfahren REPROPLIK vorliegt.

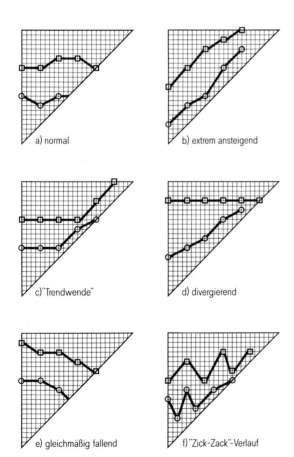

Bild 4.12   Beispiele von MTA-Kurvenverläufen

Meilenstein-Signalliste

Auch die im Rahmen des Verfahrens KOREKT (siehe Kap. 6.2.1) von SINET erzeugte Meilenstein-Signalliste (Bild 4.13) ist eigentlich eine Meilenstein-Trendanalyse, da hier ebenfalls Plantermine gegenübergestellt werden, allerdings nur der ursprüngliche Plantermin und der aktuelle Plantermin. Zu einer Linie werden auch nicht die Plantermine *eines* Meilensteins, sondern die Plantermine *aller* Meilensteine zu einem bestimmten Zeitpunkt zusammengefaßt. Auf diese Weise kann sehr schön die Tendenz einer eventuellen Planabweichung des Gesamtprojekts verdeutlicht werden.

Bietet sich die Möglichkeit, eine Meilenstein-Trendanalyse über ein eingesetztes Projektführungssystem

4.1.4 Termintrendanalysen

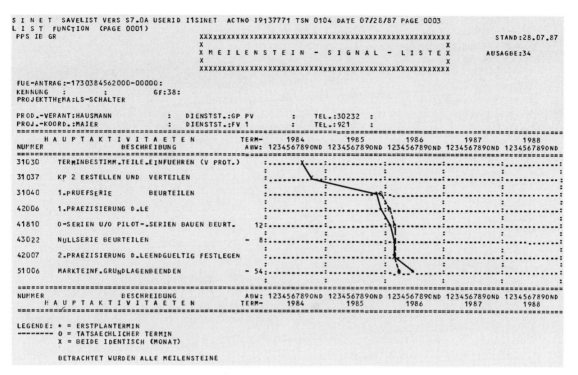

Bild 4.13 Meilenstein-Signalliste (Beispiel KOREKT)

automatisch zu erzeugen, nicht an, so kann man zur grafischen Darstellung auch das Punktediagramm eines PC-Grafikprogramms (z. B. MS-CHART) heranziehen.

Bei dieser Diagrammdarstellung müssen lediglich die beiden Koordinaten mit demselben Zeitraster belegt und die aus einer Wertedatei erzeugten Punkte manuell durch entsprechende Linienzüge verbunden werden.

Termin-Risikoanalyse

Um dem steigenden Termindruck im Entwicklungsbereich begegnen und die Terminrisiken im gesamten Projektablauf besser beurteilen zu können, ist eine Methode zur Analyse komplexer Terminrisikosituationen entwickelt worden. Ziele dieser Termin-Risikoanalyse sind

▷ das Verbessern der *Termintreue* bei risikobehafteten Projekten,

▷ das rechtzeitige Erkennen und richtige Bewerten von *Terminrisiken* sowie

▷ das Festlegen von geeigneten Maßnahmen zur *Terminsicherstellung*.

Ausgehend von einem Ablaufplan der einzelnen Arbeitspakete – möglichst in Form eines Netzplans – werden Arbeitspakete mit hohem Terminrisiko fixiert und eingehend beschrieben. Für diese Risikoschwerpunkte bewertet man dann die Einzelrisiken mit ihrem möglichen Terminverzug (bezogen auf das Arbeitspaket sowie auf das Gesamtprojekt) und der Eintrittswahrscheinlichkeit. In einem »Extremszenario« wird der günstigste sowie der ungünstigste Fall für die Termineinhaltung herausgearbeitet.

Anschließend werden für alle möglichen Kombinationen von Einzelrisiken die Eintrittswahrscheinlichkeit und die Endterminverschiebung für das Gesamtprojekt berechnet. Die erhaltenen Werte sind in ein Koordinatensystem einzutragen und ergeben das »statische Terminrisikoprofil« des Projekts zu einem bestimmten Berichtszeitpunkt. Die Fläche unter der Kurve ist ein Maß für die Höhe des momentanen Gesamtterminrisikos. Das statische Terminrisikoprofil dient also dem Beurteilen der Terminrisikosituation eines Projekts zu einem bestimmten Berichtszeitpunkt und unterstützt dadurch das Festlegen geeigneter Maßnahmen für den Risikoabbau.

Werden außerdem zu einer bestimmten Eintrittswahrscheinlichkeit über die einzelnen Berichtszeitpunkte hinweg die entsprechenden Werte der Endterminverzüge als Kurve aufgetragen, so erhält man das »dynamische Terminrisikoprofil«. Der Anstieg oder der Abfall der Kurve zeigt an, inwieweit die prognostizierten (bzw. nicht prognostizierten) Risiken eingetreten sind und die eingeleiteten Maßnahmen erfolgreich waren. Das dynamische Terminrisikoprofil dient zum Verfolgen der Terminrisikoentwicklung über den gesamten Projektverlauf und ist damit ein weiteres Hilfsmittel für eine effiziente Terminkontrolle.

4.2 Aufwands- und Kostenkontrolle

Neben der Terminkontrolle ist im Rahmen der Projektkontrolle das Überwachen des Personalaufwands und der Entwicklungskosten von großer Bedeutung. Hierbei richtet der Projektleiter sein Augenmerk mehr auf den Aufwand, der FuE-Kaufmann dagegen mehr auf die Kosten. Beide Kontrollfunktionen müssen sich ergänzen. Voraussetzung dafür ist ein gemeinsames Erfassen der Aufwände und der Kosten. Die Aufwandserfassung wird gemeinhin durch eine Stundenaufschreibung der einzelnen Entwickler erreicht und die Kostenerfassung durch die eingesetzten Kostenüberwachungsverfahren, die auch die Weiterverrechnung von Kosten vornehmen.

Für beide Überwachungsorgane – Projektleitung und FuE-Kaufmannschaft – bilden die Plan/Ist-Vergleiche auf den unterschiedlichen Gliederungs- und Betrachtungsebenen die Grundlage für eine effektive Projektsteuerung. Hierbei sollten auch die Möglichkeiten der Trendanalysen auf Basis von Plan/Plan-Vergleichen genutzt werden.

4.2.1 Aufwandserfassung

Voraussetzung für jede Aufwands- und Kostenkontrolle ist das »entwicklungsadäquate« Erfassen des Personalaufwands, d.h. eine regelmäßige und vollständige Stundenaufschreibung entsprechend der Produkt- und Projektstruktur und – wenn möglich – auch entsprechend der Prozeßstruktur. Dieser Stundenkontierung kommt gerade in personalintensiven Entwicklungsbereichen große Bedeutung zu, da die Projektkosten hier in erster Linie von den bekanntlich hohen Personalkosten bestimmt werden.

Wegen des großen Datenumfangs, der insgesamt bei einer Stundenkontierung anfällt, ist eine praktikable Aufwandserfassung i. allg. nur mit Hilfe eines DV-Verfahrens möglich. Schon bei mehr als 50 kontierenden Mitarbeitern bedeutet die manuelle »Buchführung« über die aufgewendeten Stunden einen nicht zu vertretenden Verwaltungsaufwand.

Aufgabe eines jeden Stundenkontierungsverfahrens ist das Erfassen des Personalaufwands bezogen auf ein bestimmtes Arbeitsvolumen. Kontieren müssen i. allg. alle Entwickler und Hilfskräfte, die in einem Angestelltenverhältnis stehen. Fremdkräfte, wie Consultants, Praktikanten etc., können unter gewissen Voraussetzungen auch zur Stundenaufschreibung herangezogen werden; sie sind allerdings getrennt auszuweisen. Bei Führungskräften und allgemeinen Bürokräften verzichtet man auf eine Stundenaufschreibung, da eine unmittelbare Aufwandszuordnung zu den einzelnen Projekten und Konten nur schwer möglich ist. Ihr Stundenaufwand wird daher meist in den Stundenverrechnungssatz der betreuten Entwickler eingearbeitet (siehe Kap. 4.2.2).

Für eine aussagekräftige *Projektkalkulation* besteht zudem die Forderung einer Detaillierung des Personalaufwands nach

▷ Arbeitspaketen,
▷ Entwicklungsphasen und
▷ Tätigkeitsarten.

Auch sollte über die Zuordnung der Arbeitspakete einerseits im Projektstrukturplan bzw. – falls ein solcher eingesetzt wird – im Netzplan und andererseits im Produktstrukturplan eine Differenzierung des Aufwands möglich sein nach

▷ Organisationseinheiten (ausführende und verantwortliche Stellen),
▷ Projekten bzw. Teilprojekten,
▷ Konten bzw. Unterkonten sowie
▷ Produktteilen.

Stundenkontierungsbeleg

Unabhängig von dem verwendeten DV-Verfahren kann ein allgemeingültiger Stundenkontierungsbeleg definiert werden, der alle o. a. Anforderungen erfüllt und noch Raum für weitere Projektinformationen läßt (Bild 4.14).

4.2.1 Aufwandserfassung

Bild 4.14 Stundenkontierungsbeleg

Aufgabenhierarchie			Stundenaufteilung					Statusinformation			
Stundenkontierung Monat: Sollstunden:			Bereich: Dienststelle: Mitarbeiter: Telefon:					Blatt-Nr.			
FuE-Konto	Unterkonto	Arbeitspaket	EKZ	TKZ	Std.	TKZ	Std.	TKZ	Std.	Termin Plan/fertig	Aufwand gepl./aufg.	Verantwortliche Abteilung

Unterschriften:
Datum: Mitarbeiter:
Datum: Vorgesetzter:

Legende: TKZ
01 Entwerfen   05 Review
02 Codieren   06 Schulung
03 Testen   07 PM
04 Dokumentieren 08 Wartung

Der dargestellte Beleg enthält – neben den im Kopf und Fuß enthaltenen administrativen Angaben – Kontierungsdaten in der Gruppierung:

▷ Aufgabenhierarchie,
▷ Stundenaufteilung und
▷ Statusinformationen.

Die Aufgabenhierarchie umfaßt die meist monohierarchische Unterteilung der Entwicklungsobjekte in mehrere Ebenen wie z. B. in

▷ FuE-Konten,
▷ Unterkonten und
▷ Arbeitspakete.

Bezogen auf das einzelne Arbeitspaket müssen die Stunden in einem festen Berichtsrhythmus notiert werden. Hierbei ist die Stundenaufteilung nach Entwicklungsphasen und Tätigkeitsarten für eine tragfähige Erfahrungssicherung sehr vorteilhaft. Zur allgemeinen Information der einzelnen Entwickler bietet es sich schließlich an, jeder Aufgabenposition in dem Stundenkontierungsbeleg gezielt einige Projektdaten wie

▷ Plantermin,
▷ Planaufwand und
▷ (aufgelaufener) Istaufwand

als Zusatzinformation beizugeben.

Der ausgefüllte Stundenkontierungsbeleg sollte vom Mitarbeiter unterschrieben und von dessen unmittelbarem Vorgesetzten – i. allg. dem zuständigen Gruppenleiter – gegengezeichnet werden. Diese Unterschriften sind notwendig einerseits, weil besonders bei öffentlichen Auftraggebern der unmittelbare Aufwandsnachweis aus originalen Stundenkontierungsbelegen gefordert wird, und andererseits, weil während der Belegübernahme bei einer fehlerhaften Eintragung der Urheber eventuell direkt angesprochen werden muß.

Netzplangesteuerte Stundenkontierung

Damit für die einzelnen Entwickler das detaillierte Aufteilen seines Aufwands bei der (meist) monatlichen Stundenaufschreibung nicht zu einer unnötigen Mehrbelastung ausartet, sollten wesentliche Zuordnungen bereits vorher in seinem Stundenkontierungsbeleg automatisch vorgegeben sein; dies ist vor allem dann möglich, wenn die Stundenkontierung mit einem Netzplanverfahren verbunden wird.

Die hierfür notwendigen Informationen liegen nämlich im wesentlichen alle in einem Netzplan vor:

▷ An welchen Arbeitspaketen der Entwickler nach Plan tätig sein müßte,
▷ in welchen Entwicklungsphasen die Arbeitspakete abgearbeitet werden,

4.2 Aufwands- und Kostenkontrolle

▷ welcher Organisationseinheit die Arbeitspakete zugeordnet sind,
▷ zu welchen Teilprojekten die Arbeitspakete gehören,
▷ auf welche Konten bzw. Unterkonten die Arbeitspakete sich beziehen und
▷ für welche Produktteile die Arbeitspakete notwendig sind.

Deshalb hat es sich in Entwicklungsbereichen, in denen die Netzplantechnik eingesetzt wird, bewährt, die Stundenkontierung »netzplangesteuert« vorzunehmen mit dem Ziel, den kontierenden Mitarbeiter von allen mühseligen Überlegungen der richtigen Kontenwahl, Arbeitspaketauswahl und Phasenzuordnung zu entlasten (Bild 4.15).

Bei einer netzplangesteuerten Stundenkontierung braucht der einzelne Entwickler in seinem – vom Verfahren generierten – Kontierungsbeleg nur noch die von ihm aufgewendeten Stunden den aufgeführten Arbeitspaketen beizufügen; diese Stunden brauchen dann – falls gewünscht – vom Entwickler nur noch gemäß den vereinbarten Tätigkeitsarten unterteilt zu werden.

Es ist darüber hinaus auch möglich, Stundenaufwände für Arbeitspakete einzutragen, an denen nach Plan nicht gearbeitet hätte werden dürfen, weil sie entweder schon abgeschlossen sein sollten oder noch gar nicht eingeplant sind.

Der erste Fall eröffnet die Möglichkeit des automatischen Erfassens von Qualitätskosten; denn jede Aktivität für bereits abgeschlossene Vorgänge entspricht einem Aufwand für Fehlerbehebung. Der zweite Fall löst eine Nachfrage beim Entwickler durch das Projektbüro aus, das über die endgültige Datenübernahme zu entscheiden hat.

Bei einer Netzplananbindung erübrigt sich auch die explizite Angabe der Entwicklungsphasenkennzeichen (EKZ) durch den Entwickler, da man diese bereits den Arbeitspaketen beim Netzplanaufbau vorgeben kann. Werden außerdem die Arbeitspakete so detailliert, daß sie nicht nur einer Phase, sondern auch noch eindeutig einem Tätigkeitskennzeichen (TKZ) zuordenbar sind, könnte auch das TKZ im Stundenkontierungsbeleg automatisch angedruckt werden. Die Tätigkeitsart entspräche dann einer Vorgangsart.

Da ein Entwickler häufig auch an Projekten arbeitet, die wegen ihrer geringen Größe nicht mit einem Netzplan geführt werden, muß es möglich sein, im Kontierungsbeleg Entwicklungskonten anzugeben, die zu nicht netzplanüberwachten Projekten gehören. Zur Erleichterung können dabei all die Konten aus der Projektdatenbasis »angedruckt« werden, auf die bereits im vergangenen Monat gebucht wurde.

In manchen Entwicklungsbereichen ist es erwünscht, für den Entwickler eine »Notizunterlage« zu haben, in die man täglich die aufgewendeten Stunden je Arbeitspaket eintragen kann. Mit dieser Unterlage wird das Ermitteln des monatlichen Summenwertes für den Kontierungsbeleg erheblich erleichtert. In Bild 4.16 ist eine solche Vorabliste wiedergegeben.

Dialogorientierte Stundenkontierung

Unabhängig von der Nutzung von Netzplanverfahren bietet sich in Bereichen, die eine hohe Durchdringung mit Großrechner-kopplungsfähigen Endgeräten (z. B. Terminals, Personal Computer, Arbeitsplatzsysteme) aufweisen, eine dialogorientierte Stundenkontierung an. Nicht mehr das Belegformular, sondern die Bildschirmmaske eines entsprechenden DV- bzw. PC-gestützten Verfahrens ist dann das Eingabemedium für die Aufwandserfassung.

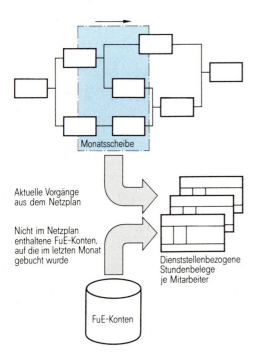

Bild 4.15 Netzplangesteuerte Stundenkontierung

4.2.1 Aufwandserfassung

```
***     R E P R O P L I K     ***                                                           SEITE: 0001
                              **********************************************
MONAT:        AUG 87          *                                            *   HINWEIS: DIESE VORABLISTE ENTSPRICHT
RICHTSTUNDEN: 168             *       V O R A B L I S T E   FUER ZEITERFASSUNG *         DEM STAND DES VORMONATS!
                              *                                            *
DIENSTSTELLE: KOA13           **********************************************
MITARBEITER:                                                                    RUECKFRAGEN UNTER TEL. 44048 (HR.GEISBERGER

DER WERT GESAMT-STD-MONAT IST IN DEN REPROPLIK/EPISTEL-STUNDENKONTIERUNGSZETTEL ZU UEBERTRAGEN!
                                       GESAMT-
                                      |STD.  |MO DI MI DO FR |MO DI MI DO FR |MO DI MI DO FR |MO DI MI DO FR |MO
VORG.-NR| VORGANGSBESCHREIBUNG        |MONAT |03 04 05 06 07 |10 11 12 13 14 |17 18 19 20 21 |24 25 26 27 28 |31
--------|-----------------------------|------|---------------|---------------|---------------|---------------|----
00200488| SONDERPROJEKTE  KOORDINATION|      |               |               |               |               |
        | TECHN. VERF.    SINET-AK/AGUFO|    |... |..  ..  ..|..             |..             |..             |..

00310034| REPROPLIK       WEITER TAPLAN|     |               |               |               |               |
        | KONZEPTE FUER   LLN-VERS. (PN)|    |... |..         |..             |..             |..             |..

00310040| REPROPLIK       WEITER PRODAT|     |               |               |               |               |
        | UMSTELLUNG AUF  UDS V.5.0    |    |... |..         |..             |..             |..             |..

00330099| REPROPLIK       PFLEGE       |     |               |               |               |               |
        | PM                           |    |... |..         |..             |..             |..             |..

00330215| REPROPLIK       EINSATZ PN   |     |               |               |               |               |
        | DIA FUER PN -   STUNDENBELEG |    |... |..         |..             |..             |..             |..

00330250| REPROPLIK       EINSATZ PN   |     |               |               |               |               |
        | ENGLISCHE VERS. VON TAPLAN   |    |... |..         |..             |..             |..             |..

00330810| REPROPLIK       EINSATZ N OA |     |               |               |               |               |
        | BETREUUNG                    |    |... |..         |..             |..             |..             |..

00340010| SONDERPROJEKTE  NETZPLAN AUF PC|    |               |               |               |               |
        | SIPRO-X                      |    |... |..         |..             |..             |..             |..

00340030| SONDERPROJEKTE  NETZPLAN AUF PC|    |               |               |               |               |
        | PC TOOLS                     |    |... |..         |..             |..             |..             |..

00500000| SONDERPROJEKTE  FUE-PROJ.KALK.|    |               |               |               |               |
        | (ALLGEMEIN)                  |    |... |..         |..             |..             |..             |..

00601110| NETZPLAN POING  EINSATZUNTER-|     |               |               |               |               |
        | STUETZUNG      TAPLAN        |    |... |..         |..             |..             |..             |..

        |                              |     |               |               |               |               |
        |                              |    |... |..         |..             |..             |..             |..

        |                              |     |               |               |               |               |
        |                              |    |... |..         |..             |..             |..             |..

        |                              |     |               |               |               |               |
        |                              |    |... |..         |..             |..             |..             |..

        | VERWALTUNG,    WEITERBILDUNG |     |               |               |               |               |
        |                              |    |... |..         |..             |..             |..             |..

        | AUSFALLZEITEN                |     |               |               |               |               |
        |                              |    |... |..         |..             |..             |..             |..
```

Bild 4.16 Vorabliste für Zeiterfassung (Beispiel REPROPLIK)

Im Gegensatz zur *Belegkontierung,* die normalerweise in einem monatlichen Rhythmus abgewickelt wird, ist eine *Dialogkontierung* täglich möglich. Hierbei muß allerdings durch das Verfahren gesichert sein, daß möglichst keine fehlerhaften und unsinnigen Daten aufgenommen werden – eine leistungsfähige »Sofortplausibilitierung« ist daher für eine solche (permanente) Dialogkontierung Grundvoraussetzung.

Der Übergang von der Belegkontierung zur Dialogkontierung hat wesentliche Vorteile:

▷ Genauere Stundenkontierung aufgrund täglicher Eingabemöglichkeiten,

▷ kürzere Durchlaufzeiten und damit aktuellere Projektinformationen,

▷ weniger Rückfragen durch das Projektbüro durch Sofortplausibilitierung bei der Eingabe,

▷ allgemeine Entlastung des Projektbüros aufgrund vereinfachter Kontierungsabläufe sowie

▷ bessere Einbindung der Entwickler in die Projektberichterstattung.

Ein Stundenkontierungsverfahren, das diese dezentrale Aufwandserfassung im Dialog ermöglicht, kann natürlich auch dahin ausgebaut werden, daß es für diejenigen Mitarbeiter, die über kein eigenes Eingabegerät verfügen, die Stundenbelege in üblicher Form ausdruckt und nach entsprechender Ausfüllung wieder aufnimmt.

Auch in Entwicklungsbereichen, in denen – aus rechtlichen Gründen – der *unterschriebene* Stundenbeleg unverzichtbar ist, kann man eine dialogorientierte Stundenkontierung einführen, wenn vom Verfahren in einem festgelegten Turnus mitarbeiter- oder gruppenbezogene Stundenbelege mit den im Dialog erfaßten Kontierungen automatisch erzeugt und den Betreffenden zur Unterschrift vorgelegt werden können.

Qualität der Stundenaufschreibung

Die Stundenaufschreibung sollte generell der einzelne Entwickler selbst vornehmen und nicht der Vorgesetzte; dieses Vorgehen gewährleistet eine genauere und vollständigere Aufwandserfassung.

Nicht selten wird seitens der Entwickler, über den hohen Aufwand für das monatliche Ausfüllen des Stundenkontierungsbelegs geklagt. Dem muß man gegenüberstellen, daß es bei dieser Tätigkeit um das richtige aufgaben- und kontenmäßige Aufteilen von monatlichen Personalkosten in der Größenordnung von 15 bis 25 TDM je Mitarbeiter geht – und dafür kann ein Zeitaufwand von 10 bis 20 min im Monat nicht zu hoch erscheinen.

Die Qualität der Stundenaufschreibung wird von drei Kriterien bestimmt:

▷ Genauigkeit
▷ Vollständigkeit
▷ Ehrlichkeit.

Die *Genauigkeit* der Eintragungen wird wesentlich verbessert durch Einbinden der Kontenstruktur in einen Netzplan, weil dadurch eine Plausibilitierung der kontierten Arbeitspakete mit den Netzplandaten möglich ist und als Folge Kontierungen auf falsche Arbeitspakete und damit auf falsche Konten erheblich verringert werden. Ohne eine solche Netzplananbindung ist normalerweise ein beachtlicher Aufwand für die manuelle fachliche Prüfung der Stundenkontierungsbelege erforderlich.

Die *Vollständigkeit* wird ebenfalls durch eine netzplangesteuerte Kontierung erheblich verbessert; sehr vorteilhaft ist hierbei auch der verfahrenstechnische Anschluß an ein Zeiterfassungsverfahren (mit den bekannten Chipkarten), weil hierdurch eine automatische Plausibilitierung der eingegebenen Stunden mit der mitarbeiterspezifischen Sollstundenzahl erreicht werden kann. Anderenfalls können sich über einen längeren Zeitraum und über einen größeren Bereich doch bemerkenswerte Stundendifferenzen aufbauen, deren Fehlerursachen nachträglich nicht mehr oder nur sehr schwer lokalisierbar sind. Allerdings hat die Anbindung an ein Gleitzeitverfahren auch seine Probleme, da dieses zu den vereinbarten Übergabezeitpunkten nicht zwangsläufig den aktuellen Stundensaldo der Mitarbeiter enthält – häufig stehen individuelle Meldungen wie Kernzeitentnahmen, Korrekturstunden und Urlaubstage noch aus.

Eine gewisse Unsicherheit bei der Stundenkontierung liegt naturgemäß in der *Ehrlichkeit* der Aufschreibung; sie wird ganz entscheidend vom Verhalten der Leitung beeinflußt. Da die aufgeschriebenen Stunden die Basis für jeden Plan/Ist-Vergleich darstellen, könnte man meinen, daß dieser Vergleich vom Vorgesetzten bei der Projektbeurteilung zur Mitarbeiterbeurteilung herangezogen wird. Obwohl die Aufwandszahlen keine Leistungs- und Verhaltensdaten darstellen, sollte man immer daran denken:

> Wo Sanktionen wegen einer Planabweichung drohen, besteht zwangsläufig die Gefahr der Manipulation.

Hat also der einzelne Entwickler aufgrund des zahlenmäßigen Plan/Ist-Vergleichs nicht mit persönlichen Nachteilen zu rechnen, dann wird insgesamt ehrlicher kontiert. Es sollten also die »magischen 100%« nicht die Meßlatte für eine Personalbeurteilung sein, sonst erhält die Projektleitung nur »geschönte« Daten, und es kann nicht gesteuert werden, wo gesteuert werden müßte.

Häufig kann man auch ein bewußtes »Zuvielkontieren« auf einzelne, noch nicht ausgeschöpfte Projektkonten beobachten; dieses Kontieren nach dem »Tragfähigkeitsprinzip« beeinträchtigt natürlich jede zielorientierte Projektkontrolle.

4.2.2 Kostenerfassung

Kosten des eigenen Personals

Das vorangegangene Kapitel hat gezeigt, wie durch Stundenkontierung der Arbeitsaufwand der Mitarbeiter den einzelnen Projekten bzw. deren Konten zuzuordnen ist. Die so erfaßten Stunden werden nach Eingabe, Plausibilitierung und evtl. Berichtigung zunächst je Konto zusammengefaßt. Diese Bearbeitungsschritte sind durch Prozeduren von DV-Verfahren unterstützt. In einem weiteren Verfahrensschritt werden dann die kontierten Stunden mit *internen Stundenverrechnungssätzen* multipliziert; man nennt diesen Vorgang auch »Bewertung«. Auf diese Weise entstehen die Kosten des eigenen Personals.

4.2.2 Kostenerfassung

Interner Stundenverrechnungssatz

Kostenstellen sind strukturell an die Organisation angepaßte »Abrechnungsbezirke«, auf denen man die Kosten des Eigenpersonals einschließlich deren Arbeitsplatzkosten sammelt.

Welche Kostenarten auf Kostenstellen gesammelt werden, wird in jedem Unternehmen durch das Rechnungswesen einheitlich festgelegt.

Typische Kostenstellen der Entwicklung enthalten z. B. folgende Kostenarten:

▷ Personalkosten,

▷ Sozialkosten (Urlaubsgeld, Sozialbeiträge etc.),

▷ Arbeitsplatzkosten inkl. Abschreibungen für Investitionen (Räume, Möbel, Büromaschinen, Heizung, Strom etc.),

▷ Reisekosten,

▷ Kommunikationskosten (Telefon, Postdienstumlage etc.) und

▷ arbeitsplatzbezogene Dienstleistungskosten (Instandhaltung, Reinigung etc.).

Diese Kosten der Kostenstellen, sie werden auch Dienststellengemeinkosten (DGK) genannt, müssen nun möglichst verursachungsgerecht den einzelnen Projekten zugeordnet werden. Als einfachste Lösung hat sich hier eine statistische *Überrechnung* mit Hilfe der geleisteten Stunden ergeben, mit der man die Kosten der Kostenstellen in die *Kostenträgerrechnung* überträgt, ohne die Kosten auf den Kostenstellen zu verändern. (Die Kostenstellen werden deshalb nicht entlastet, damit der Plan/Ist-Vergleich weiterhin möglich ist.) Für die Überrechnung ist je Kostenstelle – oder für mehrere Kostenstellen gemeinsam – ein Stundenverrechnungssatz zu bilden. Manchmal bildet man auch, um unterschiedliche Personalqualifikationen vor allem beim Verkauf von Ingenieurleistungen berücksichtigen zu können, mehrere Stundenverrechnungssätze.

Eine solche Verteilung mit einem Stundenverrechnungssatz ist naturgemäß weniger verursachungsgerecht als eine direkte Kostenzuordnung zu den Projekten. Beispielsweise sind Kosten für die Rechnernutzung bei Entwicklungsarbeiten prinzipiell über Kostenstellen oder direkt über die Projekte erfaßbar. Es wäre falsch, würde man Rechenkosten, die einem Projekt eindeutig zurechenbar sind, primär auf einer Kostenstelle erfassen, da man davon ausgehen darf, daß diese Kosten nur in seltenen Fällen proportional sind zu den »Produktivstunden«, die als Schlüssel für die Überrechnung auf Projekte verwendet werden.

Für das Errechnen der Stundenverrechnungssätze gilt der Zusammenhang:

$$\text{Interner Stundenverrechnungssatz} = \frac{\text{Summe der Jahresbudgets der Kostenstellen}}{\text{Geleistete Stunden/Jahr}}$$

Im Nenner stehen die für Projekte je Jahr geleisteten (produktiven) Stunden der kontierenden Mitarbeiter, die den Kostenstellen angehören, deren Budgets im Zähler stehen. Die für Projekte je Jahr geleisteten Stunden, die *Jahresstundenzahl,* nennt man gelegentlich auch »Netto-Stundenschlüssel«; Ausfallzeiten und Stunden, die für allgemeine (nicht projektspezifische) Arbeiten aufgewendet wurden, enthält er nicht. D. h., der Quotient aus den gesamten Kostenstellenkosten und den »Produktivstunden« ergibt den internen Stundenverrechnungssatz.

Kalkulationsschema

Die mittlere Kopfzahl der kontierenden Mitarbeiter (ausgedrückt in Mann-Jahren bzw. KP-Jahren) errechnet sich aus der geplanten durchschnittlichen Angestelltenzahl abzüglich dem Anteil von nicht kontierenden Mitarbeitern, z. B. Führungskräfte und Schreibkräfte. In der Zurechnung zu den nicht kontierenden Mitarbeitern gibt es in der Praxis große Unterschiede; dies sollte bei einem Vergleich von Stundensätzen beachtet werden.

Die durchschnittlich geleisteten Stunden/Jahr ohne Ausfallzeiten und allgemeine Arbeiten errechnen sich unter Berücksichtigung tarif- und arbeitsvertraglicher Regelungen aus den kalendarisch möglichen Jahresarbeitsstunden nach dem im Bild 4.17 angegebenen Kalkulationsschema.

Aufgrund der unterschiedlichen tarifvertraglichen Regelungen variieren die auf Projekte verrechenbaren Stunden/Jahr in einzelnen Ländern ganz beachtlich; so ist bei Entwicklungsaufträgen im Ausland von folgender durchschnittlicher *Produktiv-Jahresstundenanzahl* je kontierender Mitarbeiter auszugehen (Stand 1987):

▷ USA etwa 1900 Stunden/Jahr

▷ Österreich etwa 1780 Stunden/Jahr

▷ Schweiz etwa 1900 Stunden/Jahr

zum Vergleich

▷ BRD etwa 1550 Stunden/Jahr.

Tabelle 3.30 (S. 230) enthält in Abhängigkeit der Wochenarbeitszeit die unterschiedlichen Gesamt- und Produktiv-Jahresstundenanzahlen für die Bundesrepublik Deutschland.

Kosten des fremden Personals

Bei großen Projekten ist der Anteil der Kosten für fremde Mitarbeiter im Vergleich zu den Kosten des eigenen Personals oft erheblich. In diesen Fällen ist es besonders wichtig, auch den externen Kostenzugang ständig zu analysieren.

Stand Dezember 1985	Voraussichtliches Ist 1985	Plan 1986
Kalendertage	365 Tage	365 Tage
– Sonntage und Samstage	104 Tage	104 Tage
– Feiertage	13 Tage	14 Tage
Vertragliche Arbeitszeit	248 Tage	247 Tage
– Fehlzeiten (Urlaub)	30 Tage	30 Tage
Anwesenheitszeit netto	218 Tage	217 Tage
Anwesenheitszeit netto [1]	1744 Std.	1699 Std.
+ Überstunden/Jahr	16 Std.	16 Std.
Anwesenheitszeit brutto	1760 Std.	1715 Std.
– Ausbildung	40 Std.	40 Std.
– Weiterbildung	40 Std.	40 Std.
– Sonstiges (Krankheit, Gemeinkosten-Aufträge)	100 Std.	100 Std.
Produktivzeit/kont. Mitarbeiter	1580 Std.	1535 Std.
× durchschnittlich kontierende Mitarbeiter	1000 Ang.	1000 Ang.
Produktivzeit gesamt	1580000 Std.	1535000 Std.
Brutto-Gemeinkosten des Kalkulationsbereichs	136 Mio. DM	140 Mio. DM
– direkt verrechenbare Kosten	14 Mio. DM	17 Mio. DM
+ Risikozuschlag (3% der Netto-Gemeinkosten)	4 Mio. DM	4 Mio. DM
Im Stundensatz abzudeckende Kosten	126 Mio. DM	127 Mio. DM
$\dfrac{\text{Im Stundensatz abzudeckende Kosten}}{\text{Produktivzeit gesamt}}$	= 80 DM	83 DM
	Stundenverrechnungssätze	

[1] Bei einer 40-Stunden-Woche

Bild 4.17
Kalkulationsschema für Stundenverrechnungssätze
(Beispiel)

Externe Kosten werden auf zwei Wegen belastet:
▷ über interne Weiterverrechnung (siehe Kapitel 4.2.3) oder
▷ durch eingehende Rechnungen.

Die *interne Verrechnung* ist dabei im allgemeinen nicht so problembehaftet, weil erstens die Höhe der zu erwartenden Belastung auch unternehmensintern verbindlich (schriftlich) vereinbart werden und zweitens die Verrechnungswege eingespielt sind. Wenn trotzdem in der unternehmensinternen Verrechnung einmal etwas schiefgeht, kann man sich immer noch damit trösten, daß der Fehler für das Unternehmen insgesamt keine nachteiligen Folgen hat.

Dagegen muß ein gewisser Aufwand getrieben werden, um die *eingehenden Rechnungen* zu prüfen. Man unterscheidet dabei die sachliche und die rechnerische Prüfung. Die rechnerische bzw. kaufmännische Prüfung der Rechnungsbeträge, die heute überwiegend nur noch stichprobenartig gemacht wird, ist eine einfache Nachrechnung. Bei der sachlichen Prüfung müssen alle eingehenden Rechnungen vom Auftraggeber inhaltlich geprüft werden, ob die Verrechnungshöhe – verglichen mit den erbrachten Leistungen – angemessen, plausibel und auftragsgemäß ist.

Die zu prüfenden Rechnungen unterscheiden sich nach der Art des zugrundeliegenden Vertragsverhältnisses:
▷ Abrechnung nach Aufwand (Stunden- oder Aufmaßabrechnung) oder
▷ Abrechnung aufgrund von Werkverträgen.

Beide Prüfungen werden von Fachleuten des Auftraggebers oder direkt von den zuständigen Führungskräften (Abteilungsleiter) vorgenommen. Die Prüfenden sollten dazu möglichst übersichtlich aufbereitete Unterlagen erhalten, die den Stand der Verrechnungen genau widerspiegeln.

Abrechnung nach Aufwand

Bei der Abrechnung nach Aufwand wird der Stundenverbrauch des Auftragnehmers, so wie er durch Stundenschreibung der dortigen Mitarbeiter anfällt, direkt (meist monatlich) dem Auftraggeber in Rechnung gestellt. Reisekosten und die Kosten für die Nutzung von Rechnern sind ebenso an den Auftraggeber zu verrechnen.

Der Stand der vom Auftragnehmer erbrachten Leistungen kann dabei zu den entstandenen Kosten nicht immer in Beziehung gebracht werden; jedoch ist eine

Aussage zur Plausibilität meist möglich. Allerdings ist hier eine gesicherte Sachfortschrittskontrolle (siehe Kap. 4.3) besonders schwierig, weil es dem Auftraggeber kaum möglich ist, gezielt in die beim Auftragnehmer laufenden Projektarbeiten Einblick zu nehmen.

Diese Methode der Abrechnung nach Aufwand wird deshalb vor allem innerbetrieblich und zwischen verbundenen Unternehmen praktiziert.

Abrechnung aufgrund von Werkverträgen

Bei dieser Abrechnungsform wird eine vorher definierte Leistung zu einem Festpreis im Rahmen eines *Werkvertrags* abgerechnet. Unter »Werk« versteht man in diesem Zusammenhang die zu liefernde Leistung.

Die Abrechnung bei Werkverträgen ist bezüglich der gelieferten Leistung zwar einfacher nachvollziehbar, das Definieren eines »Werks« ist bei technisch-wissenschaftlicher Zusammenarbeit im Bereich der Forschung und Entwicklung jedoch oft schwierig. Das kommt daher, daß solche Arbeiten, vor allem hinsichtlich der Resultate häufig nur unzureichend beplant werden können.

Entwicklungsarbeiten kann man heute über Unternehmensgrenzen hinweg nur noch in Form von Werkverträgen vergeben, weil die erlaubte halbjährliche Beschäftigung aufgrund des Arbeitnehmerüberlassungsgesetzes (AÜG) gemessen an der Einarbeitungszeit meist zu kurz wäre. Um ein Werk, also einen Auftrag, der zur Lieferung eines konkreten Arbeitsergebnisses verpflichtet, an einen Dritten erteilen zu können, bedarf es einer sehr präzisen Aufgabendefinition.

Werkverträge werden durch die Definition von Teilaufgaben strukturiert, die

▷ voneinander abgrenzbar und
▷ im zeitlichen Aufwand überschaubar sind sowie
▷ ein nachprüfbares Arbeitsergebnis zeitigen.

Die Teilaufgaben sollen Kriterien für Bereitstellungen, Teilabnahmen und Zahlungen liefern. D. h., bereits bei der Definition der Teilaufgaben ist darauf zu achten, daß eine feste, durchgängige und terminlich festgelegte Zuordnung von Bereitstellungen und Abnahmen einerseits und Zahlungen andererseits möglich ist.

Beim Abrechnen von Werkverträgen muß die Leistungserbringung durch sorgfältige und rechtzeitige Abnahme der Teilaufgaben des Werks ständig überwacht werden. Dabei ist zu prüfen, ob der Kostenzugang mit dem vereinbarten Leistungszugang übereinstimmt. D. h., bei Werkverträgen ist das Überwachen des Kostenzugangs insgesamt aufwendiger.

Zusätzliche Entwicklungskosten

Unter den zusätzlichen Entwicklungskosten sind alle »Nicht-Personalkosten« zu verstehen; zu ihnen zählen Kosten für:

▷ Maschinennutzung,
▷ Formen- und Musterbau,
▷ Materialbezüge und
▷ sonstige Dienstleistungen.

Kosten für Maschinennutzung

Für technische Entwicklungen werden zahlreiche maschinelle Einrichtungen eingesetzt, deren Nutzung man häufig mit einer entsprechenden Miete abgelten wird. Vor allem bei der Entwicklung von HW/SW-Systemen ist der intensive Einsatz von Rechnern und Testanlagen notwendig.

Diese Anlagen besitzen meist bereits technische Hilfsmittel, mit deren Hilfe die verbrauchte Rechenleistung automatisch erfaßt wird. Bei Großrechnern sind dies Programme, die mit Hilfe von Arbeitsschlüsseln, die der Bearbeiter in das System eingibt, die Kosten für die Nutzung automatisch auf dem Wege der Weiterverrechnung den Projekten belasten.

Kosten für Formen- und Musterbau

Der Aufwand für Formen- und Musterbau ist gerade in der Entwicklung hochwertiger Produkte zu einem wesentlichen Kostenfaktor geworden. Als Aufwand fallen vor allem Lohn- und Maschinenkosten ins Gewicht. Sie werden, wie in Werkstätten üblich, durch Lohn- und Abrechnungsbelege, die mit entsprechenden Gemeinkostenzuschlägen noch beaufschlagt sind, erfaßt.

Kosten für Materialbezüge

Bei der Entwicklung elektronischer Komponenten werden sowohl Materialien benötigt, die direkt in das Produkt eingehen, als auch Hilfsmaterialien, damit Programme, Daten und die Dokumentation gespeichert werden können. Damit solche Materialien schnell verfügbar sind, sind sie in »Handläger« mit *Materialbezugszettel* sofort abholbar. Die Materialbezugszettel bewertet man mit den Kosten der bezogenen Materialien und belastet sie den Konten bzw. der Kostenstelle des Empfängers.

Kosten für sonstige Dienstleistungen

Elektronische Geräte müssen auch unter extremen Klima- und Umweltbedingungen fehlerfrei und ausfallsicher funktionieren. Um dies zu gewährleisten, ist das Produkt im Entwicklungsstadium zahlreichen Tests zu unterwerfen. Für diese Prüfungen gibt es auf dem Markt oder in größeren Unternehmen spezielle Testlabors und Erprobungsstellen, deren Dienstleistungen in Anspruch genommen werden können.

Kostenherkunft

Mit den Kostenelementen (siehe Kap. 3.1.3) ist in vielen Fällen auch die Kostenherkunft bereits bekannt. Bei großen Projekten ist eine Kostenkontrolle nur möglich, wenn die am Projekt mitarbeitenden internen Stellen bzw. die Lieferanten bereits – sofern sie am Projekt mitgewirkt haben – mit Hilfe der Projektkostenübersicht identifiziert werden können. Bei der Abrechnung werden alle diese »Kostenquellen«, das sind sowohl die externen Auftragnehmer als auch die internen leistenden Dienststellen bzw. Abteilungen, mit *Herkunftsbereichsnummern* versehen.

Die Kodierung erfolgt bei internen Kosten oft bereits beim originären Kostenanfall; bei externen Kosten beim Einbuchen der eingegangenen Rechnungen. Die Lieferantennummern werden im Abrechnungsverfahren automatisch in die entsprechenden Herkunftsbereichsnummern übersetzt. Bei eigenem Personal werden die Daten der Stundenkontierung automatisch mit Hilfe der Stammdaten mit der Herkunftsbereichsnummer der betreffenden Organisationseinheit versehen. Die Herkunftsbereichsnummern bleiben bei allen weiteren Verarbeitungsvorgängen Bestandteil der Belastungsvorgänge. Auf diese Weise sind dann beim Belastungsempfänger Projektauswertungen möglich, in denen die mitwirkenden Stellen bzw. Lieferanten ausgewiesen sind.

4.2.3 Weiterverrechnung von Kosten

In der Entwicklung von Hochtechnologien ist ein hohes Maß an Arbeitsteilung erforderlich. Ingenieure und Naturwissenschaftler unterschiedlicher Fachrichtungen müssen kooperieren, damit neue Technologien und die darauf basierenden Produkte entwickelt werden können. Um diese breitgefächerte Zusammenarbeit effizient zu gestalten, müssen die Kosten für die einzelnen Arbeitsbeiträge den Projekten verursachungs- bzw. nutzungsgerecht belastet werden. Hierzu wird in größeren Unternehmen – als Teil des Rechnungswesens – eine Weiterverrechnung von Kosten über Organisationsgrenzen vorgenommen.

Die auf einem Konto originär auflaufenden Kosten – z. B. Gehälter der Angestellten – werden durch die Weiterverrechnung entlastet und den Projekten, für die die Leistung erbracht wurde, in gleicher Höhe wieder belastet.

Als Arten der Weiterverrechnung kommen dabei zur Anwendung:

▷ Anteilige (indirekte) Weiterverrechnung und
▷ direkte Weiterverrechnung.

Anteilige (indirekte) Weiterverrechnung

Bei der anteiligen Weiterverrechnung werden die Projektkosten nach bestimmten Verteilungsschlüsseln anderen Konten belastet; hierbei ordnet man die Kosten der einzelnen Entwicklungsstellen den Projekten zu, die die Leistungen dieser Stellen nutzen. Mit solchen Verteilungsschlüsseln ist eine korrekte Zuordnung der Kosten zu den jeweiligen Kostenverursachern erreichbar.

Die Verteilerschlüssel für diese Weiterverrechnungen sind natürlich schwierig festzulegen, vor allem dann, wenn die Nutzungsverhältnisse ständig wechseln. Wegen der großen Arbeitsteilung und des freizügigen Informationsaustausches sind sie oft auch nur schwer zu bestimmen.

In der Praxis verwendet man Verteilerschlüssel, die nach einem der folgenden Kriterien abgeleitet werden:

▷ Anzahl Installationen,
▷ Anzahl Benutzer,
▷ Anzahl Transaktionen,
▷ Anzahl Terminals,
▷ Umfang des Datenvolumens,
▷ Umlage nach Wertschöpfungsanteilen usw.

Auch Mischformen sind möglich. Wenn diese Aufteilung nach logischen Prinzipien versagt, bleibt oft als einfache und unbürokratische Methode eine Schätzung (möglichst durch einen Neutralen) der einzig gangbare Weg. Wichtig ist, die Probleme der Verrechnung so zu lösen, daß die technische Zusammenarbeit dadurch nicht belastet wird. In größeren Unternehmen delegiert man die Klärung dieser Fragen deshalb vielfach an kaufmännische Fachkräfte (FuE-Büro).

Das Verwenden von Verteilungsschlüsseln vereinfacht auch die Stundenberichterstattung der Mitarbeiter in den leistungserbringenden Stellen, indem nur je Aufgabenpaket und nicht je Kostenträger die aufgewendeten Stunden kontiert werden. Anderenfalls müßten dort für alle potentiellen Nutzer entsprechend viele Konten im Stundenbericht aufgeführt sein.

Ein Beispiel für die Verwendung solcher Verteilungsschlüssel ist die Verrechnung der Grundlagen- und Vorfeldentwicklung an die geschäftsführenden Bereiche in einem Unternehmen. Dort kommt dann vielfach ein *Wertschöpfungsschlüssel* zur Anwendung. Als Wertschöpfung bezeichnet man die Differenz zwischen erbrachter Leistung und Zukauf. Dieser Verteilungsschlüssel geht von der Annahme aus, daß ein Geschäftsbereich mit einer großen Wertschöpfung auch an der Grundlagenentwicklung wesentlich mehr partizipiert.

Ein typisches Beispiel für die nutzungsbezogene Weiterverrechnung von Entwicklungsleistungen ist auch die Qualifizierung von Bauelementen, die in elektronischen Geräten eingesetzt werden bzw. werden sollen. Unter Qualifizierung versteht man hier eine technische Begutachtung aufgrund von Tests, bei denen vor allem geprüft wird, ob das Bauelement den geforderten Einsatzbedingungen entspricht.

Wie bereits erwähnt, kann ein Verteilungsschlüssel nach den unterschiedlichsten Kriterien ausgerichtet sein. Ziel bleibt aber immer, einen für die jeweilige Nutzungsintensität adäquaten Maßstab zu finden. In Bild 4.18 ist als Beispiel die Ableitung eines solchen Nutzerschlüssels für ein intern eingesetztes Anwenderverfahren aufgezeigt. Hierbei werden zwei Kriterien herangezogen; ein Anteil (im Beispiel 40%) wurde in gleichen Teilen auf die einzelnen Installationen umgelegt, und der Rest (im Beispiel 60%) wurde in Relation zu dem vom Verfahren bedienten Entwicklern auf die Anwender verteilt.

Direkte Weiterverrechnung

Die direkte Weiterverrechnung wendet man an, wenn größere Beträge belastet werden müssen und es nur einen Nutzer der Leistungen gibt. Bei diesem Vorgehen werden die Konten des Nutzers *direkt*, d. h. ohne irgendeine Aufteilung mit den anfallenden Kosten beaufschlagt. Das in der Praxis häufig strittige Festlegen eines Verteilungsschlüssels entfällt. Voraussetzung für eine direkte Weiterverrechnung ist wiederum eine bilaterale Vereinbarung mit dem Anwender bez. der zu verrechnenden Kosten.

Bei der Weiterverrechnung von Kosten ist generell noch zu beachten, wie die *Entlastung* der originären Konten vollzogen wird. Dies gilt gleichermaßen für anteilige wie auch für direkte Weiterverrechnung. Es ist bei der Entlastung möglichst zu vermeiden, daß von den Konten der leistenden Stellen die weiterrechneten Werte abgezogen (saldiert) werden, weil sonst auf den Konten der leistenden Stellen ein Plan/Ist-Vergleich der Kosten nicht mehr möglich ist. Der einfachste Weg ist, separate Konten für die Entlastungen einzurichten. Dies hat jedoch aufwendige manuelle Buchungsvorgänge zur Folge. Einfacher und leichter zu handhaben ist folgender Weg: In den zu entlastenden Konten bleiben auch nach Abbuchungen die ursprünglichen Istwerte gespeichert, so daß sie für Plan/Ist-Vergleiche der originären Konten jederzeit für Auswertungen »ohne Weiterverrechnungen« zur Verfügung stehen.

Verrechnungswege

Bei DV-gestützter Kontenführung und Buchung läuft der Prozeß der Weiterverrechnung prinzipiell ebenso ab, wie bei manuellen Buchungen. Die Weiterverrechnungen werden beleglos und über DV-Verfahren abgewickelt. Der schematische Ablauf der Weiterver-

Anwender		Anzahl Entwickler		Nutzungsanteil		Nutzerschlüssel	
Bereich	Installation	absolut	prozentual	Installation %	Entwickler %	Installation %	Anwender %
A	A1	270	6,2	4,0	3,7	7,5	
	A2	420	9,7	4,0	5,8	9,8	24,3
	A3	200	4,6	4,0	2,8	6,8	
B	B1	730	16,9	4,0	10,1	14,1	
	B2	120	2,7	4,0	1,6	5,6	28,1
	B3	320	7,4	4,0	4,4	8,4	
C	C1	1700	39,3	4,0	23,6	27,6	33,4
	C2	130	3,0	4,0	1,8	5,8	
D	D1	350	8,1	4,0	4,9	8,9	14,2
	D2	90	2,1	4,0	1,3	5,3	
Summe		4330	100,0	40,0	60,0	100,0	100,0

Bild 4.18   Ableitung eines Nutzerschlüssels (Beispiel)

4.2 Aufwands- und Kostenkontrolle

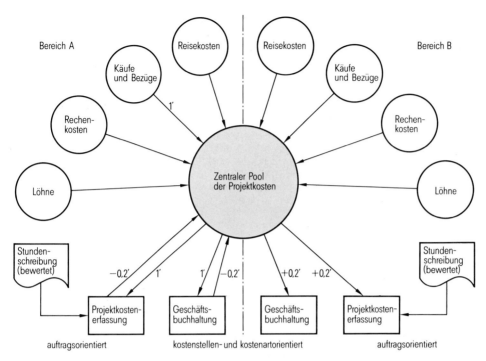

Bild 4.19 Schematischer Ablauf der Weiterverrechnung (mit Beispiel)

rechnung ist im Bild 4.19 dargestellt. In der Praxis bedeutet dies, daß Kostenpositionen, die weiterzuverrechnen sind, in Form von Datensätzen in einem zentralen »Pool« (das ist ein Teil des Buchhaltungsverfahrens) abgelegt werden. Sobald der Pool von den Kosten abgebenden Stellen vollständig geladen ist, werden die Daten nach Empfänger sortiert und anschließend in einem »Belastungslauf« an die Kostenempfänger verteilt. Die Belastungsdatensätze gelangen nun in die Abrechnungsverfahren der empfangenden Bereiche. Jeder Belastungsdatensatz wird parallel

▷ der *Geschäftsbuchhaltung* nach Kostenarten, Geschäftszweigen und z.T. nach Kostenstellen sowie

▷ der *Projektkostenerfassung* und dort den entsprechenden Projektkonten

belastet.

Die Projektkostenerfassung könnte man – entsprechend ihrer Funktion – als »Projektbuchhaltung« bezeichnen. Um Verwechslungen zu vermeiden, wählt man dafür aber andere Bezeichnungen.

Eine Geschäftsbuchhaltung ist kostenstellen- und kostenartenorientiert; dagegen ist die Projektkostener-

fassung im wesentlichen auftragsorientiert und nach Kostenelementen gegliedert.

Dieser Prozeß der Weiterverrechnung im Unternehmen mit Hilfe von zentralen Pools läuft zur Zeit in monatlichen Abständen. Der Abrechnungszyklus fällt mit dem Abschluß der Geschäftsbuchhaltungen zusammen, so daß die beiden o.g. Buchungskreise zu diesem Zeitpunkt aufeinander abgestimmt werden können. Solche Abstimmungen sind erforderlich, um auftretende Buchungs- und Übertragungsfehler eliminieren zu können.

Im Bild 4.19 sind zwei Verrechnungsvorgänge dargestellt, die den Ablauf anhand von zwei Beispielen erläutern:

Im ersten Beispiel wird eine Entwicklungsleistung eines externen Auftragnehmers in Höhe von 1 Mio. DM dem Bereich A belastet. Die Belastung kommt in diesem Fall in Form einer Rechnung, die mehrere Kostenelemente enthalten kann. Innerhalb des Unternehmens wird die Rechnung automatisch über den »Pool« belastet. Gehört der Auftragnehmer nicht dem Unternehmen an, so läuft diese »Belastung« in Form einer Rechnung ein, die nach Überprüfung zur »Zahlung angewiesen« wird.

Das zweite Beispiel zeigt eine Belastung von 0,2 Mio. DM des Bereichs A an den Bereich B. Die Belastung kann beispielsweise deshalb nötig sein, weil der Bereich A für den Bereich B Entwicklungsleistungen erbracht hat, die 0,2 Mio. DM gekostet haben. In diesem Fall erfolgt die Weiterverrechnung beleglos über den zentralen Pool. Der weiterzuverrechnende Betrag wird auf der Seite des Bereichs A sowohl innerhalb der Projektkostenerfassung als auch der Geschäftsbuchhaltung ausgebucht und auf der Seite des Bereichs B entsprechend belastet.

4.2.4 Plan/Ist-Vergleich für Aufwand/Kosten

Tragendes Element einer jeden Aufwands- und Kostenkontrolle ist das Gegenüberstellen der *geplanten* Aufwands- und Kostenwerte zu dem *angefallenen* Aufwand bzw. den *aufgelaufenen* Kosten. Mit diesem Vergleich sollen die kostenkritischen Teile des Projekts aufgezeigt werden, deren nähere Untersuchung dann zu entsprechenden Steuerungsmaßnahmen durch das Projektmanagement führt (Bild 4.20).

Ein solcher laufender Plan/Ist-Vergleich kann prinzipiell auf zwei Ebenen durchgeführt werden:

▷ Kostenvergleich auf FuE-Budgetebene bzw.
▷ Aufwandsvergleich auf Projektebene.

Ein Plan/Ist-Vergleich für ein FuE-Budget hat – stark vereinfacht – z. B. das Aussehen gemäß Bild 4.21; hierbei ist der Plan/Ist-Vergleich nicht nur in TDM, sondern auch in Mann-Jahre (MJ) bzw. Mann-Monate (MM) ausgewiesen. Das Ausweisen der MJ und MM auch bei einem Budget-Plan/Ist-Vergleich ist vor allem in Entwicklungsbereichen sinnvoll, in denen Personalkosten einen sehr hohen Anteil des FuE-Budgets ausmachen.

Wird der Plan/Ist-Vergleich für die Kosten nach einem festen Kalkulationsschema mit entsprechender Gliederung nach Aspekten der Produkt- und Prozeßstruktur (siehe Kap. 3.6.1) aufgestellt, dann spricht man häufig auch von einer *Mitkalkulation*.

Der Projektleiter trägt i. allg. nicht die unmittelbare Verantwortung für das (gesamte) FuE-Budget; für ihn spielt die Budgetkontrolle deshalb nur eine sekundäre Rolle. Primär interessiert er sich für den Plan/Ist-Vergleich der (Personal-)Aufwände auf Projektebene, weil dieser in seiner unmittelbaren Verantwortung liegt.

Beim Erstellen eines Plan/Ist-Vergleichs der Aufwände bzw. Kosten müssen mehrere Aspekte berücksichtigt werden:

▷ In welcher Gliederung sollen die Planwerte den Istwerten gegenübergestellt werden?
▷ Auf welchen Ebenen soll ein Aufwands- und Kostenvergleich vorgenommen werden?
▷ Wie werden bereits eingegangene Verpflichtungen (Obligo) als Bestellwert behandelt?
▷ Wie wird die Terminsituation im Rahmen der Kostenkontrolle berücksichtigt?
▷ Wie wird der Sachfortschritt in die Kostenkontrolle einbezogen?

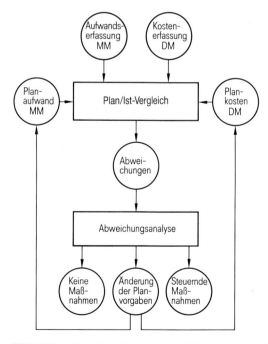

Bild 4.20 Ablauf der Aufwands- und Kostenkontrolle

Kostenelement	Plan im GJ	Plan anteilig	Ist aufgelaufen	Abweichung in %
SW-Entwicklung TDM	3000	1500	1350	−10,0
MJ/MM	11/10	5/09	5/02	−10,1
HW-Entwicklung TDM	1600	800	1000	+25,0
MJ/MM	8/00	4/00	4/06	+12,5
Summe TDM	4600	2300	2350	+ 2,2
FuE-Budget MJ/MM	19/10	9/09	9/08	− 0,9

Bild 4.21
Plan/Ist-Vergleich eines FuE-Budgets (Beispiel)

Vergleichsmöglichkeiten

Im Projektverlauf werden die Istwerte üblicherweise in einem gleichmäßigen Turnus registriert – nicht täglich, sondern in 14tägigem oder monatlichem Abstand; sie kennzeichnen den augenblicklichen Zustand des Projekts. Die Planwerte dagegen sind vorab festgelegt und beziehen sich auf den geplanten Endzustand des Projekts. Daraus ergibt sich eine Diskrepanz im direkten Größenvergleich des angefallenen Ist und des zu erreichenden Plans. Für den Plan/Ist-Vergleich der Aufwands- bzw. Kostenwerte bieten sich nämlich mehrere Möglichkeiten der Gegenüberstellung an:

▷ Absoluter Plan/Ist-Vergleich
▷ Linearer Plan/Ist-Vergleich
▷ Aufwandskorrelierter Plan/Ist-Vergleich
▷ Plankorrigierter Plan/Ist-Vergleich.

Absoluter Plan/Ist-Vergleich

Beim absoluten Plan/Ist-Vergleich wird der aktuelle Istwert dem (absoluten) Endplanwert gegenübergestellt, also der aktuelle Istwert mit den 100% des geplanten Endzustandes verglichen. Man liegt damit naturgemäß über einen längeren Zeitraum grundsätzlich unter dem 100%-Plan. Dieses »unter Plan« kann aber irrtümlich sein, da ein eventuelles Überschreiten der 100%-Planlinie immer erst gegen Projektende eintritt und die Planüberschreitung kurvenmäßig erst dann erkennbar wird (Bild 4.22, a). Dieses lange »unter 100% liegen« führt meist zu einer falschen Sicherheit in der Kostenbeobachtung. Besonders wenn man dem Plan/Ist-Vergleich in der Listenform ausweist, kann eine drohende Kostenüberschreitung leicht zu spät erkannt werden. Deshalb bietet es sich an, den Istwert nicht nur dem Gesamtplanwert, sondern einem *anteiligen* Planwert gegenüberzustellen.

Linearer Plan/Ist-Vergleich

Man kommt zu einem linearen Plan/Ist-Vergleich, wenn der anteilige Planwert in einem linearen Verlauf über die Zeit dargestellt wird (Bild 4.22, b). Dies ist dann möglich, wenn man davon ausgehen kann, daß die Kosten gleichmäßig über die Zeit verteilt anfallen werden. Der in Bild 4.21 gezeigte (verkürzte) Plan/Ist-Vergleich eines FuE-Budgets nutzt z. B. diese Gegenüberstellung zum anteiligen Plan. Fallen aber die Kosten vermehrt erst in der zweiten Projekthälfte an – wie es häufig in der Praxis wegen des verstärkten Personaleinsatzes in der Realisierungsphase und wegen der zeitverschobenen Rechnungsschreibung der Fall ist –, so sieht der Plan/Ist-Vergleich auch in dieser Form in der Anfangszeit des Projekts viel positiver aus, als er in Wirklichkeit ist. Ein hieraus resultierendes zu »großzügiges« Kostenverhalten kann dann die Ursache für eine spätere Kostenüberschreitung sein (Bild 4.22, b).

Aufwandskorrelierter Plan/Ist-Vergleich

Liegt ein Netzplan vor, so ist eine »Aufwandskorrelierung« des Plan/Ist-Vergleichs möglich. Hierbei wird – angelehnt an eine aus dem Netzplan errechenbare Aufwandsverteilung – der Gesamtplanwert über die Zeit verteilt (Bild 4.22, c). Man erhält so eine realistischere Plankostenverteilung, die häufig nach einer leichten S-Kurve verläuft, da zu Projektbeginn – während der Planungsphase – noch nicht so viel Aufwand beansprucht wird, mit Projektfortschritt aber ein überproportionaler Anstieg des Aufwands zu verzeichnen ist. Der »beschönigende« Einfluß einer ver-

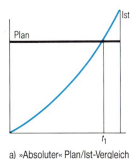
a) »Absoluter« Plan/Ist-Vergleich

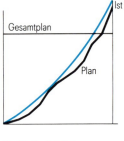
b) »Linearer« Plan/Ist-Vergleich

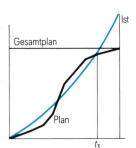
c) »Aufwandskorrelierter« Plan/Ist-Vergleich

d) »Plankorrigierter« Plan/Ist-Vergleich

▷ Bis zum Zeitpunkt t_1 hat man das sichere Gefühl, daß man »im Plan« ist, da man ja unter 100% liegt.
▷ Bis zum Zeitpunkt t_2 glaubt man auch anteilig »unter Plan« zu sein – und fängt eventuell an, großzügiger zu werden.
▷ Bis zum Zeitpunkt t_3 glaubt man, daß man den Plan eingefangen hat, und übersieht den großen Nachlauf der Rechnungsstellungen.

Bild 4.22   Formen des Plan/Ist-Vergleichs

4.2.4 Plan/Ist-Vergleich für Aufwand/Kosten

zögerten Rechnungsschreibung, die bekanntlich zu einem vermehrten Kostenanfall gegen Projektende führt, wird allerdings auch mit dieser Form des Plan/Ist-Vergleichs nicht abgefangen.

Plankorrigierter Plan/Ist-Vergleich

Beim plankorrigierten Plan/Ist-Vergleich werden nicht nur die Istwerte laufend erfaßt, sondern auch die Planwerte durch eine laufende Restaufwands- bzw. Restkostenschätzung korrigiert (Bild 4.22, d). Zu jedem Istwert sind die geschätzten Restkosten in Differenz zu dem ursprünglichen Gesamtplan aufzutragen. Auf diese Weise erhält man sicherlich den besten Überblick über die tatsächliche Kostensituation des Projekts. Laufende Restaufwands- bzw. Restkostenschätzungen sind aber in der Praxis sehr aufwendig, so daß diese Form des Plan/Ist-Vergleichs selten angewendet wird.

Neben der *grafischen* Darstellung des Plan/Ist-Vergleichs wird in der Praxis vor allem die *Liste* zum Gegenüberstellen der einzelnen Plan- und Istwerte verwendet; sie hat den Vorteil des besonders großen Informationsumfangs (viel Zahlenmaterial je Flächeneinheit) und der großen Exaktheit der Einzelwerte. Auch können einige Zusatzinformationen und unterstützende Auswertungen aufgenommen werden. Hierzu gehört vor allem der prozentuale Abweichungswert Ist zu Plan in %. Wie schon gezeigt, hat es sich als vorteilhaft erwiesen, wenn dieser Wert einerseits als prozentuale Abweichung vom absoluten Plan und andererseits als prozentuale Abweichung vom anteiligen Plan ausgewiesen wird.

Als ein einfaches Beispiel für einen solchen tabellarischen Plan/Ist-Vergleich ist in Bild 4.23 der Kostenbericht eines DV-gestützten Kosteninformationssystems gezeigt; er wird in der Berichterstattung für das Entwicklungsmanagement eingesetzt.

```
*****        FuE-Kostenbericht    *****
GESAMTÜBERSICHT
Berichtszeit für lfd. GJ:   März/86 - August/86
```

Produktlinie		Bisherige Kosten / - 02/86	cost to complete 03/86 - Planende	laufendes Geschäftsjahr Ist	laufendes Geschäftsjahr Plan	Ist in % von Plan d.BZR
	DM	0.0	0.0	0.0	0.0	**)
	KPJ/M	0/ 0	0/ 0	0/ 0	0/ 0	**)
BMW	DM	14'381.1	13'330.4	36.9	2'643.0	2.8%
	KPJ/M	245/ 4	253/ 9	5/ 8	51/ 0	22.2%
EDIT	DM	1'425.3	4'627.0	20.7	4'600.0	0.9%
	KPJ/M	0/ 0	0/ 0	0/ 0	0/ 0	**)
EKG	DM	103'614.8	14'982.0	0.0	14'982.0	0.0%
	KPJ/M	24/ 5	0/ 0	0/ 0	0/ 0	**)
EWSD	DM	559'128.8	554'614.1	0.0	157'767.1	0.0%
	KPJ/M	3516/ 4	3176/ 9	0/ 0	943/ 11	0.0%
FIAT	DM	80.0	0.0	0.0	0.0	**)
	KPJ/M	0/ 0	0/ 0	0/ 0	0/ 0	**)
Ipäter	DM	0.0	0.0	0.0	0.0	**)
	KPJ/M	0/ 0	0/ 0	0/ 0	0/ 0	**)
KENIA	DM	88'421.9	204'199.8	18'177.6	60'331.2	60.3%
	KPJ/M	437/ 9	786/ 11	76/ 7	220/ 11	69.3%
KOLLE	DM	63'728.2	2'087.6	0.0	929.0	0.0%
	KPJ/M	438/ 9	13/ 9	0/ 0	6/ 4	0.0%
Luxus	DM	1'671.4	0.0	0.0	0.0	**)
	KPJ/M	0/ 0	0/ 0	0/ 0	0/ 0	**)
MIKA	DM	42'468.9	44'266.1	4'498.5	12'341.9	72.9%
	KPJ/M	299/ 4	219/ 10	24/ 10	65/ 4	76.0%
MOMO	DM	0.0	0.0	0.0	0.0	**)
	KPJ/M	0/ 0	0/ 0	0/ 0	0/ 0	**)
OPER	DM	0.0	0.0	0.0	0.0	**)
	KPJ/M	0/ 0	0/ 0	0/ 0	0/ 0	**)
PIA	DM	30'632.1	15'323.2	0.0	4'085.2	0.0%
	KPJ/M	234/ 1	90/ 7	0/ 0	27/ 9	0.0%
Gesamt	DM	905'552.5	853'430.2	22'733.7	257'679.4	17.6%
	KPJ/M	5196/ 0	4541/ 7	107/ 1	1315/ 3	16.3%

```
**) Ist und Plan bzw. nur Plan = 0
```

Bild 4.23   FuE-Kostenbericht

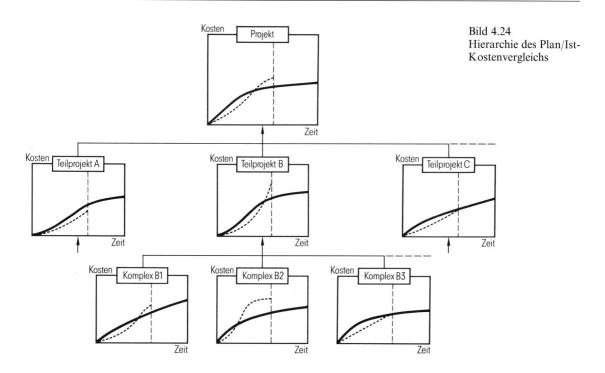

Bild 4.24
Hierarchie des Plan/Ist-Kostenvergleichs

Hierarchie des Plan/Ist-Kostenvergleichs

Die Plan- und Istkosten sollten besonders bei großen Entwicklungsvorhaben nicht auf *einer* Detaillierungsebene allein gegenübergestellt werden; vielmehr sind diese gemäß der Produktstruktur auf mehreren Ebenen unterteilt gegenüberzustellen. Die Kostenkontrolle beginnt an der Basis; d. h., bereits auf der unteren Teileinheitenebene ist eine Kostenbetrachtung erforderlich. Diese einzelnen Plan/Ist-Kostenvergleiche müssen dann bis auf die oberste Ebene akkumulierbar sein, so daß man auf der Produktebene eine Gesamtaussage zu den Projektkosten machen kann. Eine derartige *»Bottom-up«-Kostenkontrolle* ist die beste Basis für eine gezielte *»Top-down«-Kostensteuerung*. Bild 4.24 zeigt einen solchen hierarchischen Aufbau von Plan/Ist-Vergleichen.

Bestellwertfortschreibung

In den bestehenden Kostenüberwachungs- und -verrechnungsverfahren werden die Kosten vornehmlich aus der Stundenkontierung, der Rechnungsschreibung und der Kostenübernahme (z. B. Reisekosten, Rechenzeitkosten) aus vorgelagerten Verfahren ermittelt. Sowohl die Stundenkontierung als auch das »Accounting« der Rechenzeiten geschieht in einem relativ aktuellen Rhythmus; dagegen unterliegt die Sammlung von Kosten, die durch die Abrechnung externer Entwicklungsleistungen entstehen, häufig einer erheblichen Zeitverschiebung. Finanzielle Verpflichtungen, die bei einem Projekt bereits eingegangen worden sind, für die aber noch keine Rechnungen vorliegen, bleiben in den meisten Kostenüberwachungsverfahren bis zum endgültigen Rechnungseingang unberücksichtigt. Ergebnis dieses verspäteten Einbuchens von Rechnungen ist, daß häufig in der ersten Projekthälfte schon beachtliche Kosten durch entsprechende Auftragsvergaben verursacht werden, diese aber in den aktuellen Plan/Ist-Kostenvergleichen überhaupt nicht erscheinen. Erst gegen Projektende gehen die einzelnen Rechnungen vermehrt ein, so daß zum Schluß ein »Rattenschwanz« von Kostenbelastungen entsteht. In ähnlicher Form wirkt das »Septemberwunder« der Verrechnung von Gemeinkosten gegen Ende eines Geschäftsjahres. Der Projektleitung wird zu Beginn eine zu positive Kostensituation vorgetäuscht, so daß der übliche Plan/Ist-Vergleich zu einer Farce werden kann.

Abhilfe kann eine *Bestellwertfortschreibung* – häufig auch Obligo-Fortschreibung genannt – schaffen. Hierbei registriert man die einzelnen Aufträge nicht erst nach Eingang der Rechnung kostenmäßig, sondern notiert sie bereits zum Zeitpunkt der Vergabe als »Obligo«, d.h. als Kosten, die eigentlich schon aufgetreten sind. Das Projektmanagement erhält mit einer derartigen Bestellwertfortschreibung immer einen vollständigen Überblick über den Stand der bereits angefallenen Kosten sowie der eingegangenen Verpflichtungen, die noch zu Kosten führen.

In Bild 4.25 ist ein Kostenverlauf mit und ohne Bestellwertfortschreibung vereinfacht dargestellt. Hieraus geht hervor, daß eine Planabweichung bei einer Bestellwertfortschreibung viel eher erkannt wird (Zeitpunkt t_1) als eine solche ohne Bestellwertfortschreibung (Zeitpunkt t_2). Das gemeinsame Aufzeigen der Plan- und Istkosten mit dem Bestellwert und dem freigegebenen Budget führt daher zu einer erheblich besseren Transparenz der Kostenkontrolle.

Terminorientierte Kostenkontrolle

Der Kostenverlauf darf in einem Projekt nicht isoliert von den anderen Projektparametern betrachtet werden, d.h., er ist im Zusammenhang mit der gesamten Terminsituation und dem Fertigstellungsgrad zu sehen. Eine von der Terminsituation losgelöste Kostenkontrolle kann nämlich leicht zu falschen Aussagen führen, z.B. wenn eine Kostenüberschreitung (durch einen vorgezogenen Sachfortschritt) bewußt in Kauf genommen wurde, um eine Terminunterschreitung zu erreichen, oder wenn eine Kostenunterschreitung durch definierten Wegfall von Leistungsmerkmalen entstanden ist. Deshalb sollte sich die Kostenüberwachung auch an den *Terminen* und dem erreichten *Sachfortschritt* orientieren.

Kosten-Termin-Diagramm

Für eine solche »kombinierte« Kostenkontrolle, die also terminorientiert vorgeht, bietet sich das in Bild 4.26 dargestellte »Kosten-Termin-Diagramm« an, welches eine *Kosten-Termin-Analyse* zu ausgewählten Meilensteinen und damit zu definierten Sachfortschrittspunkten ermöglicht.

In dem gezeigten Kurvenverlauf sind alle Kombinationen von Kosten- und Terminsituationen, die in einem Projekt an den einzelnen Meilensteinen auftreten können, beispielhaft angegeben. Hierbei sind folgende »Wanderungsrichtungen« der Meilensteine denkbar:

1 Planmäßige Kosten bei Terminunterschreitung
2 Kosten über Plan bei Terminunterschreitung
3 Kosten über Plan bei Termineinhaltung
4 Kosten unter Plan bei Termineinhaltung
5 Kosten unter Plan bei Terminverzug
6 Kosten und Termin plangerecht
7 Kosten unter Plan bei Terminunterschreitung
8 Planmäßige Kosten bei Terminverzug
9 Kosten- und Terminüberschreitung.

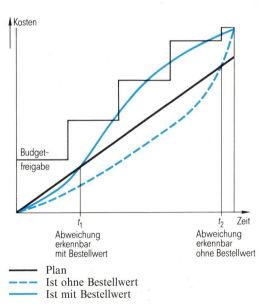

Bild 4.25 Bestellwertfortschreibung

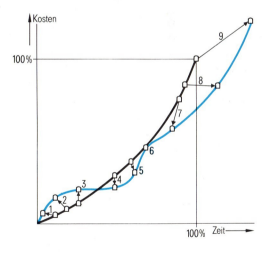

Bild 4.26 Kosten-Termin-Diagramm

Das Kosten-Termin-Diagramm muß normalerweise manuell auf der Basis von Daten erstellt werden, die aus den projektunterstützenden Verfahren abzuleiten sind. Wird allerdings ein integriertes Projektführungssystem eingesetzt, bei dem also Termin- *und* Kostenüberwachung verfahrenstechnisch gemeinsam ablaufen, dann ist auch das automatische Erstellen einer Kosten-Termin-Analyse in der aufgezeigten Form möglich.

Termin-Kosten-Barometer

Zur Kurzdarstellung der Termin-Kosten-Situation für die Teilkomplexe eines Projekts kann man in einer Projektberichterstattung das in Bild 4.27 skizzierte Piktogramm eines »Termin-Kosten-Barometers« verwenden.

In dieser Darstellung werden die aktuellen und die vorangegangenen Termin- und Kostenabweichungen auf den Wert 100% »normalisiert« und einander gegenübergestellt. Die beiden Kennzahlen für die Termin- und die Kostenabweichung (in %) sind wie folgt definiert:

Terminabweichung =

$$= \left(1 + \frac{\text{Voraussichtliche Gesamtdauer} - \text{Plandauer}}{\text{Plandauer}}\right) \times 100;$$

Kostenabweichung =

$$= \left(1 + \frac{\text{Voraussichtliche Istkosten} - \text{Plankosten}}{\text{Plankosten}}\right) \times 100.$$

Das in Bild 4.27 enthaltene Zahlenbeispiel drückt im Gegenüberstellen zum Vormonat bez. der Termine eine Verbesserung und bez. der Kosten eine Verschlechterung aus.

Sachfortschrittsorientierte Kostenkontrolle

Soll der Sachfortschritt in die Kostenkontrolle einbezogen werden, so ist eine Bewertung des jeweils erreichten Fortschrittstands erforderlich.

Der Wert einer erbrachten Arbeit wird durch den »Arbeitswert« – in Kap. 4.3.3 näher erläutert – ausgedrückt. Unter dem Arbeitswert versteht man den geplanten Kostenwert für die tatsächlich erbrachte Arbeitsleistung; d.h., definierten Arbeitsergebnissen (z. B. zu einem bestimmten Meilenstein) ordnet man die äquivalenten Plankosten zu. Wird diese Größe in den Plan/Ist-Vergleich einbezogen, so erhält man eine Bewertungsgrundlage für die jeweils angefallenen Istkosten (Bild 4.28).

Abweichungsanalyse

Größere Abweichungen im Plan/Ist-Vergleich sind auf ihre Ursachen hin zu analysieren. Hierbei können Informationen aus anderen Projektplänen und -berichten, wie z. B. Terminpläne, Funktionsmerkmallisten und Fehlermeldungen, die eventuell bereits die »Schieflage« des Projekts aufzeigen, sehr hilfreich sein. In anderen Fällen können Abweichungen auch völlig unvorbereitet auftreten.

Wichtiges Qualitätsmerkmal eines Kosteninformationssystems ist, daß eine Abweichungsanalyse schnell

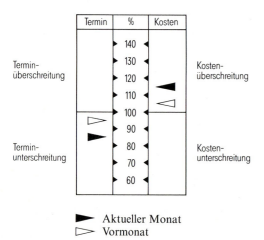

Bild 4.27   Termin-Kosten-Barometer

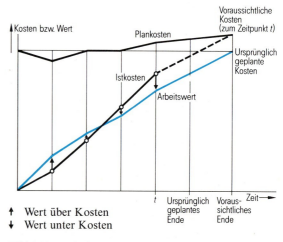

Bild 4.28   Arbeitswert-Kosten-Verlauf

und mit geringem personellem Aufwand durchführbar ist. Hierbei bieten sich mehrere Wege an:

▷ *Telefonische Rückfrage beim PM-Büro;* dort wird ein DV-Liste über einen Dialog angestoßen, deren Ausdruck an den Projektleiter (mit der Hauspost) gesandt wird.
Dieser Weg ist schlecht, da die Wartezeit mehrere Tage beträgt.

▷ *Einsichtnahme in eine detaillierte Projektliste,* die alle wichtigen Kostenelemente enthält und die dem Projektleiter als Information zu seinem Projekt regelmäßig geliefert wird.
Dies ist der bessere Weg. Die Analyse ist mit vorhandenen Unterlagen schnell möglich; es besteht aber ein hoher Aufwand an Listenerzeugung und -verteilung.

▷ Der Projektleiter kann am *Bildschirm im Dialog* den Ursachen der Abweichung nachgehen.
Hier handelt es sich um den optimalen Weg; allerdings erfordert er ein umfassendes Kosteninformationssystem mit entsprechender Dialogabfrage.

Steuernde Maßnahmen und Planänderungen

Werden beim Plan/Ist-Vergleich von Aufwand und Kosten eines Projekts Abweichungen festgestellt, so kann man zunächst über steuernde Maßnahmen versuchen, die Projektsituation zu verbessern. Auf die möglichen *korrektiven Maßnahmen,* wie z. B. Erhöhen der Motivation, Beseitigen von Konflikten oder Erhöhen der Qualifikation, soll an dieser Stelle nicht näher eingegangen werden, da sie bei fast jedem Projekt anders zu bewerten sind.

Greifen korrektive Maßnahmen im Projektablauf nicht, dann besteht als letzte Möglichkeit zum Korrigieren einer Plan/Ist-Abweichung das *Ändern der Planwerte* selbst. Hierdurch können allerdings die ursächlichen Probleme, die zur Abweichung führten, nicht gelöst werden.

Minderkosten kommen häufig dadurch zustande, daß wegen fehlender oder an einem anderen Projekt noch gebundener Ressourcen die Arbeiten am Projekt nicht planmäßig begonnen werden konnten.

Mehrkosten sollten nur dann zulässig sein, wenn der Projektinhalt sich erhöht hat, z. B. durch einen Zusatzauftrag des Kunden im Rahmen des bestehenden Projekts, oder wenn aufgrund falscher Vorgaben ein zu geringer Ansatz in der Vorkalkulation gemacht wurde. Erwartete Mehrkosten, die bei Aktualisierung der Planung zu Planerhöhungen führen, müssen sehr genau begründet, d. h. die Ursachen für die Mehrkosten genannt werden. Dies ist vor allem bei Kundenprojekten leicht einzusehen, weil Mehrkosten das Projektergebnis um einen Betrag in gleicher Höhe verschlechtern, wenn durch die Mehrkosten der Umsatz nicht gleichzeitig gesteigert werden kann.

Planerhöhungen im Budget sollten nur in bestimmten zeitlichen Abständen zulässig sein. Üblich ist ein jährlicher, halbjährlicher oder aber auch vierteljährlicher Turnus. Deshalb bietet es sich in Plan/Ist-Vergleichslisten auch an, *zwei* Planwerte, nämlich den (beständigeren) Budgetplanwert neben dem aktuellen Arbeitsplanwert – mit entsprechender Angabe der prozentualen Abweichungen –, gemeinsam auszuweisen.

4.2.5 Trendanalysen für Aufwand/Kosten

Wie weiter oben erläutert, werden bei der Aufwands- und Kostenkontrolle mit Hilfe eines Plan/Ist-Vergleichs den ursprünglichen oder auch den aktualisierten Planwerten die angefallenen Istaufwände bzw. Istkosten gegenübergestellt. Ziel dieses Vergleichs ist, Rückschlüsse hinsichtlich der Aufwands- und Kostensituation des Projekts zu ziehen. Im Gegensatz zu einem solchen mehr *statischen* Vergleich stehen die Trendanalysen, die einem »Plan/Plan-Vergleich« entsprechen und damit einen mehr *dynamischen* Vergleich darstellen. Nicht die momentane Istgröße ist hier das entscheidende Vergleichskriterium, sondern aus dem wertmäßigen Verlauf der regelmäßig aktualisierten Plangrößen wird eine Extrapolation in die Projektzukunft unternommen, die Antwort auf die Frage »wohin geht das Projekt?« geben soll. Grundgedanke dieser anderen Betrachtungsweise ist die Überlegung, daß eine punktuelle Plan/Ist-Abweichung normalerweise noch keine Gefährdung der Projektrahmendaten darstellen darf, dagegen eine immer wieder auftretende – wenn auch geringfügige – Planverschiebung in ihrer Summierung eine erhebliche Projektgefährdung bedeuten kann.

Daher sollte man neben einem Plan/Ist-Vergleich immer auch eine *Trendanalyse,* also einen Plan/Plan-Vergleich der relevanten Projektgrößen vornehmen.

Für eine Trendanalyse sind allerdings zwei Voraussetzungen notwendig:

▷ Alle Planstände in einem Projektablauf müssen aufbewahrt und

▷ die Planwerte müssen laufend – möglichst in periodischer Folge – aktualisiert werden.

Im letzteren Fall ist also in regelmäßigen Abständen eine *Restaufwands-* bzw. *Restkostenschätzung* durchzuführen. Hierbei kann – besonders bei einer Restaufwandsschätzung – das konsequente Anwenden der Netzplantechnik eine große Hilfe sein. Gibt es nämlich einen Netzplan in einem DV-gestützten Verfahren für das gesamte Projekt und wird dieser regelmäßig in seinen einzelnen Planaufwänden aktualisiert, so lassen sich die Gesamtplanaufwände für eine Trendanalyse sehr leicht aus den verschiedenen Netzplanständen ableiten. Beispielsweise erlaubt die Projektdatenbasis des Verfahrens REPROPLIK das automatische Generieren einer *Aufwandstrendanalyse* (ATA), allerdings vorerst noch in einer tabellarischen Darstellung.

Aufwands- bzw. Kostentrendanalyse

Da die eigentliche Analyse des Trends, d. h. die Extrapolation in die Zukunft naturgemäß der Mensch selbst übernehmen muß, ist es am effektivsten, den Verlauf der einzelnen Planwerte grafisch darzustellen. Verbreitet ist die Matrixform nach Bild 4.29, die sowohl für eine Aufwands- als auch für eine *Kostentrendanalyse* (KTA) verwendet werden kann.

Wie in dem Bild zu erkennen ist, gibt es drei grundsätzliche Trendaussagen, die aus dem extrapolierten Kurvenverlauf einer Aufschreibung laufend aktualisierter Planwerte abgeleitet werden können:

Ansteigender Trend, d. h., mit einem weiteren Anstieg des Aufwands bzw. der Kosten ist im weiteren Projektverlauf zu rechnen (○),

Haltender Trend, d. h., die Aufwands- bzw. die Kostenziele werden im weiteren Projektverlauf wahrscheinlich eingehalten werden (△),

Abfallender Trend, d. h., die ursprünglich gemachten Plansätze für Aufwand bzw. Kosten werden voraussichtlich unterschritten werden (□).

Kosten-/Meilenstein-Trendanalyse

Wird auch bei dem Plan/Plan-Vergleich eine »integrierte« Kosten-Terminkontrolle beabsichtigt, so bietet es sich an, die grafische Darstellung der Kostentrendanalyse mit der einer Termintrendanalyse zu verbinden. Voraussetzung ist hierbei, daß ein gemeinsamer Maßstab für die Zeitachse gewählt wird. Bild 4.30 zeigt eine solche gemeinsame Darstellung der Kostentrendanalyse mit einer Meilenstein-Trendanalyse.

Bei dieser kombinierten *Kosten-/Meilenstein-Trendanalyse* (KMTA) werden die einzelnen Meilensteine sowohl in ihren sich verändernden Planterminen als auch den zugehörigen Plankosten verfolgt. In dem gezeigten Beispiel konnte der Aufgabenkomplex 1 wohl kostengerecht fertiggestellt werden, aber mit einer Terminüberschreitung. Der Aufgabenkomplex 3 entwickelt sich in beiden Projektparametern plangerecht, dagegen ist für den Komplex 2 sowohl eine Kosten- als auch Terminüberschreitung zu erwarten. In der Praxis hat es sich häufig als schwierig herausgestellt, einen bestimmten Meilenstein – zu dem wohl der jeweils aktuelle Plantermin bekannt ist – auch

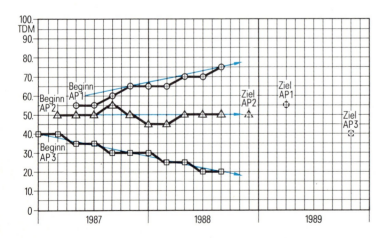

Bild 4.29 Matrixform einer Kostentrendanalyse

4.2.5 Trendanalysen für Aufwand/Kosten

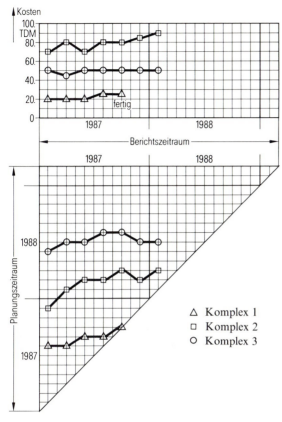

Bild 4.30
Kombinierte Kosten-/Meilenstein-Trendanalyse

alle geplanten Kosten zuzuordnen. Der Grund hierfür liegt darin, daß die Kostenstrukturierung meist keinen Bezug auf die Meilensteingliederung nimmt. Dieses Problem kann dadurch beseitigt werden, wenn sowohl die Kostenstrukturierung als auch die Meilensteinplanung die *Produktstruktur* als gemeinsame Grundlage nehmen.

»Prozentuale« Kostentrendanalyse

Wie bereits erwähnt, ist eine regelmäßige Aufwands- bzw. Kostenschätzung (Gesamt oder Rest) Voraussetzung für die Planverfolgung innerhalb einer Trendanalyse. Sind in einem Entwicklungsprojekt solche Schätzungen nicht durchführbar, so ist eine Trendüberwachung auch in einer anderen Form möglich. Hierzu sind zumindest die Istwerte regelmäßig zu erfassen, die mit dem vorgegebenen Planwert einen prozentualen *Auflauf* des Aufwands bzw. der Kosten ergeben.

$$\text{Auflauf in \%} = \frac{\text{Istwert}}{\text{Planwert}} \times 100.$$

Dieser Wert, über der Zeit aufgetragen, ergibt bei entsprechender Extrapolation ebenfalls eine Trendaussage. Es müssen hierbei allerdings eventuelle Plankorrekturen des Aufwands bzw. der Kosten sowie auch Terminkorrekturen entsprechend berücksichtigt werden. In Bild 4.31 ist eine solche »prozentuale« Kostentrendanalyse gezeigt.

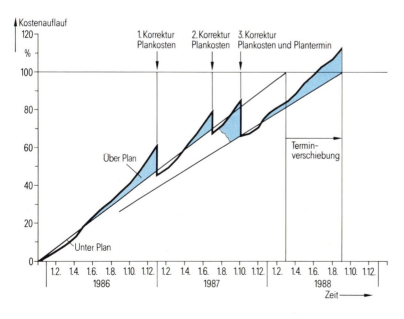

Bild 4.31
»Prozentuale« Kostentrendanalyse

4.3 Sachfortschrittskontrolle

Neben den beiden Hauptpfeilern der Projektsteuerung, der Terminkontrolle und der Aufwands-/Kostenkontrolle, steht die Sachfortschrittskontrolle. Obwohl sie für eine effiziente Projektführung eigentlich die zentrale Kontrollmaßnahme darstellt, ist eine solche im Entwicklungsbereich häufig nur schwer erreichbar.

Dies liegt daran, daß im Gegensatz zur Termin-, Aufwands- und Kostenkontrolle für die Sachfortschrittskontrolle keine geeigneten Meßgrößen vorliegen; es gibt eben keine »Maßeinheit« für den Sachfortschritt. Eine Überwachung des Sachfortschritts ist daher auch nur auf *mittelbarem* Weg möglich. Kernfrage bei einer Sachfortschrittskontrolle ist immer, ob zu den aufgewendeten Kosten die äquivalente Leistung vorliegt, also ob z. B. bei 50%-Kosten- bzw. Aufwands-»Verbrauch« auch 50%-Leistung erbracht worden ist.

Bei einer Sachfortschrittskontrolle ist – strenggenommen – zu unterscheiden zwischen der

▷ Kontrolle des *Produkt*fortschritts und der
▷ Kontrolle des *Projekt*fortschritts.

Produktfortschritt und Projektfortschritt hängen zwar eng zusammen, unterscheiden sich aber in ihrem Betrachtungsfeld und ihren Kenngrößen; auch ist eine Berührung mit der Qualitätssicherung gegeben.

Mit *Produktfortschritt* wird der voranschreitende Grad der Zielerreichung technischer Daten angesprochen, also inwieweit man z. B. die geplante Speicherdichte eines Speichermediums oder die angestrebte Bandbreite eines Übertragungssystems erreicht hat. Daneben wird im Rahmen der Qualitätssicherung geprüft, ob einerseits bestimmte Entwurfsdokumente zu ausgewählten Zeitpunkten vollständig und richtig vorliegen (Inspektion) und andererseits die erbrachten Realisierungsergebnisse den geforderten Leistungsmerkmalen entsprechen (Test).

Beim *Projektfortschritt* betrachtet man dagegen den Verlauf typischer Projektparameter, wie Termine, Aufwände und Kosten in ihrer jeweiligen Planerfüllung; hier steht also die Frage nach dem Fertigstellungsgrad im Vordergrund. Ein sehr guter Ansatz zur Projektfortschrittskontrolle stellt eine *Arbeitswertbetrachtung* dar; bei dieser wird zu einem Stichtag der Wert der erbrachten Arbeit, der Arbeitswert, in seinem Verhältnis zu den anteiligen Plankosten und den zum Stichtag aufgelaufenen Istkosten analysiert.

Jede Fortschrittskontrolle setzt letztendlich fundierte *Restschätzungen* voraus, also Aufwands- bzw. Kostenschätzungen für den noch zu leistenden »Entwicklungsrest« sowie Schätzungen für die noch erforderliche Entwicklungszeit. Hierbei treten allerdings zwei signifikante Probleme auf, nämlich die eindeutige Definition des »Entwicklungsrests« und die treffsichere Schätzung des hierfür notwendigen Aufwands, der Kosten und der Dauer. Trotz fehlender meßbarer Größen für den Sachfortschritt bieten sich einige (sekundäre) *Kontrollindizes* für die Projektkontrolle an.

Das Überwachen des Produkt- und Projektfortschritts dient insgesamt zur Feststellung des jeweiligen Produkt- bzw. Projektstatus und bildet damit eine wichtige Voraussetzung für eine wirkungsvolle Qualitätssicherung.

4.3.1 Produktfortschritt

Das Überwachen des Produktfortschritts stellt im Gegensatz zur Projektfortschrittsüberwachung und Qualitätssicherung eine inhaltliche Kontrolle des erreichten Entwicklungsstandes dar. Es stehen also nicht die Fragen »wieviel ist fertig« bzw. »ist es fehlerfrei realisiert worden« im Vordergrund, sondern die Frage »wieweit sind die Leistungsmerkmale *schon* erreicht«. Das Feststellen des Produktfortschritts ist damit nur auf Basis des genauen technischen Wissens der bestehenden Leistungs- und Funktionsanforderungen und der inneren Struktur des zu entwickelnden Produkts bzw. Systems möglich; sie liegt deshalb i. allg. auch nicht im direkten Aufgabenbereich des Projektmanagements, sondern in der Entwicklung selbst. Trotzdem wird an dieser Stelle kurz auf Aspekte und Möglichkeiten der Produktfortschrittskontrolle eingegangen.

Meßbare Produktgrößen

Wie bei jeder Sachfortschrittskontrolle ist auch beim Überwachen des Produktfortschritts die *Meßbarkeit* aussagerelevanter Produktgrößen entscheidend. Leistungsmerkmale können sich einerseits in eindeutigen physikalischen oder statistisch bestimmbaren Größen niederschlagen, wie z. B.:

— Frequenzbandbreite von Funk- und Radargeräten,
— elektrische Leistung von Motoren,
— Verlustleistung bei elektronischen Schaltungen,
— Durchsatzrate bei Schaltgeräten,
— Zugriffszeiten bei SW-Programmen,
— Verfügbarkeit von HW/SW-Systemen usw.

Andererseits drücken sich Leistungsmerkmale auch in nicht exakt bestimmbaren Eigenschaften aus, wie z. B.

— Ergonomie,
— Wartbarkeit,
— Portabilität,
— Langlebigkeit,
— Sicherheit usw.

Die letzteren können natürlich nicht in ihrem »Fortschritt« gemessen werden; sie sind im Rahmen der Qualitätssicherung auf ihren *Erfüllungsgrad* zu prüfen.

Produktfortschritt-Diagramm

Leistungsmerkmale, die als Produktgrößen eindeutig meßbar sind, können also hinsichtlich ihres technischen Fortschritts projektbegleitend kontrolliert werden. Ein sehr einprägsames Beispiel kann die Raumfahrt liefern; so stellen bei der Entwicklung einer Rakete die Größen Schubkraft und Nutzlast wichtige, aber konkurrierende Leistungsmerkmale dar (Bild 4.32).

Wie das Bild verdeutlicht, ist es nicht selten, daß aus technischen Gründen die Stärke der Schubkraft nicht wie gewünscht erreicht werden kann, wobei die Nutzlastanforderungen aufgrund immer neuer, nicht vorherzusehender technischer Zusatzanforderungen sogar noch steigen. Hier muß also rechtzeitig die divergierende Tendenz der beiden Größen aufgezeigt werden, um Maßnahmen entweder für das Reduzieren der Nutzlast oder für das Steigern der Schubkraft einzuleiten.

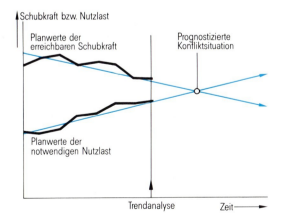

Bild 4.32
Produktfortschritt-Diagramm
(Beispiel Raketenentwicklung)

In ähnlicher Weise können auf anderen Entwicklungsgebieten technische Größen, die das Produkt »diametral« bestimmen, einer vergleichenden Fortschrittsüberwachung in Form eines *Produktfortschritt-Diagramms* unterzogen werden. Beispiele für solche gegenläufigen (meßbaren) Leistungsmerkmale sind:

Benutzeradreßraum,	– Systemadreßraum
Anzahl Bauelemente	– Leiterplattenfläche
Anzahl Teilnehmer	– Antwortzeiten
Zugriffszeiten	– Speichervolumen
Anzahl Zielinformationen	– Stufenanzahl des Suchbaums

Funktionsmatrix

Bei der Entwicklung komplexer HW- und SW-Systeme sind meist keine singulären technischen Größen vorhanden, die eine gesamtheitliche Aussage zum jeweiligen Produktfortschritt erlauben. Hinzu kommt, daß große Systementwicklungen häufig in parallelen Prozeßabläufen auf mehrere Systemversionen (bzw. Varianten) ausgerichtet sind – d. h., gleichzeitig wird in denselben Systemteilen an mehreren Versionen gearbeitet.

Als ein sehr gutes Hilfsmittel zur Produktfortschrittskontrolle solcher versionsüberlappten Systementwicklungen hat sich das Erstellen einer systemumfassenden »Funktionsmatrix« gezeigt, in der das System bezogen auf die unterschiedlichen Versionen nicht in seinen technischen, sondern in seinen funktionalen Teilen aufgegliedert wird. Die eine Matrixachse zählt also die Systemversionen und die andere die Systemfunktionen auf. Die belegten Matrixfelder enthalten die zu realisierenden Systemteile, jeweils in deren eigenen Versionszählung.

Durch entsprechendes Kennzeichen der bereits realisierten Funktionen kann der Produktstatus einer bestimmten Systemversion aufgezeigt und damit deren Produktfortschritt nachgewiesen werden. Die Anzahl realisierter Funktionen ist hier also das Maß für den Produktfortschritt.

Eine solche Funktionsmatrix wird am sinnvollsten innerhalb eines Konfigurationsmanagementsystems gespeichert und verwaltet; hierdurch sind Konsistenz und Aktualität der Funktionsmatrix gesichert.

4.3.2 Projektfortschritt

Beim Überwachen des Projektfortschritts steht an zentraler Stelle die Frage nach dem jeweiligen *Fertigstellungsgrad* der durchzuführenden Entwicklungsarbeiten. So wichtig diese Frage für das Projektmanagement ist, so schwierig ist deren Beantwortung.

Ganz allgemein definiert sich der Fertigstellungsgrad so:

$$\text{Fertigstellungsgrad} = \frac{\text{Fertiges Arbeitsvolumen}}{\text{Gesamtes Arbeitsvolumen}}.$$

Das Problem beim Bestimmen des Fertigstellungsgrades liegt im Fixieren des fertigen Arbeitsvolumens, dem Bestimmen also, was nun *tatsächlich* fertig ist. Allein das subjektive Beantworten durch die einzelnen Entwickler führt kaum zu brauchbaren Aussagen (Bild 4.33). Der Entwickler bewertet nämlich den erreichten Fertigstellungsgrad seiner Aufgaben oft zu hoch. Bis kurz vor Erreichen des geplanten Endtermins wird dadurch eine Planerfüllung suggeriert, obwohl in Wirklichkeit der Plan bereits überschritten ist. Nicht selten sind dann für die restlichen 10% Arbeit mehr als 40% Zeit notwendig. Die Gründe für solche Fehleinschätzungen sind vielfältig; als die wesentlichen sind hier zu nennen:

▷ Der Aufwand für die noch zu leistende Arbeit wird erheblich unterschätzt.
▷ Der Anteil der bereits erbrachten Leistung wird überschätzt.
▷ Schwierigkeiten in der Zukunft werden entweder nicht erkannt oder verharmlost.
▷ Bereits eingetretene (terminliche) Planüberschreitungen werden verdrängt.

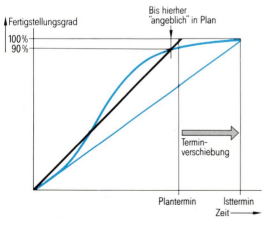

Bild 4.33   »Fast-schon-fertig«-Syndrom

▷ Drängen der Leitung beeinträchtigt die »Realitätstreue« der Entwickleraussagen.

Für das Bestimmen des Fertigstellungsgrades eines Projekts und damit für die Kontrolle des Projektfortschritts sind daher weitere objektivierbare Sachverhalte heranzuziehen. Hierbei gibt es mehrere Vorgehensweisen, die jeweils ihre Vor- und Nachteile haben:

▷ Relativer Fertigstellungsgrad
▷ Absoluter Fertigstellungsgrad
▷ Prozeßbezogener Fertigstellungsgrad.

Relativer Fertigstellungsgrad

Wird der Fertigstellungsgrad eines Arbeitspakets allein durch Beantworten der Frage »zu welchem Prozentsatz ist das Arbeitspaket fertig« bestimmt, so handelt es sich um einen *relativen* Fertigstellungsgrad. Setzt man die mit dieser Fragestellung ermittelten Prozentwerte der einzelnen Arbeitspakete in Relation zu deren Arbeitsvolumina, so kann hieraus ein prozentualer Gesamt-Fertigstellungsgrad des Projekts errechnet werden (Beispiel a)).

Beispiel a)

Arbeitspaket 1	3 MM	30% fertig → 0,9 MM
Arbeitspaket 2	4 MM	70% fertig → 2,8 MM
Arbeitspaket 3	7 MM	40% fertig → 2,8 MM
Projekt	14 MM	46% fertig ← 6,5 MM

Die entscheidende Unsicherheit in dieser relativen Bestimmung des Fertigstellungsgrades liegt in dem oben angeführten »Fast-schon-fertig«-Syndrom.

Absoluter Fertigstellungsgrad

Zum Bestimmen des *absoluten* Fertigstellungsgrades wird nicht mehr die »analoge« Fragestellung »wieviel Prozent«, sondern die »digitale« Fragestellung »fertig oder nicht fertig« verwendet. Es gilt also nur noch die (objektivere) Aussage, ob ein Arbeitspaket ganz fertig – eventuell durch ein offizielles Abnahmeverfahren bestätigt – oder noch nicht fertig ist. Wie weit ein bereits begonnenes Arbeitspaket schon fertig ist, interessiert hierbei nicht mehr. Ist das Projekt in genügend kleine Arbeitspakete unterteilt und verfügen diese in etwa über gleich große Arbeitsvolumina, so kann durch Gegenüberstellen der (ganz) fertigen und der noch nicht fertigen Arbeitspakete ein absoluter Fertigstellungsgrad des Projekts ermittelt werden.

Beispiel b)

n Arbeitspakete	insges. 20 MM	fertig	→ 29%
m Arbeitspakete	insges. 50 MM	nicht fertig	→ 71%
Projekt	70 MM	29% fertig ←┘	

Beispiel c)

10 Arbeitspakete	x MM	fertig	→ 25%
30 Arbeitspakete	y MM	nicht fertig	→ 75%
Projekt	$x + y$ MM	25% fertig ←┘	

Bei Beispiel b) wurden für das Bestimmen des absoluten Fertigstellungsgrades die Arbeitsvolumina der Arbeitspakete zugrunde gelegt, wobei genaugenommen noch zwischen Ist- und Planwerten zu unterscheiden wäre. In Beispiel c) ist die Unsicherheit der Planwerte herausgenommen, da für den Rechnungsgang die reine Anzahl fertiger Arbeitspakete herangezogen wurde. In dem letzteren Fall müssen allerdings genügend viele Arbeitspakete in etwa gleicher Größe vorhanden sein, weil sonst ein falscher Bezug entstehen kann.

Liegt ein Netzplan vor, in welchem die Arbeitspakete als Vorgänge definiert sind, so kann der absolute Fertigstellungsgrad auch automatisch vom Netzplanverfahren ermittelt werden. Da ein Netzplanverfahren zwischen abgeschlossenen, in Arbeit befindlichen und noch nicht begonnenen Vorgängen unterscheiden kann, ist darüber hinaus auch eine gemischte Bestimmung des Fertigstellungsgrades möglich, wie Beispiel d) zeigt.

Beispiel d)

n Arbeitspakete	insges. 50 MM	100% fertig	→ 33%
m Arbeitspakete	insges. 20 MM	32% fertig	→ 4%
l Arbeitspakete	insges. 80 MM	0% fertig	→ 0%
Projekt	150 MM	37% fertig ←┘	

Hierin ist der Fertigstellungsgrad für die in Arbeit befindlichen Vorgänge relativ bestimmt und dem Prozentwert der bereits fertigen Arbeitspakete hinzugerechnet worden.

Prozeßbezogener Fertigstellungsgrad

Ein *prozeßbezogener* Fertigstellungsgrad wird nicht durch einen Prozentwert ausgedrückt, sondern durch eine prozeßbezogene Aussage hinsichtlich der erreichten und offiziell abgenommenen Meilensteine. Bei dieser Vorgehensweise ist es allerdings unerläßlich, den gesamten Entwicklungsprozeß in klar definierte Standard-Meilensteine zu untergliedern, wie es z. B. bei der in Kap. 2.5.4 behandelten Prozeßorganisation der Fall ist. Hier besitzt jeder Standard-Meilenstein eine allgemeingültige Bezeichnung mit einem eindeutig definierten Sachinhalt, wie z. B.

▷ T10 Leistungsbeschreibung,
▷ T34 Integrationsgetestetes Funktionsmuster,
▷ B70 Lieferfreigabe Serie.

Im Projektfortschrittsbericht ist dann nicht mehr der numerische Wert für den Fertigstellungsgrad von Bedeutung, sondern die Auflistung der erreichten (und abgenommenen) Meilensteine des Entwicklungsprozesses.

Als ein sehr praktisches und doch einfaches Hilfsmittel hat sich bei einer meilensteinorientierten Sachfortschrittskontrolle die Meilenstein-Trendanalyse erwiesen (siehe hierzu Kap. 4.1.4); bei dieser wird in einer grafischen Darstellung systematisch der terminliche Trend in der Fertigstellung der einzelnen Meilensteine aufgezeigt, aus dem dann auf den weiteren Projektfortschritt geschlossen werden kann.

Grafische Darstellung

Für das grafische Darstellen des Fertigstellungsgrades einzelner Arbeitspakete bietet sich das Balkendiagramm an, in dem die einzelnen Balken für die Arbeitspakete entsprechend ihrer Fertigstellung z. B. »geschwärzt« sind (Bild 4.34). So erhält man mit

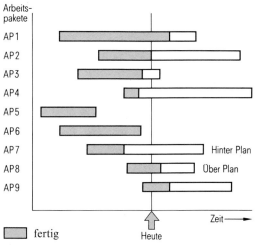

Bild 4.34
Angabe des Fertigstellungsgrades im Balkendiagramm

Orientierung an einer aktuellen Tageslinie (Stichtag) einen sehr guten Überblick über den Projektfortschritt.

Verfügt das Projektführungssystem über eine Eingabemöglichkeit des Fertigstellungsgrades, dann kann die Schwärzung der Balken auch das Verfahren übernehmen. Hierbei sind zwei Varianten, wie im Bild 4.4 gezeigt, möglich, nämlich ohne und mit Änderung der Plantermine; bei der zweiten Variante werden die Balken so verschoben, daß die »Schwärzungen« alle genau am Stichtag enden.

4.3.3 Arbeitswertbetrachtung

Der Sachfortschritt in einem Projekt läßt sich sehr gut durch die Betrachtung des »Wertes« einer geleisteten Arbeit, den *Arbeitswert* beurteilen; rechnerisch entspricht er den geplanten Kosten der bis zum Stichtag tatsächlich erbrachten Arbeitsleistung, das sind die Kosten, die z. B. beim Erreichen eines bestimmten Meilensteins laut Plan dafür hätten anfallen dürfen.

Bestimmen des Arbeitswerts

Der Verlauf des Arbeitswerts wird am besten durch das definierte Erreichen einzelner Meilensteine oder durch die Fertigstellung einer festgelegten Anzahl Arbeitspakete bestimmt. Der Schnittpunkt der Horizontalen durch die Planposition eines Meilensteins bzw. einer Arbeitspaketmenge mit der Vertikalen durch den Fertigstellungszeitpunkt des Meilensteins bzw. der Arbeitspaketmenge ergibt den zugehörigen Arbeitswert (Bild 4.35).

Hierbei sind die einzelnen Größen wie folgt definiert:

Anteilige Plankosten $K_{A'Plan}$	Geplante Kosten für die geplante Arbeitsleistung
Aufgelaufene Istkosten K_{Ist}	Angefallene Kosten für die tatsächliche Arbeitsleistung
Arbeitswert W	Geplante Kosten für die tatsächliche Arbeitsleistung.

Beim gezeigten Kurvenverlauf des Arbeitswerts wird davon ausgegangen, daß keine neuen Aufgaben aufgrund zusätzlicher Anforderungen hinzugekommen sind und der angesetzte Gesamtplanwert realistisch erscheint. Der Arbeitswert überschreitet daher auch nicht den Wert des Gesamtplans (Budget); der Endpunkt des voraussichtlichen Arbeitswertverlaufs kann allerdings den geplanten Endtermin sowohl unter- als auch überschreiten.

Der Arbeitswert wird also allein von der terminlichen Situation, d. h. vom Fertigstellungsgrad definierter Arbeitsmengen, bestimmt. Der Verlauf der Istkosten hat unmittelbar keinen Einfluß auf den Arbeitswert; diese müssen für das Bestimmen des Arbeitswerts daher auch nicht bekannt sein, wohl aber für das Beurteilen des Projektfortschritts.

Für die (voraussichtlichen) Istkosten ist ab dem Stichtag natürlich jeder Verlauf denkbar, am naheliegendsten ist allerdings ein paralleler Verlauf zur Arbeitswertkurve. In diesem Fall werden die bestehenden Restarbeiten gemäß ihren ursprünglichen Plankosten nur terminlich neu eingeordnet; d. h., für den weiteren Verlauf ist von der bisher bestehenden Kostenabweichung auszugehen.

Der in Bild 4.35 gezeigte Kurvenverlauf führt an dem eingetragenen Stichtag zu folgender Aussage: Bezogen auf den geplanten Kostenverlauf liegt eine (momentane) Kostenunterschreitung vor; bezogen auf den Arbeitswert dagegen eine Überschreitung.

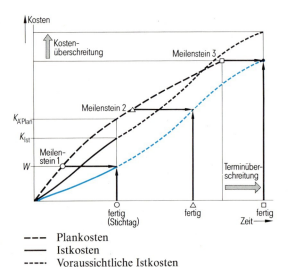

Bild 4.35 Bestimmen des Arbeitswerts

Bewertungszahlen

Mit Hilfe des Arbeitswerts können *Bewertungszahlen* abgeleitet werden, die einerseits eine Aussage über die prozentuale Kostenabweichung (cost variance) und andererseits eine Aussage über die prozentuale Terminabweichung (schedule variance) ermöglichen; sie sind wie folgt definiert:

Kosten-Bewertungszahl in %:

$$Q_K = \frac{\text{Arbeitswert} - \text{Aufgelaufene Istkosten}}{\text{Aufgelaufene Istkosten}} \times 100;$$

Termin-Bewertungszahl in %:

$$Q_T = \frac{\text{Arbeitswert} - \text{Anteilige Plankosten}}{\text{Anteilige Plankosten}} \times 100.$$

Beide Bewertungszahlen können einen positiven wie auch einen negativen Wert annehmen. Ein positiver Wert kennzeichnet einen guten Projektfortschritt (Kosten unter Plan bzw. Termin vor Plan), wogegen ein negativer Wert einen schlechten Projektverlauf (Kosten über Plan bzw. Termin hinter Plan) andeutet. In dem ersten Fall ist eine größere Arbeitsleistung erbracht worden, als diese den aufgelaufenen Istkosten bzw. den anteiligen Plankosten entspricht; im anderen Fall ist eine geringere Arbeitsleistung zu verzeichnen.

Hinsichtlich einer eventuellen Kostenüber- oder -unterschreitung bzw. einer möglichen Terminverkürzung oder -verlängerung zeigt Tabelle 4.1 alle Varianten der Vorzeichen dieser beiden Bewertungszahlen.

Als zwei besonders interessante Sonderfälle seien die in Bild 4.36 gezeigten Konstellationen näher erläutert. Weicht der Arbeitswert von den Istkosten nicht ab, nimmt also die Kosten-Bewertungszahl Q_K den Wert Null an, dann tritt keine Kostenunter- oder -überschreitung auf; höchstens eine Terminkorrektur kann erforderlich werden. In diesem Fall sind alle bisherigen Meilensteine bzw. Arbeitspakete kostengerecht abgewickelt worden (Bild 4.36, a).

Verläuft dagegen der Arbeitswert gemäß den Plankosten – nimmt die Termin-Bewertungszahl Q_T den Wert Null an – dann liegt Termineinhaltung bei eventueller

Tabelle 4.1 Vorzeichen der Bewertungszahlen Q_K und Q_T

Kosten \ Termin	Vor Plan		In Plan		Hinter Plan	
Unter Plan	+	+	+	0	+	−
In Plan	0	+	0	0	0	−
Über Plan	−	+	−	0	−	−
	↑ Q_K	↑ Q_T	+ Positiver Wert 0 Wert gleich Null − Negativer Wert			

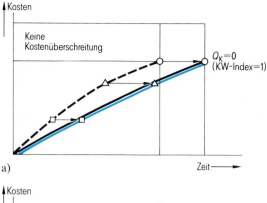

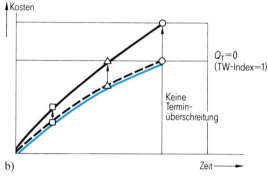

—— Istkosten
- - - Plankosten
—— Arbeitswert

Bild 4.36
Spezielle Verläufe des Arbeitswerts
a) Meilensteine kostengerecht
b) Meilensteine termingerecht

Kostenunter- oder -überschreitung vor. Hier sind dann die Meilensteine bzw. Arbeitspakete termingerecht abgearbeitet worden (Bild 4.36, b).

Leistungsindizes

Für das Beurteilen des Sachfortschritts auf Basis des Arbeitswerts können außerdem zwei Leistungsindizes (zu einem bestimmten Stichtag) definiert werden:

Kosten-Leistungsindex

$$\text{KW-Index} = \frac{\text{Aufgelaufene Istkosten}}{\text{Arbeitswert}};$$

Termin-Leistungsindex

$$\text{TW-Index} = \frac{\text{Anteilige Plankosten}}{\text{Arbeitswert}}.$$

Diese Leistungsindizes bezeichnet man auch – in reziproker Form – als »Cost Performance Index« und »Schedule Performance Index«.

Der Kosten-Leistungsindex sagt aus, inwieweit der (bisher erbrachte) Arbeitswert die (bisher aufgelaufenen) Istkosten unter- oder überschreitet; er ist damit ein Maß für die Kostentreue. Demgegenüber ist der Termin-Leistungsindex ein Maß für die Termineinhaltung, indem der Quotient Plankosten/Arbeitswert gebildet wird. Dies ist deshalb möglich, weil eine Kostenüberschreitung bei gleichem Leistungsvolumen und gleichen Einsatzmitteln eine adäquate Terminverschiebung zur Folge hat. Auch hierzu sei auf das Bild 4.36 verwiesen, das diesen Sachverhalt verdeutlicht.

Nehmen die Leistungsindizes Werte < 1 an, so handelt es sich um einen guten Projektfortschritt; bei Werten > 1 liegt ein schlechter Projektverlauf vor.

Die Leistungsindizes werden immer zu einem Stichtag festgelegt; gewisse Schwankungen können dabei von einem zum anderen Stichtag auftreten. Unterzieht man mehrere nacheinander gemessene Werte einer Regressionsanalyse, so ergibt sich eine Werteglättung und damit aussagekräftigere Leistungsindizes.

Rechenblatt zur Arbeitswertbetrachtung

In der Praxis nimmt man die Arbeitswertbetrachtung nicht unmittelbar für das gesamte Projekt vor, sondern es werden i. allg. die Arbeitswerte mit den zugehörigen Bewertungszahlen und Leistungsindizes für einzelne Aufgabenkomplexe – eventuell in einer zusätzlichen Strukturierung – bestimmt und dann auf Projektebene entsprechend verdichtet. Bild 4.37 zeigt ein Rechenblatt zur Arbeitswertbetrachtung, wie es auf einem Personal Computer mit Hilfe eines Tabellenkalkulationsprogramms leicht zu erstellen ist. Die Arbeitswerte werden hier durch Multiplikation der Gesamtplankosten mit den Fertigstellungsgraden der einzelnen Arbeitspakete (siehe Kap. 4.3.2) errechnet.

Aus dem Rechenblatt sind einige Erkenntnisse leicht abzulesen:

▷ Das zu 10% fertige Arbeitspaket AP 3 ist wohl terminlich in Plan ($Q_T = 0$), weist aber bereits eine sehr hohe Kostenüberschreitung ($Q_K = -25,0$) auf.

▷ Das Arbeitspaket AP 5 ist mit einer Kosten- sowie einer Terminunterschreitung (beide Bewertungszahlen positiv) fertig geworden.

▷ Beim Arbeitspaket AP 6 ist eine beachtliche Kostenunterschreitung, ($Q_K = +20,0$) allerdings eine voraussichtliche Terminüberschreitung ($Q_T = -14,3$) zu verzeichnen.

▷ Das Arbeitspaket AP 8 konnte nicht kostengerecht fertiggestellt werden ($Q_K = -10,7$).

Aufgaben-komplex	Gesamt-Plankosten in TDM	Fertigstel-lungsgrad in %	Arbeits-wert in TDM	Aufgelauf. Istkosten in TDM	Anteilige Plankosten in TDM	Bewertungszahlen		Leistungsindizes	
						Q_K in %	Q_T in %	KW-Index	TW-Index
AP 1	20	100	20	22	20	– 9,1	0	1,10	1,00
AP 2	50	70	35	40	38	– 12,5	– 7,9	1,14	1,09
AP 3	30	10	3	4	3	– 25,0	0	1,33	1,00
Teilprojekt A	100	58	58	66	61	– 12,1	– 4,9	1,14	1,05
AP 4	30	0	0	0	0	–	–	–	–
AP 5	14	100	14	13	13	+ 7,7	+ 7,7	0,93	0,93
AP 6	20	30	6	5	7	+ 20,0	– 14,3	0,83	1,17
AP 7	26	50	13	15	16	– 13,3	– 18,8	1,15	1,23
Teilprojekt B	90	37	33	33	36	0	– 8,3	1,00	1,09
AP 8	25	100	25	28	25	– 10,7	0	1,12	1,00
AP 9	40	90	36	34	40	+ 5,9	– 10,0	0,94	1,11
Teilprojekt C	65	94	61	62	65	– 1,6	– 6,2	1,02	1,07
Projekt	255	60	152	161	162	– 5,6	– 6,2	1,06	1,07

Ermittelte Werte zu einem bestimmten Stichtag

Bild 4.37   Rechenblatt Arbeitswertbetrachtung (mit Zahlenbeispiel)

▷ Das Arbeitspaket AP 9 hat seinen Endtermin bereits erreicht, obwohl es erst zu 90% fertig ist.
▷ Das gesamte Projekt weist sowohl eine Kostenüberschreitung ($Q_K = -5{,}6$) als auch eine Terminüberschreitung ($Q_K = -6{,}2$) auf.

Anzumerken ist bei diesem Beispiel, daß die Kosten-Bewertungszahl Q_K im Prinzip jeden negativen und positiven Wert bei Abschluß eines Aufgabenkomplexes annehmen kann. Die Termin-Bewertungszahl Q_T kann dagegen nur einen von Null ungleichen Wert annehmen, solange der Aufgabenkomplex noch nicht abgeschlossen ist (Stichtag liegt vor Zeitpunkt der Fertigstellung). Ist der Aufgabenkomplex dann aber fertig, so nimmt die Bewertungszahl Q_T den Wert Null an, falls eine Terminüberschreitung vorliegt – unabhängig von deren Größe (siehe im Beispiel das AP 8); bei einer Terminunterschreitung bleibt allerdings Q_T auf seinen letzten (positiven) Wert stehen (im Beispiel das AP 5). Diese gewisse Inkonsequenz liegt darin begründet, daß die anteiligen Plankosten und der jeweilige Arbeitswert den ursprünglichen Gesamtplan gemäß Definition nicht überschreiten können. Die Bewertungszahl Q_T macht also primär eine Aussage über die noch zu erwartende Terminerfüllung und nicht über die eingetretene Termintreue.

Das Vorgesagte gilt in gleicher Weise für den Termin-Leistungsindex; auch hier wird bei Fertigstellung höchstens ein Wert von Eins eingenommen.

4.3.4 Restschätzungen

Drei Möglichkeiten von Restschätzungen im Rahmen der Sachfortschrittskontrolle gibt es:

▷ Restaufwandsschätzung
▷ Restkostenschätzung
▷ Restzeitschätzung.

Restaufwands-/Restkostenschätzung

Mit einer Rest*aufwands*schätzung soll während des Projekts der am Ende des Projekts zu erwartende Gesamtaufwand prognostiziert werden. Kaum zu trennen von einer Restaufwandsschätzung ist die Rest*kosten*schätzung, da – bei sonst unveränderten Projektparametern – Aufwandsänderungen i. allg. unmittelbar in Kostenänderungen übertragbar sind; deshalb werden diese beiden Restschätzungen hier gemeinsam behandelt.

Für das Bestimmen des Restaufwands bzw. der Restkosten sind zwei Vorgehensweisen möglich:

▷ Zukunftsbezogene Aufwands- bzw. Kostenbestimmung
▷ Vergangenheitsbezogene Aufwands- bzw. Kostenbestimmung.

Zukunftsbezogene Aufwands- bzw. Kostenbestimmung

Bei der *zukunftsbezogenen* Bestimmung werden ohne unmittelbare Berücksichtigung der vergangenen Gegebenheiten und Vorkommnisse die Aufwände bzw. Kosten für die noch nicht erledigten, in der Zukunft liegenden Entwicklungsaufgaben ermittelt. Voraussetzung ist hierbei das klare und eindeutige Definieren des *noch abzuarbeitenden* Arbeitsvolumens; dieses ist naturgemäß am genauesten an Zäsurpunkten, wie Phasen- und Meilensteinabschlüssen einzugrenzen. Diese Form der Restaufwandsschätzung kommt damit im Endeffekt einer Aufwandsschätzung gleich, wie sie in der Frühphase der Projektplanung bereits stattgefunden hat, nur daß jetzt genauere und gesichertere Grunddaten für die Schätzung vorliegen.

Restaufwandsschätzungen dürfen sich aber nicht darin erschöpfen, daß die Entwickler »schnell mal« abgefragt werden, vielmehr ist eine vollständige und detaillierte Aufwandsschätzung durchzuführen. Hierbei sollte man dieselben Methoden und Verfahren wie zu Projektbeginn einsetzen. Auch kann es sinnvoll sein – besonders bei größeren Entwicklungsabschnitten –, erneut Schätzklausuren durchzuführen.

Bei Aufwandsschätzverfahren ist es allerdings für das Bestimmen des Restaufwands meist praktischer, die Schätzung auf das Gesamtvolumen auszudehnen und von dem ermittelten Gesamtaufwand einfach den bisher aufgelaufenen Aufwand abzuziehen, als die Schätzung allein auf die noch nicht fertigen Aufgabenkomplexe anzusetzen. Der Restaufwand A_{Rest} ergibt sich dann aus der Subtraktion des geschätzten (voraussichtlichen) Gesamtaufwands $A_{V'Ist}$ und des bereits aufgelaufenen Aufwands A_{Ist}:

$$A_{Rest} = A_{V'Ist} - A_{Ist}.$$

Die Restaufwandsschätzung kann auch als reine Restkostenschätzung (cost-to-complete) vorgenommen werden, wenn die Kosten die aussagekräftigere Größe für den Sachfortschritt darstellen. Dort, wo z. B. ein erheblicher Anteil für den Musterbau anfällt, ist die Betrachtung der Restkosten also sinnvoller.

Vergangenheitsbezogene Aufwands- bzw. Kostenbestimmung

Bei der *vergangenheitsbezogenen* Bestimmung wird nicht das künftige, sondern das *vergangene* Arbeitsvolumen betrachtet und von diesem auf das noch zu bewältigende Volumen extrapoliert. Hier steht die Frage im Vordergrund: welchen »Wert« stellt die bisher erbrachte Arbeit dar, also die Bestimmung des Arbeitswertes (siehe Kap. 4.3.3). Weil jeder Extrapolation eines ermittelten Kurvenverlaufs eine Annahme hinsichtlich des zu erwartenden weiteren Verlaufs Größen unterliegt, kann es keine allgemeingültige Formel für die Restaufwands- bzw. Restkostenschätzung geben.

In der Praxis geht man von den in Bild 4.38 gezeigten, vereinfachten Kostenverläufen aus, d. h., sowohl für die Plan- und Istkosten als auch für den Arbeitswert wird ein linearer Anstieg angenommen.

In dem gezeigten Kosten-Zeit-Diagramm sind zum Stichtag drei kumulierte Kostenwerte eingetragen:

▷ Aufgelaufene Istkosten K_{Ist},
▷ anteilige Plankosten $K_{A'Plan}$ sowie
▷ der bisher erbrachte Arbeitswert W.

Wie leicht nachvollziehbar ist, kann für die (voraussichtlichen) Restkosten folgender Zusammenhang abgeleitet werden:

$$\frac{K_{Rest} + K_{Ist}}{K_{Ist}} = \frac{K_{Plan}}{W},$$

$$K_{Rest} = \frac{K_{Ist}}{W} \times K_{Plan} - K_{Ist};$$

$$K_{Rest} = I_{KW} \times (K_{Plan} - W),$$

wobei I_{KW} der *Kosten-Leistungsindex* ist:

$$I_{KW} = \frac{K_{Ist}}{W}.$$

Die Differenz aus Gesamtplankosten und dem zum Stichtag vorliegenden Arbeitswert multipliziert mit dem Kosten-Leistungsindex ergibt somit die Restkosten. Durch weitere Addition der aufgelaufenen Istkosten erhält man die voraussichtlichen Istkosten (estimated cost at completion):

▷ $K_{V'Ist} = K_{Ist} + K_{Rest}$
▷ $K_{V'Ist} = K_{Ist} + I_{KW} (K_{Plan} - W)$
▷ $K_{V'Ist} = I_{KW} \times K_{Plan}$.

Die voraussichtlichen Gesamtkosten ergeben sich damit aus den (ursprünglichen) Gesamtplankosten multipliziert mit dem Kosten-Leistungsindex. Nimmt z. B. der Kosten-Leistungsindex Werte > 1 an – sind also die Istkosten zum Stichtag größer als der zugehörige Arbeitswert –, so ist mit einer Kosten*über*schreitung zu rechnen; bei Werten < 1 tritt voraussichtlich eine Kosten*unter*schreitung ein.

Anzumerken ist hier, daß sich in dem linearen strahlenförmigen Verlauf der Istkosten und des Arbeitswerts bis hin zum Arbeitsende die Annahme eines Beibehaltens des Kosten-Leistungsfaktors (derselbe »Schlamperei-Faktor«) verbirgt.

Restzeitschätzung

Für *Restzeitschätzungen* gilt ähnliches wie für Restaufwands- und Restkostenschätzungen, weil in den meisten Fällen beide Projektgrößen eng zusammenhängen. So führt z. B. das Nichtausschöpfen eines vorgegebenen Budgets – bei sonst unveränderten Projektparametern – zwangsläufig zu einer Terminverschiebung. Auch kann bekanntlich eine Terminverkürzung durch einen vermehrten Geldmitteleinsatz erzwungen werden. Allerdings gibt es keinen generellen Zusammenhang zwischen diesen beiden Projektgrößen. Deshalb muß man i. allg. eine Restzeitschätzung getrennt von der Restkosten- bzw. Restaufwandschätzung vornehmen. Manche Aufwandsschätzverfahren unter-

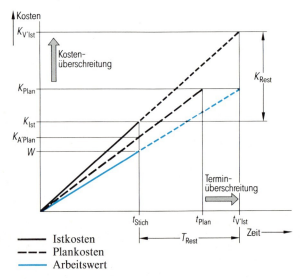

Bild 4.38   Restschätzung bei linearem Kostenverlauf

stützen auch die Restzeitschätzung; so ermöglichen z. B. PRICE und SICOMO das zeitliche Zuordnen des geschätzten Entwicklungsaufwands und damit das Bestimmen der Entwicklungszeit.

Linearer Kostenverlauf

Bei entsprechenden Annahmen der künftigen Kostenverläufe in einem Projekt kann ein formelmäßiger Zusammenhang für die restliche Entwicklungszeit eines definierten Aufgabenkomplexes abgeleitet werden. Bei gleichen Annahmen, wie sie dem Bild 4.38 zugrundeliegen, ergibt sich die voraussichtliche Restzeit T_{Rest} aus den folgenden beiden Beziehungen:

$$\frac{T_{Rest} + t_{Stich}}{t_{Stich}} = \frac{K_{Plan}}{W};$$

$$\frac{t_{Plan}}{t_{Stich}} = \frac{K_{Plan}}{K_{A'Plan}}$$

und dem *Termin-Leistungsindex*

$$I_{TW} = \frac{K_{A'Plan}}{W};$$

$$T_{Rest} = I_{TW} \times t_{Plan} - t_{Stich}.$$

Die voraussichtliche Restzeit T_{Rest} ist also die Differenz aus dem geplanten, mit dem Termin-Leistungsindex multiplizierten Endtermin und dem Stichtag.

Bei Addition der bisher vergangenen Zeit erhält man den voraussichtlichen Endtermin $t_{V'Ist}$:

$$t_{V'Ist} = t_{Stich} + T_{Rest};$$
$$t_{V'Ist} = I_{TW} \times t_{Plan}.$$

Die voraussichtliche Entwicklungszeit ist damit formelmäßig ähnlich zu beschreiben wie die voraussichtlichen Entwicklungskosten, nämlich Planwert mal Leistungsindex. Nimmt der Termin-Leistungsindex Werte > 1 an – sind also die anteiligen Plankosten zum Stichtag größer als der zugehörige Arbeitswert –, so ist mit einem Terminverzug zu rechnen; bei Werten < 1 stellt sich wahrscheinlich eine Terminunterschreitung in entsprechender Höhe ein.

Beliebiger Kostenverlauf

Kann man für den bisherigen Verlauf nicht von den in Bild 4.38 gemachten (linearisierenden) Voraussetzungen ausgehen, sondern liegt ein unbekannter Verlauf der Plan- und Istkosten sowie der Arbeitswerte

bis zum Stichtag vor, dann bietet sich die in Bild 4.39 dargestellte Betrachtungsweise an.

Hier ermittelt man zum Stichtag einen Termin-Leistungsindex, ohne eine Aussage über den bisherigen Verlauf der den Index bestimmenden Arbeitswert machen zu müssen. Für den weiteren Verlauf, d. h. für den Rest sowohl der anteiligen Plankosten als auch des Arbeitswerts, wird ein linearer Verlauf mit gleichbleibendem Termin-Leistungsindex angenommen, so daß für diesen Teil derselbe formelmäßige Ansatz wie im vorangegangenen gemacht werden kann. Es ergibt sich daher:

$$T_{Rest} = I_{TW} (t_{Plan} - t_{Stich})$$

und für den voraussichtlichen Endtermin:

$$t_{V'Ist} = t_{Stich} + T_{Rest};$$
$$t_{V'Ist} = t_{Stich} + I_{TW} (t_{Plan} - t_{Stich}).$$

Im Vergleich zur Formel bei von Anbeginn linearem Verlauf ergeben sich hier kleinere Werte für die voraussichtliche Restzeit und den Endtermin. Dies ist darin begründet, daß alle terminverändernden Dinge vor dem Stichtag unberücksichtigt bleiben (weil über diese ja keine Aussage möglich ist), sondern nur angenommen wird, daß ab Stichtag mit demselben terminlichen Leistungsindex der Rest der Arbeiten abläuft.

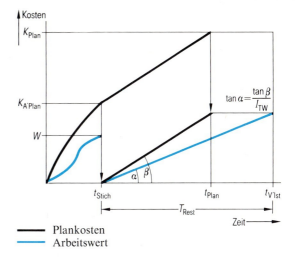

Bild 4.39
Restzeitbestimmung bei (bisher) beliebigem Kostenverlauf

4.3 Sachfortschrittskontrolle

Soll/Ist-Vergleich von Restschätzungen

Restaufwands-, Restkosten- und Restzeitschätzungen greifen in ihrer Kontrollwirkung erst im fortgeschrittenen Stadium eines Projekts, sie sollten deshalb erst dann vorgenommen werden, wenn entweder bereits

▷ 50% des Gesamtaufwands oder
▷ 50% der Gesamtkosten oder
▷ 50% der Projektdauer

erreicht sind. Zu einem wesentlich früheren Zeitpunkt wäre der notwendige Aufwand für eine Restschätzung in Hinblick auf die dann noch geringe Aussagekraft nicht zu rechtfertigen.

Da Restschätzungen allerdings nur Prognosen und damit Planaussagen sind, müssen diese zu gegebener Zeit überprüft werden, d. h. also, daß eine erneute Restschätzung erforderlich ist. Es empfiehlt sich daher, Restschätzungen – natürlich nur in einem vertretbaren Umfang – während der Restlaufzeit des Projekts *wiederholt* durchzuführen. Hierbei ist es sinnvoll, einen Soll/Ist-Vergleich der abgegebenen Restschätzungen vorzunehmen. Bild 4.40 zeigt beispielhaft einen Verlauf von zu verschiedenen Zeitpunkten durchgeführten Restaufwandsschätzungen. Als Soll-Verlauf für den jeweiligen Restaufwand wird ein linearer Verlauf angenommen.

Wie ersichtlich, wird durch jede neue Restaufwandsschätzung zwangsläufig auch die Schätzung für den voraussichtlichen Gesamtaufwand aktualisiert:

$$A_{V'\text{Ist},n} = A_{\text{Rest},n} + A_{\text{Ist},n}.$$

$A_{V'\text{Ist},n}$ Voraussichtlicher Gesamtaufwand zum Zeitpunkt t_n
$A_{\text{Ist},n}$ Aufgelaufener Aufwand zum Zeitpunkt t_n
$A_{\text{Rest},n}$ Geschätzter Restaufwand zum Zeitpunkt t_n

Aus der Aufzeichnung der Plankorrekturwerte $A_{V'\text{Ist},n} - A_{V'\text{Ist},n-1}$ ist schließlich ein Trend der Restaufwandsschätzungen abzulesen, der eine Sicherheitsaussage hinsichtlich weiterer Restaufwandsschätzungen ermöglicht.

4.3.5 Kontrollindizes

Für das objektive Beurteilen des Projektfortschritts hat es sich als zweckmäßig erwiesen, die Hauptprojektgrößen durch entsprechende Quotientenbildung zu relativieren, um dadurch aussagekräftige »Kontrollindizes« zu erhalten. Einerseits kann das Verhältnis des Quotienten der Istwerte zweier Projektgrößen zu dem Quotienten der zugehörigen Planwerte gebildet werden; es stellt dann einen »Abweichungsindex« dar. Andererseits kann auch ausschließlich der Quotient einer einzigen Projektgröße zur Bildung eines Kontrollindex herangezogen werden. Betrachtet man hierbei die Projektgröße in ihren unterschiedlichen Aktualitätsständen (z. B. alter Plan, neuer Plan), so handelt es sich um einen »Vergleichsindex«; wird schließlich eine der beiden Projektgrößen zur Indexbildung eigens neu bewertet, so wird von einem »Leistungsindex« gesprochen.

Im Gegensatz zu Kennzahlen (Erfahrungsdaten) werden Kontrollindizes aus sich noch verändernden Projektgrößen – also während der Projektdurchführung – gebildet. Zu jedem neuen Stichtag nehmen daher die Kontrollindizes i. allg. andere Werte an.

Bei einem Indexwert <1 liegt ein guter Projektfortschritt vor, das Projekt ist also »in Plan« bzw. »über Plan«. Dagegen ist bei einem Indexwert >1 ein schlechter Projektfortschritt gegeben, das Projekt ist also »unter Plan«.

Nachstehende Kontrollindizes bieten sich an:

Abweichungs- indizes	– Termin/Aufwand-Index	(TA-Index)
	– Termin/Kosten-Index	(TK-Index)
Vergleichs- indizes	– Planaufwand-Index	(A-Index)
	– Plankosten-Index	(K-Index)
	– Plantermin-Index	(T-Index)
	– Fertigstellungs-Index	(F-Index)
Leistungs- indizes	– Kosten-Leistungsindex	(KW-Index)
	– Termin-Leistungsindex	(TW-Index)

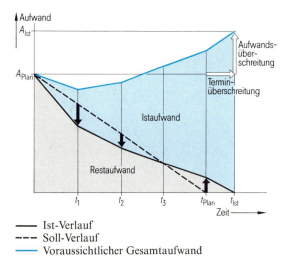

Bild 4.40
Soll/Ist-Vergleich von Restaufwandsschätzungen

In Hinblick auf die Gegebenheiten realer Projektumwelten lassen sich natürlich weitere andere Indizes bilden, die den Projektfortschritt vielleicht sogar besser und genauer kennzeichnen können. Wichtig ist nur, daß überhaupt Kontrollindizes genutzt werden. Als *Frühwarnindikatoren* sind Kontrollindizes für den Projektleiter von großem Vorteil, da sie eine rechtzeitig einwirkende Projektsteuerung ermöglichen.

Abweichungsindizes

Abweichungsindizes setzen die Plan/Ist-Abweichungen zweier Projektgrößen ins Verhältnis und ermöglichen so eine Aussage zum Projektfortschritt.

Termin/Aufwand-Index

Der TA-Index bildet sich aus dem Verhältnis des Quotienten für die aufgelaufenen Istwerte von Aufwand und Zeit zu dem Quotienten der voraussichtlichen Gesamtwerte; er drückt damit aus, wieviel des nach Plan zur Verfügung stehenden Aufwands wirklich benötigt worden ist.

$$\text{TA-Index} = \frac{\dfrac{\text{Ist-Aufwand}}{\text{Ist-Dauer}}}{\dfrac{\text{Plan-Gesamtaufwand}}{\text{Voraussichtliche Ist-Gesamtdauer}}}.$$

Die Maßeinheiten müssen natürlich korrespondieren, so daß sich diese herauskürzen und der Index dimensionslos wird.

Die Größe »Voraussichtliche Ist-Gesamtdauer« ist beim Berechnen dieses Kontrollindex jedesmal neu zu bestimmen – ist also nicht mit der ursprünglich geplanten Gesamtdauer gleichzusetzen. Genaugenommen steckt in dem Verhältnis Ist-Dauer zu Voraussichtliche Ist-Gesamtdauer das Verhältnis Ist-Sachfortschritt zu Plan-Sachfortschritt.

Termin/Kosten-Index

Der TK-Index wird ähnlich wie der TA-Index gebildet, nur daß anstelle des Personalaufwands die Kosten zu betrachten sind; er ist also das Verhältnis des Quotienten für die aufgelaufenen Istwerte von Kosten und Zeit zu dem Quotienten der voraussichtlichen Gesamtwerte und drückt damit aus, wieviel von den nach Plan zu verbrauchenden Kosten wirklich verbraucht worden sind.

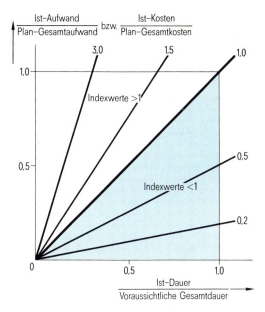

Bild 4.41
Abweichungsindizes Termin/Aufwand und Termin/Kosten

$$\text{TK-Index} = \frac{\dfrac{\text{Ist-Kosten}}{\text{Ist-Dauer}}}{\dfrac{\text{Plan-Gesamtkosten}}{\text{Voraussichtliche Ist-Gesamtdauer}}}.$$

Auch hier muß die Größe »Voraussichtliche Ist-Gesamtdauer« aktuell bestimmt werden, da sich in ihr der jeweilige Projektfortschritt verbirgt.

Bild 4.41 zeigt grafisch die mögliche Wertebelegung dieser beiden Kontrollindizes.

Wie aus dem Diagramm zu ersehen ist, liegt ein »guter« Verlauf des Projektfortschritts bezogen auf das Verhältnis Aufwand/Zeit bzw. Kosten/Zeit vor, wenn der entsprechende Kontrollindex unterhalb der Diagonale liegt. Liegt er darüber, so ist der Projektverlauf kritisch und es besteht die Gefahr, daß das Projekt in den Projektgrößen Aufwand bzw. Kosten bezogen auf den Sachfortschritt eine Planüberschreitung erfährt.

Beispiele

50% der geplanten Gesamtdauer sind verstrichen und

a) 70% des geplanten Gesamtaufwands sind bereits verbraucht, d.h.

$$\text{TA-Index} = \frac{0,7}{0,5} = 1,4.$$

Schlechter Projektfortschritt.

b) 50% des geplanten Gesamtaufwands sind verbraucht, d.h.

$$\text{TA-Index} = \frac{0,5}{0,5} = 1.$$

Projekt ist »in Plan«, guter Projektfortschritt.

c) 30% des geplanten Gesamtaufwands sind erst verbraucht, d.h.

$$\text{TA-Index} = \frac{0,3}{0,5} = 0,6.$$

Sehr guter Projektfortschritt.

Vergleichsindizes

Vergleichsindizes setzen, wie bereits erwähnt, die Plan- und Istwerte nur jeweils eines Projektparameters ins Verhältnis. Eine Aussage zum Sachfortschritt kann – mit Ausnahme des Fertigstellungs-Index – daher auch nur im Verbund mit anderen Vergleichsindizes gemacht werden.

Planaufwand-Index

Der A-Index setzt einen neu ermittelten (Gesamt-)Planaufwand zu dem vormals ermittelten (Gesamt-)Planaufwand ins Verhältnis; er ist ein Maß für die »Planfestigkeit« und bringt den Trend bei einer revolvierenden Aufwandsschätzung zum Ausdruck.

$$\text{A-Index} = \frac{\text{Neuer Planaufwand}}{\text{Alter Planaufwand}}.$$

Bei Indexwerten < 1 liegt ein positiver Trend vor, bei Werten > 1 ist ein Ansteigen in der Schätzung und damit eine Planunsicherheit festzustellen.

Dieser Vergleichsindex enthält nur eine mittelbare Aussage hinsichtlich des Sachfortschritts, d.h. solange der ausgewiesene Aufwand in unmittelbarer Relation zur erbrachten Arbeit steht.

Plankosten-Index

Ähnlich dem vorgehenden ist der K-Index definiert; er gibt den Trend in der Kostenschätzung und damit die Plansicherheit in der Kostenbetrachtung wieder.

$$\text{K-Index} = \frac{\text{Neue Plankosten}}{\text{Alte Plankosten}}.$$

Bei diesem Vergleichsindex wird der »Kostenverbrauch« in einem unmittelbaren Verhältnis zur erbrachten Arbeit gesehen, so daß dieser ebenfalls nur eine mittelbare Aussage zum Sachfortschritt bringt.

Plantermin-Index

Auch für die Terminaussage kann ein Vergleichsindex gebildet werden, der T-Index; er drückt den Trend in der Terminentwicklung aus.

$$\text{T-Index} = \frac{\text{Neue Plandauer}}{\text{Alte Plandauer}}.$$

Kann die vergangene Zeitdauer als Äquivalent der erbrachten Arbeit gesehen werden, so eignet sich dieser Vergleichsindex für eine (mittelbare) Aussage zum Sachfortschritt.

Fertigstellungs-Index

Der F-Index ist definiert als Verhältnis der geplanten zur tatsächlichen Fertigstellung. Hierbei kann z.B. die Anzahl fertiggestellte Arbeitspakete oder Vorgänge eines Netzplans als Maßgröße dienen, wenn die Arbeitspakete bzw. Netzplanvorgänge von etwa gleicher Größe, d.h. Arbeitsumfang sind. Dann gilt:

$$\text{F-Index} = \frac{\text{Anzahl geplant fertige Arbeitspakete}}{\text{Anzahl wirklich fertige Arbeitspakete}}.$$

Auch hier liegt bei Werten < 1 ein guter, und bei Werten > 1 ein schlechter Projektfortschritt vor.

Weist das Projekt eine sehr detaillierte Aufgabenteilung auf – sind also die Arbeitspakete relativ klein –, so hat dieser Kontrollindex sicher die größte Aussagekraft zum jeweils erreichten Sachfortschritt.

Leistungsindizes

Bei einer Projektkostenbetrachtung kann neben dem Ermitteln der aufgelaufenen (Ist-)Kosten auch das Bewerten der bisher erbrachten Arbeit von Bedeutung sein.

Der Arbeitswert W entspricht – wie in Kap. 4.3.3 näher erläutert – den geplanten Kosten der tatsächlichen Arbeitsleistung und ist ein Maß für den Wert der zu einem Stichtag erbrachten Arbeit. In seinem jeweiligen Verhältnis zu den am betreffenden Stichtag anteiligen Plankosten bzw. aufgelaufenen Istkosten können Leistungsindizes formuliert werden, die Kontrollindizes für den Sachfortschritt des Projekts darstellen.

Kosten-Leistungsindex

Der KW-Index wird definiert:

$$\text{KW-Index} = \frac{\text{Aufgelaufene Istkosten } K_{\text{Ist}}}{\text{Arbeitswert } W}.$$

Beide Größen, aufgelaufene Istkosten und Arbeitswert müssen naturgemäß in derselben Einheit angegeben werden.

Werte < 1 kennzeichnen einen guten Projektfortschritt, da der »Wert« der erbrachten Arbeit die aufgelaufenen Kosten übersteigt. Entsprechend umgekehrt verhält es sich bei Werten > 1; hier sind mehr Kosten verbraucht, als Arbeit erbracht worden ist.

Der Kosten-Leistungsindex wird auch in seinem reziproken Verhältnis verwendet und dann als *Cost Performance Index* (CPI) bezeichnet.

Termin-Leistungsindex

Der TW-Index wird definiert:

$$\text{TW-Index} = \frac{\text{Anteilige Plankosten } K_{A/\text{Plan}}}{\text{Arbeitswert } W}.$$

Dieser allein von Geldwerten bestimmte Kontrollindex macht eine Aussage über die aktuelle Terminabweichung, indem von der Erkenntnis ausgegangen wird, daß eine kostenmäßige Planabweichung – bei unveränderten Projektgegebenheiten – zwangsläufig zu einer entsprechenden Terminabweichung führt.

Ist also der Arbeitswert geringer als die anteiligen geplanten Kosten anzusetzen, so nimmt dieser Kontrollindex Werte > 1 an, was einen schlechten Projektfortschritt kennzeichnet und umgekehrt.

Der Termin-Leistungsindex wird in seinem reziproken Verhältnis als *Schedule Performance Index* (SPI) bezeichnet.

4.4 Qualitätssicherung

Bei der Entwicklung von HW- und SW-Produkten mit hohen Zuverlässigkeitsanforderungen ist die *Sicherung der Produktqualität* über den ganzen Entwicklungsprozeß hinweg nicht mehr wegzudenken und zählt als wichtiger Bestandteil des Projektmanagements. Vielfach wird heute die Effizienz der Qualitätssicherung für ein Produkt in einem Unternehmen vom Kunden bereits als Bewertungskriterium für die spätere Produktqualität herangezogen. Bei Produkten mit hohem Risiko für Umwelt und Menschenleben (Kernkraftwerke, Flugzeuge) nimmt die Qualitätssicherung einen beträchtlichen Umfang am gesamten Entwicklungsaufwand ein.

Die Qualitätseigenschaften werden in der Fachsprache *Qualitätsmerkmale* genannt. Jedes Produkt besitzt entsprechend seinem Verwendungszweck, seinen Anforderungen und seinem Einsatzrisiko Qualitätsmerkmale mit entsprechender Ausprägung. Bei gleichartigen Produkten gleichen sich die Qualitätsmerkmale; ihre Ausprägungen sind aber meist unterschiedlich. Für technische Produkte gelten folgende wichtige Qualitätsmerkmale:

▷ Zuverlässigkeit
▷ Funktionserfüllung
▷ Benutzungsfreundlichkeit
▷ Wartungsfreundlichkeit
▷ Übertragbarkeit
▷ Effizienz.

Diese Qualitätsmerkmale kann man zu bestimmten Ausprägungen weiter untergliedern. Z. B. kann das Qualitätsmerkmal Zuverlässigkeit unterteilt werden in

▷ Korrektheit,
▷ Robustheit,
▷ Verfügbarkeit usw.

Aus dieser Betrachtung ist ersichtlich, daß je Produkt entsprechende Qualitätsmerkmale und ihre Ausprägungen festzulegen sind. Unterstützend wirken dabei die Standarddefinitionen nach DIN 55350, Teil 11, und weitere betrieblich orientierte Festlegungen wie z. B. SN 77350, Teil 1.

Mit der Prüfung der Qualitätsmerkmale hinsichtlich der vorgegebenen Ausprägung wird die Qualität gesichert. Wichtig ist dabei, daß die Sicherung der Pro-

4.4 Qualitätssicherung

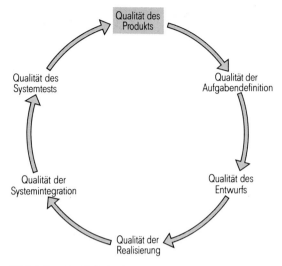

Bild 4.42   Qualitätskreis

duktqualität schon von Beginn eines Entwicklungsprozesses an erfolgt, weil nur so ihre Effektivität gewährleistet ist. Dabei ist das Sichern nach folgenden beiden Blickwinkeln vorzunehmen:

▷ Validation – entwickle ich das *richtige* Produkt?
▷ Verifikation – entwickle ich das Produkt *richtig*?

Beim Sichern der Qualität eines Produkts müssen sich diese beiden Betrachtungsweisen gegenseitig abwechseln. Einmal müssen die Festlegungen und der Entwurf in ihren Zielen (Planung) bestätigt (Validation), zum anderen muß die Vollständigkeit der Ziele (Ausführung) geprüft werden (Verifikation). Wie wichtig Planungs- und Ausführungsqualität in jeder Phase der Entwicklung sind, verdeutlicht Bild 4.42. Der dort dargestellte »Qualitätskreis« bringt zum Ausdruck, daß in allen Folgephasen nur maximal die Qualität erreicht werden kann, die in den vorausgegangenen Phasen erzielt wurde. Dies ist leicht zu verstehen, denn was nützt ein guter Entwurf, wenn die Verfügbarkeit des Produkts unzureichend definiert war, die evtl. eine Doppelung der Hardware voraussetzt.

Der Begriff Qualität bezieht sich daher nicht nur auf einsetzbare Produkte, sondern auch auf Zwischenprodukte. DIN 55 350, Teil 11, definiert den Begriff Qualität wie folgt:

 Beschaffenheit einer Einheit bezüglich ihrer Eignung, festgelegte und vorausgesetzte Erfordernisse zu erfüllen.

Anmerkung:
Bei Qualitätsbetrachtungen können *Einheiten* sein: Ergebnisse von Tätigkeiten und Prozessen (materielle und immaterielle Produkte) sowie die Tätigkeiten oder Prozesse selbst (z. B. Dienstleistung).

Zu den Aktivitäten »Qualitätsmerkmale planen« und »Qualität sichern« schließt die Qualitätssicherung noch die Planung des Qualitätssicherns, nämlich die Qualitätslenkung mit ein. Bild 4.43 verdeutlicht die Bestandteile der Qualitätssicherung in seiner Gesamtheit.

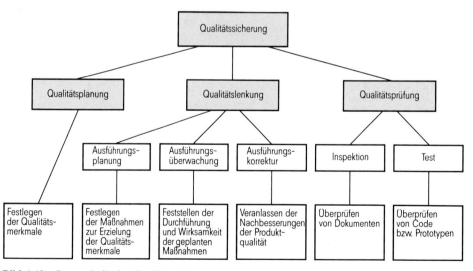

Bild 4.43   Bestandteile der Qualitätssicherung

Die Aufteilung verdeutlicht, daß die Qualitätssicherung für ein Produkt nicht von einer Stelle aus betrieben werden kann, sondern daß sich alle an der Entwicklung Beteiligten mit Qualität zu befassen haben. Dabei muß der Grundsatz gelten: Qualität kann nicht *erprüft*, sondern muß *entwickelt* werden. Die Qualitätssicherung ist ferner in jedem Bereich auf seine Erfordernisse auszulegen und zu betreiben. Es wird daher nicht eine Qualitätssicherung im Unternehmen geben, sondern es wird die Qualitätssicherung z. B. für Entwicklung, Fertigung, Vertrieb und Kundenservice geben. Jeder derartige Bereich hat seine eigene Qualitätssicherung festzulegen und durchzuführen.

In den folgenden Kapiteln werden die Themen

▷ Qualitätsplanung und -lenkung,
▷ Prüfung der Entwurfsdokumente und
▷ Prüfung der Realisierungsergebnisse

eingehend behandelt.

4.4.1 Qualitätsplanung und -lenkung

Die Qualitätssicherung beginnt mit dem Festlegen der Qualitätsmerkmale (Qualitätsplanung) und der organisatorischen Maßnahmen für das Erreichen der Qualitätsziele (Qualitätslenkung). Beide Aspekte bilden die Voraussetzungen für die Prüfung der Qualität, wobei die Qualitätsmerkmale das »was« und die organisatorischen Maßnahmen das »wie« der Prüfung darstellen.

Qualitätsplanung

Die Qualitätsplanung umfaßt das Festlegen von Qualitätsmerkmalen für das Produkt bzw. System; sie ist Voraussetzung für die Qualitätsprüfung.

Die Tätigkeit üben im allgemeinen die Produkt- bzw. Systementwickler aus. Bei der Anforderungsdefinition für ein Produkt sind die Qualitätsmerkmale mit ihren Ausprägungen gleichberechtigt mitzubetrachten und im Pflichtenheft aufzuführen. Bei größeren Systemen kann für die übergreifenden Qualitätsmerkmale sogar ein eigenes Pflichtenheft notwendig sein.

Auch bei den Qualitätsmerkmalen gibt es Verfeinerungen und Aufteilungen auf niedrigere Konfigurationseinheiten, wie z. B. Prozessoreinheit oder Programmkomplex. Entsprechend der Entwurfsverfeinerung des Systems sind daher die jeweils relevanten Qualitätsmerkmaldetails mit einzubeziehen. Häufig sind die Qualitätsmerkmale zu verfeinern, die sich auf das Verbrauchs- und Zeitverhalten auswirken. Aus der Summe des Einzelverhaltens muß dann auf das Gesamtverhalten geschlossen werden.

Für das Festlegen der Qualitätsziele sind zu den früher genannten Qualitätsmerkmalen entsprechende quantitative Aussagen zu ermitteln. Wo dies nicht exakt möglich ist, müssen qualitative Erläuterungen gegeben werden, die eine klare Aussage über das Verhalten wiedergeben. Die Unterschiede zwischen *qualitativen* und *quantitativen* Qualitätsmerkmalen sollen zwei Beispiele verdeutlichen:

Beispiel 1: Quantitatives Qualitätsmerkmal

Qualitätsmerkmal »Zuverlässigkeit«

— Verfügbarkeit: max. Ausfallzeit 30 min/Jahr
— Prozeßdauer je Aufgabe: max. 2 s
— Automatische Wiederanlaufdauer: max. 30 s.

Beispiel 2: Qualitatives Merkmal

Qualitätsmerkmal »Übertragbarkeit«

Es ist geplant, das SW-System auf den drei Betriebssystemen A, B und C sowie in verschiedenen Sparten einzusetzen.

— Betriebssystemspezifische Anteile sind in eigenen Modulen unterzubringen.
— Das System wird in den Sparten X, Y, Z eingesetzt. Die spartenorientierten Aufgaben sind herauszuarbeiten und in jeweils spezifischen SW-Anteilen zu realisieren.

In Beispiel 1 sind die Werte bereits exakt für die Qualitätsziele vorgegeben. Anders im Beispiel 2; hier müssen die system- und einsatzorientierten Anteile erst ermittelt werden, das in den weiteren Analysen und Entwurfstätigkeiten möglich wird. Jedoch die Vorgabe ist eindeutig und verständlich.

Qualitätslenkung

Die Qualitätslenkung befaßt sich mit den organisatorischen Festlegungen für das Erreichen qualitativ hochwertiger Produkte. Es handelt sich hierbei um drei Abschnitte, nämlich (Bild 4.43):

▷ Ausführungsplanung,
▷ Ausführungsüberwachung und
▷ Ausführungskorrektur.

4.4 Qualitätssicherung

Ausführungsplanung

Unter diesem Begriff verbirgt sich eine Vielfalt von Entwicklungskonventionen, z. B. für

▷ Prozeßorganisation,
▷ Entwicklungsorganisation und Zuständigkeiten,
▷ Qualitätssicherungsplan,
▷ Richtlinien für Produktdokumentation,
▷ Inspektionen (Reviews),
▷ Audits,
▷ Konfigurationsmanagement,
▷ Fehlermeldungswesen und Fehlerbehebung,
▷ Änderungsverfahren
  (Change-Request-Verfahren),
▷ Qualitätsbericht-Erstellung,
▷ Werkzeuge und Entwicklungsmethoden.

Je nach Größe der Entwicklungsabteilungen und -bereiche sind dafür ausführliche Richtlinienwerke nötig. Häufig existieren meist für den Gesamtbereich Rahmenrichtlinien für die Qualitätssicherung, die durch spezifische Richtlinien für die bestimmten Entwicklungsprojekte zu detaillieren und ergänzen sind (QS-Handbuch).

Darüber hinaus sind in der Projektdokumentation alle wichtigen Festlegungen und QS-Informationen projektspezifisch zu führen.

Erläuterung der Konventionen:

▷ Prozeßorganisation

Der Entwicklungsprozeßplan stellt, wie im Hauptkapitel 2.5 beschrieben, den phasenorientierten Ablauf der Entwicklung dar. Jeder Phase sind entsprechende Tätigkeiten und Ergebnisse zugeordnet (Meilensteine). »Baselines« an jedem Phasenende erlauben eine Synchronisation der einzelnen Entwicklungstätigkeiten.

▷ Entwicklungsorganisation und Zuständigkeiten

Meist wird die Entwicklungsorganisation durch den Organisationsplan dargestellt (z. B. Aufteilung in Entwicklung, Projektmanagement, Qualitätssicherung, Prüf- und Testabteilungen, kaufmännische Aufgaben). Die Zuständigkeiten für ein Projekt sowie alle projektspezifischen Beziehungen werden im Rahmen der Projektorganisation festgelegt und geregelt (siehe Hauptkapitel 2.4).

▷ Qualitätssicherungsplan

Der Qualitätssicherungsplan bildet die aktuelle Festlegung der Zuständigkeiten, Maßnahmen und Verfahren zur Qualitätssicherung für ein Projekt.

▷ Richtlinien für Produktdokumentation

Dazu gehören die Dokumentationsregeln und das Gliederungsschema für die Produktdokumentation. Im Entwicklungsbereich haben sich für die Produktdokumentation u.a. folgende Dokumente, teilweise aufeinander aufbauend, etabliert:

— Anforderungskatalog
— Pflichtenheft (Requirement Specification)
— Leistungsbeschreibung (Functional Specification)
— Entwurfsspezifikation
— Inline-Dokumentation der Primärprogramme
  (Pseudo Code)
— HW-Spezifikationen
— HW-Fertigungs- und Prüfunterlagen
— Anwenderdokumentation

▷ Inspektionen (Reviews)

Inspektionen bilden statische Prüfverfahren für Produktdokumente. Diese werden in Kap. 4.4.2 ausführlicher behandelt.

▷ Audits

Mit Hilfe von Audits werden die ordnungsgemäßen Anwendungen der Qualitätssicherungs-Richtlinien überprüft. Weitere Einzelheiten siehe Kap. 4.4.5.

▷ Konfigurationsmanagement

Das Konfigurationsmanagement dient dem Ziel, während der gesamten Lebensdauer eines Produkts seinen Aufbau und seine Bestandteile überschaubar und kontrollierbar zu halten. Näheres dazu siehe Hauptkapitel 6.1.

▷ Fehlermeldungswesen und Fehlerbehebung

Zwischen dem Anwender (Kunden) und Hersteller ist ein Verfahren festzulegen, das die Fehlermeldungen und Stellungnahmen seitens des Herstellers sowie die Fehlerbehebung regelt. In diesem Verfahren sollte auch eine Unterscheidung der Fehler in der Priorität ihrer Behebung enthalten sein. Dadurch ist eine bessere vertragliche Regelung möglich, wie schnell die Fehler jeweils behoben werden müssen, z. B. kurzfristig in der eingesetzten Version oder in einer Folgeversion. Häufig reichen dafür zwei Prioritätseinstufungen – kritische und einfachere Fehler.

▷ Änderungsverfahren

Neben der Beseitigung von Fehlern wünscht sich im allgemeinen der Anwender laufend Verbesserungen im Betriebsablauf oder funktionale Erweiterungen. Auch für diese Anforderungen ist zwischen Anwender und Hersteller ein Verfahren festzulegen, wie der Anwender solche Anforderungen anmelden kann, wie sie beim Hersteller bewertet werden und wie das Einplanen für die Realisierung erfolgt (siehe hierzu auch Kap. 2.2.4). In den kundenspezifischen Verträgen ist dafür dann auch die Behandlung der Verrechnung von solchen Anforderungen zu definieren.

▷ Qualitätsbericht-Erstellung

Ein Qualitätsbericht sollte innerhalb eines Entwicklungsprojekts regelmäßig erstellt werden; er dient der laufenden Information der Projektleitung über die durchgeführten QS-Maßnahmen und die erreichte Qualität des Produkts (Soll/Ist-Vergleich).

▷ Werkzeuge und Entwicklungsmethoden

Für jedes Projekt sind die einzusetzenden Werkzeuge (Arbeitsplatzsysteme, SW-Tools, CAD-Verfahren, Testsysteme etc.) festzulegen. Da in der Entwicklung großer Systeme die Support-Software (einschl. CAD-Software) eine wichtige Stellung einnimmt, ist es notwendig, auch dafür die zu verwendenden Versionen für die einzelnen Projekte festzulegen. Ein ungeplanter Versionswechsel der Support-Software kann erhebliche Terminverzögerungen herbeiführen. Bei Entwicklungen von Folgeversionen eines Produkts sind diesen jeweils eigene Support-SW-Versionen zuzuordnen (Toolset-Version).

Bezüglich der Entwicklungsmethoden müssen klare Vorgaben vorhanden sein. Es sind hierbei die grafischen Darstellungsmethoden festzulegen, die zur Dokumentation benutzt werden. Ferner sind Prinzipien für die Produktentwicklung einzuführen, z. B. Structured Analysis (SA), Structured Design (SD), Information Hiding bei Software, Modul- und Prozedurgrößen, Dokumentation in den SW-Modulen und Generierungsprinzipien. Ähnliche Festlegungen müssen für die HW-Entwicklung geschaffen werden, wobei die Fertigungsmöglichkeiten und eine Reihe weiterer Standards zu berücksichtigen sind.

Ausführungsüberwachung

Wie bei den übrigen Projektvorgängen ist auch für die Qualitätsprüfung eine Überwachung nach folgenden Gesichtspunkten vorzunehmen:

▷ Sind die qualitätssichernden Maßnahmen durchgeführt worden – eine zunächst statische Betrachtung.

▷ Sind bei der Durchführung der QS-Maßnahmen Probleme entstanden, die noch eine Leitungsentscheidung erfordern.

▷ Haben sich in der Durchführung der qualitätssichernden Maßnahmen Schwächen gezeigt, die für die Zukunft beseitigt werden sollen; z. B. bestimmte Stellen wurden nicht zu den Inspektionen geladen, die Vorbereitung der Inspektionsteilnehmer läßt zu wünschen übrig, Moderatoren müßten geschult werden usw.

Ausführungskorrektur

Als Reaktion der Überwachungsergebnisse sind bei Bedarf Korrekturen einzuleiten. Solche können z. B. sein:

▷ Es ist für die konsequente Durchführung der QS-Maßnahmen zu sorgen bzw. sind ausstehende nachzuholen.

▷ Ausstehende Leitungsentscheidungen müssen herbeigeführt werden.

▷ Für ein bestimmtes Gebiet ist eine »Qualitätsgruppe« mit bestimmten Zielen einzurichten.

▷ Projektbesprechungen sind besser vorzubereiten.

4.4.2 Prüfung der Entwurfsdokumente

Das ingenieurmäßige Entwickeln von HW- und SW-Systemen erfordert eine laufende Prüfung der jeweils zu den entsprechenden Meilensteinen vorgegebenen Zwischenergebnisse. Voraussetzung für das Vermeiden von Realisierungsfehlern sind naturgemäß fehlerfreie Entwurfsunterlagen. Diese auf Richtigkeit und Vollständigkeit zu prüfen, ist die erste Aufgabe der Qualitätsprüfung. Dieses gilt nicht nur für Hardware, sondern auch in demselben Maße für Software. Bild 4.44 zeigt das rapide Ansteigen von SW-Fehlerkosten, wenn Fehler nicht früh genug entdeckt werden. Ein analoger Verlauf gilt naturgemäß auch bei HW-Fehlerkosten.

Wie in dem Bild ersichtlich, hängt die Höhe der Fehlerbehebungskosten – kurz Fehlerkosten genannt – vom Zeitpunkt der Fehlererkennung ab. Die Fehlerkosten steigen dabei exponentiell an, so daß eine Fehlerbeseitigung in der Einsatzphase »4- bis 100«mal

4.4 Qualitätssicherung

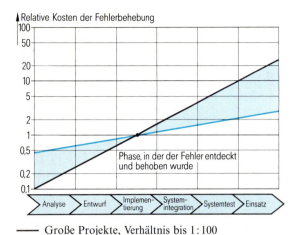

Große Projekte, Verhältnis bis 1:100
Kleine Projekte, Verhältnis bis 1:4

Bild 4.44
SW-Fehlerkosten, abhängig vom
Entdeckungszeitpunkt (nach Boehm)

mehr kostet als zu Beginn der Analysephase. Bei der Entwicklung von HW- und SW-Systemen sind daher entsprechende Prüfungen in Form von Inspektionen bzw. Reviews (Vieraugenprinzip) der Zwischenergebnisse vorzunehmen. Dabei müssen neben den festgelegten Qualitätsmerkmalen auch interne Herstellungsmethoden mitberücksichtigt werden.

Die Wirksamkeit der Inspektionen z. B. bei einer SW-Entwicklung zeigt Bild 4.45. Es können also $^2/_3$ der Fehler gefunden werden. Damit ist auch die Forderung erfüllt, Fehler frühzeitig zu entdecken, um die Fehlerkosten niedrig zu halten.

Formen für die Prüfung von Entwurfsdokumenten

Für die Prüfung von Entwurfsdokumenten werden in der Literatur und im allgemeinen Sprachgebrauch unterschiedliche Begriffe verwendet:

▷ Inspektion
▷ Review
▷ Structured Walk Through (SWT)
▷ Development Design Control (DDC).

Diese Begriffe haben im wesentlichen dasselbe Ziel, wobei in der organisatorischen Vorgehensweise Unterschiede bestehen:

Inspektion/Review

Die Begriffe Inspektion und Review sind weitgehend synonym und in der Vorgehensweise gleich. Gegebenenfalls verbirgt sich hinter dem Begriff Review eine geringere Teilnehmerzahl, z. B. »Code Review«. Ausschlaggebend ist dabei, daß die Inspektion eine offizielle Bestätigung des Inhalts des Prüfobjekts darstellt, die sowohl für den zuständigen Entwickler als auch für dessen Vorgesetzten gilt. Deshalb müssen als Inspektionsteilnehmer kompetente Personen eingeladen werden, um bei Einwendungen über deren Relevanz entscheiden zu können.

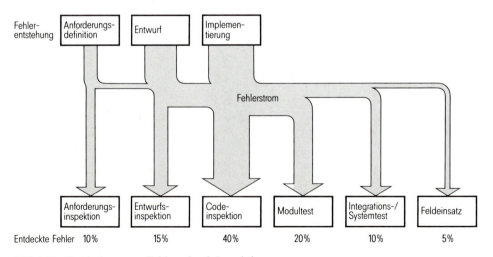

Bild 4.45 Entdeckung von Fehlern durch Inspektionen

Structured Walk Through

Structured Walk Through oder Walk Through sollen dem Entwickler ein Gespräch unter gleichgestellten Kollegen, womöglich auch aus anderen Dienststellen ermöglichen. Dabei wird betont, daß sich bei diesem Gespräch aus psychologischen Gründen keine Vorgesetzten beteiligen sollen. Solche Gespräche sind für den Entwickler sicher von großem Nutzen und sollten in der Regel vor einer Inspektion stattfinden.

Development Design Control

Hinter diesem Begriff verbirgt sich eine Vorgehensweise, in der Prüfergebnisse in Form von Kommentaren eingeholt werden; sie wird daher auch »Inspektion in Kommentartechnik« genannt. Der Vorteil dieser Form einer Inspektion liegt in der erweiterten Teilnehmerzahl, von der Kommentare eingeholt werden können. Das Inspektionsgespräch entfällt hierbei.

Bei größeren Entwicklungsprojekten und bestimmten Entwicklungsunterlagen (z. B. Pflichtenheft, Leistungsbeschreibung) hat sich eine kombinierte Vorgehensweise als zweckmäßig erwiesen. Dabei wird zuerst das Prüfobjekt in Kommentartechnik über einen erweiterten Teilnehmerkreis geprüft; an die Auswertung dieser Ergebnisse schließt dann ein Inspektionsgespräch in einem ausgewählten kleineren Kreis an.

Durchführung von Inspektionen

Inspektionen laufen nach einem festgelegten Schema ab mit folgenden Schritten:

▷ Einladung
▷ Vorbereitungsgespräch
▷ Vorbereitungszeitraum
▷ Inspektionsgespräch
▷ Nachbearbeitung.

Bei der Inspektion in Kommentartechnik ist statt dem Inspektionsgespräch die Auswertung der eingegangenen Kommentare durch den Entwickler und den verantwortlichen Veranstalter (Moderator) der Inspektion durchzuführen.

Die auf die einzelnen Schritte bezogenen Tätigkeiten werden nachstehend erläutert:

Einladung

Der Entwickler bestimmt mit seinem Vorgesetzten den Moderator, die Teilnehmer der Inspektion sowie Ort, Zeit und das Prüfobjekt. Die zu überprüfenden Unterlagen werden dem Einladungsschreiben beigefügt. Die Inspektionsteilnehmer für die einzelnen Prüfobjekttypen sind bei kleineren Projekten i. allg. namentlich schon bei Projektbeginn festgelegt. Bei größeren Projekten können als Richtlinie nur die einzuladenden Abteilungen oder Bereiche festgelegt werden. Innerhalb dieser Abteilungen bzw. Bereiche sind für die einzelnen Prüfobjekttypen dann die Inspektionsteilnehmer zu benennen.

Vorbereitungsgespräch

Bei Einladung von Inspektionsteilnehmern, die wenig Kenntnisse von dem Sachthema des Prüfobjekts haben, ist eine Einweisung in das Thema zu empfehlen. Hierbei sind Funktionen, externe Schnittstellen, Entwurfsentscheidungen, Logik und Abhängigkeiten darzustellen.

Vorbereitungszeitraum

Die eingeladenen Teilnehmer versuchen – jeder für sich – das Prüfobjekt zu verstehen und nach den Prüfkriterien zu untersuchen. Fehler oder mögliche Mißinterpretationen sind dabei zu kennzeichnen und mit den nötigen Anmerkungen oder Korrekturen zu versehen. Eindeutige Fehler oder eindeutige Formulierungen sind dem Entwickler außerhalb des Inspektionsgesprächs mitzuteilen. Diskussionswürdige Aspekte sind bei dem Inspektionsgespräch vorzubringen, um über deren Relevanz entscheiden zu können.

Inspektionsgespräch

Der Entwickler oder Moderator erläutert zu Beginn des Inspektionsgesprächs kurz die wesentlichen Aspekte des Prüfobjekts und versucht, darüber mit den Teilnehmern Einverständnis herbeizuführen. Anschließend wird das Prüfobjekt Seite für Seite nach wesentlichen Anmerkungen der Teilnehmer abgefragt. Diese Anmerkungen werden bei Bedarf kurz auf Relevanz diskutiert und ggf. in das Inspektionsprotokoll aufgenommen. Dabei empfiehlt sich, die Einträge im Inspektionsprotokoll nach folgenden Gesichtspunkten zu kennzeichnen:

▷ *Beschluß,* Einigung auf die alternative Vorgehensweise.

▷ *Auflage,* den beschriebenen Punkt weiter zu untersuchen und erneut einer Beschlußfassung vorzulegen (durch wen, bis wann).

▷ *Feststellung* oder *Anregung*, die für die laufende Phase nicht relevant ist, zu einem späteren Zeitpunkt jedoch eine Aussage erwartet wird (wo, wann).

Bei einer Inspektionssitzung ist es nicht zweckmäßig, Lösungsvorschläge im Detail zu diskutieren; dies ist Angelegenheit der Nachbearbeitung. Entstehen dabei Lösungsvorschläge, die in Richtung Konzeptänderung oder -erweiterung tendieren und eine Entscheidung einer höheren Kompetenzebene erfordern, so ist das im Inspektionsprotokoll besonders zu vermerken.

Als Hilfe für die Prüfer sind Checklisten für die einzelnen Prüfobjekte zu erstellen, nach deren Gesichtspunkten diese zu betrachten sind. Ein Beispiel hierfür ist im Beiheft zu finden.

Inspektionssitzungen sollten zwei Stunden nicht überschreiten. Bei Bedarf ist ein neuer Termin für die Fortsetzung zu vereinbaren.

Das Inspektionsprotokoll müssen die Inspektionsteilnehmer unterschreiben.

Werden in der Inspektionssitzung aufgrund besonderer Vorschläge neue Untersuchungen von Lösungen gefordert, so kann eine Wiederholung der Inspektion notwendig sein.

Bei einem Structured Walk Through erläutert der Entwickler den Inhalt des Prüfobjekts durchgehend, und die Review-Teilnehmer stellen dazu kritische Fragen. Ansonsten gilt das für Inspektion ausgeführte.

Bei einer Inspektion in Kommentartechnik sind durch den Entwickler und den Quasi-Moderator die eingegangenen Stellungnahmen auszuwerten. Dabei muß wiederum zwischen relevanten und unwesentlichen Kommentaren unterschieden werden. Die relevanten Kommentare sind in einem Protokoll niederzulegen und es ist jeweils anzugeben, wie dieser Kommentar in das Prüfobjekt einfließt. Den Prüfern ist dieses Protokoll als Ergebnis der Inspektion zukommen zu lassen. Ergeben sich bei der Auswertung Kommentare, die einer weiteren Klärung bedürfen, so gilt das erstellte Protokoll mit als Inspektionsgegenstand für eine neu durchzuführende Inspektionssitzung.

Nachbearbeitung

Aufgrund der im Inspektionsprotokoll festgehaltenen Fehler und Anmerkungen überarbeitet der Entwickler die geprüften Unterlagen. Diese Überarbeitung ist durch den Vorgesetzten oder einen anderen Verantwortlichen zu prüfen. Danach muß die Unterlage durch Unterschrift des Verantwortlichen freigegeben werden. Bei maschineller Abspeicherung ist der Verantwortliche zu nennen.

Bei dieser Nachbearbeitung sind evtl. entsprechende Vorschläge mit Sachkennern zu diskutieren und abzustimmen. In einigen Situationen kann sich dafür eine Wiederholung der Inspektion ergeben, sofern eine solche nicht von vornherein geplant war.

Aufwand für Inspektionen

Die Höhe des für Inspektionen notwendigen Aufwands kann sehr unterschiedlich sein; er hängt ab von den Erfahrungen der Teilnehmer mit Inspektionen, vom Vertrautheitsgrad mit dem Prüfobjekt sowie von Art und Umfang des Prüfobjekts. In der Literatur wird ein Aufwand zwischen 5 und 10% für Qualitätssicherung vom Gesamtaufwand der Entwicklung geschätzt.

Überschlägig kann für Inspektionen folgender Aufwand veranschlagt werden:

▷ Pflichtenheft und Spezifikationen mit etwa 50 Seiten Text einschl. den Grafikanteilen
 — Vorbereitung der Prüfer je drei bis vier Stunden
 — Inspektionssitzung etwa zwei Stunden.

Bei einem Inspektionsteam von zehn Personen ergibt sich dafür ein Gesamtaufwand von 50 bis 60 Stunden.

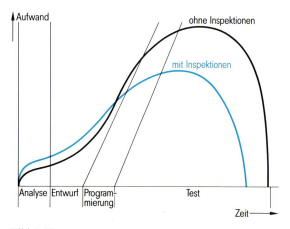

Bild 4.46
Verlauf des Entwicklungsaufwands mit und ohne Inspektionen

▷ Für *Code Review* nach [11] sind etwa 100 bis 125 loc/Std. ohne Kommentare (Noncommentary Source Statements) anzusetzen (beim Code Review sind drei bis vier Personen beteiligt).

Das Bild 4.46 zeigt, daß der gesamte Entwicklungsaufwand für ein SW-Projekt bei einer systematischen Qualitätssicherung niedriger bleibt als bei fehlender. Für ein HW-Projekt gilt ein ähnlicher Sachverhalt.

Methoden- und Verfahrensunterstützung

Ein wichtiger Aspekt beim Durchführen der Qualitätssicherung in wirtschaftlicher Hinsicht ist die Unterstützung durch Werkzeuge. Obwohl für das Erstellen der Spezifikationen z.Z. nur wenige Werkzeuge verfügbar sind, stellt ihr Einsatz, z.B. EPOS oder ProMod (siehe Tabelle 2.2) doch eine Unterstützung dar. Günstig wirkt sich schon aus, wenn die Spezifikationen mit Grafiken stärker durchsetzt sind. Dafür kommen vor allem Datenfluß-, Hierarchie-Diagramme, SDL-Prozeßdiagramme, Struktogramme und Entscheidungstabellen in Betracht. Diese Diagramme können auf formale Richtigkeit überprüft werden, wenn eine maschinelle Unterstützung vorhanden ist.

Weitgehend mehr ist die Unterstützung durch Werkzeuge dann gegeben, wo formale Sprachen und Programmiersprachen eingesetzt werden können. So erlaubt bei der SW-Entwicklung besonders die Anwendung von Pseuo-Code schon frühzeitig in den Entwurfsphasen, einen Teil der Entwurfsergebnisse in eine formale Spezifikation zu überführen. Der besondere Vorteil von Pseudo-Code liegt darin, daß das jeweilige Ergebnis in demselben Dokument immer weiter verfeinert werden kann bis schließlich hin zum vollständigen Code. Damit ergibt sich auch eine aktuellere und vollständigere Dokumentation. In der vorgelagerten Entwurfsspezifikation kann sich bei dieser Vorgehensweise die Dokumentation auf die Schnittstellen, die über die betrachtete Entwurfseinheit hinausreichen, und der wesentlichen Struktur (Prozeß, Modul, Prozedur) beschränken. Eine ähnliche Vorgehensweise bieten die SDL-Prozeßdiagramme, wenn dafür ein Generator für die Umsetzung in Programmcode existiert.

CAD bietet zahlreiche Unterstützungen beim Erstellen von Schaltplänen mit anschließender Simulation, Umsetzung in Leiterplatten-Layouts und in der anschließenden Erstellung von Fertigungsunterlagen. Das Verwenden von Standardbauteile-Bibliotheken und Makroeinheiten (wiederkehrende geometrische Elemente) bildet weitere qualitätssichernde Unterstützung.

4.4.3 Prüfung der Realisierungsergebnisse

Das dynamische Testen – Prüfung des Objekts unter Simulations- oder realer Umgebung – dient zum Aufdecken von Fehlern und zum Nachweis für das richtige Einbringen der Anforderungen in das System.

Die Tests sind bei größeren Produkt- und Systementwicklungen in folgende Testphasen eingeteilt:

▷ Bausteintest (Modultest)
▷ Integrationstest
▷ Systemtest
▷ Akzeptanztest (Abnahmetest).

Außerdem werden die Tests je nach Testobjekt in *Detailtest*, *Funktions-* und *Aufgabentest* unterteilt. Der Detailtest (White-box-test) bezieht sich bei Software auf Module, Prozeduren und Ablaufstrukturen, in denen der Test der einzelnen Zweige und Pfade das Testziel darstellt. Bei Hardware ist dies der Test der Funktionsmodule (eine Baugruppe oder mehrere Baugruppen) ggf. mit Firmware. Der Funktions- und Aufgabentest (Black-box-test) konzentriert sich auf Funktionen und Aufgaben (Leistungsmerkmale) des Gesamtsystems.

Bausteintest (Modultest)

Ein Baustein umfaßt in der Software Module oder Modulgruppen. Ein Modul besteht bei höheren Programmiersprachen, wie C, PASCAL, CHILL und PL/1, aus einer Reihe Prozeduren. In der Hardware ist es meist eine Baugruppe (Module).

Im Bausteintest gilt es für Software, die Funktionen der ausgewählten Einheiten zu testen. Als Qualitätsmaße für den Modultest gelten die Grade der Testabdeckung bezüglich *Ablauftest* (Anweisungs-, Zweig-, Pfadtest), *Bedingungstest* und *Datentest* (Normal-, Grenz- und Falschwerte).

Eine Testabdeckung nach den folgend beschriebenen Testabdeckungsgraden erbringt nur dann eine Qualitätsaussage, wenn sie auf bestimmte Programmeinheiten bezogen wird und über die Programmwege dieser Einheiten die Tests ausgeführt werden. Gnauer ausgedrückt, es soll eine solche Einheit einen definierten Anfangs- und Endknoten besitzen. Damit muß nämlich neben dem Durchlauf der entsprechenden Programmteile ein plausibles Funktionsergebnis entstehen. Eine solche Einheit kann einen Prozeß, eine Hauptprozedur mit hierarchischer Unterordnung von Elementarprozeduren oder eine Elementarprozedur darstellen (siehe Bild 4.49).

Anweisungsabdeckung

Diese Abdeckung bezieht sich auf den Test der Anweisungen (Statements), die bei den Testläufen (akkumulativ für mehrere Tests) tatsächlich ausgeführt worden sind.

Zweigabdeckung

Diese Abdeckung bezieht sich auf Tests von Programmwegen (-pfaden) der ausgewählten Einheit, womit die einzelnen Zweige (akkumulativ für mehrere Tests) erreicht werden (siehe Bild 4.47, durchgezogene Linien). Ein Zweig stellt den jeweiligen Ausgang einer IF-Anweisung dar. Bei Schleifenkonstruktionen sind es der Durchlauf durch den Schleifenkörper und der Negativfall, wo der Schleifenkörper nicht durchlaufen wird. Bei vielen Schleifenkonstruktionen wird eine Schleife mindestens einmal durchlaufen (z. B. DO I = 1 UNTIL N), dann besitzt der Test des Negativfalles keine Bedeutung, da durch einen Test bereits die Schleifenend-Bedingung mitgetestet wird.

Pfad- oder Allwegetest

Der *Pfadtest* stellt eine Erweiterung des Zweigtests für eine Testeinheit dar, wo die Kombinationen von Ausgängen als Testweg miteinbezogen werden (siehe Bild 4.47, gestrichelte Linien). In einfachen Konstruktionen kann dieser Test auch den Pfadtest abdecken. Der Pfadtest wird jedoch in der Literatur auf gesamte Programmeinheiten bezogen und bei Schleifen stellt jeder Durchlauf einen Pfad dar. Dadurch ist ein Pfadtest in der Praxis nie erreichbar. Aus diesem Grund kann hierfür der Begriff *Allwegetest* benutzt werden.

Bedingungstest

Mit dem Zweigtest werden die Einfachbedingungen (z. B. IF A = 1) abgedeckt. Wenn jedoch die Bedingungen UND- oder OR-Verknüpfungen enthalten (z. B. IF A = 1 AND B = 10), dann müssen die Bedingungskombinationen zusätzlich berücksichtigt werden. Diese *Bedingungstests* gelten in gleicher Weise für Schleifenbedingungen.

Datentest

Der *Datentest* dient zum Prüfen der Beziehungen der Daten untereinander, unabhängig davon, wie die Daten physisch oder datentechnisch angeordnet sind. Im Gegensatz zum Ablauftest, bei dem die Struktur des Programms durchleuchtet wird, ist beim Datentest der Datenfluß zu verfolgen. Dieses erfolgt mit repräsentativen Werten sowie mit Grenz- und Falschwerten.

Praktische Vorgehensweise

Für das Ermitteln der einzelnen Programmwege magert man das Struktogramm auf die Verzweigungslogik ab und zeichnet die einzelnen Wege ein. Schleifenkonstruktionen (DO WHILE oder CYCLE) werden dabei, soweit sie dafür Bedeutung haben, in einen Ja-Nein-Zweig umgesetzt. Stehen Meßwerkzeuge zur Ermittlung der Testabdeckung zur Verfügung, so können nach Ablauf der festgelegten Testfälle die noch nicht erreichten Zweige ermittelt und dann zusätzliche Testfälle dafür konstruiert werden.

In der Praxis läßt sich die Zweigabdeckung für den Modultest als einen sinnvollen Umfang der Testabdeckung fordern. Weitgehend sollen dabei die Bedingungstests mitberücksichtigt werden. Wird dieser Grad der Testabdeckung in der Praxis zu 90 bis 95% erreicht, so ist von einer sehr guten Testabdeckung zu sprechen.

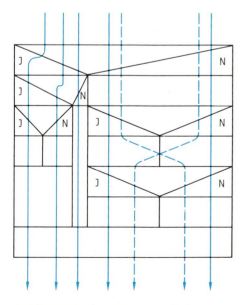

Bild 4.47   Schema für Zweig- und Pfadtest

Durchführen von Bausteintests

Da ein Baustein zu seiner Umgebung Schnittstellen besitzt, wird bei einem solchen Testobjekt ein Testrahmen benötigt; er setzt sich zusammen aus

▷ Testtreiber und
▷ Platzhalter.

Mit Hilfe des *Testtreibers* werden die Funktionen des Testobjekts aktiviert. Die *Platzhalter* dienen zur Abdeckung der Schnittstellen, die das Testobjekt seinerseits benötigt (Bild 4.48).

Für das Durchführen des Tests ist eine Instrumentierung für das Testobjekt nötig, um den Testnachweis für die einzelnen Zweige zu erzeugen. Mit den heute verfügbaren symbolischen Testhilfen kann man z. B. bei SW-Teilen mit Hilfe eines Programmanalysators Protokollanweisungen für die symbolische Testhilfe erzeugen. Wird beim Testablauf eine solche Protokollanweisung erreicht, so setzt die Testhilfe entsprechende Daten in einer Datei ab. Ein Auswertungsprogramm für die erreichten Test-Protokollanweisungen erlaubt den Nachweis der beim Test erreichten Zweige und Pfade. Diese Teststatistiken erbringen gleichzeitig den Qualitätssicherungsnachweis, wie eingehend der Bausteintest erfolgte.

Bei Software, die nicht für Universalrechner entwickelt wird, z. B. Prozeßrechner-Software, Firmware, läuft der Modultest auf »Host-Rechnern« ab; auf diesen ist die Testunterstützung für solche Detailtests besser gegeben.

In der Hardware umfaßt der Bausteintest meist eine Baugruppe und beim Chip-Entwurf einen Baustein. Eine solche Einheit wird bei Einsatz von CAD/CAE in zwei Stufen getestet, nämlich durch Simulation auf dem CAD-Arbeitsplatz und später der Test mit der realen Einheit. Für die Simulation der Baugruppe liegt der Stromlaufplan zugrunde. Die Bauteile auf der Baugruppe werden entsprechend simuliert. Hierzu gibt es unterschiedliche Leistungsstufen der Simulationsprogramme, die im einzelnen für ihren Einsatzzweck geprüft und ausgewählt werden müssen. Mikroprozessor-Bausteine erfordern für die Simulation der Baugruppe ein eigenes Simulationsverfahren, wofür die Bausteinhersteller z. T. »HW-Modellierer« bereitstellen. Ein eigenes SW-mäßiges Verhaltensmodell dafür zu entwickeln, ist i. allg. zu aufwendig.

Diese CAD-Simulationen bilden eine wirtschaftliche Testmethode, da die Simulation vor dem Layout-Auflösen durchführbar ist und somit Fehler im Stromlaufplan frühzeitig erkannt werden können. Entwurf und Simulation gehen damit Hand in Hand.

Der Baugruppentest in realer Umgebung erfordert den Aufbau einer Testumgebung und/oder den Einbau in den originalen Baugruppenrahmen mit entsprechender Funktionsumgebung. Entsprechend der Testplanung sind die erforderlichen Tests durchzuführen, um alle Funktionen und Umgebungseigenschaften zu erproben. Wird die reale Baugruppe nach einem vorausgegangenen Simulationstest getestet, so kann man hier auf die eingehenden Logiktests teilweise verzichten. Wesentliche Testfälle bilden hier Schnittstellen, Zeitverhalten, Umgebungsbeeinflussung u. ä. Enthalten die Baugruppen Firmware, so wird diese durch Test-Firmware ersetzt oder es wird die Original-Firmware verwendet.

Die Entwicklung von Bauteilen erfordert neben ihrer Funktionsabdeckung eine entsprechende Berücksichtigung der Belastbarkeit in ihrer Umwelt und Erfüllung einer bestimmten Lebensdauer. Zum Test dieser Merkmale werden die Bauelemente entsprechenden *Streßtests* (auch *Qualifikationstests* genannt) unterzogen, mit denen mechanische und thermische Grenzwerte des Bauteils ermittelt werden (Burn-In). Systematische Fehler von Bauteilen müssen dadurch mit einem i. allg. zerstörenden Qualifikationstest erkannt werden. Je nach Technologie und Komplexität des Bauteils sowie vorhandenen Erfahrungen werden die Tests dafür festgelegt. Um zufälligen Fertigungsschwankungen bei Bauteilen vorzubeugen, müssen solche Tests stichprobenweise wiederholt werden.

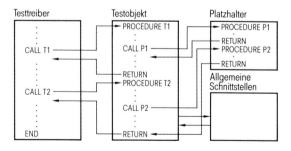

Bild 4.48
Schema für Testumgebung bei einem SW-Bausteintest

Integrationstest

Beim Integrationstest werden die einzelnen Module, Modulgruppen (Subsysteme) und HW-Funktionseinheiten zu einem Gesamtsystem zusammengebaut. Dieser Zusammenbau verläuft von der Produktstruktur her »bottom-up«, bei einer Schalenkonzeption von der inneren Schale ausgehend fortschreitend zum Gesamtsystem. Zur Durchführung des Integrationstests ist ein *Integrationsverantwortlicher* zu benennen, der diese Testphase steuert und koordiniert. Der Integrationstest erfolgt auf dem Zielsystem. Ist das Zielsystem nicht gleichzeitig Entwicklungssystem, so ist bis zu einem gewissen Grad eine Vorintegration auf dem »Host-System« ratsam. Neue oder geänderte Hardware wird in HW-Funktionseinheiten vorintegriert und dann in das Gesamtsystem mitintegriert.

Bei größeren Systemen empfiehlt es sich, den Integrationstest in mehreren festgelegten Schritten mit einem jeweils zugeordneten Funktionsumfang vorzunehmen. Jeder Integrationsschritt umfaßt:

▷ Den Hochlauf des jeweiligen Integrationsumfangs,
▷ die Schnittstellentests,
▷ die Funktionstests der Normalfälle,
▷ ggf. die Regressionstests bei Entwicklungserweiterungen sowie
▷ die Funktionstests der Sonderfälle.

Nach den jeweiligen *Funktionstests* der Normalfälle für einen Integrationsschritt können die Tests für den nächsten Integrationsschritt eingeleitet werden. Parallel dazu ist die Durchführung der *Regressionstests* und der Tests für die Sonderfälle möglich. Regressionstests dienen zum Funktionsnachweis nicht geänderter Funktionen.

Neben den oben erwähnten Integrationsschritten sind in nötigen Abständen »Korrektur-Versionen« für die einzelnen Integrationsschritte zu planen, bei denen jeweils die bisher gefundenen Fehler in den Modulen beseitigt sind.

Nach vollständiger Integration des Systems und mit hinreichenden Funktions- und Aufgabentests wird das System an die Systemtestmannschaft – durch *Nachweistests* über hinreichende Funktionserfüllung und Stabilität – übergeben. Solche Nachweistests gibt die Systemtestmannschaft vor und führt sie zusammen mit den Entwicklern durch. Die Software und Hardware wird dann in den Systemtest übernommen, wenn die Übernahmetests erfolgreich verlaufen sind.

Systemtest

Der Systemtest ist möglichst von einer von der Entwicklung unabhängigen Mannschaft durchzuführen. Im Systemtest wird das System vornehmlich aus Anwendersicht getestet. Die Testkonfiguration muß qualitativ der HW/SW/FW entsprechen, wie sie beim Kunden zum Einsatz gelangt. Vor allem ist darauf zu achten, daß die funktional erweiterte HW/FW mit dem aktuellen Ausgabestand im Testgeschehen vertreten ist. Es erweist sich als zweckmäßig, die geänderte Firmware aus den Primärprogrammen für den Systemtest erneut zu produzieren, damit volle Übereinstimmung zwischen Primärprogrammen und Objektcode im Mikroprozessor-Speicher (z. B. EPROM) gewährleistet wird.

Für den Systemtest ist ferner eine unerläßliche Voraussetzung, daß alle Primärprogramme und HW-Teile in der Verwaltung des Konfigurationsmanagements liegen, um so die Komponenten vor einer undefinierten Änderung zu schützen.

Der Systemtest umfaßt vom Ziel her alle Leistungsmerkmale aus Anwendersicht mit folgenden Schwerpunkten:

▷ Test der Funktionen und Leistungsmerkmale,
▷ Test der Betreibbarkeit (Systemzugriffszeiten, Reaktionszeiten von Prozessen, Prozeßverdrängung, Nachverarbeitung, Übereinstimmung mit der Kommandoliste),
▷ Test der Wartbarkeit (Einbringen von SW-Korrekturen, neuen Versionen, HW-Änderungen),
▷ Überprüfung der Leistungskennwerte,
▷ Test der Stabilität des Systems (Dauer-, Last-, Abbruchtest) und
▷ Überprüfung der Anwenderdokumentation.

Das Ergebnis des Systemtests ist die hinreichende Funktionsfähigkeit des Systems für die Freigabe an den Anwender für den *Akzeptanztest*. Der Akzeptanztest kann sich aus zeitlichen Gründen mit dem fortgeschrittenen Systemtest überlappen.

Bei großen HW- und SW-Systemen ist für die zeitliche Beschleunigung des Systemtests eine funktionale Unterteilung des Systems vorzunehmen und Systemtestgruppen verantwortlich zuzuordnen. Diese *Systemtestgruppen* können ihre Tests somit gleichzeitig durchführen. Ein *Systemtestkoordinator* sorgt dafür, daß das Testsystem in bestimmten Abständen aktualisiert wird und evtl. kritische Fehler rasch beseitigt werden.

Im Idealfall sollten beim Systemtest die gefundenen Fehler bei der Software auf Primärprogrammebene alle beseitigt werden. Bei der Hardware kann man in diesem Zeitrahmen nur vorübergehende Änderungen einbringen. Bei der Software läßt sich die Fehlerbeseitigung auf Primärprogrammebene leider in der Praxis aus zeitlichen Gründen nicht vollständig erreichen. Es muß daher eine mindestens zweistufige Fehlerqualifizierung für in jedem Fall sofort zu beseitigende und später zu beseitigende Fehler stattfinden (siehe auch Bild 5.2). Diese Fehlerqualifizierung soll nicht bedeuten, daß die weniger priorisierten Fehler während des Systemtests nicht zu beheben sind, sondern es soll den Systemtestern Schwerpunkte vorgeben, welche Fehler für die bevorstehende Kundenfreigabe behoben sein müssen. Diese Einstufung der Fehler ist durch die Leiter der Systemtestgruppen, in besonderen Fällen durch den Systemtestkoordinator bzw. Projektleiter, vorzunehmen. Es ist erforderlich, daß allen Systemtestgruppen in regelmäßigen Abständen die Fehlerberichte vorgelegt werden, um somit auch bestimmte Fehlerqualifizierungen bei anderer Meinung berichtigen zu können.

Damit das Projektmanagement den Fortschritt des Systemtests beurteilen kann, ist mindestens monatlich ein *Fortschrittsbericht* durch den Systemtestkoordinator zu erstellen. Dieser Bericht enthält im wesentlichen:

▷ Korrekturversion des Systems,

▷ Anzahl gefundene und behobene Fehler,

▷ Anzahl hochpriorisierte gefundene und behobene Fehler,

▷ Trendanalyse über gefundene und behobene Fehler,

▷ Umfang erfolgreich abgearbeiteter Testfälle,

▷ Testaufwandsbilanz und

▷ sonstige wesentliche Ereignisse und Risiken.

Ist der Systemtest von den einzelnen Systemtestgruppen erfolgreich durchgeführt, so werden die zugeordneten Konfigurationselemente freigegeben. Anschließend daran wird das SW-System meist kundenorientiert produziert (aus den Primärprogrammen übersetzt) und mit festgelegten Regressionstests auf Funktionstüchtigkeit überprüft.

Daran schließt die Anwenderfreigabe an, die durch eine Freigabemitteilung dokumentiert wird; diese enthält im wesentlichen folgende Angaben:

▷ Bezeichnung des Systems und Nennung der enthaltenen Komponenten (ggf. Verweis auf entsprechende Stücklisten),

▷ wesentliche Gründe der Freigabe (Neufreigabe, Erweiterungsversion, behobene Fehler, neue Leistungsmerkmale),

▷ bestehende Einschränkungen,

▷ spezielle Bedienungshinweise zum Umgehen von Fehlern und

▷ sonstige Hinweise zum Einsatz des Systems.

Zur besonderen Prüfung von Baugruppen und Geräten über ihre Einhaltung der Spezifikation bezüglich Umweltbelastung sind zusätzliche Testaufwendungen unter Streßbedingungen (Run-In) nötig. Diese Tests können umfassen: mechanische Beanspruchungen, elektromagnetisches Verhalten (EMV), Klimatests (Verändern der Umgebungstemperatur), Verhalten bei Erdbeben u. ä. Solche Tests werden bei einer weitgehenden Neuentwicklung von Baugruppen und Geräten durchgeführt oder wenn von Kunden der Nachweis der Spezifikationswerte gefordert wird. Das Testobjekt muß bei diesen Tests entsprechende Funktionsfähigkeit besitzen und die Funktionen dabei ausführen. Klimatests mit entsprechenden Belastungen der Baugruppen und Geräte, z. B. durch An- und Abschalten, sind bei der Fertigung stichprobenweise oder generell vorzunehmen, um somit Fertigungsfehler vor Kundenauslieferung zu erkennen.

Akzeptanztest (Abnahmetest)

Der *Akzeptanztest* liegt zeitlich in der Projektabschlußphase und wird vom Anwender verantwortet (siehe Kap. 5.1.1). Die Vorbereitung des Akzeptanztests unterstützt der Hersteller (Entwickler oder Service-Abteilung), der auch für eine schnelle Behebung kritischer Fehler sorgt.

Testfälle und Testdaten sind im allgemeinen vom Anwender zu erstellen. Dasselbe gilt für die Testplanung.

Nach Abschluß des Akzeptanztests ist vom Anwender ein Testbericht zu erstellen; dieser enthält auch Aussagen über die Übernahme durch den Anwender und ggf., mit welchen Auflagen für den Hersteller dies möglich ist.

Testplanung

Die Testplanung dient zum Festlegen nachstehend aufgeführter Aufgaben, Vorgehensweisen und Ziele bei der Testdurchführung in den einzelnen Testphasen:

▷ Erforderliche Testkonfiguration Hardware und Software,
▷ Stufen der Testphase,
▷ jeweilige Voraussetzungen an getesteten Funktionen für die Teststufen,
▷ zu testende Leistungsmerkmale einschließlich aller Qualitätsanforderungen,
▷ zu testende Funktionen,
▷ zeitlicher Testablaufplan.

Das Ergebnis dieser Testplanung wird in einer *Testspezifikation* beschrieben. Solche Testspezifikationen sind im allgemeinen ab Integrationstest zu erstellen. Für die Bausteintests kann sie entfallen, da hier das Testobjekt relativ klein ist.

Testspezifikation für Integrationstest

Für den Integrationstest entsteht eine Testspezifikation unter Leitung eines Integrationsverantwortlichen in Zusammenarbeit mit den zuständigen Verantwortlichen für die Leistungsmerkmale. Nachstehend wird ein Gliederungsbeispiel für den Integrationstest gegeben.

1. Aufgabenstellung

Projektbezeichnung
Projektvarianten
Testziele (z. B. Test der neuen Leistungsmerkmale, Regressionstest, Lasttest, Wartbarkeit)

2. Testplan

Integrationsschritte (allgemeine Beschreibung)
Integrationsplan (zeitliche Darstellung des Verlaufs des Integrationstests)

3. HW- und SW-Konfigurationen

HW-Konfiguration
SW-Konfiguration

4. Allgemeine Testhinweise

Einsatz von Support-SW-Version
Hinterlassen des Systems nach dem Test

5. Ziele der einzelnen Integrationsschritte

Voraussetzungen
Endzustand
Testabschnitte mit beteiligten Konfigurationseinheiten (Subsysteme)

6. Funktions-, Aufgaben- und Regressionstests

Je Testaufgabe sind folgende Angaben aufzuführen:

Beschreibung der Testaufgabe
(z. B. Leistungsmerkmal)
Funktionen (Testfälle)
Kommandos und Masken
Besondere Testvoraussetzungen
Testteam
Testzeitbedarf.

Testspezifikation für Systemtest

Beim Systemtest werden je nach Systemumfang meist die Testaktivitäten nach unterschiedlichen Aufgaben und Funktionen auf Gruppen aufgeteilt. Deshalb ist je Testgruppe eine Testspezifikation zu erstellen. Auch hier muß man einen verantwortlichen Systemtestkoordinator installieren, der die Belange für die einzelnen Systemtestgruppen koordiniert und für einen vollständigen Systemtest sorgt. Für das Installieren des Systems ist eine *Installationsanleitung* zu erstellen, die während des Systemtests mitgetestet werden muß. Diese Anleitung ist von der Entwicklung oder einer Service-Abteilung zu erstellen. Nachstehend wird ein Gliederungsbeispiel für eine Systemtestspezifikation aufgezeigt:

1. Aufgabenstellung

Projektbezeichnung
Projektvarianten
Testziele (z. B. neue Leistungsmerkmale, Lasttests, Wartbarkeit, Betriebbarkeit)

2. Testplan

Aufteilung in Funktionseinheiten
Zeitliche Darstellung der Testfolgen nach Funktionseinheiten (Systemtestplan)

3. HW- und SW-Voraussetzungen

Konfigurationselemente
Installationsparameter
Bezeichnung der verwendeten Testanlagen

4.4.3 Prüfung der Realisierungsergebnisse

4. Zuständigkeiten

Systemtestkoordinator
Produktionsstelle
Systemtestgruppe

5. Allgemeine Testhinweise

Besonderer Einsatz von Support-Software
Hinterlassen des Systems nach den einzelnen Tests
Vorgehen bei Fehler
Testberichterstellung

6. Unterlagen

Bereitgestellte Bedienungsanleitungen
Dateien
Projektunterlagen

7. Funktions-, Aufgaben- und Regressionstests

Je Testaufgabe sind folgende Angaben aufzuführen:

Beschreibung der Testaufgaben
(z. B. Leistungsmerkmal)
Funktionen (Testfälle)
Kommandos und Masken
Besondere Testvoraussetzungen
Testzeitbedarf.

Die *Testspezifikation für den Akzeptanztest* ist vom betreffenden Anwender, ggf. unter Mitwirkung der Entwickler (Service-Abteilung) zu erstellen.

Die Testspezifikationen müssen frühzeitig im Entwicklungsprozeß erarbeitet werden, damit das Beschaffen der nötigen Testressourcen auch rechtzeitig möglich ist. Dies gilt besonders für den Integrations- und Systemtest. Auch die Testspezifikationen sind Inspektionen zu unterziehen.

Testdurchführung

Die Testdurchführung umfaßt die Aktivitäten

▷ Testvorbereitung
▷ Testausführung
▷ Testauswertung.

Die *Testvorbereitung* schließt alle Testaktivitäten zum Vorbereiten der Testausführung ein. Dazu gehören im wesentlichen:

— Testfallermittlung
— Testdatenerstellung
— Vorbereiten des Testobjekts.

Weitere Details zu diesen Testaktivitäten sind unten erläutert.

Die *Testausführung* umfaßt die Testaktivitäten, die zum dynamischen Testablauf am Testobjekt erforderlich sind (Ablaufprotokollierung, Ausführung am Testobjekt, Simulation der Testumgebung).

Zur *Testauswertung* zählen alle Testaktivitäten, die im Anschluß an die Testausführung zur Auswertung der Testergebnisse erforderlich sind (z. B. Ergebnisprüfung, Teststatistik erstellen, Fehlermeldungen erfassen, Fehler klären).

Testfallermittlung

Ein Testfall ist nach [34] wie folgt definiert:

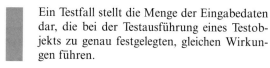

> Ein Testfall stellt die Menge der Eingabedaten dar, die bei der Testausführung eines Testobjekts zu genau festgelegten, gleichen Wirkungen führen.

Da eine Testfallermittlung sehr stark von dem Testobjekt abhängt, wird nach folgenden Testfallermittlungen unterschieden:

▷ aufgabenorientiert (Leistungsmerkmale),
▷ funktionsorientiert (Funktionseinheiten des Systems),
▷ testobjektorientiert (Modul, Prozedur).

Um ein Testobjekt weitgehend vollständig zu testen, muß das System entsprechend der Testphase und dem ihr zugeordneten Testfalltyp in die entsprechenden Hierarchieteile (Bild 4.49) zerlegt werden. Für die drei Testfalltypen sind in jeder Hierarchiestufe die erforderlichen Testfälle zu finden und zu definieren.

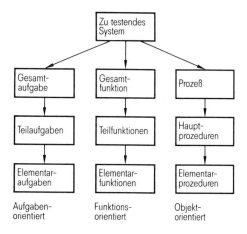

Bild 4.49   Hierarchie für Testfallermittlung

Tabelle 4.2 Testfallermittlung in den Testphasen

Testphase	Testfallermittlung		
	Aufgaben-orientiert	Funktions-orientiert	Testobjekt-orientiert
Bausteintest		×	×
Integrationstest	×	×	
Systemtest	×	×	
Akzeptanztest	×		

Diese Aufteilung der Testfallermittlung läßt sich nun vorzugsweise bestimmten Testphasen zuordnen (Tabelle 4.2).

Aufgabenorientierte Testfallermittlungen werden auf der Basis des Pflichtenhefts erstellt. Diese Ebene nimmt keine Rücksicht auf die Realisierung des Systems.

Funktionsorientierte Testfallermittlungen basieren auf den Inhalten der Funktions- und Entwurfsspezifikationen. Neben problembezogenen Aspekten werden hier auch konstruktive Belange der Lösung mit einbezogen (z. B. Schnittstellen zwischen Funktionseinheiten, Test von spezifischen Elementarfunktionen, wie Datenerfassung mit ihren Plausibilitätsprüfungen).

Objektorientierte Testfallermittlungen leiten sich von der Struktur des Testobjekts ab. Daher muß die Struktur des Testobjekts, z. B. der Modul mit seinen Prozeduren, bekannt sein. Testfälle in diesem Sinn sind z. B. der Durchlauf eines Zweigs bzw. Pfads oder mehrerer Zweige bzw. Pfade einer Programmeinheit, eine Ablauffolge bestimmter Programmeinheiten oder die Ausführung einer Prozeßkommunikation.

Testdatenerstellung

Testdaten sind Voraussetzung für das Durchführen von Tests. Beim Erstellen von Testdaten können folgende Methoden angewandt werden:

▷ Kontruktion von Testdaten aufgrund der Testfallerstellung und/oder
▷ Auswahl aus Originaldatenbeständen.

Die *Konstruktion* von Testdaten basiert, wie vorher beschrieben, auf dem Erstellen von Testfällen. Dabei sind Normal-, Grenz- und Falschwerte zu berücksichtigen. Die Testdaten erstellt man heute meist mit maschineller Abspeicherung, die durch geeignete Testdaten-, Erstellungs- und Verwaltungswerkzeuge unterstützt wird oder wofür allgemein verfügbare »Editoren« verwendet werden. Damit sind die Testdaten jederzeit für Testwiederholungen und Regressionstests heranzuziehen und auch einfach zu erweitern. Mit entsprechend verfügbaren Auswertungswerkzeugen lassen sich die Testergebnisse maschinell mit den Soll-Ergebnissen vergleichen. Zu einem konstruktiv erstellten Testdatum gehört jeweils das

— Anreizdatum (Daten, Kommando, manuelle Systemeingriffe) und
— das daraus resultierende Soll-Ergebnis.

Die so erstellten Testdaten werden in einzelnen Dateien für bestimmte Testaufgaben zusammengefaßt. Eine solche Datei ist mit einem Namen und einer Versions-Nr. zu versehen; sie sollte ein Element im Konfigurationsmanagement darstellen. Damit können Testdatendateien erweitert und auch entsprechenden Entwicklungsversionen des Systems zugeordnet werden. Ein »Testdatendatei-Normkopf« soll folgende Einträge enthalten:

▷ Dateiname und Version,
▷ Aufgabenbereich der Testdatei,
▷ Testvoraussetzungen und
▷ Bedienungshinweise für die Testdurchführung.

Danach folgen die Testfalldefinitionen mit den jeweils zugeordneten Testdaten.

Bei *Auswahl* von Testdaten aus vorhandenen Originaldatenbeständen muß ebenfalls ein Ergebnisvergleich möglich sein. Da diese Ergebnisprüfungen manuell meist zu aufwendig werden, ist für einen maschinellen Vergleich zu sorgen. Wie dies erreicht wird, hängt von der jeweiligen Umgebung ab.

Vorbereiten des Testobjekts

Das Vorbereiten des Testobjekts hängt in Art und Umfang von der Testphase ab. Erforderliche Ressourcen dafür müssen schon bei der Testplanung in den frühen Entwicklungsphasen ermittelt und ihre Bereitstellung geplant werden.

Für den Modultest ist vor allem auf den Entwicklungsrechnern die nötige Support-Software für eine entsprechende Erstellung der Testumgebung bereitzustellen. Diese umfaßt z. B. Generierung der Testumgebung, Simulation, Testdatenverwaltung, Testergebnisauswertung u. ä.

Für den Verbund- und Systemtest muß die jeweils nötige HW- und SW-Konfiguration bereitgestellt werden. Die selbstentwickelte Software und Firmware ist in den nötigen Umfängen jeweils zu produzieren (Übersetzen und Binden) und die übrige System-Software ggf. zu generieren. Der Vorbereitungsaufwand dafür kann bei entsprechend großen Systemen erheblich sein. Ebenfalls sind die Zuständigkeiten für diese Aufgaben in der Projektorganisation klar zu regeln.

4.4.4 Zuverlässigkeitsbetrachtung

Für den Anwender eines Produkts bzw. Systems bildet die Zuverlässigkeit im Sinne *Verfügbarkeit* eine wichtige meßbare Größe. Beeinflußt wird die Verfügbarkeit eines Systems, bestehend aus Hardware und Software, von einer Reihe Faktoren. Bei der Hardware spielt die Lebensdauer der Bauelemente eine wesentliche Rolle. Aber auch konstruktive Maßnahmen, z. B. Doppelsysteme von HW-Einheiten, Wiederanlaufmaßnahmen, Führung von gedoppelten Dateien auf unterschiedlichen Peripherieeinheiten usw., tragen wesentlich zur Minderung der Ausfallzeiten bei.

Bei der Hardware gibt es bereits standardisierte Berechnungsgrundlagen für die Ausfallzeiten bzw. Lebensdauer von Bauteilen und Baugruppen. Jedoch sind bei komplexen Systemen jeweils zusätzliche Vereinbarungen nötig, um zwischen Hersteller und Kunden gleiche Maßstäbe ansetzen zu können.

Ausfallberechnungen bei Hardware

Charakteristisch bei der konventionellen Ermittlung von HW-Ausfällen ist, daß sich das Ausfallverhalten im wesentlichen auf die Lebensdauer (Verschleiß) der Bauteile und damit Baugruppen bezieht, die man durch entsprechende Algorithmen auf Produkte bzw. Systeme hochrechnen kann. Nicht betrachtet werden dabei logische Fehler oder Entwurfsfehler. Hierbei geht man davon aus, daß nach einer Einschwingphase in der Anwendung diese Fehler auch mit beseitigt sind. Statistisch wird hier die Ausfallrate mit der »Badewannenkurve« ausgedrückt (Bild 4.50).

Frühausfallphase

In dieser »Anfangsphase weist die Ausfallrate eine fallende Tendenz auf. Grund dafür ist, daß in dieser Zeit konstruktive Fehler rasch erkannt und durch Korrekturen solche Ausfälle zukünftig vermieden werden. Mit Hilfe spezieller Vorbehandlungen der Bauteile durch »Burn-In-Tests« und der Baugruppen und Geräte durch »Run-In-Tests« läßt sich die Frühausfallphase wesentlich verkürzen.

Nutzungsphase

In dieser Phase kann die Ausfallrate als annähernd konstant angenommen werden. Eine Vermeidung dieser Ausfälle durch konstruktive Veränderungen ist kaum möglich.

Verschleißphase

In dieser Phase wird das Lebensdauerende der Bauelemente bzw. Baugruppen in stärkerem Maße erreicht. Ausfälle kann man durch geeignete Wartungsstrategien verringern.

Ausfallrate

Die Zuverlässigkeit eines Bauteils wird durch die Ausfallrate λ (failure rate) ausgedrückt; sie bedeutet die Wahrscheinlichkeit, mit der ein zum Betrachtungszeitpunkt funktionierendes Element in der nächsten Zeiteinheit ausfällt. Die Einheit ist fit (failure in time), wobei

$$1 \text{ fit} = 10^{-9} \text{ h}^{-1} \text{ ist,}$$

d. h. ein Ausfall in 10^9 Stunden. Ermittelt wird die Ausfallrate nach der Formel:

$$\lambda_{\text{test}} = \frac{r}{n \times t_b}. \qquad (1)$$

λ_{test} im Test ermittelte Ausfallrate
r Anzahl Ausfälle
n Strichprobenumfang
t_b Testdauer

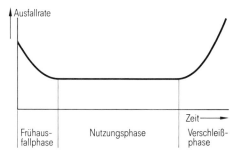

Bild 4.50   Badewannenkurve

4.4 Qualitätssicherung

Beispiel

Bei einem Lebensdauerversuch über 500 h mit zwei Ausfällen unter 4000 Bauelementen beträgt die im Test ermittelte Ausfallrate:

$$\lambda_{\text{test}} = \frac{2}{4000 \times 500 \text{ h}} = 10^{-6}\,\text{h}^{-1};$$

umgerechnet in fit ergibt dies $\dfrac{10^{-6}}{10^{-9}\,\text{h}^{-1}}$ fit $= 1000$ fit.

Beim Ermitteln der Ausfallrate λ ist ein Zuschlag Δr anzusetzen, der zu einer »Vertrauensgrenze« führt (2).

$$\lambda = \frac{r + \Delta r}{n \times t_b}. \qquad (2)$$

Der Wert Δr hängt vom Wert r ab und wird über Faktoren festgelegt.

Mittlerer Ausfallabstand (MTBF)

Die Größe *MTBF* (Mean Time between Failures) wird für reparierbare Geräte (Baugruppen und Geräteeinheiten) angesetzt. Sie gibt die mittlere Zeit zwischen zwei Geräteausfällen an.

$$MTBF = \frac{1}{\Sigma \lambda_i}. \qquad (3)$$

Beispiel

Für einen Fernsehempfänger mit 500 Bauelementen, deren Ausfallrate im Mittel 30 fit beträgt, ergibt sich:

$$MTBF = \frac{1}{500 \times 30} \times 10^9 \text{ h} \approx$$

$$\approx 67\,000\,\text{h} \text{ oder } \approx 7{,}6 \text{ Jahre } (1 \text{ Jahr} = 8760\,\text{h})$$

Verfügbarkeit

Wichtig beim Bestimmen der Ausfälle ist die Zeit, in der ein Produkt bzw. System nicht verfügbar ist, wozu das Schema nach Bild 4.51 gilt.

Unter *Verfügbarkeit* V versteht man die Wahrscheinlichkeit, eine Baugruppe oder Einrichtung zu einem vorgegebenen Zeitpunkt in einem funktionsfähigen Zustand anzutreffen (Definition nach DIN 40042). Es gilt:

$$V = \frac{MTBF}{MTBF + MDT}. \qquad (4)$$

MDT Mean Down Time (mittlere Ausfallzeit)

Als *Nichtverfügbarkeit* l bezeichnet man die Wahrscheinlichkeit, daß eine Baugruppe oder Einrichtung im Betrachtungszeitpunkt gerade ausgefallen ist. l errechnet sich nach folgender Formel:

$$l = 1 - V = 1 - \frac{MTBF}{MTBF + MDT}.$$

$$l = \frac{MDT}{MTBF + MDT}; \qquad (5)$$

mit $MDT = d$ (mittlere Ausfallzeit) und

$$MTBF = \frac{1}{\lambda}$$

ergibt sich

$$l = \frac{d}{\frac{1}{\lambda} + d};$$

mit $d < MTBF$ bzw. $\dfrac{1}{\lambda}$

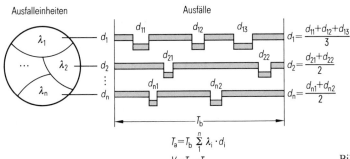

Bild 4.51 Schema der Ausfallzeit-Ermittlung

ergibt sich vereinfacht

$$l = \frac{d}{\frac{1}{\lambda}} = \lambda \times d. \quad (6)$$

Die *mittlere gesamte Ausfallzeit* T_a ist die aufsummierte Ausfallzeit (mean accumulated time for unavailability), in der eine Baugruppe oder Einrichtung während einer festen Zeitspanne T_b (z. B. 1 Jahr, 10 Jahre) ausgefallen ist.

$$T_a = T_b \times \Sigma(\lambda_i \times d_i) = T_b \times \Sigma l_i. \quad (7)$$

Beispiele

$T_{a1} = l \times 8760$ h für 1 Jahr;
$T_{a10} = l \times 87\,600$ h für 10 Jahre.

In redundanten Systemen können sich mehrere Elemente (Baugruppen, Einrichtungen) gegenseitig aushelfen. Hier gilt für die Gesamtausfallzeit L:

$$L = \prod_1^n l_i \quad \text{oder} \quad L = l^n, \text{ wenn alle } l_i = l \text{ sind.} \quad (8)$$

Bei einfachen redundanten Systemen helfen sich zwei gleiche Einrichtungen gegenseitig aus. Für diesen Fall gilt:

$$L = l^2 \quad \text{oder} \quad \lambda_g \times D = (\lambda \times d)^2,$$

wobei λ_g für *Ausfallrate je redundante Systemeinheit* gilt und für die *Ausfalldauer D* bei redundanten Systemen $\frac{d}{2}$ anzusetzen ist,

somit ergibt sich für $\lambda_g = 2d \times \lambda^2$; (9)

Berechnungsbeispiel für nachfolgend dargestellte Geräteanordnung in Bild 4.52:

$\lambda_{g1} = 2d \times (\lambda_1 + \lambda_2)^2$
$\lambda_{g2} = 2d \times (\lambda_3 + \lambda_4)^2$
$\lambda_{ges} = \lambda_{g1} + \lambda_{g2}.$

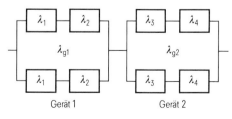

Bild 4.52   Berechnungsbeispiel

Berechnung von realen Ausfallzeiten

Für das Ermitteln von Ausfallzeiten und damit letztlich das Bestimmen der Verfügbarkeit eines Systems gelten üblicherweise folgende Festlegungen:

Ausfalldauer:

t_0	t_1	t_2
Fehler aufgetreten	Beginn der Entstörung	Fehler beseitigt

für die Ausfalldauer gilt:

$$T_a = t_2 - t_0$$

T_a Ausfalldauer
t_0 Ausfallbeginn
t_2 Ausfallende.

Die Ausfalldauer setzt sich zusammen aus der *Wegezeit* (Herbeiholen des Technikers) und der eigentlichen *Reparaturzeit*. Für die Wegezeit werden meist Regelzeiten festgelegt, um einheitliche Berechnungsmaßstäbe zu ermöglichen.

Ermitteln der gewichteten Ausfalldauer

Bei einem Totalausfall steht das gesamte System nicht mehr zur Verfügung. Teilausfälle beeinträchtigen jedoch nur den betroffenen Teil des Systems (z. B. bei Dialogsystemen, Vermittlungssystemen u. ä.). Für die Berechnung der mittleren Verfügbarkeit wird daher der Anteil der ausgefallenen Einheiten zum Gesamtsystem berücksichtigt.

Für die *gewichtete Ausfalldauer* T_{ag} ergibt sich:

$$T_{ag} = T_a \times \frac{m_a}{m_g} \quad (10)$$

T_{ag} Gewichtete Ausfalldauer
T_a Ausfalldauer des anteiligen Bereiches
m_a Ausgefallene Einheiten
m_g Anzahl Einheiten des Gesamtsystems.

Die Verfügbarkeit eines Systems im realen Einsatz wird über die gewichtete Ausfalldauer ermittelt:

$$V = \frac{T_b - \sum_{i=1}^{n} T_{agi}}{T_b} \quad (11)$$

V Verfügbarkeit
T_b Beobachtungsdauer (Betriebszeit)
ΣT_{agi} Summe der gewichteten Ausfalldauer
n Anzahl bewerteter Ausfälle.

4.4 Qualitätssicherung

Beispiel

Ein Terminalsystem mit 100 Terminals ist über Konzentratoren mit je 10 Terminals zusammengefaßt. Der Regelbetrieb beträgt täglich 10 Stunden. Es sind in einem Monat vier Konzentratoren je 2 h ausgefallen. Für den Monat werden durchschnittlich 21 Arbeitstage angesetzt.

Rechnung:

$$V = \frac{(21 \times 10\,\text{h}) - \left(4 \times 2\,\text{h} \times \frac{10}{100}\right)}{21 \times 10};$$

$$V = \frac{209{,}2}{210} = 0{,}996 \quad \text{oder} \quad 99{,}6\,\%.$$

Ausfallberechnung bei Software

Bei Software kann man für die Ausfallermittlung nicht nach dem gleichen Schema wie bei Hardware vorgehen. Hardwareausfälle werden bei der Voraussage ihrer Verfügbarkeit über ihre Verschleißerscheinungen gemessen. Bei Software gibt es solche Verschleißerscheinungen selbstverständlich nicht. Man berücksichtigt daher die Ausfälle, die durch logische Fehler zustande kommen.

Fehlerkategorien

Es ist zweckmäßig, für Software mindestens zwei Fehlerkategorien einzuführen, nämlich:

▷ Fehlerkategorie a)

Hier handelt es sich um Fehler, die zu einem Ausfall der Benutzung führen, wobei durch Wiederanlaufverfahren der Betrieb wieder hergestellt werden muß;

▷ Fehlerkategorie b)

Hierunter fallen Fehler, die die Anwendung einschränken oder im Betrieb hinderlich sind (z. B. ein Kommando arbeitet nicht in allen Einzelheiten richtig, durch andere Parameterkombination wird jedoch derselbe Effekt erzielt).

Ermitteln der SW-Ausfalldauer

Die Fehlerkategorie a) kann bei Software nicht so einfach als Voraussage ermittelt werden wie bei Hardware, da solche Dauerversuche nur in beschränktem Maße möglich sind. Außerdem werden solche Fehler bei Auftreten in Tests auch schnellstens beseitigt. Eine Aussage über die Verfügbarkeit läßt sich daher erst ermitteln, wenn statistische Werte über Ausfälle im echten Einsatz vorliegen oder von Erfahrungen ähnlicher Systeme ausgegangen werden kann. Das entbindet jedoch nicht davon, daß Zielwerte für eine derartige Verfügbarkeit festgelegt sein müssen. Die Berechnung dieser Ausfälle kann in einem einfachen Modell nach Formel (6) vorgenommen werden, wobei gilt:

$$L = \Sigma\,(\lambda_i \times d_i);$$

λ_i stellt dabei die unterschiedlichen Ausfallklassen dar, z. B. Recovery-Stufe 1 oder 2 usw.; λ_i kann dabei nach Formel (1) ermittelt werden.

d_i ist die zu λ_i zugehörige mittlere Dauer der Ausfallklasse.

Die Ausfalldauer T_a innerhalb eines Zeitraumes T ergibt sich mit

$$T_a = T \times L \quad \text{oder} \quad T \times \Sigma\,(\lambda_i \times d_i).$$

Bei einem hierarchisch aufgebauten System ist die gewichtete Ausfallzeit T_{agi} nach Formel (11) zu ermitteln.

Beispiel für Ausfallberechnung

An zwei vergleichbaren Systemen traten in einem Jahr ($\cong 8760$ h) folgende Ausfälle auf:

Fehlerklasse 1:
30 mit $d = 3$ s

Fehlerklasse 2:
20 mit $d = 5$ s.

$$\lambda_1 = \frac{30}{2 \times 8760\,\text{h}} = 0{,}00171\,\text{h}^{-1}$$

$$\lambda_2 = \frac{20}{2 \times 8760\,\text{h}} = 0{,}00114\,\text{h}^{-1}$$

$$T_{a\text{jahr}} = 8760\,\text{h} \times \left(\frac{30 \times 3\,\text{s}}{2 \times 8760\,\text{h}} + \frac{20 \times 5\,\text{s}}{2 \times 8760\,\text{h}}\right) = 95\,\text{s}.$$

Ein System hat somit eine Ausfalldauer von 95 s/Jahr.

Ermitteln der Restfehler

Die Fehlerkategorie b) wird durch das Maß für Restfehler bewertet. Restfehler sind die Fehler, die in der Software bei Auslieferung an den Kunden voraussichtlich noch vorhanden sind. Dies können bekannte und noch nicht erkannte Fehler sein.

Als Durchschnittswerte für Restfehler sind bei größeren Software-Systemen zu sehen:

Einsatz im 1. Jahr 1 Fehler/kloc
davon bekannte Fehler
bei Auslieferung 0,2 bis 0,5/kloc.

Bei den bekannten Fehlern dürfen keine Fehler der Kategorie a) enthalten sein. Die Forderung für diese Fehlerwerte tendiert nach niedrigeren Werten.

Die Restfehlerzahlen werden aufgrund der Fehlerstatistiken aus den Entwicklungsphasen Systemintegration und Systemtest ermittelt. Besser ist allerdings, die Fehlererfassung ab Beginn des Modultests vorzunehmen, weil damit zuverlässigere Restfehlerermittlungen möglich sind. Nach den Fehlerstatistiken (Bild 4.45) enthält Software nach fehlerfreier Kompilierung 15 bis 25 Fehler je kloc (Anweisungen ohne Kommentarzeilen). Bei Softwareerweiterungen sind diese Werte auf die »Delta-loc« anzuwenden. Aufgrund dieser Erkenntnis wäre daher eine Fehlerzählung ab Code-Inspektion und Modultest sehr zweckmäßig, um nicht nur Restfehler genauer zu ermitteln, sondern auch den Grad des Austestens damit besser beurteilen zu können.

Ermitteln der Restfehler nach Vorausberechnung

Beim Ermitteln der Restfehlerzahl geht man davon aus, daß in einem SW-System während der Testphasen mehr Fehler beseitigt werden, als neue hinzukommen. Damit erhöht sich also die Zuverlässigkeit der Software ständig. Die mathematischen Modelle, mit denen diese Verbesserung der Zuverlässigkeit errechnet wird, bezeichnet man deshalb als *Zuverlässigkeits-Wachstums-Modelle* (reliability growth models). Mit Hilfe dieser Modelle lassen sich bezüglich der Fehlerentdeckungsrate Extrapolationen vornehmen und damit Voraussagen für die Gesamtfehlerzahl des SW-Systems gewinnen. Einschränkend dazu ist zu erwähnen, daß diese mathematischen Modelle erst vertrauenswürdige Aussagen erbringen, wenn eine entsprechende Anzahl entdeckter Fehler über eine gewisse Zeit vorliegt. Wie später in den Modellen dargestellt wird, enthalten diese Modelle keine Faktoren über Umfang des SW-Produktes (kloc) oder über Volumen des geplanten Testaufwands; sie gehen im wesentlichen von entdeckten Fehlern über einen Zeitraum aus. Für die Zeit können unterschiedliche Einheiten gelten, wie z. B.

— Kalenderzeit (Wochen, Monate),
— Testaufwand nach Personalaufwand,
— Anlageneststunden,
— CPU-Zeit.

Nach bisheriger Erfahrung hat sich die Kalenderzeit als einfache Erfassungsgröße und auch als gut brauchbarer Berechnungsfaktor erwiesen.

In Bild 4.53 wird das Prinzip der Restfehlerermittlung verdeutlicht.

Mathematische Modelle

In der Literatur läßt sich eine Reihe von Prognose-Modellen über Restfehler-Ermittlung finden. Weiter unten werden zwei Modelle gegenübergestellt, um einen Einblick in das Verhalten dieser Modelle zu geben. Vom Prinzip her gehen die Modelle von einer exponentiellen *Fehlerentdeckungsrate* aus. Die Fehlerentdeckungen verlaufen meist S-förmig. Deshalb enthalten diese mathematischen Modelle zusätzlich zu den Hauptparametern (wie Fehlerzahl und Zeit) noch ein bis zwei weitere Parameter, die eine bessere Kurvenanpassung erreichen lassen. Je nach gegebenem Kurvenverlauf für Fehlerentdeckung und Zeit korreliert daher das eine Modell besser als das andere.

Weibull-Modell (WEI):

Die Fehlerfunktion dafür lautet:

$$H(t) = N \times \left(1 - e^{-\left(\frac{t}{t_b}\right)^c}\right), \qquad (12)$$

$H(t)$ Fehlerfunktion
N Gesamtfehlerzahl
t_b Zeitpunkt t, zu dem im Mittel 63% der vorhandenen Fehler N gefunden sein werden
c Parameter, dessen sachlogische Interpretation nicht bekannt ist. Für $c = 1$ erhält man als Spezialfall das reine exponentielle Modell; für $c > 1$ verläuft die Fehlerfunktion S-förmig.

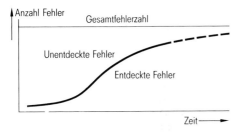

Bild 4.53 Prinzipbild für Restfehlerprognose

4.4 Qualitätssicherung

Dieses Modell wird Weibull-Modell genannt, weil die Fehlerfunktion bis auf den multiplikativen Faktor N die Verteilungsfunktion der Weibull-Verteilung darstellt.

Zuverlässigkeitsmodelle, die auf Poisson-Prozessen beruhen, unterscheiden sich durch ihre Fehlerrate $h(t)$.

Die Fehlerrate $h(t)$ bildet die Ableitung von $H(t)$ nach der Zeit t. Sie wird auch »Fehlerentdeckungsrate«, »Fehlerdichte« oder »rate of occurrence« genannt.

Die Fehlerrate $h(t)$ multipliziert mit einem Zeitintervall Δt ($h(t) \times \Delta t$) gibt die Wahrscheinlichkeit an, daß in dem Zeitintervall mindestens 1 Fehler entdeckt wird.

Für das Weibull-Modell ist somit:

$$h(t) = N \times \frac{c}{t_b} \times \left(\frac{t}{t_b}\right)^{c-1} \times e^{-\left(\frac{t}{t_b}\right)^c}; \quad N, t_b, c > 0 \tag{13}$$

Delayed-S-Shaped Modell (DSS):

$$H(t) = N\left(1 - \left(1 + \frac{t}{t_b}\right) \times e^{-\left(\frac{t}{t_b}\right)}\right); \tag{14}$$

Parameterbeschreibung wie Weibull-Modell; jedoch:

t_b Zeitpunkt t, zu dem im Mittel 27% der Fehler gefunden sind. Für $t = t_b$ besitzt die Fehlerrate ein Maximum; die Fehlerfunktion $H(t)$ ist S-förmig.

$$h(t) = N \times \frac{t}{t_b^2} \times e^{-\left(\frac{t}{t_b}\right)}; \quad N, t_b > 0 \tag{15}$$

Für die Anwendung der Modelle ist eine numerische Approximation nötig, die nur maschinell unterstützt möglich ist.

Diskussion der beiden Modelle

In der Praxis hat sich gezeigt, daß bei größeren SW-Systemen nach einem Kollektiv der Fehler ab 10 Monaten bei dem DSS-Modell vertrauenswürdige Prognoseergebnisse entstanden sind. Das Weibull-Modell flacht zu zeitig ab und unterbietet daher die reale Gesamtfehlerzahl zu früh. Bei einem Kollektiv von ca. 15 Monaten ergeben beide Modelle brauchbare Fehlerprognosen. Bei mittleren SW-Systemen entstehen etwa bei einem Kollektiv von Fehlern nach fünf bis sieben Monaten vertrauenswürdige Prognoseergebnisse. Von den Bildern 4.54 und 4.55, deren Ergebnisse aus einem größeren SW-System stammen, hat die Prognose über die Kalenderzeit mit dem DSS-Modell die realere Restfehlerzahl erbracht. Bei der Betrachtung dieser beiden Bilder wird auch deutlich, daß erhebliche Erfahrungen dazu beitragen müssen, um eine vertrauenswürdige Prognose auszuwählen. Dazu zählen auch Kenntnisse über den weiteren geplanten Testaufwand und sonstige Teststrategie, die in die Berechnungsmodelle nicht eingehen. Letztendlich sind solche Prognosen sehr genau von Fachleuten zu untersuchen, ob sie hinreichend vertrauenswürdig erscheinen.

Restfehlerprognosen dienen dazu, sich zu vergewissern, ob die geplante Grenze von Fehlern im SW-Produkt erreicht ist; sie geben keine Aussage, ob nicht doch noch kritische Fehler der Kategorie a) oder son-

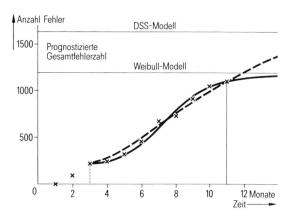

Bild 4.54 Restfehlerprognose nach Monaten

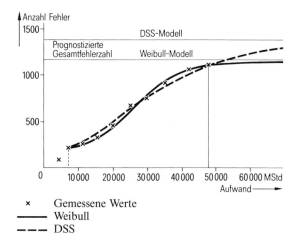

Bild 4.55 Restfehlerprognose nach Mann-Stunden

stige, besonders hinderliche Fehler enthalten sind. Je günstiger aber die Restfehlerzahl für das System liegt, desto wahrscheinlicher ist es, mit dem SW-Produkt beim Anwender gut anzukommen.

4.4.5 Überprüfung der Qualitätssicherung

Die Durchführung der organisatorischen Festlegung zur Qualitätssicherung und ihre Wirksamkeit auf die Produktqualität ist von Zeit zu Zeit zu prüfen. Dabei sollen nicht nur die wesentlichen Unterschiede der Realisierung der Qualitätssicherung zu den organisatorischen Festlegungen ermittelt werden, sondern auch die Schwachstellen, die in dem Verfahren zur Qualitätssicherung liegen. Je nach Umfang solcher Untersuchungen kann dafür ein *Qualitäts-Audit* – kurz Audit genannt – durchgeführt oder eine *Qualitätsgruppe* eingesetzt werden.

Qualitäts-Audit

Mit dem Qualitäts-Audit wird die ordnungsgemäße Anwendung der Qualitätssicherungsverfahren überprüft. Das Audit dient der Beurteilung der Einhaltung organisatorischer Festlegungen zur Qualitätssicherung sowie der Wirksamkeit dieser Festlegungen anhand objektiver Nachweise. Ein solches Audit dient *nicht* zum Nachweis der Produkt-(Erzeugnis-)Qualität.

Es gibt nachstehende Audits:

▷ Konfigurations-Audit,
▷ internes Audit,
▷ externes Audit.

Konfigurations-Audit

Das Konfigurations-Audit dient dem Nachweis, daß zu einer »Baseline« im Entwicklungsprozeß alle geplanten Konfigurationseinheiten vorhanden sind und sie ihren Anforderungen (Validation) genügen. Konfigurations-Audit ist ein Bestandteil des *Konfigurationsmanagements* und daher ein permanenter Prozeß in der Entwicklung. Mit Hilfe der Konfigurations-Audits lassen sich die Ergebnisse innerhalb des Entwicklungsprozesses besser überschauen und verfolgen.

Internes Audit

Das interne Audit ist ein Qualitäts-Audit, das in Organisationseinheiten eines Betriebs für ein Bezugsobjekt von Mitarbeitern anderer Organisationseinheiten vorgenommen wird.

Ziele des internen Audits sind:

▷ Objektiver Nachweis, daß nach den gültigen organisatorischen Festlegungen zur Qualitätssicherung gearbeitet wird,
▷ Prüfung der Qualitätssicherung auf richtiges Arbeiten,
▷ Beseitigen erkannter Schwachstellen zu unterstützen.

Interne Audits werden in regelmäßigen Abständen oder außerplanmäßig durchgeführt.

Externes Audit

Das externe Audit kann sich auf Fremdlieferanten erstrecken oder es kann von Kunden auf ein zu entwickelndes Produkt beim Hersteller vorgenommen werden. Ein solches Audit enthält im allgemeinen zwei wesentliche Ziele:

▷ Feststellung, ob die beim Hersteller angewandten Qualitätssicherungs-Richtlinien einem adäquaten Umfang zum Produkt entsprechen.
▷ Nachweis, daß die vorgegebenen Qualitätssicherungs-Richtlinien angewandt und eingehalten werden.

Bei einem Audit nach dem ersten Aspekt müssen bei der Durchführung vergleichbare Richtlinienvorgaben beim Veranlasser zur Erstellung eines entsprechenden Produkts vorliegen. Externe Audits erstrecken sich meist nicht nur auf die Qualitätssicherung für die Produktentwicklung, sondern auch auf die der Einführung beim Kunden (Installation), der Modifikation und des Reparaturprozesses.

Unterlagen für Audits

Grundlage für Audits sind die gesamten Qualitätssicherungs-Richtlinien der zu untersuchenden Organisationseinheit. Diese sind z. B.:

▷ QS-Richtlinien, interne Arbeitsanweisungen, Entwicklungshandbücher,
▷ Projekt- und produktbezogene Festlegungen, Projektpläne und -berichte, QS-Plan,
▷ mit Kunden besonders vereinbarte QS-Anforderungen,
▷ evtl. Audit-Berichte früherer Audits.

4.4 Qualitätssicherung

Planung des Audits

Interne Audits werden durch die Qualitätsstelle oder Qualitätsbeauftragten des Bereichs geplant. Nach entsprechenden Terminplanungen werden diese mindestens vier Wochen vor dem beabsichtigten Durchführungstermin mit der Leitung der einem Audit zu unterziehenden Organisationseinheit abgestimmt.

Die Durchführung externer Audits ist mit einer angemessenen Frist anzukündigen.

Audit-Team

Die für einen Audit notwendige Anzahl mitwirkender Personen und ihre Auswahl hängt vom Umfang des Audits und von der Breite des erforderlichen Fachwissens ab. Meist setzt sich das *Audit-Team* aus drei bis fünf Personen zusammen. Das Team wird gebildet aus Personen der Qualitätsstelle und aus Mitarbeitern anderer Organisationseinheiten. Bei internen Audits können auch Mitarbeiter von dem einem Audit zu unterziehenden Bereich berufen werden.

Die Mitglieder des Audit-Teams sollen folgende Voraussetzungen mitbringen:

▷ Vertrautheit mit der Technik des Audits (ggf. vorherige Einweisung),
▷ Kenntnisse der QS-Richtlinien,
▷ Kenntnisse und Erfahrungen hinsichtlich der angewandten Arbeitsverfahren und Arbeitsmittel,
▷ keine Verantwortung im zu untersuchenden Bereich.

Das Audit-Team wird von einem Teamleiter koordiniert; er bereitet das Audit vor, nimmt aktiv am Audit teil und ist für das Erstellen des Audit-Berichts verantwortlich. Der Teamleiter moderiert das Audit-Ergebnis; zum Vortragen können üblicherweise Teammitglieder benannt werden.

Audit-Programm

Der Teamleiter stimmt das *Audit-Programm,* das vom Audit-Team zusammengestellt wurde, mit dem Leiter der einem Audit zu unterziehenden Organisationseinheit ab. Das Audit-Programm enthält:

▷ die Zusammensetzung des Audit-Teams,
▷ einen groben Zeitplan,
▷ die zugrundeliegenden Unterlagen,
▷ die zu »auditierenden« Themenkomplexe, die den sachlichen Rahmen des Audits vorgeben.

Durchführung des Audits

Einführungsgespräch

Das Einführungsgespräch dient zur Information aller am Audit beteiligten Personen über:

▷ Mitglieder des Audit-Teams, ggf. Einteilung in Gruppen,
▷ Zielsetzung des Audits und der dem Audit zugrundeliegenden Unterlagen,
▷ zu »auditierende« Arbeitsabläufe, Arbeitsplätze und Unterlagen,
▷ ggf. Ergänzung des Audit-Programms durch Festlegung weiterer anzusprechender Personen.

Allgemeine Überprüfung der QS-Maßnahmen

Die allgemeine Überprüfung der QS-Maßnahmen mit den betroffenen Personen soll den objektiven Nachweis erbringen, daß

▷ die zutreffenden QS-Maßnahmen bekannt sind und durchgeführt werden,
▷ die einzelnen Tätigkeiten übereinstimmend mit den QS-Richtlinien ausgeführt werden,
▷ die vorgeschriebenen QS-Maßnahmen lückenlos und zweckmäßig sind (was sollte daran verbessert werden, was wird als hemmend betrachtet).

Stichpunktartig werden zusätzlich zum allgemeinen Überprüfen der QS-Maßnahmen einzelne Arbeitsplätze, Arbeitsabläufe oder Unterlagen zur Untersuchung ausgewählt.

Als Ergebnisse der Befragungen sind Abweichungen vom Soll der QS-Anforderungen festzuhalten und möglichst präzise zu formulieren. Sind Feststellungen nicht eindeutig als Abweichung zu definieren, so sind sie als Beobachtung festzuhalten.

In Tagesbesprechungen aller Mitglieder des Audit-Teams müssen die Feststellungen der Befragungen innerhalb eines Tages ausgewertet werden. Dabei sind nach Einigung des Audit-Teams die Abweichungen für den Audit-Bericht zu formulieren. Bei Unklarheiten sollten man mit den betroffenen Personen möglichst am nächsten Tag weitere Befragungen einplanen.

Audit-Bericht

Der Audit-Bericht soll die wesentlichen Punkte des Audits enthalten; er gilt vor dem Abschlußgespräch als Entwurf, nach dem Abschlußgespräch, ggf. nach Einbringen bestimmter Korrekturen als verbindlich.

Ein Audit-Bericht enthält vor allem:

▷ Zusammenfassung des Audit-Berichts mit den Angaben:
Einem Audit einbezogene Organisationseinheit und Zeitraum des Audits,
Audit-Teammitglieder,
Grundlage des Audits, Bezugsobjekt,
wesentliches Audit-Ergebnis,
Unterschriften der Teammitglieder,
▷ Einzelheiten der Abweichungen und Empfehlungen mit fortlaufender Numerierung,
▷ sonstige Beobachtungen, die nicht eindeutig als Abweichung zu definieren sind,
▷ Zuständigkeiten für das Beseitigen der Abweichungen, diese Angaben müssen mit dem Leiter der »auditierten« Organisationseinheit vereinbart werden.

Abschlußgespräch

Das Abschlußgespräch informiert den Leiter und die Verantwortlichen der »auditierten« Organisationseinheit über die Ergebnisse des Audits. Als Unterlage zum Abschlußgespräch dient der Entwurf des Audit-Berichts; er ist schon vor dem Abschlußgespräch dem Leiter der betroffenen Organisationseinheit auszuhändigen.

Das Abschlußgespräch soll enthalten:

▷ Durchsprache des Audit-Berichts,
▷ Diskussion zu den Abweichungen und Empfehlungen,
▷ Festlegung der Termine und Verantwortlichen für die Durchführung der Korrekturmaßnahmen,
▷ Festlegung eines Termins für ein Folgegespräch über die eingeleiteten Korrekturmaßnahmen von seiten der »auditierten« Organisationseinheit.

Qualitätsgruppen

Qualitätsgruppen stellen ein wirksames Mittel dar, innerhalb einer Organisationseinheit Abläufe, Arbeitsplätze, Methoden und Werkzeuge auf ihre Wirksamkeit zu untersuchen und daraus Verbesserungen zu erarbeiten. Auch ein in Entwicklung befindliches Produkt kann ein Objekt der Qualitätsgruppenarbeit sein, das es gilt, in seiner Struktur, Ausfallhäufigkeit, Einsatzvielfalt und dgl. zu optimieren.

Qualitätsgruppen bestehen im allgemeinen aus vier bis acht Mitarbeitern, die aus eigenem Interesse zusammenkommen, um Schwachstellen aus dem eigenen Bereich zu analysieren und Abhilfemaßnahmen zu erarbeiten. Eine Qualitätsgruppe soll sich besonders solchen Aufgaben widmen, die sie selbst am eigenen Arbeitsplatz, in der eigenen Dienststelle realisieren kann.

Vorgehen beim Einführen

Themen für Qualitätsgruppen können anläßlich einer Abteilungs- bzw. Dienststellenbesprechung festgelegt werden. Dazu ist je Thema ein Ansprechpartner zu benennen, der sich um geeignete Teilnehmer bemüht und die Gruppe zum Zusammentreffen der dazu gewonnenen Mitarbeiter führt. Beim ersten Treffen der Gruppe wird mit dem Vorgesetzten des Bereichs folgendes festgelegt:

▷ Zielsetzung, Aufgabenstellung und nötige Abgrenzung,
▷ Strukturierung von Teilaufgaben zur Vorbereitung für die nächsten Treffen,
▷ Häufigkeit der Treffen und Dauer,
▷ Auswahl der einzubeziehenden Fachexperten,
▷ Sprecher der Qualitätsgruppe.

Arbeitsweise

Bei den regelmäßigen Treffen arbeiten die Qualitätsgruppen selbständig, wobei sich folgende methodische Vorgehensweise empfiehlt:

▷ Probleme erkennen und aufgreifen,
▷ Ursachen der Probleme ermitteln,
▷ eigene Einflußmöglichkeiten feststellen,
▷ Lösungen suchen und bewerten,
▷ Maßnahmen zielgerichtet festlegen sowie
▷ Ergebnisse dokumentieren.

Das Ergebnis eines Zusammentreffens der Qualitätsgruppe sollte in einem Protokoll jeweils festgehalten werden. Hierdurch können sich Vorgesetzte und andere Stellen über den jeweiligen Arbeitsfortschritt informieren.

Das Endergebnis der Arbeit der Qualitätsgruppe ist mit der Aufgabendefinition, den Aufgabenträgern und dem voraussichtlichen Realisierungstermin zu dokumentieren.

4.4 Qualitätssicherung

Als Abschluß der Qualitätsgruppenarbeit sind von der Gruppe die Ergebnisse zu präsentieren und damit zur Entscheidung vorzulegen.

4.4.6 Qualitätskosten

Qualitätskosten stellen notwendige Informationen für die Unternehmensführung dar. Das klare Definieren der Qualitätskostenelemente und deren eindeutiges Erfassen sind Voraussetzung für eine aussagefähige Analyse von Schwachstellen –, um die Entwicklungs- und Produktionskosten zu optimieren. Jedes Unternehmen strebt danach, die Qualität seiner Produkte oder sonstiger Marktleistungen mit minimalen Kosten zu erreichen. Die Anforderungen an Umweltschutz, hohe Verfügbarkeit der Produkte, Produkthaftpflicht u. ä. stellen nicht nur Forderungen an die Produkte, sondern an alle unternehmerischen Tätigkeiten dar. Es ist deshalb unbestritten, daß jedes Unternehmen ein modernes Konzept der Qualitätssicherung haben muß.

Bei den Qualitätsinformationen sind zwar Fehlerzahlen, Zuverlässigkeitswerte, Verfügbarkeit usw. vorherrschend, für kostenoptimale Entscheide müssen auch Kosteninformationen verfügbar sein, also auch Qualitätskosten.

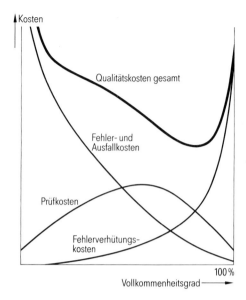

Bild 4.56 Aufteilung und Verlauf der Qualitätskosten

Arten und Definition der Qualitätskosten

Die Qualitätskosten werden heute übereinstimmend in

▷ Fehlerverhütungskosten,
▷ Prüfkosten sowie
▷ Fehler- und Ausfallkosten

unterteilt. Bild 4.56 zeigt den typischen Verlauf der einzelnen Qualitätskosten bezogen auf den Vollkommenheitsgrad.

Problematisch ist das Zuordnen der einzelnen Kostenelemente zu diesen drei Kostenkategorien. Bestimmte Kostenelemente sind eindeutig einer Kostenkategorie zuordnbar. Jedoch gibt es Fälle, bei denen das Kostenelement einmal der einen und einmal der anderen Kostenkategorie zugeordnet werden kann. Die nachfolgend beschriebenen Zuordnungen stellen daher eine allgemeine Orientierung dar.

Fehlerverhütungskosten

Unter Fehlerverhütungskosten fallen alle *fehlerverhütenden* und *vorbeugenden* Maßnahmen zur Sicherung der Produktqualität. Die Kosten entstehen im gesamten Betrieb, angefangen von der Entwicklung über Fertigung und Vertrieb bis hin zur Inbetriebnahme. Folgende Kostenelemente können der Fehlerverhütung üblicherweise zugeordnet werden:

▷ Qualitätsplanung – sofern sie von der Entwurfstätigkeit unterschieden werden kann,
▷ Qualitätslenkung,
▷ Inspektionen von Dokumenten,
▷ Prüfplanung,
▷ Kontrolle von Konstruktions- und Fertigungsunterlagen,
▷ Lieferantenbeurteilung,
▷ Erstellung technischer Liefer- und Abnahmebedingungen,
▷ Qualitäts-Audit,
▷ Qualitätsvergleiche mit Wettbewerbern,
▷ Maßnahmen zur Qualitätsförderung.

Prüfkosten

Prüfkosten fallen beim *Durchführen von Qualitätsprüfungen* an Produkten an. Im HW-Fertigungsbereich ist diese Zuordnung weitgehend eindeutig, anders ist dies bei der Entwicklung. Hier herrscht z. T. Unsicherheit, inwieweit das Testen von Prototypen oder von Software zu den Prüfkosten und damit zu den Qualitätskosten zu rechnen sind. Es versteht sich von selbst, daß zur Entwicklung Tests notwendig sind und im allgemeinen auch vom Entwickler oder in seinem Auftrag durchgeführt werden. Daher empfiehlt es sich, Tests dann als Qualitätskosten zu betrachten, wenn sie den Kompetenzbereich der Entwicklung verlassen. Als sinnvolle Trennung erscheint hierfür, den Systemtest als Grenze für die Zuordnung zu Qualitätskosten zu sehen. Alle Tests, die vor dem Systemtest durchgeführt werden, zählen somit nicht zu den Qualitätskosten. Den Prüfkosten sind somit folgende Kostenelemente zuzuordnen:

▷ Systemtestaufwendungen,
▷ Akzeptanztests,
▷ Wareneingangsprüfungen,
▷ Fertigungsprüfungen,
▷ Kundenabnahmeprüfungen,
▷ Laboruntersuchungen,
▷ Qualitätsgutachten,
▷ Meß- und Prüfmittelkosten,
▷ Instandhaltungskosten für Meß- und Prüfmittel,
▷ Dauer-, Last- und Wärmetests.

Fehler- und Ausfallkosten

Fehler- und Ausfallkosten entstehen durch Aufwendungen für das *Beseitigen von Fehlern*, für *Gewährleistungen* und *Erlösschmälerungen*, sie können nach dem Entdeckungsort in externe und interne Kosten aufgeteilt werden. Neben den Aufwendungen in Entwicklung und Fertigung gehören dazu auch die zuordenbaren Aufwendungen in Vertrieb und Service. Zu den Fehler- und Ausfallkosten sind folgende Kostenelemente zu rechnen:

▷ Fehleranalysen und Fehlerbeseitigungen mit Beginn der Systemtestphase,
▷ Einbringen von Korrekturversionen oder »Patches« beim Kunden,
▷ Wiederholungsprüfungen,
▷ Gewährleistungskosten,
▷ Produzentenhaftungskosten,
▷ Ausschußkosten,
▷ Nacharbeitskosten,
▷ Wertminderungen,
▷ Verwürfe,
▷ qualitätsbedingte Produktionsausfallzeiten.

Qualitätskostenerfassung

Für das Erfassen von Qualitätskosten wird vorausgesetzt, daß im Unternehmen eine Kostenarten-, Kostenstellen- und Kostenträgerrechnung vorhanden ist. Die Möglichkeit der Untergliederung der Kostenarten in Kostenelemente ist die Voraussetzung für eine aussagefähige Qualitätskostenerfassung.

Qualitätskosten als Lenkungsinstrument erfordern eine andere Gliederung als die betrieblichen Kosten. In der Praxis liegen nur wenige Qualitätskostenelemente isoliert vor. In einigen Bereichen ist daher eine Verteilung mit Hilfe eines Schlüssels auf die Qualitätskosten nötig.

Als oberster Grundsatz sollte auch hier gelten, die Qualitätskosten in solcher Genauigkeit zu ermitteln, daß sie als Lenkungsinstrument verwendet werden können. Dazu ist eine Planung nötig, welche Erwartungen an die Analyse der Qualitätskosten zu stellen sind.

Im Entwicklungsbereich können mit Hilfe zusätzlicher Angaben über die Entwicklungsphasen und Tätigkeiten genauere Aufschlüsselungen erreicht werden. Aufgeteilt auf die einzelnen Qualitätskostenkategorien ergibt sich die in Tabelle 4.3 gezeigte Qualitätskostenzuordnung in den einzelnen Entwicklungsphasen.

Für die einzelnen qualitätssichernden Tätigkeiten sind jeweils klare Definitionen nötig, damit von den kon-

Tabelle 4.3
Qualitätskostenzuordnung im Entwicklungsbereich

Entwicklungsphase Kostenkategorie	Analyse	Entwurf	Implementierung	Integration	Systemtest	Einsatz
Fehlerverhütungskosten (Inspektion)	×	×	×	×	×	
Prüfkosten (Test)					×	×
Fehler- und Ausfallkosten (Wartung)					×[1]	×

[1]) Fehleranalyse und -beseitigung durch Entwicklung

tierenden Mitarbeitern die Zuordnung hinreichend genau möglich ist. Bei dieser relativ genau detaillierten Kontierung reicht der Feinheitsgrad der Qualitätskostenzuordnung aus. Kontierungsfehler werden durch das Kollektiv von Kontierungen ausgeglichen, wenn nicht prinzipielle Kontierungsfehler begangen werden. Es ist deshalb erforderlich, daß das Kontieren auf Einhaltung dieser Prinzipien kontrolliert wird.

Unter *Wartung* wird im Entwicklungsbereich das Beseitigen von Definitions-, Entwurfs- und Programmier- bzw. Logikfehlern verstanden. Zur Wartung zählen nicht Leistungsmerkmalerweiterungen oder betriebliche und gesetzliche Anpassungen; diese sind den Entwicklungskosten hinzuzurechnen. Die übrigen Qualitätskosten im Entwicklungsbereich, wie z. B. Prüfplanung und Prüfmittelentwicklung für die Fertigung, Aufwendungen zur Qualitätslenkung, sind meist direkt über die Kostenstellen erfaßbar.

Ungenau bleiben die Kostenzuordnungen hierbei für Rechnerkosten und sonstigen Betriebsmitteln, da bei der Entwicklung diese sowohl für Entwicklungsarbeiten als auch für Wartung benutzt werden. Hierfür ist im allgemeinen eine anteilige Umrechnung vorzunehmen.

Im Fertigungsprozeß ist das Zuordnen der Qualitätskosten für die wesentlichen Teile über Kostenstellen erreichbar. Aber auch dort gibt es überschneidende Tätigkeiten, die einmal mehr der Fehlerverhütung als der Prüfung zuzuordnen sind. Auch bei den Fehlerkosten ergibt sich eine Überschneidung mit den Prüfkosten, weil Fehleranalyse und Prüfung nicht immer von unterschiedlichen Personen vollzogen werden. Soweit das betriebliche Geschehen es erfordert, hinreichende Differenzierungen für die Qualitätskosten zu erreichen, ist die Angabe der Tätigkeitsart wirksam genug, um genauere Aufschlüsselungen zu erhalten (siehe auch Kap. 2.5.5).

Als Qualitätskosten in Vertriebs- und Service-Abteilungen spielen besonders die Fehler- und Ausfallkosten eine interessante Größe für die Lenkung der Produktqualität. Hierfür sind Erfassungsdaten ggf. nach Produktgruppe, Bauteil-Nr., SW- oder HW-Störung zu unterscheiden.

Qualitätskostenanalyse

Periodische Zusammenstellungen der Qualitätskosten bilden die Grundlage für die *Qualitätskostenanalyse*. Hiermit kann man Schwerpunkte und Ursachen der Qualitätskosten feststellen. Zunächst sind die Schwerpunkte der Qualitätskosten für die einzelnen Kostenelemente zu ermitteln. Davon ausgehend müssen die wesentlichen Ursachen für diese Kosten erforscht werden. Dazu sind weitere Statistiken über Fehlerzahlen, Systemausfälle, Anzahl Ausschußprodukte und dgl. mit heranzuziehen. Die Erwartungen, die an die Analyse gestellt werden, sind bereits bei der Planung für Qualitätskostenerfassung im Abgleich mit den übrigen Statistiken zu berücksichtigen.

Die Kostenursachen kann man meist nicht einfach aus den vorhandenen Statistiken herausfinden; sie müssen daher oft durch aufwendige Untersuchungen ermittelt werden. Häufig sind einige wenige Ursachen für einen wesentlichen Teil der Qualitätskosten ausschlaggebend. Mit den entsprechenden Analysemethoden, z. B. der ABC-Analyse, können die Kostenschwerpunkte rasch ermittelt werden, um die Ursachenanalyse gezielt vorzunehmen. Von Fall zu Fall ist für die Ursachenanalyse ein »Qualitäts-Audit« durchzuführen. Dadurch werden auch gleichzeitig Vorschläge für Verbesserungen erarbeitet.

Qualitätskostenkennzahlen

Als *Qualitätskostenkennzahlen* bezeichnet man Verhältniszahlen, die die Qualitätskosten mit betrieblichen Leistungskennzahlen in Beziehung bringen. Solche Zahlen können für Kunden einen Maßstab für die Produktqualität ergeben, die im Zusammenhang mit den qualitätssichernden Maßnahmen betrachtet werden müssen. Gerade bei der Entwicklung größerer Systeme oder im Anlagenbau haben solche Werte mehr und mehr Bedeutung hinsichtlich der Produktqualität. In die *Lebenszykluskosten* (LCC) gehen hier wesentlich mit ein, wie hoch der Aufwand beim Hersteller und beim Kunden ist. Da der Kunde minimale Lebenszykluskosten will, muß der Hersteller auch Kosten, die beim Kunden anfallen, mitbetrachten.

Qualitätskennzahlen sind z. B.:

▷ Verhältnis von Qualitätskosten und bestimmte Qualitätskostenelemente zum Umsatz

▷ Verhältnis von Fehlerkosten zu Fertigungskosten

▷ Verhältnis von Fehlerkosten zu Entwicklungskosten

▷ Verhältnis von Wareneingangs-Prüfkosten zu Einkaufsvolumen

Aufgrund des Periodenvergleichs können Kostenverschiebungen gegenüber Vorperioden sichtbar gemacht werden; sie ermöglichen eine rasche Analyse der Auswirkungen eingeleiteter Verbesserungen oder sonstiger Maßnahmen.

Optimieren der Qualitätskosten

Wie bereits in Kapitel 4.4.2 ausgeführt, sind Fehler um so teurer, je später sie gefunden werden. Das Senken der Fehlerkosten muß durch Mehraufwand für die Fehlerverhütung und Prüfung erkauft werden. Es sind daher alle qualitätssichernden Maßnahmen auf ihre Wirtschaftlichkeit zu prüfen.

In der heutigen Betrachtung der LCC sind für den Kunden nicht mehr nur niedrige Anschaffungskosten wichtig, sondern der Kunde will bei Berücksichtigung seiner Anforderungen minimale Gesamtkosten. Somit betrachtet er die Kosten für Bereitstellung, Wartung, Betrieb und für die spätere Fehlerbeseitigung. Ihm geht es also um eine hohe *Gesamtwirtschaftlichkeit* der eingesetzten Produkte; diese kann in großem Umfang der Hersteller beeinflussen, weil er bei vorgegebenen Rahmenbedingungen im Rahmen der Produktplanung und -entwicklung Optimierungen vornehmen kann. Bild 4.57 zeigt die Änderung der Gesamtkosten eines Produkts bzw. Systems abhängig von der Verfügbarkeit.

Diese Kostenbetrachtung veranschaulicht wiederum, wie wichtig es ist, in den frühen Entwicklungsphasen die Weichen für die Produktentwicklung richtig zu stellen. Neben der Verfügbarkeit von entsprechendem Know-how ist einer intensiven Planung des Produkts – mit Durchführung der qualitätssichernden Maßnahmen – eine sehr große Bedeutung beizumessen. Ähnliches gilt für die Prüfungen bei der Fertigung, damit Fehler auf einer Baugruppe schon frühzeitig entdeckt werden.

Die Qualitätskostenplanung nimmt daher im Projektmanagement einen hohen Stellenwert ein. Beim Plan/Ist-Vergleich der Qualitätskosten dürfen nicht nur allein die Kosten betrachtet werden, sondern in die Betrachtung ist der erreichte Qualitätsstand mit einzubeziehen.

4.5 Projektdokumentation

So wie die *Produkt*dokumentation die gesamten Arbeitsergebnisse einer Entwicklung präsentiert, so spiegelt die *Projekt*dokumentation das gesamte Projektgeschehen wider. Ohne eine vollständige, durchgängige und aktuelle Projektdokumentation – die alle Projektpläne und Projektberichte umfaßt – kann ein Projektmanagement nicht wirkungsvoll arbeiten.

Voraussetzung für ein zielorientiertes Nutzen der Projektdokumentation ist aber eine praktikable Dokumentationsordnung. Neben dem Führen eines *Projekttagebuchs* bieten sich hierbei für den Aufbau von *Projektakten* – je nach Projektgröße und Einsatzbreite der Dokumentation – sehr unterschiedliche Ordnungsschemata an, die alle dieselbe Aufgabe haben, nämlich das Einordnen von Dokumenten und das Suchen nach Informationen zu erleichtern sowie den Verlust von Informationen zu verhindern.

4.5.1 Dokumentationsordnungen

Das Ergebnis einer Entwicklung umfaßt neben dem Erstellen von Prinzipmustern, Funktionsmustern und Prototypen auf der HW-Seite sowie von fertig ausgetesteten Programmen und Modulen auf der SW-Seite auch die Dokumentation dieser Entwicklungsobjekte. Hierbei ist – wie bereits erwähnt – zu unterscheiden zwischen der Produktdokumentation und der Projektdokumentation. Neben einer vollständigen und konsistenten Dokumentation des Produkts gewinnt die Dokumentation des Projektgeschehens immer mehr an Bedeutung, da die Projektdokumentation ganz eindeutig eine wichtige Voraussetzung für ein effizientes Projektmanagement ist.

Die *Produktdokumentation* enthält alle technischen Unterlagen des herzustellenden Produkts, die zur Ent-

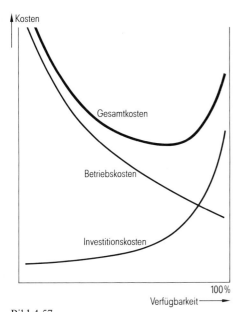

Bild 4.57
Gesamtkosten eines Produkts bzw. Systems in Abhängigkeit von der Verfügbarkeit

4.5 Projektdokumentation

wicklung und Fertigung sowie zum Einsatz und zur Betreuung des Erzeugnisses notwendig sind. Bei den technischen Unterlagen kann unterschieden werden, ob sie mehr *definierenden* oder mehr *beschreibenden* Charakter haben. Definierende technische Unterlagen dokumentieren das noch nicht existente Erzeugnis; hierzu zählen z. B. alle Entwicklungsunterlagen, die mit CAD-Verfahren erstellt worden sind. Beschreibende technische Unterlagen dokumentieren dagegen das mehr oder weniger bereits existente Erzeugnis; aufbauend auf den definierenden Unterlagen werden diese vornehmlich auf Bürosystemen – meist mit Grafikunterstützung – erstellt. Insgesamt muß bei der Produktdokumentation die größtmögliche Vollständigkeit angestrebt werden. Absolute Aktualität sollte hier selbstverständlich sein. Zur Produktdokumentation gehören Pflichtenhefte, Leistungsbeschreibungen, Spezifikationen, Programmlistings, Stromlaufpläne, Prüfunterlagen, Bauunterlagen und ähnliche von der Entwicklung erstellte Unterlagen.

Zur *Projektdokumentation* gehören demgegenüber Unterlagen für die Projektdefinition, für die Projektplanung, für die Projektkontrolle sowie für den Projektabschluß – also Unterlagen, die mehr das Projektgeschehen und den Projektablauf als das zu entwickelnde Produkt beschreiben. Wie in Bild 4.58 angedeutet, umfaßt die Projektdokumentation alle erstellten Projektpläne und Projektberichte.

Es gibt natürlich auch Unterlagen, die beiden Gruppen zugeordnet werden können, z. B. der Produktstrukturplan.

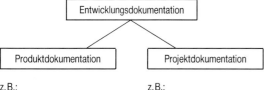

Bild 4.58   Entwicklungsdokumentation

Dokumentationsnormen

Für die Entwicklungsdokumentation, besonders für den SW-Entwicklungsbereich hat der Normenausschuß Informationsverarbeitung (NI) im DIN bereits einige Dokumentationsnormen verabschiedet und herausgebracht. Hierzu zählen:

DIN 66230   Programmdokumentation
DIN 66231   Programmentwicklungsdokumentation
DIN 66232   Datendokumentation
DIN 6789   Dokumentationssystematik, Aufbau Technischer Erzeugnis-Dokumentationen.

DIN 66230 beschreibt den Inhalt der Dokumentation von SW-Programmen. In sehr ausführlicher Form werden hier die einzelnen Positionen einer Programmdokumentation definiert und durch Beispiele erläutert. Ein Anhang stellt die systematische Gliederung eines Anwendungshandbuchs und eines datenverarbeitungstechnischen Handbuchs (DV-Handbuch) vor. Die Programmdokumentation nach dieser Norm entspricht damit einer vollständigen SW-*Produkt*dokumentation.

Demgegenüber enthält die in DIN 66231 beschriebene Programmentwicklungsdokumentation auch Teile aus einer *Projekt*dokumentation. In dieser Norm werden Aufbau und Inhalt der einzelnen Bestandteile einer Programmentwicklungsdokumentation aufgezeigt, die in die vier Unterlagengruppen Auftrag, Systemunterlagen, Bewertungsunterlagen und Entscheidungsprotokoll eingeordnet werden. Auch hier ist der jeweilige Dokumentationsinhalt anhand von Beispielen sehr ausführlich erläutert.

DIN 66232 beschreibt Aufbau und Inhalt einer Datendokumentation in Ergänzung zu den beiden vorstehenden Normen. Neben Begriffsdefinitionen enthält sie ein Formular für die Beschreibung von Datenobjekten.

DIN 6789 hat das Ziel, den formalen Aufbau technischer Dokumentationen für Erzeugnisse zu vereinheitlichen. Es werden einerseits die einzelnen Teile einer Erzeugnisdokumentation definiert und ausführlich erläutert; andererseits wird ein Vorschlag für den strukturellen Aufbau der Dokumentation gemacht.

Ordnungsschemata

Die einzelnen Bestandteile einer Projektdokumentation können nach mehreren Gesichtspunkten geordnet werden. So bietet sich für die freie Beschreibung des Projektgeschehens das Führen eines »Projekttage-

4.5.1 Dokumentationsordnungen

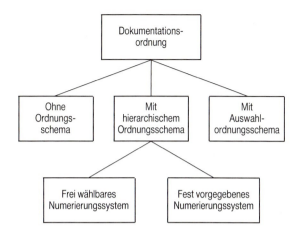

Bild 4.59
Möglichkeiten für die Dokumentationsordnung

Wird in einem Entwicklungsbereich bereits ein genormtes Sachnummernsystem für die Benummerung von Erzeugnissen und Unterlagen verwendet, so sollte man dieses auch als Dokumentationsschlüssel einsetzen. Die Ausarbeitung eines eigenen Nummernsystems sollte also möglichst vermieden werden.

Für die Identifikation von umfangreichen Dokumentationsobjekten wie z. B. Kundendokumentationen, Verfahrensbeschreibungen, Wartungshandbüchern hat sich in einigen Bereichen bereits die Verwendung eines Strichcodes (SC) gemäß dem bekannten »Barcode« durchgesetzt. Diese Unterlagenidentifikation ist aber nur angebracht, wenn ein maschinell optisches Lesen des Dokumentationsschlüssels gewünscht wird, wie z. B. in Fachbibliotheken.

Als Leitlinie für eine vollständige und nicht überladene Projektdokumentation sollte aber in allen Fällen gelten:

▷ So aktuell wie möglich,
▷ so umfangreich wie notwendig und
▷ stets mit identifizierbarem Stand.

Bei sehr großen Entwicklungsprojekten kann die Dokumentation einen solch großen Umfang annehmen, daß ein eigenes *Dokumentationsmanagement* eingerichtet werden muß; dieses umfaßt dann ähnliche Funktionen für die Dokumentationen wie ein Konfigurationsmanagement für die Entwicklungsergebnisse – es kann sogar in diesem eingebunden sein.

buchs« an; andererseits sind für die mehr formale Beschreibung in Form einer »Projektakte« zwei grundsätzlich verschiedene Ordnungsprinzipien möglich, die *hierarchische* Ordnung sowie die *Auswahl*ordnung. Bei einem hierarchischen Ordnungsschema kann außerdem das Nummernsystem entweder frei gewählt werden oder fest vorgegeben sein. In Bild 4.59 sind die Möglichkeiten einer Dokumentationsordnung zusammengestellt.

Dokumentationsschlüssel

Neben einem Nummernsystem für das gewählte Ordnungsschema, welches die »Registernummern« der Dokumentation vorgibt, ist meist noch ein eindeutiges Identifikationskriterium für jedes einzelne Dokument notwendig. Hierfür muß dann ein »Dokumentationsschlüssel« definiert werden; dieser kann sehr unterschiedlich aufgebaut sein und folgende Angaben enthalten:

▷ Dokumentationsart,
▷ Projektzugehörigkeit,
▷ Kennzeichen für die Entwicklungsphase,
▷ Zuordnung zum Projektstrukturplan,
▷ Zuordnung zum Produktstrukturplan,
▷ laufende Nummer,
▷ Dokumentationsstatus.

In Bild 4.60 ist ein aus der Entwicklungspraxis gewähltes Beispiel für die Definition eines Dokumentationsschlüssels wiedergegeben.

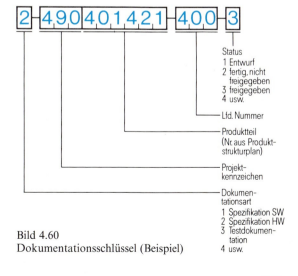

Bild 4.60
Dokumentationsschlüssel (Beispiel)

4.5 Projektdokumentation

Insgesamt darf die Projektdokumentation nicht zum Selbstzweck werden, sondern es ist nur der Grad Projektdokumentation zu erzeugen, der für eine effiziente Projektführung unerläßlich ist.

4.5.2 Projekttagebuch

Bei vielen durchgeführten Projekten hat es sich als sehr vorteilhaft erwiesen, das gesamte Projektgeschehen in einem »Projekttagebuch« festzuhalten. Hierbei ist das Beschreiben bestimmter Projektereignisse an keine Form gebunden.

Die Eintragungen in das Projekttagebuch geschehen handschriftlich, am besten mit Kugelschreiber o. ä., wobei auch beliebige manuelle Zeichnungen und Skizzen aufgenommen werden können. Es sollte alles, was für das Projekt irgendwie erwähnenswert ist, enthalten. Das Projekttagebuch hat die Funktion eines »Projektlogbuchs«.

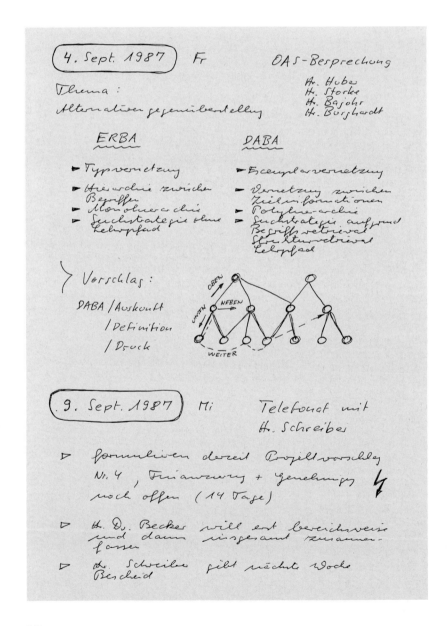

Bild 4.61
Projekttagebuch (Auszug)

Im wesentlichen sollte eine Eintragung enthalten:

▷ Thema bzw. Ereignis als Stichwort und Überschrift,
▷ Datum (mit Wochentag),
▷ Uhrzeit (falls sinnvoll),
▷ Ortsangabe (falls sinnvoll),
▷ Namen von Beteiligten,
▷ ausführliche Beschreibung,
▷ eventuell Skizzen.

Das Projekttagebuch muß aber einige formale Grundvoraussetzungen erfüllen: So sollte es gebunden (als Buch) vorliegen, um das Herausnehmen oder Einfügen von Seiten weitgehend zu verhindern. Zusätzlich bietet es sich an, die Seiten durchzunumerieren. Das Projekttagebuch soll also »nicht löschbare« Informationen enthalten, auch wenn sie sich später als nicht relevant, nicht aussagekräftig oder nicht ganz zutreffend erweisen.

Für das Führen eines Projekttagebuchs ist ein Mitglied der Projektgruppe zu ernennen; dieses nimmt dann die Eintragungen in das Tagebuch vor. Anderen Projektbeteiligten ist das eigenständige Eintragen auch erlaubt, wobei aber der Urheber der Eintragung zu vermerken ist. Das Projekttagebuch muß für jeden Interessierten einsehbar sein. Zurückhalten von Informationen ist nicht zulässig.

Als Beispiel ist in Bild 4.61 ein Seitenauszug aus einem solchen Projekttagebuch wiedergegeben.

Vieles, was zwischen Auftraggeber und Auftragnehmer abgesprochen werden muß und seinen Niederschlag nicht in irgendwelchen formalen Projektdokumenten findet, kann man in einem derartigen Projekttagebuch aufnehmen. Wenn später Unklarheiten oder Mißverständnisse bei der Beurteilung bestimmter Projektgegebenheiten auftreten, so kann das Projekttagebuch eine gute Unterstützung bieten bei der Klärung früher gemachter Vereinbarungen, die z. B. nur mündlich und telefonisch getroffen worden sind.

4.5.3 Projektakte mit hierarchischer Ordnung

Die Projektakte dient als zentrale Sammeleinrichtung für alle Projektdokumente; sie nimmt alle Projektpläne und Projektberichte in ihrem jeweils aktuellen Stand gemäß einem definierten Ordnungsschema auf. Hierbei kann die Projektakte in Form von Büroordnern vorliegen oder als Datenbank auf einem Personal Computer bzw. Großrechner gespeichert sein. Nicht die Aufbewahrungsform ist ausschlaggebend, sondern das klar vorgegebene Ordnungsschema, nach dem die einzelnen Projektdokumente eindeutig abgelegt und schnell wiederauffindbar gemacht werden können. Natürlich ist auch die leichte Reproduzierbarkeit abgelegter bzw. abgespeicherter Projektdokumente sehr wichtig.

Für das Festlegen eines hierarchischen Ordnungsschemas gibt es zwei Vorgehensweisen: entweder wird das Nummernsystem für die Dokumentationsordnung projektspezifisch frei gewählt oder es ist ein (hierarchisch aufgebautes) Nummernsystem vorgegeben, in das die Dokumente einzuordnen sind.

Fest vorgegebene Dokumentationsstruktur

In Bild 4.62 ist ein Auszug aus einer fest vorgegebenen Dokumentationsstruktur wiedergegeben, wie sie in einem Entwicklungsbereich für Anwendersoftware entworfen worden ist.

Klassifikations-Nr.	Dokumentationskomplex	Seite
1	**Auftragsdokumentation**	
1.1	**Auftragsunterlagen**	
1.1.1	Entwicklungsanträge/Änderungsanträge	
1.1.2	Anforderungen/Pflichtenheft	
1.1.3	Anregungen/Vorschläge	
1.1.4	Untersuchungsberichte	
1.2	**Produktbetreuungsunterlagen**	
1.2.1	Einführungsplan	
1.2.2	Schulungsplan	
1.2.3	Betreuungsplan	
1.2.4	Konfigurationsplan	
1.2.5	Überlassungsvereinbarungen	
1.2.6	Schriftverkehr	
1.2.7	Besprechungsprotokolle	
1.3	**Freigabe- und Änderungsunterlagen**	
1.3.1	Freigabemitteilung	
1.3.2	Freigabeprotokoll	
1.3.3	Übergabeprotokoll	
1.3.4	Änderungsmitteilung	
1.3.5	Programmänderungsprotokoll	
1.3.6	Programmnummernverzeichnis	
1.3.7	Abschlußberichte	
1.3.7.1	Prüfpaß der Revision	
1.3.7.2	Testergebnis Abnahmetest	
1.3.7.3	Testergebnis Probebetrieb	

Bild 4.62
Fest vorgegebene Dokumentationsstruktur (Auszug)

4.5 Projektdokumentation

Bei einer fest vorgegebenen Dokumentationsstruktur sind die einzelnen Kapitel bzw. Register *vorab* – häufig in einer eigenen Dokumentationsrichtlinie – festgelegt und dabei auf einen theoretisch möglichen Maximalausbau ausgerichtet.

Hierbei kommt es natürlich vor, daß ein Register ($\triangleq$ Klassifikationsnummer) keine Dokumente enthält und leer bleibt. Durch den Maximalanspruch kann ein solches Nummerngebäude leicht überladen und damit unübersichtlich werden, da viele Nummern wegen des Ordnungsprinzips »mitgeschleppt« werden müssen.

Die wesentlichen Vorteile einer fest vorgegebenen und hierarchischen Dokumentationsstruktur sind einerseits die Möglichkeit der *unmittelbaren Anwendung* – irgendein zusätzlicher Anpassungsaufwand ist also nicht notwendig –, andererseits die Gewähr der *Vollständigkeit* in der Dokumentation. In Entwicklungsbereichen mit vielen gleichartigen und gleichgroßen Projekten ist daher eine solche Dokumentationsstruktur empfehlenswert, da bei einer gleichförmigen Projektewelt nur vereinzelt überflüssige Kapitelnummern mitgeschleppt werden müssen.

Freie hierarchische Dokumentationsstruktur

In vielen Fällen bietet es sich an, das Nummernsystem projektbezogen zu wählen, d. h., projektspezifisch nur die wirklich benötigten Dokumentationskapitel zu definieren und dann in eine eigene hierarchische Ordnung zu bringen. Für diese Vorgehensweise ist in Bild 4.63 ein Beispiel wiedergegeben, wie es in der Praxis für die Durchführung kleinerer Entwicklungsprojekte verwendet wird.

---

1 Projektdefinition
1.1 Projektsteckbrief
1.2 Produktblatt
1.3 Projektorganisation
1.4 Antragsunterlagen
    1.4.1 Projektauftrag
    1.4.2 Aufwandsschätzung
    1.4.3 Wirtschaftlichkeitsnachweis
    1.4.4 Änderungsanträge
1.5 Entscheidungsunterlagen
    1.5.1 EI-Präsentationsunterlagen
    1.5.2 EI-Protokolle
    1.5.3 Prioritätenliste

2 Projektplanung
2.1 Arbeitspaketplanung
    2.1.1 Projektstrukturplan
    2.1.2 Arbeitspaketbeschreibung
    2.1.3 Phasen-/Meilensteinplanung
2.2 Terminplanung
2.3 Kostenplanung
    2.3.1 Kostenstruktur
    2.3.2 Kostenverteilung
2.4 Personalplanung
    2.4.1 Mitarbeitereinsatzplanung
    2.4.2 Aus- und Weiterbildung
2.5 Betriebsmittelplanung
    2.5.1 Investitionen
    2.5.2 Test-/Prüfanlagen
    2.5.3 Eingesetzte Werkzeuge/Verfahren
    2.5.4 Richtlinien/Auflagen
2.6 Qualitätsplanung
2.7 Krisenplanung

3 Projektkontrolle
3.1 Aufwands- und Kostenüberwachung
3.2 Terminüberwachung
3.3 Qualitätsüberwachung

4 Projektdurchführung
4.1 Projektberichte
    4.1.1 Monatsberichte
    4.1.2 Projektstatusberichte
    4.1.3 Inspektions-/Testberichte
4.2 Aufgabenbeschreibungen
    4.2.1 Mitarbeiterbezogene Aufgabenbeschreibungen
    4.2.2 Unteraufträge
4.3 Projektunterlagen
    4.3.1 Präsentationsunterlagen
    4.3.2 Aufwandserfassungsbelege
    4.3.3 Rechnungen
    4.3.4 Projekttagebuch
    4.3.5 Bibliotheksverzeichnis
    4.3.6 Verteilerkreise
4.4 Schriftwechsel
    4.4.1 Entscheidungsinstanz
    4.4.2 Beratungsausschuß
    4.4.3 Anwender
    4.4.4 Sonstiger Schriftwechsel

5 Projektabschluß
5.1 Abnahme
    5.1.1 Freigabemitteilung
    5.1.2 Betreuungsvereinbarung
5.2 Abweichungsanalyse
5.3 Erfahrungsdaten
5.4 Projektauflösung

Bild 4.63   Freie hierarchische Dokumentationsstruktur (Beispiel)

Bei der freien hierarchischen Dokumentationsstruktur werden für jedes Projekt individuell die einzelnen Dokumentationskapitel definiert; es gibt also kein überflüssiges »Leer-Kapitel«.

Sehr vorteilhaft bei dem freien hierarchischen Nummernsystem sind Übersichtlichkeit und gute Anpassungsmöglichkeit an benutzerspezifische Strukturierungswünsche. Dies führt natürlich zwangsläufig dazu, daß jedes Projekt seine eigene Dokumentationsstruktur für die Projektakte hat. Beim Gegenüberstellen mehrerer Projekte ist dadurch der schnelle Vergleich einzelner Projektdokumente aus unterschiedlichen Projektakten schwierig. Auch können aufgrund der freien Wahl der hierarchischen Struktur leicht relevante Punkte bei der Projektakte übersehen werden. Das nachträgliche Einarbeiten fehlender Kapitel ist dann bei der hierarchischen Struktur immer unerfreulich.

DIN-Dokumentationssystematik

Schließlich sei noch auf DIN verwiesen. In der bereits weiter oben erwähnten DIN 6789 wird eine Dokumentationssystematik für den Aufbau technischer Erzeugnis-Dokumentationen vorgeschlagen, die eine hierarchisch aufgebaute Dokumentationsgliederung im Sinn einer *Stücklistenordnung* vorgibt. Als Gliederungsebene enthält sie:

▷ Dokumenten-Hauptgruppe
▷ Dokumenten-Gruppe
▷ Dokument.

Dokument-Hauptgruppen sind innerhalb einer technischen Dokumentation z. B. die Bedienungsanleitungen, die Einzelteil- und Gruppenzeichnungen sowie die Schaltpläne.

In Bild 4.64 ist das Strukturbild für diese DIN-Dokumentationssystematik wiedergegeben.

Wie aus dem Bild ersichtlich, liegt jeder Dokumentationsebene eine *Dokumentenliste* vor, in der die einzelnen Dokumentationsobjekte der nächsten Ebene (Dokumente, Gruppen bzw. Hauptgruppen) explizit aufgeführt sind; sie fungiert als Art Inhaltsverzeichnis und stellt gewissermaßen die »Packliste« für die in ihr aufgeführten Dokumente dar. Das Überspringen einzelner Strukturstufen ist ausdrücklich vorgesehen.

Bei Großprojekten ist das hierarchische Ordnungsprinzip sicherlich der einzig sinnvolle Weg, um zu einer transparenten Strukturierung der Projektakte zu gelangen, die wegen der Projektgröße in diesen Fällen meist auch einen beachtlichen Umfang annimmt.

Handelt es sich dagegen um den Aufbau von Projektakten kleinerer Projekte und wird außerdem eine bequeme Vergleichbarkeit der unterschiedlichen Pro-

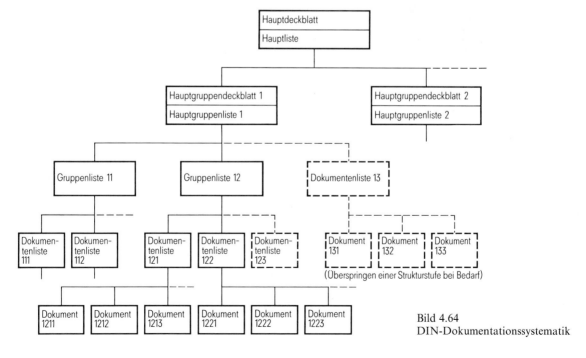

Bild 4.64
DIN-Dokumentationssystematik

jektdokumentationen gewünscht, so bietet sich das Prinzip der Auswahlordnung an, wie sie in Kap. 4.5.4 beschrieben wird. Hier ist wohl ein festes Grundschema vorgegeben, aus dem aber durch gezieltes Ankreuzen eine »normierte« Kapitelauswahl für die Projektakte vorgenommen werden kann.

4.5.4 Projektakte mit Auswahlordnung

In Entwicklungsbereichen, in denen mehr kleinere Projekte durchgeführt werden, hat es sich i. allg. als zu aufwendig erwiesen, für jedes Projekt (und Produkt) ein eigenes Ordnungsschema für die Projektdokumentation (und für die Produktdokumentation) zu definieren. Bei den immer wiederkehrenden Überlegungen zum richtigen Gliedern einer Dokumentation wurden häufig einzelne Dokumentationspunkte übersehen, deren nachträglicher Einbau in ein hierarchisches Ordnungsschema dann kaum mehr möglich war. Auch war es ein Ärgernis, daß bestimmte Dokumentationsbestandteile in den einzelnen Dokumentationskompendien, wie Pflichtenhefte, Leistungsbeschreibungen und Benutzerbeschreibungen, unter unterschiedlichen Kapitelnummern in fast identischer Ausprägung aufgenommen werden mußten.

Für die vorgenannten Fälle bietet es sich an, die Projektakte nicht nach einem hierarchischen Ordnungsschema, sondern nach einer »Auswahlordnung« aufzubauen.

Prinzip der Auswahlordnung

Auswahlordnung bedeutet in diesem Zusammenhang, daß ein Grundschema als Maximalmenge der zu erstellenden Dokumentation für alle Projekte in einem abgeschlossenen Entwicklungsbereich vorgegeben ist. Zu den einzelnen Abschnitten einer Projektdokumentation, wie:

▷ Projektorganisation,
▷ Projektanforderungen,
▷ Projektplanung,
▷ Projektdurchführung,
▷ Qualitätssicherung,
▷ Schriftverkehr und
▷ sonstiges (Anregungen, Präsentation, Schulung, Literatur)

werden alle (theoretisch) möglichen Dokumente in einem listenförmigen Verzeichnis aufgezählt. Aus dieser Maximalmenge wird durch Ankreuzen in einem zugehörigen *Auswahlverzeichnis* eine projektadäquate Untermenge gebildet. Dieses Auswahlverzeichnis übernimmt gleichzeitig die Funktion einer Checkliste, mit der die Vollständigkeit der spezifischen Dokumentationsauswahl überprüft werden kann; anhand des Übersichtsblatts erkennt man auf einen Blick, welche Dokumente für das vorliegende Projekt relevant sind und welche ausgespart wurden bzw. noch fehlen.

Beispiel eines Auswahlverzeichnisses

Bild 4.65 veranschaulicht ein solches Auswahlverzeichnis für Projektdokumente, wie es im Rahmen einer Dokumentationsordnung für Rationalisierungsprojekte im OA-Bereich unter der Bezeichnung DOKORD verwendet wird. Die ausgewählten Dokumente sind mit x gekennzeichnet. Das Prinzip der hier gewählten Auswahlordnung ist – mit entsprechenden Anpassungen – in jedem anderen Entwicklungsbereich genauso sinnvoll einsetzbar.

Anwendungsspezifische Auswahlverzeichnisse

DOKORD umfaßt neben dem gezeigten Ordnungsschema für die Projektdokumentation auch ein solches für die Produktdokumentation; bei diesem wird noch unterschieden zwischen den eigentlichen Produktdokumenten (Studie, Systemanforderungen, System- und Komponentenbeschreibung etc.) sowie den Review-, Test- und Optimierungsdokumenten.

DOKORD ist weitgehend hierarchiefrei und kann damit leicht an die jeweilige Produktstruktur und auch an die Projektstruktur angepaßt werden (die Strukturen werden in den Dokumenten selbst abgebildet). Weiterhin gibt es keine Dokumentationen, die allein für bestimmte Zielgruppen (Entwicklung, Produktion, Vertrieb, Kundendienst) zu erstellen sind, was nicht ausschließt, daß einzelne Dokumente redaktionell überarbeitet werden müssen, wenn sie für eine bestimmte Zielgruppe noch nicht verständlich sind. Stattdessen gibt es nur noch *eine* Gesamtdokumentation, aus der man mit Hilfe spezieller zusätzlicher Auswahlverzeichnisse für bestimmte Zielgruppen Dokumentationszusammenstellungen anfertigen kann. Als solche anwendungsspezifische Auswahlverzeichnisse werden von DOKORD die nachstehend aufgeführten vorgeschlagen. Selbstverständlich kann man darüber hinaus weitere benutzereigene Verzeichnisse definieren.

Auswahlverzeichnisse für Phasenabschlüsse

▷ Phasenabschluß für Projektvorschlag
▷ Phasenabschluß Planung I
▷ Phasenabschluß Planung II
▷ Phasenabschluß Realisierung I
▷ Phasenabschluß Realisierung II

4.5.4 Projektakte mit Auswahlordnung

Auswahlverzeichnisse für Konzepte

▷ Projektvorschlag
▷ Fachliches Grobkonzept
▷ Fachliches Feinkonzept
▷ DV-Grobkonzept
▷ DV-Feinkonzept

Auswahlverzeichnisse für Produktbeschreibungen

▷ System (logische Sicht)
▷ DV-System

Auswahlverzeichnisse für zielgruppenorientierte Dokumentationen

▷ Abwicklung
▷ Anwendung
▷ Betreuung
▷ DV-Komponenten-Entwicklung
▷ Modul-Entwicklung
▷ Interessenten
▷ Entscheider/Berater
▷ RZ-Bedarfsplanung
▷ Revision

```
Projekt-Dokumente

(x)  Projektblatt                              A01   Projekt-
(x)  Produktblatt                              A02   organisation
( )  Verteiler                                 A03
(x)  Projektauftrag                            A04
(x)  Wirtschaftlichkeitsnachweis               A05
( )  Entscheider- / Beraterprotokoll           A06
( )  Unterauftrag                              A07
( )  Überlassungsvereinbarungen                A08
( )  Betreuungsvereinbarungen                  A09
(x)  Freigabemitteilung / -Protokoll           A10
( )  Projektbibliotheken                       A11

( )  Anwender-Anforderungen                    A21   Projekt-
(x)  Prioritätenliste                          A22   anforderungen
( )  Änderungsantrag / Fehlermeldung           A23

(x)  Projektdurchführungsplan                  A31   Projekt-
(x)  Projektmittelbedarf                       A32   planung
( )  Betriebsmittelbedarf                      A33
( )  Krisenplan                                A34
(x)  Schulungsplan                             A35

(x)  Projektstatusbericht                      A41   Projekt-
( )  Projekttagebuch                           A42   durchführung
(x)  Aufwandserfassung                         A43
(x)  Kostenübersicht                           A44
( )  Installationsangaben                      A45

( )  Qualitätsanforderungen                    A51   Qualität
(x)  Qualitätssicherung                        A52
( )  Kontroll- und Sicherungssystem            A53
( )  Revisionsprüfpaß                          A54

(x)  Schriftverkehr / Besprechungsprotokoll    A61   Schriftverkehr

( )  Anregungen / Vorschläge (Zettelkasten)    A71   Anregungen

( )  Präsentations-Unterlagen                  A81   Präsentation
( )  Schulungs-Unterlagen                      A82   Schulung
( )  Literatur-Verzeichnis                     A83   Literatur
```

			Sept. 1983	D O K O R D		
			K OA 1 Ref			A00
01		010983 Moe	SIEMENS AG	Projekt-Dokumente		1-

Bild 4.65
DOKORD-Auswahlverzeichnis

Diese anwendungsspezifischen Auswahlverzeichnisse enthalten neben den Produkt- und anderen Realisierungsdokumenten auch die erforderlichen Projektdokumente. So sind z. B. in den Auswahlverzeichnissen für die einzelnen Phasenabschlüsse verständlicherweise fast alle Projektdokumente vertreten. Hierbei ist die Dokumentationsordnung leicht an andere Phasenpläne (Meilensteine) anzupassen, da nur die entsprechenden Verzeichnisse ausgewechselt werden müssen.

Dokumentationszusammenstellung

Im Rahmen der DOKORD-Dokumentationsrichtlinie werden zu mehreren Einzeldokumenten Entwürfe für die äußere Form vorgestellt, sei es als Formular, als Vordruck oder nur als Grafikbeispiel. Diese Formvorschläge sind für die Anwendung der Dokumentationsordnung selbst allerdings nicht bindend.

Auch das eigentliche Erstellen der einzelnen Dokumente kann beliebig vorgenommen werden; sei es, daß man die Dokumente auf herkömmliche Weise manuell erstellt (z. B. Schreibmaschine, Zeichenbrett), oder aber, daß sie »maschinell« erzeugt werden (z. B. DV-Verfahren, Grafikarbeitsplatz).

Für das maschinelle Aufbereiten und Verwalten der Projekt- und Produktdokumentation steht im Rahmen von DOKORD auch ein BS2000-gestütztes Werkzeug zur Verfügung, mit dem die einzelnen Dokumente unmittelbar in der vorgeschlagenen Form erstellt, verwaltet und später auch wieder ausgegeben werden können.

Entsprechend dem Projekt- und Produktfortschritt füllt sich der jeweilige »Dokumentenpool«, der zu einem Gesamtverzeichnis gehört. Eine anwendungsspezifische Einzeldokumentation kann nun – im Prinzip zu jedem Zeitpunkt – gemäß dem zugehörigen Auswahlverzeichnis aus diesen Dokumentenpool *zusammengestellt* werden. In Bild 4.66 ist ein Beispiel für die Zusammenstellung einer Dokumentation zum Phasenabschluß »Realisierung I« dargestellt. Diese Phasenabschlußdokumentation enthält sowohl einige für den Phasenabschluß relevante Projektdokumente als auch Produkt- und Realisierungsdokumente, die zur Projektbeurteilung auf der Phasenentscheidungssitzung herangezogen werden.

Der Vorteil der Einheitlichkeit bei Projektakten mit solchen Auswahlordnungen wird natürlich mit einem Mangel an Übersichtlichkeit bei einer realen Ausprägung einer zielgruppenorientierten Dokumentation erkauft. Die Einzeldokumente müssen schließlich ohne gesonderte Anpassungen in jede Dokumentationszusammenstellung (z. B. Leistungsbeschreibung, Verfahrensbeschreibung, Benutzerbeschreibung) »hineinpassen«.

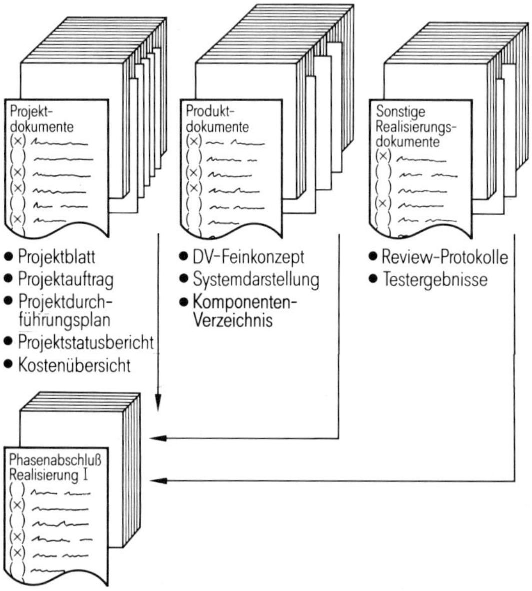

4.6 Projektberichterstattung

Grundvoraussetzung für eine optimale Projektdurchführung ist das transparente Aufbereiten der Projektinformationen und das gezielte Verteilen an alle Projektbeteiligten. Die Zuleitung der Projektinformationen darf nicht dem Zufall überlassen bleiben; in einem Projekt haben die Projektmitarbeiter und -beteiligten i. allg. kaum Zeit für eine Informationssuche und geduldige Informationssammlung. Das jeweilige Informationsbedürfnis muß vielmehr möglichst automatisch – und vollständig – befriedigt werden, d. h. innerhalb der Informationshierarchie sind die strategische, die dispositive und die operative Ebene gleichermaßen nutzungsadäquat mit Informationen zu versorgen. Man spricht hier von *Informationsmanagement*. Die einzelnen Informationswege sind also sorgfältig zu planen und während der Projektdurchführung gezielt mit Projektinformationen zu beliefern. Das Informationssystem kann zwar personell betrieben werden; eine DV-Unterstützung ist aber sehr vorteilhaft, wenn

Bild 4.66   Zusammenstellen einer Einzeldokumentation

man bei größeren und komplexen Projekten aus zahlreichen Daten und Fakten schnell eine benutzergerechte Informationsauswahl treffen und eine große Anzahl Projektbeteiligter beliefern muß.

Leider wird gerade bei der Projektberichterstattung noch viel zu viel manuell getätigt. Der Grund kann nicht darin liegen, daß geeignete Instrumentarien fehlen, sondern darin, daß man teilweise die einfache Veränderbarkeit von Projektinformationen bei manueller Berichterstattung nicht aufgeben möchte. Nur ein DV-gestütztes Projektführungssystem mit einer umfassenden Projektdatenbasis gewährleistet einen vollständigen, objektiven und nicht manipulierbaren Informationsfluß im Projekt.

4.6.1 PM-Berichtswesen

Das PM-Berichtswesen regelt und sichert den nutzungsgerechten Informationsfluß während des gesamten Projektablaufs. Hierzu sind alle Projektbeteiligten gemäß ihrer individuellen Informationsbedürfnisse einzubeziehen. Das PM-Berichtswesen muß damit:

▷ Informationswege aufzeigen,
▷ Informationsbedürfnisse feststellen,
▷ Informationskanäle festlegen und
▷ Berichtszeiträume bestimmen.

Mit dem PM-Berichtswesen wird i. allg. das Projektbüro beauftragt, weil dort alle relevanten Informationen zusammenfließen und das Projektbüro die Informationen am rationellsten verteilen kann.

Informationswege

Es gibt interne und externe Projektbeteiligte, die als Informationsempfänger auf jeweils unterschiedliche Art an den Projektinformationen partizipieren wollen (Bild 4.67).

Zu den *projektinternen* Informationsempfängern gehören die Projektleitung und die Projektmitarbeiter, wobei die letzteren nicht nur über ihren eigenen Projektausschnitt, sondern auch über den Gesamtprojektstand informiert werden sollten. Gute Informationen gerade in diesem Bereich fördert die Motivation ganz erheblich und steigert auch die Kooperationsbereitschaft.

Den *projektexternen* Projektbeteiligten gegenüber besteht eine besonders sorgfältige Informationspflicht, da einerseits beim Auftraggeber und bei der Bereichsleitung die endgültige Projektentscheidung liegt und andererseits die Partner und Unterauftragnehmer sowie die zentralen Dienstleistungsstellen nur aufgrund

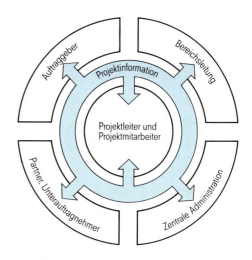

Bild 4.67   Informationsempfänger eines Projekts

ausreichender Information dem Projekt effizient zuarbeiten können. Auch hier können sich Mängel in der Berichterstattung sehr nachteilig auf das Gesamtprojekt auswirken.

Informationsbedürfnisse

Das Informationsbedürfnis der Empfänger unterscheidet sich entsprechend ihrer Funktion im Projekt ganz erheblich voneinander und zwar in der

▷ Detaillierung,
▷ Vollständigkeit,
▷ Aktualität,
▷ Häufigkeit und
▷ Darstellungsform.

Der einzelne Projektmitarbeiter benötigt z. B. viel detailliertere Projektinformationen als der obere Führungskreis, allerdings über einen kleineren Projektausschnitt als jener. Dem oberen Führungskreis müssen dagegen – stark verdichtete – Informationen über das Gesamtprojekt zur Verfügung stehen. Eng mit dem Detaillierungsgrad hängt die Vollständigkeit der Berichterstattung zusammen. Der Projektleiter benötigt eine lückenlose Aufzeichnung aller Projektparameter; demgegenüber genügen dem Auftraggeber z. B. einige globale Projektdaten. Auch in der Aktualität und Häufigkeit hat die Projektleitung die höchsten Ansprüche an die Projektberichterstattung. Die Form der Informationsdarstellung hängt ebenfalls stark von dem jeweiligen Nutzerkreis ab. Für mehr planerische Tätigkeiten auf höherer Ebene eignen sich besonders grafische Darstellungsformen; auf administrativen Ebenen sind ausführliche Listen und Tabellen wichtiger.

Eine effiziente Projektberichterstattung muß auf diese Informationsanforderungen eingehen können; d. h., den Informationsempfänger soll die Information bereichern, nicht belasten.

Um dieses Ziel zu erreichen, muß bereits zu Projektbeginn für ein PM-Berichtswesen das jeweilige Informationsbedürfnis in einem *Berichtsplan* untersucht und festgelegt werden. Hierbei werden folgende Fragen geklärt:

▷ Wer benötigt Informationen?
▷ Welche Informationen werden benötigt?
▷ Wann werden diese benötigt?

Für die Definition eines solchen Empfängerkreises bietet sich der in Bild 4.68 dargestellte Berichtsplan an, in dem – bezogen auf die einzelnen Projektberichte und Empfängerkreise – der jeweiligen Berichtszeitraum aufgeschrieben ist. Anhand eines solchen Berichtsplans kann jederzeit festgestellt werden, wer welche Projektberichte in welcher Zeitfolge erhalten soll. Ein Berichtsplan muß allerdings, wie jeder andere Verteilerkreis auch, regelmäßig aktualisiert werden. Das Informationsbedürfnis der einzelnen Projektbeteiligten kann einem Wandel während der Projektabläufe unterliegen, sowohl hinsichtlich der Berichtsart als auch der Berichtszeiträume.

Berichtsplan

Projekt: Schaltzentrale 37 — Datum: 3. 1. 1987
Bereich: UBG E3
PL: Eigrit

Empfängerkreis			Projektberichte					
Name	Org.	Ort	Monatsbericht	Terminliste	MA-Einsatz	Kostenübersicht	MTA	
Projektleiter	E31	Mch. G	mtl.	mtl.	mtl.	mtl.	mtl.	
Gruppenl. 1	E311	Mch. G		mtl.			mtl.	
Gruppenl. 2	E422	Mch. A	mtl.	mtl.	mtl.		mtl.	
Gruppenl. 3	E312	Mch. G		mtl.			mtl.	
Bereichsleitg.	E3	Mch. A		halbj.		halbj.	halbj.	
EA				quart.		quart.	quart.	
BA			mtl.					
Auftraggeber	JJ&Co		mtl.	halbj.		halbj.	halbj.	
Unterauftragnehmer 1				quart.				
Unterauftragnehmer 2				quart.				

Bild 4.68 Berichtsplan

Informationskanäle

Für die Projektberichterstattung gibt es drei Arten *Informationskanäle,* die sich in der technischen Ausprägung, der Durchführung und der Zuführungsverantwortung unterscheiden. Mit Zuführungsverantwortung ist hier die Verantwortung für die Informationsbeschaffung gemeint, d. h. »Bring-« bzw. »Holschuld« der Informationssender bzw. -empfänger (Tabelle 4.4).

Es ist neben den *schriftlichen* und *mündlichen* Informationskanälen – in verstärktem Maße – die *Dialogausgabe*form von Projektführungs- und Büroinformationssystemen zu berücksichtigen. Projektberichte werden nämlich oft gar nicht mehr als papierene Unterlagen erstellt, sondern stehen in einem Auskunftssystem jederzeit im Dialog über einen Bildschirm zur Verfügung. Neben dem Vermeiden der aufwendigen und zeitraubenden Verteilung von Listen wird häufig mit einem solchen Auskunftssystem eine höhere Aktualität erreicht. Auch die elektronische Post (»electronic mail«) wird sicherlich künftig einen breiteren Raum im PM-Berichtswesen einnehmen.

Tabelle 4.4 Informationskanäle

Durchführungsform	Ausprägung	Zuführungsverantwortung	
		Bringschuld	Holschuld
Schriftlich	Bericht	×	
	Dokumentation	(×)	×
Im Dialog	Auskunft		×
	Elektron. Post	×	
Mündlich	Besprechung	×	(×)
	Vortrag		×

(×) teilweise

Fest eingebettet in ein PM-Berichtswesen sind nur die Informationskanäle, die einer »Bringschuld« unterliegen und damit in einen definierten und regelmäßigen Informationsfluß einbezogen werden können, also im wesentlichen

▷ Projektberichte und
▷ Projektbesprechungen.

Projektberichtszusammenfassung

Im Rahmen eines offiziellen PM-Berichtswesens hat es sich als vorteilhaft gezeigt, zur Information der Bereichsleitung fest vorgegebene Projektzusammenfassungen zu erstellen. Ein solches »Standardpaket« kann z. B. folgende Berichtsteile umfassen:

▷ Monatsbericht(e),
▷ Personalstand und -veränderungen,
▷ Teilprojektliste
▷ Projektorganisation,
▷ Terminliste,
▷ Plan/Ist-Vergleich für Aufwand/Kosten,
▷ Trendanalysen,
▷ Qualitätsbericht,
▷ Zulieferungsplan,
▷ Einsatzmittelplan,
▷ Abweichungsanalyse.

Dadurch, daß die Bereichsleitung eine immer wiederkehrende, gleiche Zusammenstellung definierter Projektberichte erhält, wird eine erstrebenswerte Kontinuität in der Berichterstattung erreicht. Der Informationsnutzer kann sich in die (immer gleiche) Form und Struktur der unterschiedlichen Projektberichte mit der Zeit so gut einlesen, daß dann projektkritische Teile kaum mehr übersehen werden.

4.6.2 Projektberichte

Dokumentierte Projektinformation ist bekanntlich die Grundlage jeden Projektmanagements. Erst mit dem vollständigen Dokumentieren des gesamten Projektgeschehens kann die Projektleitung das Projekt im Sinn einer optimalen Zielerreichung planen, kontrollieren und steuern. Entsprechend den beiden großen Abschnitten in einem Entwicklungsprojekt

▷ Projektplanung und
▷ Projektkontrolle

werden die zugehörigen Projektunterlagen in *Projektpläne* und *Projektberichte* unterschieden (Bild 4.69).

Projektpläne enthalten ausschließlich Angaben für die Projektplanung. Dies heißt allerdings nicht, daß Projektpläne nur vor Beginn der eigentlichen Projektdurchführung erstellt werden. Auch während des Projekts entstehen Projektpläne, da. i. allg. die ursprüngliche Projektplanung immer wieder überarbeitet werden muß. In den Projektplänen sind normalerweise keine Istdaten vorhanden. Hierfür gibt es die Projektberichte, die zusätzlich Angaben über den Istzustand des Projekts enthalten, und daher erst während der Projektdurchführung anfallen. Projektberichte dienen unmittelbar zur Überwachung und Steuerung des Projekts.

Im Gegensatz zu den Projektplänen, für die sich teilweise schon allgemeingültige Bezeichnungen und Ausprägungen durchgesetzt haben (siehe Hauptkapi-

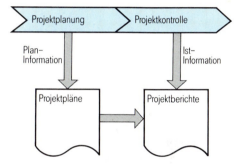

Bild 4.69 Projektpläne und Projektberichte

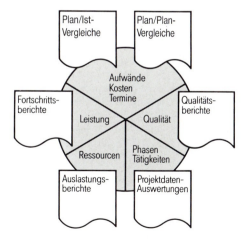

Bild 4.70 Arten von Projektberichten

tel 3.7), existieren für die Projektberichte zahlreiche Erscheinungsbilder mit beliebigen Aggregierungsstufen der angefallenen Projektdaten. Es ist aber, wie in Bild 4.70 dargestellt, eine gewisse Systematik entsprechend ihren hauptsächlichen Betrachtungsgrößen möglich.

Plan/Ist-Vergleiche

Plan/Ist-Vergleiche als *Statusberichte* sind sicher die wichtigsten Projektunterlagen zur Projektkontrolle. Plan/Ist-Vergleiche beziehen sich auf alle meßbaren Projektdaten, im wesentlichen aber auf:

▷ Termine   (Terminberichte),
▷ Aufwände   (Aufwandsberichte) und
▷ Kosten   (Kostenberichte).

Darüber hinaus werden schon vereinzelt produktbezogene Ergebnisgrößen wie Befehlsanzahl, Anzahl Gatterfunktionen oder Anzahl Dokumentationsseiten in den Plan/Ist-Vergleich miteinbezogen. Wie in den Kapiteln 4.1.3 (Terminlicher Plan/Ist-Vergleich) und 4.2.4 (Plan/Ist-Vergleich für Aufwand/Kosten) bereits dargelegt, werden in den Plan/Ist-Vergleich die vorgenannten Projektgrößen in ihren Istwerten – häufig in einer zeitlichen Aufteilung – den vorgegebenen Planwerten gegenübergestellt. Hierbei kann man für den Vergleich auch mehrere Formen von Planvorgaben heranziehen, z. B. ursprünglicher Plan oder letzter aktualisierter Plan. Die Gegenüberstellung der Plan- und Istwerte ist bei den Plan/Ist-Vergleichen also auf vielfältige Weise möglich. Wie in den vorgenannten Kapiteln erläutert, kann man den Plan/Ist-Vergleich

▷ absolut,
▷ linear
▷ aufwandskorreliert oder
▷ plankorrigiert

durchführen. Beim *absoluten* Vergleich werden die anfallenden Istwerte dem Gesamtplanwert, bei den anderen Vergleichsarten dagegen jeweils anteiligen Planwerten gegenübergestellt. Hierbei ergeben sich die anteiligen Planwerte beim *linearen* Vergleich aus der linearen Aufteilung des Gesamtplanwerts auf die Projektlaufzeit; beim *aufwandskorrelierten* Vergleich werden die anteiligen Plankosten gemäß der zeitlichen Verteilung des Planaufwands angenommen; beim *plankorrigierten* Vergleich schließlich sind regelmäßig in festen Abständen Restaufwands- und -kostenschätzungen für das Festlegen des anteiligen Plans notwendig.

Auch müssen die zu vergleichenden Parameter entsprechend einer zielorientierten Reihenfolge ausgerichtet sein, d. h., es muß eine periodische Gliederung nach

▷ kritischen und
▷ unkritischen

Projektteilen möglich sein. Diese Trennung der »wichtigen« von den »weniger wichtigen« Abschnitten eines Plan/Ist-Vergleichs erleichtert ganz erheblich die Arbeit des Projektmanagements. Meist sind ja nur wenige Positionen in einen Plan/Ist-Vergleich kritisch. Würden diese irgendwo im Projektbericht stehen, so können diese von der Projektleitung leicht übersehen werden; stehen sie dagegen z. B. gleich am Anfang des Berichts, so fallen sie sofort ins Auge. Es hat sich sogar als vorteilhaft erwiesen, reine »Negativ-Listen« zu erstellen; in denen nur noch die Projektaufgaben enthalten sind, deren Termine nicht eingehalten werden können oder deren Kosten überschritten werden.

Plan/Plan-Vergleiche (Trendanalysen)

Alle Plan/Plan-Vergleiche dienen einer *Trendanalyse* ausgewählter Projektparameter, bei der die im Projektverlauf abgegebenen Plankorrekturen in einer transparenten (meist grafischen) Darstellung aufgezeigt werden. Durch Extrapolieren von Planzuständen aus der Vergangenheit in die Zukunft ist eine Trendaussage über die weitere Entwicklung der betrachteten Plangröße möglich. Es wird also nicht eine einzige Plankorrektur betrachtet; vielmehr betrachtet man den zeitlichen Verlauf eingetretener Plankorrekturen. Ziel dieser Analyse ist die Antwort auf die Frage:

▷ Wie geht es weiter?
▷ Wo landen wir mit unseren Planwerten?

Wie bei den Plan/Ist-Vergleichen sind die hauptsächlichen Betrachtungsgrößen von Plan/Plan-Vergleichen:

▷ Termine   (Termintrendanalysen),
▷ Aufwände   (Aufwandstrendanalysen) und
▷ Kosten   (Kostentrendanalysen).

Die Meilenstein-Trendanalyse (MTA) ist als Termintrendanalyse für die Meilensteine wohl die bekannteste Form eines Plan/Plan-Vergleichs. In dieser Form einer Trendanalyse werden in regelmäßigen Zeitabständen (Berichtszeitpunkten) die voraussichtlichen Fertigstellungstermine ausgewählter Meilensteine des Projektablaufs bestimmt und in einer geeigneten Darstellungsform (z. B. Dreiecksraster in Bild 4.11) aufgetragen. Das Aufzeichnen der jeweils aktualisierten Planwerte ergibt einen Kurvenzug, aus dem man bei Vorliegen einer ausreichenden Anzahl Berichtszeitpunkte eine Prognose über den wahrscheinlichen Endtermin ableiten kann.

Auf ähnliche Weise können die Aufwands- und Kostenplanwerte fortlaufend aufgeschrieben und über eine Zeitachse aufgetragen werden (siehe Bild 4.29). Anhand des sich ergebenden Kurvenzuges ist dann genauso eine Voraussage hinsichtlich des wahrscheinlichen Gesamtaufwands bzw. der voraussichtlichen Kosten möglich. Im Gegensatz zur Termintrendanalyse, bei der die beiden Koordinaten dieselbe Maßeinheit haben (Meilensteintermine und Berichtszeitpunkte) und daher das bekannte Dreiecksraster verwendet werden kann, liegen bei Aufwands- und Kostentrendanalysen unterschiedliche Größen vor (Aufwand bzw. Kosten und Berichtszeitpunkte), so daß hier die grafische Darstellung nur als Histogramm möglich ist.

In den Kapiteln 4.1.4 (Termintrendanalysen) und 4.2.5 (Trendanalysen für Aufwand/Kosten) wird auf die Ausprägungen und die möglichen Darstellungsformen von Trendanalysen näher eingegangen.

Fortschrittsberichte

In Fortschrittsberichten wird der allgemeine Sachfortschritt von Projekten festgehalten. Inhalt, Form und Aktualität dieser Berichte hängen vor allem vom Adressatenkreis ab. In seiner einfachsten Form liegt ein Fortschrittsbericht als Monatsbericht vor; er ist in vielen Entwicklungsbereichen heute bereits Routine und umfaßt normalerweise die Rubriken:

▷ Erreichte Ergebnisse
▷ Besondere Vorkommnisse
▷ Kritische Probleme
▷ Personalsituation.

Solche einfachen Fortschrittsberichte sollten von jeder größeren Entwicklungsgruppe in regelmäßigen Zeitabständen verfaßt und gegenseitig an alle benachbarten Entwicklungsstellen verteilt werden. Sie haben damit – neben ihrer Hauptaufgabe der Fortschrittsberichterstattung – auch die Aufgabe der Querinformation in einem Entwicklungsbereich, welche wiederum zur Einschränkung von Parallel- und Fehlentwicklungen aufgrund mangelnden Informationsstands so notwendig ist.

Es gibt aber auch viel umfangreichere Fortschrittsberichte, die in ihrem Inhalt weit über den der üblichen Monatsberichte hinausgehen; sie enthalten in viel detaillierterer Form Angaben über den technischen Sachfortschritt der Produkt- bzw. Systementwicklung und umfassen bereits Teile einer Abweichungsanalyse über entwicklungstechnische Aspekte; diese nehmen damit den Charakter umfassender Entwicklungsberichte (Projektzusammenfassungen) an.

Qualitätsberichte

In Qualitätsberichten, auch Qualitätssicherungsberichte (QS-Bericht) genannt, werden alle durchgeführten Maßnahmen zur Qualitätsprüfung sowie die Ergebnisse zur Qualitätssicherung aufgeführt; sie enthalten einerseits eine Aufstellung aller Inspektionen und qualitätsorientierten Tests und Prüfungen sowie andererseits die hierbei gefundenen Erkenntnisse und die beschlossenen Abhilfen und Verbesserungen.

Wichtig ist, daß die Qualitätsberichterstattung schon sehr früh im Entwicklungsablauf einsetzt. Je früher nämlich qualitätssichernde Maßnahmen einsetzen, desto geringer werden die anfallenden Fehlerbehebungskosten sein. Auch gehört zu einer »lebenden« Qualitätssicherung deren stete Überprüfung; hierzu dienen die »Audits« (siehe Kap. 4.4.5), deren Ergebnisse auch in den Qualitätsberichten enthalten sein sollten.

Qualitätsberichte dienen also dem Management und den projektbeteiligten Entwicklungsstellen zum Nachweis einer wirkungsvoll durchgeführten Qualitätssicherung und der Einhaltung von Qualitätsmerkmalen.

Auslastungsberichte

Auslastungsberichte zeigen die aktuelle und künftige Auslastung der für das Entwicklungsprojekt in Anspruch genommenen Einsatzmittel bzw. Ressourcen auf; hierzu zählt die Auslastung von

▷ Personal (eigen/fremd),
▷ Rechenanlagen,
▷ Test- und Prüfanlagen,
▷ Software-Arbeitsplätzen,
▷ CAD-Arbeitsplätzen und
▷ Bürosystemen.

Unter Auslastung ist in diesem Zusammenhang das Gegenüberstellen von Bedarf und Vorrat eines bestimmten Einsatzmittels zu verstehen; dabei kann der Bedarf größer (Überlastung, -deckung) oder kleiner (Unterlastung, -deckung) als der Vorrat sein. Wird z. B. die Netzplantechnik eingesetzt, so kann die Bedarfsermittlung automatisch aus dem Netzplan heraus geschehen; anderenfalls muß der Bedarf durch Aufsummieren aus anderen Projektunterlagen ermittelt werden. Das Bestimmen des Vorrats ist dagegen meist einfacher.

4.6 Projektberichterstattung

Mit einem im festen Turnus erstellten Auslastungsbericht will man erreichen, daß Überkapazitäten an Personal und mangelnde Auslastungen an Maschinen bzw. Überlastungen des Personals und der Maschinen frühzeitig erkannt werden. Durch das Aufzeigen von sich abzeichnenden Leerläufen oder Engpässen kann man meist noch rechtzeitig Maßnahmen zum Gegensteuern treffen.

Leider kommt es in der Projektpraxis noch häufig vor, daß plötzlich Mitarbeiter für eine bestimmte Zeit nicht ausgelastet sind und genauso unvermittelt in der Folgezeit Überstunden leisten müssen. Auch bei Maschinenzeiten kann dieser plötzliche Wechsel von Unterlast zu Überlast beobachtet werden. Folge dieser Fehlauslastungen sind dann Termin- und Aufwandsüberschreitungen. Nur eine regelmäßige und frühzeitige Auslastungsbetrachtung der Einsatzmittel mit Hilfe von Auslastungsberichten kann hier einen Ausweg zeigen.

Im Hauptkapitel 3.5 (Einsatzmittelplanung) wurde auf das Berechnen von Auslastungen näher eingegangen.

Projektdaten-Auswertungen

Die in einer Projektdatenbasis niedergelegten Projektdaten können nach den unterschiedlichsten Gesichtspunkten ausgewertet werden. Das Aufzählen aller Möglichkeiten würde den Umfang dieses Kapitels allerdings sprengen; deshalb seien hier nur ein paar besonders interessante Auswertungen aufgezeigt, die sich auf die phasen- und tätigkeitsbezogene Aufwandsdarstellung beziehen:

▷ Personalaufwand je Entwicklungsphase,
▷ Kosten je Entwicklungsphase,
▷ Personalaufwand je Tätigkeitsart,
▷ Personalaufwand je Tätigkeitsart und Entwicklungsphase,
▷ Qualitätskosten prozeßbezogen.

Nimmt man die Stundenkontierung entsprechend den eingeführten Entwicklungsphasen und einer definierten Unterteilung nach Tätigkeitsarten vor, so können die kumulierten Aufwände gemäß dieser Prozeßstruktur aufgezeigt werden. Als Beispiel hierzu sei die in Bild 4.71 dargestellte EKZ/TKZ-Aufwandsmatrix angegeben.

Die Matrixfelder enthalten die EKZ/TKZ-bezogenen Aufwandswerte z. B. in MM. Die gezeigte EKZ/TKZ-Aufwandsmatrix hat Eingang in die FuE-Projektkalkulation (siehe Kap. 3.6.1) gefunden.

Mit dieser Art von Projektdaten-Auswertungen können außerdem Kennzahlen für die prozentuale Aufwandsverteilung auf die Entwicklungsphasen abgeleitet werden, die wiederum im Rahmen eines Aufwandsschätzverfahrens nach der Prozentsatzmethode (siehe Kap. 3.2.7) verwendbar sind. Projektberichterstattung trägt damit auch zur Erfahrungssicherung bei.

Werden in einer Prozeßorganisation die Aktivitäten für die Qualitätssicherung als eigene Tätigkeitsart ausgewiesen, so ist in ähnlicher Weise eine Qualitätskostenermittlung möglich. Bei entsprechender Definition der Tätigkeitsarten kann dann sogar zwischen Fehlerverhütungs- und Prüfkosten sowie Fehler- und Ausfallkosten unterschieden werden.

4.6.3 Grafische Informationsdarstellung

Zur Informationsdarstellung im Rahmen der Projektberichterstattung bieten sich bekanntlich zwei Formen an, die *grafische* und die *tabellarische* Darstellung. Beide Arten haben Vor- und Nachteile, so daß sie nicht konkurrieren, sondern sich ergänzen (Bild 4.72).

Phase		Tätigkeitsart							
		Definieren	Entwerfen	Review	Codieren	Code-Review	Testen	Integrieren	Einführen	Dokumentieren	Summe je Phase
0	Anstoß										
1	Studie										
2	Systementwurf										
3	Programm- oder Schaltungsentwurf										
4	Implementierung										
5	Verbundtest										
6	Systemtest										
7	Einsatz										
	Summe je Tätigkeitsart										

Bild 4.71
Projektdaten-Auswertung nach Phasen und Tätigkeitsarten (EKZ/TKZ-Aufwandsmatrix)

4.6.3 Grafische Informationsdarstellung

Art der Darstellung	Vorteile	Nachteile
Tabellarische Informationsdarstellung	▶ Exakte Werte ▶ Hoher Informationsinhalt ▶ Einfache Aufbereitung ▶ Leichte Änderbarkeit	▶ Unübersichtlich (»Zahlenfriedhof«) ▶ Schwere Trennung zwischen Wichtigem und Unwichtigem ▶ Abweichungen schwer erkennbar
Grafische Informationsdarstellung	▶ Transparent ▶ Informativ, aussagekräftig ▶ Geringer Aufwand bei manueller Skizzierung	▶ Ungenaue Wertangaben ▶ Probleme bei Informationskomprimierung ▶ Begrenzte Informationsmenge ▶ Großer Aufwand bei maschineller Aufbereitung

Bild 4.72
Vor- und Nachteile der beiden Informationsdarstellungen

Der grafischen Darstellung hängt gelegentlich ein »Show-Effekt« an, was zu einer schiefen Bewertung ihrer Vor- und Nachteile führen kann. Trotz aller Vorteile der grafischen Darstellung ist die Tabelle in der PM-Praxis nicht wegzudenken. Die grafische Darstellungsform ist besonders vorteilhaft in den planerischen Projektabschnitten; die tabellarische Form dagegen wird mehr im Bereich der Projektauswertung und -kontrolle genutzt.

Arten der Grafikdarstellung

Für die grafische Informationsdarstellung im Rahmen des Projektmanagements können sehr unterschiedliche Arten verwendet werden:

Diagramme

▷ Balkendiagramm
▷ Säulendiagramm
▷ Flächendiagramm
▷ Treppendiagramm
▷ Liniendiagramm
▷ Punktediagramm
▷ Kurvendiagramm.

Sondergrafiken

▷ Kreisgrafik (Kreisdiagramm)
▷ Dreiecksraster.

Netze

▷ Instanzennetz
▷ Petri-Netz
▷ MPM-Netz
▷ CPM-Netz
▷ PERT-Netz.

Struktogramme

▷ Monohierarchische Strukturen
▷ Polyhierarchische Strukturen.

Freie Grafiken

▷ Relationengitter
▷ Schaubilder.

Bei den Diagrammen muß noch eine häufig benutzte Spezialform hervorgehoben werden, das Histogramm. Hier ist die eine der beiden Achsen (meistens die x-Achse) immer mit einem Zeitmaßstab belegt. Histogramme zeigen daher als Zeitdiagramme den zeitlichen Verlauf einer oder auch mehrerer Projektgrößen auf.

Bei Diagrammen bietet sich außer der zweidimensionalen eine dreidimensionale Darstellung an, die allerdings mehr eine »2½-dimensionale« ist, da hier mehrere zweidimensionale Diagramme hintereinander angeordnet werden. So erreicht man, daß die betrachteten Projektgrößen auf einem Blatt nach weiteren Parametern aufgegliedert werden, sei es durch eine Aufteilung oder durch eine zusätzliche Unterteilung (siehe Bild 3.85).

In Bild 4.73 werden einige prägnante Beispiele aus der Projektpraxis gegeben, die als Anregung für eigene, fallspezifische Grafikentwürfe anzusehen sind.

Tabelle 4.5 gibt einen Überblick über die häufig genutzten grafischen Informationsdarstellungen. In der Spalte »Weitere Parameter« ist angegeben, auf welche Projektgrößen die jeweiligen Grafiken beispielsweise ausgerichtet sein können.

Standardgrafiken

Innerhalb einer ganzheitlichen und transparenten Projektberichterstattung bietet es sich an, allgemeingültige Grafikdarstellungen, d. h. *Standardgrafiken*, zu verwenden. Standardgrafiken haben den Vorteil, daß bestimmte Projektparameter stets in derselben Form präsentiert werden, so daß man sich bei der Projektbeurteilung immer auf denselben Bildaufbau abstützen kann.

Liegen für alle Projekte bzw. Teilprojekte dieselben Standardgrafiken auch in einem regelmäßigen Berichtsturnus vor, so ergibt sich – nicht nur über die Projekte hinweg, sondern auch über die Zeit gesehen – eine sehr gute *Vergleichbarkeit* von Projektdaten.

Bild 4.74 veranschaulicht eine solche Standardgrafik für einen Projektbericht. Neben einem Plan/Ist-Vergleich des Personalaufwands und der Entwicklungskosten enthält der Bericht eine Sachfortschrittsauf-

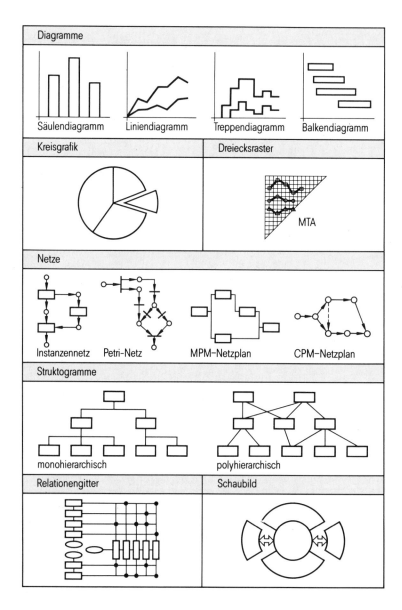

Bild 4.73
Arten der Grafikdarstellung

zeichnung anhand der erledigten Arbeitspakete. Weiterhin ist zur Beobachtung der Terminsituation das Dreiecksraster der Meilenstein-Trendanalyse aufgenommen worden.

Diagrammverbindungen

Die aufgeführten Diagrammarten lassen sich zu Summen-Grafikbildern verbinden. Mit dieser Möglichkeit kann man dem Nachteil der begrenzten Informationsmenge der Einzelgrafik entgegenwirken. So stellt der grafische Plan/Ist-Vergleich genaugenommen bereits eine solche Diagrammverbindung dar.

Drei Vorgehensweisen sind möglich:

▷ Kombination von Diagrammen
▷ Kopplung von Diagrammen
▷ Schachtelung von Diagrammen mit anderen Grafiken.

Tabelle 4.5 Beispiele von grafischen Informationsdarstellungen

Darstellung	Y-Achse	X-Achse	Weitere Parameter (z. B.)	Darstellung	Y-Achse	X-Achse	Weitere Parameter (z. B.)
Balkenpläne				**Trendanalysen**			
Terminplan	Arbeitspakete	Zeit	Mitarbeiter, Organisationseinheiten	Aufwand	Aufwand	Berichtszeitraum	Projekte, Teilprojekte, Arbeitspakete, Organisationseinheiten
Personaleinsatzplan	Personalkapazitäten	Zeit	Projekte, Organisationseinheiten	Kosten	Kosten	Berichtszeitraum	
Mitarbeitereinsatzplan	Mitarbeiter	Zeit	Aufgaben	Termin	Plantermine	Berichtszeitraum	Arbeitspakete, Meilensteine
Auslastungspläne				**Netzpläne**			
Personalauslastung	Aufwände	Zeit	Projekte, Organisationseinheiten, Aufgabengebiete	Detailnetzplan	Vorgänge	Zeit	Teilprojekte, Organisationseinheiten
Multiprojektplanung	Summenaufwände	Zeit		Verdichteter Netzplan	Gruppenvorgänge	Zeit	Organisationseinheiten
Betriebsmittelauslastung	Betriebsmittelnutzung	Zeit, Anteile	Testanlagen	**Sondergrafiken**			
				EKZ-TKZ-Auswertung	Tätigkeitsorientierte Aufwände	Phasen	Projekte
				Kreisgrafik	–	–	Projekte, Aufgabengebiete
Plan/Ist-Vergleiche							
Sachfortschritt	Anzahl Arbeitspakete	Zeit	Teilprojekte, Arbeitspakete	**Strukturgrafiken**			
				Projektstrukturplan	Strukturebenen	Arbeitspakete	Teilprojekte
zeitlich	Aufwände, Kosten	Zeit		Produktstrukturplan	Strukturebenen	Produktteile	Produktkomponenten
absolut	Aufwände, Kosten	Arbeitspakete					
phasenorientiert	Aufwände	Phasen	Organisationseinheiten	Organigramm	Hierarchieebenen	Organisationseinheiten	Organisationsbereiche

4.6 Projektberichterstattung

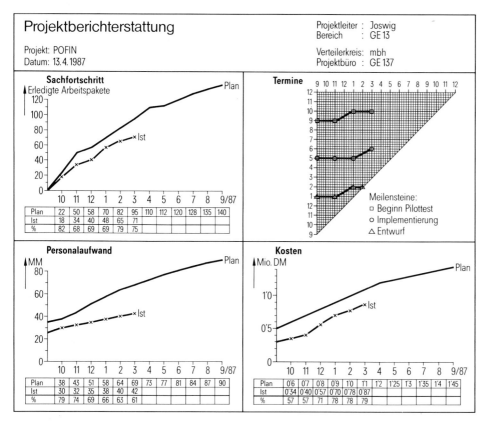

Bild 4.74 Standardgrafik für einen Projektbericht

Kombination von Diagrammen

Bei der Kombination wird z. B. ein Treppendiagramm mit einem Liniendiagramm überlagert, wobei der Zeitmaßstab für beide Kurvenverläufe derselbe ist. Die vertikal aufgetragene Einheit ist meist ebenfalls gleich; sie braucht es aber nicht zu sein. Bild 4.75 zeigt hierfür ein Beispiel, bei dem über die Zeit der Plan- und Istaufwand in MM sowie den hierauf bezogenen Prüf- und Entwicklungsanteil in h/Tag aufgetragen ist.

Beim Kombinieren von Diagrammen muß allerdings darauf geachtet werden, die »Summengrafik« nicht zu überladen – weil sonst die Übersichtlichkeit verlorengeht. Da die meisten Plotter und auch bereits viele Grafikterminals die Farbe nutzen können, ist die Farbkennzeichnung für die einzelnen Kurvenzüge sehr beliebt. Allerdings sollte jede Farbkennzeichnung mit einer Unterscheidung der Strichart einhergehen, da die Farbinformation bekanntlich beim Kopieren verlorengeht.

Kopplung von Diagrammen

Die Kopplung stellt eine Zwischenstufe der beiden anderen Verbindungsformen dar. Hier sind mehrere Diagramme aufgeführt, die (meist) übereinander angeordnet sind und über dieselbe Skalierung der horizontalen Achsen verfügen. Die vertikalen Achsen enthalten allerdings völlig andere Maßeinheiten. Häufig findet man Histogramme für unterschiedliche Projektgrößen auf diese Weise miteinander verbunden.

So zeigt Bild 3.87 eine Diagrammkopplung, bei der ein Balkendiagramm mit einem Auslastungsdiagramm und einer Terminliste verbunden wurde. Ausgehend von der Erkenntnis, daß die alleinige Information eines »Auslastungsgebirges« nicht viel bringt, ist es bei der genannten Grafik möglich, von einer auftretenden mangelnden Auslastung über die zeitliche Zuordnung auf die beteiligten Aufgabenkomplexe zu schließen. Erst dadurch wird die Projektleitung befä-

4.6.3 Grafische Informationsdarstellung

higt, geeignete Maßnahmen zur Glättung des Kapazitätsverlaufs vorzunehmen.

Schachtelung von Diagrammen mit anderen Grafiken

Bei der Schachtelung mehrerer Grafiken, die von unterschiedlicher Art sind, sollen bestimmte Projektgrößen auf einem Blatt nach unterschiedlichen Gesichtspunkten aufgezeigt werden. Auf diese Weise kann man gänzlich verschiedene Grafiken zum selben Themenbereich auf einem Blatt zusammenfassen. So ist z. B. in Bild 4.76 neben den Plan/Ist-Kurvenverläufen der Aufwände von drei Subsystemen zusätzlich die prozentuale Aufteilung der Gesamtkosten nach Kostenelementen als Kreisgrafik aufgeführt. Normalerweise kommen solche Grafiken durch »Zusammenkleben«

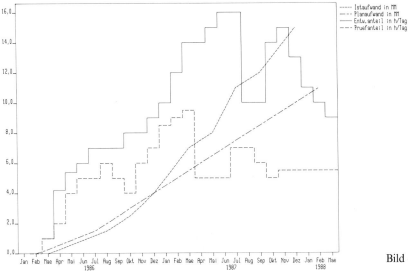

Bild 4.75   Kombiniertes Diagramm

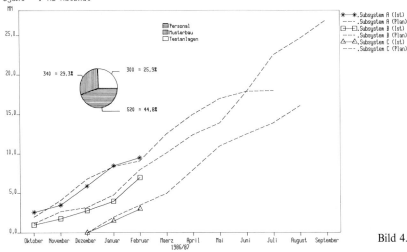

Bild 4.76   Geschachtelte Grafik

von Einzelgrafiken zustande; es gibt aber schon Hilfsmittel für das rechnerunterstützte Erstellen geschachtelter Grafiken.

Grafische Aufbereitung

Die Informationen, die grafisch aufbereitet werden sollen, können einerseits aus der Datenbasis eines rechnergestützten Verfahrens oder aus einer allgemeinen (papierenen) Quelle stammen. Die grafische Aufbereitung kann über das Verfahren oder über den Menschen gehen, wobei der Mensch sich eines grafischen Arbeitsplatzes bedienen kann. Damit ergeben sich drei Kanäle der *Informationszulieferung* und drei Möglichkeiten der *Grafikaufbereitung* (Bild 4.77).

So angenehm die Grafikaufbereitung unmittelbar aus der Datenbasis eines Projektführungssystems auch erscheinen mag, so problematisch ist sie doch in der Praxis. Hierfür gibt es folgende Gründe:

▷ Maximalwerte der Zeitachsen von Histogrammen sind nicht vorher bestimmbar.

▷ Anzahl der Säulengruppen bei Säulendiagrammen ist i. allg. variabel.

▷ Maximale Anzahl der zu überblendenden Kurvenzüge bei Diagrammen kann nicht im vorhinein angegeben werden.

▷ Die »Dynamik« (Minimal- und Maximalwert) der einzelnen Darstellungsgrößen ist zu groß, als daß generelle Darstellungsregeln gefunden werden könnten.

▷ Die »Betextung« der Grafiken ist variabel und unterschiedlich.

▷ Für das Optimieren der Plazierung von Strukturelementen lassen sich keine objektivierbaren Regeln aufstellen.

▷ Automatisches Verdichten bei zu großen Darstellungsvolumina ist nur teilweise möglich.

Hier ist anzumerken, daß die »vollautomatische« grafische Aufbereitung oft gar nicht erforderlich ist und deshalb auch nicht als das große Ziel angestrebt werden sollte. So ist z. B. bei äußerst stark komprimierten und kombinierten Grafikdarstellungen für das Top-Management eine Automatik nicht notwendig, da diese nur in größeren Zeitabständen verfügbar sein müssen.

Die Grafik spricht das Schönheitsempfinden des Menschen an, das kaum durch ein Maschine befriedigt werden kann. Daher ist sicher für die grafische Informationsaufbereitung der Weg über den Menschen mit Nutzung eines grafischen Arbeitsplatzes, d. h. eines Grafikterminals mit entsprechenden Grafikprogrammen (siehe Kap. 6.3.4), die richtige Vorgehensweise.

4.6.4 Projektbesprechungen

Projektbesprechungen dienen dem direkten Informationsaustausch beim Durchführen eines Projekts und bilden die Grundlage für eine gezielte Projektsteuerung bei auftretenden Schwierigkeiten im Entwicklungsablauf und daraus resultierenden Planabweichungen. Entsprechend ihrem Tagungsturnus gibt es:

▷ regelmäßige,
▷ ergebnisgesteuerte und
▷ ereignisgesteuerte Projektbesprechungen.

Die Zeitpunkte dieser Besprechungen sind – bezogen auf den Projektablauf – in Bild 4.78 angegeben.

Regelmäßige Projektbesprechungen

Zu den regelmäßig durchgeführten Projektbesprechungen gehören vor allem Gruppenleiter- und Abteilungsleiterbesprechungen sowie teilweise auch Sitzungen der Entscheidungs-, Beratungs- und Steuerungsgremien. Hauptaufgaben sind dabei:

▷ Projektstatus feststellen,
▷ Abweichungen (Termin, Kosten, Aufwand und Sachfortschritt) fixieren,

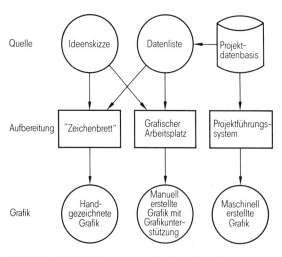

Bild 4.77   Möglichkeiten der Grafikaufbereitung

4.6.4 Projektbesprechungen

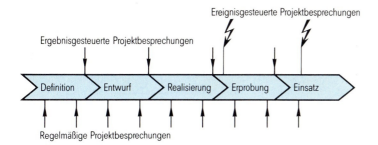

Bild 4.78
Zeitpunkte von Projektbesprechungen

- erforderliche Steuerungsmaßnahmen ausarbeiten,
- Verbesserungsmaßnahmen erarbeiten,
- Lösungskonzepte diskutieren,
- Kommunikation steigern,
- Informationslücken aufdecken,
- Mißverständnisse beseitigen und
- Verbundenheit zum Projekt fördern (Motivationssteigerung).

Zu den wichtigsten, regelmäßig durchzuführenden Besprechungen zählen dabei die *Projektstatusbesprechungen;* sie sollen den Projektstatus insgesamt feststellen und an die Leitungsebenen weitergeben. Hierzu gehören einerseits das Darlegen des Entwicklungsstands in Form der technischen Leistungsdaten der Entwicklungsobjekte und andererseits das Darstellen der Termin- und Kostensituation anhand entsprechender Plan/Ist-Vergleiche und Trendanalysen. Vorteilhaft ist die offizielle Etablierung solcher Besprechungen als *Projektstatus-Entscheidungssitzungen* (PSES), wie sie in einigen Entwicklungsbereichen bereits zur Regel geworden sind.

Bei größeren bzw. überbereichlichen Entwicklungsvorhaben, bei denen eine verstärkte Querinformation zwischen den Projektgruppen besonders wichtig ist, hat es sich als vorteilhaft erwiesen, »Jour fixe« einzurichten; diese finden ebenfalls in regelmäßigem Turnus statt, nämlich wöchentlich, monatlich oder vierteljährlich. An diesen vorab festgelegten Terminen treffen sich ausgewählte Vertreter der einzelnen Gruppen, erörtern die anstehenden Probleme und können so gemeinsam Lösungswege aufzeigen und auch beschließen.

Ergebnisgesteuerte Projektbesprechungen

Ergebnisgesteuerte Projektbesprechungen sind Besprechungen, die nicht einem festen Turnus unterliegen, sondern zu einem geplanten Zäsurpunkt bei Erreichen desselben stattfinden. Zu diesen gehören vor allem die *Phasen-* und *Meilenstein-Entscheidungssitzungen* (PES- bzw. MES-Sitzung), während der die Arbeitsergebnisse einer abgeschlossenen Entwicklungsphase oder das erreichte Ergebnis eines Meilensteins auf Zielerfüllung geprüft und beurteilt werden. In einer solchen Ergebnisabnahmesitzung müssen zu folgenden Themenbereichen Aussagen gemacht werden:

- Terminsituation nach Abschluß des behandelten Prozeßabschnitts,
- Plan/Ist-Vergleich für Aufwand und Kosten,
- erreichte technische Ergebnisse in diesem Projektabschnitt,
- Qualitätsstand (QS-Maßnahmen, erkannte Mängel, etc.),
- erarbeitete Projekt- und Produktdokumentation,
- Personalsituation (Neueinstellung, Versetzung, Beförderung, etc.),
- Abweichungsanalyse bez. des durchlaufenen Prozeßabschnitt sowie
- Planung des folgenden Prozeßabschnitts.

Bei *negativer* Beurteilung der Phasenergebnisse werden die für eine Mängelbeseitigung erforderlichen Maßnahmen diskutiert und eine Entscheidung bez. der durchzuführenden Aktivitäten herbeigeführt. Es kann dann auch der Abschluß der Phase bzw. das Erreichen des Meilensteins verweigert und Auflagen für eine erneute Ergebnisabnahme gemacht werden. Fällt die Ergebnisbeurteilung aber *positiv* aus, so wird die Entwicklungsphase offiziell für abgeschlossen bzw. der Meilenstein für erreicht erklärt und »grünes Licht« für den weiteren Ablauf im Entwicklungsprozeß gegeben. Die in diesen Phasen- und Meilensteinabschlußsitzungen festgehaltenen Ergebnisse, formulierten Maßnahmen und getroffenen Entscheidungen müssen in einem offiziellen Phasen- bzw. Meilensteinabschlußprotokoll als Ergebnisnachweis festgehalten werden.

Die letzte ergebnisgesteuerte Projektbesprechung im Entwicklungsprozeß ist die *Projektabschlußsitzung*.

Dort wird das gesamte Projektergebnis vorgelegt und verabschiedet. In dieser Runde werden auch die Modalitäten für die Produktübergabe bestimmt sowie die Form der Projektabschlußanalyse und der Erfahrungssicherung behandelt und festgelegt; weiterhin wird die Projektauflösung eingeleitet.

Ergebnisgesteuerte Projektbesprechungen sind quasi die »Taktstellen« in einem Entwicklungsablauf, an denen – in offizieller Form – das Einhalten der Projekt- und Produktqualität überwacht wird. Mit der Möglichkeit, diese Zäsurpunkte nicht nur für Phasenabschlüsse, sondern auch für Meilensteinabschlüsse einzurichten, kann damit auch ein Prozeßablauf »getaktet« werden, der nicht streng nach einem sequentiellen Phasenablauf, sondern in überlappender Form nach Meilensteinen ausgerichtet ist.

Ereignisgesteuerte Projektbesprechungen

Ereignisgesteuerte Projektbesprechungen werden immer dann einberufen, wenn ein besonderes, meist unvorhergesehenes Ereignis im Projektablauf eingetreten ist. Als derartige (ungeplante) Ereignisse sind hier zu nennen:

▷ Auftreten einer »Projektkrise«,
▷ sich abzeichnende erhebliche Planabweichungen (Termin, Kosten, Sachfortschritt),
▷ sich abzeichnende Qualitätsmängel,
▷ plötzlich eingetretene Personalprobleme,
▷ Auftreten von entwicklungstechnischen Sachproblemen,
▷ Probleme bei den Zulieferungen und Beistellungen,
▷ plötzlich veränderte Marktsituation.

Im Gegensatz zu den regelmäßigen und ergebnisgesteuerten Projektbesprechungen umfassen ereignisgesteuerte Projektbesprechungen einen variablen Teilnehmerkreis, d. h. sie setzen sich – ausgerichtet nach dem jeweils aufgetretenen Problem – aus immer wieder verschiedenen Personen zusammen. So ist z. B. bei der Behandlung technischer Sachprobleme die Anwesenheit des FuE-Kaufmanns nicht erforderlich, wogegen dieser bei der Diskussion von Kostenabweichungen anwesend sein sollte. Aufgabe des Projektleiters ist es, zu solchen Projektbesprechungen immer die richtigen Leute einzuberufen. Ereignisgesteuerte Projektbesprechungen haben also die primäre Aufgabe, auf ein unvorhergesehen eingetretenes Ereignis problemadäquat zu reagieren, d. h. nach Analyse der vorliegenden Situation entsprechende Maßnahmen zu beschließen und das weitere Vorgehen festzulegen.

Tabelle 4.6 Teilnehmerkreis von Projektbesprechungen

Teilnehmer \ Projektbesprechung	Projektversammlung	Gruppenleiterbesprechung	Abteilungsleiterbesprechung	Bereichsleiterbesprechung	Kaufm. Leitungskreis	Techn. Leitungskreis	El-Sitzung	BA-Sitzung	Projektstatusbesprechung	MEK-Sitzung	PES-Sitzung
Projektmitarbeiter	×	(×)						(×)		(×)	
Gruppenleiter	×	×					(×)	×	×	×	(×)
Projektleiter	×	×	×	(×)	(×)	×	×	×	×	×	
Abteilungsleiter	(×)		×	(×)	(×)	(×)	×			(×)	×
Bereichsleiter			×	(×)	×			(×)			(×)
FuE-Kaufmann			×	×						(×)	(×)
Top-Management			(×)	×	×						
Auftraggeber							×	(×)	(×)	(×)	×
Unterauftragnehmer	(×)							(×)	×	×	×
Berater, Experten	(×)						(×)	×	(×)		

× Anwesenheit erforderlich
(×) Anwesenheit problemabhängig

In Tabelle 4.6 ist für eine Reihe von Projektbesprechungen angegeben, welcher *Teilnehmerkreis* jeweils einbezogen werden sollte. Eine zu große Teilnehmerzahl führt meist zu einem überhöhten Zeitaufwand und häufig auch zu einem begrenzten Ergebnis.

Wenn bei ereignisgesteuerten Projektbesprechungen – deren Teilnehmerkreis stark vom zu behandelnden Problemfeld abhängt – die einzuladenden Teilnehmer an mehreren Standorten sitzen, bietet es sich an – sofern die technischen Voraussetzungen vorhanden sind –, solche ad hoc-Projektbesprechungen als *Videokonferenzen* abzuhalten. Der Vorteil dieser Kommunikationsform liegt in der Zeitersparnis aufgrund vermiedener Anreisen.

Ergebnisprotokoll

Damit Projektbesprechungen nicht womöglich in ein unproduktives Gerede zerfließen, ist eine feste *Tagesordnung* mit klar definiertem Tagungsziel unbedingt erforderlich. Außerdem sollte eine »energische« Moderation der Sitzung gewährleistet sein.

Das Ausarbeiten eines *Besprechungsprotokolls* ist in jedem Fall erforderlich. Deshalb muß für jede Art Projektbesprechung neben einem geeigneten Moderator auch ein Protokollführer ernannt werden. Hierbei sollte das Protokoll nicht den Sitzungsverlauf minutiös beschreiben, sondern allein die konkreten Ergebnisse und Beschlüsse enthalten. Bei durchzuführenden Maßnahmen sollten der jeweilige »Kümmerer« und der hierfür geplante Termin angegeben werden. Allgemein sollte ein Besprechungsprotokoll folgende Angaben und Inhalte haben:

▷ Besprechungstermin,
▷ Beginn- und Ende,
▷ Besprechungsort,
▷ Anlaß und Thema,
▷ Teilnehmer,
▷ Moderator,
▷ Protokollführer,
▷ Zur-Kenntnis-Verteiler,
▷ Tagesordnung,
▷ Ergebniszusammenfassung sowie
▷ (evtl.) erläuternde Anhänge.

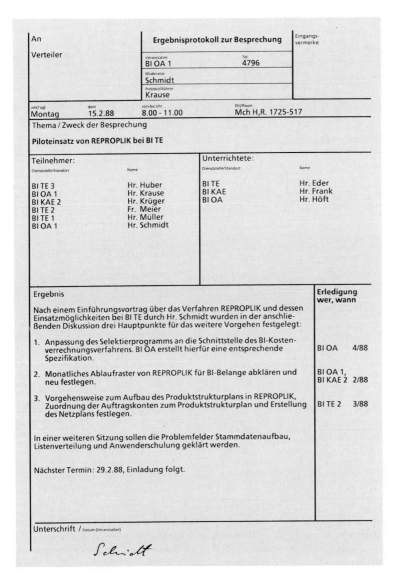

Bild 4.79
Besprechungsprotokoll
(Beispiel)

Für die Praxis hat es sich als vorteilhaft erwiesen, ein Formular für die Protokollierung einer Projektbesprechung zu verwenden (Bild 4.79). Aufgrund der vorgegebenen Form dieses Protokollformulars wird ein indirekter Zwang ausgeübt, nur das Wesentliche in das Protokoll aufzunehmen; die Versuchung zur »Vielschreiberei« wird hierdurch stark eingeschränkt.

4.6.5 Projektdatenbasis

Voraussetzung für eine durchgängige Projektberichterstattung ist das Vorhandensein einer konsistenten Projektdatenbasis, d. h. einer Datenbasis, die vollständig und aktuell alle während des Projektgeschehens anfallenden Projektdaten aufnimmt. In sie fließen alle *projekt*orientierten Daten ein, wie die Plan- und Istaufwände und Termine der einzelnen Arbeitspakete sowie die detaillierten Plan- und Istkostenanteile. Auch sollten *produkt*orientierte Daten aus der Ergebnismessung, wie loc, DIN-A4-Seiten, kg etc., aufgenommen werden können.

Quellen für derartige projekt- und produktorientierte Daten sind die drei Aktivitätsbereiche:

▷ Termin- und Aufwandsüberwachung,
▷ Produktrealisierung und
▷ kaufmännische Abwicklung.

Wie Bild 4.80 zeigt, fallen auf der Seite des Projektmanagements im Rahmen der Terminverfolgung und Aufwandsüberwachung zeitgebundene Projektdaten, auf der Seite der Produktrealisierung ergebnisorientierte Produktdaten und auf der Seite der FuE-Kaufmannschaft monetäre Projektdaten an.

Diese Projekt- und Produktdaten müssen aufeinander beziehbar sein, da sie sich ja alle auf dasselbe Projekt und dasselbe Produkt beziehen. In der Praxis ist dies aber leider nicht immer so. Wegen der meist unterschiedlichen organisatorischen Einbettung der vorgenannten drei Aktivitätsbereiche haben sich bei diesen eigene Vorgehensweisen für die Datensammlung und -behandlung herauskristallisiert, die zu Zuordnungsproblemen in der gesamtheitlichen Projektdatenbetrachtung führen. Hinzu kommt, daß als Folge der DV-Unterstützung in diesen Bereichen spezifische Verfahren entwickelt worden sind, die sich in ihrer Datenstruktur erheblich voneinander unterscheiden. Nicht selten sind benachbarte und sich teilweise sogar berührende Verfahren völlig isoliert realisiert und weiterentwickelt worden.

Die häufigsten Mängel einer solchen unkoordinierten Datenverwaltung sind daher Unterschiede hinsichtlich

▷ Portionierung der Arbeitspakete,
▷ Produktteilung,
▷ Planhorizont,
▷ Planwerten,
▷ Erfassungsturnus,
▷ Aktualisierungszustand,
▷ Vollständigkeit sowie
▷ Komprimierungsgrad.

Resultierend aus diesen Unterschieden in der jeweiligen Behandlung der Projekt- und Produktdaten kann man dann vielfach entsprechende Daten aus den unterschiedlichen Quellen nicht mehr zusammenführen. Z. B. kann die Produktgröße loc zu einem bestimmten Produktteil, dessen Kosten bekannt sind, nicht angegeben werden, weil die loc-Zählung sich nicht auf das (von der FuE-Kaufmannschaft definierte) Produktteil bezieht, sondern auf bestimmte Programmteile, für die es wiederum keine explizite Kostensammlung gibt; oder Aufwand und Kosten können nicht zuordnungsgerecht gegenübergestellt werden, weil Projektstruktur und Kontenstruktur nicht zusammenpassen. Oder für Arbeitspakete, deren Termine bekannt sind, können keine Kostenangaben gemacht werden.

Gemeinsame Produktstruktur

Hauptursache für eine unterschiedliche »Portionierung« sind die unterschiedlichen Betrachtungsweisen bei der fachlichen, terminlichen und kaufmännischen

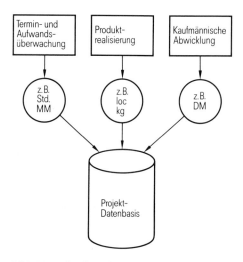

Bild 4.80   Quellen einer Projektdatenbasis

4.6.5 Projektdatenbasis

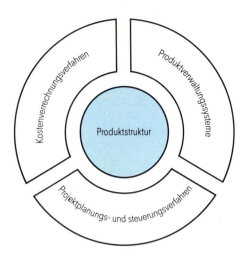

Bild 4.81   Produktstruktur als gemeinsame Basis

Es muß erreicht werden, daß

▷ Terminverfolgung,
▷ Aufwandserfassung,
▷ Kostensammlung und
▷ Ergebnismessung

ihre Plan- und Istdaten in denselben »Datentopf« geben; dies ist auch Voraussetzung für eine übergreifende Projektdaten-Auswertung innerhalb der Berichterstattung. Anderenfalls verbleibt eine auf isolierte Projektausschnitte aufsetzende Berichterstattung, die nur bruchstückhaft und einseitig Aussagen zuläßt und darüber hinaus auch die Gefahr der Widersprüchlichkeit von Projektaussagen in sich birgt. So kann es z. B. passieren, daß die Kostenüberwachung noch »in Plan« ist, wogegen die Aufwands- und Terminüberwachung bereits eine Planüberschreitung verzeichnet.

In Bild 4.82 ist die Konfiguration für die in einer Projektüberwachung involvierten Verfahren bei einer gemeinsamen Projektdatenbasis dargestellt. In Teilen sind solche Verfahrensintegrationen bereits realisiert, wie z. B. bei den in der Kommunikations- und Datentechnik eingesetzten Verfahren REPROPLIK und SIPUS sowie bei dem in der Anlagentechnik eingesetzten Verfahren EPS-G (siehe Hauptkapitel 6.2).

Solche Verfahrensintegrationen können aber nur dann voll wirksam werden, wenn auch die einzelnen Ablauforganisationen für die jeweiligen Verfahrensabwicklungen aufeinander abgestimmt oder – besser

Strukturierung. Ein Kaufmann, dessen Blick auf das Endprodukt fixiert ist, nimmt zwangsläufig eine andere Portionierung in seiner Kontenstruktur vor als ein Entwickler, dessen Blick mehr auf die noch zu lösenden Aufgaben gerichtet ist. Projektstruktur und Kontenstruktur können und sollen auch nicht deckungsgleich sein; beiden gemeinsam sollte aber die Produktstruktur sein. Deshalb ist als ein erster Schritt zum Harmonisieren der unterschiedlichen Datenbasen die Einigung auf eine gemeinsame Produktstrukturierung in den verschiedenen Verfahren (Bild 4.81) zu sehen. Die Produktstruktur sollte für

▷ die Projektplanungs- und -steuerungsverfahren,
▷ die Produktverwaltungssysteme und
▷ die Kostenverrechnungsverfahren

gleichermaßen die zentrale Bezugsbasis darstellen. Bei einem Entwicklungsprojekt darf es nur *eine* Produktstruktur geben, da unterschiedliche Betrachtungsweisen in diesem Punkt im Grunde genommen unsinnig sind.

Gemeinsame Projektdatenbasis

Ziel muß daher eine *gemeinsame* Projektdatenbasis sein, weil nur mit ihr die volle Durchgängigkeit der gesamten Projektdaten – von der Arbeitsplanung bis hin zur FuE-Planung – gewährleistet ist.

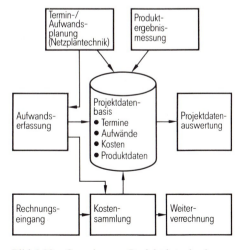

Bild 4.82   Gemeinsame Projektdatenbasis

noch – zusammengeführt werden. In der Praxis ist immer wieder zu beobachten, daß die ablauforganisatorischen Hemmnisse bei der Einführung einer gemeinsamen Datenbasis erheblich größer sind als die verfahrenstechnischen Integrationsprobleme.

Eine einheitliche Datenbasis kann auch ohne ein gemeinsames Datenbanksystem realisiert werden, nämlich durch Schaffen einer *neutralen Projektdatenschnittstelle*. Alle partizipierenden Verfahren müssen dann ihren Datenverkehr nach außen in der »Notation« dieser neutralen Schnittstellendefinition vornehmen. Auch hier wäre die Produktstruktur gemeinsames Identifikationsschema für den gesamten Datentransfer.

Besonders vorteilhaft ist eine gemeinsame Projektdatenbasis, wenn eine Erfahrungsdatenbank aufgebaut werden soll. Da gerade diese auf den übergreifenden Aspekt von Projektdaten verschiedener Projekte eingeht, ist die eindeutige Zuordenbarkeit der einzelnen Daten sehr wichtig beim Projektevergleich und beim Ableiten von Kennzahlen.

5 Projektabschluß

Mit dem Projektabschluß ist das Projekt in seine Endphase eingetreten. So wie es wichtig war, daß das Projekt in einer »definierten« Form begonnen und systematisch in der Projektplanung angegangen wurde, so wichtig ist auch ein geregelter und eindeutiger *Abschluß* des Projekts. Gemäß den unterschiedlichen Entwicklungsarten stellt das Projektergebnis entweder ein an den Kunden auslieferbares Produkt (bei Software) oder ein in die Serienfertigung einmündendes Vorserienprodukt dar (bei Hardware).

Unabhängig davon sind bei Abschluß eines Entwicklungsprojekts folgende Aktivitäten erforderlich:

▷ Übergeben des Produkts an den Auftragnehmer,
▷ Durchführen einer Projektabschlußanalyse,
▷ Absichern der gesammelten Erfahrungen sowie
▷ Auflösen der Projektorganisation.

Mit der *Produktübergabe* an den Auftragnehmer bzw. dessen Beauftragten soll die Übergabeprozedur geregelt werden, d. h. die Form des Abnahmetests, die Erstellung von Übergabe-/Übernahmeprotokollen (Produktabnahmebericht) sowie die Vereinbarung von Nachfolgeverpflichtungen, wie Unterstützung bei einem Piloteinsatz bzw. bei einer Serienfertigungseinführung oder Übernahme von künftigen Wartungsaufgaben.

Eine *Projektabschlußanalyse* sollte einerseits eine gesamtheitliche Nachkalkulation, in der eine abschließende Gegenüberstellung der ursprünglichen Planvorgaben und der eingetretenen Istwerte ausgewählter Projekt- und Produktgrößen vorgenommen wird, umfassen und andererseits eine Abweichungsanalyse, die die Ursachen aufgetretener Abweichungen untersucht und mögliche Abhilfen aufzeigt. Sind zu Projektbeginn Wirtschaftlichkeitsuntersuchungen vorgenommen worden, so sind diese in einer analogen Wirtschaftlichkeitsanalyse nachzuprüfen.

Anschließend müssen die gesammelten *Erfahrungen gesichert* werden, damit das während des Projekts aufgebaute Wissen und die Erkenntnisse nicht verloren gehen. Hierzu sind projekt- und produktrelevante Erfahrungsdaten abzuleiten, die entweder in Kennzahlensysteme oder Erfahrungsdatenbanken einfließen. Außerdem ist auch eine Kalibrierung der verwendeten Schätzverfahren anzustreben.

Schließlich muß das Projekt mit der *Projektauflösung* zu seinem definierten Ende gebracht werden; hierbei muß man es in einer Projektabschlußsitzung für abgeschlossen erklären.

5.1 Produktabnahme

Am Ende eines Projekts steht die Produktabnahme.

Als Produkt ist das im Projektauftrag formulierte Entwicklungsergebnis zu verstehen; dieses kann sein:

▷ Ein ausgetestetes Anwender-SW-Programm,
▷ ein pilotzutestendes DV-Verfahren,
▷ eine integrierte, ausgetestete Betriebssystem-Version,
▷ ein Anwenderprogrammsystem für ein landesspezifisches Vermittlungssystem,
▷ ein fertigungsreifer HW-Prototyp,
▷ ein fertiger Untersuchungsbericht,
▷ eine in Betrieb gehende Anlage,
▷ eine durchgeführte Projektierung oder
▷ ein dokumentierter Forschungsbericht.

Der erste Schritt der Produktabnahme ist der *Abnahmetest*. Hierbei kann es sich – abhängig von der Entwicklungsart – um einen Produkt-, einen Abschluß-, einen Akzeptanz- oder einen Pilottest handeln. Die Ergebnisse dieser Abnahmetests sind in Abnahmetest-Protokollen festzuhalten.

Nach dem Abnahmetest wird die Übergabe durch den Auftragnehmer und die Übernahme vom Auftraggeber ebenfalls durch entsprechende Protokolle geregelt, die in einen *Produktabnahmebericht* einfließen.

Schließlich sind Vorkehrungen und Vereinbarungen zu treffen, um eine eventuelle *technische Betreuung* des übergebenen Produkts während der künftigen Einsatzphase durch einzelne Entwicklungsstellen sicherzustellen. Bei DV-Verfahren für den internen Einsatz empfiehlt es sich, nach einer bestimmten Betriebszeit in einer »Nachkontrolle« zu prüfen, ob die in der

Projektdefinition formulierten Anforderungen auch voll eingehalten worden sind (Post-Installation-Review).

5.1.1 Abnahmetest

Am Ende eines Entwicklungsvorhabens steht der Abnahmetest. Mit ihm stellt man fest, ob bzw. wie weit das geplante Entwicklungsziel erreicht worden ist. Entsprechend den sehr unterschiedlichen Arten der Entwicklungsvorhaben und ihrer unterschiedlichen Anbindung an Vertrieb und Fertigung kann man vier Formen des Abnahmetests unterscheiden:

Produkttest
Abnahmetest bei SW-Produktentwicklungen *ohne* anschließende Fertigung

Abschlußtest
Abnahmetest bei HW-Produktentwicklungen *mit* anschließender Fertigung

Akzeptanztest
Abnahmetest für fertig entwickelte *und* gefertigte HW/SW-Systeme bzw. Anlagen

Pilottest
Abnahmetest bei DV-Verfahrensentwicklungen

In Bild 5.1 ist – stark vereinfacht – bei den o. a. Arten von Abnahmetests die Anbindung der Entwicklung an den Vertrieb und an die Fertigung sowie den Einsatzpunkt des Abnahmetest dargestellt.

Entwicklungen von *SW-Produkten* erfordern natürlich keine anschließende Fertigung, abgesehen vom Kopieren der Programmbänder; die SW-Produkte müssen allerdings meist noch »verkauft« werden. Am Ende solcher Entwicklungen steht der Produkttest, nach dem dann der Kundeneinsatz möglich ist.

Bei der Herstellung von *HW-Produkten* (eventuell mit geringen SW-Anteilen) stellen Entwicklung, Fertigung und Vertrieb exakt hintereinander ablaufende Prozeßketten dar, die relativ klare Schnittstellen haben. An der Schnittstelle von Entwicklung zur Fertigung wird der (Entwicklungs-)Abschlußtest durchgeführt, dem anschließend die Fertigungsfreigabe folgt.

Bei der Entwicklung von *Anlagen* und *HW/SW-Systemen* verlaufen Entwicklung und Fertigung mehr oder weniger parallel, d.h. mit sinkendem Entwicklungs- und steigendem Fertigungsanteil gegen Ende des Erstellungsprozesses. Hier steht – nach Durchführung eines umfassenden Systemtests – als Abschluß der Akzeptanztest. Auch hier ist der Vertrieb dem Entwicklungs- und Fertigungsabschnitt vorgeschaltet, d.h. die Anlage bzw. das HW/SW-System ist i. allg. bereits bei Entwicklungsbeginn bestellt und damit verkauft worden.

Der Pilottest schließlich steht am Ende von *DV-Verfahrensentwicklungen*, die ebenfalls keine explizite Fertigung mehr benötigen; sie brauchen aber nicht mehr vertrieben zu werden, da sie bereits zu Projektbeginn »verkauft« worden sind.

Produkttest

Wie bereits erwähnt, ist bei Entwicklungen von SW-Produkten eine anschließende Fertigung nicht notwendig, da das Entwicklungsergebnis selbst das verkaufbare Erzeugnis darstellt. Meist ist ein vielfacher Einsatz des Produkts bei unterschiedlichen Kunden beabsichtigt – bei Kunden, deren spezifische Einsatzumgebung man meist gar nicht kennt. Daher sind für den Produkttest – als letzten Test in der langen Reihe vorausgegangener Tests (Modultest, Komponententest, Integrationstest) mit unterschiedlichen Testumgebungen – besonders strenge Maßstäbe anzusetzen. Im Produkttest müssen alle erdenklichen Kombinationen von Datentransfers und Transaktionen, die später irgendwo bei irgendeinem Anwender auftreten können, erprobt und geprüft werden.

Für das Simulieren dieser »Universalumwelt« ist für jedes Produkt ein leistungsfähiger *Testrahmen* erforderlich. Die hierin eingebundenen Testprogramme werden häufig als »Antiprodukt« bezeichnet. Das Antiprodukt hat dabei die Aufgabe, das eigentliche Produkt möglichst »aufs Kreuz zu legen«, um dadurch im Produkt noch enthaltene Fehler aufzudecken. Entwurf und Realisierung solcher Antiprodukte sollten sinnvollerweise organisatorisch getrennte Entwicklungsmannschaften übernehmen.

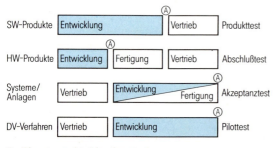

Ⓐ Einsatzpunkt Abnahmetest

Bild 5.1   Arten von Abnahmetests

Folgende Fehlerbereiche müssen bei einem SW-Produkttest angesprochen werden:
▷ Funktionsvollständigkeit
▷ Belastbarkeit
▷ Ausfallsicherheit
▷ Erfüllung der SW-Qualitätsmerkmale
▷ Plausibilitierungsvollständigkeit
▷ Dokumentationsvollständigkeit
▷ Datenkonsistenzsicherheit.

Abschlußtest

Der Abschlußtest – auch als Device Verification Test (DVT) bezeichnet – ist am Ende einer Entwicklung durchzuführen, wenn ein HW-Produkt (eventuell mit SW-Anteilen) als *Prototyp* fertig ist und dieses in die Serienfertigung übergeleitet werden soll; er stellt den *Produkteignungstest* dar und entscheidet über die Fertigungsüberleitung, d. h. die Fertigungsfreigabe.

Dieser Test stellt neben der allgemeinen Funktionsfähigkeit auch die Leistungsgrenzen des entwickelten Produkts fest. Es wird aber nicht nur die Erfüllung der Kundenanforderungen, sondern auch die Herstellbarkeit und Wartbarkeit des Produkts untersucht.

Nachstehende Einzeltests werden dabei durchgeführt:

Leistungsmerkmaltest
Es wird geprüft, ob das Produkt die spezifizierten Leistungsmerkmale erbringt.

Geräteanschlußtest
Es wird untersucht, ob das Produkt an seinen Nahtstellen mit fremden anzuschließenden Produkten bzw. Systemen einwandfrei arbeitet.

Umwelttest
Es wird der gegenseitige Einfluß zur Umwelt auf der Basis von klimatischen, elektrischen, mechanischen, akustischen u. ä. Prüfungen untersucht und geprüft, ob die Umwelt nicht über zulässige Werte hinaus sowie umgekehrt das Produkt von der Umwelt nicht funktionsstörend beeinflußt wird.

Streßtest
Durch »Streßtests« werden die Leistungsgrenzen des Produkts ermittelt, um den Sicherheitsabstand zu den spezifizierten Werten erkennbar zu machen (Schockprüfung).

Typtest
Anhand des ersten Geräts, welches nach Serienunterlagen gefertigt wurde, wird der gesamte geplante Fertigungsprozeß überprüft.

Fertigungsfreigabetest
Es wird überprüft, ob das Produkt überhaupt in der geforderten Funktions- und Fertigungsqualität wirtschaftlich gefertigt werden kann.

Alle während des Abschlußtest festgestellten Fehler, auch wenn sie nur vereinzelt aufgetreten sind, werden systematisch erfaßt und hinsichtlich ihrer Ursachen und Auswirkungen untersucht. Fertigungsfreigabe ist nicht möglich, solange nicht Maßnahmen zum Beseitigen der Ursachen eines funktionsstörenden Mangels veranlaßt sind. Der Abschlußtest stellt sicher, daß nur ausgereifte Produktentwicklungen in die Fertigung übergeleitet werden.

Akzeptanztest

Der Akzeptanztest wird dann durchgeführt, wenn es sich um ein HW/SW-System handelt, das in seiner spezifischen Ausprägung »einmalig« ist, d. h. für einen einzelnen Kunden entwickelt und gefertigt wurde oder durch geringe Anpassungen auch bei verschiedenen Kunden eingesetzt werden kann. Hierzu gehören z. B. das Erstellen eines landesweiten Vermittlungssystems oder einer Walzstraßen-Steuerungsanlage. Die Bestandteile stammen wohl aus einer Serienfertigung, in seiner Gesamtheit stellt ein derartiges System oder eine solche Anlage aber eine maßgeschneiderte Entwicklung dar.

Bei diesem Test handelt es sich um den Abnahmetest eines fertigen Systems bzw. einer fertigen Anlage unter *kundenspezifischen* Bedingungen. Dem Akzeptanztest vorgeschaltet – allerdings noch auf der Seite des Herstellers – ist der System- bzw. Anlagentest, der als Abschluß des gesamten Erstellungsprozesses zu sehen ist.

Der Akzeptanztest liegt in der Verantwortung des Kunden bzw. künftigen Anwenders (Auftraggeber); er wird natürlich mit Unterstützung des Herstellers (Entwickler oder Kundendienstabteilung) vorbereitet; hierbei hat der Kundendienst die besondere Aufgabe der direkten Betreuung des Kunden und der schnellen Behebung kritischer Fehler.

Die Testfälle und Testdaten sollten vom Anwender erstellt werden. Dies gilt auch für die Testplanung.

Nach Abschluß des Akzeptanztests ist ein Testbericht vom Anwender zu erstellen und in den Produktabnahmebericht (Kap. 5.1.2) aufzunehmen; dieser enthält auch Aussagen zur Übernahme durch den Kunden, z. B. welche Auflagen für den Hersteller gelten.

Pilottest

Unter dem Pilottest versteht man vornehmlich einen Gesamttest bei größeren DV-Verfahren unter (echten) Einsatzbedingungen, der die volle Einsatzreife des Verfahrens bestätigen soll. Da kein besonderer Testrahmen und keine speziell hergerichteten Testdaten mehr zugrunde gelegt werden, stellt der Pilottest den Probebetrieb und damit den *ersten Produktivlauf* des Verfahrens dar.

Für diesen ersten Einsatz muß ein Anwender ausgewählt werden, dessen Einsatzumfeld einerseits repräsentativen Charakter hat und andererseits auch möglichst viele Funktionsteile des zu »pilotierenden« Verfahrens anspricht.

Hierbei sind Vorkehrungen zu treffen, daß der Piloteinsatz bei noch vorhandenen und erst während des Testlaufs sichtbar werdenden Fehlern keine irreversiblen Schäden in der bestehenden Ablauforganisation des Anwenders anrichten kann. Bei Auftreten eines Fehlers muß sofortiges Rücksetzen in den Vorzustand möglich sein. Mit entsprechendem Mehraufwand kann aber auch ein vollständiger Parallellauf des Verfahrens vorgenommen werden. Auftretende Fehler berühren dann den produktiven Ablauf nicht.

Der Pilottest dient also weniger zum Aufzeigen von Programm- und Systemfehlern – diese sollten ja bereits im vorausgegangenen Systemtest eliminiert worden sein; er hat vielmehr die wichtige Aufgabe, das Verfahren in seiner künftigen Umwelt unter realistischen Bedingungen auf seine allgemeine »Performance« zu testen. Zeitverhalten und Benutzungsfreundlichkeit sind schließlich nicht in einer sterilen Testumwelt, sondern nur im echten Produktiveinsatz zu verifizieren.

Zuständigkeit für den Abnahmetest

Der Abnahmetest für ein Entwicklungsergebnis sollte möglichst von einer *entwicklungsunabhängigen* Stelle durchgeführt werden. Nur eine solche Stelle kann – neutral genug – das Entwicklungsergebnis auf seine Zielerfüllung ausreichend prüfen: Niemand sollte seine eigene Arbeit prüfen!

Als zuständige Stelle bietet sich die in den meisten Entwicklungsbereichen bestehende Qualitätssicherungsstelle an.

Zu den Aufgaben einer *Abnahmeteststelle* gehören neben der ordnungsgemäßen Durchführung der o. a. Tests auch die daraus sich ergebenden Aktivitäten wie z. B. das systematische Dokumentieren aller aufgetretenen Fehler. Folgende Tätigkeiten müssen hierbei wahrgenommen werden:

▷ Erfassen aller Fehler (auch nur einmal aufgetretener),

▷ Bewerten aller Fehler bez. ihrer Funktionsbeeinflussung,

▷ ausführliches Erläutern aller Fehler sowie

▷ Einleiten von Maßnahmen zur Fehlerursachenbeseitigung.

Abnahmetest-Protokoll

Nach Durchführung des Abnahmetests ist ein *Protokoll* über die durchgeführten Einzeltests und die dabei gewonnenen Ergebnisse zu erstellen. Neben der ausführlichen Beschreibung der installierten Testumwelt und der vorgenommenen Testläufe müssen die aufgezeigten Fehler mit Ursachenanalyse vollständig aufgezählt werden.

Ein Beispiel für das Protokollieren und Bewerten der Fehler gibt Bild 5.2 für eine HW/SW-Produktentwick-

Einzeltest		Erkannte Probleme		
		korrigiert	offen Prior. = 1	offen Prior. > 1
Lasttest				
01	Statischer Test	7		1
02	Dynamischer Test	2	1	1
03	Test Fehlerreaktionen	4	1	2
04	Geräteanschlußtest	1		1
05	Speichertest	2	1	
Fehlertest				
11	Ladetest	2		1
12	CPU-Testprogramme	1	1	2
13	Speicher-Testprogramme	3		2
Toleranzuntersuchung				
21	Baugruppentausch	1		
22	Temperaturtest	1		
23	Spannungstest			1
24	Frequenztest	1	1	2
Summe		25	5	13

Bild 5.2   Fehlerprotokoll (Beispiel)

lung. Dort werden die erkannten Fehler ($\triangleq$ Probleme) nach ihrer Bedeutung gruppiert und zwar nach

▷ bereits korrigierten Fehlern,
▷ bestehenden Fehlern der höchsten Priorität sowie
▷ bestehenden Fehlern geringerer Priorität.

Mit dieser Klassifizierung ist ein gezielteres Abarbeiten bei der anschließenden Fehlerbehebung möglich.

5.1.2 Produktabnahmebericht

Für die Produktabnahme ist ein Produktabnahmebericht zu erstellen; er regelt die *Übergabe* des Produkts durch den Auftragnehmer sowie die *Übernahme* durch den Auftraggeber. Im allgemeinen gliedert sich der Produktabnahmebericht daher in zwei Teile:

▷ Produktübergabe und
▷ Produktübernahme.

Mit dem *Übergabeprotokoll* übergibt der Auftragnehmer das Produkt dem Auftraggeber; dieser überprüft es daraufhin nach seinen Erfordernissen auf Auftragserfüllung in Form einer Produktbegutachtung. Bei positivem Ergebnis dokumentiert der Auftraggeber dies mit einem *Übernahmeprotokoll*. Übergabe- und Übernahmeprotokoll können dabei jeweils in getrennten Papieren oder auch in einem gemeinsamen Papier enthalten sein. So wie der Projektantrag quasi den »juristischen Anfang« des Entwicklungsvorhabens darstellt, so ist der Produktabnahmebericht als das »juristische Ende« des Projekts anzusehen (Bild 5.3).

Übergabeprotokoll

Mit dem Übergabeprotokoll werden die Inhalte und Modalitäten der Produktübergabe für beide Auftragspartner verbindlich dokumentiert.

Das Übergabeprotokoll enthält Angaben zu den Punkten:

Übergabeobjekte wie
▷ Programme, Module,
▷ Prototypen, Funktionsmuster,
▷ Baugruppen,
▷ CAD-Dateien mit
▷ Angaben zu Versionen bzw. Varianten.

Dokumentation wie
▷ Entwurfs- und Konstruktionsunterlagen,
▷ Bau- und Fertigungsunterlagen,
▷ Verfahrens- und Systembeschreibungen,
▷ Benutzerbeschreibungen sowie
▷ Wartungsunterlagen.

Leistungsmerkmale hinsichtlich
▷ Funktionsumfang,
▷ Qualitätseigenschaften,
▷ Einsatzumwelt und
▷ Prüfmöglichkeiten.

Übergabemodalitäten, d.h.
▷ Form der Produktübergabe,
▷ Verantwortlichkeiten,
▷ Abnahmefristen,
▷ Abnahmeunterstützung.

Produktbegutachtung

Mit Vorliegen des Übergabeprotokolls muß vom Auftraggeber das entwickelte Produkt begutachtet, d.h. es muß festgestellt werden, ob das gelieferte Produkt den im Auftrag (Produktvereinbarung, Projektauftrag, FuE-Antrag etc.) formulierten Anforderungen entspricht.

Der Inhalt solcher Produktbegutachtungen hängt natürlich von der Art des Entwicklungsobjekts ab. Bei der Prüfung von SW-Programmen sind völlig unterschiedliche Kriterien von Bedeutung als bei reinen HW-Produkten. So werden in Produktbegutachtungen Untersuchungsfelder einbezogen wie:

▷ Vollständigkeit des Leistungsumfangs,
▷ Zweckmäßigkeit des konstruktiven Aufbaus,

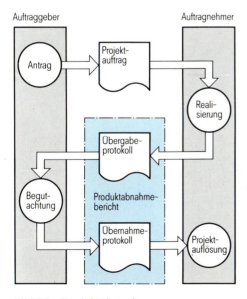

Bild 5.3 Produktübergabe

▷ Zweckmäßigkeit der Bedienoberfläche,
▷ Fragen der Wartbarkeit (Zugänglichkeit, Unterlagen, Werkzeuge),
▷ Qualität der Dokumentation.

Alle nicht voll erfüllten Leistungsmerkmale werden in einer »Liste offener Mängel« festgehalten und bilden die Basis für vorzunehmende Korrekturen und Nachbesserungsarbeiten.

Auch hier zeigt es sich als sehr vorteilhaft, wenn der Auftraggeber (z. B. der Vertrieb) möglichst eng in die Produktdefinition eingebunden war und laufend die Produktrealisierung verfolgen konnte. So ist er mit dem fertiggestellten Produkt bereits vertraut, wodurch die Produktbegutachtung zügig und sachbezogen ablaufen kann.

Übernahmeprotokoll

Zeigt die Produktbegutachtung keine gravierenden Mängel (blocking points) auf, so wird vom Auftraggeber bzw. von der abnehmenden Stelle (z. B. QS-Stelle) ein gesondertes Übernahmeprotokoll erstellt, welches die Funktion eines Freigabeprotokolls hat.

Das Übernahmeprotokoll sollte folgende Punkte ansprechen:

Übernahmeobjekte wie
▷ Programme, Module,
▷ Prototypen, Funktionsmuster,
▷ Baugruppen,
▷ CAD-Dateien,
▷ Bauunterlagen,
▷ allgemeine Beschreibungen usw.

Durchgeführte Prüfungen an
▷ Produktteilen und
▷ Dokumentationsteilen.

Festgestellte Mängel bei
▷ Produktteilen und
▷ Dokumentationsteilen.

Nachforderungen an den Auftragnehmer, z. B.
▷ Offene Mängel,
▷ Fehlerbereinigungen,
▷ technische Änderungen,
▷ Dokumentationserweiterungen,
▷ Preiskorrekturen.

Abnahmeentscheidung mit
▷ Abnahmekommentar und
▷ Nachbesserungsfristen.

Je eindeutiger die Produktübergabe bzw. -übernahme in den begleitenden Protokollen beschrieben ist, desto geringer ist später die Gefahr von Mißverständnissen und gegenseitigen Forderungserhebungen.

Sollten – aufgrund aufgedeckter Mängel – Nachbesserungen durch den Auftragnehmer erforderlich sein, so kann eine *Teil-Übernahme* vereinbart werden. Für die (nachzuliefernden) Korrekturen und Zusätze gibt es dann eine weitere Übergabe-/Übernahmeprozedur.

5.1.3 Technische Betreuung

Rechtzeitig vor Projektende sind Überlegungen anzustellen, welche speziellen Vorkehrungen für die technische Betreuung des fertiggestellten Entwicklungsprodukts nach der Projektauflösung getroffen werden müssen. Mit Abschluß der Entwicklung ist bekanntlich der Lebenszyklus des entwickelten Produkts nicht zu Ende; vielmehr tritt es in einen neuen Lebensabschnitt ein. Im allgemeinen müssen für diesen Abschnitt technische Aufgaben auch von Teilen der bisherigen Entwicklungsgruppen übernommen werden; diese Arbeiten hängen stark von der Art des Entwicklungsprojekts ab (Bild 5.4).

SW-Produktentwicklung

Bei Abschluß einer SW-Produktentwicklung liegt i. allg. ein ausgetestetes, weitgehend fehlerfreies SW-Produkt vor, das nun auf den Markt gebracht wird.

Entwicklungsart	Betreuungsaufgaben
SW-Produktentwicklung	▶ Übernahme von Wartungsverpflichtungen ▶ Vertriebsunterstützung
HW-Produktentwicklung	▶ Feldtest ▶ Überleitung in die Serienfertigung ▶ Variantenentwicklung
System-/Anlagenentwicklung	▶ Feldeinführung ▶ Modifikationsentwicklung ▶ System-/Anlagenbetreuung
DV-Verfahrensentwicklung	▶ Verfahrenspflege ▶ Weiterentwicklung ▶ Anwenderunterstützung

Bild 5.4
Aufgaben der Entwicklung nach Entwicklungsende

Die primäre Verantwortung geht daher auf eine Vertriebsabteilung über, die häufig über eigene SW-Fachleute verfügt. Allerdings können diese oft die technische Verantwortung nicht voll übernehmen. Deshalb wird in vielen Fällen mit der (früheren) Entwicklungsabteilung ein (kostenpflichtiger) *Wartungsvertrag* abgeschlossen. Hierin ist genau geregelt, welche Aufgaben im Vertragsfall zu übernehmen sind, also z. B.:

▷ Fehlerbehebung nach Ablieferung,
▷ Anpassung an neue Betriebssystemversionen,
▷ Einbindung neuer Versionen von implementierter Standard- und Basissoftware,
▷ Optimierung der Benutzeroberfläche,
▷ Verbesserung der Ablaufeigenschaften,
▷ Anpassung an veränderte Ablauforganisationen.

In einem solchen Wartungsvertrag muß auch festgehalten werden, welche Mitarbeiter für die Ausführung der Arbeiten zur Verfügung stehen; dies ist besonders wichtig, da der Hauptteil der Projektmitarbeiter normalerweise nach Projektauflösung andere Aufgaben in neuen Projekten übernimmt.

Neben der Übernahme von Wartungsaufgaben wird von der SW-Entwicklung häufig auch eine gewisse Vertriebsunterstützung übernommen; besonders, wenn das produktspezifische Fachwissen beim Vertrieb nicht voll vorhanden ist.

HW-Produktentwicklung

Eine reine HW-Produktentwicklung schließt im Gegensatz zur SW-Produktentwicklung mit einem ausgereiften Prototyp ab, der nun in die *Serienfertigung* übergeleitet werden muß. Zwischen Prototypenentwicklung und Serienfertigung liegt meist noch die *Vorserienfertigung;* sie stellt den eigentlichen Übergang von Entwicklung zur Fertigung dar. In der Vorserie werden alle fertigungstechnischen Abläufe und Verfahren festgelegt und erprobt. Bei erfolgreichem Abschluß eines Feldtest, bei dem man mehrere Vorserienprodukte in echter Arbeitsumgebung testet, braucht dann nur noch auf den »Knopf gedrückt« zu werden, um das Produkt in Serie zu fertigen.

Der Übergang von der Entwicklung in die Fertigung kann nicht nur von Fertigungsfachleuten getragen werden; hier muß auch der Entwickler helfend miteingreifen. Für den Entwickler war das primäre Ziel das Erreichen der *Funktionsfähigkeit* des geplanten Produkts; beim Fertigungsfachmann dagegen steht die *Reproduzierbarkeit* des Produkts im Vordergrund. Der Prototyp muß daher häufig noch in einigen Punkten geändert werden. Dabei verändert er wohl nicht seine Funktion, er wird aber »fertigungsgerechter« gestaltet. Diese (notwendige) Zuarbeit durch die Entwicklung ist ebenfalls vertraglich klar zu regeln. Zum Beispiel kann man die erforderlichen Maßnahmen für die Fertigungseinführung innerhalb einer PV-F (Produktvereinbarung-Fertigung, siehe Kap. 2.1.4) festlegen.

Im weiteren Produktlebenszyklus können Weiterentwicklungsmaßnahmen zum Erstellen nachträglich gewünschter Produktvarianten erforderlich sein, die dann ebenfalls von der Entwicklung übernommen werden müssen.

System- bzw. Anlagenentwicklung

Eine System- bzw. Anlagenentwicklung enthält i. allg. sowohl HW- als auch SW-Anteile und ist – bis auf bestimmte Basiskomponenten – kundenspezifisch. Besonders der SW-Teil ist in seiner Endausprägung auf einen ganz bestimmten Anwender ausgerichtet; z. B. in Bereichen der Vermittlungssystemtechnik wird dieser Teil als Anlagenprogrammsystem (APS) bezeichnet.

Gerade bei solchen anwenderspezifischen Entwicklungen sind die Entwicklungsarbeiten mit Abschluß des Projekts keineswegs zu Ende. Einerseits muß das Entwicklungspersonal die Feldeinführung intensiv unterstützten, andererseits ergeben sich nach einer gewissen Einsatzzeit weitergehende Modifikationsentwicklungen aufgrund neuer Anforderungen und Erweiterungswünsche des Anwenders.

Auch diese unerläßliche Einsatzunterstützung durch Personal der Entwicklung muß in Umfang, Aufwand und Dauer zwischen Vertrieb und Entwicklung vertraglich vor Auflösung des Projekts vereinbart werden und z. B. in einen Inbetriebnahmeplan einmünden.

DV-Verfahrensentwicklung

Bei dieser Entwicklungsart handelt es sich um die Entwicklung von DV-Verfahren vornehmlich für den internen Einsatz im Rahmen von Rationalisierungsprojekten. Gerade die in einem Unternehmen intern eingesetzten DV-Verfahren unterliegen einem steten Wandel, der immer wieder Anpassungsentwicklungen zur Folge hat. Solche Verfahrensänderungen sind z. B. erforderlich bei:

— Veränderungen in der Aufbauorganisation,
— Veränderungen in der Ablauforganisation,
— neuen Betriebssystemversionen,

— zusätzlichem Anschluß (neuer) benachbarter Verfahren,
— Schnittstellenänderungen bei vorgelagerten bzw. nachgelagerten Verfahren,
— Optimierung von Bedienungs- und Ablaufeigenschaften,
— Funktionserweiterungen,
— neuen Auswertungen,
— Richtlinien- und Gesetzesänderungen.

Bei der Verfahrensbetreuung ist zwischen

▷ Wartung,
▷ Weiterentwicklung und
▷ Anwenderunterstützung

zu unterscheiden.

Zur *Wartung* eines Verfahrens – d.h. zur Verfahrenspflege – gehören im wesentlichen die Tätigkeitsfelder Fehlerbehebung und Umweltanpassung. Hierbei umfaßt die Fehlerbehebung das unmittelbare Beseitigen von Programmfehlern, Hantierungs- und Dokumentationsmängeln. Zur Umweltanpassung gehören einerseits die Verfahrensanpassung an neue Versionen des Betriebssystems sowie der implementierten Grundsoftware (z.B. Datenbanksysteme, Maskengeneratoren) und andererseits geringfügige Funktionsanpassungen, die aufgrund von Veränderungen in der jeweiligen Ablauforganisation notwendig geworden sind.

Eine umfassende *Weiterentwicklung* ist durchzuführen, wenn das Verfahren insgesamt ablauftechnisch oder technologisch verbessert werden soll oder gewichtige zusätzliche Anforderungen seitens der Anwender entstanden sind. Naturgemäß erfordert jedes »lebende« DV-Verfahren – wegen der Innovation in allen Bereichen eines Unternehmens – zwangsläufig eine laufende Weiterentwicklung. Ohne eine gezielte Weiterentwicklung stirbt ein DV-Verfahren langsam.

Zur *Anwenderunterstützung* zählen sowohl der laufende »Telefondienst« bei auftretenden Problemen im Verfahrenseinsatz als auch die (sporadisch) notwendige Unterstützung »vor Ort«. Da der eigentliche Verfahrensanwender häufig ein DV-Laie ist, ist er im besonderen Maß von den Verfahrensentwicklern im Anwenden des Verfahrens zu unterstützen. Alle notwendigen Aktivitäten zur Verfahrensbetreuung müssen zwischen der Anwenderabteilung und der verfahrensbetreuenden Stelle (meist der zuständigen OA- bzw. OD-Stelle) entweder mit einem Wartungs- bzw. Pflegeauftrag oder einem neuen Projektauftrag für eine Weiterentwicklung vereinbart werden.

Schätzung des Wartungsaufwands

Die Schätzung des Entwicklungsaufwands für ein geplantes Entwicklungsvorhaben ist an sich schon nicht einfach; das Schätzen des Wartungsaufwands für die technische Betreuung eines Produkts ist noch viel schwieriger. Deshalb können häufig Wartungsverträge nur nach *Aufwandsverrechnung* und nicht auf der Basis eines *Festpreises* abgeschlossen werden.

Bei repräsentativen Untersuchungen in amerikanischen Firmen verschiedener Branchen wurden für den »Wartung/Entwicklungs-Quotienten«, d.h. für das Verhältnis der gesamten, im Lebenszyklus anfallenden Wartungskosten zu den ursprünglichen Entwicklungskosten, die in Bild 5.5 aufgeführten Durchschnittswerte ermittelt.

So ergab sich z.B. für die kommerzielle EDV ein durchschnittliches Verhältnis der Wartungs- zu den Entwicklungskosten von 1:1. Dieser Wert kann aber nur als grober Richtwert für die Aufwandsschätzung der SW-Wartung dienen.

Für eine genauere entwicklungsspezifische Aufwandsschätzung des gesamten Lebenszyklus eines HW- oder eines SW-Produkts bieten sich die beiden Komponenten HL und SL von PRICE (siehe Kap. 3.2.3) an.

Das Verfahren PRICE HL dient zur Kostenschätzung des gesamten Lebenszyklus eines HW-Produkts. Mit ihm können die Kosten für die Instandhaltung von Hardware ermittelt werden.

Das Verfahren PRICE SL wird analog für die Lebenszyklus-Kostenschätzung bei SW-Produkten eingesetzt.

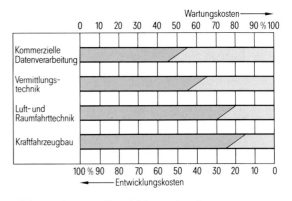

Bild 5.5   Wartung/Entwicklungs-Quotient

5.2 Projektabschlußanalyse

Im Rahmen der Projektabschlußanalyse werden die ursprünglichen und die während des Projektablaufs aktualisierten Planvorgaben sowie die am Projektende erreichten Ergebnisse einander gegenübergestellt. Zu betrachten und zu bewerten sind hierbei im wesentlichen die folgenden Projekt- und Produktgrößen:

▷ Aufwände und Kosten,
▷ Termine und Zeiten (Dauer),
▷ technische Leistungsgrößen,
▷ Wirtschaftlichkeitszahlen,
▷ Funktionsanforderungen,
▷ Qualitätsmerkmale.

Alle zahlen- und mengenmäßigen Größen sind innerhalb einer *Nachkalkulation* zu behandeln, die Wirtschaftlichkeitszahlen sollten in einer *Wirtschaftlichkeitsanalyse* auf ihre Zielerreichung geprüft werden und alle technischen und kaufmännischen Ergebnisse sind in einer *Abweichungsanalyse* einem Soll/Ist-Vergleich zu unterziehen.

Bei Vorhandensein einer Erfahrungsdatenbank besteht im Rahmen einer vollständigen Projektabschlußanalyse die Auflage und Verpflichtung, grundsätzlich für jedes abgeschlossene Projekt die formalen Eingabeblätter für die Erfahrungsdatenbank auszufüllen – kein Projektende ohne Eingabe der gesammelten Erfahrungen in die EDB sollte die Regel sein.

Die Ergebnisse der Projektabschlußanalyse (Nachkalkulation, Abweichungsanalyse, Wirtschaftlichkeitsanalyse) sollten zu einem *Projekterfahrungsbericht* zusammengefaßt werden; dieser stellt dann den Abschlußbericht des Projekts dar.

5.2.1 Nachkalkulation

In der Nachkalkulation werden alle wesentlichen kaufmännischen Istdaten des Projekts zusammengetragen und den in der Vorkalkulation geschätzten Plandaten sowie den erreichten Produktergebnisgrößen gegenübergestellt. Hierzu gehören einerseits die Aufwands- und Kostenwerte der einzelnen Produktteile und andererseits die jeweils erbrachten (technischen) Ergebnismengen.

Kosten- und Leistungszuordnung

Eine sinnvolle Gegenüberstellung der Plan- und Istgrößen der angefallenen Kosten zu denen der erbrachten Leistung muß allerdings einen ausreichenden Detaillierungsgrad haben und in derselben Struktur der beiden vorangegangenen Kalkulationsabschnitte (Vorkalkulation, Mitkalkulation) erfolgen; anderenfalls würde eine Nachkalkulation an Aussagekraft stark verlieren. Die Detaillierung einer Projektkalkulation richtet sich üblicherweise nach der

▷ Kontenstruktur,
▷ Produktstruktur,
▷ Projektstruktur und
▷ Prozeßstruktur.

Da sich die Kosten nach der Kontenstruktur gliedern und diese wiederum entweder der Produkt- oder der Projektstruktur angelehnt ist, können gravierende Probleme bei der Kosten- und Aufwandszuordnung zu den erbrachten Ergebnismengen auftreten. Der Grund liegt darin, daß die Aufwandserfassung vornehmlich nach der Projektstruktur und die Ergebnismengenbestimmung nach der Produktstruktur ausgerichtet ist. Dieser Umstand sollte aber keineswegs dazu führen, daß man die Projektstruktur zwanghaft der Produktstruktur angleicht; stattdessen ist eine sinnvolle Zuordnung der einzelnen Arbeitspakete (der Projektstruktur) zu den Produktteilen (der Produktstruktur) von Anbeginn anzustreben.

Auch die Zuordnung der vorgenannten Projektgrößen zur Prozeßstruktur mit ihrer Unterscheidung nach Entwicklungsphasen und Tätigkeitsarten kann Schwierigkeiten aufwerfen; vor allem dann, wenn keine durchgängige, prozeßorientierte Stundenaufschreibung vorgenommen werden konnte. Dies kann dazu führen, daß man auf den Tätigkeits- oder sogar Phasenaufriß in einer Nachkalkulation ganz verzichten muß.

Kalkulationsstruktur

Insgesamt sollte man – wie bereits erwähnt – die Nachkalkulation analog der bei Vor- und Mitkalkulation verwendeten Kalkulationsstruktur erstellen. Die Unterteilung der dem Projekt direkt zuordenbaren Kostenelemente, wie

▷ Personalaufwände (eigen/fremd),
▷ Testanlagenkosten,
▷ Musterbaukosten,
▷ Consultantkosten und
▷ sonstige Käufe/Bezüge,

sollte daher die gleiche sein. Bei den zusätzlichen Kostenelementen, besonders den durch Gemeinkosten-Umlagen hinzukommenden Kostenanteilen, kann eine abweichende Gliederung sinnvoll sein. Zu ihnen gehören

▷ Reisekosten,
▷ Fehlerbehebungskosten nach Ablieferung,
▷ Kosten für allg. Tool- und Supportentwicklung,
▷ Kosten für Grundlagenentwicklung und
▷ Verwaltungskosten.

Die für eine Nachkalkulation notwendigen Formulare sollten bez. der Datenzuordnung im Druckbild ähnlich dem Vorkalkulationsblatt (siehe Beispiel in Bild 3.97) aussehen, da das gleiche Kalkulationsschema bei Vor-, Mit- und Nachkalkulation ganz erheblich die Transparenz und das Verständnis innerhalb einer durchgängigen Projektkalkulation fördert. Beim Nachkalkulationsblatt kommen allerdings weitere Spalten für die Angabe der entsprechenden Ergebnismengen (z. B. kloc, DIN-A4-Seiten) hinzu. Die Aufnahme dieser Ergebnisgrößen bildet die Grundlage für das Bilden projektbezogener *Kennzahlen*.

Aufgaben der Nachkalkulation

Bild 5.6 zeigt die der Nachkalkulation vorgelagerten und nachgelagerten Aufgabenbereiche.

Wie ersichtlich, gibt es drei Datenquellen für die Nachkalkulation:

▷ Aufwandsschätzung bzw. Vorkalkulation für die Ermittlung der *Plandaten*,
▷ Aufwands- und Kostenüberwachungsverfahren für die Erfassung der *Istdaten* sowie
▷ Auswertungsverfahren für die Ermittlung von *Ergebnisdaten*.

Je DV-gestützter hierbei die einzelnen Planungs-, Erfassungs- und Auswertungsverfahren sind, desto leichter und vollständiger erhält man den »Datenkranz«, der für eine aussagekräftige Nachkalkulation notwendig ist.

Die primäre Aufgabe von Nachkalkulationen liegt in der Lieferung von Daten für

▷ die *Projektbewertung* anhand der Plan/Ist-Vergleiche,
▷ die *Qualitätskostenauswertung* zum Bestimmen der einzelnen QS-Positionen und
▷ die *Meßdatenermittlung* zur Erfahrungssicherung.

Nachkalkulationen abgeschlossener Entwicklungsvorhaben sind vor allem für das Überprüfen der wirtschaftlichen Tragfähigkeit der entwickelten Produkte notwendig. Nur durch ein vollständiges Einbeziehen aller Entwicklungskosten im Rahmen einer *Vollkostenrechnung* kann festgestellt werden, ob ein angebotener Produktpreis zu einer Unter- oder Überdeckung der Entwicklungskosten geführt hat. Die Nachkalkulation stellt damit auch eine Art Projektergebnisrechnung dar.

Mit Hilfe *prozeßbezogener* Nachkalkulationen ist darüber hinaus auch leicht zu analysieren, in welchen Phasen und bei welchen Tätigkeiten der Entwicklung Ressourcen und Kapazitäten in starkem Maße gebunden sind. Die Daten der Nachkalkulation machen es dann möglich, zu erkennen, an welchen Stellen durch verbesserte Werkzeuge oder durch vermehrte Geräteinvestitionen die Entwicklungsleistung gesteigert werden kann, ohne den Mitarbeitern dabei ein größeres Arbeitsvolumen aufzubürden. Bei diesen Überlegungen – Entwicklungsarbeiten mit intelligenten Mitteln besser und leichter zu bewältigen – sind die strukturierten Daten von Nachkalkulationen sehr hilfreich.

5.2.2 Abweichungsanalyse

Meist ergeben sich bei jeder Projektdurchführung Abweichungen von den ursprünglichen Annahmen. Eine exakt 100%ige Planerfüllung in *allen* Projekt- und

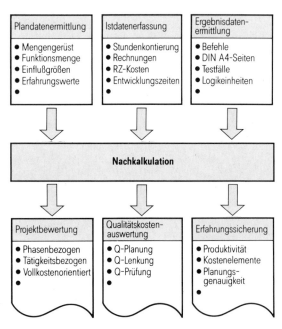

Bild 5.6   Umfeld der Nachkalkulation

Produktparametern ist sogar sehr unwahrscheinlich und kann kaum eine realistische Grundlage haben. Auftretende Planabweichungen sind i. allg. die Folge nicht vorhersehbarer Ereignisse aufgrund personeller, technischer und organisatorischer Probleme. Der plötzliche Ausfall eines Mitarbeiters oder eine sich als nicht ausreichend erweisende Prüftechnik für eine neuartige Technologie oder eine von der Unternehmensleitung ausgelöste Organisations-Umplanung sind nicht im voraus planbar. Untersuchungen von Planabweichungen dürfen also nicht allein unter dem Gesichtspunkt der Projektqualität gesehen werden, sondern vor allem auch als Lerneffekt, als Anregung zum »Bessermachen beim nächsten Mal«.

	Soll	Ist
Projekt-bezo-gen	Geplante Termine Geplante Aufwände Geplante Kosten Geplante Projektqualität	Eingetretene Termine Benötigte Einwände Aufgelaufene Kosten Festgestellte Projektqualität
Produkt-bezo-gen	Geplante Ergebnismengen Spezifizierte Leistungs-merkmale Gesetzte Qualitätsziele	Vorliegende Ergebnismengen Realisierte Leistungs-merkmale Erreichte Qualitätseigen-schaften

Bild 5.7   Abweichungsparameter

Deshalb sollte jeder Projektabschluß eine umfassende *Abweichungsanalyse* enthalten; hierin werden alle aufgetretenen Plan/Ist-Abweichungen der relevanten Projekt- und Produktparameter festgestellt, untersucht und entsprechend bewertet. Normalerweise steht hierbei die Frage an erster Stelle, warum die ursprünglichen Planvorgaben nicht eingehalten wurden; es kann sich aber auch herausstellen, daß die festgestellten Istwerte berechtigt, dagegen die vorgegebenen Planwerte illusorisch gewesen sind. Das Ziel ist insgesamt das Ableiten von Maßnahmen und Lösungsansätzen für das *künftige* Vermeiden (bzw. Verringern) wesentlicher Abweichungen von Planvorgaben. Die Abweichungsanalyse stellt also als kritischer Rückblick eine Art »Manöverkritik« für das abgelaufene Entwicklungsprojekt dar.

Analyseablauf

Der Ablauf einer systematischen Abweichungsanalyse gliedert sich in fünf Hauptschritte:

▷ Aufschreiben des Soll
▷ Aufschreiben des Ist
▷ Feststellen von Abweichungen
▷ Ermitteln der Ursachen
▷ Ausarbeiten von Maßnahmen.

Dabei erstreckt sich die Abweichungsanalyse im wesentlichen auf die Parameter gem. Bild 5.7.

Nach Aufschreiben der Soll- und Ist-Werte der in die Abweichungsanalyse einbezogenen Parameter und nach Feststellen markanter Abweichungen muß untersucht werden, welche personellen, technischen und organisatorischen Ursachen hierfür ausschlaggebend waren. Außerdem ist zu prüfen, inwieweit die jeweilige Abweichung vermeidbar oder nicht vermeidbar gewesen wäre. Hierbei muß man unterscheiden zwischen singulär aufgetretenen Abweichungen und solchen, die aufgrund eines grundsätzlichen Mangels im Projektablauf entstanden sind. Im ersten Fall hätte der Abweichung mit einer einzigen Maßnahme begegnet werden können; im zweiten Fall wären eventuell generelle Veränderungen in den Planvorgaben notwendig gewesen. Die Frage nach der Vermeidbarkeit liefert den ersten Ansatz zum Ausarbeiten von Maßnahmen für eine verbesserte Projektqualität bei künftigen Projekten.

Abweichungsursachen

Die Übersicht nach Bild 5.8 enthält – gegliedert nach den vorgenannten Kriterien – einige typische Ursachen für Abweichungen von Projekt- und Produktparametern.

Abweichungsanalysebericht

Alle bei einer Abweichungsanalyse festgestellten Abweichungen werden mit ihren Ursachen und möglichen Vermeidungsmaßnahmen in einem *Abweichungsanalysebericht* zusammengefaßt. Dieser sollte wie folgt strukturiert sein:

Festgestellte Abweichungen, gegliedert nach

▷ projektbezogenen Parametern und
▷ produktbezogenen Parametern.

Ermittelte Ursachen, unterteilt nach

▷ personellen Ursachen,
▷ technischen Ursachen und
▷ organisatorischen Ursachen.

5.2 Projektabschlußanalyse

	Personelle Ursachen	Technische Ursachen	Organisatorische Ursachen
Vermeidbar	▶ Miß-Motivation ▶ Mangelnde Ausbildung ▶ Mißverständnisse ▶ Überlastung	▶ Planungsfehler ▶ Fehleranfälligkeit ▶ Unvollständige Testdaten ▶ Mangelnde Toolnutzung	▶ Engpässe bei RZ und Testanlagen ▶ Kompetenzgerangel ▶ Personelle Engpässe ▶ Probleme bei der Fertigungseinführung
Kaum vermeidbar	▶ »Problemfälle« ▶ Fluktuation ▶ Mangelnde Fähigkeiten	▶ Performance-Probleme ▶ Überforderte Prüftechnik ▶ Neue Anforderungen ▶ Unsichere Systembasis (z. B. Betriebssystemmängel) ▶ Fehlender Support	▶ Wechselnder Zulieferant ▶ Prioritätenveränderungen ▶ Räumliche Aufteilung ▶ Termindruck
Nicht vermeidbar	▶ Krankheit ▶ Schwangerschaft ▶ Kündigung	▶ Technologische Grenzen ▶ Fehlerhafte Fremdteile ▶ Fehlende Bauteile	▶ Umorganisation auf höherem Geheiß ▶ Änderung der Verträge ▶ Konkurs eines Lieferanten

Bild 5.8 Ursachen für Planabweichungen

Abgeleitete Maßnahmen (Vorschläge), begründet durch

▷ falsche Vorgaben (d. h. Ist-Werte sind berechtigt) bzw.
▷ mangelnde Erfüllung (d. h. Soll-Werte sind berechtigt).

Der Abweichungsanalysebericht bildet ein wichtiges Beurteilungsdokument bei der Projektabschlußsitzung für die Projektauflösung; ggf. können aus diesem noch erforderliche Abschlußarbeiten abgeleitet werden. Ist im betreffenden Entwicklungsbereich eine Erfahrungsdatenbank vorhanden, so sollten die Kernaussagen der Abweichungsanalyse auf jeden Fall in dieses Informationssystem mit aufgenommen werden. Eingehende Abweichungsanalysen sind sehr wertvoll innerhalb einer umfassenden Erfahrungssicherung.

5.2.3 Wirtschaftlichkeitsanalyse

Die Wirtschaftlichkeitsbetrachtung zu Beginn eines Projekts ist in vielen Bereichen schon ein fester Bestandteil der Projektdefinition geworden. Ohne erfolgversprechende Ergebnisrechnung mit Nachweis einer ausreichenden Rendite bzw. ohne ausreichende Nutzenanalyse wird ein geplantes Vorhaben gar nicht erst begonnen. Eine Kontrolle der dort gemachten Angaben – im Rahmen einer offiziellen Wirtschaftlichkeitsanalyse zu Projektabschluß – fehlt dagegen in den meisten Fällen. Der Grund dafür liegt oft in der Befürchtung, daß die Zusagen und Annahmen, die in der bei Projektbeginn durchgeführten Wirtschaftlichkeitsprüfung gemacht worden sind, nicht eingehalten worden sind. Dabei ist jede Wirtschaftlichkeitsbetrachtung ohne spätere Ergebnisanalyse eigentlich sinnlos; sie hätte nur die Funktion einer »Augenwischerei«. Eine nachträgliche Kontrolle soll ja nicht das Ziel haben, irgend jemandem den »schwarzen Peter aufzuhalsen«, sondern Projektkontrollen haben die Aufgabe, eine Ursachenanalyse der meist begründeten Fehlplanungen und Projektfehler vorzunehmen mit dem alleinigen Ziel, diese bei späteren Projekten zu vermeiden.

Abweichungen von Wirtschaftlichkeitsprognosen haben daher auch sehr vielfältige, berechtigte Ursachen:

▷ Erhöhte Entwicklungskosten aufgrund zusätzlicher Änderungswünsche,
▷ unvorhergesehene Preissteigerungen bei den Investitionen,
▷ geringere Personaleinsparung,
▷ geringer ausgefallene Materialeinsparungen,
▷ nicht erreichter Umsatz wegen erhöhten Konkurrenzdrucks,
▷ verspätete Einsatzphase und dadurch verzögerter Beginn des Finanzmittelrückflusses.

Eine Wirtschaftlichkeitsanalyse hat also vor allem die Aufgabe, derartige Abweichungsursachen aufzuzeigen und diese für künftige Wirtschaftlichkeitsbetrachtungen zu dokumentieren. Die Verpflichtung zur

Wirtschaftlichkeitsanalyse bei Projektabschluß soll die Projektplaner natürlich auch dazu bewegen, bei Projektbeginn realistischere und weniger »geschönte« Wirtschaftlichkeitsrechnungen vorzulegen.

Wirtschaftlichkeitsanalysen lassen sich allerdings nur dann vernünftig durchführen, wenn von Anbeginn des Projekts die entsprechenden Projektdaten zielgerichtet aufgeschrieben werden. Anderenfalls müßten sie wieder auf freie und damit manipulierbare Annahmen aufsetzen.

Im wesentlichen bieten sich hierbei als Vorgehensweisen an:

▷ Vergleich von Kennzahlen
▷ Analyse der Produktivitätssteigerung
▷ Nachrechnung der Wirtschaftlichkeit.

Vergleich von Kennzahlen

Können die wesentlichen Rationalisierungseffekte einer Wirtschaftlichkeitsbetrachtung in Kennzahlen ausgedrückt werden, so ist die Methode des *Kennzahlenvergleichs* für die Wirtschaftlichkeitsanalyse einfach und praktikabel zugleich. Es sollte sich hierbei allerdings um »harte« Kennzahlen handeln, d. h. die Meßdaten für die Kennzahlenbildung sollten möglichst exakt meßbar sein. Die »Anzahl SW-Funktionen« ist z. B. begrifflich nicht genau definierbar, daher auch nicht eindeutig zählbar. Dagegen ist die »Anzahl Befehle eines Programms« bei Definition einiger Randbedingungen sicher exakt feststellbar.

Als Kennzahlen für zu analysierende Einsparungseffekte sind nachstehend einige aufgeführt.

▷ Erstellte loc je Mitarbeiter im Jahr,
▷ Aufwand für Stromlaufplanerstellung je Flachbaugruppe,
▷ Bearbeitungszyklen je Komponente,
▷ Papiermenge im RZ je Monat,
▷ Belegmenge je Zeiteinheit,
▷ Personalstand je Monat,
▷ Wartungs- und Betreuungsaufwand im GJ.

Als erstes sind zu Beginn eines Vorhabens, welches einer Wirtschaftlichkeitsprüfung unterzogen worden ist, die relevanten Kennzahlen in ihren Anfangswerten (Vorgabewerte) zu bestimmen. Mit Abschluß des Vorhabens werden diese Kennzahlen in ihren eingetretenen Werten (Ergebniswerte) bestimmt und den Anfangswerten gegenübergestellt. Aus der Differenz kann man schließlich ermitteln, inwieweit anfänglich die Wirtschaftlichkeitsprognose richtig war. Die Wertebestimmung der Kennzahlen kann natürlich auch im Laufe des Vorhabens – eventuell sogar mehrmals – geschehen, um auf diese Weise eine frühzeitige Trendaussage hinsichtlich Erfüllung des Wirtschaftlichkeitsziels machen zu können. Wird also z. B. bei einem Investitionsvorhaben rechtzeitig durch einen entsprechenden Kennzahlenvergleich erkannt, daß der gewünschte Rationalisierungseffekt nicht erreichbar ist, so ist ein vorzeitiger Projektabbruch zum Vermeiden weiterer (unnützer) Kosten ratsam.

Analyse der Produktivitätssteigerung

Basiert eine Wirtschaftlichkeitsprognose im wesentlichen auf Steigerungseffekten der *Produktivität,* die durch die eingesetzten Mittel für Tool-, Support- oder Verfahrensentwicklungen erreicht werden sollen, so bietet sich zur Wirtschaftlichkeitskontrolle eine Vorgehensweise der *prozeßorientierten* Analyse der Produktivitätssteigerung an.

Zuerst muß für die Wirtschaftlichkeitsbetrachtung ein Analyseschema entworfen werden, in dem die prozentualen Einsparungseffekte geplanter Rationalisierungselemente auf die jeweiligen Tätigkeiten in den einzelnen Entwicklungsphasen aufgeführt sind. Bild 5.9 zeigt ein Beispiel für ein solches Analyseschema, wie es in ähnlicher Form in einigen Entwicklungsbereichen der Kommunikationstechnik verwendet wurde.

In diesem Beispiel handelt es sich um geplante Tool- und Support-Unterstützungen für die SW-Entwicklung (Rationalisierungselemente). Das Tätigkeitsprofil je Entwicklungsphase sollte unabhängig der möglichen Tool- und Support-Unterstützung definiert werden; es sollten also auch solche Tätigkeiten enthalten sein, für die keine zusätzliche Unterstützung angeboten werden kann. Weiterhin ist die einzelne Tätigkeitsart mit einem Gewicht entsprechend ihrem Aufwandsverhältnis zum Gesamtaufwand in der betrachteten Entwicklungsphase zu belegen – gemessen an den zum Betrachtungszeitraum (ohne die vorgesehene Rationalisierung) gültigen Kennzahlen.

In den Matrixfeldern werden die geplanten Aufwandseinsparungen für die jeweiligen Tätigkeiten bei Verwenden der entsprechenden neuen Entwicklungsunterstützung angegeben. Unter Berücksichtigung der Gewichtung der Tätigkeitsarten und der prozentualen Phasenaufwandsverteilung gelangt man schließlich zu einer relativen Einsparungsverteilung.

Entwicklungsphase	EKZ	Tätigkeit	TKZ	Gewicht	SDL-Grafik	SDL-Analyse	Grafischer Texteditor	KM/Verwaltungssupport	Testfallsupport	Diagnosesupport für CHILL/SDL	Standard-DEBUD-Support	Testautomat für Sprachleistungsmerkmale	Einsparung gewichtet	relativ
Systementwurf 10%	SE	PD-Entwurf/Test	A	0,6	10%	10%							12%	
		KM/Verwaltung	B	0,1				20%					2%	
		Verbale Spezifikation	C	0,3			10%						3%	1,7%
Programmentwurf 40%	PE	ZD-Entwurf/Test	D	0,6	10%	10%							10%	
		KM/Verwaltung	B	0,1				10%					1%	
		CHILL-Entwurf	E	0,3		20%							6%	
		Verbale Spezifikation	C	0,1			10%						1%	7,2%
Implementierung 35%	IM	Testfallentwurf und Testrahmen	F	0,4					30%				12%	
		Fehlerkorrektur	G	0,4					10%	10%			8%	
		Testauswertung	H	0,1					10%				1%	
		KM/Verwaltung	B	0,1				10%					1%	7,7%
Systemintegration und -test 15%	ST	Testfallentwurf und Testrahmen	F	0,4					30%	15%			18%	
		Fehlerkorrektur	G	0,3					10%	10%	30%		15%	
		KM/Verwaltung	B	0,1				10%					1%	
		Testdurchführung	J	0,2								30%	6%	6,0%

PD Prozedurdiagramm   ZD Zustandsdiagramm

Bild 5.9   Analyseschema (Beispiel)

Zur Verdeutlichung sei folgendes Zahlenbeispiel aus dem Schema in Bild 5.9 herausgegriffen:

Für den Einsatz eines grafischen Texteditors zum Spezifizieren in der Systementwurfsphase wird ein Einsparungspotential von 10% angenommen. Da die Spezifikationstätigkeit in dieser Phase im Verhältnis zu den anderen mit einem Gewicht von 0,3 belegt wird (Gesamtgewicht je Phase immer 1), ergibt sich eine gewichtete Einsparung von 3%. Diese geht mit 0,3% in die Gesamteinsparung ein, weil die Phase Systementwurf wiederum nur 10% vom Gesamtprozeß darstellt.

In einer projektbegleitenden Aufwandsanalyse muß nun seitens der Entwickler die Stundenkontierung phasen- und tätigkeitsartbezogen vorgenommen werden. Für das Kennzeichnen der Entwicklungsphasen muß ein EKZ (Entwicklungskennzeichen) und für die Tätigkeitsarten ein TKZ (Tätigkeitskennzeichen) vergeben sein. Im Vergleich zu bereits abgeschlossenen, vergleichbaren Entwicklungsvorhaben, deren Aufwände in gleicher Weise (EKZ- und TKZ-bezogen) erfaßt sein müssen, ist schließlich feststellbar, ob die prognostizierten Einsparungen auch wirklich realisiert werden konnten.

Abweichungen von ursprünglich geplanten Produktivitätssteigerungen kann man dann sehr zielgerichtet einer Abweichungsanalyse unterziehen. Es kann also herausgefunden werden, warum z. B. eine bestimmte (neue) Tool-Unterstützung den gewünschten Rationalisierungseffekt gebracht und eine andere nicht zum erwünschten Erfolg geführt hat.

Nachrechnung der Wirtschaftlichkeit

Stehen zutreffende Kennzahlen nicht zur Verfügung oder ist eine prozeßorientierte Analyse der Produktivitätssteigerung nicht möglich bzw. angebracht, so sollte wenigstens versucht werden, bei Abschluß von Projekten – für die zu Projektbeginn eine Renditerechnung vorgenommen worden ist – eine *Kontrollrechnung* der Wirtschaftlichkeit durchzuführen. Darin müssen allen ursprünglich gemachten Planzahlen entsprechende Istzahlen gegenübergestellt werden. Enthält das vorliegende Berichtssystem allerdings die in der Wirtschaftlichkeitsrechnung angegebenen Parameter nicht, so ist ein objektiver Nachweis von Istzahlen nur schwer zu erbringen. Die Gefahr der »planangepaßten« Zahlenmanipulation ist dann sehr groß. Schwierigkeiten bereitet naturgemäß der Nachweis von

▷ eingesparten »anteiligen« Mitarbeitern,
▷ kürzeren Durchlaufzeiten in nachgeordneten Bereichen,
▷ gesteigerter Produktivität in »Kreativbereichen« sowie
▷ vermiedenen Mehrkosten beim nicht realisierten Alternativvorhaben.

Insgesamt müssen alle definierten Positionen des Finanzmittelbedarfs und des Finanzmittelrückflusses des wirtschaftlichen Produktplans bzw. der ursprünglichen Marginalrenditerechnung GJ-orientiert mit den eingetretenen Werten in die Kontrollrechnung einfließen; man muß also eine vollständige Wirtschaftlichkeitsrechnung – in derselben Struktur wie die ursprüngliche – vornehmen.

5.3 Erfahrungssicherung

Wie in der Einführung erläutert, nehmen die Entwicklungskosten im Vergleich zu den reinen Fertigungskosten in hochtechnologischen Produktgebieten der Elektrotechnik einen immer größeren Betrag an. Bei der Software bestehen die Herstellkosten fast ausschließlich aus Entwicklungskosten, und bei der Hardware nehmen die Fertigungskosten aufgrund immer leistungsfähigerer CAM-Verfahren stetig ab.

Möglichkeiten, in der Entwicklung die Effizienz zu erhöhen, müssen also vermehrt ausgeschöpft werden. Hierzu gehören neben den Fortschritten auf dem CAD-Gebiet in Richtung eines integrierten CIM-Konzepts auch das verstärkte Aktivieren vorhandenen Wissens und erworbener Erkenntnisse. Gerade in großen Entwicklungsbereichen, bei denen das Gesamtwissen nicht mehr in einem einzelnen Kopf vorhanden, sondern aufgrund der interdisziplinären Arbeitsteilung sehr verteilt ist, muß ein besserer verfahrensunterstützter *Wissenstransfer* erreicht werden. Ziel muß also die verstärkte Erfahrungssicherung in der Entwicklung sein.

Grundlage jeder Erfahrungssicherung ist das Sammeln von Erfahrungsdaten. Diese Erfahrungsdatensammlung findet ihre Nutzung auf den drei Anwendungsfeldern der Erfahrungssicherung:

▷ Aufwandsschätzverfahren,
▷ Kennzahlensysteme und
▷ Erfahrungsdatenbanken.

Wie in Bild 5.10 dargestellt, haben diese ihre spezifischen Einsatzschwerpunkte in den Phasen des Projektablaufs.

Neben der Sammlung einzelner Erfahrungsdaten ist es für eine vollständige Erfahrungssicherung außerdem sehr vorteilhaft, auch allgemeine »erfahrungsfixierende« Beschreibungen zu erstellen. Hierzu kann man im Rahmen des Projektabschlusses einen *Projekterfahrungsbericht* anfertigen, in dem alle relevanten Erkenntnisse und Ereignisse des durchgeführten Entwicklungsvorhabens für spätere Interessenten zusammengefaßt werden.

Damit die Erfahrungssammlung nicht dem Zufall überlassen bleibt, empfiehlt es sich – zumindest bei großen Entwicklungsprojekten – einen eigenen *Erfah-*

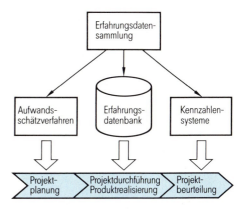

Bild 5.10 Anwendungsfelder der Erfahrungssicherung

rungssicherungsplan (Know-how-Sicherungsplan) bereits im Rahmen der Projektplanung zu erstellen. Ein solcher Plan hat u. a. folgende Aspekte zu behandeln:

▷ Wer ist für die Erfahrungssammlung verantwortlich?
▷ Wo wird relevantes Know-how zugewonnen?
▷ Wer sind die Erfahrungsträger?
▷ In welcher Form können die Erfahrungen dokumentiert werden?
▷ Wem sollen die dokumentierten Erfahrungen später zugänglich gemacht werden?
▷ Wie sollen die gesammelten Erfahrungen gespeichert bzw. archiviert werden?

5.3.1 Erfahrungsdaten

Das Sammeln von Erfahrungsdaten ist, wie bereits erwähnt, Voraussetzung für jede Erfahrungssicherung. Als Erfahrungsdaten für Produkt- und Systementwicklungen bieten sich zahlreiche produkt- und projektkennzeichnende Einzeldaten an, wobei zwischen *meßbaren* Daten (Meßdaten) und *beschreibenden* Daten (Merkmalsdaten) zu unterscheiden ist. Meßdaten werden einerseits aus den Realisierungsergebnissen (Produktmeßdaten) ermittelt und andererseits aus dem Projektgeschehen (Projektmeßdaten) abgeleitet (Bild 5.11). Merkmalsdaten stellen keine mit Maßeinheiten versehene meßbare Mengen dar, sondern sind entweder klassifizierende bzw. gewichtende Einflußgrößen – in Form von Faktoren, Kategorien u. ä. – oder deskriptive Angaben, die meist verbaler Natur sind.

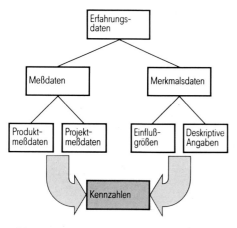

Bild 5.11 Unterteilung der Erfahrungsdaten

Kennzahlen – auch als Kenndaten bezeichnet – werden mit Hilfe entsprechender Rechenoperationen aus den produkt- und projektspezifischen Meßdaten unter Einbeziehung der Merkmalsdaten, vornehmlich der Einflußgrößen, gebildet.

Produkt- und Projektmeßdaten

Erfahrungsdaten, besonders Produkt- und Projektmeßdaten, müssen zielorientiert gesammelt werden; d. h., es ist *vor* dem Sammeln von Erfahrungsdaten zu klären, für welches Anwendungsfeld der Erfahrungssicherung die Datensammlung gedacht ist, ob also für ein bestimmtes Aufwandsschätzverfahren (ASV) oder für ein definiertes Kennzahlensystem (KZS) oder für eine allgemeine Erfahrungsdatenbank (EDB) Daten gefunden werden sollen. So ist es z. B. für den Einsatz von SICOMO oder PRICE S überflüssig, die Anzahl Testfälle zu registrieren, da diese Verfahren hiermit nichts anfangen können; wie umgekehrt für ein Testdaten-Kennzahlensystem das Notieren der Anzahl Dokumentationsseiten sicherlich nicht viel bringt.

In den Tabellen 5.1 und 5.2 sind die wichtigsten produkt- und projektspezifischen Meßdaten für die HW- und SW-Entwicklung mit Bezug des Anwendungsfelds aufgeführt. Hierbei kann man die aufgeführten Meßdaten natürlich noch nach weiteren Kriterien gliedern, wie z. B.:

Dokumentationsseiten für Pflichtenheft, Leistungsbeschreibung und Spezifikation.

Leistung in Blindleistung und Wirkleistung.

Aufwand bei Eigenpersonal und Fremdpersonal.

Kosten von Personal, Musterbau, Rechen- und Testanlagen.

Einflußgrößen

Einflußgrößen bzw. Einflußparameter sollen die ja meist sehr unterschiedlichen Entwicklungsvorhaben in vergleichbare Gruppen einordnen. Es gibt eine sehr große Anzahl solcher Entwicklungsart-charakterisierender Einflußgrößen. Die Wahl der zu verwendenden Parameter hängt dabei entscheidend von den Zielen der beabsichtigten Erfahrungsdatensammlung ab, also von dem eingesetzten Aufwandsschätzverfahren, von dem verwendeten Kennzahlensystem bzw. von der Informationsstruktur der installierten Erfahrungsdatenbank.

Allgemein können die sich anbietenden Einflußgrößen wie folgt gegliedert werden:
▷ Anwendungsbezogene Einflußgrößen
▷ Produktbezogene Einflußgrößen
▷ Entwicklungsbezogene Einflußgrößen
▷ Projektbezogene Einflußgrößen
▷ Personalbezogene Einflußgrößen.

Unter *anwendungsbezogenen* Einflußgrößen sind solche zu verstehen, die den Einfluß auf die Entwicklung durch den Anwender, d. h. durch den Auftraggeber und dessen Umfeld charakterisieren. *Produktbezogene* Einflußgrößen kennzeichnen den Einfluß aufgrund produktspezifischer Anforderungen und einsatzbezogener Restriktionen. *Entwicklungsbezogene* Einflußgrößen umfassen Einflüsse aus der Entwicklungsumwelt, die durch die Qualität der Methoden und Hilfsmittel bestimmt werden. Zu den *projektbezogenen* Einflußgrößen gehören im wesentlichen termin- und kostenrelevante sowie andere PM-spezifische Merkmale. Mit den *personalbezogenen* Einflußgrößen werden schließlich personalbeschreibende Kriterien wie Erfahrung, Fähigkeit und Motivation der Mitar-

Tabelle 5.1   Produktmeßdaten

			\multicolumn{2}{c}{Produktmeßdaten}				
	Meßgröße	Einheit	Entwicklung HW	SW	Beispiel	Anwendungsfeld ASV	KZS	EDB
1	Dokumentationsseite	Anzahl DIN A4	×	×	Anzahl Dokumentationsseiten, bezogen auf eine bestimmte Dokumentationsart		×	×
2	Anweisung	Anzahl (z. B. kloc)		×	Anzahl Anweisungen auf logischer oder auf DV-technischer Ebene	×	×	×
3	Prozedur	Anzahl		×	Anzahl Prozeduren eines SW-Programms			×
4	Speicherbedarf	PAM-Seite		×	Benötigter Speicherbedarf eines SW-Programms		×	×
5	Gewicht	kg	×		Elektronik- oder Mechanikgewicht eines Geräts	×	×	
6	Volumen	cm³	×		Volumen eines elektronischen Geräts	×	×	
7	Fläche	cm²	×		Fläche einer Leiterplatte		×	
8	Leistung	kW MW kVA	×		Leistung eines elektrischen Geräts bzw. einer Anlage	×	×	×
9	Logikeinheit	Anzahl	×		Anzahl Gatterfunktionen einer Flachbaugruppe	×	×	×
10	Funktion	Anzahl	×	×	Anzahl Funktionen eines Geräts bzw. Systems	×		(×)
11	Systemmodul	Anzahl	×	×	Anzahl Module eines Systems (SW-Programme und -Module, HW-Baugruppen, Subsysteme)			×
12	Schnittstelle	Anzahl	×	×	Anzahl definierter Schnittstellen in einem System			×

5.3 Erfahrungssicherung

Tabelle 5.2 Projektmeßdaten

Meßgröße		Einheit	Entwicklung		Beispiel	Anwendungsfeld		
			HW	SW		ASV	KZS	EDB
1	Aufwand	MStd MT MW MM MJ	×	×	Der für eine bestimmte Aufgabe geplante bzw. geleistete Personalaufwand	×	×	×
2	Kosten	DM TDM	×	×	Die für eine bestimmte Aufgabe geplanten bzw. angefallenen Kosten	×	×	×
3	Dauer	Stunde Tag Woche Monat Quartal Jahr	×	×	Die für eine bestimmte Aufgabe geplante bzw. benötigte Zeit	(×)	(×)	×
4	Mitarbeiter	Anzahl	×	×	Anzahl der mit der Entwicklung beschäftigten Mitarbeiter		×	×
5	Fehler	Anzahl	×	×	Anzahl der in der Entwicklung gemachten SW- oder HW-Fehler		×	(×)
6	Testfall	Anzahl	×	×	Anzahl der in der Entwicklung definierten und durchgeführten Testfälle		×	(×)
7	Änderung	Anzahl	×	×	Anzahl der während einer Entwicklung durchgeführten Änderungen		×	(×)

beiter angesprochen; hierbei beziehen sich die entsprechenden Faktoren i. allg. auf den jeweiligen Durchschnitt einer ganzen Entwicklungsgruppe, sind also nicht personenbezogen.

Tabelle 5.3 gibt eine Übersicht der wesentlichen Einflußgrößen.

Deskriptive Angaben

Deskriptive Angaben sind vornehmlich für den *Projektevergleich* bei Erfahrungsdatenbanken wichtig, weil für diesen eine Projektähnlichkeit nicht allein aufgrund absoluter Zahlenwerte gefunden werden kann, sondern zusätzlich verbale Beschreibungsmerkmale notwendig sind. Zum Beschreiben abgeschlossener Entwicklungsvorhaben für die Erfahrungssicherung können mehrere Möglichkeiten genutzt werden:

▷ Formalisierte Merkmalsleiste
▷ Vorgegebener Deskriptorenkatalog
▷ Frei wählbare Merkmale.

Formalisierte Merkmalsleiste

Als Beispiel für eine formalisierte Merkmalsleiste ist die in Kap. 3.2.6 aufgeführte Indikatorenleiste eines EDB-Verfahrens zu nennen. In einer derartigen Indikatorenleiste sind über einen festgelegten Fragenkatalog (Bild 3.40) relevante Projektmerkmale als Ja/Nein-Aussagen abgelegt. Hierdurch wird die rechnergestützte Ähnlichkeitsuntersuchung erheblich vereinfacht, besonders wenn die einzelnen Merkmale noch mit einem Gewicht versehen sind, welches die Bedeutung des jeweiligen Merkmals ausdrückt.

5.3.1 Erfahrungsdaten

Tabelle 5.3   Beispiele von Einflußgrößen

Anwendungsbezogene Einflußgrößen

▷ Vollständigkeit der Anforderungsdefinition
▷ Häufigkeit der Änderungswünsche
▷ Anzahl projektbeteiligte Stellen (extern, intern)
▷ Auflagen und Bedingungen des Auftraggebers
▷ Kommunikation Auftraggeber und Auftragnehmer
▷ Einsatzumgebung, Anwendungsgebiet

Produktbezogene Einflußgrößen

▷ Benötigte Zuverlässigkeit, Sicherheit
▷ Komplexität des Produkts
▷ Anforderungen an die Qualität
▷ Anforderungen an die Kompatibilität
▷ Anforderungen an die Dokumentation
▷ Anzahl externer Schnittstellen
▷ Umfang der Datenbasis
▷ HW-/SW-Kategorie
▷ Modifikationsanteile, Wiederholungsfaktor
▷ Abhängigkeit von anderen Produkten
▷ Einsatzbedingungen

Entwicklungsbezogene Einflußgrößen

▷ Änderungshäufigkeit der Entwicklungsbasis
▷ Nutzung der Entwicklungsmethoden
▷ Vorhandensein von Entwicklungstools
▷ Bearbeitungszyklus
▷ Computer-Restriktionen
▷ Unterstützung durch Test- und Prüfverfahren
▷ QS-Durchdringung
▷ Technologiestand

Projektbezogene Einflußgrößen

▷ Enge der Entwicklungszeit
▷ Enge des Entwicklungsetats
▷ Verfügbarkeit des Personals
▷ Entscheidungskraft der Leitung
▷ Arbeitsteilig der Projektstruktur
▷ Qualität des Projektmanagements
▷ Einsatz von PM-Methoden und -Verfahren

Personalbezogene Einflußgrößen

▷ Erfahrung und Kenntnisse im Aufgabengebiet
▷ Erfahrung in der Entwicklungsumgebung
▷ Analysefähigkeit der Mitarbeiter
▷ Programmierfähigkeit der SW-Entwickler
▷ Realisierungsfähigkeit der HW-Entwickler
▷ Kommunikationsfähigkeit
▷ Durchsetzungsvermögen
▷ Grad der Motivation, Arbeitszufriedenheit
▷ Fluktuationsrate

Vorgegebener Deskriptorenkatalog

Basis für einen Deskriptorenkatalog kann die unter [23] aufgeführte Beschreibungssystematik sein. Das genannte Buch enthält eine Sammlung von Begriffen aus dem betriebswirtschaftlichen Bereich für das Deskribieren von Dokumentationen elektrotechnischer

Technisch-wissenschaftliche Deskriptoren	
T1	Naturwissenschaft
T11	Mathematik
T12	Physik
T13	Sonstige Naturwissenschaften
T2	Technik
T21	Kerntechnik
T22	Elektrische Energietechnik
T23	Nachrichtentechnik
T24	Installationstechnik
T25	Medizinische Technik
T26	Verkehrstechnik
T27	Bautechnik
T28	Sonstige Technik
T3	Technische Stoffe
T31	Stoffeigenschaften
T32	Elektrowerkstoffe
T33	Hilfsstoffe
T34	Dämmstoffe
T35	Mechanische Werkstoffe
T4	Meß- und Regeltechnik
T41	Regelungstheorie
T42	Messung
T43	Steuerung
T44	Regelung
T5	Bauelemente und Maschinenaggregate
T51	Bauelemente der Elektrotechnik
T52	Bauelemente von Maschinen
T6	Maschinensteuerung
T61	Verarbeitungsgebiet
T62	Verarbeitungsform
T7	Datenverarbeitung
T71	Hardware
T711	Digitalrechner
T7111	Großrechner
T7112	Mittlere Datentechnik
T7113	Kleinrechner
T7114	Minicomputer
T7115	Personal Computer
T712	Analogrechner
T713	Hybridrechner
T714	Rechnerperipherie

Bild 5.12   Deskriptorenkatalog (Ausschnitt)

Entwicklungen. Die aufgeführten Deskriptoren sind in ein hierarchisch aufgebautes Identifikationssystem eingeordnet, in welches leicht weitere anwenderspezifische Begriffe eingefügt werden können. Bild 5.12 zeigt einen kleinen Ausschnitt aus diesem Deskriptorenkatalog.

Frei wählbare Merkmale

Neben den vorgenannten deskriptiven Merkmalen, die aus einer definierten Begriffsmenge ausgewählt werden, kann auch eine »freie Form« beschreibender Merkmale gewählt werden. Diese freien Merkmale dienen ebenfalls zur Ähnlichkeitsbestimmung von Entwicklungsprojekten; zu ihnen gehören z. B. Angaben wie:

▷ Stichworte aus der Kurzbeschreibung,
▷ Projektklassifikation,
▷ Qualitätsangaben,
▷ Entwicklungsangaben,
▷ Dokumentationsangaben.

Solche freien Merkmale umfassen im wesentlichen Angaben des Projektsteckbriefs; sie bilden also die Kurzdarstellung des betreffenden Projekts in einer Erfahrungsdatenbank.

Kennzahlen

Kennzahlen werden, wie bereits erwähnt, durch arithmetische Operationen aus der Kombination von Produkt- und Projektmeßdaten abgeleitet, wobei die Einflußgrößen für die notwendige Klassifizierung sorgen.

Das Einbeziehen projektorientierter Einflußgrößen wird als *Normalisierung* bezeichnet; berücksichtigt man zusätzlich Einflußgrößen der allgemeinen Entwicklungsumgebung, so bedeutet dies eine *Standardisierung*. Normalisierte Kennzahlen haben also eine projektspezifische Aussage, standardisierte Kennzahlen enthalten eine projektübergreifende Bedeutung.

Kennzahlen erfüllen im Projektablauf sehr unterschiedliche Aufgaben:

Bei der *Projektplanung*
werden Kennzahlen als Basisdaten für die Aufwandsschätzung verwendet.

Bei der *Projektdurchführung*
dienen Kennzahlen als Analyse- und Vergleichsdaten für die Projektkontrolle (Zeit- und Quervergleich).

Beim *Projektabschluß*
werden Kennzahlen als Leitwerte für die Abschlußanalyse sowie für die Leistungs- und Produktivitätsmessung benötigt.

Wegen der Vielfalt produkt- und projektbezogener Meßgrößen und Einflußgrößen in der elektrotechnischen Entwicklung können zwar fast beliebig viele Kennzahlen gebildet werden; jedoch haben die meisten – besonders für sich allein – nur eine geringe Aussagekraft und daher kaum praktische Bedeutung. Die folgenden Tabellen enthalten eine Auswahl häufig formulierter Kennzahlen in der SW- und HW-Entwicklung; sie sind unterteilt in

▷ Produktorientierte
  Kennzahlen   (A-Kennzahlen) Tab. 5.4
▷ Projektorientierte
  Kennzahlen   (B-Kennzahlen) Tab. 5.5
▷ Prozeßorientierte
  Kennzahlen   (C-Kennzahlen) Tab. 5.6
▷ Netzplanorientierte
  Kennzahlen   (D-Kennzahlen) Tab. 5.7
▷ Allgemeine
  FuE-Kennzahlen   (E-Kennzahlen) Tab. 5.8

Bei der gezeigten Übersicht wird außerdem noch zwischen »harten« und »weichen« Kennzahlen unterschieden. Eine harte Kennzahl ist dadurch gekennzeichnet, daß sie – im Gegensatz zu einer weichen Kennzahl – »exakt« meßbar ist. In der Praxis gibt es natürlich einen Graubereich zwischen exakter und nicht exakter Meßbarkeit. Eine harte Kennzahl ist z. B. die Produktivitätsgröße loc/MM, da beide Ausgangsgrößen genau gemessen werden können. Dagegen stellt die Angabe Schnittstellen je Modul eine weiche Kennzahl dar, da deren eine Ausgangsgröße nicht mehr genau gezählt werden kann, denn naturgemäß bestehen Definitionsschwierigkeiten bei der Meßgröße Schnittstelle.

Die hier vorgestellte Kennzahlenauswahl kann als Basis für den Aufbau eines eigenen Kennzahlensystems dienen. Hierbei muß darauf hingewiesen werden, daß mehrere der aufgeführten Kennzahlen unterschiedlich ausgeprägt sein können; so kann z. B. die Kennzahl Planabweichung sich auf die Zeit, die Kosten, den Aufwand o. ä. beziehen. Auch sollten bei einer prozentualen Quotientenbildung die absoluten Werte der Zähler und Nenner nicht verschwinden, da die Kennzahlen sonst an Aussagekraft einbüßen.

Bei den einzelnen Meßgrößen für die Kennzahlenbildung muß noch zwischen

▷ Punktgrößen und
▷ Raumgrößen

unterschieden werden. »Punktgrößen« sind Meßgrößen, die sich auf einen Stichtag beziehen, wie z. B. Anzahl der Mitarbeiter zum Schlußtag eines Geschäftsjahres. »Raumgrößen« beziehen sich dagegen auf einen breiten Zeitraum, z. B. erbrachte Ergebnismenge in einem bestimmten Geschäftsjahr. Es sollte bei einer Kennzahlenbildung möglichst keine Mischung dieser beiden Meßgrößtentypen vorkommen.

Wie bereits angedeutet, kann eine einzelne Kennzahl für sich allein eine verzerrende Aussage haben, wie z. B. der bloße Zahlenwert 100 DIN-A4-Seiten des Mitarbeiters Meier. Kennzahlen führen nur dann zu einer sinnvollen Aussage, wenn sie als »Datenkranz«, d. h. auf einer höheren, kumulierten Ebene betrachtet werden. So kann z. B. der Vergleich der beiden Kennzahlen »x DIN-A4-Seiten je Mitarbeiter im Organisationsbereich A« gegenüber »y DIN-A4-Seiten je Mitarbeiter im Organisationsbereich B« bei vergleichbaren Entwicklungsaktivitäten zu einer relevanten Aussage führen.

Erfahrungsaussagen können also nur durch mehrere Kennzahlen gestützt werden; anderenfalls wird Einseitigkeit riskiert und damit Fehlinterpretation und falsche Schlußfolgerungen.

Echte Kennzahlen müssen über bestimmte Eigenschaften verfügen; hierzu zählen:

▷ Quantifizierbarkeit,
▷ Erhebbarkeit,
▷ Vergleichbarkeit,
▷ Relevanz und
▷ Aktualität.

Kennzahlen, für die es keinen »Maßstab« gibt, oder Kennzahlen, die nicht erhoben werden können oder keine vergleichenden Gegenüberstellungen zulassen oder keine Aussagekraft mehr besitzen, weil sie einen überholten Stand kennzeichnen, sind für eine Projektauswertung oder -beurteilung nutzlos, wenn nicht sogar schädlich. »Schein-Kennzahlen« haben schon zu so manchem Fehlurteil in einem Unternehmen geführt.

Tabelle 5.4 Produktorientierte Kennzahlen

Kennzahlen			Einheit (Beispiel)	Art
A1	Komplexität	$= \dfrac{\text{Anzahl Schnittstellen}}{\text{Produktteile}}$	Anzahl/Modul	w
A2	Dichte	$= \dfrac{\text{Anzahl Teile oder Funktionen}}{\text{Volumen oder Fläche}}$	Anzahl/cm^2	h, w
A3	Änderungsquote	$= \dfrac{\text{Anzahl Änderungen}}{\text{Ergebnismenge}}$	Anzahl/kloc	w
A4	Fehlerquote	$= \dfrac{\text{Anzahl Fehler}}{\text{Ergebnismenge}}$	Anzahl/ Gatterfunktion	h, w
A5	Testdeckungsgrad	$= \dfrac{\text{Durchgeführte Testfälle}}{\text{Mögliche Testfälle}}$	dimensionslos	w
A6	Testanlagennutzung	$= \dfrac{\text{Testanlagenaufwand}}{\text{Gesamtanzahl Mitarbeiter}}$	MM/MA	h
A7	Zuverlässigkeit	$= \dfrac{\text{Ausfälle}}{\text{Zeit}}$	Anzahl/Monat	h
A8	Erfüllungsgrad	$= \dfrac{\text{Erfüllte Anforderungen}}{\text{Zugesagte Anforderungen}}$	dimensionslos	w

5.3 Erfahrungssicherung

Tabelle 5.5 Projektorientierte Kennzahlen

Kennzahlen			Einheit (Beispiel)	Art
B1	Produktivität	$= \dfrac{\text{Ergebnismenge}}{\text{Gesamtaufwand}}$	kloc/MJ	h
B2	Planabweichung	$= \dfrac{\text{Istwert} - \text{Planwert}}{\text{Planwert}} \cdot 100$	%	h
B3	Termintreue	$= \dfrac{\text{Geplante Dauer} - \text{Terminverzug}}{\text{Geplante Dauer}} \cdot 100$ Terminverzug = Voraussichtliche Dauer − Geplante Dauer	%	h
B4	Fremdanteil	$= \dfrac{\text{Fremde Mitarbeiter}}{\text{Gesamtanzahl Mitarbeiter}} \cdot 100$	%	h
B5	Kostenanteil	$= \dfrac{\text{Kosten eines Kostenelements}}{\text{Gesamtkosten}} \cdot 100$	% je Kostenelement	h
B6	Produktivanteil	$= \dfrac{\text{Produktivstunden}}{\text{Gesamtstunden}} \cdot 100$	%	h
B7	Betriebsmittelverbrauch	$= \dfrac{\text{Verbrauchsmenge}}{\text{Zeit}}$	GOPS/Monat	h
B8	Betriebsmittelkostenbedarf	$= \dfrac{\text{Betriebsmittelkosten}}{\text{Gesamtaufwand}}$	TDM/MM	h
B9	Fehlerbehebungslaufzeit	$= \dfrac{\text{Summe Fehlerlaufzeiten}}{\text{Gesamtanzahl Fehler}}$	MT/Fehler	h
B10	QS-Kostenanteil	$= \dfrac{\text{QS-Kosten}}{\text{Gesamtkosten}} \cdot 100$	%	h
B11	Tooleinsatz	$= \dfrac{\text{Tool-Investitionen}}{\text{Gesamtanzahl Mitarbeiter}}$	TDM/MA	h
B12	Overhead-Anteil	$= \dfrac{\text{Nichtprojektbezogene Kosten}}{\text{Gesamtkosten}} \cdot 100$	%	h
B13	PM-Anteil	$= \dfrac{\text{Mitarbeiter für Projektmanagement}}{\text{Gesamtanzahl Mitarbeiter}} \cdot 100$	%	h
B14	Fluktuationsquote	$= \dfrac{\text{Anzahl der Ab- und Zugänge}}{\text{Durchschnittlicher Mitarbeiterstand}} \cdot 100$	% je Jahr	h
B15	Qualifikationsstand	$= \dfrac{\text{Summe aller Ausbildungszeiten}}{\text{Gesamtanzahl Mitarbeiter}}$	Jahre/MA	h
B16	Erfahrungsstand	$= \dfrac{\text{Summe aller Praxiszeiten}}{\text{Gesamtanzahl Mitarbeiter}}$	Jahre/MA	h

5.3.1 Erfahrungsdaten

Tabelle 5.6 Prozeßorientierte Kennzahlen

Kennzahlen			Einheit (Beispiel)	Art
C1	Aufwandsmäßiger Phasenriß	$= \dfrac{\text{Aufwand einer Phase}}{\text{Gesamtaufwand}} \cdot 100$	% je Phase	h
C2	Aufwandsmäßiger Tätigkeitsaufriß	$= \dfrac{\text{Aufwand einer Tätigkeit}}{\text{Gesamtaufwand}} \cdot 100$	% je Tätigkeitsart	h
C3	Zeitlicher Phasenaufriß	$= \dfrac{\text{Dauer einer Phase}}{\text{Gesamtdauer}} \cdot 100$	% je Phase	h
C4	Zeitlicher Tätigkeitsaufriß	$= \dfrac{\text{Dauer einer Tätigkeit}}{\text{Gesamtdauer}} \cdot 100$	% je Tätigkeitsart	h
C5	LCC-Struktur	$= \dfrac{\text{Kosten eines LCC-Abschnitts}}{\text{Kosten eines anderen LCC-Abschnitts}}$	dimensionslos	h
C6	Phasenbezogene Fehlerquote	$= \dfrac{\text{Fehlermeldungen in einer Phase}}{\text{Ergebnismenge}}$	Anz. Fehler B30–B70 kdloc	h

Tabelle 5.7 Netzplanorientierte Kennzahlen

Kennzahlen			Einheit (Beispiel)	Art
D1	Aufgliederung	$= \dfrac{\text{Anzahl Vorgänge}}{\text{Projektkosten}}$	Anzahl/TDM	h
D2	Netzdichte (Verflechtungszahl)	$= \dfrac{\text{Anzahl Abhängigkeiten}}{\text{Netzplanvorgänge} - 1}$	Anzahl/Vorgang	h
D3	Terminenge	$= \dfrac{\text{Anzahl zeitkritischer Vorgänge}}{\text{Gesamtanzahl Vorgänge}} \cdot 100$	%	h
		$= \dfrac{\text{Dauer zeitkritischer Vorgänge}}{\text{Gesamtdauer Vorgänge}} \cdot 100$	%	h
D4	Pufferweite	$= \dfrac{\text{Gesamter Puffer eines NP-Pfads}}{\text{Gesamtdauer des NP-Pfads}}$	dimensionslos	h

Tabelle 5.8 Allgemeine FuE-Kennzahlen

Kennzahlen			Einheit (Beispiel)	Art
E1	FuE-Umsatz-Anteil	$= \dfrac{\text{FuE-Kosten}}{\text{Umsatz}} \cdot 100$	%	h
E2	Umsatzeinbuße	$= \dfrac{\text{Umsatzminderung}}{\text{Terminverschiebung}}$	DM/Monat	w
E3	Kosten/Leistungs-Verhältnis (Kosteneinheitswert)	$= \dfrac{\text{FuE-Kosten}}{\text{Ergebnismenge}}$	DM/kloc	h
E4	Kosten/Nutzen-Verhältnis	$= \dfrac{\text{Kosten}}{\text{Anzahl Nutzer}}$	DM/kontierende	h
E5	Änderungskostenanteil	$= \dfrac{\text{Änderungskosten}}{\text{Gesamtkosten}} \cdot 100$	%	h
E6	Wartung/Entwicklungs-Quotient	$= \dfrac{\text{Wartungskosten}}{\text{Entwicklungskosten}}$	dimensionslos	h
E7	Marginalrendite (Interner Zinsfuß)		%	w
E8	Wirtschaftlichkeitskennzahl	$= \dfrac{\text{Umsatz}}{\text{Selbstkosten}}$	dimensionslos	h

5.3.2 Kennzahlensystem

Um sicherzustellen, daß ermittelte Kennzahlen auch voll nutzbar sind, dürfen sie nicht willkürlich und abhängig von temporären Intensionen Einzelner festgelegt und gesammelt werden. Dies erreicht man am besten dadurch, daß sie in ein definiertes und festumrissenes Kennzahlensystem eingeordnet werden.

Kennzahlensysteme sind die Basis für jedes FuE-Bewertungssystem. Durch das eindeutige Definieren von Kennzahlen und deren klares Einbetten in eine Systematik wird ein aussagekräftiger Vergleich über die einzelnen Bereichsgrenzen eines Unternehmens hinaus möglich. Hat dagegen jeder Bereich seinen eigenen »Topf« von willkürlich festgelegten Kennzahlen, so sind Gegenüberstellungen von Entwicklungsdaten und überbetriebliche Strukturvergleiche mit der Absicht, gezielte Verbesserungen in den Prozeßabläufen vorzunehmen, natürlich nicht mehr möglich.

Bei Kennzahlensystemen unterscheidet man

▷ Kennzahlen-Netzsystemen,
▷ Kennzahlen-Hierarchiesystemen und
▷ Kennzahlen-Ordnungssystemen.

Kennzahlen-Netzsysteme

In Kennzahlennetzen sind die Kennzahlen durch Rechenvorschriften miteinander *vernetzt,* d. h. ausgehend von einer vorgegebenen Ergebnis- oder Leistungsmenge (exogene Variable) werden über Kennzahlen anderer Größen (abhängige Variable) abgeleitet. Entsprechend definierten Rechenvorschriften für solche »Input-Output-Beziehungen« können dabei abhängige Variable auch von mehreren exogenen Variablen bestimmt werden.

Da Kennzahlen-Netzsysteme für das Projektmanagement im FuE-Bereich derzeit keine Bedeutung haben, sei hier auf die Literatur verwiesen.

Kennzahlen-Hierarchiesysteme

In Kennzahlen-Hierarchiesystemen – auch als »Rechensystem« oder arithmetische Kennzahlensysteme bezeichnet – sind die Kennzahlen ebenfalls durch definierte Rechenvorschriften voneinander ableitbar; sie sind allerdings nicht in einer vernetzten Struktur, sondern als *Hierarchie* angeordnet. Ihr Vorteil liegt darin, daß durch die streng monohierarchische Abhängigkeit eine eventuell unberechtigte Abgrenzung von

5.3.2 Kennzahlensystem

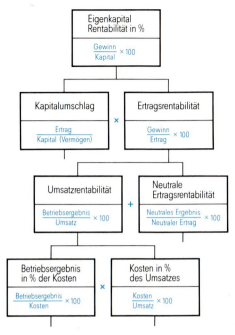

Bild 5.13
Kennzahlen-Hierarchiesystem (Beispiel Du Pont)

z. B. Diebold oder ZVEI, haben – aufsetzend auf diesem System – eigene Kennzahlenhierarchien abgeleitet.

Das Du-Pont-Kennzahlensystem geht von einer Hauptkennzahl »Eigenkapital-Rentabilität in %« aus, die als *Spitzenkennzahl* bezeichnet wird. Die untergeordneten Kennzahlenebenen werden nach festen Auflösungsregeln bestimmt. So wird die vorgenannte Spitzenkennzahl in die beiden Kennzahlen »Kapitalumschlag« und »Ertragsrentabilität« aufgelöst; umgekehrt ergibt die Multiplikation dieser beiden Kennzahlen wiederum die Spitzenkennzahl »Eigenkapital-Rentabilität in %«.

Als rein formale Auflösungsregeln bei solchen Kennzahlen-Hierarchiesystemen bieten sich alle gängigen Rechenvorschriften an, so die Addition, Subtraktion, Multiplikation und Division. Die Gliederung auf den unteren Ebenen sollte sinnvollerweise nach organisatorischen und funktionalen Gesichtspunkten geschehen, wie es in dem von Diebold [62] vorgeschlagenen Kennzahlensystem (Bild 5.14) praktiziert wird.

Kennzahlen verhindert wird. Als eine der bekanntesten Kennzahlenhierarchien gilt das von Du Pont vorgeschlagene Kennzahlensystem (Bild 5.13).

Dieses Kennzahlensystem ist für den betriebswirtschaftlichen Bereich definiert worden. Andere, wie

Auch vom ZVEI ist ein derartiges hierarchisch aufgebautes Kennzahlensystem für den betriebswirtschaftlichen Bereich definiert worden [63]; es enthält im wesentlichen Kennzahlen zu den Themenbereichen:

▷ Wachstumsanalyse,
▷ Analyse der Eigenkapital-Rentabilität,
▷ Analyse der Ertragskraft und
▷ Analyse des Risikos.

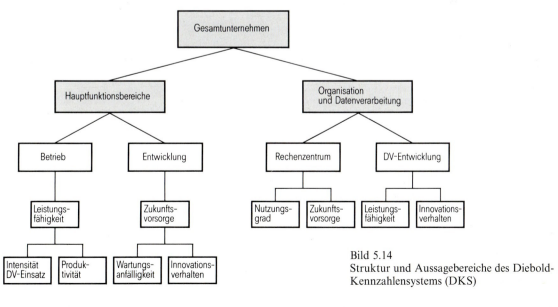

Bild 5.14
Struktur und Aussagebereiche des Diebold-Kennzahlensystems (DKS)

Alle Kennzahlen-Hierarchiesysteme erwecken den Eindruck, analytisch aussagekräftiger und treffsicherer zu sein als nicht derart aufgebaute Systeme; dies ist allerdings nur teilweise richtig. Hierarchische Kennzahlensysteme zwingen zwar zu strenger Logik und arithmetischer Ordnung und verbessern damit die formale Transparenz; sie bleiben jedoch relativ starr, d. h. mehr rückschauend und registrierend. Die Extrapolationsmöglichkeit zum Ableiten künftiger wirtschaftlicher bzw. organisatorischer Veränderungen kann nur mit einer Methode erreicht werden, die Funktions- und fachliche Ablaufkenntnisse voraussetzt.

Kennzahlen-Ordnungssysteme

In Kennzahlen-Ordnungssystemen sind die einzelnen Kennzahlen nicht mehr aufgrund eines geschlossenen Schemas vorgegebener Rechenvorschriften voneinander ableitbar; vielmehr sind sie hier nach einem *gemeinsamen* Aspekt zusammengestellt worden. Solche Gruppierungen von Kennzahlen können – wie die folgenden Beispiele es zeigen – funktions- oder problembezogen sein:

Funktionsbezogene Ordnungssysteme für

▷ FuE-Projektkalkulation,
▷ Qualitätssicherung im FuE-Bereich,
▷ FuE-Bereich,
▷ Fertigungsvorbereitung,
▷ Personalwesen.

Problembezogene Ordnungssysteme für

▷ Effizienzbetrachtung der OA-Arbeit,
▷ DLZ-Reduzierung,
▷ Lagerbestandsoptimierung,
▷ Optimierung der Lieferbereitschaft (Logistik).

Im Hause sind mehrere Broschüren erarbeitet worden, die Kennzahlen zur Funktions- und Prozeßanalyse in den Bereichen des Unternehmens enthalten.

Darüber hinaus hat man ein Modell für ein Kennzahlensystem in der SW-Entwicklung vorgestellt, welches aufgrund einer Expertenbefragung im Hause entstanden ist; es umfaßt Kennzahlen für die einzelnen Funktionsbereiche einer SW-Projektentwicklung:

▷ Projektleitung,
▷ Projektplanung,
▷ Projektüberwachung,
▷ Projektsteuerung,
▷ Produktplanung,
▷ Produktüberwachung und -steuerung.

Die Erhebbarkeit eindeutiger und aktueller Daten bei vertretbarem Aufwand zur Kennzahlenbildung und die Aussagefähigkeit bzw. Analysekraft der so gebildeten Kennzahlen bedürfen allgemein noch einer Erprobung in der Praxis.

Als Beispiel für ein Kennzahlen-Ordnungssystem ist nachstehend ein Kennzahlensystem für die FuE-Projektkalkulation angegeben, bei dem einzelne Meßgrößen aus der SW-Entwicklung in eine Zuordnung zu den Entwicklungsphasen und den verschiedenen Tätigkeitsarten gebracht worden sind (Bild 5.15).

Phasen	Produktmeßgrößen (Anzahl)	Tätigkeitsarten							
		Definieren	Entwerfen	Inspizieren	Codieren	Produzieren	Testen	Dokumentieren	Nacharbeiten
Analyse	Anforderungen	×	×	×					
	DIN-A4-Seiten des Anforderungskatalogs							×	
Entwurf	Subsysteme	×	×		×				
	Prozedurdiagramme		×	×	×				
	Zustandsdiagramme		×	×	×				
	DIN-A4-Seiten der Systemspezifikation							×	
Implementierung	Befehle				×				
	Funktionen				×				
	Testfälle						×		
	DIN-A4-Seiten der Benutzerdokumentation							×	
Verbundtest	Subsysteme				×	×			
	Testfälle						×		
	Fehler								×
Systemtest	Anforderungen				×		×		
	Testfälle						×		
	Fehler							×	
Einsatz	DIN-A4-Seiten der Kundendokumentation							×	
	Fehler								×

Bild 5.15
Kennzahlen-Ordnungssystem
(Beispiel FuE-Projektkalkulation)

Aus diesem Ordnungssystem können projektspezifisch und auch projektübergreifend für die FuE-Projektkalkulation sehr unterschiedliche Kennzahlen abgeleitet werden, die sich in drei Kategorien einordnen lassen:

Aufwandsverteilungen

▷ Phasenorientierte Aufteilung der Kosten bzw. Aufwände,
▷ Phasenorientierte Aufteilung der Entwicklungsdauer,
▷ Tätigkeitsorientierte Aufteilung der Aufwände.

Kostenrelationen

▷ Verhältnis RZ-Kosten zu Gesamtkosten,
▷ Verhältnis QS-Kosten zu Gesamtkosten,
▷ Verhältnis PM-Kosten zu Gesamtkosten.

Produktivitäten

▷ Aufwand bzw. Kosten je Programmbefehl,
▷ Aufwand bzw. Kosten je Dokumentationsseite,
▷ Aufwand bzw. Kosten je Fehlerbehebung,
▷ Aufwand bzw. Kosten je Testfall,
▷ Erzeugte Programmbefehle je Mitarbeiter,
▷ Erstellte Dokumentationsseiten je Mitarbeiter.

Aufbau eines Kennzahlensystems

Der Aufbau eines in sich logischen Kennzahlensystems ist ein nicht leichtes Unterfangen. Einerseits muß vorher geklärt sein, für wen und für was die Kennzahlen genutzt werden sollen, andererseits muß gleichzeitig auch die Erhebbarkeit der betreffenden Kennzahlen gesichert sein. Aus einem umfassenden Zeit- und Quervergleich in repräsentativen Bereichen müssen deshalb Leitwerte abgeleitet werden, die ein »Wertemodell« des betrachteten Funktions- bzw. Aufgabengebiets ergeben.

Im einzelnen sind zum Aufbau eines Kennzahlensystems mehrere Arbeitsschritte zu durchlaufen; hierzu gehören:

Festlegen der Ziele des geplanten Kennzahlensystems

▷ Art des Aufgabenbereichs,
▷ Art des Nutzerkreises.

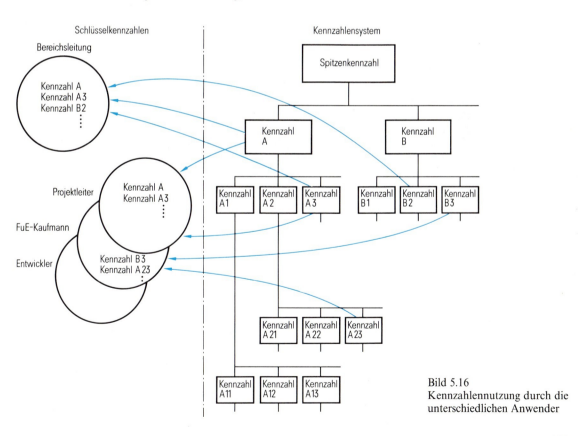

Bild 5.16
Kennzahlennutzung durch die unterschiedlichen Anwender

Ausarbeiten der Kennzahlenkonzeption

▷ Art der Meßgrößen und -einheiten,
▷ Art der Kennzahlensystematik,
▷ Art der Ableitungsregeln.

Realisieren des Kennzahlensystems

▷ Klären der Zuständigkeiten,
▷ Festlegen der Datenquellen,
▷ Ermitteln der Basisgrößen,
▷ Ableiten der Kennzahlen,
▷ Sicherstellen der Eindeutigkeit.

Nach Aufbau eines solchen Kennzahlensystems muß man für laufende Aktualisierung der Kennzahlen sorgen, weil diese sonst aufgrund der hohen Innovationsrate besonders im elektrotechnischen Bereich schnell ihre Aussagekraft verlieren. Auch müssen die ausgewählten Kennzahlen kommentierbar sein, damit sie nicht nur als nackte Zahlen verwendet werden.

Nutzung der Kennzahlen

Der Nutzungsgrad der Kennzahlen eines Kennzahlensystems ist naturgemäß für die einzelnen Anwender sehr unterschiedlich. Jeder spezielle Anwenderbereich hat außerdem nur ein Interesse an bestimmten Ausschnitten bzw. Untermengen des Gesamtkennzahlensystems. Bild 5.16 veranschaulicht dies am Schema eines Kennzahlen-Hierarchiesystems.

Die Bereichsleitung hat z. B. ein besonderes Interesse an »generellen« Kennzahlen einschließlich der Spitzenkennzahlen des Systems; dagegen sind die ausführenden Bereiche eines Unternehmens mehr an Einzelkennzahlen der tieferen Ebenen interessiert. Diese anwenderspezifisch ausgewählten Kennzahlen werden als *Schlüsselkennzahlen* bezeichnet.

5.3.3 Erfahrungsdatenbank

Eine systematische Erfahrungsdatensammlung, die auch über ein genügend umfangreiches Datenvolumen verfügt, erfordert eine eigene Datenbank und damit ein DV-gestütztes System zur Speicherung von Erfahrungsdaten. Zur Zeit gibt es noch wenige Realisierungsfälle von Erfahrungsdatenbanksystemen. Der Grund hierfür liegt meist nicht in der mangelnden DV-technischen Verfahrensrealisierung; vielmehr liegt das Hauptproblem in der Schaffung einer adäquaten *Infrastruktur* im Entwicklungsbereich, die für eine gezielte Erfahrungssicherung notwendig ist. Dort müssen nämlich sowohl die Möglichkeiten als auch

die Bereitschaft in allen zuständigen Bereichen (Entwicklung, Projektmanagement und FuE-Kaufmannschaft) vorhanden sein, die erforderlichen Daten zur Verfügung zu stellen. Das bedeutet eine gewisse Offenbarung, besonders dann, wenn aus den Daten auch Effizienz- und Produktivitätsaussagen abgeleitet werden können.

Aus pragmatischen Gründen ist es nicht sinnvoll, die für ein Projekt vorliegenden Daten und Unterlagen in ihrer Gesamtheit in der Datenbank abzuspeichern; man sollte zusätzlich immer auch das Medium *Aktenordner* nutzen. So ist es z. B. nicht notwendig, umfangreiche Projektpläne und ausführliche Projektberichte magnetisch zu speichern; ein übersichtliches Ablagesystem mit Aktenordnern für diese Unterlagen ist völlig ausreichend.

Bild 5.17 zeigt die Struktur einer Erfahrungsdatenbank in Verbindung mit einem solchen Ordnersystem.

Eine Erfahrungsdatenbank hat im Rahmen der Erfahrungssicherung mehrere Aufgaben:

▷ Aufwandsschätzung
▷ Produktivitätsbetrachtung
▷ Projektbeurteilung
▷ Wissenstransfer.

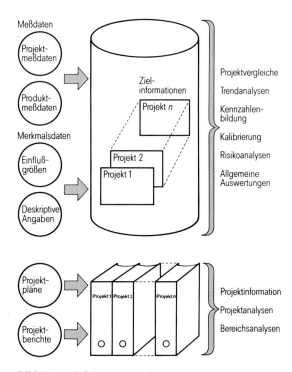

Bild 5.17   Erfahrungsdatenbank mit Ordnersystem

Die *Aufwandsschätzung* wird dadurch unterstützt, daß der Vergleich eines geplanten Entwicklungsvorhabens mit abgeschlossenen, in der Erfahrungsdatenbank gespeicherten Projekten eine Aussage bez. der voraussichtlichen Kosten und des einzuplanenden Personalaufwands erlaubt. Eine Erfahrungsdatenbank kann daher – in Form eines Vergleichsverfahrens – auch direkt als Aufwandsschätzverfahren genutzt werden (siehe Kap. 3.2.6), wobei von den Projektdaten abgeschlossener Projekte auf künftige Projekte geschlossen wird.

Produktivitätsbetrachtungen werden durch das Gegenüberstellen von Produktergebnisgrößen (z. B. Anzahl Dokumentationsseiten, Befehle, Logikeinheiten) und dem jeweils dafür angefallenen Entwicklungsaufwand erreicht. Auf diese Weise können Kennzahlen zur Effizienzbeurteilung im Entwicklungsbereich abgeleitet werden. Produktivitätskennzahlen sind immer eine gute Basis für das Erarbeiten von Maßnahmen zur Produktivitätssteigerung.

Mit den gespeicherten Erfahrungsdaten sind darüber hinaus auch allgemeine *Projektbeurteilungen* nach unterschiedlichsten Gesichtspunkten, wie

▷ Projektqualität,
▷ Projektrisiken und -fehler,
▷ Methoden- und Tooleinsatz,
▷ Planungsgenauigkeit,
▷ Realisierungsprobleme und
▷ Güte der Qualitätssicherung

möglich. Ziel solcher Projektbeurteilungen ist das Gewinnen von Erkenntnissen, die helfen, die Qualität einer (künftigen) Projektführung zu verbessern und die Durchlaufzeiten in der Entwicklung zu verkürzen.

Schließlich werden durch die umfangreiche Sammlung projekt- und produktbezogener Daten in der Erfahrungsdatenbank der notwendige *Wissenstransfer* innerhalb eines Unternehmens (Synergieeffekt) entscheidend gefördert und der Nachweis von Knowhow-Trägern unterstützt. Voraussetzung hierfür ist allerdings die leichte Zugänglichkeit der für die Entwickler relevanten Informationen, die u. a. durch den dezentralen Zugriff in einem Kommunikationsverbund möglich wird.

Ausgehend von diesen Aufgaben gibt es sehr unterschiedliche *Nutzer* einer Erfahrungsdatenbank:

▷ Projektleiter,
▷ Entwickler,
▷ FuE-Kaufleute,
▷ Bereichsleiter,
▷ Spezialisten für Aufwandsschätzmethoden usw.

Klassen von Erfahrungsdatenbanken

Man kann zwei Klassen von Erfahrungsdatenbanken unterscheiden:

▷ Technische Erfahrungsdatenbanken
▷ Betriebswirtschaftliche Erfahrungsdatenbanken.

Technische Erfahrungsdatenbanken

Eine technische Erfahrungsdatenbank enthält im wesentlichen Informationen, die die rein *technischen* Aspekte von Entwicklungsvorhaben beleuchten – neben allen meßbaren Ergebnisgrößen der entwickelten Produkte gehören dazu auch allgemeine entwicklungstechnische und technologische Merkmale. Sowohl Produktmeßgrößen wie z. B. Anzahl Gatterfunktionen, Anzahl Programmbefehle und Anzahl Dokumentationsseiten sind hier von Bedeutung als auch deskriptive Angaben zur Entwurfs- und Realisierungsmethodik, zur Qualitätssicherung sowie zum geplanten und zum realisierten Anforderungs- und Funktionsprofil der Entwicklungsvorhaben. Empfehlenswert für eine standardisierte Vorgehensweise in der technischen Beschreibung von Erfahrungsobjekten ist der Aufbau einer allgemeingültigen Merkmalsliste, die alle möglichen Merkmalskriterien auf die relevanten Begriffe beschränkt.

Für die kaufmännische Beurteilung sind den gespeicherten Erfahrungsobjekten i. allg. die hauptsächlichen Projektmeßdaten, wie Termin-, Aufwands- und Kostendaten, beigegeben; sie ermöglichen – in ihrer Gegenüberstellung zu den wichtigsten Produktmeßgrößen – das Gewinnen aussagekräftiger Produktivitätskennzahlen.

Der Schwerpunkt der Anwendung technischer Erfahrungsdatenbanken liegt naturgemäß im Entwicklungsbereich, dort, wo man – durch Rückgriff auf vergangene Entwicklungsprobleme – schneller zu Lösungskonzepten von neuen Entwicklungsaufgaben kommen will. Technische Erfahrungsdatenbanken sind daher ein wichtiges Instrument zur Steigerung der Synergie in einem Großunternehmen.

Betriebswirtschaftliche Erfahrungsdatenbanken

Im Gegensatz zur technischen Erfahrungdatenbank enthält die betriebswirtschaftliche Erfahrungsdatenbank vor allem *kaufmännische* Informationen. Ausschlaggebend sind hier die Aufwands- und Kostendaten in ihrem zeitlichen Ablauf (z. B. Geschäftsjahresscheiben) sowie in der thematischen Aufteilung, d. h. in ihrer Zuordnung zu den einzelnen Kostenelementen und Kostenverursachern. Häufig ist auch eine Zuordnung der Aufwände und Kosten zu den Entwicklungsphasen und den unterschiedlichen Tätigkeitsarten von Bedeutung.

Für eine entwicklungsbezogene Interpretation der gespeicherten betriebswirtschaftlichen Daten sollten die einzelnen Erfahrungsobjekte möglichst mit einem datenbankeinheitlichen Katalog von Einflußparametern bewertet werden, um so eine Vergleichbarkeit unterschiedlicher Entwicklungsinhalte zu erreichen. Ein solcher Parameterkatalog umfaßt Angaben sowohl zum Projekt- als auch zum Produktumfeld und ähnelt darin den Parameterkatalogen der einschlägigen Aufwandsschätzverfahren.

Technische Angaben finden sich in einer betriebswirtschaftlichen Erfahrungsdatenbank nur wenige; es bietet sich an, einige wesentliche Produktmeßdaten, wie z. B. Programmumfang bei Software oder eine Meßzahl für den Funktionsumfang bei Hardware in die Datenbank aufzunehmen. Mit Hilfe dieser Ergebnisgrößen und der zugehörigen Aufwandsgrößen können dann auch hier Angaben zur Entwicklungsproduktivität gemacht werden.

Betriebswirtschaftliche Erfahrungsdatenbanken finden ihre hauptsächliche Nutzung sinngemäß im Bereich der FuE-Kaufmannschaft. Die Daten in einer solchen Datenbank unterstützen den FuE-Kaufmann sowohl beim Erstellen des Wirtschaftsplans als auch beim FuE-Controlling, können aber auch für eine Projektleitung bei der Projektplanung sehr hilfreich sein.

Informationsstrukturen

Sehr wichtig beim Realisieren einer DV-gestützten Erfahrungsdatenbank ist neben der technischen bzw. betriebswirtschaftlichen Ausrichtung das Festlegen einer anwendungsgerechten *Informationsstruktur,* da diese Struktur die Auswahl des zu verwendenden Datenbanksystems entscheidend mitbestimmt. Die Informationsstruktur kann hierbei

▷ projektorientiert,
▷ produktorientiert oder
▷ teileorientiert

sein.

Projektorientiert heißt, daß in einem Informationsobjekt der Datenbank, dem Erfahrungsobjekt (EO) alle relevanten Daten eines abgeschlossenen Projekts zusammengefaßt sind, wohingegen bei einer *Produktorientierung* das Erfahrungsobjekt auf das Produkt selbst ausgerichtet ist, und zwar unabhängig von der vorhandenen Projektgliederung. Projektorientiert sind in erster Linie die betriebswirtschaftlichen Erfahrungsdatenbanken, produktorientiert dagegen meist die technischen Erfahrungsdatenbanken.

Bei einer *teileorientierten* Informationsstruktur entsprechen die Erfahrungsobjekte den einzelnen Produktteilen (Module, Baugruppen etc.). Der Zusammenhang mit dem Produkt bzw. dem Projekt wird über datenbanktechnische Verkettungsmöglichkeiten (z. B. relationale Beziehungen) vorgenommen. Die teileorientierte Informationsstruktur ist sicher nicht nur für die Verfahrensrealisierung wie auch die Erfahrungsdatensammlung die aufwendigste, sondern für die Erfahrungssicherung insgesamt auch die anspruchsvollste und aussagekräftigste Form einer Erfahrungsdatenbank.

Schwierig bei einem funktionierenden EDB-System ist das Feststellen der *Ähnlichkeit* von Projekten bzw. von Projektteilen, also das Finden von ähnlichen Erfahrungsobjekten. Einerseits muß die gewählte Informationsstruktur dieser Ähnlichkeitsbestimmung entgegenkommen und andererseits muß das verwendete Datenbanksystem über entsprechende Auswahlmechanismen für die Ähnlichkeitssuche verfügen. Als besonders geeignet haben sich hierfür Information-Retrieval-Systeme wie GOLEM und SESAM gezeigt, die in einem gewissen Maße relationale Datenstrukturen zulassen und über leistungsfähige Suchalgorithmen verfügen.

Es gibt Ansätze, eine Erfahrungsdatenbank auch als *Expertensystem* zu entwerfen, aber von einer Realisierung ist man hier noch weit entfernt. Auch existieren Überlegungen, eine Erfahrungsdatenbank in ein übergreifendes Management-Information-System (MIS) einzubinden; aber hier ist man ebenfalls über die konzeptuelle Phase nicht hinausgekommen.

Beispiel einer betriebswirtschaftlichen Erfahrungsdatenbank

Nachstehend wird die teileorientierte Informationsstruktur einer betriebswirtschaftlichen Erfahrungsdatenbank vorgestellt, wie sie im Rahmen der FuE-Projektkalkulation konzipiert worden ist.

Das Beispiel in Bild 5.18 zeigt zwei Ebenen von Erfahrungsobjekten, deren Abschnitte sich in Inhalt und Format stark unterscheiden. Die erste Ebene umfaßt die allgemeinen Projektinformationen (Projekt-EO), die zweite die Informationen der zugehörigen Teileinheiten (Teileinheit-EO). Durch gegenseitigen Vermerk

5.3.3 Erfahrungsdatenbank

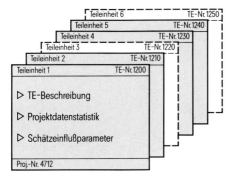

---- Teileinheit noch nicht abgeschlossen

Bild 5.18   Teileorientierte Informationsstruktur

der Identifizierungsbegriffe (Projektnummer bzw. Teileinheitennummer) wird der strukturelle Zusammenhang in der Datenbank hergestellt.

Folgende Abschnittsgliederung haben die beiden Arten der Erfahrungsobjekte:

Projekt-EO   *Teileinheit-EO*
Projektsteckbrief   Teileinheitbeschreibung
Meß- und Kenndaten   Projektdatenstatistik
Projekteinflußparameter. Schätzeinflußparameter.

Als Erfahrungsobjekt auf der Teileinheitenebene in dem hier verwendeten Sinn ist jede in sich abgeschlossene Schätzeinheit eines Entwicklungsvorhabens zu sehen, wie:

▷ Elemente einer Produktstruktur (Produktteile),
▷ Elemente einer Projektstruktur (Projektaufgaben) oder
▷ Elemente einer Kontenstruktur (kalkulationsrelevante Einheiten).

Projektsteckbrief

Der Projektsteckbrief enthält die wesentlichen projektbeschreibenden Angaben, wie z. B.

▷ Projektnummer
▷ Projektname
▷ Projektkurzbeschreibung
▷ Projektstatus
▷ Projektbeginn und -ende
▷ Projektleiter
▷ Entwicklungsverantwortung
▷ Entwicklungsart
▷ Liste der HW- und SW-Kategorien
▷ Ablageverweis Projektakte
▷ Liste der Teileinheiten.

Meß- und Kenndaten

Alle Meß- und Kenndaten dieses Abschnitts der Projekt-EO sind projektbezogen, bilden damit Durchschnittswerte für die untergeordneten Teileinheiten. Folgende Auswahl zu Meß- und Kenndaten wurde getroffen:

▷ Plan- und Istaufwand des Projekts
▷ Plan- und Istkosten des Projekts
▷ Plan- und Istdauer des Projekts
▷ Plan- und Istkosten je Kostenelement.
▷ Zeitlicher Phasenaufriß (Prozentverteilung)
▷ Aufwandsmäßiger Phasenaufriß (Prozentverteilung)
▷ Aufwandsmäßiger Tätigkeitsaufriß (Prozentverteilung).
▷ Prozentualer Anteil Qualitätsaufwand
▷ Prozentualer Anteil PM-Aufwand
▷ Prozentualer Anteil Dokumentationsaufwand
▷ Durchschnittliche Mitarbeiterzahl.

Projekteinflußparameter

Für die Vergleichbarkeit bewertet man die unterschiedlichen Projekte nach einem allgemeinen Katalog von Einflußparametern. Als Skala werden fünf Stufen vorgeschlagen mit Begriffen ähnlich denjenigen der COCOMO-Methode (siehe Kap. 3.2.2) von »sehr niedrig« bis »sehr hoch«. Folgende Parameter wurden ausgewählt:

Projekteigenschaften

▷ Stabilität des Anforderungsprofils
▷ Anzahl projektbeteiligte Stellen
▷ Enge der Entwicklungszeit
▷ Enge des Entwicklungsetats
▷ Verfügbarkeit des Personals
▷ Arbeitsteiligkeit der Projektstruktur
▷ Einsatz von PM-Methoden und -Verfahren

5.3 Erfahrungssicherung

Produkteigenschaften

▷ Benötigte Zuverlässigkeit
▷ Komplexität des Produkts
▷ Anzahl externer Schnittstellen
▷ Kompatibilität
▷ Modifikationsanteil
▷ Gewünschter Benutzerkomfort
▷ Einsatzbedingungen
▷ Dokumentationsanforderungen
▷ Qualitätsanforderungen

Produktionseigenschaften

▷ Nutzung von Entwicklungsmethoden
▷ Vorhandensein von Entwicklungsstools
▷ Bearbeitungszyklus
▷ QS-Durchdringung
▷ Technologiestand
▷ Verfügbarkeit Test- und Prüfanlagen
▷ Restriktionen der Entwicklungsbasis

Personaleigenschaften

▷ Analysefähigkeit der Mitarbeiter
▷ Erfahrung in dem Aufgabengebiet
▷ Programmierfähigkeit der SW-Entwickler
▷ Realisierungsfähigkeit der HW-Entwickler
▷ Erfahrung in der Entwicklungsumgebung.

Teileinheitbeschreibung

Dieser Kopfabschnitt der Teileinheit-EO umfaßt Begriffe, die die jeweilige Teileinheit vor allem in ihrem technischen Aspekt beschreibt; als solche sind hier enthalten:

▷ Teileinheitnummer
▷ Bezeichnung der Teileinheit
▷ Kurzbeschreibung der Teileinheit
▷ Status der Teileinheit
▷ Strukturmerkmale
▷ Übergeordnetes Projekt
▷ HW/SW-Kategorie
▷ Verwendete Entwicklungswerkzeuge
▷ Freie Deskriptoren.

Projektdatenstatistik

Der Abschnitt Projektdatenstatistik nimmt in formatierter Form alle projekt- und produktspezifischen Meßdaten für die Teileinheit auf, wobei die Projekt- und Produktmeßdaten am besten in einem Matrixschema angeordnet werden (Bild 5.19). Zu den Meßdaten in einer Projektdatenstatistik gehören – entsprechend detailliert – vor allem:

▷ Phasen- und tätigkeitsbezogener Aufriß des Personalaufwands,

```
OEVE  ENTW.-KALKULATION          BERICHTSSTAND: JANUAR 85
==================================================================================
PROJEKT-NR. UND BEZ.:       PROJ.LEITER:              KATEGORIE:            ANF.TERMIN:
FUE-AUFTRAGS-NR.:           AUFTRAGS-BEZ.:            STUFEN-NR.:           ENDTERMIN:
UNTERKONTEN-NR.:            UNTERK.BEZ.:              KALKULATOR:           ERST.-DATUM:
----------------------------------------------------------------------------------
M E N G E N G E R U E S T   I S T :....... LOC ...... SEITEN DOKUMENTION  I P L A N :........ LOC ...... SEITEN DOKUMENTATION
==================================================================================
                EKZ>  | PHASE 01        | PHASE 02        | PHASE 03         | PHASE 04    | PHASE 05    | PHASE 06          |
P E R S O N A L (STUNDEN) | ANALYSE     | ENTWURF         | IMPLEMENTIERG.   | VERBUNDTEST | SYSTEMTEST  | SYST.BETREUUNG    | GESAMT
    TAETIGKEITEN-KZ   | EIGEN  FREMD    | EIGEN  FREMD    | EIGEN  FREMD     |             |             |                   |
----------------------------------------------------------------------------------
IST (STUNDEN)         |                 |                 |                  |             |             |                   |
  PRUEFUNTERL. ERSTELLEN |              |                 |                  |             |             |                   |
  INSPIZIEREN         |                 |                 |                  |             |             |                   |
  KOORDINIEREN        |                 |                 |                  |             |             |                   |
  DOKUMENTIEREN       |                 |                 |                  |             |             |                   |
  TESTEN              |                 |                 |                  |             |             |                   |
----------------------------------------------------------------------------------
IST SUMME (STUNDEN)   |                 |                 |                  |             |             |                   |
----------------------------------------------------------------------------------
RICHTZEIT (STUNDEN)   |                 |                 |                  |             |             |                   |
----------------------------------------------------------------------------------
ABWEICHUNG (STUNDEN)  |                 |                 |                  |             |             |                   |
----------------------------------------------------------------------------------
AUFWAND NACH UEBERG. (STD.) |           |                 |                  |             |             |                   |
==================================================================================
                      | EIGENES         | FREMDES         | RECHENKOSTEN     | TESTANLAGEN | LOEHNE      | KAEUFE            |
K O S T E N           | KONT. PERS.     | KONT. PERS.     |                  | KOSTEN      |             | BEZUEGE           | GESAMT
==================================================================================
             IST (DM) |                 |                 |                  |             |             |                   |
----------------------------------------------------------------------------------
            PLAN (DM) |                 |                 |                  |             |             |                   |
----------------------------------------------------------------------------------
       ABWEICHUNG (DM)|                 |                 |                  |             |             |                   |
```

Bild 5.19 Projektdatenstatistik

▷ Entwicklungskosten, gegliedert nach Kostenelementen,
▷ Abweichungsanalyse (Plan/Ist-Vergleich),
▷ Entwicklungstermine sowie
▷ Mengenangaben zu Ergebnisgrößen.

Wie die Darstellung zeigt, werden hier die Istwerte des Personalaufwands sowohl phasen- als auch tätigkeitsbezogen angegeben, die Planwerte dagegen nur phasenbezogen. Die Kosten – gegliedert nach Kostenelementen – sind für das Erfahrungsobjekt summarisch enthalten, weil eine phasenbezogene Aufgliederung in der Praxis nur sehr schwer möglich und auch von geringer Relevanz ist.

Die produktspezifischen Meßdaten sind als Mengengerüst vorangestellt. Die Projekttermine (Plan und Ist) sind ebenfalls enthalten. Bei Bedarf können die Aufwandsangaben noch in Eigen- und Fremdaufwand unterteilt werden.

	Entwicklungsanfang	Entwicklungsende
Schätzaufwand	45 MM	50 MM
Schätzdauer	15 M	19 M
Kostentreiber	424 5532 23333 522	434 5543 23333 532

Bild 5.20
Einflußparameter bei der Methode COCOMO (Beispiel)

Schätzeinflußparameter

In diesem Abschnitt werden – falls eine Aufwandsschätzmethode eingesetzt wurde – die zugehörigen methodenspezifischen Einflußparameter für die betrachtete Teileinheit niedergelegt, möglichst in ihren Plan- und Istausprägungen, d. h., die Ausprägungen der Einflußparameter *vor* Entwicklungsbeginn und *nach* Entwicklungsabschluß. Da die Wahl der Einflußparameter von der jeweiligen Aufwandsschätzmethode abhängt, ist die Datenformatierung dieses Informationsabschnitts an die verwendete Aufwandsschätzmethode gebunden. Zudem muß dieser Abschnitt auch mehrfach auftreten dürfen, da eventuell mehrere Aufwandsschätzungen nach unterschiedlichen Methoden durchgeführt worden sind.

An dieser Stelle ist als Beispiel die Formatierung der Parameter bei Verwenden der COCOMO-Methode angegeben (Bild 5.20). Die Ausprägungen der Kostentreiber sind der Einfachheit halber in eine positionsgerechte Ziffernleiste (1 ≙ very low, 6 ≙ extra high) verschlüsselt worden.

Mit Hilfe des Abspeicherns solcher (methodenspezifischer) Daten und durch das anschließende Gegenüberstellen von ursprünglich angenommenen zu eingetretenen Größen sollen Erfahrungen in der Beurteilungsgenauigkeit von Einflußparametern, wie Produktkomplexität, Projektqualität, Mitarbeiterqualifikation etc., gesammelt werden.

Alle Angaben in den vorgenannten Informationsabschnitten sind »aspektiert«, d. h. sie alle stehen mit Angabe eines Aspektnamens im Direktzugriff des Datenbanksystems, können damit in eine logisch verknüpfte Suchfrage einbezogen werden. Es sind so Suchfragen möglich, wie z. B. »suche alle Erfahrungsobjekte, die mit PRICE H geschätzt wurden und zum Entwicklungsgebiet Radartechnik gehören und Neuentwicklungen sind«. Durch die relationale Verknüpfung der Erfahrungsobjekte beider Ebenen sind auch Suchstrategien von einer Ebene zur anderen möglich.

Verfahrenseinbettung

Erfahrungsdatenbanken werden mit den notwendigen projekt- und produktspezifischen Daten i. allg. aus sehr unterschiedlichen Entwicklungsplanungs- und -steuerungsverfahren gespeist, d. h. aus

▷ Verfahren für die Projektführung,
▷ Kostenverrechnungsverfahren,
▷ Konfigurationsmanagement-Systemen,
▷ Aufwandsschätzverfahren usw.

Hinzu kommen noch rechnerunabhängige Informationsquellen, wie Projektdokumentationen in Form von Projektplänen und Projektberichten.

Soll eine Erfahrungsdatenbank als Datenbanksystem auf einem Rechner realisiert werden, so sind zwei Vorgehensweisen der Verfahrenseinbettung möglich:

▷ Separiertes EDB-System
▷ Integriertes EDB-System.

Das *separierte EDB-System* steht eigenständig neben allen anderen Entwicklungsplanungs- und -steuerungsverfahren und erhält über personelle oder DV-technische Schnittstellen die erforderlichen Daten. Der Vorteil liegt in der Unabhängigkeit von den datenliefernden Verfahren; auf diese Weise können die unterschiedlichsten Entwicklungs- (und Verfahrens-) Umwelten ohne Anpassungsprobleme und ohne »Automatismen« – also rein intellektuell überwacht – Erfahrungsdaten in das EDB-System einspeisen.

Das *integrierte EDB-System* wird nicht als eigenständiges Datenbanksystem realisiert, sondern in das Bibliothekensystem eines der vorhandenen PM-Verfahren eingebunden. So kann z. B. die Projektbibliothek eines Projektplanungs- und -steuerungsverfahrens oder die Objektbibliothek eines KM-Systems um die entsprechende Erfahrungsdatenbasis erweitert werden. Vorteilhaft sind hier die einfache Verfahrensrealisierung und die gesicherte Datenkonsistenz; man ist allerdings voll abhängig von dem umlagerten Verfahren. Verfahrensfremde Erfahrungsdaten sind nur schwer – wenn überhaupt – in ein so realisiertes EDB-System einzubringen.

Ein nicht zu unterschätzendes Problem bei einer Erfahrungsdatenbank ist die *Aktualität*. Einerseits werden z. B. gespeicherte Kostenwerte normalerweise nicht inflationsbereinigt, andererseits veralten – gerade in hoch innovativen Entwicklungsbereichen – die gesammelten Erfahrungen aufgrund neuer Entwicklungsmethoden, neuer Entwicklungswerkzeuge und neuer Technologien mitunter sehr schnell und können für den Erfahrungsaustausch dann nachteilige Folgen haben; rechtzeitiges Aussondern überholter Erfahrungsobjekte ist daher sehr wichtig. Hier bietet sich der Aufbau von »Schattendatenbanken« an, in die alle über einen längeren Zeitraum nicht angesprochenen Erfahrungsobjekte transferiert werden; dort können sie einer besonderen Beurteilung hinsichtlich der weiteren Verwendung unterzogen werden.

5.3.4 Kalibrierung

Für eine aussagekräftige Erfahrungsdatensammlung ist es unerläßlich, die Erfahrungsdatenbasis ständig zu erneuern und für die spezifischen Belange des jeweiligen Entwicklungsbereichs anzupassen. Das zeit- und projektadäquate Anpassen von Erfahrungsdaten bezeichnet man als »Kalibrierung«; sie ist bei jeder Art Erfahrungsdatensammlung durchzuführen, unabhängig davon, ob es sich um ein Aufwandsschätzverfahren, ein Kennzahlensystem oder um eine Erfahrungsdatenbank handelt (Bild 5.21).

Das Kalibrieren der Erfahrungsdatenbasis hat die Bedeutung eines »Eichens« von Meß- und Kenndaten, also einem Angleichen an die aktuellen und realen Gegebenheiten des betreffenden Entwicklungsbereichs.

Kalibrierung von Aufwandsschätzverfahren

Das Kalibrieren einer Erfahrungsdatenbasis hat herausragende Bedeutung bei Aufwandsschätzverfahren, besonders bei denen, die auf einer algorithmischen Methode basieren. Streng genommen sollte ein Aufwandsschätzverfahren ohne Kalibrierung der Datenbasis gar nicht angewendet werden, da die Schätzergebnisse zu ungenau sein können.

Das Kalibrieren bei einem Aufwandsschätzverfahren kann man auch als Umkehrung des Schätzablaufs ansehen (Bild 5.22).

Eingegeben werden bei einer *Schätzung* bekanntlich die geplanten Produktgrößen (d. h. das Mengengerüst) und die Ausprägungen ausgewählter Einflußgrößen. Als Ergebnis erhält man die voraussichtlichen Projektgrößen für Aufwand, Kosten bzw. Dauer. Demgegenüber wird bei einer *Kalibrierung* umgekehrt verfahren. Eingegeben werden die Ergebnis-

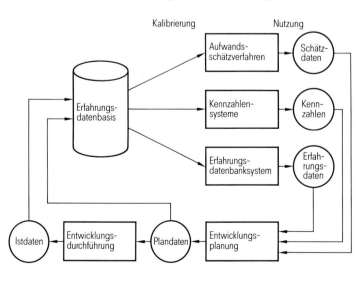

Bild 5.21
Kalibrieren der Erfahrungsdatenbasis

5.3.4 Kalibrierung

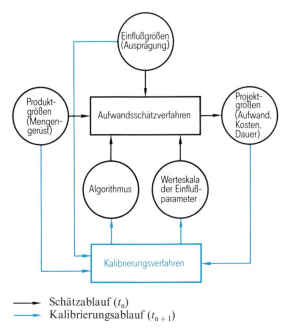

Schätzablauf (t_n)
Kalibrierungsablauf (t_{n+1})

Bild 5.22 Kalibrieren eines Aufwandsschätzverfahrens

werte, also Aufwands-, Kosten- bzw. Zeitangaben, sowie die erreichten Produktgrößen abgeschlossener Entwicklungsvorhaben, und weiterhin die bestehenden Ausprägungen der zugehörigen Einflußparameter. Durch entsprechende Routinen in dem Kalibrierungsverfahren (z. B. Regressionsanalysen) gleicht man hieraus sowohl den verwendeten Algorithmus (Formel, Kurvenverlauf) des Aufwandsschätzverfahrens als auch die Werteskalen der einzelnen Einflußparameter an die neuen Erfahrungsdaten an. Mit jedem neuen Kalibrierungslauf werden die entsprechenden Aufwandsverfahren »erfahrener«, d. h. treffsicherer bei künftigen Schätzungen.

Nur wenige Schätzverfahren bieten von vornherein eigene Kalibrierungsverfahren an, wie PRICE (Kap. 3.2.3) und SICOMO (Kap. 6.3.3). Bei Vorliegen von Erfahrungsdaten werden z. B. bei PRICE mit der Kalibrierungsroutine ECIRP (PRICE rückwärts) die einzelnen HW- und SW-Schätzverfahren an die anwenderspezifischen Gegebenheiten der vorliegenden Entwicklungsumgebungen angepaßt. Nur so sind projektadäquate Schätzungen durchführbar.

Bei anderen Verfahren ist das verwendete Modell ganz auf einen speziellen Entwicklungsteilbereich ausgerichtet, wie z. B. das ZKP-Verfahren, so daß sich dort spezielle Kalibrierungen erübrigen. Einige Verfahren, wie z. B. das in Kap. 6.3.3 beschriebene Funktionswertverfahren, benötigen wohl eine Kalibrierung, bieten hierfür aber keine eigene Unterstützung.

Kalibrierung von Kennzahlensystemen

Kennzahlensysteme müssen naturgemäß laufend aktualisiert und an die Gegebenheiten des jeweiligen Entwicklungsgebiets angepaßt werden. Produktivitätszahlen, qualifikationsbezogene Stundensätze, Phasenkostenaufteilungen etc. ändern sich bekanntlich im Laufe der Zeit.

Nur durch konsequentes und regelmäßiges wiederholtes Ermitteln der für die Kennzahlenbildung notwendigen Meßdaten ist die Aussagekraft von Kennzahlen aufrechtzuerhalten.

Zum Kalibrieren von Kennzahlen dienen dieselben Algorithmen und Routinen wie für die Bildung der Kennzahlen selbst.

Kalibrierung von Erfahrungsdatenbanksystemen

Bei einer Erfahrungsdatenbank erfolgt die Kalibrierung in Form einer Aktualitätspflege der zu speichernden Projektdaten. Aufgrund einer gezielten Projektauswahl wird erreicht, daß in die Erfahrungsdatenbank nur Daten einfließen, die für den Anwendungskreis auch zeit- und projektadäquat sind. Bereichsfremde Erfahrungsdaten werden gar nicht in die Datenbank aufgenommen und überholte Daten zu gegebener Zeit wieder eliminiert oder in eine Schattendatenbank überführt. Aus dieser Sachlage heraus ist es vorteilhaft, zwischen dem Erfahrungsdatenbanksystem und den vorgelagerten Projektplanungs- und -steuerungsverfahren eine personelle Schnittstelle (Erfahrungsdatenbank-Beauftragter) einzurichten, damit Erfahrungsdaten vor Eingabe in die Erfahrungsdatenbank entsprechend selektiert werden. Die Qualität einer Erfahrungsdatenbank wird also von der Informationsfülle *und* der Aktualität des Datenbestands bestimmt.

Beispiel der Kalibrierung eines Aufwandsschätzverfahrens

An dieser Stelle soll als Beispiel für die Kalibrierung von Aufwandsschätzverfahren auf das Kalibrieren des im Hause eingesetzten Verfahrens SICOMO – welches auf dem Boehmschen Modell COCOMO aufbaut (siehe auch Kap. 6.3.3) – näher eingegangen werden. Die Erfahrungsumwelt des Modellansatzes von Boehm ist bekanntlich gekennzeichnet durch:

▷ Projektumwelt des Softwarehauses TRW (Thompson-Ramo-Wolldridge),
▷ Spezifika der amerikanischen Arbeitsumwelt sowie
▷ SW-Technologiestand der »siebziger Jahre«.

Es ist leicht einzusehen, daß die von Boehm abgeleiteten Werte für heutige, für deutsche und für eigene SW-Projekte nicht die besten Erfahrungsdaten darstellen. Eine anwendungsbezogene Kalibrierung auf Grundlage des von Boehm vorgeschlagenen Algorithmus ist also erforderlich. Zum Kalibrieren des SICOMO-Verfahrens bietet sich die Änderung folgender Parameter an:

▷ Konstanten der Schätzgleichungen
▷ Quantifizierung der Einflußgrößen
▷ Auswahl der Einflußgrößen
▷ Einteilung in Entwicklungsphasen
▷ Definition der Projekttypen.

Zum Kalibrieren der ersten beiden Parameter muß eine repräsentative Menge eigener Projekte vorhanden sein. Mit deren Projektdaten wird eine Regressionsanalyse durchgeführt und eine neue Wertebelegung der Konstanten- und Einflußgrößen abgeleitet. Als Tool steht hier die – auf einem Personal Computer ablauffähige – Kalibrierungsroutine SIKAL (SICOMO-Kalibrierungsprogramm) zur Verfügung.

Die drei weiteren Parameter müssen auf »intellektuellem« Wege an die Anwenderspezifika angepaßt werden. Einerseits kann eine andere Auswahl der von Boehm vorgeschlagenen Einflußgrößen opportun sein; so könnte z.B. die Einflußgröße »Änderungshäufigkeit der Systembasis« von untergeordneter Bedeutung, dagegen der »Motivationsgrad« der Mitarbeiter von erheblich höherer Relevanz für den anzusetzenden Projektaufwand sein. Weiterhin ist es sicher für jeden Entwicklungsbereich vorteilhaft, wenn das verwendete Aufwandsschätzverfahren den bereichseigenen Prozeßplan »kennt« und nicht eine unscharfe Transformation von den Boehmschen Phasen durchgeführt werden muß. Und schließlich ist auch eine andere Projekttyp-Definition als die von Boehm vorgenommene denkbar.

Das erwähnte SIKAL-Kalibrierungsverfahren benötigt für jedes abgeschlossene Projekt folgende Angaben:

▷ Anzahl der kloc
▷ Aufwand in MM
▷ Entwicklungszeit in Monaten

▷ Ausprägungen der 15 Einflußgrößen
▷ Projekttyp (mode).

Neben diesen Projektdaten ist dem Verfahren eine *Erstquantifizierung* der Einflußgrößen vorzugeben. In dem sich anschließenden SIKAL-Kalibrierungslauf wird dann eine Neubestimmung der Konstanten der sechs SICOMO-Schätzgleichungen (für die drei Projekttypen jeweils eine Aufwands- und eine Zeitgleichung) sowie eine *Neuquantifizierung* der Einflußgrößen vorgenommen. Das Neubestimmen der Gleichungskonstanten und das Quantifizieren läuft unter Nutzung der Regressionsanalyse in einem interaktiven Prozeß ab. Das Ergebnis der Quantifizierung kann wegen des (häufig) beschränkten Bestands an Projektdaten zu widersinnigen Sachverhalten führen; so könnte z.B. der Aufwandsmultiplikator bei steigender Analysefähigkeit der Mitarbeiter nicht kleiner – wie es logisch wäre –, sondern größer sein. Diese sachlich begründeten »Wertetrends« kann man allerdings in einer nachfolgenden Behandlung in die Wertetabelle einarbeiten. In Bild 5.23 ist – mit Ausweisung der relativen Abweichung des Schätzwertes vom Istwert – das mit SIKAL erreichbare Ergebnis für eine Projektdatenbasis mit 60 Projekten aus dem Anwendersoftware-Bereich angegeben.

Wie aus der Darstellung zu ersehen ist, ergibt sich für ein kalibriertes SICOMO eine erheblich höhere Treffergenauigkeit als bei einem ausschließlich auf Projektdaten von Boehm basierenden Verfahren. Diese Treffergenauigkeit sinkt allerdings bei einer nachträglichen Korrektur der Quantifizierung (mit Zwang) aufgrund sachlich begründeter »Wertetrends« wieder etwas.

Rel. Abweichung des Schätzaufwands vom Istaufwand in %	Anteil der Projekte in %		
	COCOMO nach Boehm	SICOMO kalibriert (ohne Zwang)	SICOMO kalibriert (mit Zwang)
± 0,05	7,14	41,07	30,36
± 0,10	23,21	71,43	60,71
± 0,15	32,14	85,71	80,36
± 0,20	42,86	94,64	96,43
± 0,30	75,00	100,00	100,00
± 0,40	87,50	100,00	100,00
± 0,50	92,86	100,00	100,00

Bild 5.23
Ergebnisbetrachtung einer Kalibrierung
(auf Basis von 60 Projekten)

5.4 Projektauflösung

Zu einem definierten Projektabschluß gehört die »Auflösung« des Projekts. *Projektgründung* und *Projektauflösung* bestimmen damit die beiden Begrenzungszeitpunkte der Projektlebensdauer.

Zu den für eine Projektauflösung erforderlichen Aktivitäten zählen:

▷ Das Durchführen offizieller Abschlußsitzungen aller Projektgremien,

▷ das Verteilen des Projektabschlußberichts an die projektbeteiligten Stellen sowohl auf der Auftragnehmer- als auch Auftraggeberseite,

▷ das Überleiten des Projektpersonals auf neue Aufgaben sowie

▷ das Auflösen aller projekteigenen Ressourcen.

Abschlußsitzungen

Alle installierten Projektgremien, wie Entscheidungsinstanzen, Beratungsausschüsse und spezielle Arbeitskreise, sind jeweils zu *Schlußsitzungen* einzuberufen, auf denen die Entwicklungsergebnisse, eventuell mit einer Abweichungsanalyse, vorgestellt werden. Hierbei sollte man eine möglichst vollständige Teilnahme aller Mitglieder anstreben, um spätere Einsprüche von Nichtanwesenden zu vermeiden. Diese abschließende Projektpräsentation muß u. a. folgende Tagesordnungspunkte umfassen:

▷ Vorstellung der Projektergebnisse,

▷ Vergleich der realisierten Leistungsmerkmale mit dem Anforderungskatalog bzw. Pflichtenheft,

▷ Gegenüberstellung der geplanten mit den erreichten Terminen,

▷ Gegenüberstellung der Plan- und Istwerte von Aufwand und Kosten in entsprechender Detaillierung,

▷ Darstellung der durchgeführten QS-Maßnahmen und des erreichten Qualitätsstands,

▷ Analyse der aufgetretenen Projektschwierigkeiten und Planabweichungen,

▷ Vorstellung projektspezifischer Kennzahlen (z. B. Produktivitäts- und Wirtschaftlichkeitsdaten),

▷ Vorlage eines Personalüberleitungs- und eines Ressourcen-Verwertungsplans.

Auch sollten in diesen Abschlußsitzungen besondere Leistungen einzelner Projektmitarbeiter entsprechend hervorgehoben und gewürdigt werden.

Schließlich sind die durchgeführten bzw. noch durchzuführenden Abschlußaktivitäten im Rahmen der Projektauflösung zu erläutern.

In der Schlußsitzung der zuständigen Entscheidungsinstanz muß das offizielle Ende des Projekts beschlossen und verkündet werden.

Projektabschlußbericht

Alle relevanten Projektabschlußdaten bezüglich

▷ Fertigstellungs- und Übergabetermin,
▷ Personalaufwand,
▷ Entwicklungskosten,
▷ Produktergebnis und
▷ Qualität

müssen in einem Abschlußbericht zusammengefaßt werden; er enthält i. allg. auch einen kurzen Projekterfahrungsbericht sowie Erläuterungen zu den Aktivitäten, die dem Entwicklungsende folgen werden. Hierzu gehört z. B. das Übernehmen der Pflege eines SW-Produkts durch zuständige Entwicklungsstellen oder das Unterstützen bei der Fertigungseinführung eines HW-Produkts durch einzelne Entwickler.

Der Projektabschlußbericht muß allen (leitenden) Projektbeteiligten zukommen. Als Empfänger gelten

▷ Auftraggeber,
▷ Auftragnehmer,
▷ FuE-Kaufmann,
▷ Mitglieder des Entscheidungsgremiums,
▷ Mitglieder der Beratungsgremien und
▷ Mitglieder der Steuerungsgremien.

Personalüberleitung

Handelt es sich um eine Projektgruppe, die nach Projektabschluß aufgrund der vorgegebenen Projektorganisation nicht zusammenbleiben soll, so sind die Projektmitarbeiter auf andere Projekte oder in die bestehende Linienorganisation überzuleiten. Dies muß selbstverständlich sehr behutsam und vor allem zum richtigen Zeitpunkt geschehen. Wird z. B. zu früh mit der »Personaldiskussion« begonnen, so kann diese einen irreversiblen Schaden für das gesamte, noch nicht abgeschlossene Projekt hervorrufen. Ein zu später Personalabbau kann dagegen zu der Situation führen, daß das Projekt eigentlich schon längst abgeschlossen ist, ein großer Teil des Personals aber noch kein neues Betätigungsfeld hat und damit auch keiner neuen Kostenstelle zugeordnet ist, so daß das (fertige) Projekt immer noch Kosten verursacht.

Für eine optimale Personalüberleitung ist es empfehlenswert, rechtzeitig einen *Überleitungsplan* auszuarbeiten; dieser sollte folgende mitarbeiterbezogenen Kriterien berücksichtigen:

▷ Fähigkeiten und Qualifikationen,
▷ persönliche Wünsche und Ambitionen,
▷ gehaltliche und rangliche Einstufungen,
▷ mögliche Förderungsmaßnahmen sowie
▷ Versetzungsfristen.

In Teilpunkten – besonders bei notwendigen Versetzungen – muß ein solcher Personalüberleitungsplan sogar mit dem Betriebsrat abgesprochen und eventuell von ihm genehmigt werden.

Ressourcenauflösung

Zu den projekteigenen Ressourcen gehören in diesem Zusammenhang:

▷ Planungsinstrumentarien,
▷ Geräte, Terminals etc.,
▷ Arbeitsplatzrechner,
▷ Test- und Prüfanlagen,
▷ Möbel und Arbeitsräume.

Grundlage einer gezielten Ressourcenauflösung ist die Bestandsaufnahme aller dem Projekt »zugeeigneten« Sachmittel. Die Auflösung selbst ist auf zwei Wegen möglich: der unentgeltlichen Überlassung (z. B. von Räumen) oder der geldlichen Veräußerung (z. B. von Personal Computern zum Buchwert). In einem »Verwertungsplan« sollten alle wesentlichen Sachmittel mit ihrer geplanten Verwertung aufgeführt werden; insgesamt enthält ein solcher Plan Angaben zu:

▷ Sachmittelbezeichnung,
▷ Inventar-Nummer,
▷ Buchwert,
▷ Verwertungsform,
▷ Abnehmer,
▷ alte und neue Kostenstelle sowie
▷ alter und neuer Aufstellungsort,
▷ Übergabezeitpunkt.

Der Verwertungsplan ist sehr sorgfältig und vollständig auszuarbeiten.

Abhängigkeit von der Projektorganisation

Der Umfang der hier beschriebenen Maßnahmen zur Projektauflösung hängt stark von der jeweiligen Form der vorhandenen Projektorganisation ab. In Tabelle 5.9 ist dies für die drei Problemkreise Gremienabschluß, Personalüberleitung und Ressourcenauflösung dargestellt.

Tabelle 5.9   Probleme bei der Projektauflösung

Form der Projektorganisation	Gremienabschluß	Personalüberleitung	Ressourcenauflösung
Linienorganisation	gering	–	–
Reine Projektorganisation	–	ja	ja
Matrix-Projektorganisation	gering	teilweise	ja
Auftrags-Projektorganisation	–	teilweise	–
Einfluß-Projektorganisation	gering	–	teilweise

Wie ersichtlich, stellen z. B. bei einer Projektauflösung innerhalb der Linienorganisation die Personalüberleitung und die Ressourcenauflösung überhaupt kein Problem dar; dagegen können diese beiden Komplexe bei der reinen Projektorganisation und teilweise auch bei der Matrixorganisation von erheblicher Brisanz sein. Auch hier zeigt sich, daß eine Auftrags-Projektorganisation insgesamt die geringsten Probleme mit der Projektauflösung hat.

6 Projektunterstützung

Die Anwendung der EDV zur Projektunterstützung im Rahmen des Projektmanagements ist heute selbstverständlich.

In der Vergangenheit sind zahlreiche Verfahren zur Projektunterstützung entstanden, die zum größten Teil nicht universell anwendbar, sondern jeweils aus der Entwicklungspraxis heraus konzipiert und realisiert worden sind. Trotzdem sind diese Verfahren wegen ihrer z. T. sehr großen Funktionsbreite auch in weiteren Bereichen mit Erfolg einsetzbar. Deshalb sollte man bei der Absicht, ein Verfahren neu einzuführen – und bevor ein eigenes entwickelt wird – stets prüfen, ob ein in einem anderen Bereich eingesetztes Verfahren nicht genutzt oder zumindest adaptiert werden kann.

Zu den PM-Verfahren gehören einerseits Konfigurationsmanagementsysteme für die *produktbezogenen* Informationen sowie andererseits Verfahren der Projektführung für die *projektbezogenen* Informationen.

Konfigurationsmanagementsysteme sollen die in einem Projekt anfallenden Entwicklungsergebnisse – auf Basis einer klaren Strukturierung und Identifikation der Produkt- bzw. Systemeinzelteile – aufnehmen und verwalten; darüber hinaus übernehmen sie das gesamte Änderungswesen für die Produkt- bzw. Systementwicklung. Das Konfigurationsmanagement zieht sich dabei durch alle Projektphasen. Der Einsatz von KM-Systemen empfiehlt sich i. allg. nur bei größeren Entwicklungsprojekten; Teilfunktionen des Konfigurationsmanagements sollten allerdings schon bei kleineren Projekten genutzt werden.

PM-Verfahren im engeren Sinn sind Verfahren für die Projektführung; zu ihnen zählen die technisch orientierten Projektplanungs- und -steuerungsverfahren sowie die mehr kaufmännisch orientierten Kostenerfassungs- und -verrechnungsverfahren. Bei fortgeschritteneren Verfahrenskonzepten sind beide »Verfahrenswelten« miteinander gekoppelt oder sogar vereint, so daß eine Durchgängigkeit in der Termin- und Kostenüberwachung erreicht wird.

Neben dem Einsatz von auf Großrechnern ablaufenden Verfahren für die Projektführung bieten sich – vielfach als zusätzliche Unterstützung oder als Ersatz für diese – PM-Hilfen auf dem Personal Computer an. Solche Hilfsmittel sind z. B. Textverarbeitungsprogramme, Tabellenkalkulationsprogramme und Grafikprogramme. Auch gibt es auf Personal Computern bereits sehr leistungsfähige Netzplanverfahren und andere Spezialprogramme, wie Aufwandsschätzverfahren und Programme zur Wirtschaftlichkeitsberechnung.

Selbstverständlich ist die Einführung eines neuen Verfahrens gut vorzubereiten; d. h., alle erforderlichen Einführungsmaßnahmen müssen rechtzeitig geplant und vereinbart werden, wobei die Abstimmung mit dem Betriebsrat sehr wichtig ist sowie das Schulen der betroffenen Mitarbeiter. Für den optimalen Verfahrenseinsatz kann vorteilhaft sein, vorab eine gezielte *PM-Untersuchung* in dem betroffenen Entwicklungsbereich durchzuführen, um Schwächen in den bestehenden Prozeßketten aufzudecken.

6.1 Konfigurationsmanagement

Konfigurationsmanagement (KM) ist eine unverzichtbare Disziplin des Projektmanagements; sie beruht auf der Idee, die Abwicklungsschritte eines Projekts als Folge kontrollierter Änderungen auf gesicherten Arbeitsergebnissen aufzufassen. Damit setzt Konfigurationsmanagement eine ergebnisorientierte Projektabwicklung voraus.

Konfigurationsmanagement verlangt Methoden, Werkzeuge und Zuständigkeiten, um

— Ergebnisse mit ihren Bestandteilen und Eigenschaften festzulegen und zu identifizieren,

— gewollte Änderungen und Verbesserungen kontrolliert zu steuern,

— nicht gewollte bzw. unbeabsichtigte Änderungen zu verhindern sowie

— alle Arbeitsergebnisse zu dokumentieren und zu archivieren.

Seine Wirksamkeit entfaltet ein Konfigurationsmanagement erst in Projekten, die ergebnisorientiert abgewickelt werden. Bei ergebnisorientierter Arbeitsweise führen alle Arbeitsschritte zu definierten und eindeutig verantworteten Ergebnissen. Das Prinzip der Ergebnisorientierung stellt also das überprüfbare Resultat, nicht die Tätigkeit in den Vordergrund.

Die Komplexität von Projekten steigt ständig, da einerseits die zu lösenden Aufgaben immer häufiger unterschiedliche Fachdisziplinen verknüpfen und andererseits die zur Verfügung stehenden Org-, HW- und SW-Hilfsmittel immer leistungsfähiger werden. Aus dieser Tendenz erwachsen folgende Probleme:

▷ Mengenproblem
▷ Konsistenzproblem
▷ Änderungsproblem
▷ Lebensdauerproblem.

Mengenproblem

Das arbeitsteilige Abwickeln großer Projekte in zahlreichen Einzelaufgaben mit entsprechend vielen Ergebnissen erlaubt, die Projektdauer durch Parallelarbeit zu verkürzen und die Überschaubarkeit von Systemen durch Modularisierung zu verbessern. Die Verwaltung der vielen Einzelergebnisse verursacht ein Mengenproblem.

Konsistenzproblem

Die im Laufe eines Projekts erarbeiteten Ergebnisse treten in unterschiedlichen Erscheinungsformen und Versionen auf. Unterschiedliche Erscheinungsformen von Ergebnissen entstehen nacheinander in den Planungs- und Realisierungsphasen. Unterschiedliche Versionen von Ergebnissen kommen durch ihre unterschiedlichen Ausprägungen nach Korrekturen zustande. Da die Ergebnisse eine gemeinsame Aufgabe erfüllen sollen, stehen sie in vielfältiger Weise untereinander in Beziehung. Dies bewirkt ein Konsistenzproblem hinsichtlich widerspruchsfreier und zueinander passender Objekte.

Änderungsproblem

Auf jeden Entwicklungsprozeß wirken von außen Änderungseinflüsse ein. Sie haben ihre Ursache in Qualitätsmängeln, Veränderungen der Projektumwelt und in neuen Erkenntnissen aus dem Entwicklungs- und Nutzungsbereich. Änderungseinflüsse zielen auf die Modifikation bereits vorliegender Arbeitsergebnisse bzw. die Veränderung der Projektziele ab. Die vielfältigen Abhängigkeiten der Arbeitsergebnisse erlauben jedoch keine isolierten Änderungen. Hieraus ergibt sich das Änderungsproblem, das Änderungen, die in einer Entwicklungsphase auftreten, auf im Prinzip abgeschlossene Phasen rückkoppelt; d. h., bereits festgeschriebene Arbeitsergebnisse sind zu ändern.

Lebensdauerproblem

Die hohen Entwicklungskosten erzwingen bei komplexen HW/SW-Systemen den Mehrfacheinsatz von Teil- und Endergebnissen sowie eine lange Lebensdauer für den SW-Anteil. Die damit erforderliche Wartung der Systeme über große Zeiträume führt zum Lebensdauerproblem. Die kontinuierliche Weiterentwicklung für unterschiedliche Einsatzbedingungen – nicht nur Fehlerbehebung – muß auch bei Wechsel von Mitarbeitern und bei Organisationsänderungen sichergestellt sein. Sollten rechtliche Verpflichtungen bestehen, kann das Lebensdauerproblem noch erheblich verschärft werden.

6.1.1 Grundfunktionen

Gegenstand des Konfigurationsmanagements sind alle Arbeitsergebnisse, die in dokumentierter Form während des Projektablaufs entstehen. Hierunter fallen Planungs- und Entscheidungsdokumente in gleicher Weise wie Spezifikationen und Realisierungsergebnisse, aber auch alle Änderungsanforderungen, mit deren Hilfe Probleme, Fehler und Änderungswünsche hinsichtlich der Arbeitsergebnisse dokumentiert werden.

Im Rahmen des Konfigurationsmanagements spielen Änderungsanforderungen eine besondere Rolle, da sie die Ursachen für das gesamte Änderungsgeschehen in einem Projekt dokumentieren. Änderungsanforderungen entstehen aufgrund von Mangelsituationen (siehe Kap. 2.2.1) in der Anwendungswelt bzw. in dem Entwicklungsablauf, z. B. durch Fehlverhalten eines Systems im Test bzw. im betrieblichen Einsatz.

Um den unterschiedlichen Charakter von Änderungsanforderungen zu berücksichtigen, können diese wie folgt klassifiziert werden:

▷ Funktionsanforderungen,
▷ Änderungsanträge und
▷ Fehlermeldungen.

Funktionsanforderungen bzw. Änderungsanträge beschreiben den Wunsch, neue Funktionen in ein System einzubringen bzw. bestehende Funktionen zu ändern.

Fehlermeldungen beschreiben ein erkanntes Fehlverhalten eines Systems in der Anwendungswelt bzw. im Entwicklungsablauf gegenüber seiner Beschreibung.

Änderungsanforderungen sind als Dokumente zu formalisieren, damit sie eine gesicherte Grundlage für die Steuerung des Änderungsgeschehens bilden. Diese Dokumente werden häufig als »Meldungen« bezeichnet, ihre geregelte Behandlung entsprechend als »Meldewesen«.

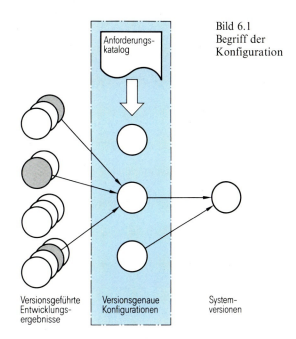

Bild 6.1
Begriff der Konfiguration

Konfigurationsbegriff

Der zentrale Gegenstand, durch den das Konfigurationsmanagement wirksam wird, ist die »Konfiguration«. Mit Hilfe einer Stückliste werden die Gegenstände, die durch ihr Zusammenwirken eine neue funktionale Einheit – die Konfiguration – bilden, versionsgenau benannt. Der Konfigurationsbegriff im Sinne des Konfigurationsmanagement ist für DV-Systeme gemäß IEEE Standard Glossary [58] wie folgt definiert:

1. Die Anordnung eines Rechnersystems oder Netzwerks, wie sie durch ihre Natur, Anzahl und Hauptmerkmale der enthaltenen funktionalen Einheiten definiert ist. Insbesondere kann sich der Begriff Konfiguration auf eine HW- oder SW-Konfiguration beziehen.
2. Die Anforderungen, der Entwurf und die Realisierung einer speziellen Version eines Systems oder einer Systemkomponente.
3. Die funktionalen und/oder physikalischen Eigenschaften eines HW/SW-Systems, wie sie in der technischen Dokumentation dargestellt und im realisierten Produkt verwirklicht sind.

Sinngemäß läßt sich diese Definition auf Arbeitsergebnisse beliebiger Projekte übertragen, d. h., eine Konfiguration (siehe Bild 6.1)

— definiert funktionale Einheiten, die aus vielen Einzelelementen bestehen können,
— beschreibt die zugehörigen Entwicklungsergebnisse versionsgenau,
— führt zu definierten Systemversionen und
— weist auch über die zugehörige Dokumentation die funktionalen und physikalischen Eigenschaften der gesamten Einheit aus, wie sie gefordert und realisiert sind.

Im Sprachgebrauch wird die Konfiguration für eine Menge von Bauteilen und Teilsystemen benutzt, aus denen ein technisches System in einer speziellen Ausprägung aufgebaut ist. Diese Bedeutung wird zwar durch die vorstehende Definition ebenfalls abgedeckt, im Sinne des Konfigurationsmanagements hat die Konfiguration jedoch eine weiter gesteckte Bedeutung: sie dient als Bezugspunkt für alle Aktivitäten des Konfigurationsmanagements.

Grundfunktionen

Die bestimmenden Eigenschaften des Konfigurationsmanagement ergeben sich aus den vier Grundfunktionen (Bild 6.2):

▷ Bestimmen von Konfigurationen
▷ Änderungssteuerung
▷ Änderungsüberwachung
▷ Buchführung.

Ihre Definition ist ebenfalls dem IEEE Standard Glossary für DV-Systeme entnommen.

Bestimmen von Konfigurationen

Ohne eindeutig definierte Konfigurationen kann ein Konfigurationsmanagement nicht wirken. Diese Aktivität ist daher eine Grundvoraussetzung für alle wei-

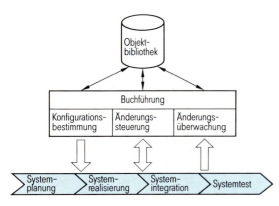

Bild 6.2
Grundfunktionen des Konfigurationsmanagements

teren KM-Aktivitäten. Zum Bestimmen von Konfigurationen gehören:

1. Der Prozeß, in dem die Konfigurationen eines Systems bestimmt und ihre Eigenschaften beschrieben werden.
2. Die freigegebene Dokumentation, die eine Konfiguration definiert.
3. Die vollständig oder bedingt freigegebene technische Dokumentation einer Konfiguration, die aus Spezifikationen, Zeichnungen und zugehörigen Verzeichnissen, einschließlich der hierin genannten Dokumente bestehen kann.

Für ein System sind also

— die Konfigurationen zu bestimmen und mit einem eindeutigen Namen zu identifizieren,

— ihr Inhalt und ihre Eigenschaften zu beschreiben sowie

— die vorhandenen oder zu erwartenden Arbeitsergebnisse aufzulisten.

Konfigurationen stehen in einem System nicht isoliert, sondern wirken in vielfältiger Weise zusammen; sie können daher selbst Bestandteil von Konfigurationen sein und bilden insgesamt eine komplexe *Konfigurationsstruktur*.

Das Bestimmen von Konfigurationen ist selbstverständlich keine Einmalaktivität, sondern während eines Projektablaufs eine laufende Aufgabe, die von anfänglich groben Strukturen im Sinne des »Topdown« eine ständige Verfeinerung der Konfigurationsstruktur bewirkt.

Änderungssteuerung

Die zentrale Funktion des Konfigurationsmanagements bildet die Änderungssteuerung. Hierzu gehören:

1. Der Prozeß zur Bewertung und zur Annahme oder Ablehnung sowie zur Koordination der Änderungen von Konfigurationen. Vorausgesetzt werden eindeutig identifizierbare Konfigurationen.
2. Die Systematik der Bewertung, der Koordination, der Annahme oder Ablehnung sowie der Realisierung von angenommenen Änderungen von Konfigurationen. Vorausgesetzt werden eindeutig identifizierbare Konfigurationen.

Die Änderungssteuerung beruht auf dem Gedanken, einen Entwicklungsprozeß als ständigen *Änderungsprozeß* aufzufassen, der in jedem Schritt auf definierten Vorgaben aufsetzt und definierte Arbeitsergebnisse liefert, die selbst wiederum Vorgaben für Nachfolgeschritte werden.

Die Änderungssteuerung des Konfigurationsmanagements bietet die notwendigen Freiheitsgrade, um die ständigen Änderungsanforderungen, mit denen ein Projekt unausweichlich konfrontiert wird, über alle Entwicklungsphasen hinweg methodisch zu beherrschen. Das Konfigurationsmanagement wirkt nicht phasen-, sondern ergebnisbezogen, nämlich stets auf die Menge aller Arbeitsergebnisse einer Konfiguration.

Die Änderungssteuerung setzt voraus, daß die Ursachen für Änderungen als formale Änderungsanforderungen eindeutig benannt und beschrieben werden, d. h., daß sie selbst als Objekte des Konfigurationsmanagements zu behandeln sind.

Änderungsüberwachung

Einen wichtigen Beitrag zur Qualitätssicherung in einem Projekt leistet die Änderungsüberwachung. Sie ist definiert als:

> Prozeß zum Nachweis, daß alle angeforderten Konfigurationen erstellt wurden, daß ihre aktuelle Version mit den zugehörigen Spezifikationen übereinstimmt, daß die technische Dokumentation vollständig und genau die Konfigurationen beschreibt, sowie daß alle beschlossenen Änderungen durchgeführt wurden.

Nach dieser Definition schließt die Änderungsüberwachung formale wie auch inhaltliche qualitätssichernde Maßnahmen ein.

Als formale Maßnahmen gelten das Feststellen der Vollständigkeit der zu behandelnden Änderungsanforderungen, der herzustellenden Konfigurationen und der zugehörigen Dokumentation. Diese formale qualitätssichernden Maßnahmen sollten von der Änderungsüberwachung getragen werden.

Inhaltliche Maßnahmen umfassen den Nachweis der Übereinstimmung von Arbeitsergebnissen mit den spezifizierten Vorgaben und die Kontrolle der Genauigkeit der zu den Konfigurationen gehörenden Dokumentation.

Inhaltliche qualitätssichernde Maßnahmen erfordern i. allg. erheblichen Prüfaufwand, verbunden mit hohen Anforderungen an die technischen Prüfeinrichtungen sowie an das Know-how der Prüfer. Um sicherzugehen, daß sie nicht unterbleiben, sollten sie daher aus der Änderungsüberwachung ausgeschlossen werden und Aufgabe anderer Entwicklungsfunktionen, z. B. Systemtest oder Prüffeld, bleiben, die dafür bessere Voraussetzungen bieten. Das Konfigurationsmanagement kann jedoch für diese Entwicklungsfunktionen auf Basis von Konfigurationen eine gesicherte Arbeitsgrundlage zur Verfügung stellen.

Buchführung

Für ein wirksames Konfigurationsmanagement ist eine Buchführung unverzichtbar. Diese Grundfunktion ist definiert als:

> Das Aufzeichnen und Wiedergeben der Informationen, wie sie zur effektiven Verwaltung von Konfigurationen benötigt werden, einschließlich der Auflistung der freigegebenen, eindeutig identifizierten Konfigurationen, des Zustands der erwarteten Konfigurationsänderungen und der realisierten Zustände der akzeptierten Änderungen.

Die Buchführung hat innerhalb eines Projekts die Aufgabe, nach den Prinzipien des Konfigurationsmanagements alle anfallenden Arbeitsergebnisse aufzuzeichnen und daraus die für Planungs-, Entscheidungs- und Durchführungsprozesse notwendigen Informationen abzuleiten und in geeigneter Weise darzustellen.

Zu den Grundsätzen einer ordnungsgemäßen Buchführung gehören die eindeutige *Identifikation* und die *Unverletzlichkeit* der aufgezeichneten Daten. Daher sind Arbeitsergebnisse vom Zeitpunkt ihrer Gültigkeit an so festzuhalten, daß sie weder unabsichtlich noch absichtlich geändert werden können. Gültige Arbeitsergebnisse können somit nur durch Erzeugen einer neuen, d. h. weiteren Version der gespeicherten Daten geändert werden. Dieser Grundsatz erlaubt nicht nur, das gesamte Änderungsgeschehen jederzeit nachzuvollziehen, er sichert auch die Revisionssicherheit von Arbeitsergebnissen. Dies ist besonders im kaufmännischen, administrativen Bereich wichtig, da häufig die Revisionssicherheit nicht nur für die Arbeitsergebnisse, sondern auch für die benutzten Hilfsmittel durch den Gesetzgeber vorgeschrieben ist.

In Projekten, die SW-Ergebnisse liefern, ist die Unverletzlichkeit archivierter Software eine unverzichtbare Voraussetzung für deren eindeutige Identifikation.

In der Entwicklung von Hardware ist die eindeutige Verwaltung von HW-Unterlagen vielfach noch in Form von Blattarchiven üblich.

Die KM-Funktion *Buchführung* ist die für alle Archivierungsaufgaben zuständige zentrale Stelle.

Objektbibliothek

Ordnung ist bei einer komplexen Systementwicklung ohne ein leistungsfähiges Werkzeug zum Archivieren der Arbeitsergebnisse nicht sicherzustellen. Daher sollte die Vielfalt der Arbeitsergebnisse, die für ein Entwicklungsvorhaben definiert werden und die sich DV-gerecht speichern lassen, in *einer* DV-geführten Objektbibliothek abgelegt werden. Arbeitsergebnisse, die sich dieser Art der Speicherung entziehen, z. B. HW-Teile, komplexe technische Zeichnungen oder Dokumente von Zulieferern, sind durch einen Platzhalter mit geeigneten Informationen in der Objektbibliothek zu vertreten.

Der Begriff Objektbibliothek weist darauf hin, daß Objekte als Einheit mit allen ihren Informationen in einer Bibliothek abgelegt werden. Dabei wird die Projekthistorie dadurch nachvollziehbar, daß alle Objekte wenigstens in ihren bedeutungsvollen Ausprägungen gespeichert sind. Dies unterscheidet sich vom üblichen Ansatz für Standard-Datenbanken, bei denen lediglich Informationen über die Objekte ohne eindeutige Zuordnung zu ihrer Historie gespeichert werden können.

Bild 6.3 zeigt das allgemeine Prinzip einer Objektbibliothek. Durch einheitliches Speichern aller Arbeitsergebnisse mit allen ihren Ausprägungen wird die Voraussetzung für eine mächtige Informationsbank geschaffen. Deren Mächtigkeit wächst noch zusätzlich, wenn mit den Objekten auch ihre charakteristischen Eigenschaften in normierter Form mit abgelegt sind. Diese Eigenschaften können dabei sowohl automatisch aus den Objektinhalten gewonnen als auch explizit den Objekten mitgegeben sein. Die Objekteigenschaften sollten jedoch auf keinen Fall als Bestandteil der Objektidentifikation benutzt werden, da sie Zustände beschreiben und sich somit häufig ändern. Von einer Objektidentifikation ist dagegen eine Langzeitstabilität zu verlangen.

Die Informationsbank ermöglicht es, Objekte nicht allein über ihre Identifikation sondern auch über eine logische Suchfrage wieder dem Archiv zu entnehmen, wenn bestimmte Eigenschaften bekannt sind, nicht aber die genaue Identifikation. Darüber hinaus erlaubt sie vielfältige Auswertungen über die Eigenschaften und über das Zusammenwirken der innerhalb eines Systems benutzten Objekte.

Werkzeuge, die den vorgenannten Anforderungen teilweise genügen, befinden sich im Einsatz. Sie folgen dem Ansatz, ein Archiv-System zur Objektspeicherung mit einem Information-Retrieval-System zur Speicherung von Informationen über die archivierten Objekte zu verbinden.

Sachwalter der Objektbibliothek ist die KM-Funktion Buchführung; ihr obliegt die formale Definition der Objektformate samt ihrer Eigenschaften und die Administration der Objektbibliothek. Darüber hinaus muß die Buchführung die hohen Anforderungen an die Datensicherheit einer Objektbibliothek sicherstellen.

6.1.2 Konfigurationsmanagement für Projektplanung

Grundprinzip des Konfigurationsmanagement ist, Entwicklungsprozesse als *Änderungsprozesse* an definierten, d.h. gesicherten, Arbeitsergebnissen aufzufassen. Dies setzt voraus, daß

— die Arbeitsweise in einem Projekt streng ergebnisorientiert ist,
— die Arbeitsergebnisse versionsgenau identifizierbar sind und
— durchzuführende Änderungen durch formalisierte Änderungsanforderungen dokumentiert sind.

Die Versionsführung von Arbeitsergebnissen zwingt dazu, zusammengehörige Ausprägungen von Arbeitsergebnissen als Einheiten zu behandeln und diese entsprechend zu dokumentieren. Wie bereits erläutert, definiert das Konfigurationsmanagement solche Einheiten als *Konfigurationen*.

Eine Projektplanung, die auf den Grundprinzipien des Konfigurationsmanagements aufbaut, ist daher als Planung von Änderungsprozessen an gesicherten Arbeitsergebnissen durchzuführen. Konfigurationen bilden dabei die Bezugspunkte für die gesamte Planung. Der Umfang der durchzuführenden Änderungen wird durch »Arbeitsaufträge« festgelegt.

Rolle der Konfiguration

Es ist heute selbstverständlich, Projekte mit ihren zahlreichen Arbeitsergebnissen in überschaubare Teil-

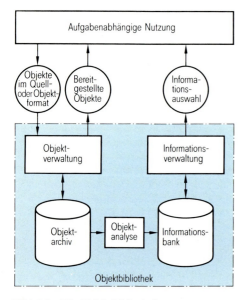

Bild 6.3 Die Objektbibliothek

mengen zu gliedern. Als Gliederungskriterien bieten sich an

▷ die im Projekt durchzuführenden Aufgaben (die Projektstruktur),

▷ die hierarchische Zerlegung eines Systems in funktional aufeinander aufbauende Teilsysteme (die Produktstruktur),

▷ der versionsgenaue Aufbau eines Systems aus Teilsystemen, die selbst aus versionsgenauen Arbeitsergebnissen zu erstellen sind (die Konfigurationsstruktur).

Konfigurationen sind selbst Arbeitsergebnisse, die Änderungen unterliegen und daher auch versionsbehaftet sind. Als Arbeitsergebnisse können sie selbst Bestandteil von Konfigurationen sein. Somit gibt die Konfigurationsstruktur die versionsgenaue Ausprägung der Bestandteile eines Gesamtsystems wieder.

Konfigurationen bilden auch den logischen Bezugspunkt für das Umsetzen von Änderungsanforderungen in Änderungsaktivitäten. Als deren Ergebnis entstehen neue Versionen von Konfigurationen (Bild 6.4). Dies setzt voraus, daß die Verantwortlichkeiten für Konfigurationen eindeutig geregelt sind. Die Verantwortung für eine Konfiguration schließt die Änderungsverantwortung für die enthaltenen Arbeitsergebnisse ein. Diese Regelung läßt für die durchzuführenden Änderungen ausreichende Freiheitsgrade, da nicht die Änderung eines Einzelergebnisses, sondern die Änderung einer zusammengehörigen Ergebnismenge bestimmt wird. Hierdurch erreicht man, daß

— die verlangten Änderungen erkennbar verwirklicht,
— keine Änderungen mehrfach durchgeführt und
— keine Änderungen vergessen werden.

Damit Konfigurationen diesen Anspruch erfüllen können, sollten sie

— nicht zu viele Arbeitsergebnisse enthalten, da dadurch ihre Übersichtlichkeit eingeschränkt wird,
— nicht zu wenige Arbeitsergebnisse umfassen, da dadurch der formale Aufwand zur Steuerung des Änderungsgeschehens unvertretbar wachsen kann,
— zu anderen Konfigurationen nur wohl definierte, schmale Schnittstellen ausweisen, damit technische Koordinierungsprobleme gering gehalten werden.

Konfigurationen sind für das Zusammenfügen von Teilergebnissen zu einem Ganzen unverzichtbar. Vor allem in Projekten, die den Aufbau komplexer Gesamtsysteme aus einer großen Anzahl von Arbeitsergebnissen umfassen, z. B. komplexe HW/SW-Systeme, verhindern sie zuverlässig die häufig beobachteten Inkonsistenzen in der Integrationsphase.

Das Festlegen von Konfigurationen ist Aufgabe der KM-Funktion *Konfigurationsbestimmung*.

Konfigurationen sind nicht das Ergebnis eines zufälligen Arbeitsfortschritts, sondern sind inhaltlich und terminlich wohlgeplante Arbeitsergebnisse. Aufgabe der Projektplanung ist es, Arbeitsergebnisse zu definieren, indem sie im Sinn des Konfigurationsmanagements die Änderungsprozesse selbst und deren Inhalt bestimmt. Das Mittel zur Definition von Änderungsprozessen ist der *Arbeitsauftrag* zur Änderung von Konfigurationen.

Arbeitsauftrag

Die eindeutige Aufgabenformulierung zur Änderung von Konfigurationen stellen die *Arbeitsaufträge* dar. Diese nennen – wenn sie KM-gerecht formuliert sind (Bild 6.4) –

▷ die zu ändernde Ausgangsbasis, die »Basiskonfiguration«,
▷ die auszuführenden Änderungsanforderungen,
▷ das Arbeitsziel, das durch die »Zielkonfiguration« beschrieben wird sowie
▷ den Fertigstellungstermin.

Das Fehlen einer Basiskonfiguration ist selbstverständlich ein zulässiger Sonderfall.

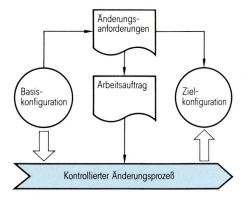

Bild 6.4 Der Arbeitsauftrag im Änderungsprozeß

Arbeitsaufträge bündeln einzeln vorliegende Änderungsanforderungen zu logisch und terminlich abgestimmten Entwicklungsschritten. Sie erzwingen damit eine präzise Projektplanung unter Berücksichtigung funktionaler Abhängigkeiten, terminlicher Randbedingungen und definierter Arbeitsteilung.

Voraussetzung für das Erstellen von Arbeitsaufträgen bildet eine hinreichende Klärung der Änderungsanforderungen bezüglich ihrer technischen Durchführung mit allen abzusehenden Konsequenzen sowie den erforderlichen Aufwendungen. Dies ist Aufgabe der Systementwicklung.

Dazu müssen die Änderungsanforderungen, die i. allg. aufgrund von festgestellten Problemen entstehen, in formalisierter, d. h. auch reproduzierbarer, Form vorliegen. Diese wird als *Meldung* bezeichnet.

Solange die Ursache des Problems nicht eindeutig geklärt ist, spricht man von einer Problemmeldung. Erst nach einer Analyse läßt sich entscheiden, ob die Problemmeldung als Fehler- oder als Änderungsmeldung zu behandeln ist, bzw. ob eine Fehlbedienung stattgefunden hat und daher die Problemmeldung zurückzuweisen ist. Die Notwendigkeit, Fehlermeldungen von Änderungsmeldungen zu unterscheiden, ist nicht technisch, sondern wirtschaftlich begründet. Fehler sind durch den Hersteller bzw. die Entwicklung zu vertreten, Änderungswünsche dagegen durch den Auftraggeber.

Die Analyse von Problemmeldungen liefert die technischen Aussagen in ebenfalls formalisierter Form, den *Stellungnahmen*.

Änderungsanforderungen werden unter Berücksichtigung funktionaler Erfordernisse und verfügbarer Kapazitäten mit Bildung des Arbeitsauftrags durch die KM-Funktion *Änderungssteuerung* eingeplant.

Ein Arbeitsauftrag kann als eigenständiges Dokument geführt werden. Dieser Ansatz bietet die notwendigen Freiheitsgrade, die eine projektmäßig durchgeführte Produktentwicklung erfordert, wenn gleichzeitig unterschiedliche Versionen von Systemen entwickelt bzw. gewartet werden müssen. Wenn ein System gleichzeitig in unterschiedlichen Ausprägungen vorliegt, spricht man auch von *Varianten*. Bei linear durchgeführten Entwicklungen läßt sich der Formalaufwand vermindern, indem die Auftragsinformationen in die betroffenen Meldungen direkt eingebracht werden.

6.1.3 Konfigurationsmanagement für Projektsteuerung

Die Projektsteuerung soll das Einhalten der Projektparameter Leistungsmerkmale, Kosten, Termine und Qualität sicherstellen; dies umfaßt wirtschaftliche und technische Aspekte. Das Konfigurationsmanagement setzt seine Schwerpunkte bei den technischen Aspekten, da es die Durchführung funktionaler Änderungen steuert. Hierfür sind die beiden KM-Funktionen

▷ Änderungssteuerung und
▷ Änderungsüberwachung

zuständig.

Änderungssteuerung

Die Änderungssteuerung steuert die Änderungsprozesse im Entwicklungsablauf durch Vorgabe der bereits erwähnten Arbeitsaufträge. Dabei kann eine Modifikation der Projektplanung aufgrund konkurrierender Projektziele notwendig werden, z. B. wenn die verfügbare Zeit und der voraussehbare Entwicklungsaufwand nur die Verwirklichung eingeschränkter Anforderungen erlaubt. Änderungssteuerung verlangt daher ein Mitwirken bei der Projektplanung. Dies geschieht dadurch, daß Arbeitsaufträge im Rahmen der Projektplanung formuliert, jedoch im Rahmen der Änderungssteuerung letztendlich entschieden werden.

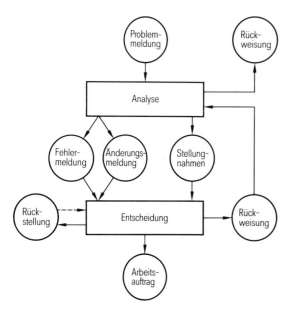

Bild 6.5 Vom Problem zum Arbeitsauftrag

Änderungsüberwachung

Das Konfigurationsmanagement überträgt diesen Entscheidungsprozeß einem zentralen Gremium zur Änderungssteuerung, das häufig als *Change Control Board* (CCB) bezeichnet wird (Bild 6.6).

Das Change Control Board entscheidet über das Durchführen bereits formulierter Arbeitsaufträge; deren Formulierung ist nicht seine Aufgabe. Damit dieses Gremium die notwendige Sach- und Entscheidungskompetenz zur Wahrnehmung aller Projektinteressen besitzt, sollten darin autorisierte Mitarbeiter aller im Projekt vorhandenen Funktionen vertreten sein. Es empfiehlt sich auch, den jeweiligen Auftraggeber des Projekts in das Gremium einzubeziehen, damit seine Belange ausreichend berücksichtigt, aber auch die Konfliktsituationen im Projekt für ihn sichtbar werden. Dies fördert die Akzeptanz der späteren Projektergebnisse erheblich.

Die Leitung des Change Control Board obliegt dem Projektleiter; er führt den Vorsitz und besitzt die letztendliche Entscheidungsbefugnis.

Die personelle Besetzung sowie die zeitliche Sitzungsfolge eines solchen Gremiums zur Änderungssteuerung hängt sehr stark vom gesamten Projektumfeld (Projektgröße, Terminsituation, Bedeutung der Ergebnisse usw.) ab.

Änderungsüberwachung

Die Änderungsüberwachung setzt den Schlußpunkt hinter jeden Änderungsprozeß, indem sie über die Freigabe geänderter Konfigurationen entscheidet. Sie beeinflußt damit wichtige Meilensteinentscheidungen bei einem meilensteinorientierten Vorgehen in der Entwicklung.

Aufgabe der Änderungsüberwachung ist die Kontrolle der Planvorgaben auf vollständige und genaue Verwirklichung. Genau heißt in diesem Zusammenhang auch, daß nicht gewollte Änderungen zu verhindern sind. Die Änderungsüberwachung muß daher sowohl das Nachbessern von unvollständigen Änderungsergebnissen veranlassen als auch ungeplante Änderungen zurückweisen.

Bild 6.7 zeigt die Einbettung der Änderungssteuerung und der Änderungsüberwachung in den Entwicklungsablauf. Das Durchführen der Änderungen und das Erreichen der Ziele werden durch sie koordiniert, d. h. gesteuert und überwacht. Das gesicherte Zusammenspiel wird durch formalisierten Informationsaustausch über entsprechende Dokumente erreicht. Projekt-, Produkt- und Konfigurationsstruktur bilden hierbei die gemeinsamen Bezugspunkte.

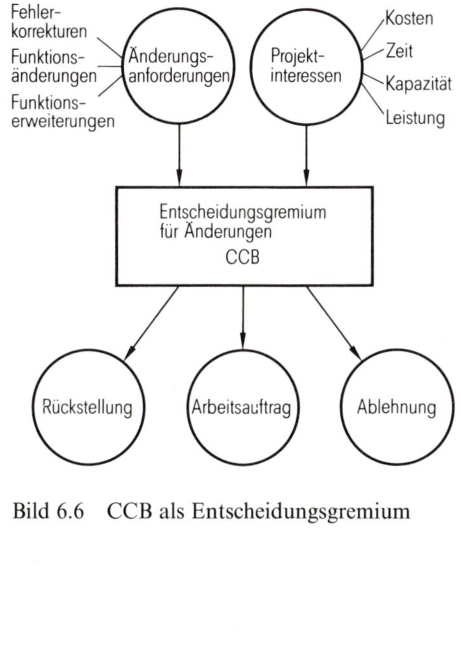

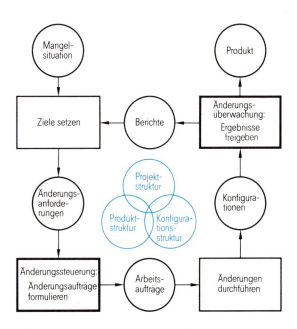

Bild 6.6 CCB als Entscheidungsgremium

Bild 6.7 KM-Funktionen zur Projektsteuerung

6.1.4 Konfigurationsmanagement für Projektdokumentation

Die Entwicklung großer HW/SW-Systeme beansprucht erheblichen Aufwand an Zeit und Kosten, so daß hier der Zwang zur Entwicklung langlebiger Produkte entsteht; diese sind während ihrer Lebensdauer nicht nur einer ständigen Wartung, sondern auch einer begrenzten Weiterentwicklung unterworfen. Die Lebensdauer der Produkte wird um so größer sein, je »offener« sie für eine wirtschaftliche Weiterentwicklung sind.

Damit legt das erstmalige Projektergebnis die Basis für die vielen möglichen Folgeergebnisse; seine vollständige Dokumentation ist somit unverzichtbare Voraussetzung für alle nachfolgenden Weiterentwicklungen. Gleichermaßen ist auch in den Folgeschritten sicherzustellen, daß die Dokumentationskette nicht abreißt.

Dokumentation im Sinne des Konfigurationsmanagements umfaßt das *revisionssichere* Archivieren sämtlicher Arbeitsergebnisse, die im Projektablauf entstehen. Revisionssicherheit bedeutet:

▷ die archivierten Arbeitsergebnisse sind unveränderlich,
▷ in ihrer Historie vollständig nachvollziehbar und
▷ langzeitgesichert gespeichert.

Privates Archivieren in Verantwortung der einzelnen Mitarbeiter genügt diesen Ansprüchen nicht.

Inhalt von Arbeitsergebnissen

Arbeitsergebnisse umfassen nicht nur die fertigen Zwischen- und Endergebnisse, sondern auch alle Planungsergebnisse, Spezifikationen, Entwürfe und Entscheidungsunterlagen. Besonderes Gewicht ist auch auf die Dokumentation der verwendeten Arbeitsmittel (Werkzeuge, Formulare und sonstige Hilfsmittel) zu legen, die die Arbeitsergebnisse geprägt haben. Deren Änderung hat meist weitreichende Auswirkungen auf die weitere Nutzung der vorhandenen Arbeitsergebnisse. Ein Beispiel dafür ist der Einsatz einer neuen Compiler-Version, die u. U. ein Anpassen aller mit ihr bearbeiteten Quellprogramme erfordert. Ein weiteres Beispiel findet sich in der Prozeßtechnologie zur Herstellung von integrierten Schaltkreisen. Der Austausch der hierfür benötigten Maschinen verlangt i. allg. das Anpassen aller Steuerdaten, um das gleiche Produkt zu gewinnen.

Wie bereits erwähnt, ist es Aufgabe der KM-Funktion *Buchführung,* die Objekte der Dokumentation zu definieren und ihre Archivierung zu organisieren. Hierfür ist es notwendig, die Arbeitsergebnisse nach Form und Inhalt sowie die benötigten Archivierungsverfahren festzulegen. Die KM-Funktion Buchführung ist hierbei federführend. Die betroffenen Entwicklungsfunktionen wirken mit, um die fachlichen Belange ausreichend zu berücksichtigen.

Das Festlegen der Arbeitsergebnisse nach Form und Inhalt verlangt,

▷ eine inhaltliche Gliederung vorzugeben,
▷ eine äußere Form zu definieren sowie
▷ beschreibende Eigenschaften festzulegen.

Die Anforderungen an den Inhalt und dessen Struktur bestimmen die fachlichen Belange, die zu dokumentieren sind. Inhaltsbezogene Konventionen werden i. allg. als Checklisten vorgegeben. Anzustreben ist das maschinelle Prüfen auf Einhaltung von Konventionen. Dies läßt sich um so leichter verwirklichen, je formaler die Dokumente aufgebaut sind.

Die äußere Gestaltung eines Dokuments erhöht nicht nur seine Qualität – z. B. Lesbarkeit und Verständlichkeit –, sie vereinfacht auch dessen Hantierbarkeit – z. B. in der Druckbehandlung beim Montieren von einfachen Dokumenten zu komplexeren Einheiten, wie Berichten und Büchern.

Über den fachlichen Dokumenteninhalt hinaus sind für die Dokumentation des Projektablaufs i. allg. zusätzliche Dokumenteneigenschaften wichtig, die Zustände, Verantwortlichkeiten und Abhängigkeiten von anderen Dokumenten beschreiben. Diese Eigenschaften stehen nicht neben dem Dokument, sie sind ein Teil des Dokuments. Daher müssen sie wie das Dokument selbst auch vom jeweiligen Dokumentenbearbeiter verantwortet werden. Diese Eigenschaften werden üblicherweise über standardisierte Dokumentationsköpfe als Teil des Dokumenteninhalts beschrieben, soweit dies das Datenformat zuläßt. Bei binären Inhalten z. B. sind die Eigenschaften auf andere Weise mit dem Dokument zu verbinden.

Identifikation von Arbeitsergebnissen

Die Regelung der Archivierungsverfahren verlangt, für alle Arbeitsergebnisse

▷ die Systematik ihrer Identifizierung festzulegen,
▷ eine Einordnung in Klassen vorzunehmen und
▷ die Versionenführung zu vereinbaren.

6.1.4 Konfigurationsmanagement für Projektdokumentation

Im Vordergrund steht die Unabhängigkeit der Identifizierungssystematik von den eingesetzten Werkzeugen. Die Namensgebung dient ausschließlich der Identifikation, nicht der Beschreibung von Dokumenteneigenschaften. Die Gültigkeit der Identifikation muß über die gesamte Lebensdauer des Objekts erhalten bleiben.

Die Forderung nach vollständiger Dokumentation führt zu einer großen Vielfalt von Dokumenten. Die Einteilung der Dokumente nach Typen – auch als *Klassen* bezeichnet – erhält einerseits die Übersicht über ihre Vielfalt und regelt andererseits deren einheitliche Behandlung im Rahmen festgelegter Verfahren.

Das Führen von Versionen schafft die Voraussetzung, mit gesicherten Zwischenergebnissen zu arbeiten und die Historie zu dokumentieren. Dies ermöglicht auch das parallele Entwickeln von Teilsystemen und Systemen.

Als Schema zur eindeutigen Identifikation von Dokumenten hat sich die aus

   Typ – Name – Version

zusammengesetzte Benennung bewährt. Dieses Schema erlaubt mnemotechnisch gestaltete Namen, die auch unterschiedlichen Typen gemeinsam sein können.

Für das Archivieren von Arbeitsergebnissen nach dem festgelegten Verfahren sind die jeweiligen Dokumentenbearbeiter selbst verantwortlich, um die Aktualität des Archivs sicherzustellen. Dies schafft die Voraussetzung, daß alle Projektbeteiligten ihre Arbeit auf eindeutige, d.h. gesicherte und identifizierte Objekte aus dem Archiv stützen.

Die Verfahren zur Ablage von Arbeitsergebnissen müssen durch die Buchführung um Verfahren zur Gewährleistung der notwendigen Datensicherheit und des Zugriffsschutzes zu Entwicklungsdaten ergänzt werden. Dies hat einen hohen Stellenwert, da in den Arbeitsergebnissen ein Großteil des Know-how eines Unternehmens steckt.

Die sorgfältige Projektdokumentation nach den vorstehenden Prinzipien bewirkt im Projekt eine einheitliche, allgemeine Verständigungsbasis sowie eine gesicherte Arbeitsgrundlage für alle im arbeitsteiligen Entwicklungsprozeß aufeinander aufbauenden Entwicklungsaufgaben. Instrumentell müssen diese Ziele durch eine zentral geführte Objektbibliothek unterstützt werden.

Auswertungen der Objektbibliothek

Eine leistungsfähige Objektbibliothek bietet über die archivierten Objekte Zugang zu allen Informationen, die in den archivierten Arbeitsergebnissen enthalten sind. Im Sinn der ergebnisorientierten Arbeitsweise sind diese Informationen vollständig und jederzeit reproduzierbar, d.h. man kann sie auf nachprüfbare Ergebnisse zurückführen. Damit ist die Objektbibliothek auch die einzig geeignete Grundlage für jede Form von Auswertungen. Parallelgeführte Datenbasen, deren Daten nicht unmittelbar aus der Objektbibliothek abgeleitet werden, sind daher sowohl aus Kosten- als auch aus Konsistenzgründen zu vermeiden.

Schwerpunkte für Auswertungen bilden Selektion, Verdichtung und Darstellung von Informationen für bestimmte Fragen. Beispiele hierfür sind Übersichten (Inhaltsverzeichnisse, Auflistungen), Statistiken (Kennzahlen für Produktivität und Qualität) und Darstellungen von organisatorischen bzw. technischen Zusammenhängen (Arbeitsreihenfolgen, Aufrufbeziehungen). Präzise Auswertungen liefern gezielte Informationen und keine »Listenstapel«. Es ist nicht notwendig, Auswertungen zu archivieren, da sie jederzeit wiederholt werden können.

Periodisch ablaufende Standardauswertungen können durch die KM-Funktion Buchführung betreut und durchgeführt werden; sie sollen jedoch gegenüber individuellen Auswertungen die Ausnahme bilden, da sie das Informationsbedürfnis nur bedingt befriedigen können und die Flexibilität der Auswertungen einengen. Für das Erzeugen von Auswertungen muß die Buchführung Beratungsleistungen anbieten, z.B.

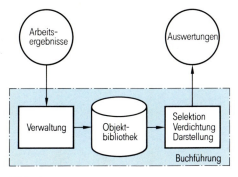

Bild 6.8
Buchführung als Grundlage der Projektdokumentation

▷ welche Informationen zur Verfügung stehen,
▷ wie sie gewonnen werden können und
▷ wie die Ergebnisse übersichtlich darzustellen sind.

Mit den heutigen Mitteln kann man eine Objektbibliothek über große Zeiträume, d. h. auch über Projekte hinweg, fortschreiben und damit eine sehr mächtige Erfahrungsbasis aufbauen. Mit wachsendem Datenvolumen steigen auch die Anforderungen an die Funktionen der Informationsauswertung und -darstellung. Zum Ausschöpfen der sich eröffnenden Möglichkeiten bieten sich künftig auch Werkzeuge aus dem Bereich der künstlichen Intelligenz an, die mit Hilfe geeigneter Regeln sowohl zunächst unvollständige Fragen in vollständige überführen als auch durch das Verknüpfen von Informationen zu neuen Aussagen gelangen. Dabei muß jedoch der Grundsatz erhalten bleiben, daß die Informationen nur aus den gesicherten Dokumenten der Objektbibliothek abgeleitet werden.

6.1.5 Organisatorische Voraussetzungen

Das Einführen des Konfigurationsmanagements in ein Projekt muß von Fall zu Fall geplant werden, da die Randbedingungen für die Projekte sehr unterschiedlich ausfallen. Solche Randbedingungen werden durch die Projektziele, das Projektumfeld und die verfügbaren Mittel gesetzt.

Akzeptanz und Funktionsfähigkeit des Konfigurationsmanagements setzen klare, verständliche und an das Projekt angepaßte KM-Begriffe voraus, z. B.:

▷ Was sind Objekte, welche Objekttypen gibt es?
▷ Wie werden Versionen bezeichnet?
▷ Was sind Konfigurationen, wie werden sie gebildet?
▷ Was sind Fehlermeldungen, Änderungsmeldungen und Entwicklungsanforderungen?

KM-Begriffe sind einschließlich ihrer Bedeutung zu dokumentieren, damit sie im Projekt einheitlich verstanden und angewendet werden.

Wirkungsbereich des Konfigurationsmanagements

Der Wirkungsbereich des Konfigurationsmanagements kann unter mehreren Aspekten gesehen werden:

▷ Es ist die Wirkungsweise des Konfigurationsmanagements in den unterschiedlichen Entwicklungsphasen festzulegen, z. B. in welchen Phasen wirken die Konfigurationsbestimmung, die Änderungssteuerung, die Änderungsüberwachung und die Buchführung?

▷ Es sind alle Arbeitsergebnisse zu bestimmen, die der Buchführung des Konfigurationsmanagements unterliegen sollen. Hierbei muß ebenfalls festgelegt werden, wie externe Zulieferungen in das Konfigurationsmanagement einzubeziehen sind.

▷ Es sind die Aufgaben zu definieren, die die unterschiedlichen Entwicklungsfunktionen im Rahmen des Konfigurationsmanagements wahrzunehmen haben. Hierbei sollte auch der Auftraggeber sowie externe Zulieferer in das Konfigurationsmanagement einbezogen werden.

Einbettung der KM-Funktionen

Legt man eine Aufbauorganisation gemäß Bild 6.9 zugrunde – sie ist in der versionsorientierten Systementwicklung häufig anzutreffen –, so lassen sich die KM-Funktionen etwa wie folgt einordnen:

Projektleitung

Die Projektleitung steuert im Rahmen des Konfigurationsmanagements die Entwicklung mit Hilfe des Change Control Board.

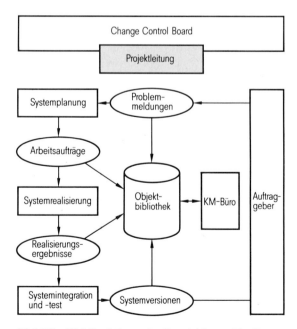

Bild 6.9   KM-Funktionen im Entwicklungsablauf

6.1.5 Organisatorische Voraussetzungen

Systemplanung

Die Systemplanung legt im Rahmen der Konfigurationsbestimmung die Grundstrukturen für Konfigurationen fest. Die Änderungssteuerung ist ihre Hauptaufgabe.

Systemrealisierung

Die Systemrealisierung verantwortet im Rahmen der Konfigurationsbestimmung die versionsgenauen Inhalte der Konfigurationen. Im übrigen wird die Systemrealisierung durch die Änderungssteuerung gesteuert.

Systemintegration und -test

Die Systemintegration und -test nimmt die Rolle der Änderungsüberwachung wahr.

KM-Büro

Das KM-Büro ist der Sachwalter des Konfigurationsmanagements und untersteht direkt der Projektleitung, um notwendige KM-Maßnahmen verbindlich verabreden zu können. Seine Schwerpunktaufgabe ist die Buchführung.

Qualitätssicherung

Die Qualitätssicherung ist kein Träger von KM-Funktionen. Sie ist jedoch Nutznießer der durch das Konfigurationsmanagement verfügbaren Informationen, die Qualitätsstände und Schwachstellen erkennen lassen.

Bereitstellung von KM-Verfahren

Zur Abwicklung des Konfigurationsmanagements sind die notwendigen Verfahren einschließlich der Werkzeuge zu definieren. Diese Aufgabe kann das KM-Büro wahrnehmen, falls es hierfür keine andere zentrale Vorleistungsstelle gibt. Das Anpassen an die speziellen Projektverhältnisse ist auf jeden Fall durch das KM-Büro vorzunehmen.

Die wichtigsten Verfahren müssen die Grundanforderungen der KM-Funktionen

▷ Konfigurationsbestimmung,
▷ Änderungssteuerung (Meldewesen, Versionsplanung, Auftragssteuerung),
▷ Änderungsüberwachung (Freigabe von Entwicklungsergebnissen) und
▷ Buchführung (Archivieren, Auswerten)

erfüllen.

Erwähnt seien auch Verfahren, die nicht unmittelbar zum Konfigurationsmanagement zählen, sich aber sehr eng auf die KM-Verfahren abstützen. Hierzu gehören die Verfahren der

▷ Systemintegration und
▷ Systemlieferung.

Sie bauen gemeinsam auf der Existenz von Konfigurationen auf.

Eng verbunden mit dem Bereitstellen der KM-Verfahren ist das Vereinbaren geeigneter KM-Konventionen, die unnötige Komplexität der Verfahren verhindern und Schwächen der vorhandenen Werkzeuge überbrücken sollen. Konventionen können auch zu einer erheblichen Vereinfachung von Auswertungen beitragen.

Einführung des Konfigurationsmanagements

Das Einführen des Konfigurationsmanagements umfaßt alle Maßnahmen, die notwendig sind, um es in einem konkreten Projekt planmäßig zur Wirkung zu bringen. Dies setzt einen konkreten Einführungsplan voraus, der die Aktivitäten, die Termine und die verfügbaren Mittel einander zuordnet. Dabei sind Schulungsmaßnahmen zu berücksichtigen, die erfahrungsgemäß einen hohen Aufwand erfordern.

In das Ausarbeiten eines Einführungsplans sind folgende Aspekte einzubeziehen:

Begriffsbestimmung

Identifikation von Objekten
Aufbau und Inhalt von Objekten
Relationen zwischen Objekten
Objekte zur Änderungssteuerung.

Wirkungsbereich des Konfigurationsmanagements

Anwendung des Konfigurationsmanagements in den Projektphasen
Umfang der Buchführung
Träger der KM-Funktionen
Behandlung von Zulieferungen.

Verfahren des Konfigurationsmanagements

Verwaltung von Arbeitsergebnissen
Führung von Konfigurationen
Meldewesen
Planung von Systemversionen (als Konfigurationen)
Auftragssteuerung
Systemintegration
Systemlieferung
Berichtswesen.

423

Hilfsmittel des Konfigurationsmanagements

Objektbibliothek
Verfahrensspezifische Werkzeuge
Formulare.

Einführungsstrategie

Ziele
Migration
Schulung
Stufenplan.

In Tabelle 6.1 werden in Abhängigkeit von den (in Kap. 1.3 definierten) Projektklassen Empfehlungen für das Einführen von KM-Verfahren gegeben.

Es ist wünschenswert, das Konfigurationsmanagement bereits mit Projektbeginn als eine der ersten Maßnahmen einzuführen, vor allem, um die Vollständigkeit der Projektinformationen sicherzustellen. Nachträgliches Einführen von KM-Maßnahmen erfordert immer einen höheren Aufwand. Dennoch kann auch dies sehr lohnend sein, besonders bei Projekten mit langlebigen Ergebnissen. Häufig wird die Historie, die mit diesen Ergebnissen verbunden ist, erst durch Anwendung des Konfigurationsmanagements beherrscht.

Konfigurationsmanagement verändert die Arbeitsgewohnheiten des Entwicklungspersonals, wobei grundsätzlich Akzeptanzschwellen zu überwinden sind. Die Projektleitung muß daher durch eindeutige Entscheidungen die Einführung des Konfigurationsmanagements fördern.

6.2 Verfahren für die Projektführung

6.2.1 Überblick

Tabelle 6.2 zeigt in einer Gesamtübersicht im Hause eingesetzte Verfahren für die Projektführung mit einer Klassifizierung, für die folgende Merkmalsgruppen herangezogen wurden:

▷ Plandaten
▷ Istdaten
▷ Funktionen
▷ Techniken.

Bei den »Plandaten« und »Istdaten« wurde unterschieden, inwieweit Termine, Personalaufwände und Betriebsmittel, wie Maschinenzeiten und Materialien, sowie Kosten gemäß ihrer Plan- und Istwerte jeweils bearbeitet werden können.

Bei den »Funktionen« sind vier Funktionsbereiche herausgestellt, die für die Verfahren besondere Bedeutung haben.

Bei den »Techniken« sind ebenfalls einige relevante Merkmale herausgegriffen, nämlich ob das Verfahren überwiegend batch- oder dialogorientiert ist und ob es über Schnittstellen in einem Verfahrensverbund einbezogen werden kann.

Um den Rahmen des Buches nicht zu sprengen, wird auf die einzelnen Verfahren nur in komprimierter Form eingegangen; wegen ihres exemplarischen Charakters werden die Verfahren REPROPLIK (Kap. 6.2.3), EPS-G (Kap. 6.2.4) und PAUS (Kap. 6.2.5) ausführlicher behandelt.

DEST-Bhm

DEST-Bhm (DV-unterstützte Entwicklungsplanung und -steuerung) ist mit SINET realisiert und wird als netzplanorientiertes Projektplanungs- und -steuerungsverfahren in der *medizintechnischen* Entwicklung eingesetzt.

Neben der Termin- und Kapazitätsplanung wird auch die Kostenplanung unterstützt; hierbei stehen im

Tabelle 6.1 Einsatz von KM-Maßnahmen

○ Einführen Objektbibliothek
◔ Zusätzlich Einführen von Konfiguration
◑ Zusätzlich Melde- und Berichtswesen
◕ Zusätzlich Auftragssteuerung und -überwachung
● Vollständiges Konfigurationsmanagement

6.2.1 Überblick

Tabelle 6.2 Verfahrung für die Projektführung

Merkmale Verfahren für die Projektführung	Plandaten				Istdaten				Funktionen				Techniken		
	Termine	Personalaufwand	Betriebsmittel	Kosten	Termine	Personalaufwand	Betriebsmittel	Kosten	Netzplanung	Einsatzmittelplanung	Multiprojektplanung	Weiterverrechnung	Verfahrensverbund	batchorientiert	dialogorientiert
DEST-Bhm	×	×	×	(×)	×	×	×		×		×		×		×
EPISTEL		×		×		×		×	×	(×)		×	(×)		×
EPS-G	×	×	×	×	×	×	×	×	×	×	×		(×)		×
KENIA2		×		×		×		×				×	×	×	(×)
KOREKT	×	×	×		×	×	×	×	×	×		×	(×)	×	(×)
KSA 2000	×		×		×		×		×	×					×
RTP															
MINIPLAN	×	×	×		×	×			×	×	×				×
PAC	×	×	×	×	×	×	×		×	×	×		(×)		×
PAUS	(×)	×		×	(×)	×		×				×	×		×
PKS	×	×	×		×	×	×		×	×	(×)		×		(×)
PROWIS	×	×	×	×	×				×	×	(×)		×		×
REPROPLIK	×	×	×		×	×	×		×	×	×		×		×
SINET-STD.	×	×	×		×				×	×			(×)		×
SIPUS	×	×	×		×	×	×		×	×			×		×

(×) teilweise

Rahmen einer Multiprojektplanung unterschiedliche Simulationsmöglichkeiten beim Einplanen neuer Projekte oder auch Umplanen vor dem bestehenden Kapazitätsrahmen zur Verfügung. Das Rückmelden der aufgewendeten Stunden und der aktuellen Termine läuft im Dialog ab, wobei die erfaßten Stunden zur Gemeinkostenerfassung an nachgelagerte Verfahren weitergegeben werden.

Für die Ausgaben sind u. a. Termin- und Aufwandspläne, Aufgabenübersichten, Balkendiagramme, Plan/Ist-Vergleiche, Auslastungsdiagramme sowie Meilenstein-Trendanalysen verfügbar. Den Netzplan kann man nach Entwicklungsphasen unterteilen und entsprechend ausgeben. Alle Ausgaben können nach unterschiedlichen Kriterien sortiert, selektiert oder verdichtet werden.

EPISTEL

EPISTEL (Erfassungs-, Planungs- und Informationssystem für Entwicklungsleistungen) übernimmt in Entwicklungsbereichen der *Kommunikations- und Nachrichtentechnik* das Erfassen, Überwachen und Weiterverrechnen der Entwicklungskosten mit detaillierter Gliederung nach leistenden Stellen. Als Kostenelemente werden ausgewiesen der eigene und der fremde Personaleinsatz, die Rechenkosten, die Löhne und das Material bzw. die gekauften Leistungen.

Zum Erfassen des eigenen Personalaufwands dienen verfahrensgenerierte Stundenkontierungsbelege im monatlichen oder halbmonatlichen Turnus, wobei nach der Dateneingabe eine automatische kostenmäßige Bewertung der Stunden vorgenommen wird. Direkt zu übernehmen sind die monatlichen Kosten für fremdes Personal und alle weiteren Sachkosten aus vorgelagerten Arbeitsgebieten, wie z.B. des Rechnungswesens. Die Weiterverrechnung an fremde Kostenträger läuft innerhalb eines Verfahrensverbunds automatisch ab.

Die auf Auftragsebene (AKZ, FuE-Konto) erfaßten Kosten ermöglichen unterschiedliche Auswertungen der Entwicklungskosten nach Organisationseinheiten, Projekten und Projektgruppen, Entwicklungsaufgaben und leistenden Stellen. Eine große Anzahl von Listenauswertungen steht dem Anwender fakultativ zur Verfügung, d. h. die Listenausgabe kann jederzeit, entsprechend den spezifischen Bedürfnissen, angestoßen werden.

EPISTEL verfügt über eine dialogorientierte Auskunftskomponente, die nach unterschiedlichen Auswahl- und Suchkriterien Informationen über alle Plan- und Istdaten aus der Datenbasis dem Benutzer am Terminal zur Verfügung stellt. Auch der gesamte Prozeß der FuE-Planung wird mit einer eigenen Planungskomponente (PEAV) im Dialog unterstützt. EPISTEL berücksichtigt besonders die Belange einer projektorientierten Entwicklungsplanung und -steuerung.

KENIA2

KENIA2 (Kostenerfassung und -nachweis interner Aufträge) dient zur Projektkostenüberwachung und wird eingesetzt sowohl für *HW-Entwicklungsprojekte* als auch *SW-Entwicklungs-* und *-Wartungsprojekte*.

Im einzelnen ermöglicht KENIA2 das projektbezogene Erfassen und Bewerten von Stundenaufschreibungen sowie die Zuordnung sämtlicher projektbezogener Kosten (RZ-Kosten, Sachkosten etc.). Auf dieser Basis werden die Gesamtkosten monatlich ermittelt und über das Geschäftsjahr und die Projektlaufzeit fortgeschrieben. Die Kosten der einzelnen Projekte können zu Projekthierarchien verdichtet werden. Hierdurch kann man Auswertungen über die Plan/Ist-Kostensituation von Entwicklungsbereichen erstellen. Der Verrechnungsbaustein von KENIA2 ermöglicht die leistungserbringende Abteilung durch Weiterverrechnung von Kosten an den Auftraggeber zu entlasten. Hierbei veranlaßt KENIA2 die für das Rechnungswesen erforderlichen Buchungen nach den bestehenden Buchungsregeln und kann darüber hinaus von allen Verrechnungsvorgängen entsprechende Rechnungen erstellen.

Über einen Auswertungsteil stehen die einzelnen Plan- und Istdaten in entsprechenden Listenaufbereitungen zur Verfügung. Eine separate Auswertung dient der Mitkalkulation und dem Nachweis von Qualitätskosten.

KENIA2 bietet Schnittstellen zu SIPUS und PAC für die Übernahme der für das Projekt geleisteten Stunden und zu den vorgelagerten Verfahren des Rechnungswesens, um die Übernahme u. a. der Rechen-, Fremd- und Sachkosten zu ermöglichen. KENIA2 erfüllt im besonderen Maße die Erfordernisse eines durchgängigen Rechnungswesens.

KOREKT

KOREKT (Planungs-, Steuerungs- und Kontrollsystem mit Rechnerunterstützung für Kosten und Termine) unterstützt die Planung, Steuerung und Kontrolle im *FuE-Bereich* und besteht aus zwei Komponenten, die selbständig sind, sich aber ergänzen und über eine Schnittstelle verbunden sind; sie werden nicht nur bei Vorhaben zur Entwicklung von Geräten und Systemen, sondern auch bei fertigungstechnischen, werkstofftechnischen und Entwicklungen allgemeiner Art eingesetzt.

Die Komponente FuE-DIALOG dient der Budget- und der Kostenplanung sowie deren Überwachung; sie erstellt im Verbund Kostenaufläufe aller im FuE-Bereich vorhandenen Kostenelemente und liefert daraus monatlich Plan/Ist-Vergleiche, Etat-Übersichten sowie Statistiken über die Personalstunden und Kosten; sie dient aber teilweise auch der Terminplanung mit Terminüberwachung und liefert hierfür Plan/Ist-Vergleiche, Belegungspläne, FuE-Zwischenberichte und andere Plan- und Entscheidungsunterlagen.

Die Komponente PPS (Produkt-Prozeß-Struktur) ist terminorientiert und basiert auf der SINET-Netzplantechnik. PPS dient der Termin- und Kapazitätsplanung, wobei die Kapazitätsrechnung sowohl innerhalb einer Einzel- als auch einer Multiprojektbetrachtung möglich ist. Durch die Eingabe von Planungsdaten und der monatlichen rückgemeldeten Istdaten ist ein laufender Plan/Ist-Abgleich möglich. Als Ausgaben existieren u. a. Netzpläne, Balkenpläne, Belegungspläne, Termin/Aufwandsübersichten und Meilenstein-Signallisten (Bild 4.13).

KSA 2000 RTP

Die Komponente RTP (Rechnergestützte Terminplanung) innerhalb des Planungssystems KSA 2000 (KWU-Software für den Anlagenbau, ehemals KWU 2000) ist mit SINET realisiert und wird für die Terminplanung und -verfolgung sowie auch für die Einsatzmittelplanung im *Anlagenbau* eingesetzt.

Der Verfahrensteil RTP umfaßt alle üblichen Netzplanfunktionen, wobei das Erstellen, Korrigieren und Kumulieren von Terminplänen einerseits über Bildschirmmasken und andererseits – bei Anschluß des grafischen Arbeitsplatzes SICAD – auch unmittelbar an der Grafik möglich ist. Zwischen den Terminplänen können – mit Hilfe von Konnektoren – Termine ausgetauscht werden. Über eine Schnittstelle lassen sich die Termine in Datenbanken übertragen oder die Tätigkeiten aus der Datenbank mit Kapazitäten und Istterminen versorgen, welche in vernetzten Balkendiagrammen (Bild 3.66) mit darstellbar sind.

Die vernetzten Balkenterminpläne können in mehreren Hierarchiestufen aufgebaut werden. KSA 2000 RTP unterstützt das Verdichten der Terminpläne vom fein detaillierten Ausführungsterminplan bis zum Rahmenterminplan.

MINIPLAN

MINIPLAN ist *branchenneutral* und dient zur Planung und Steuerung von Projekten hinsichtlich der Termine und der Kapazitäten auf Basis der Netzplantechnik; es läuft auf einem Rechner der mittleren Datentechnik (SICOMP R30).

Alle Eingaben, wie Plan- und Rückmeldedaten, sind im Dialog möglich. Hierfür ist eine einfach aufgebaute Bedienerführung verfügbar; allerdings kann man Rückmeldedaten auch über eine Dateischnittstelle übernehmen. Rückgemeldet werden können neben Terminen und Kapazitäten auch Ist- und Reststunden; dies ermöglicht einen Plan/Ist-Vergleich und Aussagen über den aktuellen Restaufwand der Projekte. Der Planungshorizont umfaßt vier Jahre.

Die Vergabe von Prioritätsstufen auf Auftragsebene erlaubt es, die Abarbeitungsreihenfolge der einzelnen Projekte zu beeinflussen. MINIPLAN kann als Multi-User-System eingesetzt werden. Über Berechnungscodes wird dem Anwender eine (individuelle) Benutzermatrix mit den nutzbaren Funktionen zugeordnet. An diese Berechtigungscodes lassen sich auch Aufträge und Aufgaben koppeln. Auf diese Weise können die einzelnen Nutzer ihre Planung auf eigenen Terminals nicht nur überwachen, sondern auch selbständig durchführen (dezentrale Planung). Für Planspiele steht eine Simulationsfunktion zur Verfügung, die es ermöglicht, vor dem Hintergrund der aktuellen Kapazitätsbelegung Änderungen vorzunehmen oder neue Projekte einzugeben, ohne dabei die bestehenden Plandaten zu verändern (Multiprojektplanung).

Die Auswertungen können wahlweise im Dialog- oder im Batch-Betrieb angefordert werden. Es gibt neben Balkenplänen und Kapazitätsauslastungsdiagrammen Termin- und Aufwandsüberwachungslisten. Die Listen können nach unterschiedlichen Kriterien über Schlüsselfelder sortiert, selektiert und verdichtet werden. Auch zum Archivieren stehen entsprechende Funktionen zur Verfügung.

PAC

PAC (Project-Analysis and -Control) ist ein integriertes Verfahren zur Planung, Kontrolle und Steuerung von Terminen, Kosten und Einsatzmitteln für *Projekte unterschiedlicher Ausprägung;* es ermöglicht das Überwachen einer unbegrenzten Anzahl Projekte auf bis zu vier Projektebenen; hierdurch ist eine Multiprojektplanung möglich. Der Planungshorizont umfaßt fünf Jahre.

Das enthaltene Netzplanverfahren ist kein SINET-Verfahren, basiert aber auf der MPM-Methode. Die Planung geht bis auf Mitarbeiterebene herunter.

Mit Hilfe leistungsfähiger Selektier- und Sortierungsmöglichkeiten kann man Standardberichte und individuelle Ausgaben als Listen, Diagramme oder Managementgrafiken erstellen. Auswertungen sind nach unterschiedlichsten Gesichtspunkten möglich (Mitarbeiter, Mitarbeitergruppen, Abteilungen, Projekt, Teilprojekt, Kapazitätsgruppen etc.). Für Planungs- und Steuerungsaufgaben sind Alternativberechnungen möglich, z. B. welche terminlichen Auswirkungen ergeben sich bei veränderten Kapazitätszuordnungen. Der Benutzerdialog wird durch eine einfache Bedienerführung in Menütechnik unterstützt.

PKS

PKS (Planungs- und Kontrollsystem) dient mit SINET zur Planung und Steuerung von HW- und SW-Entwicklungsprojekten in der *Vermittlungstechnik;* es unterstützt die Termin- und Einsatzmittelplanung sowie die Stundenkontierung.

Die Terminplanung deckt mehrere Planungsebenen ab und bietet Standardnetzpläne für kleinere Routineprojekte. Für die Baugruppenentwicklung gibt es ebenfalls Standardnetzpläne, die in komplexe HW-Netzpläne eingebunden werden können. Die Einsatzmittelplanung umfaßt die Personaleinsatzplanung, die Testanlagenplanung sowie für die Kostenplanung eine Aufwandsbewertung.

Für die Bedienung stehen Menümasken zur Verfügung, wobei beliebige Selektion und Sortierung angeboten wird. Die Ausgabe umfaßt Netzpläne, Balkendiagramme, Terminlisten, Plan/Ist-Vergleiche, Rückmeldelisten und Konnektorenlisten. Einsatzmitteldiagramme und Einsatzmittellisten können nach unterschiedlichen Kriterien (z. B. organisations- oder projektbezogen) ausgegeben werden.

Der Stundenkontierungsteil umfaßt eine Schnittstelle zu REPROPLIK und EPISTEL. Hierbei werden die in EPISTEL geführten FuE-Konten weiter auf Unterkontenebene detailliert.

PROWIS

PROWIS (Projektsteuerung im WIS) unterstützt mit SINET die Termin-, Kapazitäts- und Kostenplanung innerhalb von Technologie- und Produktentwicklungen, vornehmlich in der Entwicklung für *integrierte Schaltungen.*

PROWIS ist dezentral einsetzbar. Als Unterstützung für die Projektplanung können vorab definierte Standardabläufe der Technologie- und Produktentwicklung herangezogen und modifiziert werden. Per Datentransfer werden zuarbeitenden Stellen die Informationen der Arbeitspakete zugeführt, die dann eine Kapazitätsplanung über ihre Projekte hinweg vornehmen können.

Die Ausgaben erlauben vielfältiges Sortieren, Selektieren und Verdichten. In tabellarischer Darstellung können Terminlisten mit Vorgangsbeschreibung, Ergebnislisten mit Endterminen, terminliche Plan/Ist-Vergleiche sowie Statuslisten für die in Arbeit befindlichen Arbeitspakete ausgegeben werden. Weiterhin stehen Balkendiagramme für den Plan/Ist-Vergleich, Auslastungs- und Kostenverlaufsdiagramme, Meilenstein-Plan/Ist-Vergleiche und Netzpläne zur Verfügung.

Ausgewählte Projektdaten können verdichtet und in ein separates FuE-Informationssystem eingespeist werden.

SINET STANDARD.EST

SINET STANDARD.EST (System für interaktive Netzplantechnik mit Standardprozeduren für die Entwicklungssteuerung) dient zur Planung, Überwachung und Steuerung von Entwicklungsprojekten und stellt ein SINET-*Standardverfahren* dar. Es wird über einen geführten Dialog mit Hilfe von Steuermenüs und Bildschirmmasken geführt. Die Anwendung von SINET STANDARD setzt keine speziellen DV-Kenntnisse voraus. Dateiorganisation, Dateiverwaltung und Koordination der Abläufe werden selbständig vom Verfahren gesteuert.

Alle gängigen Funktionen der Termin- und Einsatzmittelplanung und -steuerung sind abgedeckt, wobei man die zu planenden FuE-Projekte in drei Ebenen strukturieren kann. Neben dem Netzplan können Terminlisten und Balkenpläne in unterschiedlichen Sortierungen sowie Selektionen ausgegeben werden. Dadurch ist es möglich, die Ausgaben dem Bedarf an Informationen anzupassen und so eine gezielte Informationsverteilung zu erreichen.

SIPUS

SIPUS (SINET-unterstütztes Planungs- und Steuerungsverfahren) ist ein dialogorientiertes Verfahren, das aus SINET-Prozeduren aufgebaut ist; es dient der terminlichen, aber auch der ergebnisorientierten Planung, Steuerung und Überwachung von vornehmlich *SW-Projekten* auf Basis der Netzplantechnik. Darüber hinaus ermöglicht es eine detaillierte Aufgabenplanung und Einsatzsteuerung der Mitarbeiter, ohne daß diese in den Netzplan direkt eingebunden sind.

Die Projektstrukturierung läuft auf zwei Ebenen ab; auf der höher verdichtenden Vorgangsebene des Netzplans sowie auf der detaillierteren Aufgabenebene – wobei letztere mitarbeiterbezogen ist. Durch die eindeutige Zuordnung der Vorgänge zu definierten Phasen ist eine prozeßorientierte Projektverfolgung möglich.

Die aufgaben- und personenbezogenen Stunden werden mit verfahrensgenerierten Kontierungsbelegen im halbmonatlichen Turnus erfaßt. Für die Eingaben – auch die der Stundenbelege – gibt es Bildschirmmasken in Menütechnik. Eingabefehler werden – soweit erkennbar – programmtechnisch abgefangen. Eingabemenüs existieren für das Neuerfassen, Ändern und Löschen von Projekt- bzw. Teilprojektdaten sowie Daten von Vorgängen, Aufgaben und Mitarbeitern.

Die einzelnen Auswertungen können sich auf die unterschiedlichen Strukturierungsebenen (Projekte, Teilprojekte, Vorgänge und Aufgaben) sowie auf die Kostenstellen ausrichten. Der mit SIPUS erfaßte Personalaufwand wird über eine Schnittstelle von KENIA2 kostenmäßig behandelt, das umgekehrt einige kostenstellenbezogene Stammdaten liefert. SIPUS beschränkt sich nicht nur auf die Behandlung einzelner Projekte, sondern unterstützt teilweise auch eine übergreifende Multiprojektplanung.

6.2.2 Verfahren SINET

Da – unabhängig von der verwendeten Methode – für den Einsatz der Netzplantechnik immer wieder die gleichen oder zumindest ähnliche Funktionen und Prozedurabläufe gehören, wurde ein SW-Paket geschaffen, mit dem anwenderspezifisch Netzplanverfahren generiert werden können. Es handelt sich um SINET (System für interaktive Netzplantechnik) – ein System für das Erstellen netzplangestützter PM-Verfahren [71]. Alle erforderlichen Planungsschritte, wie Ermitteln der Anfangs- und Endtermine jeder einzelnen Tätigkeit, Aufzeigen von Zeitreserven (Pufferzeiten), Einplanen von Bedarf und Vorrat an Einsatzmitteln (Sach- und Geldmittel) aufgrund der Ausführungszeiten etc. sowie das Informationswesen können durch SINET abgedeckt werden. Basis ist die MPM-Netzplanmethode – die bei Entwicklungsprojekten im europäischen Bereich die größte Verbreitung gefunden hat.

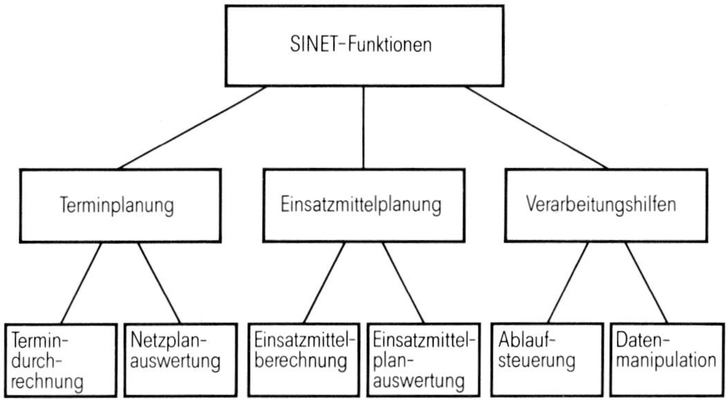

6.2.2 Verfahren SINET

Bild 6.10 Funktionsgruppen SINET

```
                        SINET-Funktionen
           ┌──────────────────┼──────────────────┐
      Terminplanung    Einsatzmittelplanung  Verarbeitungshilfen
       ┌──────┴──┐        ┌──────┴──────┐        ┌──────┴──────┐
  Termin-    Netzplan-  Einsatzmittel- Einsatzmittel- Ablauf-   Daten-
  durch-     auswertung berechnung    plan-         steuerung manipulation
  rechnung                             auswertung
```

SINET verfügt über eine sehr leistungsfähige *Anweisungssprache*. Damit können Daten verarbeitet werden, die Vorgänge und ihre Anordnungsbeziehungen beschreiben, Daten, die Kalender darstellen, und Daten, die entweder Anweisungen oder frei definierte Inhalte enthalten. Etwa 70 Anweisungen stehen zu den in Bild 6.10 aufgeführten Funktionsgruppen zur Verfügung.

Im einzelnen umfaßt SINET folgende Funktionen:

Termindurchrechnung

▷ Vor- und Rückwärtsrechnung
▷ Pufferbestimmung
▷ Bestimmung der abgearbeiteten Vorgangsdauern
▷ Bearbeitung von Gruppenvorgängen
▷ Wegesuche
▷ Schleifensuche

Netzplan-Auswertung

▷ Auswahlsteuerung
▷ Sortierung
▷ Terminlisten
▷ Balkendiagramme
▷ Netzpläne

Einsatzmittelberechnung

▷ Einplanung von Einsatzmitteln
▷ Ausplanung von Einsatzmitteln
▷ Optimierung
▷ Aufwands- bzw. Kostenbestimmung
▷ Nivellierung

Einsatzmittelplan-Auswertung

▷ Auslastungsdiagramme
▷ Listen

Ablaufsteuerung

▷ Programmsteuerung
▷ Abruf von Prozeduren
▷ Dateiverwaltung

Datenmanipulation

▷ Neueingabe
▷ Ändern
▷ Löschen
▷ Kopieren
▷ Umordnen
▷ Sicherstellen
▷ Bereitstellen
▷ Ausgaben
▷ Arithmetrische Operationen
▷ Textverarbeitung.

Eine Anweisung stellt in diesem Zusammenhang eine Anforderung an SINET dar, eine ganz bestimmte Funktion auszuführen. Dabei kann zwischen

▷ Steueranweisungen (ohne Datendefinition) und
▷ Datenanweisungen (mit Datendefinition)

unterschieden werden. Häufig wiederkehrende Anweisungsfolgen kann man außerdem zu *Prozeduren* zusammenfassen, die dann durch ein spezielles SINET-Kommando zum Ablauf gebracht werden. Innerhalb solcher Prozeduren ist ein Dialog mit dem Benutzer auf einfache Weise möglich.

Leistungsmerkmale

Im Rahmen der Terminplanung können Vorgänge und ihre Anordnungsbeziehungen (Normal-, Anfangs-, End- und Sprungfolgen mit Zeitabständen) definiert sowie deren Termine und Puffer berechnet werden.

Auch kann man Vorgänge zu Gruppenvorgängen zusammenziehen und entsprechend verarbeiten. Je Vorgang kann neben einer Gesamt- oder Restdauer ein gesetzter Termin angegeben werden. Dabei kann es sich um einen frühestmöglichen, spätestzulässigen oder absolut fixen Anfangs- oder Endtermin handeln. Die Vorgänge können unterschiedlichen Arbeitszeitkalendern zugeordnet werden.

Wegesuchverfahren helfen beim Analysieren kritischer Vorgänge und Abhängigkeiten im Netzplan. Beliebiges Untergliedern in Teilnetze mit besonderer Kennzeichnung von Meilensteinen ist möglich. Der Netzplanaufbau mit Standardnetzen ist sehr einfach durchzuführen.

Bei der Einsatzmittelplanung können den Vorgängen bzw. Gruppenvorgängen in bis zu zehn Zeitsprüngen der Bedarf und in einem Einplanungskalender der Vorrat von einzelnen Einsatzmitteln (Personal, Maschinen, Material, Kosten) zugeordnet werden. Mit Hilfe einer Bedarfsoptimierung ist eine Vorgangseinordnung möglich, bei der ein vorgegebener Vorrat nicht überschritten wird (*kapazitätstreue* Einsatzmittelplanung). Weiterhin kann man mit einer Bedarfsnivellierung bei Einhalten eines gesetzten Termins eine optimale Auslastung herbeiführen (*termintreue* Einsatzmittelplanung).

Die Ausgaben kann der Anwender in Form und Inhalt weitgehend selbst gestalten, wobei es folgende Grundformen gibt:

▷ Listen,
▷ Balkendiagramme,
▷ Auslastungsdiagramme,
▷ grafische Netzpläne und
▷ Organigramme.

Bei den vorgangsorientierten *Listen* können die Vorgänge nach beliebigen Kriterien sortiert und selektiert werden. Die Textteile sind frei bestimmbar.

In *Balkendiagrammen* sind die Vorgangsbalken in frühester Lage mit und ohne Puffer oder in spätester Lage ohne Puffer darstellbar. Die Darstellungssymbole für abgearbeitete und nicht abgearbeitete Dauern und Pufferzeiten können vom Anwender ebenso wie Zeitmaßstab und Zeitabschnitt frei gewählt werden.

In den *Auslastungsdiagrammen* kann man Bedarf und Vorrat von bis zu vier Einsatzmitteln einander gegenüberstellen. Für ein oder mehrere Einsatzmittel können Bedarf, Vorrat und zugehörige Differenz für bestimmte Zeiträume summiert und als Liste ausgegeben werden.

Für die Ausgabe von *Netzplänen* auf Plotter oder auf Schnelldrucker erstellt SINET Dateien mit den notwendigen grafischen Informationen. Die Koordinaten der Vorgänge können vom Anwender bestimmt aber auch automatisch von SINET berechnet werden. Die »Vorgangskästchen« sind weitgehend frei gestaltbar.

Für die Planung von Projektstrukturen und Konfigurationen wird die Möglichkeit geboten, diese als *Organigramme* darzustellen.

SINET-Daten

SINET verarbeitet verschiedene Daten, die in drei Hauptgruppen unterteilt werden können:

Vorgangsdaten

▷ Termindaten
▷ Vorgangstexte
▷ Einsatzmittel (Bedarf)
▷ Anordnungsbeziehungen.

Kalenderdaten

▷ Kenndaten
▷ Zeiteinheiten
▷ Einsatzmittel (Vorrat)
▷ Kalendertexte
▷ Kostensätze.

Textdaten (»Zeilengruppendaten«)

▷ allgemeine Texte
▷ SINET-Anweisungen.

Jeder einzelne Datensatz dieser Hauptgruppen hat einen eindeutigen Identifikationsbegriff, den *Hauptsatzschlüssel;* er setzt sich aus einem besonderen Kennzeichen (*, & oder @) und einer bis zu zehnstelligen Zählnummer zusammen. Es gibt somit

▷ Vorgangsnummern,
▷ Kalendernummern und
▷ Gruppennummern.

Über diese Hauptsatzschlüssel werden die SINET-Daten angesprochen, d. h. aufgebaut, geändert und gelöscht. Die eigentlichen Daten eines Vorgangs, eines Kalenders oder einer Textgruppe werden allerdings in »Nebensätze« gespeichert, von denen es mehrere Arten gibt (Tabelle 6.3).

Die Nebensätze haben ebenfalls einen Identifikationsbegriff, den *Nebensatzschlüssel;* er setzt sich aus einem Kennbuchstaben und einer bis zu achtstelligen Zählnummer zusammen.

Tabelle 6.3 SINET-Daten (Haupt- und Nebensätze)

Kennbuchstabe	Hauptsätze / Nebensätze	* Vorgang	& Kalender	@ Zeilengruppe
A	Kenndaten	1	1	–
C	Arbeitszeiteinheit	–	beliebig	–
D	Textzeile	beliebig	beliebig	beliebig
E	Einsatzmittelbedarf	beliebig	–	–
F	Nachfolger-AOB	max. 999	–	–
G	Vorgänger-AOB	max. 999	–	–

Vorgangsdaten

Die Daten eines Vorgangs sind auf die Nebensätze aufgeteilt, die dem Hauptsatz mit der Vorgangsnummer zugeordnet sind. Die einzelnen Nebensätze enthalten im wesentlichen folgende Angaben:

Vorgangsdauer (A-Nebensatz)
▷ Restdauer
▷ abgearbeitete Dauer.

Vorgangstermine (A-Nebensatz)
▷ Statuskennzeichen
   (Start-, End-, Allein-, Schein-, Normalvorgang)
▷ gesetzter Termin
▷ früheste/späteste Termine
   (FAT, FET, SAT, SET).

Vorgangspuffer (A-Nebensatz)
▷ gesamter Puffer
▷ freier Puffer.

Vorgangsbeschreibung (D-Nebensatz).

Einsatzmittel (E-Nebensatz)
▷ Bedarfsangaben
▷ Nr. des Einplanungskalenders
▷ Zuordnungszeitraum.

Anordnungsbeziehungen (F-, G-Nebensatz)
▷ Art der AOB
▷ Überlappungen
▷ Puffer.

Kalenderdaten

Kalender werden bei der Terminberechnung als *Arbeitszeitkalender* und beim Bestimmen des Einsatzmittelbedarfs bzw. -vorrats als *Einplanungskalender* eingesetzt. Der Arbeitskalender umfaßt genau die Arbeitszeiteinheiten, an denen ein Vorgang auch abgearbeitet werden kann. Der Einplanungskalender weist den auf die Zeit verteilten Bedarf und Vorrat der einzelnen Einsatzmittel auf. Beide Kalender müssen aufeinander abgestimmt sein.

Auch hier werden die Kalenderdaten auf einzelne Nebensätze aufgeteilt:

Angaben zum Kalenderaufbau (A-Nebensatz)
▷ Basiseinheit (z. B. Tag)
▷ übergeordnete Zeiteinheiten (z. B. Woche).

Angaben zum Einplanungskalender (A-Nebensatz)
▷ Umrechnungsfaktoren (z. B. Stundensatz).

Angaben zur Kalendrierung (C-Nebensatz)
▷ Datumsangaben (z. B. 4.9.92)
▷ Begriffe für Basiseinheiten (z. B. Mo, Di, etc. bei Tagen oder Jan, Feb, etc. bei Monaten).

Angaben zu den Einsatzmitteln (C-Nebensatz)
▷ Einsatzmittelvorrat
▷ Einsatzmittelbedarf
▷ Einsatzmitteldeckung.

Kalenderbeschreibung (D-Nebensatz).

Textdaten (Zeilengruppendaten)

Mit den *Zeilengruppendaten* können ganz allgemein Textzeilen bzw. Textabschnitte für Ausgabelisten und -berichte definiert werden. Daher umfassen diese Hauptsätze auch nur D-Nebensätze zur Aufnahme der entsprechenden Textzeilen.

Es können weiterhin aufgrund der Möglichkeiten der SINET-Anweisungssprache automatische Substitutionen in diesen Textgruppen ablaufen; damit ist es möglich, z. B. während einer Listenaufbereitung einzelne Überschriften mit bestimmten aktuellen Daten (z. B. Datum, Organisationsbezeichnung, Auswahlbereich) aufzufüllen.

Als Zeilengruppendaten werden allerdings auch die SINET-Anweisungen selbst gespeichert, da sie vom Prinzip der Speicherung wie normale Zeichenfolgen aufzufassen sind.

SINET-Anweisungen

Die SINET-Anweisungen können nach ihrer Aufgabe beim Aufbau und Ablauf eines Netzplanverfahrens gruppiert werden, nämlich in

▷ Ablaufsteuerung,
▷ Datenmanipulation,
▷ Vorgangsverarbeitung und
▷ Schnittstellen.

Bild 6.11 zeigt die Einordnung der SINET-Anweisungen in neun weitere Anwendungsklassen.

Die *Steueranweisungen* dienen der Programmsteuerung sowie dem Bereitstellen von Benutzerdateien auf permanenten Datenspeichern.

Mit den *Datenanweisungen für Zeilengruppen* können Anweisungen bzw. Prozeduren, die in diesen gespeichert sind, aufgerufen werden; sie sind vor dem Aufruf noch modifizierbar.

Mit den *allgemeinen Datenanweisungen* können alle Arten von SINET-Daten, also Vorgangsdaten, Kalenderdaten und Textdaten verarbeitet werden. Es handelt sich dabei um einen Teil der Anweisungen zur Datenmanipulation, wie Neueingabe, Verändern, Löschen sowie die Datenausgabe im Anweisungsformat.

Mit den *arithmetischen Anweisungen* kann der Inhalt bestimmter numerischer Datenfelder innerhalb der Vorgangs- bzw. Kalenderdaten verarbeitet werden.

Die *Datenanweisungen für Zeichenfolgen* dienen dem Ändern, Einfügen und Aufsuchen beliebiger in den D-Nebensätzen abgespeicherter Zeichenfolgen.

Mit den *Datenanweisungen für die Terminplanung* sind ausschließlich Vorgangsdaten zu verarbeiten; sie werden bei netzplanspezifischen Berechnungen und Auswertungen verwendet, also z. B. für das Aktualisieren, Duplizieren und Sortieren von Vorgängen, für den Vergleich von Netzen, für das Bilden von Gruppenvorgängen oder für das Aufbereiten von Balkendiagrammen und Terminlisten.

Die *Datenanweisungen für die Einsatzmittelplanung* dienen zum Aufbau von Kalendern und zum Durchführen zeitbezogener Auswertungen. Im wesentlichen gehören hierzu Anweisungen zum Ein- und Ausplanen von Bedarfs- und Vorratswerten in den Einsatzmittelkalender, zum Berechnen von termin- oder kapazitätstreuen Auslastungen sowie zum Aufbereiten von Kapazitätsdiagrammen und -listen.

Die *Datenanweisungen zur Grafikaufbereitung* umfassen einerseits das (automatische) Berechnen der Vorgangskoordinaten und andererseits das Aufbereiten des grafischen Netzplans.

Mit den *Anweisungen zum Schnittstellenanschluß* zu anderen Programmen können u. a. ein Editor im Großrechner (EDT) sowie das PC-Netzplanverfahren SIPRO (siehe Kap. 6.3.2) bedient werden.

SINET-Prozeduren

Mit dem Aufbau von SINET-Prozeduren, d. h. durch das Zusammenfügen von SINET-Anweisungen, wird das eigentliche Netzplanverfahren implementiert.

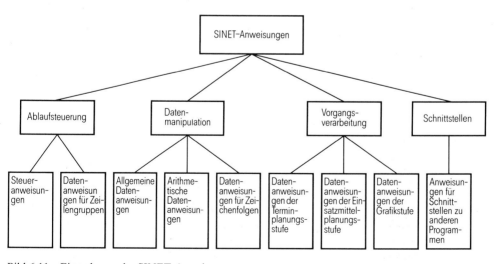

Bild 6.11   Einordnung der SINET-Anweisungen

6.2.2 Verfahren SINET

SINET ist damit ein »Interpreter«, mit dessen Anweisungssprache die Software eines netzplangestützten Projektplanungs- und -steuerungsverfahren geschrieben werden kann.

SINET-Prozeduren sollten – analog zum üblichen Aufbau von Software – in aufeinanderfolgende Entwicklungsphasen erstellt werden; daraus ergibt sich eine Gliederung des Entwicklungsprozesses nach den Phasen:

▷ Fachlicher Entwurf,
▷ DV-technischer Entwurf,
▷ Realisierung und
▷ Prozedurentest.

Mit dem *fachlichen Entwurf* wird festgelegt, welche fachlichen Funktionen das zu planende DV-Verfahren umfassen soll. Hierbei können die geplanten Funktionen des zu realisierenden Projektplanungs- und -steuerungsverfahrens entsprechend dem im Bild 6.12 dargestellten Funktionenbaum angeordnet werden; dieser stellt die Produktstruktur dar, die sukzessiv zu verfeinern ist. Auf unterster Ebene muß jede Funktion anschließend mit ihren Daten sowie Ein- und Ausgabemasken beschrieben werden.

Innerhalb des *DV-technischen Entwurfs* werden den so definierten Funktionen Nummernbereiche für die späteren Anweisungen zugeordnet. Weiterhin sind für die einzelnen Funktionen Ablaufpläne zu entwerfen, wobei den einzelnen Instanzen des Ablaufplans bereits die Teilbereiche der vorgenannten Nummernbereiche zugeordnet werden. So gelangt man zu einer tieferen Ebene, auf der die *Realisierung* aufsetzen kann.

Mit den Anweisungen von SINET können wie bei jeder Programmiersprache ganz normale Programmabläufe mit Sequenzen, Verzweigungen und Wiederholungen definiert werden. Allerdings stehen für bestimmte Funktionen wie z. B. zur Datenmanipulation, Listen- und Diagrammaufbereitung, Maskendefinition und Netzplandurchrechnung sehr mächtige Anweisungen zur Verfügung, so daß sich insgesamt der Implementierungsaufwand eines in SINET geschriebenen Programms erheblich reduziert. SINET entspricht damit einer »High-Level-Programmiersprache für Netzplanverfahren«.

Sind schließlich die einzelnen SINET-Prozeduren »geschrieben«, so müssen diese auf ihre Richtigkeit getestet werden. Meist enthalten diese Prozeduren noch viele formale und logische Fehler, die sukzessiv durch den *Prozedurentest* zu eliminieren sind. Da SINET-Programme nicht übersetzt und gebunden, sondern interpretativ ausgeführt werden, reduziert sich die Anzahl und der Aufwand der notwendigen Testläufe ganz erheblich.

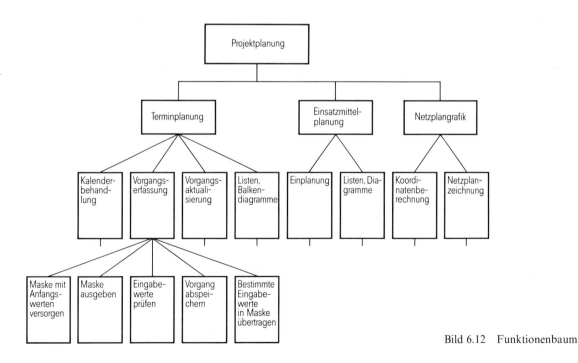

Bild 6.12   Funktionenbaum

Beispiel eines SINET-Programms

Ein SINET-Programm ist ähnlich einem herkömmlichen Programm strukturiert und zwar in einen Befehlsablaufteil, der nur aus @-Hauptsätzen (Zeilengruppen) besteht und einem Datenteil, der sich seinerseits in einen Kalender-Deklarationsteil (&-Hauptsätze) und einen Vorgangs-Deklarationsteil (*-Hauptsätze) gliedert.

Bild 6.13 zeigt als Beispiel einen Ausschnitt aus einem solchen SINET-Programm, mit dem eine Meilensteinliste aufgebaut wird.

Alle Anweisungszeilen des Ausschnitts gehören zu dem Bereich @1000 und sind innerhalb dieses Bereichs als D-Nebensätze aufsteigend durchnumeriert (D200 bis D500).

Die aufgeführten Anweisungen bewirken folgende Programmausführungen:

Anweisung 1 (D200):
Auswahl aller Meilenstein-Vorgänge, indem alle (*) Vorgänge ausgewählt werden, die in ihren D10-Nebensätzen an der 13. Stelle das Merkmal »M« stehen haben.

Anweisung 2 (D300):
Sortierung dieser Vorgangsmenge nach frühesten Anfangstermin, d.h. alle ausgewählten (#) Vorgänge werden nach dem Inhalt des 5. Feldes (FAT) ihrer A-Nebensätze sortiert.

Anweisung 3 (D400):
Ausgabe des Listenkopfes (H), der ab dem Bereich @1999 definiert ist.

Anweisung 4 (D410):
Aufbereitung und Ausgabe des Listeninhalts, indem folgende Anordnung definiert wird

ab Stelle 10   Vorgangsbezeichnung
(Stellen 1 bis 60 der D20-Nebensätze),

ab Stelle 73   frühester Anfangstermin FAT
(Feld 5 der A-Nebensätze),

ab Stelle 81   frühester Endtermin FET
(Feld 6 der A-Nebensätze),

ab Stelle 91   ausführende Dienststelle
(Stellen 1 bis 6 der D10-Nebensätze).

Anweisung 5 (D500):
Sprung und weitere Programmausführung ab dem Bereich @2000.

Ergebnis dieses kleinen Programmabschnitts ist die in Bild 6.14 gezeigte Meilensteinliste, deren Programmierung in einer herkömmlichen Sprache sicher eine erheblich größere Befehlsmenge erfordern würde.

Programmeigenschaften

Der SINET-»Interpreter« und die mit SINET geschriebenen Verfahren laufen im Betriebssystem BS 2000 auf allen Großrechnern der Serie 7.5xx sowie auf dem PC 2000. SINET nutzt weitgehend die leistungsstarken Funktionen dieses (virtuellen) Betriebssystems aus, so daß SINET-geschriebene Verfahren i. allg. dialogorientiert sind.

Die Kapazitätsgrenzen solcher SINET-Verfahren sind sehr weit gesteckt. In einer Termindurchrechnung können bis zu 5000 Vorgänge mit bis zu 999 Vorgängern und Nachfolgern je Vorgang einbezogen werden. Darüber hinaus gibt es praktisch keine weiteren Einschränkungen. So sind z. B. Umfang der beschreibenden Informationen und Anzahl der Einsatzmittel und Arbeitszeitkalender fast nicht beschränkt. Als einzige Grenze ist der im Betriebssystem BS2000 für SINET verfügbare temporäre Datenspeicher von 16 Mbyte (virtueller Adreßraum) anzusehen.

SINET ist in mehreren Ausbaustufen verfügbar. Bei den Einstiegsvarianten gibt es eine benutzerfreundli-

```
a    1000D    10";  AUSGABE EINER MEILENSTEINLISTE SORTIERT NACH FAT"
a    1000D    11";  --------------------------------------------------"
a    1000D    12""
a    1000D    200"INCLUDE *D10:13 ""M""
a    1000D    300"SORT # A:5"
a    1000D    400"LIST H1999 #;"
a    1000D    410"B:10 D20:1-60 B:73 A:5 B:81 A:6 B:91 D10:1-6"
a    1000D    500"EXEC @2000"
```

Bild 6.13   Ausschnitt aus einem SINET-Programm

6.2.3 Verfahren REPROPLIK

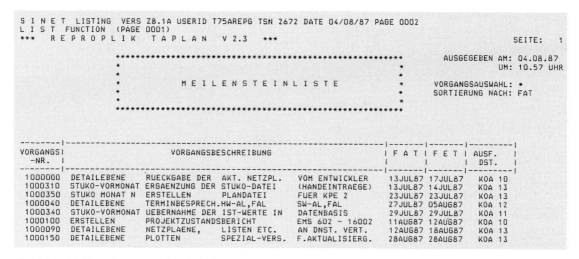

Bild 6.14 Meilensteinliste als Listenbeispiel

che Menüführung, die das Arbeiten auf der Kommandoebene vermeidet. Auch kann bei einigen Varianten auf die Einsatzmittelplanung verzichtet werden.

SINET verfügt über eine Schnittstelle zu den auf Personal Computern ablauffähigen PC-Netzplanverfahren SIPRO-X und SIPRO-D (siehe Kap. 6.3.2). Von diesen dezentralen Verfahren können Projektdaten für den Einbau in einen zentralen Netzplan übernommen oder auch solche wieder zurückgegeben werden.

6.2.3 Verfahren REPROPLIK

REPROPLIK (Rechnergestütztes Projektplanungs-, Informations- und Kontrollsystem) ist für die Planung und Steuerung von Entwicklungsgroßprojekten konzipiert worden, läßt sich aber auch für mittelgroße HW- und SW-Projekte sinnvoll einsetzen. Derzeit ist es in einigen Entwicklungsbereichen der Kommunikations- und Nachrichtentechnik im Einsatz.

Entsprechend seiner drei Aufgabenbereiche gliedert sich das Verfahren in die Komponenten:

▷ Termin- und Aufwandsplanung   (TAPLAN)
▷ Aufwandserfassung   (DIEPAS)
▷ Projektdatenbasis   (PRODAT)

Die Termin- und Aufwandsplanung wird beim Verfahren REPROPLIK mit der Netzplantechnik durchgeführt; die hierfür zuständige Komponente TAPLAN basiert auf der MPM-Methode und ist mit SINET realisiert worden. Die Komponente DIEPAS (Dialogorientierte Istdaten-Erfassung, Plausibilitierung, Änderung und Separierung) dient zur Aufwandserfassung mit Hilfe von Stundenkontierungsbelegen und beliefert alle Folgeverfahren mit den notwendigen Istdaten. Die Komponente PRODAT stellt das Datenbanksystem für die Projektdatenbasis dar, welche alle während des Projekts anfallenden Plan- und Istdaten aufnimmt und diese für entsprechende Auswertungsroutinen bereithält.

Alle drei Komponenten lassen sich allerdings auch unabhängig voneinander einsetzen. So wird z.B. TAPLAN – besonders in Entwicklungsbereichen mit kleineren Projekten – isoliert als reines Netzplanverfahren genutzt, ohne das ein Anschluß zur Istdaten-Erfassung besteht. Auch DIEPAS kann zusammen

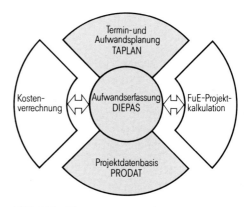

Bild 6.15 Komponentenstruktur

mit dem Kostenerfassungs- und verrechnungsverfahren EPISTEL ohne große Schwierigkeiten mit »fremden« Netzplanverfahren arbeiten. Eine alleinige Nutzung von PRODAT ist ebenfalls denkbar. Über zusätzliche Schnittstellen kann REPROPLIK darüber hinaus Daten für die FuE-Projektkalkulation liefern.

Projekt- und Produktstrukturierung

Innerhalb des REPROPLIK-Verfahrens kann sowohl eine Projekt- als auch eine davon getrennte Produktstrukturierung vorgenommen werden, wobei die letztere für das Verfahren unverzichtbar ist.

Die Projektstruktur wird über die einzelnen Arbeitspakete an die Vorgänge des Netzplans angebunden, indem jeder Netzplanvorgang einem Arbeitspaket im Projektstrukturplan gleichgesetzt wird und eine entsprechende Identifikation nach einer Dezimalklassifikation erhält. Auf diese Weise wird der (zeitlich zuerst) erstellte Projektstrukturplan in den Netzplan übertragen und kann aus diesem jederzeit als Liste (siehe Bild 3.13) wieder »herausgeneriert« werden. Eine gesonderte Pflege des Projektstrukturplans entfällt damit; seine Aktualisierung wird automatisch durch das Aktualisieren des Netzplans erreicht. Zudem hat diese direkte Anbindung an den Netzplan folgenden Vorteil: So wie der Detaillierungsgrad des Netzplans mit dem Projektfortschritt voranschreitet, ändert sich auch die Detaillierung des Projektstrukturplans.

Mit dem Produktstrukturplan wird die technische Gliederung des zu entwickelnden Produkts festgelegt; dieser enthält bekanntlich in einer hierarchischen Ordnung alle Produktteile, die auf unterster Ebene Teileinheiten, wie z. B. SW-Module und HW-Baugruppen sein können. Da die Produktstruktur die Brücke zwischen der kaufmännischen Kostenstrukturierung und der fachlichen/zeitlichen Aufgabengliederung darstellt, kommt dem Produktstrukturplan in REPROPLIK eine besondere Bedeutung zu. Er ermöglicht die Synchronisation der Kosten- und Terminverfolgung und damit eine gemeinsame Projektplanung der FuE-Kaufmannschaft und der Entwicklung.

REPROPLIK erlaubt derzeit das Gliedern der Produktstruktur bis zu 11 Ebenen. Den einzelnen Knoten der Produktstruktur sind durch entsprechende Nummernvergabe die einzelnen Arbeitspakete des Netzplans und über diese die einzelnen FuE-Konten zugeordnet. Damit steht zum einen fest, welche Aktivitäten für die Realisierung eines bestimmten Produktteils notwendig sind, und zum anderen kann die Aussage

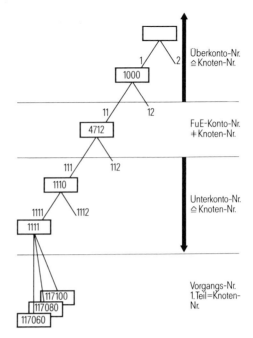

Bild 6.16   REPROPLIK-Zuordnungsschema

gemacht werden, welche Aufwände für bestimmte Produktteile angefallen sind. Wird dem Knoten zusätzlich die Bedeutung eines »Unterkontos« oder eines »Überkontos« gegeben, so ist eine Aufwandszusammenfassung von mehreren FuE-Konten entsprechend der Produktstruktur möglich. In Bild 6.16 ist beispielhaft die Nummernvergabe der FuE-Konten, der Unter- und Überkonten sowie der Netzplanvorgänge aufgezeigt, die sich teilweise aus der hierarchisch aufgebauten Knotennummer des Strukturbaums ableiten.

Termin- und Einsatzmittelplanung

Im Rahmen einer Aufwandsschätzung müssen für die einzelnen Arbeitspakete der jeweilige Aufwand und die jeweilige Zeitdauer ermittelt werden. Legt man zusätzlich noch die logischen Abhängigkeiten dieser Arbeitspakete fest, so sind alle Voraussetzungen für das Erstellen eines Netzplans geschaffen.

Nach Eingabe bestimmter Anfangs-, End- und anderer Fixtermine wird der Netzplan von TAPLAN »durchgerechnet«, d. h. es werden die logische Konsistenz geprüft, der kritische Pfad aufgezeigt und die Termine der einzelnen Netzplanvorgänge berechnet.

Diese Termine sind dann Vorgaben für die einzelnen Entwicklungsgruppen.

Bild 6.17 zeigt die einzelnen Zuordnungen und Festlegungen eines Vorgangs, die für das Erstellen eines Netzplans in TAPLAN bestimmt werden müssen.

Zum rationellen Hantieren und Bearbeiten des Netzplans stellt TAPLAN drei Manipulationsfunktionen – wie sie in dem Kap. 3.4.5 beschrieben sind – zur Verfügung:

▷ Netzplanunterteilung
▷ Netzplanverdichtung
▷ Vorgangsreduktion

Mit Hilfe der SINET-Funktionen ermöglicht TAPLAN eine Einsatzmittelplanung unterschiedlicher Ressourcen. Der jeweilige Planwert ($\triangleq$ Bedarf) des betreffenden Einsatzmittels wird dem einzelnen Vorgang zugeordnet. In einer besonderen Durchrechnung des Netzplans bildet man den Summenwert in seinem zeitlichen Ablauf und stellt ihn dem eingegebenen Vorratswert des jeweiligen Einsatzmittels gegenüber.

Für diese Einsatzmittelplanung gibt es folgende Möglichkeiten:

▷ Ohne Einfluß auf die Termine,
▷ ohne Terminverschiebung innerhalb des Zeitpuffers oder
▷ mit beliebiger Terminverschiebung innerhalb des Vorrats.

Unter Ausnutzung des jedem Vorgang beigegebenen Entwicklungskennzeichens ist eine »qualifizierende« Personaleinsatzplanung vorgesehen, die eine Differenzierung des Personaleinsatzes z. B. nach Design-, Programmier-, Prüf- und Integrationstätigkeiten ermöglicht.

Aufwandserfassung

Das Verfahren REPROPLIK nimmt die Aufwandserfassung gemeinsam mit dem benachbarten Kostenüberwachungsverfahren (z. B. EPISTEL) wahr. Hierbei findet eine (in Kap. 4.2.1 beschriebene) *netzplangesteuerte* Stundenkontierung statt. Der einzelne Entwickler erhält einen »vorab«-ausgefüllten Stundenkontierungsbeleg, in welchen er nur noch seine Stunden, eventuell aufgeteilt nach einzelnen Tätigkeitsarten, einzutragen hat. DIEPAS übernimmt dann die formelle und inhaltliche Plausibilisierung und Separierung zu den nachgeschalteten Verfahren. Notwendige Belegkorrekturen werden dialogunterstützt vorgenommen.

Dieser Ablauf ist aus der in Bild 6.18 dargestellten Systemdarstellung von REPROPLIK ersichtlich.

Eine eigene Kostenerfassung innerhalb des Verfahrens gibt es nicht, da dies Aufgabe des benachbarten Kostenüberwachungsverfahrens ist.

Projektdatenbasis

Entsprechend der Aufgabe einer Projektbibliothek fließen in PRODAT alle Projektdaten der »Vergangenheit, Gegenwart und Zukunft« ein. Mit Hilfe des Bausteins »Plandatenübernahme« werden alle neuen Plandaten (Termine, Aufwände) aus dem Netzplan oder – falls kein Netzplan benutzt wird – manuell übernommen. Der Baustein »Istdatenübernahme« erhält seine Istaufwandszahlen über die Eingabekomponente DIEPAS. Allgemeine Daten wie Projektbezeichnungen und Organisationsbezeichnungen werden über den Baustein »Stammdatenübernahme« in die Datenbasis eingegeben.

Bild 6.19 zeigt das Eingabe- und Ausgabeumfeld von PRODAT.

Im einzelnen sind in der Projektdatenbasis gespeichert:

Projektbeschreibende Daten

▷ Projektstruktur-Daten,
▷ Produktstruktur-Daten,

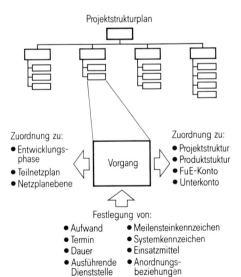

Bild 6.17   Vorgangsdefinition

6.2 Verfahren für die Projektführung

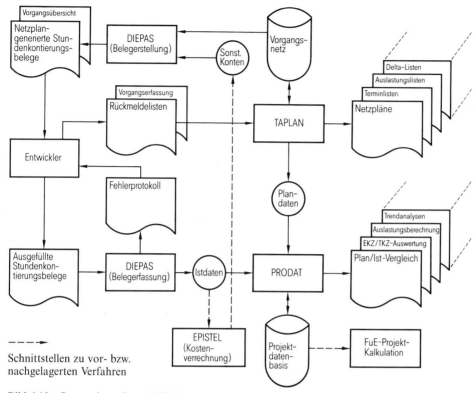

Schnittstellen zu vor- bzw. nachgelagerten Verfahren

Bild 6.18   Systemdarstellung REPROPLIK

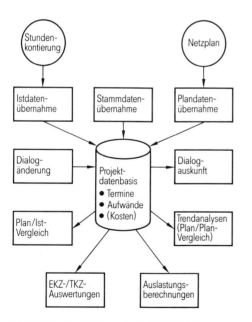

Bild 6.19   Projektdatenbasis PRODAT

▷ organisationsbezogene Daten,
▷ kontenspezifische Daten,
▷ Vorratsdaten der Einsatzmittel,
▷ Zustands- und Versionsdaten.

Vorgangsbeschreibende Daten

▷ Istaufwände je Vorgang,
▷ Istaufwände je Tätigkeitsart,
▷ Planaufwände je Monat,
▷ Plantermine der Vergangenheit.

Abhängig von dem jeweils zu verwaltenden Datenvolumen sind drei Realisierungsvarianten der Projektdatenbasis geschaffen worden:

▷ Datenspeicherung direkt in den Vorgangsdaten (bei kleinen Datenmengen),

▷ Datenspeicherung in einer getrennten SINET-Datenhaltung (bei mittleren Datenmengen),

▷ Datenspeicherung in einer eigenen UDS-Datenbank (bei größeren Datenmengen).

PRODAT »vergißt« keine einmal eingegebenen Daten, d. h. ein Akkumulieren der Daten z. B. bei GJ-Wechsel findet nicht statt. Daher sind mit dieser Projektdatenbasis vielfältige Ausgaben und Auswertungen auch bei längeren Projektlaufzeiten möglich.

Ausgaben und Auswertungen

Im Verfahren REPROPLIK existieren zwei Quellen für Auswertungen:

▷ das Vorgangsnetz und
▷ die Projektdatenbasis.

Mit TAPLAN können aus dem Vorgangsnetz folgende Listen und Diagramme erstellt werden:

▷ Terminliste
▷ Vorgangsdatenübersicht
▷ Unterkontoliste
▷ Vergleichsliste (Delta-Liste)
▷ Rückmeldeliste
▷ Balkendiagramm
▷ Kapazitätsdiagramm
▷ Grafischer Netzplan

Außer vielfältigen Plan/Ist-Vergleichen ermöglichen die in der Projektdatenbasis gespeicherten Daten umfangreiche Auswertungen bezogen auf die Entwicklungsphasen und Tätigkeitsarten, gezielte Trendanalysen durch frei wählbare Plan/Plan-Vergleiche von Termin und Aufwand, zusammenfassende Auslastungsberechnungen sowie Informationsverdichtungen in umfassenden Projektberichten.

Im einzelnen sind folgende Auswertungen möglich:

Plan/Ist-Liste
▷ Plan/Ist-Liste Vorgänge
▷ Plan/Ist-Liste Unterkonten
▷ Plan/Ist-Liste FuE-Konten

EKZ-/TKZ-Auswertungen
▷ EKZ-Aufwandsmatrix
▷ EKZ/TKZ-Aufwandsmatrix
▷ EKZ-Verteilung
▷ TKZ-Verteilung
▷ EKZ-Plan/Ist-Aufwand

Auslastungslisten
▷ Auslastungsliste Dienststelle
▷ Plan/Ist-Auslastung

Trendanalysen
▷ Meilenstein-Trendanalyse
▷ Termintrendanalyse
▷ Aufwandstrendanalyse-Vorgänge
▷ Aufwandstrendanalyse-Unterkonten

Benutzeroberfläche

REPROPLIK ist weitgehend dialogorientiert, d. h. sowohl die TAPLAN-Steuerung für die Termin- und Aufwandsplanung geschieht im Dialog, als auch die Eingabe- und Ausgabesteuerung von PRODAT. Die Dateneingabe und -korrektur der Aufwandserfassungskomponente DIEPAS kann ebenfalls voll im Dialog durchgeführt werden.

Bild 6.20 zeigt für die Netzplankomponente den Dialoggraph. Nach Durchlauf einer Auswahlmaske wer-

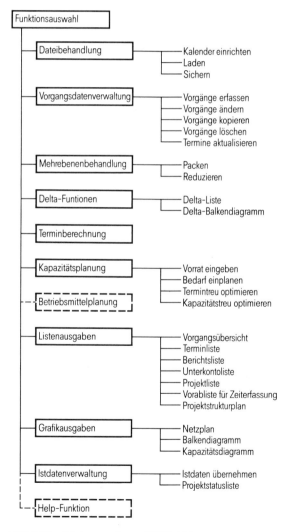

Bild 6.20   Dialoggraph von TAPLAN

den bereits auf der ersten Ebene die generellen Funktionen von TAPLAN angesprochen. Ein sehr freizügiges Hin- und Herspringen zwischen den einzelnen Dialogmasken ist möglich.

▷ Tägliche und monatliche Batchverarbeitung
▷ Auswertungen.

Alle Projektdaten werden zentral in einer Datenbank gehalten.

6.2.4 Verfahren EPS-G

EPS-G (Entwicklungsplanung und -steuerung auf Großrechner) wird zur Planung und Steuerung von Projekten im energietechnischen Bereich eingesetzt. Das Planungsfeld kann hierbei von der Ideefindung bis zur Fertigungseinführung reichen. Schwerpunkte in der Zielsetzung dieses Verfahrens sind:

▷ Termin- und Kostentreue verbessern,
▷ Entwicklungsdurchlaufzeiten verkürzen,
▷ gezielte Informationen frühzeitig bereitstellen,
▷ transparente Projektplanungen ermöglichen,
▷ Multiprojektplanung unterstützen.

Das Verfahren gliedert sich logisch in vier Bereiche:

▷ Auskunfts- und Änderungsdialog
▷ Auftragsverwaltung zum Bearbeiten der Dialogaufträge

Projekt- und Produktstrukturierungen

Ein Projekt kann bei EPS-G in mehrere Stufen, vom Teilprojekt über die Baugruppe bis hin zur Unterbaugruppe unterteilt werden. Die Produktstruktur ist hierbei in die Projektstruktur eingebunden. Die einzelnen Tätigkeiten im Projektablauf werden in einem Vorgangsnetz – auch Tätigkeitsnetz genannt – jeweils mit Aufwand und Zeitdauer niedergelegt und den Elementen der Projekt-/Produktstruktur zugeordnet (Bild 6.21). Hierbei ist die Tätigkeitszuordnung auf allen Ebenen des Strukturbaums möglich, d.h. jede Tätigkeit im Tätigkeitsnetz wird entweder einem Teilprojekt, einer Baugruppe oder einer Unterbaugruppe zugeschrieben.

Kosten für Fremdleistungen, Lohn und Material sind den Teilprojekten dieser Projekt-/Produktstruktur zuzuordnen, wogegen der Aufwand der eigenen Entwickler den einzelnen Tätigkeiten zugeführt wird.

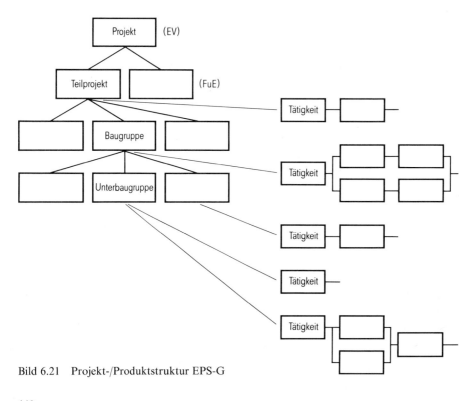

Bild 6.21   Projekt-/Produktstruktur EPS-G

Termin- und Aufwandsplanung

Nach dem Aufbau der Projekt-/Produktstruktur wird für den geplanten Projektablauf ein Tätigkeitsnetz als Grundlage für den Netzplan erstellt. Standardstrukturen unterstützen den Aufbau des Tätigkeitsnetzes; diese umfassen typische Entwicklungsteilabschnitte mit den wichtigsten Daten wie Entwicklungsdauer und -aufwand hinsichtlich der angesprochenen Entwicklungsobjekte. Die Standardstrukturen und die enthaltenen Aufwände und Dauern können auf die spezifischen Projekte übertragen und adaptiert werden. Man kann auch Projekt-/Produktstruktur und Tätigkeitsnetz eines ähnlichen – bereits eingeplanten – Projekts für die Planung eines neuen Projekts kopieren.

Mit entsprechenden Erweiterungen, wie Projektstarttermin und vorgegebene Zwischentermine, ergibt sich schließlich ein Netzplan, der mit Hilfe der auf SINET basierenden Netzplankomponente durchgerechnet werden kann. SINET übernimmt das Berechnen der Termine, der Puffer und der Kapazitätsauslastung. Hierbei kann sowohl die termintreue als auch die kapazitätstreue Methode genutzt werden. Das Ergebnis dieser Termin- und Kapazitätsberechnung gelangt in die EPS-G-Datenbank zurück. Die Datenhaltung des Tätigkeitsnetzes liegt also nicht mehr im SINET, sondern in der EPS-G-Datenbank. SINET dient nur noch als »Terminberechnungsprozedur«.

SINET-unterstützt kann man Simulationen bereits eingeplanter Projekte mit Hinblick auf noch freie Kapazitäten durchführen. Dabei wird die Einplanung zusätzlicher Projekte durch Vergabe von Prioritätsstufen simuliert. Mit Hilfe dieser »Multiprojektsimulation« lassen sich mehrere Varianten durchspielen, so daß eine Optimierung des gesamten Planungsfeldes erreicht wird.

Die Projektplanung läuft also mit Unterstützung des Verfahrens in klar umgrenzten Schritten ab:

1. Projektauftrag (mit EV oder FuE-Antrag)
2. Entwurf des Projektstrukturplans
3. Entwurf des Ablaufplans
4. Netzplanaufbau
5. Termin- und Kapazitätsberechnung
6. Planabstimmung und Korrektur
7. ggf. Simulationsläufe
8. Festschreibung der Planwerte
9. ggf. Umplanungen.

Die aufgelaufenen Stunden und Kosten werden monatlich über einen Schnittstellenanschluß zum vorgelagerten Kostenerfassungsverfahren übernommen. In Rückmeldelisten werden Dialogeingaben für

▷ Restaufwand,
▷ Restdauer und
▷ Fertigmeldung

bei Erreichen des geplanten Endtermins angefordert. Eine »Vorwarnliste« gibt Meilensteine bei Überschreiten eines bestimmten Prozentwerts der Plandauer zur Überprüfung des Projektfortschritts aus.

Projektdatenbasis

Die gesamte Datenhaltung übernimmt bei EPS-G eine Datenbank, die wahlweise mit dem Datenbanksystem SESAM oder UDS betrieben werden kann. Das Verfahren EPS-G korrespondiert über Kommunikationsbausteine mit dem Datenbanksystem und steuert den SINET-Teil zur Terminrechnung an, das seine Daten aus dem Datenbanksystem übernimmt und wieder zurückgibt. Eine Datenhaltung des Vorgangsnetzes innerhalb von SINET findet hierbei nur temporär statt, so daß man nicht an Beschränkungen einer SINET-Datenhaltung gebunden ist – was gerade bei großen Projekten bzw. Projektmengen vorteilhaft sein kann (Bild 6.22).

Die Projektdatenbasis von EPS-G ist damit als sehr fortschrittlich anzusehen – da sie nicht nur die Aufwands- und Kostendaten enthält, sondern auch die Termine (Terminnetz) aufnimmt.

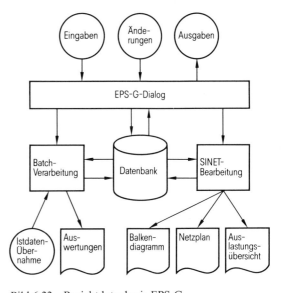

Bild 6.22 Projektdatenbasis EPS-G

Über eine Batchverarbeitung werden täglich geänderte Projektdaten verdichtet sowie die gespeicherten Projekte auf Planüberschreitungen geprüft.

Datensicherung und Datenschutz sind aufgrund der Speicherung des gesamten Projektdatenbestands in einem gemeinsamen Datenbanksystem besonders gut gewährleistet.

Ausgaben und Auswertungen

EPS-G ermöglicht zahlreiche Projektdatenausgaben und -auswertungen im Dialog, aber auch als Listen und Grafiken. Im wesentlichen gehören hierzu:

Dialogausgaben
▷ Projekt- und FuE-Daten
▷ Projektstruktur
▷ Tätigkeits- und Terminübersicht (Balkendiagramm)
▷ Projektübersicht (verdichtetes Balkendiagramm)
▷ Kapazitätsübersicht
▷ Simulationsstände
▷ Archivdaten
▷ Standardstrukturen
▷ Kostenübersicht.

Grafiken
▷ Kapazitätsübersicht nach Dienststellen
▷ Projektübersicht nach Dienststellen
▷ Dienststellenübersicht nach Projekten
▷ Zeit-Kosten-Übersicht
▷ Kostenartenübersicht.

Listen
▷ Terminübersichten nach Projekten und Dienststellen als Balkendiagramme
▷ Projektübersicht (verdichtetes Balkendiagramm)
▷ Projektstundenübersicht nach Dienststellen
▷ Vorwarnliste
▷ Rückmeldeliste
▷ Hinweise bei Kostenüberschreitungen.

Netzpläne.
Die Ausgaben sind zentral und dezentral auf einem Drucker – sowie bei Grafiken und Netzplänen – auch über Plotter möglich.

Im EPS-G ist ein *Vorwarnsystem* verankert, das aufgrund periodischer »Durchsichten« feststellt, ob gewisse Planvorgaben, wie z. B. Meilensteintermine, gefährdet sind.

In einer Vorwarnliste werden alle Meilensteine, deren abgearbeitete Dauer x % der geplanten Dauer erreicht hat, ausgewiesen. Damit übernimmt EPS-G eine aktive Rolle in der Projektüberwachung durch rechtzeitige Vorwarnung auf eventuell kritische Projektvorgänge.

Weiterverrechnung der angefallenen Kosten gibt es innerhalb des Verfahrens EPS-G nicht. Diese Aufgabe wird von den entsprechenden Rechnungswesenverfahren wahrgenommen.

Über eine besondere Schnittstelle kann ein Anschluß an Projektierungsverfahren übergeordneter Bereiche im Rahmen gemeinsamer Aufgaben geschaffen werden, z. B. bei Vorgaben, an denen Werk und Vertrieb gemeinsam beteiligt sind.

Abgeschlossene Projekte können in einer Archivdatenbank hinterlegt werden. Bei der Einplanung neuer Projekte ist es möglich, geeignete Archivdaten als Planungshilfe abzurufen und zu kopieren.

Benutzeroberfläche

Alle Eingaben, Änderungen und Auskünfte laufen ebenso wie die Steuerung von Verarbeitungsroutinen im Dialog an. Die Bedienerführung ist sehr benutzerfreundlich, so daß keine speziellen DV-Kenntnisse erforderlich sind. Daher eignet sich EPS-G auch zur dezentralen Anwendung des Verfahrens.

Über die Sprachschnittstellen der verwendeten Datenbanksysteme (SESAM-DRIVE bzw. IQS) lassen sich auf der Anwenderseite beliebig gestaltete Auswertungen aus der Projektdatenbasis erstellen.

Dezentralisierter Einsatz

Wie auch bei einigen anderen Projektplanungs- und -steuerungsverfahren, ist bei EPS-G eine »Dezentralisierung« des Einsatzes geplant, da für das Einbinden von Personal Computern in den Verfahrensablauf einige bekannte Vorteile sprechen:

▷ Verbesserte Benutzeroberfläche,
▷ Individualität der gruppenspezifischen Projektplanung,
▷ Simulation und Optimierung isolierter Projektausschnitte,
▷ Nutzung der Vorteile eines Personal Computers.

Über eine Schnittstelle wird es möglich sein, für bestimmte Projektausschnitte Projektdaten aus der EPS-G-Datenbank in eine temporäre Projektdatei zu übernehmen, um sie dort dezentral zu bearbeiten (Bild

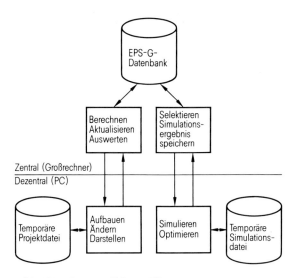

Bild 6.23 Dezentralisierter Einsatz

6.23). Neben dem Aufbau und Ändern von Netzplandaten bietet sich hier auch das Darstellen zentral erstellter Auswertungen mit Hilfe der vielfältigen Grafikmöglichkeiten eines Personal Computers an; dazu gehört z. B. auch die Ausgabe des grafischen Netzplans auf einem lokalen Drucker.

Als weitere Möglichkeit wird das Simulieren und Optimieren einzelner Teile des Netzplans sowohl hinsichtlich der Termine als auch der Einsatzmittel unterstützt. Diese dezentrale Teilsimulation wirkt als »Vorab-Simulation« für die anschließende (zentral durchzuführende) Gesamtsimulation, die dadurch wesentlich vereinfacht wird.

6.2.5 Verfahren PAUS

Bei PAUS (Projektauswertung und -steuerung) handelt es sich um ein Verfahren mittlerer Größe, das primär für die Planung und Steuerung von DV-Verfahrensentwicklungen konzipiert ist; es wird vornehmlich in Organisations- und Automatisierungsabteilungen eingesetzt und läuft auf einem Großrechner ab.

Hauptaufgabengebiete des Verfahrens sind das Planen und Kontrollieren der Personalaufwände, der RZ-Kosten und der Fremdleistungen sowie das Sammeln und (interne) Weiterverrechnen der Entwicklungskosten. Auf der Entwicklerseite wird dabei im wesentlichen die Arbeitsplanung und auf der kaufmännischen Seite die Jahresplanung unterstützt.

Das Verfahren selbst enthält derzeit noch keine Netzplantechnik. Die Termine werden deshalb allein durch manuelle Eingabe der Plan- und Isttermine über-

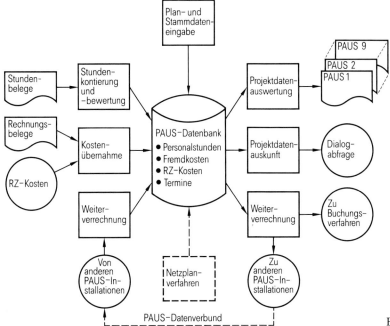

Bild 6.24 Systemdarstellung PAUS

wacht. Der Anschluß an ein Netzplanverfahren, welches auch auf einem Personal Computer laufen könnte, ist möglich. Die in PAUS verwalteten Termine werden dann von dem (außerhalb liegenden) Netzplanverfahren berechnet und aktualisiert. Umgekehrt kann PAUS an das Netzplanverfahren seine Planaufwandsdaten für eine dort durchzuführende Einsatzmittelplanung übergeben.

PAUS umfaßt entsprechend seinen unterschiedlichen Aufgabengebieten folgende Verfahrenskomplexe:

▷ Plan- und Stammdatenverwaltung
▷ Aufwandserfassung
▷ Kostenerfassung
▷ Projektdatenauswertung
▷ Kostenweiterverrechnung
▷ Projektdatenauskunft.

Bild 6.24 zeigt die Systemdarstellung des Verfahrens.

Projekt- und Produktstrukturierung

PAUS unterscheidet nicht gesondert zwischen einer Projekt- und Produktstruktur. Man kann allerdings eine sehr detaillierte Projektegliederung vornehmen. Einerseits können die Projekte nach unterschiedlichen

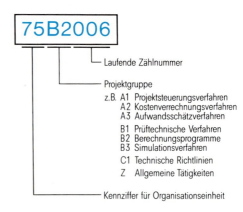

Bild 6.26 Beispiel einer PAUS-Projektnummer

Gesichtspunkten geordnet und andererseits zu Hauptprojekten zusammengefaßt bzw. in Teilprojekte unterteilt werden (Bild 6.25). Ordnungsgesichtspunkte sind z.B. die Entwicklungsart, wie Neu- und Weiterentwicklung, Verfahrenspflege und Anwenderunterstützung sowie die Anwendungsbreite des Projektergebnisses, wie Mehrfachverwendbarkeit. Es können hier allerdings auch andere Ordnungskriterien herangezogen werden.

Weiterhin läßt sich mit einer siebenstelligen Projekt-Nr. – die obligatorisch jedem PAUS-Projekt zugeordnet ist – noch eine mehrteilige Klassifizierung vornehmen. Es bietet sich an, im ersten Teil die Organisationseinheit und im zweiten den fachlichen Aufgabenbereich, die Projektgruppe, zu verschlüsseln. Der zweite Teil wird bei Zwischensummenbildungen in den Auswertungslisten berücksichtigt. Bild 6.26 verdeutlicht anhand eines einfachen Beispiels diese Möglichkeiten bei der Projektnummernbildung.

Aufwands- und Kostenerfassung

Der Personalaufwand wird mit einem Stundenkontierungsbeleg, der vom einzelnen Entwickler bzw. Organisator monatlich auszufüllen ist, erfaßt. Je PAUS-Projekt bzw. -Teilprojekt sind die erbrachten Stunden mit einem Phasenkennzeichen (Checkpoint) in den Beleg einzutragen. Diese Daten werden dann an einer zentralen (kaufmännischen) Stelle ins Verfahren übernommen.

Bei der Kostenerfassung unterscheidet PAUS zwei Kostenelemente:

▷ Rechnungen für Fremdleistungen und
▷ RZ-Kosten für den Testbetrieb.

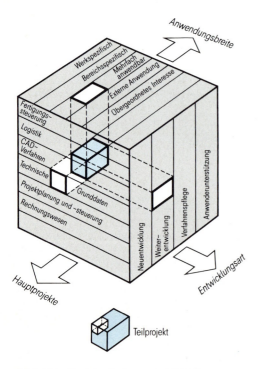

Bild 6.25 Projektgliederung bei PAUS

Die Kosten, die über Rechnungsstellung erfaßt werden, sind ebenfalls im Dialog ins Verfahren einzugeben. Dagegen können die RZ-Kosten unmittelbar aus den vorgelagerten RZ-Abrechnungsverfahren (RAV) projektbezogen übernommen werden.

Die zugehörigen Plandaten für den Personalaufwand und die Kosten sowie allgemeine Stammdaten wie Projektbenennungen, Mitarbeiternamen, Verteilungsschlüssel etc. werden dialogunterstützt über eine eigene Verfahrenskomponente eingegeben.

Projektdatenbasis

Die Projektdatenbasis besteht aus mehreren Dateien, die sich logisch den drei Bereichen

▷ Stammdaten,
▷ Plandaten und
▷ Istdaten

zuordnen lassen. Hauptordnungsbegriff bei allen Dateien ist wiederum die Projektnummer. Plan- und Istdaten für das laufende Geschäftsjahr gliedern sich in

▷ Personalaufwand   in MStd,
▷ RZ-Kosten   in DM sowie
▷ Fremdkosten   in MStd und DM.

Die Personalkosten werden über eine Bewertung mit Stundenkostensätzen aus den Personalaufwänden abgeleitet.

Nach GJ-Wechsel werden die Aufwands- und Kostenwerte zu Vorjahreswerten kumuliert und projektbezogen ausgewiesen.

Als Stamdaten sind darüber hinaus in der Projektdatenbasis enthalten

▷ Mitarbeitername und -kennziffer,
▷ Projektname und -schlüssel,
▷ Teilprojektname und -schlüssel,
▷ Haupt- und Teilprojektgliederung,
▷ Stundensätze,
▷ Verrechnungsschlüssel und Kostenträger.

Ausgaben und Auswertungen

Das Verfahren PAUS besitzt drei Ausgabewege:

▷ Auswertungen mit Listen
▷ Dialogauskunft
▷ Weiterverrechnung.

PAUS liefert eine größere Anzahl Auswertungslisten für die unterschiedlichen Nutzerkreise einer Projektumwelt; sowohl Listen für die Gruppen- und Projektleiter als auch für die Abteilungsleiter und die FuE-Kaufleute werden erstellt. Hierbei stehen folgende Listengruppen zur Auswahl:

PAUS 1 Stammdaten-Verzeichnis
        (sortiert nach Projekten)
PAUS 2 Stammdaten-Verzeichnis
        (sortiert nach Dienststellen)
PAUS 3 Projektdatenblatt
PAUS 4 Projektliste (Plan/Ist-Vergleich)
PAUS 5 MA-bezogener Aufwandsnachweis
PAUS 6 Auswertung nach Teilprojekten
PAUS 7 Verrechnungsnachweise
        (wahlweise Sortierung)
PAUS 8 Plan/Ist-Vergleiche
        (wahlweise Sortierung)
PAUS 9 Kostenträger-Verzeichnis.

Einige Listengruppen unterteilen sich noch in weitere Einzellisten, je nach freiwählbarer Selektion und Sortierung.

In Bild 6.27 ist eine typische PAUS-Ausgabeliste, das *Projektdatenblatt*, wiedergegeben. Wie hieraus ersichtlich, werden alle relevanten Projektdaten eines einzelnen Projekts auf einem Blatt ausgewiesen. Der Kopf des Datenblatts enthält einige allgemeine Projektangaben, wie Projektbezeichnung und Projektverantwortung. Im zweiten Teil werden die von den einzelnen Mitarbeitern geleisteten Stunden in einem Monatsraster des laufenden Geschäftsjahrs wiedergeben. Darunter steht – nicht mehr mitarbeiterbezogen – die Zuordnung dieser Aufwände zu den einzelnen Entwicklungsphasen (Checkpoints). Die RZ-Kosten, z. T. aufgegliedert, sind ebenfalls im Monatsraster aufgeführt. Schließlich bringt der Schlußteil eine Gesamt-Gegenüberstellung der Plan- und Istwerte des Personalaufwands, der RZ-Kosten und der Fremdleistungen.

Neben der Möglichkeit der Ausgabe der vorgenannten Listen gibt es bei PAUS auch eine dialogorientierte Projektdatenauskunft; hiermit sind zum einen alle in den Listen enthaltenen Informationen am Bildschirm zu sehen, zum anderen können aber gezielte Auskünfte über einzelne Projektdaten abgefragt werden.

Im Rahmen der Weiterverrechnung können die für die einzelnen Projekte aufgelaufenen Personal- und Sachkosten gemäß einem Verteilerschlüssel an die jeweiligen Kostenträger weitergegeben werden. Den Verteilerschlüssel kann man außerdem im Lauf des Geschäftsjahres mehrmals ändern. Gerade in zentralen Bereichen, wie in den OD- und OA-Stellen, deren Kosten auf verschiedene Kostenstellen verrechnet werden müssen, ist die Möglichkeit der Weiterverrechnung sowohl hinsichtlich einer Abgabe und Übernahme von Kosten an bzw. von anderen PAUS-Installationen als auch der Datentransfer an die betreffenden Rechnungswesenverfahren sehr wertvoll. PAUS erzeugt entsprechende Verrechnungslisten und baut gleichzeitig dazu die entsprechenden Übergabedateien auf.

Benutzeroberfläche

Das Verfahren PAUS arbeitet weitgehend dialogunterstützt, wobei die Projektdatenauskunft – unter Beachtung des notwendigen Datenschutzes – allen Befugten zur Verfügung steht. Wichtige Arbeitsunterlagen für die Entwickler bleiben allerdings die PAUS-Ausgabelisten, die i. allg. in einem monatlichen Turnus aktualisiert und verteilt werden.

```
PAUS 3              PROJEKT-AUSWERTUNG UND -STEUERUNG K OA 1   /KOA13 MCH H                                    SEITE:    1
                    PROJEKT-AUFWAND                                                                            DATUM: 1. 6.87
    PROJEKTNUMMER       PROJEKTVERANTWORTUNG
    75A3100             KOA13
    REPROPLIK WEITER    FUHRMANN
    MITARBEITER         | 10/86| 11/86| 12/86| 1/87 | 2/87 | 3/87 | 4/87 | 5/87 | 6/87 | 7/87 | 8/87 | 9/87 |   AUFLAUF
    KENNUNG NAME        | STD  | STD  | STD  | STD  | STD  | STD  | STD  | STD  | STD  | STD  | STD  | STD  |  STD    MA-MON.

    11301 BURGHARDT        58                                            7                                       65      0,4
    11305 FUHRMANN         39    37    31    55    43    71     4    59                                         339      2,1
    11309 SCHOLZ                       44    51    49    11    50    65                                         270      1,7
    11313 SWOLINSKY         *                          125   104    66    80                                    375      2,3
    11331 NIEBOHR           3          39    23    68   164    63    88                                         448      2,7
    11336 FELDTMANN        15    16    47    31          72    48                                               229      1,4

    MA-STD./PROJEKT     | 115 |  53 | 161 | 160 | 285 | 422 | 231 | 299 |     |     |     |     |  1.726

    PROJEKTFORTSCHRITT  | 10/86| 11/86| 12/86| 1/87 | 2/87 | 3/87 | 4/87 | 5/87 | 6/87 | 7/87 | 8/87 | 9/87 |   AUFLAUF
    (CHECK-POINT)       | STD  | STD  | STD  | STD  | STD  | STD  | STD  | STD  | STD  | STD  | STD  | STD  |  STD    MA-MON.

    0 ENTW.ANTRAG/PROJ.LTG 73     5                                                                              78      0,5
    1 FACHL. GROBKONZEPT   42    40    20                                                                       102      0,6
    2 FACHL. FEINKONZEPT          8    75    10                                                                  93      0,6
    3 DV-GROBKONZEPT                   66    48                                                                 114      0,7
    4 SPEZIFIKATION                         102    18                                                           120      0,7
    5 PROGRAMMIERUNG                              267   314    11                                               592      3,6
    6 TEST                                              108   144     8                                         260      1,6
    7 PROBEBETRIEB                                             76   291                                         367      2,3
    8 UEBERGABE                                                                                                           0,0
    9 PRODUKTIVEINSATZ                                                                                                    0,0
    U NICHT ZUORDENBAR                                                                                                    0,0

    MA-MONATE/PROJEKT MIT FR| 0,7 | 0,3 | 1,0 | 1,0 | 1,7 | 2,6 | 1,4 | 1,8 | 0,0 | 0,0 | 0,0 | 0,0 |             10,6

    EIGENER MA-AUFWAND   DM |111730| 5406 |116422|116320|116320|132436|116830|122338|     |     |     |     |         137.802
    RZ BS2000-TEST       DM |  905 | 1167 | 1559 |  657 | 1476 | 2601 | 2773 | 3424 |     |     |     |     |          14.562
    SONST. RZ-KOSTEN     DM |      |  267 |      |      |      |      | 450- |      |     |     |     |     |             183-
    RZ-KOSTEN GESAMT     DM |  905 | 1434 | 1559 |  657 | 1476 | 2601 | 2323 | 3424 |     |     |     |     |          14.379
    GESAMTK. O. FR.K.   TDM | 12,6 |  6,8 | 18,0 | 17,0 | 17,8 | 35,0 | 19,2 | 25,8 |     |     |     |     |         152,2

    FREMDKOSTEN         TDM |      |      |      |  4,6 |      | 12,9 |      |      |     |     |     |     |          17,5

    TERMIN: 09/87      AUFWAND | EIGENER MITARBEITERAUFWAND | RZ-KOSTEN GESAMT |GESAMTK. O. FR.K. |    | FREMDER MITARBEITERAUFWAND |
    TA: WEITERENTWICKLUNG      | IN MONATEN   | IN TDM      | IN TDM           | IN TDM           |    | IN MONATEN  | IN TDM       |
                               | IST  PLAN  % | IST PLAN  % | IST PLAN  %      | IST PLAN  %      |    | IST PLAN  % | IST PLAN  %  |
              LFD.GJ.          | 8,3  12,5 66| 138  208    | 14    20  70     | 152 228  66      |    | 2,3 1,8 127 | 17   30  57  |
              VORJAHRE         | 6,5         |  98         |  5                | 103              |    | 4,9         | 70           |
              GESAMT           | 14,8 25,0 59| 236  375    | 19    75  25     | 255 450  57      |    | 7,2 7,5  96 | 87  120  72  |
```

Bild 6.27   PAUS-Projektdatenblatt

6.3 PM-Hilfen auf PC

Für das Projektmanagement bei kleineren und mittleren Projekten bieten sich besonders Hilfsmittel an, die nicht auf Großrechnern, sondern auf Personal Computern ablaufen. Der teilweise bestehenden Notwendigkeit eines Datenverbunds kann bei vielen Personal Computern mit einer Rechnerkopplung entsprochen werden. Häufig ist bereits der Trend zum »semidezentralen« Einsatz zu beobachten – mit zentraler Speicherung und dezentraler Bearbeitung. Hierfür werden »Server« eingesetzt, die allen angeschlossenen Arbeitsplatzsystemen zur Verfügung stehen.

Als PM-Hilfsmittel sind hier zu nennen:

▷ Textverarbeitungsprogramme,
▷ Grafikprogramme,
▷ Datenbanksysteme,
▷ Tabellenkalkulationsprogramme,
▷ Netzplanverfahren sowie
▷ spezielle PM-Standardprogramme.

Spezielle PM-Standardprogramme sind z. B. solche für die Aufwandsschätzung oder für die Marginalrenditerechnung.

In Tabelle 6.4 ist aufgezeigt, in welchen Fällen man PC-gestützte Hilfsmittel einsetzen sollte.

Tabelle 6.4   Einsatz PC-gestützter Hilfsmittel

Aufgabenbereich	Textverarbeitungsprogramme	Grafikprogramme	Datenbanksysteme	Tabellenkalkulationsprogramme	Netzplanverfahren	Spezielle PM-Standardprogramme
Projektantrag und Änderungsanträge	○		○			
Wirtschaftlichkeitsbetrachtung						○
Strukturplanung	○	○	○			
Aufwandsschätzung				○		○
Terminüberwachung	○	○			◉	
Aufwands- und Kostenüberwachung	○	○		○		○
Einsatzmittelplanung				○	○	
Projektdokumentation	○	○	○			
Erfahrungssicherung	○		○			

○ geeignet
◉ bedingt geeignet

6.3.1 Tabellenkalkulationsprogramme

Im Rahmen der Projektplanung und -steuerung haben sich die auf den Personal Computern verfügbaren Tabellenkalkulationsprogramme als sehr leistungsfähige Hilfsmittel erwiesen. Hiermit kann man komplex aufgebaute, zweidimensionale Tabellenstrukturen definieren und PC-unterstützt durchrechnen. Jedes Planungsrechenschema oder Kalkulationsformular ist nun aber in Form einer Tabellenmatrix mit einer definierten Zeilen- und Spaltenzahl darstellbar. Die einzelnen Tabellenfelder, die durch eine Zeilen- und eine Spaltennummer zu identifizieren sind, können drei Arten von Inhalten haben:

▷ Texte (Textfelder)
▷ numerische Werte (Wertefelder) oder
▷ Formeln und Funktionen (Formelfelder).

Jedes Formular kann in Felder unterteilt werden, so daß jedes Feld genau eine dieser drei Inhaltsarten aufnimmt.

Die *Textfelder* entsprechen im wesentlichen Überschriften für die Zeilen und Spalten oder auch für einzelne Felderbereiche. *Wertefelder* nehmen die Eingabedaten auf, und die *Formelfelder* stellen die Ergebnisfelder dar. Formelfelder enthalten Formeln, die beliebige andere Wertefelder in eine arithmetische Funktion einbeziehen und nach Durchrechnung der Tabelle das Zahlenergebnis ausweisen. Formelfelder sind damit die Ausgabefelder einer Tabellenkalkulation.

Das Grundprinzip ist in Bild 6.28 dargestellt, welches ein sehr einfaches, in MULTIPLAN erstelltes Rechenblatt in seiner aufbereiteten Form und ausschnittsweise in seiner formelmäßigen Speicherung zeigt.

Wie das Beispiel verdeutlicht, sind nur die originären Zahlenwerte für Eigen- und Fremdleistung sowie für Musterbau, SW-Kauf und Rechenzeit einzugeben. Die Summenwerte für Personal-, Sach-, Gemein- und Gesamtkosten sowie die Plan/Ist-Abweichungen werden bei jeder Veränderung eines einzigen Einzelwertes vom Programm automatisch neu berechnet.

In den Formeln einer Tabellenkalkulation kann man alle gängigen arithmetrischen Operationen wie

▷ Addition,
▷ Subtraktion,
▷ Multiplikation,
▷ Division,
▷ Potenzierung und
▷ Prozentbildung

nutzen. Weiterhin sind zahlreiche Funktionen möglich, wie

▷ Absolutwertbildung,
▷ trigonometrische Funktionen,
▷ logarithmetrische Funktionen,

	1	2	3	4	5	6	7
1	------	------	------	------	------	------	------
2				aufgel.	lfd.GJ	Plan	Diff.
3	------	------	------	------	------	------	------
4		Stunden	Std.		250		
5		Stundensatz	DM/Std.		80		
6		Eigenleistung	DM	35000	20000	70000	
7		Fremdleistung	DM	9800	5500	20000	
8	Summe Personalkosten		DM	44800	25500	90000	78
9	------	------	------	------	------	------	------
10		Musterbau	DM	9600	7500		
11		SW-Kauf	DM	1500	4800		
12		Rechenzeit	DM	1200	900		
13	Summe Sachkosten		DM	12300	13200	20000	128
14	------	------	------	------	------	------	------
15		GK-Anteil	%	-	4		
16	Gemeinkosten		DM	3400	1548	5000	99
17	------	------	------	------	------	------	------
18	Gesamtkosten		DM	60500	40248	115000	88

	4	5	6	7
1	"------"	"------"	"------"	"------"
2	" aufgel."	" lfd.GJ"	" Plan"	"Diff."
3	"------"	"------"	"------"	"------"
4		250		
5		80		
6	35000	Z4S1:62 S*Z5S1:62 S	70000	
7	9800	5500	20000	
8	Z6S1:62 S+Z7S1:62 S	Z6S1:62 S+Z7S1:62 S	Z6S1:62 S+Z7S1:62 S	(Z S4+Z S5)/Z S6%
9	"------"	"------"	"------"	"------"
10	9600	7500		
11	1500	4800		
12	1200	900		
13	Z10S1:62 S+Z11S1:62 S+Z12S1:62 S	Z10S1:62 S+Z11S1:62 S+Z12S1:62 S	20000	(Z S4+Z S5)/Z S6%
14	"------"	"------"	"------"	"------"
15	" -"	4		
16	3400	(Z8S1:62 S+Z13S1:62 S)*Z15S1:62 S/100	5000	(Z S4+Z S5)/Z S6%
17	"------"	"------"	"------"	"------"
18	Z8S1:62 S+Z13S1:62 S+Z16S1:62 S	Z8S1:62 S+Z13S1:62 S+Z16S1:62 S	Z8S1:62 S+Z13S1:62 S+Z16S1:62 S	(Z S4+Z S5)/Z S6%

Bild 6.28
Beispiel einer MULTIPLAN-Rechentabelle
Oben: Rechentabelle in aufbereiteter Form
Unten: Rechentabelle in gespeicherter Form (Ausschnitt)

▷ Mittelwertbildung,
▷ Restwertbildung bei einer Division,
▷ Zinswertrechnungen,
▷ Exponentialfunktionen,
▷ Wurzelbildung und
▷ logische Funktionen.

Alle Tabellenkalkulationsprogramme haben sehr benutzerfreundliche Dialogoberflächen, so daß leichter Aufbau, aber auch schnelle Werte- und Strukturveränderung der Rechentabellen möglich sind.

Für Siemens-Personal-Computer gibt es u.a. die in Tabelle 6.5 angegebenen Tabellenkalkulationsprogramme.

Tabellenkalkulationsprogramme sind so vielfältig einsetzbar, daß an dieser Stelle nur auf einige typische Beispiele im Rahmen der Entwicklungsplanung und -steuerung eingegangen werden kann. Dies sind:

▷ Vorkalkulation
▷ Budgetplanung
▷ Mitarbeitereinsatzplanung
▷ Marginalrenditerechnung
▷ Entwicklungsplanung.

Vorkalkulation

Innerhalb der FuE-Projektkalkulation bildet die Vorkalkulation den ersten Planungsabschnitt, an den bekanntlich die Mitkalkulation und Nachkalkulation anschließen. Mit der Vorkalkulation wird für kalkulationsrelevante Teileinheiten eines Projekts das aufwands- und kostenmäßige Mengengerüst aufgestellt, das häufig nach Entwicklungsphasen und Tätigkeitsarten strukturiert ist. Die Vorkalkulation umfaßt also die Aufwands- und Kostenschätzung gemäß einem vorgegebenen Kalkulationsschema. Da solche Vorkalkulationen in der Frühphase eines Projekts üblicherweise in mehreren Iterationen durchlaufen werden und erst die Plandaten der letzten, freigegebenen Vorkalkulation in die (zentralen) Kostenüberwachungsverfahren einfließen, hat es sich als sinnvoll erwiesen, diese Vorkalkulation auf einem (dezentralen) Personal Computer mit Hilfe von Tabellenkalkulationsprogrammen durchzuführen. In Bild 3.97 ist ein Beispiel für ein derartiges Kalkulationsformular gezeigt, das mit dem Tabellenkalkulationsprogramm SuperCalc auf einem PC-D im Betriebssystem MS-DOS erstellt worden ist. Bei diesem Formular sind die einzelnen Aufwands- und Kostenwerte manuell im Dialog einzutragen, wogegen sowohl die phasen- und

Tabelle 6.5 Tabellenkalkulationsprogramme (Auswahl)

	Siemens-PC	Betriebssystem	Programm-anschluß	Literaturhinweis
MULTIPLAN	PC-D, PCD-2 PC-X, -MX PC 16-05 PC 16-20	MS-DOS SINIX CP/M-86, MS-DOS C-DOS, MS-DOS	MS-CHART, MS-WORD, dBASE	[1]
SuperCalc	PC-C, PCD-2 PC 16-20	MS-DOS C-DOS, MS-DOS	dBASE (über Kommando-datei), SuperChart	[37, 42]
Lotus 1-2-3	PC-D, PCD-2 PC 16-20	MS-DOS C-DOS, MS-DOS	Lotus-Datenbank, Lotus-Grafik	[15, 33]
SIPLAN	PC-MX2, -MX4	SINIX	INFORMIX, HIT	[72]

tätigkeitsorientierte Aufsummierung als auch die prozentuale Zusatzkostenberechnung das Programm übernimmt.

Budgetplanung

Tabellenkalkulationsprogramme eignen sich auch für alle Formen einer Budgetplanung hervorragend, unabhängig davon, ob es sich um eine Einjahres- oder eine Mehrjahresplanung handelt.

Als Beispiel für eine Budgetplanung sei hier das MULTIPLAN-Rechenschema für eine OA-Jahresplanung angeführt, wie es in einer Organisations- und Automatisierungsabteilung für das Einplanen von Rationalisierungsprojekten angewendet wird (Bild 6.29).

Auf der waagerechten Achse sind die Personalaufwände sowie die RZ- und Consultant-Kosten aufgetragen. In der Senkrechten werden die einzelnen Teilprojekte mit Zwischensummierungszeilen aufgeführt. Alle Zeilen- und Spaltensummierungen übernimmt das Tabellenkalkulationsprogramm. Liegt eine solche Jahresplanung als Rechenschema in einem Personal Computer vor, so lassen sich die während einer Plandurchsprache immer wieder notwendigen Korrekturen leicht einbringen, ohne daß »per Hand« jedesmal umfangreiche Rechnereien notwendig werden.

Projektplanung GJ 87/88 (Stand: 4.9.87) KOA 13

Kostensatz in TDM/MM 16

Proj.Nr.	Benennung	Vorj MM	Pers MM	RZ TDM	Kauf TDM	Ges. TDM	Antl %
75A3100	REPROPLIK Weiter	10	7	14		126	
75A3200	REPROPLIK Plege	5	4	7		71	
75A4100	EPISTEL Weiter	18	16	34	50	340	
75A4200	EPISTEL Plege	5	4	9	30	103	
75A5100	PAUS Weiter	5	6	13		109	
75A5200	PAUS Plege	4	4	6		70	
	FuE-Steuerungsverf.	47	41	83	80	819	33,1
75A6100	Strukt. Kalkulation	12	8	14	15	157	
75A6200	Aufwandsschätzung	6	6			96	
75A6300	Erfahrungsdatenbank	2	5	9		89	
75A6400	PC-Netzplantechnik	3	3	1		49	
	PM-Methoden	23	22	24	15	391	15,8
75C2001	Techn. Archiv	3	1			16	
75C2002	TEDOK	2	1			16	
75C2003	Koord.techn.Verf.	3	3			48	
75C3001	Arbeitskreise	10	10			160	
75C3002	Techn. Richtlinien	4	7			112	
	Allg. OA-Aufgaben	22	22	0	0	352	14,2
75C3201	EDSBELI	2	1	2		18	
75C3202	PVDZ419	7	3	5		53	
75C3203	FWT1000D	1	3	5		53	
75C3204	Dämpfung	2	3	5		53	
75C3205	POFIN	9	5	10		90	
75C3206	GERBADIN	2	14	22		246	
75C3207	PROM	13	15	30	20	290	
75C3208	ASCOMP	9	6	15		111	
	Techn. Programme	45	50	94	20	914	36,9
	Summe	137	135	201	115	2476	100%

Bild 6.29
Beispiel für eine OA-Jahresplanung (mit MULTIPLAN)

Mitarbeitereinsatzplanung

Auch das Einplanen der einzelnen Mitarbeiter von Entwicklungsgruppen mit ihrer verfügbaren Kapazität auf die einzelnen Projektteile läßt sich sehr gut mit einem Tabellenkalkulationsprogramm durchführen. Als Strukturschema für einen Mitarbeitereinsatzplan bietet sich das in Bild 3.109 gezeigte an. Da allerdings Anzahl und Namen der Mitarbeiter wie auch der Projekte gruppenspezifisch sind, kann eine solche Mitarbeitereinsatzmatrix nur auf die eigenen Erfordernisse zugeschnitten sein. In Bild 6.30 ist eine mit SuperCalc aufgebaute Mitarbeitereinsatzmatrix dargestellt.

Das Beispiel zeigt, daß ein Mitarbeiter (Storke) nicht ausgelastet, ein anderer (Eisert) überlastet ist, alle anderen aber zu 100% eingeplant werden konnten. Dem steht eine nicht volle MA-Belegung bei einem Projekt (EPISTEL) gegenüber; alle weiteren Projekte sind in etwa zu 100% belegt.

Änderungen in der persönlichen Auslastung oder der verfügbaren Kapazitäten kann man leicht in eine erneute Durchrechnung der Einsatzmatrix überführen, so daß sich diese Form der Mitarbeitereinsatzplanung sehr gut für Simulationsläufe eignet.

Marginalrenditerechnung

Das in Kap. 2.3.4 wiedergegebene Formular (Bild 2.31) für die Wirtschaftlichkeitsprüfung von Rationalisierungsinvestitionen bzw. von Organisations- und Automatisierungsvorhaben entspricht ebenfalls einem zweidimensionalen Rechenschema, das deshalb auch mit einem Tabellenkalkulationsprogramm aufgebaut und bearbeitet werden kann.

Auf dem PC-D ist in MULTIPLAN ein solches Programm (MARGI) für die Marginalrenditerechnung entwickelt worden. Mit diesem Programm können auf der Basis des o.a. Formulars am Bildschirm die notwendigen Daten für den Finanzmittelbedarf und den Finanzmittelrückfluß eingegeben werden. Alle horizontalen und vertikalen Summierungen laufen hierbei wieder automatisch ab. Da das Formular erheblich mehr Zeilen und Spalten als der Bildschirm hat, muß der Bildschirmausschnitt mit entsprechenden Kommandos bei der Eingabe über das Formular geführt werden. Hierbei kann man sowohl Positionierungskommandos für den Direktansprung als auch Cursortasten für das kontinuierliche Verschieben benutzen.

Nach der vollständigen Dateneingabe werden die entsprechende Marginalrendite und die voraussichtliche Amortisierungszeit berechnet. Die Ausgabe geschieht in Form des Formulars auf dem angeschlossenen Drucker. Die gesamten Daten eines Berechnungsgangs können in einer MULTIPLAN-Datei gesichert und bei späteren Datenänderungen mit anschließender Neudurchrechnung wieder aufgerufen werden.

Entwicklungsplanung

In einem Entwicklungsbereich der Kommunikationstechnik wurden mit MULTIPLAN mehrere Planungsmodule auf dem PC-D realisiert und zu einem Planungssystem (EPOS-X, Entwicklungs-Planungs-Optimierungssystem) zusammengefaßt; mit diesem können alle in diesem Entwicklungsbereich durchzuführenden Projekte durchgeplant werden.

Folgende Voraussetzungen sind für den Einstieg in dieses Planungssystem erforderlich:

▷ Ein erster *Strukturplan* von der Entwicklung,

▷ der grob geschätzte *Gesamtaufwand* sowie

▷ die *Terminziele* (Beginn und Ende).

Die für die Aufwand-Kosten-Umrechnung notwendigen Stundensätze werden in einem besonderen Arbeitsblatt festgehalten, auf das MULTIPLAN bei Bedarf zugreift. Zu Beginn eines neuen Geschäftsjahres ist nur dieses Arbeitsblatt auf den letzten Stand zu bringen, wodurch alle künftigen Berechnungen automatisch aktualisiert werden.

```
          I Kapazitaet   10   10    5    8   10   10
          I Auslastung   10   11    5    8   10    8
          I %           100  105  100  100  100   79
---------I-------------------------------------------
Plan Su.  % I Proj/MA   Bajohr Eisert Fuchs Linck Muller Storke
---------I-------------------------------------------
 9  8.8  98 I REPROPLIK  2.8   5.5                      .5
 8  5.5  69 I EPISTEL    5.5
 5  5.2 104 I PAUS       1.7               3.5
 8    8 100 I TEPRO            3.5                     4.5
 5    5 100 I PROM                         4.5          .5
 3  2.9  97 I POFIN                                    2.9
 6    6 100 I STRUKA           1.5                     4.5
 8    8 100 I RTU                    4.5   3.5
 2    2 100 I TEDOK             .5         1.5
---------I-------------------------------------------
54 51.4  95 I Summe
```

Bild 6.30 Mitarbeitereinsatzmatrix (mit SuperCalc)

6.3.1 Tabellenkalkulationsprogramme

```
 ENTWICKLUNGSKOSTEN-BERECHNUNG
 ************************************************************
 ------------------------------------------------------------------------------
 Projektname:      Signaleinrichtung        Ermittelte Gesamtaufwendungen:
 Projektleiter:    Hr. Roiser               Brutto:               7.186
 Proj.Assistenz:   Fr. Winter               KPJ L+T:              7,21
 Auftraggeber:     Hr. Steinbauer           Dauer in M           14,0
 Kostenträger:     28                       Beginn:               4/88
 Phasenaufteilung nach Planungsmodell: 2,2  Ende:                 6/89

 Datum:            7.6.88                   Dauer ger.:          WERT!
 ------------------------------------------------------------------------------
 Entwicklung - Aufwands-Schätzung und Kosten-Berechnung
 ------------------------------------------------------------------------------
 Stundenaufteil. | Aufwand | h pro | h pro  | Kosten   | Wesentliche Aufgaben,
 auf Kosten- und |   in    |  KPM  |  KPJ   |   in     | Stichworte, Basis
 Dienststellen   | Stunden | 136,3 | 1.635  | 1000 öS  |
 ------------------------------------------------------------------------------
  1500  EK11 SW: |     0   |  0,0  |  0,00  |     0    |
             HW: |     0   |  0,0  |  0,00  |     0    |
        EK12 SW: |     0   |  0,0  |  0,00  |     0    |
             HW: |   520   |  3,8  |  0,32  |   266    |
        EK13 SW: |     0   |  0,0  |  0,00  |     0    |
             HW: |         |  0,0  |  0,00  |     0    |
        EK14 SW: |   120   |  0,9  |  0,07  |    61    |
             HW: |    80   |  0,6  |  0,05  |    41    |

 SUMME EK 1  SW: |   120   |  0,9  |  0,07  |    61    |
             HW: |   600   |  4,4  |  0,37  |   307    |
 ==============================================================================
  1501  EK21 SW: |  3480   | 25,5  |  2,13  | 1.782    |
             HW: |  2570   | 18,9  |  1,57  | 1.316    |
        EK22 SW: |     0   |  0,0  |  0,00  |     0    | Basis der Schätzung
             HW: |     0   |  0,0  |  0,00  |     0    | TMAG von Hicom
        EK23 SW: |         |  0,0  |  0,00  |     0    |
             HW: |         |  0,0  |  0,00  |     0    |
        EK24 SW: |  1250   |  9,2  |  0,76  |   640    |
             HW: |   850   |  6,2  |  0,52  |   435    |
        EK25 SW: |     0   |  0,0  |  0,00  |     0    |
             HW: |     0   |  0,0  |  0,00  |     0    |

 SUMME EK 2  SW: |  4730   | 34,7  |  2,89  | 2.422    |
             HW: |  3420   | 25,1  |  2,09  | 1.751    |
 ==============================================================================
```

Bild 6.31   Planungsblatt Entwicklungskostenberechnung (Ausschnitt)

Im ersten Planungsschritt trägt man organisationsbezogen die geschätzten Aufwände, aufgeteilt nach Hardware und Software, im Dialog in das Planungsblatt der Entwicklungskostenberechnung (Bild 6.31) ein. Weiterhin ist eine prozentuale Aufteilung der Entwicklungsnebenkosten anzugeben. Neben der Auswahl eines »Projektmodells« und Angabe der Projektdauer werden keine weiteren Angaben benötigt. Nach Durchrechnung mit MULTIPLAN stehen für die weiteren Planungsschritte folgende Planungsblätter zur Verfügung:

▷ Entwicklungskostenberechnung,
▷ Statistische Auswertung
▷ Phasenorientiertes Projektmodell
▷ Kapazitätsauslastungsplan.

Planungsblatt Entwicklungskostenberechnung

Das Blatt Entwicklungskostenberechnung enthält

▷ Entwicklungskosten in KPM, KPJ und Währungseinheit je Organisationseinheit,
▷ Entwicklungskosten in % und Währungseinheit aufgeteilt nach Personal, Material/Lohn, Reisekosten, RZ- und Testanlagenkosten.

Bild 6.31 zeigt den Anfangsteil dieses Planungsblatts mit beispielhaften Zahlenwerten.

Planungsblatt Statistische Auswertung

Das Blatt Statistische Auswertung umfaßt Informationen zu:

▷ Leistungsanteile der einzelnen Dienststellen,
▷ Verhältnis Eigen- zu Fremdleistung,

▷ Verhältnis der T- zu L-Tätigkeit,
▷ HW- und SW-Anteil.

Zu den L-Tätigkeiten (Labor) gehören die eigentlichen HW- und SW-Entwicklungen und das Systemengineering. Als T-Tätigkeiten (Technik) werden hier allgemeine Entwicklungsunterstützungen wie z. B. Bau- und Prüfunterlagenerstellung, Qualitätssicherung und Projektmanagement angesehen.

Die vorstehende Statistik über das künftige Projekt erscheint im ersten Augenblick als nicht sehr bedeutend. Wenn diese Ergebniswerte jedoch bei jedem Projekt vorliegen, entsteht durch die Konzentration der einzelnen Prozentwerte sehr rasch ein brauchbares Zahlen- und Wertegefühl. Man ist dann nach kurzer Zeit in der Lage, ein »%-Wissenspaket« zu erwerben, das besonders beim Abschätzen neuer Projekte zu einer konkreten Hilfe wird.

Planungsblatt Phasenorientiertes Projektmodell

Das Blatt Phasenorientiertes Projektmodell enthält eine phasenorientierte Aufteilung der Projektdaten entsprechend einem auswählbaren Projektmodell; dieses klassifiziert die unterschiedlichen Projektarten, indem es die Aufwendungen für die reine Entwicklung (L-Tätigkeit) sowie für die Entwicklungsunterstützung (T-Tätigkeit) prozentual auf die einzelnen Entwicklungsphasen aufteilt (Bild 6.32).

Folgende Projektmodelle wurden hierbei definiert:

Modell 1 Neue Entwicklung – wenig Erfahrung vorhanden, komplexes System

Modell 2 Anpassungsentwicklung – System gut bekannt

Modell 3 Neue Entwicklung – Erfahrung durch ähnliche Projekte vorhanden

Modell 4 Frei wählbares Projektmodell – Prozentwerte können benutzereigen gewählt werden.

Bei allen Projektmodellen wird darüber hinaus noch eine Unterteilung vorgenommen:

Untermodell x.1 keine Konstruktion, keine Bauunterlagenerstellung

Untermodell x.2 mit Bau- und Prüfunterlagen

Untermodell x.3 mit Konstruktion, Bau- und Prüfunterlagen.

Bild 6.33 zeigt das Planungsblatt Phasenorientiertes Projektmodell, in welchem

▷ die Projektdauer,
▷ der reine Entwicklungsaufwand
▷ die Entwicklungsunterstützung
▷ die (kumulierten) Entwicklungsnebenkosten und
▷ die (kumulierten) Entwicklungsgesamtkosten

phasenorientiert aufgegliedert sind.

Die Entwicklungskosten laufen bekanntlich bei einem Projekt unterschiedlich auf. In der SOLL-Spalte für Nebenkosten kann man deshalb ein Modell aus Erfahrungswerten eingeben, so daß aus der Ersterfassung die Werte weiterzubearbeiten und je Phase bereits die zu erwartenden Nebenkosten auszudrucken sind. Beim Errechnen der gesamten, auf die jeweiligen Phasen kumulierten Entwicklungskosten werden die Stunden je Phase mit dem Stundensatz multipliziert

PROJEKTMODELLE	1			2			3			Frei
	1,1	1,2	1,3	2,1	2,2	2,3	3,1	3,2	3,3	4,0
Projektphase										
L										
STUDIE	0,20	0,20	0,20	0,05	0,05	0,05	0,10	0,10	0,10	0,00
SYSTEMENTWURF	0,10	0,10	0,10	0,05	0,05	0,05	0,07	0,07	0,07	0,00
DETAILENTWURF	0,20	0,20	0,20	0,10	0,10	0,10	0,13	0,13	0,13	0,00
IMPLEMENTIERUNG	0,30	0,30	0,30	0,70	0,70	0,70	0,55	0,55	0,55	0,00
INTEGRATION	0,15	0,15	0,15	0,06	0,06	0,06	0,10	0,10	0,10	0,00
SYSTEMTEST	0,05	0,05	0,05	0,04	0,04	0,04	0,05	0,05	0,05	0,00
T										
STUDIE	0,00	0,02	0,05	0,00	0,02	0,05	0,00	0,02	0,05	0,00
SYSTEMENTWURF	0,00	0,02	0,05	0,00	0,01	0,05	0,00	0,02	0,05	0,00
DETAILENTWURF	0,00	0,08	0,10	0,00	0,04	0,10	0,00	0,08	0,10	0,00
IMPLEMENTIERUNG	0,00	0,60	0,52	0,00	0,78	0,52	0,00	0,60	0,52	0,00
INTEGRATION	0,00	0,20	0,20	0,00	0,10	0,20	0,00	0,20	0,20	0,00
SYSTEMTEST	0,00	0,08	0,08	0,00	0,05	0,08	0,00	0,08	0,08	0,00

Bild 6.32
Projektmodelle
beim Planungssystem
EPOS-X

6.3.1 Tabellenkalkulationsprogramme

und zu den in den Nebenkosten je Phase eingetragenen Werten summiert.

Für das Eingeben von Istwerten ist entsprechender Platz reserviert. Bei einer Eintragung errechnet das Programm den jeweiligen Abweichungsprozentsatz automatisch.

Planungsblatt Kapazitätsauslastungsplan

Das Blatt Kapazitätsauslastungsplan zeigt gemäß dem ausgewählten Projektmodell die Verteilung der beiden eingesetzten Personalarten (L, T) in einer grafischen Darstellung (Bild 6.34).

```
!!xxxxxxxxxxxxxxxxxxxxxxxxxxxxxxxxxxxxxxxxxxxxxxxxxxxxxxxxxxxxxxx!!
!!PROJEKTBERICHT-BEILAGE zu Projekt :    Signaleinrichtung        !!
!!Proj.Beginn:   4/88  Ende: 6/89  Datum:7.6.88    PL: Hr. Roiser !!
!!===============================================================!!
!!GESAMTWERTE DES PROJEKTES IN KPJ; M+L, EDV und ECO              !!
!!****************************                                   !!
!!             L       T      L+T      M+L       EDV      ECO    !!
!!--------------------------------------------------------------!!
!!SOLL         5       2       7      905,9    241,6    7186     !!
!!IST         0,5     0,0             20         2       427     !!
!!Abw. in %: -91     -99    -100    -98       -99      -94       !!
!!===============================================================!!
!!PHASENORIENTIERTE WERTE                                         !!
!!****************************                                   !!
!!Pmax[L-Mann]   Dauer in       L in        T in    entsp.P-MODELL Nr. 2,2 !!
!!   8,12        [Monate]    [Stunden]    [Stunden]                       !!
!!   Gesamt     :14,0         8150         3645     L-Pers Summe  L-   T- !!
!!                MODELL IST  MODELL IST   MODELL IST %/Phas Mon. Pers. Pers.!!
!!--------------------------------------------------------------!!
!!STUDIE          1,2    2,1   407,5   735    72,9    43     30   1,2  2,4  0,4 !!
!!SYSTEMENTWURF   3,5          407,5          36,45          10   4,7  0,8  0,1 !!
!!DETAILENTWURF   0,9          815            145,8          80   5,6  6,5  1,2 !!
!!IMPLEMENTIERUNG 7,0          5705           2843           70  12,5  5,7  2,8 !!
!!INTEGRATION     0,7          489            364,5          60  13,3  4,9  3,6 !!
!!SYSTEMTEST      0,7          326            182,3          40  14,0  3,2  1,8 !!
!!==============================================================!!
!!PHASENERGEBNISSE SOLL-IST VERGLEICH IN %        ENTWICKLUNGSKOSTEN!
!!******************************************       kumuliert [S 1000]!
!!(bezogen auf Planungsmodell)      Aufteilung Modell  !
!!             DAUER  STUNDEN        KOSTEN    M+L, EDV  ! MODELL        IST  !
!!--------------------------------------------------------------!!
!!STUDIE        79,3   61,9          58,8      22,95    ! 268,9         427  !
!!SYSTEMENTWURF                                34,42    ! 530,6              !
!!DETAILENTWURF                                57,37    ! 1080               !
!!IMPLEMENTIERUNG                             229,5     ! 5686               !
!!INTEGRATION                                 344,2     ! 6467               !
!!SYSTEMTEST                                  459       ! 7186               !
!!xxxxxxxxxxxxxxxxxxxxxxxxxxxxxxxxxxxxxxxxxxxxxxxxxxxxxxxxxxxxxx!!
```

EDV Rechenkosten
ECO Entwicklungskosten
M+L Material- und Lohnkosten

Bild 6.33 Planungsblatt Phasenorientiertes Projektmodell

```
!!xxxxxxxxxxxxxxxxxxxxxxxxxxxxxxxxxxxxxxxxxxxxxxxxxxxxxxxxxxxxxx!!
!! PROJEKTBERICHT-BEILAGE zu Projekt : Signaleinrichtung          !!
!! Proj.Beginn :4/88 Ende:6/89 Datum :7.6.88 PL: Hr. Roiser       !!
!!xxxxxxxxxxxxxxxxxxxxxxxxxxxxxxxxxxxxxxxxxxxxxxxxxxxxxxxxxxxxxx!!
!!  Maßstab      f.Personaleinsatz L-(Eigen)    f.Personaleinsatz T-(Eigen)!!
!!  Monate: 1  4 *0,25=1,00 Personen pro Stern  4 *0,25=1,00 Personen pro Stern!!
!!  =======    0+------------------>            0+------------------>!!
!!  Kurven   1  **                                                   !!
!!  MODELL   2  *                                                    !!
!!  Nr.2,2   3  *                                                    !!
!!           4  *                                                    !!
!!  (Max.50  5  ****                             *                   !!
!!  Monats-  6  *****                            **                  !!
!!  Teilg.)  7  ******                           ***                 !!
!!           8  ******                           ***                 !!
!!           9  ******                           ***                 !!
!!          10  ******                           ***                 !!
!!          11  ******                           ***                 !!
!!          12  ******                           ***                 !!
!!          13  *****                            ****                !!
!!          14                                                       !!
!!          15                                                       !!
!!          16                                                       !!
!!          17                                                       !!
```

Bild 6.34 Planungsblatt Kapazitätsauslastung

453

6.3.2 Netzplanverfahren

Für alle gängigen Personal Computer werden auf dem Markt zahlreiche Netzplanprogramme bzw. -verfahren angeboten; sie unterscheiden sich teilweise ganz erheblich in ihrem Funktionsumfang; einige stellen nur simple Programme zur Termindurchrechnung von Netzplänen dar, andere haben einen so großen Funktionsumfang, daß er bereits an Großrechner-Verfahren heranreicht. Auch gibt es immer neue Applikationen, so daß es nicht möglich ist, einen auch nur in etwa vollständigen Überblick über die angebotenen SW-Pakete aufzuzeigen. Deshalb kann Tabelle 6.6 nur einen kleinen Ausschnitt aus dem gesamten Angebotsspektrum wiedergeben, der allerdings derzeit die wohl wesentlichen Verfahren auf dem deutschen Markt enthält.

Wie aus der Übersicht zu ersehen ist, basieren die meisten Verfahren auf der MPM-Methode, obgleich die beiden anderen Methoden CPM und PERT auch bedient werden, teilweise sogar zusätzlich. Als Plangrößen werden vielfach nicht nur die Termine, sondern auch die Kapazitäten und Kosten verfahrensmäßig einbezogen.

Nachstehend soll auf einige PC-Netzplanverfahren näher eingegangen werden, die im Hause einen breiteren Einsatz gefunden haben.

SIPRO

Beim Netzplanverfahren SIPRO [73] handelt es sich um ein SW-Produkt des Hauses; es ist auf Personal Computern sowohl unter dem Betriebssystem SINIX als auch MS-DOS ablauffähig.

Das Verfahren verfügt über eine ergonomische Dialogoberfläche in Menütechnik und dient zur Termin-, Einsatzmittel- und Kostenplanung bei kleinen und mittleren Projekten. Basis ist die MPM-Netzplanmethode.

Tabelle 6.6 PC-Netzplanverfahren (Auswahl)

Nr.	PC-Verfahren	Anbieter (Stand: 1987)	Betriebssystem	MPM	CPM	PERT	Termine	Kapazitäten	Kosten
1	HTPM	Hardvard SW Inc.	MS-DOS, PC-DOS		×		×	×	×
2	Mac Project	Apple	Macintosh		×		×		×
3	Microsoft PROJECT	Microsoft GmbH	MS-DOS, PC-DOS			×	×	×	×
4	Milestone	Markt & Technik AG	CP/M-86		×	×	×		
5	PAC.Micro	R. Berger & Partner GmbH	MS-DOS, PC-DOS	×		×	×	×	×
6	PERTMASTER	Software 2000 GmbH	MS-DOS, PC-DOS, CP/M	×		×	×	×	×
7	PLUS.EINS	ACOS GmbH	MS-DOS, PC-DOS, SINIX	×			×	×	×
8	PMS	Feltron Zeissler	CP/M-80		×	×	×		
9	PUSY	CSC GmbH	CP/M	×			×	×	×
10	QWIKNET-PROFESSIONAL	PMS GmbH	MS-DOS	×			×	×	×
11	SINET-PC	Siemens AG	BS 2000	×			×	×	×
12	SIPRO-D	Siemens AG	MS-DOS	×			×	×	×
13	SIPRO-X	Siemens AG	SINIX	×			×	×	×
14	STARNET	Projekt Control	MS-DOS, CP/M-86	×			×	×	×
15	SuperProject. PLUS	Computer Associates	MS-DOS, PC-DOS		×		×		
16	IDEALOG-TEPLAN	RIB/RZB	MS-DOS, PC-DOS	×			×		
17	Time Line	Markt & Technik AG	PC-DOS			×	×	×	×
18	TNETZ	PIC GmbH	MS-DOS, PC-DOS	×			×		

SIPRO ermöglicht die Verwaltung einer großen Anzahl Projekte (Begrenzung nur durch verfügbaren Speicherplatz), wobei jedes Projekt in Teilprojekte gegliedert werden und bis zu 500 Vorgänge umfassen kann. Bei Erreichen der Grenzen des Verfahrens ist ein Übergang auf Großrechnersysteme, die mit SINET implementiert sind, praktikabel. Dieser Übergang ist problemlos, sofern die durch SINET bedingten Konventionen bei der Eingabe berücksichtigt werden (siehe Kap. 6.2.2). SIPRO und SINET können also »datenkompatibel« dieselben Projekte bedienen.

Der Vorgang selbst wird eindeutig über einen 20stelligen alphanumerischen Schlüssel identifiziert. Die Ausführungszeit eines Vorgangs ist bestimmt durch seinen Anfangs- und Endtermin bzw. durch seine Dauer. Jeder Vorgang kann bis zu zehn Nachfolger haben, wobei alle Typen von Anordnungsbeziehungen der MPM-Methode (Normalfolge, Anfangsfolge, Endfolge, Sprungfolge) genutzt werden können.

Bis zu 20 Einsatzmittel kann man je Projekt und Vorgang definieren. Durch Angabe von Kostenfaktoren leiten sich aus Einsatzmitteln, wie z. B. Rechenzeiten, die entsprechenden Kosten automatisch ab. Bei der Einsatzmittelberechnung kann der Bedarf eines Vorgangs unterschiedlich auf die jeweilige Vorgangsdauer verteilt werden. Durch geeignete Markierung ist außerdem eine gruppenbezogene Einsatzmittelauswertung möglich.

Zwei Kalender können je Projekt deklariert werden. Mit diesen werden die Ausfallzeiten und Feiertage während der Projektlaufzeit berücksichtigt. Der Planungshorizont geht derzeit bis zum Jahr 2068. Monats- und Wochentagsbezeichnungen sind frei wählbar.

Bei der Termindurchrechnung werden mit einer Vorwärts- sowie einer Rückwärtsrechnung die frühesten und spätesten Ausführungstermine der Vorgänge sowie deren Pufferzeiten ermittelt. Bei vorgegebenem Beginn erhält man das frühestmögliche Projektende, bei vorgegebenem Ende den spätestzulässigen Beginntermin des Projekts.

Aufgrund des Einsatzmittelbedarfs der Vorgänge und nach einer Terminberechnung ist eine Einsatzmittel- und Kostenauswertung nach folgenden Kriterien möglich: Einsatzmittelbedarf zu den frühesten und den spätesten Ausführungsterminen der Vorgänge sowie Kosten zeitbezogen je Einsatzmittel, je Einsatzmittelgruppe und je Projekt.

Die Aktualisierungsfunktion dient dazu – bezogen auf einen Stichtag –, Veränderungen im Projektablauf nachzuführen sowie den Projektfortschritt festzuhalten.

Alle Zeiten vor einem vorgegebenen Stichtag werden als fertig gekennzeichnet, alle danach liegenden Zeiten als unerledigt bzw. Restdauern. Nach einer Terminberechnung sind abgeschlossene oder in Arbeit befindliche Vorgänge nicht mehr verschiebbar.

Folgende Projektpläne können von SIPRO erzeugt werden:
▷ Terminliste,
▷ Vorgangsdatenliste,
▷ Einsatzmittel- und Kostenliste,
▷ Rückmeldeliste,
▷ Balkendiagramm,
▷ Auslastungsdiagramm,
▷ grafischer Netzplan.

Der Anwender kann sich darüber hinaus mit einer entsprechenden Funktion individuelle Listen aufbauen und ggf. mit aktuellen Daten jeweils ausdrucken.

Für die Ausgaben sind wahlweise Datensichtgeräte oder Drucker verfügbar. Hierbei gibt es mehrere Möglichkeiten der Selektion und der Sortierung.

Im Rahmen eines integrierten Verfahrensverbunds können Vorgangsdaten aus SIPRO in eine SINET-Installation auf einen Großrechner (BS2000) übertragen und dort weiterverarbeitet werden. Der umgekehrte Weg ist bei Einhaltung entsprechender Konventionen ebenfalls möglich.

PLUS.EINS

PLUS.EINS ist ein Produkt der ACOS, Algorithmen, Computer & Systeme GmbH; es ist auf mehreren Personal Computern, u.a. auch unter dem Betriebssystem MS-DOS, ablauffähig.

Das Programmsystem ist dialogorientiert und menügesteuert und dient – auf Basis der MPM-Netzplanmethode – zur Termin-, Kapazitäts- und Kostenüberwachung von Projekten. Dank seines modularen Aufbaus kann es in unterschiedlichen (preislich gestaffelten) Ausbaustufen eingesetzt werden.

Projektuntergliederung ist mit Hilfe einer unbegrenzten Teilnetzbildung möglich. Weiterhin kann man mehrere Vorgänge zu »Blockvorgängen« zusammenfassen. Diese können auf einer eigenen Netzplanebene betrachtet werden, wobei die Dauern und Abhängigkeiten sich automatisch errechnen. Eine solche »Blockbildung« kann iterativ geschehen, so daß eine Netzplanung auf mehreren Planungsebenen durchführbar ist. Je Netz können bis zu 4000 Vorgänge definiert werden. Nachteilig ist, daß man keine Vorgänge ohne explizite Angaben der Dauer, also nur mit Angabe des Anfangs- und Endtermins eingeben kann. Die Anzahl Anordnungsbeziehungen ist nicht begrenzt. Zusätzlich zu den vier bei der MPM-Methode üblichen Typen von Anordnungsbeziehungen kennt PLUS.EINS noch eine weitere: die Annäherung.

Die Anzahl Einsatzmittel ist unbegrenzt. Mit Hilfe entsprechender Kostenfaktoren ist ein unmittelbares Umrechnen in Kostenwerte möglich. Der Finanzbedarf eines Vorgangs kann sich über seine Dauern kontinuierlich oder in Sprüngen verändern; Kostenvor- und Kostennachläufe sind möglich. Jedes Einsatzmittel kann dabei seinen eigenen Arbeitszeitkalender (Kapazitäten) bzw. Etatkalender (Kosten) haben. Ein Etatkalender enthält den jeweils zeitlich unterschiedlich zur Verfügung stehenden Finanzstock.

Für die Termindurchrechnung können mehrere Kalender definiert werden, mit denen man Feiertage, gesetzte Termine und Meilensteine berücksichtigen kann. Die Termindurchrechnung zeigt die kritischen und verspäteten (überkritischen) Vorgänge, die Pufferzeiten sowie die kritischen und überkritischen Anordnungsbeziehungen auf. PLUS.EINS verfügt über eine »Delta-Funktion« für den Plan/Plan-Vergleich, mit der die Differenz zwischen zwei Netzplanständen gebildet werden kann.

PLUS.EINS liefert eine große Anzahl Auswertungen, die z. T. in grafischer Form über Drucker oder Plotter angeboten werden.

Listenausgaben
▷ Terminliste,
▷ Vorschauliste,
▷ kritische und bestimmende Wege,
▷ kritische und verspätete Vorgänge,
▷ Liste der Anordnungsbeziehungen,
▷ Arbeitszuteilungsliste,
▷ Betriebs- und Etatauslastungen,
▷ Liste aller Fixtermine,
▷ Meilensteinliste,
▷ Liste der Blockvorgänge,
▷ Einsatzmittelliste,
▷ Fehlerliste (z. B. Zyklen).

Grafische Ausgaben
▷ Balkendiagramm,
▷ Histogramme für Kapazitäts- und Kostenverläufe, Einsätze, Auslastungen und Vergleiche,
▷ Gegenüberstellung früheste/späteste Lage
▷ Netzplan.

Weiterhin ist es möglich, aufgrund einer eingegebenen Begriffsauswahl freie, d. h. benutzerindividuelle Listenbilder aufzubauen. Neben der freien Definition der Tabellenspalten kann man auch Tabellenkalkulationsfunktionen, wie z. B. Summenbildung, Multiplikation und Kommunikation in diese Listen einbinden. Die unterschiedlichen definierten Listenbilder können für spätere Auswertungen gesondert gespeichert und bei Bedarf wieder abgerufen werden.

Bei der Ausgabe grafischer Netzpläne zeigt es sich nachteilig, daß man die Vorgangskästchen nicht durch eine Koordinatenangabe (Rang, Ebene) festhalten kann, statt dessen werden sie bei jeder erneuten Durchrechnung durch das Verfahren eventuell anders plaziert.

PLUS.EINS verfügt über einen Anschluß an das dBASE-Datenbanksystem, kann allerdings zu diesem nur Daten übergeben, keine übernehmen; es hat aber eine allgemeine Datenschnittstelle für beide Transportrichtungen.

Microsoft PROJECT

Microsoft PROJECT, kurz als MS-PROJECT bezeichnet, ist ein Produkt des Softwarehauses Microsoft und ist auf allen Personal Computern mit dem Betriebssystem MS-DOS oder PC-DOS ablauffähig. In einer besonderen Anpassung steht es auf dem PC-D zur Verfügung.

Das Verfahren ist dialogorientiert und in seinen Menüs denen der anderen Microsoft-Produkte (MS-WORD, MS-MULTIPLAN, MS-CHART) angepaßt. Der Dialog wird teilweise mit einer »Maus« unterstützt.

MS-PROJECT dient zur Projektplanung und -steuerung; man kann damit den Arbeits- und Zeitablauf, den Einsatz von Betriebsmitteln und das entsprechende Kostenbudget für große und kleine Projekte erstellen und kontrollieren. Es basiert auf der PERT-Methode.

Ein Projekt kann man in mehrere Unterprojekte unterteilen, deren Teilnetzpläne verkettet werden können. Bei einem Speicherplatz von 256 kB kann ein Teilnetzplan bis zu 200 Vorgänge aufnehmen. Für jeden Arbeitsvorgang können bis zu 16 Vorgänger bestimmt werden, wobei nur Normalfolgen (ohne irgendwelche Zeitabstände) möglich sind.

Insgesamt können bis zu 255 Betriebsmittel (Personal, Maschinen, Räumlichkeiten) definert werden. In diese Einsatzmittelplanung kann man auch eine Kostenplanung einbeziehen.

Der eingebaute Kalender hat einen Planungshorizont bis zum Jahr 2099 und enthält die bekannten Ausfallzeiten, wie Feiertage und Urlaube. Er ist bis auf eine 15-Minuten-Einteilung in Tage, Wochen und Monate gegliedert. Weitere Kalender stehen derzeit nicht zur Verfügung.

Bei der Netzplandurchrechnung ist sowohl die Vorwärts- als auch die Rückwärtsrechnung möglich, mit der eine automatische Berechnung der kritischen Wege vorgenommen wird.

MS-PROJECT liefert vielfältige Listen und Grafiken.

Übersichtslisten

▷ Terminliste,
▷ Vorgangsdatenliste,
▷ Einsatzmittelliste,
▷ Kostenübersicht.

Delta-Listen

▷ Projektübersicht,
▷ terminlicher Plan/Plan-Vergleich,
▷ Plan/Plan-Vergleich für Dauern,
▷ Plan/Plan-Vergleich für Kosten.

Grafische Ausgaben

▷ Balkendiagramm,
▷ Betriebsmittelauslastung,
▷ Netzplan (als PERT-Diagramm).

Die Arbeitsvorgänge können hierbei alphabetisch, nach kritischem Pfad, den Dauern und den Terminen sortiert werden. Bei den Betriebsmitteln ist das Sortieren nach Art, Kosten und Auslastung sowie auch ein alphabetisches Sortieren möglich.

Ausgabemedien sind Bildschirm und Drucker (auch Grafikdrucker). Ein Datenaustausch mit den anderen Microsoft-Produkten wird unterstützt, so daß folgende Kopplungen möglich sind:

▷ Übernahme der Daten in   mit
    Grafikprogramm   MS-CHART,
▷ Übernahme der Daten in   mit
    Kalkulationsprogramm   MS-MULTIPLAN,
▷ Übernahme der Ergebnisse
    in Textverarbeitungs-   mit
    programm   MS-WORD.

Außerdem kann ein besonderes Dateiformat bedient werden, über das man mit beliebigen Anschlußverfahren verkehren kann.

SuperProject

SuperProject ist ein Produkt der COMPUTER ASSOCIATES und ist auf allen Personal Computern ablauffähig, die über das Betriebssystem MS-DOS oder PC-DOS verfügen.

Das Verfahren besitzt eine ergonomische Benutzeroberfläche mit Hilfe klar gegliederter Menüs (Einsteiger- und Expertenmodus). SuperProject wird zur Termin-, Einsatzmittel- und Kostenplanung von einfachen bis komplexen Projekten eingesetzt; es arbeitet nach der CPM-Netzplanmethode.

In SuperProject kann eine mehrstufige Projektunterteilung vorgenommen werden. Die Anzahl definierbarer Vorgänge (Aufgaben) ist nur durch den verfügbaren Speicherplatz begrenzt. Bei der Vorgangsdefinition werden alle Möglichkeiten der CPM-Methode genutzt; so können die unterschiedlichen Terminarten und Pufferzeiten entsprechend angegeben bzw. variiert werden.

Jedem Vorgang können auch beliebig unterschiedliche Einsatzmittel (Ressourcen) zugeordnet werden, die dann in die Einsatzmittelrechnung zur Bestimmung der jeweiligen Auslastung einfließen. Kosten werden den Vorgängen getrennt vorgegeben, so daß eine eigene Kostenberechnung möglich ist.

Für die Kalenderdefinition gibt es einen Projektkalender, der für das gesamte Projekt (Personen und Einsatzmittel) gilt, sowie mehrere »Ressourcen-Kalender«, die Einsatzmittel-spezifisch sind, d. h., zu diesen sind Ausfallzeiten enthalten, die sich nur auf das betreffende Einsatzmittel beziehen.

Die Ausgaben von SuperProject sind:

▷ Projektdatenübersicht (Projekt-Details),
▷ Vorgangsdatenübersicht (Ausgaben-Details),
▷ Einsatzmittelübersicht (Ressource-Details),
▷ Aufgaben-Balkendiagramm,
▷ Ressourcen-Balkendiagramm,
▷ Netzplan.

Ausgabemedien sind Bildschirm und Drucker. Für das Drucken von überlangen, formatüberschreitenden Darstellungen (z. B. Netzplan) steht das Hilfsprogramm SIDEWAYS zur Verfügung, welches eine 90°-Drehung des Ausdrucks ermöglicht.

Auch existiert ein einfacher Übergang zum Tabellenkalkulationsprogramm SuperCalc, ein Produkt derselben Firma.

6.3.3 Aufwandsschätzverfahren

Für den Einsatz auf Personal Computern sind in der Vergangenheit bereits einige Aufwandsschätzverfahren realisiert worden. Durch die stete Verfügbarkeit auf einem Personal Computer und die damit verbundene leichte Hantierbarkeit und die individuellen Anwendungsmöglichkeiten wird viel eher eine breite Nutzung von Aufwandsschätzverfahren erreicht als durch irgendeine andere Maßnahme. Gerade in den ersten Planungsschritten ist das Schätzen des Entwicklungsaufwands etwas sehr »Persönliches«; deshalb ist der Einsatz von Personal Computern an dieser Stelle besonders vorteilhaft.

Tabelle 6.7 enthält drei im Hause eingesetzte Verfahren, die auf unterschiedlichen Methoden basieren.

Nachstehend soll auf diese PC-Verfahren näher eingegangen werden.

Aufwandsschätzverfahren SCHATZ

SCHATZ umfaßt zwei Verfahren mit unterschiedlichen Methoden, die sich in ihrem Prinzip allerdings gleichen [69]. Die beiden Verfahren werden zu unterschiedlichen Zeitpunkten im Projektablauf eingesetzt und dienen schwerpunktmäßig zum Schätzen von Entwicklungsaufwänden bei der SW-Anwenderprogrammierung: Betriebssystemnahe Software kann teilweise ebenfalls mit SCHATZ geschätzt werden.

Tabelle 6.7 PC-Aufwandsschätzverfahren (Auswahl)

Verfahren	Methode	Anbieter	Betriebssystem
SCHATZ	ZKP	PSE	MS-DOS, BS2000
FPM	Funktionswertmethode	Brainware GmbH	SINIX
SICOMO	COCOMO	Siemens AG	MS-DOS

Schätzverfahren 1

Das erste Verfahren (SCHATZ 1) kann bereits in der Vorschlagsphase eines SW-Projekts eingesetzt werden. Es liefert dort natürlich nur sehr grobe Werte. Einzugeben sind allgemeine Daten hinsichtlich des Anwenders, der zu entwickelnden Lösung und des Projektteams; hieraus werden zu erwartender Aufwand je Entwicklungsphase, Aufwand für Projektleitung und Inspektion sowie der Gesamtaufwand errechnet.

Dem Verfahren liegt die Methode zugrunde, daß, ausgehend von einem empirisch gefundenen Grundaufwand für die klassischen Aufgabenkomplexe (Dateien, Verarbeitung) einer Anwenderprogrammierung – variiert durch aufwandsbeeinflussende Einflußfaktoren –, der voraussichtliche Gesamtaufwand bestimmt wird; sie stellt damit auch eine Faktorenmethode dar.

Das Verfahren verlangt hierbei Informationen zu:

▷ Zielvorstellungen und Randbedingungen für die zu entwickelnde Software,

▷ Komplexität der zu entwickelnden Software,

▷ Projektumfeld (intern und extern).

Bild 6.35 zeigt den »Ergebnisbildschirm« für eine mit SCHATZ 1 durchgeführte Schätzung. Durch (komfortables) Vor- und Zurückblättern zwischen den einzelnen Eingabemasken können sehr leicht Schätzvarianten durchgespielt werden, wobei sich geänderte Eingaben unmittelbar ersichtlich auf das Gesamtergebnis auswirken.

Schätzverfahren 2

Das zweite Verfahren (SCHATZ 2) basiert auf der Methode Zeit-Kosten-Planung (ZKP) und stellt eine Dialogisierung des formulargestützten Verfahrens ZKP (siehe Kap. 3.2.5) dar. Das ZKP-Verfahren wird bekanntlich erst nach Abschluß des Systementwurfs eingesetzt und führt aufgrund detaillierter Entwurfs- und Realisierungsangaben natürlich zu genaueren Schätzwerten.

Aus Anzahl und Gewichtung der zu verarbeitenden Dateien sowie abhängig von Komplexität und Schwierigkeitsgrad des Programms wird – je SW-Baustein – ein Grundaufwand für die Dateien (Dateiaufwandswert) und für die Verarbeitung (Verarbeitungsaufwandswert) ermittelt. Zusätzlich werden Faktoren errechnet, die die Problemkenntnisse und Programmierungserfahrung der Bearbeiter berücksichtigen.

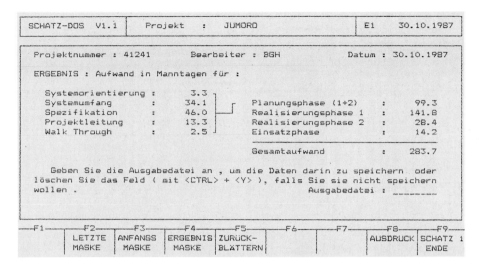

Bild 6.35 SCHATZ-Ergebnisblatt (SCHATZ 1)

Weitere Faktoren wirken über einen prozentmäßigen Zuschlag auf den Gesamtaufwand ein:

▷ Zeitaufwand für Organisation,
▷ Zeitaufwand für Verlustzeiten innerhalb des Projekts,
▷ Zeitaufwand für Programmänderung.

Entsprechend der ZKP-Methode errechnet das Verfahren den Entwicklungsaufwand von Beginn des DV-Grobkonzepts bis Ende des Systemtests. Die darüber hinaus erforderlichen Aufwände für Anwenderschulung, Probebetrieb und Übergabe sind mit 5% zu extrapolieren.

Bei SCHATZ 2 werden die einzelnen Abfragetabellen am Bildschirm angeboten, vom Schätzer entsprechend markiert und mit Mengenangaben versehen. Nach Übernahme dieser Eingabedaten laufen dann alle notwendigen Wertebestimmungen und Aufwandsberechnungen automatisch ab. Die Daten jeder einzelnen Schätzung können abgespeichert und jederzeit modifiziert werden. Eine einfache Maskenfolgesteuerung durch Funktionstasten erleichtert die Handhabung.

Die Ergebnisse der Schätzungen können von den jeweiligen Ergebnismasken aus auf Drucker ausgegeben werden. Übersichtliche Protokolle dokumentieren die Schätzungen mit Mengengerüst und allen Einflußfaktoren.

Aufwandsschätzverfahren FPM

FPM (Function Point Project Management System) ist konzipiert als Verfahren zur Aufwandsschätzung für SW-Entwicklungen; es ist auf einem Personal Computer mit dem Betriebssystem SINIX, unter Verwendung des Produkts FACET (Facility for easy window technic), implementiert. Das Verfahren baut auf der Funktionswertmethode (Kap. 3.2.4) auf und wird derzeit vor allem bei der Entwicklung von DV-Verfahren auf dem Rationalisierungsbebiet (OD-Bereich) eingesetzt.

Eingabedaten

Entsprechend der Funktionswertmethode wird die zu realisierende Software in ihre Funktionen (»Geschäftsvorfälle«) zerlegt und den fünf Funktionsbereichen:

▷ Eingabedaten,
▷ Ausgabedaten,
▷ Abfragedaten,
▷ Datenbestände und
▷ Referenzdaten

zugeordnet. Daran schließt nach Gewichtung gemäß ihrem jeweiligen Komplexitätsgrad die Eingabe in das Verfahren an.

Außerdem werden die Ausprägungen von mehreren vorgegebenen Einflußparameter festgelegt.

Anhand dieser Angaben errechnet FPM den zugehörigen Funktionswert (Function-Points) und ermittelt mit Hilfe einer verfahrensintern gespeicherten Funktionswerttabelle (Erfahrungsdatensatz) den geschätzten Entwicklungsaufwand in Mann-Monaten. Die voraussichtliche Entwicklungszeit wird hierbei allerdings nicht ermittelt.

Benutzeroberfläche

FPM hat eine dialogorientierte Benutzeroberfläche und verfügt über einen maskengesteuerten Ablauf; dieser gliedert sich in einen nicht allgemein zugänglichen Teil zur Erfahrungsdatenpflege und in den eigentlichen Benutzerteil der Projektbearbeitung auf.

Die Erfahrungsdatenpflege umfaßt im wesentlichen die Behandlung von Tabellen für die

▷ Gewichte,
▷ Einflußfaktoren und
▷ Funktionswerte.

Im Rahmen der Projektbearbeitung wird die zu schätzende Software definiert und bewertet; hierbei sind folgende Aufgaben zu erfüllen:

▷ die Definition der Funktionen,
▷ deren Einordnung in einen der fünf Funktionsbereiche,
▷ deren Gewichtung entsprechend der Komplexität sowie
▷ die Bestimmung der einzelnen Einflußfaktoren.

Nach Eingabe der vorgenannten Daten macht FPM einen Rechnungslauf zur Ermittlung der Funktionswerte. Als Ergebnis erhält der Benutzer den Gesamtfunktionswert und den dafür (von FPM) geschätzten Entwicklungsaufwand; im weiteren wird ihm eine Auflistung der einzelnen Projektteile mit einer prozentualen Aufteilung des vorgenannten Entwicklungsaufwands ausgegeben.

Sensitivitätsanalysen

Das Verfahren FPM eignet sich gut für das Simulieren verschiedener Schätzvarianten, wobei die anfangs definierten Funktionsanzahlen oder die vorgenommenen Gewichtungen »probeweise« variiert werden. So kann man Sensitivitätsanalysen (ähnlich Bild 3.33) erstellen.

Aufwandsschätzverfahren SICOMO

SICOMO (Siemens Software Cost Model Tool) ist ebenfalls ein Verfahren zur Aufwandsschätzung und Kalkulation von SW-Entwicklungen; es ist dialogorientiert und auf mehreren Personal Computern unter MS-DOS ablauffähig. Dem Verfahren liegt die COCOMO-Methode (Kap. 3.2.2) zugrunde.

Eingabedaten

Ausgehend von einer definierbaren Produktstruktur ist dem Verfahren lediglich die Größe der zu entwickelnden SW-Komponenten, d. h. deren Befehlsanzahl in loc zu übergeben. Weiterhin müssen die einzelnen Ausprägungen der 15 von Boehm vorgeschlagenen Kostentreiber angegeben werden – die bekanntlich die Einflußgrößen der COCOMO-Aufwandsschätzmethode darstellen.

Aus diesen Angaben leitet SICOMO folgende Schätzdaten ab:

▷ Entwicklungsaufwand in Mann-Monaten
▷ Kosten der Entwicklung in DM
▷ Entwicklungszeit in Monaten.

SICOMO selbst arbeitet mit dem »Detailmodell« und nützt damit die COCOMO-Methode in ihrer umfassendsten Form.

Es gibt eine aufführliche Verfahrensbeschreibung und Bedienungsanleitung. Dort wird auch die sehr benutzerfreundliche Bedienoberfläche anhand einiger Beispiele erläutert.

Entwicklungsumfeld

SICOMO kennt die drei Entwicklungsmodi:

»ORGANIC MODE«	für einfache SW-Entwicklungen,
»SEMIDETACHED MODE«	für mittelschwere SW-Entwicklungen und
»EMBEDDED MODE«	für komplexe SW-Entwicklungen.

Die Angabe des Entwicklungsmodus wird bei einer mehrteiligen Produktstruktur nur für das Gesamtprodukt (»Root-Komponente«) gemacht. Alle Komponenten auf unterer Ebene übernehmen (»erben«) automatisch diese Modus-Angabe.

Zu jeder zu schätzenden Komponente eines SW-Produkts legt man einzeln die jeweiligen Ausprägungen der Einflußgrößen fest. Die zugehörigen Kostentreiberwerte sind von COCOMO übernommen worden;

diese Wertebelegung kann mit dem in Kap. 5.3.4 erwähnten Kalibrierungsprogramm SIKAL an anwenderspezifische Gegebenheiten angepaßt werden. Auch ist eine Änderung der Begriffsinhalte einzelner Kostentreiber möglich, wenn man über entsprechende Erfahrungsdaten abgeschlossener SW-Projekte verfügt.

Wie beim COCOMO-Modell wird bei SICOMO der SW-Entwicklungsprozeß in die dort definierten Entwicklungsphasen gegliedert, wobei die Aufwands- und Zeitschätzung die Studienphase ausklammert, da in dieser ja erst die notwendigen Schätzvorgaben erarbeitet werden.

SICOMO ermöglicht die phasenorientierte Angabe der Personalkostensätze.

Zur Kalkulation geht man von einer 40-Stundenwoche aus. Nach Abzug eines Durchschnittswerts für Ausfallzeiten und nicht projektbezogenen Zeiten ergibt sich für einen Monat der Wert von 136 (produktiven) Arbeitsstunden. Soll eine andere Arbeitszeit je Monat zur Kalkulation herangezogen werden, so kann man in einer Parameterdatei den entsprechenden Wert modifizieren.

Bei SICOMO ist eine beliebig große Unterstrukturierung des geplanten SW-Produkts möglich (dagegen sieht COCOMO nur max. drei Stufen einer Produktstruktur vor). Aufgrund der vielfältigen Möglichkeiten der Produktstrukturierung empfiehlt sich die Anwendung von SICOMO auch bei großen SW-Projekten, bei denen die Aufwandsschätzungen für die einzelnen Produktteile von mehreren, organisatorisch häufig getrennten Personen durchgeführt werden müssen.

Die Aufwandsbeeinflussung von Modifikationsentwicklungen kann bei SICOMO ebenfalls berücksichtigt werden. Hierzu sind die Angaben der im Kapitel 3.2.2 erläuterten Modifikationsanteile für den Entwurf, die Programmierung und die Integration zu machen.

Benutzerkommandos

SICOMO verfügt über einen komfortablen Benutzerdialog. Die verfügbaren Benutzerkommandos gliedern sich in:

▷ Datei- und Steuerkommandos,
▷ Strukturkommandos,
▷ Eingabekommandos,
▷ Kostentreiberkommandos und
▷ Ausgabekommandos.

Datei- und Steuerkommandos sind einerseits für die Datenverwaltung begonnener und abgeschlossener Aufwandsschätzungen notwendig, andererseits sind sie für den Ablauf des Dialogs erforderlich. Die Strukturkommandos umfassen alle Kommandos, die für die Definition, Manipulation und Abarbeitung der Produktstruktur notwendig sind. Mit den Eingabekommandos werden alle für die jeweiligen Aufwands- und Kostenschätzung erforderlichen Daten eingegeben. Hierzu zählen Entwicklungsmodus, Anzahl Befehle, Modifikationsanteile und Personalkostensätze. Mit den Kostentreiberkommandos werden die (verbalen) Kategorien der Ausprägungen ins Verfahren eingegeben. Die Ausgabekommandos stoßen die SICOMO-Auswertungen an und geben sie aus.

Sensitivitätsanalysen

Da der Bildschirm im SICOMO-Benutzerdialog gleichzeitig für die Eingabe und die Ausgabe genutzt wird, ergibt sich ein sehr schneller Dialog. Deshalb eignet sich SICOMO besonders zum Simulieren verschiedener Aufwandsschätzungen, so daß anschauliche Sensitivitätsanalysen möglich sind. Bei diesen Analysen wird im Rahmen der Aufwandsschätzung der jeweilige Einfluß von Veränderungen einzelner Eingabeparameter auf das Schätzergebnis untersucht. Dadurch ist leichter zu entscheiden, welche Maßnahmen z. B. getroffen werden müssen, eine bestimmte Reduzierung im geplanten Aufwand zu erreichen.

Beispiel einer SICOMO-Aufwandsschätzung

Anhand eines Beispiels aus der Praxis soll gezeigt werden, welche Ausgabemöglichkeiten SICOMO bietet: Es handelt sich um ein Programmsystem zur Generierung von PROM-Daten, das darüber hinaus Auswertungen in mehreren Sprachen – deren Programmteile also durch geringfügige Modifikationen entstehen – liefern soll.

Für jede definierte Komponente des betrachteten Produkts erhält man in dem SICOMO-Dialog einen Eingabebildschirm, der den Komponentennamen, den Entwicklungsmodus, die 15 Kostentreiber, die vier phasenorientierten Kostensätze sowie die Angabe der Produktgröße aufnimmt.

Bild 6.36 zeigt den Ergebnisbildschirm einer ausgewählten Komponente (dprog); er enthält phasenorientiert die Personalaufwände in MM und DM. Zusätzlich sind die notwendige Zeitdauer und Personalstärke bezogen auf die Phasen angegeben. Hierzu

```
SICOMO    Software Cost Calculator                   Page:    1

Current Component: dprog                             Level:   2
SubComponent of:   pvdz419                           MODE:    organic

RELY:* low      DATA:* low      CPLX:* nominal
TIME:* nominal  STOR:* nominal  VIRT:* low      TURN:* nominal
ACAP:* nominal  AEXP:* low      PCAP:* nominal  VEXP:* high     LEXP:* high
MODP:* high     TOOL:* vhigh    SCED:* nominal
PDCOST:* DM 15000   DDCOST:* DM 15000   CUTCOST:* DM 15000   ITCOST:   DM 18000

DSI:      2900    %DMOD: 50   %CMOD: 80   %IMOD:100   CPI:   0   EDSI:    2100
-----------------------------------------------------------------------------
Phase    Man-Months    Cost (kDM)

PD          1.2          17.3
DD          1.4          21.6
CUT         1.6          24.6
IT          0.5           9.2

Total       4.7          72.8

Productivity = 451.9  DSI/MM     Unit Cost = 33.91   DM/DSI
=============================================================================
```

Bild 6.36
SICOMO-Ergebnisblatt

```
SICOMO    Software Cost Calculator                   Page:    1
                         SYSTEM SUMMARY

   Component       EDSI    Man-Months   Cost (kDM)   DSI/MM    DM/DSI
  ------------    -----    ----------   ----------   ------    ------
1 pvdz419         11400      26.6         408.4       431      35.67
2 dprog            2100       4.7          72.8       452      33.91
2 assmod           2100       5.5          90.8       383      43.22
2 d20mod           1100       2.4          36.5       452      33.19
2 promaus           500       1.1          16.6       452      33.19
2 spez             3200       7.0         104.6       452      33.19
3 spezsteu          800       1.8          26.6       452      33.19
3 spezpdeu         1200       2.7          39.8       452      33.19
3 spezpeng          400       0.8          12.7       452      33.19
3 spezpspa          400       0.8          12.7       452      33.19
3 spezppor          400       0.8          12.7       452      33.19
2 prom             2200       5.3          78.8       414      36.21
3 promsteu         1000       2.4          36.2       414      36.21
3 prompdeu          600       1.4          21.7       414      36.21
3 prompeng          200       0.5           7.0       414      36.21
3 prompspa          200       0.5           7.0       414      36.21
3 promppor          200       0.5           7.0       414      36.21
2 promhex           200       0.5           6.6       472      29.97
2 promhex1          100       0.1           1.8       472      31.77
=====================================================================
```

Bild 6.37
SICOMO-Summenblatt

```
SICOMO    Software Cost Calculator                   Page:    1
                       DEVELOPMENT SCHEDULE

                  % Phase    -- Man-Months --      -- Cost (kDM) --
Month   Phase     Complete   Current     Cum.      Current    Cum.
-----   -----     --------   -------     ----      -------    ----
  1      PD         37         2.3        2.3        34.6      34.6
  2      PD         74         2.3        4.6        34.6      69.2
  3      PG          5         2.5        7.1        38.0     107.2
  4      PG         23         3.0       10.1        46.6     153.8
  5      PG         40         3.0       13.2        46.6     200.3
  6      PG         58         3.0       16.2        46.6     246.9
  7      PG         75         3.0       19.2        46.6     293.5
  8      PG         93         3.0       22.3        46.6     340.1
  9      IT         45         2.6       24.9        41.3     381.4
 10      IT        100         1.7       26.6        27.0     408.4
=====================================================================
```

Bild 6.38
SICOMO-Zeitplan

errechnet SICOMO noch die Produktivitätsgrößen DSI/MM und DM/DSI.

In einer weiteren Auswertung erstellt SICOMO ein Summenblatt (Bild 6.37), das die Schätzergebnisse aller Komponenten in eine gemeinsame Liste bringt. Die Ordnung in dieser Komponentenzusammenstellung entspricht der eingegebenen Produktstruktur.

Schließlich kann ein für das gesamte Projekt gültiger Zeitplan erzeugt werden (Bild 6.38); dieser geht allerdings streng von einem projektbezogenen, optimalen Personaleinsatz aus und berücksichtigt die bestehende Personalsituation in der betreffenden Entwicklungsabteilung nicht. Deshalb ist dieser Zeitplan häufig nur von theoretischem Wert, da man z. B. in dem einen Monat nicht genau 2,3 MA und im nächsten Monat genau 2,5 MA zur Verfügung hat.

6.3.4 Grafikprogramme

Ein Bild drückt bekanntlich häufig mehr aus als ein ausführlicher Text; außerdem können schwierige Zusammenhänge visuell oft viel leichter erklärt werden, als verbal. Z. B. Größenverhältnisse bei Plan/Ist-Vergleichen oder Trends bei Plan/Plan-Vergleichen sind mit Präsentationsgrafiken wesentlich anschaulicher darstellbar als mit umfangreichen Zahlentabellen. Gerade in der Entscheidungsfindung ist eine auf das Wesentliche reduzierte Datenpräsentation sehr nützlich; hinzu kommt, daß rechnergestützte Visualisierungen den großen Vorteil bieten, alle erdenklichen Alternativen in kürzester Zeit durchspielen zu können. Der leichten grafischen Informationsaufbereitung im Rahmen des Projektmanagements kommt daher eine wachsende Bedeutung zu.

Auch wenn die auf Großrechner laufenden Projektplanungs- und -steuerungsverfahren häufig nicht über eine derartige grafische Unterstützung verfügen, kann sich das Projektmanagement heute doch komfortabler Grafikprogramme auf Personal Computern bedienen. Dreidimensionale und farbige Darstellungen sind auf relativ preisgünstigen Personal Computern bereits Standard; viele PC-Hersteller bieten sogar Grafikprogramme für das freie Zeichnen von »Feuilleton-Bildern« an.

Das Erstellen einer Grafik ist relativ leicht zu erlernen. Als erstes muß eine Grafikdatei aufgebaut werden; hierzu gibt man über Bildschirmmasken allgemeine Angaben über Grafikname, Typ des zu erstellenden Diagramms, Bezeichnung und Werteeinteilung der Rubriken und sonstige Beschriftungen ein. Anschließend werden je Rubrik (z. B. x- und y-Achse) die entsprechenden Einzelwerte erfaßt. Auf Tastendruck erscheint dann die gewünschte Grafik.

Tabelle 6.8 PC-Grafikprogramme (Auswahl)

Grafik-programm	Betriebs-system	Diagramm										Verbindung			dreidimensional	farbfähig	freies Zeichen	programmierbar	Daten-Schnittstelle
		Organigramm	Balken	Säulen	Flächen	Treppen	Linien	Punkte	Kreis	Spannweiten	Symbol	Kombination	Kopplung	Schachtelung					
MS-CHART	MS-DOS	×	×	×	×	×	×	×	×	×		×		×		×	MS-WINDOWS	nein	MS-MULTIPLAN, dBASE
GEM	MS-DOS	×	×	×		×		×	×			×			×	×	GEM-Paint	Toolkit	GEM-Write, VisiCalc, SuperCalc, dBASE, Lotus
PIC	MS-DOS	×				×	×	×							×		ja	ja	—
Lotus 1-2-3	MS-DOS	×					×	×									nein	ja	Lotus-Tabellenkalk.
SuperChart	MS-DOS	×	×	×	×	×		×	×				×	×			nein	nein	VisiCalc, SuperCalc, dBASE, Lotus

Übersicht

Das Angebot an PC-Grafik ist sehr groß. Dank immer leistungsfähigerer Hardware wächst der jeweilige Funktionsumfang laufend; daneben zeigen Bedienoberflächen einen hohen Grad an Benutzerfreundlichkeit, so daß besonders die »Wenigbenutzer« sich dieser Hilfsmittel in steigendem Maße bedienen können.

Hinzu kommt, daß bei den PC-Grafikprogrammen häufig eine Datenschnittstelle zu Tabellenkalkulations- und Datenbankprogrammen vorhanden ist, die auf demselben Personal Computer ablaufen. Daher können Daten, die z. B. innerhalb eines Kalkulationsprogramms entstanden sind, auf einfache Weise entsprechend aufbereitet und grafisch dargestellt werden. Der Anschluß an Großrechnerverfahren, der normalerweise nur den Austausch von Texten und nicht von Grafiken erlaubt, ist dagegen schon problematischer, da hier neben den rein technischen auch noch ablauforganisatorische Probleme auftreten. Die zentralen Tätigkeiten auf dem Großrechner unterliegen i. allg. einem anderen (fest vorgeschriebenen) Bearbeitungsrhythmus als die dezentralen Tätigkeiten auf dem Personal Computer.

In der Übersicht der Tabelle 6.8 sind einige bekannte PC-Grafikprogramme aufgeführt, die auf Siemens-Personal-Computer ablauffähig sind.

Wie die Übersicht zeigt, laufen alle Programme im Betriebssystem MS-DOS und damit auf allen Personal Computern, die dieses Betriebssystem bedienen.

Weiterhin sind einige Angaben zu dem jeweiligen Leistungsspektrum aufgeführt. Einerseits sind die möglichen Diagrammdarstellungen markiert und andererseits ist angegeben, in welcher Form einzelne Diagramme miteinander verbunden werden können. Für die Verbindung mehrerer Diagramme bieten sich – wie in Kap. 4.6.3 bereits erläutert – drei Möglichkeiten an, je nach Übereinstimmung der Skalierung der beiden Diagrammachsen (Tabelle 6.9).

Tabelle 6.9 Verbindung von Diagrammen

	Wertebelegung		Anordnung der Diagramme
	x-Achse	y-Achse	
Kombination	identisch	identisch	gemeinsam
Kopplung	identisch	abweichend	untereinander
Schachtelung	abweichend	abweichend	beliebig

In der Tabelle 6.8 ist weiterhin vermerkt, ob Diagramme dreidimensional ausgegeben werden können. Auch ist zu ersehen, ob das jeweilige Toolpaket farbfähig (bei entsprechender Hardware) und programmierbar ist und ob freies Zeichnen unterstützt wird. In der Rubrik Datenschnittstelle sind die jeweils möglichen Anschlußprogramme aufgeführt.

Für eine erste Orientierung wird auf die vorgenannten Grafikprogramme kurz eingegangen.

Grafikprogramm MS-CHART

MS-CHART (Microsoft Chart) läuft auf allen Personal Computern, die das Betriebssystem MS-DOS bedienen, und ist für das Erstellen von Geschäftsgrafiken eingerichtet [2]. Alle gängigen Diagramme können in bis zu 45 Diagrammausprägungen dargestellt werden. Dreidimensionale Aufbereitung ist allerdings nicht möglich. Die Darstellung am Bildschirm entspricht weitgehend dem Druckbild. Das Erstellen und Ändern von Diagrammen ist sehr einfach. Die hierbei benutzte Dialogoberfläche ist analog zu anderen Microsoft-Produkten (MS-WORD, MS-MULTIPLAN und MS-PROJEKT) in ähnlicher Menütechnik aufgebaut. Die einzelnen Kommandos sind stets in einem Fußabschnitt des Ausgabebildschirms aufgeführt und auf mehreren Befehlsebenen angeordnet, d. h. bei Einsatz eines bestimmten Kommandos ist anschließend meist eine weitere Unterkommandoauswahl oder eine Parametereingabe erforderlich. Die Bedienung mit einer »MAUS« ist ebenfalls möglich.

Die Übernahme von Daten aus dem Tabellenkalkulationsprogramm MS-MULTIPLAN wird unterstützt (xternal-Kommando). Über eine Datenübertragung können auch Daten aus einem BS2000-Großrechner übernommen werden, solange sie dem geforderten (SYLK-)Datenformat entsprechen. Eine Übernahme fremder Datensätze, die als Textdateien aufgebaut sind, ist nicht möglich.

Farbige Ausgabe erlaubt der Siemens-Plotter C1604.

MS-CHART bietet mehrere Rechenfunktionen, u. a. lineare Regression, Standardabweichung, Durchschnittsberechnung und Anzeigen von Trends. Das freie Zeichnen beliebiger Schaubilder ist mit einer anderen Microsoft-Software möglich, dem MS-WINDOWS.

Eine Programmierung ist in MS-CHART nicht vorgesehen. Es können somit nur die angebotenen Diagramme, Zeichensätze und Zusätze benutzt werden, die allerdings meist ausreichen dürften.

Grafikprogramm GEM

GEM (Grafics Environment Manager) ist ein Grafikprogrammpaket und dient als »Elektronischer Schreibtisch«. Das gesamte Grafikpaket umfaßt folgende Komponenten:

GEM-Draw	Zeichnen mit Bildbibliothek,
GEM-Paint	pixelorientiertes Zeichnen,
GEM-Write	Textverarbeitung mit Grafik,
GEM-Graph	Geschäftsgrafiken und
GEM-Wordchart	anspruchsvolle Textgestaltung.

Allen Komponenten ist eine gemeinsame Administrationsoberfläche (GEM-Desktop) überlagert, auf welcher die wesentlichen Betriebssystemfunktionen des MS-DOS für die Datei- und Katalogverwaltung getätigt werden. Der gesamte Dialog auf dieser Bedienoberfläche wie auch das Hantieren innerhalb der einzelnen Grafikkomponenten geschieht im wesentlichen menügeführt mit der »Maus« (Pull-Down-Menütechnik). Der Markierungspunkt der Maus kann dabei wechselnde Funktionen ausführen, wobei sich sein Symbol entsprechend ändert (Pfeil, Marker, Hand).

Die Daten werden i. allg. über die Tastatur eingegeben; hierzu dient eine übersichtliche Eingabematrix, in der man die einzelnen Werte und Beschriftungen für die x- und y-Koordinate der zu erstellenden Diagramme einträgt.

Von Vorteil ist auch die Möglichkeit des Verbunds zu anderen GEM-Programmkomplexen sowie zu fremden Tabellenkalkulationsprogrammen (z. B. SuperCalc, VisiCalc) bzw. Datenbanksystemen (z. B. dBASE III). Diese Programme müssen natürlich auf demselben Personal Computer installiert sein.

Die Bedienung aller GEM-Grafikprogramme ist so benutzerfreundlich, daß sich z.T. eine besondere Schulung erübrigt. Die gutdurchdachte Menüführung – unterstützt durch das »richtige« Symbol an der »richtigen« Stelle – erlaubt selbst einem Anfänger das schnelle Erstellen der unterschiedlichsten Grafiken.

Die eigentlichen Programme zur Grafikerstellung sind GEM-Draw, GEM-Paint und GEM-Graph.

Mit *GEM-Draw* können vornehmlich Strukturbilder wie Blockschaltbilder, Ablaufdiagramme und Organigramme sehr leicht aufgebaut werden. Für das Projektmanagement sind hierbei besonders die Organigramme zum Darstellen von Produktstruktur- und Projektstrukturplänen von Bedeutung.

GEM-Paint ermöglicht das freie Zeichnen. Mit ihm können beliebige Schaubilder aufgebaut werden, wobei – bei entsprechender Hardware – sogar eine farbliche Gestaltung möglich ist.

Für den Einsatz im Rahmen des Projektmanagements eignet sich von allen GEM-Programmen das *GEM-Graph* am besten und zwar für das Erstellen von Geschäftsgrafiken. Fast alle Formen von Diagrammdarstellungen kann man mit diesem Grafikprogramm aufbauen. Bei mehrteiligen Diagrammen können vielfältige Muster und Stricharten zur Unterscheidung verwendet werden. An beliebigen Stellen kann man in der Grafik Beschriftungen aufnehmen.

Als eine besondere Form der Präsentationsgrafik bietet GEM-Graph die Möglichkeit, Symboldiagramme und geografische Darstellungen aufzubauen. Bei den Symboldiagrammen wird ein bestimmtes Symbol (z. B. Währungszeichen für Kosten, Männchen-Symbol für Personalaufwand) für das Aufzeichnen der einzelnen Werte verwendet.

Nachteilig ist die Behandlung von Zahlen in den Grafiken, die lediglich ganzzahlig abgebildet werden können. Auch ist bei den dreidimensionalen Grafiken eine Wertzuordnung zu den einzelnen Säulen nur schlecht möglich.

Mit einer zusätzlichen GEM-Programmkomponente, dem »Programmers Toolkit« kann eine freie Programmierung von weiteren Grafiken vorgenommen werden. So ist mit diesem Tool z. B. die Programmierung der Dreieckgrafik für eine Meilenstein-Trendanalyse denkbar.

Grafikprogramm PIC

PIC (Pictures by PC) ist eine Grafiksoftware, die im Betriebssystem MS-DOS ablauffähig ist. Mit ihr kann man Geschäftsgrafiken erstellen – im wesentlichen Balken- und Liniendiagramme sowie Kreisgrafiken, die auch dreidimensional aufgebaut werden können. PIC unterstützt in einer einfachen Form auch das freie Zeichnen, welches z. B. für Architekturpläne gut genutzt werden kann.

PIC kann allerdings nicht mit anderen PC-Programmen korrespondieren, d. h. eine Übernahme von Daten z. B. aus Tabellenkalkulationsprogrammen ist hier nicht möglich. Auch aus diesem Grund steht PIC in seinem gesamten Leistungsumfang hinter den Grafikprogrammen MS-CHART und GEM.

6.3 PM-Hilfen auf PC

Bild 6.39
Varianten der Diagramm-
darstellung

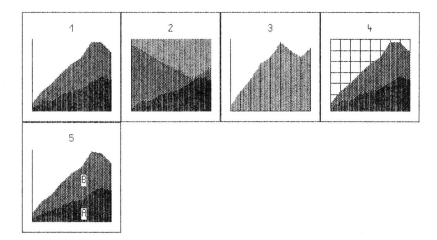

Flächendiagramme

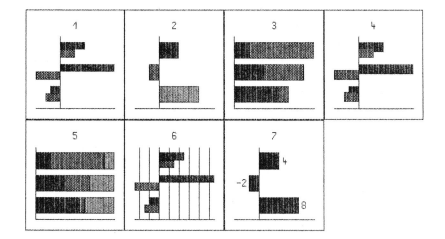

Balkendiagramme

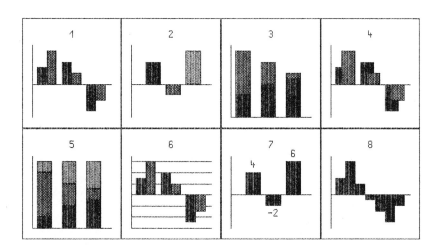

Säulendiagramme

6.3.4 Grafikprogramme

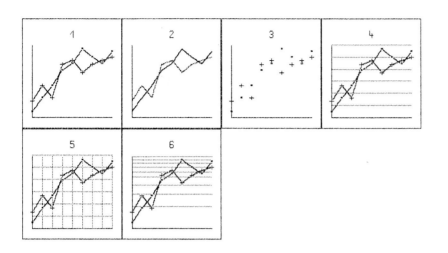

Liniendiagramme

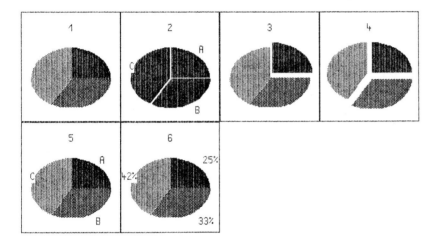

Kreisdiagramme

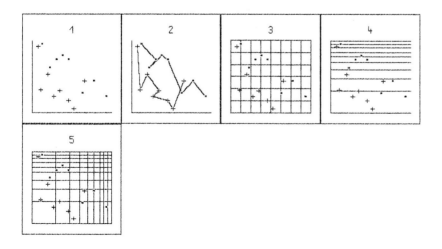

Punktediagramme

Grafikprogramm Lotus 1-2-3

Das Softwarepaket Lotus 1-2-3 [15, 33] ist ein integriertes Anwendersystem, welches mehrere PC-Funktionsbereiche (Tabellenkalkulation, Datenbank, Text und Grafik etc.) unter einer gemeinsamen Bedieneroberfläche umfaßt. Lotus 1-2-3 enthält Grafiksoftware, mit der Geschäftsgrafiken erstellt werden können und zwar im wesentlichen Balken- und Liniendiagramme sowie Kreisgrafiken.

Der große Vorteil bei Lotus 1-2-3 besteht in der »integrierten« Programmkonzeption. So wird die Grafik auf demselben Arbeitsblatt erstellt wie z. B. für Kalkulationen.

Die Grafikmöglichkeit von Lotus 1-2-3 sind nicht so vielfältig wie z. B. diejenigen von MS-CHART und GEM. Vorteilhaft ist allerdings, daß die Datensätze der Tabellenkalkulationen von Lotus 1-2-3 direkt vom Grafikprogramm umgesetzt werden können. Außerdem kann man die Grafiken komfortabler ausstatten, da mit Lotus 1-2-3 programmiert werden kann.

Diagrammarten

Abhängig vom Präsentationsziel bieten Grafikprogramme unterschiedliche Varianten von Diagrammen zur Informationsdarstellung an. Wie in Kap. 4.6.3 ausgeführt, gibt es folgende Arten von Diagrammen:

▷ Balkendiagramme,
▷ Säulendiagramme,
▷ Flächendiagramme,
▷ Treppendiagramme,
▷ Liniendiagramme,
▷ Punktediagramme und
▷ Kreisgrafiken (»Kreisdiagramme«).

Diagramme mit stetigen Kurvenverläufen werden hier nicht behandelt, da diese derzeit von keinem PC-Grafikprogramm erstellt werden können.

Hinzu kommen als Sonderformen noch die

▷ Spannweitendiagramme und
▷ Symboldiagramme.

Alle hier aufgeführten Diagrammarten können noch in sehr unterschiedlichen Ausprägungen dargestellt werden. Beispiele hierfür sind in Bild 6.39 vorgestellt, wie sie z. B. in dem Grafikprogramm MS-CHART angeboten werden.

6.4 Verfahrenseinführung

6.4.1 Einführungsmaßnahmen

Art und Umfang der für eine Verfahrenseinführung notwendigen Maßnahmen hängen stark von der Entwicklungsumwelt sowie von der angestrebten Durchdringung der Rechnerunterstützung ab. Wichtig ist hier, z. B. zu wissen, ob es sich um eine Entwicklungsumwelt handelt, die vornehmlich Einzelprodukte für das Liefergeschäft zum Gegenstand hat, oder um eine solche, die mehr auf Entwicklungen für das System- und Anlagengeschäft orientiert ist. Wesentlich ist auch, ob die verfahrenstechnische Projektunterstützung für das gesamte Gebiet des Projektmanagements, also von der Termin- und Kostenplanung bis hin zum Konfigurationsmanagement reichen soll, oder ob man nur einzelne PM-Hilfsmittel, wie Netzplanverfahren oder Kalkulationsprogramme, nutzen will. Sowohl die zu verwaltende Projektdatenmenge als auch die zeitliche Einbettung der einzusetzenden Verfahren in den Entwicklungsablauf sind hierbei bedeutsam.

Zunächst sollte der Betriebsrat über den geplanten Verfahrenseinsatz informiert werden. Ein Mitbestimmungsrecht des Betriebsrats ist allerdings nicht gegeben, wenn das Verfahren nur *gruppen*bezogen die Daten speichert – also keine *personen*bezogenen Auswertungen vornimmt (Kap. 6.4.2). Ein guter Informationsfluß – auch wenn formell eventuell nicht erforderlich – fördert natürlich die gegenseitige Vertrauensbasis, die für ein kooperatives Miteinander in einem Entwicklungsbereich unabdingbar ist.

Weiterhin ist die Entwicklungsmannschaft rechtzeitig auf den neuen Verfahrenseinsatz vorzubereiten, sei es im Wissen z. B. um die Netzplantechnik oder Methoden der Aufwandsschätzung, sei es um die veränderte Gestaltung von Formularen, Stundenkontierungsbelegen o. ä. Ein Verfahrenseinsatz kann natürlich nur dann erfolgreich sein, wenn der einzelne Mitarbeiter motiviert ist und dazu beiträgt, daß die gewünschten Projektdaten in vollständiger und unverfälschter Form anfallen. Man sollte also ein Verfahren nicht *gegen* eine Entwicklungsmannschaft einführen.

Unabhängig von den speziell einzusetzenden Verfahren können einige allgemeine Maßnahmen für eine Verfahrenseinführung formuliert werden, die sich auf

▷ die Ablauforganisation
▷ die Projektplanung
▷ die Verfahrenstechnik

beziehen.

Administrative und organisatorische Maßnahmen

Als erstes sind die organisatorischen Voraussetzungen zu schaffen. Zu den für das Anpassen der bestehenden Ablauforganisation erforderlichen Maßnahmen gehören:

▷ Einrichten eines Projektbüros,
▷ Informieren des Betriebsrats bzw. Abstimmen mit dem Betriebsrat,
▷ Neue Ablauforganisation abstimmen mit der FuE-Kaufmannschaft,
▷ Koordinieren der beteiligten Rechenzentren, in denen die einzelnen Verfahren eingesetzt sind bzw. werden,
▷ Bereitstellen der erforderlichen Personal Computer bzw. Terminals,
▷ Ausarbeiten eines koordinierten Monatsablaufs,
▷ Klären der Datenverfügbarkeit und Informationsbereitstellung,
▷ Festlegen der Verantwortlichkeiten und Zuständigkeiten,
▷ Erstellen eines Rundschreibens zur Verfahrenseinführung,
▷ Ausarbeiten von Arbeitsanweisungen.

Fachliche Maßnahmen

Im Rahmen der Projektplanung sind – abhängig von den bereits eingeführten PM-Methoden und -Verfahren – eventuell folgende fachliche Maßnahmen zusätzlich erforderlich:

▷ (Nachträgliches) Aufbauen eines Projektstrukturplanes, d. h. Definieren der Arbeitspakete,
▷ Detaillieren einer vorhandenen Produktstruktur, ggf. Neuaufbau,
▷ Detaillieren der Kontenstruktur,
▷ Zuordnen von Projektstruktur, Produktstruktur und Kontenstruktur,
▷ Erweitern des Prozeßplans (z. B. mit Kennzeichen für Entwicklungsphasen und Tätigkeitsarten)
▷ Aufwandsschätzverfahren an die eigene Entwicklungsumgebung kalibrieren,
▷ Entwerfen von Standardnetzplänen,
▷ Erstellen der Teilnetzpläne,
▷ Planen des Mitarbeitereinsatzes,
▷ Betriebsmittel festlegen und einplanen.

Verfahrenstechnische Maßnahmen

Jedes DV-Verfahren bedingt das Einhalten von Konventionen. Zu den Einführungsmaßnahmen, die sich auf das einzuführende Verfahren beziehen, zählen:

▷ Adaptieren der Programme auf die bereichsspezifischen Erfordernisse,
▷ Verfahrensprogramme und -prozeduren in das künftige Ablaufrechenzentrum übernehmen,
▷ Aufbauen der verfahrensbedingten Stammdateien,
▷ Entwerfen von Eingabeformularen (z. B. Vorgangserfassungsformular),
▷ Erweitern bzw. Anpassen der bestehenden Stundenkontierungsbelege,
▷ Erstaufbau der Netzplandateien,
▷ Durchführen von Pilotversuchen,
▷ Arbeitsanweisungen und Durchführungsbestimmungen verfassen,
▷ Einweisen und Schulen der künftigen Verfahrensabwickler und Nutzer.

Koordinierter Monatsablauf

Besonders wichtig ist das richtige Einbetten der einzelnen Verfahrensschritte in den Projektablauf. Hierbei sollte immer ein geregelter Ablauf angestrebt werden, weil alle sporadischen Verfahrensnutzungen, wie z. B. Netzplanaktualisierung, Aufwandsermittlung, Projektstrukturüberarbeitung, meist sehr schnell im Sande verlaufen.

Natürlich kann die Länge eines revolvierenden Turnus für die einzelnen Erfassungs-, Aktualisierungs- und Auswertungsaktivitäten sehr unterschiedlich sein; sie hängt ganz besonders von den durchschnittlichen Entwicklungszeiten ab. So wird es in einer Kleingeräteentwicklung mit entsprechend kurzen Entwicklungszeiten sinnvoll sein, für die Terminverfolgung und die Stundenkontierung einen 14tägigen Rhythmus zu vereinbaren; bei größeren Entwicklungsprojekten reicht dagegen meist ein Monatsrhythmus aus, wobei man die Netzplanüberarbeitung in noch größeren Abständen vornehmen kann.

In Bild 6.40 ist als Beispiel für einen koordinierten Monatsablauf das Zusammenwirken der beiden Großrechnerverfahren REPROPLIK für die Termin- und Aufwandsüberwachung sowie EPISTEL für die Kostenüberwachung gezeigt.

In diesem Monatsablauf erhält der Entwickler etwa Ultimo minus 3 Tage (U – 3) seinen vorab ausgefüll-

6.4 Verfahrenseinführung

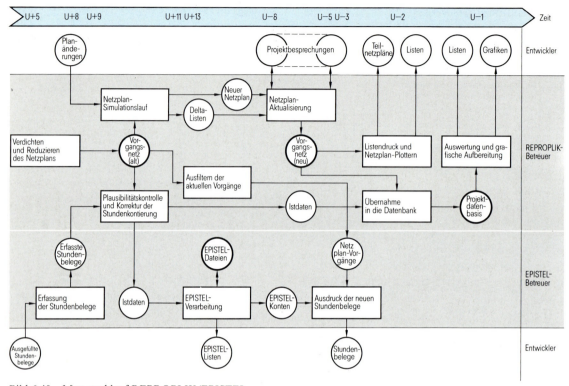

Bild 6.40   Monatsablauf REPROPLIK/EPISTEL

ten Stundenzettel; diesen hat er zu einem bestimmten Termin (U + 5) ausgefüllt wieder abzugeben. Ab U + 13 stehen dann die entsprechenden Auswertungslisten zur Verfügung.

Analog hierzu muß der Entwickler bzw. der Gruppenleiter zu einem bestimmten Termin (U + 8) seine Netzplanänderungswünsche hinsichtlich Terminen und Aufwänden dem Projektbüro mitteilen. Nach Durchrechnen des Gesamtnetzplans werden die sich daraus ergebenen Veränderungen in den monatlichen Projektbesprechungen (U – 8 bis U – 5) erörtert und optimierende Maßnahmen oder Planänderungen beschlossen. Die einzelnen Entwicklungsgruppen erhalten schließlich zum Monatsende ihren auf neuesten Stand gebrachten Teilnetzplan sowie aktuelle Auswertungslisten aus dem Vorgangsnetz und aus der Projektdatenbasis. Zwischen den Betreuern beider Verfahren bestehen ebenfalls klar definierte Übergabepunkte. Der gemeinsame Stundenkontierungsbeleg wird vor Eingabe in EPISTEL (U + 11) und in REPROPLIK mit den Vorgangsnetzdaten plausibilitiert (U + 9). Für die Vorabausfüllung der Stundenbelege liefert der Netzplan die monatsaktuellen Vorgangsdaten (U – 3).

Vorgenannte Aussagen gelten auch beim Einsatz von PC-Verfahren, nur daß diese meist dezentral in den einzelnen Entwicklergruppen ablaufen. Hier ist die Regelmäßigkeit in der Verfahrensnutzung unerläßlich. Dies zu erfüllen, ist sicher bei einem dezentralen Verfahrenseinsatz schwieriger.

Einführungsstrategie

Es hat sich als sinnvoll erwiesen, PM-Methoden und -Verfahren in Entwicklungsbereiche mit noch geringer PM-Durchdringung *etappenweise* einzuführen. Es ist also nicht richtig, voll integrierende Entwicklungsplanungs- und -steuerungsverfahren »auf einen Schlag« in eine bestehende Entwicklungsumwelt einzuführen. Zunächst sollten die methodischen Voraussetzungen bei den Entwicklern geschaffen werden, um dann – bei ausreichender Gewöhnung und Akzeptanz

– mit entsprechender verfahrenstechnischer Unterstützung nachzuziehen.

Eine solche Vorgehensweise in Einzelschritten könnte z. B. aussehen:

1. Einweisen der Entwickler in die Prinzipien des Projektmanagements,
2. Schulen der Entwickler in der Netzplantechnik,
3. Manuelles Aufbauen von singulären Netzplänen bei neuen (nicht »gestreßten«) Teilprojekten,
4. Einsetzen von rechnergestützten Netzplanverfahren für diese singulär erstellten Netzpläne,
5. Zusammenführen der singulären Teilnetzpläne zu einem Gesamtnetzplan,
6. Anbinden der Netzplanung an die Aufwandserfassung, d. h. Einführen einer netzplangesteuerten Stundenkontierung,
7. Übernehmen der Plan- und Istdaten (Termine, Aufwände) in eine gemeinsame Projektdatenbasis,
8. Erweitern der Projektdatenbasis um weitere Kostenelemente.

Bei dieser schrittweisen Vorgehensweise sollte möglichst – falls nicht vorhanden – zu allererst ein Projektbüro eingerichtet werden, das eine ausreichende Projektunterstützung bieten kann. Kompetente Hilfe beim Einführen von PM-Methoden und -Werkzeugen ist für eine gute Akzeptanz bei der Entwicklungsmannschaft von ausschlaggebender Bedeutung.

6.4.2 Arbeitsrechtliches Umfeld

Beim Verarbeiten personenbezogener Daten sind die Vorschriften des *Bundesdatenschutzgesetzes* (BDSG) zu beachten [46]; bei Daten, die sich ausschließlich auf die eigenen Mitarbeiter beziehen, kommt noch das *Betriebsverfassungsgesetz* (BVG) hinzu. Weiterhin müssen die hierzu unternehmensintern erstellten Regelungen berücksichtigt werden.

Aus dem BVG heraus und aufgrund der aktuellen Rechtssprechung des *Bundesarbeitsgerichts* (BAG) ist der Einsatz technischer Einrichtungen, die personenbezogene Daten für die Leistungs- und/oder Verhaltensüberwachung von Mitarbeitern speichern, *mitbestimmungspflichtig;* in diesem Fall ist i. allg. mit dem Betriebsrat eine entsprechende Betriebsvereinbarung zu treffen. Deshalb sollten personenbezogene Daten von Mitarbeitern in rechnergestützten Verfahren – unter Berücksichtigung des Datenschutzes – nur insoweit verwendet werden, als es im Interesse einer wirtschaftlichen Unternehmensführung unerläßlich ist.

Manuell erstellte Unterlagen, wie z. B. handschriftliche Notizen im Rahmen einer Projektkontrolle bleiben davon unberührt; ihre Nutzung muß aber dem BDSG genügen.

Technische Einrichtung

Der Begriff »technische Einrichtung« wird hierbei sehr weit gefaßt, so daß auch Arbeitsplatzsysteme und Bürosysteme darunter fallen können. Die Mitbestimmungspflicht erstreckt sich also nicht nur auf Großrechnerverfahren, sondern auch auf Arbeitsplatzsysteme, die eine dezentrale eigene und selbständige Programmierungs-, Speicher- und Verarbeitungsmöglichkeit bieten (z. B. Personal Computer). Eine herkömmliche (rein mechanische) Schreibmaschine gehört allerdings nicht in diese Kategorie.

Personenbezogene Daten

Im Sinn des BDSG gelten als personenbezogene Daten Einzelangaben über persönliche oder sachliche Verhältnisse einer bestimmten oder bestimmbaren *natürlichen* Person (Betroffener). Zu den personenbezogenen Daten gehören neben den personenindividuellen Daten auch solche, die nur indirekt auf die jeweiligen Personen »beziehbar« sind und somit nur mittelbar individualisiert werden können. Ganz allgemein sind personenbezogene Daten gemäß Bild 6.41 zu unterteilen.

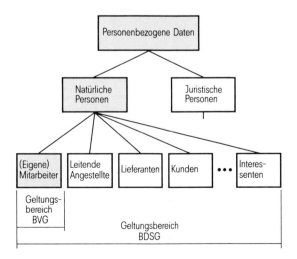

Bild 6.41 Arten personenbezogener Daten

Technische Überwachung

Unter technischer Überwachung ist in diesem Zusammenhang sowohl das rechnerunterstützte *Sammeln* und *Speichern* von Informationen – die eine Aussage über Leistung und/oder Verhalten einzelner Mitarbeiter implizieren – als auch das personenbezogene *Verarbeiten* bzw. *Auswerten* solcher Informationen durch ein rechnergestütztes Verfahren, besonders in Form eines namentlichen Soll/Ist-Vergleichs, zu verstehen.

Dabei ist es nicht erforderlich, daß die technische Einrichtung den Soll/Ist-Vergleich *selbst* durchführt. Es reicht aus, wenn diese nur die Unterlagen für einen manuell vorzunehmenden Vergleich in anderer Weise liefert. Auch ist es nicht von Bedeutung, ob der Anwender subjektiv eine Überwachung besonders in Form eines Soll/Ist-Vergleichs tatsächlich beabsichtigt oder gar nicht daran interessiert ist. Allein ausschlaggebend ist die objektiv vorhandene technische *Fähigkeit* des Rechnerverfahrens zum Ableiten eines derartigen Datenvergleichs.

Im Sinn des BDSG wird unterschieden:

Speichern	Das Erfassen, Aufnehmen oder Aufbewahren von Daten auf einem Datenträger zum Zweck ihrer weiteren Verwendung.
Übermitteln	Das Bekanntgeben gespeicherter oder durch Datenverarbeitung unmittelbar gewonnener Daten an Dritte in der Weise, daß die Daten durch die speichernde Stelle weitergegeben oder zur Einsichtnahme, namentlich zum Abruf bereitgehalten werden.
Verändern	Das inhaltliche Umgestalten gespeicherter Daten.
Löschen	Das Unkenntlichmachen gespeicherter Daten.

Betriebsvereinbarung

Der Betriebsrat ist wegen seines Mitbestimmungsrechts beim geplanten Einsatz von solchen Planungs- und Steuerungsverfahren, die personenbezogene Daten zur Leistungs- und/oder Verhaltenskontrolle speichern, *rechtzeitig* einzubeziehen. Hierbei muß deutlich werden, warum im konkreten Fall die Benutzung personenbezogener Daten im Verfahren notwendig ist, mit welchem Ziel diese verwendet und ggf. von welchem bzw. welchen anderen Verfahren die benötigten personenbezogenen Daten übernommen werden. Weiterhin ist es zweckmäßig, bei geringfügigen Verfahrenserweiterungen und -änderungen, die in irgendeiner Form die personenbezogenen Daten tangieren, den Betriebsrat *vorher* zu informieren und mit ihm eventuell mitbestimmungspflichtige Auswirkungen durchzusprechen. Mit dem Betriebsrat muß weiterhin festgestellt werden, auf welchem Weg ihm eine Überprüfung der erläuterten Verwendung der personenbezogenen Daten von Mitarbeitern ermöglicht wird.

Betriebsvereinbarungen über Projektplanungs- und -steuerungsverfahren enthalten Bestimmungen, die zwischen der Betriebsleitung und dem Betriebsrat vor allem zu folgenden Punkten vereinbart werden:

▷ Geltungsbereich des Verfahrens,
▷ Aufgabe des Verfahrens,
▷ Eingabe- und Stammdaten,
▷ Weiterverarbeitung und Auswertung,
▷ Schnittstellen zu anderen Verfahren,
▷ Zugriffsberechtigung,
▷ Rechte der Vereinbarungspartner.

Der Betriebsrat ist berechtigt, jederzeit Aufklärung über die eingesetzten Rechnerverfahren zu verlangen, bei denen personenbezogene Daten von Mitarbeitern verwendet werden. Ihm ist auf Wunsch Gelegenheit zu geben, im Rahmen der betrieblichen Gegebenheiten und unter Beachtung des Datenschutzes den Verfahrensablauf mitzuverfolgen.

Die Verarbeitung personenbezogener Daten – auch solcher, die keine Leistungs- und Verhaltensdaten darstellen – unterliegen, wie bereits erwähnt, dem Bundesdatenschutzgesetz. Für das Einhalten der dort formulierten Bestimmungen ist der jeweilige Fachvorgesetzte bzw. der »Datenhalter« verantwortlich. Für ein in einem bestimmten Rechenzentrum ablaufenden Personalinformationssystem z. B. trägt also nicht der RZ-Leiter sondern die nutzende Personalabteilung die Verantwortung. Der zuständige Bereichsbeauftragte für Datenschutz (BBDS) kann hierbei zur Beratung herangezogen werden.

Sicherungsmaßnahmen

Im Rahmen eines DV- oder PC-gestützten Verfahrens sind bei der Verarbeitung personenbezogener Daten Sicherungsmaßnahmen vorzusehen. Das BDSG gibt keine konkreten Maßnahmen vor, nennt aber zehn Kontrollbereiche (»Zehn Gebote«), in denen Sicherungsmaßnahmen zwingend vorgeschrieben werden.

Hierbei handelt es sich um:

Zugangskontrolle

Aufgabe einer Zugangskontrolle ist, Unbefugten den Zugang zu Datenverarbeitungsanlagen (und dazu gehören in diesem Zusammenhang auch Personal Computer), mit denen personenbezogene Daten verarbeitet werden, zu verwehren. Zur Zugangskontrolle gehört z. B. das Abschließen der jeweiligen Räume, das Entfernen der Datenträger aus dem freien Zugriff sowie das Abschließen der Bedienungsgeräte.

Abgangskontrolle

Innerhalb der Abgangskontrolle sollen alle Personen, die mit dem Verarbeiten personenbezogener Daten betraut sind, gehindert werden, Datenträger unbefugt zu entfernen. Eine Abgangskontrolle wird z. B. durch das generelle Aufbewahren von Datenträgern, wie Disketten, unter Verschluß erreicht. Beim Ausleihen von Datenträgern ist ein genauer Nachweis über den Verbleib zu führen.

Speicherkontrolle

Die Speicherkontrolle umfaßt alle Maßnahmen, die die unbefugte Eingabe in den Speicher sowie die unbefugte Kenntnisnahme, Veränderung und Löschung gespeicherter personenbezogener Daten verhindern. Eine Speicherkontrolle wird u. a. durch das Verwenden von Datei-Paßwörtern erreicht.

Benutzerkontrolle

Die Benutzerkontrolle soll das Benutzen von Datenverarbeitungssystemen, aus denen oder in die personenbezogene Daten durch selbständige Einrichtungen übermittelt werden, durch unbefugte Personen verhindern. Auch hier ist das Vergeben von Paßwörtern eine wirksame Maßnahme.

Zugriffskontrolle

Mit einer Zugriffskontrolle soll gewährleistet werden, daß die zur Benutzung eines Datenverarbeitungssystems Berechtigten durch selbständige Einrichtungen ausschließlich auf die ihrer Zugriffsberechtigung unterliegenden personenbezogenen Daten zugreifen können. Hierzu gehört z. B. die Möglichkeit der Vergabe von Paßwörtern, deren Zugriffsberechtigung selektiv sowohl hinsichtlich des Datenbereichs als auch der Nutzungsart auslegbar ist. Auf diese Weise kann auch einer unbefugten »Re-Identifizierung« anonymisierter personenbezogener Daten entgegengewirkt werden. Besonders sicher ist das Einrichten nicht aufdeckbarer Paßwörter mit »eigenintelligenten Chipkarten«.

Übermittlungskontrolle

Im Rahmen einer Übermittlungskontrolle muß es möglich sein, zu überprüfen und festzustellen, an welche Stellen personenbezogene Daten durch selbständige Einrichtungen übermittelt werden können.

Eingabekontrolle

Die Eingabekontrolle soll gewährleisten, daß nachträglich überprüft und festgestellt werden kann, welche personenbezogenen Daten zu welcher Zeit von wem in Datenverarbeitungssysteme eingegeben worden sind. Zur Eingabekontrolle gehört auch das gesonderte Sichern der Dateien vor und nach einer Veränderung sowie das Aufbewahren der Veränderungsdaten und Protokolle an geeigneter Stelle.

Auftragskontrolle

Innerhalb einer Auftragskontrolle ist sicherzustellen, daß personenbezogene Daten, die im Auftrag verarbeitet werden, nur entsprechend den Weisungen des Auftraggebers verarbeitet werden können.

Transportkontrolle

Mit einer Transportkontrolle erreicht man, daß personenbezogene Daten bei der Übermittlung sowie beim Transport der entsprechenden Datenträger nicht unbefugt gelesen, verändert oder gelöscht werden können.

Organisationskontrolle

Eine Organisationskontrolle hat die Aufgabe, die innerbetriebliche Organisation so zu gestalten, daß sie den besonderen Anforderungen des Datenschutzes gerecht wird. Organisationskontrollen werden durch das Festlegen der Verantwortlichkeiten und Vertretungsberechtigungen erreicht. Nur der zuständige und autorisierte Mitarbeiter darf mit dem System und den Daten arbeiten.

Weitere Maßnahmen

Die vorgenannten Kontrollbereiche überlappen sich z. T. in ihrer praktischen Auslegung. Für eine optimale bereichsspezifische Anwendung von Sicherungsmaßnahmen beim Verarbeiten personenbezogener Daten ist es daher auch unerläßlich, daß die einzelnen Kontrollvorschriften in einer allgemein zugänglichen *Richtlinie* definiert und festgehalten werden.

Das BDSG verlangt außerdem, eine *Übersicht* zu führen, in der vor allem die Art der verarbeiteten Daten, die Empfänger und die Art der eingesetzten Rechneranlagen dokumentiert sind. Das Führen dieser Übersicht ist gesetzliche Aufgabe der Datenschutzbeauftragten. Hierzu muß man jede entsprechende Verarbeitung vor Beginn dem zuständigen BBDS schriftlich melden. Außerdem ist für jedes DV-Verfahren, welches personenbezogene Daten speichert und übermittelt, ein *Zuverlässigkeitsnachweis* zu erstellen und in die Verfahrensdokumentation aufzunehmen; dieser enthält alle personenbezogenen Datenfelder mit Angabe des jeweiligen *Zulässigkeitsgrundes*.

In weiteren Bestimmungen des BDSG sind die Rechte des Betroffenen festgelegt; diese bestehen grundsätzlich in seinem Anspruch auf Auskunft über die zu seiner Person gespeicherten Daten und ggf. auf deren Berichtigung, Sperrung oder Löschung. Grundlage dafür ist die Pflicht der speichernden Stelle, den Betroffenen über die Speicherung seiner Daten zu unterrichten, wenn davon auszugehen ist, daß er nicht auf andere Weise davon Kenntnis erlangt hat.

6.4.3 PM-Schulung

Das Tätigkeitsfeld Projektmanagement ist bereits zu umfangreich geworden, als daß sich ein einzelner das Wissen hierzu nur schwer ohne besondere Schulung oder Ausbildung aneignen könnte. Wegen der verstärkten Anforderungen an die Entwicklung hinsichtlich Termintreue und Kosteneinsparung ist es aber unerläßlich, daß alle Beteiligten eines Entwicklungsprojekts sowohl über ein ausreichendes Know-how als auch eine entsprechende Erfahrung im Projektmanagement verfügen.

Es ist also erforderlich, eine intensivierte PM-Schulung unternehmensintern durchzuführen. Hierfür bieten sich unterschiedliche Möglichkeiten an:

▷ Lehrbücher
▷ Entwicklungshandbücher
▷ Ausbildungskurse
▷ Schulungsseminare
▷ Informationstagungen.

Lehrbücher

Dieses Medium ist für das autodidaktische Aneignen von PM-Wissen bzw. für das sporadische Nachschlagen bei speziell auftretenden Problemen sehr nützlich. Neben dieser Literatur gibt es eine größere Anzahl Fachbücher zu Themen des Projektmanagements.

Am Schluß des Buches ist lesenswerte Literatur zu Einzelthemen auf diesem Gebiet zu finden.

Entwicklungshandbücher

Das Entwicklungshandbuch stellt das allgemeine Regelwerk für eine Entwicklung dar; es sollte heute eine Selbstverständlichkeit in jedem Entwicklungsbereich sein.

Das Entwicklungshandbuch enthält normalerweise bereichsspezifisch alle Regeln, Richtlinien, Konventionen etc., die für das effektive und zielorientierte Abwickeln der Entwicklungsprojekte notwendig sind. Auch gibt es häufig praxisbezogene Empfehlungen für die Entwicklungsdurchführung, wie Hinweise im Anwenden von Methoden und Werkzeugen.

Im einzelnen werden in einem derartigen Handbuch die Vorgehensweisen für die technische Produktentwicklung, für das Konfigurationsmanagement, für die Qualitätssicherung sowie für das allgemeine Projektmanagement festgelegt und beschrieben. Es handelt sich dabei um:

Produktbezogene Regeln für

▷ die Produktdefinition (Anforderungskatalog, Pflichtenheft, Änderungswesen)
▷ die Produktrealisierung (Versionenverwaltung, Systemengineering, Testkonventionen) und
▷ den Produkteinsatz (Abnahmetest, Einsatzunterstützung, Wartung)

Projektbezogene Regeln für

▷ die Projektdefinition (Entwicklungsauftrag, Wirtschaftlichkeitsnachweis, Aufbau- und Ablauforganisation),
▷ die Projektplanung (Strukturierung, Aufwandsschätzung, Termin- und Kostenplanung),
▷ die Projektkontrolle (Istdatenerfassung, Fortschrittskontrolle, Berichtswesen) und
▷ den Projektabschluß (Abnahmeprozedur, Abschlußanalyse, Erfahrungssicherung, Projektauflösung).

In einigen Bereichen werden spezielle Themen in gesonderte Handbücher ausgelagert, so z. B. ins

▷ Entwicklungsmethodenhandbuch,
▷ Entwicklungsverfahrenshandbuch und
▷ Qualitätssicherungshandbuch.

In dem ersten Handbuch sind die eigentlichen Methoden und Vorgehensweisen für die Entwicklung in den bereichsspezifischen Produktfeldern beschrieben, das zweite enthält ausführliche Erläuterungen zu den einzusetzenden Verfahren. Des weiteren werden – in Anbetracht der Bedeutung der Qualitätssicherung – für dieses Themengebiet häufig ebenfalls eigene Qualitätshandbücher (QS-Handbücher) herausgegeben.

Ausbildungskurse

Kurse für Projektmanagement werden in großer Anzahl extern, aber auch unternehmensintern, angeboten. Hierbei hat es sich gezeigt, daß Kurse, die von unternehmensunabhängigen Lehrinstitutionen durchgeführt werden, von begrenztem Wert sind. Das Durcharbeiten eines geeigneten Fachbuchs ist da häufig effizienter.

PM-Kurse sollten deshalb nur besucht werden, wenn die Kursunterlagen auf die Spezifika des betreffenden Entwicklungsbereichs ausgerichtet sind. Sinnvoll ist es hierbei sogar, daß bereichsspezifische PM-Methoden und -Verfahren, die z. B. in einem Entwicklungshandbuch vorliegen, als Bestandteil des Lehrstoffs aufgenommen werden.

Schulungsseminare

Besonders wertvoll sind Schulungsmaßnahmen in Form eines Fachseminars. Solche Seminare haben folgende Merkmale:

▷ Mehrere Tage Dauer (etwa 3 bis 5 Tage),
▷ geografische Trennung vom Arbeitsplatz,
▷ gemeinsame Übernachtung und
▷ interdisziplinäre Zusammensetzung.

Durch den mehrtägigen Aufenthalt von Mitarbeitern mit unterschiedlichem Aufgabenbereich an einem vom Arbeitsplatz entfernten Ort ist ein besonders hoher Grad der Lernintensivität erreichbar.

Gemeinsame Abende können für Gruppenarbeiten, Vorträge oder Diskussionen genutzt werden. Zu der hohen Effektivität gesellt sich meist noch eine – verursacht durch das Gruppenerlebnis – gesteigerte Motivation für die zu behandelnden Themengebiete.

Bei einem Schulungsseminar wird der Lernstoff nicht in der kursüblichen Form dargebracht. Vielmehr kommen moderne Methoden der Gruppendynamik zum Einsatz. Insgesamt sollten dabei genutzt werden:

▷ Einzelvorträge,
▷ Gruppenarbeiten,
▷ Diskussionsrunden,
▷ Übungsbeispiele und
▷ Planspiele.

Besonders Planspiele haben sich beim Verdeutlichen von Methoden des Projektmanagements als sehr effizient gezeigt. Natürlich müssen diese die wirklichen Projektumwelten mit allen denkbaren Geschehnissen möglichst praxisnah widerspiegeln; anderenfalls wird es nur eine »Spielerei« ohne Lerneffekt.

Informationstagungen

Sollen spezielle Führungskreise *einmalig* über bestimmte Themengebiete informiert werden, so bietet sich eine Informationstagung an; diese sollte zwei Tage nicht übersteigen. Bewährt haben sich bei solchen Tagungen:

▷ Kurzreferate und Fachvorträge,
▷ Podiums- und Plenumsdiskussionen,
▷ Informationsstände,
▷ Vorführungen und Demonstrationen sowie
▷ moderierte Diskussionsrunden (»Workshops«).

Es sollten möglichst alle diese Formen genutzt werden, da jede auf ihre Weise die unterschiedlichen Charaktere anspricht. Sowohl »nur zuhören« kann man, als auch »selbst sprechen«.

Weiterhin hat es sich als sinnvoll erwiesen, nicht einen generellen Ablauf der Tagung vorzusehen, sondern die einzelnen Informationsblöcke dem Teilnehmer *fakultativ* anzubieten (»Informations-Börse«). Der Teilnehmer kann dann – ganz nach seinem spezifischen Informationsbedürfnis – eine eigene Auswahl treffen. Dies hat allerdings zur Folge, daß mehr Informationsblöcke als für einen einzigen, direkten Durchgang angeboten und daß einige auch mehrfach präsentiert werden müssen.

Zielgruppen

Zielgruppen für eine PM-Schulung sind:

▷ Bereichs- und Abteilungsleiter
▷ Projektleiter
▷ Projektmitarbeiter.

Tabelle 6.10 Zielgruppen einer PM-Schulung

PM-Schulung \ Zielgruppe	Lehrbuch	Entwicklungs-handbuch	Ausbildungs-kurs	Schulungs-seminar	Informations-tagung
Bereichs- und Abteilungsleiter	×	(×)			× ×
Projektleiter	×	× ×	(×)	× ×	×
Projektmitarbeiter	×	×	× ×	(×)	

× × vornehmlich
×   üblich
(×) teilweise

Die Anwendung der unterschiedlichen Möglichkeiten einer PM-Schulung muß auf diese Zielgruppen Rücksicht nehmen. Es ist also eine nach Zielgruppen differenzierte Wissensaufbereitung erforderlich.

Tabelle 6.10 zeigt die sinnvolle Zuordnung der PM-Schulungsmöglichkeiten.

Es wird deutlich, daß die Informationstagung das geeignete Instrument für die PM-Schulung des oberen Führungskreises ist. Dagegen für die Projektleiter bieten sich vornehmlich PM-Schulungsseminare z. B. als Projektleiterseminare auf Basis des Entwicklungshandbuchs an, und die Projektmitarbeiter werden am besten durch entsprechende PM-Ausbildungskurse eingewiesen.

6.4.4 PM-Untersuchung

Für das Aufdecken von Fehlerquellen und Mängeln in einem bestehenden Projektmanagement und zum Aufzeigen von Verbesserungsmaßnahmen kann es sehr förderlich sein, eine allgemeine Untersuchung in der ganzen Entwicklungsumgebung durchzuführen. Dabei müssen alle Bereiche, von der Projektplanung bis hin zum Produkteinsatz, systematisch nach eventuellen Schwachstellen durchleuchtet werden.

Derartige Untersuchungen haben aber leicht den Charakter einer *Revision*. Deshalb sollten sie immer in Abstimmung mit den zuständigen Entwicklungs- und Projektleitern und unter Einbeziehung von Entwicklern vorgenommen werden; nur so wird realitätskonformes Beurteilen der eingesetzten PM-Methoden und -Verfahren möglich sein. Weiterhin darf die PM-Untersuchung nur wenig Zeit beanspruchen, damit der personelle Aufwand in einem vertretbaren Rahmen bleibt.

Hieraus resultiert für eine effektive PM-Untersuchung die nachstehend beschriebene, bewährte Vorgehensweise.

Prinzip ist dabei nicht die gesamte, allumfassende Untersuchung einer Entwicklungsumgebung, sondern das gezielte Betrachten relevanter Funktionsbereiche, wobei Grundlage der PM-Untersuchung ein Fragenkatalog ist, der für einen ausgewählten Personenkreis aus repräsentativen Projekten eines Entwicklungsbereichs angewendet wird.

Jeweils mit nicht mehr als zwei bis drei Mitarbeitern können mit diesem *stichprobenartigen* Vorgehen in relativ kurzer Zeit (drei bis vier Wochen) sehr große Entwicklungsbereiche – mit einigen hundert Entwicklern und einer größeren Anzahl Projekte – auf Schwachstellen untersucht und Verbesserungs- und Rationalisierungsmaßnahmen abgeleitet werden.

Die einzelnen Schritte bei dieser Form einer PM-Untersuchung sind:

▷ Festlegen des Untersuchungsfelds,
▷ Erstellen des Fragenkatalogs
   (mit Hilfe eines Standard-Fragenkatalogs),
▷ Durchführen der Interviews und
▷ Auswerten der Interview-Ergebnisse.

Festlegen des Untersuchungsfelds

Wegen des engen Zeitrahmens und der geringen Personalstärke ist das Untersuchungsfeld stark einzugrenzen, natürlich nur so weit, daß die Gesamtbetrachtung darunter nicht leidet. Einerseits wird daher der zu befragende Personenkreis systematisch begrenzt, andererseits werden für den zu betrachtenden Entwicklungsbereich nur repräsentative und besonders aussagekräftige Projekte herangezogen.

In die Befragung sind folgende Personen einzubeziehen:

▷ Leiter des Entwicklungsbereichs
   (Top-Management-Ebene),
▷ FuE-Kaufleute,
▷ Projektleiter und
▷ Entwickler (Sachbearbeiter-Ebene).

Die zahlenmäßige Verteilung dieser vier Personenkreise muß in einer ausgewogenen Relation zueinander stehen, d. h., es sollen mehr Entwickler als Projektleiter und FuE-Kaufleute einbezogen werden. Die namentliche Auswahl ist hierbei z. B. nach vorliegenden Organisations- und Arbeitsplänen oder nach Zufallsprinzip möglich. Auch bietet es sich an, gezielt mit ähnlichen Funktionen betraute Personen für die Befragung vorzusehen, um – durch die parallele Abfrage – eine Kontrolle hinsichtlich der Richtigkeit der Einzelantworten zu erreichen.

Werden in dem Entwicklungsbereich außerdem mehrere Projekte abgewickelt, so ist auch hier eine repräsentative Auswahl zu treffen, d. h. ein ausgewogenes Verhältnis zu schaffen zwischen

▷ Klein- und Großprojekten,
▷ Kurz- und Langläufern,
▷ erfolgreichen und kritischen Projekten,
▷ HW- und SW-Projekten sowie
▷ (reinen) Entwicklungs- und Projektierungsprojekten.

Handelt es sich um eine große Anzahl nur kleinerer Projekte, kann das Zufallsprinzip auch bei der Projektauswahl angewendet werden.

Erstellen des Fragenkatalogs
(mit Hilfe eines Standard-Fragenkatalogs)

Damit in kurzer Zeit eine möglichst große Anzahl Personen befragt werden kann, ist die Nutzung eines sorgfältig ausgearbeiteten und klar strukturierten Fragenkatalogs unerläßlich. Ein freies Interview erfordert i. allg. erheblich mehr Zeit als das systematische Abarbeiten eines Fragenkatalogs. Das »gelenkte Interview« benötigt meist nicht mehr als 1 bis 2 Stunden. Außerdem ist das Ergebnis einer standardisierten Befragung auch konformer und erlaubt ein schnelleres Auswerten und Beurteilen der erfaßten Antworten. Beim Erstellen des Fragenkatalogs kann auf in der Praxis bereits bewährte Standard-Fragenkataloge (Anhang A1) zurückgegriffen werden. Durch Weglassen, Ändern und Hinzufügen von Fragen kann man diesen jeweils auf die speziellen Erfordernisse der eigenen PM-Untersuchung adaptieren. Primär bezieht sich ein solcher Katalog auf die beiden Fragenkomplexe:

▷ Welche PM-Methoden und -Instrumentarien sind bereits vorhanden, wie werden diese bewertet, welche Mängel haben sie?
▷ Welche Bedürfnisse hinsichtlich einer methodischen und instrumentellen Hilfe bestehen bei den Projektgruppen?

Mit der Beantwortung der im Katalog aufgeführten Fragen durch den ausgewählten Personenkreis soll der Istzustand des existierenden sowie die Sollvorstellung eines verbesserten Projektmanagements dokumentiert werden.

Der erwähnte Standard-Fragenkatalog ist wie folgt gegliedert:

Themen des Standard-Fragenkatalogs

1. Projektumgebung

    1.1 Allgemeines zur Projektdefinition
    1.2 Projektleitung und Projektmitarbeiter
    1.3 Projektantrag
    1.4 Zulieferung und Beistellung
    1.5 Wirtschaftlichkeitsbetrachtung
    1.6 Projektorganisation
    1.7 Prozeßorganisation

2. Projektplanung

    2.1 Produktstrukturplanung
    2.2 Projektstrukturplanung
    2.3 Aufwands- und Kostenplanung
    2.4 Terminplanung
    2.5 Personaleinsatzplanung
    2.6 Betriebsmitteleinsatzplanung
    2.7 Qualitätsplanung und -lenkung

3. Projektkontrolle

    3.1 Allgemeines zum Projektablauf
    3.2 Entscheidungs- und Kontrollfunktion
    3.3 Terminkontrolle
    3.4 Aufwands- und Kostenkontrolle
    3.5 Sachfortschrittskontrolle
    3.6 Änderungs- und Fehlermeldungswesen
    3.7 Qualitätsprüfung
    3.8 Kontrolle der Zulieferungen und Beistellungen
    3.9 Projektberichterstattung

4. Projektabschluß

    4.1 Entwicklungsende
    4.2 Schulung des Anwenders
    4.3 Projektabschlußanalyse
    4.4 Erfahrungssicherung
    4.5 Projektauflösung

5. Methoden und Hilfsmittel

    5.1 Projektplanungs- und -steuerungsverfahren
    5.2 Projektbibliothek
    5.3 Produktverwaltung
    5.4 Technische Dokumentation
    5.5 Richtlinien und Werkzeuge für die Entwicklung

Durchführen der Interviews

Nachdem Personenkreis und Fragenkatalog feststehen, kann die eigentliche Frageaktion durchgeführt werden. Zu Beginn vereinbart man in einem »Interviewplan« die genauen Termine der Interviews mit den einzelnen Gesprächspartnern; hierbei können die Einzelinterviews zur Vorgehensbeschleunigung auch – bei Vorhandensein entsprechend vieler Interviewer – zeitlich parallel ablaufen. Sowohl den Projekt- und Entwicklungsleitern als auch den Entwicklern selbst werden die im Katalog aufgeführten Fragen möglichst wortgetreu nacheinander zur Beantwortung gestellt. Das Übergehen von während des Interviews als irrelevant erkannten Fragen sollte man natürlich nutzen. Es muß aber jegliche suggestive Beeinflussung vermieden werden, um die Objektivität der Befragung sicherzustellen.

Die Antworten werden in möglichst unveränderter Formulierung mitprotokolliert. Das Verwenden vorbereiteter Leerformulare mit den bereits eingetragenen Fragen stellt hierbei eine erhebliche Erleichterung für die Mitschrift dar, da es vorteilhaft ist, den »Redefluß« des Interviewten möglichst wenig durch – protokollbedingtes – Nachfragen zu stören. Das Antwortformular kann darüber hinaus noch formelle Angaben enthalten wie

▷ Identifikation der Frage,
▷ Name des Interviewten,
▷ Name des Interviewers,
▷ Datum des Interviews,
▷ Projektzugehörigkeit und
▷ Organisationszugehörigkeit.

Eine positive Einstellung des Gesprächspartners zum Interview ist besonders wichtig für das Ergebnis des Interviews, deshalb muß zu Beginn durch eine geeignete Einleitung eine harmonische und kooperative Atmosphäre geschaffen werden. Hierzu gehört der Hinweis auf die Notwendigkeit einer Verbesserung im Projektmanagement und die Wichtigkeit des Einbeziehens der Meinung der Interviewten, aber auch das Aufzeigen der gemeinsamen unternehmerischen Zielsetzungen. Das Interview sollte möglichst beim Interviewten stattfinden, da der Interviewer sich vor Ort ein besseres Bild vom Tätigkeitsumfeld machen kann und gleichzeitig Projektunterlagen sofort greifbar sind. Auch fördert die »heimatliche« Umgebung das allgemeine Interviewklima.

Auswerten der Interview-Ergebnisse

Da sich die Antworten der einzelnen Personen alle auf dieselben Fragen in identischer Reihenfolge beziehen, wird das Zusammenführen der Einzelbefragungen sehr erleichtert. Zu jeder einzelnen Frage bildet man aus den unterschiedlichen Antworten eine Summenantwort mit notwendigen Ausnahme- und Sondervermerken. Gewichten der Antworten, z. B. nach Rang oder Bedeutung der Interviewten, entfällt bei dieser Meinungsverdichtung normalerweise. Nur in »strittigen Fällen« sollte die »Wertigkeit« der Informationsquelle berücksichtigt werden.

Nach Bilden der Summenantwort folgt das Bewerten der einzelnen Themenkomplexe; hierbei werden die Stärken und Schwächen des untersuchten Projektmanagements aufgezeigt. Bei offensichtlichen Schwachstellen sollten schließlich entsprechende Empfehlungen abgeleitet und formuliert werden. Ein Beispiel für eine solche Ergebniszusammenfassung ist in dem PM-Merkblatt 39 im Beiheft aufgeführt.

Auf Basis dieser Empfehlungen kann dann gemeinsam mit den Beteiligten – das sind im wesentlichen die Projekt- und Bereichsleiter und die für die Projektunterstützung zuständigen Stellen – ein Maßnahmenkatalog für gezielte Verbesserungen und Rationalisierungen im bestehenden Projektmanagement erarbeitet werden. Der Maßnahmenkatalog selbst sollte zu den einzelnen beschlossenen Maßnahmen stets die Erfüllungstermine und die Namen der »Kümmerer« enthalten.

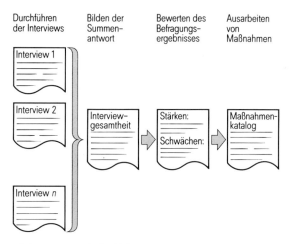

Bild 6.42   Ergebnisableitung

Fehlerquellen

Mit der Wahl der hier beschriebenen Arbeitsmethodik, nämlich:

▷ Repräsentativ ausgewählte Projekte,
▷ Standard-Fragenkatalog,
▷ stichprobenartige Befragung und
▷ Ergebniszusammenfassung analog der Struktur des Fragenkatalogs,

soll bei einer begrenzten Untersuchungszeit erreicht werden, daß mit großer Wahrscheinlichkeit der in dem Untersuchungsbericht dargestellte Zustand mit dem tatsächlichen Ist übereinstimmt.

Da aber sowohl personell als auch fachlich immer nur – trotz aller »Repräsentativität« – ein Teilausschnitt des zu untersuchenden Entwicklungsbereichs betrachtet wird, ergeben sich zwangsläufig nicht zu vermeidende Fehlerquellen, die man im Untersuchungsbericht explizit nennen sollte. Zu diesen Fehlerquellen zählen z. B.:

▷ Die Interviewer haben nur geringe Kenntnisse von den zu untersuchenden Entwicklungsaufgaben und -abläufen.
▷ Kontrollbefragungen bei »funktional gleichen« Personen müssen aus Zeitgründen unterbleiben.
▷ Verständnisschwierigkeiten bei den Fragen bzw. beim Interpretieren der Antworten sind gegeben.
▷ Projekt- und Personenauswahl sind nicht repräsentativ.

Das vollständige Nennen möglicher Fehlerquellen kann bei einer späteren Verifizierung einzelner Empfehlungen sehr hilfreich sein.

A1 Fragenkatalog für PM-Untersuchung

1 Projektumgebung

1.1 Allgemeines zur Projektdefinition
1.2 Projektleitung und Projektmitarbeiter
1.3 Projektantrag
1.4 Zulieferung und Beistellung
1.5 Wirtschaftlichkeitsbetrachtung
1.6 Projektorganisation
1.7 Prozeßorganisation

2 Projektplanung

2.1 Produktstrukturplanung
2.2 Projektstrukturplanung
2.3 Aufwands- und Kostenplanung
2.4 Terminplanung
2.5 Personaleinsatzplanung
2.6 Betriebsmitteleinsatzplanung
2.7 Qualitätsplanung und -lenkung

3 Projektkontrolle

3.1 Allgemeines zum Projektablauf
3.2 Entscheidungs- und Kontrollfunktion
3.3 Terminkontrolle
3.4 Aufwands- und Kostenkontrolle
3.5 Sachfortschrittskontrolle
3.6 Änderungs- und Fehlermeldungswesen
3.7 Qualitätsprüfung
3.8 Kontrolle der Zulieferungen und Beistellungen
3.9 Projektberichterstattung

4 Projektabschluß

4.1 Entwicklungsende
4.2 Schulung des Anwenders
4.3 Projektabschlußanalyse
4.4 Erfahrungssicherung
4.5 Projektauflösung

5 Methoden und Hilfsmittel

5.1 Projektplanungs- und -steuerungsverfahren
5.2 Projektbibliothek
5.3 Produktverwaltung
5.4 Technische Dokumentation
5.5 Richtlinien und Werkzeuge für die Entwicklung

1 Projektumgebung

1.1 Allgemeines zur Projektdefinition

1. Wie heißt das Projekt, in dem Sie mitarbeiten?
2. Welchen Umfang hat dieses Projekt hinsichtlich Aufwand, Kosten und Dauer?
3. In welcher Entwicklungsphase befindet sich das Projekt?
4. Welchen Entwicklungsanteil hat die Software bei diesem Projekt?
5. Welcher Prozentanteil des gesamten Projektvolumens wird für das reine Projektmanagement vorgesehen?
6. Wann wurde mit dem Projekt begonnen? Gibt es Vorläufer?
8. Sind die Projektziele schriftlich niedergelegt?
9. Sind Projektrisiken bekannt? Worin bestehen Sie?

1.2 Projektleitung und Projektmitarbeiter

1. Sind die Verantwortungsbereiche klar abgegrenzt? Gibt es Lücken in den Verantwortungsbereichen?
2. Nach welchen Kriterien werden die Projektleiter ausgewählt?
3. Haben die Projektleiter und -mitarbeiter Erfahrung im Management von Entwicklungsprojekten?
4. Haben die Projektleiter bereits ähnlich große Projekte erfolgreich durchgeführt?
5. Sind die Projektleiter für ihre Aufgabe speziell geschult worden?
6. Wie ist das Verhältnis Ihrer fachlichen Mitarbeit zu Ihrer Tätigkeit der reinen Projektplanung und -steuerung?
7. Wie erfolgt die PM-Schulung der Führungskräfte?
8. Sind die Projektmitarbeiter mit weiteren, d. h. projektfremden Aufgaben betraut?

1.3 Projektantrag

1. Wer ist der Auftraggeber? Wer zahlt die Entwicklung?
2. Wie wird abgerechnet? Festpreis oder nach Aufwand?
3. Wo sind die Produkt- und Projektanforderungen festgelegt?
4. Wann wurde das Pflichtenheft zuletzt geändert? In welcher Form?
5. Sind die Abnahmekriterien in den Projektanträgen enthalten? Gibt es Wartungsvereinbarungen?
6. In welcher Form kümmert sich der Auftraggeber um das Projekt?
7. Werden weitere Versionen systematisch geplant?
8. Wer sind die Benutzer bzw. Anwender des Produkts?
9. Kennt der Projektleiter die örtlichen Besonderheiten des Einsatzgebiets beim Anwender?
10. Gibt es Auflagen (Konventionen, Richtlinien) des Auftraggebers zur Form des Projektmanagements?

1.4 Zulieferung und Beistellung

1. Welche Abhängigkeiten von anderen Produktentwicklungen bzw. Projekten gibt es? Wie werden sie berücksichtigt?
2. Gibt es Unterauftragnehmer (intern, extern)? Bestehen für diese Verträge?
3. Wird die Produktion beizustellender Entwicklungsteile beim Zulieferer überwacht?
4. Enthalten die Zulieferverträge (intern und extern) Auflagen für den Fall der nicht vollständigen Erfüllung (z. B. Festpreis, Konventionalstrafe)?
5. Stellt der Auftraggeber Personal? Sonstige Beistellungen durch den Auftraggeber?
6. Gibt es unter den Zulieferern »unsichere« Kandidaten? Wenn ja, welche Vorsorgemaßnahmen sind getroffen worden?

1.5 Wirtschaftlichkeitsbetrachtung

1. Gibt es eine Kosten/Nutzen-Analyse (Gesamtprodukt und Komponenten)?
2. Welche Methoden zur Wirtschaftlichkeitsbetrachtung werden verwendet?
3. Wie wird der Nutzen quantifiziert?
4. Wieweit wird sichergestellt, daß Nachfolgelasten (Mehrkosten nach Ablieferung) mitberücksichtigt werden?
5. Werden Fremdprodukte in die Wirtschaftlichkeitsbetrachtung miteinbezogen?
6. Werden mehrere Lösungsalternativen aufgezeigt und bewertet?
7. Ist eine spätere Wirtschaftlichkeitskontrolle vorgesehen?
8. Gibt es eine »Life-cycle-cost«-Betrachtung? Wenn ja, in welcher Form?

1.6 Projektorganisation

1. Welche Form der Projektorganisation liegt vor?
2. Seit wann besteht die jetzige Organisation? Bis wann wird diese gelten?
3. Wem ist der Gesamtprojektleiter unterstellt?
4. Gibt es Teilprojektleiter?
5. Wie ist die Stellvertretung geregelt?
6. Hat der Projektleiter Weisungsbefugnis (Abgrenzung zur Linie)? Wofür ist er verantwortlich? Wofür wird er verantwortlich gemacht?
7. Wann ist die Aufgabe des Projektleiters abgeschlossen?
8. Welche Projektgremien sind installiert?
9. Wann haben welche Projektgremien das letzte Mal getagt?
10. Ist ein Projektbüro eingerichtet? Wenn ja, mit welcher Personalkapazität?

1.7 Prozeßorganisation

1. Wird bei Ihnen ein standardisierter Prozeßplan verwendet?
2. Wie wird der HW-Prozeß mit dem SW-Prozeß koordiniert?
3. Welche Entwicklungsphasen sind wie definiert?
4. Gilt für alle am Projektbeteiligten dieselbe Phaseneinteilung?
5. Wie ist die Fremdprodukt-Entwicklung in die eigene Prozeßorganisation eingebunden?
6. Können bei Ihnen Projektteile phasenverschoben abgearbeitet werden?
7. Werden die Phasenergebnisse als Meilensteine vorher geplant und festgeschrieben?
8. Finden Phasen- bzw. Meilenstein-Entscheidungssitzungen statt?
9. Wie ist der Übergang zur Fertigung in Ihrer Prozeßorganisation geregelt?

2 Projektplanung

2.1 Produktstrukturplanung

1. Gibt es einen Produktstrukturplan? Für Hardware und Software?
2. Wieviel Strukturebenen hat dieser? Wie werden sie genannt?
3. Ist der Produktstrukturplan bei allen Entwicklungsgruppenleitern bekannt?
4. Wie wird die Zuordnung der Produktstruktur zum Kontenplan vorgenommen?
5. Gibt es Probleme zwischen Hardware oder Software? Wenn ja, wo?
6. Werden bestehende HW- bzw. SW-Teile für diese Entwicklung übernommen?
7. Werden bestimmte Module bzw. Baugruppen mehrfach verwendet? Ist das dokumentiert und wo?
8. Wird die Produktstruktur vom Konfigurationsmanagement übernommen?

2.2 Projektstrukturplanung

1. Gibt es bei Ihnen einen Projektstrukturplan? Anzahl der Ebenen?
2. Gibt es eine Zuordnung zwischen Projektstruktur und Produktstruktur?
3. Welche durchschnittliche Größe haben die Arbeitspakete im Projektstrukturplan?
4. Existiert bei Ihnen eine arbeitsteilige Entwicklung, z. B. Designgruppe, CAD-Gruppe, Codiergruppe und Testgruppe?
5. Gibt es eine Korrelation zwischen Projektstruktur und Organisationsstruktur?
6. Kennt jeder Entwickler den Projektstrukturplan?
7. Wann ist der Projektstrukturplan das letzte Mal aktualisiert worden?

2.3 Aufwands- und Kostenplanung

1. Wie wird der Entwicklungsaufwand geschätzt?
2. Wer ermittelt den Aufwand? Werden einzelne Entwickler in die Aufwandsschätzung einbezogen?
3. Kommen bei Ihnen Aufwandsschätzmethoden und -verfahren (wie z. B. PRICE, SICOMO) zum Einsatz?
4. Werden Expertenschätzungen abgehalten (z. B. in Form einer systematisierten Schätzklausur)?

5 Wird eine projektkonforme Kostenplanung durchgeführt (Gesamtprodukt und Komponenten)? Welche Kostenarten und -elemente werden hierbei unterschieden?
6 Für welchen Zeitraum gilt die Aufwands- und Kostenplanung?
7 Wie und wann werden Aufwandsschätzungen aktualisiert?
8 Werden Reserven für Risiken eingeplant?
9 Stützt sich die Aufwandsschätzung auf Kennzahlen aus einer Erfahrungsdatensammlung?
10 Auf welche Weise wird die projektbezogene Kostenplanung mit der Wirtschaftsplanung abgestimmt?

2.4 Terminplanung

1 Gibt es eine Terminplanung (Gesamtprodukt und Komponenten)? Welcher Planungshorizont gilt hierbei?
2 Wie detailliert ist die Terminplanung? Was ist hierbei die durchschnittliche Arbeitspaketgröße?
3 Gibt es einen Netzplan? Wird für die Netzplanung ein Großrechner- oder ein PC-Verfahren eingesetzt?
4 Werden Fremdentwicklungen in den Terminplan mit eingebunden?
5 Gibt es eine eigene Urlaubsplanung?
6 Wird die Aus- und Weiterbildung der Mitarbeiter berücksichtigt?
7 Werden im Plan projektfremde Wartungstätigkeiten berücksichtigt?
8 Sind die Terminpläne bei allen Betroffenen bekannt?
9 Sind Puffer für Risiken eingeplant?

2.5 Personaleinsatzplanung

1 Gibt es einen Projektplan für den Personaleinsatz?
2 Gibt es einen zeitlichen Abgleich der Termin-, Kosten- und Kapazitätspläne? Werden hierfür rechnergestützte Verfahren verwendet?
3 Berücksichtigt der Einsatzplan die notwendige Einarbeitung in das Projekt?
4 Sind Reserven für mögliche Personalausfälle vorgesehen?
5 Wie weit reicht der Planungshorizont?
6 Wie ist die Bindung von Entwicklern durch im Einsatz befindliche Produkte berücksichtigt?

7 Wird die Personalbeschaffung unter Berücksichtigung notwendiger Einarbeitungszeiten rechtzeitig geplant?
8 Gibt es Perosnalanforderungsprofile?
9 Werden die Mitarbeiter einer projektspezifischen Weiterbildung unterzogen? Gibt es Schulungspläne?
10 Welche Grundausbildung erfährt ein neuer Mitarbeiter?
11 Sind die Gruppenleiter in die Grundlagen des Projektmanagements eingewiesen worden?
12 Welche Zeitdauer ist ein Mitarbeiter im Durchschnitt jährlich auf Kurs?
13 In welcher Form und mit welchem Aufwand werden die Mitarbeiter im Qualitätsbewußtsein geschult?

2.6 Betriebsmitteleinsatzplanung

1 Wieviel Consultants werden im Projekt beschäftigt? Sind diese in »fachkritischen« Bereichen eingesetzt?
2 Wird die benötigte Rechenzeit systematisch eingeplant?
3 Gibt es Engpässe bei den zur Verfügung stehenden Testanlagenzeiten?
4 Wieviel SW-Entwickler müssen sich einen SW-Arbeitsplatz teilen?
5 Stehen ausreichend viele CAD-Arbeitsplätze zur Verfügung?
6 Wie groß ist die Durchdringung mit Personal Computern?
7 Werden bei Engpässen der Geräteverfügbarkeit mitarbeiterbezogene Belegungspläne für die Gerätenutzung erstellt?
8 Ist die Bevorratung von Entwicklungsmaterialien (Geräte, Disketten, Bauteile etc.) gesichert?
9 Gibt es einen Plan für notwendige Schreibkapazität, Druckaufträge, Sprachübersetzungen etc.?
10 Sind moderne Bürokommunikationsgeräte für den projektinternen Informationsfluß eingesetzt bzw. ist der Einsatz geplant?

2.7 Qualitätsplanung und -lenkung

1 Gibt es Richtlinien für das Beurteilen der Produktqualität?
2 Wo sind die Qualitätsmerkmale festgelegt?
3 Welche Maßnahmen werden eingeplant, um die Qualität des Produkts zu sichern?

4 Gibt es einen Qualitätsbeauftragten für das Projekt?
5 Wie wird die Qualität von Fremdproduktanteilen eingeplant?
6 Gibt es einen Reviewplan, der die durchzuführenden Inspektionen enthält?
7 Welche Testarten gibt es?
8 Gibt es eine Test- bzw. Prüfplanung für die einzelnen Komponenten und das Gesamtprodukt?
9 Ist ein »Prototyping« in der SW-Entwicklung vorgesehen?
10 Ist eine Zuverlässigkeitsbetrachtung geplant?
11 Werden qualitätssichernde Maßnahmen für die Fertigung bereits innerhalb der Entwicklung vorgesehen?
12 Gibt es einen Qualitätssicherungsplan?

3 Projektkontrolle

3.1 Allgemeines zum Projektablauf

1 In welchen Zeitabschnitten werden welche Zwischenzustände festgehalten? Entsprechen diese dem vorgeschriebenen Prozeßplan?
2 In welchen Zeitintervallen wird die Stundenkontierung vorgenommen? Wer füllt die Belege aus, die einzelnen Mitarbeiter oder die Gruppenleiter?
3 In welcher Form bekommen die Projektmitglieder (Mitarbeiter, Gruppenleiter, Projektleiter etc.) ihre Aufgaben zugewiesen? In schriftlicher Form?
4 Gibt es einen definierten und eingefahrenen Informationsaustausch auf allen Hierarchieebenen?
5 Welche Kontakte gibt es zur Fertigung? Zu welchen Zeitpunkten?

3.2 Entscheidungs- und Kontrollfunktion

1 Welche Gremien gibt es, die einen Einfluß auf das Projekt haben?
2 Was geschieht, wenn das Entscheidungsgremium sich nicht einigen kann?
3 Wo werden Entscheidungen festgehalten? Wer prüft das Einhalten von Entscheidungen?
4 Gibt es für die Auftraggeberseite einen vollverantwortlichen Vertreter?

5 Welche Aufgaben hat das Projektbüro?
6 Wer beurteilt die Ergebnisse zum Abschluß einer Entwicklungsphase bzw. eines Meilensteins?
7 Gibt es eine Überprüfung der Projektpläne (Kontrolle der Planung)? Durch wen?
8 Wer hat die Produkt- bzw. Systemanforderungen überprüft?
9 Ist der Auftraggeber in einem Gremium vertreten? In welchem?
10 Existiert ein Change Control Board?

3.3 Terminkontrolle

1 In welchen Zeitabschnitten werden die Terminpläne aktualisiert?
2 Gibt es bei Ihnen ein offizielles Rückmeldewesen?
3 Wer entscheidet, daß ein Termin erreicht wurde?
4 Werden Meilenstein-Trendanalysen erstellt?
5 Was wird unternommen, wenn ein Termin platzt?
6 Wird bei Ihnen die Netzplantechnik eingesetzt? Wenn nein, warum?
7 Welche besonderen Schwächen hat das eingesetzte Terminüberwachungsverfahren?
8 Welchen Nutzen ziehen Mitarbeiter, Gruppenleiter und Projektleiter jeweils aus dem Verfahren?

3.4 Aufwands- und Kostenkontrolle

1 Gibt es einen Plan/Ist-Vergleich der Aufwände und der Kosten, singulär und trendmäßig?
2 In welchen Zeitabschnitten wird der Kostenstatus festgestellt? Und wie?
3 Gibt es Berichte zur wirtschaftlichen Situation des Projekts (Wirtschaftlichkeitskontrolle)?
4 Gibt es eine periodische Restaufwands- bzw. -kostenschätzung?
5 Werden Kostentrendanalysen durchgeführt?
6 Welche DV-Verfahren zur Aufwands- und Kostenüberwachung werden eingesetzt?
7 Werden RZ-Kosten projektspezifisch ausreichend detailliert ausgewiesen?
8 Wie werden die anderen Sachkosten, wie Kosten für Consultantleistungen und Musterbauten erfaßt?
9 Wie wird ein aktueller und vollständiger Überblick über die »Obligo«-Kostenanteile erreicht?
10 Gibt es eine Bestellwertfortschreibung?

3.5 Sachfortschrittskontrolle

1 Wie wird der Sachfortschritt im Projekt gemessen?
2 Unterscheidet man zwischen Produktfortschritt und Projektfortschritt?
3 Wird ein Soll/Ist-Vergleich des Sachfortschritts vorgenommen?
4 Gibt es eine Arbeitswertbetrachtung?
5 Werden zum Beurteilen des Sachfortschritts Kontrollindizes herangezogen? Wenn ja, wie werden diese gebildet?
6 Werden systematische Trendanalysen im Erreichen technischer Leistungsgrößen vorgenommen?

3.6 Änderungs- und Fehlermeldungswesen

1 Wie werden Änderungen beantragt? Gibt es ein formalisiertes Änderungswesen?
2 Was geschieht mit eingehenden Änderungsanträgen?
3 Wer genehmigt Änderungen?
4 Wer bezahlt diese Änderungen? Gibt es hierüber Vereinbarungen?
5 Wie werden genehmigte Änderungen in die laufende Entwicklung eingeführt?
6 Wie werden Fehler in der Dokumentation, in der Software und in der Hardware behandelt?
7 Wie ist gewährleistet, daß aufgetretene Fehler und Mängel umgehend beseitigt werden?

3.7 Qualitätsprüfung

1 Gibt es eine laufende Qualitätskontrolle (für Software, für Hardware)?
2 Wann hat die letzte Inspektion stattgefunden? Gibt es darüber ein Protokoll? Wer verantwortet die empfohlenen Maßnahmen?
3 Ist im Rahmen der SW-Entwicklung eine »Code-Review« vorgesehen?
4 Welche Test- und Prüfmaßnahmen werden i. allg. vorgenommen?
5 Gibt es eine geplante »Antiprodukt«-Entwicklung?
6 Wo, wie und von wem wird der Qualitätsstatus festgehalten?
7 Werden laufende Performance-Untersuchungen (Laufzeit, Speicherbedarf etc.) durchgeführt?
8 Wird eine systematische Zuverlässigkeitsbetrachtung vorgenommen?
9 Findet eine Überprüfung der Qualitätssicherung (Audit) statt?
10 Gibt es Qualitätsgruppen?

3.8 Kontrolle der Zulieferungen und Beistellungen

1 Wer kontrolliert die Zulieferer?
2 Was wird kontrolliert?
3 Was passiert, wenn ein Zulieferer seine Termine, Leistungen oder Kosten nicht einhält?
4 Wie werden Zulieferungen und Beistellungen übernommen?
5 Wie ist die spätere Wartung der Zulieferprodukte geregelt?

3.9 Projektberichterstattung

1 Besteht ein offizielles PM-Berichtswesen?
2 Welche Berichte gibt es?
3 Wird in festen Intervallen oder auf Anfrage berichtet? Wer berichtet wem?
4 Wie wird über Ausnahmesituationen berichtet?
5 Wie stark wird die grafische Informationsdarstellung genutzt?
6 Geschieht die Berichterstattung außer in Papierform auch im Dialog (Auskunftssystem oder elektronische Post)?
7 In welcher Form erfolgt die Berichterstattung an den (die) Auftraggeber?
8 Ist die Fertigungsvorbereitung in die Berichterstattung einbezogen?
9 Werden regelmäßige Projektbesprechungen durchgeführt?
10 Welche Projektbesprechungen finden darüber hinaus zu welchen Zäsurpunkten bzw. Ereignissen statt?

4 Projektabschluß

4.1 Entwicklungsende

1. Ist der Übergabemodus festgeschrieben?
2. Welche Abnahmekriterien sind fixiert?
3. Wird die Abnahme des Entwicklungsergebnisses von einer entwicklungsneutralen Stelle vorgenommen?
4. Wie ist die Fertigungsüberleitung geregelt?
5. Gibt es plötzliche Vorabeinsatzfälle, die den geplanten Entwicklungsablauf verzögern?
6. Welche Maßnahmen sind für den Pilot- bzw. Feldtest vorgesehen?
7. Wer übernimmt und überwacht Montage und Transport?
8. Wie ist die Inbetriebnahme geregelt?
9. Wer übernimmt die technische Betreuung der Produkte (SW-Wartung, HW-Kundendienst)?

4.2 Schulung des Anwenders

1. Gibt es Anwenderschulungen? In welcher Form?
2. In welchem Umfang sind solche bisher durchgeführt worden?
3. Gibt es hierfür Schulungsunterlagen?
4. Wer erstellt die Schulungsunterlagen?
5. Sind die notwendigen technischen Voraussetzungen (z. B. Demonstrationsanlage, Vorführbeispiele) für die Schulung gegeben?
6. Wer trägt die Schulungskosten?

4.3 Projektabschlußanalyse

1. Wird eine Projektabschlußanalyse durchgeführt?
2. Wird der tatsächliche Leistungsumfang mit dem ursprünglich geplanten Leistungsumfang verglichen?
3. Wird eine der Vor- und Mitkalkulation adäquate Nachkalkulation vorgenommen?
4. Gibt es eine abschließende Kosten/Nutzen-Analyse für den jeweiligen Einsatzfall (Kontrolle der Wirtschaftlichkeit)?
5. Wird die Qualität der Projektplanung beurteilt?
6. Wie werden die Erkenntnisse aus einer Abweichungsanalyse für nachfolgende Projekte gesichert?

4.4 Erfahrungssicherung

1. Wie wird gewährleistet, daß Einsatzerfahrungen in die laufende Weiterentwicklung einfließen (Rückkopplung)?
2. Wie wirken Einsatzerfahrungen auf zukünftige Projekte?
3. Werden systematisch Produkt- und Projektmeßdaten ermittelt?
4. Werden gezielt Kennzahlen aus diesen abgeleitet?
5. Gibt es eine Erfahrungsdatenbank? Wenn nein, ist eine solche geplant?
6. Gibt es einen »Erfahrungsdatenbeauftragten« in Ihrem Bereich?

4.5 Projektauflösung

1. Wird das Projektende offiziell festgestellt und bekanntgegeben?
2. Findet eine offizielle Projektabschlußsitzung statt?
3. Wie wird die Überleitung des Personals auf neue Tätigkeitsfelder geplant?
4. Gibt es für die projekteigenen Ressourcen einen Verwertungsplan?
5. Ist eine besondere Belohnung von Mitarbeitern (z. B. Prämien) vorgesehen, die sich durch außerordentliche Leistungen hervorgetan haben?
6. Welche Anerkennung erfährt der Projektleiter?

5 Methoden und Hilfsmittel

5.1 Projektplanungs- und -steuerungsverfahren

1. Welches Verfahren ist bei Ihnen für die Stundenkontierung eingesetzt? Welche Detaillierung enthält der verwendete Stundenbeleg (Auftragskennzeichen, Unterkonten, Arbeitspakete etc.)?
2. Sind bei Ihnen rechnergestützte Projektplanungs- und -steuerungsverfahren eingesetzt?
3. Wer sind die Nutzer der Verfahren? Welche Auswertungen erhalten Sie?
4. Unterstützen die genannten Verfahren auch die Terminplanung und -überwachung? Wird hierbei die Netzplantechnik genutzt?
5. Welchen Grad der Dialogisierung haben die Verfahren?

6 Werden in Ihrem Bereich PC-Verfahren für die Projektplanung und -steuerung eingesetzt? Wenn ja, welche PC-Standardverfahren werden genutzt?

7 Wie wird der Abgleich der Plan- und Istdaten zwischen den Kostenerfassungs- und -abrechnungsverfahren sowie den Projektplanungs- und -steuerungsverfahren erreicht?

8 Gibt es Probleme in der Aktualität der Berichterstattung durch die eingesetzten Verfahren?

9 Ist der Verfahrenseinsatz hinsichtlich der personenbezogenen Teile mit dem Betriebsrat abgestimmt?

5.2 Projektbibliothek

1 Gibt es eine zentrale Stelle, die alle relevanten Projektdaten archiviert (Protokolle, Berichte, Spezifikationen etc.)?

2 Gibt es hierfür eine DV-technische Unterstützung?

3 Was enthält die Projektbibliothek? Welche Daten und Informationen?

4 Kann aus der Projektbibliothek der aktuelle Zustand des Projekts ermittelt werden?

5 Gibt es einen Verantwortlichen für die Projektdokumentation?

5.3 Produktverwaltung

1 Wie erfolgt die Produktverwaltung für die Hardware und die Software? Gibt es ein Konfigurationsmanagement?

2 Welche Hilfsmittel bzw. Verfahren zur Produktverwaltung werden benutzt?

3 Wer weiß, welche Variante/Version bei welchem Anwender eingesetzt ist?

4 Wie ist das Änderungs- und Fehlermeldungswesen einbezogen?

5 Wer weiß über den Korrekturstand bei den Anwendern Bescheid?

6 Wie werden Produktversion und Dokumentation abgeglichen?

7 Wieviel Versionen werden verwaltet?

8 Wie erkennt ein Anwender, welche Version bzw. Variante er einsetzt?

9 Welches KM-System ist bei Ihnen im Einsatz?

5.4 Technische Dokumentation

1 Wer ist verantwortlich für die technische Dokumentation?

2 Welche Dokumentationsobjekte sind vorgesehen?

3 Wie werden die technischen Dokumente verwaltet? Gibt es eine Dokumentationsbibliothek?

4 Existiert ein Dokumentationsschema für die technische Dokumentation? Welches Identifikationssystem?

5 Welches technische Grunddatenverfahren wird verwendet?

6 Gibt es für die SW-Produktteile auch eine Stücklistensystematik?

7 Welche Medienbrüche gibt es beim Erstellen der technischen Dokumentation (definierende und beschreibende Dokumentation)?

5.5 Richtlinien und Werkzeuge für die Entwicklung

1 Welche Entwicklungshilfsmittel werden eingesetzt?
   — für Hardware (welche CAD-Verfahren?)
   — für Software (welche Tools?)

2 Welche Entwicklungsrichtlinien für Hardware und Software gibt es? Wo sind diese niedergelegt?

3 Existieren Richtlinien bzw. Konventionen für das Projektmanagement?

4 Kennen Sie Qualitätsrichtlinien, die für Ihren Entwicklungsbereich bestimmt sind?

5 Gibt es ein Entwicklungshandbuch? Ist es vollständig? Welchen Stand hat dieses?

6 Gibt es einen Richtlinienverantwortlichen?

7 Wurden Werkzeuge (Tools, Support-SW, Prüfverfahren, CAD-Verfahren) speziell für die hier angesprochenen Projekte entwickelt? Welche?

A 2 Verwendete Formelzeichen

In der Praxis hat sich für die unterschiedlichen Produkt- und Projektgrößen noch keine allgemeingültige Schreibweise herausgebildet. Statt dessen findet man häufig mißverständliche und z. T. auch widersprüchliche Formelzeichen.

In diesem Buch werden daher – falls nicht die ausgeschriebene Form gewählt wurde – einheitliche Formelzeichen entsprechend der nachfolgenden Zusammenstellung verwendet. Bei Bedarf kann man zur weiteren Unterscheidung den Formelzeichen noch zusätzliche Indizes anfügen.

A	(Personal-)Aufwand
A_n	Aufwand zum Zeitpunkt t_n
$A_{A'Plan}$	Anteiliger Planaufwand
A_{Ist}	Istaufwand, aufgelaufener Aufwand
A_{Plan}	Planaufwand, geplanter Gesamtaufwand
R_{Rest}	Restaufwand
$A_{V'Ist}$	Voraussichtlicher Gesamtaufwand
B	Budget
B_n	Budget zum Zeitpunkt t_n
c, C	Konstante, z. B. Technologiekonstante
d	Mittlere Ausfallzeit (MDT)
E	Einflußfaktor, Kostentreiber
f	Zinsfuß
F	Funktionswert
G	Gewichtungsfaktor
h	Fehlerrate, Fehlerdichte
H	Fehleranzahl
i	Zählvariable
I	Kontrollindex
j	Zählvariable
K	Kosten
K_n	Kosten zum Zeitpunkt t_n
$K_{A'Plan}$	Anteilige Plankosten
K_{Ist}	Istkosten, aufgelaufene Kosten
K_{Plan}	Plankosten, geplante Gesamtkosten
K_{Rest}	Restkosten
$K_{V'Ist}$	Voraussichtliche Gesamtkosten
l	Ausfallwahrscheinlichkeit
L	Nichtverfügbarkeit eines Systems, Gesamtausfallzeit
m	Definierter Wert einer Zählvariablen
M	Marginalrendite
n	Definierter Wert einer Zählvariablen
N	Gesamtfehlerzahl
O	Obligo, Bestellwert
O_n	Bestellwert zum Zeitpunkt t_n
p	Abzinsungsfaktor
P	Produktivität
q	Aufzinsungsfaktor
Q	Bewertungszahl
r	Anzahl Ausfälle
R	Restwert
R_n	Restwert zum Zeitpunkt t_n
t	Zeitpunkt
t_n	Definierter Zeitpunkt
T	(Terminierte) Zeitdauer
T_A	Amortisationszeit
T_a	Ausfalldauer
T_b	Beobachtungsdauer, Betriebszeit
T_m	Mittlere erwartete Zeitdauer
T_o	Optimistische Zeitdauer
T_p	Pessimistische Zeitdauer
T_r	Reparaturzeit
T_s	Standzeit, Lebenszeit

Z_{Plan}	Plandauer, geplante Gesamtdauer
T_{Rest}	Restdauer
$T_{V'Ist}$	Voraussichtliche Gesamtdauer
T_w	Wahrscheinliche Zeitdauer
U	Menge einer Ergebnisgröße, z. B. Anzahl loc
v	Verflechtungszahl
V	Verfügbarkeit eines Systems
W	Arbeitswert
W_n	Arbeitswert zum Zeitpunkt t_n
x	Unbekannter Wert
z	Zinssatz
Z	Zuschlagsfaktor
λ	Ausfallrate

A 3 Abkürzungen

In das Abkürzungsverzeichnis sind auch Abkürzungen von Begriffen mit aufgenommen, die in diesem Buch nicht verwendet werden, jedoch allgemein in der Literatur auf dem Gebiet des Projektmanagements vorkommen können.

ADSI	Adjusted Delivered Source Instructions
äGf	Äquivalente Gatterfunktion
AF	Anfangsfolge (DIN)
AK	Arbeitskreis
AKZ	Auftragskennzeichen
AM	Arbeitsmenge (DIN)
ANA	Aufwand/Nutzen-Analyse
AOB	Anordnungsbeziehung (DIN)
AP	Arbeitspaket (DIN)
A-PO	Auftrags-Projektorganisation
APS	Anlagenprogrammsystem
ARE	Abrechnungseinheit
ASP	Anlagenstrukturplan
ASV	Aufwandsschätzverfahren
ASW	Anwender-Software
ATA	Aufwandtrendanalyse
AVB	Anschlußverbindung (DIN)
AZ	Abwicklungszentrum
BA	Beratender Ausschuß, Beratungsausschuß
BAB	Betriebsabrechnungsbogen
BARCAD	(Verbindung aus engl. bar und CADIS)
BARCODE	(engl. bar – Stange, Stab)
BBDS	Bereichsbeauftragter für Datenschutz
BS	Bereichsstandort
BC	Betriebswirtschaftlicher Controller
BDSG	Bundesdatenschutzgesetz
BK	Beschleunigungskosten (DIN)
BKZ	Bestellkennzeichen
BPO	Betriebliche Prozeß-Organisation
BVG	Betriebsverfassungsgesetz
BZA	Bereitstellung zur Abnahme
CAD	Computer Aided Design
CAE	Computer Aided Engineering
CAI	Computer Aided Industry
CAM	Computer Aided Manufacturing
CAP	Computer Aided Planning
CAQ	Computer Aided Quality Assurance
CASE	Computer Aided Software Engineering
CAT	Computer Aided Testing
CCB	Change Control Board
CIM	Computer Integrated Manufacturing
CMS	Configuration-Management-System
COCOMO	Constructive Cost Model
CPI	Conversion Planning Increment
CPI	Cost Performance Index
CPM	Critical Path Method
CPS	Critical Path Scheduling
CPPS	Critical Path Planning und Scheduling
CR	Change Request
CV	Cost Variance
D	Dauer (DIN)
DDC	Development Document Control
DEMI	Delivered Executable Machine Instructions
DGK	Dienststellengemeinkosten
DLZ	Durchlaufzeit
DPO	Dienste Prozeß-Organisation
DR	Development Request
DSI	Delivered Source Instructions
DV	Datenverarbeitung
DVA	Datenverarbeitungsanlage
EA	Entscheidungsausschuß
EA	Entwicklungsaufgabe
EAC	Estimate-at-Completion
EDB	Erfahrungsdatenbank
EDSI	Evaluated Delivered Source Instructions
EF	Einflußfaktor
EF	Endfolge (DIN)
EGK	Entwicklungsgemeinkosten
EI	Entscheidungsinstanz
EK	Entscheidungskreis
EK	Einzelkosten
EKF	Entkoppelte Freigabe

EKN	Ereignisknoten-Netzplan (DIN)		HK	Herstellerkosten
EKZ	Entwicklungskennzeichen		HSE	Rangliste der HW-Systemeigenschaften
EM	Einsatzmittel (DIN)			
EMA	Einsatzmittelart (DIN)		IEEE	Institute of Electrical and Electronics Engineers
EMB	Einsatzmittelbedarf (DIN)			
EME	Einsatzmitteleinheit (DIN)		IKZ	Installationskennzeichen
EMK	Einsatzmittelkapazität (DIN)		IPO	Integrierte Prozeß-Organisation
ENP	Entscheidungsnetzplan (DIN)		IPSS	Integriertes Prozeß-System Software
ENPT	Entscheidungsnetzplantechnik (DIN)			
EO	Erfahrungsobjekt		JIT	Just-in-Time
EON	Ereignisorientierter Netzplan (DIN)			
EP	Entwicklungsplanung		KA	Kaufmännische Abteilung
E-PO	Einfluß-Projektorganisation		kbloc	kilo brutto lines of code
EPP	Entwicklungsprozeßplan		kdloc	kilo delta lines of code
EV	Entwicklungsvermerk		KGK	Kontengemeinkosten
EVHB	Entwicklungsverfahrenshandbuch		KI	Kontrollindex
			kloc	kilo (1000) lines of code
FA	Frühester Anfang (DIN)		KM	Konfigurationsmanagement
FA	Fachausschuß		KMS	Konfigurationsmanagement-System
FAT	Frühester Anfangstermin (DIN)		knloc	kilo netto lines of code
FAZ	Frühester Anfangszeitpunkt (DIN)		KP	Kontierendes Personal
FE	Frühestes Ende (DIN)		KPJ	Kontierende Personal-Jahre ($\widehat{=}$ MJ)
FET	Frühester Endtermin (DIN)		KPM	Kontierende Personal-Monate ($\widehat{=}$ MM)
FEZ	Frühester Endzeitpunkt (DIN)		KT	Kommunikationstechnik
FGK	Fertigungsgemeinkosten		KTA	Kostentrendanalyse
fit	failure in time		KZS	Kennzahlensystem
FK	Fachkreis			
FM	Fehlermeldung		LA	Lenkungsausschuß
FP	Freie Pufferzeit (DIN)		LCC	Life-Cycle-Cost
FP	Function Point		LE	Liefereinheit
FPM	Function Point Method		LESS	Least Cost Estimating and Scheduling
FRP	Freie Rückwärts-Pufferzeit (DIN)		LM	Leistungsmerkmal
FT	Frühester Termin (DIN)		LMA	Leistungsmerkmalanforderung
FV	Fertigungsvorbereitung		loc	lines of code
FW	Fertigstellungswert (DIN)		losc	lines of source code
FW	Firmware		L-PO	Projektmanagement-in-der-Linie
FZ	Frühester Zeitpunkt (DIN)			
			MA	Mitarbeiter
GAN	Generalized Activity Networks		MAXD	Maximale Dauer (DIN)
GEM	Grafics Environment Manager		MAXZ	Maximaler Zeitabstand (DIN)
GERT	Graphical Evaluation Review Technique		MD	Mittlere Dauer (DIN)
			MD	Modular Design
GJ	Geschäftsjahr		MDT	Mean Down Time
GK	Gemeinkosten		MEK	Meilenstein zur Ergebniskontrolle
GKF	Gekoppelte Freigabe		MES	Meilensteinentscheidungssitzung
GP	Gesamte Pufferzeit (DIN)		MIND	Minimale Dauer (DIN)
GPL	Gesamt-Projektleiter		MINZ	Minimaler Zeitabstand (DIN)
			MIS	Management-Informationssystem
			MJ	Mann-Jahr
HD	Häufigste Dauer (DIN)		MKZ	Meilenstein-Kennzeichen
HEP	Hardware-Entwicklungsprozeß		MM	Mann-Monat
HEPP	Hardware-Entwicklungsprozeß-Plan		MNPT	Modularnetzplantechnik (DIN)

MPM	Metra Potential Method	PMS	Projektmanagementsystem
M-PO	Matrix-Projektorganisation	PO	Projektorganisation (DIN)
MStd	Mann-Stunde	PPP	Produktprozeßplan
MT	Mann-Tag	PPS	Produktplanungs- und -steuerungssystem
MTA	Meilenstein-Trendanalyse		
MTBF	Mean Time between Failures	PROMPT	Project Management Planning and Tracking System
MW	Mann-Woche		
		PSE	Projektstrukturebene (DIN)
		PSES	Projektstatus-Entscheidungssitzung
NF	Normalfolge (DIN)	PSP	Projektstrukturplan (DIN)
NM	Netzplan-Modul (DIN)	PU	Projektunterstützung
NP	Netzplan (DIN)	PV	Produktvereinbarung
NPT	Netzplantechnik (DIN)	PV-A	Produktvereinbarung-Anregung
		PV-D	Produktvereinbarung-Durchführung
		PV-F	Produktvereinbarung-Fertigung
OAPP	Organisation und Automatisierung Prozeßplan	PVR	Produktvereinbarungsrichtlinie
		PZ	Projektziel (DIN)
OD	Organisation und Datenverarbeitung		
OD	Optimistische Dauer (DIN)	QS	Qualitätssicherung
OS	Ordnungsnummernsystem	QSM	Qualitätssicherungs-Meilenstein
OSP	Objektstrukturplan	QSS	Qualitätssicherungssystem
		QSV	Qualitätssicherungs-Vorgang
PA	Projektantrag		
PA	Planungsausschuß	R	Rang eines Knotens (DIN)
PAG	Produktarbeitsgruppe	RAV	Rechenzentrums-Abrechnungsverfahren
PAK	Produktarbeitskreis		
PB	Produktbibliothek	REFA	Reichsausschuß für Arbeitszeitermittlung (seit 1924)
PD	Pessimistische Dauer (DIN)		
PDM	Precedence Diagramming Method		Reichausschuß für Arbeitsstudien (seit 1936)
PDO	Projektdokumentation (DIN)		
PdSP	Produktstrukturplan		Verband für Arbeitsstudien (seit 1948)
PEA	Produktentwicklungsausschuß		
PEG	Produktentwicklungsgruppe	REP	Ressourcen-Einsatzplanung
PEG	Produktertragsgruppe	RFA	Ready for Acceptance
PEP	Prozeßablauf zur Erstellung von HW-Produkten	R-PO	Reine-Projektorganisation
		RSE	Rangliste Systemeigenschaften
PERT	Programm Evaluation and Review Technique	RW	Rechnungswesen
		RZ	Rechenzentrum
PES	Phasenentscheidung		
PES-S	Phasenentscheidungssitzung	SA	Spätester Anfang (DIN)
PI	Produktinstanz	SA	Structure Analysis
PIS	Produktinstanz-Sitzung	SADT	Structured Analysis and Design Technique
PIS	Projektinformationssystem (DIN)		
PjSP	Projektstrukturplan	SAT	Spätester Anfangstermin (DIN)
PK	Produktkommission	SAZ	Spätester Anfangszeitpunkt (DIN)
PK	Projektklasse	SD	Structure Design
PK	Projektkommission	SDL	Specification Description Language (CCITT)
PKS	Produktkommissionssitzung		
PKZ	Projektkennzeichen	SE	Spätestes Ende (DIN)
PL	Projektleiter(in) (DIN)	SE	System Engineering
PM	Projektmanagement (DIN)	SEG	Systementwicklungsgruppe
PMO	Projekt Management Office	SEP	Software-Entwicklungsprozeß
PMR	Projekt-Meilenstein-Report		

SEPP	Software-Entwicklungsprozeß-Plan	VON	Vorgangsorientierter Netzplan (DIN)
SET	Spätester Endtermin (DIN)	VP	Vertrieblicher Produktverantwortlicher
SEZ	Spätester Endzeitpunkt (DIN)	VPN	Vorgangspfeil-Netzplan (DIN)
SF	Sprungfolge (DIN)	VPO	Vertriebliche (Produkt-)Prozeß-Organisation
SI	Systeminstanz		
SINET	System für interaktive Netzplantechnik		
SKZ	Systemkennzeichen	WA	Wertanalyse
SLIM	Software Life Cyle Management	WBS	Work Breakdown Structure
SNPT	Standardnetzplantechnik (DIN)	WPP	Wirtschaftlicher Produktplan
SPA	Systematische Projekt-Abwicklung	WT	Walk Through
SPEZ	Spezifikation (DIN)		
SPI	Schedule Performance Index		
SPP	Software-Prozeßplan	Z	Zeitabstand (DIN)
SSP	Systemstrukturplan	ZKP	Zeit-Kosten-Planung
SSW	System-Software		
ST	Spätester Termin (DIN)		
Std	Stunden		
SV	Schedule Variance		
SW	Software		
SWT	Structured Walk Through		
SZ	Spätester Zeitpunkt (DIN)		
TAG	Teilaufgabengliederung		
TAT	Type Approval Test		
TC	Technischer Controller		
TDM	Tausend DM		
TK	Technischer Kundendienst		
TKZ	Tätigkeitskennzeichen		
TL	Terminliste		
TNP	Teilnetzplan (DIN)		
TOP	Tagesordnungspunkt		
TP	Technischer Produktverantwortlicher		
TPC	Technical Performance Control		
TPL	Teil-Projektleiter		
TPO	Technische (Produkt-)Prozeß-Organisation		
TPP	Technischer Produktplan		
TREND	Transformed Relationships Evolved from Network Data		
TTA	Termintrendanalyse		
TuT	Typen- und Teileoptimierung		
UP	Unabhängige Pufferzeit (DIN)		
V	Verflechtungszahl (DIN)		
VDM	Vienna Development Method		
VGK	Vertriebsgemeinkosten		
VI	Vergleichsindex		
V'Ist	Voraussichtliches Ist		
VJ	Vorjahr		
VKN	Vorgangsknoten-Netzplan (DIN)		

A 4 Verzeichnis der Formulare, Diagramme und Tabellen

Nachstehend sind alle Formulare, die allgemeingültigen Charakter haben, sowie alle Diagramme und Tabellen, die wichtig sind für die praktische PM-Arbeit, explizit aufgeführt.

Formulare

Bild 2.14 Projektauftrag (Beispiel OAPP)
Bild 2.15 FuE-Auftrag
Bild 2.26 Produkt-Ergebnisrechnung
Bild 2.27 Produkt-Renditerechnung
Bild 2.31 Marginalrenditerechnung
Bild 2.34 Nutzwertanalyse (Gewichtungsfaktoren)
Bild 2.35 Nutzwertanalyse (Zielerreichungsfaktoren)
Bild 2.36 Nutzwertanalyse (Nutzwerte)
Bild 2.37 Nutzwertanalyse bei DV-Verfahren
Bild 2.50 PL-Stellenbeschreibung
Bild 3.26 PRICE H-Eingabeformular
Bild 3.30 PRICE S-Eingabeformular
Bild 3.35 Rechenblatt Funktionswertmethode
Bild 3.38 Ergebnisblatt ZKP-Verfahren
Bild 3.62 Aufgabenplan
Bild 3.72 Vorgangsetikette
Bild 3.73 Vorgangserfassungsformular
Bild 3.88 Personaleinsatzmatrix
Bild 3.89 Schichtplan
Bild 3.91 Belegungsplan
Bild 3.96 Kalkulationsschema
Bild 4.14 Stundenkontierungsbeleg
Bild 4.65 DOKORD-Auswahlverzeichnis
Bild 4.68 Berichtsplan
Bild 4.79 Besprechungsprotokoll

Diagramme

Bild 1.2 »Alter« der Produkte
Bild 1.8 Prozentualer PM-Kostenanteil (Stand 1988)
Bild 1.9 PM-Kosten und Projektkosten (Stand 1988)
Bild 2.40 Optimale Anzahl Hierarchiestufen in einer Organisation
Bild 2.46 Wahl der »richtigen« Projektorganisation
Bild 2.53 Personalstärke eines Projektbüros
Bild 2.60 EKZ/TKZ-Zuordnungsmatrix
Bild 3.24 Einsatzzeitpunkte von Aufwandsschätzmethoden bzw. -verfahren
Bild 3.36 Funktionswertkurve für Anwendersoftware-Systeme
Bild 3.37 Funktionswertkurve für Rationalisierungsverfahren
Bild 3.61 Durchschnittliche Arbeitspaketgröße abhängig von den Entwicklungskosten
Bild 3.75 Anzahl Netzplanvorgänge abhängig von der Projektgröße
Bild 4.10 Diagramm Termintreue
Bild 4.44 SW-Fehlerkosten abhängig vom Entdeckungszeitpunkt (nach Boehm)
Bild 4.46 Restfehlerprognose nach Monaten
Bild 4.53 Restfehlerprognose nach Mann-Stunden
Bild 5.5 Wartung/Entwicklungs-Quotient
Bild 6.39 Varianten der Diagrammdarstellung

Tabellen

1.1 Projektgröße
1.2 PM-Methodeneinsatz
2.1 Varianten einer Wirtschaftlichkeitsbetrachtung
2.2 Modellierungsmethoden und -verfahren
2.4 Aufzinsungstabelle
2.5 Abzinsungstabelle I (Verkürzte Marginalrenditerechnung)
2.6 Abzinsungstabelle II (Ausführliche Marginalrenditerechnung)
2.7 Vor- und Nachteile der einzelnen Projektorganisationen
2.8 Einsatz von Projektgremien
2.9 Optimale Phasenanzahl abhängig von der Projektgröße
2.10 Beispiele von Prozeßorganisationsplänen in der Entwicklung
2.11 Meilensteinergebnisse (bei einer entkoppelten Prozeßorganisation)
2.12 PM-Aufgaben in den einzelnen Phasen
2.13 Meilensteine einer integrierten Prozeßorganisation (am Beispiel der IPO)
2.14 Beispiele von Tätigkeitsarten
3.1 Einordnung der Aufwandsschätzmethoden

3.2   COCOMO-Konstanten
3.3   Wertebelegung der COCOMO-Kostentreiber
3.4   COCOMO-Kostentreiber
3.5   COCOMO-Projektdaten
3.6   Merkmale der COCOMO-Projekte
3.7   Verfahrensfamilie PRICE
3.8   Expansionsfaktor EXPAN
3.9   Gewichtung der Eingaben (bei FPM)
3.10 Gewichtung der Ausgaben (bei FPM)
3.11 Gewichtung der Abfragen (bei FPM)
3.12 Gewichtung der Datenbestände (bei FPM)
3.13 Gewichtung der Referenzdaten (bei FPM)
3.14 Einflußparameter-Katalog (bei FPM)
3.15 Grenzwerte der ZKP-Einflußfaktoren
3.16 Dateiaufwandswert A_D (bei ZKP)
3.17 Verarbeitungsaufwandswert A_V (bei ZKP)
3.18 Problemkenntnisfaktor E_K (bei ZKP)
3.19 Programmiererfahrungsfaktor E_E (bei ZKP)
3.20 Organisationszuschlagsfaktor Z_O (bei ZKP)
3.21 Verlustzeitzuschlagsfaktor Z_{V1} und Z_{V2} (bei ZKP)
3.22 Programmänderungszuschlagsfaktor Z_{P1} und Z_{Ps} (bei ZKP)
3.23 SW-Aufwandsverteilungen (interne Beispiele)
3.24 SW-Aufwandsverteilungen (externe Beispiele)
3.25 Aufwandsverteilung (nach Boehm)
3.26 Zeitverteilung (nach Boehm)
3.27 Gemittelte Aufwandsverteilungen für SW-Entwicklungen
3.28 Gegenüberstelllung der Formen von Expertenbefragungen
3.29 Intenstität des NP-Verfahrenseinsatzes
3.30 Brutto- und Netto-Stundenanzahl abhängig von der Wochenarbeitszeit
3.31 Projektpläne (Übersicht)
3.32 Produkt-QS-Plan
4.1   Vorzeichen der Bewertungszahlen Q_K und Q_T
4.2   Testfallermittlung in den Testphasen
4.3   Qualitätskostenzuordnung im Entwicklungsbereich
4.4   Informationskanäle
4.5   Beispiele von grafischen Informationsdarstellungen
4.6   Teilnehmerkreis von Projektbesprechungen
5.1   Produktmeßdaten
5.2   Projektmeßdaten
5.3   Beispiele von Einflußgrößen
5.4   Produktorientierte Kennzahlen
5.5   Projektorientierte Kennzahlen
5.6   Prozeßorientierte Kennzahlen
5.7   Neztplanorientierte Kennzahlen
5.8   Allgemeine FuE-Kennzahlen
5.9   Probleme bei der Projektauflösung
6.1   Einsatz von KM-Maßnahmen
6.2   Verfahren für die Projektführung
6.3   SINET-Daten (Haupt- und Nebensätze)
6.4   Einsatz PC-gestützter Hilfsmittel
6.5   Tabellenkalkulationsprogramme
6.6   PC-Netzplanverfahren
6.7   PC-Aufwandsschätzverfahren
6.8   PC-Grafikprogramme
6.10 Zielgruppen einer PM-Schulung

Literaturverzeichnis

Literaturhinweise finden sich im Text nur, wenn die angegebene Literatur eine Vertiefung des behandelten Themas ermöglicht. Auf lückenlose Angabe von Literaturstellen zum Quellennachweis wurde verzichtet, da dies eine unnötige Belastung für den Leser darstellt.

[1] Albrecht, P.: MULTIPLAN deutsch – Das erfolgreiche Planungssystem in deutscher Sprache; Markt & Technik Verlag (1984)

[2] Alteneder, A.: Bürografik mit CHART, Praktische Beispiele für PC-Anwendungen; Teil 1 Lernprogramm, Teil 2 Katalog; Siemens AG (1987)

[3] Asam, R.; Drenkhard, N.; Maier, H.-H.: Qualitätsprüfung von Softwareprodukten – Definieren und Prüfen von Benutzerfreundlichkeit, Wartungsfreundlichkeit, Zuverlässigkeit; Siemens AG (1986)

[4] Backhaus, K. (Hrsg.): Planung im industriellen Anlagengeschäft; VDI-Verlag (1984)

[5] Bersoff, E. H.; Henderson, V. D.; Siegel, S. G.: Software Configuration Management, A Tutorial in [5] IEEE. New York (1979)

[6] Boehm, B. W.: Software Engineering Economics; Prentice-Hall, Inc. (1981)

[7] Boehm, B. W.: Verifying and Validating Software Requirements and Design Specifications; IEEE Software, (January 1984)

[8] Burghardt, M.; Feltl, H.; Klugmann, D.; Mukherjee, S.: Grundlagen der Softwaretechnologie; data-praxis, Bestell-Nr. D90/112-01; Siemens AG (1979)

[9] Eiselt, H. P.: Verfahren zur Programmzeitschätzung; 5. Jahrbuch der EDV, Hrsg. Heilmann H. (1976)

[10] End, W.; Gotthardt, H.; Winkelmann, R.: Softwareentwicklung – Leitfaden für Planung, Realisierung und Einführung von DV-Verfahren; Siemens AG (1987)

[11] Fagan, M. E.: Advances in Software Inspections; IEEE Transactions on Software Engineering (July 1986)

[12] Frajer, H. v.: Zur Beschreibung und Steuerung beliebiger Projektabläufe mit der um Makro-Strukturelemente erweiterten Evaluationsnetztechnik; Angewandte Systemanalyse Band 5/Heft 1, S. 19–28 (1984)

[13] Gewald, K.; Haake, G.; Pfadler, W.: Software Engineering, Grundlagen rationeller Programmentwicklung; R. Oldenbourg Verlag (1985)

[14] Groh, H., Gutsch, R. W. (Hrsg.): Netzplantechnik – Eine Anleitung zum Projektmanagement für Studium und Praxis; VDI-Verlag, verlag moderne industrie (1982)

[15] Heine, S.: Lotus 1-2-3, Datenverarbeitung ohne Vorkenntnisse; Sybex-Verlag (1985)

[16] Herrmann, O.: Kalkulation von Softwareentwicklungen, Reihe Datenverarbeitung; Oldenbourg Verlag (1983)

[17] Höft, D.; Schaller, H.: Software-Konfigurationsmanagement in großen Softwareprojekten, Informatik-Spektrum 8, S. 138–152 (1985)

[18] Madauss, B. J.: Planung und Überwachung von Forschungs- und Entwicklungsprojekten; AIB Fachliteratur (1982)

[19] Madauss, B. J.: Projektmanagement; Poeschel Verlag (1984)

[20] McMenamin, St. M.; Palmer, J. F.: Strukturierte Systemanalyse; Carl Hanser Verlag (1988)

[21] Metzger, P. W.: Software-Projekte, Planung – Durchführung – Kontrolle; Carl Hanser Verlag (1977)

[22] Miller, R. W.: Zeit-Planung und Kosten-Kontrolle durch PERT, Ein Leitfaden für die Anwendung in Entwicklung und Fertigung; R. V. Decker's Verlag (1965)

[23] Mokler, A.; Wense, E. v. d.: Beschreibungsregeln für Software, Anfertigen von Kurzbeschreibungen, Deskriptorenkatalog; Siemens AG (1985)

[24] Mulert, K.; Walkhoff, H.: Aufwandsschätzung und -verfolgung für Softwareprodukte, Verfahren Zeit-Kosten-Planung; data praxis, Bestell-Nr. U576-J-Z53-1; Siemens AG (1985)

[25] Noth, T.; Kretzschmar, M.: Aufwandschätzung von DV-Projekten, Darstellung und Praxisvergleich der wichtigsten Verfahren; Springer-Verlag (1984)

[26] Platz, J.; Schmelzer, H. J.: Projektmanagement in der industriellen Forschung und Entwicklung, Einführung anhand von Beispielen aus der Informationstechnik; Springer-Verlag (1986)

[27] Prell, E. M.; Sheng, A. P.: Building Quality and Productivity into a large Software System; IEEE Software (Juli 1984)

[28] Putnam, L. H.: SLIM System Description, Quantitative Software Management Inc., McLean, V. A. (1980)

[29] Rieben, H.: Qualitätskosten, Defintion und Erfassung der Kostenelemente; Zeitschrift Schweizer Maschinenmarkt, Goldbach Nr. 32 (1985)

[30] Rinza, P.: Projektmanagement – Planung, Überwachung und Steuerung von technischen und nichttechnischen Vorhaben, VDI-Verlag (1985)

[31] Saynisch, M.; Schelle, H.; Schub, A.: Projektmanagement (Konzepte, Verfahren, Anwendungen); Oldenbourg-Verlag (1979)

[32] Saynisch, M.: Konfigurationsmanagement – Fachlich/inhaltliche Entwurfssteuerung, Dokumentation und Änderungswesen im ganzheitlichen Projektmanagement; GPM-Schriftenreihe, Verlag TÜV, Rheinland (1984)

[33] Schmalfeld, H.: Mit Lotus 1-2-3 zur integrierten Problemlösung – Tabellenkalkulation, Grafik, Datenbankanwendungen, eine Einführung in die Anwendung von Lotus 1-2-3 mit Beispielen aus der Praxis; Verlag Markt & Technik (1985)

[34] Schmitz, P.; Bons, H.; van Megen, R.: Testen in Software-Lebenszyklus; Vieweg & Sohn Verlag (1983)

[35] Scholz, H.-E. (Hrsg.): Erfolg durch bessere Methoden, Techniken und Hilfsmittel für systematisches Arbeiten im Büro, Siemens AG (1986)

[36] Seiler, J.: Cost and schedule data analysis and forecasting; Project Management, Vol. 3, No. 1 (1985)

[37] Smithy-Wills, D.; Willis, J.; Miller, M. K.: Einführung in SuperCalc – Einfache Beispiele erklären den Umgang mit dem Tabellenkalkulationsprogramm; Verlag Markt & Technik (1984)

[38] Sneed, H. M.: Software Qualitätssicherung für kommerzielle Anwendungssysteme; Verlagsgesellschaft Rudolf Müller GmbH (1983)

[39] Steinbuch, P. A.: Management-Instrumente, ein Leitfaden für die Praxis; VDI-Veralg (1985)

[40] Sulimma, K.-H.; Falkenberg, B.; Plank, R.: Anleitung für die Revision von DV-Projekten; data-praxis, Bestell-Nr. U1972-J-Z53-1; Siemens AG (1984)

[41] Walston C. E.; Felix, C. P.: A method of programming measurement and estimation; IBM Syst. I, No. 1, S. 54–73 (1977)

[42] Williams, R. E.; Taylor, B. J.: SuperCalc – richtig eingesetzt, Alle Tricks der Tabellenkalkulation erklärt an 7 praxisnahen Beispielen; Verlag Markt & Technik (1983)

[43] Wolverton, R. W.: The Cost of Developing Large-Scale Software; IEEE Transactions on Computers, Vol. C-23, No. 6, S. 615–636 (1974)

[44] Yamada, S.; Osaki, S.: Software Reliability Growth Modeling, Models and Application; IEEE Transaction of Software Engineering, Jan. 1985, Voluem SE-11, Number 12 (1985)

[45] Zorn, W.: Der Schlüssel zur Kostenrechnung; Rowohlt Sachbuch 7253 (1979)

Veröffentlichungen von Autorenkollektiven:

[46] BDSG Bundesdatenschutzgesetz, Gesetz zum Schutz vor Mißbrauch personenbezogener Daten bei der Datenverarbeitung; Bundesgesetzblatt Teil I (1977)

[47] DIN 31 623 Indexierung zur inhaltlichen Erschließung von Dokumenten, Teil 1 und Teil 2 (Vornorm) Juni 1983

[48] DIN 55350 Begriffe der Qualitätssicherung und Statistik
Teil 11 Grundbegriffe der Qualitätssicherung
Teil 12 Merkmalsbezogene Begriffe
Teil 13 Begriffe der Genauigkeit von Ermittlungsergebnissen
Teil 14 Begriffe der Probenahme
Teil 15 Begriffe zu Mustern
Teil 16 Begriffe zu Qualitätssicherungssystemen
Teil 17 Begriffe der Qualitätsprüfungsarten
Teil 18 Qualitätsprüfzertifikate
Teil 31 Begriffe der Annahmestichprobenprüfung

[49] DIN 66230 Programmdokumentation, Januar 1981

[50] DIN 66231 Programmentwicklungsdokumentation, Oktober 1982

[51] DIN 66232 Datendokumentation, August 1985

[52] DIN 6789 Dokumentationssystematik Aufbau Technischer Erzeugnis-Dokumentation, Teil 1 (Entwurf) Februar 1986

[53] DIN 69900 Netzplantechnik Begriffe, Teil 1 Dezember 1980, Teil 2 April 1979

[54] DIN 69901 Projektmanagement Begriffe, Dezember 1980

[55] DIN ISO 9000 Leitfaden zur Auswahl und Anwendung der Normen zu Qualitätsmanagement, Elementen eines Qualitätssicherungssystems und zu Qualitätssicherungs-Nachweisstufen, Mai 1987

[56] DIN ISO 9004 Qualitätsmanagement und Elemente eines Qualitätssicherungssystems, Leitfaden, Mai 1987

[57] IEEE Standard Glossary of Software Engineering-Terms, IEEE Std 729–1982 (1982)

[58] IEEE Standard for Software Configuration Management Plans, IEEE Std 828–1983 (1983)

[59] IEEE Standard for Software Quality Assurance Plans, IEEE Std 730–1981 (1981)

[60] IEEE Transaction on Software Engineering; Jan. 1986, Volume SE-12, Number 1 (1986)

Literaturverzeichnis

[61] Kalkulation von DV-Software und Projektierungsleistungen, ZVEI-Arbeitskreis; Verlag W. Sachon (1985)

[62] Kennzahlen Systementwicklung, Arbeitsbericht der deutschsprachigen Gruppe im DIEBOLD-Forschungsprogramm (1983)

[63] ZVEI-Kennzahlensystem – Ein Instrument zur Unternehmenssteuerung, herausgegeben vom Betriebswirtschaftlichen Ausschuß des Zentralverbandes der Elektrotechnischen Industrie e. V.; ZVEI Frankfurt am Main (1976)

[64] Methodenlehre der Organisation, REFA-Verband
Band 1 Grundlagen
Band 2 Ablauforganisation
Band 3 Aufbauorganisation;
Carl Hanser Verlag (1985)

[65] Organisationsplanung; Siemens AG Neuauflage in Vorbereitung

[66] PRICE H   Reference Manual; RCA Corporation (1985)

[67] PRICE M   Reference Manual; RCA Corporation (1986)

[68] PRICE S   Reference Manual; RCA Corporation (1984)

[69] SCHATZ Aufwandsschätzung von Softwareprojekten; Benutzerhandbuch; PSE Siemens AG Österreich (1987)

[70] SDL   Structural concepts in SDL; CCITT, Z. 101 bis Z. 103 (Mai 1983)

[71] SINET   System für interaktive Netzplantechnik Verfahrensbeschreibung, Bestell-Nr. U1513–J1-Z87-4; Siemens AG (1975)

[72] SIPLAN   Integrierte Tabellenkalkulation; Kurzanleitung, Bestell-Nr. U3377-J-Z97-1; Siemens AG (1987)

[73] SIPRO   System für interaktive Projektplanung; Benutzerhandbuch SIPRO-X, Bestell-Nr. U2299-J-Z97-2; Benutzerhandbuch SIPRO-D, Bestell-Nr. U3629-J-Z97-1; Siemens AG (1988)

Stichwortverzeichnis

ABC-Analyse 27, 344
Abgangskontrolle 473
Ablauforganisation 93 ff.
Ablaufplan 254
Ablaufplanung 206 ff.
Ablauftest 325
Abnahme siehe Produktabnahme
Abnahmetest 329, 374 ff.
Abrechnung
–, nach Aufwand 290
–, nach Werksvertrag 291
Abschlußanalyse 381 ff.
Abschlußbericht 381, 409
Abschlußsitzung 409
Abschlußtest 375
Abweichungsanalyse 295, 300, 382 ff.
Abweichungsindex 315
Abweichungsursachen 383
Abzinsung 59
Abzinsungsfaktor 59, 69, 70
Änderungsanforderung 43, 49, 412, 418
Änderungsantrag siehe Änderungsanforderung
Änderungskostenanteil (Kennzahl) 395
Änderungsmeldung 418
Änderungsprozeß
–, begleitender 52
–, eingeschobener 51
–, kontinuierlicher 51
Änderungsquote (Kennzahl) 393
Änderungssteuerung 414, 418
Änderungsüberwachung 414, 418
Änderungsverfahren 49 ff.
Aktionsplan siehe Projektdurchführungsplan
Aktualisierung, Termin- 276
AKZ siehe Auftragskennzeichen
Akzeptanztest 329, 375
Algorithmische Schätzmethoden 129 ff.
Alleinvorgang 194
Allwegetest 326
Alter der Produkte 10
Amortisationsrechnung 54
Amortisationszeit 67
Analogiemethoden 132

Analyse
–, ABC- 27, 344
–, Aufgaben- 204
–, Lebenszyklus- 28 ff.
–, Markt- 25
–, Portfolio- 25
–, Projektabschluß- 381 ff.
–, Sensitivitäts- 161, 461
–, Terminrisiko- 283
–, von Abweichungen 295, 300, 382 ff.
–, der Mängel 43
–, des Nutzwerts 54, 71 ff.
–, der Problemfelder 33 ff.
–, der Produktivitätssteigerung 385
–, der Qualitätskosten 344
–, der Wirtschaftlichkeit 53 ff., 384 ff.
–, der Zuverlässigkeit 333 ff.
Anfangsfolge 194
Anfangsknoten 191
Anfangstermin 196, 207
Anfangszeitpunkt 196
Anforderungskatalog 42, 48, 102
Anforderungsliste 44
Angebotskalkulation 251
Anlagenprojekt 19
Anlagenstrukturplan 116, 254
Annuitätenmethode 54
Anordnungsbeziehung 188, 194, 215
Anschaffungskosten 239
Antrag
–, Änderungs- 50, 412
–, FuE 39
–, Projekt- 37 ff.
Anweisungstest 325
Anwendergremium 85
Anwenderkreis 84
Anwenderunterstützung 380
Arbeitnehmerüberlassungsgesetz 291
Arbeitsauftrag (KM) 417
Arbeitskalender 216
Arbeitspaket
–, Definition 204
–, Größe 204
–, Referenz- 185
Arbeitsplan 254, 258
Arbeitsrecht 471 ff.
Arbeitswert 300, 308, 312

Arbeitswertbetrachtung 308 ff.
Aron-Aufwandsschätzmethode 135
Audit
–, Konfigurations- 339
–, Qualitäts- 339 ff.
Audit-Bericht 340
Audit-Programm 340
Audit-Team 340
Aufbauorganisation 75 ff.
Aufgabenanalyse 204
Aufgabengliederung 118
Aufgabenplan 205, 255, 268
Aufgabenplanung 203 ff.
Aufgabenstellung, richtige 33
Aufgabentest 325
Aufgliederung, Netzplan-(Kennzahl) 395
Aufmaßabrechnung 290
Auftraggeber 37
Auftragnehmer 37
Auftragskennzeichen 123, 124
Auftragskontrolle 473
Auftrags-Projektorganisation 79
Aufwandsauflauf (Kennzahl) 303
Aufwandserfassung 284 ff.
Aufwandsplan 255, 268
Aufwandskontrolle 284 ff.
Aufwandsschätzung 128 ff.
Aufwandsschätzmethode
–, Aron- 135
–, Boeing- 135
–, COCOMO- 130, 137, 138 ff.
–, Funktionswert- 133, 137, 162 ff.
–, IBM-Faktoren- 131
–, Jensen- 130
–, PRICE- 130, 137, 147 ff., 154 ff.
–, Prozentsatz- 135, 137, 178 ff.
–, SLIM- 130, 137
–, Surböck- 131, 137
–, Walston-Felix- 135
–, Wolverton- 134
–, ZKP- 132, 137, 168 ff.
Aufwandsschätzverfahren
–, EDB 132, 175
–, FPM 459
–, PRICE 130, 146 ff.
–, SCHATZ 458 ff.
–, SICOMO 460 ff.
–, ZKP 168 ff., 458

499

Stichwortverzeichnis

Aufwandstrendanalyse 302
Aufwandsverlauf 182
Aufwandsverteilungen,
  phasenorientierte 179
Aufzinsung 59
Aufzinsungsfaktor 59, 69
Ausbildungsplan 255, **261**
Ausbildungskurs für PM 475
Ausfallabstand 334
Ausfallberechnung
–, bei Hardware 333
–, bei Software 336
Ausfalldauer
–, bei Hardware 335
–, bei Software 336
Ausfallklasse 336
Ausfallkosten 343
Ausfallrate 333
Ausfallwahrscheinlichkeit 333
Ausfallzeit **334 ff.**
Auslastungsbericht 359
Auslastungsdiagramm 234
Auslastungsoptimierung
–, kapazitätstreue 232
–, termintreue 232
Auslastungsübersicht
–, für Betriebsmittel 236, 237
–, für Kosten 248
–, für Personal 232, 234
Ausschuß
–, Beratungs- 83
–, Entscheidungs- 85
–, Lenkungs- 85
–, Planungs- 83
–, Produktentwicklungs- 84
Auswahlordnung für Dokumente **352 ff.**
Auswahlverzeichnisse für
  Dokumentationen 353
Auswertungen
–, Verfahren EPS-G 442
–, Verfahren PAUS 445
–, Verfahren REPROPLIK 439
Autonome Projektorganisation 77

Badewannenkurve 333
Balkendiagramm siehe Balkenplan
Balkenplan **207 ff.**, 255, **268**, 466
–, BARCAD- **209**
–, einfacher 207
–, Gantt- 206
–, kombinierter 207
–, PLANNET- **208**
–, vernetzter 207
Balkenplanung **206 ff.**
BARCAD-Balkenplan **209**
Barwert 54, 60

Baseline **101**
–, Anforderungs- 101
–, Design- 101
–, Liefer- 101
–, Order- 101
Basiskonfiguration 417
Basisprojekt 20, 125
Bausteintest 325
BCG-Matrix 26
Bedarf, Einsatzmittel- **201, 230**
Bedarfsermittlung 230
Bedarfsoptimierung
–, kapazitätstreue **202,** 232
–, termintreue **202,** 232
Bedarfsplan siehe Einsatzmittelplan
Bedarfsplanung 201, 230
Bedingungstest 326
Bedingte Pufferzeit **199**
Belegungsplan 237
Benutzerkontrolle 473
Beratungsausschuß 83
Beratungsgremien 83
Bericht siehe auch Projektbericht
–, Projektabschluß- 381, **409**
–, Produktabnahme **377 ff.**
Berichterstattung **354 ff.**
Berichtsliste für
  Terminrückmeldung 274
Berichtsplan 255, **261**, 356
Berichtswesen **355 ff.**
Beseitigungskosten siehe Stillegungs-
  kosten
Besprechung
–, Projekt- **366 ff.**
–, Protokoll 369
–, Teilnehmerkreis 368
–, Termin- 275
Bestellwert 298
Bestellwertfortschreibung 246, **298**
Betreuung
–, bei DV-Verfahrensentwicklung 379
–, bei HW-Produktentwicklung 379
–, bei SW-Produktentwicklung 378
–, bei System-/Anlagenentwicklung 379
Betreuungsaufwand 380
Betreuungsprojekt 20
Betriebsmittel 235
Betriebsmitteleinsatzplanung **235 ff.**
Betriebsmittelkostenbedarf
  (Kennzahl) 394
Betriebsmittelverbrauch (Kennzahl) 394
Betriebe-Organisation 75
Betriebsrat 471
Betriebsvereinbarung **472**
Betriebsverfassungsgesetz 471
Bewertung von Personalstunden **290**

Bewertungszahl
–, Kosten- 309
–, Termin- 309
Bibliothek
–, Objekt- **415 ff.**, 421
–, Produkt- siehe Objektbibliothek
–, Projekt- **370 ff.**
Bildungsschema für Unterkonten
  125
Blockvorgang 222, 455
Boeing-Aufwandsschätzmethode
  135
Bottom-up-Vorgehen 137
Branchenattraktivität 26
Break-Even-Point 67
Brutto-Stundenanzahl **230**
Buchführung, KM- 415
Buchung 293
Budgetierung **242 ff.**
Budgetkontrolle 245
Budgetplanung, Rechenschema **449**
Budgetübersicht **247**
Büroprojekt 19
Bundesarbeitsgericht 471
Bundesdatenschutzgesetz 471
Burn-In-Test 327, 333

CAD 325, 327, 387
CCB siehe Change Control Board
Change Control Board 85, **419,** 422
COCOMO 130, 137, **138 ff.**, 460 ff.
Code Inspektion 325
Code Review siehe Code Inspektion
Cost Data Base siehe Erfahrungs-
  datenbank
Cost driver siehe Kostentreiber
CPM-Netzplanmethode 190
CPPS (Verfahren) 190
CPS (Verfahren) 190

Daten
–, Erfahrungs- **388 ff.**
–, Kenn- 392
–, Merkmals- 390
–, Produktmeß- 388
–, Projektmeß- 388
Datenbank, Erfahrungs- 132, 175,
  400 ff.
Datenbasis, Projekt- **370 ff.**
Datenschutz **472 ff.**
Datenschutzbeauftragter 472
Datentest 326
Dauer
–, mittlere 193
–, optimistische 193
–, pessimistische 193
–, wahrscheinliche 193

DDC siehe Development Design Control
Deckungsrechnung, Projekt- **55 ff.**
Deckungszeitpunkt 55
Definition
–, Produkt- 42
–, Projekt- 13, **24 ff.**
Definitionsphase 99, 104, 108
Degenerationsphase 28
Delphi-Methode
–, Standard- **184**
–, Breitband- **184**
Design-to-Cost (PRICE) **158**
Deskriptoren 176, 390 ff.
Deskriptorenkatalog **391**
DEST-Bhm (Verfahren) **424**
Detailtest 325
Development Design Control 323
Dezentralisierung
–, der FuE-Planung 253
–, der Netzplanung 210, 442
–, der PM-Dienstleistung **91**
Diagramm
–, Balken- **466**
–, Flächen- **466**
–, Kreis- **467**
–, Linien- **467**
–, Punkte- **467**
–, Säulen- **466**
Diagrammverbindung
–, Kombination von Diagrammen **364**
–, Kopplung von Diagrammen **364**
–, Schachtelung von Diagrammen **365**
Dichte (Kennzahl) 393
Diebold-Kennzahlensystem **397**
Dienststellengemeinkosten 289
DIN-Normen 346, 351
Dokumentation
–, Produkt- 345
–, Projekt- **345 ff.**
–, Prüfung der Entwurfs- **321 ff.**
Dokumentationsmanagement 347
Dokumentationsnormen **346**
Dokumentationsnummernsystem 347, 350
Dokumentationsordnung
–, hierarchische **349 ff.**
–, mit Auswahlordnung **352 ff.**
Dokumentationsplan 255, **261**
Dokumentationsrichtlinie 350, 354
Dokumentationsschlüssel **347**
Dokumentationsstruktur **349 ff.**
Dokumentationsverteilung siehe PM-Berichtswesen
Dokumentenliste 351
Down-time siehe Ausfallzeit
Drei-Zeiten-Schätzung **193**

DSS-Modell **338**
Du-Pont-Kennzahlensystem **396**
Durchbruchphase 30
Durchführungsplan siehe Projektdurchführungsplan

Ebene im Netzplan **218**
EDB siehe Erfahrungsdatenbank
Einflußgrad 166
Einflußgrößen **388 ff.**
–, anwendungsbezogene 391
–, entwicklungsbezogene 391
–, personalbezogene 391
–, produktbezogene 391
–, projektbezogene 391
Einflußparameter
–, bei COCOMO-Methode **139**
–, bei Erfahrungsdatenbank **403**
–, bei Funktionswertmethode **165**
–, bei PRICE-Verfahren **147, 154**
–, bei ZKP-Verfahren **171**
Einfluß-Projektorganisation **78**
Einführungsmaßnahmen
–, fachliche **469**
–, organisatorische **469**
–, verfahrenstechnische **469**
Eingabekontrolle **473**
Einplanungskalender **201**
Einsatzmatrix 235, 264
Einsatzmittel **200,** 226
Einsatzmittelbedarf **201**
Einsatzmittelberechnung **200 ff.,** 219
–, kapazitätstreue **202**
–, termintreue **202**
Einsatzmittelplan 255, **263**
Einsatzmittelplanung **226**
Einsatzmittelvorrat **202, 227**
Einsatzphase 99
Einsatzplanung
–, bedarfsbezogene **236**
–, einsatzmittelbezogene **238**
–, freie **237**
–, mitarbeiterbezogene **237**
–, vorratseingeschränkte **235**
–, der Betriebsmittel **235 ff.**
–, bei Multiprojekten **237 ff.**
–, des Personals **226 ff.**
Einzelauftragsorganisation 80
Endfolge 194
Endknoten 191
Endtermin 196, 206
Endzeitpunkt 196
Engpaßanalyse 238
Entscheidungsausschuß siehe Entscheidungsinstanz
Entscheidungsgremien **85**
Entscheidungsinstanz 85

Entscheidungskompetenz des PL **88**
Entscheidungskreis siehe Entscheidungsinstanz
Entscheidungsnetzplantechnik **189**
Entscheidungssitzung 85
Entstehungszyklus 28
Entwicklungsablauf **94**
Entwicklungsantrag **37**
Entwicklungsaufwand
–, phasenorientierte Aufteilung **179**
Entwicklungsdauer
–, optimale 34
–, phasenorientierte Aufteilung **180**
Entwicklungsdienste 12
Entwicklungsdokumentation 346
Entwicklungshandbuch 474
Entwicklungskennzeichen 110, 286, 386
Entwicklungskosten, minimale 35
Entwicklungsmanagement 11
Entwicklungsmodus (COCOMO) **139**
Entwicklungsphasen 99
Entwicklungsplanung, Rechenschema **451**
Entwicklungsprojekt **19**
Entwicklungsprozeß **93 ff.**
Entwicklungsselbstkosten 242
Entwicklungsvereinbarung 41, 251
Entwicklungsvermerk 41
Entwicklungszyklus 28
Entwurfsdokumente, Prüfung der **321 ff.**
Entwurfsmethoden 47, 325
Entwurfsphase 99, 105
Entwurfsüberprüfung **321 ff.**
EPISTEL (Verfahren) **425**
EPS-G (Verfahren) **440 ff.**
Ereignis 188, 190, 191
Ereignisknoten-Netzplan 189, **192 ff.**
Erfahrungsaustausch 86, 401
Erfahrungsdaten **388 ff.**
Erfahrungsdatenbank 132, 175, **400 ff.**
–, betriebswirtschaftliche **401**
–, technische **401**
Erfahrungssicherung **387 ff.**
Erfahrungssicherungsplan 255, 387
Erfahrungsstand (Kennzahl) 394
Erfahrungsobjekt 402
Erfassung
–, der Aufwände **284 ff.**
–, der Kosten **288 ff.**
–, des Sachfortschritts **308**
–, der Termine **273 ff.**
Erfüllungsgrad (Kennzahl) 305, 393
Ergebnisprotokoll **368**

Stichwortverzeichnis

Ergebnisrechnung, Produkt- **57**
Erprobungsphase **99**
Ertragszentrum **76**
Evaluationsnetzplantechnik **190**
Evolution, Produkt- **48 ff.**
Expansionsfaktor bei Programmiersprachen **155**
Expertenbefragung **138, 183 ff.**
–, Delphi-Methode **184**
–, Einzelschätzung **183**
–, Mehrfachbefragung **184**
–, Schätzklausur **185 ff.**
Expertensystem **402**

Fachausschuß **84**
Fachbeirat **86**
Fachkollegium siehe Fachbeirat
Fachkreis **86**
Fachpartnergremium **84**
Faktorenleiste siehe Indikatorenleiste
Faktorenmethoden **131**
Fehler **335**
Fehlerbehebung **343, 380**
Fehlerbehebungskosten siehe Fehlerkosten
Fehlerbehebungslaufzeit (Kennzahl) **394**
Fehlerdichte siehe Fehlerrate
Fehlerentdeckungsrate **337**
Fehlerfunktion **337**
Fehlerkategorie **336**
Fehlerkosten **322, 343**
Fehlermeldung **418**
Fehlerquote (Kennzahl) **393, 395**
Fehlerrate **338**
Fehlerverhütung **342**
Fehlerverhütungskosten **342**
Feldeinführung **379**
Feldtest **379**
Fertigmeldung **274, 278, 302**
Fertigstellungsgrad **207, 306**
–, absoluter **306**
–, prozeßbezogener **307**
–, relativer **306**
Fertigstellungs-Index **316**
Fertigstellungstermin **306, 312**
Fertigstellungswert siehe Arbeitswert
Fertigungseinführung **379**
Fertigungsfreigabetest **375**
Finanzmittelbedarf **60**
Finanzmittelrückfluß **60**
Fixtermin **196**
Flächendiagramme **466**
Fluktuationsquote (Kennzahl) **394**
Folge
–, Anfangs- **194**
–, End- **194**

Folge
–, Normal- **194**
–, Sprung- **194**
Folgekosten **239**
Forschungsprojekt **19**
Fortschrittsbericht **359**
Fortschrittskontrolle **304 ff.**
FPM (Verfahren) **459**
Fragenkatalog
–, für Erfahrungsdatenbank **177**
–, für PM-Untersuchung **477, A 1**
Freie Pufferzeit **198**
Freigabe, Produkt- **377**
Fremdanteil (Kennzahl) **394**
Frühausfallphase **333**
Frühwarnindikator **315**
Frühwarnung **279, 442**
FuE-Auftrag **39, 250**
FuE-Bewertungssystem **396**
FuE-Budgetierung **242 ff.**
FuE-Büro **125, 253, 292**
FuE-Jahresplanungsablauf **250**
FuE-Konto **124**
FuE-Kostenbericht **297**
FuE-Kostendeckungssatz **56**
FuE-Planung **249 ff.**
FuE-Projektdeckungsrechnung **53, 55 ff.**
FuE-Projektkalkulation **239 ff.**
FuE-Rückflüsse **55**
FuE-Rückflußfaktor **56**
FuE-Strategie **27**
FuE-Umsatz-Anteil (Kennzahl) **396**
Function Point Method siehe Funktionswertmethode
Funktionsmatrix **305**
Funktionsmuster **107**
Funktionsstrukturplan **116**
Funktionstest **328**
Funktionsumfang, richtiger **36**
Funktionswert **162**
Funktionswertkurve **166 ff.**
Funktionswertmethode **133, 137, 162 ff., 459**
Funktionszahl **162**

Gantt-Balkenplan **206**
Gegenwartswert **54, 59**
Geldflußrechnung **53**
GEM (Verfahren) **463, 465**
Generalunternehmerorganisation **80**
Geräteanschlußtest **375**
GERT-Netzplanmethode **190**
Gesamte Pufferzeit **198**
Gesamtnetzplan **210, 225**
Geschäftsbuchhaltung **294**

Geschäftsfeldmatrix siehe Geschäftsfeld-Portfolio
Geschäftsfeldplanung **25**
Geschäftsfeld-Portfolio **26**
Geschäftsfeldstärke **26**
Geschäftsgrafiken **465, 466**
Gesetz
–, Arbeitnehmerüberlassungs- **291**
–, Betriebsverfassungsschutz- **471**
–, Bundesdatenschutz- **471**
Gewährleistung **343**
Gewichtungsfaktor **71**
Gewichtungsmethoden **131**
Glättung des Bedarfsverlaufs **202**
Grafikprogramme
–, GEM **463, 465**
–, Lotus 1-2-3 **463, 468**
–, MS-CHART **463, 464**
–, PIC **463, 465**
–, SuperChart **463**
Grafiken **361 ff., 466**
Grafische Aufbereitung **366, 463 ff.**
Grafische Informationsdarstellung **360 ff., 466**
Gremium
–, Anwender- **85**
–, Beratungs- **83**
–, Entscheidungs- **85**
–, Fachpartner- **84**
–, Kommunikations- **86**
–, Nutzer- **85**
–, Planungs- **83**
–, Steuerungs- **84**
Grundparameter **30 ff.**

Herkunftsbereichsnummer **292**
Hierarchiestufen, Anzahl **77**
Histogramm **361**
Höchstabstand siehe Maximalabstand
Host-Rechner **327, 328**
HW-Kategorie **18**
HW-Kostenschätzung **147 ff.**
HW-Planung **105**
HW-Realisierung **105, 109**
Hysteresis der Entwicklungskosten **113**

IBM-Faktorenmethode **131**
Identifikation
–, Dokumentation **347**
–, Netzplanvorgang **213**
Inbetriebnahmeplan **255**
Indikatorenleiste **176 ff.**
Inflationszuschlag **149, 158**
Informationsbedürfnisse **355**

Informationsdarstellung, grafische **361 ff.**
Informationsmanagement 354
Informationstagung 475
Informationswege 355
Innovation 10, 24
Innovationsplanung **24 ff.**
Innovationszyklen **28**
Inspektion **322 ff.**
–, Aufwand **324**
–, Durchführung **323**
Inspektionsplan 255, **263**
Instanz
–, Entscheidungs- 85
–, im Kommunikationsplan 45, 263
Integrationstest **328**, 330
Integrationsverantwortlicher 328
Integrierte Kalkulation 240
Integrierte Prozeßorganisation 95, **107 ff.**
Interdisziplinäre Arbeitsteilung 78, 81
Interne Zinsfußmethode 54
Inter-industrielle Projektorganisation 80, 89
Interview, PM-Untersuchung **478**
Ist-Aufnahme 42

Jahresscheibe 252
Jahresstundenanzahl **230,** 289
Jahreswechsel 246
Jensen-Aufwandsschätzmethode **130**
Jour fixe 367

Kalender
–, Arbeits- 216
–, Einplanungs- **201**
Kalenderdaten (SINET) **431**
Kalendrierung **216**
Kalibrierung **406 ff.**
–, von Aufwandsschätzverfahren 151, 159, **406**
–, von Erfahrungsdatenbanken **407**
–, von Kennzahlensystemen **407**
Kalkulation
–, Mit- **239,** 295
–, Nach- 240, **381 ff.**
–, Vor- **239,** 243, 448
Kalkulationsabschnitte 239
Kalkulationsschema
–, für Projektkalkulation **241**
–, für Stundenverrechnungssätze **289**
Kalkulationsstruktur **240,** 381
Kalkulationswürfel **241**
Kapazitätsauslastung 231, **252**

Kapazitätsermittlung **231**
Kapazitätsplan siehe Einsatzmittelplan
Kapazitätsplanung siehe Personaleinsatzplanung
Kapazitätstreue Bedarfsoptimierung **203**
Kapitalrückflußrechnung siehe Amortisationsrechnung
Kapitalwertmethode 54
Katalog
–, Anforderungs- **42,** 48, 102
–, Deskriptoren- **391**
–, Fragen- 177, **477, A 1**
–, Konten- siehe Kontenplan
–, Maßnahmen- **469**
–, Requirement- siehe Anforderungskatalog
Katastrophenplan 255, 264
KENIA 2 (Verfahren) **426**
Kenndaten siehe Kennzahlen
Kennzahlen **392 ff.**
–, allgemeine FuE- **396**
–, harte 392
–, netzplanorientierte **395**
–, normalisierte 392
–, produktorientierte **393**
–, projektorientierte **394**
–, prozeßorientierte **395**
–, standardisierte 392
–, weiche 392
Kennzahlenmethoden **133 ff.**
Kennzahlensystem **396 ff.**
–, Diebold- **397**
–, Du-Pont- **396**
–, Hierarchiesystem **396 ff.**
–, Netzsystem **396**
–, Ordnungssystem **398 ff.**
Kennzahlenvergleich **385**
Kennzeichen
–, Meilenstein- **98**
–, Phasen- 110
–, Projekt- 222
–, System- 222
–, Tätigkeits- 110
Klasse, Objekt- 45
KM-Büro 423
Knoten
–, Anfangs- 191
–, End- 191
–, Sammel- 191, 197
–, Start- 191
–, Verzweigungs- 191, 198
–, Ziel- 191
Know-how-Sicherungsplan siehe Erfahrungssicherungsplan
Kombination von Diagrammen **364**
Kommunigramm siehe Kommunikationsgraph

Kommunikationsgraph 263
Kommunikationsgremien **86**
Kommunikationsmodell 45
Kommunikationsplan 256, **263**
Komplexität
–, Entwurfs- (PRICE) 149, 152
–, Fertigungs- (PRICE) 149, 152
–, Kennzahl 393
–, Projekt- (PRICE) 156
Komponententest 102
Konferenz, Video- 368
Konfiguration **413,** 416
Konfigurations-Audit 339
Konfigurationsbestimmung 413, 417
Konfigurationskontrolle **418 ff.**
Konfigurationsmanagement **411 ff.**
–, für Projektdokumentation **420 ff.**
–, für Projektplanung **416 ff.**
–, für Projektsteuerung **418 ff.**
Konfigurationsmanagementplan 256
Konfigurationsstruktur 414
Konsortialorganisation 80
Konstante, Technologie- 131
Kontaktplan siehe Kommunikationsplan
Kontenaufbau 124
Kontenkatalog siehe Kontenplan
Kontenplan 124, 256, **258**
Kontenstruktur **122 ff.**
Kontierungsbeleg siehe Stundenkontierungsbeleg
Kontrolle
–, der Konfiguration **418 ff.**
–, der Kosten **284 ff.**
–, der Qualität **321 ff., 325 ff.**
–, des Sachfortschritts **304 ff.**
–, der Termine **273 ff.**
Kontrollindex
–, Abweichungsindex 315
–, Leistungsindex **317**
–, Vergleichsindex **316**
Kontrollinstanz 94
Koordinaten, Netzplan- 218
Kopplung von Diagrammen **364**
KOREKT (Verfahren) **426**
Kosten
–, Entwicklungs- (PRICE) 151
–, Fertigungs- (PRICE) 153
–, Restschätzung von 297, **311 ff.**
–, für Projektmanagement **21 ff.**
–, für Qualitätssicherung **342 ff.**
Kostenabweichung (Kennzahl) **300**
Kostenänderungsmeldung 251
Kostenanteil (Kennzahl) 394
Kostenarten **127**
Kostenauflauf (Kennzahl) **303**
Kostenbericht **297**

503

Kosten-Bewertungszahl **309**
Kosteneinheitswert (Kennzahl) **396**
Kostenelemente **128**
Kostenerfassung **288**
Kostenherkunft **292**
Kostenkontrolle **284 ff.**
–, sachfortschrittsorientierte **300**
–, terminorientierte **299**
Kosten-Leistungsindex **309**, 312, 317
Kosten/Leistungs-Verhältnis (Kennzahl) **395**
Kosten/Meilenstein-Trendanalyse **302**
Kosten/Nutzer-Verhältnis (Kennzahl) **396**
Kostenplan 256, **269**
Kostenplanung **239 ff.**
Kostenschätzmethode siehe Aufwandsschätzmethode
Kostenschlüssel siehe Verrechnungsschlüssel
Kostenstelle **289**
Kosten-Termin-Barometer **300**
Kosten-Termin-Diagramm **299**
Kosten-Termin-Trendanalyse **302**
Kostenträgerrechnung **289**
Kostentreiber (COCOMO) **139 ff.**
Kostentrendanalyse **302 ff.**
Kostenüberrechnung **289**
Kostenübersicht **247**
Kostenvergleichsrechnung **54**
Kostenverteilungsschlüssel 39, **293**
Kreisdiagramm siehe Kreisgrafik
Kreisgrafik 362, **467**
Krisenmanagementplan siehe Krisenplan
Krisenplan 256, **264**
Kritischer Pfad 191, 193, **199**
Kritischer Vorgang 199, 276
Kritischer Weg siehe kritischer Pfad
KSA 2000 RTP (Verfahren) **426**
Kundenprojekt 20, 125

Länderprojekt **20**
Lastgrößen **31**, 280
LCC-Struktur (Kennzahl) **395**
Lebensdauerversuch **334**
Lebenswegkosten siehe Lebenszykluskosten
Lebenszyklus **28**, 130
–, Produkt- **28**
–, Technologie- **29**
Lebenszyklusanalyse **28 ff.**, 130
Lebenszykluskosten 130, 146, 239, 344
LEES (Verfahren) **190**
Leistungsbeschreibung **102**

Leistungsgrößen **31**, 280
Leistungsindex
–, Kosten- 309, 312, **317**
–, Termin- 309, 313, **317**
Leistungsmerkmaltest **375**
Lenkungsausschuß **85**
Life cycle cost siehe Lebenszykluskosten
Liniendiagramme **467**
Linienorganisation **75**
Liste
–, Anforderungs- **44**
–, Rückmelde- **274**
–, Termin- siehe Terminplan
–, Vorgangssammel- **213**
Lotus 1-2-3 (Verfahren) 449, 463, **468**

Management
–, Dokumentations- **347**
–, Entwicklungs- **11**
–, Informations- **354**
–, Konfigurations- **411 ff.**
–, Projekt- **9 ff.**
Mangelanalyse **43**
Marginalrendite **61**
Marginalrenditerechnung 54, **59 ff.**, 387, 450
–, ausführliche **63 ff.**
–, Näherungsformel **68**
–, Tabellenkalkulation **450**
–, verkürzte **62**
Marktanalyse **25**
Marktanteil, relativer **26**
Marktsättigung **28**
Marktstrategie **26**
Marktwachstum **26**
Marktzyklus **28**
Maßnahme
–, Verfahrenseinführung **469**
Materialbezugszettel **291**
Matrix
–, Geschäftsfeld- **26**
–, Mitarbeitereinsatz- **264**
–, Personaleinsatz- **233**
–, Technologie- **26**
Matrixorganisation **78**
Matrix-Projektorganisation **78**
Maximalabstand **194**
McKinsey-Matrix **26**
MDT **334**
Mean Down Time (MDT) **334**
Mean Time between Failures (MTBF) 194, **334**
Mehrfachbefragung **184**
Meilenstein **96**, 100
–, kalkulationsrelevanter **109**
–, Pflicht- 101, 109
–, Standard- **98**, 307

Meilenstein
–, zur Ergebniskontrolle **98**
Meilenstein-Entscheidungssitzung **367**
Meilensteinergebnis **102**, 109
Meilensteinkennzeichen **98**
Meilenstein-Netzplan **223**
Meilensteinplan 256, **269**
Meilenstein-Signalliste **282**
Meilenstein-Trendanalyse **281 ff.**
Mehrprojektplanung siehe Multiprojektplanung
Meldewesen (KM) **413**
Meldung
–, Änderungs- **418**
–, Fehler- **418**
–, Fertig- 274, 278
–, Problem- **418**
Merkmalsdaten **390 ff.**
Merkmalsleiste **390**
Methode (eines Objekts) **45**
Methodeneinsatz, PM- **20**
Methodenüberblick
–, Aufwandsschätzung **128 ff.**
–, Modellierung und Entwurf **47**
–, Netzplantechnik **188 ff.**
Wirtschaftlichkeitsrechnung **53 ff.**
Meßdaten
–, Produkt- **389**
–, Projekt- **390**
Meßzahlen siehe Meßdaten
Mindestabstand siehe Minimalabstand
Minimalabstand **194**
MINIPLAN (Verfahren) **427**
Mitarbeitereinsatzmatrix siehe Mitarbeitereinsatzplan
Mitarbeitereinsatzplan 256, 263, **264**, 450
Mitbestimmungsrecht 471, 472
Mitkalkulation **239**, 295
Mittelverwendungsplanung **226**
Modell
–, Anforderungs- **44**
–, Restfehlerprognose **337 ff.**
–, Schätz- **129**
Modellbildung **44**
Modellierungsmethoden **47**
Modellierungswerkzeuge **47**
Modifikationsentwicklung (COCOMO) **144**
Modultest **325**
Monatsablauf **469**
MPM-Netzplanmethode **193 ff.**
MS-CHART (Verfahren) 463, **464**
MS-PROJECT (Verfahren) **456**
MTBF 149, **334**
Multifaktorenmethode 71, 73
MULTIPLAN (Verfahren) **449**

Multiplikatormethoden 133, 137
Multiprojektplanung 222, 226, **237 ff.**
Musterbau 291

Nachfolger 194
Nachkalkulation 240, **381 ff.**
Nachweistest 328
Negativer Puffer 199, 274, 277
Negativliste 278, 357
Netto-Stundenanzahl **230**, 290
Netto-Stundenschlüssel 289
Netzdichte (Kennzahl) **195**, 395
Netzplan
–, Entscheidungs- **189**
–, Ereignisknoten- 189, **192 ff.**
–, Gesamt- 210, 225
–, Meilenstein- **223**
–, Rahmen- 225
–, Standard- **225**
–, Teil- 225
–, Vorgangsknoten- 189, **193 ff.**
–, Vorgangspfeil- 189, **190 ff.**
Netzplanaktualisierung 275
Netzplanaufbau **211 ff.**
Netzplanbüro 90
Netzplandatei 216
Netzplanmethode
–, CPM **190 ff.**
–, GERT **190**
–, MPM **193 ff.**
–, PERT **192 ff.**
–, PLANNET **208**
Netzplanreorganisation 276
Netzplansimulation 220
Netzplanstrukturierung 221
–, Packen 277
–, Reduzieren **223**
–, Splitten 277
Netzplantechnik **187 ff.**
–, deterministische **188**
–, stochastische **188**
–, probabilistische 188
Netzplanunterteilung
–, organisationsorientierte **221**
–, projektorientierte **221**
–, technikorientierte **221**
Netzplanverdichtung 222, 277
Netzplanverfahren
–, auf Großrechner **428 ff., 435 ff., 440 ff.**
–, auf Personal Computer **454 ff.**
Netzplanvorgang 188, 221
Nichtverfügbarkeit **334**
Normalfolge 194
Nummernsystem
–, für Dokumentation 347, 350
–, für Unterkonten **125**
–, für Netzplanvorgänge 213

Nummernsystem
–, für Produktstruktur **116**
–, für Projekte 444
Nutzergremium 85
Nutzerkreis 84
Nutzungsphase 333
Nutzungsschlüssel 39, 293
Nutzwert 73
Nutzwertanalyse 54, **71 ff.**

Objekt
–, Erfahrungs- 402
–, Konfigurations- 415
–, Test- 332
–, eines Modells 44
Objektbibliothek **415 ff.**, 421
Objektorientierter Ansatz **44**
Objektstrukturplan 116
Obligo-Fortschreibung siehe Bestellwertfortschreibung
Offene-Punkte-Liste 44
Optimistische Dauer 193
Ordnungsschema
–, für Dokumentation 345 ff., **349 ff., 352 ff.**
–, für Kennzahlen **396 ff.**
Organisation
–, Ablauf- 93 ff.
–, Aufbau- 75 ff.
–, Betriebe- **75**
–, Einzelauftrags- 80
–, Generalunternehmer- 80
–, Konsortial- 80
–, Linien- **75**
–, Matrix- **78**
–, Phasen- **93**
–, Projekt- **75 ff.**
–, Prozeß- **93 ff.**
–, Werke- **75**
Organisationskontrolle **473**
Organisationsprojekt **20**
Organisationsstruktur **75 ff.**
Overhead-Anteil (Kennzahl) 394

PAC (Verfahren) **427**
Packen von Netzplanvorgängen 277
Parameter
–, Einfluß- 139, 147, 154, 165, 171, **391**, 403
–, Projekt- **30 ff.**
Parametrische Schätzmethoden **129**
PAUS (Verfahren) **443 ff.**
PC-Programme für
–, Aufwandsschätzung **458 ff.**
–, Grafikerstellung **463 ff.**
–, Marginalrenditerechnung **450**
–, Netzplanung **454 ff.**
–, Tabellenkalkulation **447 ff.**
PDM (Netzplanmethode) 189

PEP (Verfahren) 192
Personalauslastung **231**
Personalbedarf **230**
Personaleinsatzmatrix **233**
Personaleinsatzplan **235**, 256
Personaleinsatzplanung **226 ff.**
Personalengpaß **232**
Personalplan siehe Personaleinsatzplan
Personalstärke, optimale 35
Personalüberleitung **409**
Personalüberleitungsplan 410
Personalvorrat **227**
PERT-Netzplanmethode **192 ff.**
Pessimistische Dauer 193
Petri-Netz 188, 190
Pfad
–, kapazitätskritischer 226
–, kritischer **199**
–, Test- 326
–, überkritischer **199**
Pfadtest **326**
Pfeil, Vorgangs- 189
Pflegeprojekt 20
Pflichtenheft 102
Phase
–, Definitions- 99, 104, 108
–, Durchbruch- 30
–, Einsatz- 99
–, Entwurfs- 99, 105
–, Erprobungs- 99
–, Frühausfall- 333
–, Nutzungs- 333
–, Realisierungs- 99, 105
–, Reife- 28, 30
–, Such- 30
–, Verschleiß- 333
Phasenabschluß 94, 104, 106
Phasenaufriß (Kennzahl) 395
Phaseneinteilung **95,** 99
Phasenentscheidung 101, 367
Phasenentscheidungssitzung 94, 103, 367
Phasenergebnis 94
Phasenorganisation siehe Prozeßorganisation
Phasenplan 99, 256
Phasenverantwortlicher 94
Phasenziel 94, 105, 106
PIC (Verfahren) 463, **465**
Pilottest **376**
Pionierprojekt **20**
PKS (Verfahren) **427**
Plan, Übersicht **254 ff.**
–, Ablauf- 254
–, Aktions- siehe Projektdurchführungsplan
–, Anlagenstruktur- 116, 254
–, Arbeits- 254, **258**

Plan, Übersicht
-, Aufgaben- **205**, 255, **268**
-, Aufwands- 255, **268**
-, Ausbildungs- 255, **261**
-, Balken- **207 ff.**, 255, **268**
-, Bedarfs- siehe Einsatzmittelplan
-, Belegungs- **237**
-, Berichts- 255, **261**, **356**
-, Dokumentations- 255, **261**
-, Einsatzmittel- 255, **263**
-, Erfahrungssicherungs- 255, 387
-, Inbetriebnahme- 255
-, Inspektions- 255, **263**
-, Kapazitäts- siehe Einsatzmittelplan
-, Katastrophen- 255, **264**
-, Know-how-Sicherungs- siehe Erfahrungssicherungsplan
-, Kommunikations- 256, **263**
-, Konfigurationsmanagement- 256
-, Kontakt- siehe Kommunikationsplan
-, Konten- 124, 256, **258**
-, Kosten- 256, **269**
-, Krisen- 256, **264**
-, Meilenstein- 256, **269**
-, Mitarbeitereinsatz- 256, 263, **264**, 450
-, Netz- **188 ff.**, 256, **270**
-, Personal- siehe Personaleinsatzplan
-, Personaleinsatz- **235**, 256
-, Personalüberleitungs- 410
-, Phasen- 99, 256
-, Produktstruktur- **115**, 256, **258**
-, Projekt- **254 ff.**
-, Projektdurchführungs- 256
-, Projektorganisations- 75, 257, **259**
-, Projektstruktur- **119 ff.**, 257, **259**
-, Prozeß- **94**, 257
-, Prozeßorganisations- **94**, 257, **260**
-, Qualifikations- 227, 257, 263
-, Qualitätsprüf- 257
-, Qualitätssicherungs- 257, **265**, 320
-, Review- siehe Inspektionsplan
-, Schicht- **236**
-, Schulungs- 257, **265**
-, Termin- 257, **270**, 273
-, Test- 257, **265**
-, Verwertungs- 410
-, Zeit- siehe Terminplan
-, Zulieferungs- 257, **265**
-, Zuordnungs- 257, **260**
-, Zuständigkeits- siehe Aufgabenplan
Planabweichung 272, 394
Planaufwand-Index 316

Plankosten-Index 316
PLANNET-Balkenplan 208
Plantermin-Index 316
Plantreue (Kennzahl) **279**
Planung
-, Geschäftsfeld- 25
-, Innovations- **24 ff.**
-, Konfigurations- 416 ff.
-, Produkt- 25
-, Projekt- 13, **113 ff.**
-, Qualitäts- **319**
-, Risiko- 186
-, Technologie- 26
-, von Aufgaben **203 ff.**
-, von Aufwänden **128 ff.**
-, von Einsatzmitteln **226 ff.**
-, von Kosten **239 ff.**
-, von Personal **226 ff.**
-, von Terminen **203 ff.**
Planungsausschuß 83
Planungsgremien **83**
Planungsinstanz siehe Planungsausschuß
Planungshorizont 455, 457
Planungsprojekt **20**
Planungsteam 83
Plan/Ist-Vergleich, Projektbericht 358
-, absoluter **296**
-, aufwandskorrelierter **296**
-, linearer **296**
-, plankorrigierter **297**
-, der Aufwände **295 ff.**
-, der Kosten **295 ff.**
-, von Restschätzungen **314**
-, der Termine **277 ff.**
Plan/Plan-Vergleich, Projektbericht 358
-, der Aufwände **301 ff.**
-, der Kosten **301 ff.**
-, der Termine **280 ff.**
PLUS.EINS (Verfahren) 201, **455**
PM-Anteil (Kennzahl) 394
PM-Berichtswesen **355 ff.**
PM-Büro siehe Projektbüro
PM-Dienstleistung
-, aufgeteilte **92**
-, dezentralisierte **91**
-, zentrale **91**
PM-Dreieck **30**
PM-Kosten **21 ff.**, 93
PM-Methodeneinsatz **20**
PM-Regelkreis **16**
PM-Revision 476
PM-Schulung **474 ff.**
PM-Untersuchung **476 ff.**
Portfolio
-, Geschäftsfeld- **26**
-, Technologie- **26**

Portfolio-Darstellung
-, BCG (Boston Consulting Group) **26**
-, McK (McKinsey) **26**
Post-Installation-Review 374
PPS (Verfahren) 189
PRICE-Verfahren **146 ff.**
-, PRICE A 146
-, PRICE D 146
-, PRICE H **147 ff.**
-, PRICE HL 146
-, PRICE M 146
-, PRICE S 146, **154 ff.**
-, PRICE SL 146
-, PRICE SZ 146
Prinzipmuster 107
Prioritätenliste 44
Probebetrieb 376
Problemfeldanalyse **33 ff.**
Problemmeldung 418
Produkt 17
Produktabnahme **373 ff.**
Produktabnahmebericht **377 ff.**
Produktalter 10
Produkt-Arbeitsgruppe 84
Produktarbeitskreis 83
Produktbegutachtung 377
Produktbibliothek siehe Objektbibliothek
Produktdefinition 42
Produktdokumentation 345
Produktentwicklungsausschuß 84
Produkt-Ergebnisrechnung **57**
Produktevolution **48 ff.**
Produktfeld 84
Produktfortschritt 48, **304 ff.**
Produktfortschritts-Diagramm **305**
Produktinstanz 85
Produktivanteil (Kennzahl) **229**, 231, 394
Produktivität **32**, 134, 394
Produktivitätsanalysen **385**, 401
Produktivitätsmethode **134**, 137
Produktkommission 85
Produkt-Lebenszyklus **29**, 130, 146
Produktmeßdaten **388 ff.**
Produktplanung 25
Produkt-Renditerechnung **58**
Produktstreichung 29, 101
Produktstruktur 114, **115 ff.**, 370
Produktstrukturplan 115, 256, **258**
Produkttest 374
Produktverantwortlicher
-, technischer 41, 78
-, vertrieblicher 41, 78
Produktvereinbarung
-, Anregung (PV-A) **41**, 105, 251
-, Durchführung (PV-D) **41**, 103, 105, 109, 251

Stichwortverzeichnis

Produktvereinbarung
–, Fertigung (PV-F) **41,** 109, 379
Programmierleistung, Streubreite 32
Programmiersprachen, Expansionsfaktor **155**
PROJACS (Verfahren) 189
Projekt 17
–, Basis- 20, 125
–, Betreuungs- 20
–, Büro- 19
–, Entwicklungs- **19**
–, Forschungs- **19**
–, Kunden- 20
–, Länder- 20
–, Organisations- **20**
–, Pflege- 20
–, Pionier- **20**
–, Planungs- **20**
–, Projektierungs- **19**
–, Rationalisierungs- **19**
–, Unternehmens- **20**
–, Vertriebs- **20**
–, Vorleistungs- **20,** 125
–, Wartungs- 20
Projektablauf **12**
Projektabschluß 15, **373 ff.**
Projektabschlußanalyse **381 ff.**
Projektabschlußbericht 381, **409**
Projektabschlußsitzung 367, **409**
Projektabschnitte **12**
Projektakte
–, mit Auswahlordnung **352 ff.**
–, mit hierarchischer Ordnung **349 ff.**
Projektantrag **37 ff.**
Projektarten **19 ff.**
Projektassistent 91
Projektauflösung **409 ff.**
Projektauftrag **37 ff.**
Projektaufwandserfassung **284 ff.**
Projektauswertung 360
Projektbericht
–, Auslastungsbericht **359**
–, Fortschrittsbericht **359**
–, Plan/Ist-Vergleich **358**
–, Plan/Plan-Vergleich **358**
–, Projektdaten-Auswertung **360**
–, Qualitätsbericht **359**
–, Zusammenfassung 357, **364**
Projektberichterstattung **354 ff.**
Projektbeschreibung 37
Projektbesprechung
–, ereignisgesteuerte **368**
–, ergebnisgesteuerte **367**
–, regelmäßige **366**
Projektbeurteilung 382, 401
Projektbibliothek **370 ff.**
Projektbildung siehe Projektgründung

Projektbüro **90 ff.**
–, Aufgaben **90**
–, Dienstleistung **91**
–, Kosten **93**
–, Personalbesetzung 92
Projektdatenbasis **370 ff.**
–, Verfahren EPS-G **441**
–, Verfahren PAUS **445**
–, Verfahren REPROPLIK **437**
Projektdatenübersicht 404, 446
Projektdatenschnittstelle, neutrale 372
Projektdauer 18, 34
Projektdeckungsrechnung **55 ff.**
Projektdefinition 13, **24 ff.**
Projektdokumentation **345 ff.,** 420
Projektdurchführungsplan 256
Projektende 373, 409 ff.
Projekterfahrungsbericht 387
Projektevergleich **176,** 390
Projektfortschritt **305**
Projektfortschrittskontrolle **305 ff.**
Projektgremien
–, Arten **82 ff.**
–, Einsatz **86**
Projektgröße **18**
Projektgründung **24 ff.**
Projektierungsprojekt **19**
Projektinformation **355 ff.**
Projektkalkulation **239 ff.**
–, Mitkalkulation **239,** 295
–, Nachkalkulation 240, **381 ff.**
–, Vorkalkulation **239,** 243, 448
Projektkennzeichen 222
Projektklassen **18**
Projektkoordinator 78
Projektkontrolle 14, **272 ff.**
–, Aufwände **284 ff.**
–, Kosten **284 ff.**
–, Sachfortschritt **304 ff.**
–, Termine **273 ff.**
Projektkosten, minimale 35
Projektkostenanlayse siehe Nachkalkulation
Projektkostenerfassung **288 ff.**
Projektleiter **87 ff.**
–, Befugnisse **88**
–, Funktion **87**
–, Qualifikation **88**
–, Stellenbeschreibung **89**
Projektleiter-Hierarchie **89**
Projektleitungsbüro siehe PM-Büro
Projektmanagement
–, Aufgabe **9 ff.**
–, Kosten **21 ff.**
–, Revision **476 ff.**
Projektmanagement-Office siehe Projektbüro
Projektmeßdaten **388 ff.**

Projektorganigramm siehe Projektorganisationsplan
Projektorganisation **75 ff.**
–, Auftrags- **79**
–, autonome 77
–, Einfluß- **78**
–, inter-industrielle 80
–, Matrix- **78**
–, reine **77**
–, unternehmensüberschreitende **80**
–, Vor- und Nachteile **81**
–, Wahl der richtigen **81**
–, Wechsel der **80**
Projektorganisationsplan 75, 257, **259**
Projektparameter **30 ff.**
Projektphasen **12**
Projektplan siehe Plan
Projektplanung 13, **113 ff.**
–, Aufwände **128 ff.**
–, Kosten **239 ff.**
–, Termine **203 ff.**
Projektplanungsbüro siehe Projektbüro
Projektrisiken siehe Problemfeldanalyse
Projektstatusbesprechung 367
Projektstatus-Entscheidungssitzung 85, 367
Projektstatusliste **279**
Projektsteuerung **272 ff.**
Projektstruktur 114, **118 ff.**
Projektstrukturplan **119 ff.,** 257, **259**
–, ablauforientierter **120**
–, funktionsorientierter **119**
–, gemischtorientierter **120**
–, objektorientierter **119**
–, Standard- **120**
Projekttagebuch **348**
Projekttyp **18**
Projektüberwachung siehe Projektkontrolle
Projektunterstützung **411 ff.**
Projektzeitschätzung 138, 168, 181
Projektziel, Definition **42 ff.**
Projektzusammenfassung 357
Protokoll
–, Abnahmetest- **376**
–, Besprechungs- **369**
–, Ergebnis- **368**
–, Fehler- **376**
–, Produktabnahme- **377 ff.**
–, Projektabschluß- siehe Projektabschlußbericht
–, übergabe- **377**
–, übernahme- **377**
Prototyp 107, 379
PROWIS (Verfahren) **427**

Prozeduren, SINET- **432**
Prozentsatzmethoden 135, 137, **178 ff.**
Prozentverteilungen
–, für Aufwände **179**
–, für Zeiten **180**
Prozeß 17, 96
Prozeßablauf **95**
Prozeßabschnitt 96, 104, 108
–, Definition 99, 104
–, Entwurf 99, 100, 105
–, Realisierung 99, 100, 104
–, Erprobung 99, 100, 106
–, Einsatz 99, 100
Prozeßkette 96
Prozeßnetz 96, 107
Prozeßorganisation **93 ff.**
–, entkoppelte 95, **99**
–, koordinierte 95, **104**
–, integrierte 95, **107**
Prozeßorganisationsplan **94**, 257, **260**
–, Beispiele **99**
Prozeßphasen 96
Prozeßplan siehe Prozeßorganisationsplan
Prozeßschritte 96, 101, 108
Prozeßstruktur 96 ff.
Prozeßtechnologie 103
Prozeßzweige 96, 107
Prüfkosten 322, **342**
Prüfung
–, der Produktivitätssteigerung **385**
–, der Qualität **317 ff.**
–, der Qualitätssicherung **339 ff.**
–, der Wirtschaftlichkeit **53 ff.**
–, von Entwurfsdokumenten **321 ff.**
–, von Realisierungsergebnissen **325 ff.**
Puffer siehe Pufferzeit
Pufferweite (Kennzahl) 395
Pufferzeit
–, bedingte (verfügbare) **199**
–, bedingte Rückwärts- **199**
–, freie (Vorwärts-) **198**
–, freie Rückwärts- **199**
–, gesamte **198**
–, negative 199, 274, 277
–, unabhängige **199**
Punktediagramme 467
Punktgröße 393
Punktwertverfahren siehe Nutzwertanalyse

QS-Gruppe siehe Qualitätsgruppe
QS-Handbuch 320
QS-Kostenanteil (Kennzahl) 394
QS-Plan siehe Qualitätssicherungsplan

Qualifikation 36, 88, 227
Qualifikationsplan 227, 257, 263
Qualifikationsstand (Kennzahl) 394
Qualifikationstest 327
Qualität 32, **318**
Qualitäts-Audit
–, externes 339
–, internes 339
–, Konfigurations- 339
Qualitätsbericht **359**
Qualitätsgruppe **341**
Qualitätskosten **342 ff.**
Qualitätskostenanalyse **344**
Qualitätskostenerfassung **343**
Qualitätskostenkennzahlen **344**
Qualitätskreis **318**
Qualitätslenkung **319**
Qualitätsmerkmale **317**, 319
Qualitätsplan siehe Qualitätssicherungsplan
Qualitätsplanung **319**
Qualitätsprüfplan 257
Qualitätsprüfung 318, **321 ff.**, **325 ff.**
Qualitätssicherung **317 ff.**
Qualitätssicherungskosten siehe Qualitätskosten
Qualitätssicherungsplan 257, **265**, **320**
Qualitätssicherungs-Richtlinie 339

Rahmennetzplan 225
Rang im Netzplan **218**
Rationalisierungsprojekt **19**
Raumgröße 393
Realisierungsergebnisse, Überpüfen der **325 ff.**
Realisierungsphase 99, 105
Rechenschema siehe Tabellenkalkulation
Rechensystem 396
Reduzieren von Vorgängen **223**
Re-Identifizierung 473
Reifephase 28, 30
Reine Projektorganisation **77**
Referenzmatrix 185
Regelkreis, PM- **16**
Regressionsanalyse 129, 407
Regressionstest 328
Relationengitter **260**
Relationsmethoden 133
Renditerechnung
–, Marginal- **59 ff.**
–, Produkt- **58**
Rentabilitätsrechnung 54
Reorganisation des Netzplans **276**
REPROPLIK (Verfahren) **435 ff.**
Requirementkatalog siehe Anforderungskatalog

Ressourcenauflösung **410**
Ressourcenplanung siehe Personal- und Betriebsmitteleinsatzplanung
Restaufwandsschätzung 297, **311 ff.**
Restfehler 336
Restfehlerprognose **337 ff.**
Restfehler, Prognosemodell
–, DSS-Modell **338**
–, Weibull-Modell **337**
Restkostenschätzung 297, **311 ff.**
Restschätzung
–, der Aufwände **311 ff.**
–, der Entwicklungszeit **312 ff.**
–, der Kosten **311 ff.**
Restzeitschätzung **312 ff.**
Review siehe Inspektion
–, Code- 325
–, Post-Installation- 374
Reviewplan siehe Inspektionsplan
Revision
–, PM- 476
–, QS- siehe Qualitäts-Audit
Richtlinie
–, Dokumentations- 350, 354
–, Produktvereinbarungs- 41
–, Qualitätssicherungs- 339
Risikoanalyse, Termin- **283**
Risikofaktoren bei Marginalrenditerechnung **68**
Risikoklasse **178**
Risikoplanung 186
Rückmeldeliste **274**
Rückmeldewesen **273**
Rückstandsübersicht 278
Rückwärtspufferzeit
–, bedingte **199**
–, freie **199**
Rückwärtsrechnung **197**
Run-In-Test 329, 333

Sachfortschritt 300, 304
–, Produkt- **304**
–, Projekt- **305 ff.**
Sachfortschrittskontrolle 300, **304 ff.**
Sättigung, Markt- 28
Säulendiagramme 466
Sammelknoten 191
Schachtelung von Diagrammen **365**
Schätzklausur **185 ff.**
Schätzmethoden
–, algorithmische **129 ff.**
–, Analogie- **132**
–, Faktoren- **131**
–, Funktionswert- 133, 137, **162 ff.**
–, Gewichtungs- **131**
–, Kennzahlen- **133 ff.**
–, Multiplikator- **133**

Schätzmethoden
–, parametrische **129**
–, Produktivitäts- **134**
–, Relations- **133**
–, Prozentsatz- 135, 137, **178 ff.**
–, Vergleichs- **132 ff.**
Schätzmodell
–, COCOMO **138 ff.**
–, PRICE H **147 ff.**
–, PRICE S **154 ff.**
Schätzung
–, Aufwands- **128 ff.**
–, Kosten- **128 ff.**
–, Rest- **311 ff.**
–, Zeit- 138, 168, 181
Schattenentwicklung 52
SCHATZ (Verfahren) **458**
Scheinvorgang **192**
Schichtplan **236**
Schlüsselkennzahl **400**
Schnittstellentest 328
Schockprüfung 375
Schulung, PM- **474 ff.**
Schulungsplan 257, **265**
Schulungsseminar **475**
Sensitivitätsanalyse 161, 461
Septemberwunder 298
Serienfertigung 379
SICOMO (Verfahren) 407, **460 ff.**
SIKAL (Verfahren) 461
Simulation, Netzplan **220**
SINET (Verfahren) **428 ff.**
SIPLAN (Verfahren) 449
SIPRO (Verfahren) **454**
SIPUS (Verfahren) **428**
S-Kurve **30**
SLIM-Aufwandsschätzmethode **130**, 137
Soll/Ist-Vergleich siehe Plan/Ist-Vergleich
Speicherkontrolle **473**
Spitzenkennzahl 397
Splitten von Netzplanvorgängen 277
Sprungfolge **194**
Stammdaten, Netzplandatei **216**
Standardgrafik **362**
Standard-Meilenstein **98**, 307
Standard-Netzplan **225**
Standard-Produktstrukturplan 115
Standard-Projektstrukturplan **120**
Standzeit **29**
Startknoten **191**
Startvorgang **194**
Status, Projekt- 279
Stellenbeschreibung, PL- **89**
Stellungnahme (KM) 418
Steuerungsgremien **84**
Stillegungskosten 239

Strategie
–, FuE- **27**
–, Markt- **26**
Streßtest 327, 375
Streubreite der Programmierleistung **32**
Structured Walk Through 323, 324
Struktogramm 362
Struktur
–, Anlagen- 116
–, Dokumentations- **349 ff.**
–, Funktions- 116
–, Konfigurations- 414
–, Konten- **122 ff.**
–, Objekt- 116
–, Organisations- **75**
–, Produkt- **115 ff.**
–, Projekt- **118 ff.**
–, Prozeß- 96 ff.
–, System- 116
Strukturierte Kalkulation **240**
Strukturierung
–, der Konten **122 ff.**
–, eines Produkts **115 ff.**
–, eines Projekts **118 ff.**
–, von Netzplänen **221 ff.**
Strukturkatalog, technischer 126
Strukturplan
–, Konten- **122 ff.**
–, Produkt- **115 ff.**
–, Projekt- **118 ff.**
Strukturplanung **114 ff.**
Stundenanzahl **230**, 289
Stundenbeleg siehe Stundenkontierungsbeleg
Stundenerfasung siehe Stundenkontierung
Stundenkontierung
–, dialogorientierte **286**
–, netzplangesteuerte **285**
Stundenkontierungsbeleg **285**
Stundensatz siehe Stundenverrechnungssatz
Stundenschlüssel, Netto- **289**
Stundenverrechnungssatz **289**
Suchphase **30**
SuperCalc (Verfahren) 449
SuperChart (Verfahren) 463
SuperProject (Verfahren) **457**
Surböck-Aufwandsschätzmethode **131**, 137
SW-Aufwandsschätzung **138 ff.**, **154 ff.**, **162 ff.**, **168 ff.**, **178 ff.**
SW-Board 86
SW-Kalkulation siehe Projektkalkulation
SW-Kategorie **18**
SW-Planung 106
SW-Realisierung 106, 109

Synergie 86, 401
Systementwurf 102, 104
Systeminstanz 85
Systemintegration 106
Systemrealisierung 106
Systemstrukturplan 116
Systemtest 102, 106, **328**, 330

Tabellenkalkulation **447**
Tabellenkalkulationsprogramme **447 ff.**
Tätigkeitsarten **110 ff.**, 398
Tätigkeitsaufriß 110, 395
Tätigkeitskennzeichen 110, 286, 386
Tagebuch, Projekt- 348
Tagungsturnus 366 ff.
Task Force Group 77
Team
–, Audit- **340**
–, Planungs- 83
Technische Betreuung **378 ff.**
Technischer Produktverantwortlicher 41, 78
Technologie **25**
Technologiekonstante **131**
Technologie-Lebenszyklus **29**
Technologiematrix **27**
Technologieplanung **26**
Technologie-Portfolio **26**
Technologieposition, relative **27**
Technologiewandel **9**
Teilkapitalrendite **58**
Teilnehmerkreis 368
Teilprojektleiter 89
Teilprozeß siehe Prozeßabschnitt
Termin
–, Anfangs- 196, 207
–, End- 196, 206
–, Fertigstellungs- 306, 312
–, Ist- 278
–, Plan- 278
Terminabweichung (Kennzahl) **300**
Terminaktualisierung 273, **276**
Termin/Aufwand-Index **315**
Terminbesprechung **275**
Termin-Bewertungszahl **309**
Termindifferenz **277**
Termindurchrechnung **196 ff.**, 219
Terminenge (Kennzahl) 395
Terminkontrolle **273 ff.**
Termin-Kosten-Barometer **300**
Termin-Kosten-Diagramm **299**
Termin/Kosten-Index **315**
Termin-Leistungsindex **309**, 313, 317
Terminliste siehe Terminplan
Terminplan 257, **270**, 273
Terminplanung **203 ff.**
Terminrechnung **196**, 219

Terminrisiko **283**
Terminrisikoanalyse **283**
Terminrisikoprofil
–, dynamisches **283**
–, statisches **283**
Terminrückmeldung **273**
Terminschätzung siehe Zeitschätzung
Termintrendanalyse **280 ff.**
Termintreue (Kennzahl) **280, 394**
Termintreue Bedarfsoptimierung **202, 232**
Terminübersicht **278**
Terminüberwachung siehe Terminkontrolle
Terminvergleich **277**
Terminverzug **276, 394**
Test
–, Ablauf- **325**
–, Abnahme- **374 ff.**
–, Abschluß- **375**
–, Akzeptanz- **329, 375**
–, Allwege- **326**
–, Anweisungs- **325**
–, Aufgaben- **325**
–, Baustein- **325**
–, Bedingungs- **326**
–, Daten- **326**
–, Detail- **325**
–, Fertigungsfreigabe- **375**
–, Funktions- **328**
–, Geräteanschluß- **375**
–, Integrations- **328, 330**
–, Leistungsmerkmal- **375**
–, Nachweis- **328**
–, Pfad- **326**
–, Pilot- **376**
–, Produkt- **374**
–, Qualifikations- **327**
–, Regressions- **328**
–, Schnittstellen- **328**
–, Streß- **327, 375**
–, System- **102, 106, 328, 330**
–, Typ- **375**
–, Umwelt- **375**
–, Zweig- **326**
Testabdeckung **325**
Testanlagennutzung (Kennzahl) **393**
Testausführung **331**
Testauswertung **331**
Testbericht **102, 376**
Testdeckungsgrad (Kennzahl) **393**
Testdatenerstellung **332**
Testen **325 ff.**
Testfallermittlung **331**
Testplan **257, 265**
Testplanung **330**
Testobjekt, Vorbereiten des **332**
Testspezifikation
–, Akzeptanztest **331, 375**

Testspezifikation
–, Integrationstest **330**
–, Systemtest **330**
Testtreiber **327**
Testvorbereitung **331**
Tooleinsatz (Kennzahl) **394**
Top-down-Vorgehen **137**
Transition **190**
Transportkontrolle **473**
Trendanalyse
–, Aufwands- **301 ff.**
–, Kosten- **301 ff.**
–, Kosten-Termin- **302**
–, Meilenstein- **281 ff., 302**
–, Termin- **280 ff.**
–, der Restfehler **337**
Typtest **375**

Übergabeprotokoll **377**
Überkritischer Pfad **199**
Übermittlungskontrolle **473**
Übernahmeprotokoll **378**
Überprüfung
–, Entwurfs- **321 ff.**
–, Realisierungs- **325 ff.**
–, der Qualitätssicherung **339 ff.**
–, des Projektmanagements **476 ff.**
Überwachung
–, der Änderungen **50, 419**
–, der Aufwände **284 ff.**
–, der Kosten **284 ff.**
–, des Sachfortschritts **300, 304 ff.**
–, der Termine **273 ff.**

Umsatzeinbuße (Kennzahl) **396**
Unabhängige Pufferzeit **199**
Unterauftrag **41**
Unterauftragnehmer **41**
Unterkontenschema **125**
Unterkonto **125**
Unternehmensorganisation **75**
Unternehmensprojekt **20**
Untersuchung, PM- **476 ff.**
Umsatzeinbuße (Kennzahl) **396**
Umsatzrendite **57**
Umwelttest **375**
User-Club **86**

Validation **318**
Verantwortung
–, Integrations- **330**
–, Phasen- **94**
–, Systemtest- **330**
–, des Projektleiters **87**

Verfahren
–, zur Aufwandsschätzung **128 ff., 458 ff.**
–, zur grafischen Informationsdarstellung **366, 463 ff.**
–, zur Modellierung **47**
–, zur Netzplanung **343, 454 ff.**
–, zur Projektkostenschätzung **138, 146, 168**
–, zur Projektplanung und -kontrolle (Großrechner) **424 ff.**
–, zur Projektplanung und -kontrolle (PC) **447 ff.**
–, zur Projektzeitschätzung **138, 146, 168**
–, zur Tabellenkalkulation **447 ff.**
–, zur Wirtschaftlichkeitsberechnung **56, 66**
Verfahrenseinführung **422, 468 ff.**
Verfahrenseinsatz
–, dezentraler **210, 442**
–, zentraler **210**
Verfahrensintegration **117, 371**
Verflechtungszahl (Kennzahl) **195, 395**
Verfügbarkeit **334**
Vergleich
–, Plan/Ist- **277 ff., 295 ff., 358**
–, Plan/Plan- **280 ff., 301 ff., 358**
–, Projekt- **176**
Vergleichsabfrage **178**
Vergleichsindex **316**
Vergleichsmerkmale **176**
Vergleichsmethoden **132 ff.**
Verifikation **318**
Verrechnung **292**
Verrechnungssatz **289**
Verrechnungsschlüssel **39, 293**
Verrechnungswege **293**
Verschleißphase **333**
Verteilerkreis **355 ff.**
Verteilungsschlüssel siehe Verrechnungsschlüssel
Vertrag
–, Projekt- siehe Projektantrag
–, Werks- **291**
Vertrieblicher Produktverantwortlicher **41, 78**
Vertriebsprojekt **20**
Verwertungsplan **410**
Verzweigungsknoten **191, 198**
Videokonferenz **368**
Vollkostenrechnung **241, 382**
Vorabliste für Zeiterfassung **287**
Vorgänger **194**
Vorgang (Netzplan) **188**
–, Allein- **194**

Vorgang (Netzplan) 188
–, Block- 222, 455
–, Entscheidungs- 190
–, Nachfolger- 194
–, Schein- 192
–, Start- 194
–, Vorgänger- 194
–, Ziel- 194
Vorgangsdaten (SINET) 431
Vorgangserfassung 217
Vorgangsetikette 215
Vorgangsknoten-Netzplan 189, **193 ff.**
Vorgangsnetz siehe Netzplan
Vorgangs-Nummernsystem 213
Vorgangspfeil-Netzplan 189, **190 ff.**
Vorgangsreduktion 223
Vorgangssammelliste 213
Vorkalkulation **239**, 243, 448
Vorleistungsprojekt **20**, 125
Vorrat, Einsatzmittel- **202**, 227
Vorratsermittlung
–, pauschalierte 229
–, qualifikationsgerechte 227
–, zeitgerechte 228
Vorserie 108 ff.
Vorwärtsrechnung 197
Vorwarnfunktion 442

Wahrscheinliche Dauer 193
Wahrscheinlichkeit, Ausfall- 333
Walk through siehe Structured Walk Through
Walston-Felix-Aufwandsschätzmethode **135**
Wartung 378 ff.
Wartungsaufwand, Schätzung des **380**
Wartungsprojekt 20
Wartungsvertrag 379
Wartung/Entwicklungs-Quotient (Kennzahl) **380**, 396
Weg, kritischer siehe Pfad
Weibull-Modell 337
Weisungskompetenz des Projektleiters **88**
Weiterentwicklungspotential, technisches 27

Weiterverrechnung **292 ff.**
–, anteilige (indirekte) **292**
–, direkte **293**
–, interne 290, 294
Werk
–, als Unternehmenseinheit 75
–, im Vertragswesen 291
Werke-Organisation **75**
Werksvertrag 291
Wertanalyse 36, 205
Wertschöpfungsschlüssel 293
Wiedergewinnungszeit 67
Wirtschaftliche Produktplanung 53, **56 ff.**
Wirtschaftlichkeit
–, direkte 54
–, indirekte 54
Wirtschaftlichkeitsanalyse **384 ff.**
–, Kennzahlenvergleich **385**
–, Produktivitätsanalyse **385**
–, Wirtschaftlichkeitsnachrechnung **387**
Wirtschaftlichkeitsberechnung
–, kostenorientierte Methoden 53
–, nutzenorientierte Methoden 54
–, umsatzorientierte Methoden 53
Wirtschaftlichkeitskennzahl 396
Wirtschaftlichkeitskoeffizient 73
Wirtschaftlichkeitsnachrechnung **387**
Wirtschaftlichkeitsprüfung **53 ff.**
Wirtschaftsplanung 244, 249
Wissenstransfer 401
Wochenarbeitszeit **230**
Wolverton-Aufwandsschätzmethode **134**
WPP 53, **56**

Zeit
–, Ausfall- **334 ff.**
–, Rest- 312
Zeitabstand
–, maximaler **194**
–, minimaler **194**
Zeitbedarfsschätzung **312**
Zeit-Kosten-Planung siehe ZKP-Verfahren
Zeitplan siehe Terminplan

Zeitpuffer siehe Pufferzeit
Zeitrechnung
–, progressive **197**
–, retrograde **197**
Zeitschätzung
–, Rest- **312 ff.**
–, mit COCOMO 138
–, mit Prozentsatzmethode 181
–, mit ZKP-Methode 168
Zeitverteilungen, phasenorientierte **180**
Zielerreichungsfaktor 71
Zielformulierung **42**
Zielknoten 191
Zielkonfiguration 417
Zielvorgang 194
Zinsfuß **59**
Zinsfußmethode, interne 54, **59**
ZKP-Verfahren 132, 137, **168 ff.**, 458
Zugangskontrolle **473**
Zugriffsberechtigung 472 ff.
Zugriffskontrolle **473**
Zulieferungsplan 257, **265**
Zuordnungsplan 257, **260**
Zuständigkeitsplan siehe Aufgabenplan
Zuverlässigkeit **333**, 393
Zuverlässigkeitsbetrachtung **333 ff.**
Zuverlässigkeitsnachweis 474
Zuverlässigkeits-Wachstums-Modelle **337 ff.**
Zweigtest 326
Zyklus
–, Entstehungs- 28
–, Innovations- 28
–, Markt- 28
–, Produkt-Lebens- **28**

Siemens-Fachbücher

Asam, Robert; Drenkard, Norbert; Maier, Hans-Heinz
Qualitätsprüfung von Softwareprodukten
Definieren und Prüfen von Benutzungsfreundlichkeit, Wartungsfreundlichkeit, Zuverlässigkeit

1986, 336 Seiten, 43 Bilder, 9 Tabellen, 18 cm × 23,5 cm, Pappband
ISBN 3-8009-1455-7

End, Wolfgang; Gotthardt, Horst; Winkelmann, Rolf
Softwareentwicklung
Leitfaden für Planung, Realisierung und Einführung von DV-Verfahren

6., durchgesehene Auflage, 1987, 522 Seiten, 148 Bilder, 56 Tabellen, 18 cm × 23,5 cm. Pappband mit Beiheft »Checkpunkte für Entwickler und Entscheider« (47 Seiten) und Faltblatt »Prozeßschritte«
ISBN 3-8009-1483-2

Mokler, Albert; Wense, Eckart von der
Beschreibungsregeln für Software
Anfertigen von Kurzbeschreibungen
Deskriptorenkatalog

2., überarbeitete und erweiterte Auflage, 1985, 172 Seiten, 18 cm × 23,5 cm, laminierter Pappband
ISBN 3-8009-1434-4

Nebendahl, Dieter (Herausgeber)
Expertensysteme
Einführung in Technik und Anwendung

1987, 264 Seiten, 22 Bilder, 18 cm × 24,5 cm, Pappband
ISBN 3-8009-1495-6

Organisationsplanung
Planung durch Kooperation

8., überarbeitete Auflage, 1989, etwa 380 Seiten, 200 Bilder, 18 cm × 24,5 cm, laminierter Pappband
ISBN 3-8009-1506-5

Scholz, Hans-Eckart (Herausgeber)
Erfolg durch bessere Methoden
Techniken und Hilfsmittel für systematisches Arbeiten im Büro

3. Auflage, 1986, 207 Seiten, 78 Bilder, 18 cm × 23,5 cm, Pappband
ISBN 3-8009-1423-9

PM-Merkblätter

Die nachstehenden PM-Merkblätter dienen als allgemein gehaltene Checklisten für die einzelnen PM-Aktivitäten.

Die Checklisten sind für den Projektleiter, aber auch für die Projektplaner und -kontrolleure vorteilhaft; sie geben einen Überblick über die im Rahmen des Projektmanagements zweckdienlichen Maßnahmen und ermöglichen so eine schnelle und gezielte Auswahl.

Selbstverständlich kann die Form einer Checkliste unterschiedlich sein; die Merkpunkte können dabei aufgebaut sein als

▷ allgemeine Kontrollfragen,
▷ Empfehlungen,
▷ erforderliche Anweisungen bzw. Maßnahmen,
▷ mögliche Mängel oder
▷ sonstige Auswahlpunkte.

Beigefügte Checklisten, die ggf. projektadäquat angepaßt werden müssen, enthalten einen Hinweis auf dasjenige Kapitel im Buch, in dem das betreffende Thema näher behandelt wird.

Inhalt

Merkblatt	Aufgabengebiet	Aufgabe	Kapitel im Buch
1	Projektdefinition	PL-Aufgaben	
2	Projektgründung	Risiko bewerten	2.1.3
3		Projektantrag stellen	2.1.4
4	Projektzieldefinition	Anforderungen ermitteln	2.2...
5	Wirtschaftlichkeitsbetrachtung	Marginalrendite berechnen	2.3.4
6		Nutzwertanalyse vornehmen	2.3.5
7		Typ der PO auswählen	2.4.1
8	Projektorganisation	Projektgremien festlegen	2.4.2
9		Entscheiderfragen einer EI	2.4.2
10		Aufgaben des Projektbüros festlegen	2.4.4
11	Projektdefinition	Mängel aufzeigen	
12	Projektplanung	PL-Aufgaben	
13	Strukturplanung	Projektstrukturplan aufbauen	3.1.2
14	Aufwandsschätzung	Schätzklausur durchführen	3.2.8
15	Terminplanung	Netzplan erstellen	3.4.4
16	Einsatzmittelplanung	Personaleinsatz planen	3.5.1
17		Betriebsmittel einplanen	3.5.2
18	Kostenplanung	FuE-Plan erstellen	3.6.3
19	Projektpläne	Projektpläne auswählen	3.7...
20	Projektplanung	Mängel aufzeigen	
21	Projektkontrolle	PL-Aufgaben	
22	Terminkontrolle	Terminsituation kontrollieren	4.1...
23	Aufwands- und Kostenkontrolle	Kostensituation kontrollieren	4.2...
24	Sachfortschrittskontrolle	Projektfortschritt bestimmen	4.3.3
25		Qualitätssicherung planen	4.4.1
26	Qualitätssicherung	Inspektion durchführen	4.4.2
27		Code-Review vornehmen	4.4.2
28	Projektdokumentation	Inhalt der Projektakte festlegen	4.5...
29	Projektberichterstattung	PM-Berichtswesen aufbauen	4.6.1
30	Projektkontrolle	Mängel aufzeigen	
31	Projektabschluß	PL-Aufgaben	
32	Produktabnahme	Produkt abnehmen	5.1...
33	Projektabschlußanalyse	Abweichungen analysieren	5.2.2
34	Erfahrungssicherung	Einrichtung einer Erfahrungsdatenbank vorklären	5.3.3
35	Projektauflösung	Projekt beenden	5.4
36	Projektabschluß	Mängel aufzeigen	
37	Verfahren für die Projektführung	DV-Verfahren auswählen	6.2.1
38	Verfahrenseinführung	DV-Verfahren einführen	6.4.1
39	PM-Untersuchung	Maßnahmenkatalog (Beispiel)	6.4.4
40	Projektunterstützung	Mängel aufzeigen	
–	(Leerformular)		

PM-Merkblatt 1

Aufgabengebiet: **Projektdefinition**	Projekt: Datum:				
Aufgabe: *PL-Aufgaben*	Name: Dienststelle:				
	Projektorganisation				
Merkpunkte	R-PO	E-PO	M-PO	A-PO	L-PO
1 Projektvorschlag formulieren.	×	×	×	×	×
2 Bei der Problemfeldanalyse mitwirken.	×			×	×
3 Beim Erstellen des Pflichtenhefts mitwirken.	×	(×)	×	×	(×)
4 Künftiges Änderungsverfahren festlegen.	(×)			×	×	(×)
5 Projektparameter (Termine; Aufwände, Kosten) in ihrer Zielvorstellung bestimmen.	×	×	×	×	×
6 Projektantrag stellen.	×	×	×	×	×
7 Unteraufträge formulieren	(×)			×	×	
8 Wirtschaftlichkeitsbetrachtung durchführen bzw. veranlassen	×	(×)	×	×	×
9 Projektmitarbeiter auswählen.	×		(×)	×	
10 Projektorganisationsplan entwerfen.	×	(×)	×	×	(×)
11 Einrichtung eines Projektbüros vorbereiten.	×		(×)		
12 Bei der Bildung von Projektgremien mitwirken.	×	(×)	×	(×)	×
13 Ggf. Stellenbeschreibungen für Teilprojektleiter erstellen.	×		(×)	(×)	(×)
14 Prozeßorganisation anhand des Entwicklungshandbuches festlegen.	×		(×)	×	
15 Projektgründungssitzung vorbereiten.	×	×	×		(×)

(×) fallweise

PM-Merkblatt 2

Aufgabengebiet: **Projektgründung** Aufgabe: *Risiko bewerten*	Projekt: Datum: Name: Dienststelle:	
Merkpunkte	Gewichtung	Wahrscheinlichkeit
1 Unvollständigkeit bzw. Mißverständlichkeit des Anforderungskatalogs. 2 Änderungshäufigkeit der Anforderungen. 3 SW-technische Probleme. 4 HW-technische Probleme. 5 Unvorhergesehene Schnittstellenprobleme zu externen Komponenten. 6 Mängel zugelieferter Komponenten (z.B. SW-Programme, Bauelemente). 7 Mängel in der Verfügbarkeit der Test- und Prüfanlagen. 8 Nachträgliche Einschränkung des Projektbudgets. 9 Kostensteigerungen bei den Sach- und Betriebsmitteln. 10 Terminunsicherheit der Unterauftragnehmer bzw. Lieferanten. 11 Kostenunsicherheit der Unterauftragnehmer bzw. Lieferanten. 12 Qualitätsunsicherheit der Unterauftragnehmer bzw. Lieferanten. 13 Organisatorische Veränderungen. 14 Durchführung von projektfremden Aufgaben. 15 „Strenge" des Auftraggebers bei der Produktabnahme. 16 Uneinigkeit der Projektbeteiligten in der Planung und Durchführung. 17 Ausfall von Personal (z.B. Fluktuation, Kündigung, Krankheit). 18 Produktivitätsschwankungen der Mitarbeiter. 19 Demotivation der Mitarbeiter. 20 Preisverfall mit Auswirkung auf die Projektwirtschaftlichkeit.		

PM-Merkblatt 3

Aufgabengebiet: **Projektgründung** Aufgabe: *Projektantrag stellen*	Projekt: Datum: Name: Dienststelle:
Merkpunkte	erledigt?
1 Pflichtenheft vom Auftraggeber formulieren lassen. 2 Pflichtenheft mit dem Auftraggeber durchsprechen und offene Punkte klären. 3 Problemfeldanalyse durchführen. 4 Randbedingungen und Voraussetzungen für das Projekt untersuchen. 5 Abhängigkeiten mit anderen (laufenden und künftigen) Projekten klären. 6 Beteiligte Enwicklungsstellen festlegen. 7 Erste Grobschätzung des Aufwands und der Kosten vornehmen. 8 Kostenverteilung festlegen. 9 Geplante Projektkosten mit Budgetrahmen abstimmen. 10 Vergabe von Unteraufträgen einplanen. 11 Fremdvergabe mit externen Auftragnehmern klären. 12 Terminziel festlegen. 13 Phaseneinteilung vornehmen und Meilensteine definieren. 14 Verantwortlichkeiten (z.B. Produktverantwortlicher, Teilprojektleiter) festlegen. 15 Genehmigungsweg und Genehmigungsinstanzen ermitteln. 16 Projektnummer beantragen. 17 Projektantragsformular ausfüllen. 18 Genehmigende Unterschriften einholen. 19 Daten für Projekteröffnung an Projektführungssysteme und Kostenüberwachungsverfahren übergeben. 20 Projektakte anlegen.	

PM-Merkblatt 4

Aufgaben-gebiet: **Projektzieldefinition** Aufgabe: *Anforderungen ermitteln*	Projekt: Datum: Name: Dienststelle:
Merkpunkte	Antwort
1 Welche »Mängel« der bestehenden Anwendungssituation sind von Bedeutung? 2 Was sind die Ursachen für diese Mängel? 3 Welche Anforderungen sind hieraus abzuleiten? 4 Welche formellen, technischen, vertrieblichen und organisatorischen Randbedingungen sind zu berücksichtigen? 5 Welche besonderen Anforderungen werden an die Qualität des geplanten Produkts bzw. Systems gestellt? 6 Widersprechen sich einzelne Anforderungen? 7 Wie endgültig sind die aufgestellten Anforderungen? Sind spätere Korrekturen wahrscheinlich? 8 Welche Prioritäten haben die Anforderungen? 9 Gibt es entwicklungstechnologische Lücken? 10 Welche Vorgaben bestehen für die Entwicklungsmethodik und für das Projektmanagement? 11 Sind interne oder externe Richtlinien, Normen und Standards zu berücksichtigen? 12 Ist ein Stufenkonzept für die Realisierung möglich? Wenn ja, welche Anforderungen in welcher Stufe? 13 Ist eine spätere Evolution des zu erstellenden Produkts bzw. Systems vorgesehen? 14 Welches Terminziel ist für Entwicklungsende und Lieferbeginn vorgegeben? 15 Gibt es eine feste Obergrenze für die Entwicklungskosten? 16 Welche Lösungsalternativen bieten sich an?	

PM-Merkblatt 5

Aufgabengebiet: **Wirtschaftlichkeitsbetrachtung** Aufgabe: *Marginalrendite berechnen*	Projekt: Datum: Name: Dienststelle:
Merkpunkte	erledigt?
1 Betrachtungszeitpunkt (Jahr 0) und Betrachtungszeitraum (n Jahre) des Entwicklungsvorhabens festlegen (Pos. 16). 2 Einmalkosten für Planung, Realisierung und Einführung – ggf. mit Aufzinsung – bestimmen (Pos. 4). 3 Eventuell weitere Einmalkosten, wie z. B. RZ-Testkosten bestimmen (Pos. 4). 4 Eventuell vorzunehmende Sachanlageninvestitionen feststellen (Pos. 5). 5 Veränderungen des Umlaufvermögens, die durch das Vorhaben eventuell ausgelöst werden, untersuchen (Pos. 6). 6 Finanzmittelbedarf für das Vorhaben und ggf. für das Vergleichsvorhaben berechnen (Pos. 7 und 8). 7 Alle kostenwirksamen Kostenveränderungen wie Personal- und Materialeinsparungen, Produktivitätssteigerungen, Schulungsmaßnahmen, RZ-Kosten für Produktivbetrieb und Wartungskosten bestimmen. Diese sind gegliedert nach Mehr- und Minderkosten auf die einzelnen Jahre des Betrachtungszeitraums zu verteilen (Pos. 9). 8 Ausgabewirksame Kosteneinsparungen (Minderkosten minus Mehrkosten) auf die einzelnen Jahre verteilt berechnen (Pos. 10 und 11). 9 Eventuell eintretende Einnahmeverbesserungen, wie z. B. durch Vermarkten von neuentwickelten Verfahren und Tools feststellen (Pos. 12). 10 Finanzmittelrückfluß berechnen (Pos. 13). 11 Differenz Finanzmittelrückfluß minus Finanzmittelmehrbedarf bilden (Pos. 14). 12 Netto-Finanzmittelrückfluß mittels der Abzinsungstabelle abzinsen und Marginalrendite berechnen (Pos. 15). 13 Amortisationszeit bestimmen (Pos. 16).	

PM-Merkblatt 6

Aufgabengebiet: **Wirtschaftlichkeitsbetrachtung** Aufgabe: *Nutzwertanalyse vornehmen*	Projekt: Datum: Name: Dienststelle:
Merkpunkte	erledigt?
1 Mögliche Alternativen zum geplanten Vorhaben aufzeigen. 2 (Nicht quantifizierbare) Bewertungskriterien festlegen und auflisten. 3 Bewertungskriterien gewichten. 4 Jeweilige Zielerreichung bzgl. der einzelnen Bewertungskriterien bestimmen. 5 Teilnutzwerte durch Multiplikation der Gewichte mit den zugehörigen Zielerreichungsfaktoren errechnen. 6 Gesamtnutzwert durch Addition der Teilnutzwerte errechnen. 7 In entsprechender Weise Gesamtnutzwerte der Alternativen ermitteln. 8 Rangfolge der Alternativen anhand der Gesamtnutzwerte erstellen. 9 Beste Alternative auswählen.	

PM-Merkblatt 7

Aufgabengebiet: **Projektorganisation**	Projekt: Datum: Name:
Aufgabe: *Typ der PO auswählen*	Dienststelle:

Merkpunkte	R-PO	E-PO	M-PO	A-PO	L-PO
1 Projekt für eine Produktentwicklung.	×		(×)	×	
2 Vertriebsorientiertes Großprojekt.	×			(×)	
3 Projekt für bereichsinterne Verfahrensentwicklung			(×)		×
4 Überbereichliches Projekt einer unternehmensinternen Entwicklung.		(×)	×		
5 Entwicklung wird mit Fremdfirmen durchgeführt.	(×)	×		×	
6 Die Dauer des Projekts ist kurz (kürzer als ein Jahr).		(×)		×	×
7 Projekt weist eine lange Entwicklungszeit auf (länger als zwei Jahre).	×		(×)	×	
8 Für das Projekt liegt ein fester Terminrahmen vor.	×			×	×
9 Projekte haben nur einen geringen Umfang.		(×)		×	×
10 Projekte von mittlerer Größe.		×	×	×	(×)
11 Das Entwicklungsvolumen ist sehr groß.	×		(×)		
12 Das Verfahren weist ein hohes wirtschaftliches Entwicklungsrisiko auf.	×			×	
13 Ein anteiliger Zugriff auf knappe Ressourcen muß erreicht werden.		(×)	×		
14 Es besteht eine hohe Affinität zu anderen Entwicklungsaktivitäten.		(×)	×		
15 Die Aufgabenteilung ist eindeutig von der Sache her vorbestimmt.			×		
16 Es handelt sich um ein klar abgegrenztes Thema.		(×)			×
17 Die Durchführung erfordert eine große Wissensbreite des eingebundenen Personals.			×		
18 An die Qualität des Projektmanagements werden erhöhte Anforderungen gestellt.	×			×	

(×) fallweise

PM-Merkblatt 8

Aufgabengebiet: **Projektorganisation**	Projekt:
Aufgabe: *Projektgremien festlegen*	Datum: Name: Dienststelle:

Merkpunkte	Projektgremien				
	P	B	St	E	K
1 Die Systemplanung bedarf des Einbeziehens von Experten unterschiedlichster Fachdisziplinen.	×	×			
2 Plankapazität kann nicht von einer Organisationseinheit allein getragen werden.	×				
3 Projektergebnisse sollen mehrfach, d. h. in verschiedenen Bereichen eingesetzt werden (Gemeinschaftsprojekt).	×	×		×	
4 Entwicklung soll in enger, laufender Abstimmung mit den späteren Anwendern durchgeführt werden.		×			
5 Projekt hat für das Gesamtunternehmen erhöhte Bedeutung.			×	×	
6 Mehrere ähnliche Projekte sollen miteinander koordiniert werden.			×		×
7 Der Erfahrungsaustausch zwischen unterschiedlichen Entwicklungen (Synergien) soll gesichert werden.					×
8 Projektkosten werden von mehreren Bereichen getragen.				×	
9 Projekt ist nicht nur finanziell sondern auch personell ein Gemeinschaftsprojekt.	×	×	×	×	
10 Einzelne Produktentwicklungen müssen unter einem gemeinsamen Systemaspekt gesehen werden.				×	
11 Produktinnovationen bzw. -evolutionen sollen gezielt gefördert werden.	×				×
12 Erfahrungen aus vergangenen Projekten sollen in das geplante Projekt einfließen.		×			
13 Schaffung einer Plattform für gemeinsame Technologien und Entwicklungsmethoden ist beabsichtigt.					×
14 Produkt- und Systemstrategien sollen festgelegt werden.				×	
15 Projektziel besteht im schnellstmöglichen Erstellen eines Konzepts.	×				
16 Parallelentwicklungen sollen vermieden werden.					×

P Planungsgremium
B Beratungsgremium
St Steuerungsgremium
E Entscheidungsgremium
K Kommunikationsgremium

PM-Merkblatt 9

Aufgabengebiet: **Projektorganisation**	Projekt:
Aufgabe: *Entscheiderfragen einer EI*	Datum: Name: Dienststelle:

Merkpunkte	Projektphase			
	Definition	Planung	Durchführ.	Abschluß
1 Wie ist das Projektziel definiert?	×			
2 Gibt es Lösungsalternativen?	×	×		
3 Wer sind die Projektbeteiligten?	×	×	×	
4 Welche Projektorganisation soll bestehen?	×	×		
5 Ist die Entwicklungskapazität abgesichert?		×	×	
6 Wie hoch sind die Projektkosten?	×	×	×	
7 Welche Kostenverteilung ist vorgesehen?	×			
8 Welche Planungsunsicherheiten bestehen?		×		
9 Welche Wirtschaftlichkeit bzw. welcher Nutzen ist für das Vorhaben anzusetzen?	×	×		
10 Welche Risiken liegen vor?	×	×		
11 Welche Schnittstellen sind zu anderen Verfahren bzw. Komponenten zu berücksichtigen?		×		
12 Gibt es Überschneidungen zu anderen Verfahren bzw. Produkten?	×	×		
13 Welche Maßnahmen sind im Rahmen der Qualitätssicherung vorgesehen?		×	×	
14 Welche Maßnahmen werden für das Projektmanagement getroffen?		×	×	
15 Wie sind die Zulieferungen abgesichert?		×		
16 Wie ist die aktuelle Terminsituation?			×	×
17 Wie ist die aktuelle Kostensituation?			×	×
18 Welcher Sachfortschritt ist zu verzeichnen?			×	
19 Gibt es Probleme auf personeller Ebene?		×	×	×
20 Gibt es technische Probleme in der Realisierung?			×	×
21 Ist die Projektdokumentation vollständig und auf dem neuesten Stand?			×	×
22 Welche Vorkehrungen werden für die Erfahrungssicherung getroffen?				×
23 Wurden alle Maßnahmen für die Projektauflösung rechtzeitig eingeleitet?				×
24 Was hat die Produktabschlußanalyse ergeben?				×
25 Wie ist die weitere Betreuung des Entwicklungsergebnisses geregelt?				×

PM-Merkblatt 10

Aufgabengebiet: **Projektorganisation** Aufgabe: *Aufgaben des Projektbüros festlegen*	Projekt: Datum: Name: Dienststelle:
Merkpunkte	zutreffend?

1. Durchführung von Wirtschaftlichkeitsuntersuchungen.
2. Unterstützen bei Aufwandsschätzungen (z. B. Schätzklausur).
3. Aufbauen und Verwalten von Netzplänen.
4. Aggregieren und Komprimieren von Netzplänen.
5. Durchrechnen und Simulieren von Netzplanabläufen.
6. Erstellen von Auslastungsberechnungen.
7. Verwalten und Plausibilitieren von Konten und Unterkonten.
8. Erstellen von Terminplänen.
9. Erstellen von Aufwands- und Kostenplänen.
10. Erstellen von allgemeinen Projektplänen.
11. Abwicklung der Stundenkontierung.
12. Versorgen der nachgelagerten Kostenverrechnungsverfahren mit den erforderlichen Daten.
13. Abwicklung des (terminlichen) Rückmeldewesens.
14. Aktualisieren der Termin- und Netzpläne.
15. Ausarbeiten von terminlichen Plan/Ist-Vergleichen und Termintrendanalysen (z. B. MTA).
16. Erstellen von Plan/Ist-Vergleichen und Trendanalysen der Aufwände und Kosten.
17. Unterstützen bei Restschätzungen (Aufwände/Kosten/Termine).
18. Ermitteln von Bewertungszahlen und Kontrollindizes für die Sachfortschrittskontrolle.
19. Unterstützen der Qualitätssicherung (z. B. Review, Audit).
20. Verwalten der Projektdokumentation (z. B. Projekttagebuch, Projektakte).
21. Aufbau und Pflege einer Dokumentationsbibliothek.
22. Abwicklung des PM-Berichtswesens.
23. Erstellen von Projektberichten.
24. Verdichten von Projektinformationen.

PM-Merkblatt 10 (Fortsetzung)

Aufgabengebiet: **Projektorganisation** Aufgabe: *Aufgaben des Projektbüros festlegen*	Projekt: Datum: Name: Dienststelle:
Merkpunkte	zutreffend?
25 Koordinieren und Moderieren von Projektbesprechungen. 26 Aufbau und Pflege der Projektbibliothek. 27 Produktivabwicklung des eingesetzten Projektführungssystems. 28 Produktivabwicklung des eingesetzten Kostenüberwachungsverfahrens. 29 Zuliefern zum Konfigurationsmanagementsystem. 30 Veranlassen der Produktabnahmen. 31 Durchführen der Projektabschlußanalyse. 32 Ermitteln von Produkt- und Projektmeßdaten. 33 Ableiten von Kennzahlen. 34 Aufbau und Pflege der Erfahrungsdatenbank. 35 Kalibrieren der eingesetzten Aufwandsschätzverfahren. 36 Unterstützen bei der Projektauflösung. 37 Mitwirken bei der PM-Schulung.	

PM-Merkblatt 11

Aufgabengebiet: **Projektdefinition** Aufgabe: *Mängel aufzeigen*	Projekt: Datum: Name: Dienststelle:
Merkpunkte	zutreffend?
1 Die Zielsetzung ist unrealistisch. 2 Projektziel steht nicht in Einklang mit den Zielen des Unternehmens. 3 Aufgaben liegen außerhalb des betroffenen Entwicklungsbereichs. 4 Problemfeldanalyse wurde nicht durchgeführt. 5 Die Anforderungsspezifikation ist zu grob und unvollständig. 6 Lösungsalternativen werden nicht aufgezeigt. 7 Risiken werden nicht erkannt bzw. falsch eingeschätzt. 8 Wirtschaftlichkeitsbetrachtung wurde nicht durchgeführt. 9 Vereinbarungen sind unpräzise. 10 Projektantrag ist nicht von allen Entscheidern unterschrieben. 11 Arbeitsplatzbeschreibungen liegen nicht vor. 12 Die Beschaffung von ausreichenden Ressourcen (Personal, Maschinen, Material) ist nicht gesichert. 13 Änderungsverfahren wurde bei der Produktdefinition nicht vorgesehen. 14 Projektorganisation ist nicht in einem Plan niedergelegt. 15 Projektleitung ist nicht eindeutig definiert. 16 Kompetenzen des Projektleiters sind zu gering. 17 Die technische und die kaufmännische Seite werden organisatorisch ungleich behandelt. 18 Der erforderliche Budgetrahmen steht nicht zur Verfügung. 19 Im Abgrenzen von Verantwortungen bestehen Unklarheiten. 20 Besetzung von Projektgremien ist nicht ausgewogen bzw. Kompetenz ist zu gering. 21 Prozeßorganisation für das Vorhaben ist nicht eindeutig vorgegeben. 22 Die Ausstattung der PM-Unterstützung (z.B. Projektbüro) ist unzureichend. 23 Räumlichkeiten stehen für die Projektmitarbeiter nicht in ausreichender Größe zur Verfügung.	

PM-Merkblatt 12

Aufgabengebiet: **Projektplanung**	Projekt: Datum: Name: Dienststelle:				
Aufgabe: *PL-Aufgaben*					
Merkpunkte	Projektorganisation				
	R-PO	E-PO	M-PO	A-PO	L-PO
1 Projektstrukturplanung durchführen.	×	(×)	×	×	×
2 Produktstruktur aufbauen.	×		(×)	×	×
3 Beim Erstellen der Kontenstruktur mitwirken.	×		×	×	(×)
4 Arbeitspakete definieren.	×	(×)	×	×	×
5 Aufwandsschätzmethode bzw. -verfahren auswählen.	×		(×)	(×)	×
6 Aufwandsschätzungen veranlassen und mitwirken.	×	(×)	×	×	×
7 Terminplanung mit Balkenplan oder Netzplan durchführen.	×	×	×	×	×
8 Netzplan vom Projektbüro erstellen lassen.	×	(×)	(×)	×	(×)
9 Einsatz der Mitarbeiter planen.	×		(×)	×	(×)
10 Einsatzplanung der Betriebsmittel vornehmen.	×		(×)	×	
11 Vollständige Vorkalkulation durchführen.	×		(×)	×	×
12 FuE-Planung durchführen.	×		(×)	×	×
13 FuE-Budgetierung unterstützen.	×			×	
14 Ordnungsschema der Projekt- und Produktdokumentation festlegen.	×		(×)	×	
15 Das Einhalten von Vorgehens-, Arbeits- und Dokumentationsrichtlinien sicherstellen.	×		×	×	×
16 Qualitätsplanung veranlassen.	×	×	×	×	×
17 Schulungsplan für die Mitarbeiter aufstellen.	×		(×)	×	×
18 Krisenplanung durchführen.	×		×	×	(×)
19 Projektbeteiligte mit den jeweils erforderlichen Projektplänen versorgen.	×	(×)	×	×	×
20 Sitzungen von Entscheidungs- und Steuerungsgremien vorbereiten	(×)	×	×		(×)

(×) fallweise

PM-Merkblatt 13

Aufgabengebiet: **Strukturplanung** Aufgabe: *Projektstrukturplan aufbauen*	Projekt: Datum: Name: Dienststelle:
Merkpunkte	erfüllt?
1 Strukturierungsprinzip (objekt-, funktions- oder phasenorientiert) festlegen. 2 Obere Stufe eindeutig und vollständig mit den vorgesehenen Aufgabengebieten belegen. 3 Top-down-Aufriß bis auf Ebene der Arbeitspakete vornehmen. 4 Vorhandene Standard-Projektstrukturpläne übernehmen bzw. adaptieren 5 Projektbegleitende Aktivitäten als eigene Arbeitspakete deklarieren. 6 Noch offene Aufgabenfelder als »Dummies« in der Projektstruktur berücksichtigen. 7 Optimale Größe der Arbeitspakete durch Splitten oder Zusammenfassen anstreben. 8 Auf zu den Produktteilen direkte Zuordenbarkeit der Arbeitspakete achten (Projektstruktur – Produktstruktur). 9 Arbeitspakete den vorgegebenen Konten zuordnen. 10 Zuständigkeiten und Verantwortlichkeiten für die einzelnen Arbeitspakete festlegen. 11 Arbeitspakete inhaltlich exakt beschreiben. 12 Identifizierungsschema für die Arbeitspakete festlegen. 13 Arbeitspakete anhand des Identifizierungsschemas »durchnumerieren«. 14 Arbeitspaketdefinition auf Vollständigkeit und Überlappungsfreiheit prüfen. 15 Projektstrukturplan als Liste oder Grafik erstellen.	

PM-Merkblatt 14

Aufgabengebiet: **Aufwandsschätzung** Aufgabe: *Schätzklausur durchführen*	Projekt: Datum: Name: Dienststelle:
Merkpunkte	erledigt?
Vorbereitung 1 Produktstrukturplan erstellen. 2 Projektstrukturplan erstellen. 3 Arbeitspakete in einen Prozeßablauf einordnen. 4 Aufgabenstellung der Schätzklausur definieren. 5 Hintergrundinformationen (Projektsteckbrief, Termin- und Kostenrahmen, Benutzerkreis etc.) zur Verfügung stellen. 6 Parameter des Projektumfeldes (Qualifikation der Mitarbeiter, eingesetzte Methoden und Tools, genutzte Technologien etc.) beschreiben. 7 Erfahrungsdaten auf Basis ähnlicher Projekte ermitteln. 8 Fachexperten auswählen. 9 Moderator und Protokollführer bestimmen. 10 Offizielles Einladungsschreiben mit allen notwendigen Unterlagen an Teilnehmerkreis versenden. **Durchführung** 11 Aufgabenstellung vorstellen und erläutern. 12 Regeln einer Schätzklausur den Teilnehmern verdeutlichen. 13 Annahmen für das Projekt sammeln. 14 Aufwände der Arbeitspakete nacheinander schätzen und in Schätzformulare eintragen. 15 Offene-Punkte-Liste erstellen. 16 Genauigkeits- und Risikobetrachtung der Schätzwerte durchführen. 17 Grobterminplanung vornehmen. **Nachbearbeitung** 18 Schätzergebnisse zusammenfassen und Machbarkeit des Projekts überprüfen. 19 Schätzung mit anderen Methoden bzw. Verfahren durchführen und mit den vorliegenden Schätzwerten vergleichen. 20 Schätzklausurprotokoll verfassen.	

PM-Merkblatt 15

Aufgabengebiet: **Terminplanung** Aufgabe: *Netzplan erstellen*	Projekt: Datum: Name: Dienststelle:
Merkpunkte	erfüllt?
1 Vorgänge auf Basis der Arbeitspakete des Projektstrukturplans definieren. 2 Identifikationsschema für die Vorgänge festlegen. 3 Vorgänge entsprechend dem Identifizierungsschema »durchnumerieren«. 4 Vorgangssammelliste erstellen. 5 Allgemeine Vorgangsinformationen (Benennung, Dienststelle, etc.) bestimmen. 6 Zuordnung der Vorgänge zu Prozeßphasen bzw. Meilensteinen vornehmen. 7 Vorgänge den Produktteilen im Produktstrukturplan zuordnen. 8 Dauer und Aufwand (eventuell auch Termine) je Vorgang bestimmen. 9 Kontenzugehörigkeit der Vorgänge klären. 10 Vorgangsetiketten mit Vorgangsinformationen beschriften. 11 Etiketten in ungefähre Zeitfolge auf Planungswand anordnen. 12 Abhängigkeiten zwischen den einzelnen Vorgängen festlegen. 13 Zeitliche Überlappungen und Art der Anordnungsbeziehungen definieren. 14 Meilensteinvorgänge herausstellen. 15 Netzplanunterteilung (technik-, organisations- oder teilprojektbezogen) festlegen. 16 Komprimierungsstufen des Netzplans festlegen und hierfür notwendige Vorgangsgruppierung vornehmen. 17 Koordinaten (Rang, Ebene) der einzelnen Vorgänge im Netzplan bestimmen. 18 Vorgangserfassungsformulare ausfüllen.	

PM-Merkblatt 16

Aufgabengebiet: **Einsatzmittelplanung** Aufgabe: *Personaleinsatz planen*	Projekt: Datum: Name: Dienststelle:
Merkpunkte	erfüllt?
1 Qualifikation des benötigten Personals bestimmen. 2 Zeitliche Verfügbarkeit der in Betracht kommenden Mitarbeiter feststellen. 3 Organisatorische Verfügbarkeit der ausgewählten Mitarbeiter klären. 4 Urlaubsplan aufstellen. 5 Aus- und Weiterbildungsplan erstellen. 6 Durchschnittliche (nicht produktive) Fehl- und Ausfallzeiten eines Mitarbeiters ermitteln. 7 Zeiten für projektfremde Tätigkeiten ermitteln. 8 Gewünschte Qualifikation der bei den Mitarbeitern vorhandenen Qualifikation gegenüberstellen. 9 »Qualifikationslücken« aufzeigen und erforderliche Maßnahmen ergreifen. 10 Verfügbares Personal ($\triangleq$ Personalvorrat) den einzelnen Aufgabenkomplexen zuordnen. 11 Personalbedarf aus Termin- und Aufwandsplanung ableiten. 12 Bedarfszahlen auf gleiches Niveau (Netto- oder Brutto-Werte) wie die Vorratszahlen bringen. 13 Personalvorrat und Personalbedarf in zeitlicher Darstellung gegenüberstellen. 14 Eventuellen Personaleinsatz termin- oder kapazitätstreu optimieren. 15 Personallücken durch Fremdvergabe schließen. 16 Eventuelle temporäre Personalüberhänge für außerhalb des Projekts liegende Aufgaben nutzen.	

PM-Merkblatt 17

Aufgabengebiet: **Einsatzmittelplanung** Aufgabe: *Betriebsmittel einplanen*	Projekt: Datum: Name: Dienststelle:
Merkpunkte	erfüllt?
1 Notwendige Betriebsmittel feststellen und auflisten. 2 Reserven der unterschiedlichen Betriebsmittel aufzeigen. 3 Betriebsmittel gemäß ihrer »Beständigkeit« ordnen. 4 Benötigter Bedarf der einzelnen Betriebsmittel ermitteln. 5 Vorrat und Beschaffungsmöglichkeiten der geforderten Betriebsmittel feststellen. 6 Eventuell Investitionsplan für neu zu beschaffende Betriebsmittel erstellen. 7 Für alle wiedernutzbaren aber vorratseingeschränkten Betriebsmittel (z.B. Testanlage) einen Schichtplan erstellen. 8 Für allle nicht eingeschränkten wiedernutzbaren Betriebsmittel (z.B. Planungsräume) Belegungsplan erstellen. 9 Für alle »verzehrbaren« Betriebsmittel (z.B. Materialien) bedarfsbezogene Einplanung vornehmen. 10 Engpässe bei der Nutzung von Betriebsmittel in der Terminplanung berücksichtigen. 11 Untersuchen, ob durch eine Veränderung der Prozeßabläufe eine günstigere Nutzung der Betriebsmittel erreicht werden kann.	

PM-Merkblatt 18

Aufgabengebiet: **Kostenplanung**	Projekt:
	Datum:
	Name:
Aufgabe: *FuE-Plan erstellen*	Dienststelle:

Merkpunkte	Antwort
1 Welche Kostenelemente sind zu betrachten?	
2 Welche Aufgabenpakete erhalten ein eigenes Abrechnungskonto?	
3 Welche Personalaufwände werden für diese Kontenpositionen angesetzt?	
4 Ist das hierfür notwendige Personal verfügbar?	
5 Welche Consultant-Leistungen zu welchen Kosten sind zu berücksichtigen?	
6 Welche Stundenverrechnungssätze gelten derzeit?	
7 Welche Sachkosten (Rechenzeit, Material, Musterbau) sind den einzelnen Kontenpositionen zuzuordnen?	
8 Sind pauschalierte Kosten, wie Umlagen zu berücksichtigen?	
9 Sind Einflüsse wie Inflation und tarifliche Lohn- und Gehaltserhöhungen beachtet worden?	
10 Wie wird der zeitliche Kostenanfall sein?	
11 Wie sieht die Kostenaufteilung auf Jahresscheiben aus?	
12 Welche Budgetgrenzen sind zu berücksichtigen?	
13 Gibt es Budgetvorgaben für die nächsten Jahre?	
14 Gibt es Kopfzahlbegrenzungen?	
15 Welche Planungsreserven sind vorhanden?	
16 Können nicht ausgeschöpfte Budgets in die Planung einbezogen werden?	

PM-Merkblatt 19

| Aufgabengebiet: **Projektpläne** | Projekt: |
| Aufgabe: *Projektpläne auswählen* | Datum:
Name:
Dienststelle: |

Merkpunkte	Projektgröße		
	klein	mittel	groß
1 Aufgabenplan	(×)	×	×
2 Aufwandsplan	×	×	×
3 Ausbildungsplan		(×)	×
4 Balkenplan	×	×	×
5 Berichtsplan		(×)	×
6 Dokumentationsplan		(×)	×
7 Einsatzmittelplan		(×)	×
8 Erfahrungssicherungsplan		(×)	×
9 Inbetriebnahmeplan		(×)	×
10 Inspektionsplan	(×)	×	×
11 Katastrophenplan			(×)
12 Kommunikationsplan			×
13 Konfigurationsmanagementplan		(×)	×
14 Kontenplan			×
15 Kostenplan	×	×	×
16 Krisenplan		(×)	×
17 Meilensteinplan	(×)	×	×
18 Mitarbeitereinsatzplan		(×)	×
19 Netzplan	(×)	×	×
20 Personaleinsatzplan		(×)	×
21 Phasenplan		×	×
22 Produktstrukturplan	(×)	×	×
23 Projektorganisationsplan		(×)	×
24 Projektstrukturplan	×	×	×
25 Qualifikationsplan			×
26 Qualitätssicherungsplan		(×)	×
27 Schulungsplan		(×)	×
28 Terminplan	×	×	×
29 Testplan	(×)	×	×
30 Zulieferungsplan		(×)	(×)

(×) fallweise

PM-Merkblatt 20

Aufgabengebiet: **Projektplanung**	Projekt:
Aufgabe: *Mängel aufzeigen*	Datum: Name: Dienststelle:

Merkpunkte	zutreffend?
1 Projektstrukturplan ist unvollständig bzw. nicht auf aktuellem Stand. 2 Projektstruktur und Produktstruktur sind nicht aufeinander beziehbar. 3 Arbeitspakete des Projektstrukturplans können nicht den Konten des Kontenplans zugeordnet werden.	
4 Arbeitspakete sind unklar definiert. 5 Aufgabenplanung wird nicht mitarbeiterbezogen durchgeführt. 6 Es wird keine systematische Aufwandsschätzung für alle Arbeitspakete vorgenommen.	
7 Vorkalkulationen sind nur sporadisch vorgenommen worden. 8 Die FuE-Planung wird nicht mit der FuE-Budgetierung abgestimmt. 9 Abhängigkeiten zwischen Aufgaben bleiben unberücksichtigt.	
10 Vorgänge in den Netzplänen sind zu grob bzw. zu groß. 11 Erstellte Netzpläne sind zu detailliert und unübersichtlich. 12 Es wird keine Netzplanstrukturierung und -verdichtung vorgenommen.	
13 Personaleinsatzplanung wird nicht konsequent betrieben. 14 Eingesetztes Personal verfügt nicht über die erforderliche Qualifikation. 15 Es fehlt an einer Einsatzplanung von Betriebsmitteln.	
16 Es findet keine gezielte Optimierung der Einsatzmittelplanung statt. 17 Ausreichende Verfügbarkeit der Test- und Prüfanlagen ist nicht sichergestellt. 18 Bei Multiprojekten fehlt die planerische Gesamtsicht.	
19 Es wird keine Verbindung zwischen Termin-, Aufwands- und Kostenplanung hergestellt. 20 Keine konsequente Qualitätsplanung wird vorgenommen. 21 Testplanung ist nicht umfassend genug geplant.	
22 Dokumentation der Projektplanung in Projektplänen ist unvollständig. 23 Informationsfluß ist im Rahmen des PM-Berichtswesens nicht klar geregelt.	

PM-Merkblatt 21

Aufgaben-gebiet: **Projektkontrolle**	Projekt: Datum: Name:				
Aufgabe: *PL-Aufgaben*	Dienststelle:				

Merkpunkte	Projektorganisation				
	R-PO	E-PO	M-PO	A-PO	L-PO
1 Geeignetes PM-Berichtswesen aufbauen.	×		×	×	
2 Rückmeldeverfahren festlegen.	×		×	×	
3 Netzplanaktualisierung veranlassen.	×		(×)	×	(×)
4 Aktualisierung der Projektpläne sicherstellen.	×	×	×	×	×
5 Plankonforme Istdatenerfassung sicherstellen.	×			×	
6 Sachfortschrittskontrolle durchführen.	×		×	×	×
7 Restaufwands- bzw. Restkostenschätzung veranlassen.	×		(×)	×	×
8 Qualitätssichernde Maßnahmen veranlassen.	×	×	×	×	×
9 Projektadäquates Konfigurationsmanagement einrichten.	×			×	(×)
10 Einhaltung der Produktdokumentationsordnung überprüfen.	×		(×)	×	×
11 Aufbau der Projektdokumentation überwachen.	×	×	×	×	×
12 Projekttagebuch führen.			×	×	
13 Projektstatus regelmäßig betrachten.	×	(×)	×	×	×
14 Ergebnisse bei den Phasen-/Meilensteinabschlüssen auf Vollständigkeit und Qualität überprüfen.	×	(×)	×	×	×
15 Qualitätsbericht anfordern.	×		(×)	×	(×)
16 Termin- und Aufwandstrendanalysen ausarbeiten.	×		×	×	×
17 Mitkalkulation vornehmen lassen.	×		(×)	×	×
18 Personalauslastungsberechnung durchführen.	×		(×)	×	×
19 Projektfortschrittsbericht erstellen.	×	(×)	×	×	
20 Projektdeckungsrechnung durchführen.	×			×	
21 Arbeitsresultate durchsprechen und verabschieden.	×	(×)	×		×
22 Sitzungen von Entscheidungs- und Steuerungsgremien vorbereiten.	(×)	×	×		(×)

(×) fallweise

PM-Merkblatt 22

Aufgabengebiet: **Terminkontrolle** Aufgabe: *Terminsituation kontrollieren*	Projekt: Datum: Name: Dienststelle:
Merkpunkte	Antwort
1 Sind die ursprünglichen Plantermine von den Entwicklern akzeptiert worden? 2 Liegen alle terminlich zu überwachenden Arbeitspakete in einem Balken- bzw. Netzplan vor? 3 Sind zum Stichtag die (aktuellen) Termine für alle angefangenen Arbeitspakete rückgemeldet worden? 4 Ist eine neue Netzplandurchrechnung erforderlich? 5 Welche Arbeitspakete haben eine terminliche Abweichung von mehr als 5% zu verzeichnen? 6 Welche davon haben eine negative Auswirkung auf den Endtermin des Gesamtprojekts? 7 Gibt es noch nicht begonnene Arbeitspakete, die nach Plan hätten bereits begonnen werden müssen? 8 Gibt es bei den Arbeitspaketen mit einer mehr als 5% zu verzeichnenden Terminüberschreitung solche, die auf dem kritischen Pfad liegen? 9 Sollen bestimmte Terminverzögerungen vorübergehend als negative Pufferzeiten aufgefangen werden? 10 Kann ein Trend der aktualisierten Termine (z.B. mit Meilenstein-Trendanalyse) festgestellt werden? 11 Welche Termintreue ist festzustellen? 12 Ist das Terminrisiko gestiegen oder gefallen? 13 Welches ist der voraussichtliche Endtermin des Projekts?	

PM-Merkblatt 23

Aufgabengebiet: **Aufwands- und Kostenkontrolle** Aufgabe: *Kostensituation kontrollieren*	Projekt: Datum: Name: Dienststelle:
Merkpunkte	Antwort
1 Ist sichergestellt, daß alle am Projekt beteiligten Mitarbeiter ihre Stunden kontieren?	
2 Ist die personenbezogene Vollständigkeit der Stundenangabe gesichert?	
3 Welche nichterfaßten Mehr- oder Minderstunden sind zu berücksichtigen?	
4 Welche bereits getätigten Fremdleistungen liegen noch nicht als Rechnung vor?	
5 Welche Kosten sind für Rechen- und Testzeiten angefallen?	
6 Welche Materialkosten sind entstanden?	
7 Welche Kosten sind von anderen Stellen zu übernehmen?	
8 Sind Kostenumlagen gegen Ende des Geschäftsjahres in die Kostenbetrachtung einzubeziehen?	
9 Welche Bestellungen von Fremdleistungen sind bereits getätigt worden (Bestellwerte)?	
10 Welche Kosten können weiterverrechnet werden?	
11 Wie hoch sind die anteiligen Plankosten?	
12 Welche Konten haben mehr als 5% Kostenabweichung (bezogen auf anteiligen Plan) zu verzeichnen?	
13 Welche davon haben eine Auswirkung auf die Gesamtkosten des Projekts?	
14 Gibt es Kostenabweichungen, die kleiner als 5%, aber kritisch für die Gesamtkostensituation sind?	
15 Was sagt die Trendanalyse der Kosten über die künftige Kostenentwicklung?	
16 Welche Gesamtkosten werden sich voraussichtlich für das Projekt ergeben?	

PM-Merkblatt 24

Aufgaben-gebiet:	**Sachfortschrittskontrolle**	Projekt: Datum:
Aufgabe:	*Projektfortschritt bestimmen*	Name: Dienststelle:

Merkpunkte	erfüllt?
1 Arbeitspakete des zu betrachtenden Aufgabenvolumens auflisten. 2 Zusammen mit Terminaktualisierung Fertigstellungsgrad der einzelnen Arbeitspakete feststellen. 3 Hieraus Fertigstellungsgrad für die Teilprojekte und das Gesamtprojekt ermitteln. 4 Arbeitswert der einzelnen Arbeitspakete durch Multiplikation des Fertigstellungsgrades mit den jeweiligen Gesamtplankosten errechnen. 5 Arbeitswert der Teilprojekte und des Gesamtprojekts ermitteln. 6 Aufgelaufene Istkosten der einzelnen Arbeitspakete ermitteln. 7 Anteilige Plankosten der einzelnen Arbeitspakete bestimmen. 8 Bewertungszahlen Q_K und Q_T gemäß Formel errechnen. 9 Kosten-Leistungsindex errechnen. 10 Termin-Leistungsindex errechnen. 11 Aussage bez. des Projektfortschritts auf Basis der Bewertungszahlen und der Leistungsindizes ableiten. 12 Trendanalyse für den weiteren Projektfortschritt vornehmen.	

Aufgabengebiet: **Qualitätssicherung**	Projekt:
	Datum:
	Name:
Aufgabe: *Qualitätssicherung planen*	Dienststelle:

Merkpunkte	erfüllt?
1 Qualitätsrahmen abstecken. 2 Qualitätsanforderungen projektspezifisch definieren. 3 Qualitätsmerkmale verfeinern durch quantitative Aussagen oder qualitative Erläuterungen. 4 Meßmethoden festlegen. 5 Entwurfsmethoden auswählen. 6 Richtlinien für die Qualitätssicherung festlegen. 7 Durchführungsplan der geplanten Inspektionen erstellen. 8 Test- bzw. Prüfstrategie ausarbeiten. 9 QS-Meilensteine in der Prozeßorganisation definieren. 10 Qualitätssicherungsplan für das Projekt erstellen.	

PM-Merkblatt 26

Aufgabengebiet: **Qualitätssicherung** Aufgabe: *Inspektion durchführen*	Projekt: Datum: Name: Dienststelle:
Merkpunkte	erledigt?
1 Inspektionsgegenstand definieren. 2 Personelle Besetzung und Termin der Inspektion mit Projektleiter festlegen. 3 Inspektionsteilnehmer den einzelnen Themenkomplexen zuordnen. 4 Zum Inspektionsgespräch offiziell einladen. 5 Inspektionsteilnehmer mit geringen Kenntnissen des Gesamtthemas durch entsprechendes Vorbereitungsgespräch einweisen. 6 Inspektionssitzung mit einer allgemeinen Einleitung eröffnen. 7 Entwurfsdokumente Seite für Seite durchgehen und einzelne Untersuchungspunkte auf Korrektheit überprüfen. 8 Anmerkungen der Inspektionsteilnehmer auf Relevanz prüfen. 9 Relevante Anmerkungen protokollieren. 10 Alternative Lösungsvorschläge und Vorgehensweise aufzeigen. 11 Später zu inspizierende Untersuchungspunkte fixieren. 12 Inspektionsprotokoll verfassen. 13 Aufgezeigte Fehler und Anmerkungen im Inspektionsprotokoll einer Nacharbeitung zuführen. 14 Mit Unterschrift des verantwortlichen Entwicklers oder der Projektleitung Inspektionsgegenstand freigeben.	

PM-Merkblatt 27

Aufgabengebiet: **Qualitätssicherung** Aufgabe: *Code-Review vornehmen*	Projekt: Datum: Name: Dienststelle:
Merkpunkte	erfüllt?
1 Modul- und Prozedurköpfe auf Vollständigkeit und Richtigkeit der Angaben sowie auf Übereinstimmung mit der Spezifikation prüfen.	
2 Prüfen, ob alle importierten Schnittstellen kommentiert sind. Exportierende Module sollten identifiziert und deren Verwendung festgestellt werden.	
3 Prüfen, ob alle komplexeren Programmabschnitte mit klaren und ausreichenden Kommentaren versehen sind.	
4 Pseudo Code auf Verständlichkeit und Übereinstimmung mit Spezifikation prüfen.	
5 Code auf funktionale Korrektheit überprüfen.	
6 Überprüfen, ob der Code den Programmierrichtlinien und -konventionen entspricht.	
7 Auf Einfachheit, modularen Aufbau, hierarchische Struktur, Änderungsfreundlichkeit und Effizienz überprüfen.	
8 Externe und interne Schnittstellen auf Richtigkeit und Notwendigkeit überprüfen.	
9 Datenstrukturen auf formale Richtigkeit, korrekte Bezugnahme auf deren Komponenten, Indizes sowie auf korrekte Überlagerungsstruktur überprüfen.	
10 Entscheidungsbedingungen in steuernden Anweisungen sowie die zugehörigen Endanweisungen überprüfen.	
11 Schleifen auf saubere Initialisierung, Durchlaufsteuerung und Endekriterien kontrollieren.	
12 Sicherstellen, daß keine GOTO-Anweisungen verwendet wurden.	
13 Den sauberen Gebrauch logischer Bedingungen zum Vermeiden von komplizierten Verschachtelungen und Verknüpfungen überprüfen.	
14 Überprüfen, ob der Code in der geplanten Zielversion ablaufen kann.	
15 Schnittstellen zum Betriebssystem auf korrekte und effiziente Verwendung überprüfen.	

PM-Merkblatt 28

Aufgabengebiet: **Projektdokumentation** Aufgabe: *Inhalt der Projektakte festlegen*	Projekt: Datum: Name: Dienststelle:		
	Projektgröße		
Merkpunkte	klein	mittel	groß
1 Kurzbeschreibung der Aufgabenstellung.	×	×	×
2 Auflistung der Projektbeteiligten (mit Dienststelle und Telefon).	(×)	×	×
3 Projektorganisationsplan.		(×)	×
4 Projektantrag und Änderungsanträge.	×	×	×
5 Unterlagen der Aufwandsschätzung.	(×)	×	×
6 Wirtschaftlichkeitsbetrachtung.	(×)	×	×
7 Produkt- und Projektstrukturplan.	×	×	×
8 Aufstellung der Konten (Kontenplan).		(×)	×
9 Prozeßorganisationsplan.		(×)	×
10 Meilensteinplan.		(×)	×
11 Mitarbeiter- bzw. Personaleinsatzplan.		(×)	×
12 Aus- und Weiterbildungsplan.			×
13 Genutzte Entwicklungsrichtlinien und eingesetzte Entwicklungsmethoden bzw. -verfahren.			×
14 Terminpläne und -berichte.	(×)	×	×
15 Aufwandspläne und -berichte.	(×)	×	×
16 Kostenpläne und -berichte.		×	×
17 Sachfortschrittsberichte.		(×)	×
18 Qualitätssicherungspläne und -berichte.	(×)	×	×
19 Konfigurationsmanagementplan.		(×)	×
20 Entscheidungsprotokolle.	×	×	×
21 Monats- und Projektstatusberichte.		(×)	×
22 Allgemeiner Schriftverkehr	×	×	×
23 Abnahmebericht.	(×)	×	×
24 Ergebnisse der Abschlußanalyse.		(×)	×
25 Maßnahmenkatalog für Projektauflösung.		(×)	×

(×) fallweise

PM-Merkblatt 29

Aufgabengebiet: **Projektberichterstattung** Aufgabe: *PM-Berichtwesen aufbauen*	Projekt: Datum: Name: Dienststelle:
Merkpunkte	erfüllt?
1 Zuständigkeit für das Durchführen des PM-Berichtwesens klären. 2 Aktualitäts- und Häufigkeitsanforderungen der einzelnen Informationsinteressenten klären. 3 Detaillierungsgrad der unterschiedlichen Informationsbedürfnisse bestimmen. 4 Welche Informationen sollen die Entwickler erhalten? 5 In welcher Form und Detaillierung soll die Bereichsleitung informiert werden? 6 Welche Projektinformationen soll die Auftraggeberseite in welchen Zeitabständen erhalten? 7 Sind Unterauftragnehmer und Partnerstellen in die Informationswege einzubinden? Wenn ja, mit welchen Projektberichten? 8 Welche weiteren Projektbeteiligten sind mit Projektberichten zu beliefern? 9 Darstellungsform und Vollständigkeit der einzelnen Projektinformationen festlegen. 10 Muster von Projektberichtszusammenfassungen erarbeiten. 11 Arten der Informationskanäle (Dialog, Papier etc.) festlegen. 12 Zuführungsverantwortung (Bringschuld, Holschuld) definieren. 13 Regelungen von Projektbesprechungen in das Berichtswesen einbinden. 14 Zeitpunkte der regelmäßigen und der ergebnisgesteuerten Projektbesprechungen festlegen. 15 Teilnehmerkreis dieser Projektbesprechungen festlegen. 16 Berichtsplan erstellen.	

PM-Merkblatt 30

Aufgabengebiet: **Projektkontrolle** Aufgabe: *Mängel aufzeigen*	Projekt: Datum: Name: Dienststelle:
Merkpunkte	zutreffend?
1 Projektmitarbeiter stehen unter zu hohem Zeitdruck.	
2 Es existiert kein formalisiertes Rückmeldewesen für die Termine.	
3 Terminpläne sind nicht auf aktuellem Stand.	
4 Terminüberschreitungen werden nicht rechtzeitig genug erkannt.	
5 Meilenstein-Trendanalyse wird nur sporadisch eingesetzt.	
6 Stundenkontierung ist zu pauschal bzw. fehlerhaft.	
7 Kostenerfassung ist nicht detailliert genug.	
8 Es fehlt eine Bestellwertfortschreibung.	
9 Transparenz in der Kostenverursachung ist nicht gegeben.	
10 In den Plan/Ist-Vergleichen wird der Planwert nicht »anteilig« ausgewiesen.	
11 Bei Plan/Ist-Vergleichen werden kritische nicht von neutralen Positionen getrennt.	
12 Regelmäßige Trendanalysen für Termine und Kosten werden nicht vorgenommen.	
13 Es werden keine Bewertungszahlen und Kontrollindizes zur Sachfortschrittskontrolle ermittelt.	
14 Entwicklungsfehler werden wegen mangelhafter Qualitätssicherung zu spät oder gar nicht erkannt.	
15 Geplante Inspektionen werden nicht durchgeführt.	
16 Erkenntnisse aus Inspektionen werden nicht umgesetzt.	
17 Im Rahmen der Qualitätssicherung wird keine Zuverlässigkeitsbetrachtung vorgenommen.	
18 Eine Überprüfung der Qualitätssicherung (Audit) findet nicht statt.	
19 Qualitätskosten können nicht separat ausgewiesen werden.	
20 Es liegt kein Ordnungsschema für die Projektdokumentation vor.	
21 Es wird kein Projekttagebuch geführt.	

PM-Merkblatt 30 (Fortsetzung)

Aufgabengebiet: **Projektkontrolle** Aufgabe: *Mängel aufzeigen*	Projekt: Datum: Name: Dienststelle:
Merkpunkte	zutreffend?
22 Den Projektberichten mangelt es an grafischer Aufbereitung. 23 Projektberichterstattung ist sporadisch und unvollständig. 24 Regelmäßige Projektstatussitzungen finden nicht statt. 25 Keine konsequente Durchführung von Entscheidersitzungen an vorab festgelegten Entwicklungszäsuren. 26 Schnelles Umsetzen von erkannten Planabweichungen in geeignete Maßnahmen der Projektsteuerung ist nicht gewährleistet.	

PM-Merkblatt 31

Aufgabengebiet: **Projektabschluß** Aufgabe: *PL-Aufgaben*	Projekt: Datum: Name: Dienststelle:				
	Projektorganisation				
Merkpunkte	R-PO	E-PO	M-PO	A-PO	L-PO
1 Übergabe des Produkts bzw. Systems an den Auftraggeber veranlassen.	×	×	×	×	×
2 Abnahmetest beim Auftraggeber verfolgen.	×	(×)	×	(×)	×
3 Eventuell Mängelliste mit durchzuführenden Nacharbeiten erstellen.	×	×	×	×	×
4 Produktabnahmebericht verfassen.	×	(×)	×	×	×
5 Vereinbarungen bez. der technischen Betreuung des übergebenden Produkts bzw. Systems treffen.			(×)	×	×
6 Vollständige Nachkalkulation durchführen.	×		(×)	×	×
7 Abweichungsanalyse vornehmen.	×	(×)	×	×	×
8 Erreichte Wirtschaftlichkeit überprüfen.	(×)		×	(×)	×
9 Projektabschlußsitzung vorbereiten und durchführen.	×	×	×	(×)	(×)
10 Projekt- und produktspezifische Meßdaten ermitteln lassen.	×		(×)	×	×
11 Daraus Kennzahlen ableiten und ggf. in Kennzahlensystem übernehmen.			(×)	×	×
12 Kalibrierung der genutzten Aufwandsschätzverfahren veranlassen.				×	×
13 Daten für Erfahrungsdatenbank zusammenstellen.	×		×	×	×
14 Projektabschlußbericht erstellen und verteilen.	×	×		×	×
15 Bei Beurteilungs- und Förderungsgesprächen der Projektmitarbeiter mitwirken.	×		(×)	×	×
16 Projektauflösung einleiten und durchführen.	×	(×)	×	×	

(×) fallweise

PM-Merkblatt 32

Aufgabengebiet: **Produktabnahme** Aufgabe: *Produkt abnehmen*	Projekt: Datum: Name: Dienststelle:
Merkpunkte	erledigt?
1 Alle erforderlichen Produkt- und Dokumentationsteile für den Abnahmetest zusammenstellen. 2 Gemäß des Typs des Abnahmetest Auftraggeber (Vertrieb, Kunde, Fertigung, Anwender etc.) einbeziehen. 3 Testrahmen (Antiprodukt) definieren und Testdaten zur Verfügung stellen. 4 Abnahmetest durchführen. 5 Testbericht mit den erkannten Fehlern erstellen. 6 Ursachenanalyse und Gewichtung der aufgedeckten Fehler vornehmen. 7 Abnahmetest-Protokoll erstellen. 8 Bestandteile der Produktübergabe in einem Übergabeprotokoll festhalten. 9 Produktbegutachtung beim Auftraggeber unterstützen. 10 Produktübernahmeprotokoll (seitens des Auftraggebers) veranlassen. 11 Liste der offenen Mängel mit Bedeutung und Aufwand bewerten. 12 Fehlerbehebung gemäß Prioritätenvorgabe veranlassen. 13 Übergabeprozedur für Nachbesserungen einleiten. 14 Künftige technische Betreuung für das übergebene Produkt (bzw. System) regeln, wobei Aufgabenvolumen und Konditionen in einer Betreuungsvereinbarung festzuhalten sind.	

PM-Merkblatt 33

Aufgabengebiet: **Projektabschlußanalyse** Aufgabe: *Abweichungen analysieren*	Projekt: Datum: Name: Dienststelle:
Merkpunkte	Antwort
Ermitteln der Abweichungen 1 Welche Terminabweichung ist eingetreten? 2 Welche Aufwandsabweichung ist eingetreten? 3 Welche Kostenabweichung ist eingetreten? 4 Welche Ergebnismenge (z.B. kloc, Anzahl Gatterfunktionen) war geplant und welche ist erbracht worden? 5 Welche spezifizierten Leistungsmerkmale sind nicht oder nur unvollständig realisiert worden? 6 Welche Qualitätsmängel haben sich gezeigt? **Ermitteln der Ursachen** 11 Ist der Anforderungskatalog während des Projekts verändert bzw. erweitert worden? 12 Hat es Mißverständnisse mit dem Auftraggeber gegeben? 13 Gab es Probleme mit der Kompetenzverteilung? 14 Sind personelle Engpässe aufgetreten? 15 Hat es Engpässe mit Test- und Prüfanlagen gegeben? 16 War die Tool-Unterstützung mangelhaft? 17 Haben bestimmte Supports gefehlt? 18 Waren die prüftechnischen Verfahren überfordert? 19 War die Systembasis (z.B. HW-Verfügbarkeit, Betriebssystem) unsicher gewesen. 20 Haben sich unvorhergesehene technologische Grenzen gezeigt? 21 Hat es eine mangelnde Zulieferung (z.B. Bauelemente, SW-Programme) gegeben. 22 Waren die Testdaten unvollständig?	

PM-Merkblatt 33 (Fortsetzung)

Aufgabengebiet: **Projektabschlußanalyse** Aufgabe: *Abweichungen analysieren*	Projekt: Datum: Name: Dienststelle:
Merkpunkte	Antwort
23 Gab es eine Miß-Motivation der Entwicklungsmannschaft? 24 Haben sich Mängel in der Qualifikation einzelner Mitarbeiter gezeigt? 25 War eine nicht vorhergesehene Fluktuation zu verzeichnen gewesen? 26 Sind plötzliche personelle Ausfälle durch Krankheit, Kündigung etc. aufgetreten? 27 Hat es eine Umorganisation gegeben? 28 Haben sich die Verantwortlichkeiten während des Projektverlaufs geändert? 29 Haben sich die Zuständigkeiten auf der Auftraggeberseite geändert?	

PM-Merkblatt 34

Aufgabengebiet: **Erfahrungssicherung** Aufgabe: *Einrichtung einer Erfahrensdatenbank vorklären*	Projekt: Datum: Name: Dienststelle:
Merkpunkte	Antwort
1 Was soll ein »Erfahrungsobjekt« sein? 2 Welche Deskribierung soll für die Erfahrungsobjekte vorgenommen werden. 3 Welche Kategorisierung von Hardware und Software soll gelten? 4 Welche Projekteinflußparameter in welcher Skalierung sind zu verwenden? 5 Welche produktspezifischen Meßdaten (z.B. Anzahl Logikfunktionen, Anweisungen) können ermittelt werden? 6 Welche projektspezifischen Meßdaten (Kostenelemente, Aufwände, Zeitdauern etc.) stehen zur Verfügung? 7 Soll die vollständige Produktstruktur zu einem Projekt aus der Erfahrungsdatenbank ableitbar sein? 8 Welchen Aufbau hat die Projektakte und wie soll diese in die Erfahrungsdatenbank einbezogen werden? 9 Sollen verbale Kurzbeschreibungen in die Erfahrungsdatenbank aufgenommen werden können? 10 Besteht eine Vorauswahl der zu speichernden Projekte? 11 Sollen in die Erfahrungsdatenbank Daten von Projekten bereits einfließen, auch wenn diese noch nicht abgeschlossen sind? 12 Sind Datenkomprimierungen in der Erfahrensdatenbank vorgesehen? Wenn ja, welche? 13 Für welchen Interessentenkreis ist die Erfahrungsdatenbank gedacht? 14 Wie soll der Auskunftsdialog gestaltet sein? 15 Welche Auswertungen aus der Erfahrungsdatenbank werden gefordert? 16 Wie wird die Aktualisierung von bereits gespeicherten Projektdaten (z.B. Inflationsbereinigung) gesichert? 17 Wer ist der offizielle Beauftragte für die Erfahrungsdatenbank?	

PM-Merkblatt 35

Aufgabengebiet: **Projektauflösung** Aufgabe: *Projekt beenden*	Projekt: Datum: Name: Dienststelle:
Merkpunkte	erledigt?
1 Projektergebnisse zur Abschlußpräsentation aufbereiten. 2 Produktergebnisse darstellen. 3 Noch zu erledigende Abschlußarbeiten fixieren. 4 Künftige Einsatzunterstützung klären und entsprechend schriftlich vereinbaren. 5 Projektabschlußanalyse vorlegen. 6 Projektabschlußbericht verfassen und an die Verantwortlichen verteilen. 7 Abschlußsitzungen der Projektgremien vorbereiten und durchführen. 8 Projektgremien offiziell auflösen. 9 Personalüberleitungsplan – falls erforderlich – erstellen. 10 Mitarbeitergespräche als Vorbereitung auf die folgende Personalüberleitung führen. 11 Alle projekteigenen Ressourcen erfassen. 12 Ressourcen-Verwertungsplan ausarbeiten und Durchführung einleiten. 13 Projektdokumentation abschließen und zur Archivierung vorbereiten. 14 Besondere Leistungen der Mitarbeiter belohnen. 15 Projektorganisation auflösen. 16 Projekt offiziell als beendet erklären.	

PM-Merkblatt 36

Aufgabengebiet: **Projektabschluß**	Projekt: Datum:
Aufgabe: *Mängel aufzeigen*	Name: Dienststelle:

Merkpunkte	zutreffend?
1 Abnahmetest wurde nicht im voraus geplant. 2 Testdaten standen für Abnahmetest nicht zur Verfügung. 3 Auftraggeber ist in den Abnahmetest nicht ausreichend genug einbezogen worden.	
4 Übergabeprotokoll fehlt. 5 Ein offizieller Produktabnahmebericht ist nicht erstellt worden. 6 Ergebnisabnahme wurde nicht von einer entwicklungsunabhängigen Stelle vorgenommen.	
7 Die weitere technische Betreuung (Wartung, Pflege, Weiterentwicklung) ist ungeklärt. 8 Nachkalkulationen liegen nicht vor. 9 Eine Überprüfung der ehemals erstellten Wirtschaftlichkeitsberechnung fand nicht statt.	
10 Systematische Abweichungsanalyse wurde nicht vorgenommen. 11 Projekt- und Produktmeßdaten zum Ableiten von Erfahrungsdaten wurden nur punktuell ermittelt. 12 Verwendete Aufwandsschätzverfahren werden nicht kalibriert.	
13 Obwohl erforderlich, liegt Ressourcen-Verwertungsplan nicht vor. 14 Personalüberleitung wurde nicht rechtzeitig geplant. 15 Projektabschlußbericht ist nicht erstellt worden.	
16 Projektabschlußsitzung fand nicht statt. 17 Projekt ist nicht als offiziell beendet erklärt worden.	

PM-Merkblatt 37

Aufgabengebiet: **Verfahren für die Projektführung** Aufgabe: *DV-Verfahren auswählen*	Projekt: Datum: Name: Dienststelle:
Merkpunkte	Beurteilung
1 Ermöglicht das Verfahren das Einbinden der Produkt- und Projektstruktur? 2 Kann auf die bereichsspezifische Prozeßorganisation Bezug genommen werden? 3 Ist eine aufgabengerechte Zuordnung der verschiedenen ausführenden und verantwortlichen Organisationseinheiten möglich? 4 Können unterschiedliche Planungsebenen (Entwicklerebene, Führungsebene) betrachtet werden? 5 Welches Zeitraster und welchen Planungshorizont hat das Verfahren? 6 Wird die Terminplanung auf Basis der Netzplantechnik durchgeführt? Wenn nicht, wie wird dann die Terminüberwachung sichergestellt? 7 In welcher Form wird die Kostenplanung und -kontrolle hinsichtlich FuE-Planung und -Budgetierung unterstützt? 8 Gibt es eine Abstimmung zur Wirtschaftsplanung? 9 Ist eine Unterscheidung in verschiedene Kostenarten und -elemente möglich? 10 Wie wird der Geschäftsjahreswechsel vorgenommen? 11 Welche Möglichkeiten einer Einsatzmittelplanung werden geboten? 12 Welche Einsatzmittel können hierbei unterschieden werden? 13 Wird eine Stundenkontierung vorgenommen oder existiert eine Schnittstelle zu einem Kostenverrechnungsverfahren? 14 Gibt es eine Bestellwertfortschreibung? 15 Gibt es eine Kostenweiterverrechnung? Welche Modalitäten? 16 Wird eine Multiprojektplanung mit Einbeziehen aller Projekte und aller Einsatzmittel unterstützt? 17 Können Simulationsläufe innerhalb der Termin- und Einsatzmittelplanung vorgenommen werden?	

PM-Merkblatt 37 (Fortsetzung)

Aufgabengebiet: **Verfahren für die Projektführung** Aufgabe: *DV-Verfahren auswählen*	Projekt: Datum: Name: Dienststelle:
Merkpunkte	Beurteilung
18 Welche Schnittstellen gibt es zu vor- und nachgelagerten Verfahren (Verfahren des Rechnungswesens, dezentrale PC-Verfahren)? 19 Sind Gegenüberstellungen verschiedener Planstände zum Ableiten von Trendanalysen möglich? 20 Welche Projektpläne können vom Verfahren erstellt werden und in welcher Darstellungsform liegen diese vor? 21 Welche Projektberichte werden durch das Verfahren automatisch erzeugt? 22 Gibt es Rückstandsübersichten mit den Projektteilen, die eine signifikante Abweichung bei bestimmten Projektgrößen aufweisen (Negativlisten)? 23 Gibt es Auslastungsübersichten bzw. -diagramme? 24 Gibt es Kosten- bzw. Budgetübersichten? 25 Welche Möglichkeiten des Sortierens, Selektierens und Verdichtens von gespeicherten Informationen werden geboten? 26 Welche Möglichkeiten der grafischen Aufbereitung von Ausgaben sind vorhanden? 27 Ist die Verfahrenssteuerung dialogorientiert? 28 Ist die Dateneingabe und -ausgabe im Dialog möglich? 29 Wird zwischen einem Laien- und einem Expertenmodus beim Benutzerdialog unterschieden? 30 Welche Vorkehrungen sind für den Datenschutz und die Datensicherung getroffen? 31 Gibt es eine durchgängige Datenverwaltung (gemeinsame Datenbasis)?	

PM-Merkblatt 38

Aufgabengebiet: **Verfahrenseinführung** Aufgabe: *DV-Verfahren einführen*	Projekt: Datum: Name: Dienststelle:
Merkpunkte	erfüllt?
1 Projektbüro einrichten. 2 Betriebsrat rechtzeitig in die Verfahrenseinführung einbeziehen. 3 Ablauforganisation mit der FuE-Kaufmannschaft abstimmen. 4 Beteiligte Rechenzentren, in denen die einzelnen Verfahrensteile eingesetzt werden sollen, koordinieren. 5 Erforderliche Personal Computer bzw. Terminals bereitstellen. 6 Koordinierten Monatsablauf mit den beteiligten Stellen ausarbeiten. 7 Verantwortlichkeiten für den Verfahrensablauf festlegen. 8 Datensammlung und Informationsaufbereitung für das PM-Berichtswesen klären. 9 Programme auf die bereichsspezifischen Erfordernisse adaptieren. 10 Verfahrensprogramme und -prozeduren in die Ablaufrechenzentren übernehmen. 11 Verfahrensbedingte Stammdateien anwenderspezifisch aufbauen. 12 Eingabeformulare (z.B. Vorgangserfassungsformulare) entwerfen und drucken lassen. 13 Bestehende Stundenkontierungsbelege eventuell erweitern. 14 Rundschreiben zur Verfahrenseinführung erstellen und verteilen. 15 Arbeitsanweisungen und Durchführungsbestimmungen (z.B. für Stundenkontierung, Netzplan-Rückmeldewesen) ausarbeiten. 16 Netzplandateien projektspezifisch aufbauen. 17 Entsprechende Pilotversuche vor der endgültigen allgemeinen Verfahrenseinführung durchführen. 18 Verfahrensabwickler und künftige Nutzer in den Verfahrensablauf einweisen. 19 Einführungstermin für das (oder die) Verfahren festlegen und offiziell bekanntgeben. 23 Nach Verfahrenseinführung zu gegebener Zeit ein »Einsatzreview« durchführen.	

PM-Merkblatt 39

Aufgabengebiet: **PM-Untersuchung** Aufgabe: *Maßnahmenkatalog (Beispiel)*		Projekt: Datum: Name: Dienststelle:	
Merkpunkte		Kümmerer	Termin

Projektumgebung

1. Vollständigkeit der Projektdefinition bei Projektbeginn sicherstellen.
2. Entwicklungshandbuch erstellen bzw. aktualisieren.
3. Prozeßorganisation mit Standard-Meilensteinen versehen.
4. Geeignete Projektorganisation auswählen.
5. PL-Ausbildung und PM-Schulung intensivieren.
6. Interne Entwicklungsverträge abschließen.

Projektplanung

7. Aufwand für Projektplanung erhöhen.
8. Generell Projektstrukturpläne erstellen.
9. Planung gemäß Entwicklungsprozeßphasen durchführen.
10. Methoden der Wirtschaftlichkeitsbetrachtung einführen.
11. Aufwandsschätzverfahren einsetzen.
12. Schätzklausur einführen.
13. Kostenstrukturierung mit Projektstrukturierung abstimmen.
14. Synchronisation der Projektparameter Termin, Aufwand, Kosten und Personal anstreben.
15. FuE-Planung mit Wirtschaftsplanung abstimmen.
16. Krisenplanung vorsehen.
17. Bei Personaleinsatzplanung Qualifikation gebührend berücksichtigen.
18. Gesamt-Kapazitätsplanung vornehmen.

Projektsteuerung

19. Internen Informationsaustausch verbessern.
20. Regelmäßige Aktualisierung der Terminpläne sicherstellen.
21. Aufgabenbezogene Kostenerfassung erreichen.

PM-Merkblatt 39 (Fortsetzung)

Aufgabengebiet: **PM-Untersuchung** Aufgabe: *Maßnahmenkatalog (Beispiel)*		Projekt: Datum: Name: Dienststelle:	
Merkpunkte		Kümmerer	Termin
22	Trendanalysen zur Projektkontrolle vornehmen.		
23	Regelmäßige Inspektionen durchführen.		
24	Multiprojektübersichten schaffen.		
25	Sachfortschrittskontrolle realisieren.		
26	Standardisierte Projektakte einführen.		
27	Regelmäßige Projektbesprechungen einführen.		
28	Formalisiertes Änderungs- und Fehlermeldungswesen etablieren.		
29	Engeren Kontakt zur Fertigung schaffen.		
30	Entwicklungsabhängige Abnahmestelle installieren.		
31	Umfassende Projektanalyse bei Projektabschluß durchführen.		
32	Erfahrungsdatenbank aufbauen.		
Verfahrenseinsatz			
33	Eingesetzte DV-Verfahren verbessern.		
34	Übersichtlichkeit der Berichtslisten erhöhen.		
35	Verdichtungen der Listen vornehmen.		
36	Grafische Darstellung in der Projektberichterstattung verstärken.		
37	Dialogisierung der DV-Verfahren ausbauen.		
38	Kopplung benachbarter DV-Verfahren herbeiführen.		
39	Personaleinsatzplanung verfahrensmäßig unterstützen.		
40	Bestellwertfortschreibung realisieren.		
41	Detaillierte und prozeßorientierte Planung im Verfahren unterstützen.		
42	KM-Systeme einführen.		
Personalsituation			
43	Motivation steigern.		
44	Prämiensystem einführen.		
45	Personalüberleitung rechtzeitig einplanen.		
46	SW-Entwickler-Anteil erhöhen.		

PM-Merkblatt 40

Aufgabengebiet: **Projektunterstützung**	Projekt:
Aufgabe: *Mängel aufzeigen*	Datum: Name: Dienststelle:

Merkpunkte	zutreffend?
1 Aufwandsschätzung wird ohne methodischen Ansatz und ohne Verfahrensunterstützung durchgeführt.	
2 Terminplanung wird nicht verfahrensunterstützt durchgeführt.	
3 Rechnergestützte Berechnung des Personal- und Sachmitteleinsatzes ist nicht möglich.	
4 Terminüberwachungs- und Kostenüberwachungsverfahren sind nicht miteinander gekoppelt.	
5 Etabliertes Konfigurationsmanagement ist nicht vorhanden.	
6 Verfahrenseinsatz zu zentral ausgerichtet.	
7 Dezentralen Verfahrenseinsatz mangelt es an ausreichendem (zentralen) Zusammenführen der Projektdaten.	
8 Projektleitung und Projektbüro besitzen keine Personal Computer für die Nutzung von PM-Hilfen.	
9 PM-Hilfen auf Personal Computer stehen nicht zur Verfügung.	
10 Planaufwandswerte im Projektüberwachungsverfahren decken sich nicht mit den Planwerten im Kostenüberwachungsverfahren, d.h. keine Verfahrenskopplung.	
11 Aktualität der verfahrenserzeugten Projektberichte ist vielfach überholt.	
12 Grafische Informationsdarstellung ist nicht möglich bzw. mangelhaft.	
13 Die Versorgung durch das PM-Berichtswesen ist mangelhaft.	
14 Dialogoberfläche ist nicht vorhanden bzw. benutzerunfreundlich.	
15 Projektmitarbeiter sind nicht ausreichend in den PM-Methoden und -Verfahren geschult worden.	
16 Verfahrensabwickler sind nicht rechtzeitig in die Hantierung eingewiesen worden.	
17 Ablauforganisation ist nicht mit allen Verfahrensbeteiligten abgestimmt worden.	
18 Der Datenschutz personenbezogener Daten ist nicht voll gewährleistet.	
19 Verfahrenseinsatz ist nicht mit dem Betriebsrat abgestimmt.	

...punkte	Projekt: Datum: Name: Dienststelle: